日本思想大系 7

往生傳　法華驗記

井上光貞
大曾根章介

岩波書店刊行

目次

補注

原文……四九九

校異……六二六

参考……六三九

解説

凡　例

一　本書収載の文献一〇篇のうち、

1　日本往生極楽記・大日本国法華経験記・続本朝往生伝・本朝神仙伝・拾遺往生伝の五篇は、訓読文を本体として注解を施し、原文(漢文)及び校異は別に掲げた。

2　後拾遺往生伝・三外往生記・本朝新修往生伝・高野山往生伝・念仏往生伝の五篇は、「参考」として原文を収録した。この「参考」五篇についての凡例は六四〇頁に記した。

二　底本・校合本は次の通りである。

1　日本往生極楽記…前田育徳会尊経閣文庫蔵写本。〔校合本〕天理図書館蔵写本・国立公文書館内閣文庫蔵写本・寛永九年板本・無刊記板本。

大日本国法華経験記…享保二年板本(国立公文書館内閣文庫蔵)。〔校合本〕彰考館蔵写本・宝生院(真福寺)蔵写本。

続本朝往生伝…宝生院(真福寺)蔵写本。〔校合本〕宮内庁書陵部蔵写本・同書陵部蔵写本別本・大東急記念文庫蔵写本・神奈川県立金沢文庫蔵写本・万治二年板本。

本朝神仙伝…〔三〕〔四〕〔五〕〔七〕〔九〕〔一〇〕〔二六〕〔二九〕＝前田育徳会尊経閣文庫蔵写本、〔一〕〔二〕〔六〕〔八〕〔一一〕～〔二五〕〔二七〕＝大東急記念文庫蔵写本、〔二八〕＝宮内庁書陵部蔵写本、〔付〕浦島子＝国史大系本釈日本紀。

拾遺往生伝…宝生院(真福寺)蔵写本。〔校合本〕国立公文書館内閣文庫蔵写本・東北大学附属図書館狩野文庫蔵狩谷棭斎校訂本・東京大学史料編纂所蔵写本・元禄十一年板本。

2　「参考」五篇についての底本・校合本は六四〇頁に記した。

三　本文(原文・訓読文)の整定にあたっては、読解の便をはかり、次のような方針を採った。

1　各説話ごとに、〔一〕〔二〕〔三〕…の通し番号を付した。

2　適宜改行を設け、原文には句点を施した。

3　漢字は原則として当用漢字を用い、古体・異体・俗字などは通行の字体に改めた。

4 a　底本の誤字・脱字・脱文には、校異を掲げ(六二六頁校異凡例参照)、訓読文において改補した。ただし明らかな誤字・衍字は校異欄に記すことなく改めた。〔例〕幡磨→播磨　延歴寺→延暦寺　壇越→檀越

b　底本の「砂門」「香呂」「顕蜜」の類は、原文では底本の文字のままとし、訓読文で「沙門」「香炉」「顕密」などと改めた。

c　底本の虫損部分には□　［　］を充て、他本で補えるものには校異を掲げ、訓読文において改補した。

5　底本の返り点・送り仮名・傍訓の類は原則として省略した。

6　底本の二行割書の註記の類は、〈　〉を付して小字一行組とした。

7　底本の傍書は必要に応じて、《　》を付して小字で本行中に組み入れ、或いは校異欄に示した。

8　訓読文に振り仮名を付けるにあたっては、底本の傍訓及び色葉字類抄・類聚名義抄などの古字書類を参照した。

四　頭注・補注

1　注解を施した語句には、訓読文に＊を付した。

2 「↓補」は、別掲補注欄の記事を参照すべきことを示す。

五　本書に使用した主要な書名略称は次の通りである。

伝―各僧の伝(伝教大師伝・慈覚大師伝・叡山大師伝・相応和尚伝など。各説話冒頭の注解を参照)

座主記―天台座主記　釈紀―釈日本紀　至要抄―法曹至要抄　姓氏録―新撰姓氏録　書紀―日本書紀　続紀―続日本紀　続後紀―続日本後紀　字類抄―色葉字類抄(伊呂波字類抄とは別)　著聞集―古今著聞集　伝暦―聖徳太子伝暦　廿五三昧過去帳―楞厳院廿五三昧結衆過去帳　法王帝説―上宮聖徳法王帝説　補闕記―上宮聖徳太子伝補闕記　名義抄―類聚名義抄　要文抄―日本高僧伝要文抄　霊異記―日本国現報善悪霊異記　和名抄―和(倭)名類聚抄

本書は、原文并校異、訓読文は大曾根章介が作成し、注解は、井上光貞・大曾根章介並びに塩入良道氏の共同作業によって成った。仏教に関する事項について多大の教示・協力をいただいた塩入良道氏、また引用文の検討に助力を得た大山誠一氏に深甚の謝意を表する。

＊

本書の刊行にあたり、底本の使用を許可された前田育徳会尊経閣文庫・国立公文書館内閣文庫・宝生院(真福寺)・大東急記念文庫・宮内庁書陵部・高野山大学図書館・神奈川県立金沢文庫、また参考資料の閲覧・複写の便を与えられた多くの所蔵者・研究機関、並びに種々の面において多大の御協力をいただいた方々に厚く御礼を申し上げる。

日本往生極楽記

*日本往生極楽記 目録

日本…目録　底本表紙裏に別筆で「聖徳太子 行基菩薩 善謝 円仁〈慈覚也〉 隆海 増命 無空〈愛銭貨受蛇身写法花免蛇道〉」とのみある。便宜上新たに作成した。

朝散大夫　従五位下。唐書、百官志「従五品下曰㆓朝散大夫㆒」。

行　官位令は官に相当する位階を定めている。官より位が高い時は行、逆の時は守と書く。大内記は正六位上相当。

著作郎　中務省の大・小内記を指す。→補

慶保胤　慶滋保胤。賀茂忠行の二男。紀伝道に学んで菅原文時に師事し、近江掾を経て大内記となった。康保元年より勧学会を主催し、天元五年、池亭記を書く。寛和二年四月出家して寂心と称し叡山横川に入る。長保四年十月に寂。続本朝往生伝〔三〕慶保胤伝参照。極楽記や十六和讃の著述の外、詩文が多く残されている。

弥陀仏を念ず　本朝麗藻巻下、贈心公古調詩の注に「公在俗之日常念㆑仏、言談之隙合㆑眼唱㆓仏号㆒」とある。

名号　主に仏菩薩の尊号で、一般には阿弥陀仏の名号をいう。

相好　仏の身のみに具わるすぐれた美しい形で、三十二相や八十随形好をいう。天台浄土教では、往生要集、大文第四、正修念仏、第四観察門に説くごとく、観相好と唱名号は一体のもので心に阿弥陀仏の相好を観じつつ口にその名号を唱える。

造次顛沛　論語、里仁「君子無㆓終㆑食之間違㆑仁。造次必於㆑是、顛沛必於㆑是」。急変の時と顛倒した時で僅かの時間をいう。

往生　ここは死後極楽浄土に生れること。

日本往生極楽記

*朝散大夫*行*著作郎*慶保胤撰

叙して曰く、予《われ》少き日より*弥陀仏を念じ、行年四十より以降《このかた》、その志いよいよ劇《いそがは》し。口に*名号を唱へ、心に*相好を観ぜり。行住坐臥《ぎやうぢうざぐわ》暫くも忘れず、*造次《さうし》顚沛《てんはい》必ずこれにおいてせり。それ堂舎塔廟《だうしやたうめう》に、弥陀の像あり、浄土の図あるをば、敬礼《きやうらい》せざることなし。道俗男女《だうぞくなんによ》の、極楽に志あり、*往生を願ふことある者には、結縁せざることなし。*経論《きやうろん》疏記《しよき》に、その功徳を説き、その因縁を述ぶるものをば、披閲せざることなし。大唐*弘《ぐ》法寺《ほふじ》の釈の迦才《かざい》、*浄土論《じやうどろん》を撰しけり。*その中に往生の者を載すること二十人。*迦才の曰く、上には経論二教を引きて、往生のことを証せり。実《まこと》に良験とす。ただし衆生智浅くして、聖旨を達せず。もし現《うつつ》に往生の者を記せずは、その心を勧進《くわんじん》することを得じといふ。誠なるかなこの言。また*瑞応伝《ずいおうでん》に載するところの四十余人、この中に*牛を屠《ほふ》り鶏を販《ひさ》ぐ者あり。善知識に逢ひて*十念に往生せり。予この輩《ともがら》を見るごとに、いよいよその志を固くせり。今*国史及び諸の人の別伝等を検するに、*異相往生せる者あり。兼てまた故老に訪《と》ひて*都盧《すべて》四十余人を得たり。予感歎伏膺《ふくゐよう》して聊《いささか》に操行を記し、号《な》づけて日本往生極楽記《にほんわうじやうごくらくき》と曰ふ。後にこの記を見る者、疑惑を生ずることなかれ。*願はくは、我一切衆生とともに、*安楽国に往生せむ。

無量寿経下「願レ生二彼国一即得二往生一」。

経論疏記　経は釈尊の教えを文章にまとめたもの。論は経に説かれた仏教の要義を整理解説したもの。疏記は経論の注釈書類に附した名称。

弘法寺の釈の迦才　↓補

浄土論　三巻九章。自序によれば、道綽(五六二―六四五)の安楽集に不満を覚えて製作したもので、極楽浄土の種類品等を定め、理論と実例によって凡夫も往生可能であることを説く。新羅の元暁、日本の智光・良源・源信等広くこの書を引用す。

その中に往生の者…　浄土論第六章「引下現得二往生一人相貌上」に往生比丘僧六人、比丘尼四人、優婆塞五人、優婆夷五人、計二十人をあげる。↓四一頁補「四十五人」

迦才の曰く　浄土論右章に見える文。

瑞応伝　往生西方浄土瑞応刪伝。↓補

牛を屠り鶏を販ぐ者あり・十念　↓補

国史及び諸の人の別伝等　各伝の注参照。

異相往生　往生のとき奇瑞などを示すこと。浄土論巻下「其得二往生一人、依二経論一咸得二光台異相一者、其数無量」。

都盧　葛原詩話巻三「都盧ハスベテト云コト都来トモ云。都合ト云フ義ナリ」。

願はくは…　一般に廻向文として用いられる「願以此功徳普及於一切我等与衆生皆共成仏道」(法華経)と、浄土教で用いる「願以此功徳平等施一切同発菩提心往生安楽国」(観経疏序偈)を抄文したものか。

安楽国　西方極楽浄土のこと。無量義経上「法蔵菩薩、今現成仏在二西方一、去レ此十万億刹、其仏世界名曰二安楽一」。

〔一〕 聖徳太子は、*豊日《とよひの》天皇の第二の子《みこ》なり。*母妃の皇女夢みらく、*金色《こむじき》の僧ありて謂ひて曰く、吾救世《くせ》の願あり。願はくは后《きみ》の腹に宿らむといふ。妃問はく、誰とかせむといふ。僧曰く、吾は*救世菩薩なり。*家は西方にありといふ。妃答ふらく、妾《せふ》が腹は垢穢《くゑ》なり。何《いか》が宿りたまはむやといふ。僧曰く、吾垢穢を厭はず。ただ*人間を感ぜむことを望むといへり。躍りて口の中に入る。妃即ち覚めて後に、喉《のむど》の中に猶し物を呑めるがごとし。これより以後《のち》、始めて脤《はら》むことあるを知りぬ。漸くに八月に及びて、胎の中にして言《ものい》ふ声外に聞えたり。*胎を出づるの時、忽ちに赤黄の光ありて、西方より至りて殿の内を照曜せり。生れて能く言《ものい》ひ、人の挙動《ふるまひ》を知りぬ。*百済《くだら》の国より経論を献《たてまつ》れり。太子奏して曰く、これを披閲せむと欲すとのたまへり。天皇怪びてこれを問ひたまふ。奏して曰く、児、昔漢《もろこし》にありて*南岳《なんがく》に住《し》せしこと、数十の身を歴たり。仏道を修行したりきとのたまへり。時に年六歳。*太子の身体《すがた》尤も香《かうば》し。これを抱き懐《いたは》る人、奇香衣に染《そ》みて数月《すぐわつ》滅せざりき。百済の*日羅《にちら》来朝せり。身に光明あり。太子微《び》服《ふく》にして諸の童子に従ひ、館に入りて見《まみ》えたり。日羅、太子を指して曰く、これ*神人《じんにん》なりといへり。*太子驚き去りぬ。日羅履《くつ》を脱《ぬ》ぎて走る。太子隠れ坐して、衣を易《か》へて出でたまへり。日羅罪を謝し、再拝して地に跪き、啓《まう》して曰く、*敬礼救世観世音《きやうらいくせくわんぜおん》、伝《でん》燈東方粟散王《とうとうはうぞくさんわう》といふ。太子縦容《しようよう》として謝したまへり。日羅身より大きなる光を放つ。太子また眉間より光を放つ。日の暉《ひかり》のごとし。*左右に謂ひて曰く、日羅は聖人なり。児、昔漢にありしとき、彼は弟子たりき。常に*日天を拝せしが故に、身より光明を放

〔一〕 ↓補

豊日天皇の第二の子　書紀、推古元年四月条「橘豊日天皇(用明天皇)第二子也」。

母妃の皇女　穴穂部間人皇女。以下の懐妊の話は聖徳太子伝暦、欽明三十二年条とほぼ同文。上宮聖徳太子伝補闕記・三宝絵にもみえる。

金色の僧　仏身をいう。

救世菩薩　↓補

家は西方　阿弥陀仏のいる西方極楽浄土を指す。極楽浄土に観音・勢至の二菩薩がいるところから(無量寿経)、のちこの二菩薩を脇士として弥陀三尊と称す。

人間を感ず　交感の意。訳文筌蹄に「交感ト云フハ男女ノ形ヲ交レバ、深ク中ニヒビクトコロアリテ、胎ヲ受ケ子ヲ生ムコトヲ云フ」とある。

胎を出づるの時　以下の出生及び発語の話は、伝暦、敏達元年正月及び四月条にみえ、補闕記・三宝絵にもある。史記五帝本紀「黄帝者…生而神霊、弱而能言」。

百済の国より…　↓補

南岳　伝暦は衡山。史記、封禅書「巡狩至㆓南岳㆒。南岳衡山也」。湖南省衡山県の西にあり五岳の一。太子が前世に南岳慧思禅師(→一五八頁補)だったという説は、奈良時代の後半におそらく鑑真門の間で説かれだしたことらしく、東征伝等にもみえている。

太子の身体…　伝暦、敏達十一年条に、太子の人と異る奇瑞としてこれをかかげる。補闕記にもみえる。

日羅…　伝暦、敏達十二年条にみえ、三

つとのたまへり。

推古天皇立てて*皇太子となして、万機悉く委《まか》せたまへり。太子政《まつりごと》を聴きたまふの日、*宿《むかし》の訟《うたへ》いまだ決せざるの者八人、同音に事《うれへ》を白《まう》す。太子一々によく弁へ答へたまふ。大臣以下称して言《まう》さく、*八耳《やつみみの》皇子といへり。高麗《こま》の僧*恵慈《ゑじ》来朝せり。弘く*内外《ないぐゑ》に渉り、尤も釈義《しゃくぎ》を深くす。太子十を問ひて百を知りたまへり。謂ひて曰く、法花経の中にこの句に字落ちたりとのたまふ。法師答へて曰く、他国の経にまた字あることなしといふ。太子曰く、吾が昔持ちしところの経、思ふにこの字ありきとのたまふ。法師答へて曰く、経何処《いづく》にありやといふ。太子微咲《みせう》して答へて曰く、大隋《だいずい》の*衡山《かうざん》の寺にありとのたまふ。即ち群臣の使とすべき者を指して、*小野妹子をもて大唐に遣したまへり。命じて曰く、吾が先身《せんじん》に持ちしところの法花経、衡山の*般若台《はんにゃだい》の中にあり。汝取りて来れ。かの山に吾が昔の*同法《どうほふ》の遺るところ、ただ三《みたり》の老僧のみ。この法服をもて各にこれを与へよとのたまへり。妹子命を承けて海を渡り、果して南岳に到りて、三の老僧に遇ひて、太子の命の旨を陳《の》べたり。老僧歓喜《くわんぎ》して、即ち*沙弥に命じて、経を納めたる一の漆篋《うるしばこ》を取りて授けたり。妹子経を取りて朝に帰りぬ。太子曰く、この経は我が持ちしところにあらずとのたまへり。

太子の宮の中に別殿あり。*夢殿《ゆめどの》と号《な》づく。一月に三度沐浴して入りたまふ。もし諸の経の疏を制するに、義に滞《とどこほ》ることあれば、即ちこの殿に入りたまへり。常に*金人《きむじん》ありて、東方より至りて告ぐるに妙義をもてす。太子戸を閉ぢて出でざること七日七夜、

宝絵にもある。日羅が招聘されて日本のために任那復興を謀ったことは、書紀、敏達天皇十二年条に詳しくみえるが、太子との邂逅の話はない。

神人　仏のこと。漢法本内伝「伝云、明帝永平三年上夢㆓神人㆒金身丈六、…傅毅対㆑詔仏出㆓天竺㆒乃使遣往求」。また菩薩本業経に仏の十号の一として神人を挙ぐ。

太子驚き去りぬ　伝暦にこの前に太子が汚ない身なりで馬飼児といたのを日羅が人をやって迎えようとしたので、とある。

敬礼…　救世観世音を謹んで礼拝して、仏法を東方の小王国に伝えるの意。敬礼は仏や僧を礼拝すること、伝燈は法を伝えること、東方粟散国は東方の粟を散じたような多くの小国の意で我国をさす。

左右に謂ひ　伝暦は太子が日羅の横死を予言し、彼が殺されたことを聞いて語る。

日天　日宮天子・宝光天子ともいい、観音・大日の変化身という。法華文句二「宝光是宝意、観世音応作」。

皇太子…　立太子のこと。伝暦、推古元年条にほぼ同じ。書紀、推古元年四月条には「立㆓厩戸豊聡耳皇子㆒為㆓皇太子㆒。仍録摂政、以㆓万機㆒悉委焉」。

宿の訟…　伝暦、推古三年条にみえ、補闕記にもある。書紀には「一聞㆓十人訴㆒以勿㆑失能弁。兼知㆓未然㆒」とある。

八耳皇子　法王帝説に厩戸豊聡八耳命、補闕記・三宝絵・伝暦に厩戸豊聡八耳皇子。

恵慈・小野妹子　→補

内外　内典(仏教の教典)と外典(仏教以外の典籍)。仏祖統記三十九「沙門道安

時の人太《はなは》だ異《あやし》めり。恵慈法師曰く、太子三昧に入りたまへり、宜しく驚かせ奉ることなかるべしといへり。八日の晨《あした》に、玉机の上に一巻の経ありき。恵慈を引きて謂ひて曰く、これは吾が先身に持ちしところの経なり。一巻に一部を複せしのみ。去年《いんじとし》妹子が持ち来りしところは、吾が弟子の経なり。吾近日《このころ》魂を遣りて取りて来れるなりとのたまへり。落ちたるところの字を指して師に告げたまふ。師太だ驚きこれを奇《あやし》べり。先に将《も》ち来りし経にはこの字あることなし。太子薨《し》にたまひて後、*山背大兄王子《やましろのおほえのみこ》*六時に礼拝したまへり。冬十月廿三日の夜半《よなか》に、忽ちにこの経を失ひて、去りし所を知らず。今法隆寺に納めたる経は、妹子が持ち来りしところなり。

太子肇《はじ》めて*憲法十七条を制して、手づから書きてこれを奏したまふ。天下悦ぶ。天皇、太子を請じて*勝鬘経《しょうまんぎゃう》を講ぜしめたまへること三日、太子袈裟を着、*麈尾《しゅび》を握《にぎ》りて*師子の座に登りたまふこと、その儀《よそほひ》僧のごとし。講じ竟へての夜、蓮花忽ちに落ちぬ。花の長さ二、三尺、明旦これを奏す。天皇太だ奇びたまひ、即ちその地を卜《し》めて伽藍を建立したまへり。今の*橘寺これなり。天皇また*法花経を講ぜしめたまふこと七日、播磨国の水田三百町をもて太子に給へり。即ち法隆寺に施入《せにふ》したまへり。

太子*駕《が》を命じ、巡検して墓を造りたまへり。帰りたまふに飢《う》ゑたる人あり、道の垂《ほとり》に臥《こや》せり。太子歩み、飢ゑたる人に近づきて語りて曰く、怜《あはれ》ぶべし怜ぶべしとのたまへり。即ち*紫の御袍《はう》を脱いで覆ひたまへり。即ち歌を賜ひて曰く、

*しなてるや　片岡山に　飯《いひ》に飢ゑて臥《こや》せる　旅人あはれ　親無しに　汝《なれ》なりけめや

作二二教論一、以二儒道九流一為二外教一、釈氏為二内教一」。

衡山の寺　衡山(南岳)の山中には堂舎が多く、慧思禅師がここに住した。

般若台　伝暦、十五年条に、南岳に五峰あり、その一の般若峰に思(或は念)禅師が塔と盤を立てたとある。

同法　同じ師について修行した者。

夢殿　法隆寺東院の金堂をいい、僧行信が天平年間に作ったという。

沙弥・金人　↓補

山背大兄王子　聖徳太子の子。皇極天皇の二年十一月、蘇我入鹿に殺害さる。

六時　昼三時(晨朝・日中・日没)・夜三時(初夜・中夜・後夜)をいう。

憲法十七条…　伝暦、推古十二年条と同じ。書紀、同年条に「皇太子親肇作二憲法十七条一」というが、「手書…天下悦」はない。

勝鬘経…　伝暦、推古十四年条とほぼ同じ。三宝絵にもある。講経のことは書紀の推古天皇十四年条や法隆寺伽藍縁起幷流記資財帳・法王帝説にみえるが、これらには「蓮花云々」以下はみえない。勝鬘経は求那跋陀羅訳一巻。一乗真実及び如来蔵法身の教義を説いたもの。太子作、勝鬘経義疏一巻が現存し、その名は正倉院文書にみえる。

麈尾　釈氏要覧「音義指帰云、名苑曰、鹿之大者曰レ麈。群鹿随レ之、皆看二麈所一レ往随二麈尾所一レ転為レ準。今講者執レ之象レ彼蓋有レ所二指麾一故」。細長い板や象牙の両側に毛を着け、柄を附して扇の様な

さす竹の　君はやなきも　飯に飢ゑて臥せる　その旅人あはれ

とのたまふ。飢ゑたる人首《かうべ》を起して歌を答へて曰く、

*斑鳩《いかるが》の富《とみ》の小川の絶えばこそわが大君の御名《みな》忘られめ

といへり。宮に還りたまひての後、使を遣はしてこれを視しむるに、飢ゑたる人既に死にたり。太子大きに悲びて厚く葬せしむ。時に大臣馬子の宿禰《すくね》等譏《そし》れり。太子聞きて、譏《そし》る者を召して命じて曰く、卿等《けいら》墓を発《あば》きてこれを見よとのたまへり。馬子の大臣、命を受けて往きて見るに、その屍《かばね》のあることとなし。棺の内太だ香《かうば》しかりき。賜ふところの*斂物《れんぶつ》、彩帛《さいはく》等、棺の上に置けり。ただ太子の紫袍《しはう》のみなし。馬子等大きに奇びて深く聖徳《しやうとく》を歎《ほ》めたり。

妃*膳部氏《かしはでのうぢ》側にあり。太子の曰く、汝我が意の如くに、一事も違はざりき。吾が死なむの日は、同穴に共に葬せしめむとのたまふ。また曰く、吾昔数十の身を経《へ》て、仏道を修行し、今小国の*儲君《ちよくん》となりて、漸くに一*乗の妙義を弘めたり。吾久しく*五濁《ごぢよく》に遊ばむことを欲はずとのたまへり。妃即ち袂を反して嗚咽《をえつ》しぬ。また*命《みことのり》して曰く、吾今夕《このゆふべ》に*遷化《せんぐゑ》しなむとす。子《し》共に去るべしとのたまへり。太子沐浴して新しき衣裳を服《き》たまふ。妃また沐浴して衣を換へ、太子の副へる床《ゆか》に臥しぬ。明旦太子ならびに妃や*や久しく起きたまはざりき。左右《さう》のもの殿の戸を開きて、乃ち入*滅を知りぬ。時に年四十九なり。この時に当りてや、天下の老少、愛子に哭《わか》れたるがごとく、慈父を喪《ほろぼ》せるがごとし。哀び泣くの声、道路に満てり。皆曰く、日月《じつぐゑつ》忽ちに暗く、天地既に崩《たふ》

形にして説経などの時に用いる。

師子の座　仏や大徳などの坐る座をいう。

法花経…　伝暦、推古十四年条にみえ、書紀、同年条にもある。

駕を命じ…・橘寺　↓補

紫の御袍　装束抄「深紫、一位ノ袍ノ色ナリ。院ニモ召スナリ。最上ノ物ナレバ、非二其人一シテハ着用スルコトナシ。浅紫。二位三位是ヲ着ル」。袍は表衣のこと。

しなてるや…・斑鳩の…・膳部氏　↓補

斂物　棺の中に収めた物。

儲君　皇太子のこと。文選、西征賦「加二顕戮於儲弐一〈注、漢書、疏広曰、太子国儲副君…注曰、儲君、副主。言二設以待一レ之〉」。

一乗の妙義　一切の衆生が成仏する唯一の教の意で、法華経の所説。法華経方便品「十方仏土中、唯有一乗法、無二亦無三、除仏方便説」。

五濁　正法のおとろえた末世に起る濁った状態を五種にみたもの。劫濁(時代的社会的末期症状、飢饉や戦争など)・煩悩濁(貪や痴など精神的な迷いの状態)・衆生濁(心身ともに資質の低下)・見濁(誤った思想の横行)・命濁(人間の寿命低下)。

命して…　以下、伝暦、推古二十九年条にみえ三宝絵にもある。

遷化　死亡すること。大乗義章第五「菩薩後時遷二化他土一」。釈氏要覧巻下「釈氏死謂二涅槃・円寂・帰真・帰寂・滅土・遷化・順世一。…蓋異レ俗也」。

やや久し　操觚字訣「頗久ナリ。ヨホドライアツテト云コトナリ」。

入滅　↓補

れぬ。今より以後《のち》、永く*依怙《えこ》なしといへり。これを斂め葬せむとするに、太子ならびに妃、その容《かたち》生きたるがごとく、その身太だ香し。その両の屍を挙ぐるに、軽きこと衣服のごとし。高麗の僧*恵慈、太子の薨《し》にたまへることを聞きて、哀哭して誓を発《おこ》し願ひて曰く、日本の太子は誠にこれ大聖なり。我境を異にせりといへども、心は断金にあり。縦《たと》ひ独り*慭《なまじひ》に生きたりとも何の益《やく》かあらむ。我太子の薨にたまはむ日をもて必ず死して、太子に浄土にて遇はむといへり。明くる年の二月廿二日は太子薨にたまひし日なり。恵慈即ち死せり。果してその言のごとし。

〔三〕　行基*菩薩は、*俗姓高志氏《ぞくしやうこしのうぢ》、和泉国大鳥郡の人なり。*菩薩初めて胎を出でしとき、胞衣《はうい》に裹《つつ》み纏《まつは》れり。父母忌みて樹の岐《ちまた》の上に閣《あ》げつ。*宿《しゆく》を経てこれを見るに、胞を出でて能く言《ものい》ふ。収めて養へり。*少年の時、隣子村童と相共に仏法を*讃嘆《さんだん》せり。余《ほか》の牧《もく》児《じ》の等《ともがら》、牛馬を捨てて従ふ者、殆《ほとほと》に数百に*垂《なな》むとす。もし牛馬の主これを用ゐることある時には、使をして尋ね呼ばしむるに、男女老少来り覓《もと》むる者、その讃嘆の声を聞きて、牛馬のことを問はず、泣きて帰ることを忘れぬ。菩薩自《みづか》ら高き処に上《のぼ》りて、かの馬を呼びてこの牛を喚《よば》ふに、声に応じて自《おのづか》らに来る。その主各牽《ひ》きて去りぬ。

菩薩出家して*薬師寺の僧となれり。*瑜伽唯識論《ゆがゆいしきろん》等を読みて奥義を了知せり。菩薩*周《あまね》く都鄙に遊びて、衆生を教化《けうくゑ》せり。道俗化《くゑ》を慕ひて、追ひ従ふ者動《やや》もすれば千をもて数へたり。菩薩の行きて処《とどま》りたらむに、巷《ちまた》に居人なく田に耕者なし。男女*幼艾《いうがい》、*耒耜《らいし》

依怙　頼りになるもの。

恵慈、太子の…　この話は書紀、推古二十九年条にあり、法王帝説・補闕記・伝暦等にもみえる。文はこれらのうち書紀に類似する。

慭に　秉燭譚「今ノコトバニセメテト云ニ似タリ。十分思ヤウニハナラザレドモ、セメテコレホドニナシタイナド云意ナルベシ」。

〔三〕　この伝は初稿本にはなかった(→一二頁補(二))。→補

菩薩　→補

俗姓高志氏、和泉国大鳥郡の人　→補

菩薩初めて…　以下の話は三宝絵にみえない。扶桑略記、天平十七年条には「一云」とし「本伝」と注する文中にこの話をあげ、全文ほぼ同じ。

宿　一夜。

少年の時…　以下の話も扶桑略記にみえる。今昔はこの話をかかげながら修飾して、国郡司がこれをみて行基を追ったが反って教化されたという。

讃嘆　言葉に出してその徳を讃めること。

垂む　操觚字訣「垂ハヲツツケソコヘトドカントスルナリ」。

薬師寺の僧となれり　→補

瑜伽唯識論・周く都鄙に遊び…　→補

幼艾　幼児と老人。礼記、曲礼上「五十曰レ艾」。この前後、続紀の卒伝に同じだが「田に耕者なし…機杼を投げて」は卒伝にない。

耒耜　すき。

機杼　はたのひ。

を捨て*機杼《きちょ》を投げて、争ひ来りて礼拝するに、*器に随ひて誘《こしら》へ導けり。悪を改めて善に*趣きぬ。諸の要害の処を尋ねて、*橋梁を造り道路を修《つくろ》へり。その田の耕種して、水の蓄へ灌《そそ》くべきを点検しては、渠池《きょち》を穿《ほ》り陂隄《ひてい》を築《つ》けり。聞見の及ぶところ、咸《みな》来りて功を加ふるに、不日にして成りぬ。百姓《ひやくせい》今にその賜《たまもの》を受く。菩薩畿内に*道場を建立すること凡そ四十九処、諸州にまた往々にして存せり。*昔諸国に修行して故郷に帰るに、里人大小、池の辺《ほとり》に会ひ集りて、魚を捕りてこれを喫《くら》ふ。菩薩その処を過ぐるに、年小放蕩《はうたう》の者相戯《たはぶ》れて、魚の膾《なます》をもて菩薩に薦《すす》めぬ。菩薩これを食《じき》して、須臾《しゆ》に吐き出すに、その*膾変じて小魚となれり。見る者驚き恐れたり。

聖武天皇甚だ敬重《きやうちよう》して、詔して*大僧正の位を授けたまへり。時に*智光*以為《おもへ》らく、我はこれ智行《ちぎやう》の*大僧、行基は浅智の*沙弥《しやみ》なり。朝家《てうか》何に因りてか我を棄てて彼を賞したまふとおもへり。内に皇朝を恨みて、退きて*山寺に隠れぬ。智光忽ちに死せり。遺言に依りて暫く葬《はうぶ》らざるに、十日ありて蘇《いきかへ》ることを得つ。弟子等に告げて云はく、*閻王宮の使駈《はし》りて我を逐《お》へり。路に金殿《こむでん》あり。高広にして光り曜《かかや》く。我《われ》使者に問ふに、答へて云はく、行基菩薩の生るべきの処なりといへり。また行きて遠く見れば、煙炎空に満てり。また使者に問ふに、答へて云はく、汝が入らむと欲するの獄なりといへり。便ち到りぬ。閻王呵《をろ》いて曰く、汝*閻浮《えんぶ》提《だい》日本国《にほんこく》にして、行基菩薩を嫉《ねた》み悪《にく》むの心ありき。今所以《ゆゑ》に汝を召すことは、その罪を懲《こらし》めむとなりといふ。即ち我をして銅《あかがね》の柱を抱かしむるに、肉《しし》解《と》け骨融《とろ》けけり。罪畢《は》てて放ち還せりといふ。智光蘇ることを得

器 能力。礼記、王制「各以二其器一食レ之〈注、器、能也〉」。
趣く 訳文筌蹄「何ゾ一ツ心ガケテ其方へ向フ意ナリ」。
橋梁を造り…・道場を建立… ↓補
昔諸国に… 以下の話は三宝絵にみえる。類似の話は日本霊異記中八にもみえる。但し主人公は行基の弟子の置染臣鯛女。魚は蟹、里人の代りに老人。
膾変じて… 高僧伝巻十、釈保誌に「又時就レ人、求二生魚膾一。人為辨覓。致レ飽乃去。還視二盆中一魚游活如レ故」とある。
大僧正… ↓補
智光 ↓二四頁補
以為 文語解「モト以ノ字ニオモフノ義ハナケレドモ、但本義ニテオモフノ意ヲモタセタルモノナリ」。
大僧 沙弥に対して比丘をいう。
沙弥 ↓一三頁補。ここに大僧と沙弥との対比がなされている。
山寺 霊異記や三宝絵は河内国(安宿郡)鋤田寺とする。↓補
閻王 梵語ヤマラージャの音訳。閻魔王ともいう。地獄の主神で、中国の泰山府君や冥府十王の信仰と結びついて、生前行為の審判をする死後の世界の総司となる。なおこの話のように人が死んで地獄におち、閻王にあい、後に蘇生する話は日本霊異記にも多い。
閻浮提 梵語ジャンブードヴィーパの音訳。インドの世界観の四洲の一で須弥山の南にある人間世界。のち人間世界全体を指す。

て、菩薩を謝せむと欲へり。菩薩この時に摂津《つの》国にありて、難波の江の橋を造る。智光尋ね到るに、菩薩遥に見て意《こころ》を知りて咲《ゑみ》を含《ふふ》む。智光地に伏して礼《らい》を致して、涙を流して罪を謝せり。

天皇*東大寺を造り了りて、菩薩に命《みことのり》して曰く、この寺を供養せむと欲ふ。菩薩をもて*講師《かうじ》とせむとのたまふ。奏して曰く、行基は大会《だいゑ》の講師をせむに堪へず。異国より一《ひとり》の聖者《しやうじや》来るべしといふ。会の期《ご》に及びて奏して曰く、異国の聖者、今日相迎ふべしといへり。即ち勅有りて、菩薩百の僧および*治部・*玄蕃・*雅楽の三の司《つかさ》等を率ゐて、難波の津《つ》に向ひ、浜の頭《ほとり》において音楽を調へて相待てり。行基百僧の末に加はりて、*閼伽一具《あかいちぐ》をもて、香を焼《た》き花を盛《も》り、海上に泛ぶ。香花自然《おのづから》に西を指して去りぬ。俄頃《しばらく》ありて遥に西方を望むに、小舟して来り向ふ。近づきてこれを見れば、舟の前に閼伽の具、次第を乱らず、小舟岸に着きぬ。一の*梵僧ありて浜に上る。菩薩*手を執りて、相見て微咲《みせう》せり。菩薩倭歌を唱へて曰く、

*霊山《りやうぜん》の釈迦のみまへに契りてし真如くちせずあひみつるかも

といふ。異国の聖者即ち答へて和して云はく、

*迦毘羅衛《かびらゑ》にともに契りしかひありて文殊の御貌《みかほ》あひみつるかな

といふ。行基菩薩*緇素に謂ひて曰く、異国の聖者は、これ南天竺の波羅門《ばらもん》、*菩提と名づくなりといへり。集会《しふゑ》の人また、行基菩薩はこれ文殊《もんじゆ》の化身《くゑしん》なりと知りぬ。自余の霊瑞《りやうずい》*覼縷《らる》に遑あらず。菩薩、天平勝宝元年二月二日に滅を唱へたり。時に*年八十。

東大寺… ↓補

講師 講経法会の時に経義を講ずる役を勤める人。

治部 治部省。職員令に雅楽や僧尼・山陵・外交のことを掌る。

玄蕃 玄蕃寮。職員令に治部省の被管で寺院・僧尼・外国公使接待のことを掌る。

雅楽 雅楽寮。職員令に治部省の被管で文武の雅曲正儛・雅楽を掌る。

閼伽一具 閼伽は功徳水と訳し、神仏に捧げる供物、またはそれを容れる器を称したが、仏に奉る水をいう。一具は一そろい。

梵僧 清浄の戒を保つ梵行僧をいうが、ここは梵土(印度)の僧の意。

手を執りて 南天竺婆羅門僧正碑序に「主客相謁、如二旧相知一。白首如レ新、傾蓋如レ旧。於レ是見矣」とある。

霊山の…・迦毘羅衛に…・緇素 ↓補

菩提 菩提遷那。南天竺の人で文殊を尋ねて中国の五台山に登り、老翁より文殊が日本に託生したと聞いて、天平八年に我国に至る。勅により大安寺に住して僧正となり、天平宝字四年二月、五十七歳で遷化す。

覼縷 字類抄「ラル、委細、子細部」。事細かなこと。

年八十・仏子 ↓補

在俗の時 日本紀略、寛和二年四月廿二日条「大内記従五位下慶滋保胤出家」。

翰を染む 筆を墨に染めて字を書くこと。

中書大王 ↓補

大王夢みらく… ↓一二頁補〔二〕

仏子*寂心*在俗の時、この記および序等を草して、既に巻軸《くわんぢく》を成し了りぬ。出家の後念仏に暇《いとま》無くして、すでに*翰《ふむで》を染むることを絶てり。近日《このころ》往生の人五、六輩を訪《とぶら》ひ得たり。便ち*中書大王に属《しよく》して、記の中に加へ入れしむ。兼てはまた潤色《とゝのふること》を待てり。大王辞《いな》びずして、響応《きやうおう》して筆を下すに、*大王夢みらく、この記の中に聖徳太子・行基菩薩を載せ奉るべしとみたり。此の間に大王忽ちに*風痾ありて、記し畢ふること能はざりき。寂心かの夢想を感じて、自《みづか》ら国史および別伝等を抜きて、二菩薩の応迹《おうじやく》のことを抽《ぬ》きて入れり。

〔三〕 *伝燈大法師位善謝は、俗姓《ぞくしやう》*不破勝《ふはすぐり》、美濃国不破郡の人なり。初め*法相を学び道業日に進めり。乃ち*三学に超え詣《いた》りて、六宗を通《あまね》く達《さと》りぬ。桓武天皇擢《ぬ》きて*律師となしたまへり。*栄分は好みにあらず。およその*行業《ぎやうごふ》は菩提を期《ご》せり。*梵福山《ぼんふくざん》の中にして閑《しづか》に余年を送りぬ。行年八十一にして遷化《せんぐゑ》して極楽に往生せり。同法の夢に入りぬ。

〔四〕 *延暦寺座主伝燈大法師位円仁は、俗姓*壬生氏《みぶのうぢ》、下野国都賀《つがの》郡の人なり。*生るるに紫雲の瑞ありき。大同三年に出家し、伝教大師に師として事《つか》へたり。三年*楞厳院《れうごむゐん》に蟄居して、*四種三昧を修せり。承和二年にもて選ばれて*唐に入り、*一紀の間に*五台山《ごだいさん》に登り、諸の道場に到りて、遍く名徳《みやうとく》に謁して、顕密を受学せり。*承和十四年に朝に帰りぬ。*弥陀念仏・*法花懺法《ほつくゑせんぼふ》・*灌頂《くわんぢやう》・*舎利《しやり》会《ゑ》等は大師の伝ふるところなり。およそ仏

風痾　神経疾患で現在の高血圧症神経痛がこれに当る。

〔三〕　↓補

伝燈大法師位・不破勝　↓補

法相を学び　後紀「初就㆓同寺理教大徳㆒、稟㆓学法相㆒」。

三学　仏者が悟を開くために修むべき、戒(禁戒)・定(禅定)・慧(智慧)をいう。

律師となす　続紀、延暦九年九月八日条「詔以㆓善謝法師、等定法師㆒、並為㆓律師㆒」。

栄分　分に過ぎた栄誉。後紀に「栄華」。

行業　よい果報を得るための所行。

梵福山　↓補

〔四〕　↓補

延暦寺座主…・壬生氏　↓補

生るるに紫雲の瑞…出家す　↓補

楞厳院…・四種三昧　↓補

唐に入り　承和二年に勅命あり、同五年出発。以下帰朝までのこと伝にも具体的経過を記すが入唐求法巡礼行記に詳しい。

一紀　書集伝に「十二年曰㆑紀」とあり、歳星の一まわり、十二年をいうが、伝に「住㆓大華厳寺㆒過㆓一夏㆒」とあるを一紀籠山(↓補「四種三昧」)と混同したものか。

五台山　山西省太原府五台県にあり、五峰が聳え立つのでこの名がある。東晋以来文殊の浄土として信仰を集めた。

承和十四年　続後紀、承和十四年十月条「遣唐天台請益僧円仁及弟子二人唐人四十二人到㆑自㆓大唐㆒」。

弥陀念仏・法花懺法・灌頂・舎利会　↓補

法の東流せる、半《なかば》はこれ大師の力なり。*天安・貞観の両帝、*淳和・五条の二后、皆もて師となして、*菩薩戒および灌頂等を受けたまへり。

*大師嘗《むかし》熱病あり。夢に天の*甘露を食《じき》すとみたり。覚めて後に口に滋味ありて、身に余の恙《つつが》なかりき。貞観六年正月十四日に*一道和尚来りて云はく、微細《みさい》の音楽*唐院《たうゐん》に聞え〈大師の房、唐院と号す〉、これを聞くに既にその声なしといへり。*酉の一剋《とき》に令祐法師近く大師の前にあり。大師南方を指して云はく、客人《かくじん》入り到る。早く香を焼《た》くべしといふ。令祐言《まう》さく、人なしといへり。大師弥《いよいよ》もて敬重して、威儀を具して*定印を結び、仏を念じて入滅せり。同年二月に勅ありて*法印《ほふいん》大和尚の位を贈りぬ。*七年諡《いみな》を慈覚と賜へり。

〔五〕*律師隆海は、俗姓*清海氏《きようみのうぢ》、故郷はこれ摂津《つの》国なり。家は河の上《ほとり》にあり、世《よよ》漁釣をもて業となせり。隆海*髪を結ぶの時、漁者に従ひて遊戯《ゆげ》せり。当国の*講師《かうじ》*薬円見てこれを異《あや》しむ。*共に載せて帰りぬ。律師*願暁に付して、*三論の宗義を受けしめたり。貞観十六年に*維摩会《ゆいまゑ》の講師となりて、問を待ちて*辨析するに、詞度《はか》る外に出でたり。暮歯に*風疾を患《うれ》へて、門弟子に告げて曰く、命に就《つ》く時至りぬ。常に極楽を念ずべしといへり。毎日に沐浴して念仏す。兼ては*無量寿経《むりやうじゆきやう》の要文《えうもん》および*竜樹《りうじゆ》菩薩・羅什三蔵の弥陀讃を誦せり。命終に至るまでその声断ぜず、安坐して*気《いき》絶えぬ。遺弟首を北にしてこれを臥せつ。明朝に右の手を見れば、*無量寿如来《むりやうじゆによらい》の印を結べり。荼毘の間にそ

天安・貞観両帝　文徳・清和の両帝。↓補
淳和・五条の二后　淳和帝后の正子(嵯峨帝女)と仁明帝后の藤原順子(冬嗣女)。↓補
菩薩戒　大乗戒・円頓戒ともいう。最澄畢生の円戒独立運動が叡山仏教の出発であり、円仁もこの顕揚につとめ顕揚大戒論(→五九頁注)の著がある。
大師嘗熱病…・甘露・一道和尚…　↓補
唐院　叡岳要記「葺檜皮五間三面屋一宇、…右院大師(慈覚)平生禅房也」。のち円珍の住した後唐院に対して前唐院という。
酉の一剋に令祐法師…　↓補
定印　入定の相を示す印。三部の別がある。伝「至㆓子刻㆒、手結㆓印契㆒、口誦㆓真言㆒、北首右脇、永以遷化」。
法印大和尚の位・七年　↓補
〔五〕　三代実録、仁和二年七月条の卒伝と全く類似。それにより簡略にしたもの。今昔物語巻十五ノ二は主に本書による。
律師隆海・清海氏　↓補
髪を結ぶ　年少の意。↓補
講師・薬円　↓補
共に載せて…　史記、斉太公世家「載与俱帰、立為㆑師」。
願暁・三論　↓補
維摩会…　↓補。三代実録卒伝「(貞観)十六年為㆓維摩会講師㆒。諸宗僧綱碩学、論難鋒起。隆海随㆑方辨折、咸出㆓問表㆒」。
辨析　理非を分ちきめること。
風疾　→一九頁注「風痾」
無量寿経　二巻。魏の康僧鎧訳が流伝する。阿弥陀仏の四十八願及び浄土の荘厳

の印爛《ただ》れざりき。

〔六〕 *延暦寺座主僧正増命は、*左大史*桑内安岑《くはうちのやすみね》が子なり。父母児なし。祈りて*和尚《くわしやう》を生めり。和尚天性慈仁《じにん》にて、少《わか》くして児《ちご》の戯《たはぶれ》なかりき。夢に梵僧ありて、来りて*摩頂して曰く、汝菩提心を退くことなかれといへり。かくのごときこと数《しばしば》なり。*受戒の後にいまだ曽《むかし》より臥し寝《ねぶ》らざりき。*智証大師に就きて*三部の大法を受けたり。*和尚尊卑を分たず、客来ることあれば、これを迎へ送りぬ。*叡岳の嶺の上に、*透《つはく》める巌舌のごとくして、西塔に相向ふ。智徳の僧多くもて夭亡《えうばう》せり。古老の曰く、巌の妖なりといへり。和尚これを聞きて、巌を望みて歎息し、三日祈念せり。一朝に雷電して巌悉く破れ砕けぬ。その殞《やぶ》れたる片石は今に路の傍《かたはら》にあり。

*太上法皇、師となして*廻心戒《ゑしんかい》を受けたまへり。戒壇の上に紫金《しこむ》の光を現ず。見る者随喜せり。*もし宿病ある者は、和尚の鉢の飯を食《じき》するに、その苦患《くげん》するところ痊愈《せんゆ》せずといふことなかりき。和尚俄に微《すこし》き病ありて、*一室を洒掃《せいさう》して、門弟子に告げて曰く、人と生れて限あり。本尊我を導きたまふ。汝等近く居るべからずといへり。今夜《こよひ》金光忽ちに照し、紫雲自《おのづか》らに聳《そび》けり。音楽空に遍く、香気室に満てり。和尚西方を礼拝して、阿弥陀仏を念ず。香を焼《た》きて*几《おしまづき》に倚《よ》りて、眠れるごとくして気止《いき》みぬ。斂葬《れむさう》の間に煙の中に芳気あり。*天子使を遣して労問したまふ。謚を静観と賜へり。

を説き、人々に極楽往生を勧めたもの。浄土三部経の一。

竜樹菩薩・羅什三蔵の弥陀讃 ↓補

気絶えぬ 三代実録、仁和二年七月廿二日条に「律師法橋上人位隆海卒」。

無量寿如来の印 ↓補

〔六〕 ↓補

延暦寺座主僧正増命 延喜六年十月天台座主(日本紀略・扶桑略記・僧綱補任)、延長元年五月僧正(扶桑略記・僧綱補任)となる。

左大史 太政官の文書を掌る役(職員令)で、正六位上相当の官(官位令)。

桑内安岑・和尚 ↓補

摩頂 ↓五八頁注

受戒の後… この一文、略記卒伝にみえる。

智証大師 ↓補

三部の大法 金剛・胎蔵・蘇悉地の台密三部の大法。

和尚尊卑を分たず 以下一文、略記卒伝にみえる。但し来の下に「先下」の二字あり。

叡岳の嶺の上に… 以下「路の傍にあり」まで略記、寛平三年夏月にみえ、ほぼ同文。

透 名義抄・字類抄「ツハクム」。出ばっている。

太上法皇… ↓補

廻心戒 円頓戒(↓注「菩薩戒」)の異名で天台宗の戒法をいう。天台法華宗年分度者回小向大式(四条式)に「回心向大初修業者授㆓所説大乗戒㆒」。

もし宿病ある者は… 以下「いふことなし」まで、略記卒伝にみえる。

一室を洒掃し…・**几**・**天子使を**… ↓補

〔七〕*律師無空は、平生念仏を業となせり。衣食常に乏《とも》しくして、自《みづか》ら謂へらく、我貧《まど》しければ亡《し》して後定めて遺弟を煩はしめむとおもへり。竊に万銭をもて房内の天井の上に置きぬ。斂葬を支へむと欲ふなり。律師病に臥して、言銭《ぜに》に及ばず、忽ちにもて即世しぬ。*枇杷左大臣、律師と故旧ありき。大臣夢みらく、律師の衣裳垢穢《くゑ》し、形容枯槁《こかう》して、来りて相語りて曰く、我《われ》伏蔵の銭貨あるをもて、度《はか》らずして蛇《くちなは》の身を受けたり。願はくは、その銭をもて法花経を書写すべしといへり。大臣自ら旧き房に到りて、万銭を捜り得たり。銭の中に一の小き蛇あり、人を見て逃れ去りぬ。大臣忽ちに法花経一部を書写供養せしめ了りぬ。他日夢みらく、律師法服鮮明にして、顔の色悦《えつ》懌《えき》なり。*香炉を持ちて来りて、大臣に謂ひて曰く、吾相府《われしやうふ》の恩をもて、邪道を免るることを得たり。今極楽に詣るなりといへり。語り了へて西に向ひて飛び去るとみたり。

〔八〕*東大寺の戒壇和尚《わじやう》*律師明祐は、一生*持斎して、全《また》くに戒律を護《まぼ》れり。毎夜《よごと》に堂に参じて、房舎には宿せず。命終に及ぶまで念仏休まざりき。天徳五年二月十八日入滅せり。一両日先より頗る悩気《なうき》ありて、飲食例《おんじきつね》にあらず。弟子等曰く、終日《ひねもす》に食せず。粥を勧めむに如何といふ。師の曰く、斎《とき》の時すでに過ぎぬ。命終らむことまた近し。何《な》ぞ破るべきかといふ。重ねて命じて曰く、*二月は寺の例に修するところの仏事あり。我慭《なまじひ》に生きてこれを過さむやといへり。十七日の夕に、弟子等阿弥陀経を誦し、廻《ゑ》向《かう》畢《は》てて後、師の曰く、*前《さき》のごとく音楽を調すべしといふ。答へて曰く、音楽ありし

〔七〕依拠不明。或いは序にいわゆる「故老」よりの聞書か。以下、特に著者と同時代の場合はこの種のものが多い。↓補

律師無空　↓補

枇杷左大臣　藤原仲平。基経の二男。中宮大夫・蔵人頭・参議・中納言・大納言などを経て承平三年右大臣、同七年左大臣となり、天慶八年九月五日、七十一歳で薨ず。

香炉を持ち…　威儀を正した僧に柄香炉を持つ風習あり。聖徳太子十六歳の時の画像のごとし。

〔八〕扶桑略記、天徳五年二月条の卒伝は同文。注に「已上」とあるが、本書によるか。ただし律師の下に法橋上人位とあり、一生持斎の前に伊賀国人也とある。今昔物語巻十五ノ三も本書によるか。

東大寺の戒壇和尚　↓補

律師明祐　↓補

持斎　身心をつつしむこと。狭義には正午を過ぎて食しない斎食を守ること。

二月…　修二月法会のことで、毎年二月一日より二七日間東大寺で行われた。お水取の行事で知られ、天平勝宝四年実忠が十一面悔過を行ったのに始まるという(塵添壒嚢鈔十二)。

前のごとく…　今昔「汝等前ノ如ク阿弥陀経ヲ可誦シ。我レ只今音楽ノ音ヲ聞ク」。

〔九〕今昔物語巻十五ノ四もほぼ同内容であるが、命終の時火車に乗った地獄の鬼が迎えに来たので、借米を寺に返上し、それにより往生できたという形に説話化しており、宇治拾遺物語巻四ノ三も同じ。

僧都済源　僧綱補任、天暦十年条に「律

ことなし。何ぞ言の相誤れるかといふ。師の曰く、我心神爽《たが》はず。前に音楽ありしをもて陳ぶるところなりといへり。明くる日即世せり。

〔九〕僧都*済源は、心意潔白にして世事《せじ》に染まず、一生の間念仏を事となせり。命終るの日、室に香気あり、空に音楽あり。常に騎《の》るところの*白馬、跪きてもて涕泣す。米《よね》五石を捨てて*薬師寺に就《つ》けて、諷誦《ふじゆ》を修せしめ、陳べて曰く、我昔、寺の別当となりしに、借用せしところこれのみ。今終に臨みてもてこれに報ゆるなりといへり。

〔一〇〕延暦寺*定心院の*十禅師《じふぜんじ》成意《じやうい》は、素性潔白にして染着《ぜんちやく》するところなかりき。本《もと》より持斎を好まず、朝夕これを食せり。弟子前《すす》みて曰く、山上の名徳《みやうとく》は多く斎食《さいじき》をなす。我が師何ぞ独りこのことを*忽諸《いるがせ》にするかといふ。師答へて曰く、我本より清貧なり。*日供《にちく》の外にまた得るところなし。今ただあるがままに供米《くまい》を食すのみ。*ある経に曰く、心は菩提を礙《さまた》ぐ、食は菩提を礙げずといへり。弟子*舌を呑みて罷みぬ。数年の後弟子の僧に命じて曰く、今日の食は常の量より倍《ま》すべし。例の時よりも早《すみやか》にせよといへり。弟子等晨《あした》に炊《かし》きて供進す。便ち鉢の中の飯、各一両匙《し》をもて、普く諸の弟子に分けて曰く、汝曹《たち》我が食を食すること、ただ今日ばかりのみといふ。食し了りて弟子に語りて曰く、汝*無動寺の*相応和尚《くわしやう》の御房《ごばう》に参じて申して云へ。成意只今極楽に詣る。かの界において奉謁すべしといふ。又*千光院の*増命和尚の御房に参じて、陳ぶること前言

師済源、十二月廿八日任二小僧都一、日本紀略、康保元年七月五日条に「少僧都済源卒。有二往生極楽之瑞一」。

白馬　中国に始めて仏教を公伝した外来僧が住した鴻臚寺を、白馬に乗せて経文を運んだので白馬寺と称したとか、白馬の訴によって寺院の毀破を止め白馬寺としたとかの伝説がある。

薬師寺　→補

〔一〇〕今昔物語巻十五ノ五は本書によるか。扶桑略記、延喜十七年条に同文あり、「已上出二慶氏記一」という。なおこの項は諸本皆智光・頼光の伝の次にある。

定心院　→補

十禅師　勅願により諸寺・諸院においた一種の役僧で、鎮護国家の修法等をおこなった。

忽諸　字類抄「イルカセ、無礼分」。

日供　毎日の供物。寺院より僧に供せられる毎日の生活費。

ある経…　不明。悟を開く妨げになるものは内面的な心で、外面的な食物ではない、の意。

舌を呑む　驚いて物も言えぬ状態。

無動寺　日本高僧伝要文抄所引無動寺大師伝によれば、貞観七年に相応が建立し、のち天台別院となる。不動明王を安置す。

相応和尚　拾遺往生伝巻下〔一〕参照。

千光院　叡山の一院で西塔にあり、天台座主記等によれば増命の住房。叡岳要記には光孝天皇の御願、宇多天皇灌頂の砌、増命の師、延最院主が建立すという。

増命　→二一頁注「延暦寺…増命」

のごとくあれといふ。弟子の曰く、この言*妄に近しといふ。師の云はく、我もし今日死せざれば、我の*狂言となすべし。汝において何の愧づるところあらむかといへり。弟子等便ち両所に之《ゆ》けり。いまだ帰り来るに及ばざるに、西に面《むか》ひて入滅せり。

〔一一〕元興寺《ぐわんごうじ》の*智光・*頼光両《ふたり》の僧は、少年の時より*同室修学せり。頼光暮年に及び人と語《ものがたり》せず、失するところあるに似たり。智光怪《あやし》びてこれを問ふに、すべて答ふるところなし。数年の後頼光入滅せり。智光自《みづか》ら歎きて曰く、頼光はこれ多年の親友なり。頃年《としころ》*言語なく*行法《ぎやうぼふ》なく、徒《いたづら》にもて逝去せり。*受生の処、善悪知りがたしといへり。二三月の間、心を至して祈念す。智光夢に頼光の所に到りぬ。これを見るに浄土に似たり。問ひて曰く、これ何処かといふ。答へて曰く、これは極楽なり。汝が懇志をもて、我が生処を示すなり。早く帰去すべし。汝が居る所にあらずといふ。智光曰く、我浄土に生れむことを願ふ。何《な》ぞ還るべけむやといふ。頼光答へて曰く、汝行業なし。暫くも留るべからずといふ。重ねて問ひて曰く、汝生前に所行なかりき。何ぞこの土《ところ》に生るることを得たるかといふ。答へて曰く、汝我が往生の因縁を知らざるか。我《われ》昔経論を披き見て、極楽に生れむと欲《ねが》ひき。靖《しづか》にこれを思ひて、容易《たやす》からざることを知りき。これをもて人事を捨て言語を絶ちき。*四威儀の中に、ただ*弥陀の相好、浄土の荘《しやう》厳《ごむ》を観じけり。多年功《く》を積みて今纔に来れるなり。汝心意散乱して善根微少《ぜんごんみせう》なり。いまだ浄土の業因《ごふいん》とせむには足らずといふ。智光自らこの言《こと》を聞きて、悲泣して休《や》まず。

妄　五悪。十悪の一で、妄語のこと。他人を欺くこと。

狂言　理に違った言葉。華手経巻七に「禿人勿二狂言一」、諸法集要経巻四に「口出二於狂言一瞪目無二定住一」、法苑珠林巻五十五に「不レ苟二其恩一反作二狂言一」、観音玄義巻上に「若慧而無レ定者、此慧名二狂慧一」とあり、最澄の願文にも「愚中極愚、狂中極狂」とある。

〔一一〕　今昔物語巻十五ノ一は本書による。往生拾因(永観)・普通唱導集巻下にもみえる。

智光　↓補

頼光　伝未詳。

同室修学　↓補

言語なく　無言行のことで、無言を行ずる一種の苦行である。第一五行にもその行の功徳を述べている。無言の行を重んずる思想は本書にところどころみえる。

行法　悟りを得るための修行法。

受生の処　死後生を受ける処。極楽か地獄かを知ろうとしたのである。

四威儀　行・住・坐・臥において僧尼の守るべき正しいふるまい作法。

弥陀の相好、浄土の荘厳を観ず　↓一〇頁注「相好」。荘厳は仏身・仏土等を厳かに飾ること。

重ねて問ひて曰く、何《いか》にしてか決定《くゑつぢやう》して往生を得べきやといふ。頼光曰く、仏に問ふべしといふ。即ち智光を引きて共に仏の前に詣りぬ。智光頭面礼拝して、仏に白《まう》して言はく、何の善を修してか、この土に生ることを得むかといふ。仏、智光に告げて曰く、仏の相好、浄土の荘厳を観ずべしとのたまふ。智光言はく、この土の荘厳、微妙広博にして心眼及ばず。凡夫《ぼんぶ》の短慮何ぞこれを観ずることを得むといふ。仏即ち右の手を挙げて、掌《たなごころ》の中に小浄土を現じたまへり。智光夢覚めて、忽ちに画工に命じて、夢に見しところの*浄土の相を図せしめたり。一生これを観じて終《つひ》に往生を得たり。

〔一二〕延暦寺東塔の住僧某甲《それがし》は、頸の下に*癭《こぶ》あり、万方すれども痊《い》えず。襟《ころものくび》をもてこれを掩ふといへども、なほ衆に交るに憚りありき。*楞厳院の砂碾《すなうす》の峰を卜《し》めて、もて隠居せり。素より*尊勝《そんしよう》・*千手《せんじゆ》陀羅尼を誦せり。また常に弥陀仏を念じたり。数年の後治せずして自《おのづか》らに痊えぬ。自ら謂《おも》へらく、仏力の致すところなり。縦ひ我故《われもと》の屋に帰りて、また世事を営むとも、世にある日短ければ、念仏するにしかじとおもへり。これより蹤《あと》を刊《けづ》りて砂碾を出でざりき。

同山の僧*普照、*一夏《げ》の間同院に住せり。麦の粥を煮てもて寺中に施《せ》せむと欲《おも》ひて、一夜*湯屋《ゆや》の鼎《あしがなへ》の辺《ほとり》にありき。時に奇香山に薫じ、妙なる楽空に満てり。耳鼻の聞くところ心自《おのづか》らにこれを怪ぶ。普照仮寐《うたたね》して夢みらく、一の宝輿あり、砂碾より西方を指して飛び去りぬ。僧侶および*伶倫《れいりん》、輿《みこし》の左右《さう》を囲繞《ゐねう》せり。遥に輿の中を見るに、砂

浄土の相を図せしむ　いわゆる智光曼荼羅で、七大寺日記にもみえる。智光曼荼羅という名称の初見は、元亨三年具注暦裏書の時範記、康和元年八月条に「懸二極楽曼荼羅一」といい、分注に「智光マタラ也」とあるものか。この曼荼羅の原本は失われたが、鎌倉初期の板絵本ほかその模本があり、それらから原図の復元研究が行われている。

〔一二〕　今昔物語巻十五ノ六は本書によるか。

癭　和名抄に「頸腫也」とある。

楞厳院の砂碾の峰　楞厳院→一九頁補。砂碾は横川元三大師堂の南斜面。三塔諸寺縁起「砂碓院　是院号此山甫所レ示也」。

尊勝陀羅尼　仏頂尊勝陀羅尼。仏頂尊勝の内証功徳を説いた陀羅尼で、除病・延寿等の効験ありという。→補

千手陀羅尼　大悲心陀羅尼・大悲呪とも。千手観音の内証功徳を説いた陀羅尼。

普照　伝未詳。

一夏　四月十六日より七月十五日に至る安居(→一〇八頁注)の期間をいう。

湯屋　→三〇八頁注「温室」

伶倫　黄帝の臣で嶰谷の竹を取って楽律を制したといわれ、それから転じて一般に楽人をいう。

〔一三〕　今昔物語巻十五ノ七は本書によるか。兼算の伝未詳。

梵釈寺の十禅師　梵釈寺は延暦五年正月、桓武天皇が近江国滋賀郡に建立した(続

碌の僧これに乗るとみたり。普照覚めて後、虚実《こじつ》を知らむと欲《おも》ふに、人あり即ち入滅を告げぬ。普照同法等に相語りて曰く、我正《まさ》しく往生極楽の人を見つといへり。

〔三〕 *梵釈寺《ぼんしゃくじ》の十禅師兼算は、性《ひととなり》布施を好みて、心に瞋恚《しんい》少かりき。少年の時より弥陀仏を念じ、不動尊に帰せり。往年夢みらく、人あり告げて曰く、汝はこれ前生に弥陀仏に帰せし一乞人なりといへり。兼算病に臥して辛苦《しんく》す。七日の後忽然として起居せり。心神明了なり。弟子の僧に語りて曰く、我が命まさに終りなむとす。空中に微《み》細《さい》の*伎楽《ぎがく》あり。諸の人聞くや不《いな》やといへり。便ち諸の弟子と一心に念仏せり。少《しばら》くありてまた臥しぬ。口に念仏を廃めず、手は*定印を乱さずして入滅せり。

〔四〕 延暦寺*楞厳院の十禅師*尋静は、本性*悋惜《りんぜき》するところなかりき。人の来ることあるごとに、先づ飲食《おんじき》を勧めたり。十余箇年山門を出でず、昼は*金剛般若を読み、夜は阿弥陀仏を念じたり。修するところの種々《くさぐさ》の善根《ぜんごん》は、ただ極楽を期《ご》せり。行年七十余歳の正月に病に臥せり。弟子に命じて*三時に*念仏三昧を修せしむ。二月上旬、弟子等に語りて曰く、我夢みらく、大きなる光の中に、数十の禅僧、宝輿をもて音楽を唱へ、西方より来りて虚空《こくう》の中に住す。自ら謂《おも》へらく、これ極楽の迎なりといへり。五、六日を歴て、更に沐浴を加へ、三ケ日夜、永く喰飯を絶ちて、一心に念仏せり。また弟子の僧に命ずらく、汝僧、*水漿を勧め問訊《もんじむ》を致すべからず。*観念を妨ぐることあるが

紀)。延暦十四年九月、桓武天皇は詔して、清行禅師十人を梵釈寺におき三綱もその中よりえらぶこととした(類聚国史一八〇、諸寺)。十禅師→二三頁注

伎楽 →補

定印 →二〇頁注。ここでは弥陀定印。

〔四〕 今昔物語巻十五ノ八は本書によるか。

楞厳院の十禅師 安和元年正月、楞厳院(→一九頁補)に十禅師(→二三頁注)と年分度者を置くという(叡岳要記・山門堂舎記)。

尋静 一本に花山の覚慧律師の弟子とある。覚慧は天台宗、玄鑑の弟子で、天暦二年権律師、同三年律師、同八年入滅(僧綱補任)。

悋惜 字類抄「イナヒヲシム、リンゼキ」。

金剛般若 →補

三時 昼・夜の三時があるが、ここでは昼の晨朝・日中・黄昏をいう。

念仏三昧 一心に念仏の行法を修することをいうが、仏の相好を観ずる観念念仏と、阿弥陀仏の名号を称える称名念仏の二種がある。

水漿 →補

観念 真理や仏の姿などを心を尽して観察思念すること。ここでは観心念仏のことか。

〔五〕 今昔物語巻十五ノ九は本書によるか。

定心院 →二三頁補

摩訶止観 十巻(または二十巻)。天台大師智顗が円頓止観の法を説いたもの。天

故なりといへり。即ち西面合掌して終りぬ。

〔一五〕延暦寺*定心院の十禅師春素は、一生*摩訶止観を披見し、また常に阿弥陀仏を念じたり。春秋七十有四の冬十一月に、弟子の僧*温蓮《うんれん》に語りて云はく、弥陀如来、我を迎接せむと欲ひたまふ。その使の禅僧一人・*童子一人、共に*白衣を着たり。衣の上に画あり、花の片《はし》を重ぬるがごとし。明るく年の三、四月、これその期なり。今より須《すべから》く飯食を断ち、ただ茶を飲むべきのみといへり。明くる年の四月に至りて、また温蓮に命じて曰く、前《さき》の使重ねて来りて、我が眼前に在り。定めて閻浮《えんぶ》を去るべきなりといへり。日中に至りて遷化せり。

〔一六〕*延暦寺の座主*僧正延昌は、*加賀国の人なり。僧正兼て顕密を学び、専《もは》らに分寸を惜む。戒を受けてより以降《このかた》、毎夜に*尊勝陀羅尼百遍を誦す。毎月の十五日、諸の僧を招延して、*弥陀の讃を唱へ、兼て*浄土の因縁、法花の奥義を対論せしむ。平生常に曰く、命終の期に先《さき》だちて、三七日の*不断念仏を修せむと欲ふ。その結願《けちぐわん》の日は、我が入滅の時なりといへり。往年夢みらく、*四品朝服の人あり。*神彩《しんさい》甚だ閑《みやび》かにして、僧正に語りて曰く、もし極楽に生れむと欲はば、一切の衆生のために、法花百部を書写せよといへり。僧正*衣鉢《えはつ》を捨てて書写供養す。*天徳三年十二月廿四日に、門弟子に命じて、三七日の間不断念仏を修せしめ、*明くる年の正月十五日に入滅せり。この日僧

台三大部の一で天台宗で古来重んじた。

温蓮　伝未詳。

童子　中国仏教では出家して官許の得度するまでの見習僧。日本では僧が公にたまわり、または私に従えた未成年の従者。僧尼令「凡僧聴下近親郷里取二信心童子一供侍上。至二年十七一、各還二本色一」。

白衣　緇(黒)衣の僧に対して俗人をいうが、白衣観音などの連想か。

〔一六〕　法華験記巻上〔六〕、扶桑略記、応和四(康保元)年正月、延昌卒伝は本書によるか。

延暦寺の座主　僧綱補任「(天慶)九年十二月卅日、補二天台座主一治十九年」。天台座主記もほぼ同じ。

僧正　僧綱補任「天徳二年正月十七日任僧正」。天台座主記も同じ。

加賀国の人　僧綱補任「加賀国人、錦氏」。天台座主記「加賀国江沼郡人、槻本氏」。

尊勝陀羅尼　→二五頁注

弥陀の讃　阿弥陀仏の功徳を讃嘆する偈頌。但し具体的にどれをさすか不詳。

浄土の因縁…不断念仏・四品朝服　→補

神彩　すぐれた風采。

衣鉢を…　衣鉢は袈裟と鉢(三衣一鉢)、僧の最も重要な持物。ここは僧としての諸行を捨てる意か。

天徳三年　法華験記・扶桑略記とも応和三年としている。その没年からみても天徳は応和の誤り。

明くる年　本文によれば、文脈上、天徳四年になるが、事実は応和四(康和元)年。日本紀略ほか皆同じ。

正沐浴して浄衣にて、本尊の像に向ひ願ひて曰く、*西山日暮れ、*南浮《なんぶ》露消ゆ。今夕を過さず、必ず相迎へたまふべしといへり。言《こと》訖りて*右脇にしてもて臥す。枕の前に弥陀・尊勝の両像を安じ奉りて、*糸をもて仏の手に繋《か》けて、我が手を結び着く。その遷化の期《ご》、果して前《さき》に言ひしがごとし。朱雀・邑上両帝、帰依して師となしたまへり。後に*慈念と諡《いみな》せり。

〔一七〕*沙門空也は、*父母を言はず、亡命《ばうめい》して世にあり。或は云はく、*潢流《くわうりう》より出でたりといふ。口に常に弥陀仏を唱ふ。故《かるがゆゑ》に世に阿弥陀*聖と号《な》づく。或は市中に住して仏事を作し、また市聖と号づく。*嶮《さか》しき路に遇ひては即ちこれを鏟《けづ》り、橋なきに当りてはまたこれを造り、井なきを見るときはこれを掘る。号づけて阿弥陀の井と曰ふ。

播磨国揖穂《いひほの》郡*峰合《みねあひ》寺に一切経《いつさいきやう》ありて、数《あまた》の年披閲せり。もし難義あれば、夢に*金人《きむじん》ありて常に教へたり。阿波・土左両州の間に島ありて、*湯島と曰ふ。人伝ふらく、観音の像ありて霊験掲焉なりといふ。*上人腕《ただむき》の上に香を焼き、一七日夜、動《はたら》かず眠《ねぶ》らず。尊像新に光明を放ち、目《まなこ》を閉づれば見えたり。一の*鍛冶《かぢ》の工《たくみ》、上人を過《よぎ》り、金を懐《ふところ》にして帰る。陳べて曰く、日暮れ路遠くして、怖畏なきにあらずといふ。上人教へて曰く、弥陀仏を念ずべしといへり。工人中途にして果して盗人《ぬすびと》に遇ふ。心に竊に仏を念ずること上人の言のごとくせり。盗人来り見て市聖と称《い》ひて去りぬ。

西の京に一の老尼あり。大和介*伴典職《とものりもと》が旧室なり。一生念仏して上人を師となせり。

西山日暮れ　年老いたことを暗示する。
南浮露消ゆ　南浮は南閻浮提のことで吾々の住む所。露消ゆは命の終ること。
右脇にして　釈迦が入滅の時、頭北面西で涅槃に入ったことに起因し、死ぬ時に北枕で右脇にして臥す。
糸をもて仏の手に繋け…　→補
慈念　日本紀略、天元二年八月廿八日条「勅諡二故僧正延昌一曰二慈念一」。
〔一七〕→補
沙門　善を修し不善を息むる意で、出家者の総称。
父母を言はず…　空也誄に「上人不レ顕二父母一、無レ説二郷土一」とある。亡命は名籍を脱すること。
潢流より出づ　誄に「有識者或曰、其先出二皇派一焉」。潢流は皇室。皇胤紹運録や諸門跡譜は仁明天皇の皇子常康親王の子、帝王編年記や撰集抄は醍醐天皇の皇子とする。
聖・嶮しき路に…・峰合寺　→補
金人　→一三頁補
湯島　未詳。この一段のことも誄にみえている。
上人　諸門跡譜に空也を日域上人の始と記す。上人とは徳行に秀でた高僧の意だが、普通は隠遁の僧(官僧でない)を指していう。→補「聖」
鍛冶の工　この一段の話は誄にみえない。
伴典職が旧室　夫妻とも伝未詳。誄に康保末年のこととしてこの話をのせ、「前大和介従五位上伴朝臣典職之前妻也」と上人一の*衲衣《なふえ》を補綴《ほてち》せしむ。尼補《つづ》り畢りて婢《ひ》に命じて曰く、我が師今日遷化すべし。汝早く齎《も》て参るべしといへり。婢還りて入滅を陳ぶるときに、尼曾《すなは》ち驚歎せず。見る者これを奇《あやし》ぶ。上人*遷化の日に、浄衣を着て、香炉《かうろ》を擎《ささ》げ、西方に向ひてもて端坐し、門弟子に語りて曰く、多くの仏菩薩、来迎*引接《いんぜふ》したまふといへり。気絶《いき》ゆるの後、猶し香炉を擎げたり。この時音楽空に聞え、香気室に満てり。嗚呼《ああ》上人*化縁已に尽きて、極楽に帰り去りぬ。*天慶より以往《さきつかた》、道場聚落《だうぢやうしうらく》に念仏三昧を修すること希有《けう》なりき。何《いか》に況や小人愚女多くこれを忌めり。上人来りて後、自ら唱へ他をして唱へしめぬ。その後世を挙げて念仏を事とせり。誠にこれ上人の衆生を化度するの力なり。

〔一八〕 延暦寺の*阿闍梨《あざり》伝燈大法師位千観は、俗姓《ぞくしやう》*橘氏、その母、子なかりき。竊に観音に祈りて、夢に蓮華一茎《きやう》を得たり。後に終《つひ》に娠《はら》みて、闍梨を誕《う》めり。闍梨心に慈悲あり、面《おもて》に瞋《いかり》の色なし。*顕密を兼ね学びて、博く渉らずといふことなし。食の時を除くの外、書案《ふみづくゑ》を去らず。*阿弥陀の倭讃廿余行を作りて、都鄙老少、もて*口実となせり。極楽結縁の者、往々《ところどころ》にして多し。

闍梨夢みらく、人あり語りて曰く、信心これ深し。あに極楽上品の蓮《はちす》を隔てむや。善根無量なり。定めて*弥勒下生《げしやう》の暁を期《ご》せむといへり。闍梨*八事をもて徒衆を誡め、*十願を発して群生《ぐんじやう》を導けり。遷化の時、手に願文を掘《にぎ》り、口に仏号を唱へたり。*権中納言敦忠卿の*第一の女子《によし》、久しくもて師となせり。相語りて曰く、大師命終りての後、

し、この女が「与二上人一有二情好一、迭称二善友一」という。

衲衣 ぼろ布を縫い合わせて作った法衣。日本では平袈裟に金襴や錦綾等を縫い合わせた華美な袈裟をもいう。

遷化の日 ↓補

引接 引摂。引導摂取せられること。

化縁 教化の因縁。仏や菩薩がこの世に現われるのは教化の因縁があるからで、それが尽きれば即ち去る。

天慶より以往 ↓補

〔一八〕 扶桑略記、永観二年八月条にほぼ同文がみえ、「已上出二往生記一」とある。ただ、「書案を去らず」のあとに二十九字(↓補「阿弥陀の倭讃」)がある。今昔物語巻十五ノ一六は本書によるか。

阿闍梨… 弟子を教授してその規範となるべき師をいう。仁寿四年以後、僧職として密教の伝法灌頂を授くる高僧をいう。↓一九頁補「伝燈大法師位」

橘氏 尊卑分脈に相模守橘敏貞の子。

顕密を兼ね学びて 顕教と密教。師は園城寺伝法血脈に行誉といい、諸嗣宗脈記に運昭といい、いずれにしても寺門派。

阿弥陀の倭讃 ↓補

口実 愛唱する詩歌。口ずさみ。今昔にはここを「興ジ翫テ、常ニ誦スル間ニ」。

弥勒… ↓補

八事をもて徒衆を誡め ↓補

十願を発して群生を導く ↓補

権中納言敦忠 ↓補

第一の女子 尊卑分脈に「大納言延光室、載二往生記一」とある。

夢の中に必ず生れむ処を示したまへといふ。入滅していまだ幾《いくばく》ならざるに夢みらく、闍梨蓮花の船に上《のぼ》りて、昔作りしところの弥陀の讃を唱へて西に行くとみたり。

〔一九〕延暦寺の僧*明靖《みやうしやう》は、俗姓藤原氏、素《もと》より密教を嗜み、兼て弥陀を念じたり。暮年に小病あり。弟子の僧*静真《じやうしん》を召して語りて曰く、地獄の火遠く病の眼に現ぜり。念仏の外誰か敢へて救はむ者ぞ。須く自他共に念仏三昧を修すべしといへり。即ち僧侶を枕の前に請《しやう》じて、仏号を唱へしむ。また静真に語りて曰く、*眼前の火漸くに滅《き》え、西方の月微《すこ》しく照す。誠にこれ弥陀引摂《いんぜふ》の相《さう》なりといへり。命終るの日、強《あながち》に微力を扶け、沐浴して西に向ひて気絶えぬ。

〔二〇〕*石山寺の僧*真頼は、*内供奉《ないぐぶ》十禅師*淳祐《じゆんいう》に就きて、*真言の法を受けき。*三密に明かなり。法を受けてより以降《このかた》、若干《そこばく》の年、*三時の*念誦、一時も休《か》かず。命終るの日、受法の弟子*長教を喚《よば》ひて相語りて曰く、今日決定して入滅すべし。いまだ授け畢らざるところの金剛界の印契《いんげい》・真言等、*一界を尽すべしといへり。便ち沐浴して授け了りぬ。諸の弟子に命じて曰く、我寺の中を出でて山の辺《ほとり》に移らむと欲すといふ。弟子等響に応じて輿を肩《にな》ひて移したり。即ち西に向ひて阿弥陀仏を念じて気絶えぬ。同じ寺の僧*真珠夢みらく、数十の禅僧・丱《うなひ》の童等、真頼を迎へて去りぬとみたり。

〔一九〕 今昔物語巻十五ノ一〇は本書によるか。

明靖　明靖は明請か。曼殊院文書、天暦十一年坊城殿七仏薬師法図に「呪願明請大法師」。明匠略伝に「明請、阿弥陀房。戒壇上綱瀉瓶。真言道以二此流一為二規模一也」。ただし今昔には「明清」につくる。

静真　→補

眼前の火　今昔「前ニ告ツル地獄ノ火」。

〔二〇〕 今昔物語巻十五ノ一三は本書によるか。

石山寺　→補

真頼　〔三〕尼某甲伝によると、祖先は伊勢国飯高郡の人。三宝院伝法血脈に、淳祐の弟子五人をあげ、その第四に「真頼、石山住僧、往生人也」とある。続伝燈広録に江州石山寺阿闍梨真頼伝がある。

内供奉十禅師・淳祐　→補

真言の法を受く　続伝燈広録、真頼伝に「天慶四年十一月七日…受二灌頂伝法流一」とある。

三密　秘密の三業の意で、手に印契を持し口に真言を誦し、心に本尊を観ずる修行者の三密が仏の三密と一体となること。

三時　→二六頁注

念誦　→補

長教　また長斅と書く。諸嗣宗脈紀・血脈類集記に真頼の弟子とする。ただし真言伝法灌頂師資相承血脈等には淳祐の弟子としている。

一界を尽す　金剛界の修法すべてを伝授し尽すこと。

真珠　伝未詳。

〔三一〕　*大日寺《だいにちじ》の僧*広道《くわうだう》は、俗姓橘氏、数十年来《このかた》、専《もは》らに極楽を楽《ねが》ひて、世事を事《つかまつ》らざりき。寺の辺に一の貧しき女ありて寄居せり。両の男子あり、天台の僧となりて、兄をば*禅静《ぜんじやう》と曰ひ、弟をば*延睿《えんえい》と曰ふ。その母は即世せり。二の僧心を一にして、*昼は法花経を読み、夜は弥陀仏を念じて、偏に慈母の極楽に往生せむことを祈る。この時に当りてや、広道夢みらく、*極楽・*貞観の両の寺の間に、無量の音楽を聞けり。驚きてその方を望むに、*三の宝車あり。数千の僧侶、香炉を捧げて囲繞《ゐねう》し、直《ただ》に亡《し》にける女の家に到りて、女を引きて*天衣《てんえ》を着せしめ、共に載せて還りなむと欲す。便ち二の僧に勅《のたま》ひて曰く、汝、母のために懇志あり。これをもて来迎するなりとのたまふ。一《おなじ》夢の中に、また広道往生の相あり。広道幾《いくばく》の年を歴ずして入滅せり。この日音楽空に満ちぬ。道俗耳を傾《かたぶ》けて、随喜し発心する者多し。

〔三二〕　*摂津国《つのくに》島下《しまのしもの》郡*勝尾寺《かちをでら》の住僧*勝如《しようによ》は、別に草庵を起《つく》りて、その中に蟄居せり。十余年の間言語を禁断す。弟子*童子、相見ること稀なり。*夜中に人あり、来りて*柴の戸を叩きぬ。勝如言語を忌むをもて、問ふことを得ず。ただ咳《しはぶき》の声をもて、人ありと知らしむ。戸外にて陳べて云はく、我はこれ*播磨国賀古《かこの》郡賀古駅《のむまや》の北の辺《ほとり》に居住せる*沙弥*教信《けうしん》なり。今日極楽に往生せむと欲す。上人年月ありて、その迎へを得べし。この由を告げむがために、故《ことさら》にもて来れるなりといふ。言訖りて去りぬ。

勝如驚き怪びて、明旦《みやうたん》弟子の僧*勝鑑《しようかん》を遣し、かの処を尋ねしめ真偽を撿《み》せむと欲せ

〔三一〕　法華験記巻下〔一二〇〕・拾遺往生伝巻中〔三八〕・今昔物語巻十五ノ二一・言泉集にある。いずれも本書によるか。但し前二者は老女の伝としてこれをかかげる。

大日寺　大阪市西成区に大日寺あり、延喜主税式に「摂津国…大日寺料五千束」という。あるいはこの寺か。

広道・禅静・延睿　伝未詳。

昼は…　天台浄土教の正統的な行業で、往生伝に例が多い。著者、保胤の池亭記にも「念二弥陀一読二法華一」とある。

極楽寺・貞観寺　↓補

三の宝車　法華経譬喩品の羊・鹿・牛車によったものか。

天衣　天人の着る衣で軽い。

〔三二〕　↓補

摂津国島下郡・勝尾寺　↓補

勝如　後拾遺往生伝巻上〔一七〕証如伝や護国寺本諸寺縁起集の勝尾寺の部、証如事・勝尾寺流記等によれば証如とも書く。父は摂津国豊島郡の摂使左衛門府生時原佐通、母は出羽国総大判官代藤原栄家女。証道に顕密を学んで勝尾寺に籠ること五十年、その間同寺第四座主となり貞観九年八月十五日、八十七歳で入滅すという。

童子　↓二六頁注

夜中　後拾遺往生伝や前掲の証如事では貞観八年丙戌八月十五日のこととする。

柴の戸　柴は雑木。あばらやの意。↓補

播磨国賀古郡賀古駅　↓補

沙弥　↓一三頁補

教信　↓補

勝鑑　伝未詳。

り。勝鑑還り来りて曰く、駅の家の北に竹の廬《いほり》あり。廬の前に死人あり。*群がれる狗《いぬ》競《きほ》ひ食《じき》せり。廬の内に一の老嫗《おうな》・一の童子あり。相共に哀哭せり。勝鑑便ち悲べる情《こころ》を問ふに、嫗の曰く、死人はこれ我が夫《をふと》沙弥教信なり。一生の間、弥陀の号を称《な》へて、昼夜休まず、もて己の業《わざ》となせり。隣里の雇ひ用ゐるの人、呼びて阿弥陀丸《あみだまろ》となす。今嫗老いて後に相別れぬ。これをもて哭《な》くなり。この童子は即ち教信の児《こ》なりといへり。勝如この言を聞きて自ら謂《おも》へらく、我の言語なきは、教信の念仏に如《し》かずとおもへり。故《かるがゆゑ》に*聚落に往き詣《いた》りて自他念仏す。期の月に及びて、急《たちま》ちにもて*入滅せり。

〔三三〕摂津国《つのくに》*豊島《てしま》の*箕面《みのお》の滝の下に、大きなる松の樹あり。修行の僧あり、この*樹の下に寄居せり。八月十五日、夜閑《しづか》にして月明かなり。忽ちに音楽および櫓《ろ》の声あり。樹の上に人ありて曰く、我を迎へむと欲するかといふ。空中より答へて曰く、今夜は他人のために他所に向ふなり。汝を迎ふべきときは明年の今夜なりといふ。また他の語《ことば》なし。音楽漸くに遠ざかりぬ。樹の下の僧、初めて樹の上に人あるを知れり。便ち樹の上の人に問ひて言はく、これ何《な》ぞの声かといふ。樹の上の人答へて曰く、これ*四十八大願《だいぐわん》の*筏の声なりといへり。樹下の僧、竊に明年の八月十五日の夜を相待てり。期日に至りて、果してその語のごとし。微細の音楽、相迎へて去りぬ。

〔三四〕*法広寺《ほふくわうじ》の住僧*平珍《びやうちん》は、少壮の時より修行を事とせり。晩年に一寺を建立して、常

群がれる狗… 風葬であることを示す。

聚落に往き詣り… 勝如は教信との邂逅によって悟るところあり、隠居黙語をやめて世俗の聚落に入っていき、化他を専らとすることになった。↓補

入滅す 後拾遺往生伝や前掲の証如事では貞観九年八月十五日。

〔三三〕 今昔物語巻十五ノ二五は本書によるか。扶桑略記、永観二年八月条には「出二往生記一」と注して本書〔一八〕千観伝と同文の記事をのせ、次に「箕面の滝」補注にある文をかかげ、そのあとに本伝と同文の記事をおいている。やはり本書によったものであろう。

豊島 天理本に「豊島郡」、今昔物語に「島郡」とあるので、あるいは豊島郡か。この郡名天平十五年税師勘籍等にみえる。いま豊能郡。

箕面の滝 箕面市にあり、私聚百因縁集や元亨釈書に役行者が夢に滝穴より入り竜樹に謁した話がある。↓補

樹の下に寄居す 十二頭陀行の一の樹下止に当る。樹下で思索求道すること。

四十八大願 無量寿経巻上に説くところで、阿弥陀如来がまだ法蔵比丘であった時、師の世自在王仏の処にあってたてた、すべての衆生が十声の念仏でも往生しなければ仏にならないなどの誓願をいう。

筏 衆生をして生死の大海を渡り、彼岸に到らしめる大願であるので筏に譬える。迦才の浄土論に「阿弥陀仏子与二観世音大勢至一乗二大願船一、呼二喚衆生一令レ乗二大願船一送二着西方一」。

に寺の中に住す。別に小堂を起《つく》りて、極楽浄土の相《さう》を彫《ゑ》り刻《きざ》んで、常にもて礼拝せり。平生常に曰く、入滅の時、威儀を具足して極楽に往生せむといへり。命終らむとするに及びて、弟子等をして念仏三昧を修せしむ。相語りて曰く、音楽近く空中に聞ゆ。定めてこれ如来の相迎へたまふなりといへり。便ち新浄衣を着て、念仏して気絶えぬ。

〔三五〕 沙門*増祐は、*播磨国賀古郡*蜂目郷《はちめの》の人なり。少《わか》かりし日京に入りて*如意寺《にょいじ》に住し、念仏読経せり。天延四年正月、身に小き*瘡《かさ》あり、飲食《おんじき》例にあらず。ある人夢みらく、寺の中の西の井の辺《ほとり》に三の車あり。問ひて曰く、何《な》ぞの車かといふ。車の下の人答へて曰く、増祐上人を迎へむがためなりといふ。重ねて夢みらく、車初めは井の下にありしに、今は房の前にありとみたり。同月晦日《つごもり》に、増祐弟子に謂ひて曰く、死期已に至れり。葬具を儲《まう》くべしといへり。寺の僧これを聞きて、相共に会集して、釈教の義理、世間の無常を論談す。晩頭《ばんどう》に弟子の僧に扶《たす》けられて葬処に向ふ。これより先だちて寺を去ること五、六町ばかり、一の大きなる穴を穿《ほ》れり。上人穴の中において念仏して即世せり。この時寺の南に廿人ばかり、声を高くして弥陀の号《な》を唱ふ。驚きて尋ね見るに、已に人なかりけり。

〔三六〕 *陸奥国新田《にひたの》郡小松寺の住僧*玄海《ぐゑんかい》は、初め妻子を具して、暮年に離れ去りぬ。日《ひび》に法花経一部を読み、夜は*大仏頂真言《だいぶつちゃうしんごん》七遍《へん》を誦して、もて恒の事となせり。夢みらく、

〔三四〕 今昔物語巻十五ノ一七は本書によるか。
法広寺 未詳。
平珍 伝未詳。→補
〔三五〕 今昔物語巻十五ノ一八は本書によるか。扶桑略記、天延四年正月条の増祐伝はほぼ同文で、「出二慶氏往生記一」とある。
増祐 伝未詳。
播磨国賀古郡 →三一一頁補
蜂目郷 他にみえない。
如意寺 三井寺の別院。山城国愛宕郡にあった。
瘡 皮膚病をいう。和名抄「唐韻云、瘡、音倉、加佐、痍也。瘡痕也」。箋注に「按瘡必有レ痂〈加佐布太〉如二人之蒙一レ笠。故名二加佐一」と説く。
〔三六〕 法華験記巻上〔一二〕・今昔物語巻十五ノ一九は本書によるか。
陸奥国新田郡小松寺 陸奥国新田の地は続紀、天平九年条に新田柵がみえる。新田郡の郡名は同神護景雲三年条にみえ、和名抄にもある。現在の宮城県栗原郡・遠田郡中の一部。小松の名は延喜式神名帳に新田郡小松神社がある。この式内小松神社、本書の小松寺の所在は不明であるが、遠田郡田尻町に小松寺がある。
玄海 伝未詳。
大仏頂真言 大仏頂経に説く白傘蓋仏頂尊(五仏頂の一)の呪で仏頂呪ともいい、心呪は最後の八句であるが、総四三九句(または四二九句)を誦したものであろう。

*左右《さう》の腋に忽ちに羽翼を生じ、西に向ひて飛び去る。千万の国を過ぎて、*七宝の地に到りぬ。自らその身を見るに、大仏頂真言をもて左の翼となし、法花経の第八巻をもて右の翼となせり。この界に廻り望むに、宝樹楼閣、光彩*隠映たり。一の聖僧あり、語りて曰く、汝が今来る所は極楽界の*辺地《へんぢ》なり。却《かへ》りて後三日、汝を迎ふべきのみといへり。玄海この語を頂受して、飛び帰ること初めのごとしとみたり。門弟子等、初め已に死せりと謂ひて、皆尽くに悲び泣きぬ。玄海蘇《よみがへ》ることを得て、弥《いよいよ》真言経典を読誦す。後*三年にして遷化せり。予《あらかじ》め死期を知れり。

〔三七〕延暦寺の沙門*真覚《しんがく》は、権中納言藤敦忠卿の第四の男なり。初め俗にありし時、官《つかさ》*右兵衛佐《すけ》に歴したり。*康保四年に出家し、師に従ひて*両界の法・*阿弥陀供養の法を受けて、三時にこれを修して、一生廃《や》めざりき。臨終の時、微《すこ》しき病あり。同法等に相語りて曰く、尾長き白き鳥あり。囀りて曰く、*去来《いざいなむ》々々といふ。即ち西に向ひて飛び去るといふ。また曰く、目を閉づれば即ち極楽の相*髣髴《はうひ》として現前すといへり。入滅の日誓願して曰く、我十二ケ年に修するところの善根を、今日惣《すべ》てもて極楽に廻向《ゑかう》すといへり。入滅の夜、三人同じく夢みらく、衆僧*竜頭《りようとう》の舟に上り、来りて相迎へて去りぬとみたり。

〔三八〕沙弥薬蓮は、*信濃国高井《たかゐの》郡中津村の*如法寺《によほふじ》に住す。一生の間阿弥陀経を読誦し、

左右の腋　↓補

七宝　法華経授記品には「金・銀・瑠璃・硨磲・碼碯・真珠・玫瑰」とあり、大無量寿経上には「金・銀・瑠璃・玻瓈・珊瑚・碼碯・硨磲」とある。

隠映　かげったり晴れたりすること。

辺地　↓補

三年　極楽の三日が人間界の三年に当るか。釈浄土群疑論巻七に浄土と此土の日月の違いについて、四天王天の一日が人界の五百年の説を述べたあとに「中品中生七日華開若望㆓此方㆒計当㆓七劫㆒」。

〔三七〕　今昔物語巻十五ノ三一は本書によるか。扶桑略記、貞元三年条の真覚伝はほぼ同文で、「已上出㆓往生伝㆒」とみえる。

真覚　↓補

右兵衛佐　右兵衛府の次官。

康保四年に出家　↓補

両界の法　金剛界と胎蔵界に基く密教の供養法。

阿弥陀供養の法　阿弥陀仏を本尊とし十八契印に基く十八道形式の密教修法。ただ当時この弥陀供が成立していたか不明で、円仁の伝えたとされる常行三昧形式の念仏三昧のこととも考えられる。

去来　内閣本「イサイナン」と訓ず。名義抄・類抄字には「イサ」と訓み、いさない促す意。

髣髴　字類抄「ホノカナリ、ハウヒ、又作彷彿」。

竜頭　竜頭鷁首の舟のことで、竜の頭鷁の首をそれぞれ船首につけた二隻一対の舟。竜はよく水を渡り、鷁は高く飛ぶ故

兼て仏の号を唱へたり。一男一女あり、薬蓮に相従ふ。二子に語りて曰く、明日の暁極楽に詣るべし。衣裳を浣*濯し、身体を洗浴せむと欲ふといへり。両の子これを営む。薬蓮夜に投《いた》りて衣を調《ととの》へて、独り仏堂に入りぬ。即ち語りて曰く、明日《あす》の午の剋に至るまで、堂の戸を開くべからずといへり。暁更に微細の音楽堂中に聞ゆ。明日の午後開きてこれを見るに、*已にその身《むくろ》および*持経等なし。

〔二九〕沙弥尋祐は、*河内《かふちの》国河内郡の人なり。俗を脱《はな》れし後、和泉国*松尾《まつのを》の山寺に移り住む。常に弥陀を念じ兼て*印仏を修せり。性《こころ》に慈悲多く、施心尤も深し。行年五十有余、正月一日に尋祐自ら頭痛すと称《い》へり。戌の剋より亥の剋に至りて、大光明あり、普く山中を照せり。草木枝葉皆悉く分明《ふんみやう》なること、昼日に異ならず。この時に当りて、尋祐入滅せり。光明漸くに消えぬ。今夜事ありて、男女寺に集会す。共にこの相を見て、悲感せずといふことなし。明くる朝《あした》に里人互に相問ひて云はく、昨《きのふ》の夜松尾の山寺に忽ちに大光ありき。これ何《な》ぞの光ぞや。もしは失火かといへり。退きて尋祐の入滅を聞きて、皆随喜を致せり。

〔三〇〕尼某甲《それがし》は、*光孝天皇の孫《むまご》なり。少《わか》き年に人に適《ゆ》きて、三子ありき。年を連ねて亡せたり。幾《いくばく》もなくして、その夫《をふと》もまた亡せたり。寡婦《やもめ》として世の無常を観じ、出家して尼となりぬ。日に再食せず、年数《す》周《しう》に垂《なな》むとして、忽ちに腰病を得て、起居《たちゐ》便《たやす》か

に、水難を避けるという。貴人が乗るもの(難波江や和漢船用集に詳しい)。

〔二八〕以下二人と〔三二〕勝如伝中の沙弥教信とが巻末の「沙弥三人」にあたるか(沙弥→一三頁補)。今昔物語巻十五ノ二〇は本書によるか。

信濃国高井郡中津村 信濃国高井郡は、藤原宮出土の木簡に「高井郡大黄十五斤」があり、和名抄にも載せる。現、長野県上高井・下高井郡。中津村は未詳、あるいは中野市か。

如法寺 未詳。

浣濯 洗いすすぐこと。

已にその身および… →補

持経 身に持している経典。梵網経に説く十八物中に経・律・仏像等あり。

〔二九〕今昔物語巻十五ノ三二は本書によるか。

河内国河内郡 続紀、神護景雲二年二月条にみえ、和名抄にも載せる。現、大阪府中河内郡。

松尾の山寺 和泉市にあり、阿弥陀山と号し天台宗の寺。→補

印仏 香で仏形を作り焼いて、仏の功徳を衆生に施す法。印仏作法では仏像を紙に印し又は土砂に書いて香に薫ずる。

〔三〇〕以下三人の尼、巻末の「比丘尼三人」にあたるか。今昔物語巻十五ノ三六は本書によるか。

光孝天皇 仁明天皇第三皇子、母藤原沢子。天長七年降誕、元慶八年即位、仁和三年八月二十六日、五十八歳で崩ず。小松帝と号す。

らず。医《くすし》の曰く、身疲労せり。肉食《にくじき》にあらざれば、これを療《いや》すべからずといへり。尼身命を愛することなく、弥《いよいよ》 弥陀を念じたり。その疾《や》み苦ぶところ自然《おのづから》に平復せり。尼自ら性柔和《にうわ》にして、慈悲を心となす。*蚊虻《かあぶ》身を餧《くら》へど敢へてこれを駈《か》らず。春秋五十有余、忽ちに小病あり。空中に音楽あり、隣里驚き怪ぶ。尼曰く、仏、已に相迎へたまふ。吾今去らむと欲すといへり。言《こと》訖りて気絶えぬ。

〔三一〕 尼某甲は、大僧都寛忠*の同産の姉なり。一生寡婦《やもめ》にして終《つひ》にもて入道*しぬ。僧都寺の辺に相迎へて、晨昏に養育しけり。尼衰暮に及びて、ただ弥陀を念じたり。僧都に語りて曰く、明後日に極楽に詣《まゐ》るべし。この間不断*念仏を修せむと欲ふといへり。僧都衆僧をして三ヶ日夜、念*仏三昧を修せしむ。重ねて僧都に語りて曰く、西方より宝の輿飛び来りて眼前にあり。ただし仏、菩薩は濁穢《ぢよくゑ》あるをもて帰り去りぬといへり。言《こと》涙と倶にす。僧都をして*諷誦《ふじゆ》を修せしむること両度なり。明くる日尼の曰く、聖衆《しやうじゆ》重ねて来りぬ。往生の時至るといへり。*几《おしまづきよ》に隠りて坐し、念仏して入滅せり。

〔三二〕 尼某甲は、*伊勢国飯高郡《いひだかの》上平《かむつひらの》郷の人なり。暮年に出家して、偏に弥陀を念じたり。尼多年*手の皮を剝《は》ぎて、極楽浄土を図し奉らむの意ありき。懇志ありといへども、自ら剝ぐこと能はず。時に一の僧来り向ひて、尼の手の皮を剝ぎ、忽焉として見えず。浄土の相を図し奉り、一時もその身を離たず。命終るの時、天に音楽ありき。

蚊虻身を餧ふ　瑞応刪伝、蔵禅師「盛夏脱レ衣入レ草、餧ニ之蚊蚋ニ」、高僧伝巻十一、釈是法「毎夕輒脱レ衣、露坐以飼ニ蚊蝱ニ」とある。
〔三一〕　今昔物語巻十五ノ三七は本書によるか。
寛忠　↓補
入道　世を捨てて仏道に入る意。ただし我国では在家で仏法を崇め剃髪した者を入道という。
不断念仏　↓二七頁補
念仏三昧　↓二六頁注
諷誦　↓補
几　↓二一頁補
〔三二〕　今昔物語巻十五ノ三八は本書によるか。
伊勢国飯高郡…・手の皮を剝ぐ　↓補
石山寺の真頼法師　↓三〇頁注。以下、内閣本や板本は分注の形式をとる。
〔三三〕　以下、越智益躬まで巻末の優婆塞四人にあたるか。法華験記巻下〔一〇二〕及び今昔物語巻十五ノ三四は本書によるか。扶桑略記、天元三年条は「已上出ニ慶氏記ニ」としてほぼ同文を書く。
宮内卿…高階真人良臣　↓補
進士の挙に応ず　↓補
六郡　不詳。あるいは陸奥の奥六郡か。陸奥話記に「六箇郡之司、有ニ安倍頼良者ニ、…父祖忠頼東夷酋長…横ニ行六郡ニ劫ニ略人民ニ」。天理本訓「ムクニ」。
知命　五十歳。論語、為政「五十而知ニ天命ニ」。

*石山寺の真頼法師は、これその末孫《ばつそん》なり。真頼が一の妹の女、また極楽に往生す、云々といふ。一族往生の者三人なり。

〔三三〕*宮内卿《くないきやう》従四位下高階真人良臣《たかしなのまひとよしおみ》は、少《わか》くして*進士《しんじ》の挙に応じて、才名をもて自《みづか》ら抽《ぬき》でたり。多く諸司を歴て、累《かさ》ねて*六郡を宰《をさ》めたり。歯《よはひ》*知命《ちめい》に迨《およ》びて、深く仏法に帰し、日に法花経を読み、弥陀仏を念じたり。天元三年正月、初めて病を得たり。素より修するところの念仏読経は、敢へて一も廃《や》めざりき。死に先だつこと三日、その病忽ちに平《たひら》きぬ。この間首《かしら》を剃りて*五戒を受け、七月五日に卒《し》せり。この時に当りてや、家に香気あり、空に音楽あり。暑月に遇ひて数日を歴たりといへども、身は*爛壊せず、存生《ぞんしやう》の時のごとし。

〔三四〕*右近衛少将藤原義孝は、太政大臣贈正一位*謙徳公の*第四の子なり。深く仏法に帰して、終《つひ》に*葷腥《くんせい》を断てり。*勤王の間、法花経を誦す。*天延二年の秋、*疱《も》瘡《かさ》を病《わづら》ひて卒せり。命終るの間、*方便品を誦す。気絶ゆるの後、異香《いきやう》室に満てり。同じ府の*亜将*藤高遠は、同じく*禁省《きんしやう》にありて、相友として善し。義孝卒して後幾《いくばく》ならずして、*夢の裏に相伴ふこと宛《あたか》も平生のごとし。便ち一句を詠《うた》ふらく、

　*しかばかりちぎりしものをわたりがはかへるほどにはかへすべしやは

といふ。詩に云はく、

五戒　殺生・偸盗・邪淫・妄語・飲酒の五で、出家・在家の守るべき戒。
爛壊　腐乱してくずれること。瑞応刪伝、大行禅師に「葬後棺槨異香 数月不レ散。儀貌如レ生、都不レ異也」とある。
〔三四〕
右近衛少将　→補
謙徳公　藤原伊尹。師輔の一男。天禄二年十一月に正二位太政大臣となり、同三年十一月一日、四十九歳で薨ず。正一位を贈られ、謙徳公の諡あり。歌人として知られる。
第四の子　→補
葷腥　なまぐさい野菜や肉。葷は字類抄に「クサナ、臭菜也」とある。→補
勤王の間、法花経を誦す　→補
天延二年の秋…　→補
疱瘡　和名抄・字類抄は「皰瘡」をモカサ、名義抄は「疱」「瘡」をモカサと訓む。天然痘のこと。帝王編年記「天延二年八九月、有二皰瘡患一」。
方便品　法華経二十八品の第二品の名。
亜将　近衛の中少将の唐名。高遠は安和二年に右近衛少将に任じられた(中古歌仙三十六人伝)。
藤高遠　実頼の孫で斉敏の子。正三位太宰大弐となり、長和二年五月六日、六十五歳で薨ず(公卿補任・尊卑分脈)。笛の名手で歌人。→二二四頁補「管絃」
禁省　禁中と省中の併称で、天子の御所。
夢の裏に　藤原高遠の夢にの意。ただし大鏡では藤原実資になっている。
しかばかり…　→補

*昔は契りき蓬萊《ほうらい》宮の裏の月に　今は遊ぶ極楽界の中の風に

といへり。

〔三五〕 *源憩《いこふ》は *内匠頭適《たくみのかみかなふ》の*第七男なり。少年の時より志仏法にあり、*敏給《びんきふ》にして書を読めり。行年廿有余、病に臥すこと廿余日、遂に世間《よのなか》を厭ひて出家入道せり。平生偏に弥陀を念じ、病の裏に弥《いよいよ》これを念じたり。兄の僧*安法《あんほふ》と相語りて云はく、西方に音楽あるを聞くことを得るかといふ。答へて曰く、これを聞かずといふ。また曰く、一の孔雀あり、我が前に翔《かけ》り舞ふ。毛羽光麗なりといへり。手に定印を結び、西に向ひて気絶えぬ。

〔三六〕 *伊予国越智《をち》郡の*土人*越智益躬《をちのますみ》は、当州の*主簿《しゆぼ》たり。少《わか》きときより老に及《いた》るまで、勤王して倦《う》まず。法に帰すること弥《いよいよ》劇《いそがは》し。*朝《あした》は法花を読み、昼は国務に従ひ、夜は弥陀を念じて、もて恒のこととなせり。いまだ鬢髪を剃らずして、早く*十戒を受けて、*法名を自ら定真《ぢやうしん》と称《い》へり。臨終に身苦痛なく、心迷乱せず、*定印を結び西に向ひて、念仏して気止みぬ。時に村里の人、音楽あるを聞きて、歎美せずといふことなし。

〔三七〕 女弟子伴《ともの》氏は、*江州の刺史*彦真《ひこざね》が妻《め》なり。少年の時より常に弥陀を念じたり。春秋三十有余、*姪《めひ》をもてこれに妻《あ》ひけれど、*牀第《ゆかむしろ》を同じくせざりけり。命終るの日に

昔は契りき…　↓補

〔三五〕　今昔物語巻十五ノ三三は本書によるか。

源憩　嵯峨源氏、適の子。尊卑分脈に「廿余出家往生人也」とあるのみ。

内匠頭適　↓補

第七男　尊卑分脈は、適の子に済(陸奥掾)・憩の二人をあげる。

敏給　聡く口の速いこと。

安法　↓補

〔三六〕　法華験記巻下〔一一〕・今昔物語巻十五ノ四四は本書によるか。

伊予国越智郡・土人・越智益躬　↓補

主簿　諸国の目(さかん)第四等官)の唐名、従って当州主簿は伊予国の目。法華験記・今昔は越智郡の「大領」(郡の長官)とする。

朝は法花を読み、昼は国務に従ひ　著者の池亭記に「在レ朝身暫随二王事一在レ家心永帰二仏那一」とあるのと類似の表現。国務は国司としての任務。

十戒　↓補

法名　出家受戒した時師僧から賜わる名、ここでは自ら称するとする。

定印　↓二六頁注

〔三七〕　今昔物語巻十五ノ四八は本書によるか。以下〔四三〕加賀国一婦女までの六人と〔三二〕真頼の一妹女の七人が巻末の「優婆夷七人」か。

江州の刺史　近江守。刺史は国守(国の長官)の唐名。職原鈔「諸国守、唐名刺史」。

彦真　↓補

姪をもてこれに妻ふ　彦真も主人公の女もともに伴氏。女は彦真の姪で、これに

当りて、座を*胎蔵界曼荼羅の前に移せり。この女彦真に語りて言はく、頃年《としごろ》*洗饗《せんとう》の女、久しく臭穢《しうゑ》を忍びぬ。定めて罪報あらむ。宅《いへ》一区《まち》を与へむと欲ふといふ。彦真即ち諾せり。また曰く、我極楽に詣るに、少し停滞《ていてい》あり。閑《しづか》にこれを思量すれば、往年人あり、*鮒魚《ふな》*数隻を送りけり。その中に生きたる鱗《いろくづ》一隻ありき。便ち井の中に放ちけり。恐るらくはかれ咫尺《しせき》の中にして、久しく*江湖の思に労《つか》れたらむことを。妾暫く閡《とどま》るは、もしはこれをもてかといへり。響に応じて井の底に捜り求めて、江の中に放たしめたり。この女*綿惙《めんてつ》の間、蓮香室に満ち、雲気簾に入れり。身に苦惱なくして、西に向ひて終りぬ。

〔三八〕 女弟子小野氏は、*山城守喬木《たかき》が女《むすめ》、*右大弁*佐世《すけよ》が妾なり。少年のときより始めて、心は仏法にありき。兄の僧*延教《えんけう》に語りて曰く、我《われ》菩提の道を覚知せむと欲す。幸《ねが》はくは開示を垂れよといふ。延教、*観無量寿経および諸の経論の中の*要文《えうもん》を抄出して、これに与へけり。この女昼夜兼ね学びて、*拳々《けんけん》倦《ものう》むことなし。月の十五日の黄昏《ゆふくれ》に至るごとに、*五体を地に投げて、西に向ひて礼拝して唱へて曰く、南無《なも》西方《さいはう》*日想安養《にちさうあんやう》浄土《じやうど》といふ。父母相誡めて云はく、少壮の人必ずしもかくのごとくならず。恐らくは精神を労し、定めて形容を減じてむといへり。女年廿有五にして、初めて一女を生めり。産の後月余、悩気自《おのづか》らに発りぬ。病に臥すこと旬に渉り、遂にもて即世せり。瞑目の夕、音楽空に満つ。隣里随喜せり。

とついだの意か。

牀第 周礼、天官、玉符疏「牀第者、謂二燕寝中牀簀一也」。牀の上面を竹で編んで作ったもので、閨房を意味する。牀第を同じくせずは同衾しないの意。

胎蔵界曼荼羅 →補

洗饗の女…宅一区を与へむ →補

鮒魚 古くから近江琵琶湖は鮒で著名。賦役令の調雑物の品目中にも「近江鮒五斗」がみえる。

数隻 隻は名義抄に「一枚」とあり、生物の類を数える助数詞。数はあまたの意。

江湖の思 魚がもとすんでいた河川や湖にかえりたいおもい。

綿惙 字類抄「ワツラハシ、医方分、メンテツ、疾病」。病気が重く息が絶え絶えになること。

〔三八〕 今昔物語巻十五ノ四九は本書によるか。言泉集・普通唱導集巻下にある。

山城守 小野喬木は三代実録にみえ、仁和二年二月図書頭、六月刑部大輔、同三年二月に山城守とある。

右大弁・佐世 →補

延教 伝未詳。

観無量寿経 畺良耶舎訳、一巻、浄土三部経の一。仏が摩訶陀国の王舎城内において韋提希等のために浄土往生の法を説いたもの。

要文を抄出・五体を地に投ぐ →補

拳々 胸に捧げ持つこと。

日想 観無量寿経で説く十六観の第一の日想観のことで、日没に西方に向って日輪を観じ、極楽浄土の相を想うこと。

〔三九〕女弟子藤原氏は、心意*柔軟《にうなん》にして、慈悲甚だ深し。常に極楽を慕ひて、念仏を廃《や》めず。漸くに暮年に及びて、相語りて曰く、音楽遙に聞ゆ。これ往生の瑞かといふ。明くる年また曰く、音楽漸くに近しといふ。明る年また曰く、楽の声年を追ひて已に近し。就中《なかんつく》に近き日寝屋《ねや》の上に聞ゆ。今正に往生の時なりといふ。言《こと》訖りて即世せり。身に苦痛なし。

〔四〇〕*近江国坂田《さかたの》郡の女人、姓《しやう》は*息長《おきながの》氏なり。毎年《としごと》に*筑摩《つくま》の江の蓮花を採りて、弥陀仏に供養したてまつり、偏に極楽を期《ご》せり。かくのごとくすること数《あまた》の年、命終るの時紫雲身に纏《まつは》りぬ。

〔四一〕*伊勢国飯高郡に一の老婦あり。*白月《びやくぐわつ》十五日は偏に仏事を修し、*黒月《こくぐわつ》十五日はまた世事を営めり。その勤修するところは、常に香を買ひて、*郡中の仏寺に供し奉れり。春秋に至るごとに、花を折りて相加へ、兼てまた塩・米《よね》・菓《このみ》・菜《くさびら》等をもて、諸の僧に分け施して、もて恒の事となせり。常に極楽を願ひて、已に数《あまた》の年を経たり。この女病を得て数日、子孫*水漿を勧めむがために、病者を扶け起しぬ。身に本《もと》着たるところの*衣服、自然《おのづから》に脱落せり。その左の手を見れば、蓮花一茎を持《と》る。葩《はなびら》の広さ七、八寸、*自界の花に似ず。光色鮮妍《せんけん》として香気*発越《はつゑつ》せり。看病の人この花の由縁を問ふ

〔三九〕　今昔物語巻十五ノ五〇は本書によるか。
柔軟　字類抄「ニウナン、僧侶分、又慈悲分」。心が柔和で従順なこと。
〔四〇〕　今昔物語巻十五ノ五三は本書によるか。
近江国坂田郡　近江坂田は允恭紀七年条、近江国坂田郡は推古紀十四年条にみえ、和名抄にも載せる。現、坂田郡。本書には、さきの女弟子伴氏の話にも近江のことがみえる。ちなみに続本朝往生伝によれば、著者慶滋保胤は文章生になってのち、「依レ有ニ大業之思一、申任ニ近江掾一」とあり、近江掾であった時期がある。
息長氏・筑摩の江　↓補
〔四一〕　今昔物語巻十五ノ五一は本書によるか。
伊勢国飯高郡　↓三六頁補
白月・黒月　新月一日より十五日の満月に至るまでを白月といい、十六日よりを黒月という。印度の暦法では黒前白後の各十五日を合せて一月とするので、白月は月の後半に当る。大唐西域記二「月盈至レ満謂ニ之白分一。月虧至レ晦謂ニ之黒分一」。
郡中の仏寺　飯高郡内の諸仏寺。天暦七年の伊勢国近長谷寺資財帳の寺田畠の部の、多気・飯野・広会三郡の諸治田の四至の記載をみると、前二郡には村里の小寺院が数多く見出される。ほぼ同時期、同国内の郡中仏寺の例である。なお郡中仏寺に供花する話は次の説話にもみえる。

に、答へて曰く、我を迎ふるの人、本《もと》この花を持ちたりといふ。即時に入滅せり。衆人随喜せずといふことなし。

〔四二〕*加賀国に一の婦女あり。その夫《をふと》は富人なり。良人亡《し》にて後は、志*柏舟《はくしう》にあり、数の年寡居せり。宅《いへ》の中に小さき池あり。池の中に蓮花あり。常に願ひて曰く、この花盛に開くの時、我正に西方に往生せむ。便ちこの花をもて贄《にへ》として、弥陀仏に供養せむといへり。花の時に遇ふごとに、家の池の花をもて、郡中の諸の寺に分ち供へたり。寡婦長老の後、花の時に当りて恙《つつが》ありき。自ら喜びて曰く、我花の時に及びて病を得たり。極楽に往生せむこと必せりといふ。即ち家族隣人を招き集めて、別《べち》に盃盤を具して、相勧めて曰く、今日はこれ我が閻浮《えんぶ》を去るの日なりといへり。言訖りて即世せり。今夜池の中の蓮花、西に向ひて靡《なび》けり。

*都盧《すべて》*四十五人。
菩薩二所、比丘*廿六人、沙弥三人、比丘尼三人、*優婆塞《うばそく》四人、優婆夷《うばい》七人。

日本往生極楽記一巻

寛*永元年五月十一日書写し畢りぬ。同日一交《けう》し了りぬ。

水漿 →二六頁補
衣服自然に脱落す 今昔には注して「心不得ヌ事也。「主ノ極楽ニ往生スルニ依テ、汚穢ノ衣ナレバ脱落ルナメリ」トゾ人疑ヒケル」とある。
自界の花 今昔「此ノ世ノ花」。
発越 文選、上林賦「衆香発越〈注、郭璞曰、香気射散也〉」。外に発し散ること。
〔四二〕 今昔物語巻十五ノ五二は本書によるか。
加賀国 加賀国は弘仁十四年、越前国から分置された(類聚三代格)。
柏舟 詩経、鄘風の篇名。序に「柏舟、共姜自誓也。衛世子共伯蚤死。其妻守ㇾ義、父母欲ㆬ奪而嫁ㇾ之、誓而弗ㇾ許。故作ㆬ是詩ㆬ以絶ㇾ之」とあり、再嫁を勧められても拒絶することをいう。言泉集、亡父帖に引かる。
都盧 →一一頁注
四十五人 本書の伝は四十二あるが、一伝中に二人を含むことから、四十五人を数えることができる。→補
比丘 出家して具足戒を受けた男を比丘、女を比丘尼という。
優婆塞・優婆夷 在俗のまま五戒を受けた男を優婆塞、女を優婆夷という。信士・信女と漢訳する。
寛永… →解説

大日本国法華経験記

大日本国法華経験記 序

首楞厳院*沙門鎮源*撰

*竊に以《おも》ひみれば、法華経は、*久遠本地《くをんほんぢ》の実証にして、*皆成仏道《かいじやうぶつだう》の正軌なり。その*枢《す》鍵《けん》を捜るときは、普く*一代五時の始末を括《くく》り、その根元を尋ぬれば、また*百界千如《ひやくかいせんによ》の*権実《ごんじつ》を包《か》ねたり。神徳峨峨《しんとくがが》として、一天の下高く照曜を仰ぎ、*霊運浩浩《かうかう》として、*四瀛《しえい》の中深く*渥沢《あくたく》を潤す。故《かるがゆゑ》に*什公東に訳しての後、*上宮西に請《しやう》じてより以降《このかた》、もしは受持読誦の伴《ともがら》、もしは聴聞書写の類《たぐひ》、霊益《りやうやく》に預る者これを推すに広し。而して中比《なかごろ》巨唐に*寂法師といふものありき。*験記を製《つく》りて世間に流布せり。観ればそれ*我が朝古今未だ録《しる》さざりき。余《われ》幸に妙法繁盛《はんじやう》の域《さかひ》に生れて、鎮《とこしなへ》に霊験得益《とくやく》の輩を聞けり。然れども、或は煩はしく史書にありて尋ねがたく、或は徒に人口にありて埋み易し。嗟呼《ああ》*往古《わうご》の童子は、半偈を雪嶺《せつれい》の樹石に銘《しる》し、*昔時の大師は、全聞を江陵の竹帛《ちくはく》に註《しる》せり。もし前事を伝へざれば、何ぞ後裔を励さむ。仍《よ》りて都鄙遠近、緇素《しそ》貴賤、粗《ほぼ》見聞を緝《あつ》めて、録して三巻となせり。意は啻《ただ》に愚暗のために作るのみ。専らに賢哲のために作らず。*長久の年季秋の月に記せり。

首楞厳院　叡山横川の中堂。→一九頁補「楞厳院」

鎮源　源信の寛弘四年の霊山院釈迦講の結縁の人々にその名がみえる。→解説

竊に以ひみれば　文鏡秘府論の句端の項に、「発レ端置レ辞。汎叙二事物一」とあり、最初にこの二字を置いて、以下にその内容を記す。

久遠本地の実証　釈迦は久遠の過去に悟りを開いた仏であることの確かな証拠を示した経典。

皆成仏道の正軌　仏法を信受するものは皆すべて成仏するという理を説いた正しいすじみち。

枢鍵　かなめとなる中心。

一代五時　天台宗の教判で、仏の一代の説法順序を華厳・阿含・方等・般若・法華涅槃の、経名に代表される五時に分けたもの。天台智顗の説。

百界千如　天台の観法で、一切の世界を地獄から仏に至る十界に分け、それぞれが十界を相具するので百界となる。十界の一々に十の作用(相・性・体・力・作・因・縁・果・報・本末究竟等の十如是)があると考え、百界に千如となる。

権実　方便としてのかりの教えと究竟不変の真実の教え。

霊運　霊妙なる働き。

四瀛　四海。瀛は大海。

渥沢　あついめぐみ。

什公　鳩摩羅什。父は印度の人。西域の亀茲国に生れ、印度で大乗を学び、後に後秦に迎えられて弘始三年長安に入り、

大日本国法華経験記 巻之上目録

多くの経典を漢訳し、門弟を指導した。弘始十一年(四〇九)に長安で寂すという。妙法蓮華経七巻も羅什の訳出で、これ以後法華経の鑚仰者の数が増大した。

上宮　聖徳太子。推古天皇十四年に岡本宮で法華経を講じた(書紀)。また梁の法雲の法華義記を参照して作った法華義疏四巻があり、法隆寺伽藍縁起幷流記資財帳・正倉院文書・法王帝説等に聖徳太子撰と伝える。

寂法師　宋の義寂。十九歳で剃髪した後会稽で律を学び、後に天台の清竦に従う。戦乱で湮滅した天台の章疏を高麗から求めて、その復興に努力した。雍熙四年(九八七)に六十九歳で寂。

験記　東域伝燈目録上に「法華験記三巻、義寂撰」とあり。現存せず。

我が朝古今未だ録さず　→解説

往古の童子…　雪山童子のこと。涅槃経十四にある釈尊の前生譚で、雪山で苦行していた童子が羅刹から諸行無常是生滅法の半偈を乞い、飢えた羅刹に肉身を与える条件で生滅々已寂滅為楽の偈を受け、壁や樹に書写した後に高樹から身を投じたところ、羅刹は実は帝釈天で、姿を復して童子を救ったという。前世に法を聞くため身を捨てた菩薩行により、現世に仏陀となった一連の本生譚。

昔時の大師…　天台大師が荊州(江陵)の玉泉寺で法華玄義・摩訶止観を講じ灌頂が筆録したことを指す。

長久の年季秋　長久は五年(一〇四四)十一月まで。→解説

大日本国法華経験記 巻上

首楞厳院沙門鎮源撰

第一　伝燈仏法聖徳太子

＊聖徳太子は、豊日天皇の第二の子《みこ》なり。母妃の皇女夢みらく、金色の僧ありて語りて云はく、吾救世《くせ》の願あり。后妃の腹に宿らむといふ。妃問はく、何《いづれ》の僧とかせむといふ。云はく、我は救世菩薩なり。家は西方にありといふ。妃答へて云はく、我が腹は垢穢《くゑ》なり。何《いか》が宿り居らむといふ。僧曰く、吾垢穢を厭はず、人間を感ぜむことを望むといへり。躍りて口の中に入る。妃即ち覚めて後に、喉《のむど》の中に猶し物を呑めるがごとし。これより以後《のち》、始めて娠《はら》むことあるを知りぬ。漸くに八月に及びて、胎の中にして言《ものい》ふ声外に聞えたり。胎を出づるの時、忽ちに赤黄の色光ありて、西方より至りて殿の内を照曜せり。生れて能く言ひ、人の動静を知りぬ。百済の国より始めて経論を献《たてまつ》れり。太子奏して曰く、これを披閲せむと欲すとのたまへり。天皇驚き怪びてその所由《よし》を問ひたまふ。太子奏して曰く、昔漢《もろこし》の国にありて南岳に住せしこと数十の年を歴たり。仏道を修行したりきとのたまへり。年六歳、太子の身体《すがた》甚だ香し。抱き懐《いたは》る人、奇香衣に染《そ》みて数月《すぐわつ》失せざりき。また百済国の日羅来朝せり。身より光明を

〔一〕　日本往生極楽記〔一〕により、大部分は語句の小異のみ。ただ極楽記の片岡山飢人説話（一四頁）はこれをけずり、末尾に、極楽記にはない太子の三の名の段を三宝絵にもとづいて附記している。なおこの部分は上宮太子拾遺記一所引、日本法花験記（内記保胤撰）に同文がみえる。

聖徳太子は…　この一段ほぼ往生極楽記に同じ（一二頁）。

推古天皇…　この一段ほぼ往生極楽記に同じ(一二三頁)。

放てり。弊衣にして諸の童子に従ひ、館に入りて見《まみ》えたり。日羅、太子を指して曰く、これ神人《じんにん》なりといへり。太子驚き去りぬ。日羅履《くつ》を脱ぎて走り立つ。太子隠れ坐して、衣を易へて出でたまへり。日羅罪を謝して再拝し、地に跪きて啓白すらく、敬礼救世《きやうらいくせ》観世音《くわんぜおん》、伝燈東方粟散王《でんとうとうはうぞくさんわう》といふ。縦容《しようよう》として謝したまへり。日羅身より大きなる光を放つ。太子また眉間より光暉を放つ。左右に謂ひて曰く、太子、昔漢の国にありし時、日羅は弟子たりき。常に日天を礼せしが故に、身より光明を放つとのたまへり。

*推古天皇立てて皇太子となして、万機悉く委《まか》せたまへり。政を聴きたまふの日、宿《むかし》の訟《うたへ》いまだ決せざるの者八人、同音に事《うれへ》を白《まう》す。太子一々に能く辨へ答へたまふ。大臣以下、八耳《やつみみの》皇子と称《い》へり。高麗《こま》の僧恵慈《あじ》来朝せり。弘く内外に渉り、尤も釈義を深くす。太子十を問ひて百を知りたまへり。謂ひて曰く、法華経の中にこの句に字落ちたりとのたまふ。法師答へて曰く、他国の経にまたこの字なしといふ。太子曰く、吾が昔持ちしところの経、思ふにこの字ありきとのたまふ。法師問ひて曰く、経何処《いづく》にありやといふ。太子微咲《みせう》して答へて曰く、大隋の衡山の寺にありとのたまふ。即ち群臣の使とすべき者を相して、小野妹子を大唐に遣したまへり。命じて曰く、吾が先身《せんじん》に持ちしところの法華経、衡山の般若台の中にあり。汝取りて来れ。かの山に吾が昔の同法の遺るところ、ただ三《みたり》の老僧のみ。汝この法服をもて各にかの三の僧に与へよとのたまへり。妹子命を承けて海を渡り、果して南岳に到りて、三の老僧に遇ひて、太子の命の旨を陳べたり。老僧歓喜《くわんぎ》して、即ち沙弥に命じて、経を納めたる一の漆函《うるしばこ》

を取りて授けたり。妹子経を取りて朝に帰りぬ。太子曰く、この経は我が持ちしところにあらずとのたまへり。

*太子の宮の中に別殿あり、夢殿と号《な》づく。一月に三度沐浴して入りたまふ。もし諸の経の疏を製するに、義に滞《とどこほ》ることあれば、即ちこの殿に入りたまへり。常に金人《きむじん》ありて、東方より至りて妙義を告ぐ。太子戸を閉ぢて出でざること七日七夜、時の人大きに怪べり。恵慈法師曰く、太子定に入りたまへり、宜しく驚かせ奉ることなかるべしといへり。八日の晨《あした》に玉机の上に一巻の経ありき。恵慈に語りて曰く、これ我が先身に持ちしところの経なり。一巻に一部を複せしのみ。去年《いんじとし》妹子が持ち来りしところは吾が弟子の経なり。吾近日《このころ》魂を遣りて取りて来れるなりとのたまへり。落ちたるところの字を指して師に告げたまふ。師大きに驚き奇《あや》しべり。先に持ち来りし経にはこの字あることなし。太子薨《し》にたまひて後、山背大兄《やましろのおほえ》皇子この経を奉持して、六時に礼拝したまへり。冬十月廿三日の夜半に、忽ちにこの経を失ひて去りし所を知らず。今法隆寺に納めたる経は、妹子が持ち来りしところなり。

*太子肇めて憲法十七ヶ条を製して、手づから書きてこれを奏したまふ。天下大きに悦ぶ。天皇、太子を請じて勝鬘経《しようまんぎやう》を講ぜしめたまふこと三日、太子袈裟を着、麈尾《しゆび》を握りて師子の座に登りたまふこと、その作法僧のごとし。講説竟への夜、蓮花忽ちに降れり。花の長さ二、三尺、明旦これを奏す。天皇大きに奇びたまひ、即ちその地を卜めて伽藍を建立したまへり。今の橘寺これなり。天皇また法華経を講ぜしめたまふ

太子の宮の中に…　この一段ほぼ往生極楽記に同じ（一三頁）。

太子肇めて…　この一段ほぼ往生極楽記に同じ（一四頁）。

こと七日、播磨国の水田三百町をもて太子に給へり。即ち法隆寺に施入《せにふ》したまへり。*乃至、妃膳氏《かしはでのうぢ》側にあり。太子の曰く、汝我が意を知りて、一事も違はざりき。吾が死は近きにあり、同穴に共に葬せしめむとのたまふ。また曰く、吾昔数十の年を経て、*法華経を読誦して、仏道を修行し、今小国の儲君《ちよくん》となりて、仏法を伝流して、妙法一乗の深義を弘宣《ぐせん》す。吾久しく五濁《ごぢよく》に住せむことを欲はずとのたまへり。妃即ち袂を反して嗚咽《をえつ》しぬ。また命《みことのり》して曰く、吾今夜に遷化《せんぐゑ》しなむとす。子《し》共に去るべしとのたまへり。太子沐浴して新しき衣裳を服《き》たまふ。妃また沐浴して衣服《えぶく》を換へ、太子の副《そ》へる床に臥しぬ。明日太子ならびに妃やや久しく起きたまはざりき。左右のもの殿の戸を開きて、乃ち入滅を知りぬ。時に年四十九なり。この時に当りてや、*即ち天変地異、敢へて言ふべからず。天下の老少、愛子に哭《わか》れたるがごとく、父母を喪《ほろぼ》せるがごとし。哀び泣くの声道路に満てり。皆悲び歎きて言はく、日月忽ちに暗く、天地既に崩《たふ》れぬ。今より以後《のち》、永く依怙《えこ》なしといへり。将に斂め葬せむとするの時に、太子ならびに妃、その容《かたち》生きたるがごとく、その身太《はなは》だ香し。その両の屍を挙ぐるに、軽きこと衣裳のごとし。高麗の恵慈、太子の薨《し》にたまへることを聞きて、哀哭して誓を発《おこ》し願ひて曰く、日本の太子は誠にこれ大聖人なり。我境を異にせりといへども、心は断金にあり。余《われ》独り慭《なまじひ》に生きたりとも何の益《やく》かあらむといへり。即ち同じ日をもて恵慈即ち死せり。

*太子三の名あり。*一度に同声に申すこと、一事も落さず、善く聞きて裁《ことは》り給へり。

乃至　往生極楽記はここに、太子が飢人に遇って和歌を贈答し、その死後棺の屍が消えた説話を記す。その他はこの一段ほぼ極楽記に同じ(一五頁)。

法華経を読誦し　この一句、極楽記になし。著者の意識的潤色か。

即ち天変地異敢へて言ふべからず　極楽記になし。

太子三の名あり　以下極楽記になし。三宝絵巻中、一によるか。

一度　書紀、推古元年四月条「及㆑壮一聞㆓十人訴㆒以勿㆑失能弁」、霊異記巻上四に「十人一時」とあり、法王帝説は「八人」とある。

豊聡耳皇子　豊聡耳の号は、元興寺丈六光背銘に「等与刀弥々大王」、同露盤銘に「等(已の字脱か)刀弥々乃弥己等」、天寿国繍帳銘に「等已刀弥々乃弥己等」。厩戸の号は書紀、用明元年条に「曰㆓厩戸皇子㆒」、同推古元年四月条「皇后懐妊開胎之日、巡㆓行禁中㆒、監㆓察諸司㆒。至㆓于馬官㆒、乃当㆓厩戸㆒、而不㆑労忽産之。…父天皇愛之、令㆑居㆓宮南上殿㆒。故称㆓其名㆒、謂㆓上宮厩戸豊聡耳太子㆒」。なお今昔物語巻十一ノ一では「一ハ厩戸ノ皇子、二ハ八耳ノ皇子」とある。

勝鬘・法華の疏　法王帝説に「上宮王師㆓高麗慧慈法師㆒。王命能悟㆓涅槃常住五種仏性之理㆒、明㆓開法華三車権実二智之趣㆒。通㆓達維摩不思議解脱之宗㆒、且知㆓経部薩婆多両家之弁㆒。亦知㆓三玄五経之旨㆒、並照㆓天文地理之道㆒、即造㆓法花等経疏七巻㆒」とあり、法隆寺資財帳に「法華経疏

これに依りて名づけて*豊聡耳皇子《とよとみみのみこ》となす。進止・威儀、所行・作法、悉くに僧の行に似たり。*勝鬘《しょうまん》・法華の疏を製造《つく》りて、法を弘め人を度せり。この故に名づけて*聖徳太子となす。推古天皇、皇太子となして、*王宮の南に住せしめて、国の政を悉く委せたまへり。これに依りて名づけて*上宮《じゃうぐう》王となす。日本紀・別伝等に出でたり。

第二　行基菩薩

*行基菩薩は、俗姓高志《こしのうぢ》氏、和泉国大鳥郡の人なり。菩薩初めて胎を出でしとき、胞衣に裹《つつ》み纏《まつは》れり。父母忌みて樹の枝の上に閣《あ》げつ。宿《しゅく》を経てこれを見るに、胞を出でて能く言《ものい》ふ。収めて養へり。少年の時、隣子村童と相共に仏法を讃歎《さんだん》せり。余《ほか》の牧児《もくじ》の等《ともがら》、牛馬を捨てて従ふ者、殆《ほとほと》に数百に成りぬ。もし牛馬の主これを用ゐることある時には、使をして尋ね呼ばしむるに、男女老少来り覓《もと》むる者、その讃歎の声を聞きて、牛馬のことを問はず、住《とどま》りて帰ることを忘れぬ。菩薩自《みづか》ら高き処に上《のぼ》りて、かの馬を呼びてこの牛を喚《よば》ふに、声に応じて自《おのづか》らに来る。その主各牽きて去りぬ。

*菩薩出家して薬師寺の僧となれり。瑜伽唯識論等を読みて、奥義を了知せり。菩薩周《あまね》く都鄙に遊びて、衆生を教化《けうぐゑ》せり。道俗化《くゑ》を慕ひて、追ひ従ふもの動《やや》もすれば千をもて数へたり。菩薩の行きて処《とどま》りたらむに、巷に居人なく、田に耕者なし。男女幼艾《いうがい》、耒耜《らいし》を捨て機杼《きちょ》を投げて、争ひ来りて礼拝するに、器に随ひて誘《こしら》へ導けり。悪を改めて善に趣きぬ。諸の要害の処を尋ねて、橋梁を造り道路を修《つくろ》へり。その田の耕種すべ

参部各四巻、維摩経疏壱部三巻、勝鬘経疏壱巻、右上宮聖徳法王御製者」と記す。

聖徳太子　三宝絵に「二ニ聖徳太子ト申」。聖徳の号は法起寺塔露盤銘に「上宮太子聖徳皇」、法王帝説に「聖徳王」「聖徳法王」「上宮聖徳法王」とあるのが早い。聖徳太子の号は懐風藻序文が最古か(家永三郎氏による)。

王宮　書紀、用明元年条に「其一曰二厩戸皇子一。是皇子初居二上宮一。後移二斑鳩一」とあり、現在の桜井市上之宮という。

上宮王　三宝絵に「三ニ上宮太子ト申」。上宮の号は、法隆寺観迦三尊銘に「上宮法王」、上引の書紀、推古元年四月条に「謂二上宮厩戸豊聡耳太子一」。上宮王の号は天平十九年十月の写疏所解(大日本古文書二、七〇以下)に「勝鬘疏三巻〈白上宮王製〉」、以下奈良時代の写経記録に多くみえる。

〔二〕　日本往生極楽記〔三〕により、大部分は語句の小異のみ。極楽記の行基伝のあとには聖徳太子・行基二伝は後に加えた由を記すが、類似の記載はここにもみえる。但し、その内容はちがっていて、行基の別伝には法華経の読誦書写等のことがみえぬが、夢告により行基は前生に法華持者であることが知れたので行基の伝を入れる旨を記す。

行基菩薩…　この一段ほぼ往生極楽記に同じ(一一六頁)。

菩薩出家して…　この一段ほぼ往生極楽記に同じ(一一六頁)。

聖武天皇…　この一段ほぼ往生極楽記に同じ（一七頁）。

く、水の蓄へ灌《そそ》くべきを点検しては、渠池を穿《ほ》り陂堤《ひてい》を築《つ》けり。聞見の及ぶところ、咸《みな》来りて力を加ふるに、不日にして成りぬ。百姓《ひやくせい》今にその賜《たまもの》を受く。菩薩畿内に道場を建立すること凡そ四十九処、諸州にまた往々にしてこれあり。菩薩諸国に修行して故郷に帰るに、里人大小、池の辺《ほとり》に会ひ集りて、魚を捕りてこれを喫《くら》ふ。菩薩その処を過ぐるに、年少放蕩の者相戯《たはぶ》れて、魚の膾《なます》をもて菩薩に薦《すす》めぬ。これを食《じき》して須臾《しゆ》に吐くに、その膾小魚となれり。見る者驚き恐れたり。

*聖武天皇甚だ敬重して、詔して大僧正の位を授けたまへり。時に僧智光以為《おもへ》らく、我はこれ智行《ちぎやう》の大僧正、行基は浅智の沙弥《しやみ》なり。朝家何に因りてか我を棄てて彼を賞したまふとおもへり。因りて皇朝を恨みて、遂に山に隠れぬ。智光忽ちに死せり。遺言に依りて暫く葬《はうぶ》らざるに、十日ありて蘇《いきかへ》ることを得つ。弟子等に告げて云はく、閻王宮の使駈《はし》りて我を逐《お》へり。路に金殿高楼あり。麗荘にして光り耀《かかや》く。我使者に問ふに、答へて曰く、行基菩薩の生るべき処なりといへり。また行きて遠く見れば煙火満てり。また使者に問ふに、答へて曰く、汝が入らむと欲するの地獄なりといへり。便ち到り已りぬ。閻王呵《をろ》いて曰く、汝閻浮提日本国にして、行基菩薩を嫉み悪《にく》むの心ありき。今に所以《ゆゑ》に汝を召すことは、その罪を懲《こらし》めむとなりといふ。即ち我をして銅《あかがね》の柱を抱かしむるに、肉《しし》解け骨融《とろ》けけり。罪畢《は》てて放ち還せりといふ。智光蘇《いきかへ》ることを得て、先づ菩薩を謝せむと欲へり。菩薩この時に摂津《つの》国にありて、難波の江の橋を造る。智光尋ね到るに、菩薩遙に智光を見て咲《ゑみ》を含《ふく》む。智光地に伏して、涙を流して罪

を謝せり。

*天皇東大寺を造り畢りて、菩薩に命《みことのり》して曰く、この寺を供養せむと欲ふ。菩薩をもて講師《かうじ》とせむとのたまふ。奏して曰く、行基は大会《だいゑ》の講師をせむに堪へず。異国より一《ひとり》の聖者《しやうじや》来るべしといふ。会の期に及びて奏して曰く、異国の聖者、今日相迎ふべしといへり。即ち勅ありて、菩薩九十九の僧および治部・玄蕃・雅楽の三の司《つかさ》等を率ゐて、難波の津に向ひて、浜の頭《ほとり》において音楽を調へて相待てり。行基菩薩百僧の末に加はりて、閼伽《あか》一具をもて、香を焼《た》き花を盛り、海上に泛ぶ。香華自然《おのづから》に西方を指して去りぬ。俄頃《しばらく》ありて遙に西方を望むに、小舟岸に着きぬ。小舟して来り向ふ。而してこれを見れば、舟の前に閼伽の具次第を乱らず、一の梵僧ありて浜に上る。菩薩手を執りて、相見て微咲《みせう》せり。菩薩和歌を唱へて曰く、

霊山の釈迦のみまへに契りてし真如くちせずあひみつるかな

といふ。異国の聖者答へて云はく、

迦毘羅衛《かびらゑ》にともに契りしかひありて文殊の御貌《みかほ》あひみつるかな

といふ。行基菩薩緇素《しそ》に謂ひて曰く、異国の聖者は、これ南天竺の婆羅門、菩提と名づくなりといへり。集会《しふゑ》の人また、行基菩薩はこれ文殊の化身《くゑしん》なりと知りぬ。自余の霊瑞《りやうずい》、覼縷《らる》に遑あらず。菩薩、天平勝宝元年二月四日に滅を唱《とな》へたり。時に年八十。

○*抑《そもそも》この験記の中に、行基菩薩を入れざりき。その所以はその別伝を見るに、この経にして読誦書写流通《るづう》供養を見ず。この故に入れ奉らざりしところなり。然れ

天皇東大寺を…　この一段ほぼ往生極楽記に同じ(一八頁)。

抑この験記の中に…　この一段と往生極楽記の相異について→五一頁注(二)

襴衫　字類抄「ナヲシノコロモ、俗云直衣也」。

日月燈明仏　過去世に二万の日月燈明仏が同名で相継いで現れて法華経を説いたという。法華経序品にみえる。

妙光法師　文殊菩薩が昔日月燈明の所で妙光菩薩と称し、八百の弟子に法華経を教えたという。法華経序品にみえる。

阿僧祇劫　阿僧祇は無数と訳されて非常に多い数。劫は空想的な時間の単位で長時と訳し、その算定に種々の説がある。

ども夢に宿老《しくらう》あり。*襴衫《らんさん》の姿にて、この験記を取りて、外より奥に至るまで両三反披見し畢へて、言《こと》を作《な》さく、行基菩薩は日本第一の法花の持者なり。既に過去二万億*日月燈明仏《にちぐわつとうみやうぶつ》の時に、*妙光法師として法華経を受持しけり。この故に、無量*阿僧祇劫《あそうぎこふ》以前の持者なりといふ。この夢の告に驚きて、後に入れ奉るところなり。

第三　比叡山建立の伝教大師

*伝教大師は、*俗姓三津氏、近江国志賀郡《の》の人なり。大師*七歳にして、深く法門を悟り、兼て一切を達《さと》れり。*十二歳にして頭《かしら》を剃りて出家し、教のごとくに修行せり。*香炉の灰の中に仏の舎利を得たり。器《うつはもの》に盛らむと欲するの間、見れば灰の中に金の花の器あり。

*延暦四年、深く無常を観じ、また法の*澆薄《げうはく》なることを恨みて、心を大乗に遊ばし、身を山林に遁れたり。叡峰に登渉《とうせふ》して、草を結びて廬となす。*四恩法界のために、毎日《ひごと》に*法華大乗を転読し、*四種三昧を修行せり。一心精進して、坐禅観心す。深く大菩提心を発《おこ》すこと堅固にして、*願ひて曰く、*悠々たる*三界は、純《もは》らに苦しくして安きことなく、*擾々《ぜうぜう》たる*四生は、ただ患《うれ》ひて楽ばず。*牟尼《むに》の日久しく隠れて、慈尊の月いまだ照さず、*三災の厄《わづらひ》に近づきて、*五濁の深きに没《しづ》めり。加以《しかのみならず》風命保ち難く、露体消え易し。*草堂は楽びなしといへども、然も老少白骨を散《ちら》し曝《さら》し、*土室は闇く窄《せば》しといへ

〔三〕 →補

伝教大師　最澄の謚号。貞観八年七月朝廷より賜わる。このこと叡岳要記・天台霞標にみえ、謚号の官符なるもの叡岳要記に載す。以下の一段ほぼ三宝絵に同じ。

俗姓三津氏… →補

七歳にして…・十二歳にして… →補

香炉の灰… →補

延暦四年　叡山大師伝(以下、伝と略称)による。延暦四年は東大寺で具足戒を受けた年、戒牒(来迎院文書)は四月六日付で二十歳とあるが、伝の没年から逆算すると十九歳。

澆薄　軽薄なこと。伝「正法陵遅」、円珍の比叡山延暦寺元初師行業記(以下、行業記)「恨二法澆一」。

四恩法界　→一二〇頁注。両伝「奉為四恩」。

法華大乗　法華経等の大乗経。伝は「法華・金光明・般若等大乗経」。ここでは意識的に法華のみ出したものか。

四種三昧を修行せり　→補

願ひて曰く…　以下伝の願文と殆ど同文。

悠々…擾々…　光明皇后遺宝献納願文に「悠々三界、擾々群生」とある。

三界　欲界・色界・無色界で、凡夫聖者をすべて含んだ世界。

四生　胎生・卵生・湿生・化生をいい、全生物の生存。

牟尼…慈尊…　釈迦牟尼仏の入滅五十六億七千万年後に、弥勒仏が出現する中間には救済の仏がないから、苦が絶えぬ意。

三災　→補

ども、而も貴賤魂魄を争ひ宿す。彼を瞻《み》、己《おのれ》を看るに、この理《ことはり》は必定《ひちぢやう》せり。*仙丸いまだ服せざれば、遊魂留め難く、*命通いまだ得ざれば、死辰何ぞ定まらむ。生ける時に善を作さざれば、死せる日に獄《ひとや》の薪と成らむ。得難くして移り易きものは、それ人身なり。発《おこ》し難くして忘れ易きものはこれ善心なり。ここをもて法皇牟尼は、*大海の針妙高の線《いとすぢ》を仮《か》りて、人身の得難きことに喩へ、*古賢禹王は、一寸の陰《かげ》半分の暇《いとま》を惜みて、一生の空しく過ぎむことを観じけり。因なくして果を得むこと、この*処《ことわり》あることなく、善なくして苦を免れむこと、この処あることなし。伏して己が行迹《ぎやうしやく》を尋ね思ふに、無戒にして竊に*四事の労《いたはり》を受け、愚痴《ぐち》にしてまた四生の怨と成る。この故に*未曾有因縁経に云はく、施す者は天に生れ、受くる者は地獄に入るといへり。*提韋女人の四事の供《く》は、末利《まり》夫人の福と表れ、貪着利養《とんぢやくりやう》の五衆の果は、石女担轝《しやくにょたんよ》の因を顕はせり。明なるかな、善悪の因果、誰か有慚《うざむ》の人、この典《のり》を信ぜざらむや。然れば苦の因を知りて而も苦の果を畏れざるを、釈尊は*闡提《せんだい》と遮《さいぎ》り、人の身を得て徒《いたづら》に善業を作さざるを、聖教に*空手と嘖《せ》めたり。ここに愚が中の極愚、狂が中の極狂、*塵禿《ぢんとく》の有情、底下《ていげ》の最澄、上は諸仏に違ひ、中は皇法に背き、下は教化に闕けり。謹みて迷狂の心に随ひ、三二の願を発せり。無所得をもて方便となし、無上第一義のために、金剛不《ふ》壊《ゑ》不退の願を発すらく、我いまだ*六根相似の位を得ざるより以還《このかた》*出仮《しゆつけ》せじ〈其一〉。いまだ理を照すの心を得ざるより以還才芸あらじ〈其二〉。いまだ浄戒を具足することを得ざるより以還、*檀主の法会に預らじ〈其三〉。いまだ般若を得ざるより以還、*世間の

五濁　↓一五頁注

草堂・土室　かやぶきの家と土で造った室。いずれも墳墓をさすが、典拠不明。

仙丸　仙丹。仙人が練作した不老長寿薬。

命通　前世の業により定る寿命を知る神通力。五神通(↓五六頁補)の一で宿命通。

大海の針妙高の線・古賢禹王…　↓補

処　名義抄「コトハル」。

四事　増一阿含経巻十三「国土人民四事供養、衣服・飲食・牀臥具・病瘦医薬」。

未曾有因縁経…　南斉曇景訳。摩訶止観輔行伝弘決巻一に引用があるが、両書「施者生天受者入獄」の句なく経の意を取る。

提韋女人…　↓補

闡提　一闡提の略で断善根などと訳し、生れながらに成仏できない機根のもの。

空手　大乗本地心地観経等に出づ。手なければ宝山に入るも得ることなく、信の手なければ三宝に遇うも所得なきことを譬える。

塵禿…　煩悩にまみれた破戒無行の僧の意で自己の卑称。底下は人間の中で最も下賤の者。ちなみに親鸞の教行信証、信巻に「誠知悲哉愚禿鸞…」。

六根相似の位　化他行に出ても修行の妨げとならない悟りの段階。天台円教の十信位(六根相似位ともいう)。

出仮　化他行の意。↓補

檀主の法会…　梵網経四十八軽戒の第三十六に「以二破戒身一不レ受二信心檀越百種衣服…飲食…床座…百味医薬…房舎園林…恭敬礼拝一」。

世間の人事縁務…　摩訶止観の二十五方

人事縁務に着かじ。相似の位を除く〈其四〉。*三際の中間に修するところの功徳は、己が身に受けず*有識《うしき》に*廻施《えせ》して、悉くに皆*無上菩提を得しめむ〈其五〉。伏して願はくは、法界の衆生と同じく妙覚に登り、法界の衆生と同じく法味を服せむ。もしこの願に依りて六根相似の位に至り、もし*五神通を得む時は、必ず自度を取らず、*正位を証せざらむ。周《あまね》く法界に旋《めぐら》して、遍く六道に入り、*仏国土を浄めて、衆生を成就し、未来際を尽して、恒に仏事を作さむといへり。〈大師の発願文は入るべからずといへども、末世の行者はこれを見て道心を発すべし。〉

*また一代の聖教の中を披閲《ひえつ》するに、尚《なほ》法華経をもて肝心《かんじむ》となせり。法華経を奉読するごとに、覚えずに涕泣して、恒にその理を悟らざることを歎きぬ。仍《よ》りて智者大師の説きしところの*円頓止観・法華玄義・法華文句・四教義を書写して、一乗の指南となし、日夜披閲し鑽仰《さんぎやう》せり。〈已上〉

*大師*延暦二十三年に入唐して、天台山に攀《よ》ぢ登りぬ。*道邃和尚《だうずいくわしやう》に遇ひて、天台の法門を習へり。*仏隴寺《ぶつろうじ》の行満座主云はく、昔聞けり、智者大師誓ひて言はく、我が*滅後二百余歳ありて、東国に来生し、一乗を弘隆《ぐりう》せむといへり。聖の語違はずして、今沙門に値《あ》ふ。早く本国に還りて、法を伝へ道を弘めよといへり。*多くの法文を授けたり。

*延暦廿四年に帰朝せり。*八幡宮にして法華経を講ずるに、神殿の裏より紫の袈裟出でて、大師に施し奉りぬ。声を発して随喜す。次いで*春日社にして法華経を講ずるに、紫雲弭《なび》き下りて、説法の庭を覆へり。八幡宮の紫の袈裟は、叡山の宝蔵の中に納め置

便中息諸縁務中に生活・人事・技能・学問(問答勝負)を挙げる。

三際の中間　過去・現在・未来の三世の中間。現世のこと。

有識　薩埵の訳。有情・含識・衆生とも訳す。識別能力のある生物。

廻施　己の功徳をふりむけ与えること。

無上菩提　阿耨多羅三藐三菩提(無上正等正覚)。仏の覚智。遍く一切を知る世に無上なる仏の悟り。

五神通　→補

正位　見道以上の聖位。小乗の悟り。

仏国土を浄め…　法華経信解品「於下菩薩法遊二戯神通一浄二仏国土一成中就衆生上心不二喜楽一」。

また一代…　この段も伝による。伝には「披二覧起信論疏幷華厳五教等一。猶尚二天台一以為二指南一。毎レ見二此文一不レ覚下レ涙概然無由三披二閲天台教迹一」とある。ここでは天台といわず法華経とする。

円頓止観…・延暦二十三年…　→補

大師…　この一段は三宝絵による。

道邃・仏隴寺の行満座主　→補

滅後二百余歳　延暦二十三年(貞元二十年)は智顗滅後二〇七年。道邃和尚付法文(天台霞標初篇巻一)にも載せる。

多くの法文　伝「我所二披閲一法門、捨二与日本闍梨一、将二去海東一当レ紹二伝燈一。凡法華疏・涅槃疏・釈籤・止観幷記等八十二巻」。

延暦廿四年…　この一段も三宝絵による。

八幡宮…・春日社…・像法　→補

薬師如来・法華三昧堂　→補

けり。

*像法の悪業衆生を度せむことを誓ひて、手づから*薬師如来を刻み彫《ゑ》り、根本中堂に安置し、法華を興し弘通して絶たざらしめむことを願へり。故《かるがゆゑ》に*法華三昧堂を建立して、*大法螺《ほふら》を吹き、日夜法華を読誦することを断たず、燈を挑げて光の今に消えざらむことを誓ひぬ。

*大師最後入滅の時、諸の弟子に告げて曰く、我が命久しくは存せじ。もし我が滅後は皆*服を着することなかれ。*また山中の同法、制戒に依りて酒を飲むことを得ざれ。もしこの制に違はば我が同法にあらず、仏弟子にあらず。毎日《ひごと》に必ず法華経を読み、諸の正教を習学し、坐禅精進し、法をして久しく住《とどま》らしめよ。国家の恩を報いむがため、諸の群生を度せむがためなり。努力《つとめよ》々々。我が同法等、四種三昧において懈倦《けくわん》を生ずべからず。ただし我*鄭重《ていちう》に生をこの間に託して、一乗を修習し、一乗を弘通せむ。汝等この旨を知らば、必ず仏恵を期すべし。*生々相値ひ、世々相続ぎて、*心馬を寂光の路に策《むちう》ち、*心賓を妙覚の台《うてな》に宴《やす》んぜむといへり。また告げて言はく、我生れてより以来《このかた》、口に麁言なく、手に笞罰せざりき。今我が同法等、*童子を打たず、麁言を加へざれば、我がために大恩なり。努力《つとめよ》々々といへり。

*弘仁十三年六月四日辰時に、叡山*中道院にして、右脇にして臥し円寂に入りたり。春秋五十六なり。奇雲嶺に聳《そび》きて、異光谷を耀かし、鳥鹿悲び鳴きて、草木枯れ衰へたり。

大法螺　螺は螺旋状の殻をもつ貝類。螺貝の声を釈尊の説法に譬えたもの。法華経序品「吹二大法螺一撃二大法鼓一」。法は仏法。別に宝螺ともかく、宝は美称。和名抄に「千手経云、若為レ召二呼一切諸天善神一者、当レ於二宝螺手一」。法(宝)螺具は後に修験の装束の必須の道具となるが、ここの記述はかかる装束形成の早い例。

大師最後…　以下最後の遺言のことは、伝により、ほぼ同文。

服を着す…　服喪のこと。喪に服さなくともよいことを遺言したのである。根本大師臨終遺言には「我滅後、皆勿レ着二俗服一」とある。

また山中の…　臨終遺言「又我同法、不レ得二飲酒一。若違レ此者、非二我同法一、亦非二仏弟子一。早速擯出、不レ得レ令レ界践二山家地一。若為二合薬一莫レ入二山院一」。

鄭重　頻繁の意。幾たびも。漢書「然非下皇天所三以鄭重降二符命一之意上也」。

生々相値ひ…　以下「妙覚の台に宴んぜむ」までは、伝では遺戒をうけた十四人の誓いの言葉。

心馬　心の乱を狂馬に譬えた語。観心論「心馬終不レ調」、法華伝記巻三、智晞「誦二法華一如レ救二頭燃一。心馬稍調散動辞レ慮」。

心賓　心に従うもの。心所の意か。

童子　→二六頁注

弘仁十三年…　以下も伝による。

中道院　山門堂舎記に「弘仁十三年六月四日辰剋、大師於二中道院一遷化之後、以二其遺骸一瘞二彼廟堂(浄土院)一」とある。ただし現在の根本中堂付近といわれている。

第四　叡山の慈覚大師

*慈覚大師は、俗姓壬生《みぶの》氏、下野国都賀郡の人なり。*母の胎を出でし時、紫雲舎《や》に覆ひ、瑞鳥聚り囀れり。*広智菩薩遙に瑞相を見て、家を尋ねて来り至りて、父母に教へて言はく、生るるところの子においては、敬を加へて守り養へ。これ凡夫《ぼんぶ》にあらず。瑞相かくのごとしといへり。大師*年九歳にして、広智の許に詣りて、誓ひて*有縁の経を求めて、法華経の*普門品を探り得たり。それより以降《このかた》、法花を読誦し、弘く経論を学び、深き理を解悟す。夢に聖人*摩頂して与に語るを見たり。夢に傍の人告げらく、この聖人はこれ比叡の大師なり。汝の師と成るべしといへり。夢覚めて乃至終《つひ》に叡山に登り、始めて伝教大師を見奉り足を礼《らい》せり。大師咲《ゑみ》を含《ふふ》みて歓喜《くわんぎ》すること限りなし。昔の夢の形貌《ぎやうめう》と異ならず。大師に随順して広く顕密を学びぬ。

*承和二年にもて選ばれて唐に入り、*天台山に往き五台山に登りき。多年経廻し、遍く名徳《みやうとく》に謁して、顕教密教を受学せり。大唐の人言はく、我が国の仏法は、和尚尽くに学して日本に移し伝ふといふ。*承和十四年に朝に帰りぬ。弥陀念仏・法花懺法・灌頂・舎利会は、大師の伝ふるところなり。およそ仏法の東流せる、半はこれ大師の伝ふるところなり。天安・貞観の両帝、淳和・五条の二后、皆もて師となして、菩薩戒及び灌頂等を受けたまへり。大師嘗《むかし》熱病ありて、飲食《おんじき》例にあらず、気力減損せり。夢に天の甘露を食《じき》すとみたり。夢覚めてより以後《のち》に、口に滋味ありて、身に余患なし。

〔四〕　↓補

慈覚大師　円仁の諡号。この一節は往生極楽記(四)に同じ(一九頁)。

母の胎…　↓補

広智菩薩・年九歳…　↓補

有縁　仏道に縁のあるもの。

普門品　観世音菩薩普門品第二十五。独立して観音経という。観音菩薩が娑婆世界に現れて衆生を救済することを説く。

摩頂　仏が法を付嘱したり成仏の記莂を授けるために頭を摩でること。ここでは聖人を仏に譬えたものか。法華経嘱累品「釈迦牟尼仏従二法座一起…以二右手一摩二無量菩薩・摩訶薩頂一」。

承和二年…　↓補

天台山　浙江省台州天台県の西にあり、智者大師がここで天台宗を創む。三宝絵にも類似の文があるが、伝に「大師苦請独留二楊府一。為レ攀二躋天台及五台山一…」とあるのを誤ったもので、円仁は天台山に行けなかった。

承和十四年…　以下「身に余患なし」まで、往生極楽記によるか。

大師…　↓補

楞厳院　↓一九頁補

上野・下野…　伝「(弘仁)七年…先師(最

大師*楞*厳院《れうごんゐん》に蟄居《ちつきよ》して、殊に精進を致せり。石の墨、草の筆をもて、手づから法華経一部を書写す。如法経と名づけぬ。即ちかの経をもて堂の中に安置《あんぢ》せり。即ち今の如法堂なり。大師*上野・下野に趣き向ひて、二千部の妙法花経を書写供養せり。また*一千部の法華経を書写供養して、*総持院に安置せり。また*金光明経千部を書写供養して、*文殊楼に安置せり。*伝授真言の弟子、道俗一百五十七人、受戒灌頂の男女一千二百七十一人なり。大師、*金剛頂経疏七巻・*蘇悉地経疏七巻・*顕揚大戒論八巻を製造《つく》れり。

*貞観六年正月十四日、一道和尚来りて云はく、微細《みさい》の音楽を唐院〈大師の坊、唐院と名づく〉に聞くといへり。大師最後の種々の遺誡《ゆいかい》已に畢りて、手を洗ひ口を嗽ぎ、新しき浄衣を着し、威儀具足して、令祐法師に告げて曰く、客僧数十来り向ひて列に入る。早く香を焼《た》き花を散ぜよといふ。令祐申して云はく、ただ今客なしといへり。大師弥《いよいよ》もて敬重し、一心合掌して西に向ひて安座し、*円純法師に命じて、*帰命頂礼、弥陀種覚、平等大慧、一乗妙法を唱へしむ。乃ち子《ね》の剋《こく》に至り、大師弥陀仏を念じ、*妙法華経を誦す。諸の弟子に命じて念誦せしめ、手に定印を結び、口に真言を誦し、北首右脇にして永くもて遷化しぬ。春秋七十一、*夏臈四十九なり。*同年二月に勅ありて*法印大和尚の位を贈りぬ。*七年諡《いみな》を慈覚と賜へり。

第五　叡山*無動寺の相応和尚

相応和尚は、その伝を見ず。ただし故老一両の伝言を聞けり。即ちこれ*慈覚大師の

澄)有二本願一、欲レ書二写二千部法華経一。率二弟子等一、赴二向上野下野一、果レ願已畢。於二両州之間一、各択二十人弟子一、授二伝法灌頂一。大師(円仁)又其一人也」。この文によるか。

一千部の法華経・金光明経千部　↓補

総持院・文殊楼　↓補

伝授真言の弟子…　伝「於二山中一授二大法一、尊法道俗一百五十七人、於二都下一蒙二灌頂受戒一男女一千二百七十一人、所レ著金剛頂経疏七巻・蘇悉地経疏七巻・顕揚大戒論八巻」。この文によるか。

金剛頂経疏・蘇悉地経疏　台密の五部秘経の一である金剛頂経・蘇悉地羯羅経の注疏。

顕揚大戒論　最澄の顕戒論を次いで天台の大乗菩薩戒を顕揚したもの。貞観二年に撰述を企て、寂後弟子が同八年に完成。

貞観六年正月十四日…　↓補

円純法師　伝に「円澄法師」、要文抄に「円紀法師」とある。

帰命頂礼…　↓補

妙法華経を…　伝にみえず。作者の潤色。

夏臈　毎年行われる夏安居の回数によって、比丘になってからの年数をあらわす。

同年二月…　以下往生極楽記〔四〕の終りと同じ(二〇頁)。

法印大和尚の位　↓二〇頁補

七年　往生極楽記にも「七年」とあるが、三代実録には「八年」。↓二〇頁補

〔五〕　↓補

無動寺　↓二三頁注

慈覚大師の入室の弟子　↓補

入室の弟子なり。和尚天性極大精進にして、志念勇健なり。*穀を断ち塩を断ちて、世の美味を厭ひ、三密の法を瑩《みが》きて、魔縁を降伏《がうぶく》す。*苦行人に勝り、修験《しゆげむ》思ひ難し。衆鳥空に翔《かけ》るも、悉くに落ちて飛ばず、大樹並び立てるも、合せて縄を交はらしむ。或は暴流の水は還《かへ》して逆流せしめ、或は霖雨《りむう》を止めて忽ちに晴天ならしむ。*葛河《かづらかは》に尋ね入りて、久しく住して修行し、深水の中に立ちて*洛叉《らくしや》を満《み》たし、遍く*十九の滝に往きて、*十九字を布き、*十九観を凝らして、始めて*明王に見《まみ》えたり。矜伽羅童子《こむからどうじ》・制多迦使者《せいたかししや》、左右に随順して、永くその命を承る。和尚面《まのあた》りに明王に向ひ、*二世の要事を祈り申さく、心に念ずるところあれば、明王能く満たす。和尚内心に一の願あり。現《うつつ》の身に*都率《とそつ》の内院に昇り、親しく慈尊に見《まみ》えて、供養礼拝せむとおもへり。念ずるところありといへども、力の及ぶところにあらず。*明王に祈り白《まう》さく、我この願あり。明王の威力にて、我をして天に昇り*弥勒*慈尊に見えしめたまへとまうす。明王告げて言はく、天上は勝妙の地、下界のものは往くことあたはず。何ぞ況や、その中に都率の内院は、*一生補処《ふしよ》の菩薩の居る所にして、従ふところの眷属《くわんぞく》は、*断惑証果《だんわくしようくわ》す。*具縛《ぐばく》の身をもて輙《たやす》く昇ることを得むやといへり。和尚念願深き由を祈り申すに、明王告げて言はく、我行者《ぎやうじや》の所念に違はずして、奉仕《ぶし》せむの願あるをもて、汝の心に随ふべしといへり。即ち和尚を将《ゐ》て兜率天に昇りぬ。外院を過ぎ往きて、内院に向ふ時に、門を守る天人、遮《さいぎ》り止めて入れず。諸天告げて言はく、希有《けう》の沙門、明王の本誓の力に依りての故に、この処を過ぐることを得む。然りといへども、沙門いまだ内院に到るべき善

穀を断ち　→補

苦行　相応伝「蒙二医王之示現一、占二叡嶺之南峅一、聊構二草庵一苦修錬行。」

葛河…　葛川は琵琶湖西北岸にそそぐ安曇(あど)川の中流、朽木谷の奥にあり、いまも、相応建立という明王院葛川寺がある。相応伝に、貞観六年に発願して「絶二粒飧一食二蕨類一、安二居於比羅山西阿都河之滝一」とみえる。この寺については別に葛川縁起がある。

洛叉　一万の上の数単位で十万をいうが、晨・午・昏の三時をもいう。

十九の滝　葛川縁起に「而別領地内、十九清滝、七流清川」。

十九字…　不動法の十九布字観。十九種の真言を行者の身体に配し本尊の各瑞相と一体になることを観ずる法。

十九観…　不動尊の十九種行相をそれぞれ教義づけする観法で、不動法中の十九種相観。

明王　ここは不動明王。→補

二世の要事を…　→補

都率…　都(兜)率天は欲界六天のうち下から第四重の天で都史多とも音訳。内院は菩薩身の最後の住処で、今は弥勒菩薩の浄土とする。

明王に祈り白さく…　→補

弥勒　→二九頁補

慈尊　弥勒菩薩の漢訳慈氏菩薩の尊称。

一生補処　次に生れ変った時に仏位を補う位。菩薩の最高位。

断惑証果　煩悩を断じ尽して証果を得ること。

根を具せず。所以《ゆゑ》は何《いかん》とならば、沙門いまだ妙法華経を読誦することを得ず、四種三昧を修行することあたはず。何をもてか業となして、内院に入ることを得む。沙門早く本《もと》居りしところの国に帰りて、法華経を読誦し、*妙恵を思惟《しゆい》し、その善根をもて、当《まさ》にこの天に生ずべしといへり。和尚所願を果さずして、即ち天より下ることを得たり。涙を流し骨を摧きて、法華経を読まず一乗を修行せざりしことを、慚愧《ざんぐゐ》*発露《ほつろ》せり。老後に臨みて始めて法華経を読み、一乗に信帰せり。乃至、*定恵《ぢやうゑ》の*薫修、顕密の修行に依りて、最後に念のごとく所念を成就し、慈氏尊に見えて、円寂に入れり。

第六　叡山西塔平等坊の延昌僧正

延暦寺の座主延昌僧正は、俗姓*江沼《えぬま》氏、加賀国の人なり。僧正兼て顕密を学び、専《もは》らに寸分の暇を惜む。戒を受けてより以降《このかた》、毎日に法華大乗を転読す。毎夜に尊勝陀羅尼百反。毎月の十五日、諸僧を相迎へて、弥陀の讃を唱へ、兼て浄土の因縁、法華の奥義を対論せしむ。平生常に願ひて曰く、我命終の期《ご》より以前に、三七日の不断念仏を修せむと欲ふ。その結願の日は、我が入滅の時なりといへり。往年夢みらく、四品朝服の人あり。神彩閑静にして、双眸より光を放つ。僧正に語りて曰く、もし極楽に生れむと欲はば、一切の衆生のために、法華経一百部を書写せよといへり。僧正覚めて衣鉢《えはつ》を捨て、妙法華経を書写供養す。応和三年十二月二十四日に、弟子に命じ示して曰く、その日より始めて三七日の間、不断念仏を修せしめ、明くる年の正月十五日、

具縛　煩悩に縛られて惑を断つことのできない凡夫。

妙恵　深妙な智慧。法華経序品「又見㆘仏子、心無㆓所著㆒、以㆓此妙慧㆒、求㆗無上道㆖」。

発露　自己の犯した罪を隠すことなく現すこと。法華懺法に「帰㆓向普賢菩薩及一切世尊㆒…発露懺悔不㆓敢覆蔵㆒」とある。

定恵　禅定（→一三三頁注）と智慧で散乱の心を静めて諸法の理を正しく観察すること。法華経序品「及見㆘仏子、定慧具足、…而撃㆗法鼓㆖」。

薫修　香の薫が物に移るように、行為が潜在勢力（種子）として移り残ること。唯識学で重んぜられる術語。薫習。

〔六〕　日本往生極楽記（一六）により、語句の小異のみ。ただ俗姓を江沼氏とし、没年を応和三年とすることは注目すべきである。またここでも法華読誦を強調する関係上、極楽記の「受戒以降」と「毎夜誦尊勝陀羅尼」の間に「毎日転読法華大乗」の一句を挿入する。

江沼氏　姓氏録に「建内宿禰男若子宿禰之後也」とあり、後に加賀国江沼郡の郡司になった家と思われる。

当《まさ》に入滅すべしといへり。この日僧正沐浴して浄衣を着、本尊の像に向ひて願ひて曰く、西山日暮れ、南浮《なんぶ》露消ゆ。今夜《こよひ》を過さず、必ず相迎へたまふべしといへり。言《こと》訖りて右脇にしてもて枕臥す。前に弥陀・尊勝の両像を安置《あんぢ》し奉りて、線《いと》をもて仏の手に繋《か》けて、我が左の手を結び着く。願文を把りて右に念珠を持し、定印を結びて入滅せり。その遷化の期《ご》、果して前《さき》に言ひしがごとし。朱雀・邑上両帝、帰依して師となしたまへり。諡《いみな》を慈念と賜へり。

第七　無空律師

律師無空は、平生念仏を業となせり。衣食常に乏《とも》しくして自《みづか》ら謂《おも》へらく、我貧《まど》しければ亡《し》して後定めて遺弟を煩はしめむとおもへり。竊に万銭をもて房内の天井の上に置きぬ。葬斂を支へむと欲ふなり。律師病に臥して言銭《ぜに》に及ばず、忽ちにもて世を退きぬ。枇杷左大臣、律師と旧契ありき。大臣夢みらく、律師の衣裳垢穢《くゑ》し、形容枯槁して、来りて相語りて曰く、我《われ》伏蔵の銭貨あるをもて、度《はか》らずして蛇《くちなは》の身を受けたり。願はくはその銭をもて法華経を書写すべしといへり。大臣自《みづか》ら旧き坊に到りて、万銭を捜り得たり。銭の中に小さき蛇あり、人を見て逃れ去りぬ。大臣忽ちに法華経一部を書写供養せしめ畢りぬ。他日夢みらく、律師衣服鮮明にして、顔の色悦懌《えつえき》なり。手に香炉を持ちて来りて、大臣に語りて曰く、吾相府《しやうふ》の恩をもて、蛇道を免るることを得たり。今極楽に詣るなりといへり。謂ひ了へて西に向ひて飛び去るとみたり。

〔七〕　日本往生極楽記(七)により、語句の小異あるのみ。

〔八〕　僧妙達蘇生注記(天治二年書写、続々群書類従に収む)がある。巻首を欠くが、妙達が炎魔王宮にいたり、王から主として東国各地の人々の現世での仏行、死後の有様などを聞かされ、娑婆に帰ってのち善業を積めば都率天に往生すべしと教えられるさまを記す。本書の説話でも、閻王宮で王から「善悪の衆生の所行作法」を聞き、善行を積むべきことを諭され、のち蘇生することが詳しく書かれている。本伝は、あるいは蘇生注記によるか。ただし両者比較するに、注記では妙達が法華経の行者たることは明らかでない。同じ話が今昔物語巻十三ノ一三にみえる。本書によるか。

妙達　伝未詳。

田川郡　和名抄に「多加波」。山形県西及び東田川郡。庄内平野の最上川南部の地で、西方には出羽三山(月山・湯殿山・羽黒山)があり、中世に修験道が発達した。続後紀、承和六年十月条に田川郡司の解がみえ、三代実録、貞観十三年二月条に同郡の人、大荒木臣玉刀自が「夫死之後、廬二於墓側一、帰二念仏理一」の故に位二階を叙せられている。

布山竜華寺　蘇生注記の傍書に「竜花寺常住断穀人也」とあり、文中の炎魔王の妙達への宣に「汝居住国川野郡南山云々」とみえる。川野郡なる郡名は和名抄にはないので田川郡のあやまりか。なお彰考館本は「布山」を「南山」に作る。底本にも「南山」と傍書あり。

染着　愛欲の心に執われて離れないこと。

閻王の宮…　閻王→一七頁注。人がにわかに死んで、閻羅王宮に行き、おかした罪業のために地獄の苦をうけ、又は善業のために蘇生する等の話は、日本霊異記に多い。この種の話は往生伝には少ないが、法華験記には少なくない。→解説

濁世　五濁(→一五頁注)の悪世。

聖　→二八頁補

別伝　別伝とは蘇生注記をさすか。注記には、筑前介紀忠宗ほか多くの人の現世での善悪業、死後の果報を述べる。うち、陸奥国大目壬生良門のことは本書巻下[一二三]にみえる。

冥途　死者の行く幽冥の世界で、多数の冥官がいて生前の罪過によって罰すると信じられた。

自行　化他に対する語で、自らの証を目的とする修行。

第八　出羽国竜華寺の妙達和尚

沙門*妙達は、出羽国*田川郡*布山竜華寺の住僧なり。和尚心行清浄《しやうじやう》にして、*染着《ぜんぢやく》するところなし。戒行堅く持して、鎮《とこしなへ》に罪業を怖れ、法華経を読誦して、諸の懈怠《けだい》を離れ、慈悲を具足して、常に恵施を好めり。和尚、天暦九年の比《ころほひ》、病痛するところなく、手に経巻を持して、俄に入滅を示す間、*閻王の宮に往きぬ。王、座より下りて妙達を礼拝す。即ち示し告げて言はく、命尽くるが故にこの処に来り到りしにあらず。我和尚を見るに、偏に法華経を持して、内外明浄《ないぐゑみやうじやう》なり。これ*濁世《ぢよくせ》に正法《しやうぼふ》を護るの人なり。この故に我今*聖《ひじり》を請じて、日本国の中の善悪の衆生の所行作法を説くことをなさむ。聖人能く憶持して本国に還りて、善を勧め悪を誡めて、衆生を利益《りやく》せよ。その善悪の人は*別伝に註《しる》すがごとしといへり。妙達和尚死して七日を逕て甦生《よみがへ》り已りて、始めて*冥途の作法、閻王の所説を語りぬ。聞く者信じ伏して、多く悪心を息《や》め、出家して道に入る。善根に趣き向ひて、仏を造り経を書写して、塔を建て堂を造る。その数無量なり。和尚の入定《にふぢやう》して、閻王の所説を聞きしことを驚きて、帰信するところなり。和尚一生法華を受持して、*自行既に熟せり。最後の時到りて、手に香炉を執り、三宝を囲遶《ゐねう》して、一心に諸仏の妙法を頂礼すること一百八度なり。最後の礼拝に、頭《づ》面《めん》を地に着し、合掌を頂に捧げて、気絶え入滅せり。

第九　奈智山の応照法師

沙門*応照は、*熊野奈智山の住僧なり。性《ひととなり》精進に稟《う》けて、更に解怠《けだい》なし。法華を読誦するをその業となし、仏道を勤求《ごんぐ》するをその志となして、山林樹下を棲《すみか》となし、人間の交雑を楽《ねが》はず。法華を転誦するの時、薬王品に至るごとに、骨髄に銘じ肝胆《かんたむ》に徹して、*喜見菩薩の*身を焼き臂を燃《や》きしことを恋慕随喜せり。遂に念願を発《おこ》すらく、我*薬王菩薩のごとく、この身を焼きて諸の仏に供養せむとおもへり。*穀を断ち塩を離れて、更に甘味を食《じき》せず。松葉を膳《かしはで》となし、また*風水を服して、もて内外の不浄を浄め、焼身の方便となす。焼身の時に臨みて、新しき*紙の法服を着て、手に香炉を執り、薪の上に*結跏趺坐《けつかふざ》して、面《まのあた》りに西方に向ひ、諸仏を勧請《くわんじやう》して、発願《ほつぐわん》して言はく、我この身心をもて法華経に供養し、頂をもて上方の諸仏を供養し、足をもて下方の世尊に奉献す。背の方をば東方の*薄伽梵《ばぎやぼん》納受したまへ。前の方をば西方の*正遍知《しやうへんち》哀愍《あいみん》したまへ。乃至胸をもて釈迦大師に供養し、左右の脇をもて*多宝世尊に施し、咽喉《のむど》をもて阿弥陀如来に奉上す。乃至五臓は*五智如来に供養し、六府をもて*六道の衆生に施与す、云云といふ。即ち定印を結びて、口に妙法を誦し、心に三宝を信ず。乃至身体《すがた》は灰と成りしも、経を誦する音《こゑ》絶えず、散乱の気色《けしき》を見ず。煙の香臭《くさ》からず、*沈檀《ぢむだん》の香を焼《た》くに似たり。微風《こかぜ》頻《しきり》に吹きて、音楽の声を調ぶるがごとし。乃至火滅《き》えてより巳後《のち》、余光猶し残りて、虚空に照曜し、山谷明朗なり。名字を知らず、形相を見ざる、奇妙の衆鳥、数百《すひやく》来り集りて、もて鈴の声のごとくに、和鳴飛遊せり。これ則ち日本国最初《さいそ》の

〔九〕 同じ話が元亨釈書巻十二、忍行にみえる。本書によるか。

応照　伝未詳。

熊野奈智山　→補

喜見菩薩…　→補

身を焼き臂を燃く　身体を火に投じて三宝に供養すること(焼身供養)は仏徒の間に古くから行われた。平安中期以後、焼身はかなり広く行われて、往生伝や験記にそれが散見する。本書は本伝末にみるごとく、応照の焼身をわが国最初とみている。なお「燃身」については、法華経薬王菩薩本事品に「以㆓神通力願㆒而自燃㆑身…於㆓諸施中㆒最尊最上」とあり、中国の高僧伝の亡身・遺身篇の燃身供養はこの経に基くものが多い。例えば続高僧伝二十七法凝伝には「於㆓仏像前㆒…初焼㆓一指㆒、昼夜不㆑動、火燃及㆑臂」とある。→三六頁補「手の皮を剝ぐ」

薬王菩薩　→補「喜見菩薩…」

穀を断ち　→六〇頁補

風水　不明。雨水の類か。

紙の法服　→七三頁補「紙衣」

結跏趺坐　左右の足を組んで、両足裏を上向けにさせる坐法。如来坐・仏坐ともいう。左足を上に組むのを降魔坐、その逆を吉祥坐といい、前者は禅家で後者は密教で用いる。

薄伽梵　有徳と訳し、衆徳を具して世人に尊敬されるもの。仏の通号。

正遍知　仏の十号の一で、遍く一切の法を知る者の意。

多宝世尊　法華経の真実の義を証明する

焼身なり。親しく見たる人、伝へ聞ける輩、随喜せずといふことなし。

第十　吉野山海部峰《あまべのみねの》寺の広恩法師

沙門*広恩は、*帝姫*阿倍天皇の御代の人なり。*海部峰の寺に住すること年久尚《ひさ》し。昼夜に*妙法華経を読誦せり。摂念精進して、志意堅固なり。年老いて病重く、身心疲労して、起臥に堪へず。*弟子歎きて言はく、大師は疲労して、既に重き病を煩ひぬ。療《れう》治《ぢ》を加へざれば病忽ちに愈《い》えがたく、死門に及ばむか。身を扶けて道を修するは、如来の説くところなり。魚《いを》の類を買ひ求めて、薬として食《じき》せられよといへり。弟子の勧に依りて即ちこれを聴許《ゆる》せり。紀伊《きの》国の海の辺《ほとり》に、童子を遣して魚を求む。童子八*隻《しやく》の鮮かなる*鯔《なよし》を買ひ取りて、櫃《ひつ》に入れて荷《にな》ひ還る。途中知れる人両三に値遇《あ》ひぬ。童子を見て問ひて云はく、汝何物を荷ふやといふ。童子不慮《ふりよ》に法華経なりと答ふ。俗、櫃より魚の汁《しる》の流れ出でて、魚の香の極めて臭《くさ》きを見て、童子が偽《いつはり》を糺《ただ》さむがために、市の中の間を過ぐるに、童を衆の中に留めたり。汝が荷ふところは魚なり。何《な》ぞこれを経と言ふやといふ。童子更に言はく、これ法華経なり。専《もは》らにこれ魚にあらずといふ。時に諸の人言はく、櫃を開きて見るべしといへり。童子、心の中にこの念願を発すらく、我が師年来《としごろ》法華経を持せり。この魚、経に変じて、大師の恥を隠したまへとおもへり。諸の人、櫃を開きて見るに、法華経八巻あり。諸の俗これを見て各恐れて棄てて去りぬ。一人猶し怪びて、童子の後《しりへ》に副ひて寺に行き到り、隠れて童子の師に

ため、地より涌き出た塔の中の仏で、ここに釈迦が坐して二仏併坐となる。法華経見宝塔品にみえる。

五智如来　五智は大日如来の智徳の名目(法界体性智・大円鏡智・平等性智・妙観察智・成所作智)で、それぞれの智から五智如来(大日・阿閦・宝生・阿弥陀・不空成就)が所成されたという。

六道の衆生　地獄・餓鬼・畜生・阿修羅・人間・天上の六世界の生きもの。

沈檀　沈木と栴檀で共に南方に産する香木。

〔一〇〕　日本霊異記巻下六・三宝絵巻中一六に類話がある。本書は三宝絵によるか。なお今昔物語巻十二ノ二七に類話がある。本書によるか。→解説

広恩　伝未詳。霊異記や三宝絵には僧名を記さず。

帝姫　女帝の意か。

阿倍天皇　孝謙(称徳)天皇を指す。

海部峰　狩谷棭斎の日本霊異記攷証に「吉野郡小川荘麦谷村薊岳」とある。

妙法華経を読誦　三宝絵・霊異記にみえず。本書の加筆。

弟子歎きて　霊異記・今昔では僧自らが弟子に魚を求む。

隻　→三九頁注「数隻」

鯔　和名抄に「奈与之」とあり、三宝絵は「鱳」と記す。ぼらの幼魚。

向ひて、具《つぶさ》にこのことを述ぶるを聞ぐ。沙門聞き已へて希有の心を生じ、その魚を食せず。俗人随喜《ずいき》して、*五体を地に投げて沙門を頂礼す。あな賢《かしこ》あな賢。これ実《まこと》に魚なりといへども、聖人の徳に依り、経の威力に依りて、魚、経巻に変じたり。然るに我等*愚痴にして因果を信ぜず、聖《ひじり》の子に*戯論《けろん》して煩ひ悩ませり。この罪甚だ重し。願はくは我が大師この罪免し給へ。今より已後《のち》大師を憑み奉らむといへり。檀越《だんをつ》と成りて恭敬《くぎやう》供養せり。当に知るべし、法《のり》のために病を治し身を助くれば、毒変じて薬となり、魚化《くゑ》して経となることを。*霊異記に見えたり。

第十一　吉野奥山の持経者*某

沙門義睿*は、諸の山を巡行して仏法を修行せり。熊野山より大峰に入りて、*金峰山《みたけ》に往きけり。その間、路に迷《まど》ひて東西を知らず、*宝螺《ほうら》の声に依りて道を尋ぬれども、山の巓に登ることを得ず。四方の山を視るに幽谷《いうこく》なり。十余日の間、辛苦《しんく》疲労して、本尊を祈念し、三宝を頂礼して、人間に到らむことを願へり。久しき迷行を経て、平正なる林に到りぬ。一の僧房あり、新しく造りて浄潔なり。*搏風《はふ》・*懸魚《くゑんぎよ》・*障子《しやうじ》・遣戸・*蔀《しとみ》・*簀《すのこ》・天井、*周匝荘厳《しゆさうしやうごむ》にして、甚だ愛し楽《ねが》ふべし。前後の庭広くして、白沙遍く布き、花樹菓林、奇菓異草、処々に生《お》ひ列なる。義睿見已へて、心に歓喜《くわんぎ》を生じ静坐止息せり。禅室に近づきて見るに、一の聖人あり、年僅に二十歳計《ばかり》なり。*威儀具足して、法花経を読みたり。その声深遠《じむをん》にして、琴瑟を調ぶるがごとし。

五体を地に投ぐ　→三九頁補

愚痴　貪瞋痴の三毒の一。心愚にして事理に通じない煩悩のこと。

戯論　理に外れた言論。

霊異記に見えたり　本書の著者は霊異記をみていない。ここは三宝絵巻中一六の末の「霊異記ニ見タリ」をひいたもの。

→解説

〔一一〕　今昔物語巻十三ノ一に同じ話がみえる。本書によるか。発心集巻四にもある。本朝神仙伝〔三〇〕〔三八〕参照。

持経者　法華経を受持して読誦するものの通称。霊異記巻上一九(呰下読二法花経品一之人上而現口喎斜得二悪報一縁)に「持経者不レ可二誹謗一」。本書は持経者の伝ともいうべきもので、この語随所にみえる。法華持経者・法華持者の語も少なくなく、法華聖・法華聖人ともいう。→解説

義睿　僧綱補任の元慶二年の律師に薬師寺の僧義叡の名がみえるが別人である。

金峰山　→補

宝螺　→五七頁注「大法螺」。

搏風　破風。和名抄に「比宜」(千木)とするが、家屋雑考に「屋背の両端山形をなす所をさして搏風といふ」とある。

懸魚　和名抄に「弁色立成云、屋背桁端懸板名也、凡桁端有レ之」とみえ、搏風の棟木の端を隠すための装飾をいう。

障子　今昔に「⿱竹隔子」。和名抄に⿱竹隔子は俗に格子ともいい「竹障名也」。細い材を縦横にあらく組んだ建具で、寝殿造の柱と柱の間にかけ隔てとする。

蔀　また篰。和名抄に「之度美、覆曖障

一巻を読み了りて、経を案《つくゑ》の上に置くに、その経空に踊りて、自然に軸より*褾紙《へうし》に至るまで、巻き還して紐を結《ゆ》ひて、本《もと》のごとくに机に置けり。かくのごとくに巻ごとに受け取り巻き反《かへ》して、一部を読み畢りぬ。廻向《ゑかう》礼拝して、坐を起ちて出でたり。修行の比丘を見て、大きに驚き怪びて言はく、この処は往古《わうご》より人来り到らず。山中に深山、谷中に幽谷なり。鳥の音《こゑ》すら猶し希なり。何《いか》に況や人跡をやといふ。*案内を問《もん》訊《じむ》したり。比丘具《つぶさ》に答へて云はく、山に迷ひて来るといへり。因縁を聞きて、聖《ひじり》客の僧を請《しやう》じて房の内に入れり。坐せしめて食《じき》の用否を問ふ。*端正《たんじやう》の童子、美しき膳《かしはで》を捧げて来る。比丘乃至種々《くさぐさ》の希有のことを見たり。これが問を作して言はく、聖この処に住みて、幾《いくばく》の年紀を経たる。何の事の縁ありて、万事*相応するかといふ。聖人答へて言はく、この処に住みて後八十余年、本はこれ叡山東塔の*三昧座主の弟子なりき。大師小事に依りて呵嘖《かしやく》を加へ*勘当《かむだう》しけり。愚頑の心忽ちに厭離《えむり》の心を生じて、永く本の山を去り、念に任せて流浪しけり。若く壮《さかり》なりし年齢には、在所を定めず処々に修行しけり。老の邁《すす》みての後は、この山に跡を留めて、永く死なむ時を期《ご》すといへり。客の僧聞き已へて、弥《いよいよ》希有に遇ひ難きの念を生じて、聖人に問ひて言はく、人跡通はざるの由を称《い》ふといへども、端正の童子両三随逐《ずいちく》せり。これ虚言《そらこと》にあらずやといふ。聖人答へて曰く、*天諸童子《てんしよどうじ》、以為《いゐ》給仕《きふじ》、何《な》ぞ奇となさむやといふ。客の僧また問はく、年齢老朽の言を唱ふといへども、面貌《めんめう》を見るの時に、その形少壮なり。これ*妄語を構ふにあらずやといふ。聖人答へて曰く、*得聞是経《とくもんぜきやう》、病即消滅《びやうそくせうめつ》、不老不死《ふらうふし》、更に妄語に

レ光也」。日覆などに用いる戸で、天井に釣りあげなどする。信貴山縁起の寺庵の絵にみえる。

簀　和名抄に「須乃古、床上藉レ竹名也」。信貴山縁起・平家納経などの寺庵の絵に身屋に簀子をめぐらしたものがみえる。

周匝　訓みは字類抄による。周囲。

威儀具足　行住坐臥の振舞が規則に適って威厳を保っていること。

褾紙　褾は和名抄に「袖端也」とあり、棭斎は「按巻子本套紙如二袖端一故名二褾紙一」と注す。表紙に同じ。

案内　事情。

端正　字類抄に「タ、シタ、ス、云形美也」「キラ〳〵シ」。顔の美しいこと。

相応　心に相かなうこと。

三昧座主　喜慶のこと。近江国浅井郡の人で相応に師事し、康保元年権少僧都となり、同二年二月天台座主に補せられたが、同三年七月十七日に七十八歳で入滅す(僧綱補任・天台座主記)。

勘当　本来は法に当てて罪を調査し決定することで、罰するの意。

天諸童子　護法の諸天が童形となって仏菩薩に随い、その使役に当る者。以下は法華経安楽行品の偈句で、法華経読誦者の得益の一つとしてみえる句。

妄語　十悪の一。他人を欺くため不実の言をなすこと。

得聞是経…　法華経薬王菩薩本事品の句。もし病人が法華経を聞くことが出来れば、病気は忽ち治り不老不死となるであろうの意。

あらず、云云といへり。

聖人、客の僧を勧めて早速《さうそく》に還り去らしむ。客の僧歎《なげ》きて言はく、頃日《このころ》山に迷ひて方隅を知らず。身心疲れ極りて、既に行歩《ぎやうぶ》を忘れぬ。況や日影《ひかげ》斜にして夜の冥《くらき》に入らむと欲す。云何《いかん》ぞ聖人強《あながち》に去らむことを勧めらるやといふ。聖人語らく、我《われ》厭ふ心あるにあらず。この処は遠く人間の気分を離れて、多くの年序を逕《へ》たり。この故に去らむことを勧む。もし今夜止宿《こよひ》せられむことを欲《おも》はば、身を動揺せず口に言説なくして、寂静《じやくじやう》にして住せよといへり。初夜の時許《ばかり》に、微風俄《にわか》に吹きて、常の作法にあらず。異類衆形の鬼神禽獣、数千集会《すせんしふゑ》せり。馬面牛形、鳥頭鹿形、各々香華・*供具《くぐ》・菓子《このみ》・飲食《おんじき》、百味の餚膳《さかなかしはで》を捧げ持ちて、前の庭に並び立ち、高き棚を構へて安置《あんぢ》す。稽首頂礼し、一心に合掌して、次第に坐せり。この衆の中に、或ものこの言を作《な》さく、奇《あや》しきかな例にあらず。人間の気《けはひ》ありといふ。ある輩《ともがら》また云はく、何人の到れるぞといへり。聖人発願《ほつぐわん》して法華経を誦し、天暁の時に至る。廻向《ゑかう》し已りて後、集会の大衆《だいしゆ》、渇仰《かつがう》礼拝して、各々分散せり。客の僧問ひて曰く、奇異希有の異類の千形、これ何方《いづかた》より来るやといふ。答へて言はく、*若人在空閑《にやくにんざいくげん》、我遣天竜王《がけむてんりうわう》、夜叉鬼神等《やしやきじんとう》、為作聴法衆《ゐさちやうぼふしゆ》、かくのごとしといへり。乃至今還り去らむと欲するに、その方を知らず。聖人告げて言はく、当に*指南を付けて人間に奉送すべしといへり。即ち*水瓶《すいびやう》を取りて前の簀《すのこ》の上に置く。水瓶踊り下《くだ》りて、漸々《やうやく》に進み去る。客の僧水瓶に随ひて行くに、一両時を逕て山の頂に往き到れり。山の頂に住して山の麓を観下すに、郷里あり。この時水瓶虚《こ》

供具　供物。または供物に用いる器具。

若人在空閑…　法華経法師品の偈句。もし四衆のために法華経を説く者がおり、あたりが寂寞として人声もないようなときは、自分は諸天・竜王・夜叉・鬼神などを遣して説法を聴問させようの意。

指南　字類抄に「シルヘ、過客分」とあり、手引の意。ここでは道案内。今昔は「南ニ向ヒテ」。

水瓶　水を容れる器。大乗の比丘が常に所持すべき十八物の一。ここは水瓶をとばす話であるが、鉢・瓶等をとばす術は、平安朝の聖の伝や、本朝神仙伝の諸伝にしばしばみえる。

空《くう》に上昇して、本の処に還帰せり。義睿法師、里に出でて涙を流し、深山の持経者の聖人の作法徳行を伝へ語る。これを聞く人随喜して涙を流し、速かに発心する人多くその数ありといふ。

第十二　奥州小松寺の玄海法師

陸奥国新田郡小松寺の住僧玄海は、初め妻子を具して、暮年に離れ去りぬ。日《ひび》に法華経一部を読み、夜は大仏頂真言*を誦し、七反をもて恒の事となせり。夢みらく、左右《さう》の腋に忽ちに羽翼を生じ、西に向ひて飛び去る。千万の国を過ぎて、七宝の地に到りぬ。自らその身を見るに、大仏頂真言をもて左の翼《つばさ》となし、法華経の八巻をもて右の翼となせり。この界に廻り望むに、宝樹楼閣、光彩微妙《みめう》なり。一の聖僧あり、語りて曰く、汝が今来る所は、極楽世界の辺地《へんぢ》なり。却《かへ》りて後三年*、汝を迎ふべきのみといへり。玄海この語を頂受して、飛び帰ること初めのごとしとみたり。ここに弟子等、初め已に死せりと謂ひて、皆尽《ことごと》くに悲び泣きぬ。玄海蘇《よみがへ》ることを得て、弥《いよいよ》経典真言を読誦す。後三年にして遷化《せんげ》せり。預《あらかじ》め死期を知れり。

第十三　紀伊国宍背山《ししがせ》に法華経を誦する死骸《しにかばね》

沙門壱睿*は、法華経を受持すること、年序尚久しかりき。熊野*に参詣して、宍背山*に宿れり。中夜に臨みて、法華経を誦するの声あり。その声極めて貴く、聞きて骨髄

〔一二〕　日本往生極楽記〔三六〕により、語句の小異のみ。今昔物語巻十五ノ一九はこれによる。

大仏頂真言　→三三頁注

三年　極楽記には「三日」とある。→三四頁注

〔一三〕　同じ話が今昔物語巻十三ノ一一にある。本書によるか。古今著聞集巻十五・弥勒如来感応抄四にもある。

壱睿　伝未詳。

熊野　→六四頁補「熊野奈智山」

宍背山　鹿背峠。和歌山県の有田郡と日高郡の境にある。熊野街道は湯浅・井関を経、ここを通って御坊にぬけた。玉葉、治承五年九月廿八日条「伝聞、熊野法師原一同反了、切ニ塞鹿背山ニ」。

に銘《しる》しぬ。もしまた人の宿ることあるかと思ひ念ふ。一巻を誦し竟りて、三宝を礼拝し、衆くの罪を懺悔《さんぐゑ》せり。尽くに一部を誦して、既に天暁に至りぬ。明朝見るに死骸《しにかばね》の骨あり。身体全《また》く連りて、更に分散せず、青苔身を纏《まつは》りて、多くの年月を巡たり。*髑髏《ひとがしら》を見るに、その口の中に舌あり。赤く鮮かにして損せず。壱睿これを見て、起居し礼拝して、感悦に堪へず。その日止住して、夜に臨みて前のごとく、法華を誦せり。夜明くるの剋、壱睿近く寄りて、死骸に問ひて云はく、既に*一乗を誦せり。あに心神なからむや。願はくは*本縁を聞かむといふ。霊《りやう》即ち答へて云はく、我は*天台山の東塔の住僧なりき。名を*円善と曰ふ。修行の間、ここに至りて死去せり。而るに生前の中に、*六万部の法華転読の願ありき。昔存生《ぞんしやう》の時に、半分は誦し畢へき。その残りを読まむがために、猶しこの辺《ほとり》に住せり。願既に満つべし。その残りの経は幾《いくばく》ならず。ただ今年許《ばかり》はこの処に住すべし。その後には*都率の内院に生るべし。*慈尊に*値遇して*引摂《いんぜふ》を蒙るべしといへり。壱睿聞き已りて、骸骨を礼拝し、熊野に詣でたり。乃至後年に、骸骨を尋ね見るに、去る所を知らず。随喜の涙勝《た》へがたしといふ。

第十四　志摩国の*岩洞に宿す雲浄法師

沙門*雲浄は、*初発心《しよほつしん》より専らに一乗を持して、常に世の務を厭ひ、静閑の処を楽《ねが》へり。霊処を拝まむとして、*熊野に参詣せり。志摩国を過ぎて、海岸に到りぬ。人無きの境なり。大きなる岩洞に宿りぬ。その岩洞の上に多くの大なる樹生ひたり。谿谷海

髑髏　和名抄「俗云比度加之良、頭骨也」。
一乗　→一五頁注
本縁　過去世に行なったことの由来。維摩経菩薩品に「諸菩薩各各向ㇾ仏説二其本縁一」。
天台山　天台宗の名称の帰因する中国天台山の名を比叡山にうつしたもので、台嶺ともいう。
円善　伝未詳。
六万部の法華転読の願　拾遺往生伝巻下(三七)善法聖人伝参照。
都率…　→六〇頁注
慈尊　弥勒菩薩(→二九頁補)のこと。
値遇　已れを益する者、即ち仏・菩薩に出合うこと。
引摂　→二九頁注
(四)　同じ話が今昔物語巻十三ノ一七にある。本書によるか。
岩洞　岩石のそそり立つ海辺の岩のほら穴。三重県南部、熊野灘に面する海食洞であろう。
雲浄　伝未詳。
初発心　初めて道心を発し修行が浅い時。
熊野　→六四頁補「熊野奈智山」

に通ひて、岳峰*峡岫、甚だもて幽々たり。況やまたその地極めて臭《くさ》く腥臊《なまぐさ》きをや。比丘怖畏《ふい》して、身心安からず、一心に経を誦して、夜の早く明くるを待てり。纔に夜半《よなか》に至りて、風吹き雨灑《そそ》きて、*作法常に背《そむ》けり。温気《うんぎ》身に当りて、臭き香弥増《いよいよまさ》る。即ち大きなる毒蛇、口を開きて呑まむと欲す。比丘見已へて、ここに死を定め、弥《いよいよ》信心を発して法華経を誦せり。願はくは経の力に依りて、命終決定《みやうじゆうけつぢやう》して、浄土に往生し、悪趣に堕ちざらむといへり。ここに大蛇、口を閉ぢ毒を収めて、忽ちに慈心を起し、害を成さずして去れり。即ち暴《ぼう》雨を降らし、雷電日の光のごとくに曜《かかや》きて、山水忽ちに満ち、石を流し山を浸《ひた》せり。良《やや》久しくして雨晴れぬ。

時に*五品朝服の人出で来りて、敬ひ屈《かがま》りて礼《らい》を作《な》してこの言を作さく、我は岩洞の主なり。暴悪《ぼあく》の身を受けて、*有情の輩を害し、人類を喫《は》み食《くら》ふこと、既に万数に及べり。今聖人の法華経を誦する声を聞くに、悪業転滅して、善心現前せり。今夜《こよひ》の大雨は、これ実の雨にあらず。我が両の眼《まなこ》より流れ出づる涙ならくのみ。悪業《あくごふ》を滅するが故に、*発露《ほつろ》の涙を流せり。今より已後《のち》は、更に悪心を生《おこ》さじ。涙を流すこと大雨に似る。況やこの身の*体相を知らむやといへり。言ひ訖《をは》りて形を隠せり、云云。法師既に大蛇の毒害を免れて、奇特の念を生し、これより已後《のち》は、倍《ますます》に道心を発して、念を一乗に繋ぎ、休息する時なし。毒蛇すら猶し聞きて、善心を発起《ほつき》せり。況や後人の輩をや。もし人この法華経を信ぜざれば、当に久しからずして淤泥に堕落し、永く*出期《しゆつご》なきことを知るべし。かくのごとく思惟《しゆい》して、他に読誦を勧め、*自行化他《じぎやうくゑた》、*功徳円満し

峡岫　山の谷間と岩穴。

作法　今昔「気色」。

五品朝服　五品は中国のもの、日本の五位。朝服→二七頁補「四品朝服」

有情　情のある生物の意で、衆生の異訳。

発露　→六一頁注

体相　本体実質とそれが外に現れて知覚されるもの。ここは姿の意。

出期　生死の苦を去るとき。

自行化他　行を修して自らの悟りをめざし(自行)、衆生を教化して悟りに導くこと(化他)。諸仏菩薩の行で自利利他ともいう。

功徳円満　すぐれた結果をもたらすような善行を完成すること。大乗義章巻二十に「既能自覚、復能覚ㇾ他、覚行窮満故名為ㇾ仏」。

て、永く無常*に帰せり。

第十五　薩摩国の持経の沙門某

薩摩国に一人の沙門*あり、その名を知らず。出家してより已後《のち》、法華を読誦し、三*時に常に*法華懺法《ほつくゑせんぼふ》を修せり。また止観*を見て、三観*を練習す。三年山に籠りて、千部の法華経を読誦し已へて、この思惟を作さく、発《おこ》し難き信を発して、千部の経を誦し、自他の罪を悔いて、三時に懺悔《さんぐゑ》す。もし我《われ》山を出でて、人間に交雑《けうざふ》せば、世習に染着《ぜんぢやく》して、還りて悪業を作り、邪見に牽かれて、円乗*の善を廃せむ。我身命《しんみやう》を愛せず、ただ極楽に生れむことを念ふ。身*を焼き三宝を供養するにしかずとおもへり。この念を生《な》し已へて、弥《いよいよ》信力を励まし、深く道心を発して、*有待《うだい》の身を焼くこと、喜見*に異ならず。

身を焼くの時に臨みて、誓願を立てて云はく、我千部の経に依りて、当に極楽世界に生るべし。焼身の跡において奇《あや》しきことあるべし、云云といへり。即ち身を焼くの間、風は吹かずといへども、煙は西に向ひて疾《と》く行き趣きぬ。空は明かに晴るといへども、紫雲東に指して聳《そび》けり。集会《しふゑ》の四衆*、随喜《ずいき》の涙を流せり。焼身の已後《のち》、弟子同*《どう》行《ぎやう》、墳墓の所に往きて、日々念仏し大乗を転読せり。両三日を逕て墓所を見るに、仏舎利あり。奇怪の心を発して、舎利を捃《ひろ》ひ拾ふに、量一升に過ぎたり。普く一切に施して、供養を得しめぬ。

無常に帰す　入滅すること。
〔一五〕　三外往生記〔三〕にみえる。本書によるか。
沙門　↓二八頁注
三時　↓二六頁注
法華懺法　↓一九頁補
止観　天台大師の摩訶止観(↓二六頁注)を指す。
三観　天台で説く三種の観法。一切を空と観じ、仮と観じ、空にもあらず仮にもあらずと観ずる空観・仮観・中観をいう。
円乗　円満無欠の教で菩薩乗のこと。
身を焼く…　↓六四頁注
有待の身　食物や衣服などの助けを借りて成立つ身で人身のこと。
喜見　↓六四頁補「喜見菩薩…」
四衆　仏教僧団七衆のうち、比丘・比丘尼・優婆塞(信士)・優婆夷(信女)を指す。
同行　↓補
〔一六〕　今昔物語巻十三ノ一五・弥勒如来感応抄四・元亨釈書巻十一、感進三にある。いずれも本書によるか。
仁鏡　伝未詳。
普門品　↓五八頁注
通利　そのことによく通じて礙のないこと。
持斎　↓二二頁注
護法　護法童子。法力ある人を守護しそれに使役される者。
九旬の勤　夏期九十日間修行する安居。
水瓶　↓六八頁注
臨終の処を尋ね…　往生要集、大文第六、臨終の行儀に「四分律抄、瞻病送終篇、

第十六　愛太子山《あたご》鷲峰の仁鏡聖

沙門*仁鏡は、東大寺の僧なり。父母《ぶも》、伽藍神社に祈禱して、男子《なんし》を得むことを願へり。もし男子を得ば、仏の弟子と作《な》して、仏法を修せしめむといへり。即ち胎むことあるを知りぬ。乃至九歳にして、寺に送りて僧に付けたり。先づ*普門品を読む。読むに随ひて悉くに*通利して、次第に一部を読誦せり。既に畢りて、兼て余《ほか》の経の法文正教《しやうげう》を習ひぬ。また戒律を持して、身に犯すところなし。日日に*持斎して、午後は食《じき》せず。また修験あり、*護法召すに随へり。深山に籠居《ろうきよ》して、*九旬の勤を作すこと数十余度なり。香火滅《き》え尽くれば、火を持《もた》る人あり。手臂を見るといへどもその体《すがた》を見ず。或時深夜に手を洗はむと欲せり。時に*水瓶《すいびやう》を傾《かたぶ》き写《うつ》せるに一滴の水なし。谷の水を汲まむと欲するに瓶の水自《おのづか》らに満てり。乃至年老いて八十余に及びて、余命幾《いくばく》もなきことを観じ、我身の衰邁《すいまい》せることを思ひて、*臨終の処を尋ね、浄き処を占めむと欲せり。それ*愛太子山《あたご》は*地蔵・竜樹の久住利生《くぢうりしやう》の処にして、*唐の朝《みかど》の文殊影向《やうかう》の五台山に異ならず。かくのごとく思惟して、愛太子山に攀《よ》ぢ登り、*大鷲峰に住せり。昼夜に法華経を読誦して、*六時に懺悔の方法を修行せり。衣服《えぶく》を求めず、破れ損《そこな》へる*紙衣《しえ》、単《ひとへ》の薄く麁《あら》き布、或は破れたる蓑《みの》を着、或は*鹿の皮を着たり。外は人間を恥ぢず、内は寒気を制せず。日の食《じき》を望まず、一盃《ひとつき》の粥を飲みて、三四日を遥たり。一盃の茶を煎《に》て、数日夜を過せり。或時は*師子《しし》常に来りて馴れ親しみ、或は*白象《びやくざう》来りて昼夜宿直《しくぢき》せり。

引二中国本伝一云、…以下凡生二貪染一、見二本房内衣鉢衆具一、多生二恋著一、無中心厭背上故、制令レ至二別処一、堂号二無常一、来者極多、還反一二」。

愛太子山　愛宕山。京都市右京区上嵯峨の北にある。僧綱補任に慶俊の没年を宝亀九年、また「大安寺、愛宕寺根本師」とし、以後の諸伝もこれをおそっている。また日本紀略、天元五年六月条に「左近少将源惟章、右近将監同遠理、於二愛宕護山一出家」とみえる。本書には愛太子山の持経者の話が多い。

地蔵・竜樹の久住利生の処　地蔵は釈迦入滅後、その依嘱を受け、忉利天にあって六道の衆生を教化する菩薩。竜樹は印度の人(→一六〇頁補)。愛太子山がなぜ、この二人の久住の処とされたかは不詳。愛宕山縁起(山城名勝志所収)に、大宝年中、役小角と雲遍上人が秘呪を誦すると地蔵・竜樹を始めとする五仏が顕現し、また天応元年に慶俊が地蔵を安置したとあり、これによるか。後世愛宕権現の本地は地蔵菩薩とされた。またこの地を開いたという慶俊は、延暦僧録によれば入唐して三論宗を学んだ道慈入室の弟子なので竜樹がたっとばれたのかも知れない。

唐の朝の文殊影向の五台山に…　↓補

大鷲峰　愛宕山五峰の一で東方に当る。

六時　↓一四頁注

紙衣　紙製の衣服。↓補

鹿の皮を着たり　長保・寛仁のころ活躍した皮聖(→一八二頁注)行円につき日本紀略、寛弘二年五月条に「件聖人不レ論二定めて知りぬ、*文殊・普賢の守護せることを。年百二十七歳にして入滅せり。故老の夢に云はく、法華経を捧げて虚空に上昇す。我今*都率の内院に往生して、*弥勒に値遇《ちぐ》せむといへり。

第十七　持《ぢ》法《ほふ》沙門・持《ぢ》金《こむ》法師

二《ふた》の聖人あり。一人は能く法華経を持し、一人は*金剛般若を受持せり。この二の法師は、倶に一の山に住せり。二、三町を隔てて、共に禁戒を守り、斉《ひと》しく仏道を期《ご》す。沙門持金は般若の験《げん》を顕して、世務を持せず、自《じ》然《ねん》の膳を得たり。早旦の*粥《しるかゆ》・饘《かたかゆ》は、その味甘露なり。食時《じきじ》の施飯、*餁飯《かしきがて》・*糄糅《ひめ》・白飯・*薯蕷《やまのいも》、味《あぢはひ》は*蘇蜜と同じ。菓子《くだもの》・*葅《にら》茹《き》・美《むま》き*羹《あつもの》等、調へ備へて持ち来りぬ。これに依りて日《ひび》の殨《さん》を歎かずして世を送れり。沙門持法は檀那の食に預《あづか》り、或時は乞食《こつじき》して、世事豊《ゆたか》ならず。持金比丘、憍逸《けういつ》を起してこの念を作さく、我が所持の経の*力用は最も大きなり。また我が行業《ぎやうごふ》は他より勝る。故《かるがゆゑ》に諸仏菩薩・諸天護法、食を送りて供養し、昼夜に守護したまふ。かの*法華聖《ひじり》は、所持の経の威力下劣《げれち》にして、能持の行者の所行如法《によほふ》ならず。*諸天供《く》せず、自力に営み生ずとおもへり。邪念の心をもて、かくのごとく謗《そしり》を作せり。乃至*法花聖人の童子、般若聖人の住む所に来り至る。持金法師、我が験徳をかの童子に語りて、返りて問はく、汝の師は何の勝事《しようじ》かあるといふ。童子答へて云はく、我が師は更に験力《げんりき》の勝利なし。ただ人の訪ひに依りて自《みづか》ら生活すらくのみといふ。童子房に還りてこの

寒熱一、着二鹿皮一、号二之皮聖人一」とある。

師子　下句と対照するに、文殊菩薩の乗りもの。胎曼大鈔四に「文殊獅子座事、八字軌(文殊八字儀規)曰、金色放二光明一坐二獅子王座一」。

白象　下句と対照するに、普賢菩薩の乗りもの。次注参照。

文殊・普賢の守護　→補

都率　→六〇頁注

弥勒　→二九頁補

〔一七〕　今昔物語巻十三ノ四一にある。この説話は、巻上〔三三〕・巻中〔四八〕〔五七〕と一連の、全く架空に創作されたもので、持法・持金も、法華持経者・金剛持経者をさす架空の名前であろう。これらの説話は、ここでは金剛般若持経者、巻上〔三三〕では華厳持経者、巻中〔五七〕は「年老修行者」に比して、法華持経者のすぐれていることを説いたものであろう。→解説

金剛般若　→二六頁補

粥饘　和名抄「饘、加太賀由、厚粥也。粥、之留賀由、薄糜也」。

餁飯　名義抄「カシキガテ」、和名抄「餁、加之岐可天、雑飯也」。

糄糅　和名抄「比女、或説云、非米非粥之義也。煮レ米多レ水者也」。

薯蕷　和名抄「本草云、薯蕷一名山芋、夜万乃伊毛」。

蘇蜜　牛羊の乳から精製したものと蜂蜜。

葅茹　字類抄「茹、ユテモノ、又ニラキ」、「葅、ニラキ、酢菜也」、和名抄「葅、瀰良岐、楡末菜也、菜鮓也」。楡皮の粉に塩

を混ぜたもので漬けた蔬菜。
虀　和名抄「楚辞注云、有レ菜曰レ虀、阿豆毛乃」。
力用　威力作用。
法華聖　→六六頁注「持経者」
諸天　天界にいて仏法を守護する者。
法花聖人　→六六頁注「持経者」
時供　時食の供物。時(斎)とは正午以前になす食事で、戒律は正午以後の食事を禁じている。→二二頁注「持斎」
般若須菩提　須菩提は善吉・善現と訳し、仏十大弟子の一で、解空第一と称され、仏は彼をして般若の空理を説かせたので般若と冠した。
耆宿　年老いて学徳のある者。
法利　仏法の利益功徳。
十羅刹女　法華経陀羅尼品に、十羅刹女の名を挙げる。法華経持者を擁護してその苦患を除くという。
呪願　食事及び法会の時、導師が法文を誦して施主の福利を祈願すること。「シュグワン」ともよむ。
施食　斎食を僧に供養すること。

ことを師に白す。師の言はく、道理尤なりといへり。
数日《すじつ》を逕て後、般若聖の許に朝粥持ち来らず、*時供《ときく》調へ送らず。食せずして日暮れぬ。乃至二日三日食せず。時に般若聖、大きなる驚き怪びを生《な》して、仏・*般若須菩提《しゆぼだい》等に悔い恨むこと限りなし。夢に見らく、白き眉の*耆宿《きしく》の老僧、持金聖に告ぐらく、我は須菩提なり。金剛般若を読誦すといへども、いまだ般若の*法利を顕現して、諸天の供《く》を得るに逮《いた》らず。この故に我等供を送ること能はず。云何《いかん》ぞ横《よこさま》に怨恨の心を生《おこ》すやといふ。比丘問ひて云はく、年来《としごろ》の供養は誰か弁《わきま》ふるところぞといふ。老僧答へて曰く、これ法華聖、慈悲の心をもて汝を憐愍す。故に*十羅刹女《らせつによ》をその使者として、*呪願の*施食《せじき》をもて毎日《ひごと》に施を送れるのみ。汝、聖にして憍慢の心を生《おこ》すべからず。早くかの所に詣りて、悔過《くゑくわ》懺謝せよといへり。比丘夢覚めて、心に慚恥を懐《おも》ひ、聖人の許《もと》に往きて、頭面礼拝せり。愚かに迷《まど》へる心をもて、聖人の所にして、謗り悪《にく》むの心を生せり。願はくは懺悔《さんぐゑ》を許したまへ。また毎日に食をもて我に送り施されぬ。このこと希有なり。云何《いかん》ぞ昨日今日、その食を送りたまはざるぞといふ。持法比丘、笑《ゑみ》を含《ふふ》みて軟語すらく、頃日失念して施食を説かず、十羅刹に勅《おおせこと》せざりき。今この言あり。即ち童子に命じて食を調へしめむといへり。その後、前のごとくに自然の食あり。持金沙門、慢《あなづ》り高《たかぶ》る心を除きて、修行転読す。二の僧、終に臨みて、聖衆来迎して、倶に浄土に生れたり。

第十八　比良山の持経者蓮寂仙人

*葛河《かつらかは》の伽藍に一の沙門あり。食《じき》を断ちて苦行し、懺悔修行して、年月を送れり。夢に僧あり、沙門に告ぐらく、当に知るべし、*比良山の峰に一の*仙《ひじり》の僧ありて、法華経を誦す。諸仏の歎《ほ》むるところ、諸天礼拝す。汝当に往き詣りて、親近《しんごん》結縁すべしといへり。比丘夢驚きて比良山に入れり。数日《すじつ》を遥歴《きやうりやく》して、推し尋ね伺ひ求むるに、遙に*大乗を読誦する音声《おんじやう》を聞く。その声微妙《みめう》にして比《たと》ふべきものなし。*高からず下《みじか》からず、深く*心府に銘《しる》せり。比丘歓喜《くわんぎ》して東西に馳せ尋ねて、経の声《こゑ》を聞くといへども、その処を見ず。漸漸《やうやう》に*遊行《ゆぎやう》して、多くの時を経て、平正の処に至れり。縦《ほしいまま》に広く相構ふ。三方倶に下《くだ》る。苔敷き篠生ひて、量纔《わづか》に二丈、一の岩洞あり。希有に絶妙なり。大なる松の樹あり、根は岩の上に宿る。枝葉四《よも》に垂《た》れて、洞の前の庭を覆ひ、風の松を吹く声は、音楽に異ならず。雨降れども笠のごとく、庭の上を湿《ぬら》さず。熱き時には松能く清冷の影を作し、寒き時には*任運《にんうん》に煖温の気あり。一の聖人あり、*血宍《ちしし》都《すべ》て尽き、ただ皮骨のみあり。形貌《ぎやうめう》奇異にして、青苔の衣を着たり。比丘に告げて言はく、希有に来臨せり。暫く近き辺《ほとり》に住せよ。付き近づくことを得ざれ。所以《ゆゑ》は何《いかん》とならば、煙《けぶり》の気眼《まなこ》に入りて、涙出でて堪へがたし。血《ち》膿《うみしる》*腥膻《なまぐさ》くして鼻根苦びを受けたり。七日を過ぎ已へて更に来れ。互に与に語らむといへり。比丘語《こと》に随ひて二、三*段を去りて、止宿安坐し、昼夜に経を聞くに、身心快楽せり。鹿・熊・*獼猴《みこう》及び余《ほか》の鳥獣、諸の*菓蓏《このみくさのみ》を持ちて、仙人に供養せり。獼猴使者として、分ちて我が所に送る。七日を

〔一八〕 今昔物語巻十三ノ二・弥勒如来感応抄四にある。比良山の仙人の話は本朝神仙伝(三七)(→二七三頁注)にみえる。
葛河　→六〇頁注
比良山　比叡山の北にあり、秘密行七高山の一。
仙　神仙・仙人ともいう。→補
大乗　法華経のこと。
高からず…　摩訶止観「一旋一呪不遅不疾不高不下」。
心府　心をいう。
遊行　諸処を行脚すること。往生伝・法華験記には、遊行の聖・上人の話が多い。鎌倉時代の一遍はその風を追い、一生遊行をこととした。
任運　自然と同じ。人為を加えずに物事が自然に運び動くのに任せる意。
血宍　血と肉、宍は和名抄に「肌膚之肉也」とある。
腥膻　腐肉の匂をいう。なまぐさい。
段　一段は六間。
獼猴　猿、大猿。字類抄「ミコウ」。
菓蓏　和名抄「唐韻云、説文、木上曰レ果、地上曰レ蓏。張晏曰、有レ核曰レ菓。無レ核曰レ蓏。応劭曰、木実曰レ菓。草実曰レ蓏」。
蓮寂　伝未詳。
汝若不取…　法華経譬喩品第三にみえる偈句。火宅にいる子供を救出する手段として、羊・鹿・牛車を示し、お前達がもしこの玩具(仏法)を取らないと後に必ず悔いるぞの意。

過し已へて、仙人の所に詣りぬ。

比丘に告げて言はく、我はこれ興福寺《こうぶくじ》の僧、法相宗の学徒なり。号《な》を*蓮寂と曰ふ。我法華の*汝若不取《にょにゃくふしゅ》、後必憂悔《ごひつうくゐ》の文《もん》を見て、始めて菩提心を発しき。*寂寞無人声《じゃくまくむにんじゃう》、読《どく》誦此経典《じゆしきやうでん》、我爾時為現《がにじゐげん》、清浄光明身《しやうじやうくわうみやうしん》の文を見て、永く本の寺を去りて、跡山林に交りぬ。身を治養し命を愛護することに、永く厭離《えむり》を生じ、功《く》を積み徳を累《かさ》ねて、自《みづか》ら仙人と作れり。山岳峰谷を往還遊行《わうぐゐん》して、宿縁《すくえん》の追ふところ、この山に来り住せり。我、人間を離れ世を厭ひてより以後《のち》、法華を父母《ぶも》となし、*妙法を師長と観じて、*一乗を室宅と憑み、禁戒を防護となせり。我一乗に依りて、眼に遠くの方を見、耳に衆の声を聞き、意《こころ》に一切《いつさい》の法を知る。我一乗に依りて、都率に上昇して、*慈氏尊に見《まみ》え、余方に往き至りて、諸の聖人に親近《しんごん》す。*天魔悪鬼も我が辺《ほとり》に近づかず、怖畏災禍もその名を聞かず。仏を見《み》法を聞くこと、心に*自在を得たり。比丘の尋ね来ること少縁にあらず。この処に止住して仏法を修行せよといへり。比丘随順の意を作すといへども、その性《ひととなり》劣弱にして、その器《うつはもの》に堪へず。自《みづか》らの心を悔い恥ぢて、遂にもて還り去れり。仙人の神力《じんりき》をもて、日の裏《うち》に葛川の伽藍に来り至りぬ。*同行*善友《ぜんう》に語り伝へ、*仏因を植ゑしむ。聞く人不思議未曾有《みぞうう》のこと覚悟して涙随喜して留らず、云々といふ。

第十九　*法性寺*尊勝院の供僧道乗法師

沙門*道乗は、叡山*宝幢院西明房の*正算僧都の弟子なり。法性寺に移住して、多くの

寂寞無人声…　法華経法師品第十にみえる偈句。ひっそりとして人の声も聞えない処でこの法華経を読誦する時には、自分は必ず彼に清浄にして光明のある身体を示そうの意。
妙法　法華経に説く法で、三乗の麁法に対して一乗の法をいう。
一乗　→一五頁注「一乗の妙義」
慈氏尊　→六〇頁注「慈尊」
天魔　欲界第六天の魔王で多くの眷属を率いて仏道の妨害をなす。
自在　心に煩悩の束縛を離れて通達無礙なること。
同行　→七二頁補
善友　善知識と同じ。→九七頁注
仏因　仏果を得る因で、一切の善根功徳をいう。
〔一九〕　今昔物語巻十三ノ八・拾遺往生伝巻上〔三九〕にある。ともに本書によるか。
法性寺　藤原忠平が延長年間に建立したもの。端緒不明なるも、貞信公記抄では延長二年二月条に寺名がはじめてみえる。位置は現在の東福寺の地。
尊勝院　河海抄巻十三に、天暦三年三月藤原師氏が忠平の七十賀の法会を修したことを記す。
道乗　伝未詳。
宝幢院　→補
正算　左京の人で良源の弟子。承平三年受戒得度し、安和二年内供奉、天元三年延暦寺阿闍梨、同四年法性寺座主、永観二年律師、永延元年権少僧都、正暦元年十月七日入滅す(日本紀略・僧綱補任)。

年序を送りぬ。少年の昔より始めて、老後に至るまで、妙法華を暗誦し、昼夜倦《う》むことなかりき。天性*急悪にして、過咎を忍びず、弟子童子を麁言罵詈《そごんめり》す。*恚《ふつくみ》の心を息《や》む後は、頭《かしら》を叩きて悔い歎き、涙を流して発露《ほつろ》す。或は仏像に対《むか》ひて実の心に改め悔い、或は*大衆《だいしゆ》に対ひて誠の心に陳懺せり。夢の中に寺を出でて叡山に向ひ行くに、*柿本の辺に到りて、遙に山上を見れば、*坂本より始めて*大岳に至るまで、殿堂・楼閣・廊舎を造り重ねたり。葺《ふ》くに甍瓦をもてし、粧《かざ》るに金銀《こんごん》をもてす。その中に無量の経典を安置《あんぢ》す。*黄紙・朱軸、*松煙文《もん》を写《うつ》し、紺紙・玉軸、金銀字を瑩《みが》けり。道乗見了へて、希有《けう》の心を生じ、宿老に問ひて云はく、この経典甚だ多くして数へ尽すべからず。誰《たれ》人《ひと》の置くところぞといふ。老僧答へて云はく、これ汝が年来《としごろ》読めるところの大乗なり。大岳より始めて*水飲に至るまで積み置くところの経は、西塔院に住して読みしところの経巻、水飲より始めて柿本に至るまでは、法性寺に住して読めるところの経なり。この善根《ぜんごん》に依りて浄刹に生れむといへり。この語を聞き已りて奇特《きどく》の心を生《な》す。時に忽ちに火炎あり、一部の経を焼きぬ。道乗また経を焼くの因縁を問ふ。老僧答へて云はく、汝瞋恚《しんい》を発して童子を罵詈す。瞋恚の火炎、善根を焚焼す。もし恚の心を断たば、善根増長し、決定《けつぢやう》して極楽世界に往生せむといへり。夢覚めて已後《のち》、仏に向ひて弘誓《ぐぜい》し、永く瞋恚を断てり。*三業正直《さんごふしやうぢき》にして、身心を策《むち》ち励まし、ただ一乗を誦して更に余念なし。正念寂静《じやくじやう》にして*滅度を取れり。

急悪　性急にして腹を立てること。

恚　字類抄「フツクム、腹立詞也」。

大衆　多くの僧の意。智度論に「大衆者、除レ仏余一切賢聖」。日本でも本来は寺院における僧侶の汎称。但し平安中期以後寺院に僧兵がおこってから、僧侶の従者、寺領荘園の兵士のほか僧侶も僧兵化するに及び、これらを大衆と称するようになった。中右記、永久元年四月一日条「天下上下畏ニ大衆威一、軽ニ朝家一」。

柿本　今昔には「西坂ノ柿ノ木ノ本」。山城名勝志に「柿樹」として引く元亨釈書には「近ニ(叡)山下一有ニ柿樹一、絶不レ結子、俗名ニ其地一曰ニ不実柿一」とある。

坂本　叡山の東麓の坂本でなく、西麓の西坂本、即ち赤山禅院を入口にまつる修学院口(雲母坂口)あたりをさす。

大岳　比叡山の主峰、大比叡ケ岳。八四八・三メートル。

黄紙・朱軸・水飲　→補

松煙　墨のこと。

三業　身・口・意の所行。三業に造るところの十悪のうち意業による煩悩を、貪欲・瞋恚・邪見となす。

滅度　煩悩を滅した境地で、涅槃の訳。ここでは入寂のこと。

〔10〕　元亨釈書巻十一、感進三にみえる。本書によるか。

蓮坊　元亨釈書に坊を「防」に作る。あるいは次の蓮舫と同一人か。権記、長徳四年十二月条「以ニ忠蓮・光休・蓮舫〈以上勧覚慶解文〉・順朝・教静・庄命〈以上勧修解文〉一、並為ニ延暦寺阿闍梨一」。

第廿　叡山西塔の蓮坊阿闍梨

*蓮坊阿闍梨は、*慈念大師の弟子なり。*釈迦堂の*供僧《くそう》なり。稟性素潔にして、正直白浄なり。法華経を*諷誦《ふじゆ》して、日夜怠らず、*両部の法を瑩《みが》きて、*五智の水を澄ます。修行の霊験、加持の勝利、その数巨多《こた》なり。*江文《えふみ》の巓《いただき》に登りて、*一夏《いちげ》籠行せり。大笠を室となし、大石に蹲踞《うずくまりゐ》て、専《もは》らに臥し息《やす》まず。常に食《じき》を断つことをもて業となせり。また塩を断ちて法華を誦し、*六根の罪を懺す。夢に*白象《びやくざう》に乗れる普賢に対ひ立ち、また*毘沙門《びしやもん》善き言をもて讃歎《さんだん》す。乃至老いて後入滅の時、*鹿杖《かせつゑ》もて腰を息めて、毎夜に闕かず釈迦堂に詣で、氷を破りて閼伽を奉り、寒を忍びて一乗を誦せり。夢に老いたる僧来りて、摩頂して与に語らく、妙法の功積みて、修行の徳満てり。*二世を歎かざれ。臨終に来りて救はむといへり。夢覚めて涙禁ぜざること多くの時あり。乃至手に経巻を執り、観念して寂滅に入れり。

第廿一　愛太子《あたご》山の光日法師

沙門*光日は、叡山東塔の*千手院の住僧なり。一乗に深く渇仰を生じて、三宝に祈念すらく、願はくは法華を誦して、剋念限りなからむといへり。一部を徹誦せり。居を*梅谷に占めて、数年隠居せり。*中《なかの》関白殿の*北政所《まんどころ》、特にもて帰依し、*日供衣服《にちくえぶく》を、厚くもて奉献す。老《おい》に臨みて*愛太子山に移り棲めり。妙法の巻数《くわんじゆ》万余部に及ぶ。籠居精進して、数十年を逕《へ》たり。宿願《しくぐわん》あるに依りて、*八幡宮に詣でたり。夜御前《みまへ》に侍《はべ》りて法

慈念大師　延昌のこと。〔六〕参照。
釈迦堂　比叡山の西塔にあり、円澄が最澄の付嘱を受けて建立す。
供僧　本尊に供奉して給仕する僧。
諷誦　↓三六頁補
両部の法　↓三四頁注「両界の法」
五智の水　大日如来の五種の智慧を、清浄にして平等に物を映す水に譬える。↓六五頁注「五智如来」
一夏　↓二五頁注
六根　認識作用の依拠となる眼耳鼻舌身意。六根懺悔の行儀は法華懺法に記す。
白象に乗れる普賢　↓七四頁補「文殊・普賢の守護」
毘沙門　四天王の一で多聞天と訳す。
江文・鹿杖　↓補
二世　現世と来世。
〔三〕　今昔物語巻十三ノ一六にある。本書によるか。
光日　伝未詳。
千手院　↓補
梅谷　類似の巻中〔五五〕に「叡山大岳南、占㆓梅谷幽閒㆒」とある。未詳。叡岳要記所引の仁和元年十月太政官符の、叡山四至中の南限、富谷をいうか。
中関白殿　藤原兼家の長子道隆。正暦四年に関白となり、長徳元年四月十日に四十三歳で薨ず。
北政所　高階成忠の女の高内侍貴子。長徳二年十月に薨ず。漢詩の才に秀れた。
日供　↓二三頁注
愛太子山　↓七三頁注
八幡宮　石清水八幡宮。八幡町男山にあ

華経を誦せり。傍《かたはら》の人夢《ゆめ》に見らく、宝倉の内より、*天童子八人出で来りて、拝礼随喜し、妙なる香花をもて光日聖《ひじり》に散して、口唱讃歎《さんだん》して、八人舞ひ遊ぶ。また神殿より声を出して讃《ほ》めて曰く、*如是聖者《にょぜしやうじや》、必定作仏《ひつぢやうさぶつ》、長夜光明《ぢやうやくわうみやう》、冥途《めいど》曜日《えうにち》といへり。夢覚めてこれを見れば、光日聖法華経を誦せり。乃至齢《よはひ》尽きてこの界を去る時に、全くに一部を誦し、作礼《さらい》して去るに至りて滅に帰せり。

第廿二　春朝法師

沙門*春朝は、これ*権者《ごんざ》にして直人《ただびと》にあらず。言音和雅にして、巧に法華を誦せり。聴者倦《う》むことなく、*食頃《じききやう》のごとくに謂《おも》へり。慈悲甚だ深くして、一切《いつさい》を憐愍《れんみん》す。他の受けたる苦しびを見ては、これ我が苦しびと謂《おも》ひ、人の安楽を観ては、我が受けたる楽しびとなす。*高家《かうけ》権門、*公子王孫、諍《あらそ》ひ請《しやう》じて経を聞き、我が家に住《とど》めむことを願へり。花洛田舎《でんじや》、貴賤上下、住む所に趁《たづ》ね往きて、経を聞きて讃歎《さんだん》せり。聖人*東西の獄所を見て、受苦の相を聞きて、深くもて悲歎すらく、何《いか》なる方便をもて、獄所の苦しびを抜き、*仏道の因を種《う》ゑしめむとおもふ。乃至発願《ほつぐわん》すらく、我当《まさ》に七反《へん》獄所の中に入りて、諸の罪人をして法華経を聞かしむべしとおもへり。かくのごとく思惟《しゆい》して、貴家に往来して、銀《しろかね》の器《うつはもの》一具を取りて、*双六《すぐろく》を打ち入る。春朝を追ひ捕へて、獄所に将《ゐ》て入れり。聖人獄《ひとや》に入りて、即ち法華経を誦せり。その声高遠にして、*鈴鐸を振ふがごとし。*囹圄《ひとや》の内の人、合掌随喜して、涙を下して悲泣す。*一院三宮、消息を*非《ひ》

り、貞観元年に行教が宇佐より八幡宮を勧請した。

天童子　↓六七頁注「天諸童子」

如是聖者…　このような聖者は必ず仏となって長夜にもその功徳の光明が輝き、冥途への輝く日となるであろうの意。

〔三〕　今昔物語巻十三ノ一〇・元亨釈書巻十二ノ忍行にある。ともに本書によるか。

春朝　伝未詳。

権者　権化・権現のこと。仏や菩薩が神通力をもって容を変えこの世に仮りに現れた姿。摩訶止観巻十下「仏曰、初出権者引レ実」。

食頃　一食する間で、暫の間をいう。

高家権門　身分の高い家柄の者や権力ある者。

公子王孫　貴族の子弟。

東西の獄所　左右両京にあった獄所。拾芥抄に「左獄、近衛南西洞院西」とある。↓

仏道の因　ここは仏縁を結ばせる意。↓七七頁注「仏因」

双六　盤に十二の区分をつけ、十五の白黒の駒を、二個の賽によってその目の数だけ敵陣に進ませる遊戯。

鈴鐸　すず。和名抄に「陸詞切韻云、鈴、似レ鐘而小。三礼図云、鐸、今之鈴、其匡以レ銅為レ之」とある。

囹圄　字類抄「レイコ、ヒトヤ」、和名抄「唐韻云、囹圄、獄名也」。

一院三宮　今昔に「院々宮々」とある。

非違別当　検非違使庁の長官。司法警察

違別当《ゐのべつたう》に送られ、仰事を検非違使に下し賜へり。沙門春朝は勘問*すべからず、笞を加ふべからずとのたまへり。また夢みらく、獄所に白象数百充満し、諸天護法*、来り集りて問訊すとみる。非違別当夢に見らく、*普賢《ふげん》白象王に乗りて、光明照曜して、手に鉢の飯《いひ》を捧げ、獄門に向ひて立ちたまふ。その所由《ゆゑ》を問ふに、春朝を供養せむがために、毎日《ひごと》に普賢来るとのたまへり。夢の示現に驚きて、獄所より出さしめぬ。かくのごとく獄所に来住すること、漸くに五、六ケ度に及べり。毎度《たびごと》に勘問を遂ずして獄《ひとや》を出でたり。

時に非違の庁議定むらく、春朝既に嫌疑するにあらず。現《うつつ》に盗悪の人なるに、勘問せずして免《ゆる》さる。これに由りて意《こころ》に任せて人の物を盗み取る。尤も禁治すべくは、二の足を切りて*徒人《づにん》と成すべしといへり。かくのごとくに議定《ぎぢやう》して、官人の上下、春朝を*右近馬場に将《ゐ》て来りて、正《まさ》に両の足を切らむとせり。時に春朝聖《ひじり》、声を挙げて法華経を誦せり。極悪不善の十六の官人、不覚の涙を流して、皆聖人を礼《らい》して去る。見聞のひと来り集り、乃至*着鈦《ちやくた》のひと、悲泣して随喜せり。非違別当重ねて夢みらく、天童来り告げて言はく、春朝聖人、獄《ひとや》の罪人を救はむがために、七度囹圄《ひとや》に任せり。これ諸仏の方便にして、*和光同塵《わくわうどうぢむ》ならくのみといへり。春朝一条*の馬場にありて、舎《いへ》を出でて死去せり。*髑髏《ひとがしら》その辺《ほとり》にありて、毎夜《よごと》に法花を誦す。聞く者怪び貴《たふと》ぶ。一の聖人あり、その髑髏を拾ひて、深山の中に置き*ぬ。それより以来《このかた》、誦経の音《こゑ》絶えたり。

を掌る役で、参議以上で衛門督・兵衛督を兼帯している人が任ぜられた。
勘問　法律に照して罪を考え調べること。
護法　↓七二頁注
普賢白象王に乗り　↓七四頁補「文殊・普賢の守護」

徒人　徒刑の人。徒は罪人を使役して罪を償わしめる刑。律目録に「徒五」、法曹至要抄に「徒罪者始レ従二一年一竟二於三年一。以二半年一為二一等一」とあり、五等に分れていた。
右近馬場　河海抄巻五に「右近馬場は一条大宮也」とあり、北野神社の東南に当る。
着鈦　底本「駄」、字類抄により訂。字類抄に「チヤクタ、俗用之」とあり。鈦は「釱」と同字。和名抄に「野王案釱、脛沓也」とあり、棭斎は足かせとする。延喜囚獄司式に「凡罪人者随二罪軽重一、着二鈦若盤枷一。其鈦或四人或三人為レ連。至レ暮着レ杻。明旦脱而役之」とある。
和光同塵　仏菩薩が威光を和らげて塵の世界に種々の形を現じ、衆生を救うことをいう。本は老子の「和二其光一同二其塵一」に基づき、摩訶止観巻六に「和光同塵結縁之始」とある。
一条の馬場　右近馬場に同じ。
髑髏　↓七〇頁注
置く　ここは葬る意。

第廿三　叡山宝幢院の道栄山を出づ

沙門道栄*は、近江国の人なり。幼少にして山に登りて、宝幢院*に住せり。年分法師*《ねんぶん》にて、十二年を限りて、永くもて山に籠りぬ。大乗を読み習ひて、師長に奉仕《ぶし》し、花を採りて承仕*《しょうじ》して、如来を供養す。年を累ねて堂に入り、礼仏転経*せり。十二年を過ぎて、始めて本の郷《さと》に出でたり。乃至閑《しづか》に住してこの思惟《しゆい》を作さく、性《ひととなり》聡明《そうみやう》にあらず、顕密を瑩《みが》かず。心に勇猛《ゆうみやう》なく、精進を急がず。年齢自《おのづか》らに積りて、生涯幾《いくばく》ならず。この生に名誉を揚げず空手*にして過すは、後世《ごせ》に火血刀*《くわくゑつたう》の路を歩むべし。もし善苗*《ぜんめう》を殖ゑざれば、仏果を結ぶべからずとおもふ。またこの念を作さく、我当《まさ》に妙法華経を書写すべしとおもへり。かくのごとくに思惟して写経を企てぬ。もし一品を書き畢れば、軸・標紙*《へうし》を着け、五人の名哲*を請じて開講供養し、義理を説かしめて、問答決疑*せり。かくのごとくに一月に一度二度、乃至五度六度供養して、写経の多少に随ひて定めず。数十年の間、この善を勤めて、露の命の消えむ時を待ちて結願すべし。また誓願を発すらく、生々世々《しやうしやうせせ》、仏法に値遇《ちぐ》し、一乗妙法を書写読誦すれば、乃至成仏して永く退転*せざらむとおもへり。

夢みらく、宝幢院の前の庭に金《こがね》の多宝塔*を建立す。露盤*《ろばん》・火珠*・宝鐸*《ほうちやく》・箜篌*《くご》、荘厳《しやうごむ》微妙《みめう》なり。道栄見已へて、一心に頂礼せり。一の丈夫*《ますらを》あり、形《すがた》帝釈*に似たり。沙門に告げて言はく、この塔は汝が経蔵なり。戸を開きて見奉るべしといへり。夢の中に歓《くわん》喜《ぎ》して、塔を開きて拝見するに、塔の内に数百部の経を積み置けり。ただ塔の艮*《うしとら》の角《すみ》

〔三〕　今昔物語巻十三ノ七・弥勒如来感応抄四にある。本書によるか。

道栄　伝未詳。

宝幢院　↓七七頁補

年分法師　諸宗、諸大寺で毎年一定数、国家から賜る度者を年分度者という。↓補

承仕　↓補

転経　経文を読誦すること。

空手　↓五五頁注

火血刀　地獄を火途、畜生を血途、餓鬼を刀途という。三悪道のこと。

善苗　善根と同じ。

標紙　↓六七頁注

名哲　講師を指す。

問答決疑　質疑応答によって仏法の疑義を明かにすること。

退転　修行によって得た位を退き転ずること。

多宝塔　釈迦及び多宝如来を安置する塔で、二重の屋を構え頂に相輪を設けた塔。法華経見宝塔品に釈迦が説法の時七宝塔が出現し、塔中の多宝如来が釈迦のために半座を分ちて坐せしめた二仏併坐の説に基づいて建立す。

露盤　塔の上に幾つも相輪を重ねて竿を貫いた盤。承露盤。

火珠　塔の相輪最上部の宝珠。

宝鐸　風鐸。鈴の一種。塔の相輪や簷端に懸ける梵鐘型の大鈴。

箜篌　和名抄に「唐韻云、箜篌、楽器也。兼名苑注云、箜篌、和名久太良古度、漢武時人、依レ琴製レ之」とあり、延喜治部式に「箜篌一面、長五尺、料糸二両」とあ

には経巻を積まず。丈夫告げて云はく、今生書写の経、塔の内に満ち積れり。身にこの塔を随へて、都率に昇るべしといへり。睡《ねぶり》覚めて*踊躍《ゆやく》すること、無量無辺なり。弥《いよいよ》信力《しんりき》を発して、書写供養せり。老衰に迫られて行歩《ぎやうぶ》軽利ならず。*寒温《かんうん》の縁を尋ねて、*野州《やす》郡に下り住せり。乃至普賢品を書写し已りて、開講供養し、合掌礼敬《らいきやう》して、即ち無常に帰せり。

第廿四　頼真法師

沙門頼真*は、近江国の人なり。年始めて九歳にして、*金勝寺《こむしようじ》に住しけり。僧の経を読誦するを聞きて、憶持して忘れず、乃至一部を通利暗誦せり。老年に至るまで毎日《ひごと》に三部を読誦して退くことなし。兼て法文を習ひて、能く義理*を解《げ》せり。比丘性《ひととなり》静にして、黙然として語《ことば》少し。定途*の所作は、口歯を動《はたら》かして、虚《うつ》けて哨《ゆが》めること牛のごとし。比丘悲歎して常にこのことを羞づらく、*生死《しやうじ》は晧然として、業種は巨多《こた》なり。先世の業にて悪業の身を感ぜり。今生懺《さん》せざれば、後世畏るべしとおもふ。叡山の根本中堂に参り登りて、七日夜を逕て、先生《せんしやう》の果報を知らしめたまへと祈念せり。第六夜に至りて、夢に音声《おんじやう》を聞きて、その形《すがた》を見ず。頼真に告げて云はく、汝先生の*身は、これ鼻の欠けたる牛なりき。近江国愛智《えちの》郡の中の*貫首《くわんじゆ》の家の内なりき。貫首、経《きやう》の供養を作《な》して、八部の法花牛に負《おほ》せて、将《ゐ》て伽藍に登りけり。経を負ひたる功徳に依りて、牛の身を脱《はな》れて人間に至り、法華経を誦し、法文の理を解して、仏法の*器《うつはもの》

る。ハープの一種で百済から渡来し、竪箜篌・臥箜篌の二種があった。
丈夫　訓みは字類抄・名義抄による。
帝釈　帝釈天のことで、忉利天に住する仏教守護神。天人形で白象に坐し、右手に三鈷杵を持つ。
艮　鬼門にあたる。
踊躍　字類抄「ヲトリハシル、ユヤク、両合部」。
寒温の縁　時候の挨拶を交換するような縁で、知人のこと。
野州郡　近江国野州郡(和名抄)。

〔四〕　今昔物語巻十四ノ二三にある。本書によるか。
頼真　伝未詳。
金勝寺　→補
義理　仏の理に適った道で経文の意味。
定途　定められている、きまりきった、平常の意か。
生死…　人間が生死の世界を輪廻することとは明白なことであり、苦楽の果を受ける行業は数限りない。
汝先生の身は…　前世に牛であったものが人に生れ、人であったものが牛に生れ変った話は、霊異記に多く本書にも散見する。→解説
貫首　貫籍の上首。仏教では一宗一派の頭領。天台座主を貫首といい、類聚三代格に「門徒貫首」「弟子之中貫首」の用例もある。但しここは、今昔物語に「官首」とあり、郡の役人などをいうか。
仏法の器　仏法を説くにふさわしい人物。

と作りぬ。今生法華を読誦するの功徳薫習して、生死《しやうじ》を遠離《をんり》し、涅槃《ねはん》を証すべし。*宿《すく》習《しふ》猶し残りて、余報いまだ尽きず、*喫々《せふせふ》として常に嚼《か》めりといへり。夢覚めて明かに前世後世の善悪の果報を知りぬ。比丘精進して、自《みづか》ら愧ぢ剋《せ》め責《せ》めて、悪道を怖畏し、読誦観念して、菩提を欣求《ごんぐ》す。七十の算を尽して六万部を誦せり。正念苦びなし。定めて知りぬ、安楽の浄刹に往生せることを。

第廿五　叡山西塔の春命

沙門*春命は、西塔の住僧なり。法華を読誦して更に他の業なし。昼は住房にて終日《ひねもす》に転読し、夜は*釈迦堂にて竟夜《よもすがら》暗誦す。心急に身貧しくして、*世間常に乏《とも》し。山門に跡を閉ぢて、郷里を好まず、勇猛《ゆうみやう》精進して、一心に経を読めり。天暁に至りて睡《ねぶ》らず覚めず。一の天女ありて半身の形《すがた》を現ず。その声*柔軟《にうなん》なり。汝前世に*野干《やかん》の身を受けて、西塔の*法華堂の裏に住み、天井の上に遊びて、常に妙法及び*宝螺《ほうら》を聞きき。その因縁に依りて、今人身を得、この山の僧と作りて、法華経を持せり。人身は希有にして、仏法には遇ひがたし。転読を営み励みて、*三業を奢《ほこ》らざれ。*苦海は悠深にして、妙法の船にあらざれば、何《なん》ぞ彼岸に致《いた》らむといへり。かくのごとく示し語りて、また余《ほか》の言なし。沙門聞き已へて、前生の報を観じ、因果の道《だう》を信ぜり。乃至巻数《くわんじゆ》六万部を誦せり。その後多年読誦を巡たりといへども、*巻数を記さず。最後に臨みて、悩気ありといへども、専《もは》らに重き病にあらず。口に妙法を誦し、心に生死《しやうじ》を厭ひて、更

宿習　前世の煩悩は断じたが、習慣性の余薫が残ること。
喫々　魚や鳥が餌をついばむ様子。

〔二五〕　今昔物語巻十四ノ二二にある。本書によるか。
春命　伝未詳。
釈迦堂　→七八頁注
世間常に…　生活が常に不如意である。
柔軟　→四〇頁注
野干　狐のこと。和名抄に「狐、獣名、射干也。関中呼為二野干一。語訛也」とある。
法華堂　叡岳要記に天長二年に円澄と延秀が建立すとある。
宝螺　→五七頁注「大法螺」
三業　→七八頁注。ここは楽果を生む善行を指す。
苦海　苦しみの際限ない世界を海に譬えたもの。
巻数　経名と読誦回数を記した目録。

に余念なく、永くこの界を背《そむ》けり。

第廿六　黒色の沙門安勝

沙門*安勝は、その色極めて黒し。猶し女の*掃墨《はいすみ》のごとく、また炭灰に似たり。色の黒きことを恥ぢ歎きて、敢へて衆《しゅ》に交らず。聡睿好音にして、法華を読誦せり。聞く者耳を傾《かたぶ》けて、随喜せずといふことなし。また道心あり、仏を造り経を写して、供養恭敬《くぎやう》せり。貧しき人を憐愍して、着衣を脱《ぬ》ぎて施し、病者に慈悲ありて、医薬を求めて与へたり。*長谷《はつせ》寺に詣でて観音に白《まう》して言はく、何の因ありてか世間の人に違《たが》ひて、この身の黒色なる。観音の*神通《じんづう》にて宿世を知らしめたまへといへり。かくのごとくに祈念して、三日堂に侍るに、夜半《よなか》に夢に見らく、一の貴き女あり、端正《たんじやう》なること比《たぐひ》なし。衣服《えぶく》に香を薫じて、比丘に告げて言はく、知るべし、先身は黒色の牛なりき。*持経者の辺《ほとり》にありて、常に法華経を聞きき。この縁に因るが故に、人界《にんがい》に生れて畜生の苦を抜くことを得、人身を受けて法華を聞くの力を得たり。今生は一乗妙法を受持す。*余残の宿業《すくごふ》にて、黒色の身を得たり。更に歎き念ふことなかれ。身を*他世に捨てて、天上に昇り、*慈氏尊に見《まみ》えて、*三菩提を得むといへり。比丘夢覚めて、一心に*大悲観音を頂礼せり。本の所願満ちて、念を摂《をさ》めて法華の行業を勤修《ごんしゆ》せり。心に放逸《はういち》なく、諸の善を*奉行《ぶぎやう》す。三業乱れず、*六根寂静《じやくじやう》にして、永くこの生を尽きて、*無為の界《さかひ》に帰せり。

〔二六〕今昔物語巻十四ノ二〇・弥勒如来感応抄四にある。本書によるか。
安勝　伝未詳。
掃墨　和名抄に「功程式云、掃墨一斗合酒二升膠二両。波伊須美」とある。ここでは胡麻や菜種の油を燃やし、その油煙を掃き落して製した眉墨。
長谷寺　奈良県桜井市初瀬町にある。同寺蔵、銅版法華説相図銘によれば、同寺は降婁の年(戊年、朱鳥元年か)、道明が天武天皇の奉為に造立したという。また護国寺本諸寺縁起集の長谷寺縁起は、菩薩前障子文などによって、右記の寺は十一面観音を本尊とし、まもなく退転したが、神亀年中、沙弥徳道が藤原房前の外護によって、同じく十一面観音の、後長谷寺をおこしたとある。長谷寺は平安時代には、観音の霊場として知られた。
神通にて…　五神通(→五六頁補)のうちに宿命通がある。
持経者　→六六頁注
余残の宿業　→八四頁注「宿習」
他世　現世に対して過去・未来をいう。ここは来世を指す。
慈氏尊　→六〇頁注「慈尊」
三菩提　→五六頁注「無上菩提」
大悲観音　千手観音の異名であるが、観音の総称に用う。
奉行　仏の教を奉じて行うこと。
六根寂静　六根→七九頁注。ここは身心共に苦悩を離れるの意。
無為の界　悟の境界。無為は生住異滅の四の働きのないことをいう。

第廿七　備前国の盲目法師

備前国に人あり、姓名を知らず。十二歳にして盲目となりぬ。中堂の*薬師仏の前に将《ゐ》て詣りて、眼《まなこ》を開きて色を見ること明了ならむことを祈願せり。二七日を過ぎて、長老の僧あり、盲人《まうにん》に告げて言はく、汝宿報《すくほう》に依りて、盲目の身を得たり。今生に眼目色を見ることを得ず。汝先世に毒蛇の身を得て、信濃国の*桑田寺の乾《いぬゐ》の角《すみ》、榎木《えのき》の中に住しけり。その伽藍に法華を持しける聖《ひじり》あり、昼夜妙法華経を読誦しけり。これに由りて常に一乗妙法を聞きき。汝罪根深重《じんぢう》にして、更に食《じき》を得しことなかりき。常に飢《け》渇《かつ》に困《くるし》びて、諸の苦痛を受け、夜夜に堂に入りて、仏前の常燈の油を舐《ねぶ》り食《くら》ひき。法華を聴きしに因りて、今人身を得て、また仏法に値へり。燈油を食ひしに依りて、盲目の身を受けぬ。この故に今生《こんじやう》目を開くべからず。汝早《すみやか》に一乗妙経を読誦して、罪業《ざいごふ》を滅除すべし。他生《たしやう》に*天眼明浄《てんがんみやうじやう》にして、*大千を徹見し、乃至*他を度し示現を得むといへり。已に心に慚愧《ざんぐゐ》を生じて、宿報を発露《ほつろ》し、法華経を誦せり。自然《じねん》に一部の始終を開通し、験力《げむりき》現前して、邪霊を結縛《けつばく》し、それを帰伏せしめて、身心の病苦は、即ち全くに除くことを得たり。乃至菩提当《まさ》に成就することを得べし。

第廿八　源尊法師

沙門*源尊は、幼童の時より父母《ぶも》の家を離れて、*法家《ほふけ》に来り住するをもて、*心操軟浄《しんざう》

〔二七〕　今昔物語巻十四ノ一九にある。本書によるか。
薬師仏　↓補
桑田寺　未詳。
天眼　五眼(肉眼・天眼・慧眼・法眼・仏眼)の一。天人所有の眼で、遠近内外昼夜常に礙なく見ることが出来る。
大千　↓補
他を度す　自ら悟るばかりでなく、他をも悟りに導く。利他のこと。

〔二八〕　今昔物語巻十三ノ三五にある。本書によるか。観音利益集二十六にもある。
源尊　三宝院伝法血脈に成尊僧都の弟子に「源尊、阿サリ号大乗院」と見えるが、別人であろう。
法家　仏門のこと。
心操軟浄　心ばえが穏やかで浄い。
諷誦　↓三六頁補
閻王の庁　閻王↓一七頁注。仮死して閻王庁にいき、法華の功徳によって蘇生する話は〔八〕にもみえるが、その光景の描写は具体的。
冥官・冥道　閻魔王に属する冥界の官吏。↓六三頁注「冥途」
欠掖　字類抄に「欠腋、クヱツヱキ、ワキアケノウエノキヌ」、和名抄に「楊氏漢語抄云、蜀衫、和岐阿介乃古路毛。本朝式云、欠掖」とある。腋を縫わない袍。
裲襠　字類抄に「リヤウダウ、又ウチカケ」、和名抄に「釈名云、両襠、宇知加介。一当レ胸一当レ背也」とある。両袖がなく

にして、永く不善に背き、法華を稟持して、日《ひ》に数部を読誦せり。いまだ*諷誦《ふじゅ》することを得ず。盛の年の比《ころほひ》、重き病を受け取り、数日《すじつ》悩み苦びて、即ち死門に入れり。冥途に臨み至りて、*閻王の庁に趣きぬ。*冥官《みやうくわん》・冥道《みやうだう》は首《かうべ》に冠《かむり》を戴き、鬼は身に*欠掖《くゐつえき》を着、或は甲冑《かふちう》を着、また*裲襠《りやうだう》を着、腰に*属鏤《しよくる》を帯び、手に戟鉾を捧げて、或は書案《ふみづくゑ》に向ひて、*笈《ふみばこ》・櫃《ひつ》等を開き、或は*簡牒に*善悪を註記す。その作法を見るに、尤も怖畏すべし。傍《かたはら》に貴き僧あり、手に*錫杖を執り、また経箱を持ちて、即ち閻王に申さく、沙門源尊、法華経を読誦して、年序多く積れり。即ち*当座に坐せよといへり。箱を開き経を授くるに、即ち経巻を捧げて、第一巻より第八巻に至るまで、高音に経を読誦せり。閻王・冥類、合掌してこれを聞けり。貴き僧、沙門源尊を将《ゐ》て出でて、本の国に向はしむ。即ち貴き僧を見れば、観世音の形《すがた》なり。汝本の国に還りて、能くこの経を読め。我*威神《ゐじん》を加へて、経を暗誦せしめむとのたまへり。即ち一日夜を逕て、即ち蘇生することを得たり。重病除愈して、気力尋常《じむじやう》なり。閻王の庁にて経を読みしより已《この》来《かた》、前後に通利し、悉くに皆憶持して、一部を徹誦せり。毎日《ひごと》に三部の法花を読誦す。二部は*化他、一部は*自行なり。乃至最後に少しき病ありといへども、身心乱れず、法華を誦して即ち遷化せり。

第廿九　定法寺の別当法師

*法性寺の南に一の小さき寺あり。*定法寺と名《な》づく。*別当の僧あり。形は僧に似たり

胸と背だけを袍の上に打掛けて着る。

属鏤　和名抄「広雅云、属鏤、文選読二豆流岐一。剣也」。元来は名剣の名で、史記、伍子胥列伝に「乃使二使賜二伍子胥属鏤之剣一曰、子以レ此死」とある。

笈　和名抄に「唐韻云、笈、不美波古、負レ書箱也。風土記云、学士所二以負一レ書。状如二冠箱一而卑」とある。

簡牒　和名抄に「簡、不美太、所二以写一レ書記レ事者也。牒、札長一尺二寸也」とあり札のこと。生前の善悪の行業を記すもの。

善悪を註記す　薬師経に「彼琰魔王、主二領世間名籍之記一。若諸有情、不孝五逆、破二毀三宝一、壊二君臣法一、毀二於信戒一、琰魔法王、随二罪軽重一考而罰レ之」、十王経に「其王以レ簿相二問亡人一、等二計所作一、随レ悪随レ善、而断二令之一」。

錫杖　大乗比丘十八物の一。道を行くのに僧侶の持つ杖。害虫を駆逐し、乞食を知らせ、老人の身を扶けるためのもの。

当座　所定の座席。

威神　測ることの出来ぬ威勢。神通力。

化他・自行　→七一頁注「自行化他」

〔二九〕今昔物語巻十三ノ四四にある。本書によるか。

法性寺　→七七頁注

定法寺　貞信公記抄、延喜十八年五月条「参二極楽・定法等寺一」、同延喜二十年十月条「従レ寺(極楽寺)帰□(次カ)見二定法寺一」。

別当　社寺の寺務を統轄する者。僧俗の別当がある。→補

といへども、所行は俗のごとし。*貪瞋痴《とんしんち》を専《もは》らにして、*殺盗・婬妄《いんまう》・飲酒《おんじゆ》を行ひ、放《はう》逸《いち》にして、諸の狂言を発《おこ》せり。諸の*雑芸《ざうげい》を習ひて、無益《むやく》のことを作し、*双六《すぐろく》・囲碁《ご》、毎日に欠かず。*三宝の物を用ゐて慚羞あることなし。*五塵*六欲、*貪染《とんぜん》厭ふことなし。悪業を摂受《せふじゆ》すること、海の流を呑むがごとく、火の薪を焚《や》くがごとし。ここに同輩十人あり。日来《ひころ》催《うなが》し勧めて、相共に*清水寺に詣りぬ。還向《ぐゑんかう》の次《ついで》、*六波羅密寺に入りて、*法華一乗の講筵に値遇して、随喜して去りぬ。これ則ち件《くだむ》の僧の一生の作善《さぜん》なり。これより以外《ほか》、善根《ぜんごん》を作さず。年齢相運《めぐ》り、生涯自《おのづか》らに尽きて、即ち死門に入れり。悪業に依りての故に、極悪の大蛇の身を感得せり。蛇の霊《りやう》、妻《め》に着き附して、悲び涙《なむだ》して受苦の相を宣ぶらく、我先生《せんしやう》に好みて悪業を作して、善根を作すことに倦みき。僅に所作あれば、悪業弭《なび》き従ひき。この故に大苦悩最悪麁重の身を受けたり。熱きこと焼ける火のごとく、草木気に当りて、皆悉くに枯渇す。無量の毒虫は、我が身を棲となして、皮肉《かはしし》を咬《す》ひ食《くら》ふ。水食《みづじき》得がたく、還りて我が身を飲む。かくのごときの受苦、宣べ尽すべからず。ただし一の善に依りて、一時楽びを受く。昔存生《ぞんしやう》の時、六波羅密寺において、一度講に遇ひき。その功徳の力、我が身の中にありて、毎日《ひごと》の未時に、六波羅密の方より、清涼《しやうりやう》の風吹き来りて我が身を扇ぐに、熱苦忽ちに息《や》みて、毒虫食《くら》はず。身心喜び楽ぶこと、ただ一時を逕て、我頭尾《かしらお》を叩き、血の涙を出して、存生に功徳を作さざることを悔い恨む。一度講を聞きて、猶し多くの年、常に利益《りやく》を蒙《かうぶ》る。何《いか》に況や一生仏事を営み作さば、あに*蓮《はちす》に登らざらむや。ただ願はくは汝等、我がた

貪瞋痴　貪欲・瞋恚・愚痴の三種の煩悩で三毒と称す。

殺盗・婬妄・飲酒　殺生・偸盗・邪淫・妄語・飲酒で五悪と称し、五戒に反するもの。

雑芸　雅楽に対して俗楽俗芸をいう。今昔には「諸ノ遊女傀儡等ノ歌女ヲ招テ詠ヒ遊ブ」とある。

双六　↓八〇頁注

三宝の物…　戒律では仏物・法物・僧物の供養物はそれぞれ他に互用することはできない。

五塵　色声香味触の五の境界で煩悩をおこすから塵と名づく。

六欲　色欲・形貌欲・威儀姿態欲・語言音声欲・細滑欲・人相欲の六種の欲望。

貪染　貪り求めそれに染まること。

清水寺　京都東山にあり、康平八年八月の藤原明衡の清水寺新造堂願文(本朝文集四十八)等によれば、延鎮聖人が坂上田村麻呂と同心合力し、延暦二十四年、寺地を奏請して建立したもので、金色十一面卅手観音像を本尊とする。康平六年焼亡、翌年新造す。右記願文はそのときのもので、「貴賤往詣之者、連ㇾ襟以成ㇾ市、道俗恭敬之客、接ㇾ膝以満ㇾ堂」とある。

六波羅密寺　五条の南、鴨川の東にあり。本朝文粋、慶滋保胤の詩序に「夫六波羅蜜寺者、空也聖者権二興之一、中信上人潤色也。…於ㇾ是毎日講二妙法一乗一、毎夜修二念仏三昧一。彼南北二京之名徳日来、遁為二講師一、遁為二聴衆一、東西両都之男女雲集…結縁不ㇾ知二幾万人一」。伊呂波字類抄に

めに法華大乗を書写して、我が苦びを抜済せよ、云云といふ。聞く者皆言はく、我等万事を抛《なげう》ちて、当に妙法華経を聞くべしといへり。妻子悲びを発して、経を写し供養せり。その後*化《くゑ》して苦びの息みしことを示せり。

第三十　山城国加美奈井寺の住僧

山城国*飯岳《いひのをか》の西に寺あり、*神奈《かむな》井《ゐ》寺と名《な》づく。その寺に僧あり。法華経を読むこと慇重《いんぢう》にして誠に深し。兼て真言を持して*随分《ずいぶん》に験《しるし》あり。この僧常にこの寺を去りて他《ほか》の所に往かむと欲す。この念ありといへども、離れ去ること能はず。一時思《し》惟《ゆい》すらく、決定《けつぢやう》して出でて去りなむとおもへり。その夜夢に見らく、一の老僧あり。太だ*宿《しく》徳《とく》なるをもて、老いたる音《こゑ》を出して言はく、我はこの寺の*薬師如来なり。宿世《すくせ》の縁を示して、汝のために与に語らむ。汝この寺に住すること、既に数生に及べり。前生は蚯蚓《みみず》の身を受けて、常にこの寺の前庭の土の中にありき。常に僧の法華経を誦するを聞きき。この善根《ぜんごん》に由りて、今生《こんじやう》人と作《な》りて、法華経を読み、仏道を修行す。これをもて当に知るべし、汝この寺に縁あり。専らに他の所に往くべからずといへり。夢覚めて始めて伽藍に縁あることを知りぬ。これより已後《のち》、常にこの観を作《な》さく、我先身を念ふに、蚯蚓の愚なる虫にて、善悪を辨《わきま》へざりき。土の中の生死《しやうじ》は、誠にもて悲しむべし。なほ法華経の力用、最も大なり。経を聞くを縁となして*蠢虫の苦びを抜きて、今人の体《すがた》を得たり。願はくは今生の*転経の功徳をもて、生死に趣かず、*大菩提を証せ

「空也上人、応和年中所二草創一也、本号二西光寺一。…上人入滅之後、大法師中信来住二此寺一、専修兼善、兼行六度。故改二本名一、更号二六波羅密寺一也。為本二天台別院一、偏演二円宗教法一。是一以三世有二法華講一、本以二此処一為二講肆一」。

法華一乗の講筵　前項所引の文参照。

蓮　極楽浄土は蓮を座席とするので、浄土のことをいう。

化　蛇身から他に生れ変ること。

〔三〇〕　今昔物語巻十四ノ二五にある。本書によるか。

飯岳　未詳。

神奈井寺　今昔「神奈比寺」。綴喜郡田辺町の西に甘南備山。延喜式同郡に「甘南備神社」。山城名勝志に「土人云、元在二甘奈比山半腹一。今旧跡有二古松一株一。…寺家説云、医王山甘奈備寺、本尊薬師如来、行基開基」とある。

随分　雅言集覧「分相応なり」。

宿徳　年老いて徳の高い人。

薬師如来　↓五七頁補

蠢虫　うごめく虫で、蚯蚓のこと。

転経　↓八二頁注

大菩提　↓五六頁注「無上菩提」

むとおもへり。かくのごとく誓願して、常にその寺に住して、他に行かむ心のなくして、仏道を修行せり。

第三十一　醍醐の僧恵増法師

沙門*恵増《ゑぞう》は、*醍醐の僧なり。剃頭《ていづ》の当初《そのかみ》より法華の縁深かりき。ただ法華を誦して、他の経を読まず、俗典を習はず、真言を持せず、*顕教を学ばず、ただ一心に法華経を読みて、乃至暗誦通利して明了なれり。ただ*方便品の比丘偈《げ》において、二字廃忘《はいまう》して通利せられず。数年の間、練習を加ふといへども、この二字においては摠べて憶持せず、永くもて忘失せり。経文に向ふ時は、即ち明了に知り、経を離れて誦する時は、更に憶持せず。この処に至るごとに、*罪根の重きことを歎きて、憶念を得むことを願へり。遂に思願を廻らして、*長谷寺《はつせでら》に参り、七日籠居してこのことを祈願すらく、大悲観音、我をして経の二字を憶念せしめたまへといへり。また七日を過ぎ巳へて夢みらく、御前の帳の裏《うち》より老僧出で来りて言はく、比丘、我*方便《はうべん》をもて、汝をして経の中の二字を憶持せしめ、当に汝のために二字を忘失せる宿世《すくせ》の因縁を説くべし。汝は*二生《にしやう》の人なり。前生は*播磨《の》国賀茂郡の人なり。汝が父母《ぶも》皆今かの国にあり。前生に汝法華を読誦せし時、火に向ひて経を読みき。火の星迸《ほどはし》り到りて、経の二字を焼きけり。汝かの二字を書き補はざりき。故《かるがゆゑ》に今生《こんじやう》に経を読めども、二字を忘失す。その経現《うつつ》にあり。汝播磨に往きて本《もと》持せし経を拝し、二字を書き付けて、宿業《すくごふ》を懺すべしと

〔三一〕　今昔物語巻十四ノ一二にある。本書によるか。

恵増　伝未詳。

醍醐　醍醐寺。京都市伏見区にある。醍醐寺要書所引、延喜十三年十月官符等によると、真言宗の聖宝が貞観年中に開き、延喜七年、御願寺となり、同十三年、定額寺となる。

顕教　真言密教に対する語。特に真言宗では他宗を悉く顕教という。

方便品の比丘偈　方便品は法華経の第二品。その中の、舎利弗が大衆に代って方便について仏の広説を請う「比丘比丘尼、有懐増上慢」に始まる偈。

罪根　業は苦悩の根本であるから罪根という。罪に同じ。

長谷寺　→八五頁注

方便　ここでは仏が一切衆生の機に契うように説く智慧手段をいう。

二生の人　過去・現在共に人間に生れた人。

播磨国賀茂郡　続紀、天平元年四月条に「賀茂郡」、和名抄・延喜式にもある。今昔ではここを「賀古ノ郡ノ□ノ郷」とする。播磨には賀古郡もあり、沙弥教信の話(往生極楽記〔三二〕)で有名であるが、ここは賀茂郡か。

現身に…　恵増の現世の父母と播磨の前世における父母。

いへり。夢覚めて已後《のち》、二字明了にして更に廃忘《はいまう》せざりき。虚実《こじつ》を知らむがために、播磨の賀茂郡に往きけり。宅《いへ》の主《あるじ》出で来りてこの比丘を見、并にその声を聞きて、夫妻共に言はく、我が子還り来れり。面貌《めんめう》全く似たり。音声《おんじやう》異ならずといへり。比丘これを聞きて、尋ね来れる縁を述ぶ。父母これを聞きて、涙を流して喜悦す。その持せし経を見るに、二字焼失《ぜうしつ》せり。二字を書き補ひて、永くもて奉持せり。現身に*四人の父母を具足して、報恩孝養《けうやう》せり。乃至修行して*行業《ぎやうごふ》を退かざりき。

第三十二　多々院の持経者法師

摂津《つの》国豊島《てしま》郡*多々《ただ》院に、一の沙門あり、その姓名を知らず。数十年を逕て、志を法華に繋《か》けて、一心に読誦し、*三業修行せり。山林に年を積みて、*練行《れんぎやう》日尚《ひさ》しかりき。*優婆塞あり。聖人の勤を貴びて、志を運《めぐ》らして供養し、忠を尽して奉仕《ぶし》せり。ここに優婆塞、*疫癘《えきれい》の病を煩ひて、既に死門に入りぬ。棺に入れて樹の上に挙げ置けり。五日を過ぎて、甦《よみがへ》りて棺より出で、即ち本の宅《いへ》に到る。妻子に向ひて、冥途の作法を語るらく、*閻魔法王、*帳《ちやう》を引き札《ふだ》を検《かむが》へて云はく、罪業深きに依りて、地獄に遣すべし。然りといへども、この度は罪を脱《ゆる》し*算を延べて本《もと》の国に還さむ。その所以《ゆゑ》は年来《としころ》志を運らして、法華の*持経者を供養しけり。その功徳に依りて、逸《ゆる》し遣はすところなり。汝本の国に還り、弥《いよいよ》信力《しんりき》を生《おこ》して、持経者を供養せば、三世の諸仏を供養せむよりも勝《すぐ》れ、また余《ほか》の無量の功徳を作すよりも勝れたりといへり。

行業　→一九頁注

〔三二〕　今昔物語巻十三ノ六にある。本書によるか。

多々院　川西兵庫県市に多田院あり、多田院文書を伝える。同文書に、安和元年に源満仲が館を構えて居住したとみえ、今昔巻十九ノ四にも満仲が「年漸ク老ニ臨テ、摂津ノ国ノ豊島ノ群ニ多々ト云フ所ニ家ヲ造テ籠居タリケリ」とある。帝王編年紀、天禄元年条には「同年、源満仲建㆓立多田院㆒〈摂津国川辺郡〉。中尊丈六釈迦像、満仲営作、文殊願主摂津守頼光(注略)、普賢願主大和守頼親(注略)、四天願主河内守頼信(注略)、供養導師天台座主慈恵大僧正」とある。

三業　→七八頁注

練行　行法を修練すること。

優婆塞　在俗の信士。→四一頁注

疫癘　和名抄「疫、衣夜美、一云度岐乃介。民皆病也。癘、阿之岐夜万比、悪疾也」。悪性の流行病。

閻魔法王　→一七頁注「閻王」

帳…　→八七頁注「善悪を註記す」

算を延ぶ　算は命数。弘賛法華伝巻七の釈法朗伝に「開皇十三年死。得㆔七日見㆓閻羅王㆒。王前有㆓六道人㆒。王問…第六問㆓法郎㆒云、有㆓何行業㆒。答、誦㆓法華経㆒。…次語㆓法朗㆒領㆑往㆓天道㆒。令㆑見㆓其生処㆒、可㆓放還㆑家。賜㆓寿八十五歳㆒。朗従㆓天宮㆒還、忽然而治。看㆓左臂上㆒、隠隠有㆓赤字㆒。作㆓八十五歳字㆒」とある。

持経者　→六六頁注

我時に誡《いましめ》を蒙《かうぶ》りて、閻王の庁より本の国に還り往くに、山野の間を見れば、*七宝の塔あり、自然《じねん》に出で来れり。その塔数十あり、荘厳微妙《しやうごむみめう》なり。我が供養したるところの持経者聖人、宝塔に向ひて坐せり。口より火出でて七宝の塔を焼く。虚空に声あり、優婆塞に告ぐらく、当《まさ》に知るべし、この塔は持経者聖人の法華を誦する時、*宝塔品に至りて出現するところなり。然るにかの聖人、瞋恚《しんい》の心をもて弟子*眷属《くわんぞく》を呵嘖《かしやく》し罵詈《めり》す。その瞋恚の火、口より出で来りて宝塔を焼くなり。もし*恚《ふつくみ》の心を止めて、この経を誦せば、微妙《みめう》の宝塔、世界に充ち満たむこと勝《あ》げて計ふべからず。汝このことをもて聖人に告ぐべしといへり。妻子眷属、近隣の大小の諸人、このことを聞きて、皆いまだ曽《むかし》にもあらざることと奇《あやし》べり。聖人の許《もと》に往きて、冥途のことを語りぬ。聖人聞き已《を》へて、慚愧《ざんぐゐ》の心を発《おこ》して、眷属を遠く離れ、*頑嚚《ぐわんげう》を捨て離れて、単己《たんこ》にして住し、心を摂《をさ》めて法華経を読誦せり。十余年を遥て、最後に病なく、*結跏趺坐して、死門に入れり。

第三十三　雲州の法厳・蓮蔵の二法師

出雲国に二の聖人《しやうにん》あり。一人は能く*華厳大乗を誦せり。名《な》づけて法厳《ほふごん》となす。一人は*一乗妙法を読誦して、昼夜相続《つ》げり。それを蓮蔵と名づく。この二の聖人、共にこれ大安寺の住僧なり。ことの縁あるに依りて、本の寺を離れて雲州に来り住せり。所行如法《によほふ》にして、法律に違はず。法厳法師、二十年を遥て、華厳を読誦すれども、常に

七宝の塔　法華経見宝塔品に釈迦が法華経を説いた時に、五百由旬の七宝塔が現れ、多宝仏が釈迦のために半座を分けて坐らせた話がある。法華経見宝塔品「爾時仏前、有㆓七宝塔㆒、…其諸幡蓋、以㆓金、銀、瑠璃、硨磲、碼碯、真珠、玫瑰、七宝㆒合成、高至㆓四天王宮㆒」

宝塔品　法華経見宝塔品第十一。

眷属　親愛する者を眷といい、臣順する者を属という。附き随う者。字類抄「下賤部、クワンソク、僕従分」。

恚　→七八頁注

頑嚚　愚にして騒々しいこと。字類抄「頑、カタクナシ」「嚚、ヒスカシ」。

結跏趺坐　→六四頁注

〔三〕　今昔物語巻十三ノ三九にある。本書によるか。巻上〔一七〕と一連の架空の創作であり、法厳・蓮蔵も架空の名であろう。→七四頁注〔一七〕

華厳大乗　大方広仏華厳経のこと。東晋の仏駄跋陀羅訳六十巻(旧経)、唐の実叉難陀訳八十巻(新経)、唐の般若訳四十巻(四十華厳)の三訳がある。前二者は仏の七処八会・九会の説法で、後者は前者の入法界品の別訳で、善財童子が五十五の善知識に普賢の行願の成ずることを説いたもの。法厳は華厳宗祖法蔵と華厳からの名称か。

一乗妙法　一仏乗を説く妙法蓮華経のこと。蓮蔵は経名からの名称。

日の飧　毎日の飲食物。

善神　仏法を守護する神。

檀那　檀那鉢底の略。布施主と訳す。布

*日の殯《さん》の意《こころ》に叶はざることを歎く。時に*善神あり、来りて聖人に白《まう》すらく、我*檀那と作《な》りて、毎日《ひごと》の*供《く》を献《たてまつ》らむ。今より已後《のち》は、日の殯を歎かず、*大乗経を修行すべしといへり。聖人歓喜《くわんぎ》してその供養を受けたり。日々《ひび》に食時《じきじ》に美食を調へ送りて、これを供養す。法厳聖人、善神に語りて云はく、明旦二人の食を送るべし。*法華聖を請《しやう》じて、*御時を献るべしといへり。善神命に随ひぬ。即ち食の時に臨みて、法華聖到れり。食を待つに持ち来らず。時剋《じこく》既に過ぎて、日暮に成らむとす。法華聖還る。善神食を持ち来りて聖人に白すらく、昨日の命に依りて、早く持ち来りしところ、*法華を守護せる*護法・聖衆・*梵釈・*四王、威光勢《いきほひ》あり、大衆《だいしゆ》囲繞《ゐねう》して四方に充満し、その辺《ほとり》に依りがたし。何《いか》にしてかその路を得むや。これに依りて我等朝《あした》より今に至るまで、供養を捧げながら、来ること能はざるなり。かの聖還り去るとき、護法、聖衆同じく相共に去れば、僅にその便《たより》を得て、持ち来るところなりといへり。法厳聖人、この語《ことば》を聞き已へて、奇特の想を生《おこ》し、手づから供具《くぐ》をもて、蓮蔵聖に献りぬ。一心に拝み敬ひて、妙法の功徳の甚深《じんじん》なることを称讃せり。更に添へて妙法華経を持し誦して、精進修習せり。二の聖皆悉くに浄土を欣求《ごんぐ》して、永く穢土《ゑど》を離れたり。

第三十四　愛太子山の好延法師

沙門*好延は、俗網を遁れて仏の道に入り、*愛太子《あたご》山に登りて、法華経を読み習へり。花を採り香を舂《つ》きて、三宝を供養し、薪を拾ひ水を汲みて、宿老《しくらう》に給仕《きふじ》せり。終日《ひねもす》に

施をする者。

供　飲食衣服等をもって仏法僧に供え養うこと及びそのもの。ここは食物。→二三頁注「日供」

大乗経　大乗仏教の教典。法華玄義に「究竟大乗無ㇾ過㆓華厳大集大品法華涅槃㆒」とあり、拾芥抄に五部大乗経として、華厳・大集・般若・法華・涅槃を挙げる。ここは華厳経を指す。

法華聖　→六六頁注「持経者」。ここでは蓮蔵をさす。

御時　時食で、僧は戒律によって正午以後に食事をすることは禁ぜられていた。ここはそのための食物。→七五頁注「時供」

法華　法華持経者の蓮蔵を指す。

護法　→七二頁注

梵釈　梵天(色界初禅天の王)と六欲天第二の帝釈天(→八三頁注)。常に仏の説法を聴き、共に仏の依嘱を受けて娑婆世界を護持するという。

四王　須弥山中腹で各天下を護る持国・増長・広目・多聞(毘沙門)のこと。法華経方便品「爾時諸梵王及諸天帝釈護世四天王及大自在天」。

〔三四〕　拾遺往生伝巻中(六)・三外往生記(四)及び今昔物語巻十二ノ三九にある。みな本書によるか。但し今昔には他にない話もみえる。

好延　伝未詳。

愛太子山　→七三頁注

師長に随ひて、経文を授習し、通夜《よもすがら》*松を燈《ともしび》となして、経巻を練読せり。精進の功致りて、一部に通利し、薫習《くんじふ》徳累《つ》みて、早く口に経を誦せり。かくのごとく練行すること、四十余年なり。老後に至りて、弥《いよいよ》その志を励まして、読誦常に倍《ま》す。また*法華懺法《せんぼふ》を修し、弥陀念仏を勤む。病痾を受け取りて、頃日悩乱《なうらん》せり。然りといへども念仏読経、またまた退かず、身心寂静《じやくじやう》にして入滅せり。入滅の夜、*徳大寺の*阿闍梨《あざり》夢みらく、一の大きなる池あり。その池の中に一の大きなる蓮華を生じたり。微妙《みめう》香潔《きよ》くして、花実を開敷す。好延法師*威儀具足して、手に香炉を執り、池の辺《ほとり》に来り臨む。地の上を歩むがごとくに、池の上を歩行せり。この蓮花に登りて、面《おもて》を西方に向け、口に妙法を誦せり。蓮に坐しながら西方を指して去るとみたり。明かに知りぬ、決定して極楽に往生せしことを。

第三十五　法華の持経者理満法師

沙門*理満は、河内国の人、吉野山の*日蔵君の弟子なり。最初《さいそ》は心を発して、かの君に随逐《ずいちく》し、祗候《しこう》給仕して、かの意に違《たが》はざりき。*不発《ふほつ》の薬を服《ぶく》せむことを願ひき。日蔵君その*謹厚《きむごう》なるを瞻《み》て、不発の薬を服せしめき。この力に由りて女人の境に永く希《け》望《まう》を絶てり。法華を読誦するをもて、一生の所作となす。沙門大江にあり、*渡子《わたしもり》と作《な》りて、*船艜《ふねひらだ》を設けて一切《いつさい》の人を度《わた》せり。或時は花洛《くわらく》にありて、諸の病み悩む人を愍《あはれ》びて、楽《ねが》ふところの物を求めてこれを与へたり。種々《くさぐさ》の利他のことを作すといへども、

松　続松のこと。令義解、軍防令に「縛処周廻。插二肥松明一〈謂。松明是松之有レ脂者也〉」とあり、「松明」を「マツ」と訓んでいる。

法華懺法　→一九頁補

徳大寺　左経記〈類聚雑例〉、長元八年八月六日条に「去夜右兵衛督尊堂卒去、寅剋入棺、今夜可レ移二徳大寺一」とみえる。右兵衛督は参議源隆国、尊堂は隆国の母、源俊賢の妻、藤原忠君の女。

阿闍梨　授戒の師。→二九頁注

威儀具足　→六七頁注

〔三五〕　今昔物語巻十三ノ九・三外往生記〔三〕にあり、元亨釈書巻十一、感進三にみえる。いずれも本書によるか。なお釈書の本伝についての賛は〔四六〕参照。

理満　伝未詳。

日蔵君　本朝神仙伝〔三九〕に沙門日蔵の伝あり、この人か。

不発の薬　医心房巻二十八に「葛氏方云、欲レ令二陰委弱一方、取二水銀鹿茸巴豆一。雑擣末和調、以二真麋脂一和、傅二茎及嚢一、帛苞レ之。若脂強、以二小麻油一雑煎。此不レ異二閹人一」とある。愛欲の心を止めるために服したのである。

法華経を読誦することを闕《か》き退《おこた》らず。年深くして異瑞数《しばしば》示せども、隠して語らず。沙門小屋に宿りて〈*百僧供《ぐ》の人の宅なり〉、一両年読経せり。宅《いへ》の主《あるじ》、*聖の辺《ほとり》にあり。聖の所作を見るに、聖一巻を読みて、経は机の上に置く。次の巻を取りて読む時、読み畢へたる経は、一尺も躍り昇りて、軸の本より巻き還《かへ》し、*標紙《へうし》に至りて即ち机の上に置く。宅の主《あるじ》見畢《を》へて、一心に合掌して白《まう》して言はく、希有のことなり。かの経の躍り昇りて、独り巻きて端に還るといへり。聖人大きに驚きて、宅の主を誡めて言はく、*努努《ゆめゆめ》他《ほか》の人に語ることなかれ。これ慮外《りよぐわい》の幻化《げんくゑ》にして実のことにあらず。もしこのことをもて他に聞き知らしめば、永くもて恨み申さむといへり。これによりて宅の主、聖の存生《ぞんしやう》の間、口の外に出さざりき。入滅の後、言説《ごんせつ》するところなり。

夢みらく、理満死して、野の間に棄て置かれぬ。千万の狗《いぬ》集り来りて、聖の死屍《しにかばね》を食ひ噉《くら》へり。理満聖傍《かたはら》にありて、狗の我が屍《しにかばね》を食《くら》ふを見て、この思惟《しゆい》を作さく、何の因縁ありてか千万の狗あるとおもふ。空に声ありて曰く、理満当に知るべし、これ実の狗にあらず。皆これ*権化にして、*祇園精舎に法を聴きし衆なり。聖人に結縁《けちえん》せむがために、変じて狗の身と作《な》りたるのみといふ。夢覚めて已後《のち》、倍《ますます》また精進して、法華を読誦せり。乃至年来《としころ》、朝暮に詞言すらく、理満もし法華の威力に依りて、当に極楽に生るべくは、二月十五日釈迦入滅の時に、*娑婆《しやば》を別れむと欲すといへり。聖《ひじり》一生の間、法華経を読誦し奉ること二万余部なり。*悲田の病人に食薬を供養すること十六ケ度なり。乃至最後に病の気ありといへども、これ重き病にあらず。年来の念願に叶

謹厚　つつしみ深く情の厚いこと。
渡子　和名抄に「日本紀私記云、渡子、和太利毛利、今案俗云和太之毛利」とある。
船艜　艜は和名抄に「艇薄而長者曰レ艜。今案比良太、俗用二平田舟一」とある。訓みは字類抄による。
百僧供の人　百人の僧を請じて斎料を供する人。
聖　→二八頁補
標紙　→六七頁注
努努　読みは字類抄による。雅言集覧に「必々の心」とある。

権化　→八〇頁注「権者」
祇園精舎　祇樹給孤独園。舎衛城の長者須達多が世尊のために太子祇陀からその園を買い、堂塔を建てて献上し、世尊はここに住んで説法したという。
娑婆　釈尊の教化を受けるこの世界。衆生が苦悩を受けるので忍土と訳す。
悲田　悲田院。貧窮の孤老や病人を養い救う処。我国にも古くからあり、平安初期に東西の京に置かれたが、この頃は拾芥抄に「在二鴨川西畔一。施薬院別所」とあるのがそれで、後に泉涌寺に移った。

ひて、二月十五日の夜半《よなか》に、口に*宝塔品の、是名持戒行頭陀者《ぜみやうぢかいぎやうづだしや》、即為疾得無上仏道《そくゐしつとくむじやうぶつだう》の文《もん》を誦して、即ち入滅せり。

第三十六　叡山の朝禅法師

沙門*朝禅は、少《わか》き年より比叡山に住して、仏法を習はむと欲せり。天性緩怠にして、練習すること能はず。師の教に随順して、経を習ひて仏に仕ふ。昼は本房にして、法華を読誦し、夜は中堂に詣りて、*承仕《しやうじ》礼拝せり。法華を暗誦して、一部に通利す。*自《じ》然《ねん》の相人《さうにん》ありて、*中堂の礼堂《らいだう》において、万人の善悪を相せり。朝禅を相して云はく、汝前生に白き馬の身を受けき。法華の*持経者、その白き馬に乗りて、一時《ひととき》*遊行《ゆぎやう》しけり。その功力《くりき》に由りて、白き馬の身を転じて、人界《にんがい》に生るることを感じ、法華経を誦して、仏法に値遇せり。ただし身の色の冷《ひやか》に白きは、これ先身の余習なり。その声*麁髋にして、馬の走る足音のごとし。皆これ宿業の引得するところなりといへり。比丘、相人の所説を聞くといへども、心に信受せず。中堂に参詣して、誠心に懺悔《さんぐゑ》し、一心に精進して、宿生を知らむことを祈りぬ。夢に、老いたる僧告ぐらく、相人の所説、真実《しんじち》にして虚《むな》しからず。善悪の果報、必ず影の身に随ふがごとし。持経者の馬に乗りし威力に依りて、人界に生るることを得て、法華経を誦せり。何《いか》に況や、自《みづか》ら持《たも》ち他を勧めて*持《たも》たしめむ。汝慎みて精進し、懈怠《けだい》を生ずることなかれといへり。夢覚めて已後《のち》、宿生《すくしやう》の報を羞ぢて、仏法に値《あ》へることを喜び、*摂持して漸々《やうやう》に修行せり。

宝塔品…　↓九二頁注。偈の意味は、これを持戒して頭陀を行う者と名づけるが、この様な人は速かに神通を得て悟りに達するであろう。

〔三六〕　今昔物語巻十四ノ二四にある。本書によるか。
朝禅　伝未詳。
承仕　↓八二頁補
自然の…　今昔には「□ト云フ止事无キ相人」とあり。
中堂の礼堂　礼堂は字類抄に「金堂之前堂名也」とある。礼拝堂。永正十五年中堂供養記の指図には中堂内陣の前に上礼堂・下礼堂が示されており、法然上人行状絵図にその光景がえがかれている。
持経者　↓六六頁注
遊行　↓七六頁注
麁髋　荒々しく大きい。
持たしめむ　今昔には「令持メム功徳ヲ可思遣シ」とある。
摂持　仏法を保つこと。

第三十七　六波羅密寺の定読師康仙法師

沙門康仙*は、六*波羅密寺の住僧なり。志を仏法に繋《か》けて、勤めて法華を読み、心に往生を願ひて、身に念仏を修せり。六波羅密寺に定読師《*ぢやうどくし》となりて数十年、南*北の智者に対《むか》ひて、説法論義を聞けり。妙法の功、身に積みて、聴聞の徳、心に飽く。況や世間の蓄《たくはへ》を捨てて、ことの功徳を勤修《ごむしゅ》し、三*業を調順して、六*根を懺悔するをや。老後に及びて、悪縁に染まずして、命終を取れり。入*滅の已後《のち》、霊《りやう》、人に託《つ》きて云はく、我《われ》はこの寺に住する定読師康仙なり。年来《としころ》法を聴聞せしに依り、随分の行*業に依りて、当に極楽に生るべし。しかれども少しきのことに依りて蛇《くちなは》の身を受けたり。我存生《ぞんしやう》の時、房の前に橘を殖《う》ゑけり。年を逕たるの間、漸々《やうやう》に生長して、枝葉滋茂し、花を開き菓《このみ》を結べり。我朝夕に橘を見て、二葉の当初《そのかみ》より、果実を結ぶ時まで、治養将護して常に愛翫しけり。念重きにあらずといへども、愛護の執心に由りて、蛇の形と作ることを得て、橘の木の本に住す。我がために妙法華経を書写して、当にこの苦を抜きて、善処《*ぜんじよ》に生れしむべしといへり。

寺の中の諸の僧このことを聞き已へて、皆かの房に往きて、橘の木の本を見るに、三尺の蛇、橘の根を纏《ま》きて住す。これを見て愁歎すらく、微少《みせう》の罪業すら蛇道に堕ちたり。何《いか》に況や広*劫の所作の罪業、浩然として際《きはまり》なきをや。何《いづれ》の時か翻《ひるがへ》し破りて、仏*果を成就せむといへり。善友知識《*ぜんうちしき》、同心合力《どうしんがふりよく》して、法華を書写し、開講供養せり。寺

〔三七〕　今昔物語巻十三ノ四二・拾遺往生伝巻中〔三〕にある。ともに本書によるか。発心集巻一にもある。

康仙　伝未詳。拾遺往生伝によると、万寿年中寂す。今昔・拾遺往生伝「講仙」、発心集「幸仙」。

六波羅密寺　↓八八頁注

定読師　安居や法会などに講師とともに高座に昇り、経文や経題を読誦する人を読師という。定は寺の専任の意か。今昔に「此ノ寺ニ行フ講ニ毎度ニ読師ヲゾ勤ケル」。この定読師は次の南北諸寺の講師に対するもの。

南北の智者…　奈良と叡山の智者。智者は道を極めた者の意。↓八八頁注「六波羅密寺」。特に引用文中「彼南北二京之名徳日来、遁為ニ講師ニ」参照。

三業　↓七八頁注

六根　↓七九頁注

入滅の已後　拾遺往生伝には、以下につき「時万寿年中」とみえる。

行業　↓一九頁注

善処　よりよい果報を受ける世界の意。天上界や仏の浄土をいう。ここは浄土に限らず人間等に生れ変ること。

広劫　過去に極めて長い時間。

仏果　善根功徳(仏因↓七七頁注)によって得る仏の境地。さとり。

善友知識　法を説いて自分を導いてくれる人。善友も善知識も同意。

の僧夢に見らく、康仙威儀痒序*として、面貌《めんめう》喜あり。諸僧を拝して曰く、知識の慈悲の善力に依りて、蛇道を離るることを得て、浄土に生るることを得たりといへり。夢覚めて巳後《のち》、見れば蛇死し了れり。

第三十八　石蔵の仙久法師

沙門仙久*は、西山石蔵*《いはくら》寺の住僧なり。法華経を諷誦*《ふじゆ》して、日夜数部を尽し、兼て法文正教《しやうげう》を学習せり。深く道心ありて、一切に慈悲す。極楽を悕望*《けまう》して、弥陀を礼し念ず。住処の傍に別に草庵を建立し、法華*の八曼茶羅を安置《あんぢ》して、八香印*を焼《た》けり。人々夢に見らく、もし普賢を見むと欲せば、当に石蔵寺の仙久聖人に親近《しんごん》すべしとみたり。夢の告に依りて、来縁を結ばむがために尋ね到るの輩、稍《やうや》くにその数あり。法華*の薫修《くんじゆ》、任運*《にんうん》に聚集して、正念にして永くこの界を去りぬ。

第三十九　叡山の円久法師

沙門円久*《ゑんく》は、叡山西塔院の住人なり。成就房聖救*大僧都の弟子なり。年始めて九歳にして、二親の家を離れ、山に登りて戒を受け、正教《しやうげう》を習学せり。楞厳院《れうごむゐん》に移り住みて、法華経を読誦し、始終に通達して、諷誦無礙《むげ》なり。音声《おんじやう》和雅にして、聞く者胸を叩き、歓喜讃歎《くわんぎさんだん》せり。朝市に出れば名徳《みやうとく》の聞《きこえ》あること奔波*《ほんぱ》のごとく、世間の衆《しゆ》知識*せらる。知命*に至るの時、菩提心を発し、世の栄花を棄てて、身の非常*を観じ、愛太子*《あたご》

威儀痒序　不明。威儀を整えることか。今昔「直シク法服ヲ着シ」、拾遺往生伝「身具㆓威儀㆒」。

〔三八〕　今昔物語巻十七ノ三九・三外往生記〔一四〕にある。ともに本書によるか。

仙久　伝未詳。

石蔵寺　京には愛宕郡に東石蔵・北石蔵、乙訓郡に西石蔵がある。ここは愛宕郡北石蔵で岩蔵山大雲寺という。大雲寺縁起に、円融天皇の勅願、日野中納言藤原文範(長徳二年薨)の草創、本願は真覚上人(→往生極楽記〔二七〕真覚伝)、本尊は金色等身十一面観音、また、正暦四年八月、「智証門弟一千余人之大衆一夜退㆓山門㆒」とき、慶祚ら大雲寺に入るという。その後、貴顕の法要・参詣著しく、天台僧文慶・成尋らもこの寺にあって活躍した。

諷誦　→三六頁補

悕望　求め欲す。希望に同じ。

法華の八曼荼羅　→補

八香印　香印は抹香で種子などを形どってそこに火をつけて焚く。八曼荼羅または八葉印(両手を合わせ人さし指・中指・無名指をひろげ蓮華状にする印)を形どったものか。

法華の…　法華経読誦の習功が自然に身について。

任運　→七六頁注

〔三九〕　今昔物語巻十二ノ三八・三外往生記〔一五〕にあり、ともに本書によるか。ただ今昔には、本書にない葛木山での修行の話があり、終りに「返テ後、横川ノ源信僧都ニ此事ヲ語ケレバ、僧都、此レヲ山に入りて、*南星に籠居《ろうきょ》せり。*無縁三昧《むえんさんまい》を修して、*十二時の*螺《かひ》を吹き、*六時の懺法《せんぼふ》を勤めて、一心に精進す。昼夜に妙法を転読し、衆多の功徳を積みて、朝夕怠らず、刹那も廃《や》むことなく、偏に往生を志せり。最後の時に臨み、手に経巻を執りて、口に妙法を誦し、西方に向ひて坐し、更に余の言なし。その死屍《しにかばね》を斂《をさ》めて、幽谷の中に置けり。数日《すじつ》を巡ずして、その墓所の方に、法華を誦する声あり。その音《こゑ》甚だ貴くして、存生《ぞんしやう》の音に似たり。連夜の誦経、更に休息せず、四十九日の法事の巳後《のち》、その声聞えず。*中有《ちうう》の生《しやう》を替へて、浄土に往生するがごとし。

第四十　播州の平願持経者

沙門*平願は、*書写山の*性空聖人の弟子なり。行住坐臥、妙法華経を持して、更に他の業なし。深山に籠居して、数年読経せり。大風忽ちに吹きて、房舎顛倒《てんだう》す。沙門打ち損せられて、殆《ほとほと》に命終に及ぶべし。一心に法華を誦して、身命を存せむことを思念せり。*神人《じんにん》忽ちに来りて、倒れたる房の中より、平願を抜き出して、摩頂して誘《いざな》ひ語らく、汝、宿業に由りてこの災禍に値《あ》へり。妙法の力全《また》くに身命を存せり。悔恨の心を生ぜずして、能く法華経を持せよ。今宿業を尽して、来世に極楽に往生せむといへり。沙門老に臨みて、思惟《しゆい》して歎き念へらく、この生《しやう》は徒《いたづら》に過ぎて、他界に往くこと別《わ》けて近きにありとおもへり。即ち*衣鉢《えはつ》を捨てて、仏事を勤修《ごんしゆ》す。法華経を書写し、仏菩薩を図絵して、広き河原において、仮舎《かりや》を立て作りて、*無遮《むしや》の法会を修す。*朝暮

聞テ、泣ミク貴ビ悲ビ給ヒケリ」とある。古今著聞集巻十五には、死後、四十九日まで誦経の声が聞えた話にふれている。

円久　伝未詳。二中歴、読経上手に名がみえる。

聖救　右京の人王氏。一説に暹賀の弟という。良源の弟子で天元二年権律師、同四年律師、永延元年権少僧都、正暦四年権大僧都、同五年大僧都となり、長徳四年八月に九十歳で寂す。西塔真如坊と号す(僧綱補任・皇代暦等)。

奔波　波が押寄せるように短時間の中に走ること。訓みは字類抄による。

知識せる　仏の道に導かれる。

知命　五十歳。→三六頁注

非常　無常。常なきこと。

愛太子山　→七三頁注

南星　山城名勝志に「今愛宕山内西北有ニ星峰一。此所歟」とある。

無縁三昧　法華経妙音菩薩品に説く十六三昧の一で、滅尽定といい、一切の識心を捨て所縁を離れる禅定。

十二時　一昼夜。

螺　→五七頁注「大法螺」。ここでは修学を譬えたものか。

六時の懺法　六時(→一四頁注)に読経して罪を懺悔する儀式。三外往生記「六根」。

中有　中陰。死後次の世界に生れるまでの間。→一三一頁注「中有・生有」

〔四〇〕　今昔物語巻十三ノ一九・拾遺往生伝巻中(三)にある。ともに本書によるか。

平願　伝未詳。

書写山　姫路市の西北にあり、頂上に性

の講筵を開きて、弥陀念仏及び法華*懺法を修せり。この誓願を作さく、弟*子、今生偏《ひとへ》に法華を持して、余の所作なし。もし感応ありて、当に極楽に生るべくは、今日の善根に、その瑞*《しるし》を見るべしといへり。かくのごとく誓願して、涙を揮《ふる》ひて仏を礼《らい》す。会《あ》竟りて人去りぬ。明日往きて見れば、法会の河原に、白き蓮花生《お》ひたり。その数百千、花開き香薫ず。見る者皆称歎して言はく、これは聖人の往生の瑞相のみといへり。沙門これを見て、随喜すること限りなし。乃至老後に、転経《てんぎやう》すること暇《いとま》なし。観*念退かずして、諸の病悩なく、西に向ひて合掌して、永くこの界を辞せり。

聞法華経是人難　書写読誦解説難
敬礼如是難遇衆　見聞讃謗斉成仏

大日本国法華経験記 巻上

空上人建立の円教寺がある。

性空聖人　巻中(四五)性空伝参照。

神人　今昔に「強力ノ人」。→一三頁注

衣鉢　比丘六物のうち三衣(→一三二頁注)と鉢で僧の最も重要な持物。僧の銭帛を総じていうこともある。ここでは後者か。

無遮の法会　平等に財法二施を行ずる法会。南史、梁武帝紀「又設二四部無遮大会一、道俗五万余人」。書紀、持統即位前紀十二月条「設二無遮大会於五寺…一」。元亨釈書、会儀志「又有二般遮于瑟一、此云二無遮会一。身毒之風俗常設焉。聖凡上下賢愚、通聚而無レ間。故曰二無遮一」。

朝暮の講筵…　今昔「朝座夕座ニ講筵ヲ行テ」。拾遺往生伝「朝暮講二法華妙典一」。

法華懺法　→一九頁補

弟子　仏在世中の弟子及び死後の比丘等すべての僧尼をいう。仏子(→一九頁補)と同じく自称に用う。

瑞　瑞相。

観念　→二六頁注

大日本国法華経験記　巻之中目録

〔四一〕 拾遺往生伝巻上(六)にある。本書によるか。古今著聞集巻二・真言伝巻五などにもある。

定照 大覚寺門跡次第・拾遺往生伝・古今著聞集「定昭」。左大臣藤原師尹の子で法相を仁斅に学び、真言を寛空に受ける(大覚寺門跡次第)。応和二年講師、康保三年権律師、同四年東寺長者となり、安和元年律師、天禄二年興福寺別当を兼ね、天延元年権少僧都、貞元二年少僧都、天元二年金剛峰寺座主となり大僧都に移り、同四年諸職を辞し、永観元年三月二十一日に七十八(一説、七十五)歳で寂す。一乗院僧都、嵯峨僧都と号した(僧綱補任ほか)。

生を利す 衆生を利益す。

仏使 法華経法師品「我滅度後…説二法華経乃至一句一。当レ知是人即如来使」。

真言… 真言の威力は大日如来を思わせ、の意。五智→七九頁注

唯識 心識を離れてはすべて外に実法なしとする法相宗の説。

二空 自我の存在なきを知り、我に執着せぬ人(我)空と、物質的精神的な一切の事象を実体なき空と悟る法空のこと。成唯識論一「今造二此論一。為下於二二空一有二迷謬一者生中正解上」。

東寺の官長 東寺の上首のことで長者という。東寺長者補任に康保四年正月廿五日加任とあるが、大覚寺門跡次第・諸門

大日本国法華経験記 巻之中

首楞厳院沙門鎮源撰

第四十一　嵯峨の定照僧都

*定照僧都は、いまだその案内を聞かず。僅に古老の伝を聞くに、僧都顕密の道に長《すぐ》れて、法を興し*生《しやう》を利して、法華経を誦せり。これ*仏使なりといへり。況や*真言の鏡は五智の影を浮べ、*唯識の玉は*二空の光を放つ。*東寺の官長として密教を弘闡《ぐせん》し、*興《こう》福寺《ぶくじ》の摠官として顕教を興隆せり。慈悲の室深くして、一切を憐愍《れんみん》し、*法空《ほふくう》の床《とこ》高くして、*智慧《ちゑ》心に薫ず。三時に念誦して、昼夜に法華経を読誦す。僧都一生犯すことなし。ただし人*指をもて、女人の身を磨触《まそく》す。衆人に告げて言はく、我この指をもて、女人を磨触して、*繫念《けねむ》の罪を作せり。この指、罪の本なりといへり。即ちこの指を截りて、もて*指燈となし、三宝を供養して、懺悔発露《さんぐゑほつろ》す。微少《みせう》の罪にして、大きなる怖畏を生ず。況や根本《こんぼん》の罪を犯さむや。

僧都山階《やましな》寺の*一乗院に住せり。その院に橘の木あり。その木の枝葉根茎枯槁して、既に枯木《かれき》と成りぬ。数月を逕過して、截り捨てむとす。僧都*大仏頂真言一遍を誦して、*枯れたる橘を*加持せり。即日の内に、青葉忽ちに生じて、数日を逕《ふ》るの間、枯木還り

跡譜には安和二年閏五月十日に東寺四長者となすとある。

興福寺の摠官　興福寺の上首で別当という。興福寺寺務次第に「天禄元年七月三日任、治十二年、天元四年八月十四日辞」とある。但し興福寺三綱補任は「天禄元(或本二)年十月任、治十三年」とある。

法空…　一切の事象を空と悟る心が高く。

智慧…　真実の道理を深く心に知得する。

人指　人差指。和名抄「食指、楊氏漢語抄云、頭指、比斗左之乃於与比。野王案、第二指也」。

繫念の罪　ある一事に念を繫けて他を思わない罪で、久しい間報を受けるという。

指燈　法華経薬王菩薩本事品に「若有下発心、欲レ得二阿耨多羅三藐三菩提一者上、能燃二手指乃至足一指一、供二養仏塔一、勝下以二国城妻子及三千大千国土、山林河池、諸珍宝物一而供養者上」とある。→三六頁補「手の皮を剝ぐ」

一乗院　興福寺の門跡寺で本寺の北にあった。南都七大寺巡礼記に「件院者東寺一長者兼興福寺別当定照僧都建立也。号二長講堂一。本尊大日如来」とある。興福寺濫觴記や諸門跡譜も同じ。

大仏頂真言　→三三頁注

枯れたる橘を…　冥祥記(法苑珠林巻二十八)に「満水寺中有二思惟樹一、先枯死、耆域向レ之呪、旬日樹還生茂」とみえる。

加持　心も仏の心境となり、仏の慈悲を感得すること。密教で印を結び陀羅尼を唱え、その威力によって一切の災難病気を除去する修法。

て滋茂の樹と成り、華を開き菓《このみ》を結ぶこと、前々に倍増せり。その橘今に一乗院にあり。これ希有のことなり。*寿蓮*大威儀師、僧都に嫉妬の心あるをもて、誹謗《ひはう》の詞《ことば》を致せり。僧都*法務の職に任じて、初めて参りし日に、大威儀師、僧都の盃盞を賜りて、手づから盃盞を捧げながら、忽ちに誑乱《くゐやうらん》し迷《まど》ひ悶《いきた》へて、死門に入らむとしけり。*蔀《しとみ》の上に昇《か》き入れて、寺の外に将《ゐ》て出るに、死門に入りぬ。皆人見て云はく、清浄《しやうじやう》の*上《しやう》人《にん》を誹謗せり。故《かるがゆゑ》に*現罰を蒙《かうぶ》るなり。*非業の死ならくのみといへり。

僧都急の事ありて、山階寺より京に上るに、淀河に着きぬ。悪《あし》き風頻《しきり》に吹きて、河浪極めて高くして、船往還《わうぐゑん》すること能はず。僧都急の事あるに依りて、船に乗りて河を渡るに、衆人驚怖して皆言はく、船*漂倒するときには、僧都当に水に沈むべしといへり。歎き恐るるの間、*天童十人計《ばかり》、河の中より出で来りて、船を捧げて水に泛《うか》ぶに、浪に寄らずして、安穏にして岸の上に着き竟りぬ。即ち天童還りて河の中に入りて、去る所を知らず。見る人皆感歎を生じて、涙を流して随喜せり。これいまだ曽《むかし》よりあらざることなりといふ。僧都示して云はく、これ法華の*十羅刹、天童に変じ現じて我を渡すらくのみといへり。乃至奇《あや》しきこと称計すべからず。*不動明王、形を現じて与に語る、云云といへり。

乃至最後に、沐浴清浄にして、新しき浄衣《じやうえ》を着、右の手に*五鈷を執りて、左の手に法華経を持せり。初に*密印を結びて真言を誦し、次に法華経を誦せり。薬王品の、*於此《おし》命終《みやうじう》、即往安楽世界《そくわうあんらくせかい》、阿弥陀仏《あみだぶつ》、大菩薩衆《だいぼさつしゆ》、囲遶住処《ゐねうぢうしよ》、生蓮華中《しやうれんぐゑちう》、宝座之上《ほうざしじやう》、不復為《ふぶゐ》、

寿蓮　伝未詳。今昔物語巻十二ノ三〇に興福寺の僧で、願西が寿蓮の妻の病を加持した話がある。
大威儀師　↓補
法務　法義を務める意で、大寺院の事務を総管する役。釈家官班記下に「二人有レ之。東寺一長者、必為二正権法務一。諸寺僧随レ時補レ之。随分顕要之職也」とある。定照が法務になったのは東寺長者補任に天元二年十月以後とある。
蔀　↓六七頁注
上人　↓二八頁注
現罰　現世における悪業に対して直に現世にて悪報をうけること。
非業の死　前世の業因によらず、現世の災難によって死ぬこと。
漂倒　揺れ動いて顚覆すること。
天童　↓六七頁注「天諸童子」
十羅刹　↓七五頁注「十羅刹女」
不動明王　↓六〇頁補「明王」
五鈷　五頭に分れている金剛杵。金剛界五仏を表す。金剛杵は印度の鉾を象った仏具で、煩悩を退治する菩提心の象徴。
密印　印相・印契・印ともいう。秘密の印。印は仏菩薩が内証や本誓を示す十指による種々の相。
於此命終…　↓補
定印　↓二六頁注
振鈴　密教の修法で、諸尊を招いたり歓喜を表すために金剛鈴を振ること。
〔四二〕　拾遺往生伝巻上〔七〕にある。本書によるか。真言伝巻五にもある。

貪欲所悩《とんよくしよなう》、亦復不為《やくぶふゐ》、瞋恚愚痴所悩《しんいぐちしよなう》、乃至、以是清浄眼根《いぜしやうじやうげんこん》、見七百万二千億《けんしちひやくまんにせんおく》、那由多《なゆた》、恒河沙等《ごうがしやとう》、諸仏如来《しよぶつによらい》に至りて、この文《もん》両三遍誦し竟へて、弟子に告げて言はく、更に我が尸骸《しにかばね》を焼き尽すべからず。仮使焼失《たとひぜうしつ》して灰と成るといへども、猶し法華を誦して、一切《いつさい》を利益《りやく》せむといへり。言語已りて手に定印*を結び、坐しながら入滅せり。誓願験《しるし》ありて、今にその墓に法華経を誦する声あり、また振鈴*の声あり。

第四十二　陽生僧都

延暦寺の座主陽生*僧都は、伊豆国酒井北条比田郷*の人、姓*は伊豆氏なり。少《わか》き年に京に上りて、比叡山に登り、仏法を修め習へり。而れども、天性尫弱*《わうじやく》にして、強力《がうりき》勇健ならず。動《ややも》すれば病悩をもて気力稍《やうや》くに劣りぬ。*箕面《みのお》の行者ありて、能く衆生の善悪を相せり。和尚に語りて言はく、努々《ゆめゆめ》力を尽して身に逼るの勤を作すことなかれ。常に和《やはらか》なる飯《いひ》を食《くら》ひ、また汁・粥《しるかゆ》を飲みて、性を安くして修め習ひ、時々処々《ところどころ》の霊験に往き詣りて、祈を作し勤を致して、現在の*名聞利養《みやうもんりやう》を棄捨し、深く後世の大菩提心を発さば、自然《じねん》に寿命を延べ、病なくし気力を増し、望まざるに官爵自《おのづか》らに臻《いた》りて、また一*山の貫首《くわんじゆ》と成らむといへり。僧都行者《ぎやうじや》の語《ことば》を信じて、学文《がくもん》を志さずして、偏に修行を宗とし、法華経を読誦して、永く無*上菩提を期《ご》せり。恒に隠居を好みて、更に衆に交はることを辞す。乃至知*命の時に臨みて、竹*林の別所を占めて、安*養の浄《じやう》刹《せつ》を望みけり。乃至天台座主に任ずるも、もて喜ばず、御社《みやしろ》に参向して、涙を流して

陽生　延昌の弟子。内供の労により安和元年に権律師となり、天延二年律師、貞元二年権少僧都、天元二年少僧都、永祚元年大僧都となり、正暦元年に第廿一代天台座主に任ぜられ同三年に辞退し、翌四年閏十月廿一日に八十七歳で寂す(僧綱補任等。天台座主記には永祚元年天台座主、正暦元年九月に辞職し、十月廿二日に七十八歳で入滅とある)。
酒井北条比田郷・姓は伊豆氏　↓補
尫弱　字類抄「チカラナシ、人体部」。
箕面　↓三二頁注「箕面の滝」
名聞利養　世間の名声と物質的利得。
一山の貫首　一山(一宗)の長。天台座主や三井寺の長吏などを指す。↓八三頁注
無上菩提　↓五六頁注
知命　五十歳。↓三六頁注
竹林の別所　竹林は竹林院。叡岳要記に「北尾、竹林院、本仏千手」とあり、華頂要略・天台座主記ほかに「陽生、竹林院」とみえる。別所は、本寺と離れた隠棲修行の場所をいう。
安養の浄刹　極楽浄土。義寂の無量義経疏に「安㆑心差㆑身故曰㆓安養㆒」とある。

山王　↓補
証得　悟りの境地を体得すること。
座主を辞退　小右記、正暦元年十月条に覚慶僧都の談話として「天台座主陽生辞退座主職」の由を記し、「天台座主相譲之例、未聞事也」と書く。
加行　↓補
頭北面西　↓二八頁注「右脇にして」

高声《かうしやう》に山王*を恨み申さく、数十年の間、飢寒を忍び、山に住してただ往生極楽の勤を助成《じよじやう》して、証*得菩提の縁を成就せしめむことを祈り申せり。これより以外《ほか》に、現世の望なきに依りて、専《もは》らに一言一念に天台座主の職を祈り申さず。山王無興《ぶきよう》に御坐《おはしま》すと恨み申し給へり。聞く者、皆希有《けう》の心を発して、悕望《けまう》するところなき清浄《しやうじやう》の道心を、随喜讃嘆《さんだん》せり。即ち幾《いくばく》を逕ずして、座*主を辞退し、弥《いよいよ》山門を閉ぢて、精進修行せり。妙法の薫修《くんじゆ》は、年を追ひて甚だ深く、念仏の功徳は、日に随ひて増進す。傍《かたはら》の人語り伝へて云はく、雀鷲馴れ親しみて掌《たなごころ》の食《じき》を啄《ついは》み、猪鹿怖れずして足の裏を舐《ねぶ》るといへり。夢に兼て自《みづか》ら命終の期《ご》を示せり。往生の加行《*けぎやう》は、経の所説のごとくして、入滅の作法は、凡夫《ぼんぶ》に同じからず。頭*北面西にしてもて遷化せり。

第四十三　叡山西塔具足坊の実*因大僧都

僧都少年のときに、家を離れ山に登りて、弘*延阿闍梨を師となし、常に具足房に住せり。天性聡恵にして、憶持極《きはまり》なく、容顔器量《*きりやう》にして、身*体強力《がうりき》なり。寒を忍び飢に堪へて、丁寧に文《もん》を学び、昼をもて夜に続《つ》ぎて、慇懃に誦を習へり。毎日《ひごと》に堂に入りて、法華経を誦せり。その音《こゑ》清く美しくして、聞く人感歎す。広学博覧にして、法門の玄底を究め、問*答決疑は、肩を比《なら》ぶる輩《ともがら》なし。説法教化《せつぽふけうぐゑ》するに、聴く者涙を流せり。日本の迦旃延《*かせんねん》、辺州の満慈子《*まんじし》ならくのみ。況や五*智の水澄みて、月輪《*ぐわちりん》の影を浮べ、三*部の鏡明かにして、大日の容《かほかたち》を通ず。仏法の棟梁にして、法*門の領袖なり。職位

〔四三〕　三外往生記〔五〇〕にある。本書によるか。

実因　↓補

弘延　伝未詳。天暦八年宸筆法華八講の錫杖衆に弘延(願文集)、また天禄三年慈恵大僧上御遺告にもみえる。

器量　字類抄に「美人分、キリヤウ」とあり、顔の美麗のこと。

身体強力　今昔物語巻二十三ノ一九に「比叡山実因僧都強力語」がある。

問答決疑　↓八二頁注。元亨釈書に「長徳三年四月、宋国送㆓新書五部㆒、…因㆑茲朝廷詔㆓慈覚智証両徳㆒、加㆓毀破㆒、法花示珠指上、実因破㆑之、下修(勧修)預焉」。同じことが、大唐国法華宗章疏目録、法華示珠指の項にもみえる。

迦旃延　摩訶迦旃延、釈迦の十大弟子の一人。遊化を事として論議第一と称さる。

満慈子　富楼那の別名、釈迦の十大弟子の一人で説法第一と称さる。法華経五百弟子受記品「於㆓説法人中㆒。最為㆓第一㆒」。なお辺州は我国をいう。

五智の水　↓七九頁注

月輪の影　月輪観を修めるを喩える。月輪に蓮華と阿字を画いた図に向い、大日如来の内証と冥合する密教の観法を月輪観という。

三部の…　胎蔵界諸尊の徳を鏡に喩え大日如来の内証を現じたことをいい、金胎両部の修法に通じている意。三部は胎蔵界の諸尊をその徳により仏(大定)、蓮華(大悲)、金剛(大智)とに分け表したもの。

法門の領袖　権記、長保二年八月条「大僧

は大僧都に叶ひ、威徳は山里の間に満てり。内心寂静《じやくじやう》にして、鎮《とこしなへ》に道心あり。法華一部、何時《いつ》しか怠らむや。老耄の時臻《いた》りて、身の病自《おのづか》らに発《おこ》れり。世の無常を観じて、*小松寺に移住し、心に*観行を凝《こら》して、妙法を読誦し、文《もん》の義を思惟《しゆい》して、*句逗を乱さず。数月を逕るの間、夢みらく、*七宝の塔あり。釈迦・多宝並び坐して、光を放つとみたり。弥《いよいよ》信力《しんりき》を生じて、法華経を誦せり。空に妙なる声ありて言はく、汝*観《くわん》心《じん》もて法華を誦せし力《りき》に依りて、二如来の光を放つこと昭曜《せうえう》たるを見たり。西方の臨終迎接を疑はざれといへり。夢覚めて涙衣服《えぶく》を湿す。乃至最後に、法華の*提婆品を誦して、一心に礼《らい》を作し印を結びて、西に向ひて即世せり。

第四十四　叡山*西塔宝幢院の陽勝仙人

陽勝*仙人は、*俗姓紀氏《きのうぢ》、能登国の人なり。*勝蓮華院の*空日律師の弟子にして、元慶三年に始めて叡山に登りけり。年十一歳なり。*精神聡明《そうみやう》にして、一たび経教《きやうげう》を聞けば再びこれを問はざりき。法花を暗誦して、止観を習学す。世の*頑嚚《ぐわんげう》を厭ひて、禅定を修することを好めり。心意平等にして、毀誉《くゐよ》に動かず、*喜怒に改めずして、勇猛《ゆうみやう》に精進し、更に睡眠《すいめん》せず、また臥息せざりき。*慈悲甚だ深くして、一切を憐愍《れんみん》し、裸形《らぎやう》の人を見ては、衣を脱ぎて与へ、飢ゑ羸《つか》れたる輩《ともがら》を見ては、口の食《じき》を分けて施しぬ。*蟣《きささ》・虱《しらみ》・蚊・虻に身を餧《くら》はして飽かしめたり。手づからに妙法華経を書写して、常に読誦す。

都実因卒去、修学共備、尤為㆓法器㆒…」。

小松寺　↓補

観行　観心の行法。観心は己の心を観じてその心性を明らめることで天台の観法。

句逗　句読。

七宝の塔　↓九二頁注

観心　↓注「観行」。または観心釈か。

提婆品　法華経提婆達多品第十二。悪人の提婆達多及び畜生竜女の成仏を説いて法華経の功徳を証明する。

〔四四〕　↓補

西塔宝幢院　↓補

仙人　↓七六頁補「仙」

俗姓…　↓補

勝蓮華院　西塔にあり、一条天皇の御願、長保三年四月二十六日に座主覚慶が阿闍梨五口を置いた(平松文書所収、太政官牒・日本紀略)。以下「年十一歳なり」まで智源の法華験記とほぼ同じ。

空日律師　伝未詳。僧綱補任にみえず。但し大東急文庫本伝・扶桑略記所引の伝に「玄日」。玄日は僧綱補任、延喜十八年年条の律師に「任。天台宗、延暦寺、已講労、能登国人、巨勢氏、七十三」とあり、廿二年条に「八月十二日入滅」とある。

精神聡明にして…　↓補

頑嚚　↓九二頁注

喜怒に改めず…・慈悲甚だ深く…　↓補

蟣　和名抄「岐佐々、虱子也」。この前後、智源の法華験記には「蛾虱蚊虻委㆑身令㆑餌」、大東急文庫本伝には「不㆑避㆓蚊蚋蟣虱㆒、遂遁㆓塵寰㆒」とあり。

*金峰山《みたけ》に登りて、仙《ひじり》の旧《もと》の室《むろ》を尋ね、*南京の牟田寺に籠り住みて、仙の方法を習へり。*最初《さいそ》に穀を断ちて、*菜《な》蔬《くさびら》を食となし、次に菜蔬を離れて、菓蓏《このみくさのみ》を食となす。漸くに飲食《おんじき》を留めて、粟一粒《いちりふ》を服し、身に*蘿薜を着て、口に飡食を離る。衣食《えじき》二種、永く悕望《けまう》を離れ、大道心を発して、*三菩提を期《ご》せり。*延喜元年の秋、陽勝永く去りて、煙霞跡なかりき。*着るところの袈裟は、松の枝に懸け置きて、*堂原寺の*延命禅師に譲り与へたり。禅師袈裟を得了りて、悲び泣くこと限りなし。山谷を尋ね求むるに、更に居る所を知らず。*吉野山の練行の僧恩真等の云はく、陽勝已に仙人に成り、身の中に血肉なくして、異なる骨奇《あや》しき毛あり。両の翼身に生ひて、虚空を飛行《ひぎやう》すること、騏驎・鳳凰のごとし。*竜門寺《りうもん》の北の峰にして適《たまたま》に会ひ見たりといへり。また*熊野の松本の峰にして、本山の同法に遇《あ》ひて、不審《ふしん》の*請談せり。また*笙《しやう》の石室《いはむろ》に籠りて、*安居《あんご》を行ふ僧あり。数日食せずして、法華経を誦したり。*青衣《しやうえ》の童、白き飯を持ちて僧に授く。僧これを取りて食するに、その味《あぢはひ》もつとも甘し。僧来縁を問ふに、童子答へて曰く、我は比叡山*千光院の*延済和尚の童子なり。修行の年積りて、仙人と成ることを得たり。近来《このころ》の大師は陽勝仙人なり。この食物《じきもつ》は、これ、かの仙人の志なりといへり。語り已へて退き去りぬ。

*延喜廿三年、金峰山において、陽勝仙《ひじり》東大寺の僧に語りて云はく、余《われ》この山に住すること五十余歳、生年八十有余なり。我仙道を得て、飛行自在なり。天に昇り地に入るに、障礙《しやうげ》あることなし。法華経の力に依りて、仏を見、法を聞くこと、心に自在を

金峰山に登り…・南京の牟田寺…　→補
最初に穀を断ち…　→補
菜蔬　和名抄「兼名苑注云、草可レ食曰二菜蔬一。和名上奈、下久佐比良」。
蘿薜　かずら。今昔「藤ノ衣」。
三菩提　→五六頁注「無上菩提」
延喜元年…・着るところの袈裟…　→補
堂原寺　吉野郡黒滝村に堂原がある。底本「経厚寺」、今昔「経原寺」。
延命禅師　伝未詳。
吉野山の練行の僧恩真等…　→補
竜門寺　吉野郡の北部竜門山の麓にあり。→補
熊野の松本　扶桑略記所引の伝に「熊野社下」。
請談　問い語る意。
笙の石室　→補
安居　僧が雨期三カ月(四月十六日—七月十五日)外出せずに坐禅修行すること。→二五頁注「一夏」
青衣の童　金剛童子に黄青の二あり、身体の青色なる童子を暗示するか。
千光院　→二三頁注
延済　延最内供。元慶六年二月に宝幢院検校となる(宝幢院検校次第)。仁和二年七月に西塔の仏事を掌るため僧五口を置き、その供料の燈油の支給を申請して許された(三代実録)。
延喜廿三年…　→補
摂化　摂受化益。受入れて教化すること。
祖…　→補
火宅　法華経譬喩品「三界無レ安、猶如二

得たり。世間を*摂化《せふくゑ》し、有情《うじやう》を利楽すること、一切意に任せたりといへり。仙人の*祖《おや》病に沈みて、万死に一生なり。歎きて言はく、我多くの子ありといふとも、陽勝仙人は我が愛子なり。もし我が心を知らば、願はくは来りて我を見るべしといへり。陽勝通《つう》をもて、このことを知り已りて、祖《おや》の舎《や》の上に飛び至りて、法華経を誦せり。人出でて見るに、その音《こゑ》を聞くといへども、その形を見ず。時に仙人祖《おや》に白《まう》さく、我*火宅《くわたく》を離れて、人間に来らずといふとも、孝養《けうやう》のための故に、強《あながち》に来りて経を誦し、また与に語らくのみとまうす。また祖に白して言はく、月の*十八日に、焼香散華して、我を相待つべし。我香の煙を尋ねてここに来り下りて、経を誦し法を説きて、恩徳に報ずべしといへり。*故老伝へて言はく、陽勝仙人、*毎年《としごと》に八月末に叡山に至りて、不断念仏を聞きて、*大師の遺跡《ゆいしやく》を拝《おが》む。異なる時には来らず。その由るところを尋ぬるに、*信施の気分、炎火のごとくにして充《み》ち塞ぎ、諸僧の身の香は、腥膻《なまぐさ》くして耐へがたしといへり。

第四十五　播州書写山の性空上人

*書写山の性空聖は、平安宮の*西京の人なり。*俗姓《ぞくしやう》は橘氏なり。*胎を出でしより後、右の手は拳《にぎ》りて開かず。父母《ぶも》強《あながち》にこれを開き見れば、針を把れり。乃至三日に失せて見えず。在所を尋ね求むるに、前栽《せんざい》の中に、花を翫《もてあそ》びて安坐したり。幼少の日より、老滅のときに至るまで、面《おもて》に微咲《みせう》を含みて、顔の色は慈悲あり。口に軟語《なんご》を吐きて、

火宅㆒。衆苦充満、甚可㆓怖異㆒」。

十八日　観音の縁日。大乗四斎日。地蔵菩薩十斎日(敦煌出土本)に「十八日閻羅王下念㆓観世音菩薩㆒…持斎除㆑罪」とある。

故老伝へて云はく…　↓補

毎年に八月末　比叡山の不断念仏(↓二七頁補)は、三宝絵巻下に「仲秋ノ風涼シキ時中旬ノ月明ナルホド、十一日ノ暁ヨリ十七日ノ夜ニイタルマデ不断ニ令行也」と記す。今昔「毎月ノ八日」。

大師　慈覚大師を指すか。

信施の…　信者の布施に充ちた叡山の腐敗堕落した様を述べている。

〔四五〕　先行の伝に花山天皇、書写山上人伝(朝野群載巻二、以下、伝と略す)があり、扶桑略記第二十八・日本高僧伝要文抄一にも引用されているが、本書では利用していない。また書写山円教寺旧記に一乗妙行悉地菩薩性空上人伝あり、寛弘七年十月に遺弟らが記録したとある。今昔物語巻十二ノ三四は書写山上人伝に基づく。ただ一部本書によった部分もあり、さらに諸他の説話を加えている。↓解説

書写山　↓九九頁注

西京の人　伝「東京人」。

俗姓…　伝「父従四位下橘朝臣善根、母源氏」。

胎を出でし後…　伝「上人初生、拳㆓左手㆒。開而見㆑之、握中有㆓一針㆒。父母奇㆑之」。本朝麗藻下の中書王(具平親王)の詩にも「上人出㆑胎手拳、父母怪開之、有㆓一鉄針㆒」とある。

永く麁言《そごん》を離れ、一乗を受持して、偏に仏恵を期《ご》せり。*練行の昔を尋ぬるに、人の跡も通はず、鳥の音も聞えざる深山幽谷に、廬《いほり》を結びて住せり。日《ひび》の飡《さん》を望まずして、多くの日を過《すぐ》し、煙を絶ち火を滅《け》して、旬月を送れり。妙法の法味をもて、*有待《うだい》の身を資《たす》け、*忍辱《にんにく》の法衣《ほふえ》をもて、*四大の露の体を隠せり。或時は夢の中に、美しき膳《かしはで》の食《じき》に預りて、覚めて後も、腹の中飽き満ちて、余の味《あぢはひ》口にあり。或ときは*経巻より、鮮かなる白き粳米《うるしね》、自然《じねん》に散り出でぬ。また夢に人来りて物をもて置き去れり。覚めて見れば現《うつつ》に種々《くさぐさ》の食物《じきもつ》あり。また経の中より出で来りたる*煖かなる餅《もちひ》、その味比《たぐひ》なくして、天の甘露のごとし。身体肥え濃《しなや》かにして、威光人に勝《すぐ》れたり。また極めて寒き夜、破衣裸形《らぎやう》にして、身体氷のごとくなれども、寒さを忍びて経を誦するに、草庵の上より、綿の厚き服を垂れて、身の上を覆ひ蔽せり。また形を隠して来りて問訊《もんじむ》する者あり。これ仏菩薩なるか。また形を現じて承り順ひて走使するものあり。もしこれ天童・竜神等なるか。*かくのごとき奇《あや》しきこと、勝《あ》げて計《かぞ》ふべからず。

*自行既に熟して、*化他のための故に、深山より出で来りて人間に住せり。所謂《いはゆる》書写等の処々の*練若《れんにや》なり。*僧俗市《いち》を作して、貴賤雲のごとく集りぬ。*名簿《みやうぶ》塚を高くし、供養海を湛《たた》へたり。もしその形を見る者は、真の仏に遇《あ》へる想《おもひ》を作し、もし一言を聞ける輩は、猶し仏説を聞くがごとくす。粳米《うるしね》一粒を得たる者あれば、仏舎利に准《なずら》へて、頂戴奉持し、もし着衣《ちやくえ》の片端を得たる者は、仏の着るところの*僧伽利衣《そうぎやりえ》のごとく、恭《く》敬《ぎやう》礼拝す。*華山《の》法皇、*両度臨幸したまへり。後の度は*延源阿闍梨《えんぐあん》と相共に、*聖人の

練行の昔…　伝「三十六遂二出家一。籠二霧島山一、読二誦法華一、日夜無二余念一。山庵幽寂、無二四隣一」。練行↓九一頁注

有待の身　↓七二頁注

忍辱の法衣　袈裟のこと。忍辱は法華経法師品に如来の室・衣・坐を説き「如来衣者、柔和忍辱心是」とあり、その心はすべての外障を防ぐので衣に譬える。

四大の露の体　四大は物質を構成する地水火風の四要素で、四大による仮りの露のようにはかない人間の体。塵添壒嚢鈔「夫四百四病ノ起リ必ズ四大不レ調ヲ縁トス」。

経巻…　伝「経巻之中得二粳米三十許粒一」。

煖かなる餅…　伝「又牖之下有二煖餅三枚一。取而食経二数日一、唇舌猶有二甘気一」。

かくのごとき…　明匠略伝には「廿不思議」として列挙している。

自行・化他　↓七一頁注

練若　阿練若の略。本来修行のための森林の意で空閑処と訳し、寺院の総称。

僧俗　伝「南北高僧耆徳、洛中公子王孫、賢者識者、感二公徳行一、聞二公異態一、往々尋行頂礼結縁」。

名簿　字類抄「文章部、ミヤウフ、文書分」。自分の名前を書いた名札。↓補

僧伽利衣　比丘三衣(↓一三二頁注)の一。九条以上の衣で大衣と訳し、集会や王宮聚落の乞食説法に必ず着す袈裟のこと。

華山法皇　冷泉院の第一皇子で母は藤原伊尹の女懐子。安和元年降誕して同二年皇太子となり、永観二年即位、寛和二年六月に花山寺にて出家、寛弘五年二月八

影像形貌《やうざうぎやうめう》を図絵して、上人の*初後の作法を注記したまへり。筆を下して図《うつ》し処《しる》すに、*山動き地震《ふる》へり。法皇大きに驚きたまひ、集会《しふゑ》のもの怖畏す。上人即ち言はく、これ怖るべきにあらず。貧僧が形体《けいてい》作法を図《うつ》すに依りて、この地の動くことあり。今より以後《のち》、また震動の相《さう》あらむといへり。ここに影像を図し竟りし時に、山地大きに震動す。法皇地《ぢ》に下《お》りて、上人を礼拝したまへり。乃至最後に、兼て死の時を知りて、室に入りて坐禅し、寂静《じやくじやう》安穏にして、法華経を誦し、息を止めて入滅せり。

第四十六　叡山*安楽院の叡桓上人

沙門*叡桓は、初発心《しよほつしん》より入滅に至るまで、一乗を読誦して、*三観《さんぐわん》を練習し、他事を作さずして、世事を欲せず。この思惟《しゆい》を作さく、*発心してもし僻《ひが》まば、万行徒《まんぎやういたづら》に施さむ。これに因りて当に*円教《ゑんげう》仏乗の大道心を発《おこ》すべし。後に当に*出離証果の妙大行を修行すべし。*六道の衆生は、冥より冥に入る。もつとも憐愍すべし。我永く無明の冥を断《た》ち破らむ。*三乗の無漏は、明より明に出づ。猶しいまだ究竟《くきやう》せず。我今*一実の知見に悟入せむ。近代の行人《ぎやうにん》は、或は*外相《ぐゑさう》の難行苦行を竭《つく》して、内心の観念観行を知らず。*或は依報《えほう》の珍財を施捨することありて、正報《しやうほう》の持戒の信力《しんりき》を致すことなし。*六道の無常の果報を牽《ひ》き得て、三乗の仏位の功徳を感ずることなし。かくのごとく観察して、*九縛一脱《くばくいちだつ》の僻非を簡《えら》び捨てて、当に*六即三観《ろくそくさんぐわん》の道心を発すべしとおもへり。*十重禁戒は、*油鉢《ゆはつ》を傾けず、*十法成乗《じふほふじやうじよう》は、*語黙を闕かず。息は虚《むな》しく止らず、必ず無常を観

日に四十一歳で崩ず。

両度臨幸　伝「花山太上法皇、去寛和二年微行見二上人一結縁畢。爾来十七箇年、長保四年三月六日、重結縁」。臨幸の模様は書写山円教寺旧記の上人伝に詳しい。

延源阿闍梨　長徳三年に天王寺別当に任ぜられる(天王寺別当次第・峰相記)。長保元年十月三十日に花山法皇が天王寺別当延源をつかわして藤原実資から播磨の明年の大粮百石を借りている(小右記)。

聖人の影像…　→補

初後の作法　初夜(午後八時頃)と後夜(午前四時頃)の仏事作法。今昔「最後ノ有様」。

山動き地震ふ　伝「于レ時地震、蓋是異相歟」。書写山円教寺旧記の上人伝も同文。

〔四六〕　→補

安楽院　今の安楽律院。華頂要略一二七、首楞厳院、飯室谷に、叡桓等五人、寛和元年飯室谷(横川)に安楽律院を開くとある。

叡桓　前項参照。巻下〔九九〕に、叡桓の母が正暦三年入滅したとある。

三観　→七二頁注

発心してもし…　発心は、はじめて菩提心を発して仏果を求むる心。その心が正しくないと、いかなる行も無益との意。

円教仏乗　円教は天台法華の教で一仏乗ともいう。

出離証果の妙大行　生死迷妄の境地を離れて悟りを開くための行。

六道の衆生　→六五頁注

三乗の無漏…　三乗(声聞乗・縁覚乗・菩薩乗)の法によって、漏(煩悩)を離れ

ぜり。詞は謬ちて出さず、定めて仏法を語れり。一生*持斎して、永く酒醴《さけこざけ》を断てり。行ずるところの作法は、*梵網経のごとし。*散心《さんじむ》に法花を誦するときは、その部の数を注《しる》さず。章疏《しやうしよ》の釈《しやく》と経の文《もん》と、相会《あつ》めて思惟し、文の義と*科文《くわもん》と相称《かな》へり。*定心《ぢやうしむ》に法花を誦すること、既に万余部に及べり。鳥獣《とりけもの》馴《な》れ来りて、掌《たなごころ》の中の食《じき》を舐め、鬼神常に侍《はむべ》りて、給役を作さむことを願ふ。釈迦の放光を拝み、*普賢の摩頂に預《あづか》る。かくのごとき奇《あや》しきこと、その数甚だ多し。我が心に蔵《つつ》み隠して、他の人に語らず。修行の年老いて、読誦の齢《よはひ》積り、兼て終る時を知れり。手に香炉を執りて、普賢の像に対《むか》ひ、口に法花を誦して、心に*実相を念じ、端坐して乱れずして、生死《しやうじ》の界《さかひ》を離れたり。

第四十七　越後国の鍫取上人

*鍫取《くはとり》上人は、本《もと》これ俗にある*邪見の輩《ともがら》なり。*宿善自《おのづか》らに発りて、頭を剃りて道に入りたれども、根性痴鈍《ちどん》にして、習学に堪へず、僅に法華を読誦して、その余《ほか》を知らず。一向の信を凝《こら》して、悪に造《いた》るの心なし。早朝より暮に及ぶまで、手に法華を捧げ、*初夜より暁に至るまで、口に一乗を誦せり。*初心の時に、五六丈の大仏の尊像を造り、その仏の前に住して、法華を読誦せり。時の人は、号《な》を大仏上人と称《い》へり。後時に、*鍫取の山の中に移住せり。仍《よ》りて鍫取の聖《ひじり》と称《い》ふ。所行は人に似ず、*作法は世間に背きたり。*白月《びやくぐわつ》十五日は、食《じき》を断ちて籠居し、*黒月《こくぐわつ》十五日は、食を断たずといへども、

れば、一応、明、即ち光明に入るが、なお究竟(究極最上)の境地とはいえない。

一実の知見　三乗の権法をこえた一乗の実法のみ真実であるとの意味。

或は外相の…　外相は身口意の所作。内心に対する。近代の行人はともすれば、観念・観行による心の修練を怠って、外面に現れたる難行苦行を重視する、という批判。本書の持経者には苦行主義が多いので、この記述は興味深い。

或は依報の…　過去の業に由って受けた心身を正報、その心身の依止となる世間のものを依報という。人は依報たる珍財の施しなど外的なことばかりして、正報たるべき、持戒によって保たれた信力は軽視する、との批判。

六道の無常…　六道の変転極りなき業因の結果を何の考えもなく身に受けて、仏の教法に説く仏の位に達する善行を感得することがない。

九縛一脱・六即三観　→補

油鉢を…　戒律を堅く守ること。油鉢を持してこぼさぬことに譬う。

十重禁戒・十法成乗　→補

語黙を…　十乗観法は沈黙を守って修するから。

持斎　→二二頁注

梵網経　叡山の円戒条項は梵網に基づくところから、持戒堅固をいったものであろう。

散心・定心　散心は散乱動揺した心、定心は雑念のない集中した心。善導はこの

五、六日の間は、希に食を受くることあり。これ定途の事にして、希有となすに足る。或とき、苦《にが》き*杼《とち》一百以上を持ちて、十月一日に、土の室《むろ》の裏《うち》に入りぬ。明年三月に、始めて室を出でたり。持ちしところの杼を見るに、猶し半分を残せり。*国の中の貴賤上下、崇《おも》め重じて帰依し、来り集りて結縁す。諸の人、聖人の食せずして、数日《すじつ》を逕《きやう》歴《りやく》せしことを怪び念へり。

時に猛《たけ》き者の甲《すぐ》れたる族《やから》あり。聖人に白《まう》して言はく、*有待《うだい》の人の身は、食をもて命となす。もし食ひ飲まずして、数日を経ば、決定《くゑつぢやう》して死に臨まむ。*不審《いぶかし》。上人十廿日、食せずして籠《くら》り勤めたり。これ不思議なり。上人の食を断ちて経を誦すること、実に如《かか》るかといふ。聖人答へて言はく、意《こころ》に任せて試みるべし。久しく近づきて、君が心に随ふべし。更に我が心を憚ることなかれといへり。上人静かなる室に入りて住せり。甲れたる族、門を閉ぢ*封《ほう》を付けて去り畢りぬ。上人室に住すること三月、食せず出でず、大小の便利等のことを行はず、ただ法花を誦して、音声《おんじやう》絶えず。三月を過ぎ已りて、甲れたる族到り来り、封を解きて門を開けり。上人咲《ゑみ》を含みて、気力損《そこな》はず、威光常に倍《ま》せり。見る人合掌敬礼《きやうらい》して、奇特の念《おもひ》を生《おこ》せり。乃至臨終の時に、弟子に告げて言はく、今月十三日は、これ滅尽の剋なり。臭穢《しうゑ》の死骸《しにかばね》を留め、汝等をして荷担して山野に往還《わうぐゑん》せしめば、これ大きに悪しきことなり。我汝を煩せずして、入滅を取るべしといへり。即ち多く薪を積みて、その薪の上に登り、火を付けて*身を焼けり。口に妙法を誦し、身体動《はたら》かさずして、煙と与《とも》に去りぬ。

二心によって得た定散二善を往生の因とした。浄土教の用語を法華に用いたものであろうが、ここでは前者は経の内容理解のための読誦、後者は所定の方式に則って読誦したものか。

科文　中国仏教以来の経論の解釈法で、本文を大小幾重にも分科して解説する法。

実相　窮極の真理のこと。法性・真如と同じ。天台宗は諸法のありのままの実相が真実であると説く。

〔四七〕　他にみえず。

鍪取上人　伝未詳。鍪取山に住んでいたのでこの名がある。

邪見　十悪の一。善悪因果の理法を無視した誤った見解。

宿善　前世に植えた善根。

初夜　午后八時頃、昼夜六時の一。

初心　→七〇頁注「初発心」

鍪取の山　上越市直江津桑取の有馬川上流の山。

作法　身口においてなすすべての業。ふるまい。

白月・黒月　→四〇頁注

定途　→八三頁注

杼　訓みは和名抄・字類抄・名義抄による。

国の中　越後国中。国府は中世に直江津市におかれる以前は、南方の新井市付近にあり、高田市・板倉町・新井市にかけて条里制の遺構が分布している。

不審　訓みは名義抄・字類抄による。

封　結び目。

身を焼く　→六四頁注

第四十八　光勝沙門・法蓮法師

奥州に二《ふたり》の沙門あり。一《ひとり》は光勝と名づけて、*最勝王経を持して誦せり。*元興寺《ぐわんごうじ》の僧なり。一は法蓮と名づけて、能く法華経を持せり。興福寺の僧なり。本の生国《しやうこく》なるに依りて、本の寺を離れて下《くだ》りて住せり。この二人、苦行して年老い、精勤して日積れり。光勝聖《ひじり》、法蓮聖に語りて言はく、法花経を捨てて、最勝王経を奉持せよ。所以《ゆゑ》は何《いかん》となならば、この経は甚深《じんじん》なること、一切経の中に、最も第一なり。故《かるがゆゑ》に最勝王と名づく。これに由りて、公家《おほやけ》も*御斎会《ごさいゑ》と名づけて、最勝を講じ誦す。諸国にもまた*吉祥御願と名づけて、最勝王経を講ず。また*薬師寺にも最勝会と名づけて、この経を開講す。公家の重《おもむ》ずるところにして、万民の仰ぐところなり。況や経の説くところ、甚深微妙《みめう》なり。この故に、当に最勝を受持すべしといふ。法蓮聖云はく、如来の説きたまひしところ、何れの経か貴ばざらむや。宿因の引くところ、頃年《としころ》妙法華経を受持せり。何ぞ忽ちに棄て捨てて最勝王経を持せむやといへり。ここに光勝聖、*動《そそのか》し煩ひて黙《もだ》して止みぬ。

光勝聖最勝の威力《ゐりき》を憑みて、ことに触れて法蓮聖人を言ひ煩はせり。何れの経の験力か勝《すぐ》れたる。当に勝負を知るべし。もし法華経の験力勝らば、我最勝を捨てて法華を持すべし。もし最勝王経の験力勝らば、法華を捨てて最勝を持すべしといへり。かくのごとく語るといへども、法蓮答ふることなし。また云はく、我等各一町の田を作

〔四八〕　この説話は巻上〔一七〕〔三三〕・巻中〔五七〕と一連の、架空の創作であり、両経読誦の功徳を対照させて、五穀の豊穣をもたらす最勝王経よりも、法華経の説く慈悲がよりすぐれたことを説く。光勝は金光明最勝王経の持者、法蓮は妙法蓮華経の持者の意味であろう（→七四頁注〔一七〕）。今昔物語巻十三ノ四〇は本書によるか。

最勝王経　金光明最勝王経。義浄訳十巻。諸天護国の思想や懺悔滅罪を説く。

元興寺　南都七大寺の一。推古天皇の四年に聖徳太子が飛鳥の地に建立す。もと法興寺といい、和銅三年に奈良に移る。

御斎会　興福寺維摩会（→二一〇頁補）、薬師寺最勝会と共に三会の一。正月八日より十四日まで大極殿で僧に斎食を供養し、最勝王経を講ぜしめる法会。→補

吉祥御願　吉祥悔過ともいう。吉祥天を請じて最勝王経を誦し、犯した罪を懺悔して、災を攘い福を招くことを祈願する法会。→補「御斎会」

薬師寺にも最勝会…　薬師寺最勝会。三会の一。毎年三月七日より七日間、薬師寺において最勝王経を講ずる法会。三宝絵巻下、薬師寺最勝会に「天長七年ニ中納言従三位兼行中務卿直世ノオホキミ奏テ申、此寺ハ年コトニ七日ノホド法会ヲ行テ雨ノシタヲイノラシメム、ナガク最勝王経ヲ講ゼムト。スナハチミコトノリニイハク、コトノマヽニ、此ヨリハジメテ行ヒキタレリ」。なお天長七年云々の官符は、類聚三代格にみえる。

動し煩ふ　説得しかねる。「煩ふ」は雅

り、米穀の勝劣に依りて、二の経の験力を知るべしといふ。各一町の田をもて、二の聖人に預《あづ》け畢りぬ。光勝聖、田を耕《たがへ》して水を入れ、最勝に白して言はく、経の威力に依りて、種子《たね》を下《おろ》さず苗を殖《う》ゑずして、米穀をして豊に稔《みの》らしめよといへり。この誓《せい》言《ごん》を発《おこ》し畢る時に、一町の田の苗、斉等に生ひて茂り滋《し》くこと限りなし。日を送り月を累ねて、豊に稔る気色《けしき》、言ひ尽すべからず。法蓮聖の田は、耕作する人なくして、水を流し入れず。荒田に草を生じて、牛馬中に遊ぶ。貴賤上下、最勝聖を貴びて、法華聖を軽んぜり。

七月の上旬に、法花聖の田一町の中央に、一本の*瓠《ひさこ》生ひたり。枝八方に散じて、遍く一町に布《し》く。兼て高き茎あり。両三日を経て、花開き菓成《このみ》れり。一々の瓠を見るに、甚だ大きなること壺のごとくにして、間《ひま》なく並び臥す。聖人見已へて、一の瓠を取り、破りてその中を見るに、*精《しら》げたる白き米《よね》あり。粒《つぶ》大きにして鮮かに白し。*斗《ます》をもてこれを量るに、一の瓠の中に五斗の白き米あり。先づ仏と経に供《たてまつ》り、諸僧に施し与へたり。一、二の菓を、光勝聖人の坊に送り遣《や》る。光勝これを見て、奇異の心を生じ、軽んじ哢《あざけ》る心を離れて、法花聖に、信伏《しんぶく》随順す。聖人の許に往きて、*頭面作礼《づめんさらい》して、悔過《くゑくわ》懺悔《さんぐゑ》す。一乗経において、忠を尽し志を運《めぐ》らして、書写供養し、読誦思惟《しゆい》す。法蓮聖人、件《くだん》の田の米をもて、普く国の内に施すに、一切の僧俗、乃至貧人《ひんにん》*孤露《ころ》、往還《わうぐゑん》の諸人、意《こころ》に任せて荷ひ取る。然りといへども、田の瓠十二月に至りて、更に枯れ竭きず、取るに随ひて生《な》りたり。これを取り用ゐる輩は、貧苦を失ふのみにあらず、また道心

言集覧に「コマル心なり。又兼るといふ心のもあり」とある。

瓠　瓢箪。和名抄に「可㆑為㆓飲器㆒者也」とあり、水を入れる器とする故にこの名がある。

精げたる米　和名抄に「粺米、之良介与禰、精米」とあり、搗いて白くした米。

斗　和名抄に「十升器也」とある。

頭面作礼　自分の頭を相手の足につけて拝礼すること。→三九頁補「五体を地に投ぐ」

孤露　孤独で保護者のいない者。

を発せり。法蓮聖、田の米をもて、更に仏事を作して、一切を利益《りやく》す。乃至心を摂《をさ》めて、慢《あなづり》の過を起さず、精進修行し、老衰して遷化せり。

第四十九　金峰山蘚岳の良算聖

沙門良算*は、東国の人なり。その性《ひととなり》強《あながち》に急《いそがは》しくして、更に懈怠《けだい》を離れぬ。出家してより已後《のち》、永く穀塩を断ちてただ*菜蔬《なくさびら》を飡《くら》ひぬ。法華を読誦して、専《もは》らに余《ほか》の業なし。深山絶域《ぜちゐき》を住む所となして、更に人間の聚洛《しうらく》に往来せず。*蘿藦《ひかけきはだ》の皮を上品の服となして、塚の間、樹の下を最勝の棲《すみか》となす。常にこの観を作さく、身はこれ水の沫のごとく堅からざるの身にして、命はまた朝《あした》の露のごとく即ち滅《き》ゆるの命なり。宝のごとく翫《もてあそ》びて愛し護《まぼ》るとも、羅刹*の供を受くるにあらずや。況やまた我が身は*五陰《ごおん》の仮舎《かりや》にして、*四顚倒《してんだう》の鬼、常にその中に住し、我が心を欺き誑《たぶらか》して、衆くの罪を造らしむ。悲しきかな、智恵は*雪山《せつせん》の寒き鳥にも及ばず、布施は赤目*の大きなる魚にも如《し》かずとおもへり。かくのごとく思惟《しゆい》して、更に覆ひ養はず。

金峰《みたけ》山に登りて、*蘚《ところの》岳に止り住すること、数十余年なり。ただ法花を読みて、難行苦行せり。最初《さいそ》に鬼神畏るべき形を現じて、聖人を擾乱《ねうらん》するに、もて怖《お》づることをせず。後には菓蓏《このみくさのみ》をもて来りて供養せり。熊・狐・毒蛇またまたかくのごとし。端《たん》正《じやう》の天女時々来り至りて、三匝《めぐり》囲《ゐ》遶《ねう》し、頭面礼敬《づめんらいきやう》してもて退き去る。また十羅刹の中の*皐諦女《かうたいによ》ならくのみ。貴賤供養すれども、もて喜とせず、悪しき輩罵詈《めり》すれども、

〔四九〕　今昔物語巻十二ノ四〇にある。本書によるか。

良算　伝未詳。

菜蔬　↓一〇八頁注

蘿藦　蘿は和名抄に「比加介、松蘿一名女蘿」とあり、ひかげのかずら。藦は和名抄に「一名黄木、岐波太」とあり、落葉喬木で樹皮を染色や薬に用う。

羅刹　↓七五頁注「十羅刹女」

五陰の仮舎　五陰(色・受・想・行・識の心身を構成する五要素)によって存在する仮の我身の意。

四顚倒の鬼　生死の世界における常・楽・浄・我の四種の顚倒した妄見をいう。

雪山の寒き鳥　雪山に棲み寒苦に鳴くという寒苦鳥。連集良材「寒苦鳥ト云寒ヲクルシムユヘニ此名アリ。或経云、寒苦責レ我。夜明造レ栖。此鳥夜如レ此鳴トイヘリ。寒苦ワレヲセム。夜アケバ栖ヲツクラント鳴ト云々。又昼ニナレバ、ヨルノ寒ヲ忘テ、今日不レ知レ死、明日不レ知レ死、何故造二作栖一。安二穏無常身一ト鳴ト云々。心ハ今日ヤシナン、明日ヤシナン、シラヌ身ノ何故ニ栖ヲツクリテ、無常ノ身ヲ安穏ニセンヤト鳴ト云々。是皆経文也」。

赤目の大きなる魚　釈尊の本生話に「蓮華王捨身作赤魚縁」(撰集百縁経)がある。人民の流行病に赤魚血肉が効くとの医師の答により、自ら捨身して赤魚となり、その肉血を病人に食わして病が癒えた話。

蘚岳　吉野郡四郷村大字麦谷にある。今昔「薊岳(あざみのたけ)」。

もて憂とせず。人に向ひて与に語るといへども、口に必ず法花を誦せり。目を閉ぢて睡眠《すいめん》すといへども、経を誦する音《こゑ》弥《いよいよ》高し。乃至最後入滅の時、顔の色鮮かに白くして、喜びの気色《けしき》を含み、身に苦痛なくして、心に*踊躍《ゆやく》を懐《おも》へり。知識問ひて云はく、聖人例ならず云何《いかん》ぞ喜ぶ気《けはひ》あるやといふ。答へて曰く、頃年《としころ》の貧道《ひんだう》の孤独の身に、今栄花を開きて、また官爵に預る。あに喜悦せざらむや。所謂《いはゆる》煩悩不浄無常垢穢《くゑ》の身体を棄捨《す》てて、当に微妙清浄*金剛不壊《ふゑ》の仏果を得べしといへり。かくのごとき語を作《な》して、*寂滅に入れり。

第五十　叡山西塔の法寿法師

沙門*法寿は、延暦寺の座主*暹賀《せんが》僧正の弟子なり。その性《ひととなり》は清廉にして、永く放逸を離れて、志を仏法に繋《か》けたり。その心は正直にして、妙法を温《たづ》ね習ひて、*諷誦することと人に勝《すぐ》れたり。*自行《じぎやう》の薫習《くんじふ》は、春秋多く積り、*化他《くゑた》の*出仮《しゆつけ》は、年月稍《やうや》くに久し。就中《なかむつく》に音《こゑ》巧に誦するをもて、輩《ともがら》の中の上首となすに足れり。若年の昔より老年に至るまで、*仏種を植ゑむがために、日々に一部も更に退き闕かず。乃至、*余喘《よぜん》の残少きことを覚え知りて、堅く道心を発し、殊に信力《しんりき》を凝《こら》して、深夜に経を誦するに、天暁に至りて夢みらく、我年来《としころ》持せるところの法華経、飛び昇りて西方を指して行き去るとみる。夢の中に、持せしところの経を失ひたることを歎き念ふ。傍《かたはら》に*紫衣《しえ》の老僧ありて云はく、汝悔い歎くことなかれ。持せるところの法花経は、これ*且《しばら》く極楽に送り置

皐諦女　法華経陀羅尼品の十羅刹女の一。拾芥抄に「文殊師利菩薩」とあり、法華曼陀羅の諸尊の中で文殊に配す。

踊躍　→八三頁注

金剛不壊　金剛の如く堅固で壊れないことをいう。

寂滅　寂静にして一切の雑念を離れること。涅槃。

〔五〇〕　今昔物語巻十三ノ三二・拾遺往生伝巻上〔八〕にある。ともに本書によるか。

法寿　伝未詳。

暹賀　駿河の人(一説、近江の人)。藤原氏。良源・基増の弟子。寛和二年権律師、永延元年権少僧都、永祚元年権大僧都、正暦元年十二月第二十二代天台座主となり(一説、正暦三年十月)、同二年大僧都、長徳元年権僧正、長徳四年八月一日、八十五歳(一説、八十二)で寂す。本覚坊と号した(天台座主記・僧綱補任ほか)。

諷誦　→三六頁補

自行・化他　→七一頁注

出仮　→五五頁注

仏種　菩薩の所行。悟りを開くための善行。成仏の因。

余喘　死に近づいた命。

紫衣　朝廷より賜った紫の袈裟または法衣。高位を意味する。法中装束抄「地ハ紫ノ綾有文。ヘリハ黒色ノ綾等常用事也。…是自二律師一至二法印一僧綱之着用也。」

且　訓みは名義抄・字類抄による。操觚字訣「マヅト言ヤウナルオモムキニテ、カリソメニアシラフコトバナリ」。

くなり。汝両三月ありて、当に往生することを得べし。早速《さうそく》に沐浴精進して加行し、往生の*前方便をなすべし、云々といへり。夢覚め已りぬ。俄に*衣鉢《えはつ》を捨て、弥陀の像を図し、法華経を写して、名徳《みやうとく》の僧を請《しやう》じ、開講供養す。余残の雑具《ざふぐ》を、弟子に分ち付け、花洛の棲《すみか》を離れて、永くもて隠居し、夙夜《しくや》に誦経念仏せり。真言念誦、三時に怠らず。終日《ひねもす》に*涅槃経・*観無量寿経等の諸の大乗経を拝見し、*摩訶止観・*文句《もんぐ》の章《しやう》疏《しよ》を披閲して、この善根《ぜんごん》をもて、極楽に生れむことを望み、弥陀に値《あ》ひたてまつらむことを欲せり。病の患《うれひ》ありといへども、正念を失はずして、誦経念仏し、倍《ますます》また勤修《ごむしゆ》して、身を他世に捨てぬ。

第五十一　楞厳院の境妙法師

沙門*境妙《きやうめう》は、近江国の人なり。少《わか》き年に叡山の横川に攀ぢ登りて、師長に奉仕《ぶし》し、経文を読み習へり。堂に入りて*承仕《しようじ》して、仏道を修行し、漸々《やうやう》に学びて法花一部を読めり。誠心に温《たつ》ね習ひて、悉くに通利することを得たり。諸の縁務を捨てて、深く読誦を宗とし、寸分の暇《いとま》を惜みて、余《ほか》のことを作さず。若《も》しくは道路を行き、若くは人と与に語れども、手に経巻を持し、眼《まなこ》に経文を視る。部数多く積りて、二万部に及べり。*五種法師《ごしゆほふし》の功徳を成さむがために、*行願寺《ぎやうぐわんじ》において、法花を書写して、*三十講を勤修せり。講経の結願《けちぐわん》に、*十種供養と称《い》ひて、極楽の作法を移し、菩薩の威儀を摸《かたど》りて、恭敬《くぎやう》供養し、我が自行の善を増して、他をして仏因を種《う》ゑしむ。

前方便　正しい修行のための準備の行い。
衣鉢　→一〇〇頁注
涅槃経　大般涅槃経。東晋の法顕訳六巻の小乗経典と、北涼の曇無讖訳四十巻の大乗経典がある。仏の入滅の情況及び常住仏性の法を説く。
観無量寿経　→三九頁注
摩訶止観　→二六頁注
文句　法華文句。→五六頁補「円頓止観」
〔五一〕　今昔物語巻十五ノ一二・拾遺往生伝巻上〔三四〕にある。ともに本書によるか。
境妙　伝未詳。
承仕　→八二頁補
五種法師　法華経では受持・読・誦・解説・書写の行が最も重要であらゆる行に勝れているとし、これを五種法師という。法華経法師品に「若復有ㇾ人、受二持、読三誦四、解五説、書六写、妙法華経、乃至一偈一、於二此経巻一敬視如ㇾ仏」とある。
行願寺　皮(革)堂といい寛弘元年十二月十一日行円(皮聖→一八二頁注)建立、一に一条北辺堂ともある(権記・日本紀略)。小右記、長和四年九月十日条に「皮仙(行円)占二東山一、結二構小堂一、安二置金色釈迦如来像一。又此寺盲仙有、暗二誦数巻大乗経一…仍向二彼堂場一。頭中将資平、前大和守景斉同車、到二坂下一騎馬参上」、後拾遺往生伝巻下〔三〕に「東山有二一山寺一、号二石蔵寺一。彼山寺是行円聖人之建立也」、伊呂波字類抄に、本尊は「金色千手観音立像一体(高八尺、花座)」とある。山城名勝志に「元在二一条北油小路東一。今遷二京極近衛一」とあり、現在上京区行願寺門前

乃至命の時臻ることを知りて、比叡山に登りて、処々の堂塔聖跡を巡り拝み、故老《おきなびと》の釈衆同法《どうぼふ》に値遇《あ》ひて、不審の請談*に、皆芳しき言を遺せり。これ最後の対面なり、*引接《いんぜふ》を蒙らむと欲す、云々といへり。本の所に還り来りて、多くの日を逕ずして、病悩を請《う》け取りて、即ち詞言を吐きぬ。境妙が最後の病なり、決定して死去すべしといへり。身体を沐浴して、浄き衣裳を着て、五色*の糸をもて、弥陀仏の手に着けて、その糸をもて我が手に把り、西方に向ひて坐せり。諸の僧侶を請じて、法花を転読し、法華懺法《せんぼふ》を修して、弥陀念仏を勤め、既に遷化《せんぐゑ》せり。聖《ひじり》ありて夢みて云はく、境妙金《こがね》の車に乗りて経を捧げ、天童囲繞《ゐねう》して遙に行く。見る人語りて曰く、境妙聖人、浄土に往生す。儀式微妙《みめう》なりといへり。覚めて後随喜すること極《きはまり》なし。

第五十二　仁慶法師

沙門仁慶*は、叡山の西塔の住僧にして、住鏡*阿闍梨の弟子なり。越前国の人なり。幼少の年、始めて比叡山に登りて、登壇受戒の已後《のち》、師の命に随順して、相副ひて奉《ぶ》仕《し》せり。余の暇《いとま》に妙法華経を読誦して、初後*に全《また》くに誦せり。後に真言を習ひて、教*法を修行す。盛なる年に臨める時、本の山を離れ去りて、華洛に下り住み、遠き国に及《いた》り趣けり。或は修行のためにし、或は国司に随ふなり。かくのごとく奔波*《ほんば》して、世*路を逕歴《きやうりやく》す。毎日《ひごと》に一部を誦して、自行《じぎやう》の功徳となせり。知命の期《ご》に臨みて、殊に道心を発して、衣鉢等を捨て、両界*の曼荼羅《まんだら》を図絵《づゑ》して、阿弥陀仏の像を刻《きざ》み彫《ゑ》り、妙法

町。→三九一頁注「東石蔵山」

三十講　法華経二十八品と開経の無量義経一巻、結経の観普賢経一巻を合せて三十とし、三十座に講ずるをいう。

十種供養　三宝を供養する十種の法にして、法華経法師品に、華・香・瓔珞・抹香・塗香・焼香・繒蓋・幢幡・衣服・伎楽と、華香を合せて一としこれに合掌を加えたもの、合掌の代りに肴膳とするものの十種を挙ぐ。後世法華経書写供養や大法会の時には必ずこの儀を用いた。

請談　→一〇八頁注

引接　→二九頁注

五色の糸　→二八頁補「糸をもて…」

〔五二〕　今昔物語巻十五ノ一一・拾遺往生伝巻上〔三五〕にある。ともに本書によるか。

仁慶　伝未詳。

住鏡　平松文書所収、長保三年四月太政官牒に同院におく五口阿闍梨中に「伝燈大法師位住鏡、年六十一」とあり、「大法師住鏡、故慈念僧正入室弟子也。雲嶺養レ性、雪窓執レ勤、自二幼少日一至二長大時一、相二随覚慶一、受二学三部之大法一、練二習諸尊之儀軌一。提撕在レ耳、研精専レ心、三部五部懸二明鏡於胸中一、密印密護瀉二智水於瓶底一。鑑二其精操一、是為二法器一也」とある。

初後　初夜(午後八時頃)と後夜(午前四時頃)。

教法　今昔「行法」。行法(→二四頁注)か。

奔波　→九九頁注

世路　世渡りの道に従事すること。

両界の曼荼羅　金剛・胎蔵両界の曼荼羅。→三九頁補「胎蔵界曼荼羅」

華経を書写して、*四恩法界のために、供養恭敬《くぎやう》せり。その後幾《いくばく》の日月を経ずして、病患を請《う》け、多くの日辛苦《しんぐ》せり。病悩の苦痛を忍びて、自《みづか》ら法華を読み、結縁の衆僧を請《しやう》じて、法華を読ましめ、念仏を勤修《ごむしゆ》して、終《つひ》にもて入滅せり。傍の人夢に見らく、*大宮大路に、五色の雲、空より聳《そび》き下りて、音楽異香、遍く空中にあり。時の人云はく、これ仁慶持経者の往生迎接《がうせふ》の相なりといへり。時に仁慶頭《かしら》を剃りて、大きなる袈裟を着て、威儀具足して、手に香炉を執り、西に向ひて立つ。雲の中より出でて、*蓮華台を下る。仁慶持経者、かの蓮台に坐して、雲の中に移り昇り、西方を指して遥に去る、云云とみたり。また四十九日の法事の夜、また人の夢に見ること、*大底《おほむね》前の夢に同じ。

第五十三　横川の永慶法師

沙門*永慶は、*覚超僧都の弟子、楞厳院の住僧なり。*宿善の催《うなが》すところ、志は法華にあり。受持し諷誦すること年月を累ねたり。乃至、本《もと》の山を出でて、*箕面《みのお》の滝に籠りて行へり。夜仏前にありて、経を誦して拝礼す。左右の人々、睡り臥《ねぶ》して同じく夢みらく、老いたる狗《いぬ》高き音《こゑ》に吼えて、立居《たちゐ》に仏を礼すとみたり。夢覚めて驚きて見れば、沙門永慶、音《こゑ》を挙げて礼拝せり。この夢をもて永慶に語る。比丘聞き已りて、事《こと》の縁を知らむと欲し、七日食《じき》を断ちて、堂に籠りて祈念せり。第七日に至りて夢みらく、*竜樹菩薩、宿老《しくらう》の形を現じて告げて云はく、汝が前生の身は、これ耳の垂れたる大き

四恩法界　四恩は四種の恩で、心地観経には父母・衆生・国王・三宝の恩をいい、法苑珠林巻五十には母・父・如来・説法法師をいい、釈氏要覧には師長・父母・国王・施主の四を挙ぐ。法界は意識の対象となる一切の境界の意で全宇宙のこと。
大宮大路　大内裏の両側の塀に沿って南北に走る大路。
蓮華台　仏菩薩の常に坐す席。蓮華の台座。
大底　訓みは字類抄・名義抄による。
〔五三〕　今昔物語巻十四ノ二一にある。本書によるか。
永慶　伝未詳。藤原斉信男の大僧都永慶は別人。
覚超　和泉国の人。僧正良源の弟子となり、源信と慶円に顕密を学んだ。常に兜率院に住し後に横川首楞厳院に移る。長元元年法橋、同二年権少僧都となり、同四年に職を辞して同七年正月二十七(又は五)日に七十五歳で入滅す(日本紀略・僧綱補任ほか)。都率僧都と称され、台密十三流の一である川流の祖。多くの著述がある。続本朝往生伝〔一〇〕覚超伝参照。
宿善　→一一三頁注
箕面の滝　→三二頁注
竜樹　→一六〇頁補
狗の果報　現世において狗に生れた報。
習気　身にしみついた習慣性。
有縁の所　仏道に縁ある所。或は縁者知人の意か。
六根懺　六根(→七九頁注)のはたらきの罪障を懺悔すること。法華懺法は六根懺

なる狗なりき。その狗常に法華経持者の房にありて、昼夜法華を聞きけり。その善力《ぜんりき》に因りて、*狗の果報を転じ、人の身を感じ得て、法華経を誦す。余残の*習気《じつけ》、汝が身心にあり。この故に夢に狗の形にて仏を礼すと見ゆるのみといへり。比丘夢覚めて深く慚愧《ざんぐゐ》を懐《いだ》きて、宿業《すくごふ》を羞ぢ歎き、*有縁の所を尋ねて、跡を留めて止り住し、法華経を誦して、*六根懺を勤めたり。今生の善をもて、遙に菩提を期《ご》し、*三途に還らずして、必ず浄土に生れむことを願へり。

第五十四　珍蓮法師

沙門*珍蓮は、*三井寺の*明尊大僧正の弟子なり。陸奥国に生れて、幼少のとき上洛《しやうらく》せり。宿因《すくいん》の追ふところ、仏弟子と作《な》りて、仏道を修行す。その志*勤厚《きむごう》にして、誠に法花にあり、精進の功積りて、一部を暗誦《あんじゆ》す。処々の*霊験には、必ず安居《あんご》を勤めたり。苦行練り満ちて、験力相応ず。盛なる年の頃に、奥州より花洛《くわらく》を指して上りき。途中曠野《あらのら》にして、*焼狩《やきかり》の輩に逢ふ。数百町を籠めて、周匝《しゆさう》して火を付く。沙門火の中に籠る。四面八方より、火炎迫り来りて、避け遁るるの術なし。必ず焼け死なむとす。眷《くわん》属《ぞく》悲び泣きて、去る方を知らず。乗れる馬走り嘶《いば》えて、火の中に迷《まど》ひ入りぬ。

珍蓮この思念を作《な》さく、ここにして定めて死せむ。脱《のが》るるに由なしとおもへり。この世を念はず、往生のための故に、一心に合掌して、法華経を誦せり。第二の巻に至りて、煙薫《くすぶ》りて堪へがたく、火来りて身に迫りぬ。面《おもて》と目を地に当てて、蘆の叢《くさむら》の中

悔を中心とするから法華懺法をいう。

三途に…　三途(地獄・餓鬼・畜生の三悪道)に輪廻することを離れること。

〔五四〕　元亨釈書巻九、感進一にある。本書によるか。本話の類話としては、冥祥記(法苑珠林巻十七)に「晋沙門釈法智為二白衣一時、常独行。至二大沢中一、忽遇二猛火一。四方倶起、走路已絶。便至心礼二誦観世音一。俄然火過、一沢之草、無下有二遺茎一者上。唯智所レ処容身不レ焼」の一文がある。

珍蓮　伝未詳。

三井寺　→補

明尊　京都の人、小野道風の孫、奉時の子。三井寺に入って智辨に業を受け、慶祚より顕密を学んだ。寛仁元年権律師に任ぜられ、治安元年権少僧都、長元元年権大僧都、同三年八月に園城寺長吏となり、同四年大僧都、同六年権僧正、長暦二年大僧正となる(以上、扶桑略記・諸門跡譜・僧綱補任等)。同年天台座主に補せられんとして山徒に阻まれ、永承三年八月に第二十九代天台座主となるも三日にして辞退す(以上、扶桑略記・春記・朝野群載等)。天喜元年に牛車の宣を賜り、同五年封戸を下賜された。康平三年藤原頼通邸で九十の賀算があり、同六年六月二十六日に九十三歳で寂す(以上、扶桑略記・僧綱補任・定家朝臣記等)。

勤厚　訓みは字類抄による。勤め励んで情に厚いこと。

霊験　霊験所の意で、霊妙の験ある場所。

焼狩　野山などの草木に火をつけて燃し、

逃れて去る禽獣を狩ること。書紀、景行四十年条「日本武尊信二其言一、入二野中一而覓レ獣。賊有二殺レ王之情一、放レ火焼二其野一」。

清涼　身体に熱気を離れると同時に心に煩悩を消滅することをいう。
五体地に投ぐ　↓三九頁補
帰命　梵語南無の訳。仏の教に帰順するの意で、仏をたのむこと。
〔五五〕　巻上〔三二〕と類似する所あり。
法秀　伝未詳。
千手院　↓七九頁補
余慶　筑前国早良郡の人。園城寺の明仙に師事し、行誉より灌頂を受く。安和二年権律師、貞元二年律師、天元二年権少僧都となり園城寺長吏に補せられ、同四年権大僧都となり法性寺座主に補せられ、山門寺門の確執を生む。永観二年大僧都に転じ、永祚元年天台座主に任ぜられたが、山門の反対により辞任、権僧正に昇り、正暦二年閏二月十八日、七十三歳で入滅す。寛弘四年に智弁の諡を賜り、世に観音院僧正と号す（扶桑略記・僧綱補任・寺門伝記補録等）。
大岳　↓七八頁注
梅谷　↓七九頁注
法花三昧　↓一九頁補「法花懺法」
中関白殿下　↓七九頁注
四事　↓五五頁注
愛太子山　↓七三頁注。朝日は五峰の一で愛宕神社がある。
四季の懺法　法華懺法（↓一九頁補）のこと。三宝絵巻下に「春夏秋冬ノハジメノ

に臥して、更に他念なく、法花経を誦す。ここに熱き炎自《おのづか》らに散じて、煙の気《けはひ》また失せ、身心*清涼なり。沙門首《かうべ》を起し眼《まなこ》を開きて見れば、四方の火滅《き》えて、数丈焼けず。妙法の力《りき》に依りて、軀命存することを得たり。*五体地に投げて一乗を拝み敬ひ、三業《さんごふ》誠を至して、仏法に*帰命せり。主《あるじ》と伴《ともがら》難を免れて、感歎伏膺《ふくゐよう》すること、極め尽すべからず。これより以後《のち》、倍《ますます》また信じ敬ひ、憑《たの》み仰ぎて他なし。生々世々《しやうじやうせせ》、値遇《ちぐ》読誦し、在々所々《ざいざいしよしよ》、修行供養して、将《まさ》に成仏せむとする時まで、更に闕け退かず。

第五十五　愛太子山朝日の法秀法師

沙門*法秀は、近江国志賀郡の人にして、*千手院の*余慶僧正の弟子なり。年十四歳にして、法華経を読みて、纔に一遍二遍にして、自然《じねん》に諷誦《ふじゅ》せり。練習を積まずして、一部を暗誦し、早口に読誦して、一日の部数、殆《ほとほと》に十廿部に及べり。盛なる年の時に迨《およ》びて、世間の望を捨てて、深く世を出づることを期《ご》せり。叡山の*大岳の南に、*梅谷の幽間なるところを占めて、蘆《あし》を結《ゆ》ひて庵《いほり》を為《つく》りて、妙法を修行せり。所謂《いはゆる》*法花三昧・六根懺悔《さんぐゑ》の法なり。薫修《くんじゅ》山の上に遍く、名徳《みやうとく》里の辺《ほとり》に満つ。*中《なかの》関白殿下、深くもて帰依して、衣食《えじき》を供へ献《たてまつ》り、*四事を調へ送りぬ。それより以後《のち》、*愛太子山の朝日の幽《かすか》なる洞《ほら》に移り住むこと、数十余年、*四季の懺法《せんぼふ》は、大師の遺せし風を継ぎ、一乗の諷誦は、*普賢の来りて護るときを待てり。

乃至終に臨みて、春季の懺法、三七日勤め竟り、*普賢の道場を出でて、弟子に語り

て言はく、死なむ時既に臻《いた》りて、*風の病発り動《はたら》けり。且《しばら》く湯治を加へて、身の垢を除くべしといへり。小しく悩むことありといへども、起居例のごとく、所作常に倍《ま》す。四、五日を経て、心顛倒《てんだう》せず、*二世の作法、弟子と与に語り、寂静《じやくじやう》にして入滅せり。親《しん》昵《ぢつ》の人ありて夢みらく、聖人語りて云はく、吾今娑婆に勤め作《な》さむところあり。猶しこの界に留り住して、七年を経たる後に、極楽に往生せむといへり。手に経巻を執り、*威儀具足して、面《おもて》に喜悦あり。

第五十六　丹州の長増法師

沙門*長増は、出家の以後《のち》、遙に人間を離れて、深山に籠居せり。所謂《いはゆる》初めは愛太子山の幽《かすか》なる洞《ほら》の中に住して、法華一乗経を誦せり。人の来り集ることを厭ひて、*雷岳に移り住みて、法華経を誦せり。猶し人の来ることを厭ひて、*破奈支《の》峰に籠り、*開結の二経を相加へて、一部十巻の諷誦既に畢りぬ。若く盛なる年より、八十余に及ぶまで、他の所作なく、ただ法花を読誦せり。常に夢の中に*白象《びやくざう》王に乗りて、深く大きなる海を渡り、険難の峰を越えて、平正なる所に到るに、勝《すぐ》れて妙なる伽藍あり、云云とみる。即ち夢の内に、この夢想をもて、*耆年《きねん》の僧に語る。僧の云はく、この夢善き相にして、妙法の力に依りて、*生死《しやうじ》の海を渡り、煩悩の山を越えて、当に浄妙の仏土に往生することを得べしといへり。夢覚めて弥信力《いよいよしんりき》を増して、この経を読誦せり。沙門年を逕《へ》て、*金峰山《みたけ》に参り向ひて、*蔵王大菩薩を帰信せり。最後に金峰山に参り

月にイタルゴトニ十二人ノ堂僧ヲモチテ三七日ノ懺法ヲオコナハシム」とある。また伝教大師行状に「弘仁三年七月、建二法花堂於此地一、始二三昧之行法一、修二四季之懺法一」と記されている。

普賢の道場　法華懺法は観普賢菩薩行法経に基づき、普賢菩薩が影現するから法華懺法の道場のこと。

風の病　→一九頁注「風痾」。

二世の作法　現世と来世における身口意の所作をいう。

威儀具足　→六七頁注

〔五六〕　他にみえず。

長増　伝未詳。今昔巻十五ノ一五にみえる長増は別人か。

雷岳　未詳。

破奈支峰　未詳。

開結の二経　本経を説く前に序説として演べる経を開経といい、本経を説いた後に結びとして演べる経を結経という。法華経の開経は無量義経、結経は観普賢経で、法華経八巻と合せて十巻となる。

白象王　→七四頁注「白象」

耆年　老人。耆は六十歳。

生死の海　生死輪廻の辺際なきことを海に譬えたもの。

金峰山　→六六頁補

蔵王大菩薩　→補

向ひ、かの山より還り向ひて、淀河の南の辺《ほとり》に来り着きぬ。沙門蓑を脱ぎて座となし、河の辺に安坐す。伴類*に告げて云はく、汝等、早く本《もと》居りし所の土に還れ。我は進み去るべからず。ここにして滅を取るべしといへり。即ち法花経を誦し、旬日を逕ずして、正心に入滅せり。それより以後《のち》、毎夜《よごと》に必ず法花を誦する声あり。その音《こゑ》老いて貴くして、法華を読誦す。その淀河の辺に、道心の僧あり。このことを奇《あや》び念ひて、音を尋ねて常に往き、近づき寄りて聞く。一町以上を隔てて聞くときは、高く貴く法華経を読誦す。もし極めて近く往くときは、その声聞えず。年序を送るといへども、その音更に闕け怠らず。

第五十七　鬼の害を遁れたる持経者法師

但馬国に一の山寺あり。建立の以後《のち》、百余歳に逮《およ》べり。鬼神来り住して、久しく人栖《す》まず。二《ふたり》の客の僧あり、案内*を知らずして、この寺に来り宿れり。一人は年少《わか》き法華の持経者にして、一人は年老いたる修行者ならくのみ。各《おのおの》東西の長き床《とこ》に居たり。夜《よ》半《なか》に及ぶ時に、壁を穿ちて入る者あり。その香甚だ臭くして、気息牛に似たり。鼻の気を吹き撃つ。持経者、大きなる怖畏を懐《いだ》きて、一心に法花を誦せり。鬼この僧を捨てて、老いたる僧の許に往き来りて、摑《つか》み割《さ》きて食《じき》し噉《くら》ふ。老いたる僧、声を揚げて大きに叫べども、人の救け済《すく》ふものなし。持経の沙門*、避け遁るることを知らず。*呻《によ》び吒《なげ》き悲しび歎きて、仏壇の上に登り、仏像の中に交りて、一の仏の腰を抱き、誦

伴類　字類抄「下賤部、バンルイ、僕従分」。将門記に「三箇郡ノ伴類ノ舎宅五百余家…」とある。

〔五七〕　この説話は、巻上〔一七〕〔三三〕・巻中〔四八〕と一連の架空の話で、年少法華持経者と年老修行者を対照し、法華持経者のすぐれたる所以を説く(→七四頁注〔一七〕)。今昔物語巻十七ノ四二にみえる。

案内　→六七頁注

沙門　→二八頁注

呻び吒く　訓みは名義抄による。

経念仏して、死を遁れむ方を求めたり。

鬼、老いたる僧を食し畢りて、持経者の在所を尋ね来れり。沙門一心に法華を念じたり。鬼、仏壇の前に顚《たふ》れ落ちぬ。その後鬼来らず。沙門弥《いよいよ》仏の腰を抱きて、法花経を誦して、夜の早く明《あ》くるを待つ。明旦に至りて見るに、抱くところの仏は*毘沙門天王なり。壇の前を見れば、*牛頭鬼《ごづ》三*段に切り殺せり。天王持つところの鉾剣《ほこのさきつるぎ》に、赤き血塗り付きたり。明かに知りぬ、法花経の持者を助けむがために、多門天王、牛頭鬼を殺し伏せることを。沙門里に出でて示すに、諸の人寺に集りて、かくのごときことを見て、希有のことなりと称《い》ふ。その毘沙門は、当国の*刺史《しし》恭敬《くぎやう》して、請《しやう》じ奉りて本尊となせり。持経者、一乗の力に依りて、火急の難を免《まぬか》れたり。更に倍《ますます》精進して、法華を読誦し、世々《せせ》生々《しやうじやう》*値遇《ちぐ》せむことを誓願せり。

第五十八　廿七品の持経者蓮尊法師

沙門*蓮尊は、美作国《みまさかの》の人にして、*元興寺《ぐわんごうじ》の僧なり。志を法華に運びて、多くの年練習して、*二十七品を明了に諷誦せり。最後の普賢の一品を、誦し習ふことを得ず。沙門更に丹誠を竭《つく》し、また精進を加へて、一々の句にして、数万遍を誦すといへども、更に誦せられず。比丘大きに慚恥を懐《いだ》きて、普賢の御前にして、*一夏《いちげ》九旬、難行苦行して、このことを祈禱すらく、普賢菩薩、法花経において*弘誓《ぐぜい》の願を発して、持経者を守護し、*句逗を忘れ失ふことあらば、我また通利せしめむとのたまへり。弟子、*戒《かい》

毘沙門天王　多聞天と漢訳す。→九三頁注「四王」
牛頭鬼　牛の頭をした地獄の鬼。
段　名義抄に「ツタキル、ツタツタ」と訓んでいる。

刺史　→三八頁注「江州の刺史」

値遇　→七〇頁注

〔五八〕今昔物語巻十四ノ一六にある。本書によるか。
蓮尊　伝未詳。
元興寺　→一一四頁注
二十七品　法華経二十八品の中、最後の普賢菩薩勧発品を除く。
一夏　→二五頁注
弘誓　弘大な誓の意。即ち普賢菩薩が衆生を済度し菩提を成ぜしめんとする誓で、法華経に詳しく説かれている。
句逗　句読。
戒品　戒を明にした篇章。ここでは戒行のことか。

品全《ほんまた》からざれども、観念*欠けず。大乗経*を持することにおいて、その器《うつはもの》にあらずといへども、遭ひがたきの想を生じ、恭敬《くぎやう》の心を致して、この経を読誦せり。普賢の加力《かりき》、諸仏の*冥護《みやうご》にて、当に暗誦することを得べし。何ぞ一品にして誦することを得ざらむやといへり。

かくのごとく祈念して、一夏を過ぎたる間、夢の中に天童*来りて告げて言はく、我は普賢の使なり。汝が宿生の因縁を知らしめむがための故に、ここに来り至れり。汝先世《せんぜ》において、小さき犬の身を受けき。母と汝と共に、板敷の下にありき。法華の持者、その上にありて、法花経を誦しき。始め序品より、厳王品*に至るまで廿七品、汝全くに聞くことを得けり。普賢品に至りて、汝が母起ちて去りしに、汝母に随ひて去りき。これに由りて普賢の一品を聞かざりき。先に法華経を聞くことを得けるに由るが故に、今人《ひと》の身を得て、また法師と作《な》りて、法花を持することを得たり。普賢品を聞かざりしに由るが故に、宿生の因浅し。故《かるがゆゑ》に諷誦することを得ず。諳《そら》に誦せずといへども、ただ当に読み習ふべし。今生に必ず、全くに法華を誦することを得ば、後世また当に諸仏に値遇《ちぐ》して、この経を拝むことを得べしといへり。夢覚めて明かに宿《すく》因《いん》を知り、倍《ますます》また精進して、即ち普賢勧発品を通利することを得たり。

第五十九　古き仙《ひじり》の霊《あや》しき洞《ほら》の法空法師

沙門法空*は、下野《しもつけの》国の人にして、法隆寺の僧なり。顕密兼ね習ひて、国宝*となすに

観念　観心念仏の意か。→二六頁注

大乗経　→九三頁注。ここは法華経をさす。

冥護　神仏が人知れず加護すること。

天童　→六七頁注「天諸童子」

厳王品　妙荘厳王本事品第二十七。

〔五九〕今昔物語巻十三ノ四にある。本書によるか。

法空　伝未詳。

国宝　言行具備して人の師となるに堪えたる人。天台法華宗年分学生式「能行能言常住㆓山中㆒為㆓衆之首㆒為㆓国之宝㆒」。

定途　→八三頁注

二荒　現在の男体山。日光山性霊集に空海撰の沙門勝道歴山水瑩玄珠碑幷序があ

足る。法華経をもて所持の経となし、毎日《ひごと》に三部、毎夜《よごと》に三部、これを*定途の勤となせり。生国《しやうこく》に下向して、*二荒・*慈光等の、東国の諸の山を巡礼せり。即ちその間にして、人の跡通はざる、古き仙《ひじり》の霊《あや》しき洞《ほら》を尋ね得たり。その仙の洞を見るに、五色《ごしき》の苔をもて、その洞の上に葺《ふ》き、五色の苔をもて、扉となし、隔《へだて》となし、板敷となし、臥具となし、乃至前の庭に敷けり。聖人この仙の洞を得て、心に歓喜《くわんぎ》を生じ、永く人間を離れて、仙の洞に籠居せり。青き苔をもて袈裟裳を綴りて、もて服《き》るところとなす。山鳥・熊・鹿纔《わづか》に来りて伴となりぬ。妙法の薫修《くんじゅ》、自然《じねん》に顕現して、*十羅刹女《らせつによ》形を現して、*供給《くぎふ》し走使《はしりつかひ》せり。

一の比丘あり、名《な》づけて*良賢と曰ふ。一の陀羅尼をもて宗となし、その心勇猛《ゆうみやう》にして、一切の*霊験を巡り遊びて、定まれる住所なし。慮《おもひ》の外に山の路に迷《まど》ひて、この仙の洞に至れり。即ち聖人を見て、*奇特《きどく》希有の念《おもひ》を生《な》して、頃日《ひころ》寄住せり。羅刹女の端《たん》正《じやう》美麗なるを見て、欲愛の心を生《おこ》しぬ。羅刹女、聖人に白《まう》して言はく、この*破戒無愧《むぐゐ》の類《たぐひ》、清浄善根《しやうじやうぜんごん》の境界に来り至れり。当に*現罰を与へてその身命《しんみやう》を損ずべしといふ。聖人答へて曰く、*吁《をお》、この説を作すことなかれ。当に守護を加へて、人間に送り遣るべしといふ。一の羅刹女、忽ちに本の形を現じたり。甚だ怖畏すべし。僧を提《ひさ》げて将《ゐ》て去る。数日《すじつ》の行路を、一時《ひととき》に飛び去りて、人間に投げ捨てて還り来れり。良賢、*心神例ならずして、僅に身命を存することを得たり。即ちこのことをもて、人間に語り伝へ、我が罪根を恥ぢ、持経者の徳行を随喜し、更に道心を発して、始めて法華を読

る。沙門勝道(下野芳賀郡の人、俗姓若田氏)が神護景雲元年、「同州」(下野国)「補陀洛山」(観音応現の地→二荒《ふた》《らち》山)に登山を試みてならず、天応二年、遂に志を達して頂上の神窟にいたったこと、延暦三年再び登山の際、「神宮寺」を建立したこと、大同二年、国司の命によって登山、祈雨の祈禱をなしたことがみえている。

慈光 埼玉県比企郡玉川村の西に慈光山があり、山腹に慈光寺がある。元亨釈書、道忠(鑑真の弟子)伝に「嘗為二東州導師一、好行二利済一、民俗呼二菩薩一」というが、本朝高僧伝は何によってか、武州慈光寺は道忠の建立という。同寺の寺宝に「貞観十三年歳次辛卯三月三日壇主前上野国大目従六位下安倍朝臣小水麿」の発願になるという題跋をもつ大般若経がある。なお、この寺は拾遺往生伝巻下〔一五〕延救伝にみえる。

十羅刹女 →七五頁注

供給 供養。飲食や衣服等を供えて養う意。

良賢 伝未詳。

霊験 →一二一頁注

奇特希有 共に稀の意。

破戒無愧 戒を受けた僧の身で、悪事をなして恥じず戒法を破ること。

現罰 →一〇四頁注

吁 訓みは名義抄による。

心神例ならず 精神状態が異常になること。気分がすぐれない。今昔「身損ジ心迷テ」。

み、戒を持して精進せり。

第六十　蓮長法師

沙門*蓮長は、桜井の*長延聖の往昔《わうじやく》の*同行《とうぎやう》*善知識なり。極めて大きに精進して、諸の懈怠《けだい》を離れ、ただ一心に妙法華経を誦して、退き廃《す》つることなし。沐浴のときより外に、更に帯を解かず、昼夜を送るといへども、更に睡眠《すいめん》せず。*脇息《けふそく》を用ゐず、また枕を用ゐず、永く臥し息《やす》むことを離れて、偏に起きて坐するのみ。沙門読経の時において、その心勇猛《ゆうみやう》にして、寛《ゆる》び怠る思なし。この故に常に妙法華経を誦して、もし懈怠の心を生ずるときあれば、時々臥し息めり。更にこの心なくば、常に経を誦せり。また金峰《みたけ》・熊野等の諸の名山、*志賀・*長谷《はつせ》等の諸の霊験に往き詣でて、一々の霊験名山に住して、千部の妙法経を読誦せり。日本国の中の、一切《いつさい》の霊《あや》しき所に*巡礼して、必ず千部を誦せずといふことなし。

およそ件《くだむ》の聖人、早口に経を誦す。一月の内に、安らかに千部を誦せり。壮年の昔より、老衰のときに至るまで、読誦せるところの経の部数甚だ多し。傍《かたはら》の人夢に見らく、頭《かしら》に甲冑《かふちう》を着して、身に*天衣《てんえ》を繋けたる、異《あや》しき体《すがた》の輩《ともがら》四人、左右《さう》に相副ひて、刹那も離れず、守護し囲遶《ゐねう》す、云云とみたり。乃至最後に、手には時にあらざる鮮かに*白き蓮花を執れり。知識、花の縁を問ふに、聖人答へて曰く、これ妙法蓮華、またこれ仏性蓮華なりといへり。言語已に訖りて、即時に入滅せり。手の中の蓮花、忽然《こつねん》とし

〔六〇〕　今昔物語巻十三ノ二八にある。本書によるか。

蓮長　伝未詳。

長延聖　伝未詳。聖→二八頁補

同行　→七二頁補

善知識　→九七頁注

脇息　ひじかけ。→二一頁補「几」

志賀　志賀寺。崇福寺をさす。今昔物語巻十一ノ二九に「崇福寺ト云フ是也トナム」、伊呂波字類抄に「崇福寺、志賀寺是也」とある。崇福寺は天智天皇が、七年に建立とあり(扶桑略記)、その堂塔の模様は、日本高僧伝要文抄所収、延暦僧録、近江天皇菩薩伝に詳しい。延喜二十一年焼亡、延長五年再興供養のこと、日本紀略・扶桑略記にみえる。長寛元年焼亡(寺門伝記補録、或記云)の後は復興せず、現在、大津市滋賀里町長尾の山中に遺趾があり、調査記録も発表されている。

長谷　→八五頁注「長谷寺」

巡礼　宗教上の名跡、神社・仏閣などを巡って拝礼すること。インドでは仏跡四塔または大塔巡礼があり、中国僧の入竺もこれを目的とした。中国でも文殊の五台山、普賢の峨眉山、観音の補陀落山などの巡礼が行われた。貞元廿年(延暦二十三年)の唐、明州牒にひく日本国最澄状に「欲下往二天台山一巡礼上…」(叡山大師伝)は外国諸寺巡礼の例、権記、長保元年十月十二日条の「奉レ拝二(興福寺)諸堂一…巡礼之間、不レ会二夕座一」は国内諸寺巡礼の例。書名にも円仁に「入唐求法巡礼行記」、大江親通の「七大寺巡礼記」な

て見えず。

第六十一　好尊法師

一の沙門あり、名《な》づけて*好尊となす。*石山の僧なり。真言を受け学びて、法華を兼ね誦せり。*唯心の信を運びて、多くの年《とし》経を誦せり。事の縁あるに依りて、丹州に往《わう》還《ぐゑん》せり。身に悩むところありて、行歩《ぎやうぶ》すること能はず。他の人の馬を借りて、これに乗りて京に上り、*祇園に来り留りぬ。その辺《ほとり》に男あり。この馬を見て言はく、この馬は、先年盗まれたるところの馬なりといふ。即ち領する馬を取りて、持経者を縛り、笞を加へて打ち迫《せ》めたり。乃至その夜、柱の本に縛り着けて、辛苦《しんぐ》を受けしむ。沙門*横《よこさま》に災難に罹《かか》りて、我が果報を観じ、涙を流して悲び歎けり。その夜、祇園の耆宿両三が夢に見らく、この男、縄をもて普賢を縛りて、笞をもて打つとみたり。夢覚めて驚き怪びて、この男を尋ね見るに、沙門を縛り打つ。*大衆集会《だいしゆしふゑ》して、沙門を解き免《ゆる》せり。明旦に至りて、京の方より数十人来りて、馬盗人《ぬすびと》を追ひ求む。この男、最前に追ふ盗人なりといふ。人々*この男を射つれば、一箭《や》にて射死せり。衆《もろもろ》の人この男の死し畢るを見て、皆云はく、非道非法にして、持経者を縛り打ちぬ。その現報に依りて、*日夜を過《すぐ》さずして、災《わざはひ》に遭ひて死去せりといへり。沙門*恚《ふつくみ》の心を起さずして、倍《ますます》信力を生じ、法華を読誦して、仏法を修行せり。

どの例がある。この場合は六十六カ国の霊場に法華経を千部奉納する廻国巡礼、即ち六十六部の先駆をなすものであろう。

天衣　→三一頁注

白き蓮花　梵名、分陀利迦のこと。花の色形は睡蓮に似て、泥の中にて汚れず、阿耨達池に生ずという。

〔六一〕　今昔物語巻十三ノ二〇にある。本書によるか。

好尊　伝未詳。

石山　→三〇頁補「石山寺」

唯心　一切諸法はすべて心識をはなれて外には実法なしという理法。

祇園　→九五頁注「祇園精舎」。ここでは京都市東山の八坂神社をさす。八坂神社は伊呂波字類抄に貞観十八年、この地に移し、その後、藤原基経が精舎を建立したといい、貞信公記抄、延喜二十年閏六月条に忠平参詣のことがみえる。

横　訓みは字類抄・名義抄による。正道でないこと。不当。

大衆　→七八頁注。今昔「此ノ夢見タリツル僧共」。

この男を　今昔「錯テ此ノ男ヲ」。

日夜を…　一日も経たぬうちに。

恚　→七八頁注

第六十二　薗城寺の僧某

一の沙門あり。その名詳《つばびらか》ならず。備前国の人なり。妻子を具足して、多くの年月を遁たり。比叡山に登りて、得度受戒せり。即ち三井寺*に住して、法華を暗誦し、十余年を遁て、二万部を誦せり。寺の中の上下、皆随喜を生せり。この僧また本の国に下りて、昔のごとくに本の妻子と相共に、世間を経営*せり。誦するところの妙法華経を棄捨《す》てて、廃忘《はいまう》すること年尚し。誠にもて無慚愧《むざんぐゐ》の僧となすに足る。

老に臨みて病を受けたり。人々勧進*して、弥陀を唱へしめて、法花を読ましむるに、頭《かしら》を振りて受けず。更に念仏せず、また読誦せざること、数十日に及ぶ。最後に臨みて、病悩稍《やうや》くに愈《い》えぬ。沐浴して清浄《しやうじやう》の衣《え》を着て、三宝に白《まう》して言はく、頃年《としころ》魔のために擾乱《ねうらん》せられ、一乗を棄捨てて、邪見に執着《しうぢやく》せり。今、普賢の加護を蒙《かうぶ》りて、正念現前することを得たり。昔二十年の間、読むところの二万余部の経、もし失はずして猶し我が心にあらば、自行の因を作《な》して、当に化他の行位《ぎやうゐ》に叶ふべし。願はくは法花経、今命終るの時に、当に暗誦せらるべしといへり。即ち傍《かたはら》の人に勧めて、妙法蓮華経序品第一と唱へしめ、その音《こゑ》に続《つ》ぎて即ち誦し始めて、*如是我聞《によぜがもん》より、一心高声《かうしやう》に、一部を誦し訖りて、*頭面作礼《づめんさらい》して、即ち入滅せり。

第六十三　西塔の明秀法師

沙門明秀《みやうしう》*は、延暦寺の座主暹賀《せんが》*僧都の弟子なり。法花を誦するをもて、一生の業と

〔六二〕　今昔物語巻十三ノ三一にある。本書によるか。

三井寺　↓一二一頁補

経営　字類抄に「イトナム」とあり、世渡りをすること。

勧進　人に善根功徳をする様にすすめる。

如是我聞　法華経の巻頭句。「かくのごとく我聞けり」の意。諸経に通ずるから通序という。

頭面作礼　↓一一五頁注

〔六三〕　今昔物語巻十三ノ二九にある。本書によるか。

明秀　伝未詳。

暹賀　↓一一七頁注

三密　↓三〇頁注

黒谷　比叡山西塔北谷にあり、五箇別所の一。小右記、長和元年四月五日条「早旦左府(道長)自二黒谷道一登山…」。谷が深く隠者の居に適したので名利を厭う僧が住したが、後に叡空が黒谷に住し、法然が浄土宗を開いたことをもって知らる。

無始の罪性　無限にさかのぼる前世より受け継いだ罪深い性質。

定恵　↓六一頁注

行業　↓一九頁注

目足　智目行足。智を目に行を足に譬えたもので、智慧と修行を兼ね備えること。

なし、真言を兼ね習ひて、*三密の鏡を瑩けり。重き病ありといへども、障急《さはり》なりといへども、暇《いとま》には必ず一部を誦して、日《ひ》の所作となせり。年四十に至りて、*黒谷《くろだに》に籠居して、法華経を読誦せり。病悩を受けて、療治を加ふといへども、平《たひらか》なることを得ること能はず。最後に手に法華の妙典を執りて、即ち誓言《せいごん》を発《おこ》すらく、*無始の罪性、我が身に薫入《くんじふ》して、今生に全く*定恵《ぢやうゑ》の*行業《ぎやうごふ》を闕けり。何の*目足《もくそく》をもてか*清涼池《しやうりやうち》に到らむ。纔に法華経を誦すれば、*散心にして如法《にょほふ》ならず。然りといへどもこの善をもて、*善友知識として、乃ち入滅に至らむ。死骸《しにかばね》・魂魄《たましひ》といふとも、この法花を誦し、*中有《ちうう》・生有《しやうう》といふとも、常にこの経を誦し、もしは*悪趣に随ひ、もしは*善趣に生るとも、所生の処に随ひて常にこの経を誦し、*仏果に至るまで常にこの経を誦せむといへり。かくのごとくに誓願して、即ち入滅せり。その墓所《はかところ》にして、常にこの経を誦せり。人往きてこれを聞くに、存生《ぞんしやう》の音《こゑ》に異ならず。

第六十四　千手院の広清法師

沙門*広清は、叡山の*千手院の住僧なり。法華経を*諷誦《ふじゆ》通利して、更に忘れ失ふことなし。また道心ありて、常に後世を念へり。*事の縁に引かれて、*世路《せろ》に廻《めぐ》るといへども、心は山林にありて、専《もは》らに*隠居を思へり。何《いか》に況や昼夜一乗経を読みて、この善《ぜん》根《こん》をもて、菩提に廻向《ゑかう》するをや。いまだ老年に及ばざるに、*中堂に参詣して、通夜《よもすがら》経を誦して、後世のことを祈れり。夢みらく、*八《やたり》の菩薩あり、皆黄金の色にして、*瓔珞《やうらく》

清涼池　涅槃の熱悩なきことに譬う。法華玄義の「智目行足到二清涼池一」は有名な言葉。

散心　→一一三頁注「散心・定心」

善友知識　→九七頁注

中有・生有　仏教で有情の結生から次の結生に至るまで四種の生存があると考え、生れる瞬間が生有、生れてから死ぬ前までが本有、死ぬ瞬間が死有、死んでから次の生までの間を中有という。生有と死有は一瞬で、本有と中有は不定、中有は一瞬とも七日とも七七日ともいう。

悪趣　衆生が悪業の因によって趣く所。

地獄・餓鬼・畜生を三悪趣という。

善趣　人界天上或は諸仏の浄土をいう。

仏果　→九七頁注

〔六四〕　今昔物語巻十三ノ三〇・拾遺往生伝巻上(二六)にある。本書によるか。古今著聞集巻十五にもある。

広清　伝未詳。

千手院　→七九頁補

諷誦通利　声を揚げて誦しよく礙ることなく通ずること。諷誦→三六頁補

事の縁に…　俗事の縁に引かれての意か。

世路　→一一九頁注

隠居　俗世を捨てること。

中堂　東塔の根本中堂。

八の菩薩　般若理趣経・八大菩薩経などにあるが、法華の文殊・薬王・妙音・精進・無尽意・観音・普賢・弥勒の八菩薩であろう。

瓔珞荘厳　瓔珞(玉を編んで身に懸けるもの)をもって美しく身を飾っている。

荘厳《しやうごむ》せり。一の菩薩あり、沙門に告げて云はく、一乗経を持して、生死《しやうじ》を離れむことを願ひ、疑の念を生《おこ》すことなく、一心に退かずして、妙法を修行せよ。我等八人、当に極楽に送るべしといへり。かくのごとく語り已へて、即ち失せて見えず。夢覚めて歓喜《くわんぎ》し、倍《ますます》また修行せり。乃至最後に、一条より以北《きた》にある道場にて入滅せり。その墓所にして、毎夜《よごと》に法花を誦する音《こゑ》あり。必ず一部を誦す。一の弟子あり、その*髑髏《ひとがしら》を取りて、清浄《しやうじやう》の山に置きぬ。その山の中にして、猶し法華を誦せり。

第六十五　摂州*菟原の慶日聖人

*慶日聖《ひじり》は、天台山の僧にして、*平安宮の人なり。顕教密教は、鏡に懸けて明々たり、内教外典は、玉を貫きて了々たり。道心内に催して、*名利《みやうり》外に冷《ひやや》かなり。遂に本山を辞して、*田舎《ゐなか》に幽居し、朝夕に法華を誦して、*三時に真言を修し、その余の暇《いとま》にまた*止観を学べり。方丈の草庵を、これ住所となして、仏・経より外に余《ほか》の具なし。*糞掃《ふんざう》の麁《あら》き衣《え》をもて衣服《えぶく》となして、*三衣より外にまた衣服なし。庵室《あんじつ》の近き辺《ほとり》には、女人来らず。況や眼《まなこ》をもて見、口を開きて与に語らむや。一生*持斎して、油・酒を食《じき》せず。もし衣食を持ちて施し与ふる人あれば、転じて貧しき人に施し、自《みづか》らは更に用ゐず。乃至奇異のことあれども、人知ることなし。

　雨降りて暗き夜、聖人出でて行けば、前に炬《ともしび》を持てる人あり、後《しりへ》に笠を指せる人あり。人見て走り行きて、近づきてこれを見れば、火もなく人もなく、聖人独《ひとり》行く。或

髑髏　→七〇頁注

〔六五〕　今昔物語巻十三ノ五・拾遺往生伝巻上〔三七〕にある。ともに本書によるか。

菟原　天平十九年法隆寺伽藍縁起幷流記資財帳に摂津国菟原郡、和名抄に摂津国菟原とある。

慶日　伝未詳。

平安宮　今昔「摂津国」。

名利　→一〇五頁注「名聞利養」

田舎に…　今昔「生国ニ行テ菟原ト云フ所ニ籠居テ方丈ノ庵室ヲ造テ」。拾遺往生伝「到㆓摂津国菟原郡㆒結㆓草庵㆒」。

三時　→二六頁注

止観　→二六頁注「摩訶止観」

糞掃の麁き衣　大乗義章十五に「糞掃衣者所謂火焼牛嚼鼠嚙死人衣等。外国人此等之衣棄㆓之巷野㆒、事同㆓糞掃㆒名㆓糞掃衣㆒。行者取㆑之浣洗縫治用以供㆑身」とあるように、本来の清浄衣で、十二頭陀行の一に糞掃衣を用いて檀越の施衣を用いないとある。

三衣　比丘が私有を許された三種の法衣。僧伽梨(→一一〇頁注)・鬱多羅僧(安陀会の上に着のる)・安陀会(身体につけて着る)。

持斎　→二二頁注

時粧《かざ》れる馬に乗れる老いたる*上達部《かむだちべ》来りて、聖人の庵室に入る。遠くの人これを見て、房に到りて見れば、馬もなく人もなし。*天神・*冥道《みやうだう》の、供給し駈使《はしりつかひ》して、親近《しんごん》し囲遶《ゐねう》するか。乃至最後に、身に病の痛なく、独、庵室に住して、正坐して西に向ひて、高《かう》声《じやう》にして妙法華経を誦せり。後に*定印を結びて、*禅定に入るがごとくにして、もて入滅せり。近き辺の諸の人、更にこれを知らず。百千の人、聖人を恋慕して、悲泣の音《おん》声《じやう》あり。人驚きて往きて見れば、泣く音ありといへども、その形を見ず。*護法・聖衆、聖人を惜み奉るか。雲の上に音楽あり、房の中に香気あり。

第六十六　*神明寺の睿実法師

*睿実の君は、法華の持経者にして、下賤の人にあらず、誠にはこれ王孫なり。年少《わか》く幼稚《えうち》にして、二親の家を離れ、永く仏道に入れり。天性慈悲ありて、苦びを受くる輩《ともがら》を憐愍す。愛太子《あたご》山に住して、法華経を練誦せり。極寒の時は、着るところの衣を脱ぎて、裸形《らぎやう》の人に施せり。我に着るところの服なければ、大きなる桶に木の葉を入れて、その内に住して寒を制して、法華経を誦せり。或時大きに雪ふれば、数《す》日食《じつじき》せず。*竈の土を取りて食するに、その味《あぢはひ》甚だ甘くして、命を継ぎて経を誦せり。諸の苦行を修して一部を誦するに、白象、聖人の前に現《げん》じ来りて立ち、口より光を出して、草庵を照り曜《かかや》かせり。かくのごとき異《あや》しきこと甚だもて*巨多《こた》なり。音声微妙《おんじやうみめう》にして、聞く者涙を流しぬ。況やまた験力掲焉《げんりきけちえん》にして、怨むる家を*降伏《がうぶく》

上達部　公卿。倭訓栞に「上等部の義。多く上達部と書り。官は宰相、位は三位以上をいへり」とある。
天神　梵天・帝釈等一切の天にいる神。
冥道　三悪道をいうがここは善神を指す。
定印　→二六頁注
禅定　結伽趺坐して一切の雑念を払い一心に対象を思惟すること。

護法　→七二頁注

〔六六〕　睿実の説話は続本朝往生伝(一四)にもあるが(A)、円融天皇加持の途上の慈悲の話で本書とは別系統。宇治拾遺物語巻十二も、右のいずれとも異なって(B)藤原公季を加持する話。今昔物語巻十二ノ三五は本書の第一段・第三段及びA・Bと同内容の話から成り、発心集第四はAと内容を同じくする。
神明寺　小右記(次注参照)・宇治拾遺物語「神名寺」。今昔に「京ノ西ニ神名ト云フ山寺有リ」と記すが、場所不明。
睿実　続本朝往生伝・宇治拾遺物語・発心集「叡実」。続本朝往生伝に「阿闍梨…延暦寺緇徒也」とあり、小右記、天元五年六月三日条に「伝聞、一昨夜左近少将惟章・右近将監遠理、密到二神名寺一、以二叡実一令二剃頭一。即到二愛太子山白雲寺一」。
竈の土　名医別録によると伏竜肝といい、漏血瘀血を治療すとある。
巨多　字類抄「資用部、計数分、コタ」。
降伏　威力によって悪魔を降し伏せること。

し、病悩を除き愈《いや》すをや。*国王大臣、貴び仰ぎて経を聞き、遠近《ゑんきん》親疎、随喜せずといふことなし。*路頭に病める人あり。屎尿《くそゆばり》塗り漫《けが》して、臭《くさ》く穢《けがらは》しく不浄なり。見る人鼻を塞《ふた》ぎ目を閉ぢて走り過ぐ。聖人、親しく近づきて傍に住し、法華経を誦して、衣をもて上を覆ひ、病める人を抱《いだ》き臥すれば、経の威力《ゐりき》、聖人の*気分に依りて、病悩除き愈えたり。その数転《うたた》多し。かくのごとき慈悲・看病・抜苦は、更に凡夫《ぼんぶ》の所作にあらず。

乃至鎮西に下りて、*世路《せろ》を経営して、田畠《でんばく》を耕作し、酒米豊《よね》に稔《みの》りて、宛《あたか》も富人のごとし。或ときは魚鳥を食《じき》し、或ときは弓箭を具せり。その交雑《まじ》はる中に、思ひがたきことあり。焼き煮たる魚に向ひて、法華経を誦すれば、魚は*鰓《あぎと》を甦《よみがへ》らせて、水に放てば游《およ》ぎ去る。或は弓を持ち*胡簶《やなぐひ》を負ひて往くに、傍の人見れば、蓮華を束《つか》ねて背に負へり。驚き怪びて更に見れば、これ蓮花にあらず、猶し胡簶ならくのみ。

肥後守《のかみ》某、この聖人を誹謗《ひはう》して、その財物《ざいもつ》を奪《ば》ひ取りたり。これ*破戒無慚の法師なり、親近《しんごん》すべからずといふ。乃至、守の妻《め》重き病に沈みて、*万死一生なり。仏神《ぶつじん》の祈禱、医方の療治も、更にその験《しるし》なし。守歎きを懐《いだ》きて、起居に憂へ悲ぶ。*目代《もくだい》、申して云はく、睿実の君を請《しやう》じて、試みに、当に法花経を読ましむべしといふ。守大きに瞋《いか》りて曰く、その無慚破戒の在家《ざいけ》の僧、更に召すべからずといふ。目代丁寧に勧めて申す。守度々《どど》勧められて云はく、我知らず。左右《とにかく》に汝が意《こころ》にありといへり。目代、睿実の君を請じたり。君の云はく、*弟子無慚にして、仏法を知らざること、宛も悪《あ》しき

国王大臣… 円融天皇加持の話が今昔物語等に、閑院太政大臣藤原公季加持の話が宇治拾遺物語等にみえる。

路頭に… 続本朝往生伝・今昔物語では円融天皇の病気加持のため参内する途中の話があり、前者に「叡実曰…依レ不レ思二今生之事一、上無二天子一下無二方伯一、又万乗之主、玉体不予、何寺何山有験之人、不二参入一乎、至二無レ縁病者一、尤所レ難レ忍也」といい、「遂留二其所一、敢不二参内一」という。

気分 心の働き。

世路 →一一九頁注

鰓 和名抄「阿岐度、魚頬也」。えら。

胡簶 和名抄「周礼注云、箙、夜奈久比、唐令用二胡簶二字一。盛レ矢器也」。

破戒無慚 →一二七頁注

万死一生 生命の危険なさまをいう。

目代 平安中期以降、国司の子弟・家人等が任じられて、在地にあり、国司遥任の場合には留守所の長として国務を代行した。

弟子 →一〇〇頁注。ここは睿実をさす。

俗のごとし。更に信用せざれといへり。切々《せっせつ》の請に依りて、聖人守《かみ》の館に到りて、法華経を誦するに、いまだ一品に及ばざるに、*護法北の方に付きて、屛風を投げ越し、睿実の君の前にして、数百反《すひやくへん》打ち逼《せ》めたり。病悩除き愈えて、飲食《おんじき》を受け用ゐ、起居軽利にして、本《もと》の心現前す。*長官合掌して、聖人を頂礼し、先に作せしところを愧羞《は》ぢて、奪《ば》ひ取れるところの物をもて、皆悉くに返し送りぬ。聖人請《う》け納《い》れず。乃至、終に臨みて、兼て死期《ご》を知り、浄き処に庵《いほり》を結びて籠居し、法華経を誦して、数日《すじつ》食を断てり。経の声遙に遠き境まで聞えたり。聞く者、皆道心を発して皆言はく、これ睿実聖、最後の入滅に、法華を誦する声なりといへり。禅に安んじ掌《たなごころ》を合はせて入滅せり。

*或人云はく、睿実最後に*悪縁に遇ひて悪しき願を発す、云云といへり。或人云はく、更に悪しき心を発さず。最初《さいそ》は悪しき心に似たりといへども、後には*発露《ほつろ》懺《さん》悔《ぐゑ》して、深く道心を発し、法華を誦して入滅す、云云といへり。

第六十七　竜海寺の沙門某

大和国平群《へぐり》郡の*竜海寺に、一の沙門あり。能く法華を持して、兼て*文義《もんぎ》を解き、毎日《ひごと》に必ず一品を講じて、その義理を説き、その経文を読みて、数年の功を積めり。時に一の竜あり。講経の貴きことを感じて、人に変じて毎《つね》に講経の*庭に来り住して、法華経を聞き、日来《ひごろ》退かずして、三年を逕たり。沙門、竜と*親昵《しんぢつ》の志を成す。かくの

護法　→七二頁注

長官　国司の長官の国守。ここは肥後守。

或人云はく…　著者の註記として二つの解釈をあげたものか。法華験記は、往生伝と異なり、破戒に対して否定的で、その点で、睿実の鎮西下向以後の話に疑いをいだいたからであろう。

悪縁　悪事をさそう因縁。

発露　→六一頁注

〔六七〕今昔物語巻十三ノ三三にある。本書によるか。なお東大寺要録巻四に、同寺西室の法蔵僧都について類話をかかげている。法蔵は東大寺法相宗の人、安和二年に死す(僧綱補任)。

竜海寺　今昔物語巻十一ノ二二に竜海寺の名が見えるが不明。同巻十三の本説話と対応の箇所には竜海寺の代りに「奈良ノ大安寺ノ南ニ竜苑寺ト云フ寺有リ」とする。竜苑寺は続日本紀、神護景雲三年八月条、叡山大師伝にみえる大安寺別院、竜淵寺と考えられ、明かに別の寺である。本書では、竜海寺での出来事のあとに、竜海寺を建てる話があって前後矛盾するので、福山敏男氏は、今昔物語がこの矛盾に気付いて寺名を書きかえたとみている(「奈良朝の寺院」)。

文義　経文の意義。

庭　物事の行われる場所。

親昵　親友であること。

ごときことにして、世間に風聞あり。時に天下旱《ひでり》して雨降らず、*五穀の種を断たむと欲す。時の人、このことを天皇に奏聞《そうもん》せり。天皇勅命を下して、件《くだむ》の僧を請《しやう》ずらく、沙門経を講ずるに、竜来りて法を聞く。その竜に語りて、当に雨を下《ふ》らしむべし。沙門もしこのことを辨《わきま》へざれば、早《すみやか》に駈《か》り追ひて日本国に住せしむべからず、とのたまへり。

僧、勅命を奉《うけたまは》りて、大きなる悲び歎きを懐《いだ》き、寺に還りて住《とどま》り、竜に向ひてこのことを説けり。竜の言はく、我頃年《としころ》の間、法華経を聞き、悪業《あくごふ》の苦びを抜きて、既に善報の楽びを受けたり。この苦しき身を捨てて、当に聖人の恩に酬ゆべし。この雨は我が知るところにあらず。*大梵天王等を始として、国土の災《わざはひ》に依りて、雨を止めて降らさず。もし往きて雨の戸を開かば、当に我を殺すべし。願はくは、我身命《しんみやう》をもて、妙法に供へむと欲す。当に三日の雨を降らすべし。聖人我が死骸《しにかばね》を埋みて、その上に寺を立てよ。また我が行く所四所あり。皆その所々に伽藍を建立して、仏の地と成すべしといへり。かくのごとく語り已へて、僧と別れ畢りぬ。この由をもて公家《おほやけ》に奏し畢りぬ。即ち約《ちぎり》の期に臨みて、俄に雷電を鳴らして、大きなる雨自《おのづか》らに降りたり。三《み》日《か》三《み》夜《よ》、*間断《けんだん》なく降る。世間に水充ち満ちて、五穀豊に稔れり。公家随喜して、聖人に法華経を講ぜしむ。

竜の約りしところのごとくに、伽藍を建てて竜海寺《りうかいじ》と名《な》づけたり。その余《ほか》の*四所にも、また寺を建立す。所謂《いはゆる》*竜門寺・竜天寺・竜王寺等なり。聖人一生、妙法を講読せ

五穀　名義抄に「イツ、ノタナツモノ」とあり、字類抄に「コ、ク、黍《キヒ》稷《アハ》菽《マメ》麦《ムキ》稲《イネ》也。又云稷摩豆麦禾也」とある。

大梵天王　色界初禅天の主。→九三頁注「梵釈」

間断　訓みは字類抄による。

四所　今昔「三所」。

竜門寺…　竜門寺→一〇八頁補。竜天寺・竜王寺は不詳。今昔「竜心寺・竜天寺・竜王寺」。

り。その間の希有のこと具《つぶさ》に記さず。

第六十八　一宿の沙門行空

沙門行空*は、世間に*一宿《いっしく》の聖《ひじり》と称《い》ふ。法華の持者なり。日《ひ》に六部を誦し、夜に六部を誦し、日夜に十二部を誦して、更に退き欠くことなし。出家入道して、心を発してより以後《のち》、住む処を定めず、猶し一所にして両夜を逕ず。況や庵《いほり》を結びて住せむや。猶し*三衣一鉢《さんえいちはつ》を具足せず。況や余《ほか》の資具をや。身に具するところのものは、法花一部ならくのみ。五畿七道*に、行かざる道なく、六十余国に、見ざる国なし。その間、路に迷《まど》へば、天童*路を示し、渇乏して水を求むれば、*神女《しんにょ》水を与へたり。もし悩むところあれば、天の薬自《おのづか》らに臻《いた》り、もし食《じき》に飢うれば、甘き飯《いひ》*前にあり。妙法の力《りき》に依りて、*賢聖《げんじやう》常に現じ、天神*身に副ひたり。乃至老後に、鎮西に出でたり。九十に及びて、法華経を誦せり。一生に誦するところの部数は三十余万部なり。終の時に臨みて、普賢摩頂して、文殊守護し、蓮華《れんぐゑ》足を承《う》けて、天衣身に繋《か》け、浄土に往生せり。

第六十九　基燈法師

沙門基燈*は、周防国大島郡*に住せり。練行《れんぎやう》苦行すること、肩を比《なら》ぶるの輩《ともがら》なく、持戒精進すること、跡を踏む*の類《たぐひ》なし。法華経において、一心に読誦して、身命《しんみやう》を惜まず。何《いか》に況や、その余《ほか》に毎日《ひごと》に三十余部を読誦するをや。寿命極めて長くして、百四

〔六八〕　今昔物語巻十三ノ二四・三外往生記〔一三〕にある。ともに本書によるか。
行空　伝未詳。
一宿　一所に一晩しかとまらぬこと。

三衣一鉢　僧の身につける限度のもの。衣鉢→二七頁注
五畿七道　都に近い五カ国(山城・大和・河内・和泉・摂津)と七の街道(東海・東山・北陸・山陰・山陽・南海・西海)で日本全国をいう。六十余国も同じ。
天童　→六七頁注「天諸童子」
神女　天女。天上界に住む女。
甘き飯　天人の食物を指す。
賢聖　悪を離れても凡夫位にあるを賢、惑を離れて弘法を証するを聖という。摩訶止観巻三「毘曇所レ明七賢七聖…成論所レ明二十七賢聖等差別位相」。
天神　→一三三頁注

〔六九〕　今昔物語巻十三ノ二五にある。本書によるか。
基燈　伝未詳。
周防国大島郡　天平十年周防国正税帳に大島郡、和名抄に周防国大島郡がある。
跡を踏む　その行跡を学ぶこと。

十余歳にして腰曲《かがま》らず、起居軽く利《と》く、面貌《めんめうわか》少く壮《さかり》にして、*三十《みそぢ》の人のごとし。*眼《まなこ》は遠き境の色像《いろかたち》を見、耳は数里の外の声を聞く。世間の人、*六根浄《ろくこんじやう》の聖と称《い》へり。慈悲は一切に遍くして、智慧はまた甚だ深し。*非情の草木において、猶し恭敬《くぎやう》の心を生《おこ》せり。況や有情《うじやう》の類には、真の仏の*想を作《な》すをや。妙法の功徳、身の中に薫じ入りて、老病の苦びを離れ、修行倦《う》むことなく、*生死《しやうじ》の道を厭《いと》ひて、浄土に往生せむことを欲せり。常に善き夢想を見ること、*四安楽行《あんらくぎやう》の夢に、*八相《はちさう》を唱ふるがごとし。鎮《とこしなへ》に奇瑞ありて、*当来《ゆくすゑ》の成仏を表せり。

第七十　蓮秀法師

沙門蓮秀*は、醍*醐の住僧なり。頃年《としころ》法華を持して、毎日《ひごと》に懈倦《けくわん》することなし。兼て観音を念持して、十*八日に持斎せり。世路《せろ》に牽《ひ》かれて、妻子を具すといへども、心は猶し法華大乗を帰信せり。毎日に観*音経一百巻を読誦せり。乃至重き病を受け取りて、辛苦《しんぐ》悩乱し、身冷え息絶えて、即ち死門に入れり。遙に冥*途に向ひて、人間の境を隔てたり。深く幽《かすか》なる山、険難の高き峰を超えて、その途遼遠なり。鳥の声を聞かず、僅に鬼神*暴悪《ぼあく》の類《たぐひ》あり。深き山を過ぎ巳りて、大きなる流の河あり。広く深くして怖《ふ》畏《ゐ》すべし。その河の北の岸に一《ひとり》の嫗《おうな》の鬼あり。その形醜く陋《いや》しくして、大きなる樹の下に住せり。その樹の枝に百千種《ももちくさ》の衣を懸《か》けたり。この鬼、僧を見て問ひて言はく、汝今当《まさ》に知るべし。これは三*途の河にして、我はこれ三途の河の嫗なり。汝衣服《えぶく》を脱

三十　今昔「四十許」。

眼は…　視力や聴力が壮者を凌いだこと。

六根浄　六根清浄。仏経受持の功徳によって六根(→七九頁注)の罪を消して清浄となる。六根がお互に融通無礙の働きをなすを六根清浄位という。法華経法師功徳品に「若善男子善女子、受二持是法華経一、若読若誦、若解説、若書写、是人当レ得二八百眼功徳、千二百耳功徳、八百鼻功徳、千二百舌功徳、八百身功徳、千二百意功徳一。以二是功徳一、荘二厳六根一、皆令二清浄一」とある。

非情　情識のない草木や土石をいう。有情(→七一頁注)に対する語。

想　心の作用の一で、事物の姿を心に浮べて言語を起す原因となるもの。

生死の道　生死流転して一切の迷いを起す所。

四安楽行　四種の安楽を得べき行。法華経安楽行品に説く所で、悪世において安楽に妙法を修行し得る四法として、身安楽行・口安楽行・意安楽行・誓願安楽行を挙げる。

八相　八相成道。仏が衆生済度の方便としてこの世に出現し、悟りを開く過程を八相に示した。降兜率・入胎・住胎・出胎・出家・成道・転法輪・入滅の八相。

当来　字類抄「ユクスヘ、タウライ、将来分」。

〔七〇〕　今昔物語巻十六ノ三六にある。本書によるか。観音利益集二十三にある。

蓮秀　伝未詳。観音利益集「運秀」。

醍醐　醍醐寺。↓九〇頁注

ぎて、我に与へて渡るべしといへり。

時に四の天童あり。忽ちに来り至りて言はく、汝嫗《おうな》の鬼、争《いかで》かこの僧の衣を奪《ば》ひ取る。この沙門は、法華の持者にして、観音の加護したまふ人なりといへり。時に嫗の鬼、合掌して僧を敬へり。天童、沙門に語りて言はく、ここはこれ冥途にして、悪業《あくごふ》の人の来る処なり。早く本の国に還り、能く妙法を持して、観音を称念し、生死を捨て離れて、後に浄土に生れよといへり。将《ゐ》て還る間、途中に二の天童あり。来り迎へて云はく、*賀茂明神、冥途に赴くを見て、将て還らしめむがために遣すところなりといへり。一夜を逕竟《へをは》りて、即ち蘇生することを得たり。病患を除き愈《いや》して、飲食《おんじき》を受け用ゐ、本の体《すがた》を得了へぬ。倍《ますます》信力《しんりき》を増して、法花を読誦し、観音を持念すること、今に退かず。また多くの種《くさぐさ》の奇異の夢想あり。更にこれを記さず。

第七十一　西塔*宝幢院の真遠法師

沙門*真遠は、比叡山の西塔の住僧にして、三河国の人なり。幼少にして山に登りて、即ち法華経を読みたり。懇重の志を運びて、一部通達し、昼夜*六時に、読誦怠ることなし。極めて疾《と》き早口にして、人の一巻を誦する間に、両三部を読みて、一日に読むところ三、四十部なり。兼てまた*三密の秘法を受け学びて、*三業《さんごふ》調へ直《ただ》しうして、六根犯すことなし。長年の時に及びて、本の国に下り向ひ、先祖のために*道場を建立して、寄《やど》り住みて後世の勤を作《な》せり。乃至沙門馬に乗りて、里の辺《ほとり》に出で行くに、途中

十八日　↓一〇九頁注
観音経　↓五八頁注「普門品」
冥途　↓六三頁注
暴悪　字類抄「不善分、ボアク」。
三途の河　人が死後において渡ると信じられている河の名。日本で偽作されたと思われる地蔵菩薩十王経に葬頭河のほとりに官庁があって、生前の業によって渡る所が三ヵ所（山水瀬・江深瀬・有橋渡）あるのでこの名がある。ここに衣領樹があり、奪衣婆（婆鬼）が亡者の衣を脱ぎ、懸衣翁（翁鬼）が枝に懸け、罪の高低を顕して王庁に送るという。正法念処経の地獄の鞞多羅婆のいる河や、道教の四極明科経の「三途之役負石塡河之責」などから案出されたものか。
賀茂明神　賀茂神社の祭神で、上社の賀茂別雷命・下社の玉依媛・賀茂建角見命をさす。賀茂神を明神と書く早い例は三代実録、貞観七年四月条に「勅奉レ充ニ諸明神神田一…賀茂御祖神五段」、類聚三代格、仁和三年三月官符に「賀茂明神分」。
〔七一〕　今昔物語巻十七ノ四一にある。本書によるか。
宝幢院　↓七七頁補
真遠　伝未詳。
六時　↓一四頁注
三密の秘法　三密（↓三〇頁注）における真言の秘法で、手に印を結び、口に真言を唱え、心に本尊を念ずること。密教のこと。
三業　↓七八頁注
道場　↓一七頁補「道場を建立…」

にして*当国の長官に相遇ひぬ。この沙門を見て、馬より引き落して打ち恥ぢしめて言はく、国の中に居るところの僧俗貴賤は、皆国司の*領するところなり。何に依りてかこの法師、我がために*無礼《むらい》を作すといへり。即ち僧を駈《か》り追ひて、国府に将《ゐ》て来り、*衛《ゑ》の厩《うまや》に下し遣《や》りて、人を付けて*凌《をか》さしむ。沙門、我が果報のこの苦びを受くることを観じて、且《しばら》く経を誦せり。

その夜《よ》半《なか》守《かみ》夢に見らく、この僧普賢《ふげん》菩薩の形にして、白象《びやくざう》に乗りて、舎《や》の中に籠り住めり。その門の前に、また普賢菩薩ありて、白象に乗りて光を放ち、奥の普賢に向ひて、捕へ禁《いまし》められたるの由を問訊《もんじむ》すとみたり。夢覚めて守大きに驚き、夜中に僧を免《ゆる》して、請じ取りて浄き座に坐せしめ、問ひて云はく、聖人何等の勤をかなすといふ。答へて言はく、年少の時より、法華経を持せりといふ。守大きに驚歎すらく、凡夫《ぼんぶ》拙《つたな》く愚にして、聖人を悩し奉れり。願はくは、この罪を免して、我が懺悔《さんぐゑ》を受けたまへといへり。見るところの夢を語る。特にもて帰依して、*館《たち》の中に請じて住《す》ましめ、*日《にち》供《く》、衣服《えぶく》、丁寧に奉仕《ぶし》せり。万《よろづ》の人聞き伝へて、随喜せずといふものなし。

第七十二　光空法師

沙門*光空《くわうくう》は、近江国の人、*金勝寺《こむしようじ》の僧なり。その音《こゑ》美しく清くして、*振鈴の声のごとし。法華経を誦して、*練行《れんぎやう》年尚し。*兵部《ひやうぶ》郎中平公といふ人あり。これ*将門《まさかど》の近親《こんしん》にして、極悪不善なる*甲兵《かふひやう》の武者《むさ》なり。この沙門に帰依し、我が家の内に住ましめて、

当国の長官に相遇ふ…　この一段で、僧真遠は当国長官、即ち国守に「相遇」したとき、下馬しないので「無礼」とされ、こらしめをうけている。これは、僧尼令、遇三位已上条に、僧尼は「遇㆓三位以上㆒者隠、五位以上、斂㆑馬相揖而過」とある規定によるものであろう。国守は必らずしも五位以上ではないが、国守は在地では任が重いこともあって、それが拡張解釈されているのである。

領す　支配する。

無礼　字類抄「人情部、ムライ、畏詞」。

衛の厩　衛は「衙」の誤りか。今昔「館ニ将行テ、即チ、御厩ニ下シテ」。おそらく国衙の厩又は厩のことを扱う「所」をさすのであろう。新猿楽記の四郎君はこのころの国衙の状態をえがいているが、検非違所・田所・出納所・調所・細工所・小舎人所等とならんで「御厩」とみえる。

凌す　訓みは名義抄による。拷問の意。

館　国守の館舎。類聚三代格、弘仁五年六月廿三日官符に「禁㆓制国司任㆑意造㆑館事」。

日供　→二三頁注

〔七二〕　今昔物語巻十七ノ四〇にある。本書によるか。

光空　伝未詳。

金勝寺　→八三頁補

振鈴　→一〇四頁注

兵部郎中　兵部丞の唐名。「平公」は伝未詳。今昔「平兵介」。

将門　平良門の子で、承平七年に関東で

数年を遥るの間、兵部が妻《め》、持経者と交り通ふことあり、云云といへり。従者このことを兵部に語る。このことを聞きて、持経者に怨み害せむとする思を起して、持経者を将《ゐ》て、深き山の中に至り、持経者を縛りて、樹の下に縛り着けたり。弓をもて腹を射るに、箭《や》曲り折れて身に立たず。沙門一心に、我が果報の、*無実《むしち》のことに依りてこの苦しびの報を受くることを観じ、高く貴き声をもて、*法花経を誦せり。五、六度箭を射るに、曲り折れること前《さき》に同じ。兵部、初めには*郎等《らうどう》をもて射さしめ、後には手づから射るに、摠べて打たれ摧《くだ》くること前のごとし。*二十九の箭、皆已《すで》に射折れたり。兵部大きに驚きて沙門を免《ゆる》し、即ち懺悔《さんぐゑ》を乞へり。我今大きに誤りて、聖人に大きに悪しきことを作すところなり。今より以後《のち》は、更に*大師に悪しき心を生《おこ》さじといへり。涙を流して過《あやまち》を悔い、即ち家に将て還りぬ。

兵部その夜の夢に見らく、金色《こむじき》の普賢あり、白象王に乗りたまへり。普賢の腹の間に、多くの箭立てり。兵部平公、夢の中に問はく、何の因縁をもて、普賢菩薩の御腹に、この多くの箭を立てたまふやといふ。答へて言はく、汝が昨日、無実のことに依りて、持経者を殺さんとせり。その沙門に代りて、我この箭を受けたりといへり。兵部夢覚めて弥《いよいよ》大きに驚き怖れ、持経者に向ひて涙を流して懺悔し、退き去りてこのことを従者に語りぬ。両三日を逕て、持経者、深く世間を厭ひ離れ、持経持仏を具して、夜半《よなか》をもて永く出で去れり。平公の夢に普賢告げて曰く、汝年来《としころ》我を供養せり。その功徳に依りて、当に*引接《いんぜふ》すべし。ただ無実のことに依りて、我を殺害《せつがい》せむと欲す。

謀叛し、天慶三年に誅伐さる。

甲兵　字類抄「武芸部、カウヒヤウ」。甲冑と兵器のこと。

無実　字類抄「刺火部、ムシチ、私曰実字不濁歟」。

法花経を誦す　今昔には薬王菩薩本事品の「於此命終、即往安楽世界、阿弥陀仏大菩薩衆囲遶住所、青蓮花中宝座之上」の文を挙げる。

郎等　国司又は武士の従者で、馬に乗れるやや上級の従士。将門記に「汝ガ荷夫ノ苦シキ役ヲ省キテ、必ズ乗馬ノ郎頭ト為サム」、小右記、永観三年三月条に左兵衛尉藤原斉明の「郎等藤原末光」がある。

二十九の箭　今昔「三度不当ザルヲ以テ知ルニ」。

大師　盛徳のある高僧。今昔「持経者」。

引接　→二九頁注

悪を見ては早く去り、善を見ては早く近づく、これ如来の説くところなり。この故に我今この処を去りて、永く他《ほか》の処に趣かむといへり。兵部この夢に驚きて、持経者の住む所に往きて見るに、出で去りて往方《ゆきかた》を知らず。兵部大きに愁ひ歎けり。

第七十三　浄尊法師

一《ひとり》の修行の比丘*あり、その名詳《つばびらか》ならず。鎮西《ちんぜい》に行きて、諸の国を巡り遊ぶに、山野の路に迷《まど》ひて、行けども人の境なし。人里に至らむことを得むと欲すれども、その*方域を知らず。漸くに行き去る間、山野の中にして一の草庵あり。乍《たちま》ちに悦びて近づき行きて、夜宿《やしく》を得むことを求む。一の女ありて言はく、この所は、更に人の宿るべからずといふ。僧の言ひて曰く、来り路にて迷ひ、身心疲《つか》れ極れり。僅に人の辺《ほとり》に到りぬ。猶し宿《やど》せらるべしといふ。女人、僧を宿して、浄き筵薦《むしろこも》をもて、比丘を坐せしめ、浄く飲食《おんじき》を*辨《わきま》へて、僧に施し与へ了りぬ。日暮れ夜に入りて、家の主《ぬし》、物を荷ひ来りて、庵《いほり》の内に置く。この家の主を見るに、これ法師なり。頭《かしら》の髪は三、四寸にして、身に綴りたる衣を着たり。その体《すがた》は麁《あら》く醜くして、親近《しんごん》すべきことかたし。宿れる僧を見て言はく、何人《なにひと》か御坐《おはしま》すぞといふ。女、事の縁を説けり。法師宣《の》べて云はく、この五、六年、更にかくのごとき人の、来り給ふことを見ず。希有に来るところなりといへり。食物《じきもつ》は飯《いひ》にあらず、粥にあらず、菜《な》にあらず、菓《このみ》にあらず。食するに例の物*にあらずして、*肉血《ししち》の類《たぐひ》に似たり。

〔七三〕　今昔物語巻十五ノ二八(鎮西餌取法師往生語)・拾遺往生伝巻上〔二八〕にある。ともに本書によるか。なお、今昔物語巻十五ノ二七(北山餌取法師往生語)も類話である。

比丘　↓四一頁注

方域　地方の意だが、ここは方向と場所をいうか。

辨ふ　供える。

例の物　僧が食すべき通例一般の食物。

肉血の類　今昔「牛馬ノ肉」。

浄衣　ここでは修行道場に入る時改めて着る清浄な法衣をいう。

持仏堂　念持仏(朝夕に個人的信仰として礼拝する仏像)を安置する堂。

法華懺法　↓一九頁補

発願廻向　天台大師の法華懺法中正修の組織は、(1)厳浄道場・(2)浄身・(3)三業供養・(4)請三宝・(5)讃歎三宝・(6)礼仏・(7)懺悔(六根懺悔・勧請・随喜・廻向・発願)・(8)行道・(9)誦経・(10)坐禅実相正観となっているので、誦を礼拝から廻向まで法華懺法の内容とみてよい。

薫修　↓六一頁注

弟子　↓一〇〇頁注

浄尊　伝未詳。

底下　↓五五頁注「塵禿…」

丑の時計《ばかり》に至りて、この法師起き沐浴清浄にして、*浄衣《じやうえ》を着已りて、*持仏堂に入り、*法華懺法《ほつけせんぼふ》を修して、法華経一部を誦し、礼拝念仏して*発願廻《ほつぐわんゑ》向《かう》し、如法《にょほふ》に勤修《ごんしゆ》せり。その音《こゑ》極めて貴くして、*薫修《くんじゆ》限りなし。明朝客の僧に語らく、*弟子*浄尊は、*底《てい》下《げ》の福薄《さいはひ》き賤しき人なり。愚痴無智にして、善悪を知らず。人の身を得てまた法師と作《な》るといへども、還《かへ》りて悪道に入りて、成仏せざらむことを歎く。今生の栄を期《ご》せず、ただ*無上道《むじやうだう》を念ずるのみ。戒律を持《たも》ち護ることは、誠に如法ならず。三業を調《ととの》へ直《ただ》しうすることは、仏の意《こころ》に叶はず。ただ*大乗に依りて、*生死《しやうじ》を離れむと欲す。*分段の依《え》身《しん》は、必ず衣《え》食《じき》に資《よ》る。田畠《でんばく》を耕作すれば、多くの罪業を作らむ。*檀越《だんをつ》の嚫施《しんせ》を尋ねむと欲すれば、報じがたし。一切の*構結は、罪業なきにあらざるなり。これに依りて弟子、世間に*悕望《けまう》なきの食を求めて、露の命を継ぎ資《たす》け、もて仏道を求めたり。所謂《いはゆる》*牛馬の死骸《しにかばね》の肉《しし》なり。昨夜食せしところは、例の食物にあらず、これは件《くだむ》の肉なり。宿世《すくせ》の因ありて、辱《かたじけな》くも枉《ま》げて光臨したまへり。これに依りて自身の*作法を説くなり。乃至某《それの》年某《それの》月某《それの》日をもて、*この界《さかひ》の生《しやう》を捨てて、必ず極楽に生れむ。もし結縁《けちえん》あらば、当にここに来り坐《おは》すべしといへり。客の僧聞き已りて、希有の心を生じ、最初《さいそ》に*梅陀羅《せんだら》の想《おもひ》を生ずといへども、後には仏のごとき清浄《しやうじやう》の想を生《な》せり。

その後数年を逕て、その期《ご》に至りて、この僧の虚実《こじつ》因縁を知らむと欲し、即ちかの処に往けり。比丘、僧を見て、随喜すること極《きはま》りなし。善きかな沙門、希有にここに来る。弟子浄尊、今夜《こよひ》この身を捨てて、西方に往生せむと欲す。既に肉食を断ちて、

無上道　この上なくすぐれた道で、仏が得た道。

大乗に依りて　ここは戒律を形式主義の小乗の意においてではなく、精神に主眼をおく大乗の意味で解することによって、の意。

生死　↓八三頁注

分段の依身　分段は分段生死で、変易生死の対。後者が悟りを得た者のうける三界外の生死であるのに対し、六道に輪廻する凡夫の生死をいう。依身は有情の依る処の身体。

檀越の嚫施　施主の供える施物。嚫施は財施と漢訳する達嚫と、布施と訳す檀那の合成語。

構結　元来結托の意であるが、ここは行為の意。

悕望　↓九八頁注

牛馬の死骸の肉　肉食は殺生となり戒律に反するが、ここは死骸肉なので殺生とはならない。今昔はここをただ「所謂ル、牛馬ノ肉村也」とするので、本書の意味とちがってくる。

作法　↓一一三頁注

この界　人間界。

梅陀羅　印度の最も下賤な階級で、四姓の外にあり屠殺を業とするもの。日蓮が後にみずから「旃陀羅が子」(佐渡御勘気鈔)、「賤民が子」(善無畏三蔵鈔)といったのは有名。ここでは、血肉類をだされて、梅陀羅かとおもったら、話を聞くとそうでなく仏かとおもうようになったの意。

三、四月に及べりといふ。鬢髪を剃り除きて、法衣《ほふえ》具足し、具したるところの女人は、*比丘尼と成れり。清浄にして香潔く、諸の不浄なくして、共に持仏堂に入れり。通夜《よもすがら》修行して、天暁に至る時に、数千人ありて、空より下る。光明遍《あまね》く照し、音楽普《あまね》く聞えて、漸々《やうやう》に西に去りぬ。後に堂の内を見れば、僧と尼二人、合掌して西に向ひて入滅せり。比丘涙を流して、*遺跡《ゆいしやく》に止り住して、仏法を修行せり。もしこのことを伝へ聞くの類あれば、皆この所に来りて、聖人を恋慕し、結縁して去れり。

第七十四　播州雪彦山の玄常聖

沙門*玄常は、平安宮の人にして、姓《しやう》は平氏、比叡山の僧なり。沙門世を背くの心深くして、*賄賂《まひなひ》の思浅し。若き年に山を辞して、諸方に跡し趣《おもむ》き、法花経を持せり。兼て*恵解《あげ》ありて、方便・安楽・寿量・普門の*四品を暗誦して、行住坐臥、常に懈怠《けだい》せず。行ずるところの作法は、例の人に似ず、着るところの衣服《えぶく》は、*紙衣《しえ》と木の皮にして、更に絹布の類《たぐひ》を着ず。河を渡るに衣を褰《かか》げず、雨降り日照るも、更に笠を着ず、遠く行くときも近く遊ぶときも、足に物を履かず。一生*斎戒を持してまた食《じき》を断てり。帯を解くことをせず、臥して息《やす》むことをせず。僧俗に遇へば必ず拝し、鳥獣を見れば腰を屈《かが》む。

*雪彦山《ゆきひこ》に住して、苦行誦経せり。一百の栗をもて、*百日の安居《あんご》を過《すぐ》し、柚《ゆ》一百を具して、*一冬の食となせり。猪・鹿と並び居て、咲《ゑみ》を含《ふふ》みて与に語り、狼・熊に交雑《まじ》は

比丘尼　→四一頁注「比丘」

遺跡　古人の遺した跡で、ここは浄尊の庵を指す。

〔七四〕 今昔物語巻十三ノ二七にある。本書によるか。

玄常　伝未詳。

賄賂　訓みは字類抄による。「佞媚分、ワイロ、追従詞」。

恵解　よく諸法を理解出来る智恵。

四品　四要品(→三四九頁注)という。法華文句記一「方便・安楽・寿量・普門、並是本迹之根元、此経枢鍵」。

紙衣　→七三頁補

斎戒　身心と動作を慎むこと。八斎戒のこと。特に正午すぎ食事をしないことをいう。→二二頁注「持斎」

雪彦山　兵庫県の神崎・飾磨・宍粟三郡の界にある山。八八四メートル。いま東南の夢前町山之内に賀野神社があり、雪彦山大権現をまつる(神社名鑑)。

百日の安居　今昔「一夏九旬」。安居→一〇八頁注

一冬　今昔「三冬」。

権者　→八〇頁注

真如の界　諸法実相の真理の世界で、こ

りて、相共に走り遊ぶ。能く人の心を知りて、その念ふところを説き、兼て世の相《さう》を見て、その吉凶《きちく》を示す。応《まさ》に*権者《ごんじゃ》と言ひつべし。あに凡夫《ぼんぶ》ならむや。最後に終に臨みて、僧俗の許《もと》に往き、皆に別を惜みて言はく、今生の対面はただ今日にあり。明後日をもて、浄土の辺《ほとり》に詣らむ。後々の面謁は、*真如《しんにょ》の界《さかひ》を期すといへり。即ち雪彦山に往きて、巌崛の中に寄《やど》り住し、一心乱れずして、法華経を誦して他界に趣けり。

第七十五　斉遠法師

沙門斉遠*は、東寺の住僧にして、周防国の人なり。少年の時より法花を誦して、堅固にして退かず。盛《さかり》なる年の頃に迨《およ》び、生れたる国に還り到りて、*玖珂郡の*三井山寺に住せり。その寺の観音、*霊験掲焉《けちえん》なり。比丘、法華経を誦して、香花《かうぐゑ》を供養し、数年籠り住せり。大雪高く積りて、人跡通はざること、数十日に及びて、殆《ほとほと》に飢死すべし。比丘飢《うゑ》を忍びて、法華経を誦せり。晨朝《じんでう》に庭を見るに、狼の鹿を殺せるものあり。比丘*宍《しし》を取りて、これを食《じき》して命を継《つ》ぎ、華を献《たてまつ》りて経を誦せり。両三日の間、この鹿の宍を食して、鍋に入れて煮たり。里より人来れば、僧、宍を食することを恥づ。人即ち鍋を見るに、柏の木を切り入れて煮煎《に》たり。人怪び見て、比丘に問ひて云はく、何の用に宛てむがために、柏の木を煮燕すぞといふ。僧、宍の柏に変じたることを見て、いまだ曾《むかし》よりあらざることを得たりとおもふ。人に向ひて*本縁を説けり。聞く人歓喜《くわんぎ》し、感じてこの言を作《な》さく、観音の慈悲、持経の法力《ほふりき》は、応《まさ》に自《おのづか》らに然らしむべ

こは極楽をいう。

〔七五〕　この話は斉遠(東寺僧)が周防国玖珂郡三井山寺にあったとき、飢のため、狼の殺した宍を食ったが、その宍は実は観音であったという型の観音霊験譚(A)で、同じ話が元亨釈書巻十二にある。本書によるか。ちなみに本書巻下〔一一五〕は周防国玖珂郡に住む判官代某が殺されようとしたとき、同郡三井寺の観音が身代りになったという型の観音霊験譚(B)で、同じ話が今昔物語巻十六ノ三・観音利益集にある。前者は本書によるか。また今昔物語巻十六ノ四には、Aと同型の話があり、ただそれを丹後国成合寺の僧某のこととするが(C)、これは、伊呂波字類抄・諸寺略記・古本説話集・三国伝記八ノ三にみえている。

斉遠　伝未詳。

玖珂郡　養老五年八月、熊毛郡を割いて分置す(続日本紀)。和名抄に周防国玖珂郡。延喜八年周防国(玖珂郡)玖珂郷戸籍(平安遺文一九九)で有名。

三井山寺　上記のA・Bにはみな三井山寺または三井寺とするが二井寺の誤り。玖珂郡周東町用田にあり、寺伝に天平十六年郡大領秦皆足の創建と伝える(大日本地名辞書)。また三坂圭治「山口県の歴史」によれば、郡家のあった玖珂郷(前注の戸籍の地)の二キロの小高い山にあり、谷間谷間に四坊が点在したという。

霊験　→一二一頁注

宍　肉。→七六頁注「血宍」

本縁　有りしことの由来。

しといへり。

比丘後に観音を見るに、観音の御腰皆割《さ》き切られて、大きなる*空《うつほ》の穴あり。定めて知りぬ、権《かり》に御身をもて、死したる鹿の形に変じて、持経者に施したまへることを。比丘このことを見畢へて、弥《いよいよ》信心を生じ、大道心を発して、観世音を念じ、法華経を誦せり。後々の*神変は述べ尽すべからず。

第七十六　香隆寺の比丘某

一の比丘あり、*香隆寺の*定澄《ぢやうちやう》僧都の弟子にして、その名いまだ詳《つばひらか》ならず。形は比丘なりといへども、心は俗にあるに似たり。手に弓箭を持ち、懐《ふところ》に刀剣を納れて、諸の鳥獣を見れば、必ずこれを射殺し、もし魚鳥を見れば、必ずこれを食《じき》し噉《くら》ひぬ。況や手に念珠を持ち、肩に袈裟を繋けむや。誠にこれ*無慚破戒の悪僧なり。ただ法華経の*寿量一品を持して、毎日《ひごと》に闕けず必ず誦せり。後に*法性寺の座主*源心《ぐゑんしん》僧都に付きて、*車宿《くるまやどり》に宿れり。乃至、最後に重き病を請《う》け取りて、決定《けつぢやう》して当に死すべし。僧都一生の不善を観じ、臨終の重き病を聞きて、憐愍《れんみん》の情《こころ》を発し、かの僧に戒を授く。比丘、戒を受けて、即ち病の床《とこ》より起き居て、病悩平《たひらか》に安んじて正念を得たり。手を洗ひ口を嗽《くちすす》ぎて、一心に合掌して、寿量品を誦せり。乃ち*得入無上道《とくにふむじやうだう》、即成就仏身《そくじやうじゆぶつしん》に至り、一品を全《また》くして、身心寂静《じやくじやう》にして入滅せり。

空　木の幹の穴や岩の洞穴をいう。

神変　神妙不可思議な力によって変異を生ぜしめること。

〔七六〕　今昔物語巻十三ノ三七にある。本書によるか。

香隆寺　↓補

定澄　↓補

無慚破戒　↓一二七頁注「破戒無愧」

寿量一品　如来寿量品第十六。仏の寿命の常住久遠なることを説く。

法性寺　↓七七頁注

源心　俗姓平氏。院源の甥で覚慶の入室の弟子。長元四年権律師となり、同八年律師に転じ、長暦二年権少僧都となり、同五年に大僧都となり、永承三年八月に天台座主に任ぜられ、天喜元年十一月十一日に八十三歳で入滅す(僧綱補任・天台座主記・華頂要略ほか)。説教の名人で歌人として知らる(千載和歌集ほか)。

車宿　門内の側に輿や車などを入れて置く所。転じて、山寺に住む僧が山からでてきた時、車を置くところ。新抄格勅符抄所収、長保元年七月官符第五条に「右僧侶出二入里舎一、既立二厳科一、而頃年遠離二塔寺一、多交二京師一、或高二門戸一、以号二車宿一」といい、これを禁じている。

得入…　寿量品の末の偈の末尾の二句で、悟りの道に入ることを得て、速かに成仏したいものだの意。なおこの偈は如来加持の文とも破地獄の文とも呼ばれている。

〔七七〕　今昔物語巻十四ノ一四にある。本書によるか。

第七十七　行範法師

沙門*行範は、*大舎人頭《おほとねりのかみ》*藤原朝臣周家《ちかいへ》の第一の男にして、*千手院の*定基《ぢやうき》僧都の弟子なり。沙門性《ひととなり》*調順にして、志は仏法を求めて、丁寧に妙法華経を読誦し、一部に通利して、諷誦《ふじゆ》礙《さは》ることなし。ただ薬王品に至りて、更に暗誦しがたし。数年練習すれども、更に誦せられず。沙門慚愧《ざんぐゐ》の心を発《おこ》し、三宝に祈請《きしやう》して、薬王品を誦せむと欲せり。夢に、神僧ありて告げて言はく、宿世の因に依りて、この品を誦せられず。汝、先世《せんぜ》に黒き馬の形を受け、持経者の許《もと》にありて、時々法華経を聞きたてまつりき。ただ薬王品において、聞き奉ること能《あた》はざりき。経を聞きし力《りき》に依りて、今《いま》人の身を得、仏法に入りて、法華経を持せり。薬王品を聞くこと能はざりしに依りて、今誦することと能はざるなり。因果の失せざることは、*牛の二の角《つの》のごとし。今生に能く読まば、来世は*任運《にんうん》にこの経を了《あきらか》に達《さと》りて、大菩提を証せむといへり。沙門宿因《すくいん》を知りて、矇昧の心を開き、深く妙法を信じて、昼夜に退転せず、一乗を読めり。

第七十八　覚念法師

沙門*覚念は、*明快律師の*舎兄《しやきやう》なり。俗網を厭ひ離れて、志は仏法にあり。鬚髪を剃り除きて、出家入道して、衣を染めて戒を受け、威儀具足せり。その心は清浄にして、質直柔和《しちぢきにうわ》なり。罪を怖れ過《あやまち》を悔いて、道心堅固にして、法華経を読誦せり。これ*定途の所作なり。その経を誦する時に、三行の経の文《もん》ありて、更に誦せられず。その所に

行範　尊卑分脈によると、周家の子に行範の名みえず、行尊の名があり、「阿闍梨、或本僧正、世尊寺」と記す。
大舎人頭　大舎人寮の長官。大舎人は宮中に宿直して雑事に使われ、行幸の時に供奉する役。
藤原周家　関白道隆の子で従四位下大舎人。母は伊予守奉孝の女(尊卑分脈)。
千手院　→七九頁補
定基　源成助の子。天台宗。長和四年権律師・内供となり、寛仁元年律師に転じ、同四年天王寺別当、治安元年権少僧都、長元元年権大僧都、同四年大僧都となり、同六年四月十一日に五十七歳で入滅した(左経記・日本紀略・僧綱補任・四天王寺別当次第)。今昔物語巻十四ノ一一に定基が四天王寺の法華八講をはじめた話がある。
調順　穏やかで素直なこと。
牛の二の角　物の並立に譬える。牛の二本の角に長短大小がないことによる。止観輔行伝弘決一之一「牛角表ㇾ双」。
任運　→七六頁注
〔七八〕　今昔物語巻十四ノ一三にある。本書によるか。拾遺往生伝巻上〔三〕にも伝がある。→補
覚念　尊卑分脈には明快の兄弟なし。拾遺往生伝によると、比叡山東塔の住僧で大原谷に住んでいたとある。
明快　→補
舎兄　訓みは下学集による。本来は自分の兄をいう時に用う。
定途　→八三頁注

至るごとに、三行の文を忘れ失ひて、暗誦を積むといへども、更に明かに了《さと》らず。聖人歎き憂へて、三宝に祈念し、普賢を瞻《まぼ》り仰ぎて、*冥護《みやうご》を求め請ひたり。夢に老いたる僧あり、来りて告げて云はく、汝宿業《すくごふ》ありて、三行の文を忘れ失ふなり。汝先生《せんしやう》において、*衣魚《しみ》の身を受け、法華経の中にありて、三行を食《じき》し失ひたりき。また経の中に住せしに依りて、今《いま》人の身を得て、法華経を誦す。経の文を食せしに依りて、三行の文を誦することを得ず。今丁寧に懺悔《さんぐゑ》して、渇仰《かつがう》の心を生《おこ》す。故《かるがゆゑ》に、我冥助《みやうじよ》を加へて、当に通利せしむべしといへり。夢覚めてより已後《のち》、三行の経は、*憶持通達して、諷誦礙《さは》ることなし。先世《せんぜ》の罪業悪縁を*発露《ほつろ》して、懇《ねむごろ》に重ねて読誦し、毎日《ひごと》に三部、更に闕き怠らず。世間の*名聞利養を棄《す》てて、永く*無上正等菩提を期《ご》せり。所行如法《にょほふ》なれば、あに後世を疑はむや。

第七十九　仏蓮上人

沙門*仏蓮は、*安祥寺の僧なり。能く法花を誦して、専《もは》らに仏道を修せり。壮年の頃に、越後《の》国*古志《こしの》郡*国上山に移り住して、全《また》く戒律を護りて、威儀欠くることなし。三時に沐浴して、垢穢《くゑ》を遠ざかり離れ、新しき浄衣《じやうえ》を着、内外清浄《しやうじやう》にして、法華を読誦し、*仏恵《ぶつゑ》を志《ねが》ひ求めたり。給仕《きふじ》の人あり、三時の湯を沸すに、その心*疲れ倦みて、厭ひ離れて去りぬ。二の*童子あり、自然《じねん》に出で来りて、上人に白《まう》して言はく、我等二人、聖人に奉仕《ぶし》せむ。一《ひとり》は*黒歯《こくし》と名《な》づけ、一は*華歯《くゑし》と名づく。十羅刹女の身を変じて

冥護　↓一二六頁注
衣魚　和名抄「本草云、衣魚一名白魚、一名蟫、之美、…衣書中自生虫也」。
憶持通達　記憶して忘れずよく通ずる。
発露　↓六一頁注
名聞利養　↓一〇五頁注。拾遺往生伝には同時に発心した三人の中、弟明快は僧綱となり、法成寺上座法橋覚昭は誤って仏物を用いた。「於二此両人一、奈何度脱…」と嘆息したという。
無上正等菩提　↓五六頁注「無上菩提」
〔七九〕今昔物語巻十三ノ二三・元亨釈書巻十一、感進三にある。ともに本書によるか。
仏蓮　伝未詳。
安祥寺　京都府宇治郡にあり。東寺蔵、安祥寺伽藍縁起資財帳(貞観十三年八月)によれば真言宗恵運が五条后順子のために嘉祥元年に建立し、斉衡二年に定額寺となり、貞観元年、年分度者を置かる。
古志郡　西大寺資財帳(宝亀十一年)にみえる。和名抄に越後国古志郡。その境域はもと、西蒲原郡の一部海辺にも及んでいた。その一証として、本書に国上山を古志郡の内とすることがあげられる。
国上山　新潟県西蒲原郡の弥彦山の南にある。山上に国上(山)寺。巻下〔八二〕神融法師伝参照。
仏恵　仏智。↓五六頁注「無上菩提」
疲れ倦み　〔八二〕に国上山は「更無二水便一。遥下二谷汲一水荷登」とある。

来るのみといへり。この二の童子、強力《がうりき》勇健にして、薪を荷ひ水を汲みて湯を沸し、菓《このみ》を拾ひて食《じき》を設け、里に出で山に入りて、供給《くぎふ》走使せり。聖人世の務を知らず、諸の*攀縁《はんえん》を離れて、偏に法華を誦せり。この二の童子、滅期に至るまで、更に相離れず、心を専《もは》らにして給仕せり。入滅の後、悲び歎きて喪送し、四十九日を勤修《ごむしゆ》して、即日に去りぬ。

第八十　七巻の持経者明蓮法師

沙門*明蓮《みやうれん》は、二親の家を離れて、法隆寺に住せり。最初《さいそ》には文《もん》に向ひて、法花経を読み、後には諷誦を好みて、一部に徹《とほ》らむことを欲して、第一巻より第七巻に至るまで、皆悉くに通利して、句逗を忘れず、*自在無礙《むげ》なり。ただ第八巻において、*稽留《けいりう》忘失して、更に誦することを得ず。多く年序を巡て、誦を練るの功を積めども、廃忘《はいまう》弥《いよいよ》盛なり。沙門歎き念へらく、根性極めて鈍《どん》ならば、更に上《かみ》の七巻の経を誦すべからず。根性利《と》くんば、当に第八巻を誦すべし。何の因縁ありてか、上の七巻を誦すること、一年の間にして、既に通利することを得、第八巻に至りて、数年の*功《く》を運ぶといへども、更に誦することを得ず。仏神《ぶつじん》に祈り乞ひて、応《まさ》にこのことを知るべしとおもへり。即ち*稲荷に籠りて、百日祈念するといへども、更にその*感なし。*長谷寺《はつせでら》・*金峰山《みたけ》に、各*一夏《いちげ》を期《かぎ》れども、更に応《こたへ》を得ず。*熊野山に詣りて、百日勤修するに、夢想に示して云はく、我このことにおいては、力及ばざるところなり。*住吉明神《すみのえみやうじん》に申すべ

童子　→二六頁注

黒歯・華歯　共に十羅刹女(→七五頁注)の一。

攀縁　心が外界の事物に惹かれること。俗縁とのかかずらい。

〔八〇〕　今昔物語集巻十四ノ一八・弥勒如来感応抄四・元亨釈書巻十九、霊怪六にある。釈書は賛に「或問曰、蓮之祈ㇾ報也、初神不ㇾ逮二次後一乎。対曰、不也。夫宿障厚者得二霊感一之遅矣。匽罄二劳劬一漸泯二余殃一。殃障已尽、感応乃彰。是我仏教報理之常也…稲荷長谷閟而不ㇾ告者障尚厚矣。熊野住吉不ㇾ知不ㇾ及者、漸薄而勉激也。逗二到大山一、始償二本志一」という。

明蓮　→補

自在無礙　→七七頁注「自在」

稽留　滞ること。字類抄「ト、コル、行旅分、ケル、ケイリウ」。

功を運ぶ　専心に誦経に励む。

稲荷　→補

感　感応。

長谷寺　→八五頁注

金峰山　→六六頁補

一夏　→二五頁注

熊野山　→六四頁補「熊野奈智山」

住吉明神　大阪市住吉区住吉町にある住吉神社。底筒男・中筒男・表筒男の三神を祀り、古来海神として尊敬されたが、中古以来和歌の神として尊ばれた。住吉神の明神号として、古く天平三年の住吉大社神代記に「住吉大明神」とある。但し本書の成立にはなお問題がある。降って土佐日記に「住吉の明神」とある。

しとのたまへり。沙門夢の告に依りて、住吉社《のやしろ》に参り、百日祈禱するに、明神告げて言はく、我また知らず。*伯耆《ははき》の大山《だいせん》に申すべしとのたまへり。

沙門伯耆の大山に参詣して、一夏精進するに、*大智明菩薩、夢に告げて言はく、我、汝が本縁を説かむ。疑ふことなかれ。当に信じて受くべし。美作国の人、粮米《かてよね》を牛に負はせて、この山に参詣し、牛は僧房に置きて、人は神殿に詣でき。その僧房の中に、*持経者ありて、*初夜より始めて、法華経を誦しけり。第七巻に至りて、夜天暁に到りけり。牛通夜《よもすがら》経を聞きて、心に慈善を生《おこ》しき。第八巻を聞かずして、主《ぬし》に随ひて本《もと》の国に還りき。その牛は即ち汝なり。法華経を聞きしに依りて、*畜生の報を離れて、人《にん》界《がい》の生《しやう》を稟《う》け、*仏法の器《うつはもの》と作《な》りて、七巻の経を誦せり。第八巻を聞かざりしに依りて、今生に通利することを得ざるなり。汝当に*三業《さんごふ》を調へて、法花経を誦せば、*当来《ゆくすゑ》の報、*兜率天の上にあるべしとのたまへり。

沙門夢覚めて、明かに宿因《すくいん》を知り、一心に合掌して、*権現に白して言はく、痴《おろか》なる牛、妙法を聞きて、*傍生《ばうしやう》の苦果を離れ、人界に来り至りて、法華を持する身を得たり。何《いか》に況や、*人ありて説のごとくに修行せば、*得るところの功徳をや。ただ仏のみ能く知りたまはむ。願はくは我生々《しやうじやう》に諸仏に見《まみ》え、世々《せせ》に恒に法華経を聞き、恒に*不退の菩薩行《ぼさつぎやう》を修して、疾《すみやか》に無上の大菩提を証せむといへり。この願を発し已りて、権現を礼拝《らいはい》し、退きて去りぬ。

聞法華経是人難　書写読誦解説難

伯耆の大山　↓補
大智明菩薩　↓補
持経者　↓六六頁注
初夜　↓一一三頁注
畜生の報　畜生(動物)になるむくい。
仏法の器　↓八三頁注
三業　↓七八頁注
当来　来世。
兜率天　↓六〇頁注「都率…」
権現　大山神のこと。↓補「大智明菩薩」
傍生　畜生の別訳。
人ありて　人として。
得るところ…　修行した結果得るところの功徳はいかばかりであろうか。
不退の菩薩行　不退は修行によって得た境地を決して失わない位で、菩薩行は自利利他の円満の仏果を求めるための修行。

敬礼如是難遇衆　　見聞讃謗斉成仏

大日本国法華経験記 巻之中

大日本国法華経験記 巻下目録

大日本国法華経験記 巻下

首楞厳院沙門鎮源撰

第八十一　越後国の神融法師

*沙弥*神融《じんゆう》〈俗に*古志《こし》の小大徳と云ふ。*多くの名あり、これを注《しる》さず〉は、*越後国古志郡の人なり。法華経を読誦して、深く*薫修《くんじゅ》ありて、*練行比《くら》ぶるものなし。鬼神は命を承り、国の王は遥に帰依し、万の民は近く崇め敬ふ。その国の中に*国上山あり。一の檀那あり、発心し作善して、宝塔を造立《ざうりふ》す。供養せむと欲する時、雷電*霹靂《へきれき》して、雷《いかづち》 塔を破り壊《こぼ》ちて、各々分散し、摧《くだ》き折りて去れり。檀那歎《なげき》を懐きて、悲しみ泣くこと限りなし。また塔を改め造りて、更に供養せむと欲するに、前《さき》のごとくに雷来りて摧き破りて去れり。かくのごとくに塔を破ること、然も両三度なり。願主の檀那、大願《だいぐわん》の果たさざることを歎きて、猶し宝塔を改め造りて、宝塔を雷のために破り壊《こぼ》たざらむことを求めたり。神融*上人、檀那に語りて曰く、悲歎を生ずることなかれ。我妙法の力《りき》をもて、宝塔を守護《まも》り、破り壊たざらしめて、当に汝が願を成すべしといへり。

即ち塔の本に住して、法華経を誦せり。ここに*靉靆《たなび》きて雲を布き、細《こまか》なる雨 数《しばしば》降りて、雷電晃《て》り曜《かかや》けり。願主、而してこの念を作《な》さく、雷は塔を破る*相なりとおも

〔八一〕 この話の主人公神融は泰澄の名で知られている。本朝神仙伝〔四〕泰澄伝参照。→補

沙弥 →一三頁補。次項にひく文に「澄自落髪」とある。

神融 元亨釈書、巻十五泰澄伝「養老之法効、擢為㆓供奉㆒、賜㆓号神融禅師㆒、授以㆓禅師位㆒。天平之効授㆓大和尚位㆒、改㆓号泰証㆒。澄奏曰、願以㆑証作㆑澄、…上聞之、…乃賜㆓号泰澄和尚㆒。澄自落髪、未㆑暇㆑名、俗呼為㆓越大徳㆒。至㆑此以㆓泰澄㆒為㆑名」。これによれば、越大徳→神融→泰証→泰澄となる。同様のことは泰澄和尚伝記にもみえるが、本来神融が泰澄と同一人物かどうか疑わしいところがある。

古志の小大徳 古志は越後国古志郡の古志か、また越前・加賀(弘仁十四年越前より分立)・越中・能登(天平宝字元年越中より分立)・越後の総称としての越。本朝神仙伝に「越小大徳」。小大徳は大徳(徳の高い僧)に小を付したもの。

多くの名あり 前々注参照。

越後国古志郡… 古志郡→一四八頁注。元亨釈書には「越之前州麻生津人、父安角、母伊野氏」、泰澄和尚伝記に「越前国麻生津」とあり、真言伝には次いで「三神安角の子、母伊野氏」とある。麻生津は和名抄に「越前国丹生郡朝津、安左不豆」、延喜兵部式に「越前国朝津駅」とある地で、現在福井市の東南五キロに麻生津がある。また本朝神仙伝は「賀州人也」とあり、加賀国の生れとみる。

薫修 →六一頁注

へり。悲び歎きて憂《うれ》ふ。神融上人誓を立てて、高声《かうしやう》に法華を誦せり。時に一の童男あり、空より下り落つ。その形体《けいてい》を見るに、頭《かしら》の髪は蓬《よもぎ》のごとく乱れて、形貌《ぎやうめう》怖るべし。年十五、六歳なり。*五処《いつところ》を縛られて、涙を流し声を高くして、起き臥し*辛苦《しんく》して、白《まう》して言はく、*持経の上人、慈悲もて我を免したまへ。今より以後《のち》、更に塔を破らじといふ。時に神融法師、破り壊てる因縁を問ふ。雷、*聖《ひじり》に白して言はく、この山の*地《ち》主《しゅ》の神、我と深き契あり。地主語りて曰く、この塔我が頂に立てり。仍りて住む処なし。我がために塔を破り壊つべしといへり。地神の語《こと》に依りて、*度々《どど》破り壊てり。而るに妙法の力、不可思議にて、能く一切を伏せり。これに依りて地主他《ほか》の所に移り去り、我敬ひ恐れて避くることこれに由れりといふ。当に知るべし、施主の願足りて、聖人の誓言実《まこと》なることを。神融上人雷の神に告げて云はく、汝仏法に随ひて、違ひ逆《さか》ふことを作《な》さず、善心を発起して、宝塔を破らざれば、尤も当に汝を*利益《りやく》すべし。ただこの寺を見るに、更に水の便《たより》なし。遥に谷に下《お》りて水を汲みて荷ひ登る。雷の神この処に泉の水を出して、もて住僧の便となすべし。汝もし水を出さざれば、我汝が身を縛りて、年月を送るといへども更に去らじ。また汝この寺の東西南北四十里の内、更に雷電の声を生ずべからずといへり。時に雷電の神跪《ひざまつ》き敬ひて、聖人の仰を承く。命のごとく水を出すべし。また山の内四十里の内にて、更に雷の声を出さじ。況や自《みづか》ら来らむやといへり。

即ち掌《たなごころ》の中に*瓶《かめ》の水一滴を承《う》けて、指《および》をもて岩の上を爴《つか》み穿てば、雷電大きに動き

練行　→九一頁注

国上山　→一四八頁注

霹靂　和名抄「和名加美渡計、霹析也、霹靂也、所レ歴皆破析也」。字類抄「カミトケ(キ)、上ハ折下ハ破也」「ヘキレキ、天部」。雷が急激に鳴ること。

上人　→二八頁注

靉靆　雲のたなびく様子。字類抄「アイタイ、タナヒク」。

相　すがた。様相。ここではしらせ。

五処　左右の膝・手と頭首、または筋・脈・肉・骨・皮の五体。全身のこと。

辛苦　字類抄「医方分、シング」。

持経　→六六頁注「持経者」

聖　→二八頁補

地主の神　鎮守の神。伊夜彦の神か。

度々　「塔を破ること、然も両三度なり」を承ける。

利益　功徳を与えること。

瓶　→六八頁注「水瓶」

て、虚空に飛び上る。即ち岩の穴より、忽ちに清き泉を出して涌き走る。その水大きに豊にして、夏は極めて冷《ひややか》にして熱を息め、冬は極めて温にして寒を制す。その後宝塔更に破れ壊たずして、数百年を送りぬ。また一切《いっさい》の処にして、雷電震ひ鳴るといへども、この国上山の東西南北四十余里は、雷電の声聞えず。誠にもて*希有甚深《じんじん》の法力なり。諸僧集り住して、法を興し*生を利せり。神融上人妙法の力に依りて、現《あらは》に*法験を施し、後に菩提を証せり。*神護景雲年中に入滅せり。

第八十二　多武峰の増賀上人

*増賀聖《ぞうがひじり》は、平安宮の人なり。胎を出でし後、旬月を逕ずして、父母《ぶも》事の縁ありて、*坂東に下れり。乗りたる馬の上に轝《こし》に似たるものを構《かま》へて、乳母《めのと》をして子を抱かしめ、これに居《す》ゑて将《まさ》に下らむとす。ここに父母乳母等、諸の人の前に従ひて、深き暁に出でて行けり。時に乳母児《ちご》を抱きて、馬の上に居ながら眠熟《ねぶり》す。小児馬より丸び落ちぬ。数十町を過ぎて、眠覚めて児のある所を知らず、驚き悲びて父母に申す。父母これを聞きて、音《こゑ》を挙げて啼き叫びて言はく、*若干《そこばく》の乗れる牛・馬、人夫等のために、蓋《なん》ぞ踏み殺されざらむや。然りといへども死骸《しにかばね》を見むがために、還り行きて尋ね求むといふ。*往くこと数十町にして、狭《せば》き路の泥《こひぢ》の中の凹《くぼ》みたる石の上に臥して、天に向ひて咲《ゑみ》を含みて遊び臥せり。泥水も穢さず、一分も疵《きず》なし。父母諸人幷びに乳母等抱き取りて、希有なりと称嘆せり。その夜夢に見らく、その泥の石の上に*宝床あり、天衣

希有甚深　たぐいなく深妙なこと。
生を利す　→一〇二頁注
法験　妙法または修法の効験。
神護景雲年中…　元亨釈書「神護景雲元年三月十八日、結跏趺坐、定印而化、年八十六」。泰澄和尚伝記・真言伝も同じ。但し本朝神仙伝は泰澄を仙とみなし、「経二数百年一不レ死、不レ知二其終一」。
〔八二〕　智源の法華験記（扶桑略記、長保五年六月条所引）の文は、本書と酷似し、両者いずれかが先。但し、本書が広に対し、智源のは略とみるのが妥当か（巻中〔四四〕陽勝伝参照）。今昔物語巻十二ノ三三は、本書によるか、ただ臨終の囲碁の話は本書にはない。続本朝往生伝（三）の増賀伝は、本書や今昔と構成を異にしている。建久九年の静胤の多武峰略記上・発心集巻一・私聚百因縁集巻八などにも増賀の伝があり、別に増賀上人行状記がある。
増賀聖　智源の法華験記に「平安京人也」、続本朝往生伝に「参議橘恒平卿之子也」（→一三七頁）。尊卑分脈、橘氏に、恒平の子に「僧賀」を出す。
坂東　→補
若干　多数。字類抄に「無限」も同訓。
往くこと…　智源の法華験記「草下水底遍以探渉。往数千歩」。
宝床　珍宝で飾った床。
仏口所生子…　仏の口から生れた子であるから私が守護しようの意。

を布《し》く。而してその上に児を居《す》ゑたり。四の天童あり、四の角《すみ》に立ちて、合掌して云はく、*仏口所生子《ぶつくしよしやうし》、是故我守護《ぜこがしゆご》といへり。夢覚めての後、弥《いよいよ》希有の心を生じて、深く愛重の思を致せり。

年始めて四歳にて、最初《さいそ》に言語せり。父母に向ひて言はく、我比叡山に登りて、法華経を読み、一乗の道を習ひて、当に聖跡を継ぐべしといへり。この語《こと》を作し已へて、また語るところなし。父母大きに驚けり。*嬰孩《みどりこ》の小児、何ぞこの語を作さむ。鬼神の託《つ》き悩して、この言を発《おこ》すかといへり。大きに歎きて怖畏す。慈母夢に見らく、この小児を抱きて、乳《ち》を飲ましむる時に、小児忽ちに長大して、年三十余の僧となりて、手に経巻を執れり。傍《かたはら》に賢き者ありて、父母に語りて云はく、驚くことなかれ。宿因《すくいん》当に聖人《しやうにん》と作《な》るべしといへり。夢覚めて已後《のち》、父母仰ぎ信ず。年十歳に及びて、比叡山に登りて、天台座主の*慈恵大僧正の弟子と作り畢りぬ。丁寧に法華大乗を読誦して、慇懃に顕密の正教《しやうげう》を習ひ学ぶ。*止観に通達し、一乗を解了す。能く問じ能く答することは、*迦旃《かせん》の末葉にして、能く悟り能く観ずることは、*空生《くうしやう》の*苗裔《べうえい》なり。法華一部・*懺法三時、毎日《ひごと》に闕かず。顕密の行法《ぎやうぼふ》、甚だ巨多《こた》なり。*出仮利生《しゆつけりしやう》を厭ひ、名聞利養《みやうもんりやう》に背きて、遁世隠居をその志となすならくのみ。

*冷泉の先皇請じて*護持僧となすに、口に*狂言を唱へ、身に狂事を作して、更にもて出で去りぬ。*国母《こくも》の女院《にようゐむ》敬ひ請じて師となすに、女房の中にして、禁忌の*麁言《そごん》を発《おこ》して、然もまた罷り出でぬ。かくのごとく世を背くの方便甚だ多し。乃至叡山の衆《しゆ》の処

嬰孩　訓みは名義抄による。和名抄に「孩、始生小児也」とある。

慈恵大僧正　良源。↓補

止観　↓二六頁注「摩訶止観」

迦旃　↓一〇六頁注

空生　須菩提(↓七五頁注「般若須菩提」)の異称。

苗裔　字類抄に「人倫部」、子孫のこと。

懺法三時　三時(晨朝・日中・黄昏)に行われた法華懺法など。

出仮利生　俗界に出て衆生を済度すること。↓五五頁補「出仮」

冷泉の先皇　冷泉天皇。安和二年譲位、寛弘八年崩御、六十二歳(日本紀略・権記)。

護持僧　また御持僧。宮中の清涼殿に夜居して天皇の安泰を祈り護持する僧。元亨釈書巻二十六に「国家皇子、或自二胎孕一、或潜藩、咸以二沙門神異者一祝レ祚。及二竜飛一受二大賞一。号曰二御持僧一」とある。

狂言　↓二四頁注

国母の女院　訓みは名目鈔による。ここは多武峰略記に「皇太后藤原詮子崇敬為レ師。於二采女中一、出二麁語一去」という。国母の女院とはこの一条天皇の母であり東三条院の院号をもつ詮子であろう。

麁言　粗悪粗暴の言葉。多武峰略記「麁語」。

多武峰　↓補

跡を閉ぢて籠居す　多武峰略記に、増賀は応和三年多武峰に入り、三間一面の草庵、一乗房をいとなんだとある。

油鉢…　↓一一二頁注

を去り、花洛を厭ひて*多武峰を尋ね、*跡を閉ぢて籠居せり。*油《ゆ》鉢《はつ》を傾《かたぶ》けず、*浮嚢を許さずして、多くの年序を送りぬ。四季別に*三七日の懺《せん》法《ぼふ》を修す。夢に*南岳大師・*天台大師等、摩《ま》頂《ちやう》して告げて言はく、善いかなや*仏子、能く勤めて修行せり。諸仏*影《やう》向《かう》し、普賢来護せむといへり。夢覚めて弥《いよいよ》道心を発し、倍《ますます》修行を増せり。世間にあるところの遠近の要事は、或時は異人来りて告げ、或時は夢の中にこれを示す。聖人隠居の後は、更に衆の中に出でず、人に向ひて与に語らず、誠に寸暇を惜みて、専《もは》らに道《だう》を修せり。

後に命終の期《ご》に臨み、十余日の已《ま》前《へ》に、兼てその時を知れり。世間の作法を見るに、もし死の時至れば、大きなる憂悩を生じて、身命を惜むものなり。この聖人面《おもて》の色微《み》咲《せう》して、喜悦すること限りなし。諸の大《だい》衆《しゆ》を集むるに、*不審懃なり。愚老増賀、年《とし》来《ころ》願ふところ、早くこの界《さかひ》を去りて、西方に往生せむ。そのこと今明にあり。尤も喜び申すところなりといふ。即ち*講筵を修して、念仏を勤《ごむ》修《しゆ》す。また*番《つが》論《ひろん》義《ぎ》に深き義を談論す。或は和歌を興じて、別の歌を読ましめ、聖自《みづか》ら和歌を唱ふ。その詞に曰く、

　*みつわさす八十《やそぢ》あまりの老《おい》のなみ海月《くらげ》の骨に逢ふぞ嬉しき

といふ。死期において喜遊すること、貧しき人の*如《によい》意《い》宝《ほう》を得るがごとし。誠に知りぬ、如《によ》説《せつ》の*梵行妙《たへ》に成り立ち、*聖《しやう》道《だう》已に善く修すれば、寿《いのち》尽くるの時、歓《くわん》喜《ぎ》すること猶し衆《もろもろ》の病を捨つるがごとし。かくのごとく種々《くさくさ》に、諸の大衆と、遊《ゆ》戯《げ》すること既に畢りぬ。大衆を散ぜしめて、静《じやう》室《しつ》に入り、*縄《じよう》床《しやう》に坐して、法華経を誦し、手に*金剛合掌の

浮嚢… 戒律を持することに譬える。涅槃経にみえ、性霊集巻二に「浮嚢不㆑借㆑他。油鉢常自持」とある。
三七日の懺法 →一九頁補「法花懺法」
南岳大師・天台大師 →補
仏子 仏弟子。→一〇〇頁注「弟子」
影向 神仏が影のごとく衆生を護ることで、神仏の来臨をいう。
不審懃 気がかりで痛み憂うこと。
講筵 講会と同じ。経を講じ法を説くための集会。
番論義 一番ずつ問者と答者を定め、経論の義理を問答によって説きあかすこと。
みつわさす… →補
如意宝 思のままに宝を出す珠をいう。
梵行 淫欲を離れ戒行を守ること。
聖道 自力で煩悩を去り悟りを開く道。
縄床 大乗比丘十八物の一、縄を組合せて作った坐禅するための粗末な椅子。
金剛合掌 帰命合掌ともいい、十二合掌の第七で、十指の頭を交叉し、皆右手の指をもって左手の指の上に置くもの。密教で通常用いられる。
入滅 扶桑略記、長保五年六月九日条に「辰時増賀聖人於㆓大和国十市郡倉橋山多武峰南無房㆒入滅。年八十七。直向㆓西方㆒金剛合掌、作㆑居遷化。仍不㆑入㆑棺、作㆑轝葬送」とある。
〔八三〕 →補
源信 以下本段の終りまで、廿五三昧過去帳の源信の部と内容を同じくする。源信は長保二年法橋、寛弘元年権少僧都、延暦寺六月会探題となり、同三年辞職

印を結びて、坐禅して居ながらに入*滅せり。年八十余なり。

第八十三　楞厳院の源信僧都

*源信僧都は、本《もと》これ大和国*葛木下《かづらきのしもの》郡の人なり。父は*卜部正親《うらべのまさちか》、誠に道心なしといへども、性《ひととなり》甚だ*質直《しちぢき》なり。母は*清原氏、極めたる道心ありて、一男四女を生めり。母、子を求めむがために、郡の内の霊験*高尾寺に参詣せり。夢に住僧ありて、一の玉をもて与ふ、云云とみたり。即ち懐妊することありて、男子《なんし》を生めり。即ち年三*斎戒を修するの間、かの高尾寺にして、夢に見らく、堂の中に蔵あり。その中に種々《くさくさ》の鏡あり。或は大きく、或は小さく、或は明かにして或は暗し。ここに一の僧あり、一の暗き鏡を取りて与ふ。小児陳べて云はく、この小さくして暗き鏡は、何の用にか中《あた》らむ。かの大きにして明き鏡を得むと欲すといふ。僧答へて云はく、かれ汝が分にあらず。汝が分はこれなり。持して横河に至りて、磨《と》ぎ瑩《みが》くことを加ふべし、云々といふ。夢覚めたり。横河の何《いづれ》の処なるかを知らず。後に事の縁ありて、叡山に攀ぢ登りぬ。大僧正*慈恵大師、待ち請《う》けて弟子となせり。

僧都天性聡恵にしてまた正直なり。*法門を習ひ学び、道心堅固にして、法華を読誦せり。深義を解了して、文々句々、開き通ずること無礙《むげ》なり。*五種法師の功徳は具足し、*四種三昧の行法《ぎやうぼふ》は成就して、自宗他宗は、その*玄底を極め、顕教密教は、深くその意《こころ》を得たり。これ即ち仏法の*棟梁《とうりやう》にして、*善根《ぜんごん》の屋宅なり。壮年の時に迨《およ》びて、

(僧綱補任・権記ほか)。

葛木下郡　威奈真人大村墓誌(慶雲四年)にみえる葛城下郡(天武紀十三年条ほか)とも書くか。その後葛下郡(続紀、天平六年六月条)と書く。訓み「加豆良木乃之毛」(和名抄)。続往生伝「葛上郡当麻郷」。

卜部正親　→補

質直　訓みは字類抄による。質朴で正直なこと。法華経寿量品に「諸有修㆓功徳㆒柔和質直者、則皆見㆓我身在㆑此而説法㆒」。

清原氏　清原真人は、延暦二十三年賜姓の小倉王を初見とし天武天皇皇胤の諸王に多い。別に高麗人にして清原連となったもの(続紀、神亀元年五月条)もある。

高尾寺　過去帳に「郡内霊験伽藍高尾寺観音」、大和志葛下郡の条に「高雄寺、在㆓新在家村㆒、号曰㆓上山口薬師堂㆒」とある。新在家はいま、北葛城郡にあり、当麻寺の北、二キロの地。

三斎戒　過去帳に「修㆓年三長斎戒㆒之間」。正・五・九の三月に、朔より晦まで毎日、斎食(午後食事をせぬ)の戒を保つこと。

慈恵大師　→一五七頁補。なお第一段中、慈恵大師の弟子となったという記述は過去帳にはみえない。

法門　仏の教。悟りに通入する門。

五種法師　→一一八頁注

四種三昧　→一九頁補

玄底　奥底の意。

棟梁　字類抄に「公卿部、輔翼分」とあり、重任に堪える才能のある人。

善根の屋宅　行業がすべて善根である。

*出仮名聞《しゆつけみやうもん》を背きて、山門に深く跡を閉ぢぬ。戒律の珠を串《なら》べて、身上の荘厳《しやうごむ》となし、*観恵《くわんゑ》の鏡を瑩きて、*心性の三千を見る。静かに法華を誦すれども、敢へて聞く人なく、深く極楽を望めども、誰か期《ご》するところを量らむ。*一乗要決を製《つく》りて、*一切衆生皆成仏道《いつさいしゆじやうかいじやうぶつだう》の円意《ゑんい》を顕し、*定性《ぢやうしやう》無性《むしやう》不成仏《ふじやうぶつ》の偏執を斥《しりぞ》く。この時に当りて夢みらく、*馬鳴《めみやう》・*竜樹《りゆうじゆ》、摩頂《まちやう》随喜《ずいき》し、*伝教大師合掌して言はく、我が山の仏法、永く聖人に*附属《ふぞく》すといへり。*往生要集を撰びて、極楽の指南を示し、菩提の*資糧を施せり。その時に夢に告げて言はく、観世音微咲《みせう》して、*金蓮華《こんれんぐゑ》を授けたまひ、*毘沙門*蓋《がい》を捧げて、聖人の前に立ち侍《かうまつ》るといへり。況や*利生《りしやう》の巧智、*仏法の方便は、思ひ議《はか》りがたし。

*八塔の倭讃《わさん》を造り出して、*遐邇都鄙《かじとひ》、貴賤上下、乃至無*聞非法、邪見放逸の、闇*朧幼童をして、普《あまね》く一代の聖教《しやうげう》を暗誦せしめたり。*弥陀迎接の相を構へて、極楽荘厳の儀を顕せり〈世に*迎講《むかへかう》と云ふ〉。その場に集まる者は、*緇素《しそ》老少より、放蕩邪見の輩《ともがら》に至るまで、皆不覚の涙を流して、往生の業を結び、*五体地に投げて、菩提の因を種ゑたり。*頭陀《づだ》の行を修して、人間に交る時は、善神相副ひて、随逐《ずいちく》して守護す。深夜に独《ひとり》坐して、法門を思惟《しゆい》し、要文《えうもん》を見むと欲すれば、忽ちに*燈台に、自然《じねん》の火あり。かくのごとき等《たぐひ》の希有のことありといへども、更に深く匿し蔵《をさ》めて、他《ほか》の人に語らず。経論の*章疏《しやうしよ》を造り、顕密の教文を抄《ぬき》づ〈小阿弥陀経疏*・対倶舎抄・因明四相違疏注釈・同断簒なり〉。その数多しといへども、注《しる》し載するに遑あらず。天台宗の仏法、この時に臨みて誠に盛なり。乃至大*唐の皇帝宣旨を降して、廟堂を建立して、*影像《やうざう》及び往*生要集を安置《あんぢ》し、大*

出仮名聞　↓五五頁補・一〇五頁注「名聞利養」

観恵　真理を観察する智慧。

心性の三千　↓補

一乗要決　三巻八門。寛弘三年に成る。天台宗義に立脚して法華の一乗思想を強調したもの。

一切衆生皆成仏道　↓補

定性無性不成仏　↓補

馬鳴・竜樹　↓補

伝教大師　巻上㈢伝教大師伝参照。

附属　法門を永く伝持すべき旨を命ずること。嘱累ともいう。字類抄「言語部」。

往生要集　三巻。永観二年十一月に起筆し翌年四月に成る。極楽往生に関する経論の要文を集め、往生のために念仏を説いたもので、我国浄土教の理論的基礎をなす。

資糧　自分の身の助けとなる善根功徳。

金蓮華…　観音像は右手に金蓮華を持つ。

毘沙門　四天王の一で多聞天と訳す。忉利天の北方を護るから北方天ともいう。源信僧都伝に「所二製作一往生要集、毘沙門天加二讃嘆偈一」。

蓋　天蓋。増一阿含経に「毘沙門天王、手執二七宝之蓋一処二虚空中一在二如来上一」とある。

利生の巧智　衆生を利益するための仏のすぐれた智慧。

仏法の方便　仏の教を説く上の手段。

八塔の倭讃　↓補

遐邇都鄙　字類抄に「遠近分」「ミヤコヰナカ」とある。

師の号を授けて〈*円通大師と謚《いみな》す。聞くならく、度々《どど》唐人伝へ語るときけり〉、恭敬《くぎやう》礼拝したまへり。本朝にはその*住む所及び諱号《いみな》を称《い》ひて、瞻仰奉仕《せんがうぶし》せり。

僧都重き病を受け取りて、その間極めて久し。然りといへども念仏読経退かず、観念行法懈《ぎやうぼふおこた》らず。時に宿老《しくらう》の僧ありて、夢みて云はく、金色《こんじき》の沙門空より下りて、僧都に向ひて与《とも》に語る。僧都病の席に臥しながら、合掌して咲《ゑみ》を含み、僧に向ひて談語すといへり。かくのごときは諸仏の説法なるか。また或人の夢に示して云はく、僧都蓮華の上に臥し、近き辺《ほとり》に千万の蓮華を生ず。傍の人問ひて云はく、これ何の蓮花ぞといふ。天に音《こゑ》ありて告げて云はく、これはこれ*妙音菩薩の現じたまふところの蓮華なり。西を指して行くべし、云々といへり。定めて知りぬ、この悩むところは即ち生死《しやうじ》流転の業苦、この生《しやう》に受け尽すことを。*転重軽受とは、これこれを謂ふか。決定応受の故《ふる》き業は、今生に償《つぐの》ひ畢れり。*金槍馬麦《めみやく》は、例してこれを知るべし。

乃至遷化の已前《まへ》、兼て両三月に、*悩むところ皆悉く平愈して、一分の苦痛もなし。起居軽利にして、身心安楽なり。気色《きそく》作法、壮《さかり》なる時のごとし。最後の時に臨みて、院の内の*名徳学徒を集め告げて言はく、今生の面謁は、ただこの度《たび》ばかりなり。もし法門の中に、疑ひ難《なや》むところのものあらば、論説してその疑を決《さだ》むべしといふ。大衆《だいしゆ》或は法文《ほふもん》の要義を問ひて、心の雲霧を散じ、或はこの界《さかひ》の別離を惜みて、眼《まなこ》より涙を流せり。僧都の気色*忩々《そうそう》にして、滅に入ること近々《きんきん》なるに似たり。大衆皆還り畢りぬ。*慶祐《きやういう》阿闍梨を留めて、密々に示して言はく、年来《としごろ》の間、一乗の善根《ぜんごん》、*事理の功徳を

無聞非法　正しい仏の教を聞かぬ意。
闇朧　心明らかならず愚かなこと、またその人。
弥陀迎接の相　臨終の時に阿弥陀如来が来迎する光景。
迎講　→補
緇素　→一八頁補
五体地に投ぐ　→三九頁注
頭陀の行　→補
燈台　貞丈雑記「燈台は木にて作りうるしにてぬる。白木にもするなり。形は燭台の如く也。但油盞を置く所と下の台はもつかう形にしてこうもり高にするなり」。
章疏　経典の注釈書。章は篇章に分けて経を論じたもの。疏は経の文句の注釈。
小阿弥陀経疏…　→補
大唐の皇帝…　以下、宋の皇帝の宣旨によってなされたという文証は他にない。
影像・往生要集を…・大師の号　→補
円通大師　円通大師は寂照の号(→二四五頁補「定基」)。故にこの註記は誤り。
住む所…　楞厳院(恵心)先徳、恵心僧都、横川僧都などと称された。
妙音菩薩　→補
転重軽受・金槍馬麦　→補
悩むところ…　過去帳に長和年中病をうけた由を記したあとに、「及二寛仁元年五月中旬一、種々苦痛皆悉平愈…」。
名徳学徒　→補
忩々　呼吸の慌しいこと。
慶祐　→補
事理　→補

もて、西方に廻向し、極楽の*上品下生に往かむことを願へり。今二の天童ありて、来り下《くだ》りて言はく、我は兜率天の*弥勒菩薩の使者なり。聖人偏に法華経を持して、深く一乗の理《ことわり》を解けり。この功徳をもて、当に兜率に生るべし。この故に我等聖人を迎へむがために、今この処に来りぬ。数万の*天童ありて迎摂《がうせふ》すべし。我等且《しばら》く示し告ぐるのみといふ。僧都、天童に語りて言はく、*兜率天に生れて、*慈尊に見《まみ》え奉らむこと、極なき善根なりといへども、弟子頃年《としごろ》深く願ふところあり。身を他世《たせ》に捨てて、極楽に往生し、面《まのあた》り弥陀に見えたてまつりて、妙法を聴聞せむ。慈尊力《りき》を加へて、我を極楽に送りたまへ。極楽界にして、当に弥勒を拝むべし。天童早く還りて、この誓言《せいごん》をもて、当に慈尊に啓《まう》すべし、云云といふ。また近来《このころ》頻《しきり》に観音来り現じたまふ。この故に疑なく、必ず極楽に生れむといへり。慶祐阿闍梨聞き已へて、涙を流して随喜す。

僧都春秋七十六に迨《およ》び、*寛仁元年六月十日の*寅の時刻をもて、永く遷化せり。この時に当りて、天に微妙《みめう》の音楽を奏す。或人は楽《がく》の音を聞きて、西方より東方を指して来るといふ。或る輩《ともがら》は楽の音を聞きて、東方より西方を指して往くといふ。また香《かう》しき風頻に吹きて、奇妙なる香気、虚空に塞《ふた》ぎ満てり。草木の枝葉、萎《な》へ衰へたる形に似て、西方に向ひて傾《かたぶ》き低《た》る。況や涕涙嗚咽の声、山林に満ちて、悲泣恋慕の響、院の内に遍きをや。

第八十四　丹後国の某甲　書かず

上品下生　九品浄土の第三。

弥勒菩薩　→二九頁補

天童　→六七頁注「天諸童子」。なお過去帳に入寂の日(十日)の能救の夢の源信往生の相の記述(→一六一頁補「迎講」)に「其路左右、諸僧陳列、有二四童子一、形服甚美」。

兜率天…　源信の極楽往生と兜率天往生の勝劣の論は、往生要集、大文第三、明極楽証拠者二対兜率にみえる。→解説

慈尊　→六〇頁注

寛仁元年…　日本紀略に長和三年とあるが、過去帳に「寛仁元年六月十日入滅、生年六十六」とある。

寅の時刻　過去帳に弟子能救が「六月十日寅時」に源信往生の夢をみたとある。

〔四〕　今昔物語巻十五ノ二三、始丹後国迎講聖人往生語が本説話に基づくかといわれる(古典文学大系注)。なお同話が沙石集巻十本、迎講事にもみえる。また今昔物語巻十六ノ四、丹後国成合観音霊験語が本説話に基づくとの説もあり(日本古典全書、古本説話集補注)、類話が古本説話集巻下五三・諸寺略記・伊呂波字類抄・宝物集巻三などにみえる。

〔五〕　扶桑略記、応和二年条所引、穴穂寺縁起と同内容。あるいはこれによるか。今昔物語巻十六ノ五もほぼ同内容であるが、禄物を黒馬とするなど相違点もある。宝物集巻三・観音利益集十六にもあり、今昔より本書に近い。諸寺略記や伊呂波字類抄にもみえる。

感世　今昔は名なし。利益集・伊呂波字

第八十五　仏師感世法師

沙弥*感世は、仏像を造るをもてその所作となせり。而れども法華経を読めり。毎日《ひごと》に必ず*一品一巻を読みて、その中に普門の一品を暗誦して、日々に必ず三十三巻を誦せり。また*十八日に持斎して、観世音菩薩に奉仕《ぶし》せり。造仏の請《しやう》を得て、*丹波国の桑田《くはた》郡に往きて、金色の観世音菩薩を造り奉れり。その*檀越《だんをつ》仏像を作るといへども、専《もは》ら、善人にあらず、不善の武者《むさ》なり。*仏師に種々《くさくさ》の*禄物《ろくもつ》を施し与へて、京に上らしむる時に、檀越この念《おもひ》を作《な》さく、我この仏師を殺して、与へしところの物を取り返さむとおもへり。則ち*大江山にして、仏師を殺害《せつがい》して、禄物を奪《ば》ひ取りて、本の所に還りぬ。檀越、造るところの観音を見むがために、寺に往きて戸を開き、新しき仏を見奉るに、金色《こんじき》の観音の*御肩切り割られて、その痕《きず》の中より、赤き血流れ下《くだ》りて、地に満ちて凝結せり。檀越これを見て、心に怖畏《ふゐ》を生じて、悲泣歎息すらく、我已《すで》に仏師の*肩を打ち切りて、既に殺害し畢りぬ。今この観音同じく御肩切られたり。これ希有のことなり。尤も怪《あや》しとすべしとおもへり。即ち使の者を遣して、仏師の存すやいなやを尋ねしむ。使の者京に上りて仏師を見れば、平安にして家にあり、一分の痕もなし。使の者還り来りて、この由を主《ぬし》に告ぐ。檀越弥《いよいよ》怖畏を生じて懺悔《さんぐゑ》す。即ち知りぬ、観音仏師に代りて、我が身を切り損《そこな》はれ、仏師の命を助けたまひたることを。即ち仏師の家に往きて、禄物を反《かへ》し与へて、種種に問訊《もんじむ》す。仏師の云はく、我盗人《ぬすびと》に遇

類抄「盛世」。〔三四〕に仏師が仏物を用いた故に女が地獄に堕ちた話がある。

一品一巻　経の一巻分でなく各品を一巻と数えた。三十三巻も一品を三十三回誦した意。

十八日　↓一〇九頁注

丹波国の桑田郡　書紀、継体即位前紀にみえる。和名抄に丹波国桑田郡。亀岡市の西南、曾我部町穴太(あなお)に、穴穂寺があり、穴穂寺縁起は、この寺の観音像の造立のこととする。

檀越　穴穂寺縁起に丹波国桑田郡宇治宿禰宮成、伊呂波字類抄に宇治宮成、今昔にはただ郡司。宇治宿禰は、書紀、天武紀十三年条に菟道連に宿禰を賜うといい、姓氏録、山城国神別に「宇治宿禰、饒速日命六世孫伊香我色雄命之後也」、天平二十年山城宇治郡加美郷家地売買券に大領外正七位下宇治宿禰君足ほかがみえる。

仏師　仏像を彫刻する工人。古くは造仏工などといった。権記、長保二年六月条「仏師康尚」、皇胤紹運録「康尚、清水寺別当、凡僧、子孫相続、仏師祖」。

禄物　当座の引出物。今昔では馬を与えたことにしている。

大江山　京より丹波にむかう道は、乙訓郡老坂より峠を越えて丹波桑田郡篠村を経て亀岡にいたる。大江山はその峠のあたり。酒呑童子で名高い丹波・丹後境の大江山とは別。今昔「篠村」、利益集「□イノ山」。

御肩切り割られて　穴穂寺縁起「其像胸前立レ矢。昨日所レ放之箭也。従レ疵赤血

ふといへども、身に一分の疵《きず》も蒙《かうぶ》らずして、安穏に家に還りぬ。あに観音妙法の威力《ゐりき》にあらずやといへり。仏師檀越、見聞《けんもん》の輩《ともがら》、皆道心を発して、*観音に奉仕《ぶし》し、法華経を読めり。*応和二年このことあり。

第八十六　天王寺の別当道命阿闍梨

道命阿闍梨は、*傅《ふの》大納言道綱卿の第一男なり。天台座主*慈恵大僧正の弟子なり。幼少の時、比叡山に登りて、仏道を修行せり。法華経において、一心に読持して、更に他《ほか》のことなく、一年に一巻を誦して、八年に一部を誦せり。処々《ところどころ》の霊験の勝地を巡礼して、薫修《くんじゅ》年尚し。就中に、その音微妙《こゑみめう》幽美にして、曲を加へず*音韻を致さずといへども、任運《にんうん》に声を出すに、聞く人耳を傾《かたぶ》けて、随喜讃嘆《さんだん》せり。*法輪寺を卜《し》めて、*練行《れんぎやう》の処となし、時々籠り住して、数々勤行《しばしばごんぎやう》せり。一の老僧あり、その寺に籠り行へり。夢に見らく、堂の庭及び四の隣の辺《ほとり》に、上達部《かんだちべ》の貴き人、充ち塞《ふた》ぎて隙《ひま》なし。皆合掌恭敬《くぎやう》して、寺に向ひて住す。また南の方より遥に音あり。皆人聞きて言はく、*金峰山《みたけ》の*蔵王・*熊野権現・*住吉大明神、*法華を聞かむがために、この所に来り至るといへり。皆悉く来り訖《をは》りて、一心に頂礼し、阿闍梨の法花経を誦するを聞けり。住吉明神、*松尾明神に向ひてこの言《こと》を作《な》さく、日本国の中に、巨多《こた》の法華を持する人ありといへども、この阿闍梨をもて最第一となす。この経を聞く時に、*生々の業苦を離れて、善根増長す。仍りて遠き処より、毎夜《よごと》に参るところなりとのたま

流出」、今昔「御胸ニ箭ヲ射立奉テ」、利益集「御頸ホトヨリ血流出テ、」。
肩を打ち切りて　穴穂寺縁起・今昔・利益集等すべて矢で射殺したことにする。

観音　利益集「アナウノ観音」。
応和二年　扶桑略記は応和二年条に穴穂寺縁起を引く。伊呂波字類抄「寛弘年中」。
〔八六〕今昔物語巻十二ノ三六・弥勒如来感応抄四にある。但し本書にない話もある。
道命　尊卑分脈は藤原道綱の第四子として道命をかかげ、「母中宮少進近広女、阿闍梨、天王寺別当、歌人、能読」とある。
傅大納言　道綱は藤原兼家の二男、大納言・右大将・東宮傅に至り、寛仁四年十月十六日、六十六歳で薨ず。
慈恵大僧正　→一五七頁補
音韻　発音の調子。漢字音の四声をいう。
法輪寺　京都市右京区嵐山中尾下町にある。法輪寺縁起にもと葛井寺といったが、三論宗の道昌が貞観十六年造立して虚空蔵菩薩像を安置して法林寺と改め、のちまた法輪寺となしたという。拾芥抄にも「虚空蔵、大井河西、広隆寺末、道昌建立」とする。摂関期以後、貴族文人の参詣の詩や歌が多い。道命阿闍梨集・千載集・詞花集等には「法輪にありしころ」等、道命が法輪寺にいて作った歌が少なくない。
練行　→九一頁注
金峰山　→六六頁補
蔵王　→一二三頁補
熊野権現　和歌山県の熊野本宮(伊奘冊命を祀る)・新宮(事解男命)・那智(速玉

ふ。松尾明神の言はく、かくのごとし、かくのごとし。我近き処にあれば、昼夜を論ぜず、常に来りて経を聴けりとのたまへり。かくのごとく称讃随喜して、闍梨を礼拝せり。時に老宿夢覚めて見れば、道命阿闍梨、法輪寺の*礼堂《らいだう》にありて、一心高声《かうしやう》に、法華経の*第六巻を誦せり。老僧眼《まなこ》より涙を流して、起立し礼拝せり。

　また一《ひとり》の女あり。悪霊《あくりやう》忽ちに付きて、数日悩乱せり。悪霊顕れて云はく、我はこれ汝が夫なり。悩まさむと欲する心なしといへども、身の苦び堪へがたきに依りて、自然に付き悩ますのみ。我存生《ぞんしやう》の時に、ただ衆《もろもろ》の悪を好みて、殺生放逸し、仏の物を取り用ゐて、悪として造《いた》らざることなく、更に一毫の善なかりき。死後当に*阿鼻地獄に堕ちて、諸《もろもろ》の救なき大きなる苦悩を受くべし。而るに聖人と共に法輪寺に詣でて、一夜寺に侍《さぶら》ふに、道命阿闍梨法花経を誦せり。我かの経を聞くに、その音貴く妙にして、一心に随喜せり。この善根に依りて、*無間《むげん》の苦を滅《け》し、今軽き苦を受けて、蛇道の形を得たり。もしまたかの経を聞かば、必ず蛇身を脱《まぬか》れて、*善処《ぜんじよ》に生ることを得む。汝当に我を将《ゐ》て闍梨の所に詣で、我をして経を聞かしめば、病即ち止り了りぬべし、云云といへり。女人闍梨の住所を尋ねて詣で行きて、かの経を聞かしむ。霊《りやう》また顕れて云はく、善きかな善きかな。我また闍梨の誦経を聞くことを得て、既に蛇身を脱れ、当に天上に生るべし、云云といへり。その後また付きて悩ますことなし。かくのごとき等のこと、更にその数あり。

　乃至一期《いちご》の運尽きて、他界に遷化せり。ここに*得意知音《ちいん》の人あり。存生の契を憶ひ

男神)の三社で、その本地をそれぞれ阿弥陀・薬師・観音とし、熊野三所権現という。これらをいつから権現とよんだか定かでないが、長寛勘文に熊野権現垂迹縁起を引用している。

住吉大明神　↓一四九頁注

法華を聞かむがために　神が聴聞にくるところに特色がある。今昔物語巻一二ノ六に熱田明神が聴聞に来る話がある。

松尾明神　↓補

生々の業苦…　ここは神が聞経によって生々の業苦を離脱するところに特色がある。神が経の読誦をうけて業苦を脱する話は霊異記巻下二四にある。またやや広く、神が宿業によって迷いの身にあり仏教によって神身を離脱するという話は武智麻呂伝・多度神宮寺伽藍縁起資財帳・類聚国史、天長六年三月条にみえる。

礼堂　字類抄「ライタウ、金堂之前堂名也」。礼拝堂。

第六巻　法華経八巻の中最も重要な如来寿量品第十六を収める巻。授記品第六とも考えられる。

阿鼻地獄　八大地獄の一で無間地獄のこと。地獄の最底にあり極悪の人が堕ちる。

無間の苦　間断のない苦。

善処　↓九七頁注

得意知音　字類抄「朋友部、トクイ」「朋友部、親詞、チイン」。心を知った親友。

て、常にこの念《おもひ》を作《な》さく、道命阿闍梨の生れたらむ所不審《いぶかし》。妙法の力《りき》に依りて、浄土に生るることを得たるか。もし我が心を知らば、夢の告あるべしとおもへり。両三年の間、常にこのことを念へり。時にこの人夢みらく、大きなる池の側《ほとり》を行くに、*四種の蓮華、盛《さかり》に開きて池に満つ。中に経を誦する音あり。これを聞くに道命闍梨の音声《おんじやう》なり。喜び念ひて車より下り、池の側に立ちて見れば、阿闍梨船に乗りて経を誦し、手に経巻を執りて、蓮華の池の中より来る。その読経の声は、存生の時より十倍して極めて貴し。この人に語りて言はく、我仏法に入るといへども、三業《さんごふ》を調へず、禁戒を持《たも》たずして、意に任せて*罪を作りき。就中に*天王寺別当に任じて、自然《じねん》に寺家の仏物を*犯用《ぼんよう》しけり。かくのごとき罪に依りて、*三悪道に堕ちずして、浄土の境界に生るることを得ず。然りといへども法華経の力に依りて、この蓮池に住し、法華経を誦して、身心苦びなし。両三年を遅《へ》て、罪苦畢《つ》き已《を》へて、当に*兜率天の上に往生することを得べし。昔の芳契今に忘れず。仍りて来り告ぐるのみといへり。言語畢りて、船に乗りて還り去りぬとみたり。夢覚めて感涙すること限りなし。

第八十七　信誓阿闍梨

*信誓阿闍梨は、安房《あはの》守*高階真人兼博《たかしなのまふとかねひろ》の第三男、*観明《くわんみやう》律師の弟子なり。幼少の時に仏法に入り、天性質直《しちぢき》にして、法華経を誦せり。年来《としころ》*丹後国船井郡*棚《の》波滝に籠居して、一心に修行し、兼て真言を学べり。*五智の水浄くして、*三密の玉明かなり。永く

四種の蓮華　印度に、優鉢羅華(睡蓮)・拘物頭華・波頭摩華・芬陀利華(白蓮華)の四種の蓮華があり、色が青黄赤白の四色というが、四種それぞれ四色ではない。大唐西域記巻三に「四色蓮花弥㆓漫清潭㆒。百果具繁。同栄異㆑色」とある。

罪を作る　宇治拾遺物語一・古事談三には、道命が好色で和泉式部と交接中法華経を読誦したことを批評している。

天王寺　大阪市南区にあり、古くは四天王寺という。書紀、崇峻即位前紀に発願の由来を説き、推古紀元年条に「始造㆓四天王寺於難波荒陵㆒」。天長二年に天台僧二人を安居講師として法華・仁王経を講ぜしめ(類聚三代格)、その後天台の僧が別当を占めた。平安中期より天王寺の西大門は極楽の東門であるとする信仰が発生し、院政時代以後、浄土教の聖地として貴賤の信仰を集めたことが、この期の各種往生伝にみえる。道命は長和五年天王寺別当となった(天王寺別当次第)。

犯用　字類抄「ホンヨウ、云犯詞」。流用すること。

三悪道　地獄・餓鬼・畜生。↓一三一頁注「悪趣」

兜率天　↓六〇頁注「都率…」

〔八七〕　今昔物語巻十二ノ三七にある。本書によるか。

信誓　伝未詳。

高階真人兼博　高階氏系図にみえず。伝未詳。

観明　↓補

丹後国船井郡　「丹波国船井郡」(今昔・

世間の*名聞利養《みやうもんりやう》を断ち、菩提心を発して、法華経を誦せり。天童の来るありて、合掌して云はく、*我来聴法華《がらいちやうほつくゑ》、遂果四弘願《すいくわしぐぐわん》、当従其口出《たうじうごくしゆつ》、栴檀微妙香《せんだんみめうかう》といふ。かくのごとく讃嘆《さんだん》して、法華経を聴けり。

乃至、父母《ぶも》に孝《けう》せむがために、山を出でて里に還り、父母の命に随ひて、安房に下向す。威勢国に満ちて、衆《もろもろ》の人祗候す。その時、内心にこの念を発して言はく、我多くの法華を誦したり。その功徳を尋ぬるに、甚深無量なり。我もし久しく世間に住せば、多く罪業《ざいごふ》を造りて、生死《しやうじ》に輪廻《りんね》せむ。如《し》かじ早く死して悪業を造らざらむにはといふ。即ち*附子《ぶし》〈毒草の名なり〉を食《くら》ふ。附子を食ふといへども、更に死なず。猶し心地を損せず。況や死門に及ばむや。附子の験《しるし》なきことを悔いて、更に*和多利《わたり》〈毒茸《どくたけ》の名なり〉を食ふ。和多利を食ふといへども、更に死なず。これ希有なりとなせり。定めて知りぬ、妙法の威力《ゐりき》顕然として、毒薬を服《ぶく》すといへども、而も損を作さざることを。経文の*刀杖不加《たうぢやうふか》、毒不能害《どくふのうがい》は、あにこのことにあらずや。

乃至、身心疲れ倦《う》みて、一夜休息して、法華を誦せず。丑の時計《ばかり》に至りて夢みらく、人ありて驚《おどろか》して曰く、信力清浄《しんりきしやうじやう》の時臻《いた》れり。早く起きて経を誦せよといふ。夢の内に見る人は、これ普賢菩薩にして、我が傍《かたはら》に副ひ住《とどま》りて、早起を催《うなが》し驚かすとみる。夢覚めて信力を運《めぐ》らして、法華経を誦せり。かくのごとき奇《あや》しき夢、その数巨多《こた》なり。天下《てんか》に疫病《やくびやう》起れり。その時に闍梨并びに父母、病を受けて辛苦《しんぐ》し、*万死一生なり。闍梨夢みらく、*五色の鬼神集会《しふゑ》して、駈り追ひて冥途に向はしむ。闍梨はこれ法華経の

和名抄)の誤り。平城京木簡文書に「丹波国船井郡城崎郷戸主大初□」。

棚波滝 不明。

五智の水 →七九頁注

三密の玉 三密→三〇頁注。これを行ずれば仏の三密が修行者の三密に相応して衆生を利益す。

名聞利養 →一〇五頁注

我来聴法華… 自分は法華経を誦するのを聞きに来て、遂に四弘誓願を果すことが出来た。経を唱える口から栴檀のすばらしい香が出るであろうの意。四弘願は四種の広大な誓願の意で、法華経薬草喩品に「未レ度者令レ度、未レ解者令レ解、未レ安者令レ安、未二涅槃一者令レ得二涅槃一」とあるが、一般には智顗の次第禅門にこれを解釈した「衆生無辺誓願度、煩悩無数(尽)誓願断、法門無尽(量)誓願学、仏道無上誓願成」をいう。往生要集巻上、大文第四正修念仏に説く。

附子 下学集「附子、毒薬」。本草綱目に「釈名、其母名曰二烏頭一」とあり、李時珍の説に「烏附毒薬。非二危病一不レ用。而補二薬中一少加二引導一。其功甚捷」とある。

刀杖不加… 法華経安楽行品の文句。(法華経を読む人に対しては)その身体に刀や杖で打つことも出来ないし、毒をもって害することも出来ないの意。

万死一生 →一三四頁注

五色 青黄赤白黒の五種の色。密教では、この五色を五仏・五智・五字・五大に配し、仏具すべてに五色を用いて重要視する。

持者なりといふ。免除して将《ゐ》て去らず。夢覚めて、闍梨の悩むところ平愈せり。即ち父母を見るに、既に死門に入れり。闍梨涙を揮《ふる》ひて法華を誦して、父母の甦《よみがへ》らむことを祈るに夢みらく、法華の*第六巻、空より飛び下《くだ》りぬ。その経に文《ふみ》を副へり。その文に注して云はく、孝子《けうし》法華を誦して、父母を祈るに依るが故に、父母の寿命を延べて、この度は還すところなりといふ。これ閻王の消息なりとみる。夢覚めて父母を見るに、一日一夜を逕て、即ち蘇息することを得て、冥途のことを語れり。闍梨一生に誦するところ、法華経数万部、観無量寿経・*小阿弥陀経・*大仏頂・*随求《ずいぐ》・*千手等、毎日《ひごと》に闕かず。その遍数を注《しる》さず。現世《げんぜ》の加護、かくのごとく思ひがたし。後世の菩提、疑を生ずべからず。*長久四年、年七十なり。猶し世にあり。

第八十八　持経者蓮昭法師

沙門*蓮昭は、出家して偏に一乗を持し、行住坐臥、更に懈怠《けだい》せず。道心甚深《じんじん》にして、慈悲広大なり。衣をもて他《ほか》に施して、寒苦を歎かず。日の食《じき》を人に与へて、飢渇《けかつ》を憂へず。多く虱蚤を聚《あつ》めて、我が身を施し与へたり。*蚊虻《かあぶ》を遮《さいぎ》らず、*蜹《だに》*蛭《ひる》を厭はずして、身の肉《しし》を食《くら》はしむ。沙門虻蜹多き山に入りて、我が肉血を施す時に、虻蜹多く集りて、身の肉を噉ふ間に、虻の子を生み入れたり。持経者の身体痛み苦びて、その跡大きに脹《は》れて、大きなる苦悩を受けたり。傍《かたはら》の人告げて言はく、この病早く治すべし。*灸《やいとう》をもて*遶《かく》み焼き、薬をもてこれに塗らば、虻の子死し巳りて、平愈することを得べしと

第六巻　↓一六五頁注

小阿弥陀経　呉支謙訳の阿弥陀経二巻と区別するために、鳩摩羅什訳の阿弥陀経一巻をいう。

大仏頂　↓三三頁注「大仏頂真言」

随求　随求菩薩の真言で、衆生の求願に随って成就するといわれる。

千手　↓二五頁注「千手陀羅尼」

長久四年　本書の序は、「長久之年季秋之月」に書かれた。ここの長久四年云々は、本書述作中のこの年にはなお信誓は生存していたのでかく記したものであろう。本書成立の事情を推考するに役立つ。今昔ではこの部分を略している。↓解説

〔八八〕　今昔物語巻十三ノ二二にある。本書によるか。

蓮昭　今昔「蓮照」。伝未詳。

蚊虻…　↓三六頁注「蚊虻身を餧ふ」

蜹　和名抄「野王案、蜹、太邇、今有二小虫一善齧レ人。謂二之含毒一即是」。

蛭　和名抄「本草云、水蛭、比流」。

灸　字類抄「灸所、ヤイトウ」、和名抄「岐伯黄帝、善灸二人疾患一」。

遶む　訓みは字類抄、名義抄による。

室　今昔に「心」とあるが、法華経法師品の「如来室者一切衆生中大慈悲心是。如来衣者柔和忍辱心是。如来座者一切法空是」による。

有情　↓七一頁注

忍辱の衣　日本高僧伝要文抄第二、池上阿闍梨「雖二慈悲室深、忍辱衣厚一、至二門跡論一怒形二於色一」。

いふ。持経者の云はく、更に治すべからず。もしこの病を治せば、多くの虻死ぬべし。ただこの病をもて、当に命終を取るべし。何ぞ虻の子を殺さむやといふ。偏に苦痛を忍びて、法華経を誦せり。夢みらく貴き僧ありて、持経者を讃《ほ》む。貴きかな聖人、善きかな沙門。慈悲の*室深くして、*有情《うじやう》を憐愍《れんみん》し、*忍辱《にんにく》の衣厚くして、一乗を修行すといへり。即ち手をもて痕《きず》を摩《な》づとみる。夢覚めて身に苦痛なくして、その痕忽ちに壊《こぼ》ち開き、中より千万の虻出でて飛び、空に登りて去りぬ。その病平愈して、身心安楽なり。聖人大菩提心を発して、法華を誦し読みて、永く菩提を期《ご》せり。

第八十九　越中国の海蓮法師

沙門*海蓮は、越中国の人なり。志は法華の読習にあり。乃至、発心して暗誦し、加行功を積みて、即ち序品《じよほん》より誦して、観音品に至るまで、二十五品は、早疾《と》く諷誦して、任運《にんうん》に礙《さは》ることなし。ただ*陀羅尼・厳王・普賢の三品において、これを誦すること能はず。多年の功を運《めぐ》らすといへども、暗誦することを得ず。深く肝胆に銘《しる》して、このことを歎き傷《いた》みて、*立山《たちやま》・*白山及び余《ほか》の霊験に参り向ひて、このことを祈禱せり。難行苦行し、食《じき》を断ち塩を断ちて、この三品を誦すれども、総《すべ》て憶持することを得ず。

則ち夢みらく、一の菩薩の形の人ありて、海蓮に告げて言はく、汝先生《せんしやう》において、*蟋蟀《きりきりす》の身を受けて、僧房の壁に居りき。その房に僧あり、法華経を誦しき。蟋蟀経を

〔八九〕 今昔物語巻十四ノ一五にある。本書によるか。

海蓮　伝未詳。

陀羅尼…　以下、法華経二十八品の中、第二十六以下最後の三品。

立山　富山県東南の立山連峰。主峰大汝峰は三〇一五メートル。万葉集巻十七、四〇〇〇に越中守大伴家持の「立山賦」以下がある。伊呂波字類抄の立山大菩薩顕給本縁起には、越中守佐伯有若宿禰、剃髪して慈興聖人が開いたという。この人の名は延喜五年七月の佐伯院附属状にみえる。本書〔一二四〕には「越中国立山女人」の話があり、本書述作当時には、ここには地獄があって日本中の罪をつくるものはすべてここに落ち、またここにおもむけば仏縁によって亡者にあえるとする民間信仰が発達していた。

白山　頂上は石川県の南端にあり、御前峰(二七〇二メートル)など三峰がある。伊呂波字類抄に「白山社…養老年中有二一聖一、泰澄大師是也。初占二霊堀一、奉レ栄二権現一以降、効験被二于遐邇一、利益及二于幽顕一」という。元亨釈書巻十八神仙、白山明神にも、同種の詳細な記述があるが、その依拠が、天徳二年神興作、金沢文庫本、泰澄和尚伝記にあるらしいことは、〔八二〕神融伝解題(一五四頁補)に記した。

蟋蟀　訓みは和名抄・新撰字鏡・字類抄・名義抄による。礼記、月令に「温風始至、蟋蟀居レ壁」とある。古今要覧稿巻五百五十一「キリ〴〵スは万葉集にみえたり。今俗コホロギといふ」。

聞くに、*七の巻一品を誦し畢へけり。休息せむがための故に、壁の上に寄り付くに、蟋蟀頭《かしら》に当りて、圧し殺され畢へけり。二十五品を聞きたる功徳の力《りき》に依るが故に、蟋蟀の身を転じて、人界《にんがい》に来り生れ、妙法を読誦す。三品を聞かざるが故に、陀羅尼・厳王・普賢品を誦することを得ず。汝前生を観じて、今生の報《ほう》を信じ、一心に精進して、菩提を期《ご》すべしといふ。沙門夢覚めて、明かに*本縁を知りて、仏道を修行せり。天徳元年に入滅を告げたり。

第九十　加賀国の尋寂法師

沙門*摂円は、比叡山の住僧なり。要事あるに依りて、北陸《ほくろく》道に往き、加賀国に到りて、夜、人の宅《いへ》に宿りぬ。その家の女主《あるじ》、特に善心ありて、この沙門を宿して、膳を備へ食《じき》を進めて、その疲極を問へり。初夜の時に到りて、家主ありて来り向ふ。これ沙門なり。沙門を宿せるを見て、歓喜《くわんぎ》すること限りなし。家主の僧、*在家《ざいけ》なりといへども、道心あり。夜半《よなか》を過ぎ已へて起きて、沐浴清浄《しやうじやう》して、*持仏堂に入りぬ。発願《ほつぐわん》して法花経一部を誦し已りて後、種々《くさぐさ》に懺悔して、*念仏廻向せり。

またの日の晨朝《じんでう》に、客の僧に語りて言はく、*弟子尋寂、頃年《としごろ》法花経を受持して、仏道を修習すれども、*世路を棄てがたし。妻子を具すといへども、猶し菩提を期《ご》して、生死《しやうじ》を厭離《えむり》し、菩提を欣求《ごむぐ》せり。而るに当に滅を取るべきこと、残の日幾《いくばく》ならず。暫くこの所に住して、入滅に会ふべしといへり。客の僧、語に依りて、この家に止住せ

七の巻　現行法華経は、観音品は巻八の最初の品であるから八巻の誤りか。

本縁　→七〇頁注

〔九〇〕今昔物語巻十五ノ二九にある。本書によるか。

摂円　伝未詳。

在家　髪を剃るだけで家に妻子をもつ者。在家沙弥。

持仏堂　→一四二頁注

念仏廻向　念仏の功徳を向けて極楽に往生しようとすること。

弟子　→一〇〇頁注

世路　→一一九頁注

り。家主の僧と、同心に修行して、三七日を逕たり。*六時の懺法《せんぼふ》を修して、法華経を誦し、説のごとく精進す。三七日を過ぎて、家主、客の僧に語りて言はく、当に知るべし、今夜《こよひ》極楽に往生せむことをといへり。重ねて沐浴し巳へて、清浄の衣を着て、手に香炉を執り、正念端坐して、法華経を誦し、西に向ひて入滅せり。郷里の人々夢に見らく、紫雲家に聳《そび》きて音楽空に満てり。尋寂聖人蓮華の台《うてな》に坐して、空に昇りて去りぬとみたり。沙門摂円希有《けう》のことを見て、本の山に還り、このことを説けり。康保年中なり。

第九十一　妙昭法師

比丘妙昭*は、信濃国の人にして、法華の持者*なり。二の目盲《めし》ひ失ひて、物の色を見ず。深山に迷《まど》ひ入りて、七月十五日に、一の山寺に到れり。住僧、盲ひたる僧を見巳《を》へて、憐愍《れんみん》の心を生じ、盲ひたる僧に語りて云はく、暫くこの寺に住せよ。後の日に里に送らむ。我《われ》要事ありて今里に出でて、明日《あす》還るべし。その間ここに住せよといへり。小《すこしき》なる米《よね》を預け了へて、住持*出でて行きぬ。盲ひたる僧独《ひとり》住して、住僧を相待てり。ここに早く来るべきに、僧更に来らず。二月三月に至るも来らず。盲ひたる僧独《ひとり》深き山幽《かすか》なる処に住して、*方隅を知らず。法華経を誦して、旬月を逕過《すぎ》たり。手をもて柔《やはらか》なる草や木の葉を探り求めて、もて命を活《い》きむとす。十一月に至りて、雪高く*雨《ふ》り積みて、外に出づることを得ず。命旦暮*にありて、即ち餓ゑて死ぬべし。仏前に

六時の懺法　↓九九頁注。ここでは三七日を一期とする法華懺法のこと。

〔九一〕　今昔物語巻十三ノ一八にある。本書によるか。

妙昭　伝未詳。

持者　↓六六頁注「持経者」。

住持　世に安住して法を保持すること、転じて、一寺の主僧、住職。拾遺集七に「くまのくらといふ山寺に、ぢゆうぢし侍りけるに、賀縁法師のやどりて侍りけるに、歌よめといひ侍ければ」とある。

方隅　四方と四隅。方位。

雨り　訓みは字類抄・名義抄による。

旦暮　字類抄「晨夜部、タンホ、時節詞」。時の迫っていることをいう。

ありて、法華経を誦するに、夢に老いたる僧ありて語りて言はく、歎くことなかれ。我今比丘を加護して、即ち菓子《くだもの》を与へむといへり。

夢覚めてより已後《のち》、俄に大風吹きて、大きなる樹倒れ覆《くつがへ》る。盲ひたる僧怖畏《ふゐ》して、一心に念仏す。風吹き留りて後に、庭に出でて探れば、梨柿の木倒れたり。梨柿ありて、その味《あぢはひ》*甘露のごとし。一両の菓《くだもの》を食《じき》するに、忽ちに飢渇《けかつ》を除きて、気力体《み》に遍くして、更に食の想《おもひ》なし。明かに知りぬ、三宝の加被慈護し、諸天の護法供養し給へることを。柿梨を取り置きて、もて*日の食となし、その木の枝をもて薪となし、寒き冬を過せり。明くる年の二月に至りて、里の人始めてこの山に登り到り来りて、この盲ひたる僧を見て、希有の心を生ず。盲ひたる僧本縁を説きて、住持の僧を問ふ。里の人答へて曰く、その住持の僧は、去年《こぞ》の*七月十六日に忽ちに死にきといへり。盲ひたる僧これを聞きて、悲び歎くこと限りなし。盲ひたる僧、人と倶に、始めて里郷に出でぬ。一乗の威力《ゐりき》、*勝利顕然たり。病み悩める人、盲ひたる僧の経を聞きて、病患を除き癒《いや》し、悪霊邪気《あくりやうじやけ》、盲ひたる僧の経を聞きて、皆道心を発して、永く執着《しふぢやく》を捨てつ。旱《ひでり》損したる田畠は、盲ひたる僧の経を誦すれば、自然《じねん》の水ありて、流れ充ちて豊饒《ほうぜう》なり。乃至摂念*受持するに、両の目開きて、一切《いつさい》の*諸色《しよしき》を見たり。

第九十二　長円法師

沙門長円*は、天台山の僧にして、筑紫の人なり。少《わか》き年に*法家《ほふけ》に入りて、法華経を

甘露　→二〇頁補

日の食　毎日の食事。

七月十六日　解夏(安居が解ける)の日。

勝利　すぐれた利益。

受持　受け取って記憶しておくこと。

諸色　種々の事物。色は形あるものの意で、眼根の対境。

〔九二〕　今昔物語巻十三ノ二一にある。本書によるか。

長円　伝未詳。二中歴にある仏師長円は歴代大仏師譜によれば全くの別人。

天台山　→七〇頁注

法家　仏門。

不動明王　→六〇頁補「明王」

葛木山　奈良県南西部と大阪府を限る金剛山脈の連峰。主峰に金剛山(一一一二メートル)。書紀、雄略四・五年条に天皇が葛城山に狩して葛城一言主神にあう話があり、斉明紀元年条に、竜に乗り青油笠を着する者が葛城嶺より胆駒山に隠れ住吉に飛行したという。後に修験道の霊地とされるが、本書の説話のごときはその初期の状態を示すものであろう。本朝神仙伝(三)役優婆塞伝参照。

八大金剛童子　手に金剛杵を持ち不動明王に従う。慧光・慧善・阿耨達・指徳・烏倶婆迦・清徳・矜羯羅・制多迦の八童

読誦し、兼てまた*不動明王に奉仕《ぶし》せり。修行徳を累《かさ》ねて、験力《げんりき》顕然たり。*葛木《かづらきの》山に入りて、二七日を経て、食《じき》を断ちて経を誦す。夢に*八大金剛童子あり。身に*三鈷《さむご》・*五鈷・*鈴杵《れいしよ》・剣等の法具を着けて、もて衣服《えぶく》となす。皆悉く合掌して、異口《いく》同音に讃嘆《さんだん》して曰く、*奉仕修行者《ぶししゆぎやうじや》、猶如薄伽鑁《いうによはくかばん》、得上三摩地《とくじやうさんまぢ》、与諸菩薩倶《よしよぼさつぐ》といへり。かくのごとく讃《ほ》め已りて、一心に法華経を聞く、云々とみたり。乃至深き水氷り塞《ふさが》りて、浅深を知らずして、渡ることを得べからず。歎きて岸の上に住《とどま》る。時に大きなる牛あり、深山より出で来りて、この河を渡る。往還《わうぐあん》すること数反にして、氷を破り道を開きて、牛は隠れ失せぬ。仍《よ》りて河を渡ることを得たり。明かに知りぬ、護法牛に変じて、来りて沙門を渡せることを。

熊野山より大峰に入りて、*金峰山《みたけ》に参るに、深山の路に迷《まど》ひて、前後を知らず。一心に妙法を誦するに、夢に一の童子ありて告げて云はく、*天諸童子《てんしよどうじ》、以為給使《いゐきふし》、勿得《もちとく》憂愁《うじゆ》、示其正路《じぎしやうろ》といへり。夢覚め已りて正しき路を得て、金峰山に詣りぬ。乃至通夜《よもすがら》法華経を誦するに、後夜の時に至りて、一の老人の宿徳《しくとく》奇異なるものあり。これ即ち*神人《じんにん》なり。*名簿《みやうぶ》をもて沙門に授け与へて、この語を作《な》さく、我はこれ*五台山の文殊の眷属《くわんぞく》にて、*于闐王《うてんわう》と名づく。法華を誦する功徳甚深《じんじん》なるに依りて、名簿を奉上す。この結縁《けちえん》に由りて、現世《げんぜ》及び当来世《たうらいせ》を冥護せむ、云々といへり。また*清水寺《きよみづ》に参りて、竟夜《よもすがら》法華経を誦するに、一の貴き女あり。形貌端正《ぎやうめうたんじやう》にして、瓔珞荘厳《やうらくしやうごむ》せり。合掌して讃めて曰く、*三昧宝螺声《さんまいほうらしやう》、遍至三千界《へんしさんぜんかい》、一乗妙法音《いちじようめうほふおん》、聴更無飽期《ちやうかうむばうご》といへり。かくのご

子をいう。金剛童子は東密では青色六臂、台密では黄色二臂の尊とし、無量寿仏の化身、烏蒭沙摩明王と同体ともいう。

三鈷　両端が三に分れている金剛杵。もと印度の兵器で、密教でこれを仮りて煩悩を断ち悪魔を降す堅利の智を表す。

五鈷　↓一〇四頁注

鈴杵　柄を金剛杵の形にした鈴。

奉仕修行者…　仏に奉仕する修行者はあたかも世尊と同じであり、無上の三昧の境地を得ること諸の菩薩と等しいであろうの意。

金峰山　↓六六頁補

天諸童子…　前の二句は法華経安楽行品第十四の偈句。天の諸の童子が給仕をしてくれるから憂い悲しむことはない。その正しい路が示されるであろうの意。

神人　↓一三頁注

名簿　↓一一〇頁補

五台山　↓一九頁注

于闐王　憍賞弥国(西域の古王国で、現在新疆省の和闐)の王で、優填王経によると正妃の教化により優婆塞となったとあり、増一阿含経第二十八には仏が三十三天に上って説法し閻浮提に帰らなかったため、王が憂えて重病に陥り、群臣が牛頭栴檀で仏像を造ったところ平癒したとある。

清水寺　↓八八頁注

三昧宝螺声…　三昧の境に入っている人は宝螺の響く声が全宇宙に遍く行きわたっているのを聞き、法華経を説く妙なる音声は、幾度聴いても飽きる時がない。

とき奇異のこと、その数また多し。あに妙法の威神《ゐしん》、*明王の加護にあらずや。誰《たれ》かこの経に、疑を生じて信ぜざる者あらむ。長久年中に世を去れり。

第九十三　金峰山の転乗法師

沙門*転乗は、金峰山《みたけ》の住僧にして、大和国の人なり。天性剛く急《と》くして、*恚《ふつく》み憤《いきどほ》る心ありけり。志を仏法に繋《か》けて、法華経を誦して、既に六巻を誦することを得たり。昼夜退かずこれを誦すれども、七・八の巻において、暗誦の志なくして、年月を過し送りぬ。盛なる年に迨《およ》びて、忽ちに皆一部を誦せむとするの心を発して、丁寧にこれを誦せり。数月を逕《へ》たりといへども、更に一枚二枚をも誦せられず。況や一品一巻において、暗誦することを得むや。転乗法師、勇猛《ゆうみやう》の志を発して、昼夜怠らずして、一句において誦すること三万遍なれども、*通利せず。即ち*蔵王大菩薩の宝前に参詣して、*一夏《いちげ》九旬、六時の*閼伽・香・燈《とう》を献じ奉りて、毎夜《よごと》に礼拝すること三千遍にして、二巻の妙経を誦せしめむことを祈願せり。

*安居《あんご》の終に望みて夢みらく、竜の冠《かうぶり》したる*夜叉《やしや》の形の人あり。天衣《てんえ》・瓔珞《やうらく》にて厳《いかめ》しく身を飾りて、手に*金剛杵《しよ》を執り、足に華蘂《くゑずい》を踏みて、眷属《くわんぞく》に囲遶《ゐねう》せられて、転乗に語りて言はく、宿因《すくいん》なきに依りて、二巻を誦せざるなり。汝先世《せんぜ》において、毒蛇の身を受けたりき。その形長く大きくして、*三尋《ひろ》半なり。*播磨国赤穂郡の山駅に住しき。一の聖人あり、その駅《うまや》の中に宿りき。毒蛇棟の上にありて、この念を作《な》さく、我飢渇《けかつ》

明王　不動明王。↓六〇頁補

〔九三〕今昔物語巻十四ノ一七にある。本書によるか。

転乗　伝未詳。

恚み　↓七八頁注

通利　↓七二頁注

蔵王大菩薩　↓一二三頁補。なお一般に蔵王菩薩は、首に瓔珞、肩に天衣をまとい、いかめしい形相で怒髪を逆立てながら、片足を大きく上げ、左肘を大きく突き出し、右手を頭の上方にかざして鈷杵をもつ。以下に、これに似た蔵王菩薩の形相がえがかれている。

一夏　↓二五頁注

閼伽　↓一八頁注

安居　↓一〇八頁注

夜叉　八部衆の一。能啖鬼・捷疾鬼などと訳し、のち毘沙門天に属し、仏法を守護する鬼となる。人を傷害し悩ます鬼。

金剛杵　↓一七三頁注「三鈷」

尋　字類抄に「八尺為二一尋一、又人之両臂一紐也為レ尋」とあり、説文に「度二人之両臂一為レ尋、八尺也」とあって八尺（一説に七尺）の長さをいう。

播磨国赤穂郡の山駅　和名抄に播磨国赤穂郡野磨郷がある。延喜兵部式の野磨駅はこの郷におかれた駅であり、山駅はこれにあたろう。いま同郡上郡町付近か。

に遇ひて久しく食《じき》せず。希有にこの人この駅に来れり。今当に呑み食《くら》ふべしとおもひき。ここに聖人、蛇ありて聖人を害せむと欲することを知らずして、手を洗ひ口を漱《すす》ぎて、法華経を誦しけり。その声清浄《しやうじやう》にして、聞くに罪を消滅す。毒蛇経を聞きて、毒害の心を止めて、目を閉ぢて毒気を納めて、一心に経を聞きけり。第六巻に至りて、夜天暁に至れば、七・八の二巻を誦せずして、聖人出でて去りけり。而してその毒蛇は汝が身これなり。害せむと欲する心を止めて法華を聞きしが故に、*多劫輪廻の毒の身を転じて、今、人の身を得て、法華の持者と作《な》る。二巻を聞かざりしが故に、今生に誦することを得ず。汝毒忿の心あるは、これ毒蛇の*習気《じつけ》ならくのみ。汝一心に精進して、法花経を読誦せば、現前には最勝の*悉地《しつぢ》を成就し、後世にはまた*生死《しやうじ》を出離することを得むといへり。比丘夢覚めて、深く道心を発して、弥《いよいよ》法華を誦せり。*多聞天王その念ふところに随ひて、悉地を満たしめぬ。嘉祥二年に*円寂せり。

第九十四　沙弥薬延

沙弥*薬延は、美濃国の人なり。時に*無動寺に一の聖人ありけり。顕密兼ね習ひて、また道心あり。*事の縁あるが故に、美濃に下向して、路の辺《ほとり》の舎《や》に宿りぬ。その宅《いへ》の主《あるじ》を見るに、法師に似たりといへども、作法は僧にあらず。頭《かしら》の髪は二寸ばかりにして、俗の*衣服《えぶく》を着たり。*田猟《かり》し漁《すな》どり捕えて、宍《しし》を食《じき》し鳥を噉《くら》ひて、*狼籍善からざること、宛《あたか》も*具縛《ぐばく》のごとし。聖人これを見て、心に怖畏《ふゐ》を生じて、ここに宿れることを

多劫　多くの劫時(最長の時間)の意で未来永劫をいう。
習気　→一二〇頁注
悉地　さとり。成就。真言などを誦することにより成就する種々の妙果をいう。ここは正覚円満の位。
生死を出離　生れては死に、死んでは生れる輪廻から抜け出す。涅槃。
多聞天王　→一六〇頁注「毘沙門」
円寂　涅槃に入ること。ここでは示寂のこと。
〔九四〕　今昔物語巻十五ノ三〇・拾遺往生伝巻中〔八〕にある。ともに本書によるか。なお本書全体の構成上、これ以前が比丘、これより〔九七〕まで沙弥。
薬延　伝未詳。
無動寺　→二三頁注
事の縁　→一三一頁注
衣服　今昔「水干袴」。
田猟　字類抄・名義抄に、田・猟ともに「カリ」と訓む。狩猟。
狼籍　塵添壒嚢鈔に「只ミタリガハシキ義也」とあり、取散らした意であるが、ここは無法な行為を指す。
具縛　→六一頁注

悔い恨めり。この悪《あ》しき比丘、夜半に起き已りて、身体を沐浴し、清浄の衣《え》を着て、後の園《その》の中に往きて、持仏堂に入りぬ。最初《さいそ》には*法華懺法《せんぼふ》を修行し、次には*誓願を発して、法花経を誦せり。天暁に至りて、一部を誦し訖りぬ。乃至夜明けて、巳の時に及び、念仏*観行誠にもて退かず。聖人に対《むか》ひて言はく、沙弥薬延、罪業《ざいごふ》の力《りき》に依りて、殺生放逸、*破戒無慚を行ふといへども、偏《ひとへ》に信力《しんりき》を生じて、法華経を誦せり。某《それの》年月をもて、必ず極楽に生れむ。聖人縁ありて、この舎《や》に来り宿せり。必ず結縁すべし、云々といへり。

聖人沙弥の語《こと》を聞くといへども、堅き信を生ぜず。法華経を読誦すること、これ貴き勤なりといへども、鹿を殺し鳥を害すること、これ深重《じんぢう》の罪なり。何ぞ往生することを得むとおもへり。無動寺に還りて、数年を経て、全《また》く薬延往生のことを忘れたり。ここに天に雲を布《し》き、頻に楽の声あり。東の方より紫雲を吐きて、遥に西の方に聳《そび》き、紫雲垂れ布きて、近く聖人の房を覆へり。空中に声あり。沙弥薬延、今日極楽世界に往生す。先年に契言ひしかば、結縁忘れず、今告げ奉るところなり、云云といへり。聖人驚駭《おどろ》きて、不覚の涙を流して、*礼拝讃嘆《さんだん》せり。承平年中のことなり。

第九十五　筑前入道乗蓮

筑前入道沙弥*乗蓮《じょうれん》は、伊与前司*高階真人明順《たかしなのまふとあきのぶ》の第一の男なり。*前《さき》の一条院の御時に、殿上の蔵人にて、*式部の労《らう》に依りて、*筑前守に任じたり。その性《ひととなり》*柔軟にして、心に

法華懺法　↓一九頁補

誓願　拾遺往生伝「四弘」。

観行　↓一〇七頁注

破戒無慚　↓一二七頁注

礼拝讃嘆　拾遺往生伝「且悔二疑網一。且懺二罪障一」。

〔九五〕　今昔物語巻十五ノ三五・拾遺往生伝巻中〔九〕にある。ともに本書によるか。

乗蓮　俗名高階成順。明順の子(尊卑分脈)。寛弘五年二月左衛門尉(小右記)。

高階真人明順　成忠の子(尊卑分脈)。正暦元年十月中宮大進(小右記)、同四年正月但馬守、長保四年三月殿上を聴され(権記)、寛弘二年六月蔵人(侍中群要)、のち伊予守として赴任(小右記、同年九月条)。同六年二月中宮及び藤原道長呪詛事件により叱責され間もなく死んだ(栄花物語)。妹の貴子は皇后定子の母(尊卑分脈)。

前の一条院の御時　一条天皇(在位寛弘二—八)の治世。後一条院に対して前一条院という。

式部の労　寛弘七年正月式部丞(小右記)。式部丞の任期中職務につくした功労。

筑前守　万寿二年に筑前守となり、七月、赴任のため実資厩馬一疋を与う(小右記)。長元三年三月大宰府解に正五位下行少弐兼筑前守(類聚符宣抄)。

道心ありけり。少年の時より、法華経を読誦し、*弥陀の大呪を持して、仏法に帰依せり。ここに*任限《にんげん》既に臻《いた》りて、花洛に帰り着きぬ。鬢髪を剃り除きて、仏の弟子と作《な》れり。住む所の舎《や》を浄くして、仏像を造立《ざうりふ》し、*南北の智者を請《しやう》じて、長日の講を始めたり。毎日《ひごと》に供養するところは、仏一体、法華経一部、阿弥陀経等なり。*講筵の最初《さいそ》には、法華の貴き文《もん》を撰び出して、大衆《だいしゆ》、異口同音にこれを頌《じゆ》し、如来を歌詠して、一乗を讃嘆《さんだん》し、*五体を地に投げて、恭敬《くぎやう》礼拝せり。また講筵の以後《のち》には、必ず阿弥陀経を読みて、念仏三昧せり。かくのごとき作善《さぜん》、八ケ年に余りて、三千日に迨《およ》べり。道俗男女《なんによ》、*造次《さうし》に結縁し、華洛都鄙、昼夜に雲集して、*仏の種子《しゆじ》を植ゑたり。或は奇異の相《さう》を夢みて、*伏膺《ふくゐよう》して語り伝へ、或は現《あらは》に珍しき財《たから》を投げて、感歎して来り供《たてまつ》れり。

乃至*暮年の時に、*瘡《かさ》の病を請《う》け取りて、心神乱れず、所作退かずして、耳に長日講を聞き、口に弥陀仏を称《い》ひて、永く*黄泉《よもつくに》に帰りぬ。乃至一周忌に、件《くだむ》の講演を勤修《ごむしゆ》せり。僧俗の夢想稍《やや》員《かず》あり。或は入道蓮の船に乗りて、西の方を指して行き去り、或は*華蘂を踏み雲を凌《しの》ぎて天に登りぬ。

第九十六　持経者を軽み咲へる沙弥

昔山城国に*人あり。*沙弥と共に囲碁《ご》を打てり。*持経者来りて法花経を誦して乞食す。時に沙弥これを聞きて、軽み咲《わら》ひて誹謗《ひはう》す。即ち沙弥忽ちに口*喎《ゆが》み声を失ひて、不用の人と成れり。*見聞の人々、大きに恐《お》ぢ怖れ驚きて、皆この言《こと》を作《な》さく、持経者を誹

柔軟　→四〇頁注
弥陀の大呪　阿弥陀如来の真言で、阿弥陀如来根本陀羅尼とも十甘露明ともいう。
任限既に臻りて　右記の伝のごとく、長元三年三月までは任地にあり、それ以後。
南北の智者　→九七頁注。今昔「天台法相ノ智者ノ僧」。
講筵　→一五八頁注
五体を地に投ぐ　→三九頁補
造次　→一〇頁注
種子を植ゑたり　悟りを開こうとする心を生ずること。種子は有情の心の中にあって一切の事物を生ぜしめる因を草木の種子に譬えていう。→一一七頁注「仏種」
伏膺　字類抄に「服膺、然諾分」とあり、胸に銘記して忘れないこと。
暮年　拾遺往生伝「于レ時長久元年八月十四日」。
瘡…　→三三頁注
黄泉　訓みは名義抄。死者の行く所。
華蘂　今昔「蓮花」、拾遺往生伝「花台」。
〔九六〕　日本霊異記巻上一九・三宝絵巻中にある。後者によるか。→解説
人あり　霊異記「有二一自度一。姓名未レ詳也」。
沙弥と…　霊異記「常作レ碁為レ宗。沙弥与二白衣一倶作レ碁」。前田家本三宝絵は「有二一人男一与二沙弥一打レ碁之程」とあり、本話と主客が一致す。
持経者　→六六頁注
喎み　訓みは字類抄・名義抄による。
見聞の人々　霊異記や三宝絵は俗人とし、俗人が碁を打って度ごとに勝ったと記す。

謗し軽み咲へるが故に、現前にかくのごとき罪報を感得すといへり。沙弥、医師の家に往きて、薬を塗り治を加へたれども、遂に除愈せず。口弥《いよいよ》喎《ゆが》み増し、声また幽《かすか》に耄《ほ》れて、言語すること能はず。*現報かくのごとし、後世の受くる苦びは、勝《あ》げて計《かぞ》ふべからず。法華経*譬喩品等を見るべし。*霊異記に出でたり。

第九十七　阿武の大夫入道沙弥修覚

*長門《ながと》国の阿武《あむの》*大夫入道沙弥修覚《しゆかく》は、在俗の間、猛悪《まうあく》不善、殺生放逸にして、善心あることなし。*勢徳国に充満《み》ちて、恣《ほしいまま》に悪業《あくごふ》を作せり。年老いて病を受けて、死門に臨まむと欲す。諸の法師を集めて、法華を転読して、除病延命《えんみやう》の由を祈り乞へども、遂に死門に及べり。諸の僧は皆去りぬ。一の持経者あり。後世の抜苦のために、死人に向ひて、法華経を誦せり。第八巻の、*是人命終《ぜにんみやうじゆう》、為千仏授手《ゐせんぶつじゆしゆ》、令不恐怖《りやうふくふ》、不堕悪趣《ふだあくしゆ》、即往兜率天上《そくわうとそつてんじやう》、弥勒菩薩所《みろくぼさつじよ》、弥勒菩薩《みろくぼさつ》、有卅二相《うさんじふにさう》、大菩薩衆《だいぼさつしゆ》、所共囲遶《しよぐうゐねう》の文《もん》に至りて、この死人甦《よみがへ》りぬ。起居し合掌して、この文を聞きて、眼《まなこ》より涙を出して歓喜《くわんぎ》し、僧に進めて六、七反誦せしむ。聖人《しやうにん》に謂ひて云はく、我*冥道《みやうだう》に向ふに、悪鬼駈り追ひて将《ゐ》て去りぬ。この文を誦する時に、天童子来り、我を将て還り、人界《にんがい》に向はしめたりといへり。この語を作《な》し已りて、悩むところ除愈せり。即ち道心を発して、頭《かしら》の髪を剃り除きて、出家入道せり。

その後数《あまた》の年、法華経を持して、一心にこれを読めり。道心堅固にして、永く悪心

現報　現在に善悪の業をなして、現実の身にその果を受けること。

譬喩品　譬喩品の偈に法華経及びその持経者を誹謗する者は死後地獄に堕ち、更に畜生に堕ちて無間の苦しみを受けることを説いている。なお霊異記や三宝絵では普賢菩薩勧発品の「若有下軽二笑之一者上、当二世世、牙歯疎欠、醜脣平鼻、手脚繚戻、眼目角睞一」の文を引いている。

霊異記に…　三宝絵の伝に「霊異記ニ見タリ」とあり、これによる。→六六頁注

〔九七〕　今昔物語巻十五ノ四・弥勒如来感応抄四にある。本書によるか。

長門国の阿武　国造本紀に「阿武国造」、和名抄に長門国阿武郡、また同郡阿武郷、延喜兵部省式に長門国阿武駅。阿武郡は山口県の東北部、阿武郷は阿武町付近。

大夫入道　大夫は令制では五位以上の通称。転じて五位の通称。入道→三六頁注

勢徳　権勢と財産。

是人命終…　普賢菩薩勧発品の中にみえる句。(もし人が法華経を受持読誦しその意味を解するならば)この人が命の終る時に、千仏が手を取って恐怖せしめることなく、地獄に堕すことなきようにし、すぐに天上の弥勒菩薩―菩薩は三十二相があり大勢の修行者に取囲まれて居られる―の居られる所に往くであろうの意。

冥道　死後の世界。

正念を成就す　臨終に正念を持して往生する、正念往生のこと。

無常に帰す　人の死ぬことをいう。

威儀具足　→六七頁注

を留め、作善《さぜん》を志となせり。乃至最後に、種々の善根《ぜんごん》を作し、諸の沙門を請《しやう》じて、法華を読ましむ。我もまた読経して、一心に念仏し、*正念を成就して、*無常に帰せり。傍《かたはら》の僧、夢に見らく、*入道威儀具足して、諸の僧に語りて言はく、我今妙法の力《りき》に依りて、兜率天に生ることを得たりといへり。

第九十八　比丘尼舎利

比丘尼*舎利菩薩は、*肥後国八代《やつしろ》郡の人なり。母懐妊して後、*勝宝二年十一月十五日寅の時に、一の*肉段《ししむら》を生めり。その形体《かたち》を見れば、猶し明月のごとし。夫妻共に念へらく、これ善きことにあらずとおもへり。肉段を桶に入れて、山の谷に隠し捨てたり。七日を過ぎ已へて、往き至りて見れば、*卵《かひこ》のごとく破れ開きて、妙《たへ》なる女子あり。父《ぶ》母《も》歓喜《くわんぎ》して、取り返して養育す。万の人これを聞きて、希有の心を生《おこ》せり。八月を逕る間、俄に身の*長《たけ》大きに、高さ三尺五寸なり。自然《じねん》の智《さとり》ありて、言詞巧妙《げうめう》なり。七歳より以前《さき》に、*法花経一部・華厳経一部を暗誦せり。心に出家を楽《ねが》ひて、尼と成りて法《ほふ》衣《え》を着て、仏道を勤行す。昼夜六時に、法華経を誦す。その音《こゑ》甚だ貴くして、聞く者涙を落せり。面貌端正《めんめうたんじやう》にして、見る者寵愛す。形は女なりといへども女根なくして、纔に尿《ゆばり》の道あり。世間の見る者、皆尊重《そんてう》を生じて、*号《な》づけて聖人《しやうにん》と曰へり。*当国の国分寺の僧幷びに豊前国の*宇佐大神宮寺の僧両人、この尼を見て云はく、汝はこれ*外道《げだう》なり、仏弟子にあらずといへり。誹謗《ひはう》悩乱す。時に空中より鬼神手を降して、形体見《あらは》れ

〔九八〕　霊異記巻下一九・三宝絵巻中にある。後者によるか。↓解説。なお本書全体の構成上これより〔一〇〇〕までが比丘尼。

舎利菩薩　仏十大弟子の一人で智慧第一と称された舎利弗（舎利弗多）にちなんで称したもの。菩薩↓一六頁補

肥後国八代郡の人　肥後国八代郡は和名抄にみえる。霊異記には「八代郡豊服郷人、豊服広公之妻」、三宝絵もほぼ同じ。和名抄に八代郡豊服郷。熊本県下益城郡に松橋町豊福がある。

勝宝　霊異記・三宝絵「宝亀」。

肉段　一塊の肉片。

卵　霊異記「殻」。箋注和名抄に「按加比古、殻子之義。謂㆓卵有㆒レ殻也」。

長大きに…　霊異記「長大頭頸成合異レ人無レ顊」。

法花経一部…　三宝絵「法華経八巻、花厳経八十巻」。

号づけて…　霊異記は半面揶揄的に「愚俗皆之号曰㆓猴聖㆒」、三宝絵も同じ表現。

当国の国分寺の僧　文脈上、肥後国国分寺僧。霊異記には「託磨郡之国分寺僧」。和名抄に肥後国託磨郡。国分寺はいま熊本市出水町にその遺構がある。

宇佐大神宮寺　霊異記に「宇佐郡之矢羽田大神寺」。宇佐大神は豊前国宇佐郡、いまの大分県宇佐市の宇佐神社の祭神。矢羽田はヤハタ即ち八幡、大神宮寺ないし大神寺は、宇佐神社に建てられた神宮寺。続紀、天平十三年条に、八幡神宮に三重塔を造らしむとあるのがその初見。後に弥勒寺といった。

ず、両の僧の頭《かしら》・面《おもて》・鼻・口を爴《つか》み割《さ》けり。その僧幾《いくばく》ならずして死し已《を》竟《は》りぬ。

その後肥前国佐賀《さが》郡の*大領《だいりやう》*佐賀君《さがのきみ》、*安居会《あんごゑ》を設けて、*大安寺の*戒明《かいみやう》法師を請《しやう》じて、*八十華厳経を講じたるに、この尼日々《ひび》に講筵を聴聞せり。講師《かうじ》尼を見て、罵詈《めり》誹謗すらく、何の尼ぞ、猥《みだり》に衆中の広座に交るといふ。尼云はく、仏は大きなる慈悲あり。*法は平等の教なり。一切衆生のために、正法を流布す。何の故にか分別《ふんべち》して、法を聞くことを制止すや。抑《そもそも》説くところの経に就きて、*小分の疑あり。今須《すべから》く申し上《たてまつ》りて、当《まさ》に愚昧を明むべしといへり。華厳の偈《げ》において問難するに、講師この義を答ふることなし。この座にあるところの智徳名僧驚き怪《あやし》びて、各《おのおの》難《かた》き問を出してこの尼を試みるに、一々能く答へて、あへて難ずる者なし。その時、諸の人敬重礼拝せり。聖人の*垂跡《すいじやく》にして、直人《ただびと》にはあらざるなり。舎利菩薩と号づけたり。道俗悉く靡きて、帰依恭敬《くぎやう》し、その教化《けうくゑ》に随ひて、多く*仏道に趣けり。

第九十九　比丘尼釈妙

比丘尼*釈妙は、*睿桓聖人の母なり。その心潔白《けつはく》にして、慈悲甚だ深く、細《こまやか》に戒律を守りて、微塵も犯さず。不浄の手をもて、*水瓶《すいびやう》を取らず、袈裟を着ざれば、仏の前に出でず。何《いか》に況やその余《ほか》の衆《もろもろ》の罪を誤ち犯さむや。出家してより以後《のち》、*西方に向ひて、大小便利を行はず、頭東足西して、更に臥し息《やす》まず。法華を読誦し、弥陀を称念すること、日夜の*経営、*動止の所作なり。法華経を読むこと三千余部、*百万遍の念仏数《す》百

外道　仏道に外れた邪法。異端者。律では男女根の不具者は出家できないとする。

大領　郡の長官。令義解、職員令「掌下撫二養所部一、検中察郡事上」。

佐賀君　霊異記「正七位上佐賀君児公」。

安居会　僧侶が安居(→一〇八頁注)の時に経論を講説する法会。

大安寺　奈良市右京六条三坊にあり、南都七大寺の一。推古天皇の時建立して、舒明朝に百済大寺、天武朝に大官大寺となり、天平元年平城京において改築の後、大安寺という。

戒明　讃岐人で俗姓凡直氏。大安寺の慶俊に師事して華厳の奥旨を究め、宝亀年間に入唐し帰り大安寺南塔院に住む。延暦年中に入滅す(日本高僧伝要文抄所引延暦僧録)。

八十華厳経　華厳経に三訳あり、唐の実叉難陀訳八十巻を八十華厳とも唐経・新経ともいう。→九二頁注「華厳大乗」

法は…　仏法は一切衆生が平等に成仏することを説く教である。華厳宗では一切衆生が皆仏の相を備えていると説く。

小分　三宝絵「頗」。

垂跡　仏が菩薩衆生を救うために仮りに姿を現すこと。我国の神仏習合思想に最もよく現れる。

仏道に趣けり　仏道に帰依した意。霊異記・三宝絵にはこの後に卵から生れた子が羅漢になった話を記す。

〔九九〕　今昔物語巻十五ノ四〇・拾遺往生伝巻中〔三九〕にある。ともに本書によるか。

度なり。*定途の夢想に、木像の仏、いまだ口を開き舌を動《はたらか》さずして言はく、我はこれ弥陀なり。汝を*引摂《いんぜふ》せむがために、常に来りて守護すといへり。遷化の時に臨みて、手に*五色の糸を取りて、一心に念仏せり。正暦三年に、端坐して入滅せり。

第百　比丘尼願西

比丘尼願西は、楞厳院《れうごむゐん》の*源信僧都の姉なり。仏法に入りたる後、法華経を読誦して、而もまた経の甚深《じんじん》の理を解了せり。その心柔軟《にうなん》にして、正直に偽《いつはり》なく、全《また》く戒律を護りて、深く*罪根を怖れたり。*女の形を受くといへども、当に*信男と言ふべし。法華経を読むこと、数万部に及び、念仏の功《く》を積むこと、その量《かず》を知らず。奇異の夢を見て、尋ね来る人多し。山鳥菓蓏《このみくさのみ》を啄《ついは》みて、飛び往きてこれを献《たてまつ》り、野狐*粢餅《しとぎ》を持ちて、竊に来てこれを志せり。何《いか》に況や、人倫何ぞ帰せざらむや。各《おのおの》結縁せむことを知りて、その意《こころ》に逆《さか》はず。衣は僅に身を隠し、食《じき》はただ命を支ふるのみにして、その余分をもて、普《あまね》く*孤露貧賤の類《たぐひ》に施して、更に利を貪することなし。普賢来護して、観音摩頂したり。かくのごとき奇《あや》しきこと、時々常にあり。臨終の刹那、眼《まなこ》に光明を見、耳に妙法を聞きて、合掌して仏を礼《らい》し、息絶えて入滅せり。寛弘年中なり。

第百一　宮内卿高階良臣真人

宮内卿《くないきやう》従四位下高階真人良臣《たかしなのまふとよしおみ》は、少《わか》くして*進士《しんじ》の挙《きよ》を歴て、才名をもて自《みづか》ら抽《ぬきい》でた

釈妙　伝未詳。
睿桓　巻中〔四六〕叡桓伝参照。
水瓶　→六八頁注
西方に…　浄土論巻下「各不下向二西方一涕唾便利上、不下背二西方一坐臥上」。
経営　→一三〇頁注
動止　立居振舞。
百万遍　→補
定途　→八三頁注
引摂　→二九頁注
五色の糸　→二八頁補「糸をもて…」

〔一〇〇〕　→補
源信　〔八三〕源信伝参照。
罪根　→九〇頁注
女の形　仏教では女人は男子以上に罪障の深い者とされている。
信男　信士。優婆塞のこと。
粢餅　和名抄に「之度岐、祭餅也」とあり、倭訓栞には新撰字鏡に「糈」をシトキと訓んでいるので白磨の義とす。貞丈雑記に「餅米ヲ蒸シ熟シテワヅカニ舂キ鶏子ノ形ノ長キガ如ク造ルナリ」と説くのがよい。
孤露　→一一五頁注

〔一〇一〕　日本往生極楽記〔三三〕により、一、二の字句を除きほとんど同じ。今昔物語巻十五ノ三四にもある。なお本書全体の構成上、これより〔一二六〕まで優婆塞。
進士の挙　→三七頁補

り。多く諸司を歴て、累《かさ》ねて六郡を宰《をさ》めたり。歯《よはひ》知命に迨《およ》びて、深く仏法に帰し、日夜に法華経を読誦して、弥陀仏を念じたり。天元三年正月、初めて病を得たり。素より修するところの念仏読経、あへて一も廃《や》めざりき。死に先だつこと三日、その病忽ちに平く。この間首《かしら》を剃りて五戒を受け、七月五日に卒《し》せり。この時に当りてや、家に香気あり、空に音楽あり。暑月に遇ひて、数日《すじつ》を歴《へ》たりといへども、身は爛壊せず、存生《ぞんしやう》の時のごとし。

第百二　左近中将源雅通

左近中将*源雅通は、*右少辨入道の第一の男なり。心操正直にして、諂諛《てむゆ》を離るといへども、*世塵に牽《ひ》かれて、多く悪業《あくごふ》を作れり。春の林に交りて逍遥《せうえう》し、*狩士を翫ぶの間、多く山の蹄《ひづめ》を殺し、秋の野を望みて*遊戯《ゆげ》し、*鷹鸇《ゐようせん》を興ずるの処、また野の翅《つばさ》を害す。勤王の忠を尽して、治国の術《ずつ》を廻らすに、邪見放逸、求めずして自《おのづか》らに臻り、身に光華を放ち、心に栄耀を着るに、煩悩悪業、好まずして自らに集まる。多くの罪を作るといへども、改悔の勤あり。而るに少《わか》き日より、法華経を持せり。その中に*提婆品を、深く心府に銘《きざ》みて、毎日《ひごと》に十二十返《へん》を誦せり。品の中の要句、*浄心信敬《じやうしんしんぎやう》、不生《ふしやう》疑惑者《ぎわくしや》、不堕地獄《ふだぢごく》、餓鬼畜生《がきちくしやう》、生十方仏前《しやうじつはうぶつぜん》、所生之処《しよしやうししよ》、常聞此経《じやうもんしきやう》、若生人天中《にやくしやうにんてんちう》、受《じゆ》勝妙楽《しようめうらく》、若在仏前《にやくざいぶつぜん》、蓮花化生《れんぐゑくゑしやう》の文《もん》をもて、朝暮の*口実《こうじつ》となせり。乃至最後の病患《やまひうれ》ふるの時、啻《ただ》に提婆品を誦し、入滅の遺言に、浄心信敬《じやうしんしんぎやう》の文《もん》を唱へて、これより以外《ほか》、更

〔一〇二〕　今昔物語巻十五ノ四三・拾遺往生伝巻中〔一五〕にある。ともに本書によるか。発心集巻七にもある。

源雅通　雅信の孫、時通の子、母は但馬守源堯時女(尊卑分脈)。長徳四年四月右近権将監(権記)、寛弘二年正月、左近少将にして蔵人となり(小右記・御堂関白記)、長和元年八月丹波守となる(御堂関白記)。寛仁元年七月十日卒す(小右記)。後拾遺集歌人。

右少辨入道　時通。母は藤原朝忠女。民部少輔を経て蔵人右少弁正五位下になった(尊卑分脈)が、永延元年四月に出家(職事補任)。

世塵　世の中の俗事。塵は真性を汚す煩悩。

狩士　狩と同じか。説文「士、事也」。

遊戯　字類抄「人事部、逍遥分」。

鷹鸇　たかとはやぶさ。鷹狩をいう。

提婆品　→一〇七頁注

浄心信敬…　(法華経を聞いて)清らかな心で信じ敬い疑惑を生じない者は、地獄・餓鬼・畜生の三悪道に陥ることなく、十方の仏の国に生まれ、そこでは常にこの経を聞くであろう。もし人間及び天の世界に生れた者は無上の楽しみを得、また仏の面前にあれば蓮華から生れるであろうの意。

口実　いいぐさ。口ぐせにいう言葉。梧窓漫筆巻下「仲虺之説と左伝襄公二十二年にある口実は、口くせに云ふこと也」。

に余《ほか》の言《こと》なくして入滅せり。

*皮聖《かはひじり》*師檀の契あり。初夜の時に臨みて、仏の前に居《ゐ》ながらに夢に見らく、五色の雲聳《そび》き下《くだ》りて、中将の寝殿*を隠せり。光明赫奕*として、異香《いきやう》*氛氳《ふんうん》たり。微妙《みめう》の音楽雲の中に聞え、五色の雲西方を指して徐《やうや》くに去る。音楽雨華《*うけ》漸々《やうやう》に遠く離るとみたり。夢覚めて思念すらく、定めて知りぬ、中将往生の相なることを。聖《ひじり》虚実《こじつ》を知らむがために、深暁に出で行きて、かの宅《いへ》に到来して、存不を問ふの時に、*今夜《こよひ》戌の時に入滅す、云云といへり。世間に皆往生の由を称《い》へり。

ここに右京権大夫《のごんのだいぶ》*藤原道雅、このことを信ぜずして謗言を生《な》さく、中将は一生殺生不善なり。何の善根《ぜんごん》に依りてか、往生を得むや。もし爾《しか》らば極楽に生れむと欲する人は、当に殺生放逸、邪見不善を好むべきかといへり。右京権大夫六波羅*に参詣して、講筵に値遇《ちぐ》せり。車の前に、両三の老尼あり。一の老尼、涙を流して悲びて云はく、身貧しく年老いて、善根を作らず。徒《いたづら》にこの生を過さば、三途に還り至らむ。昼夜歎き悲びて、三宝に祈り申すに、昨夜夢みらく、一の宿徳の老僧あり、告げて言はく、汝更に歎くことなかれ、ただ念仏を修して*直心《ぢきしん》ならば、決定《けつぢやう》して極楽に往生せむ。左近中将雅通は、ただ内心を直《ただ》しくして、法華を持せしが故に、善根を作らずといへども、既に往生することを得たり、云云といふ。尼この夢を見て、左近中将の極楽に往生せるなりといへり。右京大夫老尼の夢を聞きて、始めて信心を生じて、永く疑惑を除けり。

皮聖　行円。皮仙ともいった(小右記、長保元年十一月条ほか)。鎮西の人と伝う(元亨釈書)。寛弘元年十二月、一条北辺に行願寺(→一一八頁注)を供養す。二年七月、法華八講を修し貴賤多く結縁す(日本紀略)。七年三月、法華一千部・仏絵像三千体を供養す(日本紀略・御堂関白記・権記)。長和五年、粟田山路を改修して車馬の往還に資す(小右記、同年四月条)。寛仁二年三月行願寺に万燈会を催し上下市をなす(日本紀略・小右記)。寛仁三年藤原実資、行円に依嘱し行願寺に等身多宝塔を造らしむ(小右記、同年二月条)。

師檀の契　師僧と檀那の関係で親交があることをいう。

寝殿　寝殿造の正殿。

赫奕　名義抄に「赫」「奕」共に「カカヤク」と訓む。

氛氳　祥気が盛に立ちこめる様子をいう。

雨華　天から花が降ってくること。

今夜　昨夜。雉岡随筆巻上「朝になりて昨夜の事をいふに、今夜といへる事…」。

藤原道雅　伊周の子。母は源重光女(尊卑分脈)。万寿三年に右京権大夫、寛徳二年左京大夫となり、天喜二年七月十日出家、同二十六日六十三歳で薨じた(公卿補任)。歌人として知られ、荒三位と称された。なお道雅は右記の如く、寛徳二年右京権大夫より左京大夫に転じたが、著者はそれ以前に本書を書き終っているので、道雅を右京権大夫とする。→解説

六波羅　六波羅蜜寺。→八八頁注

直心　正直にしていつわりのない心。

第百三　右近中将藤原義孝

右近中将藤原義孝は、太政大臣贈正一位謙徳公の第四の子なり。深く仏法に帰して、終に葷腥を断てり。勤王の間、法華経を誦す。天延二年の秋、疱瘡《もかさ》を病《わずら》ひて卒せり。命終るの間、方便品を誦す。気絶ゆるの後、異香《いきやう》室に満てり。同じ府の亜将《あしやう》藤原高遠は、同じく禁省《きんしやう》にありて、相《あひ》友として善し。義孝卒して後、幾《いくばく》ならずして夢みらく、相伴ふこと宛《あたか》も平生のごとし。便ち一句の詩を詠《うた》ひて言はく、

　昔は契りき蓬萊宮の裏《うち》の月に　今は遊ぶ極楽界の中《うち》の風に

といへり。

第百四　越中前司藤原仲遠

越中前司*藤原仲遠は、天性の催《もよほ》すところ、心に悪を好まず。壮《さかり》なる年に及びて、常にこの念を作《な》さく、命は*薤露《かいろ》のごとく、身は秋の葉に似たり。消滅疑なきこと、風の中の燈《ともしび》のごとく、去留定まらざること、水の上の沫に似たり。頭《かしら》を剃り除きて衣を染め、跡を深山に削りて、色を避け世を遁れ、心に戒律を護らむとおもへり。然れども、妻《め》・*妾《をむなめ》側にありて、忽然として捨てがたく、子孫走り遊びて、憐愍自《おのづか》らに生ぜり。仍りて*身は朝市に存して、王事に随ふといへども、心に厭離《えむり》を生じて、永く仏法に帰せり。一寸の暇《いとま》を惜みて、法華経を読誦し、*須臾の陰《かげ》を観じて、弥陀仏を称念す。手に

〔一〇三〕　日本往生極楽記〔三四〕により、一、二の字句を除いてほとんど同じ。類話が今昔物語巻十五ノ四二・江談抄巻四・大鏡巻三・袋草紙巻上・宝物集巻二などにある。

〔一〇四〕　今昔物語巻十五ノ四五・弥勒如来感応抄四にある。本書によるか。

藤原仲遠　公葛の子で歌人仲文の兄。蔵人、従五位上、備中守(尊卑分脈)。長保元年正月、東三条院の侍、大膳進にて白雉を献ず(日本紀略)。

薤露　薤(おほにら)の葉の上においた露で、人生のはかない譬え。和漢朗詠集巻上、秋「来而不レ留。薤壠有二払レ晨之露一」。

妾　和名抄「妾、乎无奈女、小妻也」。

身は朝市に…　本朝文粋巻十二、池亭記「在レ朝身暫随二王事一。在レ家心永帰二仏那一」。

須臾の陰　牟呼栗多の訳で、一昼夜の三十分の一。しばらくの時間。

世路　→一一九頁注

理趣分　大般若経第五七八巻にある般若十六会中第十会、般若理趣分のこと。また密教では理趣経(正しくは大楽金剛不空真実三昧耶経)をいい、唐の不空訳、一巻。大日如来が金剛薩埵のために般若の理を説いたもの。即ち衆生の欲望の本質がそのまま悟りの境地であると説き、密教の極意を示す。

普賢の十願　唐の般若訳の四十華厳経の

経巻を執りて、車馬《くるまうま》に乗りて行き、口に妙法を唱へて、*世路《せろ》を趁《はし》る。毎日《ひごと》に法華経一部・*理趣分・*普賢の十願・*尊勝陀羅尼・*随求《ずいぐ》陀羅尼・*弥陀の大呪等を転読して、更に間断なし。一生に読みたるところの法華経万部にして、念仏はその数を知らず。法華講に*値遇《ちぐ》すること一千余座、造仏・写経・*檀施《だんせ》等の善は、その数甚だ多し。最後の臨終に、病《や》み患《うれ》へども心を乱さずして、起居また軽利なり。口に妙法を誦し、心に仏法を信ぜり。奇しき香、鼻に薫《くん》じ、妙なる音、耳に聞ゆれば、与《とも》に語りて言はく、ただ今当に*兜率天に生るべしといへり。合掌して即世せり。

第百五　山城国相楽郡の善根の男

聖武天皇の御代に、山城国相楽郡《さがらかの》に、*善根《ぜんごん》の人あり。姓名いまだ詳《つばひらか》ならず。父母《ぶも》*四恩の徳に報ぜむがために、法華経を書写せり。*百貫の銭《ぜに》をもて、*白檀《びやくだん》・紫檀を買ひて、*細工《さいく》雇《やと》ひ居て、*経箱を造らしむ。造るところの箱を見るに、経は長く箱は短くして、入れ奉ること能はず。この箱の短きを見て、檀越《だんをち》悲び歎きて、箱を改め造らむとせり。他《ほか》の貴き木を求むれども買ひ得ず。念ひ侘《わ》び歎き悲びて、殊に信力《しんりき》を発して、諸の僧を*啒請《くつしやう》して、三七日の間、*法華経を読ましめて、当に貴き木を得べきの由を祈願せり。二七日を過ぎて、試に経巻を取りて、この箱に入れ奉るに、経頗る入らずといへども、箱の長さ倍《ま》せり。檀越喜び奇《あや》びて、*諸僧を*勧進して、祈禱を作《な》さしむ。三七日を満して、経をもて箱に入るるに、障《さ》ふることなく入り給へり。人々これを見て、

第四十巻にある普賢菩薩の発した十大願をさす。即ち礼敬諸仏・称讃如来・広修供養・懺悔業障・随喜功徳・請転法輪・請仏住世・常随仏学・恒順衆生・普皆廻向の十願で、この大願を受持した者は罪障を滅し、極楽に往生出来ると説く。

尊勝陀羅尼　→二五頁注

随求陀羅尼　→一六八頁注「随求」

弥陀の大呪　→一七七頁注

値遇　→七〇頁注

檀施　檀那と、漢訳布施との合成語。施をすること。

兜率天　→六〇頁注「都率…」

〔一〇五〕　日本霊異記巻中六・三宝絵巻中にある。後者によるか。今昔物語巻十二ノ二六にもある。↓解説

善根　霊異記・三宝絵「発願」。

四恩　→一二〇頁注

百貫　銭千文を一貫とする。

白檀・紫檀　和名抄に「内典云、栴檀、黒者謂二之紫檀一、白者謂二之白檀一」とあり、熱帯産の香木。

細工　指物師。松尾筆記巻九十八「細工は大工に対したる名也」。霊異記「工巧人」。

経箱　経を容れる箱。形は不同だが竪一尺、幅四、五寸のもので経机の上に置くのが普通。

啒請　尊者を招き迎えること。

法華経を…　霊異記・三宝絵共になし。

諸僧を…　霊異記「増二加精進一悔過」。

勧進　→一三〇頁注

奇び念ふこと限りなし。もしくは経巻の縮《しじ》まれるか、もしくは箱の延び長《まさ》れるか。即ち本の経をもて比《くら》べ量《はか》るに、新古の弐《ふたつ》の経は斉等《ひと》し。また*新故の二の経は、双《なら》べて一の箱に入るるに、新しき経を入るるといへども、故き経を入れず。当に知るべし、*大乗の不可思議にして、檀越の信力《しんりき》またまた甚だ深く、*感応道交して、この奇しきことあることを。*霊異記に出でたり。

第百六　伊賀国の報恩の善男

*高橋連東人《のむらじあづまひと》は、伊賀国*山田郡噉代郷《のはむしろの》の人なり。家室大きに富みて、財宝豊稔《ゆたか》なり。死せる*悲母《ひも》のために、法華を書写して、供養恭敬《くぎやう》せり。講師《かうじ》を請《しやう》ずる時に、請使に告げて云はく、宅《いへ》を出でて行く時に、最初《さいそ》に遇はむ師を、有縁《うえん》の師として、この善を修すべしといへり。時に使の者、施主の命に随ひて、最初に同じ郡の*里の内の、乞食《こつじき》の沙門に値遇《あ》へり。*定途に臂に*鉢袋を懸けて乞食す。この法師、酒に酔《ゑ》ひて路の辺《ほとり》に*臥せり。使の者礼拝して、呼び起して将《ゐ》て来れり。檀越《だんをち》敬ひ貴びて、一日一夜、家の中に隠し居きて、忽ちに法服《ほふぶく》を造りて、乞者《こつしや》に施与《せよ》す。時に乞者の言はく、何の因縁ありてか、法師を労《いたは》り養ふといふ。檀越語りて云はく、母の報恩のために、明日《あす》妙法花経を供養す。聖人を奉請して、有縁の師となさむといふ。乞者驚きて言はく、弟子愚痴《ち》にして、法門を知らず。ただ*般若心経陀羅尼を持して、乞食して命を資《たす》く。これより以外《ほか》に、更に知るところなし。云何《いかに》してか法会の講師を奉仕《ぶし》せむといへり。檀越こ

新故の二の経…　以下の文は三宝絵によ る。霊異記にはなし。
大乗　ここでは法華経のこと。
感応道交　衆生の機感(心の働き)に仏の力が自然とこれに応じ互に交融すること。ここは法華経の働きかけに対して檀越の信力がこれを感じとること。
霊異記に…　三宝絵の伝に「霊異記ニシルセリ」とあり、これによる。

〔一〇六〕　日本霊異記巻中一五・三宝絵巻中にある。後者によるか。参照今昔物語巻十二ノ二五にもある。↓解説
高橋連東人　伝未詳。
山田郡噉代郷　和名抄に「山田郡木(本ヵ)代郷」、現在上野市喰代(はうしろ)。
悲母　慈悲深い母。すべてに情深く楽を与える慈に対し、同苦の思いやりをして苦を抜くを悲とする。
里　霊異記「御谷之里」、三宝絵「益志郷」。
定途　↓八三頁注
鉢袋　鉢を入れる袋。釈氏要覧「律云、聴㆑作㆓鉢袋青色㆒」。三宝絵・今昔「鉢ト(丼ニ)袋」。
臥せり　霊異記には次に「姓名未㆑詳。有㆓伎戯人㆒。剃㆑髪懸㆑縄以為㆓袈裟㆒。雖㆑為㆑然猶曾不㆓覚知㆒」の文がある。
般若心経陀羅尼　般若心経の巻末にある呪「羯諦羯諦波羅羯諦波羅僧羯諦菩提娑婆訶」。

のことを聞くといへども、更に聴許《ゆる》さず。乞者思念《おもへ》らく、我竊《ひそか》に逃げ去りなむとおもへり。願主兼て知りて、人を付けて守《まぼ》らしめたり。

乞者夢に見らく、*黄《あめ》の斑《まだらか》なる牝牛《めうし》、沙門に語りて言はく、我は家の主《あるじ》の母なり。この家に多くの牛あり。その中の黄の斑なる牛はこれ我なり。先生《せんじやう》の時、竊に子の物を盗みき。この故に今牛の身を受けて報を*債《つくの》ふ。明日我がために大乗を講説す。講師は汝なり。この故に来り告ぐるなり。虚実《こじつ》を知らむと欲せば、講筵の堂の内に、我がために座を敷け。我当《まさ》に来り坐すべしといへり。夢覚めて内心に奇《あやし》び念へり。当日《たうにち》に臨みて、堪へざる由を述ぶれども、更に許さずして、高座に登らしむ。*法用例のごとし。即ち*表白《へうびやく》して言はく、卑しき身甚だ愚にして、更に知るところなし。三宝証明《しようみやう》したまへといへり。*即ち将《まさ》に去らむとするに、願主忽ちに講師を捕へて、檀越の志に順《したが》はむことを請へり。高座に罷《まか》り登りて、ただ去《い》ぬる夜の夢を、施主に語り申す。上の件《くだむ》の夢を説くに、檀越大きに驚きて、牛のために座を敷けり。家に黄の斑なる牝牛あり。起き立ちて堂の内に歩《あゆ》び来りて、この座に跪きて伏せり。願主大きに啼泣して、*実《まこと》にこれ我が祖《おや》なり。更に我知らずして、辱《かたじけな》くも駈り使ひ奉れり。我が心愚頑にして、このことを知らざるなり。今経の力《りき》、講師の威力に依りて、始めてこの縁を知る。今日より已後《のち》は、更に駈り奉らじ。殊に労養を加へて、恩徳を酬い奉らむといへり。牛このことを聞きて、涙を流して悲び泣く。講筵畢る時に、この牛は死せり。集会《しふゑ》の大衆これを見て、声を挙げて啼泣すること極《きはまり》なし。*その日の講師、これ凡夫《ぼんぶ》にあらず。

黄…牛　和名抄・字類抄・名義抄に「黄牛、アメウシ」とあり、新撰字鏡に「黄牛、阿米万太良」とある。飴色の牛。

債　訓みは字類抄による。

法用　法要。法会の次第。

表白　法事の趣旨を三宝及び大衆に示すため法会の初めに読む文。

即ち将に…　講師が逃げようとするのを捕える話は他本にない。

実に…　霊異記では檀越の言が「実我母、我曽不レ知。今我奉レ免」と簡単である。三宝絵によると思われる。

その日の講師…　他本には講師について記していない。

諸仏の分身*の、説法教化《けうくゑ》は、甚だ貴きこと常に倍《ま》す。施主後々に功徳を勤修《ごむしゅ》して、父《ぶ》母《も》の恩を報いて、菩提に引導せり。*霊異記に見えたり。

第百七　大隅掾紀某

*大隅掾《おほすみのじょう》紀某は、心に麁悪《そあく》を離れて、随分の道心あり。年来《としごろ》法花経を受持して、毎日《ひごと》にもしは一部半部、或は一巻一品を読誦して、更に退転することなし。また観音を念じて、*十八日に至れば、精進持斎せり。事の縁あるに依りて、薩摩守に祗候《しこう》して、かの国に下向せり。*一任こと畢《は》てて京に帰りぬ。守、大隅掾のために、怨み害せむの心あり。安芸・周防を過ぎ渡るの間、人跡通はざる島に往きぬ。大隅掾が船を放ち捨てて皆遙に去る。その日は十八日なり。この人持斎して、*第八巻を執りて、転読するの間、その用意なくして、永く放ち捨てられて、単己《たんこ》独身なり。妻子眷属《くわんぞく》、意《おも》はざるに別離す。涙泣《な》きて悲び歎き、死の期《ご》を待てり。

その日已に暮れて、明日に及《いた》るまで、呻《によ》び吟《なげ》き悲び泣きて、第八巻を読めり。遥に海の上を見るに、黒き物泛《うか》び来る。漸くに近づきて見れば、これ*舴艋《つりふね》なり。その疾《と》きこと風のごとくに、この島に来り着けり。船の人驚き奇ぶ。この島は、古今に人来らざる所なり。何人《なにひと》ぞ争《いかで》か来れるといふ。大隅掾事の本縁を説けり。船の人このことを聞きて、甚だ大きに悲び歎き、先《ま》づ食物《じきもつ》をもて、勧進して飽き満たしめたり。船の人皆云はく、我等頃年《としごろ》、遥にこの島を見れども、いまだ曽《むかし》より来り望まず。去《い》ぬる夜*議《ぎ》

分身　仏が方便の力をもって衆生を教化するため身を十方に分って現れること。

霊異記に…　三宝絵の伝に「霊異記ニ見タリ」とあり、これによる。

〔一〇七〕　今昔物語巻十六ノ二五にある。本書によるか。

大隅掾紀某甲　京人で年給により大隅掾をたまわった者か。薩摩守某の赴任に従って薩摩に行き、守が任終って帰京の途次に難にあい、周防国府に救出されて上京する。

十八日　→一〇九頁注

一任　国守の任期は四年。

第八巻　今昔「法華経ノ第八巻ノ普門品」。第八巻の最初にある観世音菩薩普門品第二十五を指す。

舴艋　和名抄・字類抄に「ツリフネ、小漁舟也」とある。真福寺本訓「チヒサキツリフネ」。

議定　字類抄に「ハカリサタム、評定分」とあるが、計画を立てて決めること。

定《ちやう》して、今朝《けさ》俄かに来れり。定めて知りぬ、この人、仏の冥助《みやうじよ》を蒙《かうぶ》りて死ぬべからざるの故に、我等競《きほ》ひ来れり。この故に我等、この人を聚落郷里に送り付けむといへり。即時に*周防の国府に送り付けたり。大隅掾慮外に身命を存することを得たり。即ちこれ観音・妙法の威力なり。平《たひらか》に京に上ることを得て、弥《いよいよ》信力を生じて、偏に妙法を信じ、観音を*念持せり。

第百八　美作国の鉄を採る男

美作《みまさかの》国*英多《あいたの》郡に、*鉄《くろがね》を採《と》る山あり。帝姫*阿倍《あべの》天皇の御代に、国司、民十人を召して、この山に登りて、穴に入りて鉄を掘らしむ。時に山の穴の口忽然として崩れ塞《ふた》がりぬ。穴に入れる人々、驚き恐れて競《きほ》ひ出づるに、九人は*僅に出でつ。一人は遅く出でて、山の穴*崩れ合ひぬ。国司、上下《かみしも》、嘆き怜《あはれ》ぶ。この人を妻子*侘《こ》ひ悲びて、*仏経を図写して、*四十九日の法事を修し奉り已竟《をは》りぬ。この人数日《すじつ》山の穴に*蟄居して、この念を作《な》して言はく、我先年に、法華経を書写せむの願を発し申して、いまだ果さざるの際に、忽ちにこの難に遭へり。もしこの難を免れて、身命存したらば、必ず当に書写すべしといへり。祈念を作《な》す間、穴の口の隙《ひま》、指刺《さ》す計《ばかり》開き通りて、日の光僅に来り照せり。一《ひとり》の*小き僧あり。隙より入り来りて、膳を饌《そな》へて食《じき》せしむ。即ち相語りて云はく、汝が妻子、四十九日を修して、我《われ》に食を施与せり。この故に持て来りて、汝に食せしむるなり。須臾に且《しばら》く待て。汝を相助くべしといへり。この語を作《な》し已へて、

周防の国府　防府市東佐波令にある。周防国は鎌倉初期に東大寺造営料国にあてられ「土居八町」とよばれた国府城は、明治維新まで公領の性格をとどめたので、今もよく国府の原形をのこし、昭和十二年に国の史跡に指定された。昭和三十六年から発掘調査も行われて、城内の国庁・条坊等の遺構もわかり、奈良・平安時代の遺物も多数出土している。

念持　観音菩薩を念じ経を受持すること。または自ら日夜礼拝する念持仏とした意か。

〔一〇八〕　日本霊異記巻下一三・三宝絵巻中にある。後者によるか。今昔物語巻十四ノ九にもある。

英多郡　続紀、和銅六年四月条に美作国英多郡、和名抄に「英多郡、安伊多」とある。

鉄　延喜主計式、美作国条「調…自余輸二絹・鍬・鐵(鉄)一」。

阿倍天皇　孝謙(称徳)天皇。

僅に　漸く。やっとのことで。

崩れ合ふ　崩れて穴が塞がる。

侘ひ　訓みは真福寺本の訓による。

仏経を…　霊異記「図二絵観音像一写レ経」。

四十九日　霊異記「七日」。

蟄居　字類抄「ヒシケキル、籠居詞」。

小き僧　霊異記・三宝絵「沙弥」。

隙より出で去りぬ。その後久しからずして、蟄居せる頂《いただき》に当りて、穴の口穿《うが》ち通りて、遙に虚空を見たり。広さ三尺計《ばかり》、高さ五丈計なり。

時に、近隣の人卅余人、葛《かづら》を断《き》り取らむがために、奥山に入る間、この穴を往く時に、穴の底の人、*山人の影を見て、我を扶《たす》けよと叫喚す。山人*髣髴《ほのか》に蚊の音を聞くがごとし。諸の人聞き怪《あやし》びて、石に葛を付けて落し入れぬ。底の人引き動かす。明かに人あることを知る。即ち諸の葛にて籠を造り、葛の縄を付けて落し入れぬ。底の人籠に乗り居て、上の人集りて引き挙げて、即ち祖《おや》の家に将《ゐ》て送りぬ。ここに家の人これを見て、哀《かなし》び悦ぶこと限りなし。国司驚きて問ふに、具《つぶさ》に上のことを陳べぬ。即ち驚きて貴び悲べり。国の内に*知識を唱へて、経の紙を始として、各々合力《がふりよく》して、法花経を書き、*供養会を修せり。決定《けつぢやう》して死すべきに、希有に出でて死せざることは、これ*法華経の大願の威力なり。*随喜讃嘆《さんだん》して、皆道心を発して、妙法華経を書写受持読誦せり。*霊異記に出でたり。

第百九　加賀国の翁和尚

*翁和尚《おきなわじやう》は、加賀国の人なり。身は俗にありといへども、作法は僧に似たり。これに依りて時の人、翁和尚と称《い》へり。その心清浄《しやうじやう》にして、遠く*諂曲《てんごく》を離れ、法華経を持《たも》ちて、*渇仰《かつがう》頂戴す。もし食料あるときには、身に随へて閑静なる処に往き至りて、昼夜に妙法花経を読誦せり。もし食《じき》尽き失すれば、また里の辺《ほとり》に出でて、便《たより》に随ひて経を

山人　山で仕事をする人。
髣髴　→三四頁注
知識…　知人。「唱ふ」は人を集めるために首唱することで引率と同じ。
供養会　経典を供養するための法会。
法華経の…　霊異記「法華経神力。観音贔屓。更莫レ疑之矣」。
随喜讃嘆…　以下の文、他になし。
霊異記に…　三宝絵に「霊異記ニ見タリ」とあり、これによる。

〔一〇九〕　今昔物語巻十三ノ一四にある。本書によるか。
翁和尚　伝未詳。和尚→二一頁補
諂曲　字類抄に「奸乱分」とあり。他人にへつらい己の心を曲げること。
渇仰頂戴　仰ぎ慕ってうやうやしく戴く。
数十年　今昔「十数年」。

読めり。粮食出で来れば、また静かなる所に入りぬ。かくのごとく法華を受持読誦して、数*十年を歴《ふ》るに、その身貧賤にして、一分の蓄《たくはへ》もなし。一生身に随へる物は、ただ法華経一部ならくのみ。住処を定めずして、山里に往還《わうぐゑん》し、衣食《えじき》の儲《まうけ》なくして、得るに随ひて常に乏《とぼ》し。

時に翁和尚法花経に白《まう》して曰く、永年の間、法華を持ち奉れり。これ現世のためにあらずして、後世菩提のためなり。念ふところ相叶ひて、当に引摂《いんぜふ》を蒙《かうぶ》るべくは、その瑞《しるし》を見《あらは》すべしといへり。この念を作《な》し已へて、法華経を読むに、我が口の中より、歯欠け落ちて経の上にあり。驚きてこれを見れば、*仏舎利一粒《いちりふ》なり。希有の心を生じ、礼拝して持ち奉れり。異なる時、経を読むに、また口の中より、舎利落ち出でて、両三の仏舎利を得畢りぬ。大きなる歓喜《くわんぎ》を生《おこ》すらく、法花の力《りき》に依りて、当に菩提を得べき*前表《ぜんぺう》瑞相ならくのみとおもへり。乃至最後に、*山寺に臨み往きて、樹の下に寄宿し、身に苦痛なく、心に散乱を離れて、寂静《じやくじやう》に経を誦せり。*寿量品の*毎自作是念《まいじさぜねん》、以《い》何令衆生《かりやうしゆじやう》、得入無上道《とくにふむじやうだう》、速成就仏身《そくじやうじゆぶつしん》の文《もん》に至りて、一心に起立礼拝して、即ちもて入滅せり。

第百十　肥後国の官人某

肥後国に一人あり、姓名いまだ詳《つばびらか》ならず。その国の*官人《くわんにん》と作《な》りて、*公事《くじ》を忩《いそがは》しく勤め、朝《あした》には暁を払ひて出で、暮《ゆふべ》には夜に入りて還る。多くの年月を逕て、公私を*趨勤《つと》

仏舎利　仏の遺骨。
前表　前兆。
山寺に…　今昔「往生寺ト云フ寺ニ行テ」。
寿量品　→一四六頁注
毎自作是念…　巻末の偈で仏の大慈悲の誓願を顕し、如来加持の文とか破地獄の文とか呼ばれる、自分(仏)は何時もどのようにして衆生を真理の道に導き、速かに仏の身となるようにさせようかと考えているの意。
〔一一〇〕　今昔物語巻十二ノ二八の話は、本書によるか。ただ、観音信仰など本書とは異なる叙述もみられる。拾遺往生伝巻中〔三一〕の話は、ほぼ本書に同じく、本書によりこれを簡略化したものか。
官人　令では、内外百官主典以上をさし(僧尼令義解、僧尼将三宝物条)、従って国司では目以上をさす。平安中期から国司の遙任が著しくなると、国衙に常住する官人を在庁官人といい、その初見は朝野群載二十二の加賀初任国司庁宣の「新司宣　加賀国在庁官人雑任等」。なお雑任とは諸司の官人以下のものをさす。国司は中央から派遣するが、在庁官人はおもに在地の人。ここの官人はそれか。今昔は何によるか、「書生」と書く。書生は令にはないが、内外諸司におかれた雑任のもので、国司書生の早い例は、類聚三代格、大同二年四月官符の「諸国書生」。
公事　公務。倭訓栞「朝家の政事をいふ」。
趨勤　訓みは真福寺本の訓による。

めたり。急《いそぎ》の公事に依り、例に従ひて、*深夜《しんやう》に従者もなくして、独舎《ひとりいへ》を出でて*館《たち》に行けり。鬼に擾《みだ》れ悩まされて、本の心を迷ひ失ひ、方隅を辨へず。*府庁に行かず、本の宅《いへ》に還らず、大きなる曠野《あらのら》を過ぎて、深き山林を超えて、終日《ひねもす》に迷ひ行きぬ。日暮の時に臨みて、人の舎の辺《ほとり》に到りぬ。その時に本の心ありて、この思念を作《な》さく、我公事ありて、今朝《けさ》忩ぎ出でき。何の由ありてか、知らざる世界に到るとおもへり。即ち東西を見れば、深山広野にして、これ人里にあらず。ただ一の舎《いへ》あり。この人舎に往きて夜宿《やしく》を求めたり。時に*端厳なる女あり。形貌《ぎやうめう》美麗にして、衣服《えぶく》微妙《みめう》なり。*この人を*勧進して、疾《と》く家の内に入れ、止息して意《こころ》を安んぜしむ。この人思念すらく、深き山野の中に、好き女あり。京都の府の辺《ほとり》にも、かくのごとき女を見たることなし。もしはこれ*羅刹かとおもへり。即ち怖畏《ふゐ》を生じ、早疾《と》く馬に乗りて、鞭を打ちて馳《は》せ去りぬ。

即ち端厳なる女、羅刹鬼に変じて、この人を追ひて言はく、汝遁れ去らむと欲すとも、更に去ることを得じ。我今朝より、汝に着きて将《ゐ》て来れり。今我が所にして自在に食《くら》はむと欲すといへり。この語を作《な》し已へて、馬の尻に追ひ着けり。羅刹の形を見るに、二の眼《まなこ》は赤色にして、猶し大きなる鏡のごとし。四の牙《きば》口より出でて、長《たけ》一丈余なり。身体高大にして、気色《けしき》猛悪なり。眼耳鼻口より、皆焔煙《ほのほけぶり》を出す。馬、*足を失ひて倒れ、*人、穴に落ち入りぬ。羅刹、馬を取りて、皆悉くに食噉《くら》ひて、骨蹄も残さず、悉くに噛み噉ひ了《を》へぬ。羅刹、穴に向ひて音《こゑ》を挙げて申して云はく、この男上り

深夜　訓みは字類抄による。

館　→一四〇頁注

府庁　国司の勤務する庁舎。ふつうは国庁という。例えば類聚国史八十四に「大同二年四月、令下諸国随二国大小一、以二正税一貸中国書生上。以下其不レ顧二私産一常直中国庁上也」。

端厳　きちんとしておごそかなこと。

この人を…　今昔では男が家の外で女と話をし、その気配に怖れて逃出す話になっている。

勧進　→一三〇頁注

羅刹　→七五頁注「十羅刹女」

足を失ひて　躓いて。

人穴に落ち入りぬ　今昔「書生ハ抜ケテ馬ノ前ニ落ヌ、「今ゾ被捕テ被噉ヌ」ト思フ間ニ、墓穴ノ有ルニ、我レニモ非ズ走リ入ヌ」。

給へといふ。

時に土の穴の中に人あり、告げて言はく、汝羅刹女、早く罷り還るべし。馬をもて汝に与へたるは、これ我が汝を顧るなり。何ぞ更に男を乞ふや。今より以後《のち》、この語を発すべからずといへり。羅刹乞ひ煩ひて還り去りぬ。この人歎き念へらく、この穴の中には、勝る羅刹鬼ありて、当に我を害せむとすることを知るべしとおもへり。穴の中に音ありて、その音柔軟《にうなん》なり。*汝怖畏することなかれ。当にその心を安んずべし。汝を助けむがための故に、汝をしてここに到らしむるなりといふ。旅人問ひて曰く、誰人にか御坐《おはしま》すぞといふ。答へて曰く、我はこれ人間の人にあらず、また鬼神等にあらず。*我は、法華経の最初《さいそ》の妙の字なり。昔一の*聖《ひじり》ありき。この西の峰の上に*率都波《そとば》を立てて、法華経を籠め、誓願を立てて言はく、願はくは法華経、この曠野に住して、苦びを受けたる一切の衆生を抜済《ばっさい》したまへといへり。ここに年月を積りて、塔婆破損して、妙法華経の、風に随ひて他方世界に往き散りぬ。妙の一字ばかり猶しここに住《とどま》りて、衆生を利益《りやく》せり。当に知るべし、この処は羅刹悪鬼の集れる処なり。我この処に住りて、諸の衆生を度《ど》し、羅刹の難を免《まぬか》れしめたり。その数を計り算ふるに、*七万余人なりといへり。

暁の明けなむときに至りて、一の*童子あり、土の穴より出でて、この人を将《ゐ》て去る。多くの時を経ずして、*初日分《しょにちぶん》に、我が宅《いへ》の門に至りぬ。童子語りて曰く、汝道心を発して、法華を受持せば、当に生死の煩悩羅刹を免れて、即ち如来の*浄妙国土に往くべ

汝怖畏する… 今昔では男が観音を念じたために難を免れたという。
我は… 百座法談聞書抄、三月三日に、法華経六万九千の文字が皆金色の仏となり阿弥陀仏を囲遶したとある。
聖 →二八頁補
率都波 梵語ストゥーパ、即ち塔。仏舎利を安置した土蔵の上の標識が起原。わが国でも古くはそれにならったが、奈良時代から塔に経を納めることが広く行われた。これとならんで平安中期以後、経、特に法華経を経筒におさめて山中などの地下に埋め、地上に土塚を築き、その上に碑・五輪塔・宝篋印塔などを建てることも行われた。
七万余人 今昔「九百九十九人ヲ助ケタリ。今汝ヲ加ヘテ千人ニ満ヌ」。
童子 →六七頁注「天諸童子」
初日分 一日を三時に分けて初日分・中日分・後日分という。
浄妙国土 清浄微妙の仏国土。弥陀の極楽国土とは限らない。

し。妙法の力《りき》に由りて、生死の源を究めよといへり。この人歓喜《くわんぎ》して、頭《かしら》をもて地に着けて、一心に礼《らい》する間、童子空に昇りて、忽然として見えず。その人舎《いへ》に還りて、上のごときのことをもて、父母《ぶも》・妻子・諸の人に語りぬ。即ち道心を発して、深く仏法に帰し、妙法華経を受持読誦して、身を他生に捨てて、極楽に生るることを得たり。

第百十一　伊与国の越智益躬

伊与国越智《をち》郡に善根《ぜんごん》の人あり。越智益躬《をちのますみ》なり。当郡の*大領《だいりやう》となりて、少《わか》きときより老に及《いた》るまで、公を勤めて倦まず。道心極めて深くして、仏法に帰依せり。朝は法華経を読みて、必ず一部を尽し、昼は国務に従ひて、専《もは》らに忠節を致し、夜は弥陀を念じて、もて恒のこととなせり。いまだ鬢髪を剃らずして、早く菩薩の*十重禁戒を受けて、法名を定真《ぢやうしん》と称《い》ひ、*法眼《ほふげん》具足せり。臨終の時に、身病の苦びを離れ、心迷《まど》ひ乱れず、手に定印を結び、西方界に向ひて、意《こころ》に弥陀を念じ、気息入滅せり。この時に当りて、村里の近き辺《ほとり》、空に音楽満ちて、地に奇香遍し。見聞触知のひと、随喜歎美して、道心を発《おこ》さざるものなし。

第百十二　奥州の壬生良門

*壬生良門《みぶのよしかど》は、坂東の地に生れて、夷蛮の境に遊べり。弓箭等をもて翫好の具となし、諸の駿馬《すんめ》をもて即ち羽翼となす。夏の天の納涼《たふりやう》には、漁浦の涯《きし》に臨み、秋の風の遊狩

〔一一一〕　日本往生極楽記〔三六〕による。ただ叙述が詳しくなっており、また極楽記の「当州主簿」を「当郡大領」、「十戒」を「菩薩十重禁戒」とするなどのちがいもある。今昔物語巻十五ノ四四にある。
大領　↓一七七頁注
十重禁戒　↓一一一頁補
法眼　明かに真実の道理を見ること。法眼浄。

〔一一二〕　今昔物語巻十四ノ一〇・弥勒如来感応抄四にある。本書によるか。
壬生良門　僧妙達蘇生注記(↓六二頁注〔八〕)に「陸奥国大目壬生良門、千部法花以二金泥一依二奉レ書之力一、十六大国王生也」とある。これによれば陸奥国の官人。以下の叙述によれば、坂東の地にうまれて夷蛮境、即ち蝦夷の居地の陸奥に入ったことになる。坂東は関東地方をさすが(↓一五六頁補)、関東地方には壬生氏を称する郡司級の豪族が多かった。たとえば続紀、神護景雲元年正月条に常陸国筑波郡人従五位下壬生宿禰小家主、続後紀、承和十二年三月条に(武蔵国)前男衾郡大領外従八位上壬生吉志福正、三代実録、

には、田猟の野に交る。これ*土風の催《もよほ》すところにして、天性の然らしむるなり。一の聖人あり、その名を*空照《くうせう》といふ。智恵*朗然として、道心堅牢なり。即ち良門と宿因あるに依りて、自ら親昵《しんぢつ》を作せり。空照上人、良門に語りて云はく、*到りがたくして去り易きは、これ人の道なり。入り易くして出でがたきは、*三途の故郷なり。君、殺生*放逸を捨てて、早く慈悲忍辱《にんにく》に趣き、世間の珍財を投げて、後生の菩提を営めといへり。

良門、聖人《しやうにん》の勧進に依りて、悪を改め善に趣けり。殺生を*禁断し、邪見を*停止《ちやうじ》して、仏事を勤修《ごむしゆ》せり。*金泥《こんでい》をもて法花経を書写供養し、金色の諸仏菩薩を造立《ざふりふ》して、*稽首恭敬《くぎやう》す。道心内《うち》に薫《くん》じて、善友外《そと》に勧め、大願《だいぐわん》を発して云はく、我《われ》今生の内に、金泥をもて墨となし、千部の法花経を書写供養せむといへり。かく発願《ほつぐわん》し已へて、口に葷腥を断ちて、心大きに精進せり。有《たも》てるところの蓄《たくはへ》を運び、砂金を買ひ求めて、写経を勤修し、*数十年を逕て、偏にこの願を勤めたり。供養の時、異しき瑞《しるし》時々現れたり。或は鮮かに*白き蓮花、自《じ》然《ねん》に法会の庭に散じ、或は微細《みさい》の音楽、遍く堂の内に満つ。或は天諸童子、華を捧げて来り、或は奇妙なる鳥、来り狎《な》れて和して鳴き、或は*護世の天人、合掌して敬礼《きやうらい》す。かくのごとき奇しき瑞、或は夢の中にあり、或は眼の前にあり。千部の願畢りて、念ふところ成就せり。最後の時に臨みて、良門手を洗ひ口を嗽ぎて、左《さ》右《う》に告げて曰く、天女数千、音楽を調へ和して、空より下る。我かの天女に随ひて、兜率天に昇らむといへり。言語已畢《をは》りて、合掌安座して気絶えたり。

貞観元年三月条に相模国大住郡大領外従五位下壬生直広主、同貞観六年正月条(円仁伝)に俗姓壬生氏、下野国都賀郡人也、同貞観十二年八月条に上野国群馬郡正八位上壬生朝臣石道とある。

納涼　訓みは字類抄により、「ス、シキニイル、天部、時節分」とある。

土風　土地の風習。

空照　伝未詳。

朗然　明らか。才智が秀れていること。

到りがたく　人間の身を受けることは難しくて、また滅び易いことをいう。

三途　三悪道に生れる因となる不善行為。

放逸　善悪を意に留めず放縦なこと。

禁断　字類抄「法家部」。禁止すること。

停止　字類抄「評定分、制詞」。

金泥をもて　→注「壬生良門」(僧妙達蘇生注記の引用)

稽首恭敬　頭を下げて恭しく敬って礼拝すること。

数十年　今昔「十余年」。

白き蓮花　→一二九頁注

護世の天人　世界を守護する神々で、四天王などをいう。

第百十三　奥州の鷹取の男

陸奥国に一人あり、姓名いまだ詳《つばびらか》ならず。田猟《かり》し漁り捕《すなど》へて、鷹を取るを業となせり。常に*上鷹を取りて、*活生の謀《はかりごと》となす。雌鷹思《おも》念へらく、我常に年を逕て、巣を造りて*卵《かひこ》を生み、卵孵《かへ》りて雛と成る。人来りて奪《ば》ひ取りて、子孫既に絶えぬ。誰かまた胤《たね》を継がむ。今より卵を生めば人に知らしめざらむとおもへり。この念を作《な》し已へて、人跡の通はざる険《さが》しき処を尋ね求め、巣を造りて卵を生めり。前々《さきさき》の巣を離れて、*峨《が》峨《が》たる石巌《いはほ》の涯岸《きし》に飛び到る。下は大海に臨みて、青き水浩々《かうかう》たり。上は虚空に臨みて、白き雲*眇々《べうべう》たり。その岸の中央に、小しく凹《くぼ》める所あり。巣を造りて子を生む。

時に鷹取の男、鷹の巣を走り求むるにある所なし。多くの日を経て、鷹の巣を求め得たるに、人の往く処にあらず、力の堪ふる所にあらず。見已《を》へて家に還りて、生活《い》きむことの絶ゆるを歎くらく、我常に鷹を取りて、*国家に献上し、その価直《あたひ》をもて、年の中の貯《たくはへ》に宛つるに、今年は既に鷹を取るの*方術絶えぬとおもへり。傍《かたはら》の人の許《もと》に往きて、この巣のことを語る。傍の人告げて言はく、当に*相構へて取るべしといふ。かの岩の上に、*椨の杙《くひ》を打ち立てて、数百余*尋《ひろ》の縄をもて、椨の杙に結び付けて、縄の末をもて*簢《あじか》に繫《か》け、鷹取、簢の中に乗りて、人をして縄を執らしめ、漸々《やうやう》に垂れ下して、遙に巣の許《もと》に到る。鷹取簢より巣の傍に下り居て、先づ鷹の子を取り、羽を結びて雛を裹《つつ》み、これを簢の中に入れて、先づ鷹の子を挙げ、留りて登らず。上の人、簢を引き上げて、鷹の子を取り領《をさ》め、*また簢を下さずして、更に捨てて去りぬ。鷹取

〔一一三〕　今昔物語巻十六ノ六は本書によるか。古本説話集巻下六四・宇治拾遺物語巻六・観音利益集三十五などにある。

上鷹　名義抄に「上」を「スグル」と訓む。利益集「ヨキタカノ子」。

活生の謀　生活のための手段。利益集「国王ヨリ免田ヲ給ハリケリ」。

卵　→一七九頁注

峨峨　嶮しく聳えたつ様。

眇々　字類抄「ハルカナリ」。

国家に献上す　朝廷は令に主鷹司を設け、畿内に鷹戸を設置したが、その後諸国から鷹を貢献することが行われるに至った。三代実録、貞観元年八月条に「勅二五畿七道諸国一、年貢二御鷹一、一切停止」とあるはその弊にかんがみてそれを停止したものである。大和物語一五二段の「同じ帝、狩いとかしこく好みたまひけり。陸奥国磐手の郡よりたてまつれる御鷹…」は陸奥国貢献の例。ここのところ、今昔には「常ニ鷹ノ子ヲ取テ、国ノ人ニ与ヘテ其ノ直ヲ得テ…」とある。

方術　方法。

相構へて　工夫して。

椨の杙　名義抄に「勅細反」とあるが不明。椨は木の名か。或は「柢」と同じで、「クサビクヒ」と訓むか。

尋　→一七四頁注

簢　訓みは真福寺本の訓による。和名抄に「簢、形小而高、江東呼為レ簢、阿自賀」とあり、ざるのこと。今昔・利益集「籠」。

また簢を…　利益集では上から下した縄が切れて落ちたとあり、説話集・宇治拾

が宅に往きて、妻子に語りて言はく、汝が夫《をふと》は筥に乗りて、巣の許に下りたる間、縄断《た》ちて、遙に海の中に落ちて死にたりといへり。妻子悲泣し、*親昵《しんぢつ》歎息せり。

鷹取巣に居て、筥を待ちて登らむと欲すれども、既に筥は下さずして、数《あまた》の日夜を経たり。狭《せば》くして凹める巌に居て、もし身体を動《はたら》かさば、海の中に顚《お》ち入るべし。ただ死なむ期《ご》を待ちて、身の罪報を観ず。この男、頃年《としころ》毎月《つきごと》の*十八日に、持斎精進して、法華経*第八巻を読めり。鷹取苦びに遇ひて観音を念じ、更に他《ほか》の念なし。我年来《としころ》の間、飛び翔《か》ける鷹を取りて、足に*絆《ほだし》を着けて、縛り居《す》ゑて放たず。かくのごとき罪に依りて、現《あらは》なる身に、かくのごとき重き苦びを感じ得たり。大悲観音、地獄の苦びを抜きて、浄土に引摂《いんぜふ》したまへといふ。大きなる毒蛇ありて、海の中より出でて、岩に向ひて登り来りて呑まむと欲す。鷹取、刀を抜きて、蛇の頭《かしら》に突き立てつ。蛇驚きて走り登るに、鷹取蛇に乗りて、自然《じねん》に岸の上に至りぬ。蛇隠れて見えず。即ち知りぬ、観音の蛇に変じ、来りて我を助け救ひたまへることを。一心に礼拝して、いまだ曾《むかし》よりあらざることと*歎じたり。

往きて我が宅《いへ》に至るに、死して*七日に至りて、*物忌の札《ふだ》を立て、門を閉ぢて人なし。戸を開きて入り居れば、妻子涙を揮《ふる》ひて、還り来れることを喜ぶ。近隣遠近のもの、希有のことと称《い》ふ。乃至十八日に、沐浴持斎して、箱を開きて経を見るに、*経の軸に刀を立てり。蛇の頭に突き立てし刀なり。明かに知りぬ、法華経の第八巻、蛇に変じて来り我を救ひたまひけることを。弥《いよいよ》歓喜《くわんぎ》を生じて重ねて道心を発《おこ》し、出家入道して、

遺では谷の底から上って行って踏まえた枝が折れて谷底に落ちたとある。

親昵　→一三五頁注

十八日　→一〇八頁注

第八巻　→一八八頁注

絆　和名抄「保太之、半也、拘使二半一レ行不レ得二自縦一也」。字類抄「ハン・ホタシ、牛馬絆也」。

嘆ず　嬉し泣きする。説話集・宇治拾遺「嬉しと思ふ」。

七日　初七日。説話集・宇治拾遺「二三日」。

物忌の札　物忌の二字を細い紙などに書き、すだれなどにかける。源氏物語、浮舟に「簾は皆おろしわたして、物忌などかかせて付たり」。台記、保延二年十月条に「予雖二物忌一、明日依二着座一、今日モ不レ立二物忌簡一、簾ニモ不レ着二物忌一」とあり、ここの物忌は服忌中のため。今昔物語巻二十七ノ二三「人ノ死ニタリケルニ、其ノ後ノ拈(祓い)ナド為サセムトテ、陰陽師ヲ呼籠タリケルニ、…陰陽師「(鬼)門ヨリ人ノ体ニテ可来シ…」ト云ヘバ、門ニ物忌ノ札ヲ立テ、桃ノ木ヲ切塞ギテ□法ヲシタリ」。

経の軸…　説話集「この経に弘誓深如海といふ所に立ちたり」。宇治拾遺もほぼ同じ。

法花を受持し、永く悪心を断てり。

第百十四　赤穂郡の盗人多々寸丸《ただすまろ》

*播磨国赤穂郡《あかほの》に*一類《いちるい》の盗人《ぬすびと》あり。*往還《わうぐゑん》の人の物を奪《ば》ひ取り、国を巡りて人の物を盗めり。時に*一国ながら心を同じくして、この盗人を追捕せり。或は時に当りて頸を断ち足を切り、或はまた生《い》けながら獄所に送り禁《いまし》む。一の盗人あり。年廿余《はたちあまり》にして、強力《がうりき》にして猛く盛なり。縄をもて繋縛《けばく》し、*弓をもてこれを射るに、即ち箭《や》走り還りて、更に身に立たず。両三度これを射るに、箭身に当らず。*上《すぐ》れたる兵《つはもの》を撰びてこれを射れども、総《すべ》て箭還り去りぬ。人々大きに奇びて、即ち盗人に問はく、何の由るところかあるといふ。盗の*童《わらは》答へて云はく、この箭身に当れども、更に痛きことなし。これ観音の助くるところなり。我少《わか》き年より、法華経の第八巻を持して、また毎月《つきごと》の十八日に精進せり。昨日の夜、夢みらく、僧ありて告げて曰く、汝慎みて精進し、能く妙法華経を読み、観音を称念せり。我汝が身に代りて、当に弓箭を受くべし、云云といへり。夢覚めてより已後《のち》、避け遁るるに暇なくして、今この苦びに遇ふ。定めて知りぬ、夢の告のごとくに、観音の我に代りて、この苦難を受けたまふなりといへり。盗の童この語《こと》を述べて、大きに音《こゑ》を挙げて啼泣す。時の人皆涙を流して、観音大悲の徳行を感歎して、即ちこの童を免《ゆる》し畢へぬ。その国の*追捕使《ついぶくし》、多々寸丸《ただすまろ》と名《な》づけて、もて*従者となせり。

〔一四〕今昔物語巻十六ノ二六にある。本書によるか。観音利益集三十八にもある。

播磨国赤穂郡　天平十九年大安寺伽藍縁起并流記資財帳にみえる。和名抄「赤穂郡阿加保」。

一類　同じ仲間。一党。

往還の人の物を…　以下にみるような群盗の横行は九世紀後半以後広く諸国にみられた。類聚三代格、昌泰二年九月官符所引の上野国解に「此国頃年強盗鋒起、侵害尤甚、…坂東諸国富豪之輩、啻以ㇾ駄運ㇾ物。其駄之所ㇾ出皆縁㆓掠奪㆒。盗㆓山道之駄㆒以就㆓海道㆒、掠㆓海道之馬㆒以赴㆓山道㆒。…遂結㆓群党㆒、既成㆓凶賊㆒。因ㇾ茲当国隣国共以追討」。

一国ながら　国中全体。「乍」の訓みは字類抄・名義抄による。

弓をもて…　利益集では最初頸を斬らせたが打ち外したので弓で射たとある。

上れたる兵　武勇の優れた上級の武士。たとえば将門記に、将門追討にあたった常陸介平良兼らの兵士の中に「上兵、多治良利」がみえる。

童　童形で元服していないことを指す。

追捕使　訓みは字類抄による。追捕は罪人等を追い捕えること。十世紀になると国家が中央の官人を一道というごとき広範囲の地域の追捕使に任ずることが行われ、貞信公記、承平二年四月条の追捕海賊使が早い例。やがて国司が在地豪族をその国の追捕使に任命し、国内の海賊・群盗の追捕にあたらせた。朝野群載二十二、天暦元年三月越前国司申文の越前追

第百十五　周防国の判官代某

*周防国玖珂郡《くかの》に一人あり、姓名詳《つばびらか》ならず。その国の判官代*なり。少《わか》き年より法華経を読みて、観音に奉仕《ぶし》しけり。十八日には持斎して、僧を請《しやう》じて法華経を読ましむ。一の怨敵《おんてき》あり、常に短《ひま》を伺ひ求めて、この人を害せむと欲す。その郡に山寺ありて、*三井と名《な》づく。観音の瑞像、霊験顕然たり。判官代参仕《さむじ》供養すること、多くの年序を逕たり。判官代公事《くじ》を勤仕《きむじ》して、府*より舎《いへ》に還る。怨敵数十の兵《つはもの》を率ゐて、険難の途に待ち遇へり。この判官代を殺して、*段々《つだつだ》に切り壊《やぶ》る。数十の箭《や》をもて射、大きなる刀をもて切り、鉾をもて串《つらぬ》き、足を切り手を折り、目を剜《*ゑ》り鼻を削り、種々《くさくさ》に摧《くだ》き折り破壊《やぶ》りつ。怨敵意のごとく判官代を殺して、各々分散せり。

時に判官代、心の中に一分の苦びもなくして、身の上に塵計《ばかり》の疵《きず》もなし。起きて怨《あた》の後《しりへ》に尋ね随ひて、平安に我が家に来り、安穏にして住せり。国の中、遍く判官代害せらるるの由を聞く。怨の家の人、判官代の家に往きて、案内*を見聞くに、*夜部《よべ》塵のごとく摧き破りて殺せし人、一分の疵もなくして、世事を執り作《な》せり。怨このことを聞きて、希有の念《おもひ》を生《おこ》す。判官代夢みらく、一の*宿徳《しくとく》の賢き聖《ひじり》ありて告げて云はく、我はこれ三井の観音なり。汝が身に代りて多くの疵を蒙《かうぶ》りて、汝が急難を救ひつ。虚《こ》実《じつ》を知らむと欲せば、当に三井の観音を見るべしといへり。夢覚めて、判官代三井寺に往きて、観音を拝み奉るに、頭《かしら》の上より始めて足の下に至るまで、一分の全きとこ

捕使はその早い例。ここの追捕使もその類。

従者　諸国追捕使の従者の例として、北山抄紙背文書、長保元年七月検非違使別当宣案に、紀伊追捕使坂上重方の垣内の丑寅に従者内蔵正木の屋があり、そこに犯人をかくまっていることを記してある。〔一一五〕今昔物語巻十六ノ三は本書によるか。観音利益集三十三にもある。↓一四五頁注〔七五〕

周防国玖珂郡　↓一四五頁注

判官代　判官は国司の場合、掾。判官代はその代任の意味か。地方豪族が任じられ、平安中期以後に発達し、在庁官人の中核であった。永祚元年、豊後国由原宮々師仙照解の「検行、目代、大判官代、判官代、録事代」、長保四年十一月、大和国在庁官人注文案の「大判官代、判官代、録事代」などは早い例。

三井　↓一四五頁注「三井山寺」。利益集「新寺」。

府　周防の国府。↓一八九頁注

段々に　ずたずたに。↓一二五頁注「段」

剜る　くりぬく。

案内　↓六七頁注。ここは家の中の様子。

夜部　昨夜。

宿徳　↓八九頁注

ろなく、観音の御身に疵あり。手を折りて前に捨て、足を削りて傍《かたはら》に置き、観音の眼を剜り、観音の鼻を削れり。判官代涙を流し音《こゑ》を挙げて、悲泣感嘆せり。

遠近の諸人、集会《しふゑ》してこれを見て、観音を補治して、荘厳《しやうごむ》し供養せり。国の中の上下、判官代を見て、*金《かね》の判官代と名づけたり。*若干《そこばく》の兵に当りて、一分の疵もなきが故なり。怨敵このことを見て、悪心消滅して、大道心を発《おこ》し、判官代に親昵《しんぢつ》の想を生じて、更に怨み悪《にく》むの念なし。

第百十六　筑前国の優婆塞

筑前国に一の*優婆塞あり。法花経を読み、*普門品を誦して、観音に奉仕《ぶし》せり。深く善心ありて、殊に悪業を恐れたり。*香椎明神《かしひの》の御祭の*年預《ねんよ》として、差し定められ畢へぬ。殺生を離るといへども、*神事《じんじ》*限りありて、魚鳥の宍食《ししじき》を設けむがために、山林野外に出でて、鳥を伺ひ魚を求むるに、大きなる池に水鳥あり。優婆塞、弓をもてこれを射たり。池に下りて矢を取るに、この男、池の水に沈みて形見えず。衆《もろもろ》の人、池に臨みて、この人を探し求むるに、更に求むることを得ず。父母《ぶも》妻子、悲び泣き懊悩《なや》みて、この人を恋慕せり。ここに父母夢みらく、この人咲《ゑみ》を含《ふふ》みて語りて云はく、我頃《とし》年《ころ》道心あるが故に、悪業《あくごふ》を好まず。神事を勤めむがための故に、殆《ほとほと》に殺生を行はむと欲するに、善根《ぜんごん》内に催《もよほ》し、三宝外に助けて、罪業を作らず。既に*他界に遷化して、三途の苦びを離れて、即ち善き身を得たり。この故に、父母喜びを懐《いだ》きて歎くことなか

金の判官代　不死身なことを譬えて言ったもの。
若干　→一五六頁注
〔一一六〕　今昔物語巻十六ノ三五にある。本書によるか。観音利益集三十六にもある。
優婆塞　→四一頁注。今昔・利益集「男」。
普門品　→五八頁注
香椎明神　福岡市香椎に香椎宮がある。和名抄に筑前国糟屋郡香椎郷。記紀には仲哀天皇・神功皇后が筑紫訶志比(橿日)宮にましましたという。宇佐宮御託宣集などに神亀元年に香椎宮を造営すとし、万葉集巻六、九五七に同五年十一月香椎廟を拝すという。以後、国家守護、特に新羅侵害に備えるため、奉幣がしばしば行われた。香椎宮は廟と書かれることが多く、延喜式では神名帳にのせず、式部式に橿日廟宮、橿日廟司などのことがみえる。
年預　年々交替で祭祀を担当する者をいうか。当番。
神事　神を祭ること。
限りありて　決められた期日があって。利益集「カキリアル国ノ役ナリケレハサレニケリ」。
他界　極楽を暗示す。
輪廻の境　極りなく生死を繰返す世界。六道のこと。
浄刹　清浄な仏の国土。刹は梵語クシェートラ(国土)。ここでは極楽を指す。無量寿経巻下「覚㆔予一切法、猶如㆓夢幻響㆒、満㆓足諸妙願㆒、必成㆓如㆑此刹㆒」。
悪趣　→一三一頁注
法界　→一二〇頁注「四恩法界」

れ。死骸《しにかばね》のある所を知らむと欲せば、その死骸の上に蓮華生《お》ふべし。その蓮花をもて当に死尸のある所を知るべし。存生《ぞんしやう》に法華の普門品を読誦しけり。故《かるがゆゑ》に*輪廻《りんね》の境を離れて、*浄刹《じやうせつ》に生るることを得たりといへり。かくのごとく語り已へて、歓喜《くわんぎ》して去るとみたり。

夢覚めてより已後《のち》、かの池を見るに、時に大きなる蓮花あり、一聚《むら》にして生ひたり。定めて知りぬ、この人*悪趣に堕ちずして、菩提を証せしことを。故に時に非ずして蓮花忽ちにこの池に生ひたり。世の人聚《むらが》り集りて、希有なりと奇《あやし》び歎ぜり。一切の聖人《しやうにん》、道心あるの輩《ともがら》、皆来りて結縁し、かの池の辺《ほとり》において、諸の善根を修せり。弥陀の念仏、法華の懺法《せんぼふ》、不断にこれを修して、かの霊に廻向し、遍く*法界に施して、仏道の因を種《う》ゑたり。その池、昔より更に蓮華なし。然るにこの死骸の蓮花を種となして、池の内に充満《み》ちて、大きなる蓮華生ひたり。

第百十七　女弟子藤原氏

女弟子藤原氏は、*二度の大弐*隆家卿の*北の方の姉なり。その心に慈《うつくしび》ありて、深く仏法を信ず。昼夜に妙法華経を読誦して、世路を知らず、一生寡婦《やもめ》にして、夫婦の礼を知らず。身に犯すところなくして、心に罪を作ることなし。数十年の間、一心に経を読誦せり。夢に見らく、金色の普賢、白象に乗りて、口を開きて唱へて云はく、*善《ぜん》女諦《によあきらか》に聴け。法華を持するに依りて、常に来りて守護《まも》らむ。後報、浄土にあらむ、云

〔二七〕　他にみえず。なお本書全体の構成よりみると、これより〔三四〕まで優婆夷。

二度の大弐　隆家は左記の如く、長和三年より寛仁三年まで権帥であり、長暦元年より長久三年(本書成立の頃)まで再び権帥であった。二度とはそれをさす。また大宰府の長官は帥、次官は大弐一人・少弐二人であるので(職員令)、権帥を大弐と書くのは不自然であるが、このころ帥は親王に限り(北山抄)、かつ遙任、帥あるときは大弐が任地に赴いて府の実務を総裁し、帥なきときは権帥を任じて赴任せしめ、大弐はおかない慣例も十一世紀初頭に成立し(平野邦雄・土田直鎮両氏の教示により加筆)、ここに事実上、権帥と大弐が混同される理由があり、大鏡、道隆の条にも、隆家を大弐殿と書いている。

隆家卿　関白藤原道隆の子。右兵衛権佐・左少将・右中将を経て正暦五年従三位、翌年中納言になったが、長徳二年四月事に坐して出雲権守に左遷、翌年聴されて上京、長保四年権中納言、按察使・皇后宮大夫を経て長和三年十一月大宰権帥、翌年正二位に至る。寛仁三年大宰権帥を、治安三年中納言を辞退して大蔵卿となり、長暦元年八月再び大宰権帥となって長久三年正月辞職し、寛徳元年正月一日、六十六歳で薨じた(公卿補任・尊卑分脈)。

北の方の姉　北の方は寝殿の北の対屋を居所とするのでかくいい、公卿の正室。姉の名は未詳。

善女　仏を信じ法を聞く女子の意で、在家出家の女子を指す。善女人。

々とのたまへり。かくのごとき夢想、その数あり。乃至最後に、病悩ありといへども、法華経を読みて、一心に念仏して即世せり。入滅の夜に、妹夢みらく、装束《しやうぞく》浄く潔《いさぎよ》くして、天女の形のごとし。*尋常《よのつね》の時のごとく、食物《じきもつ》を備へて勧進す。即ち答へて云はく、我《われ》今更にこの世界の食を用ゐず。その故は何《いかん》となれば、煩悩悪業《あくごふ》の薫習するところの食なるが故なり。我が飯食は*宝威徳上王仏の国土にあり。所謂《いはゆる》*法喜禅悦食《ほふきぜんえつじき》なりといへり。かくのごとく語り竟へて、*東方の界《さかひ》を指して飛び去るとみたり。

第百十八　加賀前司兼隆朝臣の第一の女

女弟子藤原氏は、加賀前司*兼隆の*第一の女なり。その心聡恵にして、愚昧の思なし。ただ法華経を読みて、更に退き闕かず。薫修《くんじゆ》自《おのづから》に運びて、部数多く*積れり。慮外に病を受けて、日を逕て辛苦《しんく》せり。即ち身冷《ひ》えて死し已《を》へり。一夜を過ぎて甦《よみがへ》りて、冥途のことを語れり。俄に強力《がうりき》なる人四、五人来り、即ち我を駈り追ひて、遙に山野を過ぎて将《ゐ》て去りて、即ち一の大きなる寺に到りぬ。我、寺の門に入れり。この寺に講堂・金堂・経蔵・*鐘楼《しようろう》・*宝塔・*宝幢《ほうどう》・僧房・門楼、極めて多く造り重ねて、*周匝《しゆさう》の荘《しやう》厳《ごむ》せること、甚深微妙《じんじんみめう》なり。*天冠・天衣《てんえ》、※瓔珞《やうらく》荘厳せる菩薩聖衆、*威儀具足し、耆年《きねん》宿徳《しくとく》の沙門*賢聖《げんじやう》、充満往来せり。我思念すらく、もしここは極楽世界ならむか、当に*兜率天上なるべきとせむかとおもふ。

即ち耆宿の沙門の言はく、かの善女人《ぜんによにん》は争《いかで》かこの寺に到れる。善女人当来の世に、

尋常　字類抄「ヨノツネ」。

宝威徳上王仏　観仏三昧海経第九に宝威徳如来や宝威徳上王如来の仏国土を出すが、次注のような二食の記述はない。

法喜禅悦食　仏の教を聞いて歓喜すれば善根を増上して智慧を増すので食物に譬えて法喜食といい、禅定に入れば寂静の楽しみがあり心を悦ばせるので禅悦食という。法華経五百弟子受記品に「号曰法明如来…世尊。…其国(善浄)衆生、常以二食。一者法喜食、二者禅悦食」とある。三十巻本仏名経第七の舌根懺悔にも出ている。

東方の界を…　観仏三昧海経の宝威徳上王如来の仏国土は東方とあるから、その国土を指して、の意。

〔一八〕　今昔物語巻十三ノ三六にある。本書によるか。

兼隆　藤原兼隆で加賀守になった人は見当らず。今昔に「源兼澄」とあり、その誤りであろう。兼澄は光孝源氏で信孝の子、加賀守正五位下(尊卑分脈・小右記・栄花物語)、歌人。寛弘の頃加賀守であったと思われる。

第一の女　尊卑分脈によると、陽明門院乳母で、命婦乳母と号した歌人。

積れり　今昔では次に「而ルニ、無量義経、普賢経ヲバ不受習ザリケリ」とある。

鐘楼　訓みは字類抄による。

宝塔　多宝塔。

宝幢　宝珠で飾ったはたぼこ。

周匝　→六七頁注

天冠　天人のかぶる宝冠。

この処に住すべし。善女は法華経の部数いまだ満たず。何ぞこの土に生れむ。年月猶し遠し。この度は早く還るべしといへり。我一の堂を見るに、数千部の経を積み置けり。僧告げて言はく、これ法華経なり。汝善女が頃年《としごろ》読みたるところの経なり。この善根に由りて、当にこの所に生れ、安穏の楽びを受くべしといへり。我この語を聞きて、心に歓喜《くわんぎ》を生じたり。また講堂を見るに、金色の大仏ありて、光明照曜せり。袈裟をもて面を覆ひ、*伽陵頻《かりやうびん》の声をもて我に告げて言はく、善女法華経を読みたるに因りて、我が身を汝に示し、また声を聞かしむ。汝本《もと》の国に還りて、能くこの経を受持して、并に*無量義経・*普賢経は加へ読み奉るべし。その後、我更に面目《めんぼく》を隠さずして、汝をして身を見せしめむ。我は釈迦仏なりとのたまへり。則ち天童二人相副《そ》ひて送り給ふ。天童と倶に只今来り已へて、我が家の内に入りぬといへり。このことを説き已へて、悩めるところを除愈し、即ち*尋常を得たり。倍《ますます》信力を生じて、更に道心を発し、法華を転読す。昔読みしところの経に、皆悉くに*開結の二経を読み加へたり。況や甦《よみがへ》りてより已後《のち》、開結の経を添へて、全くもて法華大乗を転読す。有《たも》つところの功徳は、*校《けう》量《りやう》すべからず。後報、菩提にあり。

第百十九　女弟子紀氏

女弟子紀氏《きの》は、左馬《さまの》権助*紀延昌朝臣の第二の女なり。一生寡婦《やもめ》にして、ただ法華を誦せり。今生の栄華美麗を望まずして、偏に後世の*見仏聞法《もんぼふ》を求めつ。年齢廿《はたち》にして、

瓔珞荘厳　→一三二頁注
威儀具足　→六七頁注
賢聖　→一三七頁注
兜率天　→六〇頁注「都率…」
伽陵頻　美妙な声をもって知られる鳥の名。迦陵頻伽の略。阿弥陀経に「彼国常有二種々奇妙雑色之鳥一。白鵠、孔雀、鸚鵡、舎利、迦陵頻伽、共命之鳥。是諸衆鳥。昼夜六時、出二和雅音一」とある。
無量義経　斉の曇摩伽陀耶舎訳一巻。仏が法華経を説く前に、無量の法が一の実相から生ずることを明かにするためこの経を説いたので、法華の開経とする。
普賢経　観普賢菩薩行法経、劉宋の曇摩密多訳一巻。普賢菩薩を本尊として法華三昧を修する法を説き、法華経普賢勧発品を受けるので、法華の結経とする。
尋常を得たり　今昔「活ヘル也」。
開結の二経　→一二三頁注
校量　訓みは字類抄。くらべはかる。

〔一一九〕　弥勒如来感応抄四にある。
紀延昌　紀氏系図にみえず。
見仏聞法　極楽に往生すること。往生要集大文第二、欣求浄土の浄土十楽の一に見仏聞法楽があり、「法華云、是諸衆生、以二悪業因縁一、過二阿僧祇劫一、不レ聞二三宝一。而彼国衆生常見二弥陀仏一、恒聞二深妙法一」。法華経勧発品に「若有レ人受持読誦解二其義一、是人命終…即往二兜率天上弥勒菩薩所一」、兜率往生とも考えられる。

いまだ老年に及ばざるに、頃日《このごろ》悩病せり。病の差《い》ゆることを願はずして、専《もはら》に一乗を読めり。乃至最後に、方便品の*心生大歓喜《しんしやうだいくわんぎ》、自知当作仏《じちたうさぶつ》の文《もん》を誦し畢りて、正念合掌して入滅せり。傍《かたはら》の人夢みらく、身に天衣《てんえ》を着て、首《かしら》に宝冠を戴き、瓔珞荘厳《やうらくしやうごむ》して、身に光明を放ち、虚空に上昇《のぼ》りて、兜率天に往けり。

第百廿　大日寺の近き辺の老いたる女

一の女人あり。姓名いまだ詳《つばひらか》ならず。身貧しく年老いて、大日寺の辺《ほとり》にして寄居せり。両《ふたり》の男子《なんし》あり、天台の僧となりて、兄をば禅静と曰《い》ひ、弟をば延叡と曰ふ。その母病を受けて、日を経て*悩乱し、即ちもて入滅せり。二の僧一心堅固に、昼は法華経を読み、夜は弥陀仏を念じて、偏に慈母の極楽に往生せむことを祈る。この時に当りてや、大日寺の住僧広道夢みらく、極楽・貞観《ぢやうぐわん》の両の寺の間に音楽を聞けり。驚きてその方を望むに、三の宝車あり。数千の僧侶、香炉を捧げて囲繞《ゐねう》し、直《ただ》に老いたる女が住める宅《いへ》に到れり。老いたる女天衣《てんえ》を着て、宝冠・瓔珞、その身を荘厳し、宝車に乗りて欣《よろこ》びて往還《わうぐゑん》す。便ち二の僧に勅《のたま》ひて曰く、汝母のために懇志ありて、法華を読誦し、念仏を勤修《ごむしゆ》して、菩提を成さむことを祈る。これをもて来迎するなりといふ。宝車西の方を指して遙に去るとみたり。同じ夢の中に、広道聖人往生の相あり。広道幾《いくばく》の年を歴ずして入滅せり。この日音楽空に満ちぬ。道俗耳を傾《かたぶ》けて、随喜讃歎《さんだん》し、道心を発す者多し。

心生大歓喜…　方便品の最後の偈句。(諸の疑惑を去って)心に大きな喜びを生ずるならば、自ら仏となることができると知るがよいの意。

〔一二〇〕　日本往生極楽記〔三一〕による。今昔物語巻十五ノ二一・拾遺往生伝巻中〔三八〕にある。後者は本書によるか。

悩乱　字類抄「疾病分、舌詞」。

第百廿一　奈良の京の女　某氏

奈良の京に一の女人あり。姓名いまだ詳《つばびらか》ならず。性を稟《う》くること*柔軟《にうなん》にして、形《ぎやう》貌《めう》*端正《たんじやう》なり。夫婦の礼に随ひて、数子を産《う》めり。過半の齢《よはひ》致《いた》りて、自《みづか》ら道心を発し、法華経一部を書写して、所持の経となせり。一部を読み習ひて、行住坐臥、偏にこの経を誦して、語黙《ごもく》*造次《さうし》、ただ妙法を持して、更に*世路《せろ》を営まず。*蚕養織婦《しよくふ》、永くその業を捨て、*裁綴染色、更にその営を忘る。飯食衣服《えぶく》の家の中の所作、乃至、田畠《でんばく》農業のこと、*悉《ことごと》くに皆知らず。ただ一心に合掌して、法華経を読誦す。その夫《をふと》、尋常《よのつね》に云はく、世路を経る人は、*経営に暇《いとま》なく、世間を送り過す。何人か*徒然《とぜん》として、自身を知らず、夫の作法を知らず、子の有様を知らずして、ただ経巻を執りて、年月を送ることあらむや。先づ世間の要事を作《な》してより以後《のち》、その隙《ひま》に時々経を読み仏に仕ふ。これを例のこととすべしといへり。かくのごとく*常途に、これを教へ道《い》ふといへども、更に聞き入れずして、弥《いよいよ》世のことを知らずして、偏に他《ほか》の人を雇ひて、家のことを営ましめたり。かくのごとく万のことを忘れて、直《ただ》に経を読誦すること廿余年なり。

最後の時臻《いた》りて、数日の悩病平愈し畢へぬ。身体を沐浴し、新しき浄衣《じやうえ》を着て、手に経巻を執《と》り、夫に向ひて語りて云はく、数十余年、夫妻の契ありといへども、今日この界《さかひ》を去りて、他の世界に趣き行く。何ぞ相送らざるといふ。また*男女に語りて云はく、我汝等を生み育てて、多く罪業を作り、多くの身を摧《くだ》き分ちて人と成らしめつ。

〔一二一〕 拾遺往生伝巻中〔二九〕にある。本書によるか。
柔軟 →四〇頁注
端正 →六七頁注
造次 →一〇頁注
世路 →一一九頁注
蚕養織婦 蚕を飼い絹を織ること。婦は「布」の宛字か。
裁綴染色 裁縫と染色。
悉くに皆知らず 全く顧みない。
経営 →一三〇頁注
徒然 字類抄「ツレ〳〵、無為分、閑詞」。
常途 常に。
男女 拾遺往生伝「男子」。

何ぞ今単己《たんこ》にて他の境に移り去るに、一人も相副《そ》はざるや。年来《としころ》所持せる法華経六万九千三百余字、諸仏各《おのおの》光明を放ち、無量の菩薩各*燈炬を捧げて、前後を囲繞《ゐねう》し、極楽に将《ゐ》て去るといへり。かくのごとく語り了りて、即ち読経礼仏して入滅せり。然るに、その死屍《しにかばね》は数日を経たりといへども、その気《けはひ》極めて香《かうば》しくして、*沈檀等のごとし。夫子《をふとこ》*眷属《くわんぞく》、遠近《あんぎん》親疎、皆道心を発して、法華経を読みたり。

第百廿二　筑前国の盲《し》ひたる女

筑前国に*府官の妻《め》あり。姓名いまだ詳《つばびらか》ならず。盛なる年に及びて、忽ちに二の目盲《し》ひて、全《また》く物の色を見ず。涙を流して歎息す。この女思念すらく、宿世の報に依りて、二の目忽ちに盲ひて、今生は我が身*人の用に中《あた》らず。後世を覚らむにはしかじとおもへり。即ち一の尼に語りて、法華経を読み習ひ、一部を通利せり。昼夜に経を誦して、三、四年の間、一心に読誦せり。夢に一の僧あり、盲ひたる女に告げて曰く、汝*宿報《すくほう》に依りて、二の目既に盲ひたり。今善心を発《おこ》して、法華経を誦す。経の威力《ゐりき》をもて、眼《まなこ》の闇き障《さはり》を除き、当に明かなる眼を得べしといふ。即ち手の指をもて摩づるに、両の目開くとみたり。夢覚めてより已後《のち》、両の眼忽ちに開きて、色を見ること*分明《ふんみやう》なり。女人涙を流して、妙法の威力に感歎す。夫子眷属、親族*朋友《ばういう》、乃至国の内、皆*伏《ふく》膺《ゐよう》して云はく、法華の力に依りて、両の目忽ちに開きぬ、云々といへり。女弥《いよいよ》妙法に信力を生じ已《を》へて、不退に読誦書写して、妙法華経を供養せり。

燈炬　松明の火。
沈檀　→六五頁注
眷属　→九二頁注

〔一二二〕　今昔物語巻十三ノ二六にある。本書によるか。
府官　大宰府の役人。
人の用に…　人として役に立たない。今昔「人ニ非身也」。
宿報　前世の業因による果報。
分明　字類抄に「法家部、発免分」とある。明白。
朋友　字類抄「ボウイウ、朋友部、同心知音、断金連璧」。
伏膺　→一七七頁注

〔一二三〕　日本霊異記巻中八及び一二に類話があり、三宝絵巻中一三は前者による。この霊異記中八及び三宝絵の話は女を置染臣鯛女とし、本書とは別系統。霊異記巻中一二は本書と構成上類似しているが、女を山城国久世郡ではなく紀伊郡の一女人とし、観音信仰者でなく持戒者とし、

第百廿三　山城国久世郡の女人

*山城国久世《くせの》郡に一の*女人あり。年七歳より、法華経観音品を誦して、毎月《つきごと》の*十八日に持斎して、観音を念じ奉れり。十二歳に至りて、法華経一部を読めり。深く善心ありて、一切を慈悲す。*人ありて蟹を捕へて持ち行く。この女問ひて云はく、何の料に充てむがために、この蟹は持ち行くぞといふ。答へて曰く、*食《じき》に宛てむがためなりといふ。女の言はく、この蟹我に与へよ。我が家に*死にたる魚多し。この蟹の代《しろ》に汝に与へむといへり。即ちこの蟹を得て、憐愍《れんみん》の心をもて、河の中に放ち入れり。

その女人の父の翁《おきな》、田畠を耕作せり。一の毒蛇あり、*蝦蟇《かへる》を追ひ来りて、即ちこれを呑まむとせり。翁*不意《おもはず》して曰く、汝蛇、当に蝦蟇を免《ゆる》すべし。もし免し捨つれば、汝をもて聟とせむといへり。蛇このことを聞きて、頭《かしら》を挙げて翁の面を見、蝦蟇を吐き捨てて還り走り去りぬ。翁、後の時に思《おも》念へらく、我無益《むやく》の語を作《な》せり。この蛇我を見て、蝦蟇を捨てて去りぬとおもへり。心に歎き憂ふることを生じて、家に還りて食《じき》せずして、愁ひ歎ける形にて居たり。妻《め》及び女の云はく、何等《なんら》のことに依りて、食せずして歎き居るぞやといふ。翁、*本縁を説けり。女の言はく、ただ早く食せられよ。歎息の念《おもひ》なかれといへり。翁、女の語に依りて、即ち食を用ゐ了《をは》へり。

*初夜の時に臨みて、門を叩く人あり。翁この蛇の来れりと知りて、女に語るに女の言はく、*三日を過ぎて来れ、約束を作《な》すべしといへり。翁門を開きて見れば、*五位の

本人の父でなく本人みずから蛇の妻となることを約すなどの違いがあり、本書の終りの蟹満多寺の一段もない。また本書は霊異記をみていないと認められるので(→解説)、霊異記中一二に類似の話が変形して、たとえば蟹満多寺の縁起として伝えられ、本書にとりいれられたのであろう。今昔物語巻十六ノ一六・元亨釈書巻二十八、寺像志の蟹満寺の話は、本書に類似する。本書によるか。古今著聞集巻二十・観音利益集三十九(前後を欠く)は本書と同系統。

山城国久世郡　天平十三年六月廿三日改姓帳にみえる。和名抄「久世郡、久世」。

女人　霊異記巻中八・三宝絵では、奈良の尼寺の上座の尼の女置染臣鯛女とある。

十八日　→一〇九頁注

人　霊異記巻中八・三宝絵には摂津国宇原郡の七十八歳の老人とある。

食に宛つ　霊異記巻中八・三宝絵は人に与える約束をしたという。

死にたる魚…　霊異記・三宝絵では着ている衣と裳を与えた。

蝦蟇　訓みは和名抄・名義抄・字類抄などによる。

不意して　不用意に。

本縁　ここでは事の由来。

初夜　今昔「其ノ夜ノ亥時」。→一四頁注「六時」

三日　霊異記・三宝絵では女が蝦蟇を助けるために、七日を経て妻となることを約束している。

五位の形　緋衣を着ている。

形《すがた》なる人の云はく、今朝《けさ》の語に依りて、参り来れるところなりといふ。翁の云はく、三日を過ぎて来り坐《まします》べしといへり。蛇即ち還り了へぬ。この女厚き板をもて*蔵代《くらしろ》を造らしめて、極めて堅固ならしむ。その日の夕《ゆふべ》に臨みて、蔵代に入り居て、門を閉ぢて籠り畢へぬ。初夜の時に至りて、*前《さき》の五位来れり。門を開きて入り来り、女の蔵代に籠りたるを見て、忿《いか》り恨める心を生《おこ》し、本《もと》の蛇の形を現じて、蔵代を囲み巻き*、尾をもてこれを叩く。父母《ぶも》大きに驚怖せり。夜半《よなか》の時に至りて、蛇の尾の叩く音聞えず。ただ蛇の鳴く音《こゑ》のみ聞ゆ。その後また聞えず。明朝に及びてこれを見れば、大きなる蟹を上首として、千万の蟹集りて、この蛇を螫《さ》し殺せり。諸の蟹皆還り去りぬ。

女、顔の色鮮白*にして、門を開きて出て来り、父母に語りて云はく、我通夜《よもすがら》*観音経を誦するに、*一尺計《ばかり》の観音告げて言はく、汝怖畏することなかれ。当に*蚖蛇及蝮蝎《ぐわんじやぎふふくかつ》、気毒煙火燃《けどくえんくわねん》等の文《もん》を誦すべしとのたまふ。我妙法・観音の威力《ゐりき》に依りて、この害を免《まぬか》るることを得たりといへり。この蛇の死骸《しにかばね》を、この地に穿《うが》ち埋みて、蛇の苦及び多くの蟹の罪苦を救はむがために、その地に寺を建て、仏を造り経を写して、供養恭敬《くぎやう》せり。その寺を*蟹満多寺《かにまたでら》と名《な》づけて、今にありて失せず。時の人ただ紙幡寺《かみはたでら》と云ひて、本の名を称《い》はず。

第百廿四　越中国立山の女人

*修行者あり、その名詳《つばびらか》ならず。*霊験所に往き詣でて、難行苦行せり。越中の*立山《たちやま》

蔵代　正式の蔵の代りに一時的に物を収めて置く所。正倉院文書、続修後集四十に「倉代西端　宝亀四年」、仁和三年広隆寺資財交替実録帳に「倉代弐合」。
前の五位　著聞集「此たびはもとのくちなはのかたちなり」。
囲み巻き　利益集「二タカラミニマキテ」。
鮮白　美しく白い。
観音経　↓五八頁注「普門品」
一尺計の観音　今昔「端正美麗ノ僧」。
蚖蛇及蝮蝎…　観世音菩薩普門品の偈で次に「念彼観音力、尋声自廻去」とある。かの観音の威力を心に念ずれば、その声に応じて毒虫の吐き出す毒気も除かれるであろうの意。蚖は字類抄・名義抄に「カラスヘビ」とよみ、和名抄は「一名緑蛇、各随二其色一名レ之」とあるが蜥蜴の一種。蝮は名義抄・字類抄に「ハミ」と訓み、まむしのこと。蝎は名義抄に「クツナハ、オホハチ、テラムシ」と訓んでいる。
蟹満多寺　京都府相楽郡山城町にある。その地域は和名抄の山城国相楽郡蟹幡(加無波太)郷にあたる。山城名勝志に「今有二小堂一宇一、号二光明山懺悔堂一。本尊観音立像、又有二釈迦之像一」と記す。釈迦像は白鳳時代のもの。

〔一二四〕　今昔物語巻十四ノ七にある。本書によるか。なお同書には、つづいて第八話として「越中国書生妻死堕立山地獄語」をかかげる。これは書生の子三人が

に往けり。かの山に*地獄の原ありて、遙に広き山谷の中に、百千の*出湯《いでゆ》あり。深き穴の中より涌き出づ。岩をもて穴を覆ふに、出湯麁《あら》く強くして、巌の辺《ほとり》より涌き出づ。現《あらは》に湯の力に依りて、覆へる岩動揺《どうえう》す。熱き気充ち塞《ふた》ぎて、近づき見るべからず。その原の奥の方に大きなる火の柱あり。常に焼けて*爆《はため》き燃《も》ゆ。ここに大きなる峰あり、帝釈岳《たいしやくのだけ》と名《な》づく。これ*天帝釈・*冥官《みやうくわん》の集会《しふゑ》して、衆生の善悪を勘《かむが》へ定むる処なり。その地獄の原の谷の末に大きなる滝あり。高さ数百丈、*勝妙《しようめう》の滝と名づく。白き布を張るがごとし。昔より伝へ言はく、日本国の人、罪を造れば、多く堕ちて立山の地獄にあり、云々といふ。

ここに一の女人あり。齢《よはひ》若く盛にして、いまだ二十《はたち》に及ばず。僧、女を見て心に怖畏を生《な》すらく、もしはこれ鬼神・*羅刹女か。人なき境界の、深く幽《かすか》なる谷の中に、この女出で来れりとおもへり。懼怖《くふ》を作《な》すの間、女、僧に白《まう》して言はく、怖畏を生すことなかれ。我は鬼神にあらず。申すべきことあり。我はこれ*近江国蒲生《がまふの》郡の人なりき。我が父母《ぶも》今にその郡にあり。我が父は*仏師にして、ただ仏の物を用《もち》ゐき。我存生《ぞんしやう》の時、仏の物をもて衣食《えじき》に充《あ》てけり。故《かるがゆゑ》に死してこの地獄に堕ち、忍びがたき苦びを受けたり。沙門このことをもて、我が父母に伝へよ。我がために法華経を書写し、供養解《げ》説《せつ》して、当に苦を抜くべし。このことを告げむがために、我出で来れるなりといふ。

沙門告げて云はく、地獄に堕ちて苦びを受くるの由を称《い》へるに、何の故にぞ心に任《まか》せて出で行きて往来するといふ。女人答へて曰く、今日はこれ十八日、観音の御日な

立山に詣でてその地獄に堕ちている母の声を聞き、その望み通りに、国司の協力を得て千部法華経書写供養をいとなみ、母を地獄から救う話。

修行者　今昔「三井寺ニ有ケル僧」。

霊験所　→一二一頁注

立山　→一六九頁注

地獄の原　地獄谷を指すか。

出湯　温泉のこと。

爆き　訓みは名義抄による。

天帝釈　帝釈→八三頁注。帝釈天は本来忉利天の天主であり、地獄とは関係ないが、智厳・宝雲共訳の四天王経によると六斎日(八・十四・十五・二十三・二十九・三十日)に帝釈天が守護の四天王等を派遣して天下万民の善悪孝不孝を観察して帝釈に報告し、それに基いて寿命の増減をするという。

冥官　→八六頁注

勝妙の滝　称名の滝。地獄谷の末にあり、常願寺川の源流。

羅刹女　→七五頁注「十羅刹女」

近江国蒲生郡　書紀、天智八年条にみえる。和名抄に「蒲生郡、加万布」とあり、のち上、下郡にわかる。康平元年十一月秦安成解に蒲生上郡、承保元年三月二日奥島庄司解に蒲生下郡とみえる。

仏師　→一六三頁注

り。我存生《ぞんしやう》の時、観音に奉仕《ぶし》せむと欲し、また観音経を読まむと欲《おも》ひき。この念《おもひ》を作《な》すといへども、その願を果さざりき。僅に十八日に、一度持斎しけり。然るにその持斎また如法《によほふ》ならざりき。観音を念じ仕《つかふまつ》らむと欲して、一度持斎せし善根《ぜんごん》の力《りき》の故に、観音毎月《つきごと》の十八日に、この地獄に来りて、一日一夜、我に代りて苦びを受けたまふ。我《われ》地獄を出でて、休息*遊戯《ゆげ》す。この因縁に由りて、我ここに来りて、このことを説くなりといへり。この語を作《な》し已へて、忽然《こつねん》として現ぜず。

僧希有の心を生じて、立山より出でて、近江国蒲生郡に往きて、父母を尋ね求めて、これを告げたり。父母これを聞きて、悲び泣き愁ひ歎きて、女のために妙法華経を書写して、供養解説し、発願《ほつぐわん》廻向して、心を至して誓願し、地獄の苦びを抜けり。父夢みらく、女子微妙《みめう》の衣を着て、合掌して白して言はく、法華の力、観音の護助に依りて、立山の地獄を出でて、*忉利天宮に生れたりといへり。

第百廿五　信濃国の蛇と鼠

信濃の長官某、*一任のこと終りて、即ちもて京に上りぬ。途中に一の蛇《くちなは》あり、長さ三尺計《ばかり》なり。守《かみ》と倶して*到来す。件《くだむ》の蛇、夜は御衣の櫃《ひつ》の下に宿り、昼は前後《さきしりへ》に立ちて来れり。人々奇《あやし》び念ひて、ことの由を守に申す。或人白《まう》して云はく、この蛇を殺すべしといふ。守即ち制止して蛇を殺さしめず。守、祈の詞を発《おこ》すらく、もしは*信濃の神か。もしは*霊鬼《りやうくゐ》の祟《たたり》か。人に付きて宣べ説きて、夢の中に示現せよといへり。その

遊戯　↓一八二頁注

忉利天宮　欲界六天の第二、三十三天と訳す。須弥山の頂上にあり、中央に善見(喜見)城があって帝釈天が居住す。法華経勧発品に「若但書写、是人命終、当レ生二忉利天上一」。

〔一二五〕　今昔物語巻十四ノ二にある。本書によるか。雑談集巻七にある。本書全体の構成上、これより〔一二九〕まで異類。

一任　↓一八八頁注

到来　今昔「御共ニ付テ来ル」。

信濃の神　今昔「国ノ内ノ神祇」。

霊鬼　生霊や死霊。

水干　狩衣の一種。地は紗や平絹で多く白を用い、前に一、後に四の菊とじをつけ、紐は丸組の緒を前は襟の上かど、後は襟の真中につける。始は庶民の常服であった。元来水干は絹の名で軟かに張り糊を用いず、水張にして干したのでこの名があり、今昔に「水旱袴」とあるのはこれをいう。

慈　訓みは字類抄・名義抄による。

夜、守夢みらく、斑《まだらか》なる水干*を着たる男、守の前に跪きて言はく、年来《としごろ》怨敵《おんてき》の男、衣《え》の櫃の中に籠り居たり。かの男を害せむがために、日者《ひごろ》副ひ来れり。もしかの男を得ば、これより罷り還らむといふ。守夢覚め畢へて、蛇の告ぐるところなるを知れり。
明朝に衣の櫃を見れば、櫃の底に老いたる鼠あり。怖畏の形にして屈《かが》まり居れり。人々申して云はく、この鼠を放ち捨てよといへり。守*慈《うつくしび》の心あり。もしこの鼠を捨つれば、蛇のために呑まれむ。故《かるがゆゑ》に放つべからずとおもへり。守、蛇と鼠を救はむがために、忽ちに一日の内にして、法華経を書写し、開講供養せり。その夜夢の中に、二《ふたり》の男鮮白の妙なる衣を着て、形貌端正《ぎやうめうたんじやう》にして、敬ひて守に啓《まう》して言はく、我等*生《しやう》々《じやう》に、怨敵の心を結びて、世々互にもて殺害《せつがい》せり。今貴き善根《ぜんごん》に依りて、我等が罪報*を免れて、忉利天に生るべし。この広大の恩、生々世々、報じ尽すべからずといへり。この言を作し已へて、二人天に昇れり。妙なる音楽ありて、虚空界*に満つとみたり。夢覚めて明朝に、蛇・鼠倶に死にたり。

第百廿六　越後国乙寺の猿

*越後国乙寺に持経者あり。心を摂《をさ》めて乱れず、身を調へて閑居せり。法華経を読誦して、更に余念なし。ここに二《ふたり》の猿来りて前の樹の上に住し、終日《ひねもす》に経を聞けり。朝《あした》に来りて暮《ゆふべ》に去る。二、三月の間、毎日《ひごと》に闕かず、来りてこの経を聞けり。このことを怪《あやし》び思ひて、漸くに猿の辺に近づきて問ひて曰く、汝猿、何の故にぞ常に来る。もし

生々　生れては死に死んでは生れて輪廻することきわまりなきをいう。生々世々。今昔「宿世」。

罪報　今昔「畜生ノ報」。

虚空界　一切を包括する空間または真如をいうが、ここでは眼前の大空をいう。

〔一二六〕　今昔物語巻十四ノ六にある。本書によるか。古今著聞集巻二十・元亨釈書巻十七にもある。なお乙寺縁起があるが内容を異にする。

越後国乙寺　あとに三島郡乙寺とあり、三島郡は天暦四年十一月東大寺用帳にみえ、和名抄に「三嶋郡、美之末」とあり、いまの刈羽郡と三島(さんとう)郡。なお三島郡の北に古志郡、その北が蒲原郡(いま東・西・中・北・南の五郡に分つ)・沼垂(ぬたり)郡(いまの北蒲原・東蒲原)であるが、いま北蒲原郡中条町に乙宝寺があり、三浦和田中条文書「中条房資覚書」に、房資が応永三十一年伊達の軍勢に掠奪された乙宝寺の仏舎利を、二十余貫で買いもとめて、乙寺(きのとじ)乙宝寺)へ寄進したとある。この寺にも猿の法華経書写の伝説がある。乙宝寺文書を伝え、東大史料編纂所に写本がある。寺伝(但し乙宝寺縁起は北蒲原郡斎藤家所蔵のものあり)によれば、婆羅門僧正開基、本尊大日如来は行基の作といい、中頸城郡板倉町の山寺にあった本尊と伝える。またその境内に八所明神社あり。この寺の縁起に越後国乙宝寺縁起(また乙寺縁起)があり、谷文晁一門の筆になる(井上鋭夫氏の教示により加筆)。

は妙法華経を読誦せむと欲するかといふ。猿、沙門に向ひて、頭《かしら》を振りて受けず。もしは経を書写せむと欲するかといふ。猿、咲《ゑみ》を含みて喜び、合掌し*頂礼せり。持経者告げて言はく、もし経を書写せむと欲せば、我当に汝がために法華を書写すべしといふ。猿この語を聞き、眼《まなこ》より涙出でて、沙門を頂礼し、樹を下りて還り去りぬ。

それより已後《のち》五、六日を逕て、数百の猿あり。悉くに皆物を負ひて来り、沙門の前に置けり。これを見るに紙の料なり。*樸《こはだ》の木皮を剝《は》ぎ取りて各持ち来れり。沙門これを見て、希有の心を生《おこ》し、樸の皮をもて経の紙を作り畢へて、吉《よ》き日を選び定めて、この経を書写し始めたり。経を書ける日より、毎日に闕かず、二の猿各薯蕷《やまのいも》を持ちて来る。秋冬の時に臨みて、栗・柿等の種々《くさぐさ》の菓子《このみ》を採り持ちて供養す。第五の巻に至りて、一両日の間、二の猿来らず。沙門怪び念ひて、寺の近き辺《ほとり》に出でて、山林を巡り見るに、二の猿傍《かたはら》に数本の薯蕷《やまのいも》を置き、土の穴に頭入りて、二の猿死に了へぬ。沙門見畢へて、涙を流して悲び歎き、その死屍《しにかばね》を収めて、読経念仏し、かの菩提を訪《とぶら》へり。沙門その獼猿《さる》の法華経を書写し畢へざるをもて、仏の前の柱を刻《ゑ》りて、籠《こ》め置き奉り了へぬ。

その後已に四十余年を逕て、*紀躬高朝臣その国の刺史と成りぬ。*府に着きて已後《のち》、*神拝を勤めず、公事《くじ》を始めずして、最初《さいそ》に三島郡の乙寺に参り向へり。守住僧《ぢうそう》に問はく、もしこの伽藍に書き畢へざる妙法華経ありやといふ。諸僧驚きて求むれども、更に御坐《おはしま》さず。件《くだむ》の持経者年八十を過ぎて、*老耄《らうもう》して猶し存せり。長官に白《まう》して言はく、

頂礼　→三九頁補「五体を地に投ぐ」

樸　和名抄に「古波太、木皮也」とある。樸は朴に通じ、その皮は薬用になるが、紙の原料になるか疑問。今昔に「木ノ皮」とある。著聞集「楮」。

紀躬高　伝未詳。今昔物語は、何によるか、藤原子高朝臣とし、承平四年越後国守として赴任したとする。尊卑分脈に、末業の子、越後・三川・備前・伊賀・山城・讃岐守、中宮少進、従四位とある。

府　越後国府。越後国府は、はじめ越後城(岩船郡岩船町岩船柵)で、のち新井市の南、妙高村今府に移り、ついで新井市国賀、南北朝時代に上杉氏の入部によって、上越市大字八幡に移ったという(井上鋭夫氏による)。

神拝を勤めず　国司が神社の祭祀を重んずべきことは職員令、大国守条の職掌の筆頭に祠社をあげていることでも知られるが、任地に赴いてまず神拝すべきことは、朝野群載巻二十二、国務条々事に「一神拝後択二吉日時一初行政事」とあるのでも知られる。今昔物語巻十九ノ三二にも陸奥守平維叙が「任国ニ始テ下テ神拝ト云フ事ストテ国ノ内ノ所々ノ社ニ参リ行キケルニ」とある。

老耄　訓みは字類抄による。

昔猿の書き始めし経御坐《おはしま》すと申す。長官大きに喜びて、老僧を礼《らい》して云はく、*不審《いぶかし》。その経は何《いづれ》の所に御坐す。その願を果さむがために、この国の守《かみ》に任ぜり。我は昔猿の身なりき。持経者に依りて、経を聞きて発心し、聖人の勧に依りて、法華を書写しけり。聖人存生《ぞんしやう》の時、弟子この国に至る。これ小き縁にあらず。いまだ曾《むかし》よりあらざることなり。ただ願はくは、聖人この経を書き畢へて、我が願を満たしめよといへり。老僧守《かみ》の語を聞きて、覚えず涙を流し、悲び歎くこと限りなし。件の経を取り、一心に精進して、書写既に畢へぬ。長官また三千部の法華経を書写して、供養恭敬《くぎやう》せり。善根《ぜんごん》を勤修《ごんしゆ》すること、*算数《さんす》すべからず。

沙門法華経の力《りき》に依りて、浄土に生るることを得たり。経を写せし二の猿は、*一乗の力に因りて、生を転じて国の守と成り、道心を発して修善す。後生の*妙果、宛《あたか》も掌《たなごころ》を指すがごとし。

第百廿七　朱雀大路の野干《やかん》

一《ひとり》の*善男あり。*朱雀大路より、漸々《やうやう》に歩み往くに、日暮の時に迨《およ》びて、一の女人に遇ひぬ。その女面貌端正《めんめうたんじやう》にして、衣服《えぶく》美麗なり。言ふ音《こゑ》優美にして、聞くに肝胆に銘じ、見るに歓悦を増せり。空《むな》しく閑《しづか》なる地に依りて、共に居て*談語す。男子《なんし》女に告げて言はく、*宿世《すくせ》相催《あひもよほ》して今日君に遇へり。共に*交り通ぜむと欲すといふ。女人この人に語るらく、このこと難《かた》きにあらず。君の情《こころ》に随ふべしといへども、もし我と交り通

不審　↓一一三頁注。気がかりだ。

算数　訓みは字類抄による。

一乗の力に因りて…　今昔「法花経ヲ聞シニ依テ」。

妙果　善因による不思議な善果報。

〔一二七〕　今昔物語巻十四ノ五にある。本書によるか。古今著聞集巻二十にもある。

善男　良家の男子。善男子。また仏法を信ずる在家出家の男子。今昔「年若クシテ形美麗ナル男」。

朱雀大路　朱雀門から羅城門まで南北に通ずる大路。

談語　字類抄に「言語詞」とあり、語り合うこと。

宿世相催して　前世の縁があって。

交り通ず　肉体関係を結ぶこと。

ぜば、君の命は当に損《そこな》ひ死すべし。この故に受けざるなりといふ。男の曰く、予《われ》*死に臨まむことを思はず。ただ交り臥すことを望むのみといふ。女の云はく、吁《をお》、この念を生《な》すことなかれ。君は官位を帯びて、家に妻子あり。命は一生の財《たから》にして、*婬《たはし》は刹那の楽びなり。何ぞ*仮借《かりそめ》の戯《たはぶれ》に依りて、永年の命を失はむやといふ。男の曰く、我この理《ことわり》を知るといへども、君の容《かたちづく》れる粧《よそほひ》に迷《まど》へり。夫婦の愛は、*天然の至性なり。猶し*哀憐を垂れて、当に我が情に順ふべしといふ。女の曰く、*懇切《こんせち》の芳言は、誠にもて遁れがたし。我、君の死に代りて、全く君の命を保たむ。我が苦を救はむがために、妙法華経を書写供養すべしといふ。男大きに喜悦して、我が財宝を捨て、君の恩を報ずべしといへり。即ちもて交り通じて、終夜《よもすがら》契を結べり。

天暁に至りて、各もて相別れたり。男の曰く、君我が死に代らむと語りしこと、虚《こ》実《じつ》知りがたし。我《われ》家に還り来りて、当に仏の経を図写すべしといふ。女の言はく、死せむ時を知らむと欲せば、明朝をもて*武徳殿の辺《ほとり》を見よといふ。男の扇を乞ひ取りて、この扇をもて*指南となすべしといへり。各涙を揮《ふる》ひて別れ去りぬ。男明旦に至りて、武徳殿に往きて、巡り検《かむが》ふる時に、殿の裏に一《ひとり》の*野干あり。扇をもて面を覆ひてもて死去せり。男明かにこれを見たり。七日に至るごとに、一部の法華を写して、供養演説せり。いまだ七々日に及ばざるに、夢みらく、この女来れり。天女の荘厳《しやうごむ》を、備《つぶさ》に身の上に具へ、百千に及ぶ天女囲遶《ゐねう》せり。男に語りて言はく、一乗の威力《ゐりき》に依りて、*劫々《こふこふ》の苦びを抜き、今*忉利天に往く。この恩無量なり。世々《せせ》酬ひ報ぜむといへり。即

死に臨まむ…　死ぬことを何とも思わない。
婬　訓みは字類抄・名義抄による。たわぶれ。一時の恋。
仮借　訓みは字類抄・名義抄による。
天然の至性　生れつき自然に持っている良い性質。
哀憐　字類抄「慈悲分」。
懇切の芳言　心の籠った美しい言葉。
武徳殿　類聚国史に「弘仁九年五月戊子、御二武徳殿一、観二騎射一」、和名抄に「武徳殿、在二宜秋門以西一、俗云、牟万岐止乃」、拾芥抄に「豊楽院北、謂二之弓場殿一、騎射競馬於二此所一覧レ之」とあり、内裏の西、宴松原を隔ててある建物。
指南　→六八頁注。ここは、しるしの意であろう。今昔・著聞集「シルシ」。
野干　→八四頁注。今昔物語では一老嫗が男に向って泣き、女の死を告げるためにここに待っていたといい姿を消した話を記す。
劫々　未来永劫。
忉利天　→二一〇頁注
〔二六〕　今昔物語巻十三ノ三四にある。本書によるか。
道公　伝未詳。
天王寺　→一六六頁注
安居　→一〇八頁注
熊野　→六四頁補
美奈倍郷　和名抄に紀伊国日高郡南部郷、現在の日高郡南部町。万葉集巻九、一六六九に三名部の浦、古事記、開化記に御名郡造。

ち天上に昇りぬ。楽の音空に満ちて、香しき気室《むろ》に留るとみたり。

第百廿八　紀伊国美奈倍《みなべの》郡の道祖神《さへのかみ》

沙門*道公は、*天王寺の僧なり。法華の積める功《く》は、年序尚し。常に熊野に詣でて*安《あん》居《ご》を勤む。*熊野より出でて、本の寺に還る間、*美奈倍郷《みなべのさと》の海の辺《ほとり》の大きなる樹の下に宿《やど》し住《とどま》れり。夜半《よなか》に至る程に、*騎《のりもの》に乗りたる人二、三十騎ありて、この樹の辺に至る。一《ひとり》の人ありて言はく、樹の下《もと》の翁侍《おきなさぶら》ふかといふ。樹の下に答へて曰く、翁侍ふといふ。また曰く、早《すみやか》に罷り出でて、御共に侍ふべしといふ。翁の曰く、*駄《におひうま》の足折れ損じて、乗り用うること能はず。明日治を加へ、もしは他《ほか》の馬を求めて、御共に参るべし。年齢老衰して行歩《ぎやうぶ》すること能はず、云々といへり。騎に乗れる類《たぐひ》、各々分散せり。

明旦に至りて、沙門怪《あやし》び念《おも》ひ、樹の下を巡り見るに、*道祖神《さへのかみ》の像あり。朽ち故《ふる》くして多くの年を逕たり。*男の形ありといへども、女の形あることなし。前に*板の絵馬《ゑま》あり、前の足破損せり。沙門、絵馬の足の損じたるを見《み》了《を》へて、糸をもて綴り*補《をぎぬ》ひ、本の所に置き畢へぬ。沙門ことの縁を知らむがために、その日を過ぎ已《を》へて、その夜樹の下に宿しぬ。夜半に至りて、先のごとく数の騎来れり。翁、馬に乗りて出でて行く。天暁に臨む時、翁還り来りぬ。即ち持経者に語るらく、この数十の騎の乗りたるものは*行疫神《ぎやうやくじん》なり。我は道祖神なり。国の内を巡る時、必ず翁を*前使となす。もし*共《ぐ》奉《ぶ》せざれば、笞をもて打ち逼《せ》め、詞をもて罵詈《めり》す。上人の馬の足を療治せるに依りて、

騎に乗りたる人　後の記述によれば、行疫神。

駄　字類抄に「負物者也」とあり、荷負馬の意。

道祖神　→補

男の形ありといへども　本朝世紀、天慶元年九月条に、「東西両京大小路衢」の「岐神」(→補「道祖神」)の祭について書き、「刻レ木作レ神、相対安置。凡厥体像髣二髴丈夫一、頭上加レ冠、鬢辺垂レ纓、以レ丹塗レ身、成二緋衫色一。起去不レ同、遞各異レ貌。或所又作二女形一、対二丈夫一而立レ之。臍下腰底刻二絵陰陽一」という。

板の絵馬　板に画いた馬を祠や神社に奉納したもの。静岡県伊場遺跡は、古くは辛卯(持統五)年(但し昭和四十八年末出土木簡の一つには辛巳(天武十年)ともよめる文字がある)、新しきは延長二年にいたる数十点の木簡を含む遺物を出土しているが、中に板に馬をえがいたものがある。板の絵馬か。本朝文粋巻十三の寛弘九年六月の祭文には、北野天神への献上物に「色紙絵馬三匹」があり、これは色紙に画いたもの。

補ふ　訓みは字類抄により、「補闕也綴也」と記す。

行疫神　疫神に同じ。道祖神は本来、鬼魅・疫神の侵入を防ぐ神。故に、行疫神が国内を巡るとき、道祖神がその前駈をつとめ、しからざれば罵詈されるというのは、道祖神の威力なきを示す。

前使　先触の役。

共奉　供奉に同じ。

この公事《くじ》を勤めたり。この恩報ずべきこと難しといふ。持経者に種々《くさぐさ》の恩顧*あり。所《いは》謂《ゆる》浄妙の衣服《えぶく》、種々の飲食《おんじき》をもて、施し与へつ。煩《わづらは》しきに依りて記さず。道祖神、沙門に語りて云はく、今この下劣の神の形を捨てて、上品*の功徳の身を得むと欲す。この身の受けたる苦びは、無量無辺なり。聖人の力に依りて、このことを成さむと欲すといふ。沙門答へて曰く、我このことにおいては、力の及ばざるところなりといふ。道祖神の云はく、この樹の下に住りて、三日三夜《みかみよ》、法華経を誦せよ。経の威力《ゐりき》に依りて、我が苦の身を転じて、浄妙*の身を受けむといへり。

沙門道祖神の語《こと》に依りて、三日三夜、一心に妙法華経を読誦せり。第四日に至りて、道祖神頭面《づめん》*をもて持経者を礼《らい》して言はく、聖人の慈悲に依りて、今この卑賤受苦の身を免れ、勝妙清浄の功徳の身を獲《と》り得て、所謂補陀落《ふだらく》*世界に往生し、観音の眷属《くわんぞく》となりて、菩薩の位に昇らむ。これ妙法聴聞の威《いかめ》しき神力《じんりき》なり。虚実《こじつ》を知らむと欲せば、草木の枝をもて柴の船を造り、我が木像を乗せて、海の上に放ち浮べて、当にその作法を見るべしといへり。沙門柴の船を造り已へて、道祖神の像を乗せ、海の上に放ち浮べり。更に風吹かずまた浪動かずして、柴の船南の方の界《さかひ》を指して、早速《さうそく》に走り去りぬ。またその郷《さと》の故老夢みらく、この樹の林の道祖神、菩薩の形と成りて、身の色金色にして、光を放ちて照《てら》し曜《かかや》き、伎楽《ぎがく》*歌詠して、南の方の界を指し、遙に飛び昇りて去るとみたり。持経の沙門、この語を信受して、本の寺に還り来り、このことを伝へ語りつ。聞く者随喜して、皆道心を発《おこ》せり。

恩顧　謝礼の意。

上品　極楽の上品の意ではなく、苦界を離れる境遇に生れることをいう。

浄妙　清浄微妙。

頭面…　↓一一五頁注

補陀落世界　印度の南海岸で観音の住処と伝えられる。新華厳経六十八「於二此南方一有レ山、名二補怛洛迦一。彼有二菩薩一、名二観自在一」。中国では舟山列島の普陀山、西蔵では拉薩、また我国では観音安置の霊山として紀州那智山(↓六四頁補)や下野二荒山(↓一二六頁注)などが擬せられた。

伎楽　音楽を奏し舞をまうこと。塵添壒嚢鈔「伎ハ衆ノ意也。一種ナラズアマタノ心ナルヘシ。伎ハ岐也ト釈セリ、岐ハマタ也。マタハ分テ、アマタニナル義歟。伎ト書クコトアリ。伎楽ト云フハ、楽ハ八音ヲアヤツリテ、衆音和合スル故ニ、アマタノ心ヲアラハス。凡ソ伎芸ノ心也。手ニアルヲハ伎ト云ヒ身ニアルヲハ芸ト云フト釈セリ。打物引物、吹物皆手ノアヤツリヲ離レズ。伎楽トモ云フ歟」。

第百廿九　紀伊国牟婁郡の悪しき女

二《ふたり》の沙門あり。*一人は年若くして、その形端正《たんじやう》なり。一人は年老いたり。共に熊野に詣り、*牟婁郡《むろの》に至りて、路の辺《ほとり》の宅《いへ》に宿《やどり》しぬ。その宅の主《あるじ》は寡婦《やもめ》なり。両三の女の従《とも》の者《もの》を出して、二の僧を宿り居らしめ、志を致して*労り養《いたは》へり。ここに家の女、夜《よ》半《なか》に若き僧の辺に至りて、衣を覆ひて僧に並び語りて言はく、我が家は昔より他の人を宿さず。今夜《こよひ》宿を借したるは、由るところなきにあらず。見始めし時より、*交り臥さむの志あり。仍《よ》りて宿せしむるなり。その本意を遂げむがために、進み来るところなりといふ。僧大きに驚き怪びて、起き居て女に語りて言はく、日来《ひごろ》精進して、遙なる途を出で立ちて、*権現の宝前に参り向ふ。如何《いか》にしてかこの悪事あらむやといふ。更に承引せず。女大きに恨怨みて、通夜《よもすがら》僧を抱きて、*擾乱《ねうらん》し*戯咲せり。僧種々《くさくさ》の詞《ことば》をもて語り*誘《こしら》へたり。熊野に参詣して、ただ両三日、燈明・*御幣《みてぐら》を献《たてまつ》りて、還向《ぐゑんかう》の次《ついで》に、君が情《こころ》に随ふべしといへり。約束を作《な》し了へて、*僅にこのことを遁れて、熊野に参詣せり。

女人《によにん》僧の還向の日時を念ひて、種々の儲《まうけ》を致して相待つに、僧*来らずして過ぎ行きぬ。女、僧を待ち煩ひて、路の辺《ほとり》に出でて往還《わうぐゑん》の人を尋ね見るに、熊野より出づる僧あり。女、僧に問ひて曰く、その色の衣を着たる、若き老いたる二の僧は来りしや否やといふ。僧の云はく、その二の僧は早く還向して、既に両三日を経たりといへり。

〔一二九〕　今昔物語巻十四ノ三・弥勒如来感応抄四・元亨釈書巻十九、霊怪にある。後に道成寺縁起として広く伝えられた。

一人は　元亨釈書「釈安珍。居ニ鞍馬寺ニ」。

牟婁郡　書紀、持統六年条にみえる。和名抄「牟婁郡、牟呂」。

労り養ふ　食事を与えて大切に世話をする。

交り臥さむ…　今昔「夫ニセムト思フ」。

権現の宝前　熊野権現(→一六四頁注)の社頭。

擾乱　心を乱し煩わす。

戯咲　媚を作り戯れ笑う。

誘ふ　増補語林に「方便の意也」とあり、うまいことを言ってなだめすかす意。

御幣　神に奉るものすべてをいう。

僅に　文語解「コレ俚語ノヤフ〳〵ニト云ニ同シ」。

来らずして過ぎ行きぬ　今昔「還向ノ次ニ、彼ノ女ヲ恐レテ、不寄シテ、思他ノ道ヨリ逃テ過ヌ」。

女このことを聞きて、手を打ちて大きに瞋《いか》り、家に還りて*隔る舎に入り、籠居して音なかりき。即ち五《いつ》*尋《ひろ》の大きなる毒蛇の身と成りて、この僧を追ひ行けり。時に人、この蛇を見て、大きなる怖畏を生じ、二の僧に告げて言はく、希有のことあり。五尋計《ばかり》の大きなる蛇、山野を過ぎて走り来るといへり。二の僧聞き了《を》へて定めて知りぬ、この女、蛇と成りて我を追ふなりと。即ち早く馳せ去りて、*道成寺《だうじやうじ》に到り、ことの由を寺の中に啓《まう》して、蛇の害を遁れむと欲《おも》へり。諸僧集会《しふゑ》して、このことを議計《はか》り、大きなる鐘を取りて、件の僧を鐘の内に籠め居《す》ゑて、堂の門を閉ざしめつ。

時に大きなる蛇道成寺に追ひ来りて、堂を囲むこと一両度して、僧を有《かく》せる戸に到り、尾をもて扉を叩くこと数百遍なり。扉の戸を叩き破りて、蛇堂の内に入りぬ。大きなる鐘を囲み巻きて、尾をもて*竜頭《りうづ》を叩くこと両三時《とき》計なり。諸僧驚き怪びて、四面の戸を開き、集りてこれを見て恐れ歎く。毒蛇両の眼《まなこ》より血の涙を出し、堂を出で、頸を挙げ舌を動《はたら》かし、本の方を指して走り去りぬ。諸僧見るに、大きなる鐘、蛇の毒のために焼かれ、炎の火熾《さかり》に燃えて、敢へて近づくべからず。即ち水を汲みて大きなる鐘を浸《ひた》して、炎の熱を冷せり。僧を見るに皆悉くに焼け尽きて、骸骨も残らず、纔に灰と塵のみあり。

数日を経たるの時、*上﨟《じやうらふ》の老僧夢みらく、前の大きなる蛇直《ただ》に来りて、老僧に白《まう》して言はく、我はこれ鐘の中に籠居したる僧なり。遂に悪しき女のために*領《りやう》せられて、その夫と成り、*弊《つたな》く悪しき身を感じたり。今苦びを抜かむことを思ふに、我が力及ば

隔る舎　今昔「寝屋」。

尋　→一七四頁注

道成寺　日高郡川辺町にある。正平十四年三月の寺鐘の銘に「文武天皇勅願道成寺鉄鐘」。

竜頭　鐘の上端にある釣手。

上﨟　受戒後安居を経るを﨟という。出家受戒してから年を経た僧。

領す　→一四〇頁注

弊く…　人間に劣った醜い蛇身をいう。

ず。我存生《ぞんしやう》の時、妙法を持せしといへども、*薫修《くんじゆ》年浅くして、いまだ*勝利に及ばざりき。決定業《けつぢやうごふ》の牽《ひ》くところ、この*悪縁に遇へり。今聖人の恩を蒙《かうぶ》りて、この苦びを離れむと欲す。殊に*無縁の大慈悲の心を発して、清浄《しやうじやう》に法華経の*如来寿量品を書写し、我等二の蛇のために苦びを抜きたまへ。妙法の力にあらずは、争《いかで》か苦びを抜くことを得むや。就中にかの悪しき女の抜苦のために、当にこの善を修すべしといへり。蛇この語《こと》を宣べて、即ちもて還り去りぬ。

聖人夢覚めて、即ち道心を発し、*生死《しやうじ》の苦びを観じたり。手づから如来寿量品を書写し、*衣鉢《えはつ》の蓄《たくはへ》を捨てて、*施僧《せそう》の営《いとなみ》を設け、僧侶を屈請《くつしやう》して、一日*無差の大会を修して、二の蛇の抜苦のために、供養既に了へぬ。その夜聖人夢みらく、一《ひとり》の僧一の女、面貌《めんめう》に喜びを含み、気色《けしき》安穏にして、道成寺に来りて、一心に三宝及び老僧を頂礼して白して言はく、清浄の善に依りて、我等二人、遠く邪道を離れて、*善趣に趣き向ひ、女は*忉利天に生れ、僧は*兜率天に昇りぬといへり。この語を作《な》し了へて、各々相分れ、虚空に向ひて去るとみたり。

聞法華経是人難　　書写読誦解説難
敬礼如是難遇衆　　見聞讃謗斉成仏

大日本国法華経験記下

薫修　→六一頁注
勝利　→一七〇頁注
悪縁　→一三五頁注
無縁の大慈悲　三種慈悲（衆生縁・法縁・無縁）の一。仏は諸法の種々の相に心を惹かれることなく、真実の道理を得て平等に慈悲を起し、自然に衆生の苦を抜き楽を与えることをいう。
如来寿量品　→一四四頁注

生死　→八三頁注
衣鉢　→二七頁注
施僧　自分の財物を僧に施すこと。
無差の大会　無遮の法会と同じ。→一〇〇頁注

善趣　→一三一頁注

忉利天　→二一〇頁注
兜率天　→六〇頁注

続本朝往生伝

黄門侍郎　中納言の唐名。匡房は嘉保元年六月十三日権中納言に任(中右記)。

江匡房　大江成衡の男。母は橘孝親女。康平元年対策に及第してから、東宮学士・蔵人・中務大輔・左大弁・勘解由長官・美作守などを経て寛治二年に参議、嘉保元年権中納言に任ぜられ、康和四年正二位に叙せられた。その間二度に亙って大宰権帥に任ぜられ、天永二年十一月五日、七十一歳で薨。江帥と号す。当時随一の学者として三代に亙って侍読を勤め、また歌人としても知られ江帥集がある。著述は江都督納言願文集・本朝神仙伝・江談抄・江家次第など多方面に亙り、本朝続文粋・本朝無題詩などに漢詩文を収む。

不退の浄土　極楽浄土に往生すると穢土に退堕しない意。浄土教では、位・行・念・処の四不退のうち、処不退をさらに五不退に分ける。

花池宝閣　瑞応刪伝「又唱二無量寿経一讃曰、四十八願、荘厳浄土、華池宝樹、易往無人」。↓一一頁補「瑞応伝」・解説

車を奔らす　年の過ぎるのを車の走るのに譬える。

霜露　霜や露に冒される病気。一般に病気をいう。または懺悔すべき罪。↓二二六頁「霜露の罪」

瓫を覆ふ　ふせた瓫(盆)の中には日月の光も及ばないこと。抱朴子、弁問「日月

続本朝往生伝

続本朝往生伝 序

黄門侍郎《*くわうもんじらう*》江匡房撰

それ極楽世界は、*不退の浄土なり。*花池宝閣は往き易くして人なし。予《われ》*車を奔《はし》らせて年迫り、*霜露のこれ重きことを慚づ。*瓫《ほとぎ》を覆ひて性《こころ》愚かなれども、日月の曲げて照すを待つ。*功徳の池は、遠しといへども*賢聖《げんじやう》と斉《ひと》しからむことを思ひ、生死《しやうじ》の山は、高しといへども*誓を恃みて越えなむと欲《おも》ふ。何ぞ況や、我が朝に西方を念じて素意を遂げし者、古今絶えず。寛和の年の中に、*著作郎《ちよさくらう》慶保胤が、*往生の記を作りて世に伝へたり。その後百余年、また往々にしてあり。近《このころ》感ずるところあり。故《かるがゆゑ》に*蒭蕘《すゆぜう》に詢《とぶら》ひ朝野を訪ねて、或は前の記の遺漏《ゐろう》するところを採《と》り、或はその後の事を接《つ》ぎて、*康和に竟《を》へぬ。上は国王・大臣より、下は僧俗・婦女に至るまで、都盧《すべて》四十二人、粗行《ほぼぎやう》業《ごふ》を記して、諸《もろもろ》の結縁に備ふと爾《しか》云ふ。

有レ所レ不レ照、聖人有レ所レ不レ知。豈可下以二聖人所一不レ為、便云中天子無上仙。是責三光不レ照二覆盆之間一也」。

功徳の池 阿弥陀経「極楽国土、有二七宝池一、八功徳水、充二満其中一」。八功徳の水を湛える池で、極楽にある。

賢聖… ↓一三七頁注。なお論語、里仁に「子曰。見レ賢思レ斉焉。見二不賢一而内自省也」とある。

誓… 阿弥陀仏の誓願。「越え」は生死の山を越え、即ち輪廻をのがれて極楽に往生すること。

著作郎 ↓一〇頁注

往生の記 日本往生極楽記。↓解説

蒭蕘 草刈や木樵。身分の卑しい者。詩経、大雅「先民有レ言、詢二于蒭蕘一」。

康和に竟ふ 康和は堀河天皇の年号(一〇九九—一一〇三)。これによって、この序が康和元年以後に書かれたことが知られる。源忠遠妻の伝に「康和三年正月云々」(二五二頁)とみえるが、両者相まって本書成立の上限を示している。ちなみに匡房は、承徳元年三月、五十七歳にして大宰権帥を兼ね(公卿補任)、翌年八月大宰府に下向し(中右記)、翌康和元年、豊前宇佐郡御許山に僧六口を置いて法華三昧を修せしめ(宮寺縁事抄)、二年、筑前安楽寺内に丈六金色弥陀像を安置する満願院を建立し(江都督願文集)、四年正月、権帥の任を解かれた。本書に沙門能円・高明・安修ら大宰府付近の僧の伝や、大宰府に下向した源忠遠妻の伝などがあるのは、右の関係によるものであろう。↓解説

〔一〕 一条天皇は*円融院の子《みこ》なり。母は*東三条院、七歳にして*位に即《つ》きたまひ、宇《あめのした》を御《をさ》めたまふこと廿五年の間、叡哲欽明にして、広く万事に長《すぐ》れたまへり。才学文章《もんじやう》の、詞花人に過ぎ、糸竹絃歌《ぐゑんか》の、音曲倫《ともがら》に絶《すぐ》れたり。*年始めて十一にして、*円融院に幸し、自《みづか》ら*竜笛《りようてき》を吹きてもて宸遊に備へたまへり。*佳句既に多く、悉くに人口にあり。

*時の人を得たること、またここに盛《さかり》となせり。親王には*後中書王、*上宰には*左相《さしやう》・*儀同三司、*九卿《きうけい》には右将軍実資《さねすけ》・右金吾斉信《ただのぶ》・左金吾公任《きむたふ》・源納言俊賢《としかた》・拾遺納言行成・左大丞扶義・平納言惟仲・霜台相公有国等の輩《ともがら》、朝《あした》には*廊廟に抗議し、夕には風月に預参したり。*雲客には実成・頼定・相方《すけかた》・明理《あきまさ》、*管絃には道方《みちかた》・済政《なりまさ》・時中・高《たか》遠《とほ》・信明・信義、*文士には匡衡《まさひら》・以言《これとき》・斉名《ただな》・宣義・積善《もりよし》・為憲《ためのり》・為時・孝道・相如《すけゆき》・道済《みちなり》、*和歌には道信《みちのぶ》・実方《さねかた》・長能《ながたふ》・輔親《すけちか》・式部・衛門・曾禰好忠、*画工には巨勢《こせの》弘高、*舞人には大伴兼時・秦身高《はたのさねたか》・多《おほの》良茂・同政方《まさかた》、*異能には私《きさいちの》宗平・三宅時弘・伊勢多世・越智《をちの》経世・公侯《きみこの》恒則・参春《みはるの》時正・真上勝岡・大井光遠・秦経正、*近衛には下野重行・尾張兼時・播磨保信・物部武文・尾張兼国・下野公時、*陰陽《おんやう》には賀茂光栄《みつよし》・安陪《あべの》晴明、*有験《うげむ》の僧には観修《くわんじゆ》・勝算・深覚、*真言には寛朝・慶円、*能説の師には清範・静照・院源・覚縁、*学徳には源信・覚運・実因・慶祚・安海・清仲、*医方には丹波重雅・和気正世《わけのまさよ》、*明法《みやうぼふ》には允亮《ただすけ》・允正《ただまさ》、*明経《みやうきやう》には善澄《よしずみ》・広澄、*武士には満仲・満正・維衡《これひら》・致頼《むねより》・頼光、皆これ天下の*一物《いちぶつ》なり。

*斉信卿常に語りて曰く、心の中に人を推挙せむと欲《おも》ひ、竜顔《りようがん》に謁《まみ》ゆることを得たる

〔一〕 宝物集五・普通唱導集巻下にある。

円融院 ↓補

東三条院 藤原兼家の二女詮子。↓補

位に即き 寛和二年。

年始めて十一にして… 百錬抄「正暦元年正月十一日、幸二円融寺一、朝二観法皇一。主上令レ吹二御笛一給」。御遊抄・続古事談巻一にもみえる。

円融院に幸し 拾芥抄に「仁和寺法皇御在所」とあり、竜安寺の辺にあった。寛和元年、円融法皇がここに遷られた。

竜笛 笛の一種。横笛。または笛の美称。

佳句… 天皇の詩は、本朝麗藻・類題古詩・新撰朗詠・十訓抄などに収録される。

時の人を得たる… 今鏡巻九・宝物集巻七・十訓抄巻一などに同趣旨の文がある。

後中書王 村上天皇の第七皇子具平親王。文才にすぐれ慶滋保胤を師とし、文壇の中心的存在であった。本朝文粋や本朝麗藻などに作品があり、摩訶止観弘決外典鈔を撰す。

上宰 大臣をいうか。但し以下の道長・伊周ともに内覧の宣旨を得ているので、大臣中でも最高のものをさすか。

左相 左大臣。藤原道長をさす。 ↓補

儀同三司 藤原伊周をさす。↓補

九卿 中国で国政を司った九人の大臣。九官、九司、九賓等時代により官名が異る。三位以上をさす。↓補

廊廟 おもて御殿の意で、政治を執る所。

雲客 殿上人のこと。四位五位の人で昇殿をゆるされた者の通称。↓補

管絃・文士・和歌・画工・舞人 ↓補

の時は、先《ま》づ天下を*淳素に返すべきの勅命あり。仍《よ》りて私心を抑へたりといへり。左相府毎日に玉饌を奉れり。本はこれ*頼親朝臣の*蓮府に奉るなり。自《みづか》らこの言を聞きたまひて、敢へて進御したまはず。これ暴悪の者の何《な》ぞ供御《くご》に及ばむ、云々とのたまへり。

*源国盛朝臣は越前守に任じ、*藤原為時は淡路守に任ぜらる。為時朝臣、女房に附きて書《ふみ》を献りて曰く、*除目《ぢもく》の春の朝《あした》蒼天眼《まなこ》にありといへり。主上これを覧《み》たまひて、敢へて膳《かしはで》を羞《すす》めたまはず、夜の御帳に入り、涕泣《な》きて臥したまへり。左相参入し、そのかくのごときことを知りて、忽ちに国盛朝臣を召して辞書を進《たてまつ》らしめ、為時朝臣をもて越前守に任じたり。国盛の家中の上下のもの啼泣《な》きぬ。国盛朝臣これより病を受け、秋に及《いた》りて播磨守に任ずれども、猶《なほ》しこの病に依りて死せり。

寛弘八年の夏、御薬に依りて*位を遁れ、一条院において、*飾を落して道に入り、日を経て*不予なり。慶円座主退下の間、已にもて崩御したまひぬ。帰参の後、夜の御所《おとど》に入りて、*院源を招きて曰く、聖運限あり。力の及ぶところにあらず。但し生前の約《ちぎり》あり。必ず最後の念仏を唱へしむべしとのたまへり。この事相違して、この恨綿々たり。霊山《りやうぜん》の釈迦を請《しやう》ぜらるべし。試に仏力を仰がむ。定めていまだ遠くには遷御したまはざらむといへり。院源、鐘を打ちて啓白す。慶円、その念珠を見て*不動火界呪を誦するに、いまだ百遍に及ばざるに、漸くにもて蘇息したまへり。左相*直廬《ちよくろ》より衣裳を顚倒して忩《いそ》ぎ参らる。慶円即ち生前の御語《ことば》に依りて、念仏百余遍を唱へしめ訖りぬ。

異能　擢んでた才能をいうか。ここでは相撲をさす。↓補

近衛　近衛舎人をいう。禁中を警衛し行幸の供奉を勤とするが、ここはその中の名騎手をあげている。↓補

陰陽　天文暦数のことを掌る。↓補

有験の僧・真言・能説の師・学徳・医方・明法・明経・武士　↓補

一物　すぐれたもの。字類抄「逸物、イチブツ人也。イチモツ馬也」。

斉信卿…　↓補

淳素　すなおで飾りけがないこと。江談抄巻二に「天下政忽反二淳素一」とある。

頼親朝臣　源頼親。↓補

蓮府　大臣の邸、転じて大臣。藤原道長をさす。

源国盛　↓補。以下の説話は今昔物語巻二十四ノ三〇・古事談第一・今鏡巻九・十訓抄第十などにみえる。

藤原為時　↓補「文士」

除目の春の朝…　↓補

位を遁れ…道に入り…　↓補

飾を落す　出家すること。特に高貴な人にいう。

不予　天子の病気をいう。

慶円座主　↓補「真言」。この説話は古事談第三にある。

院源　↓補「能説の師」

不動火界呪　不動尊の主な真言に火界呪(大呪)・慈救呪(中呪)・心呪あるうち、不動明王は火生三昧におるから火界呪を大呪という。

直廬　宮中の摂関・大臣などの宿所。↓補

その後*登霞したまへり。*十善の業《ごふ》に依りて、*万乗の位を感じ、往昔《わうしやく》五百の仏に事《つか》へて、今生*霜露の罪を少くしたまふ。最後の念仏かくのごとし。あに浄刹《じやうせつ》に往生したまはざらむや。

〔三〕　後三条天皇は*後朱雀院の第二の子《みこ》なり。母は*陽明門院なり。*九五の位を履《ふ》みて、一千の運に鍾《あた》り、聖化の、世に被《かぶらしむ》ること、殆《ほとほと》に*承和・*延喜の朝に同じ。相伝へて曰く、*冷泉院の後、政《まつりごと》 執柄《しつへい》にあり。*花山天皇の二ケ年の間、天下大きに治まれりといへり。その後、権また*相門に帰りて、皇威廃れたるがごとし。ここに、天皇*五ケ年の間、初めて万機を視たまへり。俗は淳素に反《かへ》りて、人は礼義を知り、*日域《にちゐき》*塗炭に及ばず。民今にその賜《たまもの》を受くるの故ならくのみ。和漢の才智は、誠に古今に絶《すぐ》れたまひ、*耆儒《きじゆ》元老といへども、敢へて抗論せず。雷霆《らいてい》の威を発《おこ》したまふといへども、必ず雨露の沢《たく》あり。文武共に行はれて、寛猛相済《すく》へり。*太平の世、近くここに見《あらは》れたり。*円宗《ゑんしう》寺《じ》を作りて、始めて*二会《にゑ》を置き、*日吉の社に幸して、深く一乗に帰したまへり。*禅譲の後、遂にもて世を遁れたまへり〈*法名〉。御*大漸《たいぜむ》の剋、心を専《もはら》にして乱れず、先づ念仏を修して、一旦に崩御したまへり。

故備後守*保家朝臣の妻《め》は、出家して*栖霞観《せいかくわん》にありき。延久五年五月七日の暁に夢みらく、紫雲西に聳《そび》きて、笙歌絶えず。夢の中に問へば、人皆謂ひて曰く、これ仙院の御往生の相なりといふ。寤《さ》めて後人来り告げて曰く、今朝*晏駕《あんが》したまへりといへり。

登霞　登遐。天皇や上皇が世を去ること。楚辞、遠遊「載二営魄一而登霞兮〈集注、霞与レ遐同。猶曰レ適レ遠〉」。
十善の業　↓補
万乗の位　天子の位。孟子、梁恵王上「万乗之国、弑二其君一者、必千乗之家〈趙注、万乗兵車万乗。謂二天子一也〉」。
霜露の罪　衆生のなす罪のこと。懺悔によって消滅するので霜や露にたとえる。普賢観経に「衆罪如霜露、恵日能消除、是故応至心、懺悔六情根」の偈があり、後世懺法の伽陀として用いられる。
〔二〕　普通唱導集巻下にある。
後朱雀院・陽明門院　↓補
九五の位　天子の位。九は陽の数、五は易の卦で天子の位の象である。周易、繋辞上伝「崇高莫レ大二乎富貴一〈疏、王者居二九五富貴之位一〉」。
承和　仁明天皇の年号(八三四—八四七)。↓補
延喜　醍醐天皇の年号(九〇一—九二三)。↓補
冷泉院の後…・花山天皇の…　↓補
相門　宰相の家柄。
五ケ年の間　後三条天皇即位の治暦四年から譲位の延久四年までの五年間。↓補
日域　日の出る処。日本。
塗炭　泥塗に陥り炭火に落ちて救う者のないような苦しみ。尚書、仲虺之誥「有夏昏徳、民墜二塗炭一〈集伝、民之危険、若下陥レ泥墜レ火、無中救レ之者上〉」。
耆儒元老と…・太平の世…　↓補
円宗寺・二会・日吉の社…　↓補
禅譲の後…世を遁れ…　↓補
法名　天皇のため院号を略したものか。

およそ人の泉《せん》に帰るとき、貴賤を論《い》はず、多くその霊あり。天皇に至りては、いまだその*咎祟《きうす》あらず。或人の夢に曰く、他の*澆泊《げうはく》の国を治めんがために、早くもて遷御したまへりといへり。これ謬説《びうせつ》ならむ。偏に極楽の新しき主なり。*宇治前大相国、天皇の崩御を聞きて歎きて曰く、これ本朝不幸の甚しきなりといへり。

〔三〕*堀川入道右大臣は、*入道大相国の第二の子なり。母は*盛明親王の女なり。累葉《るいえふ》の相門《しやうもん》を出でて、早く*象岳《しやうがく》に備はり、人間の栄花は、経歴《きやうりやく》せずといふことなし。生前の間、ただ*後世《ごせ》の業をのみ修して、天台の教門を学べり。病の大漸に及びて、*飾を落して道に入れり。麁《あら》き*布衣《ほい》を着て、*念誦堂《ねんじゆだう》に到り、沐浴潔斎して、香炉を捧げて念仏せり。子孫多しといへども、みな近づくことを得ず。恩愛の道を絶たむがためなり。遂にもて入滅せり。没《う》せたる後にその手を見るに、*弥陀の迎接《がうせふ》の印を作せり。平生密教を知らざるに、自然《じねん》にかくのごとし。決定往生の相なり。

〔四〕*権中納言源顕基《のあきもと》は、大納言*俊賢《としかた》卿の子なり。少《わか》き年より書に耽り学を好めり。顕要重職を歴たりといへども、心は菩提にありき。後一条院の寵臣なり。晏駕の期に及びて、*梓宮《しきう》に燈を供へず。その由を問ふに曰く、*所司《しよし》皆新主の事を勤めたり、云々といへり。これに因りて発心し、常に白楽天《はくらくてん》が詩を詠じて曰く、*古き墓何《いづれ》の世の人ぞ。姓と名とを知らず。化して道の傍《ほとり》の土となりて、年々春の草のみ生ひたりといふ。ま

大漸　病気が進んで危篤になること。尚書、顧命「嗚呼、疾大漸惟幾〈伝、自歎二其疾大進篤、惟危殆一〉」。字類抄「ヲ、キニス、ム、疾病分」。
保家　権中納言藤原公信の子。→補
栖霞観　→補
晏駕　天子の崩御をいう。
咎祟　罪をとがめてわざわいをする。
澆泊　人情が薄く世が乱れていること。澆は薄に同じ。
宇治前大相国　藤原頼通。→補
〔三〕他にみえず。
堀川入道右大臣　藤原頼宗。→補
入道大相国　太政大臣藤原道長。
象岳　三公のこと。本朝文粋巻四、為入道前太政大臣辞職第二表「焉得下持二重載一以久済二巨川一、攬二六轡一以猥陟中象岳上哉」。
後世の業・盛明親王の女…　→補
飾を落す　→二二五頁注。頼宗の出家は治暦元年正月。
布衣　→二三一頁補
念誦堂　念誦(→三〇頁補)をする堂。
弥陀の迎接の印　弥陀の迎接→一六一頁注。右手をあげ左手を垂れる印、または八葉印(→九八頁注「八香印」)。
〔四〕普通唱導集巻下にある。
権中納言源顕基…後一条院の寵臣　→補
俊賢　→二二四頁補「九卿」
梓宮　天子の棺。梓の木で作るからいう。転じて陵をいう。
所司　→補
古き墓…　白氏文集巻二、続古詩十首の第二の詩の一部。

忠臣は…　史記、田単列伝「王蠋曰、忠臣不ㇾ事㆓二君㆒、貞女不ㇾ更㆓二夫㆒」。
七々の聖忌の後…出家　↓補
楞厳院　↓一九頁補
大原山　↓補
内外の典籍　↓一三頁注
癰疽　腫物。↓補
九泉　墓地。転じてよみじ・黄泉をいう。
〔五〕　音人は著者匡房の遠祖。大江氏にはその後、朝綱・維時・匡衡・挙周など著名な儒者が輩出した。著者は音人のほか匡衡の従兄弟の為基・定基、及び子の挙周の伝を本書に収めている。先行の音人伝に三代実録、元慶元年十一月条卒伝があり、本朝書籍目録の音人伝もそれに属するか。本伝後半にいう国史は前者、別伝は後者をさすものと思われる。扶桑略記の卒伝は、本伝と内容・構成が類似していてより詳しい。略記も右記の音人伝によるか。
参議左衛門督大江音人　↓補
大同　平城天皇。延暦二十五年即位、大同四年退位、天長元年崩、年五十一。
阿保親王　↓補
儒業を遂ぐ　紀伝道を学び対策(官吏登用の最高試験)に及第することをいう。
大理　検非違使別当の唐名。↓補
蛇の足・北斗四星・船助道・献冊　↓補
尊勝陀羅尼　↓二五頁注
〔六〕　末尾に「本伝は国史にあり。今恐らくは異聞を伝ふるならくのみ」とある。本伝は新国史の遍照卒伝をさすものであ

た曰く、*忠臣は二君に仕へずといへり。*七々の聖忌《しやうき》の後、忽ちにもて出家せり。男女衣を引きて、恩愛《おんあい》行を妨げたれども、敢へて拘留《こうりう》せられず。*楞厳院《れうごむゐん》に昇りて、飾を落して道に入り、*大原山に住せり。*内外《ないぐゐ》の典籍を好みて、念仏読経を修す。後に背の病を発《おこ》せり。良医曰く、治《ち》すべしといふ。納言入道曰く、万病の中に正念違はざるは、*癰疽《ようそ》に過ぎず。如《し》かじ、この次《ついで》に早く*九泉に帰らむにはといへり。便ち療治《れうち》を止め、ただ仏を念じて、長くもて入滅せり。

〔五〕　*参議左衛門督《さゑもんのかみ》大江音人《をとむと》卿は、*大同の後の*阿保親王の子なり。早く*儒業を遂げて、高く公卿に昇り、大弁を歴《へ》て、*大理《たいり》に居れり。少き日より才名世に被《かぶ》らしめぬ。その瑞応《ずいおう》を謂へば、或は*蛇《くちなは》の足を見、或は*北斗四星を酌《く》みて飲めり。*船助道《ふなのすけみち》が*献冊《けんしやく》の時答へて曰く、本朝には問ふべきの人なし、将《まさ》に異国に渡らむとすといへり。天皇大きに怪びて、音人をして問はしめたまふ。問ふところの義、みな通ぜざるものなし。世のひと大きに感じたり。その行状に至りては、国史に見え、別伝に詳《つばびらか》なり。今重ねて叙べず。最後の瞑目の剋、*尊勝陀羅尼を誦すること七遍にして気絶えたり。人《ひと》往生の人なりと称《い》へり。

〔六〕　*僧正遍照は*承和の寵臣なり。俗名は宗貞。*近衛将《こんゑのしやう》を歴て、蔵人頭《くらうどのとう》に補せられたり。*累葉清花《るいえふせいくわ》の家より出でて、*前疑後丞の任に居れり。才操相兼ねて、衆望の帰する

ところなり。また*和歌に長《すぐ》れたり。*宮車の晏駕《あんが》したまへるに及びて、恋慕に堪へず、遂にもて*道に入れり。*慈覚大師の弟子にして、*安然和尚の師匠なり。難行苦行して、自《おのづか》らに効験多し。公家捨てずして、授くるに僧正の職をもてし、兼て*御持僧となせり。

*天狗、人に託《つ》きて曰く、*貞観の世に北山に住したり。当世の有験《うげむ》の僧を知らむと欲ひ、変じて小《おさな》き僧となりて、樹の下に立てり。一《ひとり》の樵夫《せうふ》に逢ふ。謂ひて曰く、我を当《その》時《かみ》の執政《しふせい》の家に送れ、将《まさ》に大きに報いること有らむとすといふ。夫が曰く、将《まさ》に何《いか》がはせむといふ。我曰く、一の革の嚢《ふくろ》を持ちて、明夕来るべしといへり。又その言のごとくしたり。即ち飛鳶となりて嚢に入る。晩頭《ばむどう》*右相の家の中門に到りて、その口を開くに、便ち寝殿に到りて、足をもて右相の胸を踏みつ。頓《にはか》の病ありと称《い》ひて、家の中大きに騒ぐ。足を挙げ足を下すに、或は活き或は死す。当時の名徳《みやうとく》を請ずるに、敢へて畏るべきの人なし。一両日を経て、家司《けし》来りて曰く、猶《なほ》し花山の僧正を請ぜらるべしといへり。巳時に*請書を遣せるに、未時に*領状あり。*総角《あげまき》二人、白き杖を捧げて、状に随ひて相副ふ。我頗る恐れたり。暫くして*壇場を塗らむがために、*承仕《しようじ》以下到来せり。また*護法五、六人あり。夜に入りて僧正光臨し、護法の数、十余人に及べり。我漸くに足を収めて、意《こころ》に任すこと能はずして、相忍びて居れり。修法すること七日の間に、病已に平喩したれども、いまだ我を伏《ぶく》するに及ばず。家司重ねて請じて、延ぶるに二ケ日をもてせり。この時に術尽きて、已に方計を失へり。第二の日の暁に、鉄《くろがね》

ろう(→二三〇頁補「国史」)。しかし著者は右の文にいうように、その伝との重複をさけて、異聞、即ち天狗の話を主に書いている。真言伝巻四・普通唱導集巻下にある。

僧正遍照 →補

承和 仁明天皇のこと。

近衛将 ここは左近衛少将。

累葉清花の家 代々貴い家柄。遍照の父安世は桓武天皇の皇子で延暦二十一年臣下に降り良峰朝臣となった。清花(華)の語は、後には大臣大将をかねて太政大臣に進む、摂家につぐ家柄をいう。次の慈忍伝には「累葉将相の家」とある。

前疑後丞 天子の前後にいて輔佐する臣をいう。宗貞が蔵人、ついで蔵人頭であったことをさすか。→補

和歌に長れたり・道に入れり →補

宮車の晏駕 天子の崩御をいう。宮車は天子の御車。

慈覚大師の弟子…・安然和尚 →補

御持僧 →一五七頁注「護持僧」

天狗 →補

貞観 清和天皇の年号(八五九—八七六)。

右相 右大臣源多をさすか。

請書 招待状。

領状 受取状。

総角 →補

壇場を塗る 作壇法により護摩檀を築くこと。本来は土壇で泥等を塗って作ったが、日本では方形木檀となり火炉を置く。

承仕 →八二頁補

護法 護法童子のこと。→七二頁注

の網をもて我を入れて、*炉壇の火の中に置く。焦《こが》れ灼《や》けて煨燼《くわいじん》となりぬ。壇の灰を捨つるに及びて、幸に厠の辺に置く。便ち食気に就きて蘇生せり。この処に居ること六年、もし門を出でむと欲するときは、護法独り猶し拘留して敢へて寸歩すること能はず。たまたま水門より出でぬ。ここにこの人、本朝の一物《いちぶつ》なることを知りぬ。必ず*嬈《ねう》乱《らん》を致さむと欲し、仍りて*花山に到る。他の所には居難し。或は厠の辺に住すること三年なり。僧正来るごとに、護法五六人必ず守護せり。終《つひ》にその隙《ひま》を得ず。また最後の臨終のとき、その妨を成すべしと思ひ、その命の期《ご》するときを尋ねて、かの山に向ふといへども、護法衛護し、聖衆来迎して、敢へて二三里の内に入ること能はず。ただ空中の管絃を聞き、山上の雲気を望みて止みぬといへり。本伝は*国史にあり。今恐らくは異聞を伝ふるならくのみ。

〔七〕 *慈忍僧正は諱《いみな》は尋禅、*九条右大臣の子なり。累葉将相《しやうしやう》の家より出でて、*四明天台の道に入り、楞厳院《れうごむゐん》に住して、*慈恵大僧正をもて師となせり。大僧正、大臣と*師檀の契深し。即ち託《つ》くるに鍾愛《しようあい》の子をもてせり。僧正忍辱《にんにく》をもて衣となし、慈悲をもて室となす。天性聡敏にして、顕蜜に通達し、霊験掲焉《けちえん》にして、人神信伏せり。然れども敢へて魔軍を*調伏《てうぶく》することを好まず、ただ偏《ひとへ》に生を浄土に託せむことを期《ご》するならくのみ。*朝家重んじて、推して職位を加へたり。*一身阿闍梨の源はこの人に起りぬ。*冷泉天皇邪気に依りて御煩あり、連年不予なり。僧正参入して、*護身*結界せり。天

炉壇　護摩壇のこと。護摩法を修するため火炉を置いた壇。
嬈乱　悩まし乱すこと。嬈は擾。
花山　京都市東山区山科北花山。→補
国史　→補
〔七〕　真言伝巻五にある。
慈忍僧正　→補
九条右大臣　藤原師輔。→補
四明　中国浙江省にある山で、唐の道源や宋の知礼がここで天台の教義を広めたので天台の教をいう。叡山を四明とも称するから、ここは四明知礼の教学ではなく、我が国の天台宗をいう。
慈恵大僧正　良源。→一五七頁補
師檀の契…　→補
調伏・朝家重んじ　→補
一身阿闍梨　名門の人を尊び、その人一身を限って伝法灌頂の職位を授けたもの（釈家官班記）。→補
冷泉天皇…　狂疾があったことは栄花物語巻一などにみえる。→補
護身　密教加持の法で身を護ること。
結界　密教で諸魔の難を払うために印明の法によって行者の周囲に区画を設け清浄にすること。
三衣篋　字類抄「三衣匣、サムエハコ」。袈裟を入れる箱。三衣→一三二頁注
天台座主…再三辞譲すれども…　→補
三綱　僧尼令義解「三綱者、上座、寺主、都維那也」。寺院にあって寺の僧侶を統轄し、庶務を整理する者をいう。
飯室　横川の別所で宝満寺という。
〔八〕　他書にみえず。

皇大きに怒りて、剣を抜きて斬らむとしたまふ。僧正大きに恐れて、南の階《はし》の下に逃れ入る。而うして堂の上に留むるところの*三衣篋《さむえばこ》、護法これを守る。天皇この篋の下に自ら縛られたまふこと数百遍なり。いよいよこの道を厭ひて、ただ仏果を求めたまへり。後に*天台座主に至る。再三辞譲すれども、公家山僧共に聴《ゆる》さず。ここに印と鎰《かぎ》を*三綱《さんかう》に委《まか》せ付け、敢へて事に従はず。長く*飯室《いひむろ》に籠りて、念仏して終に極楽の迎を得たり。

〔八〕 *権少僧都覚運は洛陽の人なり。延暦寺に住せり。少きときより才名に富みて、一山の*亀鏡《きけい》なり。早《つと》に菩提を求めて、念仏を業となせり。ここに慈恵僧正以下《いげ》、相議《はか》りて曰く、かくのごときの人の*大業を遂げざるは、道の恥なりといふ。推して*竪義《りうぎ》せしむ。*四種三昧の義を立てり。*暮年に及びて、*布衣《ほい》を着て堂に入る。見聞《けんもん》の*大衆、歎息せずといふことなし。題を読む剋に、意に*止観を論ずる者は、西方阿弥陀仏を念ずといふに及びて、覚えず涕泣せり〈道心者たるに依りて、*探題この*算を作る〉。満堂皆感涙を垂れぬ。竪義に及びて、九題已に得たり。第十の算に及ぶ。また拘《かか》ふところなし。探題*禅芸が力の及ばざるところなり。慈恵僧正は、道のためにいまだ曽《むかし》にもあらざる全得の人なり。我、将《まさ》に*精義《しやうぎ》せむといふ。*六観世音を広うすれば即ちこれ廿五三昧、の題に付きて、問ふに真言六観音の*種子《しゆじ》の義をもてす。*密教を習はざるに依りてその由を謝す。僧正曰く、既に*広学と謂へり。何ぞ真言の教を知らざらむといふ。依りて*九題

権少僧都覚運… →補

亀鏡 手本。亀は吉凶を卜うもので、鏡は姿を照すものであるから、人のよりどころにするものの意。

大業 竪義の表白は「夫以、広学竪義大業者…」で始まり、竪義のことをいう。

竪義 →補

四種三昧… 四種三昧(→一九頁補)の意味について出題されたことをいう。以下はその論義の模様。

暮年 老年。覚運はこの論義に推されたとき既に老年に及んでいたのに、の意。

布衣 →補

大衆 →七八頁注

止観 摩訶止観(→二六頁注)に説く天台宗の禅法。その具体的な方法が四種三昧で、常行三昧では心に阿弥陀仏を念ずる。

探題 竪義において論題を出し(釈家官班記)、竪義の論場を統領する重職。

算 算木に書いた論題の意で、短籍ともいわれる。竪者はその題目を読みあげる。

禅芸 空恵阿闍梨の弟子。→補

精義・六観世音… →補

種子 →一七七頁注。ここは、右の題について、六観音それぞれの種子は何かという問。

密教を… 覚運は、密教に詳しくないので正しく答えられないと言った、の意。

広学 →補「竪義」

九題一は… 九得一未判の意。十題の中、九題は及第したが第十題は未判。以上で竪義の話を終り、以下は覚運がこれを機に真言を学ぶ話。

一はいまだ判ぜずといへり。後に密教を成*信上人に受けたり。その後に曰く、尤も易きことなり。知らずんば何かはせむといへり。成信臨終のとき、師となすべき人を問ふ。成信、皇*慶を挙げたり。この時に年いまだ卅に及ばず。覚運下*問《かもん》を恥ぢず、随ひてまた稟承せり。皇慶の*鎮西《ちんぜい》に赴くに及びて、宿徳の身をもて地に下りて跪けり。道を尊ぶに依りてなり。

左*相府の三十講に、常に証義者となり、諸宗の章疏は悉くにみな暗誦せり。慶*祚曰く、顕密の教を学ぶ人かくのごとし。後に注《なずら》ふべしといへり。遍*救僧都は左府に竪義たり、覚運精義《しやうぎ》となれり。*唯識《ゆいしき》・因明《いんみやう》の奥旨に、本宗の人皆驚きぬ。*神我《じんが》勝の意、この日始めて源信僧都の案に題として出でたり。寛*印かの算の問者となる。これ南京にいまだ曾《むかし》よりあらざる義ならくのみ。*主上《しゆしやう》ならびに左府、師となして経を受けたり。

源信法門を造るごとに、覚運に送りて点読せしめて曰く、この人の読むは、義、述*者より勝れたり、云々といへり。重き癰疽《ようそ》背に発《い》でたり。衆の医《くすし》治《いや》して曰く、已に差《いや》せり、水を止《とど》めたりといへり。重*源闍梨〈滋秀の孫〉後に到り、瘡《かさ》を見て手をもて沃《い》*るところの水を汲み、見て曰く、この病いまだ差えず、一時を待ちて到るべしといへり。同じき未時に遷*化せり。仏を念じて乱れず、禅*坐して終りぬ。公家権*僧正を贈り、檀*那院を即ち御願寺となす。覚運の申し立てるところなり。

〔九〕専*心行業の事。○廿*五三昧過去帳に云はく、長和二年正月一日著《あらは》すところの願文に云はく、

成信上人…　静真。→三〇頁補「静真」
皇慶・鎮西に赴く…　→補
下問を…　目下の者に問うことを恥じない。論語、公冶長「敏而好レ学、不レ恥二下問一」。
左相府の三十講　御堂関白記によると、寛弘元年七月三日より三十日まで、寛弘二年五月四日より二十八日まで、法華三十講を行い、覚運が加わっている。三十講→一一九頁注
慶祚　→二二四頁補「学徳」
遍救僧都は…・**唯識・因明の奥旨**　→補
神我…　これがこの日の問答の題。→補
寛印　〔一五〕寛印伝参照。
主上ならびに左府…　主上は一条天皇、左府は藤原道長。→補
述者　法門を造った自分、源信。
重源闍梨　→補
沃る　水をそそぐ。あびせる。
禅坐　結跏趺坐のこと。坐禅の時の坐法。
遷化・権僧正…・**檀那院**　→補

〔九〕　→補
専心…　以下の註記は後人の書きいれか。
廿五三昧過去帳　楞厳院廿五三昧結衆過去帳をさす。→一五九頁補〔八三〕
二十倶胝遍　倶胝は印度の数名。億と訳す。また千万ともいう。過去帳には二十を一十九とする。
大乗経…　法華経以下をさす。過去帳には法華経以下の諸経・巻数を分注にしてある。
大呪百万遍　以下の千手陀羅尼(→二五

生前に修行せるところの法は、今略《あらあら》に録す。念仏は*二十倶胝遍《くていへん》なり。*大乗経五万五千五百巻、法花経八千巻・阿弥陀経一万巻・般若経三千余巻等を読み奉る。*大呪百万遍は、千手の呪七十万遍・尊勝の呪三十万遍、ならびに*弥陀・*不動・*光明・*仏眼《ぶつげん》等の呪少々を念じ奉るといふ。その後に作せしところはまた別記にあり。この外にまた一巻十余紙の書記あり。一生作せしところの善根は、その中に或は仏像を造り、或は経巻を書き、或は布施を行ひ、或は他の善を助けたり。かくのごとき大小の事理、種々の功徳は、具に記すこと能はず、云々といへり。*別伝と聊かに相違せり。仍りて書《しる》す。

権少僧都*源信は、大和国*葛上《かづらきのかみの》郡当麻《たいまの》郷の人なり《ム《それかし》云はく、僧都の別伝に云はく、俗姓《ぞくしやう》は卜部《うらべ》、大和国葛城《かづらき》郡の人なりといふ》。童児の時に、延暦寺に登りて、慈恵僧正に師として事へたり。少年の時より、才智輩《ともがら》に抽《ぬきい》でたり。問答*決択《くゐっちゃく》の庭には、その人を*屈属《くゐつしょく》せしめずといふことなし。常に曰く、倶舎・因明は穢土《ゑど》において極め、唯識は浄土を期《ご》して、宗義は仏果を待つといへり。作りしところの書、*往生要集三巻は、*宋朝に渡せり。かの国の人は、その*影像に向ひて〈宋朝の求めに依りて、生前真影を写せり。*承円闍梨書けり〉楞厳院の*源信大師と称《い》へり。また*因明の注釈三巻、疏《しょ》一巻、大乗対倶舎抄《だいじょうたいくしゃせう》十五巻、要法門二巻、一乗要決三巻、ならびに大小の義式等、惣て計ふれば百余巻に及ぶ。皆一宗の亀鏡にして、末学の*耳目たり。今にその義を称ふ者は、人敢へて*間然せず。誠にこれ如来の使ならくのみ。

ム云はく、*別伝に云はく、或人偸《ひそか》に問ひて云はく、和尚の智行は等倫《とうりむ》なし。薫修行業何等

**頁注)・尊勝陀羅尼(→二五頁注)の二呪をさす。過去帳には二呪とその遍数を分注にしてある。

弥陀 弥陀の大呪(→一七七頁注)。

不動 不動明王。→六〇頁補「明王」

光明 光明真言(→三九〇頁注)。

仏眼 仏眼尊。また仏母尊とも。

別伝 二三四頁一六行以下に引用の同種の文。別伝の名は以下にしばしばみえるが、註記引用のものは延暦寺首楞厳院源信僧都伝(以下、源信僧都伝)をさす。→一五九頁補〔八三〕

源信 法華験記巻下〔八三〕源信伝参照。

葛上郡… 過去帳及び法華験記は「葛木下郡」とある(→一五九頁注)。和名抄「葛下郡当麻」、奈良県北葛城郡当麻町。

決択 元来は疑をたって因果の理を弁える意であるが、宗義などの正邪を分別して疑問を決断すること。

屈属 相手を屈服させ従わせる。廿五三昧過去帳「論義決択、世称二絶倫一」。

往生要集 →一六〇頁注

宋朝に渡せり →一六一頁注「往生要集を…」

影像 →一六〇頁補

承円 伝未詳。二中歴の絵師に「沼円」とあるが関係あるか。

源信大師 →一六一頁注「円通大師」

因明の注釈… →補

耳目 人を導いてくれるもの。

間然せず 非難しない。

別伝… この段のことは廿五三昧過去帳にみえる。

を先となすといふ。答謝《こた》ふらく、念仏を先となすといふ。また問はく、諸《もろもろ》の行の中に*理をもて勝《まさ》るとなす。念仏の間法身を観ずるや否やといふ。答ふらく、ただ仏号を唱ふるのみといふ。また問はく、何ぞ理を観ぜざるといふ。答ふらく、往生の業は、称名を足るとなすこと、本より存せり。故《かるがゆゑ》に理を観せず。ただし観ずることはいまだ難しとせず。我理《り》観《くわん》の時、心意明了にして障礙《しやうげ》あることなし、云々といへり。

昔相者〈*敦光〉に詣《まゐ》るに曰く、才学《さいがく》已にあり。官職なきにあらじ。世間飢ゑざらしめむといへり。僧綱の望なしといへども、朝家の貴べるところに依りて、推して*法橋《ほつけう》に叙したり。大極殿《だいこくでん》の*千僧読経の講師なり。弟子*厳久《ごむく》の譲に依りて、少僧都に任じたり。並びに我が求めにあらず。深く往生を慕ひて、敢へて他の業なく、*一事已上、ただ極楽に廻向せり。

昔月に乗じて閣に登り、偏に仏を念じたり。房に帰りたる後、大きに悔いて曰く、今夜のこと、頗る清浄《しやうじやう》の業の思あり。これまた*魔縁なり、云々といへり。才学の慢心は、常に懐《こころ》を動かせり。これを恐れて深く道心門に赴き、最後の臨終のときに専心乱れず、念仏して西に向ひて絶えたり。後の日に*覚超僧都、夢にその生るる所を問へり。答ふるに*下品をもてす。こと*別伝に詳《つばびらか》なり。

ム云はく、別伝に云はく、長和二年正月の*勘録に、今生薫修の行業を、仏の前に啓白《けいびやく》すらく、阿弥陀念仏二十倶胝遍《くていへん》。法花経一千部、般若経三千余部、阿弥陀経一万巻を読み奉る。阿弥陀大呪百万遍、千手陀羅尼七千万遍、尊勝陀羅尼三十万遍を念じ奉る。阿弥陀小呪、

理　差別的現象面をいう事に対する語で、常恒普遍の真理をいう。念仏にも理観・事観を立てるのが源信の特色。

敦光　伝未詳。

法橋…少僧都…　↓補

千僧読経　千人の僧を請じ斎を設けて供養する法会。

厳久　↓補

一事已上　不明。「モハラニ已上ヲコトトシテ」と訓み、上記のことに専心することをいうか。または音読して最も大切な事柄を意味するか。

魔縁　環境がよく往生を得られるような思いになったのを魔によるものと反省した意。魔訶止観に第五観魔事境がある。

覚超僧都　〔一〇〕覚超伝参照。

下品…　↓補

別伝　本伝註記の「別伝」と同じく源信僧都伝であるかどうかは、後者のこの部分に闕文があるので明らかでない。廿五三昧過去帳のこの部分は引用文の如く「又有二一僧一」(↓補「下品」)とあって、源信の生所を問うた人の名を記さないが、傍注に「別伝云、覚超僧都云々」とある。

勘録　事状を詳しく記して具申するために作った文。この勘録は廿五三昧過去帳の「長和二年正月一日所レ著願文」(二三二

不動真言、光明陀羅尼、仏眼等の呪に及びては、その数を知らず。或は仏像を彫《ゑ》り鏤《ちりば》め、或は経巻を書写し、或は布施を行ふ等のこと、種々にして一にあらず、云々といへり。ム云はく、別伝に云はく、寛仁元年六月〇九日、親しき弟子を喚《よ》びて、偸にもて*耳語《じご》して云はく、〇*容顔端正《ようがんたんじやう》の少年の僧侶が、衣服を整へ理《をさ》め、或時は三人、或時は五人、臥せる内に出入して、左右に端坐せり。目を閉づるときは見ゆ。惣べて言へば、殆《ほとほと》に*狂言に幾《ちか》しといへり。〇十日の晨旦は飲食《おんじき》例のごとし。身の垢《あか》を滌《すす》き浴《あら》ひ、仏の手の*縷《いとすぢ》を執りて、*面《めん》善円浄《ぜんゑんじやう》の文《もん》を誦すること昨日のごとし。然る後に首を北にし脇を右にして、眠るがごとくに気絶えぬ。綵縷を執り念珠を持すること、猶し平生のごとし。春秋七十あまり六なり。

○横川の*安楽谷に*浄行上人あり。今夜眠らずして、例のごとくに*観行《くわんぎやう》す。暁更に至りて、天外遙に*聖衆の伎楽《ぎがく》を聞けり、云々といへり。

*恵心別伝に云はく、時に僧都、近習《きんじふ》の弟子*禅円法師に示して云はく、我昔時《むかし》より一生の望あり。成就するや否やの状を卜筮せしめむと欲ふ。伝へ聞けり、大和国葛城の郡に一の法師ありて、往を議《はか》り来を知ること、宛《あたか》も*鄭詹君がごとしといふ。汝その所に行きて、我が望を占はしめよといへり。禅円命を奉じたる後、翌日山門を出でて和州に向へり。果して法師に遇ひ、僧都の所望《しよまう》を占はしむ。法師*金匱《きんき》の占を案じて云はく、その人の所望は、専《もはら》に人間の栄花にあらず。殆《ほとほと》にこれ無上の妙果なるか。念力甚だ深し。あに成就せざらむや。*繇兆《ちうてう》は四月にあり、決定は六月にありといへり。禅円帰り来りて、詳《つばひらか》にその旨を達せり。僧都歓喜《くわんぎ》に預《あづか》るならくのみ。*冥数符合《めいすうふがふ》して、四月二日より、*目痺《もくひ》尤も重し。〇寛仁元年六

頁)と同じものであろう。しかし、おそらく別伝(源信僧都伝)の引用に誤記があるために、両者の間に相異がある。

耳語 字類抄に「言語部、ジギョ」とあり、耳に口をつけてささやくこと。

容顔端正 類似のことは廿五三昧過去帳にもみえる。

狂言 →二四頁注

縷 →二八頁補「糸をもて…」

面善円浄の文 →補

安楽谷 叡山の別所。源信が二十五菩薩来迎図を画く。

浄行 廿五三昧過去帳に「沙弥浄教」とあるのと同一人か。

観行 →一〇七頁注

聖衆の伎楽… 私聚百因縁集巻八にあり。

恵心別伝… 以下の文は源信僧都伝にみえない。故に本書の註記の他の箇所の「別伝」とは異なるか。

禅円 伝未詳。来迎寺文書の霊山院過去帳に名がみえる。

鄭詹君 戦国楚の大卜官鄭詹尹のことか。屈原が処生の態度を卜者鄭詹尹に問うたが、卜者は筮竹を投げ出して自己の意志に従うように答えた(楚辞、卜居)。

金匱 金属製の箱で秘蔵のものを入れる。

繇兆 占に現れた形。左伝、閔公二年「成風聞二成季之繇一、乃事レ之(注、繇、卦兆之占辞也)」。五常内義抄「恵心僧都多武峰ニシテ卜筮ニ値、後世吉凶ヲ問キ」。

冥数 人智では知ることのできない運命。

目痺 名義抄に「痺、必寐反、冷湿病」とあり、しびれて目がよく見えぬこと。

月〇十日晨旦〇首を北にし脇を右にして、眠るがごとく気絶えぬ。

〔一〇〕 *権少僧都覚超は*和泉国の人なり。*齠齔《てうし》の時に延暦寺に登りて、*慈恵僧正の房にありき。自《みづか》らその舌を出してもて鼻の上を舐《ねぶ》る。僧正、大きに驚きて相して曰く、極めて大きなる聡明《そうみやう》の相なりといへり。遂にもて弟子となり、兼て*源信僧都に師として事《つか》へたり。*顕教の才はその師に亜《つ》ぎ、*真言の道は猶しかの山に冠《かうぶ》りぬ。*作りしところの顕密の法門、多く世のために用ゐられたることは、*仁王経護国抄のごとし。道心純《じゆん》熟《じゆく》して、長くもて跡を晦《くらま》し、常に*月輪観《ぐわちりんくわん》を修して曰く、胸の中は常に冷《すず》し。この観法を修するが故なりといふ。誓ひて曰く、*願はくは清盲《あきしひ》を得て、濁世《ぢよくせ》のことを見ざらむといへり。臨終正念にして、念仏して*終へぬ。後に弟子の僧の夢に曰く、已に*蓮胎に詣りつ。ただし往生は難中の難なり。汝等苦《ねむごろ》に求むべしといへり。

〔一一〕 *権大僧都桓舜は、延暦寺の碩学《せきがく》なり。当初《そのかみ》桓舜・*貞円・*日序・*遍救をもて四傑となせり。共に世路に堪へずして、山を離れむの意《こころ》あり。縁に触れて伊豆国に到り、*温泉権現の前において説法す。権現感じて夢に告げて曰く、必ず本山に帰り住すべし。定めて大位に到らむといへり。桓舜重ねて供養法を設け、講経を勤修《ごむしゆ》して後世を問へり。また夢みらく、必ず西方浄刹に生まるべしとみたり。その後本山に帰り住するに、人望日に盛なり。*左府の卅講、公家の*最勝講には、常に*抽請となりぬ。遂に権大僧都・

〔一〇〕 真言伝巻六にある。
権少僧都覚超 長元二年権少僧都、同四年辞す。→一二〇頁注
和泉国の人 僧綱補任も同じ。元亨釈書「姓巨勢氏、泉州大鳥郡人」。
齠齔 齠も齔も生えかわりかけている乳歯のこと。転じて幼年、七、八歳頃をいう。
慈恵僧正… 良源。→一五七頁補。僧綱補任(彰考館本)「貞元元年正月廿一日登壇受戒、良源弟子」。
源信… 天台法華宗相承血脈譜に良源—源信—覚超の相承を伝える。
顕教の… 次の真言の道、即ち密教に対していう。顕教の才では源信につぎ、密教即ち台密では師を越えて叡山第一の意。
真言の… 僧綱補任(彰考館本)「井上慶祐阿闍梨受法」。慶祐→一六一頁補
作りしところの…・仁王経護国抄 →補
月輪観 図示した月輪の中の白蓮華上の阿字を観ずる冥想で、密教の基礎観法。
願はくは… 真言伝「此人平生ニ三ノ願アリケリ。其願相叶ヒニケリ。一ニハ腰若ハ足ヲルベシ。…一ニハ最後ニ人スクナニテ死ナン。…一ニハ目ミルベカラズ」。
終へぬ 廿五三昧過去帳に「前権少僧都覚超、長元七年正月廿四日入滅、生年七十三」。僧綱補任も没日同じ。日本紀略は廿七日とする。
蓮胎 念仏して極楽浄土に往生する人は皆母胎のように蓮花の内に化生すること。
〔一一〕 他にみえず。
権大僧都桓舜・貞円・日序 →補
遍救 →二三二頁補

*法性寺座主・天王寺別当に到る。天王寺において拝堂の時に、寺の*三綱、*一座を指《さ》して曰く、これ一生不犯《ふぼん》の人の昇る所なりといへり。桓舜再三観念して、遂にその座に昇りつ。源信僧都、人の当時の高才を計ふるを聞きて曰く、何ぞ桓法を先とせず山を出だすやといへり。桓法はこれ旧《もと》の名なり。臨終の剋正念に住し、念仏乱れず、香を焚《や》き西に向ひて遷化せり。

〔一三〕沙門増賀は、参議*橘恒平卿の子なり。叡山に登りて止観を学ぶ。慈恵僧正の弟子なり。早《つと》にもて発心し、ただ後世を慕ひて、現世のことは敢へて*蔕芥《たいかい》とあくたばかりもせず。人、請用《しやうよう》せむことを欲すれば、必ず*異人の行を施せり。嘗《むかし》*后宮授戒の請《しやう》あり。参入の後、御前において*見風を示せり。また曰く、*誰人か増賀をもて*嫪毐《らうあい》の輩となし、后囲に啓達するかといへり。上下驚歎す。僧正の*慶賀を申せし日に、前駈の員《かず》に入りて、増賀*干鮭《からさけ》をもて剣となし、牝牛《めうし》をもて乗物となせり。供奉《ぐぶ》の人却け去らしむといへども、猶しもて相従ひて自《みづか》ら曰く、誰人か我を除きて、*禅房の御車の牛口前駈を勤仕せむやといへり。また人法会のために請ず。増賀請に赴きて、途中説法の詞を案じ、心の中に驚き畏れつ。こと*名聞《みやうもん》に渉る。必ずこれ魔縁ならむとおもへり。遂に願主と相闘《あらそ》ひて、遂げずして帰る。臨終の時に、先づ独り囲碁し、次に*泥障《あふり》を被《かぶ》りて、*胡蝶の舞を学ぶ。弟子の*仁賀その故を問ふに、*答へて曰く、少年の時にこの両のことを見て、心の中に慕ひき。今最後に及びて、その思忽ちに発《おこ》りぬ。仍りて本懐《ほんくわい》を

温泉権現・左府の卅講・最勝講　↓補
抽請　抽はえらぶ、請は法会に僧をよぶこと。抽請はえらばれてよばれること。
法性寺座主・天王寺別当　↓補
三綱　↓二三〇頁注
一座　第一の座席。座は僧侶の坐る座席。
〔一三〕　法華験記巻下〔八二〕増賀伝とは内容がちがうので別系統であろう。↓一五六頁注〔八二〕。今昔物語巻十二ノ三三は法華験記にもとづき、他に本書にもある囲碁・胡蝶舞の話をのせるが、固有名詞も本書とは異なる。同巻十九ノ一八には本書と同じく后宮の話もあるが詳細。発心集巻一などにも類話がある。
橘恒平　↓補
蔕芥…　小さなとげとあくた。僅かなさしさわりをいう。訓みは底本訓による。
異人の行・后宮　↓補
見風　臭風の誤か。今昔物語巻十九には「西ノ対ノ南ノ放出ノ簀子ニ築居テ、尻ヲ掻上テ棙ノ水ヲ出スガ如ク 痢リ散ス」。
誰人か…・嫪毐　↓補
慶賀を申す…　私聚百因縁集巻八によると、慈恵が大僧正に任ぜられて参内した時のこととあり、天元四年に当る。
干鮭　塩を用いずに乾した鮭。
禅房　僧侶の室をいうが、ここは高僧のことで慈恵を指すか。
名聞　↓一〇五頁注「名聞利養」
泥障　↓補
胡蝶の舞　高麗楽曲。延喜六年八月藤原忠房が作るという(体源抄)。泥障をかぶったのは蝶に形が類似していたためか。

遂ぐるなりといへり。その後念仏断えず、*瑞相室に満ちぬ。兼て和歌を詠《うた》ひて曰く、

*みつわさす八十《やそぢ》あまりの老《おい》のなみ海月《くらげ》の骨に逢ひにけるかな

といへり。

*別記に云はく、長保四年冬、飲食《おんじき》已に滅じて、坐禅不快なり。○五年六月八日未時、沐浴して人を集め、*三十二相を誦せしめたり。即ち和歌を詠へり。○九日卯の時、自ら起居して西方に向ひて、やや久しく仏を念じ、*金剛合掌して、居ながら入滅せり。○年八十七。

○後見るに爛《ただ》れ壊《やぶ》れず、云々といふ。

〔一三〕沙門仁賀は、*大和国の人なり。*多武峰に住して、増賀をもて師となせり。本はこれ*興福寺の英才なり。深く後世を恐れて、全《また》く名利を棄てたり。或は*寡婦《くわふ》に嫁《か》すと称《い》ひ、或は狂病ありと称ひて、寺役《じやく》に随はず。一生念仏して、最後に乱れず。弟子等その遺言に依りて、棺《ひとき》の中に居《お》き、地下《ぢげ》に瘞《うづ》めたり。身体《すがた》爛《ただ》れ壊《やぶ》れず。

〔一四〕*阿闍梨叡実は、延暦寺の*緇徒なり。ただに法門を学ぶのみならず、兼て俗典に通じたり。*一生法花を誦して、ただ後世を求めたり。太だ効験あり。*円融天皇、御邪気《じやけ》に依りて、殊に勅喚あり、*青鳥《せいてう》と同車《とうじや》して忩《いそ》ぎ*仙宮に参りぬ。*途中に出されたる病者あり、辛苦《しんく》叫喚す。叡実車より下りて看病す。勅使譴責《けんせき》せり。叡実が曰く、小僧は菩提の外は求むるところなし。今生のことを思はざるに依りて、*上に天子なく下に方伯

仁賀　〔一三〕仁賀伝参照。今昔物語巻十二は竜門寺の聖人春久とする。

答へて曰く…　増賀行業記には「我少時嗜二此二事一。然為二人諫止一、余習難レ除、動輒発念。一毛繋着、万劫苦因。故今作レ之、以消遣而已」とある。

瑞相　↓一五八頁注「入滅」

みつわさす…　↓一五八頁補

別記　当時増賀の伝があったか、また後人の追記か不明。

三十二相　↓補

金剛合掌　↓一五八頁注

〔一三〕　他にみえず。

大和国の人　二中歴には「近江国、徳行無双聖人」とある。

多武峰　↓一五八頁補

興福寺の英才　↓補

寡婦に嫁す　古事談巻三「相二語一人之寡婦一寄二宿其宅一、披二露儲レ妻之由一」。

〔一四〕　法華験記巻中〔六六〕睿実法師は、その人となりからみても同一人であろう。しかし伝の内容は本書と別系統。↓一三三頁注〔六六〕。今昔物語巻十二ノ三五は法華験記にもとづいているが、本書にみえる円融天皇に召されておもむかなかった説話も入っている。発心集巻四にも類話。

阿闍梨　↓二九頁注

緇徒　墨染の衣を着ている者の意で、僧

なし。また万乗の主《ぬし》、玉体*不予なれば、何の寺何の山の有験の人か、参入せざらむや。縁なき病者に至りては、尤も忍びがたきところなりといへり。遂にその所に留りて、敢へて参内せず。その天性かくのごとし。多年*薫修の力は、即ち罪障を浄め、現身《うつつのみ》に*証入《しょうにふ》あるがごとし。臨終の剋、読経懈《おこた》らず、往生の相掲焉《けちえん》なり。

〔一五〕沙門*寛印は、もと延暦寺楞厳院の高才なり。深く法味を悟りて、旁《あまね》く経論に達せり。*決択《くゑつちゃく》の道に就きて、誠に傍輩に絶《すぐ》れたり〈*常に曰く、一生の間、*論義の答一度に過ぎず、自余は失に付きて反《かへ》りて詰《なじ》れり、云々といへり〉。源信僧都、宋人*朱仁聡に見《まみ》えむがために、学徒を引きて越前の国*敦賀の津に向へり《ム云はく、昔時越前国に宋人寄り来りぬ、云々といふ》。仁聡一帳《いつちやう》の画像を出して曰く、これは*婆《ば》珊婆《さんば》演底《えんち》守夜《しゆや》神《しん》なり。渡海の恐を資けむがために、我等の帰するところなりといへり。僧都心の中に花厳経の*善財童子讃歎《さんだん》の偈《げ》を思ひて、自筆にてその像の側に書きて曰く、見汝清浄身《けんにょしやうじやうしん》、相好超世《さうがうてうせ》間《けん》といへり。次に寛印を召して曰く、この末を書き続《つ》ぐべしといふ。寛印書きて曰く、如文殊師《にょもんじゅし》利《り》、亦如《やくにょ》宝山王《ほうさんわう》といへり。書き畢りて筆を閣《さしお》き、同音に誦せり。仁聡感じて*倚子《いし》を出し、僧都をして居らしむ〈寛印もしこの文を忘れなば、あに本朝の恥にあらざらむやとおもへり〉。また曰く、国の*信物三五を取りて奉るといへり〈三五とはかの朝の語にして、この間に一両と称ふがごとし。これより先、僧都、*弘決の今の文、依此略三五の字の所に至りて、古賢の義相叶はず。僧都義《と》きて曰く、一両と謂はむがごとしといふ。この詞《ことば》また叶へり〉。後に諸国を経歴《きやうりやく》して、*丹後国に到りぬ。僧房の側《ほとり》

侶をいう。
一生法華を誦す　法華験記は「叡実君、法華持経者」といい、その法華信仰についての説話を記す。
円融天皇　↓二二四頁補
青鳥　西王母の故事から使者をいう。
仙宮　天皇の在所をいう。今昔には「堀川院」とある。
途中に出されたる病者あり…参内せず　今昔参照。↓補
上に…　春秋公羊伝、荘公四年「上無二天子一、下無二方伯一」。方伯は諸侯。
不予　↓二二五頁注
薫修　↓六一頁注
証入　正智によって真理を会得すること。

〔一五〕　元亨釈書巻五にある。
寛印　↓補
決択　↓二三三頁注
常に曰く…　何に基くか不明。
論義　↓一五八頁注「番論義」
朱仁聡…　↓補
敦賀　当時、渤海使の客館が置かれていた。
婆珊婆演底守夜神　闇の恐怖を除く主夜神で、海難を除き舟行を守護する神。華厳経に説く。
善財童子…　↓補
倚子を…　↓補
信物　進物の意。円仁の入唐求法巡礼行記に唐朝への献納品を国信物とする。
弘決　湛然の止観輔行伝弘決四十巻。
丹後国…　↓補

に一の*洿池《こち》あり。漁猟の輩《ともがら》、夜池に向ひて網を結び、日を定めて池の魚を取らむとす。寛印制すといへども、敢へて承引せず。寛印歎息して、夜々池に向ひ、*錫杖を振りて*観念せり。後朝に網を下すに、敢へて一の鱗《いろくづ》もなし。*油鉢《ゆはつ》を傾くといへども、深く*浮《ふ》嚢《なう》を恐れたり。一生の間、ただ懺悔《さんぐゑ》を修し、毎夜に必ず法花経一部を誦せり。聖教《しやうげう》を披閲すること、老に至るまで倦《う》まず。最後臨終に、身心乱れず、手に香炉を捧げ、念仏懈《おこた》らず、西に向ひて気絶《た》えぬ。

〔一六〕*真縁上人は、愛宕護山の*月輪寺に住せり。常に誓願を起《た》てて曰く、法花経の文に*常在霊鷲山《じやうざいりやうじゆせん》、及余《きふよ》諸住所《しよぢうしよ》といふ。日本国はあに入らざる余《ほか》の所ならむや。然らば面《まのあた》りに*生身《しやうじん》の仏を見奉らむといへり。この願を充さむがために、専《もは》らに法花経を誦せり。字ごとに礼拝を修すること参度、*閼伽を供ふること一前なり。やや多年を歴て漸くに一部を尽せり。敢へて示すところなし。*第八巻の内題に到りて、行業已に満てり。その夜の夢に曰く、*石清水に参るべし、云々といふ。かの宮に毎朝《あしたごと》に御殿の戸を開く者を*宮主《みやじ》と謂ふ。忽ちに客僧の御帳の前にあるを見て、大きに驚きて追却せむとを欲す。この間に*石清水別当〈その名を失ふ〉使を遣して、宮主の僧に告げて曰く、神殿の中に定めて客僧あらむ。左右《とにかく》にすべからず。これ今夜の夢の中に霊託を蒙《かうぶ》るが故なり、云々といへり。ここに知りぬ、生身の仏は、即ちこれ*八幡大菩薩なることを。その*本覚《ほんかく》を謂はば、西方無量寿如来なり。真縁已に生身の仏を見奉れり。あに往生の人にあらずや。

洿池　たまり水の池。説文「洿、濁水不ㇾ流也」。
錫杖　↓八七頁注
観念　↓二六頁注
油鉢　↓一一二頁注
浮嚢　↓一五八頁注
〔一六〕　八幡宮巡拝記巻下にある。
真縁上人　伝未詳。上人↓二八頁注
月輪寺　↓補
常在霊鷲山…　法華経如来寿量品第十六中の偈の第一・二句。如来は入滅したのではなく永遠に霊鷲山にましまし、かつ余処にも身を現じて衆生を化度するの意。
生身　↓補
閼伽一前　↓一八頁注。前は仏や高貴な人に供える机や衝重などを数える助数詞。
第八巻の内題　内題は本文の最初に書かれる書目。ここは「妙法蓮華経巻第八」とある八巻の最初の文字。
石清水　↓七九頁注「八幡宮」
宮主　↓補
石清水別当　正しくは石清水八幡宮護国寺別当。別当↓八七頁注
八幡大菩薩　↓補
本覚　本来覚智した性徳。衆生の本来の心性は清浄で悟を具えていること。煩悩を次第に破って、修行の功により性徳を顕わす始覚に対していう。ここは本地のこと。石清水八幡の本地を阿弥陀仏とすることの、おそらく初見の記事。ただし、匡房の筥崎宮記にもそのことがみえる。
〔一七〕　他にみえず。
理光　伝未詳。

〔一七〕 阿闍梨*理光は、延暦寺の*無動寺に住し、多年の間ただ*西方の業を修して、敢へて他の望なし。瞑目の剋に、念仏乱れず。没後《もつご》四十九日の間、異香《いきやう》房の内に絶えず。この地に来る者は、皆衣に染めて帰りぬ。

〔一八〕 沙門*入円は、延暦寺東塔南谷の住僧なり。生前の間、念仏をもて業となして、他の才学なし。臨終の時、先づもて沐浴して、専念懈らず。この日笙歌妓楽《ぎがく》、山に満てり。*明快座主当初《そのかみ》正《まさ》しくその声を聞けり。語るごとに流涕せり。

〔一九〕 沙門良範は、延暦寺楞厳院に住せり。*容儀《ようぎ》端正《たんじやう》にして、天性聡敏《そうびん》なり。山上の人、推して英雄となせり。志は極楽を求むれども、人皆許さず。*生年十八にして入滅せり。夢に、双の親に告げて曰く、我極楽にありて、その名を*仁恵菩薩と曰《い》ふといへり。疑ふらくはこれ上品上生か。遷化せむと欲するの日、*源信僧都、諷誦《ふじゆ》を修せり。没後《もつご》その*巾箱《うちみだりのはこ》を見るに、*血仏血経ありき。偸《ひそか》に後世の業を修せしこと明かなり。

〔二〇〕 阿闍梨*範久は、延暦寺楞厳院に住し、一生極楽を慕《こひねが》へり。行住坐臥、*西方を背《そむ》かず、唾《つばき》を吐き*便利《べんり》するに、西方に向かず。いまだ曽《むかし》より夕陽をもて背《せなか》に負はず、*山に登るの時は、身を*側《そばだ》てて行く。常に称《い》ひて曰く、樹《うゑき》の仆《たふ》るるや、必ず傾く方にあり。

無動寺 →二三頁注
西方の業 死後西方極楽浄土に往生するための修行、即ち念仏。
〔八〕 他本にみえず。
入円 伝未詳。
明快 →一四七頁補
〔九〕 廿五三昧過去帳、良範大徳部と比べると、以下の諸注にみる如く、内容上対応するところが多い。よって本伝はこの帳によったともみられるが、彼にない話もあり、享年も異る。
容儀… 廿五三昧過去帳「年齢少壮、容貌端正、心性柔和、不ㇾ違二師友一。由ㇾ此自有二衆人之愛敬一也」。
生年… 廿五三昧過去帳には長保三年五月十四日、二十歳で入滅とある。
仁恵菩薩 廿五三昧過去帳「適意菩薩」。
源信僧都… →補
巾箱 側に置いて書物を入れる小さい箱。手文庫。訓みは字類抄・名義抄による。
血仏血経 血で書塗した仏像や経文。→補
〔二〇〕 宇治拾遺物語巻五にあり、終りに「往生伝に入りたりとか」とある。本書によるか。
範久 伝未詳。
西方に… →一八一頁注
便利 大小便をたれること。漢書、韋玄成伝「即陽為二病狂一、臥便利〈顔師古注、便利、大小便〉」。
山に登るの時は 宇治拾遺「西坂より山へのぼるときは」。
側つ 身体をはすかいにする。

心を西方に懸けたれば、蓋《なん》ぞ素意を遂げざらむといへり。臨終正念なり。往生疑ひなし。

〔三一〕　阿闍梨*成尋は、もと天台宗の人にして、*智証大師の*門跡《もんぜき》なり。*大雲寺に住して、智行兼ね備へて、早く*大業《たいげふ》を遂げて、*大日位に居れり。*公請《くしやう》年久しく、名誉日《ひび》に新なりき。暮年に心を菩提に帰して、ただ法花法を行ぜり。遂に*清涼山を礼《らい》せむがために、私《ひそか》に*商客孫忠が商船に附きて、偸《ひそか》にもて渡海す。*大宋の主《あるじ》大きにその徳に感じたり。*かの朝大きに旱《ひでり》して、雨の際《あひだ》に雨《あめふ》らず、霖《ながめ》の月に霖なし。即ち成尋をして法花法を修せしむるに、七日に及べども、猶しその験《しるし》なし。公家頻に問へり。成尋答へて曰く、今日を待たるべしといへり。その日の*晡時《さるのとき》に、堂の上の風、皆雲霧を起して、大雨*滂《ばう》沱《だ》として、四海豊贍《ほうせむ》なり。即ち*賜ふに善恵大師の号をもてし、兼て紫衣《しえ》を賜へり。また*新訳の経論三百余巻をもて、宋朝の帝、本朝に渡せり。死に先だつこと七日、自ら命の尽きむことを知りて、衆を集めて念仏せり。日時違はずして、西に向ひて*逝去せり。その頂上より光を放つこと三日、寺の中に安置《あんぢ》するに、全身乱れず、今に存せり。膚《はだへ》に漆《うるし》し金《こがね》を鏤《ちりば》むるに、毛髪猶し生ひて、*形質変ることなし。

〔三二〕　沙門*能円は、大宰府の*観世音寺の傍《ほとり》、*極楽寺の住僧なり。この寺において千日法花経を講じたり。勧進《くわんじん》をもて業となし、念仏をもて宗となして、一千日ここに満ちぬ。

〔三一〕　以下には成尋入宋以後のことが書かれているが、それは延久五年帰国の弟子僧のもたらした知識によるものであろう。かれらは帰国のとき、参天台五台山記も将来したと考えられるが、それにもとづくか否かは明らかでない。真言伝巻六・元亨釈書巻十六、力遊にもみえる。

成尋　↓補

智証大師　↓二一頁補

門跡　一門の法跡。門流。成尋の師、文慶は余慶の弟子で、寺門派。故にかくいう。のちにまた法王・法親王の開創又は住した寺をいう。

大雲寺　石蔵寺(↓九八頁注)とも称す。大雲寺縁起「七歳時、岩蔵之法印入室」。

大日位　↓補

大業　↓二三一頁注

公請　朝廷よりの招待。↓補「大日位」

清涼山・商客孫忠が商船…　↓補

大宋の主　北宋六代の皇帝神宗。

かの朝大きに旱して…　↓補

晡時　玉篇「晡、申時也」。

滂沱　字類抄「ハウタ、水湛也水増皃」。

賜ふに善恵大師…・新訳の経論…　↓補

逝去…膚に漆し…　↓補

形質…　この後に真言伝巻六は「勅ニヨリテ天台山国清寺ニ塔ヲ立テ、、闍梨シテ全身ヲ案ス。塔ノ額ヲ日本善恵国師塔ト顕セリ」と記す。

〔三二〕　以下の能円・高明・安修はみな大宰府居住の僧。著者大江匡房の現地での採訪によると推察される(↓二二三頁注「康和に竟ふ」)。但し能円伝の類話は今講筵已に巻きて、香匳《かうれむ》また掩へり。結願畢りて後、合掌して観念し、高声に念仏して*遷化せり。

〔三三〕 沙門*高明は、もとこれ播磨国*書写山《しよしやさん》の*性空上人の弟子なり。後に大宰府の*大山寺に住せり。*三衣《さんえ》一鉢《いちはつ》の外に、さらに余資なく、念仏読経、これをもて業となす。或は*博多の橋を造り、或は六角堂を建立し、*清水寺において、*如法《にょほふ》に法花経を書せり。書し畢りて井の中に埋み、誓ひて曰く、我もし成仏せば、この井の水を化《くゐ》して温泉《をんせん》となさむ。将来の人、これをもて符《しるし》とせよといへり。臨終の剋、正念に安住して、一心に念仏し、西に向ひて遷化せり。人々の夢の中に、皆往生するところの相とみえたり。

〔三四〕 沙門*安修は、大宰府の*安楽寺の*学頭なり。顕密才高くして、戒行身潔《いさぎよ》し。耆徳碩学《せきがく》も*請益《じやうやく》せざることなし。一生の間、ただ仏事を勤めたり。千日に一乗を講ずること、全《また》く三遍に及び、*六時に三昧を修すること、已に七旬を踰えたり。偏《ひとへ》に人の世を拋《なげう》ちて、ただ浄土を期せり。臨終の時、一心に念仏し、西に向ひて遷化せり。時に春秋七十五なり。

〔三五〕 沙門*助慶は、*園城寺の碩学なり。寺の中の人、大概《おほむね》帰伏せずといふことなし。*慶祚阿闍梨の弟子なり。*随心院に住して、偏に後生を求めたり。長く名聞《みやうもん》を拋ちて、念

昔物語巻十五ノ二三にある。今昔では、能円の名がなくただ「聖人」とあり、説話も複雑になっている。いずれかが他方に依拠するのではなく姉妹関係かと思われるが詳かでない。

能円 伝未詳。

観世音寺 ↓補

極楽寺 観世音寺四十九院の一。位置不明。

遷化 今昔では講の終る日に死ぬことを予言して死ぬと記している。

〔三三〕 ↓注〔三〕

高明 伝未詳。

書写山 ↓九九頁注

性空上人 法華験記巻中〔四五〕参照。

大山寺 ↓補

三衣一鉢 ↓一三七頁注

博多の橋 福岡市にある東西中島橋か。

清水寺 観世音寺(↓補)のこと。

如法に… 法則儀則にかなった意。ここでは如法経のこと。↓補

〔三四〕 ↓注〔三〕

安修 成尋より灌頂を受く(園城寺伝法血脈)。菅家御伝記に「安楽寺学頭安修奏状」を載す。

安楽寺・学頭 ↓補

請益 更に有益な教を請うこと。字類抄「文章部、教授分」。礼記、曲礼上「請レ業則起、請レ益則起」。最澄・円仁等は請益僧として入唐す。

六時 ↓一四頁注

〔三五〕 他にみえず。

助慶 慶祚の弟子(諸嗣宗脈紀)。

仏講経、*併《しかし》ながら極楽に資せり。ただ愁ふるところは伝法探義のことに依りて、後生の群集《くんじふ》するならくのみ。臨終正念にして、瑞相太《はなは》だ多し。

〔三六〕 阿闍梨*覚真は、もと延暦寺の*無動寺の浄侶《じやうりよ》なり。初は洛陽に出でて、*公請《くしやう》の用を勤め、後には菩提心を発《おこ》して、*鞍馬寺の西谷に栖めり。*慶範僧正は世間の師なり。仍りて老後に阿闍梨に補せり。昔*閻魔《えむま》天を供せしこと百ケ日、祈願して曰く、命期と生処と死時と、幷せて*貧道《ひんだう》を免るることを知らむと欲すといへり。夢みらく、かの寺の別当*陽茂阿闍梨、山より洛陽に出でたり。初は騎馬にて後には歩行せり。道の嶮《さが》しきに依りてなり。覚真我が装束《しやうぞく》を見るに、一《もはら》に陽茂と同じなり。また馬より下りて歩み行く。京に出でたる後、陽茂の在所を失へり。相尋ぬるの間、*春日と左衛門町とに到り、*西の辺の第八門に入るとみたり。覚めて後数日《すじつ》思惟《しゆい》すらく、これ*天の示すところなり。年は陽茂と同じかるべし。春日は即ち*陽和の月なり。西の辺の第八門は、*下品中生に当る。左衛門町は*潤屋《じゆんをく》の地なり。店家《てむか》屋を比べ、百物自《おのづか》らに備る。これ貧窶《ひんる》を免るるの相なりとおもへり。毎日《ひごと》に法花を誦すること三十余年なり。已に万余部に及びぬ。臨終の剋、猶しこの経を誦して、西に向ひて入滅せり。

〔三七〕 阿闍梨*延慶は、*武蔵守業貞の舎弟なり。天台座主*明快僧正の弟子なり。深く顕密を学びて、諸部に通達せり。識者深く許せり。病に沈むこと三年、ただ後生を求め

園城寺　三井寺。→一二一頁補
慶祚　→二二四頁補「学徳」
随心院　→補

併ながら　すべて。名義抄「シカシナカラ、皆也」。
〔三六〕　他にみえず。
覚真　康平三年七月に無動寺慶範が高陽院で安鎮法を修めたとき、安鎮法日記に、伴侶として覚真の名がみえる。
無動寺　→二三頁注
公請　→二四二頁注
鞍馬寺・慶範・閻魔天　→補
貧道　沙門の謙称。ここでは貧乏の意。
陽茂　伝未詳。
春日と左衛門町…西の辺の第八門　→補
天　閻魔天をさす。なお以下は、この夢告から、命期は陽茂の享年と同じく、死期は春、生処は西方浄土下品中生であって、また衛門町の繁栄からみて貧道を免れるであろう、と判じたもの。
陽和　のどかな春の季節。
下品中生に当る　観無量寿経に説く、往生者の階等九品のうち、第八が下品中生。西辺の第八門は西方浄土の第八品、下品中生にあたる、の意。
潤屋…　→補
〔三七〕　他にみえず。
延慶　承保三年十二月、法性寺座主覚尋が不動安鎮法を六条宮で修めた時の伴侶として、安鎮法日記に延慶の名がみえる。
武蔵守業貞　伝未詳。
明快　→一四七頁補

たり。霧露に纏《まとは》るといへども、偏に法花を思ふ。諸の大乗経、*宗家の章疏の中の、諸法空の文《もん》を抄《ぬ》き出して、屏風に推し、また月輪《ぐわちりん》を画《か》きて、枕上に案ず。その年の臘月に、弟子の*道円上人をして*響音を問はしめたり。人ありて答へて曰く、さよふけて何方か月の西へ行く、云々といへり。道円釈《と》きて曰く、西方は往生の相なり。十五日以後の月を*晨月と称《い》ふ。もしくは十四日に遷化すべきかといへり。十三日の夕より、病已に*大漸《たいぜむ》なり。また曰く、光ありて月輪のごとし。枕上に現ぜり。騒動するときは見えず。人々よろしく静かにして、兼て*尊勝陀羅尼を読むべし。微音にて魔障《ましやう》を除くべしといへり。十四日の日の入る程に、念仏懈《おこた》らずして気絶えぬ。生年五十五なり。

〔二八〕　沙門*覚尊は、延暦寺に住して、ただ浄土の業を修せり。始めは念仏をもて宗をなし、後には漸くに*止観に明かなり。旦夕にただ*斗藪《とそう》を事とせり。徳行は山洛に盛にして、王公以下《いげ》帰依せずといふことなし。仏事を修するごとに、心に叶はずといふことなし。然して*布衣《ほい》風を礙《さ》へず、*蔬食纔に弁せて、日を送るならくのみ。昔願を発して、鴨河の堤の壊《やぶ》れ却《す》つる処を築《つ》くに、洛中の人の十分の九、その処に赴かずといふことなし。*緋《ひ》を着、*素《しろ》を紆《まと》へるの人といへども、猶し自《みづか》ら沙石を荷担《にな》へり。また*天王寺において、*舎利を供養せり。帰依して*知識に布施するの輩《ともがら》は、殆《ほとほと》に城邑を傾く。或人曰く、多年の難行苦行、頗る*感応ありたるかといふ。答へて曰く、*法花三昧を修することあり。*六牙の白象王《びやくざう》を見たれども、*菩薩の*色身を見ること能はず、云々といへり。

宗家　天台宗の高僧をさすか。
道円上人　伝未詳。上人→二八頁注
響音を…　師の明快が様子を聞かせた。
晨月　あけ方の月。あけ方に西に沈む月。満月ごろの状態。これに反し、先の句は上弦の状態。故に先の句を判ずれば満月以前に死ぬことになる。→補
大漸　→二二六頁注
尊勝陀羅尼　→二五頁注
〔二八〕　他にみえず。
覚尊　→補
止観　→二六頁注「摩訶止観」
斗藪　頭陀の訳。迷を去りけがれを除くため衣食住の三種の欲望を捨てる修行。
布衣　→二三一頁補
蔬食　字類抄「クサヒラクフ、ソショク」。野菜の食物から転じて粗末な食物。
緋　衣服令「四位深緋衣、五位浅緋衣」。四位、五位の殿上人をいう。
素　緇(黒)が僧を指すのに対して俗人をいう。
天王寺　→一六六頁注
舎利を供養　→補
知識　→九七頁注「善友知識」
感応　→一八六頁「感応道交」
法花三昧　→一九頁補「法花懺法」
六牙の白象王　法華三昧を修し三昧の境に入れば、六つの牙をもった白象に乗じた普賢菩薩があらわれる。→七四頁注
菩薩　普賢菩薩。覚尊には普賢延命法に関する著述がある。→補「覚尊」
色身　形のある身の意で、仏・菩薩の肉身をいう。

*末法のこと、古《むかし》に恥ぢず。年老い気尽きて山上に没《う》せぬ。臨終正念に、*合殺《かつさつ》して終れり。漸くに証入したる人ならくのみ。

〔二九〕沙門*賢救は、因幡国に住し、*徳行は境の内に被《かうぶ》りて、威は*刺史よりも重し。密室五間を造りて、人をして見せしめず、独り自らここに入りて、観念坐禅せり。或人曰く、昔愛せしところの小《をさな》き童、早く天年を夭せり。早《すみやか》に*瘞埋《えいまい》せず、没後《もつご》の相を見て、*不浄観を起せり。この観成就して、証入日深し。疑ふらくは一分の*無明を断つかといへり。臨終正念に、端坐念仏して遷化《せんぐゑ》せり。

〔三〇〕沙門*日円は、もと天台の学徒なりき。後には菩提心を発《おこ》して、身を厳《ふか》き谷に隠せり。*金峰《みたけ》山の三の石窟《いはや》に住し、長く*米穀を断ちて、殆《ほとほと》に*神仙に似たり。後には美作国*真嶋山に移住せり。当国隣国の欽仰すること仏のごとし。清涼山を礼《らい》せむがために、*大宋の商船に附きて渡海す。後にかの朝の天台山*国清寺において入滅すと聞けり。臨終の相、往生疑ひなし。

〔三一〕*慶保胤は、*賀茂忠行の第二子なり。*累葉陰陽《るいえふおんやう》の家より出づといへども、独り*大成を企てつ。才に富み文に工《たくみ》にして、当時《そのかみ》の*倫《ともがら》に絶《すぐ》れたり。*菅三品《さんほん》に師として事《つか》へ、門弟の中に已に*貫首《くわんじゆ》たり。天暦の末に、内の*御書所《ごしよところ》に候せり。秋風桂の枝に生ずの*賦

末法のこと…　末法の世であるから、菩薩の色身を見ることができなくとも古の行人に恥ずることはない。源信の往生要集の序に、今を末代とし、「事理業因、其行惟多。利智精進之人、未レ為レ難、如レ予頑魯之者、豈敢矣」とある。
合殺　仏名を音曲をつけて唱える。→補
〔二九〕　他にみえず。
賢救　伝未詳。
徳行　善行によって得た功徳と修行行為。
刺史　→三八頁注「江州の刺史」
瘞埋　屍を埋める。本来は地の神を祭って供物を土に埋めること。
不浄観　欲望煩悩を取除くために肉体の不浄を観ずること。
無明　煩悩の根本をいう。→補
〔三〇〕　他にみえず。
日円　→補
金峰山　→六六頁補
米穀を断つ　→六〇頁補
神仙　→七六頁補「仙」
真嶋山　真島郡は和名抄にみえ、中世に後白河院長講堂御領真島庄。岡山県真庭郡の西部に当る。
大宋の商船…　→補
国清寺　隋の煬帝が智顗の遺志で仁寿元年創建、大業元年国清寺の額を賜わった。
〔三一〕　今昔物語巻十九ノ三・普通唱導集巻下にある。以下〔三七〕散位小槻兼任まで四・五位の貴族。没年順に配列か。
慶保胤　慶滋保胤。→一〇頁注
賀茂忠行の第二子・累葉陰陽の家　→補
大成　大学の課業を習得して学者として

世に出ること。礼記、学記「九年知レ類通達。強立而不レ反。謂二之大成一」。
菅三品… 菅原文時。→補
貫首 →八三頁注。ここは頭となるもの。
倫に絶れたり・内の御書所 →補
内官 外官に対して京都の役人をいう。
大業 紀伝道で、対策に及第すること。
賦の試・芸閣の労…・方略の試 →補
青衫 衣服令に「六位深緑衣、七位浅緑衣」とあり、殿上を許されぬ卑位をいう。
著作 著作郎。→一〇頁注
緋袍の… 六位から五位に上っても。→補
文筆 韻文と散文。
冠笄 冠は男子が二十歳で元服する礼、笄は女子が十五歳で笄をさす礼で、共に成人となる礼式。
道に入る 日本紀略、寛和二年四月廿二日条「大内記従五位下慶滋保胤出家」。
容止 進退挙動の意であるが、ここは威儀を整えること。
強牛肥馬 今昔・発心集巻二などにみえる。
長徳三年…・如意輪寺 →補
娑婆 →九五頁注
〔三二〕 他にみえず。
大江為基・斉光卿 →補
侍中 蔵人の唐名。禁中のことを掌る。
〔三三〕 今昔物語巻十九ノ二・発心集巻二・十訓抄巻十などに類話がある。
定基 →補
祖業 ここは紀伝道の学問の業で、文章生になること。
夕郎 蔵人の唐名。
栄爵 五位に叙されること。

の試に、独り及科に預りぬ。*芸閣《うんかく》の労に依りて、*内官に任ずべかりしに、*大業《たいげふ》の思あるに依りて、申して近江掾《のぜう》に任じたり。遂に*方略の試を奉れり。*青衫《せいさん》の時に、早に任《つと》ぜられて*著作を拝し、*緋袍の後も、その官を改めず。*文筆の佳句は、今も人の口にあり。少年の時より、心に極楽を慕《ねが》へり〈その心は日本往生伝の序に見えたり〉。子息の*冠笄《くわんけい》纔に畢るに及びて、寛和二年、遂にもて*道に入れり〈法名は寂心〉。諸国を経歴《きやうりやく》して、広く仏事を作す。もし仏像経巻あれば、必ず*容止して過ぎたり。礼節は王公のごとし。*強牛肥馬に乗るといへども、猶し涕泣して哀《かなし》ぶ。慈悲は禽獣《きむじう》までに被《かうぶ》りぬ。*長徳三年、東山の*如意輪寺に終りぬ。或人の夢に曰く、衆生を利益《りやく》せむがために、浄土より帰りて更に*娑婆《しやば》にありといへり。ここに知りぬ、証入漸くに深きことを。

〔三二〕 *大江為基朝臣は、*参議斉光卿の第二の子なり。幼少の日より深く極楽を慕《ねが》へり。*侍中を歴て刺史〈摂津守《つのかみ》〉に到る。道心に堪へずして、遂にもて出家し、多年念仏して、一旦泉に帰りぬ。俄にして蘇息せり。家人《けにん》喜悦す。而れども他言なくしてただ曰く、甚だ遺恨《ゐこん》なり。下品下生ならくのみといへり。言絶えて終りぬ。

〔三三〕 同*定基は、斉光卿の第三の子なり。早く*祖業を遂げて、続《つ》ぎて*夕郎となる。*栄爵の後、参河守に任じたり。文章に長じ、佳句は人の口にあり。夢みらく、必ず往生すべしとみたり。いまだ発心せざるの前は、ただ狩猟を事とせり。聞く人咲《わら》ひて曰く、

これ往生の業にあらずといへり。その後任国において、*愛するところの妻《め》逝去《し》せり。ここに恋慕に堪へずして、早《すみやか》に葬斂せず、かの*九想《くさう》を観じて、深く道心を起し、遂にもて出家したり〈法名寂照〉。多年の間、仏法を修行せり。或は*次第乞食《こつじき》して、今生のことを*屑《もののかず》にせず。*如意輪寺に住し、*寂心をもて師となす。

寂心遷化の*後、*長徳年中に状を修し、本願に依りて大宋国の*清涼山を拝すべきの由を申して、幸に可許を被りて、既にもて*渡海せり。進発の時、山崎の*宝寺《たからでら》において、母のために*八講を修し、*静照をもて講師となせり。この日出家せし者五百余人〈婦女に至りては、車より髪を切りて講師に与へたり、云々といふ〉、四面*堵《と》を成せり。聴聞の衆、涕泣《な》かざるものなし。*大宋国に到りて、*安居《あんご》の終りに、衆僧の末に列りぬ。かの朝の高僧、*飛鉢の法を修して、斎食《さいじき》を受くるの時に、自《みづか》ら行き向はず。次で寂照に至る。心の中に大きに恥ぢて、深く*本朝の神明仏法を念じて、*食頃《じききやう》に観念せり。ここに寂照の鉢、飛びて仏堂を繞ること三匝《みめぐり》して、斎食を受けて来れり。異国の人、悉くに感涙を垂れて、皆曰く、日本国は人を知らず、*奝然《てうねん》をして渡海せしめしは、人なきを表すに似たり。寂照をして宋に入らしめたるは、人を惜まざるに似たり、云々といへり。*長元七年杭州において遷化せり。臨終の剋、瑞祥掲焉《けちえん》なり。また*一絶の詩を作れり。その一句に曰く、

笙歌遥に聴ゆ孤雲の上　聖衆来迎す落日の前

といふ。また*和歌を詠《うた》ひて曰く、

愛するところの妻…　以下出家にいたる話、今昔・宇治拾遺物語巻四・発心集・三国伝記巻十一・源平盛衰記巻七にみえる。少しずつちがうが、いずれも本妻ではなく、別の美貌の女とする。
九想　→補
次第乞食　十二頭陀行の一。家の貧富を択ばず食を乞うて行くこと。今昔にみゆ。
屑　→二七〇頁注
如意輪寺…　→二四七頁補
寂心　慶滋保胤の法名。
後　著者は㈢にみる如く、寂心は長徳三年に死んだと思っているので後と書く。じつは在世中。
長徳年中…　→補
清涼山　五台山(→一九頁注)の別名。
渡海　扶桑略記、長保五年八月廿五日条「寂照離二本朝肥前国一、渡レ海入唐」。
宝寺　→補
八講　法華八講で、法華経八巻を朝夕二座に分ち、四日間講説する法会。以下講師静照の説法のありさまは、大鏡巻六・撰集抄巻九・宝物集巻八にみえる。
静照　→二二四頁補「能説の師」。撰集抄は「静源」。
堵を成す　垣を作る意で大勢の人の形容。
大宋国に到りて…　→補
安居　→一〇八頁注
飛鉢の法　→補。以下の飛鉢の話は今昔・宇治拾遺物語巻十三にもみえる。
本朝の神明仏法…　今昔では「本国ノ三宝助ケ給ヘ」、宇治拾遺では「我国の三宝神祇たすけ給へ」。

雲の上に遥に楽の音すなり人や聴くらむ虚耳《そらみみ》かもし

といへり。

〔三四〕同*挙周《たかちか》朝臣は、式部大輔匡衡*朝臣の第二の子なり。射鵠*の後、東三条*行幸《ぎやうがう》の日に、作文に序者となりて、深く叡感を催《もよほ》したまへり。五位蔵人雅通*が、本家*の子孫の賞に依りて、四位*に叙したる替《かはり》に、侍中*《じちう》に補せらる。文道炳然《へいぜん》の光花なり。後《のち》に三ケ国の刺史を歴たり。丹後守となりし時〈長元九年正月丹後守に任ず〉、一*堂を作りて迎接《がうせふ》を修《しゆ》せり。式*部権大輔・大学頭*に到りて、永承元年六月に泉に帰せり。生前の間、ただ往生を慕《ねが》ひて、仏像を見るごとに、必ず覚えず涙を下せり。臨終の剋、善知識の僧〈宝増*〉に逢へり。念仏すること数百遍、十戒を受けたる後、重ねて師に問ひて曰く、我別の戒を受けむと欲す。今身より仏身に至るまで、長く女身の膚《はだへ》に触れじといふ。また曰く、式部権大輔・大学頭・正下四位、二代*の帝師、遺恨なしと謂ひつべし、云々といへり。その後出家して遂にもて瞑目しぬ。この日異香《いきやう》室に満ち、綵雲甍に生《な》りて、笙歌の声、空中に縹眇《へうべう》たり。気絶えたる後、雲気西に遷りぬ。白日たるに依りて、人皆見たり。瞑目してより葬斂に及ぶまで廿余日、蒸暑のときに当るといへども、遂に爛《ただ》れ壊《やぶ》れず。荼毘の時、異香猶し墳墓に満てり。

〔三五〕但馬守源章任*《のりたふ》朝臣は、近江守高雅*朝臣の第二の子なり。母は従三位藤原基子*、後

食頃 →八〇頁注

奄然・長元七年… →補

一絶の詩・和歌を… →補

〔三四〕 他にみえず。

挙周 匡衡の子で母は赤染衛門。対策に及第、丹波守・参河守・和泉守・木工頭・侍読などを歴任、文章博士となる(尊卑分脈)。永承元年六月没。

匡衡 →二二四頁補「文士」

射鵠 文章得業生が対策の試験を受けること。→補

東三条行幸… 東三条殿は時に藤原道長の邸。→補

雅通 →一八二頁注「源雅通」

本家 妻の里方の家。道長の妻倫子が雅通の祖父雅信の女。

四位に…・侍中に… →補

一堂を作りて迎接を修せり →補

式部権大輔 正五位下相当。儒者が任命された。挙周がいつ任ぜられたか不明だが、長元九年にはその任にあった(左経記・類聚雑例、同年五月廿二日条)。

大学頭 従五位相当。挙周の任命年次は不明。

宝増 伝未詳。

二代の帝師 後一条・後朱雀の両帝か。

〔三五〕 他にみえず。

源章任 正四位下、左少将(尊卑分脈)。

高雅 醍醐源氏。守清の子。讃岐・播磨守、中宮亮、敦成親王家の別当、道長の家司などを勤め、寛弘六年八月出家。

藤原基子 大弐三位といい、道長の室倫子の乳母子(栄花物語、殿上花見)。

一条院の御乳母《めのと》なり。少年の時より、盛に*風雲に会ひ、*夕郎に補して栄爵に預《あつか》りぬ。近衛少将・右馬頭を歴て、*四ケ国〈美作・丹波・伊与・但馬〉に吏たり。家大きに豪富にして、珍貨蔵に盈ち、米穀地に敷きて、庄園家地は、天下に布き満てり。本朝の*陶朱《たうす》猗頓《いとん》なり。日々に*阿弥陀経四十九巻を読みて、往生の勤となし、堂塔を建てず、仏事を弘めず。性太だ*悋惜《りんぜき》にして、刺史たる時は、貪をもて先となせり。臨終正念にして、極楽の迎を得たり。ここに知りぬ、往生は必ずしも今生の業のみに依らざることを。*宿善《しくぜん》なりと謂ひつべし。

〔三六〕 *前伊予守源頼義朝臣は、累葉武勇《ぶよう》の家に出でて、一生殺生をもて業となせり。況や*征夷の任に当りて、十余年来《このかた》ただ闘戦を事とせり。人の首を梟《けう》し物の命を断ちしこと、*楚越の竹といへども、計《かぞ》へ尽すべからず。不次の勧賞《くわんしやう》に預りて、正四位に叙し、伊予守に任ぜられたり。その後*堂を建てて仏を造り、深く罪障を悔いて、多年念仏し、遂にもて出家せり。*瞑目の後、多く往生極楽の夢あり。定めて知りぬ、*十悪五逆も猶し迎接を許さるることを。何ぞ況やその余をや。*この一両を見るに、太だ恃《たの》みを懸くべきなり。

〔三七〕 *散位*小槻兼任は、洛陽の人なり。*算得業生《さんとくげふしやう》より、課試《くわし》に及第《きふだい》せり。*造酒佑《さけのすけ》を歴て、栄爵に叙せり。一生の間、偏に浄土の業を修し、*造次《さうし》顚沛《てんはい》も、ただ仏の号を念じたり。

風雲に会ふ　時勢に際会して才能を発揮することをいう。

夕郎　→二四八頁注

陶朱猗頓　陶朱公(范蠡)・猗頓は大金持であった(史記、貨殖列伝)ので、大金持・富豪をいう。字類抄「タウス、富名」「イトン、富貴分」。文選巻五十一、過秦論「非レ有二仲尼墨翟之賢、陶朱猗頓之富一」。

四ケ国に吏たり・阿弥陀経四十九巻　→補

悋惜　→二六頁注

宿善　→一一三頁注

〔三六〕　他にみえず。

前伊予守源頼義・征夷の任…　→補

楚越の竹　楚や越の地方は竹を多く産するので、数の多いことの譬え。後漢書、隗囂伝「楚越之竹、不レ足三以書二其悪一」(注、朱光世曰、南山之竹不レ足三以尽二我詞一。囂以三楚越多二竹、故引以為レ言也)」。尊卑分脈「頼義朝臣斬二人首一事二万五千人也」。

瞑目　水左記、承保二年七月十三日条に「此日頼義入道卒去」とある。なお二中歴・発心集など「伊予入道」と記す(ただし尊卑分脈は四年後の永保二年十月十三日出家、同年十一月二日八十八歳で卒)。

堂を建て仏を造る・十悪五逆も…　→補

この一両を見るに…　前話の源章任やこの源頼義のような一種の悪人でも極楽の迎えを得ていることは、著者にとって安心のいくところだ、の意。

〔三七〕　他にみえず。

散位　位階だけで職務なきもの。→補

小槻兼任　→補

算得業生　類聚符宣抄第九、算得業生試

その妻《め》誡めて曰く、*正月朔朝の日は、世俗の忌あり。念仏を休むべしといふ。兼任*莞《くわん》爾《じ》とあざわらひて曰く、児女子愚なり。何ぞ一にここに至るや。*蜉蝣《ふいふ》の世に住するに、何の忌むところかあらむといへり。この日故《ことさら》に鐘を頸に懸け、念仏して室を遶る。臨終の時、命に先だつこと七日に、衆僧を集めて*合殺《かつさつ》を申さしむ。また曰く、微妙《みめう》なる絃歌の声あり。他の人聞くやといへり。七僧の中に、一人纔に聞く。予《あらかじ》め死ぬる日を知り、沐浴潔斎して、口に仏号を念じ、手に*綵縷を引きて気絶えぬ。合殺の声、綵雲甍《いらか》に入り、奇香《ききやう》室に満てり。往生の相掲焉《けちえん》なり。

〔三八〕 参議*藤原兼経卿の妻《め》は、権中納言*隆家卿の女、陸奥守*基家、伊予守*敦家朝臣等の母なり。*蘭薫じ雪白く、天性柔和にして、家中《けちう》の人、遂に喜怒の色を見ず。一生の間、偏に念仏を修せり。道心*純熟《じゆんじゆく》にして、現世《けんぜ》を屑《ものかず》にせず。臨終の時、異香室に満てり。自《みづか》ら人に謂ひて曰く、満月来り照すを見るといへり。大きに歓喜《くわんぎ》の想を成して気絶えぬ。敦家朝臣ならびに侍女の衣、深くその香に染《そ》みて、数月歇《や》まず。

〔三九〕 前陸奥守*源頼俊の少女《をとめ》は、一生の間ただ極楽を慕《ねが》へり。心性《しんしやう》柔和にして、いまだ曾《むかし》より怒を遷《うつ》さず。偏に後世を思ひて、遂に婚嫁《とつ》がず、仏法を営む外は、敢へて他の事なし。終に臨みて念仏し、綵雲室に満てり。

によれば、推挙によって算生より補せられるもの。七年の学業を経て課試に応じ、及第すれば叙爵任官できた。

造酒佑 職員令、造酒司条に「正一人、掌㆓醸㆑酒醴酢事㆒。佑一人…」。官位令では従七位下相当。

造次顚沛 ↓一〇頁注

正月朔朝… 時代は降るが翰林胡蘆集に「方今公武以㆓正月㆒為㆓嘉節㆒。忌㆓僧徒之往来㆒」とあり、仏事が忌まれた。

莞爾 にっこり笑う。論語、陽貨「夫子莞爾而笑〈何晏曰、莞爾小笑貌〉」。訓みは底本訓による。

蜉蝣の世 かげろうが朝生れて夕に死ぬように僅かの生命しか保てぬはかない世。

合殺 ↓二四六頁補

綵縷 五色の糸。↓二八頁補「糸をもて…」

〔三八〕 普通唱導集巻下にある。以下蔭子源忠遠妻まで女性。

藤原兼経 道綱の三男。母は源雅信女。治安三年参議、長暦元年正三位。長久四年四月出家、同五月二日四十四歳で薨ず(公卿補任・尊卑分脈)。

隆家 ↓二〇一頁注

基家・敦家 ↓補

蘭薫雪白 徳高く性質の潔白な譬え。

純熟 十分に熟すること。

〔三九〕 普通唱導集巻下にある。

源頼俊 清和源氏。頼房の子、祖父頼親の子となる。陸奥守・上総介・左衛門尉・従五位下(尊卑分脈)。延久二年陸奥の賊藤原基通を討つ(扶桑略記)。後拾遺集歌人。

〔四〇〕 比丘尼*願証は、源信僧都の妹なり。少年の時より志は仏道を求めて、遂に婚嫁《とつ》がず。*五障《ごしやう》の身を受けたりといへども、猶し*二諦《にたい》の観に明かなり。才学道心は、共にその兄に越えたり。世に*安養尼公《のにこう》と謂ふ。念仏日《ひび》に積りて、道心年に深し。臨終の異相は、*甄録《けんろく》するに遑《いとま》あらず。誠にこれ*青蓮花《しやうれんぐゑ》の中に住処せる者なり。

〔四一〕 比丘尼*縁妙は、*賀茂保憲の孫にして、その母は*賀茂女と称《い》ひ、殊に和歌に長《すぐ》る。縁妙いまだ出家せざる前には、*監《げん》の君と称ふ。*二条関白の侍女にして、当初《そのかみ》の好色《かうそく》なり。後に道心を起し、飾を落して道に入れり。都鄙に歩行して、ただ*常住仏性の四字を称へ、人に仏事を勧めて、*唱導を本となせり。八十余にして終りぬ。臨終の時、瑞相自《おのづか》らに多し。往生せること疑はず。

〔四二〕 *蔭子《おんし》*源忠遠の妻《め》は、武蔵守*源教《をしふ》の孫なり。少年の時より、慈悲心に稟けて、昔《むかし》より喜怒せず。忠遠に相従ひて、大宰府に下向せり。*康和三年正月、産生の後四十余日に、宿霧《しくぶ》晴れがたくして、遂に逝去《し》せり。正念に安住して、念仏乱れず、自《みづか》ら曰く、室に異香あり、頗る梅の花に似て、甚だもて芬馥《ぶんぷく》とかうばし。蘭麝沈水《らんじやぢむすい》といへども及ばざるところなりといへり。没後《もつご》、四十九日の間、この香猶し遺りて、時々猶し薫《かうば》し。その後、母、夢にその生所を問ふに答へて曰く、諸の菩薩の中にして、皆大きに歓喜すといへり。その後師の僧*覚厳、仏前において祈願して曰く、生前平産の祈、已にも

〔四〇〕 普通唱導集巻下にある。

願証　底本「願西」を改めた。→補

五障　女人の身に具する五種の障礙。法華経、提婆達多品「又女人身、猶有二五障一。一者不レ得レ作二梵天王一、二者帝釈、三者魔王、四者転輪聖王、五者仏身」。

二諦　真諦(仏教の真理)と俗諦(世間の真理)。

安養尼公　安養は西方極楽浄土の異名で、極楽を志した尼の意。

甄録　字類抄「ツハヒラカニシルス、文書」。

青蓮花　→一六六頁注「四種の蓮華」

〔四一〕 発心集巻七にある。

縁妙　発心集には「妙」とある。

賀茂保憲　忠行の子、保胤の兄。暦博士・天文博士・主計頭・大炊頭・穀倉院別当等を歴任、従四位上。貞元二年二月二十三日卒。陰陽道の大家で暦林十巻の著者。

賀茂女　歌人。賀茂保憲女集がある。

監の君　監は近衛府の将監で、父兄や夫がその官にいたのであろう。

二条関白　藤原教通。道長の三男。→補

常住仏性　発心集に「是は涅槃経の肝心にて、目出度きことわりなれど、往生極楽のつとめにはたがひてぞ侍る」とある。涅槃経二十七「一切衆生悉有二仏性一。如来常住無レ有二変易一」。

唱導　法を唱説し衆生を開導する意で、世俗にわかりやすい説法をいう。中国には唱導師と称する専門僧がいた。

〔四二〕 普通唱導集巻下にある。著者が大宰権帥として、承徳二年八月大宰府に下

て相違せり。没後託生の所、願はくは必ず相示したまへ。一《いつ》もここになくば、誰か如来と仰がむといへり。終日《ひねもす》に*観無量寿経を誦す。その夜夢みらく、貴所《きしよ》を過ぐるに、簾の中より生前の衣を出して曰く、今日の読経甚だもて可《かな》へり。なほ乞ふらくは、我がために重ねて*四十八遍誦せよ。必ず生を上品に転ずべしといふ。その住所を問ふに、答へて曰く、中品下生なりといへり。或人夢みらく、この女、菩薩の装束を着て、*安楽寺の*一切経会の舞人《まひびと》の中にあり。その頭面手足は、平生に異ならず、ただ舞装束の相改むるならくのみとみたり。

続日本往生伝

已上都盧《すべて》四十二人。

*建保第七載*三長の第一月の中旬の第七夜、*西の峰の方丈の草庵において写し了りぬ。これは自《みづか》ら忠志を励し、他《ひと》をして信心を発さしめむがためなり。ただ願はくはこの伝の結縁の人、*各半座に留まりて、花葉に乗り、我が*閻浮《えんぶ》の結縁の人を待て。*願はくはこの功徳をもて、命の終らむと欲する時に臨みて、必ず弥陀の迎へを得て、安楽国に往生せむ。　沙門*慶政記せり。

向、解任の後、康和四年六月上洛までの間に現地で取材したものであろう。〔三〕の注参照。

蔭子　選叙令、五位以上条により父祖の庇蔭によって位階を受けることのできるものをさす。

源忠遠　伝未詳。

源教　嵯峨源氏。順の孫、貞の子。従五位下武蔵守(尊卑分脈)。

康和三年　本書に直接又は間接に知られる年号の下限。故に本書はこの年以後の作。→解説

覚厳　→補

観無量寿経　→三九頁注

四十八遍　→二五〇頁補「阿弥陀経四十九巻」。あるいは弥陀の四十八願にちなむか。

安楽寺　→二四三頁補

一切経会　一切経(仏教の経論の総称)を供養する法会。延久元年藤原頼通が平等院で始めて行い、恒例となる。安楽寺でも承暦元年に別当基円が一切経蔵を建立し、同年十月一切経供養を行ったこと、大宰府神社文書・天満宮安楽寺草創日記ほかにみえる。

建保　順徳天皇の年号(一二一三—一八)。

三長　一年の中、一月の長きに亙り精進する月。正月・五月・九月の三カ月をいう。釈氏要覧巻下「智論云、天帝釈以二大宝鏡一、従二正月一照二南瞻部洲一。二月照二西洲一。至二五九月一、皆照二南洲一。祭二人善悪一故、南洲人多於二此月一、素レ食修レ善。故経云、年三長斎也」。

書本の文字極めて悪し。他の本をもてこれを交《けう》し看るべし。

建長五年癸丑十二月六日、西の峰の草庵において書写し了りぬ。

乗　忍　四十二

西の峰　京都の西山松尾。
半座　仏が半座を迦葉に分けて坐らせたことから、仏と悟りを開いた者とが席を同じくすることをいう。
閻浮　閻浮提。→一七頁注
願はくは…　浄土教の廻向文として一般に用いられる善導の観経疏序偈(→一一頁注「願はくは…」)と、阿弥陀経の「臨二命終時一、阿弥陀仏与二諸聖衆一現二在其前一……」などを抄文附加したものか。
慶政　三井寺の僧で勝(証)月房と号す。若い時に入宋し、帰朝後山城西山松尾に草庵を結んで世を遁れ、造寺造塔など芳躅が甚だ多い。文永五年(一二六八)十月六日入寂す。歌人としても名高く、証月上人渡唐日記があり、閑居友の作者ともいわれる。

本朝神仙伝

本朝神仙伝

一…付 大東急記念文庫本には、左のごとき目録があるが、本書の配列と相違がある。今便宜上新たに作成した。

一 倭武命　二 上宮太子　三 武内宿禰
四 浦島子　五 役行者　六 徳一大徳
七 泰澄大徳　八 久米仙　九 都藍尼
十 善仲　十一 善算
十二 窺詮法師　十三 行叡居士
十四 教待和尚　十五 報恩大師
十六 弘法大師　十七 慈覚大師
十八 陽勝仙人　十九 同弟子仙
廿 河原院大臣侍　廿一 藤太君
廿二 源太君　廿三 売白箸翁
廿四 都良香　廿五 河内国樹下僧
廿六 美濃国河辺人　廿七 出羽国石窟仙
廿八 大嶺僧　廿九 同山仙
三十 竿打仙　三十一 伊予国長生翁
三十二 中算上人童　三十三 橘正道
三十四 東寺僧　三十五 比良山僧
三十六 愛宕護僧　三十七 沙門日蔵

〔一〕 書紀、景行紀によるか。
倭武命 →補
神武 人間わざ以上の武徳。
千鈞 説文「鈞、三十斤也」。書紀、景行紀二年三月条「力能扛鼎焉」。
齠齓 →二三六頁注

〔一〕*倭武命《やまとたけるのみこと》は、景行天皇の子《みこ》なり。生れながら*神武にして、力*千鈞《くゐん》を扛《あ》げたまへり。昔*齠齔《てうし》の時、名を改めて*女となり、*備中国の賊の営《いほり》に入りて、自ら熊襲を誅《ころ》したまへり。*熊襲曰く、吾いまだ曾《むかし》より君がごときの事《わざ》に遇はず。仍りて尊き号《な》を上《たてまつ》らむ。倭武皇太子と曰ひたまへといへり。天の下を平定して、仁威大きに行はれたり。*海道より東のかたへ行き、蛮夷を征《う》ち妖神を討ちたまへり。*山道より帰りて伊吹山に到りたまひしとき、山の神化《くゑ》して蟒蛇《やまかがち》となりて道に当れり。太子この蛇に乗りて行きたまふ。これを*眷属《くわんぞく》の神と謂ふ。その宗の神を誅《う》つに当りて、遂にこの毒気に酔ひたまへり。近江国*醒井《さめがゐ》の下に到りて、水を飲みて醒寤《さめ》たまふ。それ*生ける人のために神明を計るは、直《ただ》の人にあらざるなり。薨去の後、化して*白鳥となりて去りたまへり。あに神仙《いきぼとけ》の類《たぐひ》にあらざらむや。

〔二〕*上宮太子は、*敏達天皇の子《みこ》なり。*母の后妃嘗《むかし》夢みらく、一の金人ありて曰く、君が胎《はらごもり》に託《つ》きてもて仏の法《のり》を弘めむと欲《おも》ふといへり。誕生の後、少年の時より、聖徳天下に被《かか》ふり、神異海内に遍《あまね》し。*一たび触るる人は香気長く染みぬ。一時に能く八人の訟《うたへ》を断《ことわ》りたまふ。故に*八聡皇子と称《い》ふ。*新羅の日羅、太子を拝して曰く、*敬礼救世観世音《きやうらいくせくわんぜおん》、伝燈東方粟散王《でんとうとうはうぞくさんわう》といへり。太子眉間の光を放ち、日羅また光を放てり。或ひと曰く、*南岳大師の後身なりといへり。*小野妹子を唐の朝《みかど》に遣《つかは》して、*先身に持ちたまひし経を渡さしむるに、他の経を取りて来りぬ。太子戸を閉ぢて入定したまひ、一た

女となり・備中国・熊襲曰く　↓補
海道より…・山道より…　↓補
眷属の神…　山の神云々の話で、尊が蛇が主神であることを知らないでその使者とおもいこみ、蛇を殺さなかったことをさす。
醒井　滋賀県坂田郡米原町に醒井の地名がある。↓補
生ける人のために　上記の諸説話に、人民のために妖神・山の神などをうったことをいう。
白鳥　↓補
〔二〕　聖徳太子伝暦・三宝絵・日本往生極楽記〔一〕などによる。法華験記巻上〔一〕にも太子の伝がみえる。↓一二頁補〔一〕
上宮太子　聖徳太子のこと。↓五一頁注「上宮王」。なお極楽記は「聖徳太子は」で書きだしているが、三宝絵は「昔上宮太子ト申聖イマシキ」とある。
敏達天皇の子　実は用明天皇の子。↓一二頁注「豊日天皇の第二の子」
母の后妃　↓一二頁注「母妃の皇女」
一たび触るる…　↓一二頁注「太子の身体…」
八聡皇子　豊聡八耳皇子ともいうべきところ。↓一三頁注「八耳皇子」「宿の訟」
新羅の日羅　新羅は百済の誤り。↓一二頁注「日羅」
敬礼…　↓一三頁注
南岳大師の…　↓一二頁注「南岳」
小野妹子…　↓一三頁補
先身に…　前世に中国の南岳慧思禅師(↓一五八頁補)であったとき持した経。

び真経を出し翥《と》りて出でて曰く、吾魂神《たましひ》を遣して翥り渡すところなり。半日の間に、万里の滄溟を渡るなりとのたまへり。後*にかの山の僧曰く、その日金人虚《おほそら》に乗りて来り、この経を取れり。聖衆《しやうじゆ》囲繞《ねう》し、雲霧杳冥たりといへり。

また甲*斐の黒駒に乗りて、白日に天に昇りたまふ。俄頃《しばらく》の間に、千里を往還したまへり。十*七条の憲法を作りて、始めて日域の政を制し、四*天王寺を作りて、もて月*氏《ぐあつし》の教を崇びたまふ。その外に寺*を建て仏を安んじ、章*疏経論を作りたまふこと、その数を知らず。そ*の妃に謂ひて曰く、吾久しく濁世に遊ぶこと能はずとのたまへり。いまだ大位に即《つ》きたまはずして、早《つと》にもて遷*化したまへり。天下の民、考*妣《ちちはは》を喪へるがごとく、商賈（以下欠）

〔三〕*役優婆塞《えのうばそく》は、*大和国の人なり。*仏法を修行して、神力辺《じんりきはかり》なし。昔*富士山の頂に登りて、後に*吉野山に住めり。常に葛木山《かづらき》に遊びて、その嶮岨《けむそ》を好めり。諸の*鬼神をして、*石橋を両の山の上に造り亙《わた》さしめむと欲へり。皆呪力に応《こた》へて、漸くに基趾《きし》を成したり。行者　性《ひととなり》太《はなは》だ*褊《せば》く急しくして、譴責《けんせき》すること日あらず。*一言主神《ひとことぬしの》、容貌《ようぼう》太だ醜し。行者に謂ひて曰く、形顔を慚づるがために、昼造ることを得ずといへり。行者あへて許し止めず。*神《かみ》帝宮に託宣して曰く、役優婆塞は将《まさ》に謀反《むへん》せむとすといへり。*公家その母を捕へしかば、役優婆塞孝敬に堪へずして、自《みづか》ら来りて*獄《ひとや》に繋がれたり。後に*赦に逢ひて出づることを得たり。即ち一言主神を*縛《ゆ》ひて、澗《たに》の底に置く。今見る

後に…・甲斐の黒駒…　→補
十七条の憲法　→一四頁注「憲法十七条」
四天王寺・月氏の教・寺を建て・章疏経論　→補
その妃に　→一五頁補「膳部氏」
遷化…　→一五頁補「入滅」
考妣　礼記、曲礼下「生曰ㇾ父、曰ㇾ母、曰ㇾ妻。死曰ㇾ考、曰ㇾ妣、曰ㇾ嬪」。
〔三〕　→補
役優婆塞　続紀「役君小角」、霊異記「役優婆塞者賀茂役公、今高賀茂朝臣者也」。三宝絵ほぼ同じ。
大和国　霊異記「大和国葛木上郡茅原村人也」。三宝絵・扶桑略記ほぼ同じ。
仏法…・富士山…・吉野山…　→補
鬼神　役優婆塞が鬼神を役することは既に続紀にみえ、「世相伝云、小角能役二使鬼神一、汲ㇾ水採ㇾ薪。若不ㇾ用ㇾ命、即以ㇾ呪縛ㇾ之」とある。
褊　名義抄「セバシ」。気みじか。
石橋・一言主神・神帝宮に…　→補
公家　霊異記「天皇勅之遣ㇾ使捉ㇾ之、猶因二験力一輙不ㇾ所ㇾ捕故、捉二其母一。優婆塞令ㇾ免ㇾ母故、出来見ㇾ捕」。三宝絵・扶桑略記ほぼ同じ。
獄に…・赦・縛ひて・葛…　→補
その母を…　→補
道照　拾遺往生伝巻下〔一〇〕道昭伝参照。
高麗・百余年　→補
都良香　〔一六〕都良香伝参照。
吉野山記　現存せず。地誌であろう。
〔四〕　→一五四頁補〔八二〕。験記は主人公を沙弥神融、出生を越後国古志郡、説話

に、*葛の纏《まつは》るところ七匝《めぐり》なり。万方すれども遂に解けず、呻《によ》び吟《なげ》く声、年を歴《ふ》れども絶えず。今その扶くる石、吉野・葛木の山に各十余枚あり。

*その母を引きて鉄《くろがね》の鉢に乗せて、海に浮びて去りぬ。舟檝《ふねかぢ》を用ゐず、何《いづれ》に之《ゆ》きしかを知らず。後に本朝の僧*道照、*高麗《かうらい》に到りて法を説きしとき、法を聴く中に和語する者あり。この行者なり。漸くに*百余年を経たり。道照大きに驚きて座を下りて問訊《もんじむ》するに、殊に答ふるところなくして復《また》来らず。事は*都良香の*吉野山記に見えたり。今略《ほぼ》記しぬ。

〔四〕泰澄は、*賀州の人なり。世に*越《こし》の小大徳《こだいとく》と謂ふ。*神験多端なり。*万里の地といへども、一旦にして到り、翼なくして飛びつ。*白山の聖跡を顕して、兼てその*賦を作れり。今に世に伝へたり。吉野山に到りて、*一言主の縛《ゆはひ》を解かむと欲ひて、試みに苦《ねむごろ》に加持するに、三匝《めぐり》して已に解けぬ。暗《そら》に声ありて叱《いさ》ひ、繋ぎ縛《ゆ》ふること元のごとし。また諸の神社に向ひて、その*本覚を問へり。*稲荷《いなり》の社にして数日念誦するに、夢に一の女あり、帳《とばり》の中より出でて告げて曰く、*本体観世音《ほんたいくわんぜおん》、常在《じやうざい》*補陀落《ふだらく》、*為度衆生故《ゐどしゆじやうく》、示《じ》現大明神《げんだいみやうじん》といへり。*阿蘇の社に詣づるに、*九頭《くづ》の竜王ありて、*池の上に現じたり。泰澄曰く、あに畜類の身をもて、この霊地を領《りやう》せむや。真実を示すべしといへり。日漸くに晩《くれ》むとするとき、金色の三尺の*千手観音有《まし》まして、夕陽の前、池水の上に現じたまへり。泰澄*数百年を経て死なず、その終を知らず。

の中心は越後国上山。泰澄和尚伝記及びそれにもとづく元亨釈書は出生を越前国麻生津、説話の中心は越前(加賀)国白山。本伝は出生を加賀国、説話は白山を中心として吉野・稲荷・阿蘇に及ぶ。

賀州　↓補

越の小大徳　↓一五四頁注

神験　法華験記にも、泰澄和尚伝記にも各種の神力不思議の話をのせる。

万里の地といへども…　験記・伝記にはこの種の説話はみえない。

賦　現存せず。「加州石川郡白山縁起」には伝記に類似のことを述べ、神亀元年泰澄の作とあるが後世のもの。

白山・一言主の縛…　↓補

本覚　ここは本地のこと。↓二四〇頁注

稲荷の社　いま伏見稲荷大社。↓一四九頁補「稲荷」

本体　二十二社幷本地(嘉暦三年)に「稲荷〈下社大宮　如意輪、命婦　文殊、田中　不動、中社　千手、上社　十一面〉」。

補陀落　↓二一六頁注

為度衆生故　法華経寿量品の「為度衆生故、方便現涅槃…常在霊鷲山、及余諸住処」の句を借りたものか。

九頭の竜王　竜王は竜族の長。竜は水中に住み雲を呼び雨を起すと信ぜられた。九頭は九つの頭をもつ竜。↓補「白山」

阿蘇の社・池・千手観音・数百年…　↓補

〔五〕元亨釈書巻十八にみえる。

都藍尼　伝未詳。

金峰山　↓六六頁補

〔五〕*都藍尼は、大和国の人なり。仏法を行ひて長生することを得たり。幾百年といふことを知らず。吉野山の麓に住みて、日に夜に精勤せり。*金峰山《みたけ》に攀《よ》ぢ上らむと欲すれども、雷電霹靂《へきれき》して、遂に到ることを得ず。この山*黄金《こがね》をもて地に敷けり。*慈尊の出世を待たむがために、*金剛蔵王守りたまふ。兼て戒地となす。*女人《によにん》を通はしめざるが故なり。持てるところの*杖は変じて樹木となり、*拘《かが》まるところの地は陥りて*水泉となりぬ。爪の跡猶《なほ》し*存せり。

〔六〕行叡居士《こじ》は、東山の*清水寺の本の主なり。*数百年に及ぶといへども、猶《なほ》し*小《をさな》き容《かたち》ありて、常に*練行《れんぎやう》をもて宗となしたり。*一生精進して妻《め》を蓄へず、*地《ただ》*粒《いなつび》を絶ちて穀《もみ》を避《さ》りつ。*清水寺の滝は居士の修して出だせしところなり。本《もと》は*黄金の色をしたり。後に*報恩大師に相逢ひて、持仏ならびに住める所を譲りて曰く、吾*汝の来るを待てり。宜しくこの地の主となりて、もて仏法を弘むべし。吾は*蛮夷を利せむがために、将《まさ》に東《あつま》の国に往かむとすといへり。ここに東のかたに向ひて行きぬ。行きて*乙葉山に至りて、自然《じねん》に銷《き》えてただ*草鞋《さうかい》と杖とを留むるならくのみ。後の人これをもてここに終れりとなせり。その履《くつ》相分れて、本の寺の滝の上ならびに乙葉山に落ちたり。

〔七〕教待和尚は、*近江国志賀郡の人なり。*数百年に及ぶといへども、*容顔《ようがん》元のごとし。

黄金…・慈尊…　↓補
金剛蔵王　↓一二三頁補「蔵王大菩薩」
女人を…　いわゆる女人結界。↓補
杖　杖が樹木になることは今昔物語巻十二ノ七にみえる。
拘　名義抄「カヽマル」。
水泉　元亨釈書「藍又呪ㇾ竜、乗ㇾ之昇ㇾ山。纔到二泉源一不ㇾ能ㇾ進」。
存す　元亨釈書は下に「世言、得二長生之道一、不ㇾ知ㇾ所ㇾ終」とある。
〔六〕　↓補
清水寺　↓八八頁注
数百年　↓補
小き容　清水寺縁起「年歯老大、白髪皤々。其形七旬有余許也」。扶桑略記抄「年歯老大、白髪皤々」、今昔「年老テ髪白シ、其形チ七十余計也」。
練行　↓九一頁注。縁起に「念二観音威神力一、口誦二千手真言一」。略記抄・清水寺新造堂願文・今昔ほぼ同じ。
一生…穀を避りつ　他にみえず。
地　名義抄「タ、、タ、シ」。助語審象「地与ㇾ第同。第ハナニカナシニ先ツ其段ニシテ見ヨト云意ナリ」。
粒　和名抄「伊奈豆比、米実也」。
清水寺の滝・黄金の色・報恩大師　↓補
汝の来る…　清水寺建立記に「年来雖ㇾ待ㇾ汝曾不ㇾ見ㇾ来。適幸汝来。為ㇾ悦尤是也」。他書も同じ。
蛮夷　建立記・縁起に「我有二東国修行之本意一」とある。他書もほぼ同じ。
乙葉山…・草鞋　↓補
〔七〕　↓補

ただ*少年の女子のみを愛し、*兼て魚《いを》の肉を食《くら》ふ。口の中より吐けば、変じて蓮《はちす》の葉と成る。後に*智証大師に逢ひて、*園城寺の地を譲りて曰く、君の来れるを待ちて、この*勝れたる地を守れり。今より仏法を弘めらるべしといへり。*こと訖《をは》りて失せぬ。

〔八〕*報恩大師は、*大和国の人なり。*小島寺に住めり。後に清水寺に来りて、行叡居《こ》士《じ》に逢ひ、付属を受けて仏法を弘めたり。数十ケ年を歴たりといへども、猶し小き容《かたち》ありき。*両の寺は相共に行程は二、三許日《ふつかみかばかり》なり。大師旦《あした》に小島にありて、昼は清水に来る。*翼なくして飛ぶがごとし。あに神仙《いきぼとけ》にあらざらむや。

〔九〕弘法大師は、*諱《いみな》空海、*讃岐国の人なり。*出家得度して、僧正*勤操に師として事《つか》へ、初めに*三論・法相を学びて、後に*金剛乗に入りぬ。遂に*唐の朝《みかど》に入りて、真言の奥旨を極め、*恵果和尚をもて師となせり。*両界三部の道、諸尊衆聖の儀は、これより我が土《ところ》に弘まりぬ。然れば*大日如来七代の弟子、本朝最初《さいそ》の*阿闍梨なり。事は別伝に見えたり。甄録《けんろく》すること能はず。

*恵果和尚云はく、吾汝を待つこと久し。吾が法は悉くに汝に授けむ。これ*十地の中、*第三地の菩薩なり。努力《ゆめゆめ》自愛せよ。吾必ず汝の弟子となりて、生を東の土に託せむといへり。大師唐の朝にして、一の*鈴杵を投げて、本朝の勝れたる地を卜《うらな》ひたるに、一は*東寺に墜《お》ち、一は紀伊国の*高野山に落ち、一は土左国の*室生戸山に落ちぬ。帰朝の

近江国志賀郡・数百年 →補
容顔…・少年の… 他書にみえず。
兼て魚の肉を食ふ… →補
智証大師に…・園城寺の地を… →補
勝れたる地 伊呂波字類抄「我是勝地、末世衆生、可レ為レ所下與二隆仏法一、護中持王法上」。
こと訖りて… →補
〔八〕 →補
報恩大師・小島寺 →補
大和国の人なり 他にみえず。
両の寺…・翼なくして… →補
〔九〕 →補
諱 空海僧都伝「和上故大僧都、諱空海、灌頂号曰二遍照金剛一」。
讃岐国・出家得度・勤操 →補
三論・法相 僧都伝・続後紀・和上伝記など初期の伝記にはみえない。行状集記に「石淵贈僧正(勤操)以二三論宗一為レ宗。仍以二三論一為二本宗一」。御遺告第十二条に「一、末代弟子等可レ令レ兼二学三論法相一縁起」とある。
金剛乗 真言教の異名。僧都伝「夢有レ人曰、大毘盧遮那経是汝所レ求也。即覚悟歓喜、求二得一部一、披レ帙遍覧」。
唐の朝に…・恵果 →補
両界三部・大日如来… →補
阿闍梨 請来目録の引用文(→補「両界三部」)参照。和上伝記にも「延暦廿四年八月上旬亦受二伝法阿闍梨位之灌頂一」。
恵果和尚云はく…・十地・第三地 →補
鈴杵…・東寺・高野山・室生戸山 →補

後に、相尋ねて皆仏法を弘めたり。

*修円僧都は、*護国界経を読呪して神験を施せり。昔*護法を唐の朝に遣して、恵果の伝法を偸みたりき。大師頗るその心を得て曰く、法を竊む者ありき。仍りて金剛界を受けし時、*結界の火焰、郭《くるわ》を遶りて入ることを得ざりき。纔に胎蔵を聞きて還りたりといへり。大師の朝に帰るに及びて、常にもて相挑《いど》み、遁《たがひ》に調伏せむと欲《おも》ひて、共に*壇法を行ふ。大師*陽《いつは》りて死せり。修円疑ひて、人をして伺ひ見せしむ。弟子涕泣《な》きて、喪家の儀を行へり。また見て弔《とぶら》はしむるに、弟子等葬斂の具を運べり。修円信じて、涕泣《な》くこと良久《やや》しく、懺悔《さんぐゑ》の法を行へり。大師、更に*調伏の法を行ふこと七日、修円頓《たちまち》に瘡《かさ》を受けて死せり。大師また懺悔の法を行ふこと七日、*降《がう》三世炉壇に顕れて曰く、我はこれ修円なり。汝が法を顕揚せしめむがために、権《かり》に怨敵《おんてき》と成りたるなりといへり。

大師兼て*草書の法を善くせり。昔*左右《さう》の手足と口に筆を乗《と》りて書を成しき。故《かるがゆゑ》に唐の朝は五筆和尚と謂へり。帝都の*南面の三の門、並びにもて応天門の額は、大師の書きしところなり。その*応天門の額は、応の字の上の点は故《ことさら》に落せり。額を上げし後に、遙に筆を投げて書けり。*朱雀門の額もまた精霊あり。*小野道風難じて曰く、*米雀門と謂ふべしといへり。*夢に人あり、来りて弘法大師の使と称《い》ひ、その首を踏む。道風仰ぎ見れば、履《くつ》の鼻雲に入りて、その人を見ずとみる。*陰陽寮《おむやうのつかさ》の額は三度書けり。始めに書きし後夢みらく、神人ありて曰く、この額は太だ凡《わろ》し、改め書かるべしとい

修円・護国界経　↓補

護法　↓七三頁注

結界　↓二三〇頁注。密教では一修法ごとに結界する。ここは金剛界法の結界。五種結界の第四に火院、即ち火炎をもって天魔の障礙を除く結界がある。

壇法・陽りて…・調伏・降三世　↓補

草書　続後紀「在㆓於書法㆒最得㆓其妙㆒。与㆓張芝㆒斉レ名、見レ称㆓草聖㆒」。

左右の手足…・南面の三の門　↓補

応天門…　大内裏八省院南面の正門。朱雀門に相対す。行状集記「次書㆓応天門額㆒打付見レ之、初字円点已以失落。驚レ之抛レ筆付レ点画了。上下万人拍レ手感レ之」。類似のことは行化記・御広伝・御伝・今昔巻十一ノ九・扶桑略記抄の本伝による文、要文抄所引の弘法大師伝などにみえる。

朱雀門…　行化記・御伝に「神仙記曰」として本文を引く。この説話は本書が最初か。古今著聞集巻七にみえる。

小野道風・米雀門　↓補

夢に…　御広伝に、紀家怪異実録にみえる古老の伝として次の話を載せる。宮城南面三門のうちの皇嘉門の空海筆の「門」字は「力士之跋扈」の如くであった。この門に面した宅に住む紀百枝が昼寝していると、夢に力士があらわれて百枝を打とうとし、驚いて見るともとの額にかえっていった。百枝はこれより病を得て死んだという。御伝も同じ。

陰陽寮・木工寮　↓補

寮の頭　木工寮の長官。

ふ。後に改め書けり。人また夢みらく、この額太《はなは》だ畏《かしこ》し。この下を過《よ》ぐるに堪へず。改め書くべしといふ。仍りてまた改め書けり。*木工寮《こたくみのつかさ》の額は、寮の*頭、門を造りて額を打てり。有るひと曰く、寮の官《つかさ》をして額を大師に請はしむるに、使のひと期《とき》を違へて、大師に謁すること能はず。仍りて祈念して曰く、大師は大権《だいごん》の人なり。五筆の勢を借りむといへり。便ち拙き掌《たなごころ》を下して書くに、殆《ほとほと》に大師の自ら書けるがごとしといへり。また文筆を善くして、多く遺文を作る。ここに*性霊集七巻あり。

昔*神泉苑にして、*請雨経《しやううきやう》の法を行ひけり。*修因諸の竜を呪して瓶の中に入れつ。仍りて久しく験を得ず。大師その心を覚《さと》りて、*阿耨達池《あのくだつ》の*善如竜王に請ひしかば、*金色の小き竜、丈余の蛇に乗りて、両の蛇の*龓《くちとり》あり。ここに大きに雨ふりたり。これより*神泉苑をもてこの竜の住所となし、兼て秘法を行ふ地《ところ》となせり。

唐の朝より*如意宝珠を齎《もた》ししより以来《このかた》、我が朝にこの珠のある所は、恵果の後身に幷《あは》せて、かの宗の深く秘するところなり。後に金剛峰寺にして*金剛定に入り、今に存せり。初めて人は皆、鬢髪の常に生ひて、形容の変らざることを見ることを得たり。山の頂を穿ちて底に入ること半里許《ばかり》、禅定の室《むろ》を為《つく》りたり。かの山今に鳥鳶の類、讙《くわん》譁《くわ》の獣なし。兼て生前の誓願なり。

常に称《い》ひて曰く、*仏法を弘めむには種姓をもて先となすといへり。故にかの宗は、*親王*公子、相継ぎて絶えざるなり。*寛平法皇、灌頂をこの宗に受けたまひて後、*仁和寺最も王胤多し。*円融天皇もまた*地《ところ》に御《とどま》りたまひぬ。まことにこれ一宗の光華なり。

性霊集　↓補

神泉苑　拾芥抄巻中「天子遊覧所…二条南大宮西八町〈三条北壬生東〉、善女竜王常見二此所一」。

請雨経の法　↓補

修因…　以下の空海とのいきさつは行状集記・御広伝・御伝・古事談にみえる。ただし御伝は修因ではなく修円僧都とし、他は守敏大徳とする。ここは守敏大徳とすべきであろう。↓前頁補「修円」「調伏」

阿耨達池　大雪山の北にある想像の池。清涼・無熱池と訳す。↓補

善如竜王　阿耨達竜王(八大竜王の一)のことか。行状集記「此池有二竜王一、名二善如一。元是無熱達池竜王類、有レ慈為レ人不レ至二害心一」。諸書ほぼ同じ。元亨釈書では善女竜王。

金色　行状集記「彼現二形業一、宛如二金色一、長八寸許。金色蛇居在二長九尺許蛇之頂一也」。諸書ほぼ同じ。

龓　和名抄「唐韻云、龓、楊氏漢語抄云、龓馬人、久知止利。乗馬又牽馬也」。

神泉苑を…竜の住所…　三代実録、貞観十七年六月廿三日条「古老言曰、神泉苑池中有二神竜一。昔年炎旱焦レ草礫レ石、決レ水乾レ池。発二鍾鼓声一、応レ時雷雨。必然之験也」。

如意宝珠・金剛定・仏法を弘めむ…　↓補

親王　継嗣令、皇兄弟子条「凡皇兄弟皇子、皆為二親王一。以外並為二諸王一」。

公子　儀礼、喪服、子夏伝「諸侯之子、称二公子一」。上流貴族の子弟。

寛平法皇　宇多上皇。↓補

仁和寺・円融天皇・地に御り…　↓補

或ひと曰く、大師は已に*究竟大覚位《くきやうだいかくゐ》を証することを得たり。本朝の面目、何事かこれに過ぎむといへり。大師の心行は、多く*遺告廿二章に見えたれば、重ねて論ずべからず。延喜の比《ころほひ》、始めて*諡号を賜はりぬ。かの宗の人*起請して曰く、大師を除く外は、諡号を賜ふべからずといへり。仍りて智徳多しといへども、申し請《う》けざるところなり。*内供奉十禅師は、天台宗の人、僧綱に任ずといへども、猶し去らず。大師曰く、両の鉢の咎あり。専らに然るべからずといへり。仍りて僧綱に任じたる後は、必ず内供を去るなり。

*真如親王は、大同の太子にして、後に出家して*大師の弟子となりたまふ。太だ*真言に朗《あきらか》にして、後に*唐の朝に入りて、更に印土に向ひたまへり。法を求めたまはむがためなり。*書を大師に送りて曰く、多くの明師ありといへども、大師に過ぎず。多くの高閣ありといへども、大極殿に過ぎず、云々とのたまへり。ここに知りぬ、吾が土の人なれども、猶し月氏漢家の人に過ぎたりといふことを。

〔一〇〕　慈覚大師は、諱《いみな》円仁、俗姓壬生《みぶ》、*下野国の人なり。生れながらに*神聡にして、長《ひととな》りて*徇斉《しゆんせい》なり。*延暦寺に止り住して、伝教大師に師として事へたり。後に夢の中に*先師の告げに依りて、公家に奏して大唐に入り、真言・止観の道を究め学べり。*七人の聖僧《しやうそう》に逢ひて、密教を*写瓶《しやびやう》したり。*会昌の天子の仏法を破滅するに逢ひぬ。大師この喪乱に逢ひて、還りて*多くの仏像・経論を得たり。遂に*朝に帰ることを得て、位

究竟大覚位　菩薩の行が円満して到達した無上至極の位。大乗菩薩の階位を五等に分類した第五位に当る。

遺告廿二章・諡号…・起請…　↓補

内供奉十禅師　↓三〇頁補

真言　三代実録、元慶五年十月十三日の条に「又真言密教究二竟秘奥一」とある。

唐の朝　同右「親王先過二震旦一、欲レ度二流沙一」。

真如親王・大師の弟子・書を…　↓補

〔一〇〕　三代実録卒伝・慈覚大師伝・日本往生極楽記(四)・法華験記巻上(四)・今昔物語巻十一ノ一一・宇治拾遺物語巻十三・真言伝巻三などにみえる。

下野国　三代実録「下野国都賀郡人也」。

神聡　三代実録「円仁幼而警俊、風貌温雅」。伝「大師天性聡敏、風貌温雅」。

徇斉　すばしこい。説文解字注「侚、疾也〈五帝本紀、黄帝幼而徇斉。裴駰曰、徇疾、斉速也〉」。

延暦寺に…　↓一九頁補「生るるに紫雲の瑞…出家」

先師の告げ・七人の聖僧・写瓶・会昌の天子・多くの仏像経論　↓補

朝に帰る　三代実録「承和十四年九月還二此土一」。

天台座主　天台座主記「仁寿四年四月三日官符云、伝燈大法師円仁。右大臣宣、奉レ勅件法師宜レ定二彼寺座主一者」。

帝王…　三代実録「斉衡三年三月、天皇屈二円仁於冷然院一、受二両部灌頂一」。

公卿…　伝「貞観五年十月、右近衛権中将藤原朝臣常行賀二太政大臣美濃公六十齢一。

は天*台座主に到りぬ。帝*王は灌頂したまひ、公*卿は首《かうべ》を傾《かたぶ》けたり。天*性慈悲にして、遂に喜怒せず。*門跡《もんぜき》大きに弘まりて天下に満ちぬ。両*界の儀形を作りて、仏*の許したまふや否やを祈りたるに、夢に日を射《あ》て中てつ。ここに知りぬ、祈りの心に応《こた》へたまひぬることを。その入*滅の期《ご》に及びて、忽然として失せてある所を知らず。門弟相尋ぬるに、*揷鞋《さふかい》を*如意《によい》山《せん》の谷に落して、その余《ほか》を見ず。ここに知りぬ、大権の人なることを。あに神仙の類にあらざらむや。事は別*伝に詳《つばびらか》なり。今大概《おほむね》を記しぬ。

〔一一〕 陽勝は、能登国の人なり。俗*姓は紀氏なり。その母夢に日の光を吞むとみて、身《はら》むことありて生めり。元慶三年に叡岳に登りて、*宝幢院《ほうだうゐん》に住せり。時に年十一、空*日律師に師として事へたり。性《ひととなり》太だ聡敏にして、学びて再び問はず、法*花・瑜伽《ゆが》・摩訶止観に通じたり。一生喜怒せず睡眠《すいめん》せず、*担石《たんせき》の貯《たくは》へなしといへども、衣食をもて飢寒の人に与へつ。後に金峰《みたけ》山に登りて、*牟田寺《むたでら》に止り住む。三年苦行して、毎日《ひごと》に粟一粒のみを服《つか》ふ。*行歩勁捷《ぎやうぶけいせう》にして、翼なくして飛べり。冬の月を歴《ふ》といへども、衣衾《ふすま》を着ず。延*喜元年秋、遂にもて登*仙せり。

同じき十八年、東*大寺の僧、神*仙の峰に詣《いた》り、米《よね》水共に断えて、殆《ほとほと》に命を殞《おと》さむとするときに及びて、法花経の声を聞きぬ。驚き起きて求むるに、偶《たまたま》にもて陽勝に相逢へり。鉢と瓶《かめ》とに対《むか》ひて呪するに、須臾《しゆ》にして玉膳鉢に満ち、*水漿《こみづ》瓶に溢れたり。陽勝曰く、我に旧里の祖父《おほぢ》、故山の親友あり。幸《ねが》はくはこれをもて伝へよ。仏を見、法を

仍請二大師於染殿第一、修二灌頂一。其三摩耶戒入壇灌頂者、公卿以下百四十余人」。
天性… 三代実録「円仁性寛柔、慈悲甚深。喜怒不レ形二于色一」。
門跡 門流。→二四二頁注
両界の儀形 金剛界と蘇悉地法か。金・胎の外蘇悉地法は円仁が初めて伝来し金剛頂経とこの経の疏を作る。→補「仏の許し…」
入滅 三代実録、貞観六年正月十四日条に「延暦寺座主伝燈大法師位円仁卒」。
揷鞋 →二六〇頁補「草鞋」
仏の許し…・如意山 →補
別伝 現存の慈覚大師伝以外の書物か。
〔一一〕 扶桑略記巻二十三・同二十四(陽勝伝・智源、法華験記)・高僧伝要文抄巻一(陽勝伝)、大東急記念文庫本、陽勝仙人伝・法華験記巻中(四四)・今昔物語巻十三ノ三等にあり。宇治拾遺物語巻八・元亨釈書巻十八にみえる。結論として本伝は大東急文庫本、陽勝仙人伝によるか。→一〇七頁補(四四)
俗姓… →一〇七頁補
宝幢院 →七七頁補
空日律師 →一〇七頁注
法花… 陽勝仙人伝「通二法花経摩訶止観一、即手二書法花経、瑜伽論等一、常以誦持」。
牟田寺 →一〇八頁補
行歩… 陽勝仙人伝「行歩軽迅無レ翼自飛、冬月不レ着二衣衾一」。
延喜元年 →一〇八頁注
担石・登仙・東大寺の僧・神仙の峰 →補
水漿 →二六頁補

聞き、天に昇り地に入りて、神変意《こころ》に任せたりといへり。十二月*祖父病を受けて曰く、子孫《まご》多しといへども、殊に陽勝を愛せり。一たび去りて再び来らず。嗚呼《あ》悲しきかな。もし*神仙《いきぼとけ》を得たらむには、何《いか》でか来り視ざらむやといへり。陽勝声に応へて、屋の上に至り*経を誦せり。ただその声のみを聞きて、その形《すがた》を見ず。*西塔の*毎年《としごと》の八月の不断念仏に、必ず来りて聴けり。人に謂ひて云はく、この山多く信施を受けて、火焔虚《おほそら》に満てり。この念仏を行へる時のみ、火焔暫く晴れたり。依りて来り下ることを得たりといへり。季の葉《よ》に及びて見えず。事は*別伝に見えたり。

〔一二〕 陽勝の弟子の童は、本《もと》これ*千光院の*延済和尚の童子なり。仏道を修行して、遂に長生することを得たり。兼て陽勝を師となせり。*元興寺の僧、金峰山の東南の巌《いはや》を占めて、*一夏安居《げあんご》して法花経を誦せり。霖雨《ながあめ》旬に渉《わた》りて、飲食《おんじき》日を屏《へだ》つ。黄昏《ゆふくれ》に忽ちに*青衣《しやうえ》の童子あり、来りて一*物を授けて食《くら》はしめたり。気味《きび》は甘美《あま》し。僧、問ひて曰く、これ何人ぞといふ。答へて曰く、我はこれ延済の童子なり。久しく陽勝に事《つか》へて、*道成りてより以降《このかた》、万里も遠からず。*三山*五岳も経歴《きやうりやく》せずといふことなし。君が困《くるし》び乏《とも》しきことを愍ぶが故に来るところなりといへり。言《こと》訖りて去りぬ。陽勝の別伝に見えたり。

〔一三〕 *河原院の大臣に近習《きんじふ》の侍あり。老いたる大臣の湯沐せる時に、その背を見て云

祖父　↓一〇九頁補「祖」

神仙　陽勝仙人伝「若寔得二仙道一願来相視」。

経　扶桑略記「法華経」。

西塔　↓補

毎年の…　↓一〇九頁注「毎年八月末」

別伝　次の〔一二〕の説話の終りにも「陽勝の別伝に見えたり」とある。本伝の最後の部分を除く全体と、〔一二〕の大半とが、陽勝仙人伝と文章までほとんど同じであることから、別伝とはそれをさすか。

〔一二〕　扶桑略記巻二十三(陽勝伝・智源、法華験記)・大東急記念文庫本、陽勝仙人伝・法華験記巻中〔四〕・今昔物語巻十三ノ三・元亨釈書巻十八にみえる。本伝は〔一一〕とともに大東急文庫本、陽勝仙人伝により、この部分だけ別出したものとみられる。↓一〇七頁補〔四〕

千光院　↓二三頁注

延済　↓一〇八頁注

一夏安居　↓二五頁注

元興寺の僧…・青衣の童子…　↓補

一物　仙薬一丸。

道　陽勝仙人伝では「仙道」、ただしこのあたりより「言訖りて去りぬ」までは、仙人伝にはなく、著者の敷衍の文か。

三山・五岳　↓補

〔一三〕　他にみえず。

河原院の大臣・仙骨・僕　↓補

物　霊や鬼神の類。漢書巻二十五上、郊祀志「李少君亦以二祠竈穀道卻老方一見レ上」。

はく、公に*仙骨あり。努力《ゆめゆめ》自愛したまへ。*僕《やつがれ》、多くの年仙《ひじり》の道を学びて、成ること近きにあり。もし長生せむことを好みたまはば、相共に去りたまふべしといへり。公許せり。数月を歴てこの人見えず。大臣晩頭《ばんどう》に南の欄《おばしま》に倚《よ》る。*物ありて景《かげ》のごとく、庭の樹に居れり。謂ひて曰く、已に道の成ることを得たり。前《さき》の日に約束せしことは如何にせむといふ。公曰く、吾尤も好めり。ただ将《まさ》にその旨を妻子に告げなむとすといふ。仙曰く、*神仙の道は骨肉を顧みず。愛習かくの如くは、あに*権真なるべけむやといへり。言訖りて去りぬ。

〔一四〕藤太主・源太主は、大和国吉野郡に住せり。皆布衣《かりきぬ》に烏《を》帽《ぼう》を着《つ》け、敢へて*褊《こきぬ》を着けず。穀を避け粒《いなつび》を絶ちて、翅なくして飛べり。*浄蔵法師吉野川を渡らむと欲するとき、水太だ*泛灩《はむらん》して、*掲厲《けいれい》すること能《あた》はず。この両《ふたり》の仙《ひじり》来りて誦して曰く、将に呪力を試みむとすといへり。藤太主加持し、*護法をして河の南の大きなる樹を伐《き》らしむ。源太君また引きて河水を亙らしむ。その声太だ哀しくして、聞くに*酸鼻《さんび》なり。浄蔵乗りて暴《あら》き流れを渡ることを得たり。両の仙感《ほ》めて曰く、縦ひ伐り渡すといへども、誰人か乗らむやといへり。言訖りて忽然として飛び去りぬ。

〔一五〕*白箸を売る*翁は、*洛陽の人なり。年幾許《いくばくばかり》なるかを知らず。*市の門に住みて、常に白箸を売りてもて日《ひび》に飧《ものく》ふことに供《くゐよう》せり。人*年歯を問へば、左右《とにかく》に答へず。*その後

…常自謂二七十一、能使レ物卻レ老〈如淳曰、物謂二鬼物一也〉」。
神仙の道　↓補
権真　不明。権（かり）と真で仙道の真偽を見究めることをいうか。また「権」は、はかるの意で真仙を分別する意か。
〔一四〕　本話及び〔二〇〕〔二二〕は浄蔵とかかわる。浄蔵の説話は拾遺往生伝巻中〔一〕（↓三一九頁注）にあるが、本話及び〔二〇〕〔二二〕は右の注に記した諸浄蔵伝にはみえない。また本話と同じ話は真言伝巻五・元亨釈書巻十八にみえる。
浄蔵　拾遺往生伝巻中〔一〕参照。
泛灩　広く溢れる。
褊・掲厲　↓補
護法　↓七二頁注
酸鼻　悲しみ痛むこと。文選巻十九、高唐賦「孤子寡婦、寒心酸鼻〈李善注、鼻辛酸、涙欲レ出也〉」。
〔一五〕　本朝文粋巻九、紀長谷雄の白箸翁詩序による。
白箸　雍州府志巻七、土産門に「白箸、在二四条坊門一、箸木者美豆木、或宇利木用レ之。元出レ自二丹波幷若狭一」とある。
翁　白箸翁詩序「有二一老父一、不レ知二何人一、亦不レ得二姓名一」。
洛陽　京都。名義抄に「洛」を「ミヤコ」と訓み、洛陽田楽記に「洛陽大有二田楽之事一」とある。
市・年歯…　↓補
その後…　白箸翁詩序「後頓病終二市門之側一。市人哀二其久時相見一、移レ尸令レ埋二於東河之東一」。

一旦に逝去《し》せり。*後に人あり、山の窟《いはや》にしてこれに見《まみ》えたり。香を*攅《かき》りて経を読む。人その故を問へども、*黙《もだ》して答へず。事は*紀家の序に見えたり。ただ大概《おほむね》を記しぬ。

〔一六〕 *都良香は、洛陽の人なり。*文章は当世に冠絶せり。早《つと》に*儒業を遂げて、*緋衫を紆《まつ》ひ*著作に居れり。常に山水を好みて、兼て仙法を行ふ。身は甚だ*驍勇にして、昔行《ある》く*馬を越ゆること高さ七、八尺なりき。*内記たりし時、*子日《ねのひ》に妓妾を携へて北野に遊びたり。出羽国より*飛駅使《はゆまつかひ》を進《まゐ》らせ、*勅符を給はらむと欲すれども、良香のある所を知らず。依りて少内記をして作らしめぬ。晩頭《ばむどう》に及びて、良香酔に乗じて適《たまたま》に参りたり。少内記草を視《しめ》せるに、良香更に披き見ずして、寸々《きだきだ》に破り却《す》てぬ。筆《ふむで》を染め*文を作りて*点を加へず。その句今に人の口にあり。

*献策《けんしやく》の時、密に*問頭の式部大輔*善縄卿の侍女に通じ、その藁草を偸みて*神仙策を作れり。*射鵠の人、古より来《このかた》多しといへども、その策《しやく》をもて最《すぐ》れたりとなす。昔*大学の柱に書《しる》して云はく、天下の*狂人*都言道《ことみち》といへり。その後に名を彰せり。本の姓の*腹赤を、自《みづか》ら改めて都となせり。後に公家久しからずして、*都を絶訓とすることあり。*本の名の言道を、また良香と改めたり。*鴻臚館*贈答詩に云はく、自《おのづか》らに都の良き香の尽きざることありといふ。北客これを見て曰く、この人必ず名姓を改めたるならむといへり。*後中書王云はく、*異国に差し遣すに、文章疑ひなきは、良香これなりといへり。*昔詩を作りて曰く、気霽《は》れては風新柳の髪を梳《くしけづ》るといへり。人この句を誦して朱

後に…　白箸翁詩序「後及二十余年一、有二一老僧一。謂レ人云、去年夏中、頭二陀南山一。忽見下昔翁居二石室之中一、終日焚レ香、誦中法華経上」。
攅　訓みは名義抄による。
黙して　白箸翁詩序は下に「去亦相尋、遂失二在所一」とある。
紀家　↓補
〔一六〕　都良香の伝は三代実録、元慶三年二月廿五日の条にみえる。元亨釈書巻十八は本書によるか。
都良香　↓補
文章　三代実録「博通二史伝一、才藻艶発、声動二京師一」。
儒業　古今集目録「貞観二年四月廿六日補二文章生一。年月日文章得業生。十一年六月十九日策〈丙科〉」。
緋衫　↓補
著作　著作郎↓一一頁補。内記のこと。
驍勇　三代実録「姿体軽揚、甚有二膂力一」。
馬　都良香に「良馬讃」がある(都氏文集巻三・本朝文粋十二)。
内記・子日・飛駅使・勅符　↓補
文　都氏文集巻四に俘囚の乱に関し、良香の作った出羽・陸奥等の国守にあてた勅符五篇がある。
点を加へず　文章の添削をしない。↓補
献策　↓注「儒業」
問頭　問頭博士。対策の試験官。
善縄卿・神仙策・大学　↓補
射鵠　↓二四九頁注。北野天神御伝「良香異レ之曰、射策中レ鵠之徴也。其後不レ幾対策及第」。

雀門の前を過《よ》ぎるに、楼の上に鬼ありて、大きに感歎《ほめ》たり。

　*菅丞相は良香が問ひしところの秀才《しうさい》なり。丞相後に越えて*加級に預れり。良香大きに怒りて、*官を棄てて山に入りぬ。仙を覓《もと》め法を修して、大峰に通ふこと三ヶ度、終る所を知らず。百余年の後、或人山の窟の中にして見《まみ》えたり。顔色変らずして、猶し壮年のごとし。*国史に伝あり。今*異聞を記せり。

〔一七〕河内国の樹の下の僧は、何《いづれ》の国の人なるかを知らず。深き山に住みて草の庵を結べり。人*榧《かへ》を拾はむとして、迷《まど》ひてその所に到る。この沙門の室《むろ》の中を見るに、全く*炊爨《すいさん》の器なし。ただ坐禅念仏して、常に目を閉ぢて坐りぬ。*頭《かしら》の髪は長く生ひて、背の後に懸れども、また剃り除かず。神仙を得たるにあらずんば、誰か能《よ》くかくのごとけむや。その人後に見えず、また相逢はず。

〔一八〕美濃国の河の辺《ほとり》に一《ひとり》の人あり。*石に枕して流れに臨み、路を往還《わうぐゑん》せず。ここに飲食は長く絶えたれども、身体は皆暖かなり。*散位*源重実、狩猟してこの処に到り、弓をもてその腹を推すに、その和《やはらか》なること生ける人の膚《はだへ》のごとし。後日に尋ぬれどもある所を知らず。

〔一九〕出羽国の石窟の仙《ひじり》は、何《いづれ》の年の人なるかを知らず。身を石窟に留めて数百歳を経

狂人　気宇壮大で小事に拘泥せぬ人。→補
都言道　都良香の前名。→補「本の名」
腹赤　桑原の誤り。→補
都を…　意味不明。
本の名…・鴻臚館　→補
贈答詩…　→補。北客は渤海使をいう。
後中書王　具平親王。→二二四頁注
異国に…　都氏文集巻四に渤海国に遣した太政官牒がある。なお同書には太使にあてた書状三通があり、同書巻三には「贈渤海客扇銘」がある。
昔詩を…・菅丞相・加級　→補
官を棄てて…　道真は正月七日、良香を越えて従五位上(→補「加級」)、二月一日、良香は大内記を辞する状を作り(都氏文集巻四)、同廿五日卒すと三代実録にある。故に以下の記述は、実録による限り事実ではない。
国史　三代実録を指す。
異聞　本伝の記述はその終焉をのぞき国史ほかと矛盾しないが、個々の説話は国史にはみえない。
〔一七〕　他にみえず。
榧　→補
炊爨　字類抄「カシキカシク、飲食部」。
頭の髪　神仙伝巻六、孫登「輒被レ髪自覆レ身。髪長丈余」。
〔一八〕　他にみえず。
石に枕し…　隠遁のたとえ。蜀志第十、彭羕伝「枕レ石漱レ流、吟詠縕袍」。
散位　→二五〇頁補
源重実　→補
〔一九〕　他にみえず。

たり。粒《いなつび》を絶ち食《じき》を罷《しりぞ》けて、寒暑を*屑《もののかず》にせず。常に禅定を修して、今に猶し存せり。

〔二〇〕 浄蔵*大嶺を過《よぎ》れり。これ金峰山《みたけ》と熊野との間なり。経路を失ひて一の谷に入るに、*五架三間の僧房あり。禅僧一人怠りて昼寝し、敢へて他《ほか》の人なし。浄蔵窺ひ見て、その*天魔なるかを疑ひ、偸に神呪を誦して、試みに加持せむと欲す。この僧漸くに覚めて、手をもて顔を掩ひて曰く、定めてこれ*邪気のなすところならむといへり。枕上の*散杖《さんぢゃう》を取りて、*香水に和して投げ灑《そそ》く。浄蔵の蓑の上に火ありて忽ちに燃えぬ。僧曰く、もし予《われ》に能くするならば、甚だ貴き人ならむといふ。加持して火を銷しつ。また曰く、我は神仙の中の人なりといへり。浄蔵に*柿一丸を与へて食《くら》はしめたり。嘗めて後一月、味ひを食はむことを思はず。浄蔵帰路を尋ぬるとき、僧銅《あかがね》の瓶《かめ》を喚びて送らしめたり。*瓶空を凌ぎて行くに、浄蔵随ひて路に達《いた》りぬ。後尋ぬれども更に逢はず。

〔二一〕 浄蔵法師、昔大嶺に入りたり。忽ちに雨雪に逢ひて、冴《さ》え寒きこと殊に甚し。道路眇茫《べうばう》として方面を知らず。大きなる樹の下に留りて、枯木を聚めて焼《た》きつ。木は雨を生ずること急にして、火炎銷え易し。計略已に絶えて、ただ本尊を念ず。俄に人ありて樹の巓《いただき》に来れり。浄蔵に謂ひて曰く、今夜如何《こよひいかに》ぞといふ。浄蔵曰く、火を燎《た》くことを得ず。暗く寒きこと尤も堪へ忍びがたしといふ。樹の上の人曰く、将に神力を試みむとすといへり。依りて呪を誦すること二、三十遍、薪即ち焼くことを得たり。

屑 字類抄「不屑、モノノカスナラス、下賤部、フセウ」。

〔二〇〕 本話は浄蔵とかかわるが諸浄蔵伝にはみえない。→二六七頁注〔一四〕。法華験記巻上〔二〕は、沙門義睿について、類似の説話をかかげている。また古事談巻三・発心集巻四は本話と類似する。

大嶺 →六六頁補「金峰山」

五架三間 白氏文集巻十六、香炉峰下新卜山居草堂初成偶題東壁「五架三間新草堂。石階桂柱竹編墻」。

天魔 他化自在天子魔又は天子魔といい、四魔の一。欲界第六天に居住する魔王並びに眷属で、人の善行を妨害する。→補

邪気 人を悩ます邪悪な鬼魅。淮南子、詮言訓「小人、行二邪気一」。

散杖 香水を散し灑ぐ杖の意。修法の時香水を壇または供物等に灑ぐために用いる小杖。長さ一肘(人の肘の長さ)。阿娑縛抄十八道次第末「散杖、散、删借音也。人以謂、散二灑水一故云二散杖一」。

香水 種々の香を混ぜた浄水をいい、身体を洗い諸物を浄め灑ぐに用う。密教では修法の種類により調和する香を異にす。

柿一丸 →補

瓶空を… →六八頁注「水瓶」

〔二一〕 本話は浄蔵とかかわるが諸浄蔵伝にはみえない。→二六七頁注〔一四〕

学ぶ 仙人の呪声を真似して聞かせた。

〔二二〕 他にみえず。

俗骨 いやしい気質。仙骨に対す。和漢

その後謂ひて曰く、我はこの山の仙人なり。君が困《くるし》びを訪はむがために、急ぎて来れるところなりといへり。依りて飛び去りて見えず、その呪する声大きに悲ぶ。浄蔵これを*学ぶに、聴く人涕泣せずといふことなし。

〔二二〕竿《さを》打の仙《ひじり》は、大和国の人なり。仙道を学ぶといへども、*俗骨猶し重し。*薬餌の力にて地を離れて飛べども、その高さは七、八尺に過ぎず。少年の児童、皆竿を捧げて追ひたり。故《かるがゆゑ》にこの名を得たり。その終りを知らず。

〔二三〕伊予国に長生の翁あり。医《くすし》の薬を服せず、*穉《ちひさ》き角《つの》の存することありて、門と*楣《まぐさ》とに*鬼繁し。自ら云はく、延喜の世に、自ら聖《ひじり》の化《めぐみ》を聞きけりといへり。*七代の孫を見るといへども、形顔《かたちかほばせ》は五、六十《いそぢむそぢ》の時のごとし。性《ひととなり》太だ*敏給《びんきふ》にして、能く*産業を事とす。家給《た》り身豊かにして、長く*負累《ふるい》を免れたり。*刺史より以下尊重せずといふことなし。その*寿考、今に猶し存せり。

〔二四〕*中算上人は、興福寺の*楚才なり。学は*内外を明らめて、尤も*決択《くゑつちやく》に長《すぐ》れたり。性《ひととなり》太だ*覂駕《ほうが》にして、官職を好まず。*維摩講師の請《しやう》ありといへども、三度人に譲りて、遂に請を受けず。昔楞厳院に昇りて、*一《ひとり》の小き童を偸みて、南京に帰りぬ。始めは太だ愛寵しけれども、後には忽ちに*疎遠となれり。小き童は計《はかりごと》絶えて、山に入りて*経

朗詠集巻下、述懐「昇殿是象外之選也。俗骨不レ可三以踏二蓬莱之雲一」。

薬餌 抱朴子巻四、金丹「第九之丹名二寒丹一。服二一刀圭一百日仙也。仙童仙女来待。飛行軽挙不レ用二羽翼一」。

〔二二〕 他にみえず。

穉き角 字類抄・名義抄「穉、チヒサシ」。述異記(芸文類聚巻十八)に「尹雄年九十、左鬢生レ角、長寸半」。

楣 和名抄「爾雅注云、楣、万久佐、門戸上横梁也」。

鬼繁し 抱朴子巻二、論仙「夫方術既令三鬼見二其形一」。

七代の孫 和漢朗詠集巻下、仙家「謬入二仙家一、雖レ為二半日之客一、恐帰二旧里一、纔逢二七世之孫一」。

敏給 すばしこいこと。

産業 農耕を中心とした生業。↓補

負累 借財。↓補

刺史 ↓三八頁注「江州の刺史」

寿考 長いき。寿は命長し、考は老の意。

〔二四〕 ↓補

中算・楚才・覂駕 ↓補

内外… ↓一三頁注。釈書、仲算伝に「博綜二内外一」。

決択 ↓二三三頁注。釈書、仲算伝に「尤邃二論義一」。

維摩 ↓二〇頁補「維摩会」。三会定一記第一に「雖レ被二講師宣下一、挙二達傍人等一度々辞退了」、釈書、仲算伝に「性不レ喜二僧官一、毎レ選譲レ佗。三膺二維摩詔一、皆不レ受」。

一の小き童を…・疎遠となれり… ↓補

経 法華経。↓補「疎遠となれり…」

を誦せり。食《じき》を絶つこと数月に及びて、適《たまたま》*羽服備はりて、已に自在なることを得たり。*中算後に尋ねて、その所に到るに、小き童曰く、已に*神仙《いきぼとけ》を得たれば、敢へて近づくべからず。道の成りぬる後は、往日の事を怨みず、良き縁なりと謂ふべしといへり。*言訖りて去りぬ。事は*中算記に見えたり。

〔二五〕*橘正通は、洛陽の人なり。才富み文巧みにして、*北堂の風あり。甚しく雨ふれる日に、書を故人に送りて云はく、諸国の刺史たる者をして、酒饌を贈らしむ。これを*雨書と謂ふといへり。この書を作る者は、当時《そのかみ》の英傑なり。正通は*仁に当れり。昔この書を草して、今に猶し遺りぬ。美談となすべし。

遅甚だ不遇《ふぐ》なり。*天暦の聖朝、*朱雀院に幸《おはしま》して、*擬文章生《ぎもんじやうしやう》を試みられ、賜ふに飛べる葉は舟と共に軽しの題をもてしたまふ。*この詩は落第しけり。*官韻に作らざりしが故なり。後、纔に*桂の枝に攀《よ》ぢて、宮内丞に任ず。*青衫改まらずして、遂に他の官に遷らず。*文場に浮沈して、已に*白首に及べり。*後中書王の詩筵に、適《たまたま》序者となりて、その*序に云はく、栄路遥にして頭《かうべ》は既に斑《まだら》なり。生涯暮れて跡将《まさ》に隠さむとす。大王万歳の*風月に侍りて、向後《きやうこう》いまだ必ずしも*之《ゆ》く所を知るべからず、といへり。或人云はく、高麗《かうらい》の国に渡りて*仙《ひじり》を得たり、云々といへり。

〔二六〕東寺の僧〈その名を失へり〉は長生せむことを求めて、*夜叉神に仕へたり。白日に天

羽服　人間の体に羽が生えて仙人になること。↓補
中算後に…　他書では中算が初めみずから尋ねても発見できず、別人が山中で、樹上に経をよむ童子を見出し、中算がその告げによって会いにいく。
神仙…　↓補
言訖りて…　諸書ではこのあとに、竹生島の琵琶の話がある。
中算記　未詳。
〔二五〕　後半（後中書王の詩筵）以下が江談抄巻六・古今著聞集巻四・十訓抄巻九などにみえる。
橘正通　↓補
北堂の風　北堂は紀伝道の講堂、風はその伝統的学風。↓補
雨書　典拠不明。
仁　人の意。中庸第二十章「仁者人也。親レ親為レ大」。
天暦の聖朝…　日本紀略、康保二年十月廿三日条「天皇御二朱雀院柏梁殿一。…召二擬文章生於池頭一奉試。題云、飛葉共レ舟軽」。
朱雀院　拾芥抄巻中「累代後院。或号二四条後院一。三条北（南カ）朱雀西四町、四条北西坊城東」。
擬文章生を…この詩…　↓補
官韻　省試の詩で決められた韻字。
桂の枝…　↓補
青衫　↓二四七頁注
文場　詩人の集る所。
白首　白髪の頭。老人をいう。後漢書、伏湛伝「髻髪厲レ志、白首不レ衰」。
後中書王　具平親王。↓二二四頁注

に昇ることを慕《ねが》ひて、仙神の許すべきことを得たり。諸の人に告げて云はく、その日将《まさ》に虚《おほそら》を歩まむとすといへり。貴賤上下、*軒騎満ち溢れぬ。僧、法服を整へて、香炉を持し、観念して居れり。夜叉負ひて漸々《やうやう》に天に昇る。夜叉を見ずして、ただ僧の昇るをのみ見る。既にして雲霄に入り、*眇然《べうぜん》として見えず。緇素《しそ》感歎して、鐘を撞《つ》きて*諷誦《ふじゆ》せり。頃之《しばらく》ありて香炉忽ちに落ち、次いでこの僧また*九霄より降りぬ。頭《づ》足《そく》*宛転《はらば》ひて、地に堕ちて砕けたり。*啻《ただ》曰く、*四天王の来り下れるに逢ひ、夜叉我を棄てて去りぬといへり。

〔二七〕*比良山の僧某《それかし》は、神験方《なら》ぶものなし。兼て仙《ひじり》の道を学びて、また*飛鉢の法を行へり。*大津に来りたる船に、この鉢、去らずしてあり。*挾杪水手《かとりかこ》、頗るこの鉢を厭ひて、米一俵をもて鉢の上に投げ置きつ。この鉢飛び去るに、船の中にありし俵、皆悉くに相随ふこと、秋の雁の雲霄に点ずるがごとし。*綱丁《かうちやう》はもて*帰命頂礼したり。その後、米は船の中に反《かへ》りたり。相伝へて云はく、*一行禅師、昔我朝に来りしとき、適《たまたま》この事を見て謂ひて曰く、辺土なりといへども、学ばざるべからず。かくのごとき人ありといへり。

〔二八〕*愛宕護山の仙は、何《いづれ》の人なるかを知らず。時に樵客に逢へり。*銅《あかがね》の瓶《かめ》の飛び来りて、*大井の水を酌みつ。その帰る所を見るに、この山に留れり。昔*増賀聖は、弟子

序・風月・之く所・仙… ↓補
〔二六〕 他にみえず。
夜叉神 ↓一七四頁注
軒騎 ↓補
眇然 字類抄・名義抄「眇、ハルカナリ」。
諷誦 ↓三六頁補
九霄 九天。天の最も高い処。大空。白氏文集巻二十三、失鶴「九霄応レ得レ侶、三夜不レ帰レ籠」。
宛転 名義抄「宛転、ハラハフ」。ころぶさま。楚辞哀時命「愁二修夜一而宛転兮」。
啻 ↓補
四天王 ↓九三頁注「四王」
〔二七〕 法華験記巻上〔一八〕に比良山の仙人(蓮寂)の話がみえる。主人公は同一人かも知れない。本話の中段にみえる飛鉢の説話の描写は、古本説話集巻下六十五や信貴山縁起絵巻の信濃国出身で信貴山に住む法師命蓮の説話や泰澄和尚伝記の小沙弥の説話に類似する。
比良山 ↓七六頁注
飛鉢の法 ↓二四八頁補
大津・挾杪水手・この鉢… ↓補
綱丁・帰命頂礼…・一行禅師 ↓補
〔二八〕 他にみえず。
愛宕護山 ↓七三頁注
銅の瓶 ↓六八頁注「水瓶」。また本朝神仙伝〔三〇〕参照。
大井 大井川。山城名勝志「源出レ自二丹波国一、末流二入淀河一也」。
増賀 法華験記巻下〔八二〕・続本朝往生伝〔一三〕参照。なおこの種の説話は増賀の伝や説話にはみえない。

八人をこの山に籠めて、仙の道を学ばしめたり。その身漸くに薄き*櫺《すぎ》の板を踏めども撓《たは》まざるに至りぬ。各、他よりも勝れる心あり。毎朝《あさごと》に*見風の処に至りて、相難じて云はく、爾《なんぢ》*米《よね》の糞あり。然れば皆仙たることを得ずして罷《や》まむといへり。

〔二九〕沙門*日蔵は、*何《いづれ》の国の人なるかを知らず。始め*東寺に止り住して、*後に大和国宇多郡の、*室生山竜門寺に住せり。学は真言を究めて、神験は極《きは》まりなし。後に土を掘りて、前身のときに、瘞《うづ》みたりしところの*鈴杵を得たり。便ちこれ*二生の人なり。この山に到りて、足腫《は》れて行歩《ぎやうぶ》すること能《あた》はず。山の神臻《いた》る所に他行せしめざらむがためなり。而るに*仁海僧正、密教を習はむがために、日蔵の廬に到れり。日蔵曰く、早《すみやか》に帰るべし。逗留《とうりう》することなかれ。我をもて鑑誡となせといへり。*昔金峰山にして深き禅定に入りて、*金剛蔵王幷びに菅丞相の霊に見《まみ》えけり。事は別記に見えたり。*声明幷びに*管絃に長《すぐ》れ、年*期頤《きい》に及びて、猶し小《をさな》き容《かたち》あり。人はその数百歳の人なるかと疑ふ。

嘗て*松尾《まつのを》の社に詣でて、その*本覚を知らむと欲し、三七日の夜に、練行念誦したり。竟《をはり》の日に及びて、雷電霹靂《へきれき》し、*暴風《はやち》雨を澍《そそ》きて、四面杳冥たり。一の老父あり、来りて日蔵を叱《いさ》ふ。兼て草を薙《な》ぎて風振ひ、御殿の戸数十百飜《ひるがへ》りたり。日蔵耳を属《つ》けて、殿の中に居れり。声ありて曰く、*毘婆尸仏《びばしぶつ》なりといへり。日蔵驚きて見れば、便ちこれ前の老父なり。

櫺　↓補
見風　↓二三七頁注。或は字類抄に「見風、ケンフウ」とあり、観客の眼をさすか。ここでは多勢の目前の意か。
米の糞　抱朴子巻二、論仙「仙法欲㆘止㆓絶臭腥㆒、休㆑糧清㆖腸」。
〔二九〕　↓補
日蔵　↓補
何の国　元亨釈書「洛城人」。
東寺…・室生山竜門寺　↓補
後に…　釈書・真言伝には以下の話がみえるが、本書によるか。
鈴杵　↓一七三頁注
二生の人　前世を知って現世に生きた人。過・現二世に通ずる人。
仁海…日蔵の廬に到る　↓補
金剛蔵王　↓一二三頁補「蔵王大菩薩」
昔…別記に見えたり　↓補
声明　声明源流記に「日蔵上人、九条錫杖道賢」とある。
管絃…　↓補
期頤　百歳。礼記曲礼上「百年曰㆓期頤㆒」。
松尾の社　↓一六四頁補。以下の話は真言伝にもみえるが、本書によるか。
本覚　ここは本地のこと。↓二四〇頁注
暴風　和名抄「波夜知、又能和岐乃加世」。
毘婆尸仏　過去七仏の第一で過去荘厳劫中に出現の仏。
帰泉　黄泉に帰ること。死をいう。この段も真言伝にみえるが、本書によるか。
尸解けて…　↓補

一旦*帰泉せり。棺に入りたる後、已にその屍《しにかばね》なし。或ひと曰く、*尸解《かばねと》けて去りぬといへり。

〔付〕本朝神仙伝に曰く、浦島が子は、丹後国*水江の浦の人なり。昔*大きなる亀を釣り得たりしに、変じて婦人《たをやめ》と成りぬ。*閑《うるは》しき色は双びなければ、即ち*夫婦となりぬ。婦《め》に引級《いんぎふ》されて、*蓬萊《ほうらい》に到り、*通《さと》りて長生することを得たり。*銀《しろかね》の台《うてな》・金《こがね》の闕《くゑつ》、錦の帳《とばり》・繡《ぬひもの》の屛《びやう》、*仙《ひじり》の楽は風に随ひ、*綺《いろ》へたる饌《そなへもの》は日《ひび》に弥《み》てり。居ること*三年、*春の月初めて暖かに、群れる鳥は和らぎ鳴き、煙霞*瀁蕩として、花樹競《きほ》ひ開く。*帰らむかの計《はかりこと》を問ふに、婦の曰く、列なる仙の*陬《すみか》は、一たび去りて再び来りがたし。縦《たと》ひ故郷に帰るとも、定めて往日《わうじつ》のごとくにはあらざらむといへり。浦島が子は親しき旧《もと》のひとを訪はむがために、強《あながち》に帰る駕《のりもの》を催《うなが》しければ、婦一の*筥を与へて曰く、*慎《ゆめ》これを開くことなかれ。もし開かずは、自《おのづか》らに再び相逢はむといへり。浦島が子、*本の郷《さと》に到りたるに、林も園も零落して、親しき旧のひとは悉くに亡《な》し。人に逢ひて問ふに、曰く、*昔聞けり、浦島が子仙と化《くゑ》して去り、漸くに百年を過ぎぬといへり。ここに悵然として歩みを*邯鄲《かむたん》に失へるがごとし。心の中に大きに怪びて、*匣《はこ》を開きて見たり。ここに浦島が子、忽ちに変じて衰へ老いたる皓白の人となり、去らずして死せり。事は*別伝幷びに*万葉集に見えたり。今大概《おほむね》を注《しる》しぬ。

〔付〕 ↓補

大きなる亀　浦島子が亀を釣り、その亀が美女となる話は、書紀(大亀)・風土記(五色亀)・浦島子伝(霊亀)・続浦島子伝記(同)・扶桑略記(大亀)いずれにもみえる。万葉集にはみえない。

水江の浦・閑しき…夫婦…蓬萊　↓補

通　仏や仙人などが所得せる無礙自在の作用。神通力。

銀の台…仙の楽・綺へたる饌　↓補

三年　風土記に「遊㆓仙都㆒、既経㆓三歳㆒」、万葉に「従家出而三歳之間爾」。

春の月　幽明録に「遂停半年、気候草木是春時、百鳥啼鳴、更懐㆓悲思㆒」(法苑珠林巻三十一)とある。

瀁蕩　果しなく漂うさま。

帰らむかの計　↓補

陬　字類抄「スミカ・ス、隅也居也山名也」。

筥を…　女が筥をさずけ開くことなかれという一段は書紀にみえないが、風土記(玉匣)・万葉(玉篋)・浦島子伝(玉匣)・続浦島子伝記(同)・略記(同)みな同じ。

慎　字類抄「ユメ」、風土記「君終不㆑遺㆓賤妾㆒、有㆓眷尋㆒者、堅握㆑匣慎莫㆓開見㆒」。

本の郷…昔聞けり…匣を開き…　↓補

邯鄲　荘子、秋水「且子独不㆑聞㆓夫寿陵余子之学㆓行于邯鄲㆒与。未㆑得㆓国能㆒。又失㆓其故行㆒矣。直匍匐而帰耳」。

別伝　↓補〔付〕。ただし、別伝がどれをさすか、それら以外かは不詳。

万葉集　巻九「詠㆓水江浦島子㆒一首〈幷短謌〉」(一七四〇・一七四一)を載す。

拾遺往生伝

拾遺往生伝 上

*或記に云はく、保安四年、台嶺*黒谷の聖人*浄意、*魯山の朱鉞、弟子為康、合力《がうりよく》してこれを撰せり。国史僧伝、先達後賢を考へて、集むるにこの文をもてす、云々といへり。

或記　この或記の性質は詳らかでないが、内容は、後拾遺往生伝上巻の成立に関するものとする説（古典遺産の会編「往生伝の研究」往生伝解題、後拾遺往生伝）がしぜんのようである。→解説

黒谷　→一三〇頁注

浄意　伝未詳。あるいは浄は誤写で「西塔黒谷上人善意」（後拾遺往生伝巻中〔六〕大治四年死）のことか。

魯山の朱鉞　魯山は魚山（大原）のことか。朱鉞は伝未詳。

観音　ここでは竜樹の十二礼に「観音頂戴冠中住」とある、その宝冠に弥陀仏を戴く観音、また悲華経・観音授記経に説かれる西方極楽浄土で阿弥陀滅後に成仏する観音などの極楽浄土の観音を指すか。

順次生…　この世を終れば多くの世を経ずに直ちに極楽に往生すること。

無生忍　無生法忍の略。あらゆるものが不生不滅であることを悟り、そこに安住して動じない不退位をいう。

普賢の行　四十巻本華厳経普賢行願品に十大願を説くが、観普賢菩薩行法経に説かれる六根の懺悔を中心とした法華三昧（法華懺法）にも依ったものであろう。

観音の心　法華経観世音菩薩普門品に、観音が三十三身に身を変えて衆生済度すると説き、その力を念ずれば諸難を免れることが述べられ、観音信仰の中心とな

拾遺往生伝 巻上 并びに序

柱下少史三善為康記す

予《われ》慕《ねが》ふところは極楽なり、帰するところは観音*なり。善事を修するごとに、麁《そ》細《さい》を論ぜず、尽《ことごと》くにその業をもて、かの土に廻向せり。即ち願を発《おこ》して曰く、吾順次生《*じゆんじしやう》においで、必ず極楽に往生し、疾《と》く無生忍《*むしやうにん》を得て、深く諸《もろもろ》の三昧に入り、弥陀の願をもて吾が願となし、普*賢の行をもて吾が行となし、観*音の心をもて吾が心となし、この娑婆国土において、当《まさ》に一切衆生を利すべし。乃至十方世界を利益《りやく》すること、またまたかくのごとくならむといふ。この願を発せる後、歳月それ徂《ゆ》きぬ。しかる間、承徳二年八月四日己卯の暁に夢みらく、已《すで》に生涯を終へて、将に死路に入らむとせり。最後の十*念を修すること、ただこの一時にあり。故《かるがゆゑ》に声を揚げて南無を称《とな》へ、眼を送りて西方を望めり。暗夜自《おのづか》らに破れ、光明忽ちに見ゆ。既にして弥陀如来、丈*六の特*尊、虚空《こくう》の色を穿《うが》ちて、真*金の膚《はだへ》を現ぜり。高く蓮台の上に坐して、徐《やうや》くに草廬の前に来り、金色の手を舒《の》べて、白紙の書を授けたまふ。予敬《うやま》ひてこの書を持し、仰ぎてその尊を瞻《み》るに、即ち傍の人告げて曰く、汝が命根いまだ尽きざれば、この度は迎へず。爾質直《なむぢしちぢき》の心あれば、先づ来り告ぐるところなり、云々といへり。忽《こつ》として夢覚め、

っている。

十念　↓一一頁補

丈六　一丈六尺(周尺二丈五尺)の略で、仏の身長は常人の身長八尺に倍するとされる。二中歴巻三「仏出世、人長八尺。是表二仏尊特相一、故一倍謂二之丈六一也」。

特尊　尊特のことか。天台仏身説で法・報・応三身の中、報身を自受用・他受用と分け、衆生済度のため化他門に出て現身説法するを、他受用法身といい、尊特如来とも称す。

真金　法事讃に「紫金身相三十二」、集諸経礼懺儀に「弥陀身如二金山一」、例事作法(常行三昧)に「阿弥陀仏真金色」とある。

神　不思議な働きの心。自ら覚知しないまま心の働きが生じたこと。

経に…　法華経寿量品「諸有修二功徳一、柔和質直者、則皆見二我身、在レ此而説法一」。

康和元年…　以下の記述と本書述作の関係については解説参照。

天王寺　↓一六六頁注

百万遍　↓一八〇頁補

舎利　仏舎利(↓一九〇頁注)。天王寺に参詣して金堂の舎利を供養して瑞相にあうという思想については↓二四五頁補

祈請　祈願・祈禱の意。神仏に誓を立て偽のないことを保証する起請のことか。

救世観音　聖徳太子の本地とされる。↓一二頁補

護世四王　↓九三頁注「四王」。四天王寺は仏国守護の四天王信仰により聖徳太子が創建したと伝える寺。

怳《くゐやう》として神*残れり。便ち知りぬ、質直《しちぢき》の心は往生の門なり。経*に云はく、柔和《にうわ》質直者《しちぢきしや》、即皆見我身《そくかいけんがしん》といへり。恐らくはこの謂《いひ》か。ただ夢境信じ難し。妄想《まうざう》誰か識《し》らむ。重ねて冥顕に祈りて、虚実《こじつ》を験《み》むと欲す。ここに康和*元年九月十三日、天王寺*に参りて、舎利*を念仏の行を修せり。九ケ日を経て、百万遍*に満ちぬ。時に往きて金堂に詣り、礼《らい》し奉る。即ち祈請《*きしやう》して曰く、吾が順次往生の願、弥陀現前の夢、倶に虚妄にあらずは、舎利併《あは》せて出現したまふべし。もし然《しか》にはあらずは、顕現したまふことなかれ。*救世観音《くせくわんおん》・*護世四王《ごせしわう》・太子聖霊*・護法青竜*、同じく証明すべしといへり。かくのごとく再三祈請して、舎利を写し奉れり。瑠璃の嚢の裏に、金玉の声あり。予合掌して念じ、眼に寄せて見れば、舎利三粒、数に依りて出現せり。予歓悦の涙不覚にして下り、随喜の人期せずして多し。信敬已に訖りて、礼《らい》を作《な》して去りぬ。江家*の続往生の伝に接《つ》ぎて、予《あらかじ》めその古今遺漏の輩《ともがら》を記す。更に名聞*のため利養のためにして記せず、ただ結縁のため勧進*のためにして記す。もし我を知る者は、必ず往生の人たらしめむ。故にこの言を述べて、もて序の首《はじめ》に置くと爾《しか》云ふ。

太子聖霊　天王寺には太子の絵像をおさめる聖霊院(堂)があり、聖霊院に祈念して太子の霊夢を得、往生の安心を得るという思想が発達した。大同縁起に「上宮太子聖霊檜皮葺大殿一字四間」とみえる。巻上〔九〕仙命伝に「往年詣二四天王寺一於二聖霊堂前一燈二於手中指一供二養尊像一」とあり、後拾遺往生伝巻下〔二〇〕隆暹伝に「参二詣天王寺聖霊院一、祈二請於順次往生之可否一云々」とある。台記等に康治・久安のころの鳥羽法皇らの四天王寺参詣のことが詳しく書かれているが、聖霊院のこともしばしばみえる。台記、康治二年十月二十二日条には、御聖霊堂ともあり、久安四年九月二十一日条にはここで聖徳太子伝等の絵説きもおこなわれた。

護法青竜　荒陵池の底に青竜が住み恒に守護すという。↓二九五頁注「太子手印記」

江家の…伝　大江匡房の続本朝往生伝。

名聞のため…　梵網経に「菩薩為二利養一故、為二名聞一故、悪三求貪二利弟子一」とあり、最澄の顕戒論には名聞利養のための仏教を深く戒めた文が頻出する。

勧進　↓一三〇頁注

〔一〕　本伝は、次の沙門開成伝とともに、諸寺縁起集、特に護国寺本の勝尾弥勒寺本願大師善仲善算等縁起(言泉集にも所収)に酷似する。著者はこの縁起、またはその祖本にもとづいて、この二伝を作成したものと考えられる。↓補

善仲・善算　伝未詳。僧綱補任抄出に没年を記す。

〔一〕　*善仲・善算の両《ふたり》の上人は、摂津《つの》守*藤原致房《むねふさ》の二子、母は紀伊《きの》守*源懐信《かねのぶ》の第八の女なり。母、慶雲四年〈丁未〉正月十五日の夜夢みらく、微《すこ》しく敷《ひら》きたる蓮花二茎、空より飛びて口に入れりとみたり。覚めて後胸の中に物を呑み、遂にもて身《はら》むことあり。それより以降《このかた》、母常に仏法に帰して、*葷腥《くんせい》を食《じき》せず。和銅元年〈戊申〉正月十五日の*平旦に誕生せり。母、心に苦痛なく、室に異香《いきやう》あり。一の胞の中、二の児《ちご》相並びて、敢へて啼く声なく、常に咲《ゑ》む色あり。哺養の裏《うち》、言語人に異り、嬰児の間、聡恵なること神のごとし。年初めて九歳にして、*天王寺の*十禅師*栄湛に付きて弟子となる。十七にして出家し*菩薩戒を受く。年廿に至りて学*内外《ないぐゑ》に朗《あきら》かなり。皆もて*宿智《しくち》開発《かいほつ》すとなせり。或時は二子頭《かしら》を合はせ密《ひそか》に語りて涙を垂れ、或時は同心に*師に対して修行し言を寄す。遂に名を避くるの地を求めて、竊《ひそか》に*勝尾《かちを》の山に入れり。経行《きやうぎやう》の場《には》に苔蘚纔《わづか》に分れ、坐禅の床《ゆか》には鳥獣相馴《な》る。常に願ひて曰く、*この依身《えしむ》をもて浄土に往生せむといへり。而る間、神護景雲二年〈戊申〉二月十五日未の刻に、善仲上人*草座に乗り、*高く飛びて西に去れり。生年六十一なり。その後善算上人無言にして坐禅す。同三年七月十五日酉の剋に、また*天に沖《ひひ》りて西に没せり。生年六十二なり。

今案ずるに、*帥江納言この両人をもて*神仙伝に入れたり。その理《ことわり》然るべし。ただし*天竺往生記に、現身往生の人を載す。その行状を見るに、粗《ほぼ》もてかくのごとし。ここに知りぬ、両の上人はこれその類にあらずや。何をもてかこれを知る。上人常に願ひて曰く、この依身をもて浄土に往生せむといへり。しかのみならず

藤原致房　伝未詳。
源懐信　伝未詳。奈良時代に源姓はない。護国寺本勝尾弥勒寺本願大師善仲善算縁起(以下「縁起」と略)に懐位(任か)。
葷腥　→三六頁注
平旦　字類抄「ヘイタン、アケホノ」。
天王寺　→一六六頁注
十禅師　→二三頁注
栄湛　伝未詳。
菩薩戒　大乗の菩薩僧が受けるべき戒律。→二〇頁注
内外　→一三頁注
宿智開発　今まで隠れていた智慧が花開く。
師に対して修行…・勝尾の山　→補
この依身をもて浄土に往生せむ　依身は有情の依る所の身。→補
草座　草を編んで作った座席。仏が成道の時吉祥草を敷いた故事により比丘の坐する席をいう。
高く飛びて西に去る　縁起「高飛升二青天一」。神仙的な表現。
天に沖りて西に没す　沖は字類抄に「鳥高飛也」とある。縁起「如二向沖一天失没」。やはり神仙的な表現。
帥江納言　大江匡房。
神仙伝　本朝神仙伝一巻。→補
天竺往生記　天親菩薩記、鳩摩羅什訳一巻とされるが、おそらく日本で偽作されたものであろう。天竺往生験記ともいう。印度の往生人九人の行業を記したもので、承応三年刊の板本があり、続浄土宗全書に収められる。

皇子開成*受戒の日に、三人相揖《うやま》ひて曰く、早く本有《ほんう》*の五智を証して、法雷*を五趣*に震《ふる》ふべし、云々といへり。この言信ぜざるべけむや。

〔二〕沙門開成*は、柏原天皇*の子なり〈天皇藩に在《いま》*すの時、密に下女《げぢょ》に合ひて生めるところなり、云々といふ〉。誕生の日、母苦痛なし。成長の間、心に聡恵あり。天平神護元年〈乙巳〉正月一日、俄に発露《ほつろ》*の心あり、深く雲*に臥すの思を企てつ。勝尾の山に登りて、忽ちに頭《かしら》を剃るの志を遂ぐ。即ち善仲・善算の両の上人に随ひて、出家受戒す〈法名は開成なり〉。この日上人礼盤《らいはん》*より下り、皇子と密に語りて、涕泣*嚙咽《いういん》す。衆人相見て、何の語といふことを知らず。良久《やや》しくありて座を避けて、相揖《うやま》ひて曰く、早く本有の五智を証して、法雷を五趣に震ふべしといへり。ただこの一言、僅に人に知られぬ。これより先に善仲・善算の両の上人、如法《にょほふ》に金字の大般若経を書写するの願を発せり。その啓《けい》*白《びゃく》の日に当りて、雲雨俄に降りて、霹靂《へきれき》*忽ちに堕《お》つ。殊にその地を択びて、この経を安ぜむと欲せり。いはゆる最勝峰これなり。

ある人夢みらく、大きなる黄牛《あめうじ》*あり、常にもて行道《ぎやうだう》*すとみたり。即ち紙麻*をその処に殖ゑて、羅網をその上に張り、禽《とり》をして居らしめず、獣《けもの》をして践ましめず。素意の翹《くはた》つるところ、紺紙*甫《はじ》めて就《な》りぬ。この時に上人その経の紙をもて、皇子開成に授けて遷*化し去りぬ。皇子師の願を遂げむと欲すれども、金《こがね》*・水を得がたし。三宝に祈請し、限るに七日をもてす。第七日の暁に夢に見らく、一人あり、容儀双《なら》びなし。冠《かうぶり》を

開成　〔三〕開成伝参照。

本有の五智　本性として持っている五種の智恵。→七九頁注「五智の水」

法雷　衆生の迷をさます教を、春に芽を生ぜしめる春雷に譬えたもの。

五趣　→補

〔二〕　諸寺縁起集勝尾弥勒寺本願大師善仲善算等縁起によるか。→〔一〕注。宝物集巻五・源平盛衰記巻四十三・諏訪大明神絵詞にある。

開成　皇胤系図に「母下品小女」、元亨釈書は光仁天皇の子、桓武天皇の兄と記す。

柏原天皇　桓武天皇の別称。山陵が山城国紀伊郡柏原に選定されたのでいう。

天皇藩に在すの時…　藩は地方官、ここでは即位以前。縁起の割注に「柏原天皇居二於春宮一之日、於二下品之少女一有二気色一罷出。満月之後、有二産生一云々」。

発露　→六一頁注。縁起「随レ日常志楽二出家一」。

雲に臥す　縁起「遂求二臥雲之便一」。→補

礼盤　修法のために昇る高座。須弥壇の正面にあり、前に経巻を置くべき経机、右に磬、左に柄香炉等を置く台がある。

涕泣嚙咽　嚙は鹿の鳴声、むせび泣くことか。縁起「互流レ涙良久者也」。

啓白　仏に法会の趣を白(まう)すことで、法会の初日に啓白するからこの日をいい、開白ともいう。

霹靂　→一五四頁注。縁起「以二午時一雷電大鼓、神落大雨」。

黄牛　訓みは和名抄・字類抄・名義抄による。新撰字鏡は「アメマダラ」。

正し衣を掘《かいつくろ》ひ、来りて金*の丸《ぐわん》を献じて之《さ》る。皇子拝納して、問ひて曰く、公をば誰何《たれ》とかなすといふ。公、*偈《げ》をもて答へて曰く、

得道来《とくだうらい》不動法性《ふどうほふしやう》　自《じ》八正道垂権迹《はちしやうだうすいごんしやく》　皆得解《かいとくげ》脱苦《だつく》衆生《しゆじやう》　故号《くがう》*八幡大菩薩《はちまんだいぼさつ》

といへり。夢覚めてこれを見れば、*案《あん》の上にその金の丸あり〈輪《めぐり》三寸、長さ七寸〉。またその*後の日の暁に夢みらく、形*夜叉《やしや》のごとき者、北方より飛び来りて曰く、八幡大菩薩の厳詔を奉りて、*白鷺池《びやくろち》の水を汲みて来るなりといふ。皇子問ふに、その人答へて云はく、信濃国*諏訪の南宮なりといへり。夢覚めてこれを見れば、清水一許合《いちがうばかり》、小さき陶器《すへもの》に盛《も》りたり。皇子これをもて、日夜書写して、漸くに六年を送りて已に一部を終りぬ。然る後*その金その水遺ることとなく余ることとなし。便ち道場を建立し、件の経を安置《あんぢ》して、遥に*慈尊の出世を期《ご》せり。故に弥勒寺と号《な》づく。その後多年、*水尾《みづのを》天皇臨幸の時、綸言に依りて改めて勝尾寺と号《な》づけたり。*天応元年辛酉十月四日午の剋に、皇子礼盤に登りて香炉を擎《ささ》げ、低頭観念して、西に向ひて入滅せり。生年五十八なり。

〔三〕　叡山根本大師最澄は、俗姓《ぞくしやう》三津氏、近江国志賀郡の人なり。その先は後*漢の献帝の苗裔《べうえい》なり。*軽島明宮《かるしまのあきらのみやの》天皇の御宇、遥に皇化を慕ひて、初めて聖朝に帰せり。聖朝その誠款を矜《あはれ》びて、賜ふに志*賀の地をもてす。それより以降《このかた》、姓を改めて*三津首《みつのおびと》と賜へり。*父百枝《ももえ》常に子なきを歎きて、衆の神に祈請せり。已に叡山の左*脚の神宮に詣でつ。その地景趣幽閑《いうかん》にして、香気芬郁《ぶんいく》たり。即ち草庵を結びて、香花を供養す。

行道　印度の礼法で仏を礼するためその周囲を右に繞ること。法会の時経を読みつつ仏座の周囲を遶ること。
紙麻　紙の原料になる麻。延喜民部式、年料別貢雑物に「伊賀国　紙麻五十斤」。なお以下「甫めて就りぬ」までは金字大般若経書写の用紙の製作をいう。
紺紙　紺色に染めた金字経銀字経の料紙。
遷化し去る　〔二〕善仲・善算両上人伝参照。
金・水　金字大般若経を書写するための金粉と硯水。以下「陶器に盛りたり」まで、その過程。
金の丸　金字経の料紙にちりばめる金粉。
偈　↓補
八幡大菩薩　↓二四〇頁補
案　字類抄に「アン、几属也」とあり、名義抄に「ツクヱ」とよむ。
その後の日…　縁起「其後重祈㆓乞硯水㆒」。
夜叉　↓一七四頁注
白鷺池　王舎城の竹林園の中にあり、大般若経の説処十六会の一。
諏訪の南宮　諏訪神社。延喜式神名帳に「南方刀美神社二座」とあり、建御名方富命と八坂刀売命を祀る。
その金…　縁起「自㆓功了㆒以後、於㆑金無㆓余残㆒。自㆓文成㆒以後、水器無㆓余潤㆒」。
慈尊の出世　慈尊は弥勒のこと。↓二九頁補「弥勒…」
水尾天皇　清和天皇のこと。↓補
天応元年　桓武天皇が四十五歳で即位した年なので、開成をその皇子とするのは矛盾する。
〔三〕　本伝は仁忠述とされる叡山大師伝

今の神宮禅院これなり。*偏《ひとへ》に一事を祈りて、もて七日を限れり。第四日の暁に、好き夢を得て帰りぬ。遂に身《はら》むことあり。*神護景雲元年〈丁未〉大師誕生せり。*胎を出でしより以後《のち》、見聞《けんもん》の事曾《むかし》より忘却したることなし。人に向ひて談ずるに、人以為《おもへ》らく、神識ありとおもふ。父母これを諱《い》みて、人の知らむことを欲せず。*生年七歳、学は同列に超え、志は内典にありて、陰陽《おんやう》・医方《いはう》・*工巧《くけう》を知る。村邑の小学、師範となさむと謂《おも》へり。*父百枝曰く、我昔三宝に祈りて、汝一子を得たり。早く神宮禅院に詣でて、かつは新志を祈り、かつは先闕を補《おぎぬ》へといへり。

*別伝に云はく、*年十二、近江の*大国師伝燈法師位行表の所に投《いた》りて、出家修学す。○*唯識の*章疏等を習学せしむ。○年廿にして*進具《しんぐ》せりといふ。

また云はく、舎利一粒、大きさ麻の子《み》のごとし。○後に他の縁に依りて、数《しばしば》礼敬《らいきやう》を欠き、裹《つつ》みて倉宇に懸け、数月を経歴《きやうりやく》せり。纔《わづか》に暇の時に望みて、舎利を憶《おも》ひ、嚢《ふくろ》を取りて開き見れば、既《すで》已に漏失《ろしつ》せり。恋慕啼泣すること、*鵠林の朝のごとし。幸《さいはひ》に古人の言《こと》を聞きて、懸けたるところの倉の下に、土を掘りて求《もと》覓めて、至心に誓願するに、土の中より出現せり。歓喜《くわんぎ》頂戴して、懈惓《けくわん》あることなし、云々といふ。

大師これに従ふ。禅行《ぜんぎやう》の間、幾日を経ずして、香炉の中に、仏舎利一粒を得たり。大きさ麻の子のごとし。また灰炭の中に、金の花の器一口を得たり。大きさ菊の花のごとし。もて舎利を盛る。頂戴し礼拝するに、大《おほ》きに神異あり。

*延暦四年秋七月、生年十九にして、初めて叡山に登り、草庵に止宿せり。衣は美を

(以下「伝」と略)を抄録し文章を潤色したもので、法華験記巻上(三)の最澄伝が三宝絵、比叡懺法と伝を合成したのとは異なっている。文中に「別伝云」とあるのは、多少字句の異同を見せるが、伝そのもので、後人が引用・注記したもの。

後漢の献帝　後漢の最後の皇帝。伝「孝献帝苗裔登万貴王」。

軽島明宮天皇　応神天皇。

志賀の地　近江国滋賀郡。新撰姓氏録に志賀忌寸や志賀穴太村主は後漢孝献帝の子孫とする。

三津首　→五四頁補「俗姓三津氏…」

父百枝…・左脚の神宮　→補

偏に…・神護景雲元年　→補

胎を出でし…・生年七歳　→補

工巧　字類抄「工匠分、クケウ」。

父百枝曰く…　→補

別伝　叡山大師伝。→二八三頁注(三)

年十二　→五四頁補「十二歳」

大国師伝燈法師位・行表　→補

唯識…　→一六頁補「瑜伽唯識論」

章疏　→一六一頁注

進具　沙弥より進み比丘の具足戒を受けること。来迎院文書、僧綱牒(戒牒、延暦四年四月六日)によれば、最澄は二十歳で受戒とある。

鵠林　釈尊が印度拘尸那城の娑羅双樹の林で入滅した時、双樹が白鶴のように変じたことから、その林を鶴(鵠)林といい、また仏の涅槃の意に用う。

延暦四年…　→補

好まず、食《じき》は味を嗜《たしな》まず。*四恩を報ぜむがために、*一乗を読誦し、兼て*金光明を読み、また般若経を誦せり。深く聖教《しやうげう》に通じて、遠く仏乗を悟る。*延暦十六年、智行の名をもて、供奉《ぐぶ》の列に預れり。*江州の正税をもて、*山厨《さんちう》の斎供に宛《あ》つ。*十七年冬十一月、始めて*十講を立てて、もて年事となす。*廿年十一月、*一乗止観院において、*一会《いちゑ》の席を展《の》べ、十口の名徳、*三部の典を講じ、*六宗の疑関を叩けり。*廿二年閏十月廿三日、大宰府の*竈《かまと》門山において、渡唐を祈らむがために、薬師像四躯を造顕す。また法花・涅槃・花厳・金光明等の経を講説す。

*廿三年秋七月、この蒼海を渡りて、かの*明州に着きぬ。これ大唐の貞元廿年なり。*九月下旬、台州天台山の*国清寺に到れり。衆僧遞《たがひ》に来りて慰労し、寺に帰りて歎じて曰く、昔は西域の*騰《とう》・蘭《らん》、梵教を白馬に駄《おほ》すと聞き、今は東土の闍梨、妙法を蒼海に渡すを見る、云々といへり。時に台州の刺史《しし》*陸淳《りくじゆん》、その求法《ぐほふ》の志を見て、天台*修禅寺の座主*道邃を*勾当《こうたう》として、*天台の法門を写さしめたり。和上また心要を開きて、咸《ことごと》くにもて写瓶《しやびやう》せり。兼て*菩薩三聚戒《さんじゆかい》を授けたり。

別伝に云はく、○竈門山寺にて、四艘平達《へいたつ》のために、敬みて檀《つし》像の薬師仏四軀を造れり。高さ六尺余《あまり》、その名を*無勝浄土善名称吉祥王如来と号《な》づけたてまつれり、云々といふ。また云はく、廿三年秋七月、第二の船に上《の》りて、直《ただち》に西方を指す。滄海の中にして、卒《にはか》に黒風を起して、船を侵すこと常に異なりぬ。諸人悲を懐《おも》ひて、生を恃むことあることなし。ここにおいて和上種々の願を発し、大悲心を起して、所持の舎利を*海竜王に施せば、忽ち

四恩　→一二〇頁注
一乗　声聞・縁覚・菩薩の三乗教に対する一仏乗の教。ここでは法華経のこと。伝「法華・金光明・般若等大乗経」。
金光明　→一一四頁注「最勝王経」
延暦十六年…　→補
江州の正税　近江国に貯蔵され、出挙によって利殖される正税(毎年の田租の蓄積されたもの)。その一部を毎年一定額、叡山にあてがう。
山厨　山中の僧の食料。伝「山供費」。
十七年…・十講・廿年十一月…　→補
一乗止観院　→補
一会　読経や講説の会座。
三部の典　無量義経一巻・法華経八巻・観普賢菩薩行法経一巻。
六宗・廿二年…　→補
竈門山　大宰府の東北にあり、一名宝満山。山頂に竈門神社あり、延喜式神名帳に「御笠郡竈門神社〈名神大〉」と記す。→二四三頁補「大山寺」
廿三年秋七月…・九月下旬…　→補
明州　伝「名為二明州鄮県一。此台州近境也」。
国清寺　→二四六頁注
騰蘭…・陸淳…・修禅寺　→補
道邃　→五六頁補。なお道邃和尚付法文・道邃和尚施与物目録が伝教大師全集に収録される。
勾当　ここは任務を担当するの意。海録巻十二「勾当と云事は、言靖曰、先儒言二勾当一、幹二当事一也」。
天台の法門・菩薩三聚戒　→補
無勝浄土…・海竜王　→補

に悪風を息《や》めて、始めて順風を扇ぐ。いまだ久しからずして岸に着く。名づけて明州となす、云々といふ。

凡《すべ》て受くるところ聞くところは、伝受して遺すことなし。

*また同じ時に付法仏隴寺の僧行満座主あり。*相語りて曰く、昔聞けり、智者大師諸弟子に告げて曰く、吾が滅後二百余歳ありて、始めて東国において、我が法を興隆せむといへり。聖の語朽《く》ちずして、今この人に遇ふ。我が披聞したるところの法門は、日本の闍梨に授け与へむといへり。

*貞元廿一年四月上旬、帰りて*船所に到り、また更に真言の教門を求めむがために、越府の*竜興寺に向《おも》きぬ。已にして天竺の*無畏三蔵の第三の弟子、*泰山霊巌寺鎮国道場大徳*内供奉順暁に遇へり。和尚灌頂壇に入れて、*三部の大法を受けしむ。その外伝へ得るところの*法文ならびに図様道具等数《あまた》あり。*五月中旬に、かの明州を渡りて、この長門に着きぬ。

別伝に云はく、付法の書に云はく、大唐国の*開元の朝に、大三蔵*婆羅門国の王子、法号は善無畏、仏国の*大那闌陀寺より、*大法輪を伝へて、大唐国に至り、転じて伝法の弟子僧*義林に付属せり。またこれ*国師大阿闍梨にして、一百三十才なり。今新羅国にありて、法を伝へて大法輪を転じたり。また大唐の弟子僧順暁に付せり。これ鎮国道場大徳阿闍梨なり。また日本の供奉大徳弟子僧最澄に付して、大法輪を転ぜしむ、云々といふ。

*持ち来りしところの天台の法門ならびに真言は、惣《す》べて二百四十部四百六十巻、及

また…行満座主…・相語りて…　↓補
貞元廿一年…　我国の延暦二十四年に当る。↓補
船所　入唐船の着いた明州。
竜興寺・無畏三蔵・泰山霊巌寺　↓補
内供奉順暁・三部の大法　↓補
法文…　日本国求法僧最澄目録(越州録)には百二部百五十巻と五鈷杵・三鈷杵・五鈷鈴・金剛輪・金剛羯磨などを挙げる。
五月中旬…　↓補
開元　唐の玄宗の年号(七一三—七四一)。我国の和銅六年より天平十三年まで。
婆羅門国・大那闌陀寺　↓補
大法輪　法輪は仏教の象徴。法の車が全国を席捲するに喩えて転法輪という。
義林　善無畏門下で一行と同門。この記述以外に伝不詳。
国師大阿闍梨・持ち来りし…　↓補
国子祭酒…　拾芥抄、官位唐名「大学頭、国子祭酒」。職員令「大学寮、頭一人、掌下簡二試学生一、及釈奠事上」。↓補
和気朝臣弘世　清麿の男。正五位下、大学頭・式部大輔・文章博士・左中弁及び美作・但馬守などを歴任す(日本後紀ほか)。広世とも書く。
七寺　南都七大寺をさす。
図書寮　職員令に「図書寮、頭一人、掌下経籍図書、修二撰国史一、内典仏像、宮内礼仏、校写装潢、功程、給二紙筆墨一事上。…写書手廿人」。和名抄に「不美乃豆加佐」。
同年九月一日…　↓補
清滝峰高雄寺　京都市右京区高雄の神護寺で、高雄山寺とも称す。↓補

び道具等、内裏に奉進せり。*国子《こくし》祭酒和*気朝臣弘世、最澄闍梨の持ち来りしところの天台の法門をもて、諸国に流布して、*七寺に安ぜしむ。即ち*図書寮《ずしょれう》に仰せて、これを書写せしめたり。同*年九月一日、*清滝《きよたき》峰高雄寺において、*毘盧遮那都《と》会《ゑ》大壇を造りて、*三部三昧耶法を伝授せしむ。同月十六日、右大臣勅を奉ずらく、入唐受法の最澄闍梨に、伝燈のために*公験《くげん》を与へよ、てへれば、*治部省勅に依りて公験を与へたり。また*弘仁三年七月、*法花三昧堂を造り、浄侶五六を簡《えら》びて、昼夜断えず、法花経を読み奉らしめぬ。

別伝に云はく、行満座主〇自ら手書して云はく、比丘僧行満、天台大師に稽首したてまつる。行満幸に嘉運を蒙《かうぶ》りて、遺風に遇ふことを得たり。早年に出家し、仏法を学ぶことを誓ひて、遂に*毘陵において、大暦年中、*荊渓の先師に値ふことを得たり。伝燈訓物、暗拙を揆《はか》らずして、忝《かたじけな》くも末席に陪《はむべ》りて、*荏苒《じむぜむ》の間に、已に数載を経ぬ。再び*妙楽《めうらく》において、涅槃を聴聞せり。教はこれ終窮にして、宿種となすに堪ふ。先師言《ここ》に仏隴に帰りて、已に余生を送りぬ。学徒雨のごとくに散じて、犢《こうし》の母を失ふがごとし。纔《わづか》にありて*銀峰に到るに、奄《にはか》に灰滅に従へり。*父去りて薬を留む、狂子《くゐやうし》何《いづく》にか依らむ。且《しばら》く行満*龕墳を掃灑し、院宇を修持して、今に*廿余紀、諸の成すべきことなし。忽ちに、日本国の求法供奉最澄に逢ひぬ。〇何ぞ*半偈を雪山に求め、道場を知識に訪《とぶら》ふに異ならむ。且《かつか》つ行満傾くるに法財をもてし、捨つるに法宝をもてせむ。*百金の寄といふは、それこれにあるか、云々といへり。*五年の春、*渡海の願を遂げむがために、筑紫国に向ひ、*八幡宇佐の宮寺において、

毘盧遮那都会大壇　密教の修法壇で、大日如来が中心となり諸尊が集会する曼荼羅をいう。
三部三昧耶法　三部は胎蔵界の仏部・蓮華部(菩薩)・金剛部(明王等諸尊)の三部灌頂であろう。
公験　一般に官符から下付する証明書。僧尼に対しては身分を設定するためのものをさす。字類抄「アラハニシルシ、クケン」。
治部省　↓一八頁注
弘仁三年七月…・毘陵・荊渓　↓補
法花三昧堂　↓五七頁補
荏苒　訓みは名義抄による。名義抄「ツキハヘタリ、シヽヤカンシテ、ヘ、ヤカンシテ」。のびのびになること。
妙楽　↓補
銀峰　天台山の仏隴の北峰。智顗が始めて寺を建てた銀地のこと。湛然在世の当時は禅林寺と称す。
父去りて…　法華経寿量品の良医狂子の譬。「汝等当レ知、我今衰老死時已至。是好良薬今留在レ此」。
龕墳　廟や墓所。字類抄「龕、モロコシ、塔下室也」。
廿余紀　荊渓湛然は建中三年没。それ以後貞元二十一年まで二十三年をいう。
半偈…　↓補
百金　多額の金銭のことで、それによって買える貴重なものをいう。
五年の春…　↓補
渡海の願　二八五頁五行以下参照。
八幡宇佐の宮寺　↓五六頁補

自《みづか》ら法花経を講ぜり。乃ち託宣して云はく、我法音を聞かずして、久しく歳年《とし》を歴たり。幸に和尚に値ひて、正教《しやうげう》を聞くことを得たりといへり。自ら斎殿を開きて、手に*紫の袈裟、紫衣各一枚を擎《ささ》げて、和尚に奉上す。その法衣今も山院にあり。また豊前国*賀春《かはる》の神宮寺において、自《みづか》ら法花経を講ず。時に紫雲の瑞あり。*六年三月、先帝親《みづか》ら天台法門を写したまふ。その故実を尋ぬれば、昔者《むかし》*梁の武帝は達磨《だるま》大師の碑を書し、*唐の大宗皇帝は慈恩寺の碑を書し、*則天皇后は花厳の題を書し、*代宗皇帝は大聖文殊閣の額を書せり。これ並びに聖跡朽ちず。今我が日本の*弘仁の文武聖帝、神筆の題字、希代《きたい》の霊珍なり。もて七寺に安じて、これを万代に伝へむ、云々とおもへり。*六年秋八月、大安寺にして、法花の講筵を展けり。*また本願に依りて東国に向ひて、法花経二千部を写し、*上野・下野の両国に、各《おのおの》一*級《こし》の宝塔を起《た》て、塔別《ごと》に千部をその塔の下に安じて、毎日に法花経を長講せり。*大師曰く、南岳・天台の両大師、昔霊山にして、親しく法花経を聞き、兼て菩薩の三聚戒を受けたり。*智者は*灌頂に授け、相次いで*智威・恵威・玄朗・湛然・道邃・最澄・義真、皆次第にこれを伝授す。今我が宗の学徒は、大乗の戒定恵を開きて、永く*小乗下劣の行を形《あらは》せ、云々といへり。

*十三年夏四月、諸弟子に告げて曰く、もし我が滅後は、同法の者皆*服を着することなかれ。また山中にて酒を飲むことを得ざれ。もしこの制に違はば、早《すみや》かにもて擯出《ひんじゆつ》せよ。もしくは*合薬《がふやく》のためにも、山院に入ることなかれ。また女人の輩《ともがら》を、寺の側に近づくることを得ざれ。何《いか》に況や、院内においてをや。また*我生れてより以来《このかた》、口

紫の袈裟　↓五六頁補「八幡宮」

賀春の神宮寺…・六年三月…　↓補

梁の武帝…・唐の大宗皇帝…　↓補

則天皇后…・代宗皇帝…　↓補

弘仁の文武聖帝　嵯峨天皇のこと。

六年秋八月…・また本願に依りて　↓補

上野・下野…　↓補

級　名義抄「コシ、カサナル」、層と同じ。

大師曰く…　↓補

智者　天台大師の号。↓一五八頁補

灌頂　天台智顗の弟子で章安大師と称す。智顗の講説の大部分を筆録再治し、智者大師別伝・国清百録を編み、涅槃経疏等を著作し、中国天台第二祖とされる。

智威…義真　↓補

小乗下劣の行…・十三年夏四月…　↓補

服　喪服のこと。↓五七頁注

合薬　薬の中にまぜても酒を飲むべからずの意。酒は薬の効能促進の働きがある。

我生れてより…　↓補

童子　↓二六頁注

薬芬…仁忠　↓補

心馬　↓五七頁注

伝燈の階　↓一九頁補「伝燈大法師位」

講複　講師・複師の意。講師は講経の法会で経論の文を読んでその義を講ずる役。複師は講師の講述に従い、再び講じて義理を顕揚するをいう。

円澄…仁徳　↓補

遺誡　禅庵式と称す。↓補

内には菩薩…外には声聞…　法華経五百弟子授記品「内秘二菩薩行一、外現二是声聞一」。

定階　定められた階級の意で、争を生じ

に麁言なく、手に笞罰せず。今我が同法、*童子を打たずんば、我がために大恩なり。努力努力《つとめよつとめよ》といへり。

別伝に云はく、乃ち信心の仏子の数十四人あり。*薬芬・円成・慈行・延秀・花宗・真徳・興善・道叡・乗台・興勝・円仁・道紹・無行・仁忠等なり。或は元初《はじめ》より善友として、起居俱に尽し、或は海を渡り山に登りて、妙法を助け求む。或は徳海に浴して心垢を洗ひ、或は入室に列して心眼を開く。○*心馬を寂光《じゃくくわう》の路に策《むち》ちて、心賓を妙覚の台《うてな》に宴《やす》くせむ、云々といふ。

また云はく、既にして*伝燈《でんとう》の階に抜けて、*講複の座に上るを、名づけて義真・*円澄・光定・徳善・徳円・円正・正円・円修・円仁・仁恵・道叡・道紹・興善・興勝・仁徳・乗台、云々といふ。

また*遺誡《ゆいかい》六あり。謂はく、我が一衆の中に、大乗戒において、先に受けたる者は先に坐し、後に受けたる者は後に坐せよ。*内には菩薩の行を秘し、外には声聞《しゃうもん》の戒を現ずる所以《ゆゑ》の故なり〈これ一*定階〉。初に*如来の室に入り、次に如来の衣を着、終に如来の座に坐せよ〈これ二用心〉。上品の人は*路側の浄衣、中品の人は*東土の商布、下品の人は*乞索随得衣なり〈これ三充衣〉。上品の人は*不求自得食、中品の人は*清浄乞食、下品の人は*信施を受くべし〈これ四充供〉。上品の人は*小竹《ささ》の円房、中品の人は*三間の板屋《いたや》、下品の人は*方丈の庵室《あんじつ》なり〈これ五充房〉。上品の人は小竹藁等、中品の人は*一席一薦《こも》、下品の人は*一畳《たたみ》一席なり〈これ六充座〉といふ。

ないため一山僧衆の座順を定めた。↓補

如来の室 ↓一六八頁注「忍辱の衣」。弘経の三軌といわれ、法華経法師品では室・衣・座の順。湛然の法華文句記安楽行品に至って始めて「況前初品衣座室三無二差別一。故無二次第一」といい、以後一般に衣・座・室の順で用いられる。

路側の浄衣 糞掃衣。↓一三二頁注

東土の商布 ↓補

乞索随得衣 檀越の布施による綿布・麻布などをいう。

不求自得食 特に求めることなく自然に得られた食物。

清浄乞食 乞食も十二頭陀行の一であるので、浄衣と同様清浄といった。

信施 伝「嚫施」。↓一四三頁注。信施としたのは解りやすく信者の布施の意を言ったものか。

小竹の円房 芦や篠で葺いた粗末な小屋。

三間の板屋 板葺の三間の舎屋。三間は仏間・居間・炊事間ともいわれる。

方丈の庵室 伝は「方丈円室」。元来維摩居士が一丈四方の石室に住した故事から、法苑珠林巻二十九に「以レ笏量レ基、止有二十笏一。故号二方丈之室一也」とあるように、狭小の僧房をいったが、ここでは僧院の通称と考えてよかろう。

一席一薦 和名抄に、薦は「和名、古毛」、席は「无之路」。こもは元来、草の名。むしろは各種の草木で作ったしきもの。和名抄に竹席を莚、薦席を席というとある。

一畳 畳は和名抄に「本朝式云、掃部寮、長畳短畳、重畳也、太々美」とある。

*弘仁十三年六月四日辰時、叡山*中道院にして、右脇にして滅せり。*春秋五十六なり。時に綵雲峰に聳《そび》きて、白日地に暗く、風惨《いた》み松悲びて、泉奔《はし》り水咽《むせ》ぶ。江東の道俗相見て曰く、叡山の北の峰に、奇雲縈帯《えいたい》す。所為を知らざるも、必ず以《ゆゑ》あらむといふ。遙に遷化を聞き、来りて異相を告ぐ。遠近の聞く者、哀傷せずといふことなし。*冬十一月、主上《しゆしやう》澄上人を哭する六韻の詩を贈りたまへり。時の才士、御製に和し奉る。見る者聞く者、涙を流し腸《はらわた》を断つ。*梁帝の達磨《だるま》を哭せしがごとく、唐臣の*法琳を傷《いた》みしに似たり。

別伝に云はく、およそ*注記撰集著作の諸文筆あり。注法花経十二巻、注金光明経五巻、注仁王経三巻、注無量義経三巻、天台霊応図集十巻、頭陀集三巻、守護国界章十巻、法花去或四巻、法花輔照三巻、照権実鏡一巻、決権実論一巻、依憑集一巻、新集摠持章十巻、顕戒論三巻、顕戒縁起二巻、血脈一巻、付法縁起三巻、長講願文三巻、六千部法花経銘、云々といふ。

また云はく、大師の平居に、門徒数百《すひやく》あり。妙義を伝へたる者二十余人なり。*興福寺の僧義真、大安寺の僧円澄、これが首たりといふ。

*十四年二月廿六日、勅して寺の額を贈り、宜しく本名を改めて、延暦寺と号すべしとのたまへり。*貞観八年七月十二日、勅して法印《ほふいん》大和尚位を贈りたまひぬ。

別伝に云はく、先師存せし日、常に自《みづか》ら言談すらく、この諸《もろもろ》の賢公は、宿縁の追ふところ、遂に相見ることを致す。而れば山中の同法、今世後世、当に深心《じむじん》を結ぶべし。浅志を懐《いだ》く

弘仁十三年…　↓補

中道院　↓五七頁注

春秋五十六　度牒・戒牒等太政官符の年齢と年時からすると、五十七歳となる。↓二八四頁補「神護景雲元年」「延暦四年」

冬十一月…澄上人を…　↓補

梁帝の…　↓二八八頁補

法琳　法琳は道教批判の破邪論二巻、弁正論八巻等を著わし、唐の高祖の逆鱗に触れて極刑を宣せられたが、自若として主張を通し死を許され、益州に配されて死す。「唐臣…」とは李懐林が彦琮の法琳伝の序を製したり、虞世南が遺文を編したことを指すか。

注記撰集著作　↓補

興福寺の僧義真　義真↓二八八頁補「智威…義真」。受戒の時の出身寺名。伝には以下外護者十数名を挙ぐ。

十四年二月…延暦寺と…　↓補

貞観八年七月…法印大和尚位を贈る　↓補

自行…　伝「経行恬静、三十有余年」。

今案ずるに…　二九八頁一七行の「今案ずるに…」に準ずれば、後人の注記と考えられるが、同頁一六行の「万を省き一を記せしのみ」という表現からみれば、注記ではなく本文のように思われる。

慶氏の記…　慶滋保胤の日本往生極楽記と大江匡房の続本朝往生伝をさす。

〔四〕　元亨釈書にみえる。

ことなかれといへり。

また云はく、大師少《わか》くして坐禅を習ひ、名、朝野に聞えたり。長《ひととな》りて衆典を該《みな》ね、声は隣国に播《あまね》し。○*自行恬静なること、三十余年なり。○甘呂を禅河に汲む、云々といふ。

*今案ずるに、*慶氏の記、江家の伝、もて遺漏す。若《もしく》は憚るところあるか。今結縁のために、万を省きて一を記せり。

〔四〕延暦寺の座主*内供奉安恵は、俗姓*大狛氏、*河内国大県郡の人なり。父の池辺、弱冠の時、下野国に遊びて、*丸子氏の女を娶《めと》りて妻《め》となせり。その女夢みらく、*明星を呑むとみて、遂に娠むことあり。その後葷腥を食《じき》せず、期ありて男を生めり。年四、五歳にして、性《ひととなり》太だ聡敏なり。七歳に及びて、*大法師広智《鑑真和尚《わじやう》の弟子なり》に師として事《つか》へたり。広智かの国の*小野の山寺に住せり。俗、*菩薩と呼《よ》ぶ。広智その器量を異《あやし》び、延暦寺の最澄大師に付せり。時に年十三なり。師、自《みづか》ら授けて止観真言を受けしむ。*大師入滅して、円仁大師に従ひ、*毘盧《びる》遮那《しやな》・*孔雀等の経を習読す。天長四年、*及第得度し、名づけて安恵と曰ふ。*紀年の間、*三部の念誦、*四種三昧、一切経等を修習せり。承和十一年、出羽の*講師《かうじ》となり、山を出でて任に赴けり。この時郡内の道俗、一《もはら》に法相宗を学びて、天台宗を知らず。安恵境《さかひ》に入りてより以降《このかた》、皆法相宗を廃《す》てて、改めて天台宗に帰せしめつ。仁明天皇*定心院を創建して、*十禅師を置きたまふに、九人を択び得て、ただ一人を闕けり。円仁大師唐より*帰朝し、もて*伝教闍梨となす。貞

内供奉　→三〇頁注。貞観四年三月二十五日、伝燈大法師位にして内供奉十禅師となる(三代実録)。

大狛氏　→補

河内国大県郡の人　和名抄、河内国大県郡に巨麻郷(今、大阪府柏原市本堂付近)、延喜式神名帳、河内国大県郡条に大狛神社がある。

丸子氏　→補

明星　和名抄・字類抄に「ミヤウシヤウ・アカホシ」とあり、金星のこと。

大法師・広智　→補

小野の山寺　前注の大慈院または大慈寺のこと。栃木県下都賀郡岩船町に大慈寺阯がある。→二八八頁補「上野・下野」。

菩薩　奈良・平安初期の菩薩号については→一六頁補

大師入滅　最澄は弘仁十三年六月入寂。

毘盧遮那　正しくは大毘盧遮那成仏神変加持経で大日経のこと。唐の善無畏訳七巻。

孔雀　仏母大孔雀明王経。唐の不空訳三巻。

及第得度・紀年　→補

三部　真言宗の東密の金・胎両部に対し、金剛界・胎蔵界・蘇悉地法をいう。

四種三昧　→一九頁補

講師　→補

定心院　→二三頁補

十禅師　→二三頁注

帰朝　承和十四年九月に帰朝(続日本後紀ほか)。

伝教闍梨　→補

観六年春正月、大師遷化せり。八年六月、*太政官の牒に、真言止観兼学の者をもて座主に補すること、立てて永式となすてへり。この時安恵已にその*撰に当りぬ。貞観十年四月三日、奄然《えむぜん》として気絶えぬ。春秋*六十四なり。*一宿を経てこれを見れば、左手は*与願印を結び、右手は*宝印を結べり。

〔五〕　権僧正壱演は、右京の人なり。俗姓は*大中臣氏、右大臣*清麿の曾孫、備中守*治知麿の三男なり。弘仁の末、推して*内舎人《うとねり》となす。二兄相次いで夭亡《えうばう》するに迨《およ》び、忽ちに髪を剃りて沙門となれり。*承和の初、具足戒を受けて*金剛般若経を読みたり。いまだ曾《むかし》より退転せず。弘仁の*真如親王、見て釈家《しやくけ》の棟梁《とうりやう》となし、これに授くるに真言密教をもてしたまへり。時に*皇太后不予なり。壱演を崛請《くつしやう》して、看病に侍らしむ。験力暗《そら》に感じて、后の体平瘉せり。

壱演居処定らず、去留浮くがごとし。或は市中に寄宿し、或は水辺に止住せり。自ら*河陽に到りて、暫《しばら》く流の下に住せり。ここに一の老嫗あり。宅《いへ》を与へて曰く、願はくは*精舎《しやうじや》をその中に造らむといへり。この地はこれ商賈の*鄽《いちくら》、*魚塩の津《つ》なり。壱演小堂を立てむがために、高き土を鏟《けづ》り夷《たひら》く。その処にして古朽の仏像を得たり。形体《ぎやうたい》足らず、手足分ち折れたり。即ち天聴に達《いた》る。*木工寮をして堂舎を構へ造らしめ、額を賜ひて*相応寺と云ふ。貞観六年、*太政大臣*四大恙《つつが》あり、万方《ばんはう》すれど救ふことなし。壱演をしてこれを加持せしむ。呪力験《しるし》あり、病悩忽ちに除く。天皇歓喜して、太《はなは》だ珍《たふと》み敬ひ

太政官の牒　↓補
撰に当りぬ　三代実録、貞観六年二月十六日条「以㆓伝燈大法師位安慧㆒為㆓彼寺座主㆒」。
六十四　三代実録、同日条は脱漏。ただし日本紀略に「年六十四」とある。元亨釈書には延暦十三年生で七十四歳卒と記す。
一宿　一晩。
与願印・宝印　↓補
〔五〕　三代実録の卒伝による。今昔物語巻十四ノ三四に類話がある。
大中臣氏　三代実録、壱演伝に、「俗姓大中臣朝臣、名正棟」とあり、清麿―諸魚(参議正四位上左大弁兼近衛大将)―治知麿―正棟と次第す。
清麿・治知麿の三男　↓補
内舎人　↓補
承和の初…　↓補
金剛般若経　↓二六頁補
真如親王　↓二六四頁補
皇太后　文脈上、嵯峨皇后の橘嘉智子、淳和皇后の正子内親王、仁明皇后の藤原順子、文徳皇后の藤原明子のいずれか。
河陽　京都府乙訓郡大山崎町付近。嵯峨天皇は、山埼駅付近に離宮を営み、中国文学上名高い河陽(河南省孟県)にちなんで河陽(離)宮といい、饗宴・遊猟に用いた。↓補
精舎　寺院。精進練行の者の住む舎の意。
鄽　品物を商う店。箋注和名抄に「市倉之義」とある。
魚塩の津　三代実録、壱演伝に「逐㆓魚塩利㆒之処也」。

たまふ。明年詔して*権僧正となしたまふ。然れども表を上《たてまつ》りて辞譲す。観念内に凝《こら》し、*遷化して西に去りぬ。時に貞観九年七月十二日、春秋*七十五なり。諡《いみな》して慈済と云ふ。

旧記に云はく、僧正の念仏堂に夜光明あり、□これに感じ、*日供を給ふ、云々といふ。

〔六〕 大僧都*定照は、*興福寺の惣官、*東寺の長者なり。*国師たるに堪へ、*仏使たるに足れり。三業《さんごふ》怠らずして、一生犯すことなし。ここに衆人に告げて云はく、我*人指をもて女身に触れつ。その*繋念《けねむ》の罪は、この指の作《さ》なりといへり。即ちその指を截《き》りてもて焼をなし、三宝を供養して、六根を懺悔《さんぐゑ》す。僧都山階寺の*一乗院に任せり。砌《みぎり》の下に橘の樹あり。枯木と成りて数月を過ぎぬ。僧都*大仏頂真言一遍を誦して加持す。即日に枝葉忽ちに生じて、花果自《おのづか》ら茂《しげ》し。その樹今にあり。*大威儀師*寿蓮嫉妬の心あり、僧都を誹謗《ひはう》せり。僧都*法務の職に任じて、初めて参りたる日、大威儀師、僧都の酒盞を賜りて、酒盞を持しながら、忽ちに死門に入りぬ。皆人の云はく、清浄《しやうじやう》の人を誹謗せり。故《かるがゆゑ》に現罰を蒙《かうぶ》るなり、云々といへり。僧都急の事ありて、俄にもて上洛《しやうらく》せり。淀河*泛灎《はむえむ》して、風厲《あら》く波嶮《けは》し。僧都一身にて船に乗る。衆人驚怖せり。時に天童十許人《じふにんばかり》、河の中より出でて、船を捧げて渡る。然して後に天童還りて河の中に入りて失せぬ。僧都示して云はく、法花経の*十羅刹、反り現じて我を渡すなり、云々といへり。

その臨終に至りて、沐浴清浄にして、新しき浄衣を着、右に五鈷《ごこ》を執りて、左に妙

木工寮 →二六三頁補
相応寺 三代実録、貞観八年十月二十日の勅に、藤原良房が壱演の願を助けるため奏して道場を建立し、相応寺と名づけたとある。
太政大臣 藤原良房のこと。その病の加持のこと、次次項参照。
四大 →一一〇頁注
権僧正 三代実録、貞観七年九月五日条にその由、及び策文をかかげる。また、策文中に去年のこととして良房のための加持の功をいう。なお我国の権僧正の初め(初例抄)。
遷化 三代実録、壱演伝に「爰命二小船一浮二於水上一、奄然遷化」。そこには西方浄土の往生のことはみえない。
七十五 三代実録・僧綱補任「六十五」。
日供 →二三頁注
〔六〕 法華験記巻中(四二)によるか。→補
定照・興福寺の惣官・東寺の長者 →一〇二—三頁注
国師 ここは国家の師たるべき高僧の意。
仏使 験記では「僧都長二顕密道一、興レ法利レ生、誦二法華経一。是為二仏使一」とある。
人指…・繋念・一乗院 →一〇三頁注
大仏頂真言 →三三頁注
大威儀師 →一〇四頁補
寿蓮・法務 →一〇四頁注
泛灎 水面に反射する光。文選巻三十一、休上人、雑体詩「露彩方泛艶〈李周翰曰、泛艶浮光貌〉」。恐らく泛灔(水が満ちる様)の誤であろう。
十羅刹 →七五頁注

経を持せり。初めは密印*を結び真言を誦し、次に観念を凝《こら》し法花を誦せり。薬王品の、*於此命終《おしみやうじう》、即往安楽世界《そくわうあんらくせかい》、阿弥陀仏《あみだぶつ》、大菩薩衆《だいぼさつしゆ》、囲繞住処《ゐねうぢうしよ》、生蓮花中《しやうれんぐゑちう》、宝座之上《ほうざしじやう》の文《もん》に至りて、再三複誦せり。弟子に告げて曰く、我が屍骸《しにかばね》焼き尽すことなかれ。骸骨となるといへども、法花を誦すべしといへり。言語已に畢りて、端坐して入滅せり。時に永観二年*〈甲申〉、春秋七十三*なり。その誓願力《せいぐわんりき》の故に、今に墓の中に読経の声あり、また振鈴《しんれい》の音あり。

〔七〕延暦寺の座主大僧都陽生*は、伊豆国酒井北条比田郷*の人なり。俗姓は伊豆氏*。少《わか》き年山に登り、多くの歳郷を忘れたり。永く名聞《みやうもん》を捨てて、ただ菩提を求む。職は僧都に昇り、身は貫首*《くわんす》に至るに曁《およ》んで、山王*の御社に向ひて、涙を流して啓白《けいびやく》すらく、台岳*に住すること数十年、飢寒を忍びたること幾多《いくばく》の日ぞ。ただ往生極楽の行を修して、いまだ天台座主の望を祈らず。素《もと》より悕望《けまう》なし。敢へて慶《よろこび》となさず。嗚咽《あ》悲しいかな、云々といへり。見聞の者もて清浄の道心となす。幾程を経ずして座主*を辞せり。弥《いよいよ》山門を閉ぢて、世路を踏まず。鳥雀 掌《たなごころ》の食《じき》を啄《ついは》み、猪鹿足の裏を舐《ねぶ》る。死期*《しご》に先たつこと二月、兼て命の限を知れり。時に正暦*四年七月廿日、頭北面西にして、寂然として遷化せり。生年*八十七なり。

〔八〕沙門法寿は、叡山西塔院の住僧、座主暹賀*僧正の弟子なり。その性清素にして、

密印 →一〇四頁注

於此命終… →一〇四頁補

永観二年 日本紀略・僧綱補任・興福寺別当次第の「或云」・高野春秋は永観元年三月廿一日とし、興福寺三綱補任・興福寺別当次第・古今著聞集は、同年同月廿三日とする。本書の永観二年説は誤りか。

春秋七十三 興福寺三綱補任・興福寺別当次第の「或云」とも同じ。別に七十二歳説(興福寺別当次第)、七十五歳説(僧綱補任)、七十八歳説(高野春秋)もある。

〔七〕法華験記巻中〔四三〕により、省略が多い。→補

陽生 →一〇四頁注

酒井北条比田郷・伊豆氏 →一〇五頁補

貫首 →八三頁注。慈慧大僧正伝「久居㆓台嶺之貫首㆒」とあり、のち本山・大寺の住持の敬称。

山王 →一〇六頁補

台岳 天台山のこと。ここでは比叡山。→七〇頁注「天台山」

座主を辞す →一〇五頁注

死期に先たつこと二月… このことは法華験記にみえない。

正暦四年七月廿日 →補

生年八十七 僧綱補任も同じ。天台座主記に七十八。傍注に「八十三」。

〔八〕法華験記巻中〔五〇〕により、省略が多い。今昔物語巻十三ノ三〇にもみえる。

暹賀 →一一七頁注

紅塵 浮世の塵。厭うべき俗界。本朝文粋巻十、晩春於禅林寺上方眺望詩序「白雲暮閑、往来者荃巾蕙服之客、紅塵昼暗、

*紅塵に染まず。*幼《わか》き日より老年に至るまで、妙法一部、毎日に必ず読持せり。深夜に経を誦するに、暁更《げうかう》に夢に入らく、年来《としころ》持するところの法花経、西を指して飛び去るとみる。夢の中に持するところの経を失ひたることを歎き念へり。傍に*紫衣《しえ》の老僧ありて云はく、汝歎き惜むことなかれ。持するところの経は且《しばら》く極楽に送り置くなり。両三月ありて、当《まさ》に往生することを得べし、云々といへり。夢覚めて、俄に*衣鉢《えはつ》を捨てて、弥陀の像を図し、法花経を写す。花京を離れて、*蘿洞《らどう》に幽居《いうきよ》せり。*三時に心を運びて、一旦入滅せり。

〔九〕沙門仙命は、丹波国の人なり。幼《わか》くして郷土を避《さ》り、早《つと》に台山に登りぬ。無動寺を占めて、*法花房に住せり。それより以降《このかた》、*止観の窓の前には、秋の月已に老い、坐禅の床《ゆか》の上には、春の風幾《いくばく》か廻《めぐ》りぬ。中年より始めて、更に西土を願へり。*松門は跡を閉ぢ、花城は望を断つ。*法花三昧をもて身行《しんぎやう》となし、弥陀念仏をもて口業《くごふ》となす。往年*四天王寺に詣でて、*聖霊堂の前額《ひたひ》に三宝の名字を彫《ゑ》り、背に弥陀の形像《ぎやうざう》を鏤《きざ》む。紅燭の光の前に、青竜上に現ず〈*太子手印記に云はく、*荒陵《あらはかの》池に竜あり、伽藍仏法を守護すべし、云々といふ〉。その形色《ぎやうしき》を見るに、太《はなは》だ怖畏すべし。然れども一心に念仏して、数剋*行道《ぎやうだう》せり。燈漸くに尽きて、竜もまた隠れつ。また処々の道場にして、*手の中指を燈《ともしび》にして、尊像を供養せり。而《しか》る間或は夢の裏《うち》に人ありて、往生を期約し、或は空中に声ありて、徳行を讃歎《さんだん》す。かくのごとき勝事《しようじ》

弁営者駟馬高蓋之人也」。

幼日より　法華験記「若年昔至二于老年一、為レ植二仏種一、日々一部、更不二退闕一」。

紫衣　→一一七頁注

衣鉢　→二七頁注

蘿洞　つたのからんでいる洞。法華験記はここのところ「永以隠居」とだけある。

三時に心を運びて　法華験記は「夙夜誦経念仏、真言念誦、三時不レ怠。終日拝二見涅槃経観無量寿経等諸大乗経一、披二閲摩訶止観文句章疏一」。

〔九〕仙命の説話は古事談巻三・発心集巻二ノ十七にある。

法花房　未詳。

止観の…　長い間天台の教学(摩訶止観)と行法(坐禅)の修学に励んだ。

松門…　松を門とした寂しい僧房に閉じこもって修行し、花やかな都に出て人と交る望みを捨てた。

法花三昧　→一九頁補「法花懺法」

四天王寺　→一六六頁注

聖霊堂　四天王寺の堂舎の一つ。ふつう聖霊院という。聖霊は聖徳太子の聖霊の意。→二七九頁注「太子聖霊」

手の中指を…　→一〇三頁補「指燈」

太子手印記　聖徳太子御撰と伝える四天王寺御手印縁起が現存する。但し寛弘ごろに作られたものと考定されている。→補

荒陵池　「四天王寺、法号荒陵寺。荒陵郷荒陵東建立。故以処村字号寺名」(四天王寺御手印縁起)。

行道　→二八三頁注

冥顕《みやうけん》太だ多し。ここに嘉保三年八月十三日巳の剋、普《あまね》く隣房に告げて曰く、死の時巳に至りぬ。往生期《ご》すべしといふ。忽ちに僧徒を勧めて、念仏を修せしむ。啓白《けいびやく》事畢りて、西に向ひて終へたり。時に生年八十三なり。その後数月《すぐゑつ》あり、一《ひとり》の門弟ありて夢みらく、*金輪《こむりん》あり、西方より来る。先づ*草穢《さうゑい》を掃除して、土地を鑽《けつ》り夷《たひら》く。次に輪王群臣とこの処に幸臨して、一の*草墪《さうどん》に坐し、一の*伽陀《かだ》を誦す。その詞に曰く、

*我滅曰往生《がめつをちわうじやう》　早得無生忍《さうとくむしやうにん》　利益諸衆生《りやくしよしゆじやう》　仮現金輪王《けげんこんりんわう》　往昔結縁者《わうしやくけちえんしや》
此処得来会《しそとくらいゑ》　汝結縁深広《によけちえんじむくわう》　是故列衆中《ぜくれちしゆちう》

といふ。弟子夢の中にこの偈《げ》を聞きて、遥にその人を見れば、即ちこれ吾が*本師上人なり。

〔一〇〕 沙門教懐は、京兆《けいてう》の人なり。幼《わか》き日に出家して、興福寺に住せり。壮年に寺を離れて、*小田原《をたはら》に居れり〈山城国久世郡〉。故《かるがゆゑ》に俗呼びて小田原の聖《ひじり》と曰ふ。その後また*高野山に籠りて、巳に*十余年を送りぬ。毎日の所作は*両部の大法幷びに*阿弥陀供養法、常に*大仏頂陀羅尼を誦し、*阿弥陀大真言を誦せり。自余の行業《ぎやうごふ》は、人の知るところにあらず。而る間、寛治七年五月廿七日、*篤癃《とくりう》にあらずといへども、聊かに病気あり。その明旦、手づから不動尊の像数百《すひやく》体を摸写して、即ちもて開眼供養せり。漸くに巳の剋に及びて、衆僧を相勧め、同音に念仏して、*合殺《かつさつ》廻向せり。右脇にして西に向ひ、寂然として*気絶えぬ。時に春秋九十三なり。今その所行《しよぎやう》を謂へば、兼て死期を知れり。

金輪　転輪聖王(正法をもって世界を治める帝王)の七宝の一。ここでは四種転輪聖王の最上の金輪聖王のこと。
草穢　生い茂った雑草。
草墪　↓補
伽陀　偈頌と訳し韻文の経文。のち法会の時音譜を以て諷誦する偈。
我滅曰往生…　↓補
本師　釈迦のことをいうが、ここは師僧。
〔一〇〕 高野山往生伝〔一〕にみえる。本書によるか。〔一二〕阿闍梨維範・〔一七〕沙門蓮待・巻中〔三〇〕清原正国の場合も同じ。真言伝巻六にも教懐・維範・蓮待の伝があるが、これは後二者の出身地の記載からみて、本書ではなく高野山往生伝によるか。
小田原　分注に久世郡というが、京都府相楽郡加茂町に西山・東山があり、山城名勝志に「按ニ小田原寺ハ相楽郡当尾ノ内ニ小田原村東西二村アリ、此所ニアリト見ユ」とある。興福寺の別所。教懐の後に経源(後拾遺往生伝巻中〔三〕・三外往生記〔二四〕)も移住して居る。なお長和二年、頼善が東小田原堂、永承二年、当麻寺義明が西小田原堂を造り、これらがいまの浄瑠璃寺の起源という(浄瑠璃寺流記)。
高野山に籠りて…　↓補
十余年　高野山往生伝・真言伝「二十余年」。
両部の大法　↓三四頁注「両界の法」
阿弥陀供養法　↓三四頁注
大仏頂陀羅尼　↓三三頁注
阿弥陀大真言　↓一七七頁注「弥陀の大呪」

加以《しかのみならず》その入滅の日、旁《かたがた》に瑞相あり。かの日申の剋、奇雲俄に覆ひて、虚空《こくう》忽ちに暗し。漸くに数剋を経て、日の景《かげ》更に晴れぬ。また昏黒に及びて、院内の住僧*延実・快暹、各に別房にありて、遥に天楽を聞き、即ち諸房に趣き往きて、衆人に告げつ。或ひとは分明《ぶんみやう》に音を聞き、或人は*髣髴《はうひ》として耳を傾く。漸くに後夜《ごや》に及びて、また音楽あり。稍《やうや》くに遠く西を指して去れり。

*今案ずるに、往生の人、その証いまだ詳《つばびらか》ならず。而して維範闍梨入滅の夕、慶念上人夢みらく、無量の聖衆《しやうじゆ》、闍梨を来迎せり。その中に教懐上人雲に乗りて来り去る、云々とみたり。もし極楽に生れざれば、あに聖衆に列せむや。

〔一一〕阿闍梨*維範は、*京師の人なり。*顕密性を瑩《みが》きて、山林に心を摂《をさ》む。遂に*平城の月を辞して、長く高野の雲に入れり。俗呼びて南院の阿闍梨と曰ふ。それより以降《このかた》、偏に下界を厭ひて、専《もは》らに西土を望めり。嘉保三年正月廿八日、俄に*小労ありき。両三日を送りて、二月朔日《さくじつ》に至り、法花経一部、不動尊一万体、*摺摸《せふぼ》供養せり。第三日の早旦、沐浴浄服して、*円尊上人をして*尊勝護摩を修せしむ。けだし臨終正念のためなり。この日、闍梨護摩壇に詣で、西を敬礼《きやうらい》して言はく、一期の命、今夕極《こんせききはま》る。曼荼羅を見奉るは、またこの時許《ばかり》なり、云々といへり。即ち本房に帰りて、端坐して西に向へり。手に*妙観察智《めうくわんざつち》の定印を結び、口に弥陀如来の*宝号を唱ふ。兼て*五色の糸をもて、仏の手に繋《か》けて、定印と相接《まじは》る。漸くに子の剋に及びて、眠るがごとくにして気絶え

篤瘵　底本傍注「アツキヤマヒ」。名義抄「瘵、カタハ、コシヲレ」。年老いて身体が衰弱すること。→補
合殺　→二四六頁注
気絶えぬ　→補
延実・快暹　伝未詳。
髣髴　→三四頁注
今案ずるに…　「而して」以下の文は高野山往生伝、教懐伝の本文中にみえる。「今案ずるに」以下は、右書成立後の、後人の書き入れか。
〔一一〕　高野山往生伝(三)にみえる。本書によるか。真言伝巻六にもある。→〔一〇〕注
維範　→補
京師の人なり　高野山往生伝・高野山検校帳は、紀伊国伊都郡相賀郷の人という。
顕密性を瑩き　高野山検校帳に、康平六年、太念に伝法灌頂を受くという。
平城の月…　都の華やかな生活を捨てて人里離れた高野の山中に入った。
小労　字類抄「労、ヤマヒ、ツカル」。
摺摸　仏像や経文を板に彫り、紙や絹にこれを摺り写すこと。→補
円尊上人　伝未詳。
尊勝護摩　尊勝仏頂尊を本尊とする護摩法。仏頂尊勝陀羅尼経一巻・仏頂尊勝陀羅尼念誦儀軌一巻がある。
妙観察智の定印　阿弥陀如来の入定印。二手を仰むけて、右を上に掌を重ね、両人差指を立てて、その背を合わせ、両親指をその端に横たえる。
宝号　仏や菩薩の名号。
五色の糸　→二八頁補「糸をもて…」

ぬ。その第五日、*廟室に斂送せり。旬日の間、門人往きて視れば、容顔変ぜず、定印乱るることなし。鬢髪《びんはつ》少しく生じて、臭気更になし。これによりて緇素《しそ》門に集り、結縁市《いち》を成せり。五七日に至りて、門弟相議して、廟の戸を開き見れば、定印容色、猶しも故《もと》のごとし。この奇異を畏れて、廟を鎖《と》ぢて開かず。およそ闍梨臨終の間、瑞相太だ多し。その院の内の禅僧*信明(字は北筑紫の聖)、久しく庵室《あんじち》を閉ぢて、門戸を出でず。この時に当りて、空中に声ありて曰く、南院只今滅す、云々といへり。また*慶念上人、同じ時に夢みらく、一の大きなる城あり。衆僧この中に集会《しふゑ》す。南院の闍梨、*日想観《にちさうくわん》を修して居れり。この時音楽西に聞え、聖衆東に来る。先づ*伽陵頻《かりようびん》六人、舞衣を翻《ひるがへ》して下る。次に小田原の教懐上人、雲に乗りて来る(件《くだん》の上人は先年往生の人なり)。慶念その故を問ふに、傍の人答へて云はく、南院闍梨往生の儀なり、云々といへり。また*定禅上人は、山中の旧住なり。数月《すぐゑつ》他行《たぎやう》して、この日帰り来りぬ。闍梨の入滅を聞きて、啼泣《なき》て臥す。その夜夢みらく、西天高く晴れて、紫雲斜に聳《そび》き、無量の聖衆その中に集会す。また*腰鼓《えうこ》菩薩独り雲外に出づ、云々とみたり。また*維照上人先に*如法《によほふ》経《きやう》を書写し、闍梨をもて供養して、もて*大師の廟院に埋めたり。この日かの処において、*理趣三昧を行へり。夢にあらず覚《うつつ》にあらず、空中に声ありて曰く、千載一出の沙門、只今滅度す、云々といへり。かくのごとき奇異、万を省き一を記すならくのみ。

*今案ずるに、この上人もし*初地《しよぢ》に入るにあらざれば、定めて知りぬ、*仏印のために印せられたる人なることを。何をもてかこれを知る、*千臂経に曰く、若人命終結定印《にやくにんみやうじゆうけつぢやういん》、当知已《たうちい》

廟室に斂送　廟室はみたまや。斂は遺体に衣服を着せ、棺に入れること。

信明　北筑紫上人と号し、南筑紫上人が長治元年春に往生した後、幾年も経ず八十歳で入滅す(高野山往生伝(六))。

慶念　伝未詳。

日想観　→三九頁注

伽陵頻　→二〇三頁注。浄土曼陀羅に人頭鳥身の姿が描かれ、林邑古楽に迦陵頻舞があるので「六人」といったか。

定禅　伝未詳。

腰鼓菩薩　→補

維照　伝未詳。

如法経　一定の法式により経文を書写すること。通常法華経を書写供養しこれを名山や墓などに埋める行事をいう。→補

大師の廟院　大師は弘法大師。廟院は空海の図像(御影)をまつる御影堂か。御影堂大師御影修復記録に、承暦三年修復のことがみえる。御影堂はいま、金堂の北にある。

理趣三昧　真言宗で簡単な博士(音譜)をつけて理趣経を読誦する勤行式。複雑な博士を附して読誦するものを中曲三昧という。

今案ずるに…　高野山往生伝にもみえる。教懐伝の同様の註記とともに、同書成立後の書きいれか。

初地　菩薩の行位である十地中の第一。

仏印　→一〇四頁注「密印」。ここでは定印のことか。

千臂経　大乗瑜伽金剛性海曼殊室利千臂千鉢大教王経の略。唐の不空訳十巻。

入初地《じゆしよぢ》、云々といふ。また*唐の乾封二年、天人来下して、*道宣律師に語りて云はく、*倶留《くる》孫仏《そんぶつ》、属したまふところの金の瓶の中に、*七宝《しつほう》の塔あり。塔の中に三十の印あり。*釈迦如来此等《これら》の印をもて、文殊等の大菩薩に勅《のたま》ひて曰く、後の悪しき世において、*四部の弟子、もし経を読む者には、かの人に印《をして》して忘失なからしめよ。もし定《ぢやう》を修する人、直心《ぢきしん》を行ずる者、並びに用《も》てこれに印して、かれをして終《し》なむ後も屍形を壊《やぶ》れざらしめよ、云々といへり。また法苑珠林に見ゆ、云々といふ。

〔一三〕 沙門清海は、*常陸国の人なり。幼《わか》くして俗塵を出でて、早《つと》に仏海に入りぬ。初は*興福寺に住し、後に*超証寺に更《か》へつ。超証寺は、平城天皇第三の王子、*真如親王の草創なり。親王弘法大師に随ひて、*大法《だいほふ》を受け習ひたまふ。仏道を貪《むさぼ》らむがため、聖跡を礼《らい》せむがために、遙に晨旦に向ひ、長く印度に赴きたまへり、云々といふ。

沙門永延の末に、初めてこの砌《みぎり》において、法花三昧を修せり。正暦の初、自他を勧進して、*七日念仏を修せり。いはゆる超証寺の大念仏これなり。*沙門寛仁元年十月七日、寂として遷化せり。その形を尋ぬるに、直也《ただの》人にあらず。これより先に寛和二年十二月廿二日、河内国の*勝空上人、書を送りて曰く、廿日夢に見る、沙門左手に雕文ありて云はく、*願以此《ぐわんいし》功徳《くどく》、普及於《ふぎふお》一切《いつさい》、我《が》等与衆生《とうよしゆじやう》、皆共成仏道《かいぐじやうぶつだう》、云々といふ。この文《もん》は妙法蓮花経と飜《ほん》せらるること多しといへり。また*同じき三年二月廿日の夜、沙門念仏す。*几《おしまづき》に隠りて眠《ねぶ》るに、虚空の上に、*笙《しやうのふえ》・琴《こと》の声を聞く。その後夜また*観

唐の… ↓補
道宣 南山律宗の祖で世に南山大師と称さる。乾封二年十月三日、七十二歳で寂す。続高僧伝・広弘明集・四分律行事鈔等その著述は二百二十余巻に及ぶ(宋高僧伝巻十四)。
倶留孫仏 過去七仏の第四で賢劫(過去荘厳劫、未来星宿劫に対し現在賢劫と称す)千仏の第一仏。↓補
七宝の塔 ↓九二頁注
釈迦如来… ↓補
四部の弟子 比丘・比丘尼、優婆塞・優婆夷。仁王経巻下「一切国王、四部弟子」。
〔一三〕 閑居友、上・沙石集巻四・諸寺縁起集(護国寺本)・当麻曼陀羅疏五などにみえる。
常陸国の人… 沙石集には「田舎ノ武士ノスエトカヤ、京ノ人トモ云ヘリ、身ノ長七尺バカリニテ、器量人ニスグレタリ」(古典文学大系本、拾遺)。
興福寺に住し… 閑居友に、清海は興福寺法師として、東大寺との合戦のとき出陣、脱れて超昇寺に隠遁すという。沙石集の類似の説話に東大寺僧とするのは誤り。諸嗣宗脈紀に真興の弟子という。
超証寺 超昇寺・超勝寺とも書く。当麻曼陀羅疏五に「大和国奈良西京、於下法華寺与二西大寺一中間上有レ之」とあり、もと平城天皇の造営した平城京の跡か。
真如親王 ↓二六四頁補
大法 大乗深妙の法の意であるが、密教の秘法をいう。東密では仁王・請雨・孔雀・守護(或は後七日法)を大法または

音・勢至二菩薩を見る〈観音の宝冠は、帝釈の冠のごとし。勢至の宝冠は、例の冠のごとし〉。また長和三年三月二日、僧*護救《ごぐ》河内国*玉井寺に寄宿す。夜夢みらく、長老の尼第一に告げて曰く、清海沙門極楽に生るべし、云々といへり。同じき廿三日の夜、勝空上人告げて云はく、沙門は我朝第四の上人なり。沙門夢の中に問ひて云はく、誰をもてか第一となすといふ。勝空答へて云はく、尼*空妙これなりといへり。沙門夢の後解きて曰く、空妙女身といへども、出家してより卅年、偏に往生の業《ごふ》を修せり。清海男身といへども、欣求《ごんぐ》四、五年、尤も浅深《せんじむ》の*差《かはりめ》あり。次第爾《しか》るべしといへり。

〔一三〕　沙門覚念は、天台座主*明快の舎兄《しやくゐやう》、延暦寺東塔の住僧なり。幼《わか》くして出家し、長《ひとと》なりて戒を受けつ。永く*大原の谷に住して、西方の行を修して、世事を営まず、信施《しんせ》を受けず、ただ二荷の薪《たきぎ》を負《お》うて、もて平日の斎《とき》に宛つ。毎日の行業《ぎやうごふ》は、法花経一部を誦し、*阿弥陀供養法を勤修《ごむしゆ》するならくのみ。もし余の暇あれば常に囲碁を好む。舎《しや》弟《てい》明快の*僧綱に補するを聞きて、長大息して云はく、過去の*迦葉仏《かせふぶつ》の法の中に、同時に発心せし者三人、久しく生死《しやうじ》に沈みて、いまだ出離を得ず。適《たまたま》今生において倶《とも》に得脱すべし。その一人とは明快僧都これなり。已に僧綱の*班《はん》に誇れり。その一人は*法成寺の上座、法橋《ほつけう》*覚照これなり。誤ちて仏物《ぶつもつ》を用ゐたり。この両人においては、度脱に奈何《いかん》。嗚咽《あ》悲しいかな。その一人は吾が身これなり。*乗戒は緩なりといへども、往生の心急なり、云々といへり。遂にもて永承年中に、寂として遷化せり。その臨終の日、

四箇秘法といふ。
七日念仏　↓補
沙門　清海のこと。
勝空　伝未詳。
願以此功徳…　法華経化城喩品第七にあり、廻向文と称す。↓一一頁注「願はくは…」
同じき三年　寛和三年。法華三昧・超昇寺大念仏を修する以前。長和三年はその後。
几　↓二一頁補
笙　和名抄「釈名云、笙、音生、俗云㆓象乃布江㆒。竹之母曰㆑匏。以㆑瓢為㆑之。竽亦是、其中受㆑簧。於㆓管頭㆒横施㆓於其中㆒也」。
観音・勢至　↓補
護救・空妙　伝未詳。
玉井寺　不詳。
差　底本の訓による。
〔一三〕　覚念が法華経を持し前生を知れる話が法華験記巻中〔七八〕、今昔物語巻十四ノ一三にみえる。本話は験記と異なり、往生に中心をおく。言泉集にみえる。
明快　↓一四七頁補
大原の谷　↓二二八頁補「大原山」
阿弥陀供養法…　↓三四頁注
僧綱…　僧綱補任によると、長暦元年権律師、四年権少僧都、永承五年に権大僧都。
迦葉仏　過去七仏の第六、現在賢劫千仏の第三仏で釈迦の前出。ここは仏の教化をうけて正法に帰した三迦葉(優楼頻螺迦葉・伽耶迦葉・那提迦葉)をいうか。
班　位階の意。
法成寺　京都市東山区本町。現存せず。

瑞相太だ多し。

〔一四〕阿闍梨以円は、文章博士《もんじやうはかせ》*大江以言の子、*首楞厳院《しゆれうごむゐん》の住僧なり。学は顕密に渉《わた》り行《ぎやう》は往生を期《ご》せり。先年病中一七日の間に、法花経一部を諳《おぼ》え得たり。それより以降《このかた》、毎夜に一部を誦すること、已に多年に及べり。而る間、天喜年中、数月病苦す。興福寺の別当*円縁僧都、他宗の人なりといへども、互に才を美称《ほ》めて、本《もと》より友として善し。この時僧都、法成寺の僧房に住す。夜夢みらく、以円阿闍梨、*布衣《ほい》の上に袈裟を着て、経袋を負ひて来る。僧都夢の中に問ひて曰く、日来《ひごろ》病痾の聞《ぶん》あり、何為《なにすれぞ》それ来れるやといふ。闍梨答へて云はく、只今極楽に往生す。旧意忘れがたし。故《かるがゆゑ》に苦《ねむごろ》に来り告ぐるなり、云々といへり。言訖《ことをは》りて西に飛びて去るとみたり。その明朝、僧都使をもてこれを尋ね問へば、去《い》ぬる夜の暁已にもて入滅せり、云々といへり。見聞《けんもん》の人、哀泣せずといふことなし。

〔一五〕沙門*長慶は、前安芸守*源雅房朝臣の*外舅《ぐわいきう》なり。幼《わか》くして台嶺に登り、早《つと》に比丘と作《な》りぬ。俄に道心を発して、世事を*屑《もののかず》にせず、遂に北山に赴きて、*施無畏寺《せむゐ》に住せり。延久五年秋七月、念仏合殺《かつさつ》して、西に向ひて終へぬ。これより先、上人門弟に告げて曰く、我が入滅の後、葬歛を致すことなかれ。ただ山頂《さんてい》に置きて、棺《ひつき》の蓋を開くべし、云々といふ。門弟これに従へり。その後両三日を過ぎて、門人等行きて見れば、

↓補

覚照 天台宗延暦寺、覚運僧都入室、永承五年十月十三日法橋、法成寺上座、元大威儀師。同六年三月十三日入滅、七十一歳(僧綱補任)。

乗戒 乗は教法、戒は防非止悪の力で、教法を理解することも、戒を守ることも緩慢で劣っているが、往生の心は緊急で強い意。↓補

〔一四〕普通唱導集巻下・元亨釈書巻十一にみえる。本書によるか。

大江以言 →二二四頁補「文士」。尊卑分脈・大江氏系図には以言の子に以円はみえず。

首楞厳院 →一九頁補

円縁 高階業遠の子。法相宗興福寺の僧。已講の労により長久四年権律師となり、天喜二年正月(僧綱補任は永承七年)に興福寺別当、同五年十二月権大僧都。康平三年五月一日七十一歳で入滅。中南院大僧都と称す(僧綱補任・興福寺三綱補任)。

布衣 →二三一頁補

〔一五〕本朝高僧伝巻五十六にみえる。本書によるか。

長慶 伝未詳。

源雅房 伝未詳。尊卑分脈にみえず。康平記(康平四年七月廿一日)に「雅房」とあるは同人か。

外舅 爾雅、釈親「妻之父為㆓外舅㆒」。

屑 底本傍訓による。→二七〇頁注

施無畏寺 拾芥抄「施無畏寺、北山」。もと観音寺と称し、久しく荒廃したのを兼明親王が再興した(本朝文粋巻五)。

ただ棺ありて*屍《かばね》なし。一山《いちさん》の中、数日《すじつ》の間、風奇《あや》しき香《か》を吹き、水余《のこり》の芳《にほひ》を含《ふふ》めり。見聞《けんもん》幾《いくばく》の人ぞ、歎美せずといふことなし。ここに数年の後、民部大輔*中原忠長の女《むすめ》、頃日《ひころ》*邪気《じやけ》を煩へり。仍りて有験《うげむ》の僧を請《しやう》じて、これを加持せしむ。*邪鬼相託きて云はく、吾はこれ*天狗なり。指せる怨心なし、云々といふ。この次《ついで》に往事を談《かた》ひて曰く、先年食《じき》のために、一の古き宮に入りけり。即ち吾が気に触るるに、后《きみ》の体*不予なり。或人云はく、北山の長慶上人を請ぜらるべきものなりといふ。吾以為《おもへ》らく、畏るべからずとおもへり。即ち*請書往き、*領状来る。先づ*総角《あげまき》の童《わらは》一人、自《みづか》らの杖持ちて来る。吾畏れず。次に上人参入す。また総角二人相随ひて来る。その総角等目を*側《そば》めて吾を睨《にら》む。吾怖るる心ありといへども、いまだその処を離れず。時に上人*不動火界呪をもて加持す。総角十余人、杖をもて追ひ打つ。吾仍りて惶怖《おそ》れて逃げ隠れぬ。四方上下、皆鉄網を張りて、更に避《のが》る所なし。鉄網を被《かうぶ》りて、火焔の中に置き、吾が身を焦し灼《や》く。羽翼皆焼け、身体悉くに爛《ただ》れたり。これに因りて過《とが》を悔いて自責し、僅に命を存して去りぬ。吾この怨心に依りて、その人を悩さむと欲せり。久しく北山を求むといへども、更に相遇はず。已に三年を送りぬ。適《たまたま》上人を見る。上人日来《ひころ》病源に纏《まつは》れて、将《まさ》に死門に進まむとす。この時便《たより》を得て、已に相近づくことを得たり。然れども*毘沙門天王常にその枕の辺《ほとり》に立てり。その臨終の時、*四大天王倶にもて来り降りぬ。侍者*眷属《くわんぞく》また方里に満てり。これをもて吾相近づくこと能はず。遠くしてこれを望めば、聖衆《しやうじゆ》空に満ちて、音楽雲に鼓《う》つ。已に蓮台に乗りて西を指して去りぬ、云々とい

屍なし　→二七五頁補「尸解けて…」
中原忠長　伝未詳。尊卑分脈・中原氏系図にみえず。水左記に「少内記忠長」(承保二年十月廿七日)、「弾正忠忠長」(承暦四年十月十二日)とあるは別人か。
邪気　字類抄「霊異分、シヤケ」。
邪鬼…　以下の記述は続本朝往生伝〔六〕の僧正遍照伝に類似す。
天狗　→二二九頁補
不予　→二二五頁注
請書・領状　→二二九頁注
総角　→二二九頁補
側む　雅言集覧「打向はずしてそむけて居る心なり、…物の上にいふは筋かひになす心なり」。
不動火界呪　→二二五頁注

毘沙門天　→七九頁注
四大天王　→九三頁注「四王」
眷属　→九二頁注

〔六〕　元亨釈書巻十四にみえる。本書によるか。源算は良(善)峰寺を開き、その後同寺は浄土宗西山証空が住した。

へり。時の人その日時を認《と》むるに、正《まさ》にかの上人遷化の日なり。

〔一六〕 沙門源算は、因幡国の人なり。その母懐孕の間、身心《しんじん》恙《つつが》多し。誕生の時、もて不祥なりとなす。これを路の上《ほとり》に棄てて、更にまた顧みず。*馬牛去りて踏まず、鳥獣来りて傷《やぶ》らず。三日死なず、一身猶し全《また》し。隣の人これを憐《あはれ》びて、遂にもて収め養ふ。歯総角《よはひあげまき》に及びて、好みてもて出家せり。郷を去りて師を尋ね、山に登りて戒を受く。その後世縁相牽《ひ》きて、壮年洛に住せり。俄に女《むすめ》の喪《さう》に遭ひて、忽ちに仏道に帰す。重ねて更に*登壇受戒す。この時生年四十五なり。初めて*西山の良峰《よしみね》に入りて、*流《ながれ》に漱《くちすす》ぎ石を枕にして、命を軽んじ法を重んず。而る間一夜《ひとよ》霹靂《へきれき》ありて、一山震動せり。樹木悉く倒れ、鳥獣皆死にたり。翌日里人行きて見れば、上人独《ひとり》存す。見る者これを異《あやし》ぶ。上人*道場を建てむと欲すれども、巌石を鐫《けづ》り難し。夢の中に僧等ありて曰く、上人嗟《なげ》くことなかれ。単夫を与ふべし、云々といへり。

*善峰縁起に云はく、前越前守*大中臣忠律と云ふ人、後に丹後守に任ず。その長男生年廿五、出家入道せり。沙弥名は*行蓮と曰ふ。〇件の聖人は源算の父なり。その母は元《もと》王孫なりといふ。

その夜野猪数千、その地を穿鑿《せんざく》して、その跡思ひのごとし。道場始めて建ちぬ。その後如法《にょほふ》に妙法を書して、如説《にょせつ》に供養を遂ぐ。更に毎年に九月朔《ついたち》をもて、*四ケ日法花講会を勤修《ごむしゅ》す。また上人年来《としごろ》持せしところの*仏舎利三粒、図《はか》らざるの外に、一粒紛失《ふんじつ》

馬牛去りて踏まず… 法華験記巻下〔八二〕参照。
登壇受戒 受戒者は戒壇に登って授戒の儀式が行われるから受戒のことをいう。
西山の良峰 京都府乙訓郡大原野村善峰(今、京都市右京区大原野小塩町)。伊呂波字類抄に「善峰寺、在㆓山城国山崎辺㆒。本名阿知坂也。今改名㆓善峰山㆒。…本願建立沙門源算、丹後守大中臣忠律男。寛弘二年造之、八尺千手観音像之由、見㆓縁起文㆒」。→補
流に… 晋書巻五十六孫楚伝「楚少時欲㆓隠居㆒。謂㆑済(王済)曰、当欲㆓枕㆑石漱㆑流、誤云㆓漱㆑石枕㆑流。済曰、流可㆑非㆑枕、石非㆑可㆑漱。楚曰、所㆓以枕㆑流、欲㆑洗㆓其耳㆒。所㆓以漱㆑石、欲㆑厲㆓其歯㆒」。陸雲逸民賦(芸文類聚巻三十六)「杖㆓短策㆒而遂往。乃枕㆑石而漱㆑流」。
道場 →一七頁補
善峰縁起 前引の字類抄にも「見㆓縁起㆒」とあり、ともに同名の父の名をかかげる。なお、縁起の文の引用は本書述作の後、別人によるものか。
大中臣忠律 前引の字類抄にもみえるが伝未詳。大中臣氏系図にみえず。
行蓮 伝未詳。
四ケ日… 元亨釈書巻二「釈勤操…便設㆓四日二座講席㆒修㆑之、名曰㆓法華八講会㆒」。三宝絵巻中に詳しい。
仏舎利… 西山善峰寺略縁起にも類似の話がみえる。

せり。上人常に嗟くこと年序尚《ひさ》し。而るに寛治五年九月一日、八講会に相当りて、舎利を供養せむと欲す。年来失せしところの舎利一粒、忽ちに*円座の上にしてこれを得たり。上人歓喜《くわんぎ》して、希有《けう》の心を成し、もて多宝塔に安じて、*十種の供養を致す。上人多年左の肩に*懸疣《さがりふすべ》あり、この時に失せ畢《をは》りぬ。便ち知りぬ、この舎利年来懸疣の中にありしことを。かくのごときの勝事、具《つぶさ》に記すに遑あらず。およそ良峰の仏地たる、この上人の*権輿《くゑんよ》なり。

それより以降《このかた》七十余年、永く*紅塵を避けて、独《ひとり》白雲に棲みぬ。持するところのものは*三衣《さんえ》一鉢《いちはつ》、修するところのものは坐禅*経行なり。洛陽田舎《でんじゃ》、攀《よ》ぢ踏んで結縁する者多し。これに因りて徒衆《としゅ》群を成し、観念静ならず。遂に寺院を隔てて、更に*庵室《あんじち》を結びつ。路を塞ぎ戸を閉ぢて、人と語らず。僅に来り入るところは、常に随ふ弟子一人ならくのみ。衣に蟣虱《きしつ》なく、身に*瘡癬《さうせん》なし。一生持斎し、数日《すじつ》断食す。前に小池あり、群《むら》がる蛙音《こゑ》なく、傍《かたはら》に平庭あり、衆《もろもろ》の鳥相馴る。滅期に臨みて、両三年常に謂ひて云はく、暁更に至るごとに、屢《しばしば》天楽を聞く、云々といへり。ここに承徳三年暮春下旬、小悩に相纏《まつは》れて、漸く多日に及びぬ。弟子数輩、戸庭にありといへども、朝《あした》に来り暮《ゆふべ》に往きて、去留定まらず。雲嶺《みね》に聳《そび》き、聖人窓を去るの暁に当りて、常に随ふ僧一人、僅にその傍にあり。この時香気室に薫じ、音楽天に聞ゆ。上人口に弥陀を唱へ、手に定印を結びて、身心動かず、端坐して入滅せり。数日を経たりといへども、臭気あることなし。結跏旧《もと》のごとくにして、容顔変ぜず。道俗来り集りて、礼拝嗚咽す。遂に

円座　字類抄「ヱンサ、俗用レ之」、和名抄「孫愐曰稕、俗云二円座一、一云二和良布太一。円草褥也」。
十種の供養　↓一一九頁注
懸疣　和名抄「佐賀利布須倍、丘也。出二皮上一聚高如二地之有一レ丘也」。

権輿　下学集「始之義也」。

紅塵　↓二九五頁注
三衣一鉢　↓一三七頁注
経行　一定の場所を旋回して廻り歩くこと。↓補
庵室　山城名勝志所引の西山上人縁起に「源算承保元年正月一日、善峰寺ノ西北五六町ニ、一霊地ヲ点ジテ、小室ヲ建立シ、身ヅカラ阿弥陀如来ノ像一体ヲ刻テ、本尊トシテ籠居セラレケリ。北尾往生院トゾ名付給ヒケル」。
瘡癬　湿疹の総称。和名抄「瘡、加佐、痍也」「癬、俗云銭加佐、乾瘍也」。

腰輿　和名抄・名義抄の訓による。字類抄は外に、手輿・肩舁も「タコシ」とよむ。人が腰の高さまで挙げて運ぶ輿をいうか。海人藻芥に「手輿、腰輿、是者或寺中於二社中一用レ之」とある。
百十七　山城名勝志所引の西山上人縁起に「嘉承二年三月二十九日入滅シ給フ。百八歳云々」。

*腰輿《たこし》に載《の》せて、居ながらに葬斂せり。時に生年百*十七、化縁*薪《たきぎ》尽きぬ。

〔一七〕沙門蓮待は、*丹波国の人なり。幼《わか》き年に出家して、*仁和寺に住し、*叡算阿闍梨に師として事へたり〈*本《もと》の名は永算なり〉。壮年の時、道心忽ちに発《おこ》り、隠居の後、名を蓮待と改めつ。俗、呼びて*石蔵《いはくら》の聖と曰ふ。日夜苦行《くぎやう》して、いまだ曽《むかし》より休息せず。また*金峰山《みたけ》に籠りて、穀塩の味《あぢはひ》を断てり。身体已に枯れて、筋骨皆露《あらは》る。諸僧相謂ひて云はく、上人死なむ時に、院の内穢《けが》るべしといふ。即ち衆議に依りて、霊居を出づといへども、*蔵王の告ぐることありて、またもて帰り住せり。而る間猶《なほ》し幽棲《いうせい》を求めて、遙に高野に入る。数年の後、内心発願《ほつぐわん》して、貧家の人に仕へむがために、忽ちに離山の思を企てつ。衆人相留むといへども、強ひてもて山を出でたり。ただし終焉《じうえむ》の時に至りて、必ず帰らむの約《ちぎり》を成せり。その後修行経歴《きやうりやく》して、去留を定めず、遂に土左国*金剛頂寺に到りぬ。

承徳二年五月十九日、かの西海を辞して、この高野に帰りぬ。即ち衆僧に謁して云はく、日来《ひころ》心神煩《わずら》ひあり、寝食快《こころよ》からず。仍りて旧き約を思ひて、遙に故《もと》の山に帰るなり、云々といふ。或人問ひて曰く、*極楽兜率《ごくらくとそつ》、念を何《いづれ》の処にか繫《か》くべきといふ。答へて云はく、先達《せんだつ》の行業《ぎやうごふ》、必ずしも相叶はず。*法界皆如《にょ》なり。何の処か望となさむといふ。ただ後世の*資糧に宛てむがために、法花経一万部を読み奉る。その後また*巻《くわん》数《じゅ》を記さず。常に門弟を誡めて曰く、吾臨終の時、葬斂すべからず。ただ野原に置き

薪尽く　法華経序品「仏此夜滅度、如二薪尽火滅一」。

〔一七〕高野山往生伝(四)・真言伝巻六にある。本書によるか。蓮待は伝未詳。

丹波国　高野山往生伝・真言伝「土佐国」。

仁和寺　→二六三頁補

叡算　承暦二年正月元興寺修造の賞により法橋となり、永長二年六月に入滅す(僧綱補任)。

本の名…　底本は割注の形で記し高野山往生伝(高野山三宝院蔵)もそうなっているが、板本は本文に入れ、本書に依拠した高野山往生伝でも本文に入っている。後文に「改名蓮待」とあるので、叡算の本の名でなくて蓮待の本の名と考えるべきか。

石蔵の聖　石蔵は、蓮待の行状から察すると、各地霊山の巌窟などを居処としたことによるか。あるいは洛北の石蔵(左京区岩倉)をいうか。聖→二八頁補

金峰山　→六六頁補

蔵王　→一二三頁補

金剛頂寺　高知県安芸郡室戸市西寺。→補

極楽兜率…　→補

法界皆如　全宇宙(意識の所縁となる一切の境界)はすべて同じである、従って極楽といい、兜率というも一如である、の意。

資糧　→一六〇頁注

巻数　→八四頁注

て、鳥獣に施すべし、云々といふ。或人曰く、もし然らば爛《ただ》れたる骨狼藉《らうぜき》して、浄き地汚穢《をゑ》せむものかといふ。上人歎じて曰く、然るべし、然るべしといへり。已に危急に及びて、俄に帰り去らむと欲す。衆僧留むといへども、頭《かうべ》を振りて聴かず。遂にかの意に任せて、もて与《とも》に相送りぬ。

同じき六月七日、上人自《みづか》ら頭を剃り衣を整へて、悩気なきに似たり。初めて山門を出でて、遙に土州に赴きぬ。既にして霊地を離るること漸くに遠く、人寰を去ることまた遠し。途中輿《こし》を樹の下に*税《おろ》し、服を整へて西方に向ふ。手に定印を結び、声を挙げて唱ふらく、南無《なむ》*三身即一阿弥陀如来《さんじんそくいちあみだにょらい》、南無《なむ》大慈大悲観自在菩薩《だいじだいひくわんじざいぼさつ》、南無《なむ》弘法大師《こうぼふだいし》*遍照金剛菩薩《へんぜうこむがうぼさつ》といへり。かくのごとく称礼して、端坐入滅せり。諸僧望み見て、両眼に涙あり。この時に当りて、西天に雲聳《そび》き、前林に風惨《いた》む。雲の上に雷の音あり、風の下に香しき気《けはひ》あり。須臾《しゆ》にして天晴れて、雲の処《を》る所なし。時に春秋八十六なり。その明くる日暁更《げうかう》、門弟夢みらく、虚空の中に*金剛界曼陀羅を懸く。その内の*西方因菩薩の位の*月輪の中に、この上人端坐して、遙に*伽陀を誦して云はく、

我等発菩提《がとうほつぼだい》　修*四無量心《しゆしむりやうしん》　今往詣西方《こんわうけいさいはう》　登金剛因位《とうこむがういんゐ》

といへり。

〔一八〕*安助上人は、河内国河内郡*往生院の本住なり。その性潔白《けつはく》にして、*涅《くり》にすれども緇《くろ》まず。ただ転経をもて業となし、念仏をもて事となせり。同じき*高安《たかやすの》郡坂本村に

税　訓みは底本傍訓及び名義抄による。
三身即一　法身・報身・応身の三を一身に備えているもの。↓補
遍照金剛　元来は大日如来の密号。また空海の金剛名。たとえば性霊集巻二、沙門勝道歴山水瑩玄珠碑幷序に「沙門遍照金剛撰」とある。
金剛曼陀羅　↓三九頁補「胎蔵界曼荼羅」
西方因菩薩　金剛界曼陀羅の第一成身会の中、西方月輪の五尊の中無量寿如来の左方に位する金剛因菩薩。
月輪　金剛界諸尊を包む白色の円相で、観想の際に生ずる清浄な信仰心を表わすもの。
伽陀　↓二九六頁注
四無量心　無量の衆生を悟りに導く四種の心で、楽を与える慈無量心、苦を抜く悲無量心、離苦を喜ぶ喜無量心、執着を捨てる捨無量心のこと。
〔一八〕　本朝高僧伝巻七十一にみえる。本書による。
安助　伝未詳。
往生院　↓補
涅に…　黒土で染めても黒くならないの意で、聖者は混濁の中にいても悪に染まらない譬。論語、陽貨「不レ曰レ堅乎、磨而不レ磷。不レ曰レ白乎、涅而不レ緇」。和名抄「唐韻云、涅、和名久理、水中黒土也」。
高安郡坂本村　和名抄に河内国高安郡坂本郷。高安郡は生駒山脈にそい、河内郡の南に接する。地名辞書に、中高安村(今、大阪府八尾市)なるべしという。
川瀬…　一本に水瀬吉松。水(無)瀬は令

一《ひとり》の古老あり〈姓は*川瀬氏、名は吉松〉。本《もと》上人と、契《ちぎり》*師檀《しだん》にあり。長暦年中、檀越《だんをつ》吉松夢みらく、所領の苑《その》あり。苑の中に林あり。林の中に室あり。室の中に上人変じて金色《こむじき》の身と成りて、即ち相示して曰く、汝人と成りて後、瞋恚《しんい》せざるや否《いな》や。宅《いへ》の中に仏像を安じて、香を焼《た》くこと不断なりや否や。毎日に仏名を唱ふや否やといふ。檀越答へて云はく、実《まこと》に依りて皆爾《しか》るなりといふ。即ち讃《ほ》めて云はく、善きかな善きかな、汝この善ありといふ。また示して曰く、汝この処にして道場を建つべしといふ。答へて云はく、唯々《ゐゐ》といふ。教誡いまだ訖らざるに、忽然として夢驚きぬ。即ち門を叩く者あり、その音*鼕々《とうとう》たり。先づその人を問へば、これ安助上人なり。即ち門を開きてこれを迎へ、席を展《の》べてこれを謝《よろこ》ぶ。ここに上人語りて云はく、汝が領するところの園林は、*天王寺の東門に当る。定めて知りぬ*極楽東門の中心なることを。加以《しかのみならず》西天晴を迎ふれば、*夕日《せきじつ》観るべし。冀《こひねが》はくは一小堂を建てて、我が余算を送らむことをといへり。檀越以為《おもひ》みるに、この言《こと》夢と合ふ。即ち約言に任せて、一堂を建立せり。上人これに住して、*五念門〈礼拝、讃歎、作願、観察、廻向、これなり〉を修して、三ケ年に及ぶ。また*月の三五を迎へて、衆を集めて講論す。薫修日あり、もて来際を期《ご》せり。時に長久三年八月十五日、檀越米菓を齎《も》て来りて、上人に献じ奉りぬ。上人これを受けて、併せて仏前に供へ、*磬《けい》を鳴して白《まう》さく、已にこの檀越の助に依りて、将《まさ》に我が往生の望を遂げむとす。この因縁をもて、生々世々《しやうじやうせせ》、*一仏土に生れ、*三菩提を期せむ。況やまた命終るの日、この夕を相見むといへり。啓白《けいびやく》すること再三、涙を流すこと*漣洏《れんじ》

制の摂津国島上郡(今、三島郡島本町)にあり、遊猟・離宮の地となり、東大寺領荘園もおかれた。

師檀　師僧と檀越。深い結縁をいう。

鼕々　大鼓の音。名義抄「音童、叩ニ門戸ニ声鼕々」、字類抄「トウ、、、叩門鼓等声」。

天王寺の東門　天王寺の西門は極楽の東門といわれた(次項参照)。往生院の建立された前記の地は、地図上、天王寺の真東にあたる。それをいうのであろう。天王寺→一六六頁注

極楽東門　→補

夕日…　日想観を行ずること。

五念門　阿弥陀及び極楽を観察し、自利利他の功徳を成就する五種の修行、即ち念仏の五の行為。→補

月の三五　毎月十五日。

磬　中国の楽器。玉石鉄銅などを扁平に刻み、架に吊して打つもの。一枚乃至十六枚のものがあったが、日本で用いるものは中曲り両端の垂れた板様の鉄製のものを架に紐で吊し、仏前礼盤の右側に置き、導師が修法や誦経に用いる。

一仏土　弥陀の浄土をいう。

三菩提　→五六頁注「無上菩提」

漣洏　涙の流れ落ちる状態をいう。

熟せず　訓みは底本の訓による。十分に納得しない、の意。

〔一九〕　本朝高僧伝巻七十にみえる。本書による。

清仁　伝未詳。

たり。ここに檀越この言に*熟《うまく》せず。弟子に問ひて曰く、上人日来《ひころ》悩気ありや、将《はた》狂気ありやといふ。答へて云はく、更に殊なる事なし、云々といへり。檀越奇《あやし》びて去りぬ。その明朝、門人来り告げて云はく、上人去る中夜、仏の前に端坐して、眠るがごとくに入滅せり、云々といへり。遠近の聞く者、哀傷せずといふことなし。故《かるがゆゑ》にこの寺、俗呼びて往生院と曰《い》ふ。それより以降《このかた》、念仏の行者、寺の中に絶えず。

〔一九〕 沙門清仁*は、摂津国《つの》*榎並《えなみ》郷の人なり。幼き日に出家して、*清水寺に住せり。毎日《ひごと》の*花水《くゑすい》供養法は、薫修十五年なり。また、毎年の寺の中の*蓮花会《れんぐゑゑ》に、必ず三車の蓮花を買ひて、一日の供具《くぐ》に備へ、もて法会を荘厳《しやうごむ》すること、已に年事となせり。常に言はく、我がこの一生に、いまだ女身に触れず、云々といへり。寺家《じけ》これを敬ひて、*布《ふ》薩《さつ》の戒師《かいし》となせり。即ち所司*に准じてその供物を分く。また法楽院*の三昧の一和上*となす〈俗呼びて但馬の堂と云ふ〉。その供米《くまい》をもて、敢へて積集せず。無縁の人を招きて、朝《てう》暮《ぼ》にこれを眷《かへり》みたり。また一堂を建立して、金住寺*と号《な》づく〈虚空蔵寺*の南にあり〉。夜分に至るごとに、堂に入りて戸を閉づ。縦《たと》ひ世の営《いとなみ》ありとも、私房に留らず。これに因りて弟子動《やや》もすれば倉厨を開きて、要物を盗み用ゐたり。その人を知るといへども、更にもて瞋《いか》らず。もし客人来れば、必ずこれを迎へ送る。飲食《おんじき》多からず、素《もと》より分量あり。或は満堂の衆を供養し、或は*温室《ゆや》の営に*奔波《ほんは》せり。時に延久五年九月廿日、身に苦痛なく、心は尋常のごとくにして、起居念仏し、寂として命終りぬ。その翌日《あくるひ》、或

榎並郷 この郷名、和名抄にみえず。ただし榎並荘あり。長元以前法隆寺領にして、長元年中売却の由、法隆寺別当次第にみえる。水左記によれば承暦四年故藤原憲房の所領。旧東成郡榎並町(現、大阪市城東区・都島区)があり、旧榎本村の一部(同上)も榎並荘の一部とみられる。

清水寺 →八八頁注

花水供養法 清浄な水(花水は清浄な閼伽のこと)を仏に供えること。真言修行鈔「道範云、寅一点水花開故取三彼清浄華水用二供養法一、故云二華水供一。南山道宣云、後夜水未レ生レ虫、故云二無垢水一」。

蓮花会 →補

布薩の戒師 布薩のとき戒を説く師。布薩は比丘は半月ごと(満月と新月の日)に説戒堂または或る一処に僧を集めて戒本を説き罪を懺悔し、在家は六斎日に八斎戒を持して、善法を増長することをいう。わが国では天平宝字元年閏八月に始まる(続日本紀)。

所司に准じ 寺の三綱に準じて、の意か。二中歴巻四に「三綱、上座・寺主・都維那謂二之所司一」とある。

法楽院 嘉応二年七月の安倍某家地売券(平安遺文第七)に「清水塔本之北辺法楽院敷地之内」とある。

一和上 法要をする時最高位に着する者。

金住寺・虚空蔵寺 未詳。

温室 和名抄「今案温室即浴室也、俗云由夜」。奈良の諸大寺でも、法隆寺・西大寺に温室、即ち浴室の設けられたことは、資材帳にみえる。

人小別当*忠昭に送れる書に云はく、その夜夢みらく、西方より金棺と紫雲と飛び来りて、清水寺の大門に入る。時に即《つ》きて僧その金棺に乗り、西を指して去れりとみる。夢想かくのごとし。もし往生の人あるか、云々といへり。便ちもて相尋ぬれば、この沙門入滅の時なり。

〔二〇〕*経暹上人は、*多武峰*安養房の住僧なり。慈悲心に染《そ》みて、行業《ぎやうごふ》身にあり。*学は三密を瑩《みが》き、望《のぞみ》は*九品を期せり。寛治七年三月廿日寅の剋、衆僧を勧誘して、相具《とも》に弥陀経一巻を称読せり。*宝号百遍、唱礼の後、手に定印を結び、右脇西面にて、眠るがごとくに遷化せり。生年八十一。その入滅の夜、僧*済命夢みらく、人上人を負ひて、西に向ひて行く。寺僧数百、相従ひてこれを送るとみたり。済命夢驚きて、即ちかの房に向へり。いまだ房の門に及ばざるに、上人入滅せり。また*随逐《ずいちく》の弟子*円慶、老母の*晨昏《しんこん》のために、両三日旧里にあり。かの夜夢みらく、遙に西方を見れば、大綱を引亙《わた》せり。僧侶数千、手にこの綱を取りて、西方に向ひて行く。即ちその故を問ふに、傍の人告げて云はく、安養房上人、極楽に往生するの従徒なりといへり。円慶忽ちにこの夢に驚きて、急ぎかの房に赴けり。途中人告げて云はく、上人遷化すといへり。

また*慈応上人、一切経の料紙を求めむがために、但州に下向せり。途中より書を送りて云はく、去る三月廿二日、夢みらく、一の道場あり、衆宝荘厳《しやうごむ》す。数宇の房あり、岐路相分る。慈応これを奇《あやし》び問ふ。一の僧告げて云はく、これ経暹上人説法《せつほふ》の儀式な

奔波　→九九頁注

忠昭　後二条師通記の寛治三年二月廿二日、般若経供僧に見えるのは同一人か。

〔二〇〕　扶桑略記・多武峰略記等にみえる。

経暹…　扶桑略記「播磨国人也。少年出家、住二三井寺一。既為二心誉僧正門人一。僧正遷化之後、又就二経救僧都一学二法相宗一。其後処々練行、未レ及二二毛之歯一、栖二多武峰一五十余年、持二戒精進一、閑送二余算一」。二毛之歯は中老のこと。

多武峰　→一五八頁補。入山は寂年より数えて長久の頃か。この間永保元年、多武峰と興福寺との闘諍のことあり、多武峰略記「爰経暹上人云、若相戦者、両方人多以将レ死。僧侶之行業可レ然乎。吾不レ可レ見二如レ此之悪事一云云、即企二離山一」。

安養房　多武峰略記に「後結二草庵一居。名曰二安養坊一」。

学は三密…　扶桑略記に、前文につづき「広習二真言奥旨一、伝二授密宗学徒一。一山渇仰、四隣来帰。凡厥行業偏期二菩提一」。寺門高僧記巻三「両宗兼学、又能論説。又是歌仙也」。

九品　浄土に往生する者に上品上生から下品下生まで九品あるとする観経の説から出た九品往生のこと。

宝号　仏菩薩の名号。ここは弥陀の名号。扶桑略記「西向起居、専修二念仏一稍数百遍」。

済命・円慶　伝未詳。

随逐　訓みは字類抄による。つき従う。

晨昏　朝夕の孝養。

慈応　伝未詳。

りといふ。慈応この僧に導かれて、堂の中に入ることを得たり。時に上人高く宝座に坐して云はく、我娑婆《しやば》を辞して、今極楽に生れたりといふ。慈応申して云はく、弟子また帰るべからず。ここにして仕へ奉らむといふ。上人示して曰く、早く帰り去るべし。却《さ》りて後四十一日、当《まさ》にこの土に来るべしといへり。仍りて帰去のところ、将導の僧語りて云はく、我はこれ*地蔵菩薩なり。本誓《ほんぜい》あるに依りて、汝を引導するなり、云々といへり。また*安倍《あべ》寺の住僧*永禅、同じき四月十八日の夜夢みらく、経暹上人、高山の頂《いただき》に居て、西に向ひて念仏す。頃《しばらく》して西天に光あり。東方漸くに明けぬ。その広さ三段余、その程幾千里なり。人あり告げて云はく、この光はいはゆる紫雲なりといふ。時に上人光の中にありて、念仏して絶えぬ。また和州*秦興寺の住僧*義命、同じき三月十五日の暁夢みらく、経暹上人、身に法服を着て、手に香炉を擎《ささ》げ、衆人に告げて曰く、生滅《しやうめつ》限あり、死の時已に至りぬといふ。種々の慰喩、言説《ごんせつ》已に畢りぬ。その後忽ちに*泮《は》吒《た》の音《こゑ》を出して、変じて水精《すいしやう》の珠〈長さ五寸許《ばかり》〉と成る。即ち門人の云はく、この珠の名は舎利なり。地蔵菩薩の身中に納め奉るべし、云々といふ。また先年、*中山〈摂津国にあり、武庫郡にあり〉の住僧*良祐、安養房に寄宿せり。その夜草庵の裏《うち》に、金光ありて遍く照す。上人身を露《あらは》してその中に臥す。即ち身中より、金色《こむじき》の*刺字出入せり。

〔三〕*外記入道寂禅は、京師の人なり。俗名は*中原理徳《まさのり》、本官は*西市正《いちのかみ》、壮年*宇治前大相国《しやうこく》に仕へたり。大相国その勤節を優《いう》して、天喜四年二月三日、挙げて*少外記に補

地蔵菩薩　→七三頁注。なお地蔵信仰について、往生伝ではこの記述がはじめ。後拾遺往生伝巻中〔九〕義尊伝にみえる。

安倍寺　奈良県桜井市阿部に、飛鳥後期の瓦をともなう伽藍遺構が発掘されている。東大寺要録、末寺章に「崇敬寺字安倍寺、右安倍倉橋大臣建立也」といい、孝徳朝の左大臣安倍倉橋麻呂の建立。平安中期については、東大寺文書にも散見するが、多武峰略記の闘諍の記載にも、興福寺堂衆が多武峰に発向し、「居㆓安倍寺㆒、焼㆓失椋橋音石民宅㆒」とみえる。

永禅・義命　伝未詳。

秦興寺　不詳。

泮吒　秉燭譚巻三「法苑珠林十一（七か）ニ三法度論ト云書ヲ挙テ八地獄ヲ云フ。ソノ三名㆓阿吒々地獄㆒、由㆓唇動不㆒レ得唯舌得レ動、故作㆓此声㆒、四名㆓阿波々地獄㆒、由㆓舌不㆒レ得レ動唯唇得レ動、故作㆓此声㆒ト云々、吒々波々ミナ苦痛ノ声ナリ。コレヲキリ合テ波吒ト用ラレタルナリ」。大智度論四十八では波他を語言と訳す。

中山　不詳。ただし摂津志に、武庫郡に隣る河辺郡の仏刹の部に「中山寺、中山寺村、昔上宮太子令㆔百済仏工刻㆓十一面観音像㆒。後釈慈信率レ衆、営㆓構堂宇㆒。事見㆓元亨釈書㆒。今仏堂七宇、僧院五宇。寺有㆓募縁簿及安元・貞治・文明・明応年間喜捨文㆒」とある。

良祐　伝未詳。

刺字　名刺の意であろうか。

〔三〕　他にみえず。

外記　職員令、太政官「大外記二人、掌勘㆓

す。*朝衙《てうが》の間、道心暗《そら》に発《おこ》りて、同じき三月、竊《ひそか》に叡山に登りて出家受戒す。それより以降《このかた》、花洛を顧みず、永く松門に住せり。手づから五部の*大乗経を書きて、*楞厳院《れうごむゐん》の*四季の講堂に安置《あんぢ》し、会事あるごとに、猶しその経を講ず。また*無動寺に籠居して、*如法経を書写し、偏に余《ほか》の営《いとなみ》を抛《なげう》ちて、六年を経過せり。一字を書くごとに、三業《さんごふ》を浄除して、三度の礼拝を致し、一前の香花を供へつ。およその読誦衆経、念仏三昧の、日夜の行、身心退かず。遂に江州蒲生《がまふ》郡*中山に往きて、洞《ほら》を占めて廬《いほり》を結び、身を容れて跡を閉ぢつ。寛治年中、身重病に嬰《かか》りて、体軽利ならず。その死期《しご》三日、兼て終る時を知る。死の日已に到りて、いまだ忽ちに起居せず。病差《やまひい》え気爽《さはやか》にして、沐浴潔斎し、浄衣《じやうえゐ》威儀《ぎ》を整ふ。弥陀の像に対して、*礼盤《らいはん》に登り、香炉を擎げ持ち、端坐して終へぬ。ここに弟子等その遷化を知らず。室に到りて、香炉を擎げながら、眠るがごとく入滅せしことを覚悟《さと》りつ。

〔三二〕 沙門*義慶は、播磨国の人なり。幼《わか》き日より*園城寺に住せり。俗呼びて*宣陽房供《ぐ》奉《ぶ》と云ふ。その人戒行緩《ゆる》ぶといへども、顕密兼学す。ただ初後の勤は、往生これを慕《ねが》ひつ。而る間小病相侵して多日癒《い》えず。これより先に*心蓮房助円阿闍梨*入住せり。幾日を経ずして、横川の住僧*尋舜持経者夢みらく、義慶供奉謂ひて云はく、心蓮房阿闍梨吾が生処を告ぐべし。処生先約あり。然りといへども待つに来らず、絶えて音なし、云々といへり。この言いまだ訖らざるに、一童子あり、手に書札を擎げ来りて曰く、

詔奏㆓及読㆓申公文㆒、勘㆓署文案㆒、検㆓出稽失㆒。少外記二人、掌同㆓大外記㆒」。職原鈔上「少外記二人、相当正七位上。外記恒例臨時公事除目叙位等事奉行之官也。尤為㆓重職㆒。近代清中両家任㆓其職㆒。於㆓少外記㆒者、彼両家輩同門生等依㆓器量㆒任㆑之」。

中原理徳 尊卑分脈・中原氏系図にみえず。

西市正 職員令「東(西)市司、正一人。掌㆘財貨交易、器物真偽、度量軽重、売買估価、禁㆓察非違㆒事㆖」。

宇治前大相国 藤原頼通のこと。

少外記 →補「外記」

朝衙 朝早く朝廷に出仕すること。

大乗経 →九三頁注

楞厳院 →一九頁補

四季の講堂 →補

無動寺 →二三頁注

如法経 →二九八頁注

中山 未詳。(滋賀県)蒲生郡日野町中山か。寺門伝記補録巻十五に「前少僧都尊覚、康平六年辞㆑寺隠㆓于中山㆒」とみえる。

礼盤 →二八二頁注

〔三二〕 本朝高僧伝巻七十(利慶)にみえる。本書による。

義慶 伝未詳。

園城寺 →一二一頁補「三井寺」

宣陽房 未詳。寺門伝記補録巻十五に「権律師頼増、仙陽坊」とあるが、関係あるか。

心蓮房・尋舜 伝未詳。

入住 入寂の意か。仏の世界に入り、その地に留ることをいう。

これ心蓮房の御消息なりといへり。即ち義慶供奉これを披見して曰く、この*廻文《くわいぶん》の中、吾が名の字、頗る相違あり、如何といふ。再三これを奇《あや》しぶ。然して後に*署を加へて返し遣《つかは》し畢りぬ、云々とみたり。その後三ケ日を経て、義慶供奉また遷化せり。ここにその行業《ぎやうごふ》を尋ぬれば、かの入滅の日、衆僧を啒請《くつしやう》して、念仏を修せしむ。相共に礼仏*合殺《かつさつ》して、休むがごとくに音絶えぬ。時に承徳元年八月十二日、生年七十有余なり。

〔三三〕 権律師明実*は、前長門守*共方《ともか》が舎弟なり。生年十五にして出家し、十七にして受戒せり。それより以降《このかた》、毎日《ひごと》に文殊の像九体を図絵《づゑ》供養し、同じく*三時に供養法を修せり。また根本中堂に参詣すること二千八百ケ日、手づから香花を備へて、*薬師仏を供養す。およその顕密の行業は、人の知るところにあらず。而る間*寛治七年七月十三日巳剋、文殊の像に対して、端坐入滅せり。かの日より十五日に至るまで、容顔変ぜず、薫香猶《なほ》し余りぬ。およその近習の人、奇香に染まずといふことなし。葬送の後、三、四日を経て、門弟墓所に到りて、読経廻向せり。*異香《いきやう》 *発越《はつゑつ》として、猶しもて故《もと》のごとし。漸くに数日《すじつ》に及びて、自ら《おのづか》にもて消えぬ。

〔三四〕 沙門境妙は、近江国の人なり。早《つと》に叡山の岳《をか》に登りて、横川に住せり。専《もは》らに法花経を誦して、二万部に及ぶ。また*五種法師の行《ぎやう》を行ひ、*十種供養の勤を勤む。*已に老年に至りて、忽ちに旧《むかし》の朋《とも》に謁して曰く、今日の謁見、これ最後の対面なり、云々

廻文　二人以上の者に出頭すべき由を触れ知らせるために出す文書をいうが、ここは返答を必要とする手紙のこと。海人藻芥「廻文之事、立紙ノ時ハ加奉、折紙ノ時ハ合点ナリ」。

署　廻文の受取人の名前の下に返事を書くこと。

合殺　→二四六頁注

〔三三〕 真言伝巻六・普通唱導集巻下・本朝高僧伝巻七十にみえる。本書によるか。

明実　肥前守藤原通範の子。承暦元年十二月法勝寺供僧、応徳元年五月最勝講講師となり(水左記)、永保二年十二月講師の労により律師(権ヵ)となる(僧綱補任)。

共方　従五位下長門守(尊卑分脈)。

三時に供養法　ここでは晨朝・初夜・後夜に文殊菩薩を供養すること。一字・五字・六字・八字文殊法や、文殊供養法・文殊儀軌など経典が多いが、何によったものか不詳。

薬師仏　山門堂舎記「根本中堂…薬師仏木像二軀、一軀者伝教大師伐㆓虚空蔵尾自倒之木㆒像也矣。一軀者座主惟首和尚所ㇾ造矣云々」。

寛治七年…入滅せり　寛治六年七月入滅(僧綱補任)。歴代皇紀三、堀川院裏書に「寛治六年七月十二日卒。号㆓極楽房㆒」とある。

異香　瑞応刪伝「大行禅師、…葬後棺槨異香数日不ㇾ散、儀貌如ㇾ生、都不ㇾ異也」。

発越　→四一頁注

〔三四〕 本伝も、今昔物語巻十五ノ一二も、法華験記巻中〔五二〕による。ただし今昔が

といへり。*幾日を経ずして、已に病気あり。時に衆人に告げて云はく、最後の病なり。決定《くゑつぢやう》死ぬべしといへり。沐浴して威儀し、*五色の糸をもて、弥陀仏の手に着《つ》く。その糸を引きて、読経念仏し、西に面《むか》ひて絶えぬ。この時上人あり、夢に云はく、境妙、金の車に乗り*黄の経を持せり。天童囲繞《ゐねう》して、雲路駕《が》を促《うなが》す。行路何《いづれ》の方ぞ。西を指して去りぬといへり。

〔三五〕 沙門仁慶は、越前国の人なり。幼《わか》くして北陸を辞し、久しく西塔に住せり。法花を読誦し、真言を受習す。中年に山を離れて、多くの歳洛《らく》に住せり。必ず法花一部を読みて、毎日の行となす。已に*知命に及びて、殊に道心を発して、*衣鉢《えはつ》を捨て、資物を売りて、*両界の曼荼羅を図絵《づゑ》し、阿弥陀仏の像を彫刻しつ。兼て*四恩法界のために、一乗妙法を書写す。その後病患に纏《まつは》るといへども、念仏を怠らず。正心乱れず、奄然として滅《し》にたり。時に傍の人夢みらく、*大宮大路に、奇雲垂れ布きて、音楽天に聞え、薫香地に*迸《はびこ》る。夢の中に人の云はく、これ仁慶上人、往生極楽の儀なりといへり。この言いまだ訖《をは》らざるに、仁慶威儀を調へて、香炉を擎げ、紫蓮台に坐して、西を指して*去りぬとみたり。

〔三六〕 沙門広清は、叡山*千手院の住僧なり。常に前業を悔いて、専《もは》らに後世を祈る。*事の縁に引かれて、世路に廻るといへども、心は山林にありて、口に法花を誦せり。夢

験記に基くに反して、本伝では、行願寺の法華三十講の叙述を「勤二十種供養之勤一」の一句に集約するなど省略が多く、また法華経信仰の面が弱められている。普通唱導集巻下にある。

五種法師 ↓一一八頁注

十種供養 ↓一一九頁注

已に 験記「知命時臻、登二比叡山一、巡二拝処々堂塔聖跡一」。

幾日 験記「還二来本所一、不レ逕二多日一」。

五色の糸 ↓二八頁補「糸をもて…」

黄の経 ↓七八頁補「黄紙」

〔三五〕 本伝は、今昔物語巻十五ノ一一とともに、法華験記巻中〔五三〕による。ただし験記と比べると要をとって文を簡潔にし、また法華経信仰の面が弱められている。

知命 ↓三六頁注

衣鉢 ↓二七頁注

両界の曼荼羅 ↓一一九頁注

四恩法界・大宮大路 ↓一二〇頁注

迸 訓みは名義抄による。

去りぬ… 験記は下に「又四十九日法事之夜、又人夢見、大底同前夢矣」と記す。

〔三六〕 本伝及び今昔物語巻十三ノ三〇は、法華験記巻中〔六四〕による。ただし本伝では要をとり、文を簡潔にしている。普通唱導集巻下にある。

千手院 ↓七九頁補

事の縁に… ↓一三一頁注

みらく、*八の菩薩あり、身の色皆黄金なり。その一の菩薩、沙門に告げて云はく、一心に退かずして、妙法を修行せよ。我等八人当《まさ》に極楽に送るべしといへり。言ひ訖りて去りぬ。夢覚めて歓喜《くわんぎ》し、弥《いよいよ》また加行せり。乃ち*臨終に至りて、経を誦して気絶えぬ。その墓所において、毎夜《よごと》に経を誦する音《こゑ》あり。已に五更を迎へて、必ず一部を誦す。一の弟子あり。その髑髏《ひとがしら》を取りて、*清涼の山に置きつ。その山の中にして、猶し法花を誦せり、云々といふ。

〔三七〕慶日上人は、洛陽の人なり。*顕密鏡を懸けて、内外玉《ないぐゑ》を瑩《みが》く。専《もは》らに*上刹《じやうせつ》を慕《ねが》ひて、遠く本山を離れぬ。*摂津《つの》国莵原《うばらの》郡に到りて、草庵を結びて棲《すみか》となし、*糞衣《ふんえ》を綴りて服となす。*一生持斎して、*五内護禁せり。而る間雨降り雲暗きの夜、単己《たんこ》独往の夕に、前に炬《ともしび》を挙ぐるの人あり、後《しり》に*簦《かさ》を擁《ゐよう》するの僕《ぼく》あり。人近づきてこれを見れば、火もなくまた人もなし。或時*細馬《さいば》の上卿《しやうけい》、来りて上人の廬に入る。人往きてこれを見れば、馬もなくまた客もなし。その終焉の時、威儀例のごとくに、音《こゑ》を挙げて妙法を誦せり。指を屈《ま》げて*定印を結び、禅定に入るがごとくに、西に向ひて終へぬ。時に近き辺の諸人、入滅を知らず。百千の人あり、上人を恋慕して、悲泣の音を成す。隣の人驚きてもて拝み見れば、音もなく形もなし。雲の上遙に楽の音を聞き、房の中はただ香《かうば》しき風のみあり。

八の菩薩　浄土論巻中「第九如二薬師経云一、…願レ欲レ往二生西方阿弥陀仏国一者、…尽二其寿命一欲レ終之日、有二八菩薩一。文殊師利菩薩、観世音菩薩、大勢至菩薩、宝檀華菩薩、無尽意菩薩、薬王菩薩、薬上菩薩、弥勒菩薩、皆当三飛往迎二其精神一」。

臨終　験記「在二一条以北道場一入滅」。↓一三一頁注

清涼　験記「清浄」。

〔三七〕　本伝も今昔物語巻十三ノ五も、法華験記巻中〔六五〕による。験記に比して文を簡潔にしているが、日ごろの法華読誦や、真言・止観の修習、天神・冥道・護法聖衆の供給、守護などの叙述は省略してある。

顕密…　験記「顕教密教、懸レ鏡明々、内教外典、貫レ玉了々」。

上刹　↓二〇〇頁注「浄刹」

摂津国莵原　↓一三二頁注

糞衣　糞掃衣。↓一三二頁注

一生持斎　験記「庵室近辺、女人不レ来。況以レ眼見レ之、開レ口与語哉。一生持斎」。

五内　五臓と同じ。験記「不レ食二油酒一」。

簦　訓みは底本訓及び名義抄による。和名抄「俗云大笠、於保賀佐、笠有レ柄也」。

細馬　良馬。験記「粧馬」。

定印　弥陀定印。↓二二七頁注「弥陀の迎接の印」

〔二八〕 浄尊法師は、*屠児《ゑとり》なり。一の比丘あり〈その名失へり〉、鎮西《ちんぜい》に巡遊して、路を山中に失へり。日暮れて山深し。一の廬あり。比丘夜宿《やしく》を求む。一の女ありて言はく、吾が廬は他処に似ず、寄宿すべからず、云々といふ。比丘云はく、日来《ひごろ》路に迷ひて、疲《つかれ》極りて*方《はう》なしといへり。女浄き筵《むしろ》をもて坐せしめ、美食《びしよく》これに与ふ。家の主、夜に入りて物を荷《にな》ひて来りぬ。比丘この家の主を見れば、これ法師なり。その形《かたち》太だ醜く、その衣また綴れり。荷ひ来るところの物、皆血肉《ちしし》の類なり。即ちもて食《じき》し噉《くら》ひぬ。誠にこれ*旃陀羅《せんだら》なり。漸くに丑剋に及びて、この法師沐浴清浄し、新しき浄衣を着《き》て、*持仏堂に入り、*法花懺法《せんぼふ》を修して、妙経一部を誦せり。礼拝念仏し、発願廻向するに、音声《おんじやう》極めて貴くして、薫修また至れり。明朝比丘に語りて言はく、浄尊法師はこれ愚賤の身無慚《むざん》の極なり。これに因りて今生の栄を期《ご》せず、偏《ひとへ》に来世の苦を厭ふ。檀越《だんをつ》の*嚫施の食を望まず、ただ牛馬の死骸《しにかばね》の肉を求む。ただし某《それの》月某日、この娑婆を捨てて、極楽に生るべし。もし結縁の心ある者は、必ず来り座《ましま》すべしといへり。その後数年を歴て、その期に至りぬ。その虚実《こじつ》を見むがために、かの所に弔《とぶら》ひ到る。法師この比丘を見て、歓喜して曰く、善きかな沙門、この処に来る、云々。弟子浄尊、今夜《こよひ》西土に往生すべし。故《かるがゆゑ》に肉食《にくじき》を断ちて、三、四月に及ぶといへり。その女《むすめ》尼と作《な》りぬ。清浄にして香潔く、共に持仏堂に入りて、通夜《よもすがら》*観行《くわんぎやう》せり。時に暁なり。数千人あり、空より下る。光明遍く照して、音楽普《あまね》く聞え、西を指して去る。眼《まなこ》を極めて消えぬ。後に堂の内を見れば、僧尼二人、*躬《み》を曲げて合掌し、西に向ひて*滅《し》せり。

〔二八〕 本伝も今昔物語巻十五ノ二八も、法華験記巻中〔七三〕による。ただし本伝では要をとり、文を簡潔にしている。

屠児 和名抄「和名恵止利。殺レ生及屠二牛馬肉一販売者也」。

方なし 方法がない。どうしようもない。

旃陀羅 →一四三頁注

持仏堂 →一四二頁注

法花懺法 →一九頁補

嚫施 信者の施物。→一四三頁注

観行 →一〇七頁注。験記「修行」。

躬を曲げて 敬礼することを意味す。

滅せり 験記は下に「比丘流レ涙、止二住遺跡一、修二行仏法一。若有下伝二聞此事一之類上、皆来二此所一、恋二慕聖人一、結縁而去矣」の文がある。

〔二九〕沙門道乗は、叡山*宝幢院の住僧にして、法性寺の*尊勝陀羅尼*供僧《くそう》なり。少《わか》き日より老年に至るまで、妙法を読誦して、*念仏を勤修《ごむしゆ》せり。ただしその性*急悪にして、過咎を忍びず、弟子を罵詈《めり》し、*童子を毀辱す。瞋恚《しんい》休みて後、頭《かうべ》を叩きて懺悔《さんぐゐ》し、衆に対《むか》ひて発露《ほつろ》せり。而る間、夢の中に寺を出で、行きて叡山に向ふ。即ち*柿下に到りて、遙に山の上を見れば、朱楼紫殿、甍《いらか》を比《なら》べ閣《かく》を連《つら》ねたり。その中に無量の経典を安置《あんぢ》す。*黄紙朱軸、*紺牋金文、*欄《ませ》に満つること幾千幾万ぞ。道乗その故を問ふ。老僧答へて云はく、汝が年来《としころ》誦せしところの大乗経典なり。この善根《ぜんごん》に依りて、浄土に生るべしといふ。即ち忽ちに火あり、一部の経を焼く。道乗またその故を問ふ。老僧答へて云はく、汝瞋恚を発して、弟子を罵詈す。瞋恚の火、その経巻を焼くなり。もし瞋恚の心無くは、善根を増長《ぞうぢやう》し、決定《くゐつぢやう》して*安楽世界に往生せむといへり。夢覚めて後、仏に向ひて誓を発し、その後瞋恚を断ちて慈忍を修し、三業《さんごふ》を調へて一乗を誦せり。念仏して行《ぎやう》し、時を知りて滅《し》にたり。

拾遺往生伝　巻上

已上三十人、誠を至して注記す。

〔二九〕本伝と今昔物語巻十三ノ八は、法華験記巻上〔一九〕による。ただし要をとり、文を簡潔にしている。

宝幢院　→七七頁補

尊勝陀羅尼　→二五頁注。法華験記には「法性寺尊勝院供僧」とある。尊勝陀羅尼の供僧とも読める。

供僧　→七九頁注

念仏　験記では「暗二誦妙法華一、昼夜無レ倦」とのみあり、「勤二修念仏一」をいっていない。

急悪　→七八頁注

童子　→二六頁注

柿下　→七八頁注「柿本」

黄紙朱軸　→七八頁補

紺牋金文　紺紙に金泥の文字で書いた経。験記「紺帋玉軸金銀瑩レ字」。塩尻巻八「按に金泥の字本写二聖経一。後世浮屠写二胡言一為二家事一」。

欄　訓みは字類抄・名義抄による。井桁。この一句、験記になし。

安楽世界　験記「極楽世界」、今昔「極楽」。

拾遺往生伝　中

拾遺往生伝　巻中

柱下少史三善為康記す

予《われ》後人念仏の行を勧めむがために、予《あらかじ》め先達の伝記の遺《のこ》れるを拾へり。都盧《すべて》三十人、巻軸已に成りぬ。その後国史別伝を闚《うかが》ひ、京畿辺外を求めたり。かつ訪《とぶら》ひ得たる所また数《あまた》あり。罷めむと欲すれども重ねて更に記しつ。冀《ねが》はくは今生集類の結縁をもて、必ず来世*順次の迎接《がうせふ》を期《ご》せむ。その人誠に霊あらば、遙に我が願を照せ。この記を*毀《くゐ》誉《よ》する者、利益《りやく》を施すことまたかくのごとくならむ。ただし恨むらくは聞に随ひて記し、時代を次《つ》がざることを爾《しか》云ふ。

順次の迎接　↓二七八頁注「順次生…」

毀誉　字類抄「両合部、クヰヨ」。

〔一〕　浄蔵伝には、㈠扶桑略記の巻二十二―二十六の各所に「伝」として引用するもの、㈡日本高僧伝要文抄(建長三年)第一にみえる十一か所の浄蔵伝の逸文、及び㈢大法師浄蔵伝(寛喜三年、以下、浄蔵伝と略)がある。㈠㈡は抄出されたものであるから全貌はとらえがたいが、㈢は最も詳細で伝説化が著しい。本伝は㈠㈡など先行の浄蔵伝にもとづいて書かれたとおもわれるが、右三伝との関係は詳らかではない。そこで一々の記事につき、㈠㈡中本書とより近い文をかかげ、㈠㈡を欠く時は㈢をかかげておいた。↓補

大法師　↓二九一頁補

清行　三善氏吉の三男。巨勢文雄に学び(江談抄)、文章博士・大内記・大学頭・式部大輔等を経て従四位上参議に至り宮内卿・播磨権守を兼ね、延喜十八年十二月七日薨、七十五歳(公卿補任。日本紀略等には七十三歳)。善相公と称す(江談抄)。博学にして経世の才があり、意見十二箇条は特に名高いが、天文・卜占の道にも明るかった。善家集(佚書)がある。

天人…　扶桑略記に「母夢㆔天人来入㆓懐中㆒」、浄蔵伝には「如㆓天童㆒人手持㆓独股杵㆒来入㆓懐中㆒」。

岐嶷　幼にして他に秀でていること。字

〔一〕*大法師浄蔵は、俗姓三善氏、右京の人なり。父は参議宮内卿《くないきやう》兼播磨権守*清行《きよつら》卿、第八の子なり。母は嵯峨皇帝の孫《むまご》なり。嘗《むかし》母夢みらく、*天人来りて、懐《ふところ》の中に入るとみたり。覚めて後、身《はら》むことあり。誕生の時、母苦痛なし。歳二、三歳に及びて、性《ひととなり》太《はなは》だ*岐嶷《ぎぎよく》なり。人*神聡となせり。僅に四歳に及びて、*千字文を読み、一を聞きて二を知る。*齢《よはひ》七歳に及びて、俗境に留らず、好みて仏庭に赴く。父の卿 屢《しばしば》拘留《こうりう》すといへども、敢へて止まらず。*父の卿、児に命じて云はく、汝誠に三宝に仕へ奉らむと欲《おも》はば、我がために一の験《しるし》を見せしめよといふ。児云はく、実に父の教のごとし。霊験《れいげん》を顕すべし、云々といへり。時に正月なり。庭前に梅の樹ありて、その花新しく開敷《かいふ》せり。児*護法をしてその枝を折り落さしむ。父の卿感傷して、泣きて言《ものい》はず。*その後熊野・金峰山の、霊崛神洞に、歩《ほ》を投じ身を寄せずといふことなし。或は*稲荷《いなり》谷に籠りて、護法をして花水を採らしめ、或は熊野山に詣でて、洪水に逢ひて奇《あや》しき舟を得たり。

年始めて十二、*松尾社《まつのをのやしろ》より洛に出づるの日に、*禅定法皇の御行《みゆき》に遇ひぬ。召して御弟子となしたまへり。即ち登壇受戒し、宣旨に依りて清涼房*玄昭律師に付して、*三部の大法・*諸尊の別法を受けしめつ。また*大恵大法師に随ひて、悉曇《しつたむ》を受け習へり。大恵大法師は、*安然和尚の入室なり。大法師糸竹《しちく》の曲調を知るに依りて、明かに悉曇の音韻に通じたり。およそ内外《ないぐゐ》兼ね学びて、管絃倶に習ひつ、云々といふ。また横川の*如法堂にして、一夏《いちげ》安居《あんご》せり。堂の庭に小便を成すに、俄に西方より、貴人《きにん》来りぬ。

類抄「ギギヨク、聡人也」。文選巻五、呉都賦「岐嶷継レ体、老成奕レ世。〈張銑曰、岐嶷少而賢者、能継二祖考之徳一〉」。要文抄に「二三歳、性操異二例児童一」。
神聡　生れつき賢いこと。
千字文…　梁の周興嗣撰、一巻。四言古詩二百五十句。平安時代の代表的な初等教科書。略記「僅及二四歳一、読二千字文一。穎悟抜萃、聞レ一知レ二」。要文抄もほぼ同じ。
齢七歳…俗境に留らず…　→補
父の卿…　→補
護法　→七二頁注
その後…年始めて十二…　→補
稲荷谷　稲荷は京都市伏見区伏見稲荷大社の地。山城名勝志に「社家説云、山間有二神座跡一、曰二御前渓一。此渓北有レ岩、云二雷岩一」。
松尾社　→一六四頁補「松尾明神」
禅定法皇　宇多法皇。
玄昭　三国春成の子、慈覚六師入室、長意受法。延喜十一年八月、宇多法皇御修法に真済の霊を伏した功により権律師となり、同十七年(元亨釈書は十五年)二月三日入滅、七十二歳(扶桑略記・僧綱補任)。一説に、延喜二十年閏六月東寺長者、延長七年二月八日入滅(東寺長者補任)、承平七年三月三日入滅(血脈類集記)。清涼房と号した。
三部の大法　→二一頁注
諸尊の別法　諸尊別行の密教修法。
大恵　→補
安然　→二二九頁補
如法堂　→五九頁二行。→補

賀茂明神　↓一三九頁注
番替…　叡岳要記巻下に「延久五年、勧ニ請日本国三十神一為ニ如法堂守護神一〈楞厳院長吏阿闍梨良正〉」とあり、日番に守護神とした。
直日　当直の日。
新しき袈裟…　↓補
京極の更衣…　更衣加持のことは浄蔵伝に「満廿之年秋月八月」としてほぼ同じことを書く。更衣は藤原時平女褒子。↓補
熊野に参詣…　↓補
冥官　↓八六頁注
位の袍　要文抄にもみえる。位はこの場合、四位。袍はこのころの正装、束帯すがたの衣。位の衣の色は衣服令により深緋。装束抄「深緋。四位ノ着ル色ナリ。…中古以来、四位已上ノ袍フシカネニテソムルユヘニ、其差別ミエザル也。仍四位ヨリ一位迄オシナベテ黒シ」。
伝法師玄昭…　↓補
亭子院　宇多法皇。拾芥抄巻中「七条坊門南、西洞院西二町。寛平法皇御所、元東七条后温子家」。
真済　左京の人、紀御園の子。↓補
鵲　↓補
炉壇　↓二三〇頁注
気分　悩気と同じか。
写瓶　↓二六四頁補
醍醐内親王…・**南院親王**…　↓補
火界呪　↓二二五頁注「不動火界呪」
法の験　秘法の験力。
醍醐の先帝…　↓補
御仏名　仏名悔過・仏名会ともいい、一

大法師その人を問ふに、答へて云はく、我はこれ*賀茂明神なり。慈覚大師、京畿の二百余の明神をして、*番替《かはり》に如法経を護らしむ。今日は我が*直日《ちよくじつ》なり。而るに不浄のことを誡めむと欲すれば、既に上人のなせしところなり。何《いか》がせむ、何がせむといふ。忽ちに異人を召し集めて、不浄の土を掘り捨てつ。方《はう》五尺ばかりなり、云々といふ。また*新しき袈裟を着れば、口より火を出して、袈裟を焼き失ひて、衣服《えふく》を焼かず。その子細《しさい》を尋ぬれば、不浄の女人、裁縫せし故なり。

また*京極の更衣《かうい》の女御の所悩に依りて、大師、禅定法皇の勅喚あり。大法師固辞すること能はずして、将にもて参上せむとす。これより先本尊の護法かつ行ひて、接縛し平噫せり。相次いで大法師参入す。法皇法服を着て礼拝したまへり。また*熊野に参詣するの間、暗《そら》に父の卿の薨《し》なむ日を知りて、途中より俄に路に帰りぬ。滅後の五日に遇ひて、大法師忽ちに*冥官《みやうくわん》を動《はたら》かして加持せり。蘇生せる父の卿、*位の袍《うへのきぬ》を着て礼拝せり。七日を経てまた薨《し》につ。これ運命の限あることを知らしむるなり。また*伝法師玄昭律師、*亭子院の御修法《しゆほふ》を勤修《ごむしゆ》するの間、*真済僧正の霊、*鵲《かささぎ》の形と作《な》りて出現せり。これを*炉壇に置きて、その身を焼き損しつ。仍《よ》りて大怨心を結びて、小《ちひさ》き僧の形と作《な》り、隙《ひま》を伺ひ短《とが》を求めて、空より下り来る。律師その形を見るごとに、心神例ならず。大法師加持して縛すれば、曽《すなは》ち*気分なし。律師法服を着て礼拝せり。弥《いよいよ》秘蔵を開きて、悉くもて*写瓶《しやびやう》す。また*醍醐内親王久しく腰病を煩ひて、起居すること能はざりしこと、已に三年に及べり。仍りて大法師をもて不動法を修せしめたまへり。

大法師日中《にっちう》の時に壇を出でて云はく、公主の病、平復せしめ了りぬといふ。陪従《べいじう》驚きて見るに、公主起き立ちたまへり。また*南院親王、除病の法を修せしめたまふ。三日を経て日中の時に、親王薨去《し》にたまへり。大法師*火界呪《くわかいじゅ》をもてこれを加持す。親王蘇《そ》生《せい》したまひ、法服を着て礼拝したまへり。退出の次《ついで》に、伴の僧に示して云はく、親王の運命定業《ぢやうごふ》なり。然して*法の験《しるし》を顕さむがために、暫く蘇生せしむるなり、云々といへり。四ケ日を経て、遂にもて薨逝《し》にたまへり。

また*醍醐の先帝の*御仏名に、大法師*梵音《ぼんおん》のことを勤めたり。*定額《ぢやうがく》僧*平寒座にありて、密々にこれを嘲る。蔵人《くらうど》の*公忠 宣《おほせこと》を伝へて云はく、定額法師等、浄蔵の曲を伝へ習ひて、後々にこれを勤めよといへり。平寒この宣旨を聞きて、恥ぢ歎くこと極りなし。また*仁和寺の*桜花会に、大法師*唄《ばい》のことを勤めたり。頭中将*藤原朝成《あさひら》、頻に唄の誤を称《い》ふ。ここに亭子の*第八親王、唄の曲を感じて、大法師を召して、*被物盃酒《かつげものはいしう》を賜へり。中将これを見て恥づる色あり。また*天慶三年正月廿二日、横川において、坂東の賊の首《かしら》、平将門を調伏《てうぶく》せむがために、二七日を限りて、*大威徳法を修せり。将門弓箭を帯して、*焼明の上に立つ。人人驚きて見るに、俄に流鏑《かぶら》の声示《あらは》れて、東を指して去れり。便ち知りぬ調伏の必然なることを。この事に依りて、公家《くげ》*仁王会を修せられ、大法師を択びて、*待賢門の講師となせり。その日将門が軍《いくさ》京に入る、云々といふ。大法師奏して曰く、将門が首《かうべ》を進《たてまつ》らしむるならむといへり。果してその言のごとし。

また*朱雀《しゆじやく》院太上皇帝、御薬のことあり。大法師筮《うらな》ひて云はく、御悩平復すべし。た

年の終りに宮中及び国内の年間の罪過を懺悔して仏の利益護持を祈願する。↓補
梵音 ↓補
定額僧 国分寺など勅願の大寺に住し朝廷より供料を賜る特定の僧のこと。
平寒 浄蔵伝「平塞」。伝未詳。
公忠 光孝天皇の孫、源国紀二男。↓補
仁和寺… ↓補
桜花会 桜花の時法会を行うこと。↓補
唄 梵唄師。曲調を付して経文を諷誦したり、偈頌を唱詠する僧。
藤原朝成 右大臣定方子。従三位中納言、中宮大夫。天延二年四月五日薨、五十八歳(尊卑分脈)、天暦七年正月左中将、同九年八月蔵人頭(公卿補任)。
第八親王 一品式部卿敦実親王。↓補
被物・天慶三年… ↓補
大威徳法 大威徳明王(五大明王の一で西方に配し、本地は阿弥陀)を本尊とする修法。
焼明 略記「燈盞」、要文抄「燈明」。
仁王会 護国経典である仁王般若経を講読する法会。貞信公記抄、天慶三年二月十三日条「於二陣頭一令レ定二仁王会請僧一云々」、廿五日条「臨時仁王会、無二布施一。信濃国飛駅、言下上平将門為二貞盛・秀郷師一被二射殺一之状上」。日本紀略同日条もほぼ同じ。
待賢門の講師 待賢門は大内裏十二門の中、東面、南寄り第二の門。仁王会を宮中・諸殿諸司・諸門で講修するときの、待賢門の講師。
朱雀院太上皇帝… 朱雀天皇。↓補

だし明年火事あるべしといへり。その後*栢梁殿*焼亡《ぜうまう》しぬ。相次いで*成道寺・*東光寺・*長谷寺焼亡しぬ。皆その言のごとくに、その期《ご》を失はず。また*亭子院の殿上にして、*寛修法師退下の間、大法師その背《せなか》を見て云はく、入滅近きにあり、云々といへり。却《しりぞ》きて後一月ありて、已にもて滅《し》せり。かくのごときの占相一も失はず。

*別伝に云はく、呼び帰して云はく、幾《いくばく》ならずして滅《し》すべし。弥陀念仏を勤むべし、云々といふ。

また*天暦年中、大法師*八坂寺に寄宿しけり。時に卿相《けいしやう》*朱紫、数十群集して、八坂の塔を見て云はく、塔の傾《かたぶ》く方《かた》、その処不吉なり。この塔王城に向ひて傾く、云々といふ。大法師云はく、年来《としごろ》この塔を直《なほ》さむと欲《おも》へり、云々といふ。集会の諸人、皆以為《おもへ》らく、*料《れう》の物を加ふべしとおもふ。大法師云はく、必ずしも料の物を用ゐるべからず。今夜《こよひ》試みに直すべし、云々といへり。その夜、大法師亥剋許《ばかり》をもて露地に坐して、塔に向ひてこれを加持して、即ち本房に帰り畢りぬ。而るに弟子の*仁璫《にんたう》法師、子剋許に庭の中を徘徊《はいくわい》して、塔婆を見望むに、乾《いぬゐ》の方より微風《こかぜ》吹き来りて、塔婆幷びに*宝鐸《ほうちやく》揺れ動きて音を成せり。旦《あした》に達《いた》りてこれを見れば、その塔端直なり。*軒騎幾《いくばく》の人ぞ、随《ずい》喜《き》する者多し。

*別伝に云はく、また三ヶ年、台山の横川に籠りて、六道衆生のために、毎日に六部の法花を読み奉り、毎夜に六千返の礼拝、幷びに三時供養法を勤修《ごむしゆ》するの間、不動火界の真言、毎日に六千反なり。自余の行法《ぎやうぼふ》は、委《くは》しく注《しる》すに遑《いとま》あらず。ただし使者出現して、鐘を打

栢梁殿　河海抄巻九「在㆓朱雀院艮角㆒。東宮故事云、後(彼)宮有㆓素栢局床㆒也云々。此故歟。栢殿為㆓後宮御在所㆒之由見㆓九条右丞相記㆒」。→二七二頁注「朱雀院」

焼亡　園太暦、文和二年二月五日「仙洞火事例、天暦四年十月十五日、朱雀院失火、嶋町雑舎皆悉焼亡」。

成道寺　未詳。

東光寺　略記、延喜五年三月九日「以㆓東光寺㆒為㆓定額㆒。件寺元慶年中太后御願所㆑建也」。日本紀略、天暦二年正月十七日「今日東光寺焼亡。陽成院后宮御願也」。

長谷寺　日本紀略、天慶七年正月九日「大和国豊山寺〈長谷寺也〉堂舎皆悉焼亡。…建立之後二百廿四年」。→八五頁注

亭子院…　→補

寛修　伝未詳。

別伝…　補「亭子院…」引用の要文抄・浄蔵伝、特に前者にほぼ同じ。

天暦年中…八坂の塔を見て…　→補

八坂寺　→補

朱紫　高位高官の者をいう。本朝文粋巻二官符「諸院諸宮、朱紫之家、不㆑憚㆓憲法㆒、競為㆓占請㆒」。

料の物　用いるための物。材料。

仁璫　伝未詳。

宝鐸　→八二頁注

軒騎　大臣公卿の車馬。本朝文粋巻一、河原院賦「軒騎聚㆑門、綺羅照㆑地」。

別伝…　三二〇頁補「新しき袈裟…」引用の要文抄・浄蔵伝、特に前者とほぼ同じ。

ち花を採り水を汲む等《たぐひ》の奇異のこと、人の耳目を驚かすといふ。
ム《それかし》云はく、また護*法ありて、惜《あたら》しかる米を散《さん》ず。錫*杖を湖上に立つるに、水を去ること丈余なり。*病《や》める男の腹の汚を、護法をして践み出さしむる等のこと、委しくは別伝にありといふ。

また天*暦年中、大法師八坂寺に住せり。*強盗《がむだう》数十忽ちにもて入り来る。大法師音《こゑ》をもてこれを叱《いさ》ふ。強盗等*徒然《とぜん》として立ち、木のごとくに強《こは》りて動《はたら》かず。夜更已に明けたるに、縛除きて解け脱がれ、強盗等礼を作《な》して去れり。また延*喜年中、唐の僧*長秀《父と共に、別*伝かくのごとし》*波斯《はし》国に行くに、海路に漂蕩《へうたう》して、燈*楼の島に寄りぬ。僅に皇朝に来りて、久しく胸の病を煩ふ。救療を求めむがために、天台座主増*命僧正〈諡《おくりな》は静観と号《な》づく〉に啓《まう》す。僧正命じて云はく、本朝の験者《げむじや》十人、その中に第三の験者浄蔵をもてこれを遣《つかは》すといへり。大法師、薬*師真言百八遍をもてこれを加持するに、即ちもて平喩せり。唐の僧感歎して云はく、我朝印度に隣す。然れどもいまだかくのごとき人あらず。即ち知る第一、二なきかといへり。

別*伝に云はく、この東海の別の島に、聖人来り坐《まし》すなり。希有《けう》なるかな、希有なるかな、定めて知る第一、二なきかといふ。

また応*和三年八月、空*也上人六*波羅寺の側《かたはら》にして、金*字の大般若経を供養したり。大法師名徳の座に列す。時に乞食比丘《こつじきびく》来集の者、もて百数々《あまた》なり。大法師一比丘を見て、大きに驚き敬屈《きやうくつ》し、これを席の上に延《い》れて、得たるところの一鉢を与ふ。比丘辞

護法ありて… ↓補
錫杖を湖上に… ↓補
病める男の腹… ↓補
天暦年中…強盗数十… ↓補
強盗 字類抄「虜掠部、ガムダウ」。
徒然 ↓二〇五頁注
延喜年中… ↓補
長秀 平秀(貞信公記)。↓補
別伝… 扶桑略記にも「与㆓其父㆒共」(↓補「延喜年中」)、浄蔵伝にも「与㆑父」とみえる。前後の「別伝に云はく」と同種の書き入れか。
波斯国 唐書、西域列伝に「波斯居㆓達遏水㆒、西距㆓京師㆒万五千里、而東与㆓吐火羅康㆒接。北隣㆓突厥可薩部㆒、西南皆瀕㆑海。西北贏㆓四千里㆒払菻也」とあり、ペルシャを指しているが、宇津保物語、俊蔭巻の例によると現在のマレー地方を指すと思われる。
燈楼の島 未詳。
増命 往生極楽記(六)増命伝参照。浄蔵伝注「一本云、宿縁所㆑引、登㆓天台山千手院㆒、師㆓事座主僧正㆒。受戒得度為㆓住山㆒、修□□身。其後風病未㆑平云々」。
薬師真言 滅除一切衆生苦悩呪という大呪と無能勝明真言という小呪がある。
別伝… 扶桑略記・浄蔵伝、特に前者に類似する。
応和三年八月… ↓補
空也上人 往生極楽記(一七)空也伝参照。
六波羅寺 ↓八八頁注
金字の大般若経… ↓補

せず言《ものい》はず、併《あは》せてもてこれを尽《つく》せり。重ねて更に飯《いひ》を与ふるに、またもてこれを食《じき》す。大法師これを揖《いふ》し、これを送る。比丘その後、食し尽すところの飯故《もと》のごとくにしてあり。大法師の云はく、これ文殊の化身《くゑしん》なりといへり。満座皆歎伏せり。かくのごとき異《あや》しき事、称《い》ひ尽すべからず、云々といふ。

＊およそ顕密・悉曇《しつたむ》・管絃・天文・易道《やくだう》・卜筮《ぼくぜい》・教化《けうくゑ》・医道・修験・陀羅尼・音曲《おんぎよく》・文章・芸能、悉くにもて抜萃《＊ばつすい》たり。

別伝に云はく、或＊人事の次《ついで》あり。両三相共に例のごとし。人、師祖《しそ》の事を云ひて、禅房の事を申さる。その日より鼠一切《いつさい》の物を喰ひ損せり。仍《よ》りてその人本尊《ほんぞん》に祈り申すのところ、夢想に云はく、聖人《しやうにん》を誘《そし》るに依りて、薬師十二＊神をもて、守護を命ずるに依りて、子神《ねのかみ》の宿直《しくぢき》の日に当《あた》りて、そのなすところなり、云々といへり。仍りて即ちこれを諮《と》ひ謝《まう》すに、答へて云はく、もしは子神のなすところか、早く停止すべし、云々といへり。その後件《くだむ》の害なし。〇生＊れたるところの子は、男子二人あり。一人は出家入道せり。才芸修験他の人に異る。修行の次《ついで》に、奥州にして早く亡《し》に逝《ゆ》けり。一人は天暦の代《よ》、幼少にて昇殿し、寵幸殊に甚し。〇成人に及びて別れしめたり。〇聖人の所作《しよさ》、測り量《さだ》むべからざるものなり、云々といふ。

＊大法師語りて云はく、我一生に三度、希有《けう》の礼拝を得たり。＊所謂《いはゆる》亭子の禅定法皇は、昔は四＊海の灌頂《くわんぢやう》を受けて、日域の王たり。後は三＊密の灌頂を受けて、＊月輪《ぐわちりん》の主たり。これ我が大師なり。更衣《かうい》女御《にようご》所悩の時、院宣《ゐんぜん》に依《よ》りて参向せり。護法先《ま》づ行きて、接

およそ顕密… 略記「凡顕密・悉曇・管絃・天文・易道・卜筮・占相・教化・医道・修験・陀羅尼・音曲・文章・種々才芸、悉以抜レ群、不レ遑二毛挙一」。浄蔵伝にも類似の文がみえる。

抜萃 多くの中から抜き出ること。

或人… 以下「件の害なし」まで、浄蔵伝の分注の一本云とほぼ同じ。

十二神・生れたるところの子 ↓補

大法師語りて云はく… 浄蔵伝「法師報曰…不徳之身、得二三度希有之礼拝一也」。

所謂… 浄蔵伝に右文につづき、「所謂亭子上皇者、即位之昔、受二四海之灌頂一、為二日域之王一。入□□、今受二三密之灌頂一、為二月輪之主一。是則我師□□、而京極更衣所悩加持、平愈之時、法皇威儀□拝而礼〈其一〉」。「京極更衣云々」は三二〇頁七行以下のことをさす。

四海の灌頂 即位灌頂で、昔印度で国王即位の時に四海の水を頂に灌ぎ祝福したことから、天皇即位の儀式をいう。六十巻本華厳経巻二十七「太子成二就王相一、転輪聖王令三子在二白象宝閣浮檀金座一、取二四大海水一…灌二子頂上一、即名為二灌頂大王一」。日本紀略、仁和三年八月廿六日条「立為二皇太子一、即日受二天祚一。年廿一」。

三密の灌頂 身・口・意の三密で行者と仏の三密が一体となるのが密教の極旨。密教の灌頂のこと。略記、昌泰二年十月十五日条に「太上天皇於二東寺一灌頂」。

月輪の主 密教の基礎的観法が月輪観であるから、三密の灌頂によって法王になった、の意。

縛し平癒せり。相次いで参上のところ、法皇法服を着て礼拝したまへり〈これ一〉。*また善相公《しやうこう》は、朝《てう》の賢智、世の神才なり。古を鑑《み》、来を知るに、毫分も誤《あやまり》なし。これ我が厳父なり。滅後五日に遇ひて、即ち加持して蘇生せしめたり。相公忽ちに位の袍《うへのきぬ》を着て礼拝せり〈これ二〉。*また受法の尊師玄昭律師、真済僧正の霊のために所悩ありし時、加持し摂縛したり。曾《かつ》て気分なし。律師法服を着て礼拝せり〈これ三〉。*この三の礼拝に依りて、已に一生の運命を窮《きは》めり。その面目《めんぼく》を思ふに、また何事を期《ご》せむや、云々といへり。

*天徳の比《ころほひ》、本尊命終るの日を告げつ。その寿《いのち》を延べむがために、*金剛般若経を転読して、*閻羅王《えんら》に祈請せり。その日のその時、俄に半《なかば》*中風《ちうぶ》なり。漸くに数日《すじつ》に及びて、還《かへ》りてまた故《もと》のごとし。これ仏力の定業《ぢやうごふ》を転じて、*軽受を示せるか。その後五、六年ありて、応和四年十一月十八日に、大法師の云はく、命終の時至るといへり。同じき廿一日酉剋、東山の*雲居寺において、正念乱れず、西に向ひて遷化せり。瑞相太だ多し。春秋七十四なり。

〔二〕 比丘*講仙は、*六波羅密寺の*住僧なり。仏法を志し学びて、往生を願ひ求め、三業を調伏《てうぶく》して、六根を懺悔《さんぐゑ》す。その命終りし後、彼の霊《りやう》、人に託《つ》きて曰く、吾年来《としごろ》の聞法の功に依りて、*順次極楽の生《しやう》を受くべし。而るに存生《ぞんしやう》の時、房に橘の樹を殖《う》ゑたり。始め根を託《つ》けしより、菓《このみ》を結ぶに至るまで、朝にも夕にも、これを愛しこれを護れり。

また善相公… 浄蔵伝に右文につづき、「厳親相公者、本朝賢相也、…入滅経二五箇日一、依二神呪加力一而蘇生。即著二位袍一成レ拝〈其二〉」。後段は三二〇頁九行以下のことをさす。

また受法の尊師… 浄蔵伝に右文につづき、「受法師玄照律師者、…而為二紀僧正霊一所レ悩之時、弟子加持擒縛。其後言レ気無レ恙。仍律師著二法服一作レ礼〈其三〉」。これは三二〇頁一二行以下のことをさす。

この三の礼拝… 浄蔵伝に右文につづき、「然則依二此三度之礼拝一、已窮二一期之運致一。自余之栄復何有乎。只所レ期者往生極楽而已者、云々」。

天徳の比… →補

金剛般若経 →二六頁補

閻羅王 閻魔王(→一七頁注)のこと。密教では焔摩天として十二天の一。→二四四頁補「閻魔天」

中風 秉燭譚巻二「中風ノ疾タル、一身ノ気血偏枯軟痪シテ、サマ〲〳〵ノ症ヲナスニヨリテ、中風ト名ヅクルナルベシ」。

軽受 →一六一頁補「軽重軽受」

雲居寺 拾芥抄巻下「花園向、祇園南、阿弥陀」、伊呂波字類抄「承和四年参議真道奉二為桓武天皇一建立云々。瞻西聖人此寺之西建二立一堂一、安二置八丈阿弥陀像一。堂号二勝応弥陀院一。今付二本堂一称二雲居寺一」。

〔二〕 本伝及び今昔物語巻十三ノ四二は、法華験記巻上(三七)による。ただし験記に比し、要をとって簡潔にしており、講仙の法華行者たることはけずっている。文中の「万寿年中」は験記にも今昔にもみこの執心に依りて、已に蛇《くちなは》の身と作《な》りて、橘の樹の下に住す。咄《つたな》きかな、悲しきかな。願はくは妙経を書きて、この苦を抜くべし、云々といへり。寺の中の諸僧倶にこの事を聞きて、かの橘の樹を見れば、蛇その下にあり。長さ三尺ばかりなり。時に万寿年中なり。*善友知識《ぜんうちしき》、同心合力《どうしんがふりよく》して、妙経を書写して、*不日《ふじつ》に供養せり。その後寺の僧夢みらく、講仙身に威儀を具して、面に喜色あり。諸僧を拝して云はく、我、衆力の善に依りて、蛇の身の業《ごふ》を離れて、今浄土に生れぬ。それ楽しからずや、云々といへり。夢覚めて蛇を見れば、蛇即ち死し了りぬ。

〔三〕沙門平願は、*播磨国の住人、*性空聖人の弟子なり。行住坐臥《ぎやうぢうざぐわ》、*造次顚沛《ざうしてんはい》、ただ一乗を誦して、已に多年を経たり。而る間大風忽ちに起《た》ちて、小房已に倒れ、沙門*厭《をそ》はれて、死門に及ぶべし。*神人《じんにん》暗《そら》に来りて、命の難を救ふことを得たり。時に神人、摩頂して慰め誘《をし》へて曰く、汝、宿業《すくごふ》に依りて、この災害に遇ひぬ。妙法を誦するに依りて、身命を存することを得たり。今生その宿業を尽《つく》して、来世極楽に生るべし、云々といへり。沙門即ち衣鉢《えはつ》を捨てて、偏に仏事を営めり。広き河原を占めて、*無遮《むしや》の会《ゑ》を設け、朝暮に法花の妙典を講じて、初後に弥陀の念仏を修せり。即ち誓を発《おこ》して言はく、この善根に依りて、当に極楽に生るべくは、必ずその*瑞《しるし》を顕はせといへり。かくのごとく誓を作《な》して、涙を流して仏を礼《らい》す。今日の会畢《をは》りぬ。明朝往きて見れば、白き蓮数百、河原に生ひたり。花開き香薫《くん》じて、人間の花に異る。見る者皆聖人往生

えない。本伝は発心集巻一にもある。
講仙　験記「康仙」、発心集「幸仙」。
六波羅密寺　↓八八頁注
住僧　験記「為二定読師一数十年」。
順次　↓二七八頁注「順次生…」

善友知識　↓九七頁注
不日　日ならずして。

〔三〕　本伝及び今昔物語巻十三ノ一九は、法華験記巻上〔四〇〕による。ただし、験記に比し、要をとって簡潔にしており、法華信仰の面は弱められている。
播磨国の住人　法華験記には伝の題に「播州平願持経者」とある。それをあらわしたもの。
性空　法華験記巻中〔四五〕性空伝参照。
造次顚沛　底本訓「シバラクモネテモサメテモ」。↓一〇頁注
厭ふ　訓みは底本訓による。
神人　神通力を得た人。仏ともいう。↓一三頁注
無遮の会　↓一〇〇頁注
瑞　↓一〇〇頁注

の瑞《しるし》なり、云々と称《い》へり。その最後に及びて、身に悩痛なく、心は散乱せずして、合掌して西に向ひ、*禅に入りて滅《し》せり。

〔四〕上人*賢昭は、内蔵允《くらのぜう》*菅原忠成の外舅《ぐわいきう》なり。俗姓《ぞくしやう》中原氏、*京兆《けいてう》の人なり。生れて異相あり、敢へて魚味を食《じき》せず。もし宍食《にくじき》を嘗《な》むることあれば、即ちもて反《かへ》し吐けり。父母これを異《あや》しびて、遂に釈氏に入れつ。それより以降《このかた》、一生女身に触れず、兼てまた名利《みやうり》を求めず。毎日《ひごと》に法花経を読みて、幷びに*薬師経を誦せり。その読誦の音《こゑ》、和雅微妙《みめう》なり。前安芸守*雅方朝臣《あつそん》の母堂、*陽明門院に陪《ばい》せり。俄に邪気に煩ひぬ。上人訪《とぶら》ひ来りて、一夜《ひとよ》読経せり。太后遥にその音声《おんじやう》に感じて、*御読経所に召さる。然るに故《ことさら》に身の障《さはり》と称《い》ひて、固く辞して去れり。他人請用《しやうよう》のときも、またかくのごとし。然る間寛治年中に、俄に*下痢に煩ひぬ。已に数日《すじつ》、身体方《まさ》に羸《つか》れ、言語僅に通ぜり。その危急に及びて、もて沐浴して、起居*軽利に、法服尋常《じむじやう》なり。先づ法花経を読みて、次いで薬師経を誦す。その音声隣里の人に聞えて、奇異と以為《おもへ》り。更闌《かうたけなは》なるに及びて人定まりぬ。暁雞の報ずるに至りて、上人一心に念仏して、*奄然《えむぜん》として終りぬ。時に生年六十余なり。ここに上人の*阿姉《あし》、落飾してもて尼と作《な》る。世の別離を知るといへども、猶《なほ》し心の恋慕を致せり。その夜夢に見らく、宮殿ありて、衆宝荘厳《しやうごむ》し、前に宝池ありて、蓮花開敷す。上人身色真金にして、衣香《えかう》芬馥たり。堂の上に安立して、即ち誘《をし》へ喩《さと》して曰く、我この処に生れたり。汝哀び傷むことなかれ、云々といへり。

禅　禅那(定)。→一三三頁注

〔四〕　他にみえず。

賢昭　板本「賢胝」。伝未詳。

菅原忠成　伝未詳。

京兆　京兆尹(左右京大夫)の管轄する土地の意。後漢の代京兆尹は長安以下十二県を管轄したことから都をいう。

薬師経　普通は玄奘訳の薬師瑠璃光如来本願功徳経一巻を指す。薬師の十二大願を説く。

雅方　伝未詳。

陽明門院　後朱雀天皇后、後三条天皇母禎子。三条院第三皇女、母は道長の第二女妍子。長和二年十月内親王、万寿四年三月東宮入内、長元七年七月後三条天皇誕生、同十二月中宮、寛徳二年七月落飾、永承六年二月皇太后、治暦四年四月太皇太后、寛治八年正月十六日、八十歳で崩ず(女院小伝)。

御読経所　禁秘鈔巻下「於㆓中殿㆒行時、垂㆓母屋御簾㆒、以㆓帳間㆒為㆓御所㆒。但必無㆓定式㆒。或於㆓二間㆒行之時、於㆓上御局㆒聴聞。或夜御殿」。

下痢　和名抄「釈名云、痢、久曾比理乃夜万比、言㆓出漏之利㆒也」。

軽利　身体が軽くよく動くこと。

奄然　忽ち。

阿姉　姉を親しんでいう。随意録巻三「漢魏以来、親㆑人称㆑阿、如㆓阿嬌阿戎㆒。字書以為㆓音座入声㆒。可㆑疑也。阿親近之謂也。則如㆓阿保阿母阿兄㆒。皆当㆑為㆓平声㆒」。

〔五〕上人あり、その名を失へり。康平年中に、*阿弥陀峰の下において、*身を焼きて入滅せり。貴賤男女《なんによ》、結縁《けちえん》*攀躋《はんぜい》の徒、宛《あたか》も*楚越の竹のごとし。ここに沙門あり、慶寛と名づく。北山に居りて西土を慕《ねが》ひ、*一心三観に住して、*四種三昧を行ふ。この時*施無《せむ》畏《ゐ》寺の東の頭《ほとり》にして、一室を構へて、*常行三昧を修せり。経行《きやうぎやう》の裏《うち》に、自然《じねん》に夢に入る。遙に西方より、音楽徐《やうや》くに来れり。人あり告げて云はく、汝この楽を知るや否や。今日阿弥陀峰において、焼身上人の来迎の儀なり、云々といへり。窓を開き眼を挙げて、遠くかの峰を望めば、翠煙上に騰《あが》りて、綵雲西に聳《そび》けり。誠にかの上人身を焼くの時なり。

〔六〕沙門好延は、*愛宕護《あたご》山の住僧なり。*法花を読誦すること四十余年、老年に至りて、いよいよ増《ますます》精勤せり。常に阿弥陀を念じて、偏《ひとへ》に往生を期《ご》す。而る間久しく病痾に纏《まつは》れて、数《しばしば》もて悩乱す。誠に運命の已に尽きむことを知りて、念仏の*正業《しやうごふ》を忘れず。身心寂静にして、奄《たちま》ちにもて入滅せり。その夜*大寺の阿闍梨夢みらく、一の大きなる池あり、大きなる蓮あり。その花開敷して、その香*郁烈たり。沙門身に威儀を具し、手に香炉を執《と》りて、池の心《なかご》を歩むこと、地面を踏むがごとし。身は宝蓮に坐して、口に法花を誦す。漸々《やうやう》に飛騰《ひとう》して、西に向ひて去るとみたり。

〔五〕　他にみえず。
阿弥陀峰　京都東山区。豊国山のいただき。そのすそを鳥辺野といい、火葬所。枕草子に「峰は…阿弥陀の峰」、前大納言公任卿集に「今よりはあみだが峰の月影を千よの後まで頼むばかりぞ」、権記、長保四年十二月廿一日条に「経㆓阿弥陀峰㆒、今夕渡㆓西対㆒」、後拾遺往生伝、巻上〔二五〕隆暹伝に晩年「即求㆓無常処㆒、登㆓阿弥陀嶺㆒云々」、同巻下〔三〕藤原為隆伝に「後日、藤貢士宗友恋㆓恩容㆒、詣㆓其墳墓㆒、…詠㆓一句之詩㆒曰、弥陀嶺上奇雲聳、極楽界中片月迎」。
身を焼き　→六四頁注
攀躋　よじ登ること。
楚越の竹　→二五〇頁注
一心三観　一心の中に空仮中の三観を修する天台の観法。→補
四種三昧　天台の行法。→一九頁補
施無畏寺　→三〇二頁注
常行三昧　→一九頁補「四種三昧」
〔六〕　本伝及び三外往生記〔四〕の伝は法華験記巻上〔三四〕による。ただし験記に比すると、要をとり簡潔になっており、法華読誦者としての面が弱められている。今昔物語巻十二ノ三九にもみえる。
愛宕護山　→七三頁注
法花を…　験記「読㆓習法華経㆒。採㆑花春㆑香、供㆓養三宝㆒、拾㆑薪汲㆑水、給㆓仕宿老㆒。終日随㆓師長㆒、授㆓習経文㆒、通夜松為㆑燈、練㆓読経巻㆒。精進功致、通㆓利一部㆒、薫習徳累、早口誦経」。
正業　極楽往生の行業の中の正定業をい

〔七〕尋寂法師は、加賀国の人なり。身は世路にありて、妻子を具すといへども、口に法花を誦して、偏に浄土を欣《よろこ》べり。ここに康保年中に、叡山の*住僧、要事に牽《ひ》かれて、北陸に赴き、かの賀州に到りて、その僧の宅《たく》に宿せり。*僧歓喜《くわんぎ》して、羞《すす》むるに美膳をもてす。夜*三半に及びて、僧沐浴して、持仏堂に入り、法花経を誦せり。五更漸くに闌《た》けて、一部已に尽きぬ。次に懺悔発願《さんくゑほつぐわん》して、念仏廻向《ゑかう》せり。その明旦に客の僧に語りて云はく、吾生死《しやうじ》を厭ひ菩提を慕《ねが》ひしこと、年月尚《ひさ》し。已に死なむ日近づきぬ。須《すべから》く終の時を見るべし、云々といへり。客の僧語に依りて、暫くもて*止住せり。三七日を過ぎて、法師語りて云はく、当に知るべし、今夜《こよひ》極楽に往生せむことをといへり。即ち沐浴して威儀し、内外清浄《ないぐゑしやうじやう》にして、香炉を擎《ささ》げ法花を誦し、頭《かうべ》は北にして休み、面《おもて》は西にして滅《し》せり。この時郷《さと》の人一両夢みらく、紫雲天に聳《そび》きて、香気室に薫ず。法師蓮の台《うてな》に坐して、虚空《こくう》界に昇る。音楽漸くに遠くして、瞻望《せむばう》自《おのづか》ら隔るとみたり。

〔八〕沙弥薬延は、美濃国の住人なり。その体《すがた》は僧に似て、その行は俗のごとし。頭《かしら》の髪は二寸、見る者驚く。身に俗衣を着て、手に魚鹿を殺し、宍《しし》を食《じき》して血を吸ふ。況や余事においてをや。ここに*無動寺に一の上人あり。顕密相兼て、道心堅固なり。*事の縁あるをもて、かの国に下向して、図《はか》らずもかの宅に寄宿せり。上人その所行を見て、心に怖畏を生《おこ》せり。いまだ曽《むかし》よりかくのごとき僧あらず。時に夜三半に及びて、件の悪しき比丘、忽ちに起きて沐浴し、清浄の衣を着て、一の*別堂に入りつ。初めに

う。観経疏他筆鈔散善義巻上「行住坐臥念念不捨念仏、為二正定之業一」。

大寺　験記・三外往生記「徳大寺」。

郁烈　香気のはげしいこと。

〔七〕本伝と今昔物語巻十五ノ二九は法華験記巻下〔九〇〕による。ただし験記と比べると要約して簡潔になっており、法華信仰の面が稀薄になっている。

住僧　験記・今昔「摂円」。

僧…　験記「其家女主、特有二善心一、宿二此沙門一、備レ膳進レ食、問二其疲極一。到二初夜時一。有二家主一来向。是則沙門。見レ宿二沙門一、歓喜無レ限」。

三半　三更半(午前一時)の意か。験記「夜半」。五更による時刻か。五更は夜を甲夜(初更、今の午後八時)・乙夜(二更、午後十時)・丙夜(三更、午前零時)・丁夜(四更、午前二時)・戊夜(五更、午前四時)の五つにわけるもの。これによれば三半は、午前一時。

止住　験記は下に「家主僧同心修行、逕二三七日一。修二六時懺法一、誦二法華経一、如レ説精進」の文がある。

〔八〕本伝及び今昔物語巻十五ノ三〇は法華験記巻下〔九四〕による。

無動寺　→二三頁注

事の縁　→一三一頁注

別堂　験記・今昔「持仏堂」。

衆罪を悔いて懺法を行ひ、後に四弘を発して法花を誦せり。次に念仏観を行して、動かず傾かず。漸くに食時に至りて、堂を出でて経行せり。即ち上人に対ひて言はく、予殺生放逸を行ふといへども、誦経念仏を怠らず、偏に濁世を厭ひて、浄刹を欣求せり。某月某日に、極楽に生るべし。上人縁ありて、この宅に来り宿る。必ず結縁すべし、云々といへり。上人自ら思へらく、縦ひ読経念仏すといへども、猶し常に鹿を殺し鳥を食す。往生の業、あにかくのごとくならむやとおもへり。已にもて忘却せり。遂に本山に帰りつ。已に数年を経て、堅く信ずることなきに依りて、夜閑に風清く、天楽雲を鼓ちて、東より西に赴く。暫く房の上に留りて、声は空中にあり。即ち告げて云はく、沙弥薬延、今日往生す。先の約を思ふがために、苦に来り告ぐるところなり、云々といへり。上人忽ちに驚きて、不覚の涙落ちぬ。かつは疑網を悔い、かつは罪障を懺くいたり。

〔九〕入道乗蓮は、前伊与守高階明順が長男にして、前一条院の侍中の仙客なり。頻に諸司を経て、筑前守に任じたり。遂に花洛に帰りて、雲髪を剃り除き、偏に残年の漸くに聞けぬることを観じて、始めて長日の講筵を展べたり。仏像一体、妙経一部、それ毎日の講事なり。講説の後、必ず念仏三昧を修せり。時に長久元年八月十四日なり。星霜八ヶ年に満ちて、薫修三千日に向むとす。道俗男女の聴聞随喜する者多し。久しく瘧の病を煩ひて、已に危急に及びぬ。耳に長日の講を聴き、口に弥陀の号を称

四弘 四弘誓願。一切の菩薩が菩提心を発するに立てる四種の広弘の誓願。→補

濁世 →一五頁注「五濁」

縁 宿世の縁。

疑網 疑惑の心が絡み合うのを網に譬えていう。

〔五〕本伝及び今昔物語巻十五ノ三五は、法華験記巻下〔九七〕による。験記に比べると要をとり文を簡潔にしている。ただ入滅の年、長久元年八月十四日は験記にみえない。

乗蓮 →一七六頁注

高階明順 →一七六頁注

侍中 仙籍即ち昇殿を聴された人。

諸司を経て 験記「依二式部労一」。

長日の講筵 験記「浄ニ所住舎一、始二長日講一」。

仏像一体… 験記に「毎日所供養、仏像、請二南北智者一、阿弥陀経等也」とあり仏像に供養し講経したこと。

〔一〇〕他に伝えず。

類齢 老年をいう。

寂入 伝未詳。

清閑寺 伊呂波字類抄「伊予守正四位下佐伯朝臣公行、往年上奏、奉為鎮護国家、下所以利益衆生、王城東清水南結構一院、勤修法花三昧、号清閑寺、去

ひて、心神乱れず、端坐して入滅せり。その後衆人夢みらく、件《くだむ》の人或は舟に乗りて西を指して渡り、或は花台に坐して天を凌《しの》ぎて昇る、云々とみたり。

〔一〇〕沙門*寂入は、洛陽の人なり。壮年は俗にありて、*頽齢に出家したり。東山の*清閑《せいかん》寺《じ》にして、*一夏《いちげ》を限りて、花水を備へつ。時に*史記二千石*忠行、*宮内録《くないのさくわん》たりし時、かの*貧道《ひんだう》の行《ぎやう》を憐びて、忽ちに師檀の契《ちぎり》を成せり。即ち相語りて云はく、もし他の縁なくば、吾が廬に寄宿すべし。日食時服は、微《いや》しきを嫌ふことなかれといふ。沙門曰く、諾《したが》はむといへり。夏《げ》満つるの後、約に依りて来り、即ち*持仏堂に住して、十余年を送れり。永く世事を営まず、ただ法花経を誦す。或は音或は訓、緩《くわん》ならず急《きふ》ならず。*中心の剋は、西方を望となす。而る間不慮《ふりよ》に病気ありて、清閑寺に帰住せり。幾日を経ずして、已にもて遷化せり。春秋八十なり。その後檀越《だんをつ》常に云はく、沙門存生《ぞんしやう》の時、行業《ぎやうごふ》懈《おこた》ることなかりき。浄土に生れたれば、必ず来り示すべしといへり。漸くに両三月に及びて、檀越夢みらく、沙門新しき浄衣を着て、忽ちにもて来臨せり。その謁《えつ》を拾《と》るの初、先づ彼の生れたる処を問ふ。沙門答へて云はく、下品下生なり。自《みづか》らこの事を告げむがために、苦《ねむごろ》に来るところなりといふ。言ひ訖《をは》りて去れり、云々とみる。

〔一一〕*大法師*源因は、摂州*忍頂寺の住僧なり。法花を誦するを業となし、極楽を願ふを行となせり。常に三宝に祈りて、死期を知らむと欲す。*慇懃《いんぎん》多年なれども、いまだそ

長徳二年、寄㆓進於御願寺㆒」。

一夏　→二五頁注

史記二千石　二千石は大夫(五位)をいうか。後拾遺往生伝巻上〔八〕尼寂妙伝に都事(史の唐名)二千石、同巻下〔七〕藤原行盛伝に李部(式部の唐名)二千石、東寺本三宝絵下巻奥書に戸部(民部の唐名)二千石等がある。史記二千石の史記は不詳であるが、あるいは内記か。なお二千石は漢書、循吏伝に「与㆑我共㆑此者、其唯良二千石乎〈顔師古曰、謂㆓郡守諸侯相㆒〉」とあり、中国では一郡の大守の年俸が二千石であったことから、普通、地方官をいう。

忠行　不詳。

宮内録　宮内省の主典。大録は正七位上、少録は正八位上相当。ここは忠行がむかし宮内録たりしとき、の意。

貧道　沙門(出家者の総称)の古訳。

持仏堂　檀越の忠行の持仏堂。→一四二頁注

中心の剋　心の中ではいつも。

〔一一〕　他にみえず。

大法師　→二九一頁補

源因　伝未詳。

忍頂寺　茨木市忍頂寺にあり。三代実録、貞観二年九月廿日条に「伝燈満位僧三澄奏言、神峯山寺在㆓摂津国島下郡㆒、三澄奉㆓為国家㆒所㆓建立㆒也。春演㆓説最勝王経㆒、秋吼㆓講法華妙典㆒。請為㆓御願真言一院㆒、賜㆓名忍頂寺㆒。詔許㆑之」。拾芥抄巻下「忍頂寺、摂津、仁和寺領」。

慇懃　字類抄「インギン、苦詞也」。

の告を得ず。適《たまたま》夢想ありて、今年死すべし、云々とみたり。時に春なり、その日を知らず。これに因りて世事を抛《なげう》ちて、専らに念仏を修せり。然れども、春秋漸くに過ぎて、冬日また闌《た》けぬ。已に晦日《つごもり》に至りて、夢の妄想《まうざう》なることを知り、湯沐を儲《まう》けて、僧徒を相招けり。便ちその前において、初めてこの事を説きて云はく、今年死すべきに、その夢已に虚《むな》し。仏に虚誑《こわう》なし。*邪魔吾を欺くか。遺恨の余《あまり》に、これを衆の中に訴ふるなりといへり。かくのごとく歎《なげ》息きて、涙を垂れて談《かた》る。満座異《あやし》びて、かつは慟《いた》み、かつは謝《よろこ》ぶ。既にして歳暮の夜来りて、客帰り人定まりぬ。この夜深更に、房の中に火あり。大法師、声を挙げて告げて云はく、火事房にあり。衆人出づべしといふ。かくのごとく告げ示して、その身独《ひとり》火焼の中に留りつ。念仏の音《こゑ》断ゆることなし。煙滅《き》えたる後、死炭の骸《かばね》僅に残れり。人もてこれを異《あやし》ぶ。定めて知りぬ、往生の人なることを。

〔二〕 *薬縁法師は、近江国高島郡の人なり。俗姓《ぞくしやう》は秦氏、生れて*人の奴《つぶね》となりて、自存することを得ず。常に駈役を勤めて、仏事を知らず。ただ一生の間、造るところは綵色せる*一搩手半《いつちやくしゆはん》の阿弥陀三尊のみなり。また壮《さかり》なる日より以後《のち》、来臨の人は、上下を論ぜず、親疎を謂はず、堪《た》ふるに随ひて食《じき》を施して、敢へて惜む心なし。已に衰老《すいらう》に及びて、久しく病痾に嬰《かか》りぬ。忽ちに村の中の衆僧を喝して、三ケ日夜、法花懺法《せんぽふ》を修せり。同じ郡の*里胥《さとのをさ》来り問へば、即ち相向ひて言談*答謝す。その次《ついで》に相語りて云は

邪魔　邪法を説いて菩提を妨げる悪魔。

〔二〕　他にみえず。

薬縁　板本は「楽縁」。伝未詳。

人の奴　和名抄に「唐令云、奴、和名豆布禰、人之下也」。↓補

一搩手半　二中歴巻三「一搩者従二母肘節一至二于其腕節一也。手半者其手之半分量也」。塵添壒囊鈔「一搩手半ト者、一尺三寸也。母肘ノ節ヨリ、ソノ腕ノ節ニ至ル也。或ハ一尺二寸共云。一搩手ハ八寸、半ハ四寸也」。

里胥　胥は小役人。郷里・村などの役人。

答謝　字類抄「タウシヤ、答詞」。

〔三〕　これより優婆塞の部。↓解説。三代実録、貞観九年十月十日の薨伝による。普通唱導集巻下・元亨釈書の良相伝は本書によるか。

冬嗣　内麻呂二男。母百済永継女、一説に飛鳥部奈止麿女。弘仁元年蔵人頭、天長二年正二位左大臣、同三年七月二十四日薨、五十二歳。太政大臣を贈らる(日本紀略・公卿補任)。閑院大臣と号す(尊卑分脈)。

太皇大后　藤原順子。父は冬嗣、母は藤原美都子。仁明天皇后、文徳天皇母。天安二年文徳崩御とともに落飾。貞観十三年九月二十八日崩(三代実録)、六十三歳(大鏡裏書)。

く、吾、今日午時に、必ず命終へるべし。同じくその時を待ちて、もて相見るべしといふ。客曰く、諾《したが》はむといへり。漸くに時剋に到りて、念仏して入滅せり。時に承徳元年六月二日午刻、生年七十二なり。来問の人、哀傷せずといふことなし。

〔三〕 右大臣藤原良相《よしみ》は、贈太政大臣正一位*冬嗣《ふゆつぎ》の第五の子なり。姉は*太皇大后、兄は*太政大臣忠仁公、並びに大臣と同じ胞《はら》なり。童稚にして*遠識あり、弱冠にして大学に遊ぶ。承和元年、仁明徴《め》して禁中に侍せしめたまへり。初めは右兵衛権大尉に任じ、内蔵助《くらのすけ》に遷《うつ》りぬ。五年*叙爵、六年因幡守に任ぜり。その後頻《しきり》に顕官を経て、昇進滞《とどこほ》らず、仁寿元年、従三位を授けて、権中納言に任ぜり。四年大納言に転じて、右近衛大将を兼ぬ。斉衡二年、正三位*右大臣に進み、天安元年、従二位を授けて、左大将に遷り、貞観元年、正二位を授けたり。大臣、生年卅余にして、*室家大江氏卒《し》せり。江氏を喪《さう》してより、また女を娶《めと》ることなし。その性《ひととなり》慈仁にして、財を軽んじ法を重くして、専らに聖教を習ひて、真言を精《くは》しく熟《うま》くす。*鷹鶻漁猟のことは、一切禁止せり。*勧学院の南に一の亭《あばらや》を建て、*延命院と号《な》づけて、もて藤氏の生徒、家産なき者を治養す。東京六条の宅を*崇親院《しゆしんゐん》となして、もて氏の中の子女、自存すること能はざる人を保育す。並びに皆*封戸《ふこ》を割《さ》きて荘田を入れたり。

　また崇親院の中に、一の小堂を建てて、仏像を安置《あんぢ》し、居住の人をして観音の名号《みやうがう》を称《い》はしむ。およそ文学の士を愛し、*寒素の生《しやう》を検《けみ》して、冬天に絹綿を賜ひ、夜宿に

太政大臣忠仁公　藤原良房。天安元年従一位太政大臣、貞観八年摂政、貞観十四年九月二日薨、六十九歳。贈正一位、白河殿・染殿と号す。諡忠仁公(三代実録・公卿補任)。

遠識　三代実録、薨伝「局量開曠」。

叙爵　続日本後紀、承和五年正月七日条に「正六位上藤原朝臣良相、従五位下」。

右大臣　文徳実録、斉衡四年二月十九日条に「大納言正三位藤原朝臣良相為二右大臣一」。

室家　大江乙枝女(尊卑分脈・公卿補任)。

鷹鶻漁猟のこと一切禁止せり　類聚三代格、貞観元年八月十三日官符及び同五年三月十五日官符参照。

勧学院　類聚三代格、貞観十四年十二月十七日の官符に「勧学院一区〈在二左京三条一坊一〉…件院、是贈太政大臣正一位藤原朝臣冬嗣去弘仁十二年所二建立一也。即為二大学寮南曹一」。

延命院　三代実録、貞観元年二月十一日条に「右大臣従二位兼行左近衛大将藤原朝臣良相奏請、…又建二延命院一。院便隷二勧学院一、安下置藤原氏有二病患一者上」。

崇親院　同右に「以二私第一区一、建二崇親院一、安下置藤原氏女無二居宅一者上。便隷二施薬院一。凡厥所レ須付物、令二施薬院司掌一レ之」。拾芥抄巻中「在二東五条京極一。往年有二勾当一。樋口北京極西隅」。

封戸　皇族や諸臣がその位階や職などに応じて賜った民戸で租は半額、調庸は全部が与えられた。

寒素　字類抄「貧賤部、カンソ」。

燈燭《とうそく》を給ひつ。学生《がくしやう》の文《もん》を能くする者を喚《よば》ひて、常に詩を賦し物を賜ひつ。*これの年の十月の初、*直廬《ちよくろ》において病を得て第《てい》に退《まか》る。同じき十日、諸《もろもろ》に告げて云はく、今日は興福寺の*維摩会《ゆいまゑ》の初にして、これ吾が*閻浮《えんぶ》の業《ごふ》尽くるの夕なり。儻《たまたま》この日をもて滅を告ぐるは、因縁にあらずや、云々といへり。終に臨みて乃ち侍児に命じて扶けられて起きつ。正しく西方に面《むか》ひ、手に*弥陀根本の印を結びて、奄《たちま》ちにもて薨《し》せり。春秋*五十一なり。遺命に依りて葬を薄くし、単《ひとへ》の衾《ふすま》をもて棺《ひつき》を覆へり。

良相公、貞観九年十月十日〈五十一。或説五十七〉。

〔一四〕少将源時叙《ときのぶ》は、一条左大臣*雅信の五男、母は*朝忠卿の女なり。天元年中に、生年十九にして、世を捨てて*出家し〈法名寂源〉、*大原に住しけり。俗、呼びて大原入道と云ふ。一の禅門あり、*勝林院と名づく。*蘭若《らんにや》を占めてより、始めて草庵を結べり。*四種三昧を行ふこと、四十余年に向《なな》むとす。時に三月、背に*二禁《にきみ》あり。医師これを見て謂はく、療治《れうぢ》すべしといふ。入道云はく、悪瘡は多年の望なり。正念に住して、往生を遂げむがためなり。我本《もと》より誓願を立てつ。何ぞ更に医方を求めむやといへり。*四月四日に至りて、香湯沐浴して、新しき浄衣を着たり。門弟子を招きて、磬《けい》を撃ちて*合《かつ》殺《さつ》し、*十念成就して、*忽《こつ》として滅《し》せり。

〔一五〕左近中将源雅通朝臣は、性素《もと》より正直にして心に諂諛《てむゆ》を離る。然れども世事に引

これの年… 三代実録と同文で、貞観九年をさす。前後省いて引用したもので、ここでは何年か判読できぬ粗雑な引用。本伝の終りの注記はそのため後人のいれたものか。

直廬 →二二五頁注

維摩会 →二〇頁補

閻浮 →一七頁注

弥陀根本の印 両手を交叉して拳を作り、両中指をたてて相支え蓮華の形を作る。

五十一 三代実録「五十五」、公卿補任「五十一」、尊卑分脈「五十七」。

〔一四〕 普通唱導集巻下にあり、異伝が古今著聞集巻二・元亨釈書にある。

雅信 敦実親王(法名覚真)三男。母左大臣時平女。天元元年従二位左大臣、永延元年従一位、正暦四年七月二十六日、落飾入道、二十九日薨、年七十四(公卿補任・権記ほか)。

朝忠 右大臣定方五男。母中納言山蔭卿女。応和三年従三位中納言、康保三年十二月二日卒、五十六、土御門中納言と号す(公卿補任)。

出家… 元亨釈書に「俄厭二世相一、従二池上皇慶一、学二顕密之教一」。

大原 →二二八頁補

勝林院 →補

蘭若 阿蘭(練)若。→一一〇頁注「練若」

四種三昧 →一九頁補。元亨釈書「六時行道」。

二禁 和名抄「唐韻云、痤、邇岐美、小癤也」。玉葉、承安二年九月廿日条に「御腰上背骨右方有二御二禁一〈其勢囲碁石頗

かれて、多く悪業を作れり。春の林には狩猟を翫び、秋の野には*鷹鸇《ゐようせん》を臂《ひぢ》にす。況やまた治国*分憂の時、朝廷奉公の間、邪見放逸《じやけんはういつ》、求めずして自《おのづか》らに犯し、煩悩悪業、好まずして自らに集る。然れども少き年より妙法花経を受持せり。その中に*提婆品を抽《ぬきい》でて誦せり。毎日《ひごと》に十廿遍《へん》、品《ほん》の中の、浄心信敬《じようしんしんぎやう》、不生疑惑者《ふしやうぎわくしや》、不堕地獄《ふだぢごく》、餓鬼《がき》畜生《ちくしやう》、生十方仏前《しやうじつぱうぶつぜん》、所生之処《しよしやうししよ》、常聞此経《じやうもんしきやう》、若生人天中《にやくしやうにんてんちう》、受勝妙楽《じゆしようめうらく》、若在仏前《にやくざいぶつぜん》、蓮花化生《れんぐゑくゑしやう》の句をもて口実《こうじつ》となせり。乃至命終るの時に、浄心信敬の文《もん》を唱へて*卒《し》せり。

時に聖人あり、俗呼びて*皮聖《かはひじり》と云ふ。黄昏の後、仏前に端坐して、忽《こつ》として夢に入りつ。五色の雲、源中将の寝殿に聳《そび》きて、光明赫奕として、異香《いきやう》*発越《はつあつ》せり。楽《がく》を作《な》し花を雨《あめふ》らして、西を指して漸くに去るとみたり。夢覚めて便ち知りぬ、中将往生の相なることを。聖人虚実《こじつ》を知らむがために、行きてかの家を尋ぬるに、*今夜《こよひ》戌時に、入滅し畢《をは》りぬ、云々といへり。

ここに右京権大夫藤原*道雅朝臣は、この事を信ぜずして、常に誹謗《ひはう》を作《な》さく、中将は一生殺生して、*百慮諂曲《てんごく》なり。何の善根《ぜんごん》に依りてか、往生を得むや。もし爾《しか》らば極楽に生れむと欲する者は、殺生を好むべきか、邪見を行ふべきか、云々といへり。右京権大夫*六波羅密寺に詣でて、講演を聴聞せり。車の前に三の尼あり。中に一の尼あり、涙を流して謂ひて云はく、身貧しく年老いて、善根を作らず。この一事をもて、三宝に祈請するに、昨夜夢みらく、一の宿徳《しくとく》の比丘あり、告げて云はく、汝更に歎くことなかれ。ただ直心《じきしん》に念仏せば、必ず極楽に往生せむ。近くは左近中将源雅通朝臣

小程也〉」。碁石大の腫物。

四月四日　小右記、治安四年三月二日条には「亦大原入道入滅云々」。

合殺　→二四六頁注

十念　→一一頁補

忽として…　著聞集巻二「西方より紫雲現じて、堂の内へ入とみる程に、肉身ながら見えず。即身成仏の人にや」。

〔五〕　本伝と今昔物語巻十五ノ四三は法華験記巻下〔一〇二〕による。験記と比べると、要をとり簡潔にしている。発心集巻七・普通唱導集巻下にみえる。

鷹鸇　鸇は鸇と同じ。→一八二頁注

分憂　職原鈔巻下「凡国司之撰、和漢重レ之。此云二京鮮之職一、又云二分憂之官一」。御堂関白記、長和元年八月十一日条に「丹波雅通〈兼〉、依二冷泉院御崩間功一」。

提婆品　→一〇七頁注

卒せり　小右記、寛仁元年七月十日「今夜中将雅通卒」。

皮聖　→一八三頁注

発越　→四〇頁注

今夜　→一八三頁注

道雅　→一八三頁注

百慮諂曲　考え方が常に本心を隠し、へつらいといつわりが多い。

六波羅密寺　→八八頁注

は、ただ直心に法花を持せしが故に、善根を作らずといへども、既に往生することを得たり、云々といふ。尼この夢を見て、已に丹波中将往生の由《よし》を知りつ、云々といへり。右京権大夫この老尼の夢を聞きて、始めて信心を生じて、永く疑惑を断てり。

〔一六〕前常陸守源経隆*は、大納言道方*卿の長男なり。壮年より老日に至るまで、好みて外書《ぐゑしよ》を集め、兼て内典を学べり。出家の後、念仏を専らにせず、ただ毎朝《あさごと》に日輪《にちりん》を礼《らい》し、時を逐《お》うて経呪を誦せり。常に願ひて曰く、吾二月十五日*をもて死なむといへり。財物《ざいもつ》を貯へずして、ただ乞者《かたひ》に与ふ。或人誘《さそ》ひて曰く、徒《いたづら》に他人に与へむよりは、これをもて仏寺を造れといふ。答へて云はく、資貯《しちよ》は浮雲のごとし。乞者に施すべし。何ぞ強《あながち》に財貨を惜みて、仏寺を造るべけむや、云々といへり。

永保元年二月十日、俄に風疾*を受けて、聊《いささか》に日膳を卒《や》めたり。日時を択ばずして、忽ちにもて沐浴して、即ち念誦せり。堂の中の弥陀仏の前に、衣を整へて席を改め、西面して臥しつ。その後偏《ひとへ》に弥陀を唱へて、已に余言を絶てり。第三日より以後《のち》、舌*戻《もど》り気疲れて、纔に阿弥の二字を唱へて、陀仏の両字に及ばず。第四日の巳刻に、身心乱れず、称念断えず、顔色眠るがごとくにして、奄然《えむぜん》として気絶えたり。時に二月*十四日、生年八十三なり。この日、舎弟《しやてい》経信*卿来り問ひて、長太息して云はく、年来《としころ》この人を*僻異《へきい》と以為《おもひ》たり。今その所行を聞くに、*権者《ごんじや》と謂ひつべし。悔過《くゑくわ》自ら責めむ。嗚《あ》咽悲しきかなといへり。涙を収めて談じ、轅《ながえ》を廻《めぐ》らして帰りたり。

〔一六〕 普通唱導集巻下にある。

源経隆 経信の弟。正四位下、備前守、信濃守、常陸介。後拾遺集歌人(尊卑分脈・大弐資通家歌合・二十一代集才子伝)。

道方 →二二四頁補「管絃」

二月十五日 大般涅槃経・善見律毘婆沙に釈迦入滅の日と伝える。→補

風疾 →一九頁注「風病」

戻り 字類抄に「戻、モドル、曲也乖也反也」とあり、ここは舌がもつれることをいう。底本訓「モトロキ」。

二月十四日 唱導集は以下「二月十五日夜半入滅。臨終奇瑞難レ記。已同二釈尊円寂之日時一、人称二奇異一矣」。

経信 道方の六男、母源国盛女。寛治五年正二位大納言、永長二年閏正月六日薨、八十二歳、桂大納言と号す(公卿補任・尊卑分脈)。和漢の学を兼ね、詩歌の道に長じ管絃・法令の蘊奥を極む(中右記)。

僻異 ひねくれて間違っていること。

権者 →八〇頁注

〔一七〕 普通唱導集巻下に略記す。

藤原永清 永親の男。母平正度女。従四位下、信濃守。嘉保三年四月二十日卒(尊卑分脈)、掩韻の上手(中右記)。

永親 行成の男。母橘為政女。従四位上、筑前守、甲斐守、永保三年正月卒(尊卑分脈)。

刺史 →三八頁注「江州の刺史」

朝の名利 朝廷における名誉と利益。

已講 三会(御斎会・最勝会・維摩会)の講師を勤めたもの。大鏡巻五に「南京の法師、三会講師しつれば、已講となづけて、その次第をつくりて、律師僧綱になる」。

〔一七〕信濃守*藤原永清は、前甲斐守*永親の子なり。身は俗塵にありて、心は仏界に帰す。永長元年夏四月、指《さ》せる病なしといへども、寝食例に乖《そむ》けり。家人に謂ひて云はく、死なむ時已に近くして、出家心にあり。来る十五日に、その志を遂ぐべし、云々といふ。親族許さずして、自然《おのづから》に淹留《とど》まりぬ。同じき十八日に至りて、舎弟の*已講《いかう》*行賢を招きて、猶《なほ》し出家の詞を告ぐるに、已講また肯《あ》へてこれを受けず。即ち嗟嘆して云はく、年来《としごろ》の素懐は、ただこれ出家なり。況や死なむ時已に至りて、生処《しやうしよ》隔てむと欲す。もしこの時にあらざれば、また何《いづれ》の日をか期《ご》せむといへり。遂に*燕居に入りて、独《ひとり》*周羅《しゆら》を剃《そ》る。即ち舎弟の已講に謂ひて云はく、人の葬礼は、無益《むやく》の驕奢《おごり》なり。吾が没後《もつご》、厚葬を営むことなかれ。滅後のことは、粗《あらあら》に注し置くところなり。これを増減することなかれ。また*双輪寺に一の禅僧あり。吾かの房に往きて、この命を終るべし。これ年来の契《ちぎり》なり。また墳墓の便なり。これ則ち洛中の居は、葬送に煩《わづらひ》あるが故なりといへり。即ち舎弟の已講と、同車してかの房に往けり。その翌日に俄に棺器を作りて、死なむ時を相待つ。赫日漸くに傾きて、黄昏已に至りぬ。異口同音に、念仏合殺《かつさつ》して、仏に向ひて礼拝し、休むがごとくにして終へたり。時に永長元年*四月廿一日、生年六十有余なり。

〔一八〕*左近衛将監《しやうげん》下野敦末は、幼少より長大に至るまで、*随身の職に仕へたりといへ

行賢 維摩講師研学竪義次第、寛治元年条に「講師行賢、年四十四、﨟卅一、法相宗、興福寺、甲斐守藤原永親子、母越前守平正度女、行照律師入室、頼信権僧正弟子、五月廿七日東寺澄範蒙㆓講師宣㆒、六月十二日辞退、仍被補行賢矣」。康和元年権律師、嘉承二年権少僧都、天永二年辞し、永久三年卒す(僧綱補任)。

燕居 論語、述而「子之燕居、申申如也〈集注、燕居、間暇無事之時〉」。ここは閑静な室をいう。

周羅 小髻、頂髪と訳す。剃頭の時に頂上に留める僅かの髪をいう。釈氏要覧巻上「即今親教和尚、最後為㆑剃㆓頂上髪㆒也。梵語周羅、此云㆓小結㆒」。

双輪寺 東山にあり、釈蓮禅の秋日双輪寺即事(本朝無題詩巻九)の自注に「此寺草創以後二百年、法華転法輪之座于㆑今不㆑退」とみえる。山城名勝志に「双林ト同寺乎」。双林寺は拾芥抄巻下に「祇園東、薬師、左大史尾張定鑑建立」。

四月廿一日 中右記、嘉保三年四月十八日「聞、信濃守永清依㆑病出家年齢余㆓六十㆒歟。遂経㆓両三日㆒卒去云々」。

〔一八〕 元亨釈書にみえる。本書によるか。三外往生記〔四三〕に左近将曹下野敦季の伝あり、おそらく同一人。

左近衛将監 近衛府の判官。↓補

随身の職 ↓前項補。また十訓抄第七に、白河法皇の小野皇太后宮に御幸のときにつき「御随身敦季」のことを述べる。狩谷棭斎本傍注に「右府生公武子下野氏」とみえる。三外往生記「兼武子也。近衛

舎人之中、尤有二人望一。太上天皇徴為二御随身一。

堂舎を…　三外往生記「建二立十斎堂一」。
五色の糸　→二八頁補「糸をもて…」
靉靆　→一五五頁注
夜漏　夜の時刻。
西に…　三外往生記「瞑目之刻、被レ扶二二男敦俊一、起レ坐向レ西、念仏不退」。→補
衣　三外往生記に右につづけ「日光指来、斜照二衣上一。表裏映徹、宛如二満月一。其衣納二宝倉一、于レ今有レ之云々」と記す。
〔一九〕　他にみえず。
外記史生　太政官の大少外記のもとにある史生をいう。安倍為恒は伝未詳。→補
雁歯　字類抄「カンシ、橋具也」。材木の一枚一枚が食違いに並んでいる様が雁の行列や人の歯並びの様に見えるのをいう。
盛兼　尊卑分脈・中原氏系図にみえず。
外史　職原鈔巻上「外記、唐名外史」。→三一〇頁注「外記」
八曼荼羅　阿弥陀曼荼羅（阿弥陀仏を中心とする曼荼羅をいい、往生極楽または滅罪生善のための修法に用う）の数種の図像のうち、普通に用いるのは八曼荼羅。内院八葉蓮華の中央に阿弥陀如来、八葉に観音・弥勒・虚空蔵・普賢・金剛手・文殊・除蓋障・地蔵の八菩薩を置き、外院に嬉・鬘・歌・舞・香・華・燈・塗の八菩薩を画く。香一前は印仏（→三五頁注）や香印（→九八頁注）に八曼荼羅を用いたものか。
〔二〇〕　高野山往生伝〔三〕にみえる。本書によるか。→二九六頁注〔一〇〕

ども、念仏の心を抛《なげう》たず。中年より以後《のち》、資財を惜まずして、*堂舎を建立《た》てて、仏経を造写せり。況や出家の後は、念仏の外に、偏に他の営《いとなみ》を忘れて、夜をもて日を継ぎぬ。時に永長二年閏正月十四日、聊かに病気あり。忽ちにもて沐浴して、即ち丈六の阿弥陀仏の像に向ひて、*五色の糸をもて、仏の手に繋《か》けて、これを投《と》りて念仏せり。その翌日、子孫近習を誡めて云はく、今日は十五日なり。吾が側《かたはら》に近づくことなかれ。吾が心を乱すことなかれ。努力々々《つとめよつとめよ》といへり。漸くに申剋に及びて、坤《ひつじさる》の方より光ありて、その胸の間を照せり。傍《かたはら》の人異《あや》びて、戸の外を見るといへども、聊かも日の光なくして、ただ陰雲のみあり。その日樵夫《せうふ》山を出でて、来り告げて云はく、この西方に異る雲あり。*靉靆《たなび》きてこの処に垂れ布《し》きぬ。雲の色例に異る。仍《よ》りて来り告ぐるところなり、云々といへり。夕陽沈みたる後、*夜《や》漏《ろう》閑《しづか》なる程に、端坐合掌して、*西に向ひて気絶えたり。気絶えたる後、合掌端坐すること、猶《なほ》し尋常のごとし。その後数《す》日《じつ》にして、かの人の着るところの衣*、光明照し触るる処は、皆もて金色なり。全《また》く改変することなし。見る者聞く者、嘆美せずといふことなし。

私云はく、一条堀川、これ彼の終焉の地なり。堂舎今に存す。余《われ》親《みづか》らこれを見たりといふ。

〔一九〕　*外記《ぐゑき》史生安倍為恒、字《あざな》朝能は、延久年中に死《し》去せり。これより先に或人夢みらく、遠く西方を見れば、斜に一の橋を亙《わた》せり。虹形は天に連り、*雁歯《がんし》は雲に挿《さしはさ》む。衆宝の荘厳せること、敢へて言ふべからず。即ち夢の中に傍の人告げて曰く、汝知るや否《いな》や。

この橋はこれ史生朝能が、極楽に往生するの道なり、云々といふ。その後三日にして、朝能入滅せり。衆の人の聞く者は、皆決定《くゑつぢやう》往生と以為《おもひ》つ。ここに前豊前守中原*盛兼、*外史たりしの時、この言を伝へ聞きて、彼の親族に問ひて曰く、その人平生の時、何の行業《ぎやうごふ》かありきといふ。答へて云はく、かの人更に別の行なかりき。ただ毎日に*八曼茶羅の香一前を燃《た》き、西方に向ひて、阿弥陀仏を供養しけり。急事《きふじ》ありといへども、敢へて退転《たいてん》せざりき。ただこの一事のみ、その平生の行なりき、云々といへり。

〔二〇〕 *散位*清原正国は、*大和国葛下郡の人なり。少《わか》くして武芸を好みて、悪として造《いた》らざることなし。生年六十一、俄にもて出家せり〈*法名覚入〉。その後毎日に、念仏を修すること十万遍、已に廿七年に及びぬ。偏に往生を慕《ねが》ひて、余念あることなし。而る間夢みらく、*入唐《につたう》の上人日延、来り告げて云はく、汝極楽に往生せむと欲せば、高野山に住すべしといへり。仍りて偏にこの夢を信じて、寛治七年九月廿三日、忽ちに高野山に登りつ。その後心神例ならず、病痾相荐《しきり》なり。傍《かたはら》の房の上人、字《あざな》を*北筑紫の聖と曰ふ。即ち来りて告げて云はく、吾《われ》夢に見らく、阿弥陀仏、無量の聖衆と来りて、汝を迎へたまへり。定めて知る、汝の病はこれ運命《うんめい》の極《きはまり》にして、往生の剋《とき》なることを。恨むことなかれ、悔ゆることなかれ、云々といへり。而る間病漸くに差《い》えて、忽ちにもて沐浴せり。同じき十月十一日寅剋に、衣服《えぶく》を整へ香炉を擎《ささ》げて、西に向ひて遷化せり。時に生年八十七なり。この時ある上人、紀伊国*日前《ひのくま》・国懸《くにかかすの》社に参籠して、そ

散位 ↓二五〇頁補

清原正国 伝未詳。

大和国葛下郡 ↓一五九頁注

法名… 本書によった高野山往生伝も同様に分注。従って原注か。

入唐の上人日延 同名の入唐僧に次の日延がある。延暦寺出身の肥前の僧で、天慶年中に渡海、呉越を遊歴して天台山に登り、呉越王銭弘俶の作った宝篋印塔を携えて天暦三年に帰朝した。扶桑略記、応和元年条の宝篋印経記に「当州(肥前)沙門日延、天慶年中入唐、天暦之杪帰来。即称二唐物一、付二属是塔一之次、云々」。古経跋語所載、往生西方浄土瑞応刪伝の識語に「天徳二年〈歳次戊午〉四月廿九日〈庚辰木曜觜宿〉延暦寺度海沙門日延〈大唐呉越州称曰賜紫恵光大師、勧導伝持写之伝焉〉」。なお続本朝往生伝〔三〇〕沙門日円伝も大宋の商船について渡海、天台山国清寺で入滅したとある。

北筑紫の聖 ↓二九八頁注「信明」

日前・国懸社 和歌山市秋月に日前神宮・国懸神宮が相並び、古くから紀伊国造家によってまつられた。書紀、天岩戸段の一書の第一に「紀伊国所坐日前神」がみえる。同書朱鳥元年条に幣を国懸神に奉るといい、新抄格勅符抄には日前神に神封五十六戸、国懸須神に六十戸を寄するといい、文徳実録、嘉祥三年十月条に日前国懸大神社に神財を奉るという。延喜式神名帳では「紀伊国名草郡日前神社〈名神大、月次・相嘗・新嘗〉、国懸神社〈名神大、月次・相嘗・新嘗〉」とある。

の夜夢みらく、西方より無量の聖衆、倶に*伎楽《ぎがく》を作《な》して、老僧を迎へて帰るとみたり。今その日時を尋ぬれば、正《まさ》に彼の入滅の*時なり。

〔三〕肥後国に一の人あり。その姓名を失へり。国務を勤めむがために、払暁*府《こう》に赴きしとき、鬼のために惑《まどは》されて、已に本の心を失へり。曠野《あらのら》を過ぎて深山を超え、日暮に臨みて人の舎《や》に到りぬ。この舎に美女あり、*端厳なること言ふべからず。この人を誘引《いういん》して、舎の内に入らしむ。時にこの人この念を作《な》さく、深山の奥にして、美麗《びれい》の女あり。京都の府の辺《ほとり》に、いまだかくのごとき女を見ず。もしはこれ羅刹鬼かとおもへり。即ち怖畏《ふゐ》を生じて、馬に乗りて馳《は》せ去りぬ。即ち端厳なる女、羅刹鬼に変じて、追ひ来りて云はく、我《われ》今朝より、着《つ》きてもて将《ゐ》て来りつ。縦《たと》ひ遁《のが》れ去らむといへども、更に脱《まぬか》るることを得じといへり。この人この鬼を顧《かへり》み見れば、二の眼は赤きこと*鋺《かなまり》のごとく、*四の牙は白くして尺余なり。身体高大にして、気色《けしき》猛悪なり。眼耳鼻口より、皆焔火を出す。馬倒れて路なく、人穴に落ち入りぬ。羅刹、馬を取りて噉《くら》ひて、骨骸を残さず。次に羅刹穴の中に向ひて云はく、この男は我が食《じき》なり。早く与へ給ふべし、云々といふ。

時に穴の底に人あり、答へて云はく、汝羅刹女《らせつによ》、馬をもて汝に与へたるは、これ我が汝を顧《かへり》みるなり。早く帰り去るべし。何ぞまた男を乞《こ》ふやといへり。羅刹乞ひ煩《わづら》ひて還《かへ》帰りつ。この人またこの念を作さく、此の穴の中に大力の鬼ありて、我を害せむ

伎楽　→二一六頁注

時なり　高野山往生伝には下に「往生之儀。更無㆓疑殆㆒者歟」とある。

〔三〕　本伝は今昔物語巻十二ノ二八とともに法華験記巻下〔一一〇〕による。

府　訓みは底本訓による。国府。験記「府庁」。

端厳　→一九二頁注

鋺　和名抄「俗云㆓加奈万利㆒。今案鋺字未㆑詳。古語謂㆑椀為㆓末利㆒。宜㆑用㆓金椀二字㆒」。験記「大鏡」。

四の牙　験記「四牙出㆑口、長一丈余」。

こと疑ひなし、云々とおもへり。即ち穴の中に音《こゑ》ありて云はく、汝怖畏することなかれ。当《まさ》にその心を安《やす》んずべし。汝を助けむがためにこの穴に入らしむるなりといふ。この人その人を問ふに、答へて云はく、我はこれ法花経の最初《さいそ》の妙の字なり。昔一の聖《ひじり》ありき。この西の峰に*率都婆《そとば》を立てて、法花経を籠め、発願《ほつぐわん》して言はく、願はくは法花経、曠野にして苦びを受けたる衆生を抜済したまへ、云々といへり。塔婆破損して、経巻分散したり。妙の一字のみ猶《なほ》しこの処に住して、衆生を利益《りやく》せり。当に知るべし、この処は羅刹の聚集《あつま》る地なり。我この処にして羅刹の難を救ふこと、七万余なりといへり。暁に至りて一の童子あり、穴の中より来りて、この人を将《ゐ》て去る。*初日《しよにち》分《ぶん》の時に、我が宅《いへ》の門に到ることを得たり。童子語りて云はく、汝道心を発して、法花を受持せば、生死《しやうじ》を免るべく、浄土に到るべしといへり。この人歓喜《くわんぎ》して、頭《かしら》をもて地に着けて、一心に礼敬《らいきやう》せり。童子忽然として空に昇りて見えず。その人宅に帰りて、上の件《くだむ》の事をもて、父母《ぶも》妻子に語りつ。即ち道心を発して、法花を受持し、正念仏して極楽に生るることを得たり。

〔三〕 *射水親元《いみづのちかもと》は、越中国の*員外別駕なり。身は国務を営むといへども、心は偏に仏法に帰せり。彼の富有の時、休退の暇《いとま》に、法花会を修するを年事となし、大般若を書くを家事となせり。加以《しかのみならず》*六斎と云ひ*十斎と云ひ、精進闕くることなし。初夜に後夜に、念仏怠らず、或は断食七日なれども飢うる気《け》なく、或は読経連日なれども嬾《ものう》き心

率都婆 ↓一九三頁注

初日分 ↓一九三頁注

〔三〕 元亨釈書にみえる。本書によるか。

射水 和名抄に「越中国射水郡、伊三豆」とある。国造本紀に「伊弥頭国造」、三代実録、仁和二年十二月十八日「越中国新川郡擬大領正七位上伊弥頭臣貞益」、延喜十年越中国官倉納穀交替帳に「砺波郡擬大領従八位上射水臣常行」、本書の著者、三善為康につき本朝新修往生伝(三三)に「越中国射水郡人也。其先祖以㆓射水㆒為㆑姓。治暦三年、年始十八、離㆑土入㆑洛、師㆓事算博士三善為長朝臣㆒、即為㆓入室弟子㆒矣」という。為康が故郷を離れる治暦三(一〇六七)年に少し先立つ康平年中(一〇五八―六五)に、射水親元はなくなっているので、著者は在地でこの人の行業を聞いていると考えられる。親元は伝未詳。

員外別駕 権介の唐名。

六斎 雑令義解「凡月六斎日、公私皆断㆓殺生㆒〈謂六斎、八日、十四日、十五日、廿三日、廿九日、卅日〉」。

十斎 毎月十日間斎戒を持すること。一日・八日・十四日・十五日・十八日・二十三日・二十四日・二十八日・二十九日・三十日の十日をいう。地蔵菩薩本願経や十王経に説かれるが六斎日ほど一般的ではない。

なし。況や出家より以後《のち》は、毎日に念仏六万遍数なり。而る間康平年中春正月、已に病患を受けて、漸くに旬日を経《へ》たり。子孫問ひて曰く、病悩の間、念仏如何《いかん》といふ。答へて云はく、吾病席に臥すといへども、念珠を離るといへども、六万遍の念仏は、更にもて退転せず。ただ慕《ねが》ふところは、吾、*二月十五日をもて死なむといへり。漸くに十四日に至りて、児孫に扶《たす》けられて、俄にもて沐浴し、新に寝席を代へて、更《か》ふるに衣服をもてせり。已に十五日の早旦に及びて、衆僧に謂ひて云はく、吾、今日死に期《あ》ふことは、多年の願なりといへり。漸くに午剋に及びて、人に勧めて念仏せしめ、また自《みづか》らも念仏せり。その終の時に当りて、人*水漿を羞《すす》むるに、即ち辞して曰く、吾年来《としころ》、今日をもて*持斎断食せり。何ぞこの時にして、始めて斎戒を破らむやといへり。遂にもて受けずして、寂《じゃく》として気絶えたり。その眼を閉ぢたる後も、容顔は変ることなく、念仏の唇は、数刻《すこく》猶《なほ》し動《はたら》けり。

〔三〕 *藤井久任《ひさたふ》は、*備中国吉備津宮《きびつのみや》の*神人なり。一生の中、*神斎を役《やく》となして、多年の間、漁釣を業となせり。而る間寛治四年二月の比《ころほひ》、*彼岸《ひがん》の中に忽ちに俗網を抛《なげう》ちて、俄にもて出家せり〈*法名寂戒〉。その後念仏の外は、別の行業なくして、妻児を離れず、精進せず。同じき年の八月の比、彼岸の第二日に、神主《かむぬし》*賀陽貞政《かやのさだまさ》の宅に到りて、謂ひて曰く、我、魚の肉に飽かむと欲す。故《かるがゆゑ》に来るところなり、云々といへり。神主その言ふところに任せて、善を尽してこれを羞《すす》む。寂公飽満《はうまん》すること心に任せ、俄《しばらく》爾長《あて》

二月十五日 釈書に「只願、二月半同二世尊一取レ滅」。巻中〔一六〕源経隆伝参照。
水漿 ↓二六頁補
持斎 ↓二二頁注
〔三〕 元亨釈書にみえる。本書によるか。
藤井久任 伝未詳。
備中国吉備津宮 岡山県吉備郡高松町吉備津、吉備津神社。承和十四年十月、備中国無位吉備津彦命神に従四位下を授け(続日本後紀)、仁寿二年二月、四品を授けて官社に列し、八月封二十戸を充つ(文徳実録)。延喜式神名帳に「備中国賀夜郡吉備津彦神社〈名神大〉」。
神人 下級の神官。または寄人。ここは後者か。
神斎 神に供物を捧げること。
漁釣 字類抄「豊稔分、キツシヤウ」。
彼岸… 彼岸会ともいう。春分・秋分の日を中日として、前後三日ずつ七日間、修するもので、道俗ともに諸仏に詣で、亡霊に供養する。蜻蛉日記中に「二月も十よ日になりぬ…彼岸に入ぬれば」、源氏物語行幸に「二月朔日ごろなりけり。十六日、彼岸の初にて」。
法名… ↓三三九頁注。それに準ずれば原注。寂戒は元亨釈書「戒寂」。
賀陽貞政 賀陽氏は、吉備津宮の所在する備中国賀夜郡の郡司、また吉備津宮の神官の家柄。↓補

太息して云はく、予《われ》明後日に身を焼くべし*。今生の謁見はただこの時にあり。その処は所謂《いはゆる》*撫河郷《なづかはの》紫津岡なりといへり。これより先、寂公竊に*徒侶《とりよ》を雇《やと》ひて、墓を占めて薪を積みつ。已に日時に及びて、自《おのづか》らもて風聞《ふうぶん》しぬ。妻子族類、相尋ねて群り来る。この時寂公、妻児に相対《むか》ひて、田地《でんぢ》を処分せり。即ち謂ひて云はく、汝等早く本の壚*に帰れ。哀傷を成すことなかれといふ。この外に全《また》く言ふことなし。漸くに午剋に及びて、衣を搕《かいつくろ》ひ薪に入りつ。僧徒に謂ひて云はく、先づ*懺法《せんぼふ》を行ひて、*合殺《かつさつ》の時に至りて、火を置くべし、云々といふ。人即ちこれに従へり。既にして火焼の中に、念仏の音《こゑ》絶ゆることなし。薪尽きたるの後、死灰の色空しく残りぬ。変化《へんぐゑ》須臾《しゆ》にして、幻のごとく、夢のごとし。時に生年六十有余なり。

その後三ケ日を経て、神主貞政具《つぶさ》にこの言を聞きて、涙を垂れて曰く、吾、神の務を掌《つかさど》るに依りて、専《もは》らに人の穢を忘れたり。然れども追慕の心は、神慮を憚らずといへり。遂に墓所に到りて、咽《むせ》び呼びて言はく、我が結縁は、縦《たと》ひ*北芒《ほくばう》の煙を鬩くとも、公の引接《いんぜふ》は、必ず西土の月に乗らむといへり。この願を発し已《を》へて、駕を命じて帰りつ。その夜夢みらく、寂公来りて告げて曰く、我順次生*をもて、極楽国に生ることを得たり。公の後世《ごせ》は、志引接にありといへり。言ひ訖りて去りぬ。

〔三四〕*蔵人所《くらうど》の仕人《つかまつりびと》*藤井時武は、その居《きよ》は上東門*、その職は下走役なり。*朱愚《しゆぐ》なり、白痴《はくち》なり。その性《ひととなり》はいまだ知らず。ここに江州*蒲生《がまふ》郡に、一《ひとり》の田夫《でんぷ》あり。夢の中に人

身を焼く ↓六四頁注

撫河郷… 和名抄「都宇(つ)郡撫河、奈都加波」。現在岡山市撫川。紫津岡は元亨釈書「柴津崗」。

徒侶 従者。

壚 壚は爐に通ず。和名抄に「火炉、比多岐、火所レ居也」とあり、いろりをいう。ここは家のこと。

懺法 ↓一九頁補「法花懺法」

合殺 ↓二四六頁注

北芒 河南省洛陽県の東北にある山の名で、古来王侯貴族の多くを葬ったので転じて墓所のことをいう。本朝文粋巻十二、老閑行「君不レ見北芒暮雨纍々青塚色」。

順次生 ↓二七八頁注

〔三四〕 他にみえず。

藤井時武 伝未詳。

蔵人所の仕人 蔵人所の出納、小舎人などの下級役人。侍中群要八に「大臣家大饗、内蔵人奉レ仰召二仰出納一、令レ調二蘇甘栗等…一、置二土高坏一、小舎一人〈二人歟〉、仕人二人相二従之一」。同十に「補二雑色已下一事、雑色奉レ勅仰二出納一、出納遣二仕人一告レ之」。

上東門 大内裏の十二門の一つ。東面北の端の門。

朱愚 至って愚かなこと。

蒲生郡 ↓二〇九頁注

告げて云はく、汝知るや、仕人時武は、必ず極楽に往生すべし。その宅は上東門の裏にあり。往きて結縁すべし、云々といへり。夢覚めてこれを異《あや》しび、もて隣里に語りつ。その中の一人が曰く、吾もまたこの夢あり。試みに行きて尋ねむと欲すといへり。即ち二人相諾《したが》ひて、忽ちに洛都に向へり。遂に城門に到りて、時武に謁することを得たり。時に両人、談《かたら》ふに夢の事をもてす。時武本《もと》より思ふところなきに似たり。苦《ねむごろ》にその所行を問ふに、答へて云はく、阿弥陀三尊、法花経四、五部、形《かた》のごとくに造写す。この生の修するところはただこれならくのみ。ただし人のために、心に愛憎なく、食《じき》に*偏頗《へんば》なし。来る者往く者、あるに随ひて与へつ、云々といへり。この後両三にまたこの夢あり、来りてもて問訊《もんじむ》するに、答ふるところまたかくのごとし。また或人の夢に告げて曰く、決定《くゑつぢやう》に往生する者は三人なり。その一人は上東門の時武これなりといふ。また*淀《よど》の津の住人夢みらく、画船三隻、艤《ふなよそほ》ひて海岸にあり。この中の二隻は人あり、一隻は人なし。夢にその故を問ふに、答へて云はく、この虚《むな》しき舟は、仕人時武が乗るべき船なり、云々といへり。かくのごとき*表事《へうじ》は、記《しる》し尽すに遑《いとま》あらず。而る間長治三年正月三日、俄に*小労ありて、已に*大漸《たいぜむ》に及びぬ。同じき七日、奄《たちま》ちにもて命終へぬ。妾《め》、数月《すぐあつ》寡《やもめ》にして居れり。夜夢みらく、時武来りて告げて曰く、我暫くは人間《にんげん》に住すべし。然れども人皆往生人と称《い》ひて、問訊《もんじむ》諠譁《くゑんくゎ》して、相忍ぶに堪へず。更に精進を加へて、極楽に生るることを得む。憂ふることなかれといへり。

偏頗　字類抄「人情部、ヘンバ」。

淀の津　京都府久世郡淀町付近。日本後紀、延暦廿三年七月条に「幸㆓与等津㆒」、同弘仁元年九月条に「又置㆓宇治・山崎両橋、与渡市津頓兵㆒」。延喜主税式の「諸国運㆓漕雑物㆒功賃」の山陽道・南海道諸国については「播磨国…海路〈自㆑国漕㆓与等津㆒船賃、石別稲一束、挾杪十八束、水手十二束。自㆓与等津㆒運㆑京車賃、石別米五升、但挾杪一人、水手二人漕㆓米五十石㆒云々〉」。

表事　外面に現れた事柄。

小労　軽い病。労は字類抄・名義抄にイタハルとよみ、「病に煩ふをいふ」(雅言集覧)。

大漸　→二二七頁注

〔三五〕 *鹿《しかの》菅太は、その名を失ふ。江州浅井郡岡本郷*の住人なり。少《わか》くして高倉一宮*に仕へ、官爵を期《ご》せり。中年より以後《のち》、更に田園《でんをん》に帰りて、業となすところは狩猟《かり》なり。人能くするところをもて、呼びて鹿菅太と曰ふ。而る間嘉保二年十月中旬、忽ちに所労ありて、已に危急に及びぬ。俄にもて出家沐浴す。その人尋常に修するところなし。ただこの時に当りて、声を挙げて誦して云はく、*若有聞法者《にゃくうもんぼふしゃ》、無一不成仏《むいちふじやうぶつ》といへり。数声《すじやう》の後、念仏して気絶えたり。人皆異相となせり。時に生年七十なり。瑞相太だ多し。

〔三六〕 *下道重武は、左京*陶化坊《たうくわばう》中の*疋夫《ひつふ》なり。一生の間、殺生をこととなせり。鱗甲*を漁《すなど》るを産業となし、禽獣を殺すを活計となす。永長二年二月七日、漁猟の間、肘忽ちに痛むことあり。医師《いし》これを見て、已に悪き瘡《かさ》と称《い》ふ。即ち禅僧一両を屈して、相語りて曰く、昔は良き友と契りしが、今は悪き瘡を得たり。かつは除病を祈り、かつは往生を救へといへり。両僧これに諾《したが》ひて、七日住して、除病を祈るといへども、兼ねて念仏を勧めたり。第七日の暁に、また上人範順*を迎へて曰く、病気已に迫りて、死時将《まさ》に至らむとす。禁戒を受けむことを欲《おも》ひ、経教を聴かむことを欲ふ。能く我がためにこれを説け、云々といへり。上人已にその病の急なるを見て、禁戒を授けたる後、先づ法花経方便品を抽《ぬ》いて誦し畢りぬ。この時病者《びやうじや》心に散乱なく、聴聞随喜して云はく、宅《いへ》には資貯なく、また親族なし。死後の屍骸《しにかばね》は、誰人か収斂せむや。八条河原に

〔三五〕 他にみえず。
鹿菅太　伝未詳。
岡本郷　和名抄「浅井郡岡本、乎加毛止」。現在の滋賀県東浅井郡虎姫町。
高倉一宮　中右記、長治二年十一月七日条に「申剋許無品祐子内親王薨給〈世号二高倉一宮一〉御年六十八。内親王者後朱雀院第三女、母中宮嫄子、故宇治殿養子也。実式部卿敦康親王女也。長暦二年四月廿一日誕生、即為二内親王一。長久元年十一月廿三日著袴、此日准后封千戸。延久年中為レ尼。今日遂薨二于土御門高倉亭一」。
若有…　法華経方便品の偈。もし法華経を聞く者は、一人として成仏しない者はないの意。この偈は応和の宗論で天台宗の良源に対し、法相宗の仲算が「無の一は成仏せず」と転読して反駁したことで有名な句。

〔三六〕 他にみえず。
下道重武　伝未詳。
陶化坊　平安京左京の九条（八条大路と九条大路の間）を陶化坊という。拾芥抄「九条〈東陶化坊、西開建坊〉」。
疋夫　匹夫に同じ。字類抄「ヒツフ、下人也下賤部」。
鱗甲　鱗と甲羅、即ち魚類と甲殻類。
範順　未詳。ただし、殿暦、長治二年十月十六日条に「仏師範順〈絵仏師也〉」とみえる。

一の*荒蕪《くわうぶ》あり。吾かの所に行きて、この命を終るべし。然らずんば妾児に遺留せむに、旁《かたかた》に労あらむといへり。即ち鮮服を脱ぎて妻子に授け、*鶉衣《ずえ》を着て河原に赴けり。禅僧一両、諸に依りて後にあり、隣里の数輩《すはい》、旧を思ひて相送りつ。已にその所に到りて、草を靡《なび》かし筵《むしろ》を展《ひろ》げて、西に向ひて坐し、口に弥陀を唱へて、心に散乱なし。漸くに*昧爽《まいさう》に及びて、念仏して気絶えたり。これを相送りたる者、皆哀傷して帰りぬ。

〔三七〕尼釈妙は、*睿桓《えいくわん》上人の母なり。その心清潔にして、*紅塵に染まず。穢《けがら》はしき手をもて*水瓶《すいびやう》を取らず、*白衣《びやくえ》をもて仏前に出でず。*行住坐臥、西方に背《そむ》かず、洟《はなす》り唾《つばき》し便利するに、西方に向はず。法花経を読むこと三千余部、*百万遍の念仏数百《すひやく》ケ度なり。常に夢みらく、木像の仏来り告げて曰く、我はこれ弥陀なり。汝を引接《いんぜふ》せむがために、常に来りて守護す、云々といへり。その入滅の日に、五色の糸をもて仏の手に繋けて、これを取りて念仏して*気絶えぬ。

〔三八〕*大日寺《だいにちじ》の側に一の老女あり。年老いて身貧《まづ》し。両《ふたり》の男あり、皆天台の僧となりて、兄をば禅静《ぜんじやう》と曰ひ、弟をば延叡《えんえい》と曰ふ。その母病を受けて死せり。後に二の僧心を一にして、昼は法花経を読み、夜は阿弥陀仏を念じて、偏に慈母の極楽に往生せむことを祈る。この時に当りてや、大日寺の僧*広道夢みらく、無量の音楽雲の上に聞えたり。驚きてその方を望むに、三の宝車あり。数千《すせん》の僧侶、香炉を捧げて前後を囲繞《ゐねう》

荒蕪　あれはてた土地。

鶉衣　みすぼらしい衣服。荀子、大略篇「子夏貧、衣若㆓懸鶉㆒」。

昧爽　明け方。

〔三七〕　以下は比丘尼及び優婆夷の部。→解説。本伝及び今昔物語巻十五ノ四〇は法華験記巻下〔九九〕による。験記に比し、要をとり文を簡潔にしてある。験記にある入滅の年次(正暦三年)をここでは記していない。

睿桓　法華験記巻中〔四六〕叡桓伝参照。

紅塵　→二九四頁注

水瓶　→六八頁注

白衣　俗人の衣服の意で、出家の人が染衣を用い緇衣というのに対す。験記「不㆑着㆓袈裟㆒」。

行住坐臥…　二四一頁一二―一三行参照。

百万遍　→一八〇頁補

気絶えぬ　験記・今昔は「正暦三年」。

〔三八〕　日本往生極楽記〔三二〕、法華験記巻下〔一二〇〕にある。前者が大日寺僧広道を中心に書くのに対して、後者は前者によりながら寺辺の老女を中心に書いている。本伝は法華験記にもとづき、また広道の往生の話もけずっている。今昔物語巻十五ノ二一は往生極楽記によるか。明らかに、左の関係が認められる。

往生極楽記 → 法華験記 → 本伝
往生極楽記 → 今昔物語

大日寺　→三一一頁注

広道夢みらく　極楽記に「極楽・貞観両

し、直《ただ》に老女の家に到りて、天衣・宝冠・衆宝・瓔珞《やうらく》をもてその女を飾り、その車に載せて将《ゐ》て還り去る。時に便ち二の僧に勅《のたま》ひて云はく、汝母のために懇志をもて誦経念仏せり。故《かるがゆゑ》にもて来り迎するなり、云々といふ。宝車西を指して*遙に去るとみたり。

〔二九〕奈良の京に女あり。姓名を失ふ。*質直柔和《しちぢきにうわ》にして、形貌《ぎやうめう》*端正《たんじやう》なり。夫《をふと》に随ひて数子を生めり。半齢より以後《のち》、法花経一部を転読せり。日夜休まず、*世事を営まず、ただ仏道に帰せり。その夫常に誡めて云はく、在家《ざいけ》の人、世の営遑《いとなみいとま》あらず。徒《いたづら》に家事を捨てて、ただ経典を誦すは、太《はなは》だもて*不便《ふびん》なりといへり。教誡すること数度なれども、尚転経《なほてんぎやう》を宗《むね》としたり。廿余年いまだ曾《むかし》より棄置《きち》せず。而る間日来《ひごろ》病患を煩ひて、適《たまたま》もて平癒せり。忽ちにもて沐浴して、衣を着て経巻《きやうぐわん》を執り持ち、夫に語りて曰く、我数十余年、夫婦の契ありといへども、今この界《さかひ》を去りて、他界に赴くべし。何ぞ相送らざるといふ。また男子《なんし》に語りて曰く、吾諸《もろもろ》の子を生みて、自《みづか》ら多くの罪を作りつ。今独《ひとり》この界を去るに、何ぞ相随はざるや。ただ年来《としころ》所持の法花経六万九千三百余字、炬《たちあかし》の火を捧げて、前後を囲繞《ゐねう》し、各教喩を加へて、極楽に相送るといへり。かくのごとく語り已《をは》りて、読経礼仏し、奄《たちま》ちにして入滅せり。その死骸《しにかばね》は数日《すじつ》を歴《へ》たりといへども、その薫香は殆《ほとほと》に*一周に及べり。

〔三〇〕前阿波守*高階章行《のりゆき》の母堂は、尼に作《な》りたる後廿余年、堅固にあらずといへども、

寺間聞二無量音楽一」とあり、法華験記・今昔も同じ。本書のみ前半を欠く。

遙に去る　極楽記は最後に「一夢之中亦有二広道往生之相一。広道不レ歴二幾年一入滅。此日音楽満レ空、道俗傾レ耳。随喜発心者多矣」と記し、験記・今昔もほぼ同じ。本伝はこれを欠く。

〔二九〕　法華験記巻下〔一一三〕にある。本伝はそれにより、要をとり簡潔にしている。普通唱導集巻下にある。

質直柔和　験記には「稟レ性柔軟」。著者は本書の序に「質直之心、往生之門也」と書いており、質直の語を好んだのであろう。質直→一五九頁注

端正　→六七頁注

世事　験記には「不レ営二世路一、蚕養織婦、永棄二其業一、裁縫染色、更忘二其営一。飲食衣服家中所作、乃至田畠農業事、急皆不レ知」。

不便　雅言集覧「ワルイシカタ、ワルイ都合、不都合」。

一周　漢書巻八十四、翟方進伝「方進旬歳間免二両司隷一(顔師古曰、旬偏也、満也。旬歳猶レ言二満歳一也。若二十日之一周一)」とあり、一周は時間的な一めぐりの意であるが、ここは空間的なあたり一面の意に用いているか。

〔三〇〕　他にみえず。

高階章行　大宰大弐成章の子。従四位下阿波守・中宮亮(尊卑分脈)。父成章は康平元年二月大宰府に於て薨ず(二条太皇大后宮大弐集・公卿補任)。

念仏を怠らず。ただ正直慈悲は、かの人の天性なり。ここにその死期《しご》に及びて、正念乱れず、偏に余の言語を絶ちて、黙して念仏せり。即ち傍の人に告げて曰く、北西の方に音楽あり、また薫香あり、その音その香、世間に比《たぐひ》なし。汝等この音を聴くや、この気《け》を聞《か》ぐやといふ。傍の人答へて曰く、聴かずまた聞《か》がずといふ。また曰く、その楽《がく》漸くに近くして、その香已に満ちたり。汝等罪業《ざいごふ》重きが故に、聴かず聞《か》がざるかといへり。この言の外に、また他の語なく、念仏して気絶えぬ。容顔変ずることなし。

〔三一〕尼*妙意は、*京兆《けいてう》の*上東門の里の人なり。*年半百を過ぎて、落飾して尼と作《な》りつ。その後世事を営まずして、偏に念仏を修せり。而る間鬢の辺に瘡《かさ》あり、心《むね》の中に痛《いたみ》あり。遂に旧故を尋ねて、*知足院に到りぬ。即ち房主に相語りて曰く、この房に来るの後、心腹痛むことなし。正念尋常《じむじやう》なりといへり。忽ちに沐浴して頭《かしら》を剃りて、*衣座《えざ》を払ひ拭《のご》へり。およそ病を受けたる後、第六日の申剋に及びて、傍の人に告げて曰く、坤《ひつじさる》の方に楽《がく》あり、その音太だ妙《たへ》なり。汝等聞くや否やといふ。人々曰く、更にもて聞かずといふ。また曰く、その楽遠からず、*雲林院の上方に当れり、云々といへり。漸くに後夜《ごや》に及びて、音《こゑ》を揚げて念仏し、また僧徒に勧めて、念仏合殺《かつさつ》せしめたり。唱念の間、眠るがごとくして終へたり。時に延久年中、春秋七十なり。

〔三二〕尼*妙法は、俗姓橘氏、丹波国の人なり。幼《わか》くして*茅土を離れて、更に*花城に住

〔三一〕 他にみえず。
妙意 伝未詳。
京兆 ↓三二七頁注
上東門 ↓三四三頁注
年半百 五十歳のこと。
知足院 京都府北区船岡付近。↓補
衣座 衣(袈裟)と座の意か。或は衣座室(↓一六八頁注「室」)のことか。

雲林院 京都府北区紫野にあった。↓補

〔三二〕 普通唱導集巻下に略記す。
妙法 伝未詳。
茅土 家のある地で郷里をいうか。板本「郷土」。
花城 繁華な街で都の意。
西府 大宰府のこと。鎮西府の略。

せり。而る間夫《をふと》棄てて*西府に赴き、身留りて空床を守る。再会期《ご》しがたくして一旦尼と作《な》る。時に年歯四十、人皆相惜めり。それより以降《このかた》四十二年、ここに毎日に、*阿弥陀経六巻、法花経*四要品、*仁王経護国品を読誦すること各一遍なり。また更に*観音経十巻、念仏一万遍、この外に*小豆《あづき》をもて数となす。唱へたるところの念仏は、およそ五十七斛《こく》三斗なり。ここに嘉承二年三月十七日、*崇仁坊の小宅にして、忽ちに諸子近隣に告げて曰く、去《い》ぬる両三夜、人ありて誘引《いういん》せり。就中に去ぬる夜、必然の由を告げき。仍りてためにかの人に相伴ひて、*阿弥陀峰に詣でむと欲す。もしこの宅にして死去せば、子息に煩《わづらひ》あるべきが故なり。*公等に謁見するは、ただこの時許《ばかり》なりといへり。清談言ひ訖りて、東を指して行けり。数子尋ね到りて、相見て帰りつ。その明くる朝、尼、常住の僧に謂ひて云はく、吾去ぬる夜他界に赴くべかりき。而るに命尚《なほ》存せり。邪鬼吾を欺くかといへり。その翌日《あくるひ》の午剋に、身自《みづか》ら沐浴し、殊に衣服《えぶく》を整へて、仏前に向ひて礼拝せり。次に更に西方に向ひて礼拝せり。礼拝すること数十、起居軽利なり。称揚声高くして、威儀常のごとし。その声漸くに微《ほのか》にして、休むがごとく気絶えぬ。住僧これに驚きて、もて子孫に告げたり。子孫行きて見るに、顔色変ずることなし。人もて異となせり。春秋八十二なり。

〔亖〕*中原義実は、京師《けいし》の人なり。*竹馬《ちくば》より*艾年《がいねん》に至るまで、毎日に法花経一部を読みて、巳に三千余部に及べり。また毎晩に西に向きて礼拝すること一百遍、*金峰山《みたけ》に参

阿弥陀経六巻 →一六八頁注「小阿弥陀経」。六巻は六遍。
四要品 二十八品の中、方便品・安楽行品・寿量品・普門品をいう。→一四四頁注「四品」
仁王経 仁王般若波羅蜜経、鳩摩羅什訳、二巻八品。第五護国品は護国の因縁を説き、国土が乱れようとした時一日二時にこの経を講ずると諸難が消滅すべきことを明らかにする。
観音経十巻 →五八頁注「普門品」。十巻は十遍。
小豆 小豆念仏をいう。→補
崇仁坊 拾芥抄に「八条〈東崇仁坊、西延嘉坊〉」。
阿弥陀峰 →三二八頁注
公等… 尼の児息。従って尼が四十歳(治暦三年)以前のとき大宰府に赴いた官人某の児息。枕草子に「上達部は、左大将、右大将、春宮の大夫、権大納言、権中納言、宰相の中将、三位の中将。君達は、頭の中将、頭の弁、権中将、四位の少将、蔵人の弁、四位の侍従、蔵人の少納言、蔵人の兵衛佐」。右の君達にあたるか。
〔亖〕 他にみえず。
中原義実 伝未詳。
竹馬 童児をいう。博物志「小児五歳曰二鳩車之戯一、七歳曰二竹馬之戯一」。
艾年 五十歳。礼記、曲礼上「五十曰レ艾、服二官政一」。
金峰山 →六六頁補

ること七ヶ度、念仏を修すること幾多《いくそばく》の数ぞ。およそこの善根《ぜんごん》をもて、極楽に廻向《ゑかう》し、現世《げんぜ》を祈らずして、ただ往生のみを願へり。身に悩気あり、口は食味に乖《そむ》けども、その臨終に及びては、已に尋常《よのつね》に復せり。心散乱せず、手に定印を結び、西に向ひて居り、念仏して滅《し》せり。時に嘉承二年六月十六日、生年五十二なり。この時或人夢みらく、一の*総角《あげまき》の童子あり、いまだ敷《ひら》かざる蓮花一茎を擎げて、来りて曰く、*釈迦堂*持経者の使なり、云々。この蓮花をもて、かの人に献ずべし。その時この蓮《はちす》開敷《かいふ》すべし、云々といへり。夢覚めてこれを尋ぬれば、正《まさ》にかの入滅の時なり。

〔三四〕 *散位従五位下*橘朝臣《あつそん》守輔は、京花の人なり。年齢八旬まで、三宝に帰せず、*斎日《さいにち》*節時には、いまだ曾《むかし》より精進《しやうじん》せず。もし教誘《をし》ふれば、弥《いよいよ》*狂言を増せり。而る間予州に下向して、*国務を執行《しふぎやう》したり。*庁衙の後、廬退の夕に、身体恙《つつが》なくして、容顔思ふがごとく、一心乱れず、*十念成就して、*和南《わな》の中に、西に向ひて絶えぬ。瑞相これ多くして、見聞《けんもん》一にあらず。或人これを奇《あやし》びて、その妾《め》に問ふに、曰く、本来邪見《じやけん》にして、指《さ》せる善事なし。ただし毎日の晩暮に、*浄穢《じやうゑ》を論ぜず、合掌して西に向ひて、一紙の書を読み、読み畢りて恭敬《くぎやう》せり。この一事を行ふこと、両三年に及びぬ。その書これあり、何事なるか知らずといふ。即ち披見すれば、これ*発願文《ほつぐわんもん》なり。その詞《ことば》に云はく、弟子敬《つつし》みて三世《さんぜ》の諸仏、十方の聖衆に白《まう》さく、始め*強仕より終り八十に至るまで、念を弥陀仏に繫《か》けて、心を妙法経に帰せり。就中に今日より以後《のち》、死期の以前《まへ》に、

総角 →二二九頁補
釈迦堂 清涼寺釈迦堂。現、京都市右京区嵯峨藤ノ木町。→補
持経者 →六六頁注
〔三四〕 他にみえず。
散位 →二五〇頁補
橘朝臣守輔 系図にみえず、伝未詳。
斎日 在俗仏徒の身心を慎むべき日。六斎日・十斎日(→三四一頁注)を斎日という。
節時 雑令「凡正月一日、七日、十六日、三月三日、五月五日、七月七日、十一月大嘗日、皆為二節日一」。
狂言 →二四頁注
国務… 元来は国司の任務。ただし平安中期以後、国衙に常住する、在庁官人が事実上、その任務を執行した。この話の主人公は散位として伊予に下向しているから、伊予国の在庁官人として国務に当っているもの。たとえば永久三年の伊賀国東大寺領北杣出作田注進状(平安遺文一八二八)に連署する「惣大判官代桃原、散位平朝臣、源朝臣」のたぐい。
庁衙 国司の役所を、古く国庁、平安朝には国衙と称した。それをさす。
十念 →一一頁補
和南 元来上長の者に対して安否を問うときロに唱える語で、敬礼の意。法苑珠林巻二十「仏語優波離称二和南一者是口語。若曲レ身者、是名二心浄一」。
浄穢を… 浄衣身穢衣身の意か、または善悪の行為に拘らずの意か。
発願文 願文。修行修法、造寺や仏事を

浄穢を論ぜず、衣服《えぶく》を整へずして、毎昏《ゆふべごと》に西に向ひ、二手合掌して、弥陀の宝号を唱へ、*法花の題目を称《とな》へむ。もしくは命終の刻《きざみ》に、*邪倒心を礙《さ》へて、念仏すること能はじ。故《ことさら》にこの長時の一称をもて、必ずその命終の十念となしたまへ。また法花経*寿量品の偈《げ》を誦すること十遍なり。*願以此功徳《ぐわんいしくどく》、普及於一切《ふぎふおいっさい》、我等与衆生《がとうよしゆじやう》、往生安楽国。永長元年六月廿四日、始めてこの願を発《おこ》せり。諸仏菩薩、悉く知り悉く見たまへ、云々〈これを略《あらあら》抄《ぬ》く〉といへり。衆人これを見て、*庶幾《しよき》せずといふことなし。

拾遺往生伝　巻中

已上三十四人、誠を至して注記す。

修することによって期する願旨を述べた文をいうが、単に願意を神仏に祈請するため奉る文もいう。
強仕　四十歳。礼記、曲礼上「四十曰ㇾ強而仕」。
法花の題目…　南無妙法蓮花経または妙法蓮花経などと、法華経の題目を称えること。→補
邪倒　邪見や顛倒した心。薬師本願功徳経「愚痴迷惑信二邪倒見一」。
寿量品の偈　如来寿量品第十六の偈「自我得仏来…速成就仏身」を指すか。
願以此功徳…　法華経化城喩品第七にある偈(回向文)と観経疏序偈を抄文したもの。→一一頁注「願はくは…」
庶幾　字類抄「コヒネカフ、ショキ」。

拾遺往生伝　下

拾遺往生伝 巻下

柱下老史三善為康記す

それ末法の万年にして、弥陀の一教を柄《あきらか》にす。道俗男女、誰か帰せざらむや。而して西土に往生の行人《ぎやうにん》を訪《とぶら》ひて、中古より爾来《このかた》の遺輩を記せり。都盧《すべて》六十四人、もて上中の両巻に載せたり。今の録《しる》すところ、継ぎて下巻となす。冀《こひねが》はくは先賢の*行儀を記して、もて後人の*目足《もくそく》となさむと爾《しか》云ふ。

行儀　行為の軌式。日常行為の規則となるべきもの。往生要集、大文第六「看病之人、能了㆓此相㆒、数問㆓病者所有諸事㆒、依㆓前行儀㆒、種種教化」。

目足　智目行足。智を目に行を足に譬えたもので、最も肝要なことを指す。法華玄義巻二上「智為㆓行本㆒、因㆓於智目㆒起㆓於行足㆒。目足及境三法為㆑乗、乗㆓於是乗㆒入㆓清涼池㆒」が初出。往生要集巻上序「夫往生極楽之教行、濁世末代之目足也」。

〔一〕　相応の伝として、㈠法華験記巻上〔五〕があるがきわめて素朴なもの。これに反して本伝は、㈡天台南山無動寺建立和尚伝（以下、伝と略）、㈢扶桑略記、延喜十八年十二月二日条所引「伝文」、㈣日本高僧伝要文抄第二引用の無動寺大師伝などと同系統のもの。㈡もしくはその祖本によって本伝は書かれており、㈢㈣も、それの抄録であろう。これらと表現の異るもののみを注記する。弥勒如来感応抄四・真言伝巻四・元亨釈書巻十等にある。
無動寺　↓二三頁注
孝徳天皇　孝昭天皇の誤り。
櫟井氏・天帯彦国押人命　↓補
砌　和名抄「兼名苑云、砌一名階、砌音細、訓美岐利、登㆑堂級也」。ただし家屋雑考には「こは霤落の所、石などしきおくところをいふ」とある。
精菜　まじりけのない野菜。伝「不㆑供㆓魚鳥之膳㆒、拾㆓芹菜之類㆒」。要文抄は伝の「供」を「勧」、「拾」を「含」に作る。
二年　伝・要文抄の「十二年」が正しい。
鎮操　伝に法華堂僧にして、のち相応の推薦により定心院十禅師(↓二三頁注)に補せられたという。
天台山　伝・要文抄「台山」。比叡山のこと。↓七〇頁注
中堂　↓二八五頁補「一乗止観院」
慈覚大師の房　伝「于時慈覚大師御房、近在㆓中堂之北方㆒」。
十善戒・度者　↓補
他を先にし…　山家学生式の六条式に「悪事向㆑己、好事与㆑他、忘㆑己利㆑他、慈悲之極」とある。
陰徳陽報　淮南子、人間訓「夫有㆓陰徳㆒者、必有㆓陽報㆒。有㆓陰行㆒者、必有㆓昭名㆒」。
薬師如来　中堂の本尊。↓二八五頁補「一乗止観院」
二年二月　伝「三年」。
西三条…良相　藤原良相。巻中〔一三〕良相

〔一〕　*無動寺の相応和尚は、俗姓*櫟井《いちゐ》氏、近江国浅井郡の人なり。その先は*孝徳天皇、*天帯彦国押人命《あめたらしひこくにおしひとのみこと》の苗裔なり。その父天性寛仁にして、郷里の帰《くゐ》するところなりき。常に子なきことを嗟《なげ》きて、仏天に祈請せり。天長八年、その母夢に剣を呑むと見て、期《ご》ありて和尚を生みつ。その日瑞煙*砌《みぎり》に聳《そび》きて、香気室に薫じぬ。瑞を視たる者、驚き怪《あやし》ばずといふことなし。嬰児の間、口に酒肉を嫌ひて、心に葷腥を厭へり。父母《ぶも》異《あやし》びて、羞《すす》むるに*精菜をもてし、供ふるに別《べち》の器《うつはもの》をもてせり。それ人となりては、また好みて僧侶に懐《ちかづ》きて、俗人に親《むつ》びず。

承和*二年、生年十有五にして、*鎮操大徳に随ひて、*天台山に登りたり。十七にて出家して、*十善戒を受けつ。師に事《つか》ふるの隙《ひま》に、常に花を折りて、*中堂と*慈覚大師の房に奉る。六、七年の間、一日として闕けたることなし。大師大きにこれを異べり。斉衡元年、大師、和尚に謂ひて曰く、年来《としころ》汝を見るに、毎日に花を供へて、信心堅固なり。我汝を度《と》せむと欲す、云々といへり。その後幾日を経ずして、已に*度者《どしゃ》を給はりぬ。和尚その夜中堂に参宿せり。五体地に投げ、双涙袖を湿して、受戒を祈請する者あり。和尚憐びて、その在所《ざいしょ》を尋ぬるに、これ大師の房の人なり。和尚即ち大師に申して云はく、給ふところの度者、先づこの人に給はらば、弟子の願、已にもて足るべしといふ。大師諸《もろもろ》の弟子に謂ひて曰く、この法師、*他を先にして己を後にするの心あり。必ず*陰徳陽報の運に遇はむかといへり。その夜夢みらく、*薬師如来告げて曰く、汝謙譲をもて、先に人を度せしめつ。故《かるがゆゑ》にもて摩頂《まちやう》すとのたまへり。

同じき*二年二月、*西三条藤大納言〈良相〉、度者を大師に送られたり。その書状に云はく、*身の代《かはり》に謹厚《きむごう》の者を度せしめよ。将《まさ》に*現当の師となさむとす、云々といへり。即ち和尚を召して曰く、これ汝が良縁の*相応なり。仍りて汝の名は相応と曰はむ。その相の一字は、かの大納言良相の字を取れるのみ。汝先年にもし*人を達《た》てたる徳なくんば、今日あに仁に当るの運に遇はむやといへり。時に年廿五なり。得度の後、*十二年を限りて、誓ひて山に籠る。同じき年の八月の比《ころほひ》、大師、*不動法幷びに*別行儀軌《べつぎやうぎき》護摩法等を授けつ。受け竟《をは》りたる日に、称歎して曰く、*業はこれ瓶に写《うつ》し、*観は鏡を懸くるがごとし。現形《げんぎやう》の不動、日域に顕れて、生身《しやうじん》の明王、叡山に留る、云々といへり。即ち*医王の示現に依りて、叡山の南の*岫《くき》を占めたり。その間の苦行、誰をもてかこれを称《い》はむ。

天安二年、*西三条の女御《にようご》〈良相右大臣の女〉、已に重き病に嬰《かか》りて、殆《ほとほと》に死門に及びぬ。右大臣丁寧に和尚を請ぜらる。和尚固辞して往かず。大師謂ひて云はく、大臣身の代りに上人を度せしめたり。もしかの請に赴かざれば、恐らくは恩を知るにあらざらむといへり。和尚依りて大師の命を畏《かしこま》り、十二年を竟《を》へずして、かの*閤《かふ》に参入せり。諸寺諸山の、有智有験《うちうげむ》の*僧綱凡僧、堂に満ち席に溢れたり。和尚麁布破衣にて、謙下《へりくだ》るの心を懐きて、廂《ひさし》の辺《ほとり》の座に陪《はむべ》りて、聊《いささ》かに神呪をもて、幾《いくばく》ならずして呪縛せり。かれもこれも*雷同して、いまだ誰の験《げむ》なるかを知らず。而る間几帳の上を超えて、和尚の前に投《いた》り、踊り躃《たふ》れて喚《よば》ひ叫ぶ。和尚言をもてこれを制して、帳の裏に帰らしむ。

伝参照。伝では「西三条大納言良相卿」。よって良相の分注は原注か。
身の代に…　↓補
現当　現在と未来の二世。伝「依二彼誓護之力一、将レ為二息災之謀一」。
相応　心法や色法が和合して相離れないこと。契合。
人を達つ　人を官につけてやること。論語、雍也「夫仁者己欲レ立而立レ人、己欲レ達而達レ人。能近取譬」。
十二年　天台宗年分度者の十二年籠山制をいう。↓補
不動法　伝「不動明王法」。不動明王を本尊として攘災のために行う祈禱法。とくに不動を本尊とする護摩法は普及し、三五八頁の不動法も護摩である。
別行儀軌護摩法　伝「別尊儀軌」。諸尊を別に本尊として修する密教の修法。本朝台祖撰述密部目録に護摩私記・不動明王略次第・熾盛光例次作法等の書がみえる。
業はこれ瓶に写し・観は鏡を懸く　↓補
医王　叡山の根本中堂の薬師如来。
岫　和名抄「陸詞曰、岫、似祐反、和名久岐、山穴似レ袖也」。
西三条の女御　藤原良相(西三条殿)の女、多美子。貞観六年清和天皇女御となり元慶七年正二位、仁和二年十月二十九日薨ず(三代実録)。
閤　字類抄「カフ、毎レ間有レ戸家也」。
僧綱凡僧　僧綱(僧正・僧都・律師)とそれ以外の僧。僧尼令、任僧綱条義解に「僧綱者、僧正・僧都・律師也」。↓補
雷同　↓補

数剋《すこく》の後、霊気屈伏《りやうげくつぷく》せり。大臣感歎して、緇素*瞿然《くぜん》せり。これ顕験の初なり。

貞観元年、三ヶ年を限りて、粒《いなつび》を絶ちて*安立《あんりふ》せり。比良山の西*阿都《あつ》川の滝にして、智恵を祈請す。夢の中に普賢告げて曰く、一分の智恵の種子《しゆじ》を得ば、その後苦《ねむごろ》に学ばずといへども、自《おのづか》らに正教《しやうげう》を悟らむとのたまへり。同じき三年八月、*貞観天皇勅使を遣して和尚を請じたまへり。勅命に背きがたくして、いまだ三年を竟《を》へずして、内裏に参入す。勅ありて*阿比舎《あびしや》の法を行じたり。呪を誦することいまだ十遍に及ばざるに、二人の童男を呪縛す。即ち和尚問ふらく、何物ぞやといふ。答へて云はく、我はこれ*松尾明神なりといへり。*皇帝即ち*堀川左大臣をして、叡情の疑ふところを問はしむ。毎事《ことごと》決《さだ》めて、皆もて徴《しるし》あり。即ち*勅ありて、度者幷びに御衣等を賜へり。和尚固辞して受けず。同じき年、西三条女御悩あり、和尚加持す。即ちもて平復せり。大臣弥《いよいよ》感じて、贈るに*宝貨をもてせり。

同じき四年、*金峰山《みたけ》に登りて、三年安居《あんご》しけり。夢の中に三人の童子来りて云はく、吾はこれ*金剛童子なり。上人の師、円仁和尚の命に依りて来るところなり。而るに上人の威勢、いまだ我を使ふに及ばず。仍りて暫く帰り去りて、後日将《まさ》に来らむとす。努力努力《つとめよつとめよ》といへり。安居已に竟りて、已に本山に帰りぬ。*その年の秋、皇帝御歯不予《ふよ》の事あり。*勅ありて和尚を請じたまへり。和尚暁更《げうかう》に及びて、*理趣経を読誦せり。皇帝和尚に勅して云はく、朕夢みらく、*衲袈裟《なふけさ》を着たる高僧八人倶に来りて、上人の声に随ひて相共に加持す。覚めて後患《うれ》ひたるところの歯、覚えずして落ちて、所在を知

瞿然　驚いて顔色が変るさま。
安立　伝「安居」。
阿都川　安曇川。ここは朽木谷の奥の葛川をいう。→補
貞観天皇　要文抄に「貞観皇帝」、伝に「天皇」。清和天皇のこと。
阿比舎の法　速疾立験魔醯首羅天説阿尾奢法のこと。天神を請降して、壇上に立たせた浄身浄衣の童男童女の支体に遍入させ、病鬼に病の軽重や命の長短等を語らせて疾を除き災を攘う一種の法術。託人(よりまし)の法。
松尾明神　→一六五頁注
皇帝　要文抄も同じ。伝に「天皇」。清和天皇のこと。
堀川左大臣　藤原基経。長良の子、良房の養子。従一位摂政、関白、太政大臣。寛平三年正月十三日薨、五十六歳。堀川殿と号し、諡して昭宣公(公卿補任・尊卑分脈ほか)、貞観三年には従四位下蔵人頭。
勅あり　伝では「徴ありき」のあとに「其後典侍藤子出来問二他事一、明神不レ答。依戯罵云、不レ知レ所レ問、若是狐狸歟。少時俄得二頓病一、出二罷私宅一、歴二四日一卒」とし、次に「是時有レ勅云々」とつづく。要文抄もほぼ同じ。
宝貨　伝「奉二巴子国剣一。刃間以二金鏤一銘二不動明王呪仏慈護明一。此剣者入唐三品親王有レ志自二大唐一被レ贈」。三品親王は高丘親王。
金峰山　→六六頁補
金剛童子　→一七二頁注「八大金剛童子」
その年…　伝には、この年秋の清和天皇

らずとのたまふ。和尚奏して曰く、この暁、理趣般若経を誦《じゅ》し奉りき。この経に*八大菩薩あり。これ八十*倶胝《くてい》菩薩の上首なり。若《もし》くはかの八大菩薩、聖体を護り奉るかといへり。天皇弥《いよいよ》もて感歎したまへり。その明朝に、和尚宿房に退出せり。経筥の上を見るに、忽ちに一の歯あり。和尚*侍中《じちゅう》を招きて、歯をもて示せり。侍中歯を捧げて奏聞す。皇帝感歎して、賞《たま》ふに僧綱をもてし、賜ふに度者をもてしたまふ。和尚謙退してその賞を受けず。

同じき五年、等身の*不動明王の像を造り奉れり。仏師いまだ必ずしもその人ならずして、頗る端厳ならず。これに因りて他の材をもてこれを造り改めむと欲す。夢の告に云はく、他の材を用ゐることなかれ。吾好《よ》き工《たくみ》をもて造り直さしむべし、云々といへり。その後慮《おもはか》らずして仏師*仁算を得て、これを造り直さしむ。相好円満にして、霊験日に新《あらた》なり。同じき七年、仏堂を造立《ざうりふ》して、もて*中尊《ちうぞん》を安んぜり。号《な》づけて無動寺と曰ふ。而る間*染殿皇后、*天狗に悩まされたり。数月《すぐゑつ》を経て、敢へて降《がう》する者なし。天狗放言《はうごん》して曰く、三世《さんぜ》の諸仏の出現にあらざるよりは、誰かもて我を降し我を知らむやといへり。和尚召に依りて参入せり。両三日を経て、その験《げん》あることなし。即ち本の山に帰りて、この明王に祈れり。*ここに明王背《そむ》きて西に向ふ。和尚随ひて西に坐す。明王また背きて東に向ふ。和尚また東に坐す。余《あまり》の方また爾《しか》り。時に明王背きて初のごとくに南に向ふ。和尚また南に坐す。涙を流して祈請すらく、吾仏の語《ことば》を憑《たの》むに、相背くことかくのごとしといへり。合眼の頃、夢にあらず覚むるにあらず、明王

歯痛の加持の話と、寛平二年の宇多天皇の歯痛の加持の話とがある。元亨釈書は、前者と同じ話を寛平二年のこととしてかかげるが、おそらく誤り。

勅あり 伝・古事談「差二勅使藤原繁相一」。

理趣経 大楽金剛不空真実三麼耶経。一巻。不空訳。密教の諸経軌の中で特に尊重され諸願成就には必ず読誦された。顕教では玄奘訳の大般若経理趣文を同じ目的に用う。→補

衲袈裟 ぼろ布切で補綴した法衣。日本では七条・九条、金襴・鈍赤または雑色の華美のものをいい、一色の平袈裟に対す。→三六九頁注「五条の衲衣」

八大菩薩 正法を護持し衆生を擁護する主な菩薩で、理趣経では金剛手菩薩・観自在菩薩・虚空蔵菩薩・金剛拳菩薩・文殊師利菩薩・纔発心転法輪菩薩・虚空庫菩薩・摧一切魔菩薩。

倶胝 →二三二頁注

侍中 蔵人の唐名。

不動明王の像… 山門堂舎記及び叡岳要記の無動寺の部は、ともに相応伝にもとづいて、同寺の本尊、不動明王像の造立と無動寺の沿革を記している。引用の相応伝は、天台南山無動寺建立和尚伝と同系統。不動明王→六〇頁補「明王」

仁算 伝未詳。

中尊 伝「安二置此明王於中台一」。

染殿皇后 藤原明子。→補

天狗 伝「天狐」、真言伝「染殿后ノ霊ハ、紺青鬼也」。→二二九頁補

ここに明王… →補

告げて曰く、我*一持の後は、生々加護せむの誓に依りて、汝の恨に応ぜずして、猶《なほ》し相背くことあり。我今汝のためにその本縁を説かむ。昔*紀僧正我が明呪を持して、聊《いささ》かに邪執に依りて、天狗道に堕《お》ち、皇后に着きて悩ましき。*本誓《ほんぜい》を守らむがために、天狗を護持す。今須《すべから》く汝かの宮に到りて、密に天狗に告げて云ふべし、汝はこれ紀僧正の後身、*柿下《かきのもとの》天狗かといへ。彼定めて頭《かうべ》を低《た》れむの頃に、*大威徳呪をもて加持せば、将に結縛《けつばく》の便《びん》を得むとするか。我またかの邪執を伏《ぶく》して、仏道に赴かしめむ。故《かるがゆゑ》にこの事を告ぐならくのみといへり。和尚驚悟して、*作意《さい》これに従ひ、*天狗を降伏《がうぶく》す。少時《しばらく》ありて平復せり。

同じき八年七月、大唐の*南岳・天台両大師の例に准《なずら》ひて、故円仁に諡号を賜ふべきの状、上表奏聞せり。朝議に曰く、円仁の師最澄、いまだこの号を賜はらず。弘法《ぐほふ》の功、曾《かつ》て勝劣なしといへり。同じき月*廿四日、伝教・慈覚両大師、同じく*諡号を賜はりぬ。本朝の大師の号は、これより始まる。*およそ公私の施入《せにふ》、庄園の賞賜は、或は辞して受けず、或は諸宮に施入せり。*堀川左大臣諷諫《ふかん》して曰く、数度《すど》の朝賞は、一度も受くることなし。これを政途に論ずるに、皇命に背くに似たり。縦《たと》ひ*職位を辞すとも、*内供《ないぐ》を受くべしといへり。ここに内供幷びに御衣に預りぬ。然りといへども身は御衣に触れず、室は*供米《くまい》を入れず、併《しか》しながら*東西両塔の四種三昧の僧に施せり。

延喜三年、*玄昭律師久しく重き病に沈みて、殆《ほとほと》に死門に臨みぬ。堀川左大臣、和尚を請じて、律師の房にして、*不動法を修せしむ。第六日の日中の時、炉壇の中、猛火《みやうくわ》

一持の…　一度不動明王呪を持し忘れないからには、幾度生れかわっても必ず助け護ってやるという誓を(紀僧正に対して)立てたので。
紀僧正　↓補
本誓　仏や菩薩が過去において発した誓願。本願。
柿下天狗　↓補
大威徳呪　大威徳金輪仏頂熾盛光如来消除一切災難陀羅尼経(熾盛光陀羅尼経と略称)に説くもので、除災呪・消災吉祥呪という。
作意　心を覚させる精神作用をいう。
天狗…　伝「天狐屈レ指。陳下自今以後不レ可二復来一之由上。少時解脱。其後皇后不レ有二御悩一」。
南岳・天台両大師　南岳と天台とは師弟の間柄。↓一五八頁補
廿四日　伝・要文抄ともに十四日、慈覚大師伝、叡岳要記所引の治部省牒もまた同じ。故に廿は十の誤り。
諡号…　↓二九〇頁補「貞観八年…」・二〇頁補「七年」
およそ…　以下の一段、伝になし。↓補
堀川左大臣　藤原時平。基経の一男。左大臣正二位。延喜九年四月四日薨。太政大臣正一位をおくらる。年三十九歳(公卿補任・尊卑分脈等)。浄蔵法師伝に「堀川左相、諱時平」。
職位　伝に寛平二年、宇多天皇加持の功により「授以二法橋之職位一」とある。
内供　伝に宇多天皇加持の功により「又配二内供奉一幷賜二御衣一。和尚皆以固辞」

の上に、大日如来・不動明王、相並びて顕現《あらは》れたまふ。和尚・律師共に見奉ることを得たり。余《ほか》の人は見ず。律師涙を揮《のご》ひて曰く、予《われ》、和尚の験に依りて、如来顕現の身《かたち》を*見奉る、云々といへり。同じき十一年、行年八十、和尚歎きて云はく、我、公私の縁に引かれて、常に禅定の観を破りつ。今より以後《のち》は、偏《ひとへ》に万縁を抛《なげう》ちて、永く一室に籠らむといへり。同じき十五年、本尊に対ひて、*生処《しやうしよ》を祈念す。夢の中に明王和尚を捧げて、須弥《しゆみ》の頂の磐石の上に留め、*十方浄土を見せしめたまふ。即ち告げて曰く、願に随ひて往生せよとのたまへり。その後、念を*都率の内院に係《か》けたり。而して夢の中に外院に到る。*慈慶大徳内院に生れ、*紫磨金《しまごん》の師子に乗りて、忽ちに和尚の来るを看て告げて曰く、我、法花を転読せし力に依りて、已に内院に生れたり。早く本の山に帰りて、一心に法花経を転読すべしといへり。その後偏に一乗妙典を転読せり。

同じき十八年十月日、本尊に対ひて、右膝を地に着けて、慇懃に啓白《けいびやく》すること、譬へば世の人の老いたる親に別れて遠き国に赴くがごとし。辞謝の後に、また参礼することなし。十一月二日、故《ことさら》に仏堂の近き宿を避けて、更に寂静《じやくじやう》の*遠き処に遷《うつ》れり。焼香散花《さんぐゑ》して、面《おもて》は西方に向ひて、口に弥陀を唱ふ。容貌は尋常《よのつね》よりも儼《いつく》しく、音声《おんじやう》は他の日よりも雅《うるは》し。翌日の星夜に、右脇にて*入滅せり。春秋八十八なり。

時に瑞雲峰に聳《そび》きて、香気室に満ちぬ。山上京下のひと、*考妣《かうひ》を喪《うしな》へるがごとし。この日*大津の男女、皆謂ひて云はく、中堂の南、孤峰の上に、伎楽の声を聞き、奇雲の気《き》を見たりといへり。後日にこれを聞けば、已に和尚往生の相なり。和尚始めて登

とある。内供奉→三〇頁補

供米　内供奉に支給された供米。

東西両塔の…　東西両塔は延暦寺の東塔と西塔。四種三昧は、山家学生式の八条式に、十二年籠山中の後半「止観業具令レ修二習四種三昧一」とあるものをさす。

玄昭　→三二〇頁補

不動法　伝「七箇日令レ修二不動法経一」。次に炉壇・猛火があるので不動護摩のこと。→三五五頁注

見奉る　伝は下に「既知下出レ自二死門一適得二再生一者上也。可レ謂二枯骨更肉朽木再花之時一矣。予雖二不敏一豈敢忘レ徳哉」。

生処を…　相応が不動明王に兜率天往生を祈願したところ、法華経読誦によってはじめて内院に居すべしとの夢告を得て法華経読誦に専心するこの一段は、法華験記の相応伝の主題となっている。

十方浄土　十方にある浄土。→補

都率の内院　→六〇頁注「都率…」

慈慶　伝未詳。

紫磨金　紫色を帯びた黄金で金の精なるものをいう。寂照堂谷響集巻八「本華名也。孔融聖人優劣論云、金之精者、名曰二紫磨一。猶二人之有一レ聖也。又続博物志云、華俗、謂二上金一為二紫磨金一」。

遠き処　伝「号二十妙院一」。

入滅　日本紀略、延喜十八年十一月三日条「天台無動寺相応和尚入滅、年八十八」。

考妣　→二五八頁注

大津　→二七三頁補

山の日より、化雲の夜まで、*醑糟《しよさう》*油蘇《ゆそ》の味、*陳臭経宿《ちんしうけいしゆく》の食《じき》を嘗めず、女人裁縫《によにんさいほう》の衣、桑糸繭綿《けんめん》の服を着ることなし。革の履《くつ》を躡《は》かず、車馬に乗らず、*飯粥を同じ時に食して、*澡浴をその日に企つ。行歩《ぎやうぶ》には左右《さう》を見ることなく、睡眠《すいめん》には手足を伸《の》ぶることなし。一生の間、中《ちう》を過ぎて食せず。およそ生前の度者一百廿一人、受法の者十有六人、*印信を蒙《かうぶ》りし者五、六許《ばかり》の人のみなり。かの齢《よはひ》八旬に盈ちて、*観八年を期《ご》するがごときに至りては、能く寿命の限を知りて、正に終焉の時を待つものなり。遠き者は音楽を聞き、近き者は異香《いきやう》に染めり。あに上品生《じやうぼんしやう》の人の、仏菩薩の迎を得て、*金剛台に乗りて、極楽に往生せしにあらざらむや。

〔二〕*鞍馬寺の*根本《こんぽん》別当峰延は、*東寺の十禅師なり。ここに*造東寺長官従四位上*藤原朝臣伊勢人《いせむど》常に願ひて曰く、争《いかで》か勝地を得て、道場を建立し、観音の像を安んぜむといふ。時に夢みらく、城の北に一の深山あり。この裏にて一の老人に逢ふ。齢《よはひ》八十強《あまり》にして、鬢髪*皤々《はは》たり。即ち相示して曰く、この地の勝、天下に甲《すぐ》れたり。山は*三鈷に似て、雲は*五色を乗《かぞ》ふ。汝仏堂を建てて、自他を利益《りやく》せよといふ。伊勢人問ひて曰く、公を誰何《たれ》とかなすといふ。答へて云はく、王城の鎮守《ちんじゆ》、*貴船《きふねの》明神なり。汝の道心に感ずるが故に、来り告ぐるところなりとのたまへり。この夢ありしといへども、いまだその処を知らず。常に騎り用ゐたる白馬あり。鞍を被《くらお》きて謂ひて曰く、昔後漢の*明帝、夢に金人《きむじん》を見しが、*摩騰《まとう》・竺蘭《ぢくらん》、聖教《しやうげう》を白馬に載せて、西域より来りけり。汝

醑糟　酒と酒かす。伝・要文抄は「醋醩」で酢と酒かす。
油蘇　牛乳を沸して製した油。
陳臭経宿　陳臭の底本訓にフルククサキとあり、経宿は一夜を過すこと。
飯粥・澡浴　→補
印信　秘法を伝授したしるし。
観　観念。前頁三行「行年八十」以下のことを指す。なお伝には下に「未レ至二死日之期一。更遷二於遠離之別屋一」の文あり。
金剛台　→補
〔二〕　本伝は、㈠藤原伊勢人が鞍馬寺を建立する話と、㈡東寺の峰延が別当となり大蛇を平らげる話と、㈢峰延のその後の話とから成る。本伝の㈠㈡は、扶桑略記抄に鞍馬寺縁起によるとする文、㈠は伊呂波字類抄、鞍馬寺の項にひく本朝文集の文と類似し、本伝はこれらと同系統の本によって書かれたものであろう。今昔物語十一ノ三五は本伝の㈠と、真言伝四の峰延伝は本伝の㈡㈢と類似している。後者は本伝を仮名書きにしたものか。別に中世末の鞍馬蓋寺縁起があり、その上ノ三段は本伝の㈠、中ノ一・二段は本伝の㈡と内容を同じくし、同書の上ノ一段(宝亀年中のこと)、下ノ四・五段(藤原在衡のこと)は、本伝中の或説と対照できる。従って、この或説は鞍馬蓋寺縁起と同系統の本から摘録したものであろう。
鞍馬寺　→二四四頁補
根本別当　最初の別当。
東寺の十禅師　梵釈寺十禅師(→二六頁注)のごとく、東寺に置かれた十禅師か。

また吾が夢に感じて、必ずその地を示せ、云々といふ。即ち白馬を放ちて、従ふに*青童をもてす。漸くに北山の上に到りて、已に緑萱の中に駐《とどま》りぬ。童子帰りて告ぐ。主人行き望みて、この地を廻《めぐ》り見るに、昔の夢に異らず。その萱草の中に、*毘沙門天の像を見得つ。始めて*一堂を建てて、件の像を安置《あんぢ》せり。故《かるがゆゑ》に鞍馬寺と号《な》づくるは蓋《けだし》これなり。伊勢人*常に思へらく、吾、観音の像を造り奉らむの願ありて、今毘沙門天の像を安《す》ゑたり。尚《なほ》素意にあらずとおもへり。この時夢みらく、一の童子あり、年十五、六ばかりなり。告げて云はく、汝当《まさ》に観音と多聞とは、名異にして体同じなることを知るべし。譬へば般若と法花とは、名と体と異同なるがごとしといへり。夢の後にこれを信じたり。

而る間*峰延、東寺に住せり。堂の庭に出でて望むに、北山に紫雲を見たり。定めて知りぬ、かの所に霊地あることを。遂に東寺を離れて、遙に北山に到れり。暮雲暗くして、火を敲《う》ち薪を燃す。夜*三半に及びて、鬼物出で来りつ。その貌《かほ》女に類《に》て、火に向ひて居れり。峰延これを畏れ、逃げて*堂の後の朽木の下に隠る。鬼即ち尋ね来りて、目を瞋らし噉《くら》はむと欲す。峰延毘沙門天を念じ奉るに、朽木忽ちに倒れて、鬼物を打殺せり。その翌日、伊勢人攀《よ》ぢ来りて、且は鬼怪《くゑくわい》を見、且は*師檀を約《ちぎ》りたり。遂に寺務を委《まか》せて、始めて*別当となる。時また五月、護摩法を修せり。日中の時、北の峰より大蛇出で来りつ。舌を吐くこと火のごとく、目を耀《かかや》かすこと電《いなづま》のごとし。峰延、*大威徳・*毘沙門天の呪を誦せり。神呪の力、忽ちに大蛇を斬りつ。その後三ヶ日にして、

ただし沿革不詳。

造東寺長官　帝王編年記「延暦十五年丙子。以二大納言藤原伊勢人一、…為二造寺長官一。建二立東西両寺一以為二東西両京鎮護一」。

藤原朝臣伊勢人　武智麿の孫、巨勢麻呂の第七子。↓補

皤々　白髪の称。漢書巻百下、叙伝「営平皤皤〈師古曰、皤皤、白髪貌也〉」。

三鈷　↓一七三頁注

五色　↓一六七頁注

貴船明神　貴船神社、貴布禰神社。↓補

明帝…　仏教の中国公伝の記述。↓補

摩騰・竺蘭　迦葉摂摩騰・竺法蘭。↓二八五頁補「騰蘭」

青童　仙人に使われる子供をいうが、ここは少年の意か。今昔「従者一人許ヲ具シテ」、扶桑略記「試任二騎馬一」。

毘沙門天　↓一六〇頁注

一堂…・常に思へらく…　↓補

峰延…　以下が峰延の話で、扶桑略記にみえほぼ同じ。この人の伝は未詳。鬼の話は鞍馬蓋寺縁起では鑑真の弟子、鑑禎のこととする。↓三六二頁補「宝亀元年」

三半　五更による時刻で午前一時か。↓三二九頁注

堂の後…　扶桑略記「焼二鉄杖一衝二鬼胸一、忽焉逃去。即隠二於西谷朽木之下一」。

師檀を約りたり　↓補

別当　↓八七頁注

大威徳呪　↓三五八頁注

毘沙門天呪　不空訳の北方毘沙門天王随軍護法儀規に出る真言で、同書に怨敵降伏の祈念に用いたと説く。

伊勢人また来りて、具《つぶさ》に蛇の体を見たり。これを公家《くげ》に奏して、夫《ぶ》五十人を給ひ、蛇を斬りて*静原の奥山に棄てしめつ。これを*大虫峰と謂ふはこれなり。

*或ひと説《い》はく、*宝亀元年、始めて霊験を伝へたり。その後*弘仁年中に、伊勢人、寺堂を修造して、大檀越《だんをつ》となりぬ。*寛平年中に、峰延上人に付属せり。*延喜十四年、左大臣在衡、学《がく》生《しやう》たりしの時、峰延と洪鐘一口を鋳《い》けり、云々。鐘銘は今あり。記すところいまだ詳《つばびらか》ならずといへり。

それより以降《このかた》、峰延偏に極楽を願ひて、尚《なほ》寺務を疎《うと》んぜり。遂に弟子*平朗に委せて、継《つ》ぎて別当となせり。時に延喜廿二年*閏六月廿日、正念に安住し、西方に帰向して、阿弥陀仏を観じ、睡《ねぶ》るがごとくに遷化したり。生年八十なり。

〔三〕僧正護命《弘法大師の師なり》は、美濃国*各務郡《かかみ》の人なり。俗姓は秦氏、生年*五歳にして、吉野山に入りて、籠居すること多年なり。父母《ぶも》を訪《とぶら》はむがために、適《たまたま》旧里に出でつ。*山田寺にして、暫くもて稽首せり。*飯《いひ》を食《じき》して口の中に仏舎利《一粒なり》を得、*講論の席上にて《*普光寺において唯識の疏を講じたるなり》また仏舎利を得たり。かくのごとき奇しき事、勝《あ》げて言ふに遑あらず。大僧都*勝虞に付して弟子となり、法相宗を学びて、元興寺に住せり。弘仁五年正月廿六日、智行の名をもて、抽《ぬきい》でて*少僧都に任じたり。幾程を経ずして、*大僧都に転じたり。*同じき十四年、その名利を撥《す》てて、大僧都を辞せり。天長四年十一月、殊に詔命ありて、更に後任をもて*僧正に登りぬ。承和元年九

静原　鞍馬本町の東南約一キロの地。
大虫峰　↓補
或ひと説はく…　後人の書入れ。本伝とは矛盾し鞍馬蓋寺縁起と内容が対応する。↓注〔三〕
宝亀元年…　↓補
弘仁年中…　本伝では伊勢人が堂を建立した年次を記さないが、鞍馬蓋寺縁起、上ノ三段には「弘仁年中」のこととする。
寛平年中…　本伝では伊勢人が峰延に寺務を委ねたとするが、鞍馬蓋寺縁起、中ノ一段では「寛平年中」、氏人の峰直が「寺家の雑務を執行せしむ」とある。
延喜十四年…在衡…　鞍馬蓋寺縁起、下ノ四・五段に延喜十三年のこととして詳述する。↓補
平朗　伝未詳。
閏六月　二十年に閏六月あり。
〔三〕続後紀、承和元年九月十一日の卒伝による。弥勒如来感応抄四にあり、護命僧正伝（高僧伝要文抄巻三所引）とは異る。
各務郡　和名抄「美濃国各務郡、加加美」。
五歳　続後紀「年十五、以㆓元興寺万耀大法師㆒為㆓依止㆒。入㆓吉野山㆒而苦行焉」。
山田寺　↓補
飯を食して…　続後紀に「喫㆑飯口中得㆓仏舎利一粒㆒」とみえる。
普光寺　大和志に「添上郡、普光寺、在㆓広岡村㆒、一名広岡寺」とあり、続紀の延暦三年六月十二日条に「普光寺僧勤韓獲㆓赤烏㆒」とみえる。
講論・勝虞・少僧都…・大僧都…　↓補
同じき十四年…・僧正…　↓補

月*十四日、春秋八十五、*正心念仏して、寂《じやく》として入滅せり。*いまだ気絶に及ばずして、同じ寺の*善守上人、来臨して問訊す。時に音楽天に聞えて、薫香室に満ちぬ。雲は惨《うれ》ふる色あり、水は咽《むせ》ぶ音あり。嗚呼《あ》悲しきかな。

*ム《それかし》これを書す。日本後紀に云はく、元興寺*小塔院に終へたり、云々といふ。

〔四〕 沙門*永快は、*金峰山《みたけ》*千手院の住僧なり。一生不犯《ふぼん》にして、両界の行、敢へて衆と交らずして、また独居を好めり。房の中の弟子は、自《おのづか》ら食時《じきじ》にあらざれば、更に眼を合せずして、音《こゑ》をもて通ひつ。而る間治暦年中の八月、彼岸《ひがん》の中に*天王寺に詣でて、一心に念仏して、*百万遍に満ちぬ。然る後に弟子を招き集めて、*資物を処分せり。夜*三半に向《ななむ》として、独り房の中を出でて、高く弥陀尊を唱へ、専《もは》らに礼拝を行ず。*西に向ひて行き、海に臨みて滅《し》せり。衆人行きて見れば、端坐合掌して、顔色変ぜず。生年六十有余なり。

〔五〕 *大法師*順源は、*鎮西安楽寺の住僧なり。俗呼びて*静慮院*供奉《ぐぶ》と云へり。学業に携るといへども、専らに念仏*観法《くわんぼふ》の想なく、解釈《げしやく》を巧にすといへども、ただ*嬾惰懈怠《らだけだい》の人なり。遂に娘《め》をもて妻となせり。人皆非《そし》りたり。一の弟子あり、名を*観暹と曰ふ。縦容《しようよう》の次《ついで》に、随宜《ずいぎ》にこれを諫めたり。大法師答へて云はく、教喩然るべし。これ無智の甚しきなり。但し古の*三蔵の所行は各《おのおの》異る。或は姉妹をもて妻となし、或は娘女《おやむすめ》

十四日 続後紀及び僧綱補任は十一日。
正心念仏… このこと他書にみえず。続後紀にもみえる臨終の瑞相から思いついて記したものであろう。
いまだ気絶に及ばず… ↓補
善守 伝未詳。
ムこれを書す… 後人の書入れか。続後紀に「終二于元興寺少塔院一」とある。
小塔院 ↓補
〔四〕 他にみえず。
永快 伝未詳。
金峰山 ↓六六頁補
千手院 不明。大和志十、吉野郡に「金峰山寺…又東南十八町至二千種岳一」とあるのと関係あるか。
天王寺 ↓一六六頁注
百万遍 ↓一八〇頁補
資物を… 律では亡僧の私有物は死比丘物と称し、僧団各自に分配してよいことになっている。
三半 ↓三二九頁注
西に… ↓三〇七頁注「天王寺の東門」
〔五〕 他にみえず。なお以下の順源・正範・一禅僧・頼暹は、みな大宰府居住の僧で、著者は各人の往生が、誰が大弐のときであったかを記している。この配列は、大江匡房が承徳二年より康和四年まで太宰権帥として赴任中に採訪したと推定される能円以下三名の伝を続本朝で一括記載しているのと類似している。↓二四二頁注〔三〕
大法師 ↓二九一頁補

をもて妻妾となす。況や日域の地は、雲外の境なり。何ぞ*科《くわ》することあらむや。*汝仏説を見ずや。*一切《いっさい》の女人《にょにん》は、皆母子なり、姉妹なり。誰《たれ》か親、誰か疎、何ぞ分たむ何ぞ弁《わきま》へむ、云々といへり。その毎日の所作は、一室の中に、数《す》剋《こく》端坐せり。行《ぎやう》か非行か、人もて知ることなし。已に臨終の時に、持仏堂を掃《はら》ひて、僧侶四、五を請《しやう》じて、長音に*合殺《かっさつ》せり。即ち長大息して云はく、口惜《くちを》しきかな口惜しきかな。今に来らず今に来らずといへり。傍《かたはら》の人これを聞きて、*狂言と以為《おもへ》り。俄《しばらく》ありて歓喜《くわんぎ》礼拝して曰く、約束変ることなくして、本意已に足れり、云々といへり。隣に*円宗房*安秀上人あり、来りてその故を問ふ。答へて云はく、年来《としころ》*毘沙門天、臨終の時に、極楽に導くべしの約言《やくごん》あるをもて、今已に顕現せり。故《かるがゆゑ》にもて歓喜するなり、云々といへり。即ち合掌して西に向ひ、念仏して*滅《し》せり。時に康平年中、大弐*師成卿の任中なり。

〔六〕 *持経僧*正範は、*西府*内山の住僧なり。四十余年、法花を暗誦して、世事を顧みず、また極楽を慕《ねが》へり。而る間臨終の時に至りて、夜半に独り起きて、長音に合殺せり。その音《こゑ》漸くに休《や》みたり。弟子奇《あやし》び驚きてこれを見れば、西に向ひて香炉を擎げ、端坐して入滅せり。近隣に一の上人あり。この夜夢みて、驚きて語りて曰く、無量の衆僧、正範持経者を迎へて、西に向ひて去りぬ。若《もし》はその人の往生の儀たるかといへり。明朝これを尋ぬれば、*夢相《むしやう》と合ひたり。時に永承年中、大弐*資通卿の時なり。

順源　伝未詳。ただし治暦二年八月二十二日の観世音寺文書に、太宰大弐藤原師成以下の府官人、及び左右両郭の男女等による法華経書写結縁の歴名中に僧順源がみえる。本伝に、順源は大弐師成の任中、康平年中に死すとあり、師成在任中の点は合致するが、治暦は康平の次の年号である点が矛盾する。
安楽寺　→二四三頁補
静慮院　不詳。→補
供奉　内供奉(→三〇頁補)の略か。
観法　心に諸法を観ずること。観心。
嬾惰　字類抄「モノウクヲコタル、ラタ」。
観暹　伝未詳。
三蔵　→二八六頁補「無畏三蔵」

科　底本傍訓に「ツクロフ」とある。
仏説　未詳。
一切の女人は…　玉葉、寿永元年十一月二十八日に「酉刻、導師参上〈澄憲僧都〉即事始。説法優美、衆人拭レ涙…此中釈云、一切女人ハ、三世諸仏真実之母也。一切男子ハ、非二諸仏真実之父一。故何者、仏出世之時、必仮宿二胎内一。縦為二権化胎生一之条無論、於レ父無二陰陽和合之儀一。身体髪膚不レ受二其父一、仍無二父子之道理一之故也。依レ之言レ之、女者勝レ男者歟云々、此事、尤可レ謂二珍事有レ興之言一」。
合殺　→二四六頁注
狂言　→二四頁注
円宗房・安秀　伝未詳。
毘沙門天　→七九頁注
滅せり　→補

〔七〕大宰府の*艮《うしとら》に、一の名山あり、俗呼びて内山と曰ふ。一の*別処あり、人伝へて*山桃と号《な》づけたり。一の禅僧あり、その名を失へり。多年法花経を諳誦して、一生世間の事を営まず。時に天喜五年冬十月、夜三更に及《いた》りて、弟子の小僧を喚《よば》ひて云はく、*明松を燃《とも》して来るべし。阿弥陀仏を見奉るためならくのみといへり。小僧これに従ふ。既にして数剋《すこく》尊顔を瞻《まぼ》りて、一心に仏の相を観じたり。然る後、小僧に告げて曰く、この房汝に付属せむ。吾今往生の時なり、云々といへり。即ち*礼盤に居ながらにして、眠るがごとくに入滅せり。

〔八〕大法師*頼暹は、*西府安楽寺の*学頭《がくとう》なり。本より世間に住して、また管絃を好み、ここに楽曲を作りつ。その詞に云はく、*帰命頂礼《くゐみやうちやうらい》弥陀尊、引接《いんぜふ》必ず垂れ給へといふ。この曲をもて、毎月の十五日に、*伶人五、六を招きて、講演に勤修《ごむしゆ》せり。号《な》づけて*往生講と曰へり。専《もは》らにこの事を営みて、漸くに多年に及びぬ。已に死期《しご》に臨みて、涙を垂れて云はく、天に音楽なく、室に薫香なし。往生の願は、本意相違せりといへり。かくのごとく声を挙げて、再三《ふたたびみたび》嗟嘆す。忽ちに三尺の阿弥陀仏を抱《いだ》き奉りて、居ながらにして入滅せり。この時に一室の中に、衆香*発越《はつゑつ》せり。雲にあらず煙にあらず、乍《かつ》は陰《くも》り乍は晴れたり。時に延久年中、大弐*良基卿の任なり。

〔九〕二位大納言*藤原経実卿の室家は、贈太政大臣従一位*藤原実季の女なり。少年の

師成 中納言藤原通任一男。↓補
〔六〕他にみえず。
持経僧 ↓六六頁注「持経者」
正範 伝未詳。
西府 ↓三四九頁注
内山 大宰府東北の宝満山(竈門山)麓、福岡県筑紫郡大宰府町内山に有智山寺跡があり、奈良時代の瓦も発見されている。同寺は内山寺・竈門山寺ともいう。↓補
夢相 夢の中で見る善悪のすがた。
資通 源済政一男。↓補
〔七〕他にみえず。
艮 東北。↓注「内山」
別処 ↓一〇五頁注「竹林の別所」
山桃 未詳。
明松 和名抄「唐式云、毎城油一斗、松明十斤、今案松明者今之続松乎」。
礼盤 ↓二八二頁注
〔八〕他にみえず。
頼暹 伝未詳。
安楽寺・学頭 ↓二四三頁補
帰命頂礼 ↓五九頁補。千観の極楽国弥陀和讃にも「帰命頂礼弥陀尊。…引摂カナラズ垂レ給ヘ」とみえる。
伶人 雅楽を奏する楽人。
往生講 阿弥陀仏を念じて極楽往生を願う人々が定期に集って行う念仏講。↓補
発越 ↓四一頁注
良基 藤原良頼一男。↓補
〔九〕元亨釈書巻十八にみえる。本書によるか。
藤原経実 摂政師実三男。↓補
藤原実季 権中納言公成子。↓補

時より往生を冀《ねが》ひて、黎《ころほひ》廿有余に、不慮《ふりよ》に重き病を受けつ。母堂謂ひて曰く、除病延命のために、*七仏薬師《しちぶつやくし》の像を造り奉らむといふ。女子曰く、今度の病は、運命の限なり。早く*七仏の像を改めて、*六地蔵の像を造り奉るべしといへり。母堂涙を流して、忽ちにその言に従ひつ。日に即《つ》きて申剋に、天台の僧*静算闍梨を請《しやう》じて、磬《けい》を打ちて啓白《けいびやく》し、念仏合殺せり。既にして雲気窓に垂れて、薫香室に満ちぬ。合掌して西に向ひ、念仏して気絶えぬ。静算闍梨の着たるところの袈裟、薫香に染《し》みて変ずる気《けはひ》なし。臨終の時、必ず着用せむがために、*三衣筥《さむえばこ》に納《い》れたり。その人今に持ちたり。

〔一〇〕 道昭法師は、*俗姓《ぞくしやう》船《ふなの》氏、河内国の人なり。戒行の徳あり。*勅を奉じ法を求めて巨海を渡りて、大唐に往き、*玄奘《ぐゑんじやう》三蔵に遇ひて弟子となりき。三蔵、弟子に告げて曰く、この人多くの人を化《くゑ》すべし。汝等、軽んずることなかれ。能く*供給《くきふ》すべしといへり。業成りし後、本朝に帰りて、*禅院寺を造りて止住せり。遍《あまね》く諸方に遊びて、弥《いよいよ》一切《いつさい》を化せり。遂に禅院に帰りて、経教を演暢す。*その命の終るときに臨みて、洗浴し浄衣《じやうえ》にして、西に向ひて端坐せり。観念の中、光明室に遍《あまね》し。時に目を開きて、弟子に告げて曰く、汝この光を見るや否《いな》やといふ。答へて云はく、然《しか》りといふ。法師誡めて曰く、*汝妄言することなかれ、汝妄言することなかれといへり。その後夜分《ごやぶん》に、光、房の戸を出でて、庭の松を照らし耀《かかや》かす。良久《やや》しくして光西方を指して去りぬ。法師また卒《し》せり。*瑞相太《はなは》だ多し。霊異記に見えたり。

七仏薬師　七尊の薬師。↓補

七仏の像を…　寿命を悟ったので、延命の薬師を改めて往生のため地蔵を信仰することにした意。

六地蔵　六道輪廻の衆生を抜苦する六体の地蔵。↓補

静算　↓補

三衣筥　↓二三〇頁注

〔一〇〕 道昭(照)の事跡は続紀、文武四年条にみえるが、本伝はそれによらず日本霊異記巻上二二による。今昔物語巻十一ノ四・扶桑略記巻四・五・水鏡巻中・元亨釈書巻一などにもある。続紀・今昔は「道照」。

俗姓…　続紀「河内国丹比郡人也。俗姓船連、父恵釈少錦下」。船連は百済の帰化人王辰爾の子孫で、欽明紀十四年七月条に「蘇我大臣稲目宿禰、奉レ勅遣二王辰爾一、数二録船賦一。即以二王辰爾一為二船長一。因賜レ姓為二船史一。今船連之先也」とある。

勅を奉じ…　書紀、白雉四年「夏五月辛亥朔壬戌、発二遣大唐一大使小山上吉士長丹…学問僧道昭」。法相宗の初伝とされる。

玄奘三蔵　洛州緱氏県の人、姓は陳氏、俗名は禕。↓補

供給　物を恵み知識を授けること。

禅院寺　続紀「於二元興寺東南隅一、別建二禅院一而住焉」。三代実録、元慶元年十二月十六日条に「以二禅院寺一為二元興寺別院一。禅院寺者遣唐留学僧道照、還レ此之後、壬戌年(天智天皇元年)三月、創二建於本元興寺東南隅一。和銅四年八月、移二建平城京一也」。↓三六九頁注「院」

〔二〕　肥前国*基《き》肄郡に、一の道場あり、号づけて*小松寺と曰ふ。入道上人あり、その名を失へり。彼俗にありし時、*強盗《がむだう》のために、妻子は家の口《ほとり》にして皆もて殺されけり。独り命を存したりといへども、哀傷に堪へず。遂にこの寺に詣でて、師に従ひて出家し、庵室を占めて、戸を閉ぢて禅居せり。人の招引にあらざれば、敢へて*闥《とじきみ》を出でず。端坐して念仏すること廿余年なり。而る間、或人饌《そなへもの》を備へて持ち来りつ。戸を開きて見れば、手に定印を結びて、西に向ひて居れり。驚きて近隣に告ぐれば、見る者多し。或は旬日、或は*浹辰《せふしん》、人もて往きて見るに、その貌故《かほもと》のごとし。人異《あや》しびて曰く、もしはこれ定に入れるかといへり。居席を改めずして、棺《ひつき》を作りて斂《をさ》め埋みたり。漸くにその年を過ぎて、*本師の上人夢みらく、入道来り告げて曰く、早く草穢を払ひて、もて厚く埋むことなかれ。この処に時々天人降臨し、聖衆来会したまへり。席穢《けがらは》しく埋み居れば、*蒙霧《もうぶ》散じがたし。故《かるがゆゑ》に示し告ぐるところなり、云々といへり。然れども上人妄想《まうざう》と以為《おもへ》り。奈《いかん》ともせずして止みぬ。その後次の年に、夢想また初のごとし。この時上人驚き恐れて、墓を撥《あば》き棺を開くに、塵埃《ぢんあい》これを埋みたり。払ひ拭ひて見れば、身体爛《ただ》れず、定印変ることなし。見る者幾《ほとほと》に仍《なほ》歎《ほ》めずといふことなし。ただしために*諠譁《くゑんくわ》を思ひて、国邑に告げず。塵垢《ぢんこう》を掃除して、墓の鎖《かぎ》を作りて開けつ。時に康平年中なり。

その命の終る…　続紀には「還止二住禅院一、坐禅如レ故。或三日一起、或七日一起。儵忽香気従レ房出。諸弟子驚怪、就而謁二和尚一、端二坐縄床一、無レ有二気息一」とあるのみ。本文の以下の往生伝風の記述は、もっぱら霊異記による。

妄言…　霊異記「勿二妄宣伝一」。

瑞相　霊異記にはそのあとに「定知、必生二極楽浄土一。賛曰、船氏明レ徳、遠求二法蔵一。是聖非レ凡。終没放レ光」とある。ただし続紀は「弟子等奉二遺教一、火二葬於粟原一。天下火葬従レ此而始也」と記す。

〔二〕　他にみえず。

基肄郡　肥前国風土記に「基肄郡、郷陸所、駅壱所、城壱所」と見え、和名抄は郷名に「木伊」と訓ず。佐賀県三養基郡の東北部に当る。

小松寺　未詳。

強盗　字類抄「虜掠部、ガムダウ」。

闥　和名抄「爾雅注云、闥、門限也。兼名苑云、閾一名闥、之岐美、俗云度之岐美」。敷居のこと。

浹辰　十二日間。浹はめぐる、辰は子より亥に至る十二辰。

本師　→二九六頁注

蒙霧　心の中の苦しみや悩み。本朝文粋巻四、入道太政大臣辞表「蒙霧難レ晴。霄漢之景未レ照」。

諠譁　やかましく怒りたてること。

〔一二〕 *参議右大弁従四位上兼行美作守和気真綱は、民部卿従三位清*麿の第五の子なり。稟性*敦厚《とんこう》にして、忠孝兼資せり。少《わか》くして大学に遊びて、頗る群書を読みつ。*弱冠の初に、文章生《もんじやうしやう》に補せられたり。延暦廿二年、始めて*内舎人《うとねり》に任ず。爾来《それより》三代、内外《ないぐゐ》の官を経歴《きやうりやく》せしこと、惣て*廿余員なり。加之《しかのみならず》道心素《もと》よりあり、仏乗これに帰するをもて、*天台・真言両宗の建立は、これ真綱及び兄但馬守広*世両人の力なり。時に承和十三年、*法隆寺の善愷、*少納言登美真人直名《まふと》が犯《をか》せしところの*罪を告《まう》せり。官《おほやけ》理に任せて、その訴訟《そしよう》を聴かむと欲す。而るに*同僚《どうれい》の中に直名を引く者あり。*翻《ひるが》へすに傍官の誣《ふ》して、更に違法の訴《うたへ》を許容《ゆる》すことをもてす。いはゆる*私曲相須《しきよくあひまつ》の論これなり。*明法博士*畏避するところありて、曾《かつ》て正言せず。*箕星畢星《きせいひつせい》は、好むところ各《おのおの》異る。*公罪その論同じからず。その間の子細《しさい》は別*記にあり。ここにおいて真綱自《みづか》ら謂《おも》へらく、*塵起の路には、行人目を掩ひ、*枉判《わうはん》の場《には》には、孤《ひとり》にして何の益あらむ。しかじ職を去りて名を遁《のが》れむにはとおもへり。即ち*棘路を抛《なげう》ちて、長く山門を閉ぢ、偏《ひとへ》に*南浮《なんぶ》を厭ひて、ただ西土を慕《ねが》へり。春秋六十四、病なくして卒《し》せり。*時の人皆曰く、これ往生なりといへり。

〔一三〕 沙門真*能は、河内国の人なり。幼《わか》くして俗流を出でて、早《つと》に仏道に帰せり。法花を誦するを業となし、弥陀を唱ふるを行となせり。心に瞋恚《しんい》を起さず、口に悪事を製《つつ》む。是か非か、何か善何か悪とおもふ。ただし檀越《だんをつ》の縁に依りて、久しく道*明寺に住

〔一二〕 続日本後紀、承和十三年九月二十七日の卒伝による。ただし末尾の往生のことは続後紀にみえない。元亨釈書巻十七の伝は本書によるか。

参議右大弁…和気真綱 ↓補

清麿 本姓磐梨別公。右京の人。後に藤野和気真人と姓を改む。↓補

敦厚 人情に厚いこと。

弱冠 二十歳。礼記、曲礼上「人生十年曰レ幼、学。二十曰レ弱、冠」。

廿余員 続後紀(国史大系本)「卅余員」。

内舎人・天台・真言… ↓補

広世 ↓二八六頁注「和気朝臣弘世」

法隆寺の善愷 伝未詳。

少納言登美真人直名 従五位下藤津の子。↓補

罪を告せり ↓補

同僚の中に… 「同僚」は字類抄「オナシツカサ、ドウレイ」。「直名を引く者」は続後紀、和気真綱卒伝には「援二引直名一者」とある。↓補

翻へすに…・私曲相須の論 ↓補

明法博士 大判事明法博士讃岐永直、明法博士御輔長道。

畏避するところ 三代実録、貞観四年八月条の讃岐永直卒伝に「永直畏二憚権勢一、不二肯正言一」とある。

箕星畢星 星により好みが違うことから、人によりその好悪が変る意に喩う。↓補

公罪その論… ↓補「私曲相須の論」

別記 別記云々は続後紀の卒伝になし。しかし続後紀・文徳実録・三代実録には右に引用のほかにも善愷事件の記事が多

い。それら、特に続後紀の承和十三年十一月条をさすか。この段はそれを知っての著者の文。関係記事は政事要略巻八十一にもみえる。

塵起の路 権力者の不法な勢威を畏避することをいうと思われる。→補

枉判 私意によって法を曲げた不当な裁判。

棘路 公卿の異称。

南浮 南閻浮提の略。→一七頁注「閻浮提」。以下「慕へり」まで続後紀卒伝にみえない。

時の人皆曰く… この一段も続後紀卒伝にみえない。

〔三〕 他にみえず。

真能 伝未詳。

道明寺 大阪府藤井寺市道明寺町にある。→補

鵄の羽 →補

兼日 期日より前の日。かねての日。ここは執行の人に顔見知りがあったと考えるとかねての意となり、あるいは期日前の請であるので正規の袈裟ではない意か。

為体 訓みは底本訓及び字類抄による。

五条の衲衣 幅の狭い長短の布で横に五幅に作った袈裟。衲衣→三五七頁注。→補

天狗 →二二九頁補

院 釈氏要覧「西域記云、波濱那、此曰二周囲廊舎院一」。仏寺を院と称したのは玄奘帰朝後、翻経院造立を始めとする。玄奘の訳場に列した道照は帰朝後、禅院を建つ。→三六六頁注「禅院寺」

大衆 →七八頁注

せり。而る間夢みらく、大法会ありて、名徳《みやうとく》の座を列ねたり。その執行の人を見るに、*鵄《とび》の羽を編みて袈裟となす。この時思惟《しゆい》するに、*兼日《けんじつ》の請《しやう》なることを領《りやう》じつ。何処《いづこ》の態なるかを知らず。忽ちに疑心を成して、珍饌を受けず。満座皆曰く、已に会衆に列ねたり。受けざるべからず。先づ袈裟を授くべしといへり。その袈裟の*為体《ていたらく》や、*五条の衲衣《なふえ》にて鵄の羽を編み縫ひたり。弥《いよいよ》もて奇となして、固辞して受けずとみたり。夢覚めて思へらく、*天狗《てんぐ》の所為《しよゐ》なり。もし久しくこの処に住せば、その伴《ともがら》と作るべしとおもへり。忽ちにこの寺を辞して、高野山に入りつ。更に二の鵄鳥あり、来りて*院の門に居れり。*大衆《だいしゆ》議して曰く、この北は大師の結界*なり。鵄鳥あることなし。料《はか》り知りぬ、新来の聖人、その伴を成せるかといふ。上人実をもて陳《の》べたり。数日《すじつ》の後、鵄鳥遂に去りぬ。それより以降《このかた》、田園《でんをん》に留らず、門外に出でずして、念仏行法《ぎやうぼふ》に、薫《くん》修《じゆ》日あり。その臨終の時、衆僧を屈請《くつしやう》して、*理趣三昧を行じたり。自ら念仏を唱へ、西に向ひて卒《し》せり。瑞相またあり。時に嘉保三年、春秋七十三なり。

〔四〕 *正四位下右大弁平朝臣時範は、前尾張守*定家朝臣の長男なり。累葉奉公《ほうこう》の家に生れて、繁花人に勝るの官を歴《へ》たり。いはゆる*竜顔《りようがん》に近づきて、鳳銜《ほうがん》を奉じ、*三官を帯びて、*一朝を歩めり。屢《しばしば》数州《すしう》の府に到りて、遂に*大弁の極に昇る。天仁元年冬*十月、忽ちに*鸞台《らんたい》を辞して、長く仏家《ぶつけ》に入りつ〈*法名寂恵〉。人皆来り問ふに、即ち答謝して曰く、予《われ》五十六の時に、必ず遁世せむと期《ご》せり。仏に啓《まう》し人に語る。その言に曰へるあ

結界　寺院や戒壇を建立する時に一定の作法により画界を設けることをいう。摂僧界のこと。なお二三〇頁注参照。大師は弘法大師空海。
理趣三昧　→二九八頁注
〔四〕　元亨釈書巻十七にみえる。本書によるか。
正四位下右大弁　→補
定家　中宮大進行親の子。母は藤原頼祐女。正四位下、右衛門権佐・尾張守などに任ぜらる(尊卑分脈)。康平記の著あり。
竜顔に近づき…　竜顔は天子の容貌。転じて天子。鳳銜は詔勅のこと。天皇のもとにあって詔勅等の伝宣にあたることをいい、蔵人所に仕えることをいう。
三官を…　→補
一朝　朝廷全体をいう。
数州の府に…　→補
大弁の極　弁官補任「嘉承元年十二月十七日、転㆓右大弁㆒」。
十月　弁官補任「十月廿四日去ㇾ家。年五十五」。
鸞台　職原鈔上「太政官、当㆓唐尚書省㆒。又号㆓鸞台、蘭省㆒」。弁官は太政官の判官であるので「鸞台を辞す」とは右大弁をやめること。
法名寂恵　原注か。元亨釈書「定慧」。

弥陀護摩　密教で阿弥陀如来を本尊として滅罪のために行う護摩法。
法華懺法　→一九頁補
黄不動の像　→補
都率　→六〇頁注

り。今行年五十五にして、生涯遺恨なし。病已に危急に及びぬ。何ぞ必ずしもその年を待たむといふ。時に春なり。相謂ひて曰く、中春の上旬に、必ず遷化すべしといへり。二月五日、*弥陀護摩を行《ぎやう》じて、*法花懺法を修せり。また*黄不動の像を図絵《づゑ》供養せり。同じき六日相示して曰く、夢想の告に、*都率に生るべしといふ。これ本願にあらず、ただ極楽を望む。上生といへども慕《ねが》はず、下品《げぼん》といへども足るべしといふ。
　同じき十日また曰く、一期《いちご》の生は、今日時至りぬといへり。忽ちにもて沐浴して、法服《ほふぶく》を整ふ。漸くに午剋に及びて、衆僧を召請して、合殺《かつさつ》を唱へしめたり。この時病宿《はや》く急なるに及びて、言語詳《あきらか》ならず。俄《しばらく》ありて起居し、大音声を出して、称《い》ひ説きて言はく、南無極楽化主弥陀如来〈百反〉といふ。啓白《けいびやく》すらく、少壮の昔より、*大年《たいねん》の今に至るまで、法を枉《ま》げず人を欺かず。廿三歳より殺生を禁断す。その間の善根《ぜんごん》は、*三尊知見したまへとまうす。次に観音・勢至を称念《しようねん》すらく〈各百反〉、これ皆幼年より今日に至るまでただ命終を祈りつ。引導捨てたまはむやとねんず。次に黄不動尊を念ずらく、生年十三より、ただ終焉《じうえん》のことを啓《けい》せり。この時に当りて、魔縁を却くべしとねんず。次に法花経を念ずらく、生年廿三にして、自《みづか》ら金字の法花経を書けり。一行を書くごとに、礼拝して曰く、*法界衆生《ほふかいしゆじやう》、平等利益《びやうどうりやく》、往生極楽、頓証菩提といふ。一部の功畢りて、*金峰山に詣でて、開演供養せり。即ち西方に向ひて、同じくこの礼《らい》を作《な》して、宝地に埋み奉りつ。今金光《こむくわう》を放ちて、我が冥途を照したまへとねんじたり。かくのごとき称揚《しようやう》の詞、衆僧の合殺の音《こゑ》に勝りぬ。次に還《また》弥陀仏を念ずること五遍にして、念仏の間に、寂《じゃく》として気絶えぬ。時に天仁二年二月十日申剋、春秋五十六なり。滅後三日に、律師*増賢夢みらく、その人法服《ほふぶく》を端《かざ》りて*插鞋《さうかい》を着《は》き、詣りて謁見して曰く、我苦痛を離れたりといへり。律師その人を見れば、紅白の蓮花二茎、左右の頸に生ひて、奇香*発越《はつあつ》すとみたり。

〔一五〕 *延救上人は、武蔵国*慈光寺の住僧なり。道心内に薫じて、徳行外に顕れたり。ここに大徳沙門*頼算といふものあり。俗呼びて*日想房と云ふ。即ちこの沙門に従ひて、*大法《だいほふ》を受け習ひつ。その後法界衆生のために、*断穀*持斎《ぢさい》して、護摩法を修せり。毎日に三時．限るに千日をもてす。その結願《けちぐわん》の日に、本師頼算、飲食《おんじき》を設けてこれを羞《すす》む。即ち辞して曰く、これを食せず。人《われ》命の限を試みむと欲《おも》ふ。仍《よ》りて今日より以後《のち》、更にもて断食せむといへり。勧誘を致すといへども、固辞して去れり。即ち常に随へる弟子*勝命行人《ぎやうにん》に謂ひて曰く、今日より始めて、無言断食す。吾が言にあらざるよりは、全《また》く*覚語することなかれといへり。即ち本尊に対ひて、閉居して居れり。弟子教を承りて、旬日を過ぐといへども、敢へて言謁せず。時に正月十四日の午剋、弟子勝命に告げて曰く、只今命終ふ。本師日想房に啓すべし、云々といへり。件の僧往反《わうばん》の間四五町なり、本師趨《わし》り来れり。戸を開きて見れば、手に定印を結びて、趺坐《ふざ》入滅せり。音楽耳にあり、瑞相眼にあり。その年記を訪《とぶら》ふに、治暦の年なり。春秋七十。

大年 としより。
三尊 阿弥陀・観音・勢至の阿弥陀三尊。
法界衆生… 全世界の衆生に差別なく与えられる仏の功徳によって、極楽世界に往生して直ちに悟りを開かせたまえの意。
金峰山 ↓六六頁補
増賢 寺門高僧記十、平時範の項に「増聖律師夢、時範乗㆓蓮花㆒行㆓西方㆒云々」。増賢は式部卿敦賢親王の息。園城寺に入り、嘉承二年五月御修法の労により権律師に任ぜられ、永久四年五月天王寺別当、同六年五月五日、四十九歳で入滅す。真如院律師と号す(尊卑分脈・僧綱補任)。
插鞋 ↓二六〇頁補「草鞋」
発越 ↓四一頁注
〔一五〕 元亨釈書巻十二にみえる。本書によるか。
延救 伝未詳。
慈光寺 ↓一二七頁注
頼算 伝未詳。
日想房 日想観を修するより付した名か。
大法 ↓二九九頁注
断穀 ↓六〇頁補「穀を断ち」
持斎 ↓二二頁注
勝命行人 伝未詳。行人は修行者の意であるが、特に山林などで苦行する者を指す。
覚語 発言の意か。元亨釈書「非㆓吾呼㆒不㆓来告㆒」。

〔一六〕入道平円*は、信濃国*水内《みのち》郡*多牟尼山*の行人なり。生年廿五にして、出家受戒せり。加賀国江沼郡*の服部上人*に随ひて、両部の法*を受け習ひつ。その後三時*の供養法は、一生間断《けんだん》することなし。また専《もは》らに衆経を読誦せず、ただ両界をもて持経*となせり。およそこの功徳をもて、極楽に廻向す。外行かくのごとし、内心誰《たれ》か知らむや。時に治暦年中なり。*旦暮《たんぼ》七十にして、壇の上に端坐して、定印入滅せり。*咽《ああ》悲しきかな。

〔一七〕持経者長明*は、信濃国*戸隠《とかくし》山の住僧なり。生年廿五にして、言語を断ちて三年、法花を誦《じゅ》して幾《いくばく》の日ぞ。毎日に百部なり。いまだ曽《むかし》より偃臥*せず。邂逅《たまさか》に客に語りて曰く、吾はこれ喜見菩薩*の後身なり。この処に来り生れて、身を焼く*こと三遍なり。今生の終焉《じゅえん》は、三月十五日を期《ご》せむ。然れども都率天の上は、来るに会《かなら》ず限ありといへり。二月十八日、遂にもて身を焼きつ。時に永保年中なり。

今案ずるに*、*兜率《とそつ》上人は、西土の記に載せず。而るを巳に喜見の後身と謂へり。あに随意滅度*にあらずや。故《かるがゆゑ》にもてこれを記せり。

〔一八〕尊忍*供奉《ぐぶ》は、天台東塔の禅侶なり。漸くに暮年に及びて、越後国に住せり。毎日に法花経一部、仁王経*十部、観無量寿経九巻、不動慈救呪*万遍を読誦して、いまだ曽《むかし》より懈緩《けくわん》せず。傍《かたはら》に行人あり、名を法縁聖《ひじり》*と曰ふ。俗呼びて裸聖《はだかひじり》と云へり。

或ひと云はく、延喜年中の、海賊の首《かしら》、藤原純友*が再誕なり。常に人の衣食《えじき》を奪《ば》ひ取る。

〔一六〕他にみえず。
平円　伝未詳。
水内郡　和名抄「水内郡、美乃知」。
多牟尼山　未詳。
江沼郡　加賀国西南にあり、日本紀略に「弘仁十四年三月丙辰朔、割㆓越前国江沼加賀二郡㆒、為㆓加賀国㆒」とみえる。和名抄「加賀国江沼郡」。
服部上人　伝未詳。
両部の法　→三四頁注「両界の法」
三時　→二六頁注
持経　ここは大日経と金剛頂経。
旦暮　→一七一頁注。ここは春秋の意に用う。
咽　集韻に「声塞也」とあり、「嗚」と同じ。
〔一七〕弥勒如来感応抄四・元亨釈書巻十二にみえる。本書によるか。
長明　伝未詳。
戸隠山　→補
偃臥　字類抄「ノイフセリ、エンクワ」。
喜見菩薩　→六四頁補
身を焼く　→六四頁注
今案ずるに…　後人の書入れか。文意は、長明のごとく兜率往生の人は、西土の記、すなわち西方極楽浄土往生のことを記す往生伝には載せないものである、しかるに云々の意。
兜率上人　兜率天に往生した人。
随意滅度　所願に順って自らの意志で浄土に往生すること。
〔一八〕他にみえず。
尊忍　伝未詳。

故に常に裸形《らぎやう》を得たり。*希食《けじき》の報《ほう》なり、云々といへり。かの国に住して山寺を開けり。苦行言ふべからず。即ち尊忍と*知音《ちいん》たること尚《ひさ》し。尊忍退きて相語りて曰く、法縁聖者《しやうじや》、苦行貴しといへども、臨終疑あり。吾常にこれを悲ぶといへり。かの弟子等伝へ聞きて曰く、我が師上人は、苦行精進の聖《ひじり》なり。尊忍供奉は、濫行《らんぎやう》懶惰《らだ》の人なり。凡《ぼん》にありて聖を謗《そし》る。それ然《しか》るべけむやといふ。尊忍聞きて云はく、凡聖《ぼんひじり》のこと、人の知るところにあらず、云々といへり。裸聖臨終の時、数日《すじつ》病悩して、悟らずして死せり。その後尊忍云はく、裸聖の命終快《こころよ》からず。吾終焉の時、かの聖の墓の側に葬すべし。かの人を利せむがためなりといへり。その命終の日、*観行相続《つ》ぎて、正念入滅せり。瑞相太だ多し。往生疑はず。その遺言に依りて、かの聖の墓の側に葬せり。今年紀を惟《おもひ》るに、延久年中なり。

〔一九〕 *皇太后宮歓子は、故太政大臣藤原教通の*三女、後冷泉院の后宮なり。生年十四にして、舎兄《しやくゐやう》*静円僧正に随ひて、竊に諸経を受け習ひたまへり。その後法花経一部を諳誦したまへり。人もて知ることなし。春秋十六にして、*択ばれて内に入り、永承七年七月十九日に准后、治暦四年四月十九日に后に立ちたまふ《十七日戊午后に立ちたまふ。日記に見ゆ》。*この夕帝崩じたまへり。それより以降《このかた》、偏に道心を発して、旧《もと》のごとくに日々に法花経一部を諳誦し、并びに諸《もろもろ》の大乗経数十巻を転読したまふ。逐日懈《おこた》らず、終身期《ご》となしたまへり。*二条東洞院の亭にして、手づから最勝王経を書写したまふに、

供奉 内供奉十禅師(→三〇頁補)の略。
仁王経十部・観無量寿経九巻 仁王経は羅什訳・不空訳いずれも二巻、観経は宋の畺良耶舎訳の観無量寿経一巻が行われた。十部・九巻は読誦の回数。
不動慈救呪 不動明王の真言の一。
法縁 伝未詳。
藤原純友 尊卑分脈に太宰少弐藤原良範の子、西海道賊首、伊与掾。延喜年中とあるは誤り。→補
希食 衣食の誤りか。
知音 →一六五頁注「得意知音」

観行 →一〇七頁注

〔一九〕 真言伝巻六・元亨釈書巻十八にみえる。本書によるか。一部古事談巻二にもみえる。
皇太后宮 治暦四年四月十六日(一説、十七日)、後冷泉天皇皇后となり(→補「択ばれて内に入り…」)、十九日天皇崩御。その後皇太后となる。
藤原教通の三女 →補
静円 藤原教通の子。→補
択ばれて内に入り… →補
この夕… 水左記治暦四年四月十九日条に「主上今暁崩御」。略記は寅刻、本朝世紀は卯刻。
二条東洞院 拾芥抄「二条殿、二条南東洞院東、入道大相国道長造レ之。二条関白(教通)伝領」。以下の説話は今鏡巻四・古事談巻二・十訓抄巻六にみえる。

雲雨俄に降り、霹靂《へきれき》殿に入りぬ。その時に経を捧げ筆を挙《にぎ》りたまひて、存《そん》するがごとく亡《ばう》するがごとし。雷騰《あが》り天晴れぬ。眼を開きて経を見たまへば、*空紙焼けて字残り、御衣燃えて身全《また》し。帰法の心、これより弥《いよいよ》深し。承保元年に、*飾を落して出家したまへり。座主*良真、その戒師となりつ。一たび*小野の寒雲に入りたまひしより、再び*長秋の暁月を見たまはず。遂に小野亭を改めて、*常寿院と号《な》づけたり。*慶曜大法師を迎請して、真言止観を受け習ひたまへり。毎日に自《みづか》ら弥陀法花の法を修し、年を逐ひて専らに*五時八講の筵《むしろ》を展《ひら》きたまへり。眼前の珍を抛《なげう》ちて、身後の善を営みたまへり。

*慶曜已講《いかう》は、顕密*鏡を懸け、智行並なくして、梵漢兼て長《すぐ》れたり。*成尋唐に渡りし時、*この書を帯びけり。梵僧梵字を見てもて称美し、唐人漢字を見てもて讃歎《さんだん》せり、云々といふ。

抑《そもそも》この人は、*智証の門人なり。終に臨みて西に向ひ、聖衆の来を得たるのみなり。二条亭を売りて、千僧の供を施したまふ。また手づから*五部の大乗経を写して、日別《にちべつ》に必ず法花経五紙を書したまふ。而る間夢の中に、禅僧香炉を持ちて来りて云はく、往生の業因は、大仏を造るに如《し》かず、云々といへり。忽ちにこの夢を感じて、*丈六の弥陀像を造顕供養したまふ。その滅期に先だつ三日に、諸僧を喚して曰く、最後の時に、*虚空蔵の宝号を唱ふべしとのたまへり。また*大威徳法を修せしめたまふ。臨終の邪障を攘《はら》はむがためなり。時に*康和四年八月十八日、*五色の幡《ばん》をもて、本尊の手に繋《か》けたまへり。右手に*幡旒《はんりう》を投《とら》へ、左手に香炉を持《ぢ》して、西に向ひて観念し、寅剋に終《じう》

空紙　何も書いていない白紙の意であるが、文字以外の紙の意か。北史巻五十五杜弼伝「或有二造次不レ及二書教一、直付二空紙一、即令二宣読一」。
飾を落して…　→補
良真　光孝源氏。源是輔の子、明快の弟子。→補
小野　和名抄「山城国愛宕郡小野」にあたるところ、修学院以北八瀬大原をふくむ地か。天禄元年廿六箇条起請に、叡山僧の山外に出づるを戒めて「而近代或越二大原一、或向二小野一」。
長秋　長秋宮。後宮のこと。後漢書巻十上、明徳馬皇后伝「永平三年春、有司奏レ立二長秋宮一〈注、皇后所レ居宮也。長者久也。秋者万物成熟之初也。故以名焉〉」。
常寿院　→補
慶曜　大和の人。園城寺慶暹の入室の弟子。→補
五時八講　→補
慶曜已講は…　以下文脈上、後人の書き入れか。
鏡を懸く　→三五五頁補
成尋唐に渡る…　扶桑略記、延久四年三月十五日条「大雲寺阿闍梨成尋、於二肥前国松浦壁島一乗二唐人一船頭曾聚之船一」。→四二二頁補「商客孫忠が商船」
この書　→補
智証の門人　智証(円珍)門徒。寺門高僧記四所引の承徳二年六月廿日の奏状の連署にも慶曜(耀)の名がみえる。
五部の大乗経　→九三頁注「大乗経」
丈六の弥陀像　三外往生記〔七〕妙空伝に

焉《えん》したまへり。御年八十二なり。この時慶曜大法師、参りて啓白《けいびゃく》すらく、今暁夢みらく、無数《むず》の聖衆、一の山の頂より、雲に乗りて鳩のごとくに集り、楽を作して雁のごとくに列れり。夢の中にこれを問ふに、傍の人謂ひて曰く、これはこれ小野皇太后宮御往生の儀《ぎ》なりといふ。夢想掲焉なり。故《かるがゆゑ》に急ぎ参りたるなりといへり。

〔三〇〕 肥後国に僧あり。その名を失へり。幼にして世の塵を厭ひて、已に*密印を受けたり。苦行を事となして、*理観を業となせり。*半百以後《よりのち》に、遂に女事に着きつ。その女殊に貞操を懐《いだ》きて、専《もは》らに婦の礼《らい》を致せり。ここに僧、女事に着くといへども、常に禅行を修し、更に別室を立てて、観念の処となせり。而る間聊《いささ》かに病気ありて、頗る寝食を変ず。即ち僧徒を喚し、その扶持《ぶち》を契りて、竊《ひそか》に語りて曰く、もし臨終に及びても、妻室に告ぐることなかれ。決死の後に、相告げしむべし。努力々々《ゆめゆめ》といへり。僧これに従へり。既にして東を背にし西に面《むか》ひて、命絶に帰せり。その後女室に告げつ。女室これを聞きて、手を拍《う》ち目を瞋《いか》らして、身を投げ地に*躃《ととはし》る。数剋《すこく》にして蘇《よみがへ》りて、声を揚げて叫びて曰く、我*拘留孫仏《くるそんぶつ》の時より、この人の菩提を妨げむがために、*随逐《ずいちく》して給仕《きふじ》すること、宛《あたか》も形と影とのごとし。妬《ねたま》しきかな、今生已に得脱せしめたり。心事已に違へり。何《いづく》にか往《ゆ》かむといへり。その女已に失《う》せて、去る所を知らず。その年紀を訪ふに、康平年中なり。

「或時問二源信僧都一云、我雖レ有二往生願一、不レ能レ修二其行一。以二何因縁一可レ遂二素意一乎。僧都云、有下造二丈六仏一、生二浄土一者上。可レ勤二此事一。即以唯諾」とみえる。

虚空蔵 虚空蔵菩薩。福と智の二蔵が虚空のごとく広大無辺である故にこの名があり、古来より信仰された。密教では胎蔵界曼陀羅虚空蔵院の中尊で、五大虚空蔵を本尊とする修法や虚空蔵求聞持法がある。

大威徳法 ↓三二一頁注

康和四年八月十八日 ↓補

五色の幡… 和名抄「涅槃経云、諸香木上懸二五色幡一」。↓二八頁補「糸をもて…」

幡旒 和名抄「考工記云、幡、音翻、波太、旒旗之惣名也。唐韻云、旒、音流、波太阿之、旒旗之末垂者也」。幡(仏の荘厳供養に用いる旗)の垂れをいう。

〔三〇〕 発心集巻四・私聚百因縁集巻九にみえる。

密印 ↓一〇四頁注

理観 理(↓二三四頁注)を観察することで、事観に対す。ここでは密印や苦行を事行とするのに対して理観とし、事理双行をいったもの。

半百 ↓三四八頁注

躃 訓みは底本訓。躃は歩行困難なこと。発心集「もだへ迷ひて絶えいりぬ」。

拘留孫仏 ↓二九九頁補「倶留孫仏」

随逐… 発心集「世々生々に妻となり男となり、さま〴〵したしみたばかりて、今まで本意の如く随ひつきもたりつるを」。

〔三二〕 備中国*新山*別所の*定秀上人は、*近江国蒲生郡《がまふ》の人なり。幼《わか》き年に出家して、*楞厳院に住せり。*源慶闍梨に付きて、もて師範となし、*源昭供奉《ぐぶ》に随ひて、密印を受けたり。それより以降《このかた》、已に学道に背きて、早《つと》に念仏を修せり。或人その故を問ふに、答へて曰く、吾、欣求《ごんぐ》をもて極楽に生るることを得むときは、*法門無尽は、必ず明了なるべく、衆生無辺は、必ず度脱《どだつ》すべく、煩悩を断除して、菩提を証得せむことは、必ずもて難《かた》かるべけむやといへり。*生年廿一にして、偏に西土を願ひて、遂にもて山を離れ、土左国に至りて、*鹿苑寺に住せり。*疎菜を飡《くら》ひて六ケ年を送り、法花を誦して三千部に満ちぬ。その後諸山を巡り行きて、一処に住せず、*遂に備中国に至りて、新山別所に住せり。国司堀請《くつしやう》すれども、固辞して往かず。山に籠ること十二年、求道《ぐだう》ただ一心なり。その間に*弥陀幷びに大般若、五部の大乗経等を造写供養せり。自余の行事は、具《つばびらか》に記すこと能はず。

承保三年三月二日、衆僧を堀して、一日夜*不断《ふだん》念仏を修せり。念仏の間に、或は起きて礼拝し、或は臥して合掌す。これは数月《すげつ》小痾に嬰《かか》りて、*大漸に及《いた》りたる故なり。これに先だつ三ケ日、大小の便利なく、身心の苦痛なくして、言語忘《たが》はず、心念懈《おこた》らず。その念仏の終、結願《けちぐわん》の後に、更に諸僧をして合殺を唱へしめつ。自《みづか》ら香炉を持し、*五色の糸をもて本尊の手に繋《か》く。眼《まなこ》を寄せて尊顔を瞻《まも》り、唇を動《はたらか》して仏号を称《とな》ふ。漸くに子剋に至りて、寂として入滅せり。顔色変ぜずして、温気《うんぎ》猶《なほ》し残れり。時に承保三年三月三日、行年《かうねん》六十四なり。この時に*日円上人あり、俗呼びて美作《みまさか》の聖と云ふ。夢

〔三二〕 他にみえず。
新山 未詳。
別所 ↓一〇五頁注「竹林の別所」
定秀 伝未詳。
近江国蒲生郡 ↓二〇九頁注
楞厳院 ↓一九頁補
源慶 伝未詳。
源昭 康平元年維摩会竪者に「源照、年四十五」(維摩会講師研学竪義次第、僧綱補任は四十三)がある。本伝の源昭の年齢と一年の差なのでおそらく同一人。また承保四年八月三十日の源俊房病悩平癒の大般若経読経の請僧中にも源昭がある(水左記)。
法門無尽は… 以下の句にはいわゆる四弘誓願(→三三〇頁注「四弘」)がふくまれている。
生年廿一 長元六年。
鹿苑寺 未詳。
疎菜 ↓一〇八頁注「菜蔬」
備中国に… 巻下〔三七〕善法伝に「経二歴国邑一、不レ定二居処一」、播磨で死亡した善法について「定秀謂曰、往二於備州一、親見二此聖一」とある。本伝の定秀と右伝の定秀は同一人であろう。
弥陀… 五部大乗経には阿弥陀経を数えないが、ある時期から阿弥陀経と変更したものか。大集経は末法思想などあり、浄土教に変りうる内容を持つ。
不断念仏 ↓二七頁補
大漸 ↓二二七頁注
五色の糸… ↓二八頁補「糸をもて…」
日円 伝未詳。

みらく、新山の東西に、衆宝荘厳《しやうごむ》す。その中に四階の楼あり、*七宝《しつほう》をもて成る。その第四の*層《こし》に、定秀上人安坐説法す。聴衆《ちやうじゆ》太だ多しとみたり。また他人の夢に、往生の相を語りつ。見るところ異るといへども、往生のこと同じなり。

〔三二〕沙門*成務は、近江国*竹生島《ちくぶしま》の旧住なり。専《もは》らに*中丹を致して、久しく西土を慕《ねが》へり。老の終に迄《いた》りて、冬の仲に、忽ちに僧徒を嘱して、羞《すす》むるに珍味をもてせり、云々。満座これを異《あやし》みつ。答謝して曰く、冬往きて春来らむといへり。二月十四日、門弟に告げて曰く、命の終ること*明日《あす》にあり。兼て孤《ひとり》の舟を借るべしといへり。已にして湖水の浪を渡りて、更に雲峰の霞に入りつ〈俗、*津布良尾峰と曰ふ〉。嶺の上に端坐して、西に向ひて観念せり。即ち弟子を誡めて曰く、早く帰るべし。暫くも留まるべからずといへり。弟子その命《めい》に随ふといへども、猶《なほ》し逗留《とうりう》せり。数剋《すこく》の後、竊にもて望み見れば、端坐合掌して、眠るがごとくして滅《し》せり。予《あらかじ》め年限を惟《おもひみ》れば、康平中なり。

〔三三〕前壱岐守*藤原親輔の*二男は、他の児《ちご》を収め養ひたり。漸くに三歳に及《いた》りて、念珠を好み翫びつ。父母《ぶも》これを愛して、授くるに紫檀の念珠をもてせり。児、常に握り翫びて、その身を離さず。言語の中に、動《やや》もすれば弥陀を称《とな》へつ。母*忌諱《きくゐ》すといへども、猶《なほ》しもて止めず。已に六歳に及りて、忽ちに悩むところあり。七ケ日を経て、児翫ぶところの念珠を、壁の上に懸け置きたり。児これを見て曰く、吾が念珠の上に、塵埃

七宝　→三四頁注

層　字類抄「層、ソウ、コシ、昨稜反、塔層重屋也」、和名抄「一音曾、重屋也、塔乃古之」。

〔三二〕他にみえず。

成務　伝未詳。

竹生島　琵琶湖の北岸、葛籠尾崎（つづらおざき）のさきの湖中の島。延喜式神名帳に「近江国浅井郡、都久夫須麻神社」、伊呂波字類抄に「此嶋之上、招提寺僧行基、為二聖朝安穏国家鎮護一、奉レ造二長二尺四天王像一。即構二小堂一、安二置四王一」とある。

中丹　まごころ。

明日　二月十五日（→三三六頁補）。

津布良尾峰　竹生島の対岸の葛籠尾崎か。

〔三三〕発心集巻三にみえる。

藤原親輔　未詳。ただし尊卑分脈に、有親（正四位下、右京大夫）の子、従四位上、大膳大夫の親輔があり、その子遠兼・資長は鳥羽院北面。

二男　発心集になし。

忌諱　字類抄「忌イム、諱イム、キクヰ、上下諱也」。

已に積りぬ。嗚呼《あ》々《あ》といふ。太《はなは》だ憂ふる色あり。また曰く、身体垢穢《くゑ》せり。聊かに沐浴せむといへり。父母*これを忌みて、敢へて許さず。即ち人に憑《よ》りて居り、声を揚げて誦して曰く、*聞妙法花経《もんめうほくゑきやう》、浄心信敬《じやうしんしんぎやう》、不生疑或者《ふしやうぎわくしや》、不堕地獄《ふだぢごく》、餓鬼畜生《がきちくしやう》〈乃至〉、生十方仏前《しやうじふはうぶつぜん》、蓮花化生《れんぐゑくゑしやう》、云々といへり。幼少の児に、曾《むかし》より人の訓《をし》ふることなし。読誦の音《こゑ》、聞く者これを異《あや》しぶ。声の中に眼を閉ぢて、西に向ひて気絶えたり。時に嘉承二年なり。その後、母常にこれを悲びて、*恋慕休まず。両三日を経て、怠りて昼寝するに、夢にあらず覚むるにあらず、児方《まさ》に来り至れり。容顔美麗にして、尚尋常《じむじやう》に殊なりぬ。母に謂ひて曰く、能く吾が形を見るかといふ。母曰く、然《しか》りといふ。児即ち誦して云はく、*即往南方《そくわうなんばう》、無垢世界《むくせかい》、坐宝蓮花《ざほうれんぐゑ》、成等正覚《じやうとうしやうがく》といへり。この文《もん》を誦し了りて、忽《こつ》として見えず。

〔二四〕　*散位*藤原重兼の母は、その性《ひととなり》*質直《しちぢき》にして、その心柔和《にうわ》なり。已に呼ばれて往きて早く*孀《やもめ》と作《な》りて居れり。それより以降《このかた》、空室守らず、飾を落して尼と作りつ。偏に西方を望みて、敢へて他念なし。遂に叡岳の東の頭《ほとり》を占めて、方丈の栖廬を建てたり。常に*山王三聖《さんわうさんしやう》の崛《いはや》を礼《らい》して、専《もは》らに*二世を護持するの由を祈りつ。而る間、死に先だつ三年より以来《このかた》、*六時に*観行したる中に、心禅定に住して、身光明を放てり。天仁二年夏四月、柴扉寂々《せきせき》として、*艾漏綿々《めんめん》たり。正念に安住して、奄《たちま》ちにして入滅せり。時に生年七十なり。その明くる日、*清水寺の住僧来り告げて曰く、去《い》ぬる夜夢みらく、

これを　発心集「病重きほどなれば」。

聞妙法花経…　法華経提婆達多品の句。ただし経では「妙法花経」は「妙法華経提婆達多品」と、「生十方仏前」の次に「所生之処、常聞此経、若生人天中、受勝妙楽、若在仏前、蓮華化生」とある。

恋慕　字類抄「呵嘖分悲詞、レンホ」。

即往南方…　法華経提婆達多品の句。(童女は変身して男子となり)その時南方の無垢世界に行って蓮花の上に坐し自ら悟を開き仏となった、の意。経はこの次に「三十二相八十種好、普為二十方一切衆生一演二説妙法一」と、成仏の具体相を説く。

〔二四〕　他にみえず。

散位　→二五〇頁補

藤原重兼　未詳。ただし尊卑分脈に見える重房(従五位上、肥後守、宮内大輔、天永四年出家)の子、従五位豊前守重兼とすると、母は陸奥守藤原朝元女となる。別に、魚名公孫に従五位下修理進重兼が居り、後二条師通記の康和元年四月十六日の条に兵衛尉重兼が見える。

質直　→一五九頁注

孀　和名抄「釈名云、無レ夫曰レ寡、和名夜毛女。玉篋云、寡婦或曰二孀妻一」。

山王三聖　→補

二世　→七九頁注

六時　→一四頁注

観行　→一〇七頁注

艾漏　未詳。

清水寺　→八八頁注

清水寺の山の上に、紫雲山嶺の東に聳《そび》きぬ。或人云はく、これ叡岳の東の脚《ふもと》の、往生せる女人《にょにん》の瑞相なりといふ。夢想これ奇《あや》し。故《かるがゆゑ》に今尋ね来りて告ぐるなりといへり。

〔二五〕上野介*高階敦遠の*家室は、前讃岐守*藤原行家の女《むすめ》なり。*その性《ひととなり》柔順にして、敢へて喜怒することなし。*生年廿歳にして、始めて*有為《うゐ》を厭ひて、更に無常を畏れつ。法花経を読誦して、弥陀仏を造顕せり。即ち*経王に祈請《きしやう》して、命の期を知らむと欲す。而る間夢中に僧あり、青き珠*一連《いちれん》、もてこれを授けて曰く、汝の寿《いのち》の数なりといへり。四十五なり。女もてこれを信じたり。天永二年、*行年四十五のときに、今生の命、已に尽くと以為《おもへ》り。相謂ひて曰く、吾聞けり、*丈六の仏像を造る者は、必ず浄土に往生す、云々といへり。忽ちに丈六の弥陀像を造顕供養して、相次ぎて*逆修善を営みつ。同じき六月廿三日に、初めて病気あり。具《つばひらか》に生前修《しやうぜん》するところの善根《ぜんごん》を記して、もて親知に相示して曰く、吾が臨終のときに、必ずこの書をもて、吾が手に授くべし。努力《つとめよ》々々といへり。親族これを諾《むべな》ひつ。それより以降《このかた》、寝食乖《そむ》くといへども、平喩故《もと》のごとし。忽ちに沐浴を企てて、新に浄衣《じやうえ》を着たり。その後存するがごとく亡するがごとく、遂に危急に及《いた》る。彼廿歳の時に、造り奉りし仏の手に、五色の糸を繋《か》けて、これを執りて居れり。念仏数百《すひやく》、眠るがごとくにして卒《し》せり。時に天永二年七月一日なり。*奇雲遍《あまね》く覆ひて、異香《いきやう》四《よも》に薫じ、隣人行人、皆その芬《かをり》を聞《か》ぎつ。

この夜、常陸介*藤原実宗の*後房、字《あざな》は*肥後内侍《ないし》夢みらく、遥に西天《さいてん》を見れば、雲上

〔二三〕元亨釈書巻十八は本書によるか。なお中右記、天永二年七月二十六日条(以下、中右記の伝という)に「或人来云」としてその往生のことを記している。

高階敦遠 →補

家室 →補

藤原行家 家経二男。→補

その性柔順にして… 中右記の伝に「一生之間、常含二慈心一」。

生年廿歳 応徳二年(中右記の伝の行年による)、または翌三年(本伝の行年)。

有為 因縁により作られた現象の世界をいう。現象を超越した真如をいう無為に対する語。

経王 その経が他経よりすぐれているのをいう。ここは法華経を指す。→補

一連 連は一つづきにつながっているものを数える助数詞。

行年四十五 中右記の伝「生年四十六」。

丈六の仏像 →三七四頁注

逆修善 予め死後の仏事を修すること。

奇雲… 中右記の伝に「近曾上野守敦遠妻卒去、已往生極楽云々。或人夢、五条大宮辺紫雲聳来、菩薩聖衆発音楽驚レ夢」とある。

藤原実宗 定任の子。母藤原時成女。常陸介・能登・肥後・陸奥守。従四位下(尊卑分脈)。

後房 妾をいう。

肥後内侍 高階基実(肥後守、従五位上、本伝の主人公の夫の祖父、高階成章の兄の業敏の孫)の子に「女子、堀川院内侍肥後」(尊卑分脈)とみえる。

界に帰り、*頻伽《びんが》両三、雲を出でて舞ふとみたり。夢驚きてこれを思ふに、妄想《まうざう》と以為《おもへ》り。即ちまた寝に入りぬ。この時、弥陀如来、諸《もろもろ》の聖衆と微妙《みめう》の楽《がく》をなして、雲の路より来りたまふ。傍《かたはら》の人告げて曰く、これはこれ*五条大宮に往生の女あり。その迎接《がうせふ》の儀なりといへり。夢驚きて夜曙《あ》けぬ。*使を遣してそれを尋ぬるに、その処渝《かは》らず、そのこと夢のごとし。十ケ日を送りて、葬斂の時に至りぬ。暑月に当るといへども、身爛壊せず、一旬を経《へ》たりといへども、香《かう》ばしき気《けはひ》四に散ず。ここに内侍心に*庶幾《しよき》を成して、苦《ねむごろ》に結縁を思ひつ。泣《なくなく》に車を逐《お》ひて輟《とど》め、遂に葬の庭に到りて、心を至して傷《いた》み、礼《らい》をなして*去る。

〔三六〕*前権律師永観は、但馬守*源国挙《*ム《それがし》云はく、*唐房法橋の父なり》の孫《むまご》、*進士《しんじ》*入道*国経の男なり。生れて二歳にして、石清水別当法印*元命、鍾愛して子となせり。年八歳に及《いた》りて、山崎の*開成寺の上人に従ひて、*不動明王の呪を受けつ。一たび聞けば再び問はず、睡眠《すいめん》の中に、屢《しばしば》誦する声あり。上人驚きて曰く、この児《ちご》は前世《ぜんぜ》の行者《ぎやうじや》なり。人もて*忽諸《いるかせ》にすることなかれといへり。*十一歳のとき、*禅林寺の*法務大僧都に師として事へけり。大僧都は、花山法皇の第五の子、東大寺の別当、東寺の長者なり。この児の器量を見て、殊に哀憐を加へたり。年十二に出家して、東大寺において具足戒を受けて、*三論宗に入りつ。また唯識・因明を学びて、能く法相宗を達《さと》りつ。*髫齓《せうし》の間、聡恵なること比《たぐひ》なし。*倶舎《くしや》の頌《じゆ》を学びて、日に七十行を諳《おぼ》えたり。師友これを異《あやし》びて、

頻伽　迦陵頻伽。↓二〇三頁注「伽陵頻」

五条大宮　↓三七九頁注「奇雲…」

使を遣して…　中右記の伝に「差二使者相二尋其辺一之処」とある。

庶幾　↓三五一頁注

去る　中右記の伝は、敦遠の妻の往生のあとに「誠雖二末代一已聞レ如二此事一。在世之人、猶可レ企二往生之業一歟」と記す。

〔三六〕　永観の死んだ天永二年十一月は、本書述作の終る少し前であると推せられる。解説参照。なお永観の没、経歴及び往生の想は、中右記、天永二年十一月一日条裏書にもみえる。文中の傍書(後人の書入れか)によれば、別伝・本伝あるも不詳。逸話は古事談巻三・発心集巻二・古今著聞集巻二・真言伝巻七等にみえ、普通唱導集巻下に略記す。

前権律師　↓三八一頁補「権律師」

源国挙・国経　↓補

ム云はく…　後人の注か。

唐房法橋　↓補「国経」

進士　文章生のこと。

入道　↓三六頁注

元命　豊前講師賢高の弟子。↓補

開成寺　未詳。真言伝「国成寺」。

不動明王呪　↓二二五頁注「不動火界呪」

忽諸　字類抄「イルカセ、無礼分」。

十一歳　長久四年。

禅林寺　永観堂。↓補

法務大僧都・三論宗…　↓補

髫齓　七、八歳の子供をいう。字類抄「髫、セウ、小児髪也」「齓、シ、ハカク、又ハクキ」。↓二三六頁注「齠齓」

号《な》づけて七十行公と曰へり。十四にして*方広の竪義《りふぎ》を勤め、相次ぎて*法花・維摩会のことを遂げたり。十八より以後《のち》、研精の隙《ひま》に、毎日に一万遍を唱へ、毎月に斎戒の修は十五日なり。

天喜五年、行年廿五、殊に清撰ありて、*平等院の*番論議《つがひろんぎ》に参りたり。この日*言《こと》は泉の水のごとく沸き、詞《ことば》は林の花のごとく鮮なり。満座帰服《くゐふく》して、*翹楚《げうそ》と以為《おもへ》り。*土御《つちみ》門《かど》右府は、*文学の宗匠なり。即ちその席にありて、太《はなは》だもて鄭重《ていちう》す。抑《そもそも》*甲居《かふきよ》に居りて、昼夜に謁見せり。康平七年、*法成寺の*竪義に参りて、その後*公請《くしやう》に応ず。*卌《四十、本伝》有二のとき、遂に囂塵を辞して、*光明山に蟄居せり。四十を経《へ》行きて、禅林寺に帰り住せり。その寺の巽《たつみ》の角に一の堂あり、*東南院と称《い》ふ。これが幽閑を占めて、禅念に止宿せり。卌より以後《のち》《不惑の齢より以後、本伝》、*風痒相侵して、気力羸《つか》れ弱りたり。自《みづか》ら云はく、*病はこれ真の善知識なり。我病痾に依りて、弥《いよいよ》*浮生を厭ふ、云々といへり。応徳三年、五十四、高才の聴《きき》をもて、*維摩《ゆいま》の講師《かうじ》の請《しやう》を給はりつ。然れども念仏の妨を成すに依りて、乃ち辞し遁れむの思を企てつ。*貫首《くわんす》の弟子、法印*慶信相語りて云はく、本寺のため、遺弟《ゆいてい》のために、暫く韜世の志を抑《おさ》へて、宜しく奉公の節を遂ぐべしといへり。これに因りて*希望《けまう》なしといへども、この諷諫《ふかん》に随ひて、屢《しばしば》朝庭に仕へたり。*講肆に接《まじは》るごとに、必ず声価を増せり。

承徳三年、*権律師を授かりつ。*夏臈《げらふ》五十五なり。僅に*信宿を経て、便ちもて辞退せり。同じき四年、*東大寺別当に補せられつ。また辞退すること再三なれども、朝議許

倶舎の頌　阿毘達磨倶舎論本頌。世親の作で六百七頌あり、これを世親が解したものを唐の玄奘が訳す。三〇巻。
方広の竪義　方広会の竪義。↓補
法花・維摩会　興福寺法華会か。↓補
平等院　京都府宇治市。↓補
番論義　一番ずつ問者と答者を定め一番に二題ずつ合せて五番十題の論義を行う。
言は泉の水…詞は林の花…　↓補
翹楚　衆人中で秀れているもの。翹は高く揚る、楚は薪の中で最も価値あるもの。
土御門右府　源師房。↓補
文学　漢詩文をさす。
甲居　甲第と同じか。立派な邸。↓補
法成寺　↓三〇〇頁補
竪義　法成寺御八講の竪義のこと。↓補
公請　↓二四二頁注
卌有二　康平七年、即ち法成寺の竪義に参った年。
光明山　↓補
東南院　不詳。これが永観堂か。
風痒　↓一九頁注「風痾」
病は…　↓補
浮生　憂世。浮雲萍草のごとく定相なきをいう。
維摩の講師　維摩講師研学竪義次第に「応徳三年、永観、年五十四、臈、三論宗、東大寺」。僧綱補任も同じ。
貫首　↓八三頁注。ここでは東大寺別当。
慶信　藤原公成の子。↓補
希望　字類抄「ネカイノソム、人情部、ケマウ」。
講肆　書物を講ずる場所。↓補

さず。恣《なまじひ》に寺務に随ふの間、*土木功を専《もは》らにし、*輪奐《りんくわん》構を全《また》くせり。仏法の興隆して、学徒の繁昌したること、倶に中古に過ぎて、末代に超えたり。*地利封戸《ふこ》、分毫も誤たず。適《たまたま》*南都に向ふの時は、必ず本房の粮《かて》を用ゐたり。寺中の旧老相伝へて云はく、*三百歳に及《いた》りて、大仏光《ひかり》を放つべしといへり。その年紀を考ふるに、已にこの時に当れり。三ケ年を歴て、またもて*辞退して、偏《ひとへ》に念仏を修して、閑《しづか》に余生を送りつ。これより先《さき》*太上法皇、専らに帰依を致して、*法勝寺の*供僧《くそう》に補せり。日を計りて日食《にちじき》を宛《あ》て、年を逐《お》ひて年服を賜ひつ。*博陸《はくりく》相府、殊に優重を加へて、法成寺の供僧となせり。

およそ幼より老に至るまで、経論を披閲して、寝食を忘るるに至りぬ。*阿弥陀経要記・*往生十因、各一巻自らもて筆削す。念仏の輩《ともがら》、皆もて競《きほ》ひ写して、*念仏宗と以為《おもへ》り、云々。もし人出世の要を問へば、答ふるに念仏の行をもてせり。また新《あらた》に*式を造りて、*十斎日《じふさいにち》ごとに往生講を勤修《ごむしゆ》せり。およそ慈悲、心に薫じて、もし来り乞ふ者あれば、衣鉢《えはつ》といへども惜まず、もし病《や》める人を見れば、必ず救療を施せり。承徳元年、丈六の弥陀仏の像を造顕して、*薬王寺に安置《あんぢ》せり。これ祇園精舎の*無常院の風に擬《なずら》ふるなり。またその処に*温室《ゆや》を設《まう》けたり。四十余年、*糵《こむづ》・*粥《しるかゆ》・菓《このみ》・蓏《くさのみ》、時に随ひて施《せ》を求めつ。或時は身自ら荷担して、恥辱を顧みず、もし公家《くけ》の請あれば、称ふに*悲田の衆《しゆ》をもてせり。*禅庭に梅《むめ》の樹《き》あり。その実を結ぶごとに、必ずかの施に宛《あ》てつ。故《かるがゆゑ》に村里の児童、呼びて悲田の梅となせり。およそ得たるところの物は、先づ病める人に与へて、次いで仏僧に供《く》せり。

権律師　↓補
夏臈　↓五九頁注。永観は寛徳元年(一〇四四)十二歳で出家、翌年の安居に預かると承徳三年(一〇九九)は五十五年目になる。
信宿　二泊。左伝、荘公三年「凡師出、宿為レ舎、再宿為レ信、過レ信為レ次」。
東大寺別当　↓補

土木功を専らに…　↓補
輪奐　建物の壮大美麗なこと。
地利封戸　東大寺別当次第「茜部猪名両庄永施二入学生供一」。地利は土地から生産する利益。封戸↓三三三頁注。↓補
南都に…　↓補
三百歳　東大寺大仏開眼供養は天平勝宝四年(七五二)、永観の別当就任は康和二年(一一〇〇)、その間三四八年。
辞退　東大寺別当を辞す。↓補
太上法皇　白河法皇。
法勝寺　↓補
供僧　供奉僧のこと。法会の時数を定めて官より支給される僧。↓補
博陸　拾芥抄、官位唐名部「摂政関白、博陸」「関白、博陸、博陸侯」。文脈上、藤原忠実を指すか。
阿弥陀経要記　一巻。堯恵の阿弥陀経私集鈔に引用さる。
往生十因　現存。往生拾因見聞に康和五年作という。念仏の一行に十因がある故、一心に念仏すれば必ず往生を得ることを明らかにす。
念仏宗・式　↓補
十斎日　↓三四一頁注

寛治八年、*七宝の塔婆を造立《ざうりふ》して、聊かに斎会を設け、その中に仏舎利二粒を安置し奉りつ。即ち発願《ほつぐわん》して曰く、もし*順次生《じゆんじしやう》にて極楽に生るべくは、舎利数《かず》を増すべしといへり。その願文《ぐわんもん》、同じく塔の中に納めたり。次の年これを開き見れば、已に四粒に成りぬ。即ち歓喜《くわんぎ》して涙を流し、二粒を分《わか》ち取りて、本尊弥陀の眉間に籠め奉りつ。昔、*道綽禅師、善導比丘に語りて云はく、一の蓮花を取りて、行道《ぎやうだう》七日にして萎《しぼ》まざるときは、即ち往生を得むといへり。この舎利の数を増すは、かの蓮花の萎まざると孰《いづれ》ぞ。

およそ一生の間、顕密の行業《ぎやうごふ》甚だ多し。弥陀の宝号を唱へ奉ること、幾許《いくばくばかり》なるかを知らず。初めは毎日に一万遍、後にはまた六万遍、別《べち》に百万反に満つること三百度なり。漸くに暮年に及《いた》りて、舌乾き喉《のむど》枯れて、ただ*観念を事とせり。また法を受けし日より、身終ふる剋に至るまで、*弥陀の供養法は、三時に闕け怠ることなく、*尊勝陀羅尼三十八億九万九百廿遍を誦し奉りつ。心を至して念呪したる間、仮寐《うたたね》の中に、遙に*月輪《ぐわちりん》を望めば、その中に七重の金塔を現じたり。また*拳印を結びて、極楽の地を思惟《ゆい》するに、夢想の中に丈六の尊像を見たり。覚めて後も髣髴《はうひ》として猶《なほ》し眼前にあり。

天永元年*臘月《らふぐゑつ》、腰に小き恙《つつが》あり。二年に至るも、起居猶《なほ》し快《こころよ》からず。これより先、*中山の吉田寺において、*迎接《がうせふ》の講を修せり。その菩薩の装束廿具、*羅《ら》縠《こく》錦綺を裁《た》ちて、丹青朱紫を施せり。これ乃ち、四方に馳せ求めて、年ごとに営み設けたるものなり。今年俄に本寺に施入《せにふ》せり。八月下旬より、食事例に乖きぬ。十月晦日《つごもり》、例のごとくに

薬王寺・無常院 →補
温室 →三〇八頁注
漿 →二六頁補「水漿」
粥 →七四頁注
悲田… 仏教に福田を説き、本来は仏を福田(幸福を生みだす田)といったが、父母・師長・衆生、特に貧困・孤独者をもさすようになり、特に貧窮孤老者に施す悲田は最勝といわれ、布施すると功徳が得られるとみなされた。→補
禅庭に… →補
七宝の塔婆 七宝によって装飾した塔。→九二頁注。この説話は古今著聞集巻二・真言伝巻七などにもある。
順次生… →二七八頁注
道綽禅師… →補
観念 →二六頁注
弥陀の供養法 →三四頁注
尊勝陀羅尼 →二五頁注
月輪 →三二四頁注
拳印 金剛拳菩薩の大印。金剛界四大印の一で台密では大拳という。両手外縛して胸におく印と智拳印(左頭指を立て右拳の下に入れて両手を夫々握る)を用う。
臘月 十二月。
中山の吉田寺 →補
迎接の講 阿弥陀二十五菩薩来迎引接の儀を行う法会。中右記、天仁元年九月四日条に「今日前律師永観於二東山一行二迎講一。都人皆以行向結縁」。→一六〇頁補「迎講」
羅縠錦綺 高級な絹織物。薄絹縮緬錦と綾絹。

往生講を修せり。合掌して額《ひたひ》に当てて、涙を流して随喜せり。門弟囲繞《ゐねう》して、念仏を相勧むるに、答へて云はく、*但聞一仏二菩薩名《たんもんいちぶつにぼさつみやう》、除無量劫生死之罪《ぢよむりやうこふしやうじしざい》、何況憶念《がかうおくねん》〈観経の文〉といふ。また曰く、*寿尽時歓喜《じゆじんじくわんぎ》、猶如捨衆病《ゆによしやしゆびやう》〈倶舎論の文〉、嘆《なげ》くべからず、嘆くべからずといへり。十一月一日、強《あながち》にもて沐浴せり。苦痛忽ちに除きて、尋常を得るがごとし。同じき二日、往生講を修せしめつ。*念仏往生の段に至りて、講衆等異口同音に、*来迎讃《本伝、*木工助敦隆の作なりといふ》を唱ふ。法師傍《かたはら》の人に語りて云はく、香しき気芬《かうば》馥たり。人々これを聞《か》ぐかといふ。講衆皆答へて云はく、更に聞ぐところなし、云々といへり。もて漸くに丑剋に至りて、頭北面西にして、正心念仏し、眠るがごとくに気絶えぬ。春秋七十九なり。

*別伝に云はく、毎月の十五日に持斎せり。別に三年を限りて、毎日に闕《か》かず。味欲を絶たむがために、心浄く口□決定《くゑつぢやう》往生の因なり、云々といふ。

*法勝寺の講堂の*承仕《しやうし》勝見夢みらく、律師堂に参りて*礼盤《らいはん》に登り、*釈迦如来を礼拝して出で去りぬとみたり。その夢方《まさ》にかの遷化の時に当る。同じき八日、当寺の住僧*定因夢みらく、数多《あまた》の僧徒、律師を囲繞《ゐねう》して、*梵唄《ぼんばい》歌讃せり。律師の面貌端厳《めんめうたんげん》にして、甚だ悦べる色あり。衣裳明徹にして、猶《なほ》し水精のごとしとみたり。同じき廿九日、弟子の阿闍梨《あじやり》*覚叡夢みらく、一の精舎《しやうじや》ありて、僧徒列り坐せり。覚叡列にあり。その仏像を瞻《まぼ》れば、已にこれ律師なり。授くるに一句の偈《げ》をもてす。*従我聞法《じうがもんぼふ》、往生極楽、云々といへり。かくのごとき瑞*相、万にして一を記すのみなり。

但聞一仏… 観無量寿経に「若善男子善女人、但聞二仏名二菩薩名一…」。もし善男善女がただ阿弥陀仏と観音勢至菩薩の名を聞いただけでも、無量劫の間生死流転する罪を免れることが出来る。まして念仏する者はなおさらのことである、の意。

寿尽時… 倶舎論巻三根品の偈。↓補

念仏往生の段 往生講式の第四念仏往生門を指す。

来迎讃 現存せず、内容不明。底本では別伝の文のあとに以下の傍注があり、「法師」の右に「本伝在レ此」と傍書する。後人の書入れか。

木工助敦隆 ↓補

別伝 後人の書入れ。

法勝寺の講堂 ↓三八二頁補「法勝寺」

承仕 ↓八二頁補

礼盤 ↓二八二頁注

釈迦如来 法勝寺講堂の本尊は釈迦如来。扶桑略記「承暦元年十二月十八日…七間四面瓦葺講堂一宇、奉レ安二置金色二丈釈迦如来像一体、化仏十三体、丈六普賢、文殊像各一体一」。

定因 伝未詳。

梵唄歌讃 一定の曲節に基き梵音で仏徳を歌詠讃歎すること。

覚叡 伝未詳。

従我聞法 無量寿経巻下の「其仏本願力、聞名欲往生、皆悉到彼国、自致不退転」を聞名往生という。また四十八願中の十八願に「諸有衆生聞其名号…即得往生」とある。

〔三七〕沙門*善法は、甲州の人なり。少《わか》き日洛にありて、多年人に仕へたり。忽ちに人界を厭ひて、已に仏道に入りつ。それより以降《このかた》、国邑《くにむら》を経歴《きやうりやく》して、居処を定めず、弊衣麁衣、これ常の事となせり。道俗を勧進して、講経を勤行《ごんぎやう》せり。人をして法花を勧めしめて、限るに六万部をもてす。時の人呼びて六万部の聖《ひじり》と号《な》づけたり。天喜四年三月、播州の*峰相寺に至りつ。寺に上人あり、名を*聖禅と曰ふ。言語を禁断し、念仏坐禅して、*百万遍を唱ふること、万ケ度に満ちぬ。善法の来れるを見て憐愍《れんみん》を作《な》す。善法これに随ひて、契りて師範《しはん》となせり。その後十ケ日を経て、身に病患を受けつ。即ち聖禅に告《つ》げて曰く、往年美州において古き寺を修補せし間、夢に一《ひとり》の老僧あり、二疋の馬を与へけり。即ち謂ひて曰く、その足を療治《れうぢ》せば、もて騎用すべし、云々といへり。善法一の白馬に乗りて、坤《ひつじさる》に向ひて赴く。*馬に二の翼あり、飛びて行く。大きなる河を超えて銀《しろがね》の浜を過《よぎ》り、高き山に登りて雲の嶺に到る。山の頂に一の寺あり、寺の中に衆の僧あり。皆*瓔珞《やうらく》を垂れて、兼て吾が身に懸けて、告げて曰く、汝三年を過ぎて、当《まさ》にこの処に来るべし、云々といへり。その後三年、已に今年に当りぬ。況やまた去《いぬ》る正月、当州の*三枝寺において、仏を礼《らい》せし間、夢に人の告げて曰く、汝の命已に尽きむこと、来る五、六月なり、云々といへり。即ち知りぬ、今度の病は、死期《しご》必然なることを。吾が屍骸《しにかばね》をもて、収め葬すべからず。必ず林野に置きて、鳥獣《とりけもの》に施すべし、云々といふ。聖禅報《こた》へて曰く、汝の言《こと》善し。*釈尊は往昔《わうじやく》、飢渇《けかつ》の世において、

瑞相　中右記、天永二年十一月朔日裏書に「而臨二入滅時一、有二往生相一者」。

〔三七〕他にみえず。

善法　伝未詳。

峰相寺　→二八頁補「峰合寺」

聖禅　伝未詳。

百万遍　→一八〇頁補

馬に…　穆天子伝に見える周の穆王の故事を引くか。

瓔珞　→一三一頁注

三枝寺　不詳。ただし三枝は三枝部と関係あるか。→補

釈尊は往昔…　賢愚経巻七設頭羅健寧品第三十三、経律異相巻十一為大魚身以済飢渇十五にあり、今昔巻五ノ二九にもみえる。→補

身赤き魚《いを》と作《な》りて、願ひて曰く、先づ吾が肉《しし》を食《くら》ふ者は、我成仏の時、最初にこれを度《と》せむとのたまへり。その本願に依りて、*阿《あ》若《にやく》拘隣《りん》等五人、最初の得脱これなり。今汝の願ふところ、またかの願のごとし。善きかな善きかなといへり。即ち札の上に注《しる》せる文に曰く、施す者受くる者、同じく菩提を証す、云々といふ。忽ちにもて沐浴して、草庵に移住せり。時に三月晦日《つごもり》なり。善法謂ひて曰く、これ吾が一期《いちご》は、残るところ三日にあり。家を出でしより以来《このかた》、いまだ禁戒を受けず。往年智人あり、教訓して云はく、人戒を受くといへども、もし破る者は地獄に堕《お》つ。汝ただ命終に至りては、*梵網経を聞くべしといへり。今已にこの時なり。我をしてかの経を聞かしめよ、云々といへり。聖禅これに従ふ。その後身に汚穢《をゑ》を厭ひて、口に水漿を断つ。天喜四年四月二日午剋、起きて西方に向ひ、礼拝すること三、四度、弥陀を称念して、寂《じやく》として気絶えぬ。

その後郷《さと》の人夢みらく、西方より*無量化仏、東を指して来《きた》りぬ。人ありて問ふに、答へて曰く、これ六万部の聖《ひじり》来迎の儀なりといへり。また彼の遺言に依りて、*林野に殯《はぶ》り送りたり。数日《すじつ》を過ぐといへども、顔色変ぜず。十日の後、一夜の内に、群れる獣《けものくら》ひ尽して、片骨も残らず。また僧*定秀謂ひて曰く、備州に往きて、親《みづか》らこの聖を見き。誠に無智文盲なること、この聖に如《し》かず。念珠を提《ひさ》ぐといへども、常に利剣を横《よこた》へけり。博奕《ばくえき》の音《こゑ》は雲を穿ちて、酔酒の狂《くるよう》は隣を驚かしけり。その体《すがた》勇めり、その詞《ことば》悪しかりき。かの時は帰依の心なかりしかど、今日追悔の思《おもひ》を作せりといへり。

阿若拘隣　阿若憍陳如。迦毘羅城の人。五比丘の一。釈尊が出家した時に共に苦行をし、釈尊が村女から牛乳を受けたので離れ去り、成道後最初に化度した比丘として知られる。五比丘は阿若憍陳如・阿説示・摩訶男・婆提・婆敷をいう。

梵網経　二巻。鳩摩羅什訳という。菩薩修道の階位とその受持すべき十重四十八軽の式法を説いたもので、特に下巻は菩薩戒経と称され菩薩所持の大乗戒として最澄創唱の円戒の依拠となり、諸宗でも重用された。

無量化仏　機宜に応じて忽爾に仏形を化現すること。観無量寿経に「無量寿仏身…其円光中有㆓五百化仏㆒如㆓釈迦牟尼仏㆒。一一化仏有㆓五百化菩薩無量諸天㆒」とあり、粟生光明寺蔵の弥陀来迎図には四十九体化仏あり、禅林寺の善導大師影像には口より化仏出現の相がある。

林野に殯る　→補

定秀　巻下〔三二〕定秀の備中国新山別処定秀上人か。

牛羊の眼　事物の本質を見抜く力の劣ることをいう。→補

〔三八〕　楞厳院廿五三昧結衆過去帳(長元七年をそう下らない時期に成立)、聖金阿闍梨伝は、本伝述作以前のもの。本伝と比べると文に共通のところが多い。三外往生記〔二三〕にも聖全(金)の伝あり、これは明らかに過去帳の伝による。ただし摘録。

阿闍梨　→二九頁注

元慶寺　→補

嗟呼《ああ》、智は如来のごとくに人を評量《ひやうりやう》すべし。*牛羊《ごやう》の眼《げん》をもて、衆生を量ることなかれ。

〔二八〕*阿闍梨聖金は、*元慶寺の住侶なり。山城国乙訓《おとくに》郡*石作《いしつくり》寺に籠居して、十五ケ年、往生の業を修せり。*毎日の三時に、弥陀の供養法を修して、毎日の六時に、念仏一万遍、十二時に時を逐《お》ひて礼拝すること百返なり。*長和四年二月、謂ひて曰く、我が命の限は、ただ今年にありといへり。同じき*七月廿三日、*風病更に発《おこ》りぬ。その*十月の中、極楽浄土の*変像《へんざう》を迎へ奉りて、一向《いつかう》に念仏せり。*十二月上旬、傍《かたはら》の人に謂ひて曰く、往生の外に、他の語《こと》を言ふことなかれといへり。善知識をして、*往生要集の中の臨終の行儀を、義理を問答せしめて、悲び泣き涙を落せり。同じき*廿七日、住したる房を洒掃《しやさう》して、沐浴し髪を剃りつ。然《しか》うして謂ひて云はく、死期《しご》已に近し。土葬を用ゐよ。人の労《はぶ》を省かむがためなりといふ。諸僧驚き怪びて、狂言《きやうげん》と以為《おもへ》り。闍梨聞きて曰く、吾、心に解《おこた》ること匪《あら》ず。あに狂言あらむやといへり。同じき*廿八日未剋、梵網経を取りて一たび見たり。漸くに黄昏に及びて、威儀を整へて衆僧に謂ひて曰く、念仏の廻向《ゑかう》、高声《かうしやう》に唱ふべしといへり。諸僧これに従ひつ。闍梨念仏の間、眠るがごとくしてまた覚めぬ。問ひて云はく、僧徒多く見ゆ。何ぞまた少からむやといふ。また*往生の行儀を読むを聞きて、随喜して曰く、臨終の十念は、百年の行業に勝る。吾その行を慕《ねが》ふこと、あにこの時にあらずやといへり。漸くに寅剋に及《いた》りて、看病の僧*紀明、眼《まなこ》を挙げて、浄土の変像を見るに、忽ちに異《あや》しき光あり。眼を寄せて見れば、還《かへ》

石作寺　石作は和名抄「山城国乙訓郡石作郷、以之都久利」なる地名。寺の創始は不詳。→補

毎日の三時…　過去帳に「毎日二時、修二弥陀供養法一、六時念仏各一万遍、十二時礼拝各百遍」とみえる。

長和四年二月　過去帳に「長和四年二月示云、我命不レ可レ過二今年一云々」とある。

七月廿三日　過去帳に「同七月受レ病、雖レ不レ堪二礼拝一、修行猶不レ闕」。

風病　→一九頁注「風痾」

十月の中　過去帳に「至二于十月一、停二止難行一、偏修二念仏一」。従って極楽浄土変相のことは過去帳にみえない。

変像　変相。仏の本生や仏・菩薩・浄土の変現の相を画図彫刻したもの。単に浄土変ともいう。寂照堂谷響続集巻一「変、動也。図画不レ動、而画二極楽或地獄種種動相一。故云二変相一也」。その他華厳経・法華経・十王・維摩居士・大師四十二・本地垂跡等の変相あり。

十二月上旬…　過去帳に「十二月上旬示云、不下於二我前一世間言語上云々」とある。

往生要集の中の臨終の行儀　臨終に行う念仏の作法のことで、巻中大文第六に「第二臨終行儀者、先明二行事一、次明二勧念一」として説明する。過去帳に「即令レ読二往生集臨終行儀文一、習二其用心一」。

廿七日…・廿八日…　→補

往生の行儀…臨終の十念　→補

紀明　伝未詳。過去帳に「臨終夜、弟子僧紀明云、奉レ懸二曼荼羅上有二光明一、暫有即滅」とある。

りてまた見えず。闍梨*五色の糸をもて、尊像の手に繋《か》けて、平生《へいぜい》立つるところの三種の願文と、ともにもて取り副《そ》へつ。面は西方に向ひて、手に定印《ぢやういん》を結び、端坐して気絶えぬ。時に*長和四年十二月廿九日なり。生年六十六。

〔三九〕*円空上人は、伯耆国*弘瀬寺の禅徒なり。一生持戒して、六時に*観行せり。その体《すがた》は*仙《ひじり》のごとし。俗呼びて円空仙と曰へり。長暦三年七月廿五日、身心に悩を受けて、軽《かろ》からず重《おも》からず。その年より*以往《いにしへ》は、二、三ケ年、痛むところなしといへども、飲食《おんじき》を肯《がへん》ぜず。或は十ケ日、或は五、六日、食《じき》を断ちて禅に入りつ。就中に病を受くるの初は、五、六許日《にちばかり》、纔に淡き水を服して、*濃漿《こみづ》を用ゐず。人ありて*水漿を勧むれども、上人謝して云はく、食《じき》は*分段の身を養ひて、悪業《あくごふ》の命を続ぐ。故《かるがゆゑ》にこの念を離れて、浄心を専らにせむと欲ふなりといへり。脂肉《あぶらしし》に至りては、これ小き身体《すがた》にして、已に枯れたるなり。それ善業の人は、命終の時に、*地水先づ去るとは、即ちこの謂《いひ》か。

然れども年齢暮年に及びて、気力状《かたち》に過ぎたり。この間、僧俗のもの門に聚《むらが》りて、結縁のひと市を成すと云ふといへども、席《むしろ》を閑処に設けて、言《こと》を面謁に断つ。八月一日より、毎日に沐浴して、威儀を整へ、香炉を取りて仏を礼《らい》せり。次いで香炉を置きて、人をして*止観観心の文《もん》を読ましめ、手に定印を結びて、心に*禅念を作せり。また人をして*九品《くほん》往生経并びに*六時讃の序の*虚空《こくう》以前の文を読ましめ、声を揚げて称《とな》へて曰く、*南無帰命頂礼、来迎引接阿弥陀仏、云々といへり。然る後に安らかに臥しつ。

五色の糸… →補
長和四年… 過去帳、題の聖金阿闍梨の下に「長和四年十二月廿九日、生年六十六」とある。
〔三九〕 他にみえず。
円空 伝未詳。
弘瀬寺 不詳。
観行 →一〇七頁注
仙 →七六頁補
以往 底本訓に「コノカタ」とあり、「以来」「以降」等の誤りか。
濃漿 おもゆ。
水漿 →二六頁補
分段の身 勝鬘経「有二種死。何等為二。謂分段死、不思議変易死」。→一四三頁注「分断の依身」
地水 四大(地・水・火・風)のうちの地水。地は文中の脂肉、水は文中の水漿をさすか。→補
止観観心の文 不明。教観大綱(源信撰とされている)や漢光類聚あたりから、摩訶止観の初めの「円頓者…一色一香無非中道」の句を別出し、のち円頓章として読誦されるので、これかも知れない。
禅念 俗世の煩いを厭い禅定を楽しむ心。
九品往生経 九品往生阿弥陀三摩地集陀羅尼経。一巻、唐の不空訳。往生に九品の別を立てて陀羅尼を説く。
六時讃 善導の六時礼讃(往生礼讃偈)。
虚空以前の文 往生礼讃は序のあと六時の第一の十九拝があり、その二句目に「南無十方三世尽虚空遍法界微塵刹土中一切三宝、我今稽首礼、回願往生無量寿国」

毎日の作法《さほふ》、またかくのごとし。また仏を*順逆に観じて、*三身を即一に演《の》ぶ。その結句の頌《じゆ》に曰く、「*願以此功徳《ぐわんいしくどく》、普及於一切《ふぎふおいつさい》、我等与衆生《がとうよしゆじやう》、皆共成仏道《かいぐじやうぶつだう》」といへり。毎日に、念仏の後に頌することかくのごとし。或人問ひて曰く、毎日の沐浴これ何《な》ぞやといふ。答へて曰く、弥陀の供養法并びに*両界の行法《ぎやうぼふ》を修せむがためなりといへり。同じき十六日、沐浴すること三度なり。

樵夫《せうふ》三人、山に入りて薪を採るの間、共に大虚《おほぞら》の微《うるは》しき楽《がく》を聞きて、忽ちに本師往生の思を作《な》せり。即ち急ぎ帰りて本師を見るに、容儀常のごとし。漸くに昏《ゆふべ》の刻に及《いた》り、来迎の仏像に対ひて、*即心成仏の印を結ぶ。次で手に*幡旒《はんりう》并びに願文・五鈷・念珠等を執りて、合掌して額《ひたひ》に当てつ。十念の後、三度眼《まなこ》を開きて、仏像を瞻《まぼ》り奉り、眠るがごとくに終へぬ。時に長暦三年八月十六日、生年八十なり。その後、或人来りて曰く、去《いぬ》る十五日の夜に、草堂の前、微妙荘厳《みめうしやうごむ》せり。上人西に向ひて坐し、無量の衆僧《しゆそう》、香炉を取りて、漸次に進み来る。その路は西に当りて、座の広さ一*許丈《ぢやうばかり》、瑠璃、地をなして、表裏天に映《えい》じたりといへり。また云はく、十六日夜半夢みらく、上人棺《ひつき》に入りて、無量百千の*威儀僧、*棺槨《くわんくわく》を擎げ持ちて、西を指して行きぬといへり。かくのごとき夢想、勝《あ》げて計《かぞ》ふるに遑あらず。

〔三〇〕伊予国の*法楽寺に、一の老いたる尼あり。名を*安楽と曰へり。その性《ひととなり》柔和にして、その意《こころ》慈忍なり。出家の後、廿五年、毎日の所作は、弥陀の名号《みやうがう》五万遍〈*斎日《さいにち》は

とあるを指すか。この次に阿弥陀仏十二光名の礼讃がつづく。

南無… 往生礼讃の十二光名礼讃には「願共衆生咸帰命故我頂礼生彼国」とあり、この句は無い。

順逆に観ず 順観と逆観(逆次に観ずること)で、普通は十二因縁観や授菩薩戒儀の順逆十運心をいうが、ここは往生要集、大文第四の観察門別相観に、仏の相好を頂上の肉髻から足下の千輻輪相に至るまで四十二項に分けて説明し、「順観次第、大途如ㇾ是。逆観反ㇾ之、従ㇾ足至ㇾ頂」と述べているのを指す。

三身即一 法身・報身・応身の三身は一体の別相であり、そのまま一つに仏身に具わっているということ。往生要集、大文第四の観察門惣相観に詳述される。↓三〇六頁補

願以此功徳… 法花経化城喩品第七にある偈。↓一一頁注「願はくは…」

両界の行法 金剛界・胎蔵界の供養法。

即心成仏の印 即身成仏印で、光明灌頂印信ともいい、二大指・二頭指を相捻じ他の六指を立てて散ずる印。

幡旒 ↓三七五頁注

一丈 広さの単位。一反の五分の一。

威儀僧 ↓一〇四頁補「大威儀師」。ここでは威儀を正した僧。

棺槨 和名抄「四声字苑云、棺、比度岐、所ニ以盛ㇾ屍也。野王案、槨、於保止古、周ㇾ棺者也」。

〔三〇〕 他にみえず。

法楽寺 不詳。

十万遍〉、*観音の真言五千遍、*光明真言千遍、*普賢の十願の名三百遍、もて常の勤となせり。また寛弘五年八月より以後《のち》、同じき七年より以前《さき》、□*阿弥陀の大呪百万遍なり。自余の*恵業《ゑごふ》は、委《つばひらか》に記すこと能はず。

上人あり、名を*正一と曰へり。寛弘四年八月の中に夢みらく、老いたる尼、上人を喚《よば》ふ。上人即ち到りて、尼の室の*障《しやう》を排《ひら》くに、金色丈六の阿弥陀仏を見奉りつ。*結跏《けつか》趺坐《ふざ》せり。即ち告げて曰く、我ここにあり、云々といへり。これより上人深くもて帰《くゐ》敬《きやう》せり。同じき五年八月廿日夜、同じき上人夢みらく、紫雲*靉靆《たなび》きて、尼の室に垂れ布《し》きぬ。同じき夜の子剋に、忽ちに異《あや》しき光あり、赫奕《かくえき》たること日のごとし。眼《まなこ》を向くるに堪《た》へず、衣をもて面を掩ひつ。*而頃《しばらく》ありて衣を却《す》てて見れば、光明初のごとしとみたり。その夜老いたる尼、弥陀の大呪一万遍、念誦《ねんじゆ》の間なり。同じき十二月十三日夜、奇香芬馥として、尼の身に薫ぜり。その後は毎夜に、異香かくのごとし。夢に人の告げて曰く、*栴檀これなりといへり。同じき六年正月二日の黄昏、尼の従《つか》ひたる女、老いたる尼の室を見るに、光明照り曜《かかや》けり。従ひたる女驚き怖れたり。かくのごとき異相、已に数度《あまたたび》に及びぬ。同じき七年十二月の中、僧*清禅、老いたる尼に問ひて曰く、もしくは異相を見たるかといふ。尼答へて曰く、別事あることなし。ただ時々西方に光ありて、室の内を*照臨せり。この光に当る時は、身温《あたたか》にして心楽し、云々といへり。同じき廿五日の没《もつ》より初更に至るをもて、*法界房の方に当りて、遙に微妙《みめう》の音楽を聞きつ。同じき月の晦日《つごもり》、忽ちにもて沐浴して、念仏例に異りぬ。*その正月一日、

安楽　伝未詳。

斎日　在家の人が清浄に持戒する日をいうが、六斎日(→三四一頁注)を指す。

観音の真言　六観音の真言は異なるが、観音懺法の陀羅尼や観自在六字大明呪・観音聡明呪などあり、内容は不明。

光明真言　不空大灌頂光明真言。大日如来の真言で一切諸仏菩薩の総呪。これを受持すれば仏の光明を得て一切の罪障を除き浄土に生ずるという。施餓鬼会の盛行と共に密教以外の諸宗でも用いられる。

普賢の十願　→補

阿弥陀の大呪　阿弥陀如来根本陀羅尼とも十甘露真言ともいう。唐の不空訳の無量寿如来観行供養儀軌に出で、僅か一遍誦すれば一切業障が消滅し、臨終に極楽の上品上生に往生できると説く。

恵業　慧業。悟りを得るための仏道修行。

正一　伝未詳。

障　和名抄「楊氏漢語抄云、障子、屏風之属也」。家屋雑考「障子は屏障とて、戸・建具・衝立の類をもいふ名なれば、格子をさし、障子としるせる事ども、中古以来の書に多し」。

結跏趺坐　→六四頁注

靉靆　→一五五頁注

而頃　訓みは底本訓による。

栴檀　和名抄「唐韻云、旃檀、仙壇二音、香木也」。

清禅　→補

照臨　高い所から照すこと。

法界房　阿婆縛抄明匠等略伝の注「清

正念乱れずして、唱念相続ぎ、西に向ひて入滅せり。生年七十八なり。

〔三一〕大和国に一の上人あり。その名を失へり。俗呼びて*阿弥陀房と曰へり。壮年のときに発心して、出家して受戒せり。偏に世事を抛《なげう》ちて、ただ念仏を唱へつ。或人夢みらく、もし阿弥陀仏を見むと欲せば、大和国阿弥陀房の上人を見るべし、云々とみたり。この言《こと》広きに及びて、往きて結縁する者多し。ここに*東石蔵山に、一の比丘あり。同じくこのことを聞きて、かの上人の許《もと》に行きて、問訊し結縁すること、四、五日に及びぬ。その夜比丘夢みらく、西方より金色《こむじき》の光三筋、来りて上人を照らすとみたり。比丘これより弥《いよいよ》人の口の験《しるし》あることを知りつ。その後天永二年月日、衆僧を喝して、念仏*合殺《かつさつ》し、西に向ひて滅《し》せり。

拾遺往生伝 巻下

已上三十一人、誠を至して注記す。

建保七年正月廿七日夜、西峰の方丈の草庵において写し了りぬ。これ全《また》く名利のためにあらずして、自他の発心のためなり。これ全く*人天の上報を期《ご》せずして、極楽に往生せむがためなり。ただ望むらくは、この新生の聖衆《しやうじゆ》達、遙に愚願を照らして、必ず来迎を垂れたまへ。*願はくはこの功徳をもて、命

禅」(→補)に引用の文にある伊予国法界寺がある。
その… 寛弘八年を指す。

〔三一〕 他にみえず。
阿弥陀房 伝未詳。
東石蔵山 東石蔵→九八頁注「石蔵寺」。これは行願寺(→一一八頁注)をさすか。

合殺 →二四六頁注

人天の… 次の世に人間や天に生れ変って、現在より勝れた果報を得ることを望まない意。
願はくは… →二五四頁注

の終らむと欲する時に臨みて、必ず弥陀の迎へに預り、安楽国に往生せむ。
沙門慶政記せり。

*正嘉元年〈丁巳〉十一月四日、法花山寺において書写し了りぬ。
乗　忍　四十六

正嘉元年…　底本になし。内閣文庫本・狩野文庫本により補う。

補　注

見出し項目の（　）内の数字は、本文の頁と行数を示す。例えば、（一一2）は、一一頁2行であることを表わす。

日本往生極楽記

著作郎（一一2）　職員令に「大内記二人、掌下造二詔勅一、凡御所記録事上」。官位令に大内記は正六位上、少内記は正八位とするが、後には位があがり、たとえば、朝野群載巻十二、内記、康和二年正月内記局請奏では、大内記の一人は従五位上、少内記の三人は正六位上。

弘法寺の釈の迦才（一一7）　弘法寺は、続高僧伝巻二十、静琳伝に、長安長寿坊にあり、唐武徳三年（推古天皇二十八年）に正平公李安遠が造ったという。中宗の神竜元年（慶雲二年）に大法寺と改称された。迦才は事蹟明らかでないが、長安弘法寺に住して摂論を研究し、後、浄土に帰して浄土論を撰した。浄土論には、貞観二十二年（大化四年）に没した姚婆のことを記しているから、当時生存していたことがわかる。

瑞応伝（一一11）　一巻。現存。唐の文諗・少康の共編になるといい、東晋の慧遠以下唐代までの往生者四十八人の伝をおさめ、奥に五代の人、道詵の刊記を付する。四十八人は、僧尼・優婆塞・優婆夷の順に配列し、尼と優婆塞との間に、沙弥・童子・国王・皇后を加えている。なお少康は、宋高僧伝巻二十五の伝によると、念仏教化によって今善導と称せられ、貞元二十一年（八〇五）遷化したという。

牛を屠り鶏を販ぐ者あり（一一11）　瑞応刪伝、分州人第三十九「分州人、不レ得二姓名一、殺レ牛為レ業。臨二重病一見三数頭牛逼二其身一。告レ妻曰、請レ僧救レ我。請レ僧至。病人曰、師誦二仏経一。如二弟子一重罪、還救得否。師曰、観経中、説三臨終十念、尚得二往生一。仏豈妄言。忽爾異香満レ室便終。衆人皆見三異香瑞色祥雲遶二其宅上一矣」。

瑞応刪伝、張鍾馗第三十八「張鍾馗、恒州人、販レ雞為レ業。永徽九年臨レ終、見二宅南群雞集一。忽見一人着二緋皂衣一、駈レ雞唱言二啄啄一。其雞四度上啄二両眼一、出レ血在レ床。至二酉時一値二善光寺念仏僧弘道一。令レ鋪二聖像一、念二阿弥陀仏一、忽然異香、奄然而逝」。

十念（一一12）　一般には念仏・念法・念僧・念戒・念施・念天（以上六念という）・念休息・念安般・念身非常・念死をいい、浄土教では十声の念仏と解する。観無量寿経に「具二足十念一、称二南無阿弥陀仏二」、良源の極楽浄土九品往生義に「経二十念一頃専称レ名為二十念一也。称二南無阿 弥陀仏一、経二此六字一頃名為二十念一也」。

〔一〕聖徳太子伝（一二1）　本伝と次の行基伝は、巻末の「菩薩二所」（四一頁）にあたる。この二伝は、一九頁一行に著者自ら書く如く、初稿本にはなく、兼明親王の夢想によってあとで加えたもの。保胤がはじめこの二人をえらばなかったのは、所伝上、往生の相を認めがたかったためと考えられる。二人を除くと、最も古い往生人は智光となり、その方が歴史の事実に即している。右文によるとこの二人の文も国史及び別伝等によって書いたと知られるが、本伝は主として聖徳太子伝暦によっているとみられ、日本書紀も参照しているようである。伝暦は永観二年（九八四）に源為憲の作った三宝絵中一の上宮太子伝に平氏撰聖徳太子上宮記の名でみえているので、それ以前に成立したものであり、延喜十七年の作とする説もある。伝暦は後世に大きな影響を与えた著作であるが、本書や三宝絵はその影響の最も早い例である。本書以後、今昔物語集巻十一ノ一の説話は、三宝絵によって書かれているようであり、法華験記巻上(一)は本書によっているようである。

救世菩薩(一二3)　救世は菩薩の通称であるが、観音菩薩にだけ用いるようになった。法華経化城喩品「見二諸仏救世之諸尊一、能於二三界獄一勉出二諸衆生一」、法華経観世音菩薩普門品「観音妙智力、能救二世間苦一」。法隆寺東院、夢殿には「御影　救世観音像」(法隆寺東院縁起)と伝える観音像が現存し、その他聖徳太子ゆかりの寺にこの像安置の例が多い。

百済の国より…(一二8)　「…時に年六歳」まで、伝暦、敏達六年条にみえ、三宝絵にもある。「百済の国より経論を献れり」を伝暦は同国が大別王に対して献ずといい、それは書紀、敏達六年条の記事に該当する。しかし太子との関係は書紀にみえない。

恵慈(一三4)　以下の話は伝暦、推古三年・四年・十五年・十六年条にみえ、補闕記・三宝絵にもある。恵慈のことは、書紀、推古天皇三年条に高麗より来朝して太子これを師としたこと、四年条に法興寺に住したこと、二十三年条に帰国したことなどがみえるが、ここの説話の主題にかかわるものはみえない。上宮聖徳法王帝説にもみえず、補闕記からあらわれる。

小野妹子(一三9)　妹子が推古天皇十五年遣隋使となり、翌年帰朝、再び渡隋して十七年帰国したことは、日本書紀にみえる。しかし、太子が妹子に命じて先世受持の法華経をとりにやらせたという話は、法王帝説にもみえない。伝述一心戒文引用の「景雲元年三月天皇巡行諸寺従駕聖徳太子寺一首序」の「遣二小野妹子一、聘二隋天子一。即太子教二妹子一曰、向二於某処一、取二我法華経幷錫杖鉢一来。妹子奉レ教尋訪将来」が初見で、補闕記・伝暦、推古十五年条・三宝絵にみえる。

沙弥(一三13)　元来は出家僧団五衆の一、男子の出家して十戒を受けたもので、修行が進んで具足戒を受けると僧になる。但し中国の得度制度を律令国家が移植してからは、国家が度牒を発行したものだけに出家が許されたので、沙弥になるにはさらにこの官度を必要とするようになった。現実には官度をうけずに沙弥となるものが多く、これを私度沙弥といったが、得度制度の弛緩に伴ない、この区別はなくなっていく。また出家には道心によるもののほかに課役をまぬかれるためのものが多く、延喜十四年の三善清行の意見封事には「諸国百姓、逃二課役一逋二租調一者、私自落レ髪、猥着二法服一。如レ此之輩、積レ年漸多。天下人民、三分之二、皆是禿首者也」といっている。私度沙弥にはこの種のものが多く、ここから、剃髪しながら妻子をもち、家業をいとなむものをも沙弥というようになった。元亨釈書巻十七、乗蓮伝に「国俗剃レ髪、不レ全二梵儀一、有二妻子一者、在家称二沙弥一」というのはこれをさす。在家の沙弥は修行者としてはいたらぬものであるはずだが、受戒した官僧必ずしも高徳とは限らない。仏教界の貴族化が進むにつれて、かえって在家の沙弥のなかの徳の高い修行者を尊ぶ風もひろがった。かかる考え方は日本霊異記にすでにみられ、本書をはじめとする往生伝、験記類をつらぬいており、後のいわゆる在家仏教の主張に通ずるものがある。

金人(一三17)　中国では古くから仏教に関係のある霊異的存在を金人といい、後漢書、西域伝に明帝が夢に金人をみて、印度に使者をやって仏法を問わしめたという有名な話もある。聖徳太子の製疏にあたって夢に金人があらわれて教示したということは、すでに法王帝説に「太子所レ問之義、師有レ所レ不レ通、太子夜夢見三金人来教二不レ解之義一」とみえる。

橘寺(一四13)　丙寅年(天智天皇五年)銘野中寺弥勒造像記に「橘寺知識之等…」、書紀、天武九年条に橘寺尼房失火の由がみえる。法隆寺伽藍縁起幷流記資財帳・法王帝説には、聖徳太子建立七箇寺の一とされ、後天台宗に属す。現、奈良県高市郡明日香村。

駕を命じ…(一四15)　この話とはじめの歌は、書紀、推古廿一年条や、奈良末、平安初期の作、広島大学本上宮太子伝(光定、伝述一心戒文に上宮厩戸豊聡耳皇太子伝とあるもの)にもある。但し馬子のことはこれらにみえず、補闕記や伝暦の推古廿一年条にはみえる。

しなてるや…(一四18)　拾遺集巻二十や今昔物語では、長歌の前半を改めて短歌としている。伝暦には夷振歌と注記す。「しなてるや」は片岡山に懸る枕詞。「片岡山」は一方がなだらかに傾斜した山。「臥せる」は臥ゆ(横たわる)の尊敬語。「さす竹の」は君に懸る枕詞。

斑鳩の…(一五3)　この歌は書紀にはみえず、法王帝説では「上宮薨時、巨勢三杖大夫歌」三首の一つにかかげる。広島大学本上宮太子伝には本書のように、飢者の返歌になっている。同書や伝暦・袋草紙は飢人を達摩和尚とし、俊頼髄脳には文殊菩薩の化身とす。三宝絵・拾遺集には初句「いかるがや」、第五句「御名を」とある。

膳部氏(一五10)　上宮記「法大王、娶ニ食部加多夫古臣女子名菩支々弥女郎一生レ児云々」。法王帝説「聖徳法王、娶ニ膳部加多夫古臣女子名菩岐岐美郎女ニ」。膳部氏は宮中の調膳を掌った氏。以下の話は伝暦の推古十八年条にみえ、補闕記にもある。

入滅(一五16)　薨去の年次を示さず、ただ四十九歳とする。三宝絵も同じ。伝暦は年次を推古二十九年二月とし、生年の敏達元年から数えて年五十になるのでそれとは異る。伝暦以前の諸書をみるに、書紀は推古二十九年二月五日薨とし、天寿国繡帳銘・法隆寺金堂釈迦像銘などは三十年二月二十二日薨とする。広島大学本上宮太子伝は両者を折衷した形で推古二十九年二月二十二日、年四十九とし、補闕記は天寿国繡帳銘等と同じく三十年二月二十二日とし、生年は敏達三年、年四十九とする。又つづく恵慈の話に「二月廿二日太子薨日」とある。

〔三〕**行基伝**(一六8)　本伝の文は三宝絵中三の行基伝に類似し、あるいはこれにより続紀、天平二十一年二月条の卒伝等も参照しているようである。三宝絵の伝は、居士小野仲広撰日本国名僧伝ならびに霊異記等によって書かれている。本書以後になった法華験記巻上〔三〕の行基伝はほとんど全く本書と同文。今昔物語巻十一ノ二の説話は本書の前半に、同七は後半によっているようであるが、前者ではかなり修飾が加わり、行基・智光の前生譚などを詳しく説いている。

菩薩(一六8)　大僧正舎利瓶記「苦行精勤、誘化不レ息。人仰ニ慈悲一、世称ニ菩薩ニ」、続紀卒伝「和尚霊異神験、触レ類而多。時人号曰ニ行基菩薩ニ」。菩薩はもと大乗化他の業を行じやがて仏になるもの、観音菩薩・文殊菩薩等。転じて、世にかかるものとして崇ばれた人をもいう。奈良時代前後には、聖・上人などの平安朝的身分呼称はまだなかったが、高僧をしばしば菩薩といい、行基の例のほか、霊異記には、金鷲優婆塞(中二一)、興福寺永興禅師(下一・二)、伊予石鎚山寂仙(下三九)、片輪で猴聖と軽蔑された尼(下一九)も時人は菩薩とよんだという。思託の延暦僧録では、在俗信者のうち、天皇・皇后・公卿を菩薩、以下の貴族を居士、僧侶を沙門とよぶが、高貴の仏教信者を菩薩とよんでいることは注目すべきであろう。また最澄が学生式・顕戒論などで、叡山教団を通じて菩薩僧の育成をはかったことも興味深い。高徳の僧の尊称としての菩薩の語は平安朝に入るとみえなくなり、聖・上人などの語が用いられる。しかし鎌倉時代に慈悲救済の事業をおこなって尊ばれた叡尊・忍性などは菩薩の号を朝廷からおくられている。

俗姓高志氏、和泉国大鳥郡の人(一六8)　三宝絵も同じ。大僧正舎利瓶記も「俗姓高志氏、厥考諱才智、字智法君之長子也。本出ニ於百済王子王爾之後一焉。厥妣蜂田氏、諱古爾比売、河内国大鳥郡蜂田首虎身之長女也」(行基没するころ、大鳥郡は河内に属す)。続紀卒伝「俗姓高志氏、和泉国人也」。霊異記中七「俗姓越史也。越後国頸城郡人也。母和泉国大鳥郡人、蜂田薬師也」。大鳥郡は母の本貫で現在の堺市。高志氏は右記の霊異記によれば越氏にして姓は史。しかし和泉の高志(たか)とする説もある。

薬師寺の僧となれり(一六15)　行基が出家して薬師寺にあり、瑜伽論等を学んだことは三宝絵にみえる。舎利瓶記「薬師寺沙門也。…壬午之歳(天武十年、生誕より数えて十五歳)出家帰道」。続紀卒伝「和尚薬師寺僧、…初出家読ニ瑜伽唯識論一」。

瑜伽唯識論(一六15)　ともに法相宗(唯識学)の所依経論。瑜伽師地論百巻は弥勒菩薩説、玄奘訳。三乗の行人の所行と因縁を説き、唯識中道の理に悟入すべきことを示したもの。成唯識論十巻は護法等説、玄奘訳。世親の唯識三十論頌を解説した、護法を中心とした十大論師の説。万法唯識一切の諸法は内心にあり、それを離れて実法はないことの義を示したもの。

周く都鄙に遊び…(一六15)　以下の社会事業等に関する記述は三宝絵にもあ

るが、本書の方が詳しい。今昔では三宝絵よりもさらに簡単である。この部分は続紀の卒伝にもとづいたものと考えられ、ほとんど同文のところが多い。なお行基の社会事業における灌漑及び交通施設に関する具体的なことは行基年譜、特にその中に含まれる天平十三年記に詳しい。

橋梁を造り…(一七2)　行基年譜にのせる天平十三年記に橋梁・道路・溝池・陂堤の場所・規模が具体的に記されている。このあたり続紀の卒伝にみえるが、つづく「その田の耕種して…点検しては」は卒伝にない。

道場を建立…(一七4)　律令国家は寺院の建立を制限し、村里にあって寺としての資格・規模に欠けるものは道場と称して、その動向を監視した。僧尼令、非寺院条の「凡僧尼非レ在二寺院一、別立二道場一聚レ衆教化、幷妄説二罪福一、…者皆還俗」はそれをよく示している。しかし行基の布教活動の中心は道場であり、続紀の卒伝にも「留止之処、皆建二道場一。其畿内凡四十九処、諸道亦往々而在」とある。ただ、四十九の数は、弥勒四十九院に則って数を整えたもので、続紀成立のころには成立していたが、少し前の、続紀、宝亀四年十一月条の勅には「其修行之院、惣四十余処」とある。四十九院がどの寺院をさすかも、おそらく時とともに若干の変動もあったとおもわれる。行基年譜にはその院名を記している。

大僧正…(一七9)　以下の話は霊異記中七にみえ、三宝絵にもある。行基の大僧正になったことは舎利瓶記に「天平十七年別授二大僧正之任一」、続紀、天平十七年正月己卯条に「詔以二行基法師一為二大僧正一」とあるに対し、霊異記に「以二天平十六年甲申冬十一月一任二大僧正一」とし三宝絵も同じ。本書は年月を略している。この話は今昔物語にみえるが、今昔では行基・智光の関係につき、両人の前生における関係を説いた話をそえている。

山寺(一七11)　河内国安宿(あすかべ)郡は柏原の附近で書紀、雄略九年条にみえる飛鳥戸郡と同じく、続紀、天平六年条以下に安宿郡とみえ、延喜式・和名抄にもある。智光の母の姓は霊異記に飛鳥部造といった。鋤田寺は霊異記と三宝絵の他にみえないが、鋤田は地名。霊異記に智光は俗姓鋤田連といい、後に上村主と称したという。天平八年十二月の造寺所公文に安宿郡上郷岡田里があり、和名抄に安宿郡賀美郷がある。

東大寺…(一八4)　以下の話は三宝絵にみえる。南インドの婆羅門僧菩提僊那が天平八年入朝したこと、天平勝宝三年に僧正となったことは続紀にみえる。神護景雲四年、修栄の作った南天竺波羅門僧正碑並序には、天平八年八月、菩提僊那を行基が難波津で出迎え肝胆相照らしたことを述べる。また菩提僊那は天平勝宝四年の東大寺大仏開眼供養に筆をとって開眼したと伝え、その筆墨や縷が正倉院に存する。三宝絵や本書は、東大寺大仏供養(天平勝宝四年)に焦点をあわせて二人の難波での邂逅を物語り、和歌の贈答をうかびあがらせている。

霊山の…(一八13)　返歌ともに拾遺集巻二十・古事談巻三・俊頼髄脳・袋草子巻上・古来風体抄巻上・沙石集巻五下・太平記巻二十四などに見える。霊山は霊鷲山で王舎城の東北にあり、釈迦説法の地。真如はまこと、変らざる意。

迦毘羅衛に…(一八15)　迦毘羅衛は釈迦誕生の地。今昔や俊頼髄脳では二人を文殊の化身といい、沙石集には行基を文殊、婆羅門を普賢の化身とする。

緇素(一八16)　緇は黒衣、素は白衣で、僧俗をいう。塵添壒囊鈔巻一「ヲトコヲバ白衣ト云フ。僧ヲバ黒衣トオモヘリ。…ヲシナベテ道俗ヲワカツニハ俗ヲバ白衣トス」。

年八十(一八18)　三宝絵も同じ。舎利瓶記は天平二十一(天平勝宝元)年二月二日死し寿八十二という。続紀の卒伝は没年は同じだが年八十とする。

仏子(一九1)　仏戒を受けて仏の弟子となった者のこと。釈子・釈氏と共に僧名に冠する例が多い。梵網経に「衆生受仏戒、即入諸仏位、位同大覚已。真是諸仏子」。

中書大王(一九3)　兼明親王。醍醐天皇の子、母は藤原菅根の女、淑姫。延喜十四年生れ、源姓をたまわる。天慶七年参議、九年従三位、天暦七年権中納言、十年正三位、康保四年権大納言、従三位、天禄二年左大臣。貞元二年左大臣をやめて親王となり二品に叙せられ、同年中務卿、永延元年九月二十六日七十四歳で薨ず。ながく中務卿(唐名は中書令)の任にあったので中書大王(前中書王)と称せられる。博学にして詩文に長じ、かつ書に巧みで、詩文は本朝文粋・朝野群載等に多く収録されている。

〔三〕**善謝伝**（一九8） 以下延暦寺沙門真覚まで、智光・頼光伝を二人として二十六人、巻末の「比丘二十六人」にあたる。本伝は後紀、延暦廿三年五月条の卒伝を簡略にしたもの。

伝燈大法師位（一九8） 僧に与える位階、即ち僧位の一つ。僧位は日本で発達した。師位の語も、僧尼令集解、任僧綱条にひく和銅四年の口宣、同、准格律条の讃云所引の養老四年二月格にみえる。続紀によれば天平宝字四年に四位十三階が定められたが、これは最上を賢大法師位、次に伝燈・修学・修行・誦持の四種の大法師位、次に四種の法師位、四種の満位をおくもので（山田英雄説）、法師位以上は勅授されるものとした。ここに伝燈大法師位がはじめてみえる。のち貞観六年にいたって大法師位の上に、律師相当には法橋上人位、僧都相当には法眼和上位、僧正相当には法印大和尚位をおいた（類聚三代格）。

不破勝（一九8） 新撰姓氏録、右京諸蕃下「不破勝、百済国人淳武止等之後也」。大宝二年御野国加毛郡半布里戸籍に「中政戸不破勝族金麻呂」とある。美濃国不破郡は、岐阜県垂井町附近。書紀、斉明六年条に百済の献じた唐俘百余人、美濃国不破・山県二郡にありとみえる。

梵福山（一九10） 大和志、添上郡に「梵福寺、在㆓鹿野園村㆒、伝云、岩淵寺子院」とある。鹿野園（ろくやおん）は、現、奈良市鹿野苑町。なお岩淵寺は、その東方の高円山の中腹にあり（大日本地名辞書）、勤操の住院として著名。

〔四〕**円仁伝**（一九12） 先行の伝に三代実録、貞観六年正月条の卒伝や、慈覚大師伝がある。後者は寛平入道親王（宇多天皇皇子、斉世親王、入道して真寂）、その子源英明が「或考㆓之古記㆒、或訪㆓門徒㆒、拾㆓其行事㆒」って撰したものであり、英明の死の翌年、天慶二年に弟源庶明が小野道風書の一本を某所に送った旨の書状が巻末に付せられている。本書とこの慈覚大師伝は内容上一致するところが多く、あるいは主としてこれによるか。しかし臨終の様子など本書としては重要な箇所がそこにはみえない。法華験記巻上〔四〕の伝は、本書より詳しいが、それについては同伝参照。また本朝神仙伝〔一〇〕円仁伝もみよ。

延暦寺座主…（一九12） 三代実録の卒伝「仁寿四年四月勅以㆓円仁㆒為㆓延暦寺座主㆒」。慈覚大師伝「（嘉祥元年六月）廿七日、給㆓位記㆒。状云、伝燈法師位円仁〈年五十、臈卅二〉、今授㆓伝燈大法師位㆒、勅幽求㆓一紀㆒、深入㆓三蔵㆒。観㆓聖跡於竹林㆒、聴㆓微言於宝月㆒。非㆓唯止観之宗匠㆒、寔是白黒之津梁。宜崇㆓伝燈之名㆒、載答㆓遊方之効㆒」。伝燈大法師位→一九頁補。なお、伝に「弘仁五年官試及第、時年廿一。明今正月金光明会、受㆓沙弥戒㆒」とあり、天台法華宗年分得度学生名帳の弘仁五年年分度者二人のうちに「僧円仁、住山、止観業、師主最澄、興福寺」とみえる。

壬生氏（一九12） 東国には壬生氏が多く、隣国の上野についても、後紀、弘仁四年条に上野国甘楽郡大領外従七位下勲六等壬生公郡守、三代実録、貞観十二年条に上野国群馬郡外散位正八位上壬生公石道がみえる。

生るるに紫雲の瑞…**出家**（一九12） 三代実録「当㆓産時㆒有㆓紫雲㆒、見㆓其家上㆒。家人無㆑見。于㆑時有㆑僧、名曰㆓広智㆒。国人号㆓広智菩薩㆒。広智覩㆓望雲気㆒、乃知㆑起㆓於檀越壬生氏家㆒。甚以奇㆑之、秘而不㆑言」。なお法華伝記巻三、釈窺基に「初生之時、紫雲如㆑蓋覆㆑上」とある。伝「広智知㆓其意㆒、携㆓将大師㆒、乃登㆓叡山㆒、付㆓嘱先師㆒。時年十有五、今年大同三年也」。

楞厳院…（一九13） 叡山横川の中堂。円仁が嘉祥元年に建立（山門堂舎記・叡岳要記）。伝「比㆔年及㆓四十㆒、身羸眼暗、知㆓命不㆒㆑久。於㆑是尋㆓此山北洞幽閑之処㆒、結㆑草為㆑庵、絶㆑跡待㆑終。今之首楞厳院是也。俗曰㆓横河㆒矣。蟄居三年、練行弥新」。

四種三昧（一九14） 礼仏・懺悔の儀礼を天台止観業により組織づけ、その行儀から四種に分類した三昧行儀。摩訶止観に常坐・常行・半行半坐・非行非坐の四を挙ぐ。弘仁九年の勧奨天台宗年分学生式（八条式）に「凡此宗得業者、得度年即令㆑受㆓大戒㆒。受㆓大戒㆒竟、一十二年不㆑出㆓山門㆒、令㆑勤㆓修学㆒。初六年…後六年、思修為㆑正、聞慧為㆑傍。止観業具令㆑修㆓習四種三昧㆒、遮那業具令㆑修㆓習三部念誦㆒」とある。

弥陀念仏（一九16） 巡礼行記、開成五年五月条の五台山巡礼記事の中に「到㆓竹林寺㆒…有㆓般舟道場㆒。曾有㆓法照和尚㆒。於㆓此堂㆒修㆓念仏三昧㆒。有㆑勅謚為㆓大悟和上㆒。遷化来二年」とある。法照は永泰二年（七六六）、南岳衡山で五会念仏をはじめ、諸処に興業ののち大暦五年（七七〇）五台山に上って大聖竹林寺を建てて念仏三昧道場とし、その後も各地で五会念仏の法を宣布した。著作に浄土五会念仏誦経観行儀三巻、浄土五会念仏略法事儀讃一巻がある。円仁の入唐新求聖教目録には、後者を録し、別にまた五台山大聖竹林寺釈法照得見台山境界記一巻が記されている。また伝には、帰朝の後、「仁寿元年、移二五台山念仏三昧之法一伝二授諸弟子等一、始修二常行三昧一」という。この常行三昧は天台の常行三昧とも法照の五会念仏とも異るものであるが、おそらく五台山で行われていた念仏三昧であろう。円仁がこれを常行三昧と称したかは疑問があるが、叡山で念仏の行軌が行われたのは円仁からであろう。

法花懺法（一九16）　天台智顗が法華経と普賢観経によって作った法華三昧懺儀で、道場を荘厳し、身心を整え、諸仏を勧請し礼拝し、六根の罪を懺悔し、法華経を読誦し観法を行う三七日の行法で、四種三昧の半行半坐三昧。最澄は止観業の年分度者に四種三昧を課したが、円仁は常行三昧のような法会儀則に改めたらしく、伝に「嘉祥元年春奉レ詔入レ京。…大師於レ是始改二伝法花懺法一。先師昔伝二其大綱一、大師今弘二此精要一」とある。のち法華堂における法会となり、現世安穏後世安楽のため行う法要となる。

灌頂（一九16）　頭に水を灌ぐ儀式で、もと印度で国王即位や立太子に行なったが、仏教では菩薩が最終の行に入るのに譬え、密教では仏位を継承する重要儀式となる。巡礼行記・伝等によると、円仁は長安在留の間、大興禅寺元政や青竜寺義真に学んで両部の灌頂をうけ、帰朝の後、嘉祥二年国家の奉為に壇を設けて灌頂法を修したのをはじめ、多数の弟子に両部大法灌頂を授け、また天皇・皇族・貴族等にもしばしばこれを授け、「於二山中一授二大法一尊法道俗一百五十七人。於二都下一蒙二灌頂一受レ戒男女一千二百七十一人」（伝）という。

舎利会（一九16）　仏舎利（仏の骨）を供養する法会。巡礼行記、開成五年七月条に汾州石山石門寺の舎利会、会昌元年二―三月条に長安荘厳寺等の仏牙供養のことを記す。伝に「（貞観二年）四月、始行二供仏舎利会一」、三宝絵下、比叡舎利会にも同様のことを記す。

天安・貞観両帝（二〇1）　伝「（斉衡）三年三月廿一日、（文徳）天皇請二大師於二冷然院書堂南殿一受二両部灌頂一」、「今上（清和）即位。貞観元年…是歳徴二大師一、於二大内一受二菩薩大戒一」。

淳和・五条の二后（二〇1）　伝「（貞観二年）五月、淳和太后請二諸寺名僧一、限二六箇日一、講二法華経一。解座之後、別請二大師及廿四口僧侶一、受二菩薩大戒一」、「五条太皇太后、又累年請二大師一受二菩薩戒一」。

大師嘗熱病…（二〇3）　伝に、横川蟄居三年のとき、「夜夢、従レ天得レ薬。其形似レ瓜。喫レ之半片、其味如レ蜜…喫畢夢覚。口有二余気一…其後疲身更健、暗眼還明」とあり（三代実録の卒伝もほぼ同じ）、そこで法華経一部を書写し如法堂におさめたとある。法華験記の伝に、法華経書写の前に本書とほぼ同文をかかげる。山槐記、安元元年九月十八日条に見える。

甘露（二〇3）　不老不死の天人の飲料。中国でも天より降るを甘露と称す。三代実録「夢従レ天送レ薬。形如二甜瓜一。半片噉レ之、其味如レ蜜」、塵添壒囊鈔巻三「甘露仁沢也。其凝如レ脂、其美如レ飴。一名天酒ト云ヘリ」。

一道和尚…（二〇4）　伝「十四日晩景、弟子一道来曰、在二戒壇前一、忽聞二音楽一。漸尋二其声一、起従二中堂一至二常行堂一。音声所レ発在二大師房一。驚求二坊中一、其声不レ聞。大師弁二諸事一、述二遺誡一已了」。

酉の一剋に令祐法師…（二〇5）　以下令祐とのことは伝にみえず、伝には代りに「至二戌時一」として円澄・諸弟子らの念誦のことを書く。法華験記は本書に同じ。令祐は、伝に「凡大師遷化之後、入室弟子、給二阿闍梨位一者継レ踵不レ絶」として七人をあげる中にみえ、また「長意・相応・玄照・令祐又為二内供奉一」ともある。

法印大和尚の位（二〇8）　伝に、二月十六日、円仁に法印大和尚の位を授くとして、宣命の文をかかげる。法印は僧正相当の僧位。↓一九頁補「伝燈大法師位」

七年（二〇8）　伝に、八年七月十四日に総持院千部法華経供養がおこなわれ、会場で慈覚大師の諡号を給うといい、その勅文をかかげる。三代実録の卒伝も八年とする。なお伝に、最澄の伝教大師の諡号も同日に給うといい、「凡僧侶給二謚号一。蓋始二於此一焉」と記す。

律師隆海（二〇10）　極楽記の一本及び類聚国史に「澄海」とある。三代実録、

元慶七年十月七日条に「伝燈大法師位隆海…並為二権律師一」、同仁和元年十月条に「権律師法橋上人位隆海…並為二律師一」、同仁和二年七月卒伝に「元慶六年為二権律師一。明年改レ権為レ真」とある。

清海氏（二〇10）　三代実録の卒伝に「俗姓清海真人氏、左京人也」、後紀、延暦二十四年二月条に「左京人…賜二姓…駿河王・広益王等十六人清海真人一」とある。

髪を結ぶ（二〇11）　元服することで、中国では二十歳で成人になるのでその頃の年齢をいう。転じて年少の意。三代実録の卒伝にはただ「年甫数歳」とある。

講師（二〇11）　講師は大宝二年二月諸国に一人おかれた僧官で、もと国師といい（続紀）、国分二寺及び部内の寺院、僧尼を管掌し、寺院財産なども管理した。延暦十四年、講師と改称され、二十四年十二月秩限を六年とした。

薬円（二〇11）　今昔物語に薬仁に作る。薬師寺僧に薬仁があり、僧綱補任に貞観十五年維摩会講師、三代実録に同十六年最勝会講師となり、同年入滅とみえる。今昔はこの人と考えて薬円を薬仁と改めたのかも知れないが、諸国講師と最勝会講師を混同しており、けだし別人。

願暁（二〇12）　承和十二年に維摩会講師となり、貞観六年に律師、同十六年三月廿七日入滅す。三論宗の学匠で元興寺の僧（三代実録・僧綱補任・三会定一記）。三論祖師伝集巻下「霊叡法師…受二仙光（智光）一。東大寺漸安法師・玄覚法師、元興寺薬宝法師、同受二叡公（霊叡）一。隆応法師・願暁律師乃其後也」、なお卒伝によるに隆海はその後、中継より法相宗を学び、真如法親王より真言法をうけている。

三論（二〇12）　竜樹の中論と十二門論、提婆の百論を依拠として中国で成立した学派。三代実録、貞観十七年正月条に「以二元興寺僧三論宗伝燈大法師位隆海一為二（大極殿最勝講）講師一」とあり、師と同じく元興寺三論宗の人であったことがわかる。

維摩会（二〇13）　毎年十月十六日の藤原鎌足の忌日に、興福寺で教日間維摩経を講説する法会をいう。続紀、天平宝字元年閏八月の藤原仲麻呂の奏状に「今有二山階寺一維摩会者、是内大臣（鎌足）之所レ起也。願主垂レ化、三十年間、無二人紹興一。此会中廃。乃至二藤原朝廷（文武朝）一、胤子太政大臣（不比等）、傷二構堂之将レ墜、歎二為レ山之未レ成。更発二弘誓一、追継二先行一。則以二毎年冬十月十日一始闢二勝筵一、至二於内大臣忌辰（十六日）一、終レ為レ講了。此是奉二翼皇宗一、住二持仏法一、引二導尊霊一、催二勧学徒一者也」。延喜玄蕃式に「凡興福寺維摩会、十月十日始、十六日終」とある。

竜樹菩薩・羅什三蔵の弥陀讃（二〇15）　竜樹造、羅什訳の十住毘婆沙論易行品の阿弥陀仏を讃歎した三十二偈、または世親造、浄土論中の十二礼をもいう。浄土論註上「竜樹菩薩造阿弥陀如来讃」。大原来迎院には良忍手沢の讃阿弥陀仏偈があり、康和元年十二月薬源の書写せることを記す。なお隆海の法系は奈良時代の浄土教の教学者でもあり実習者でもあった智光の属した元興寺三論宗であるので、隆海の浄土教はその影響をうけているのであろうと考えられる。ちなみに三論宗は南都系では最も浄土教と関係深く、後に永観・珍海をだし、法然もその影響をうけている。

無量寿如来の印（二〇17）　阿弥陀如来印は両掌を腹部に重ねる形であるが、「右の手を見れば」とあるから、右手を挙げ五指をのべ左手の掌を上向けて五指を垂れる光明真言三身の化身印（弥陀説法印ともいう）ではあるまいか。

〔六〕**増命伝**（二一2）　扶桑略記、延長五年十一月十一日条の卒伝に「已上伝」とあり、同書の延喜元・五・十・十三・十五年条の増命に関する記事にも同様の注記があり、同書寛平三年夏月条も内容上同性質のものと認められる。これら一連の増命「伝」は、本書と比較すると、本書の依拠とみられる。日本高僧伝要文抄及び僧綱補任二裏書にも静観僧正伝の逸文あり、国史逸文に類聚しているが、これは右とは系統を異にし、本書の文とも異る。

桑内安岑（二一2）　僧綱補任「左大史桑内安峰氏」。旧事本紀巻五、天孫本紀「（天火明命六世）建麻利尼命（…桑内連…等祖）」。続紀、神護景雲二年条に左京人桑内連乙虫女等に朝臣を賜うとある。正倉院文書に宝亀ごろの経師、桑内連真公がみえる。扶桑略記所引伝・高僧伝要文抄所引静観僧正伝ははじめを欠くので、出自及び次の生誕の記事を欠く。

和尚（二一2）　梵語ウパードゥヤーヤの音訳で和上ともいい、親教師と訳す。

律では具足戒を受ける前に和尚を決め、師弟関係は終身であり、具足戒受戒後十年で和尚の資格を得る。中国では戒和尚の称で用いられたが、日本では法印大和尚位など僧位の名称ともなった。一般には、高僧の尊称として用い、律宗・真言宗などではワジョウ、天台宗ではクヮショウ、禅・浄土宗ではオショウと読み、弟子が師を呼ぶ称となる。

智証大師（二一5）　扶桑略記の卒伝に「就二智証大師一重受三部大法一、究二其奥理一」。智証大師は讃岐国の人で空海の姪の子。叡山に登って義真に師事し、仁寿三年入唐して天台法門・密教はじめ倶舎・悉曇・因明などを学ぶ。帰国後、貞観十年に園城寺を賜って伝法灌頂の道場となし、同十年天台座主となり、寛平二年少僧都に任じ、同三年十月二十九日、七十八歳で寂す。延長五年智証大師の謚を賜る。天台宗寺門派の祖。著述多し。

太上法皇（二一10）　宇多法皇のこと。扶桑略記、延喜五年四月十四日・十五日条に「法皇於二叡山戒壇院一以二増命阿闍梨一為レ師、受二廻心戒一。々壇之上現二紫金光一。見者奇レ之」とあり「已上伝」と注記する。要文抄の静観僧正伝所引の文も内容は同じ。

一室を洒掃し…（二一12）　以下「芳気あり」までの臨終の様子は、扶桑略記の卒伝と同文。ただし「倚几」の下に「暁更丑刻」の四字あり。要文抄所引の静観僧正伝にも文は異るが臨終の様子を詳しく述べる。

几（二一15）　脇息のこと。坐った時前に置いて肘をかけ身体を休める道具で、小さな机。和名抄「西京雑記云、漢制、天子玉几、公侯皆以二竹木一為レ几。於之万都岐、今案几属、又有二脇息之名一。所レ出未レ詳」。

天子使を遣し…（二一16）　労問はねぎらい慰めること。贈謚のこと扶桑略記、延長五年十二月廿七日条にみえ、勅使は少納言藤原朝臣俊綱、贈謚の詞文をかかげる。要文抄所引の静観僧正伝には十二月七日労問、二十七日贈謚のことがみえる。

〔七〕**無空伝**（二二1）　法華験記巻上〔七〕はほとんど本書に同じいので本書によるものとみられ、今昔物語巻十四ノ一も本書、又は法華験記によったものであろう。扶桑略記、天慶八年九月条の藤原仲平薨伝にも本書と同じ記事あり、注に「已上慶氏記」とある。

律師無空（二二1）　僧綱補任、延喜十六年条に「権律師…無空、同日（四月五日）任、真言宗、東大寺内供労橘氏」という。無空はこれより先、寛平六年より二十五年間、高野山座主であり、この年、座主をやめて権律師となったのであるが（奥院興廃記・高野春秋等）、そのころ三十帖策子問題がおこった。この事件は本伝のモティーフと関係があるとおもわれるので略述しておく。この策子はもと空海が入唐のとき得て官に進め、これを写したものが空海の弟子の上首に伝わったものであるが、その伝来には東寺・高野山間に争いがたえなかった。このころ策子は高野山にあって座主無空に伝えられていたが、延喜十五年、東寺長者観賢は策子を東寺に返納すべしとの院宣を奏請し、東寺僧が高野山に来て無空をとがめた。よって、無空は策子を抱いて山城に隠れるにいたったが、延喜十八年、無空が死んだので、観賢は無空の弟子僧に命じて返納せしめた。その年三月、観賢はこれを醍醐天皇の御覧に供しており、十九年には忠平に仰せて策子を東寺門外に出さないことが命じられた（東寺要集・東要記・高野春秋等）。但し、無空の没年は、僧綱補任には延喜二十一年とある。なお説話の内容は高僧伝巻十二、釈慧果に「嘗於二圊厠一見二一鬼一。致二敬於果一云、…又云、昔有二銭三千一埋在二柿樹根下一。願取以為レ福。果即告レ衆掘取、果得二三千一。為造二法華一部一并設レ会。後夢見二此鬼一。云、已得レ改レ生大勝二昔日一」とある話に類似す。

東大寺の戒壇和尚（二二11）　東大寺要録五、別当章、戒和上次第に「廿七明祐、天暦十一年任、東大寺、八十二、任律師」、同四、諸院章四、天地院師資次第（依古日記）に「観宥之資明祐〈戒和上、応和元年二月十八日往生人也〉」とある。

律師明祐（二二11）　僧綱補任、天徳二年条に「権律師名祐〈十二月廿七日任、律宗、東大寺内供労〉」、応和元年条に「律師名祐〈二月十八日入滅。往生極楽…〉」とある。

薬師寺（二三5）　歴代皇紀二、村上天皇裏書に「少僧都済源…薬師寺、三論宗、大和人、源氏也」、維摩会講師研学竪義次第に「（天慶）二年己亥、講師済源〈年五十八、臈卅六〉、三論宗、薬師寺、源氏、大和国葛下郡人、東

大寺延喜(義カ)講師弟子」とある。また後文に済源が同寺別当であったとするが、東寺文書、甲号外二十八号の薬師寺別当次第に「僧都済源、天慶七任、治六、三論宗、往生人」とみえる。

定心院(二三7) 比叡山東塔にあり、仁明天皇の御願で、承和五年より十三年に至って円仁が建立すという(山門堂舎記)。続後紀、承和十三年八月条に勅をかかげ、つづいて「先㆑是、天皇建㆓定心院於延暦寺㆒、故今日有㆓此勅㆒」とし、叡岳要記に承和十四年八月の同院供養のことを記す。

智光(二四4) 河内国安宿郡の人。俗姓は鋤田連、後に上村主と改む。智蔵に三論を学び、元興寺に属し、公業なきときは河内国安宿郡鋤田寺に住した。奈良時代の学僧として、最も著述が多く、浄名玄論略述・般若心経述義(以上現存)のほか法華玄論略述・盂蘭盆経述義・中論疏述義・大般若経疏その他が知られる。本伝にみるごとく、最も早い念仏者であるが、浄土教学上の論著も、㈠無量寿経論釈(五巻、東域伝燈目録)、㈡観無量寿経疏(仏典疏鈔目録)、㈢四十八願釈(一巻、同上)等があり、㈠及び㈢は諸書に引用され多くの逸文が集められている。㈠は世親の往生論と曇鸞の往生論註を副注として注釈したものであり、㈢は無量寿経の四十八願の願名を定め、一つ一つにつき大意を述べたもの。

同室修学(二四4) 智光の住した房は極楽房といわれ、七大寺日記、元興寺の条に「極楽房者智光頼光両聖人之共往生セル房也。仏(件カ)房ハ塔ノ北ニ一町許行テ東西ニ横ル連房アリ。其中心馬道アリ。其馬道之東ノ第一房也。其房ニ為智光所現浄土相ヲ図写セル極楽曼陀羅尤可拝見」とみえている。現在奈良市中院町にある元興寺極楽坊は往年の元興寺僧坊のあとで、昭和二十五年に解体修理、創建当時の僧房を復原してある。

尊勝陀羅尼(二五10) 地婆訶羅訳の尊勝陀羅尼経に説かれる八十七句の呪。経「有㆓陀羅尼㆒名為㆓如来仏頂尊勝㆒、能浄㆓一切悪道㆒能浄㆓除一切生死苦悩㆒…若有㆑人聞㆓一経於耳㆒先世所造一切地獄悪業皆悉消滅」。釈迦如来の仏頂から現出し仏智の最勝を標幟する尊形を仏頂尊とし、五仏頂・三仏頂などの部類があるが、その最勝の尊とされ曼荼羅に転輪王形として図示される。同念誦儀軌に基く修法を尊勝法という。

伎楽(二六7) 呉楽ともいい大陸から伝来した無言仮面劇。推古天皇二十年、百済人味摩之が伝えたという(書紀)。律令時代には雅楽寮に伎楽師、伎楽生・腰鼓生、楽戸がおかれ、諸大寺にも世襲の家がおかれたが、雅楽や声明の発達により鎌倉時代には衰えた。楽器には笛・腰鼓・証盤・銅鈸子が用いられ、伎楽面は多数今日に残っている。

金剛般若(二六10) 六訳のうち羅什訳の金剛般若波羅蜜経一巻を指す。金剛経ともいう。金剛般若経の読誦は中国で流行し、その霊験譚を集めた金剛般若経集験記(唐、孟献忠撰)は、日本霊異記にも影響を及ぼしている。古代貴族の間でも、佐伯今毛人は「日別誦㆓金剛経一巻㆒」(延暦僧録)といい、藤原保則は「常読㆓誦金剛般若経㆒」(藤原保則伝)という。

水漿(二六16) 水と漿(おもゆ)。転じて飲物をいう。字類抄「漿、コミツ、―水也」。和名抄「四時食制経云、冬宜㆑食㆓白飲㆒、古美豆、今案濃漿之名也」。凶時の飲物であったことは、礼記、檀弓上に「故君子之執㆓親之喪㆒也。水漿不㆑入㆓於口㆒者三日、杖而后能起」、荀子集解に「王念孫曰、…餰鬻稲粱、酒醴魚肉者吉事之飲食也。餰鬻菽藿水漿、凶事之飲食也」とある。

浄土の因縁…(二七11) 天台浄土教は源信の往生要集にみるごとく、法華経に立脚する天台の止観と浄土教とを会通することによって発達した。浄土の因縁、法華の奥義とはそれをいう。対論云々は天台浄土教学上の論議をおもわしめる。天台僧の浄土教学上の著述は、延昌ののちに座主となった良源の時代には作られており、良源に極楽浄土九品往生義、千観に十願発心記、禅愉に阿弥陀新十疑がある。源信はさらにその次の世代の人。

不断念仏(二七12) 貞観七年、円仁これを叡山におこし、以後諸寺にひろまった。三宝絵下、比叡不断念仏に「念仏ハ慈覚大師ノモロコシヨリ伝テ、貞観七年ヨリ始行ヘルナリ。四種三昧ノ中ニハ常行三昧トナヅク。仲秋ノ月スヾシキ時、中旬ノ月明ナルホド、十一日ノ暁ヨリ、十七日ノ夜ニイタルマデ、不断ニ令行也。身ハ常ニ仏ヲ廻ル。身ノ罪コト〲クウセヌラム。口ニハ常ニ経ヲ唱フ。口ノトガ皆キエヌラム。心ハ常ニ仏ヲ念ズ。心ノアヤマチスベテツキヌラム」とある。大江匡房の石清水不断念仏縁起(延久二年、本朝文集)にも「常行三昧者、四種三昧之一也。慈覚大師、伝㆑自㆓

唐土一弘二於我山一矣。常行堂置二十四僧侶一八月中修二七箇日不断念仏一。至二貞観中一山上諸院、各修二此三昧一、已及二二百余年一。結縁不レ知二幾千万人一」といい、西塔院常行堂結衆を屈請して石清水八幡宮にも不断念仏を興した由を記している。これらは寺の年中行事であって、一七日間一定のときにおこなうが、本文のは個人的に臨時になされるもので期間も三七日とある。但し三宝絵、東寺鈔本にはさきの引用文の「不断ニ令行也」の下に「…唐ニハ三七日行ト云」とあるので、三七日が本式であったかも知れない。円仁が五台山から伝えたとされる念仏作法は、引声念仏や声明例時などといわれる現行の例時作法の原型らしく、叡山で止観業の四種三昧を実修した円仁がこれを常行三昧と名づけた確証はない。

四品朝服(二七13)　四品は四位。朝服は衣服令、朝服条に、一品以下初位以上につき定める服制で、「朝廷公事則服之」とある。四位の朝服は、同条によれば皂羅頭巾、深緋衣、牙笏、白袴、金銀装腰帯、白襪、烏皮履。ただし平安朝には朝服は束帯に発展した。

糸をもて仏の手に繫け…(二八3)　阿弥陀仏像の手から糸を引き、自分の手にかけて、その導きによる往生を信じつつ息をひきとる実例の日本文献にみえる初見で、法華験記(下〔九九〕比丘尼釈妙)、拾遺往生伝(上〔一一〕高野山阿闍梨維範・下〔三一〕定秀聖人・〔三五〕上野介高階敦遠妻・〔三八〕阿闍梨聖金)、後拾遺往生伝(中〔三〕経源上人・〔三〕阿闍梨教真・〔四〕入道左大臣俊房・〔五〕源義光・〔三五〕出雲沙門行範)等にも多い。栄花物語、つるのはやしには藤原道長、長秋記、元永二年十一月条には輔仁親王の臨終について同様の風習を述べている。京都黒谷の金戒光明寺所蔵の山越の弥陀及び地獄極楽図三曲屏や、禅林寺(永観堂)所蔵の山越弥陀幅には、本尊の手につないだ糸の実物も残っている(辻善之助「日本仏教史」第一巻、上世編第五章第八節)。

〔一七〕空也伝(二八6)　源為憲が国子(大学寮)学生として書いた空也誄と本書を比べると、誄の方が内容が豊富であるが、本書の記載事項は、二八頁一三行の鍛冶工の話及び、二九頁六行以下の評論を除いてはことごとくが誄にみえ、文にも類同するものが多い。本書の著者、保胤は為憲と同じ世代の人で、ともに空也の晩年の活躍を壮年期に熟知しているはずであるが、本書は主として為憲の誄によって書かれ、それに少しく自己の見聞や評を加えたものかと考えられる。扶桑略記、康保四年条にある同代の空也卒伝は、ほぼ本書と同内容であり、注して「已上出二往生記一」という。但し文末に「鴨河東岸上六波羅密寺、是遺跡也」の一節がある。今昔物語はなぜか空也の伝を欠いている。

聖(二八7)　以下二行、空也誄に「□市聖、又尋常時、称二南無阿弥陀仏一間不レ容レ髪。天下亦呼為二阿弥陀聖一」とある。奈良時代には徳の高い修行者を菩薩(→一六頁補)とよんだが、平安中期から民間のかような修行者をヒジリ(聖)とよんだ。ヒジリは日知りの意味であろうという。本伝の後文にみる如く上人などの語も用いられたが、聖の語は、勧進などをふくめて苦行者的性格が強い。空也などはその早い例であるが、やはり苦行者的である。個々の聖を他と区別するためには、性空聖、増賀聖のように僧名をつけたり、筑紫聖、美作聖のように生地などをつけたり、皮聖・如法経聖のごとく風体や行業を以てしたりした。阿弥陀聖・市聖もそれである。

嶮しき路に…(二八8)　以下二行、誄に、「少壮之日、以二優婆塞一、歴二五畿七道一、遊二名山霊窟一。若覩二道路之嶮艱一、預歎二人馬之疲頓一。乃荷レ錫以鏟二石面一、而投レ杖以決二水脈一」、「於レ是東西二京、所レ無レ水処鑿レ井焉。今往々号為二阿弥陀井一是也」とある。右によるとその足跡は全国に到ったらしく、他の箇所には出羽にもおもむいたことを記す。同書にはまた「背負仏□法螺□云々」とその風体を記す。小右記、万寿三年七月条に弟子の義観が上人(空也)在世当時の金鼓・錫杖を奉った由がみえている。

峰合寺(二八10)　峰相寺。兵庫県飾磨郡余部村(現、姫路市内)にあり、峰相山鶏足寺のこと。峰相記に新羅王子の開創で貞観年中に頽廃したが、空也や性空が籠山してから霊場として尊崇されたという。この一段のことも誄にみえる。

遷化の日(二九3)　以下三行、仏菩薩の来迎引接を除いては誄と内容が同じい。本書には生年・没年を記さない。誄には「□十一月、空也上人没二于東山西光寺一」とも、「春秋七十、夏臈廿五」ともあるが、□が虫損のため読めない。元亨釈書には天暦二年得度、天禄三年没、享年七十歳、臈次二十五年とする。

天慶より以往…（二九6）　「嗚呼上人」以後は誄にはなく、著者の評伝である。「天慶以往」は念仏三昧は稀で「爾後」は「上人の化度」によって世を挙げて念仏を営むようになったという。これは承平・天慶の乱を境にして浄土教が興隆したことを示している。空也はその後、天暦二（?）年、叡山で得度して光勝といい、天台座主延昌から受戒した。同五年の秋には京畿に疫癘が蔓延し死屍相枕するありさまをあわれんで、普く貴賤を知識とし、長一丈の金色十一面観世音像等を造立した。また応和三年には、十四年を費した大般若経書写の勧進事業の功がなり、鴨川の西に大々的な法要を催し、左大臣藤原実頼も結縁して、一切衆生の滅罪往生を祈願し、夜は万燈会を設けて弥陀を念じ、極楽に帰することを誓った（日本紀略・本朝文粋）。空也念仏が貴賤上下の広い支持を得て、いかに華々しい成果をあげたかがこれでわかる。これらのことは誄にはみえている。

阿弥陀の倭讃（二九12）　倭讃は日本語の偈頌のことで、七五の句を順次に連ねて今様の歌体を模したもの。菩提心集に「又和讃とて日本詞を本として作れるもあり。其讃に云。娑婆世界の西の方　十万億の国すぎて　浄土あるなり極楽界　仏在ます弥陀尊などいふ是なり」と千観の阿弥陀讃の冒頭を引くが、極楽国弥陀和讃六十八句が現存し、日本歌謡集成等におさめる。

なお、扶桑略記の卒伝には、「作二阿弥陀倭賛二十余行一」の前に「或集二法華釈文一、具載二三宗一、或記二義科奥旨一、各成二巻軸一。凡厥所レ撰究レ美窮レ理。亦」とみえる。右文の前段は、現存の「法華三宗相対釈文」の述作をさす。これは千観が応和二年、摂津箕面の観音院で著わした書で、天台・嘉祥・慈恩の三師の法華経に関する注疏を文々句々相対並列させたもの。

弥勒…（二九15）　弥勒は釈尊に次いで成仏する菩薩で、仏に先立って死に兜率天に生れ、人間の五十六億七千万年後に閻浮提（現世界）に現れて衆生を教化するとされる。後述の千観作の十願発心記の第二願にも「願我往二生浄土一之後、速還二娑婆一、以二本願力一、先度二有縁衆生一、弘以二釈尊遺法一、将レ継二慈尊（弥勒のこと）出生一。於二彼会之中一、最初受二菩提記一」とある。

八事をもて徒衆を誡め（二九15）　五十巻抄（真言宗全書三十一）に千観作「可守禁八箇条事」なる八条からなる条制がみえる。㈠病患以外の時は例時の勤を怠らぬこと、㈡念誦読経の間、世俗言論をなさぬこと、㈢他人の好悪長短を説かぬこと、㈣無益の諍訟をせぬこと、㈤親友同行に事を隔てぬこと、㈥修学の二事をつとむべきこと、㈦専ら興法利生、往生極楽をねがうこと、及び㈧戒律をまもるべきことを説く。

十願を発して群生を導く（二九16）　応和二年、千観作の十願発心記が現存し、龍谷大学一乗文化研究会編、叡山浄土教古典叢書におさめる。この書は大乗菩薩の自覚にたって十の大願をかかげたものであり、各願につき釈文をかかげ、その内容を詳しく説いている。

権中納言敦忠（二九16）　左大臣藤原時平の子で母は本康親王女（一説に在原棟梁女）。侍従・蔵人頭・左近権中将などを経て、天慶二年参議、同五年従三位権中納言に任ぜられ、同六年三月七日、三十八歳で薨ず。枇杷または本院中納言と号し、三十六歌仙の一人。

静真（三〇4）　明匠略伝「静真、故阿弥陀房明請瀉瓶」。弟子に覚運・皇慶らがあり、大江匡房作の谷阿闍梨（皇慶のこと）伝に、皇慶は「依二止法興院十禅師静真一、住二於東塔阿弥陀坊一。…覚運贈僧正者、静真弟子也。問曰、尊師没後、以レ誰為レ師。静真曰、可レ問二此少僧都一。静真逝水之後、雖二年歯懸隔之兄一、僧正（覚運）師二事闍梨（皇慶）一」とある。

石山寺（三〇9）　天平勝宝年間に良弁が開いたと伝えられるが明かでない。ただ天平宝字五、六年、諸堂の建立が行われた経過は、正倉院文書によって詳細に知ることができる。平安時代には観賢や淳祐が出て貴賤の尊敬を集めた。いま大津市にあり真言宗御室派の寺。

内供奉十禅師（三〇9）　宮中の内道場（僧侶の祈禱場所）に供奉して、御斎会の読師や夜居を勤める役。続紀、宝亀三年三月六日条の十禅師はその初見か。新儀式第五「任僧綱事、…内供十禅師、召二大臣於御前一、択二浄行者一補レ之。或又住二深山一、苦行超レ輩者補レ之。但随レ闕補レ之。至二于天台宗一雖レ任二僧綱一、不レ去二其職一」。

淳祐（三〇9）　源澂の男（尊卑分脈）。また菅原淳茂の子ともいう（菅原氏系図）。真言宗観賢の弟子で、延長三年灌頂を受け石山寺に住し、天暦七年七月二日、六十四歳で入滅(醍醐報恩院血脈・血脈類集記ほか)。密教・悉曇の大徳。

念誦(三〇10)　心に仏等を念じ口に仏名・経典名・呪等を誦すること。普賢観行記に「在レ心曰レ念、発レ言曰レ誦、言由二於心一故曰二念誦一」。密教では本尊の真言を観じ誦して本尊と自己が一体となる行法をいい、音声のみでなく、憶念、定心などの念誦を四または五種に分類する。禅宗では十仏名を称えることをいう。

極楽寺(三一5)　藤原基経の発願(大鏡裏書)、昌泰二年その子忠平が定額寺となさんことを乞う(菅家文草)。拾芥抄の廿一寺に「昭宣公(基経)阿弥陀」と注す。山城名勝志に「深草郷内有二極楽寺村一。今ノ宝塔寺ノ門前也」とある。深草はいま京都市伏見区内。

貞観寺(三一5)　藤原良房が真言宗の真雅とはかり、清和天皇のために、深草の嘉祥寺の西に建立したもので、はじめは嘉祥寺西院といったが、貞観四年、貞観寺と改称した(三代実録)。同十四年の貞観寺田地目録がある。

〔三〕勝如伝(三一11)　今昔物語巻十五ノ二六にほぼ同じ話をのせるが、表題は「播磨国賀古駅沙弥教信語」として主人公も教信にうつしている。後拾遺往生伝巻上〔七〕には摂津国豊島郡勝尾寺座主証如伝があるが、非常に詳しくなっており、終りに「今案、此人在二慶家往生伝一。然而仔細有略、行業不レ詳。故尋二彼本伝一、芟レ繁記レ要而已」というから、後拾遺往生伝「本伝」なるものに依拠したことがわかる。この後拾遺往生伝の文を、護国寺本諸寺縁起集(康永三又は四年書写)の勝尾寺の部の証如事と比較対照すると、内容はほとんど同じで後者よりは詳しい。あるいはこの証如事が「本伝」にあたるのかも知れない。拾遺往生伝巻上〔一〕善仲・善算伝の例から考えても(→二八一頁注)、三善為康が勝尾寺関係の本を、両往生伝の製作に使用した可能性は大きいといえる。

摂津国島下郡(三一11)　続紀、和銅四年正月条にみえる。後拾遺往生伝に摂津国豊島郡勝尾寺座主証如とみえ、寺が豊島郡にあった如くみえるが、同伝の史料とした「本伝」と覚しい諸寺縁起集の証如事によると、豊島郡は父が居住し、かつ任官した郡の名である。

勝尾寺(三一11)　箕面市の勝尾山にある。諸寺縁起集の勝尾寺の部や、拾遺往生伝巻上〔一〕善仲・善算両上人、〔三〕沙門開成伝等によると、初め善仲・善算がこの山を開き、光仁天皇の皇子開成が寺を建てて弥勒寺といい、後に清和天皇が臨幸の時、勝尾寺と改称したという。三代実録の清和上皇の崩伝に、上皇が晩年諸寺巡行のついでに勝尾山に到れることをいい、崩御の翌元慶五年正月に勝尾等十三寺に使者をつかわしたことがみえる。

柴の戸(三一12)　根来要書、長承元年十月十七日、大伝法院供養願文に高野山内の情景を「西近得二宝塔之本場一、常住僧徒草庵比レ檐。東遙受二禅林之奥院一、仙来梵侶柴戸連レ窓」という。この柴戸のむれは、高野山に入山した聖の家々をさしている。

播磨国賀古郡賀古駅(三一14)　駅は公式令等の規定によって、諸道に三十里(現在の四里強)ごとにおいた交通施設、平安中期には衰えた。播磨国風土記、賀古郡条に賀古駅についての所伝をのせ、また駅家里をかかげる。延喜兵部式にも「播磨国駅馬、賀古四十疋」とある。

教信(三一15)　今昔物語では、本書と同じ話をのせながら教信の伝としているが、ここに教信への関心のたかまりがみられる。永観は、在家沙弥としての専修称名に特に関心をもったらしく、往生拾因(康和年中の作)に教信の行業をかかげて「雖二在家沙弥一、前二無言上人一。是依二弥陀名号不可思議一也。教信是誰、何不レ励乎」と述べている。そのまえに「具載二彼上人伝一焉」とあるが、このころ単行の教信伝があったのであろうか。もしくは、さきにふれた証如の「本伝」などをいうか。親鸞も、この賀古駅沙弥教信を先達としたといわれ、覚如の改邪抄に「つねの御持言には、われはこれ賀古の教信沙弥の定なりと…」とある。一遍も教信をしたい、聖絵等によると、教信寺で誦念仏を興行している。

聚落に往き詣りて(三二7)　この部分はこの伝のポイントの一つである。今昔物語はこの点には興味がなかったとみえて捨てているが、後拾遺往生伝は「本伝」によって詳述し、「其年八月廿一日、始出二聚洛一、普経二門戸一、宣二説大乗一、教二訓衆人一。修行斗薮、相唱知識、図二絵丈六立像阿弥陀仏一九体、書二写法花経一六部、是則為下望二九品一利中六道上也」と書く。「本伝」と覚しい証如事もほぼ同じい。勝如をしてかく大乗の慈悲行に転じさせたのは、教信の人格ということになるが、親鸞や一遍の教信への思慕はこの点からもきているのであろう。

箕面の滝（三二8）　扶桑略記、永観二年八月条には本書によって千観伝を書いたあとに、「故老伝曰」として「千観内供蟄二居摂津国箕面山観音寺一、念仏余暇、撰二集法華三宗相対釈文（→二九頁補「阿弥陀の倭讃」）一之比」、天下旱魃して公家が祈雨のため勅使を千観の草庵に遣わしたので、千観は勅使・従僧とともに「箕面之滝」にのぼったところ大柳樹が倒れて滝壺をおおっていた。そこで千観が勅を奉じて雨を祈ると、滝壺から黒雲がのぼって雨が降ったといい、その次に本伝をかかげる。

平珍（三二16）　高野春秋三の延喜七年条に「僧平珍蒙二大塔修補之夢裏神託一。是依二参籠拝観之丹心一也」、承平七年条に「玆春、僧平珍、発二起奥院御廟再興之念願一。是峰宿師世財乏、焼失已来、小茅屋不レ忍二拝見一、致二悲慨一故也」とあり、紀伊続風土記所引の金剛峰寺雑文式にも類似のことがみえる。同一人かどうか不明であるが、今昔物語の伝に「常ニ山林ヘ参リ、不至ザル霊験所无シ」とあることも見逃せない。

左右の腋（三四1）　法華伝記巻五、僧衍伝に「誦二法華経一…毎日一遍、三千成二千部一。夢自身左右生二羽翼一、以二法華文字一為二文綵一、欲二飛翔一身自軽。即飛去二西方一、到二七宝池一」とある。また法華経を読んで左右の翼が生えた話が百座法談聞書抄にある。

辺地（三四4）　極楽往生を願っても仏智に疑惑あるものは、浄土に生れてもその辺地で、五百年間三宝を見聞することが出来ぬという。無量寿経下「無レ得下疑惑中悔、自為二過咎一、生二彼辺地七宝宮殿一、五百歳中受中諸厄上也」。観経疏定善義「雖レ得二往生一不レ出二華含一、或生二辺界一或堕二宮胎一」。

真覚（三四8）　佐理といい敦忠（→二九頁補）の子であった。大鏡巻二、時平の条に「敦忠中納言の御子あまたおはしけるなかに、兵衛佐なにがしぎみとかやましゝ、そのきみ出家して往生し給にき。そのほとけの御子也、石蔵の文慶僧都は」といい、尊卑分脈に、敦忠の男として「右兵衛佐正五下佐理」とし、その子に「文慶、山法印、大和尚、大雲寺別当、岩倉菩提房」とみえる。

康保四年に出家（三四9）　かげろふの日記、康保四年条「御四十九日はてて、七月になりぬ。うへに候し兵衛佐、まだとしもわかく、思ふ事ありげもなきに、をやをも妻おもうちすてて、山にはひのぼりて法師になりにけり」。なお出家後のこととして大雲寺縁起には、天禄二年、岩蔵の峰に紫雲たなびき、その日の講の勅使（日野中納言文範）が、北岩倉に大雲寺の創建を思いたったこと、これを聞いて円融天皇が定額寺と定めたこと、真覚上人がこれを造営したこと、などを伝えている。

已にその身および…（三五5）　神仙の尸解に類似した一節で、古くは、書紀、推古二十一年条の片岡山飢人説話にもみえる。今昔物語ではこの段を異様に感じたものか、「若シ、逃テ、貴キ山寺ナドニ行タルカ」と疑い、結局、「但シ、体ヲバ地神ナドノ取テ浄キ所ニ置テケルナメリトゾ疑ヒケルトナム」と述べている。

松尾の山寺（三五6）　和泉市松尾寺。続紀、延暦元年七月条に「松尾山寺僧尊鏡、生年百一歳、請二入内裏一、叙二位大法師一、優二高年一也」とあるが、これは大和の松尾寺（延喜主税式、大和国にみえるもの）かも知れない。松尾寺は中世以後繁栄し、松尾寺文書が現存する。文書中しばしば寺の由緒にふれるが、貞応元年八月、官宣旨の松尾山寺解には「当寺者、尋祐聖上人建立之精舎、本尊如意輪観音之霊像也」、建武元年五月、松尾寺住侶言上状案には役行者の建立、行基菩薩の修練を説いたあとに「泰明大師〈号神祐上人〉称二禅室一、遂二即身往生一。所中所学者天台円宗之教法、所勤名秘密真言妙行也」とし、加えて天台座主尊位（意）の将門調伏の不動明王や仏具が安置してあるという。

寛忠（三六6）　宇多天皇の孫、敦固親王の三男（皇胤紹運録）。淳祐内供より灌頂を受け、内供の労により安和元年権律師、同二年権少僧都、東寺長者に任ぜられ、天延元年法務、天延二年少僧都となり、貞元二年四月二日、七十二歳で入滅す。仁和寺池上に住したので池上僧都と号す（僧綱補任・東寺長者補任ほか）。

諷誦（三六11）　経典等に音曲を附して諷詠諳誦すること。その文を請諷誦文という。インドでは経典を受持するための十種法行の一とされ、九分経・十二部経の一とされる伽陀(偈文)の漢訳にも用いられる。弁中辺論巻下に「於二此大乗一有二十法行一。一書写、二供養、三施他、四若他誦読恵心諦聴、五自披読、六受持、七正為レ他開二演文義一、八諷誦、九思惟、十修習行」とあり、法華経化城喩品に「説二是経一已、十六沙弥為二阿耨多羅三藐三菩提一故、皆共受持諷誦通利」と、また無量寿経巻上に「国中菩薩若受二持経法一諷誦持説而不レ得二弁才智慧一不レ取二正覚一」とある。また語義について一切経音義巻六に「周礼云、倍レ文曰レ諷、以レ声節レ之曰レ誦」とする。

日本では最澄の内証仏法相承血脈譜の道璿について「和上毎誦二梵網之文一、其謹誦之声零々可レ聴、如レ玉如レ金発二人善心一吟味幽味」とか、凝然の声明源流記に「種々声明不レ離二呂律一、一歌詠事通二甲乙一、…道璿律師辺方播二誦経之威一」など中国仏教伝来の意を述べるが、これが講経や読経とは別に特別の法会として行われるようになった。日本紀略、延喜十七年十二月の条には、宇多法皇が東大寺に幸して諷誦を修せしめ、調布五百段を賜わった記述をはじめ、修諷誦の行事は頻りに行われたらしい。そして道命法師が雅麗の音をもって感霊の異を得て以来、諷誦に一定の曲調が伝承されたらしいことも元亨釈書、音芸志にみえる。またこの法会が一般の追善法会となったから、施主の施物や法会の趣旨及び追善の功徳を述べる諷誦文が作られるに至った。

伊勢国飯高郡…(三六13)　伊勢国飯高郡は続紀、大宝三年条にみえ、和名抄にも載せる。現、三重県飯南郡。上平郷は和名抄に上枚(加無都比良)とみえ、現、松阪市内か。本書には〔四一〕に飯高郡一老婦の説話をかかげる。ちなみに律令時代には郡司子女らを采女として貢する規定であったが、飯高郡では元正朝以後、飯高君(のちに宿禰)が代々郡の采女となった。飯高宿禰諸高は郡の采女より出身して典侍従三位となり宝亀八年になくなったが(続紀、天平十四年・宝亀八年条)、飯高氏はその後在地でも繁栄し、天暦七年の伊勢国近長谷寺資財帳によると、この寺は正六位上飯高宿禰諸氏(法名観勝)が仁和元年に内外近親等にすすめて建立したという。平安中期の飯高郡における仏教信仰の一例としてかかげる。

手の皮を剝ぐ(三六14)　僧尼令の焚身捨身条は、僧の焚身・捨身等を禁じているが、古記はその語義をといて「焚身。謂燈レ指焼二尽身一也。捨身。謂剝二身皮一写レ経。幷称二畜生布施一、而自尽二山野一也」とある。「剝二身皮一写レ経」はここの行為に類似する。なお続紀、養老元年四月条に、行基の徒の非行をあげて、「焚二剝指臂一」と記す。なお指燈供養のことは、法苑珠林巻九十六に「益州沙門僧崖(北周の人)…以レ布裹二左右五指一焼レ之」とみえる。

宮内卿…高階真人良臣(三七3)　宮内卿は職員令、宮内省条に「卿一人。〈掌下出納、諸国調、雑物、舂米、官田、及奏二宣御食産一、諸方口味事上〉」。官位令に正四位下相当。良臣は尊卑分脈に師尚の子、宮内卿、正四位下とある。天慶三年に左衛門少尉であり、正月九日、天慶の乱に際し推問武蔵密告使を解却されたといい(貞信公紀)、同五年民部少丞となっている(本朝世紀)。

進士の挙に応ず(三七3)　進士は文章生。擬文章生または学生・蔭子・蔭孫等の特に登省宣旨を蒙った者は式部省の省試をうけて文章生となる(延喜大学寮及び式部省式・類聚符宣抄九、康保二年十月二十一日)。挙は入試の資格ありとして推挙されること。文章生になった者には、進んで文章得業生に補せられ、対策して出身するという、少数の専門儒家になる道と、文章生の年労によって仕官していく道とがあった。

〔三四〕藤原義孝伝(三七10)　法華験記巻下〔一〇三〕は本書によるか。扶桑略記、天延二年条にほぼ同文を載せ、「已上出二慶氏記一」とある。今昔物語巻十五ノ四二は本書をふまえていると考えられるが、他の同種説話の場合と違って本書よりはるかに詳しく、別の素材にもよっていること明らかである。大鏡巻三、伊尹の条にも義孝のことが詳しく書かれ、今昔物語に対照できる部分も少くない。普通唱導集巻下にある。

右近衛少将(三七10)　近衛府は天平神護元年授刀衛を改称したもの(続紀)、大同二年近衛府は左近衛府に、中衛府が右近衛府となった(類聚三代格・日本紀略)。少将は両府に二人ずつ、正五位下相当(延喜式)。義孝は天禄二年左(右ヵ)近少将、同三年正五位下(中古歌仙三十六人伝)。

第四の子(三七10)　大鏡巻三、伊尹の条に「男君達は、代明親王の御女のはらに、先少将挙賢・後少将義孝とて…」。尊卑分脈に伊尹の子を親賢・惟賢・挙賢・義孝の順にあげ、母はみな「三品代明親王女従四位上恵子女王」という。ちなみに義孝の弟に義懐、子に行成がある。

葷腥(三七11)　今昔物語には、殿上人数人が「物食ヒ酒飲」などの間、「鮒ノ子鱠」を備えたが、義孝は「母ガ肉村ニ子ヲ敢タラムヲ食ハムコソ」といって食べなかったという。これは行基が鱠を口から吐き出したという説話(第二話)に類似する。

勤王の間、法花経を誦す(三七11)　大鏡に「いかなるおりにかありけん」、細殿で珍しく女房達とかたらったのち、夜中に北陣から外へ出て「法華経をいみじうたうとく誦じたま」いながら世尊寺に行き、美しい紅梅の下にたって「滅罪生善、往生極楽」といいながら何度も西に向って礼拝をしたさまが書かれている。類似の話は今昔物語にもみえているが、疱瘡を病む直前のできごととしている。

天延二年の秋…(三七11)　大鏡に「天延二年甲戌の年、皰瘡おこりたるにわづらひたまひて、前少将(挙賢)はあしたにうせ、後少将(義孝)はゆふべにかくれたまひにしぞかし。…やまひをもくなるまゝに、いくべくもおぼえたまはざりければ、はゝうへに申たまひけるやう、「をのれしにはべりぬとも、とかくれいのやうにせさせたまふな。しばし法華経誦じたてまつらんの本意侍れば、かならずかへりまうでくべし」との給て、方便品をよみたてまつりたまふてぞうせたまひける」といい、類似のことが今昔物語にもみえる。

しかばかり…(三七15)　この歌は他本にはみえず、また法華験記・今昔物語・扶桑略記等の義孝伝にもない。本書の原本にはなくあとで書き加えたものとおもわれる。あれほど固く約束したのに、三途の川から帰って来る僅かの間に、約束を忘れて枕がえしをする法があろうかの意。後拾遺集巻十にあり、左注に「此歌よしたかの少将煩ひ侍けるに、なくなりたるともしばしまて、経よみはてんと、いもうとの女御にいひ侍て、程もなく身まかりてのち、忘れてとかくしければ、其夜、母の夢に見え侍けるうた也」。なお大鏡・今昔物語巻二十四・袋草紙巻上にもあり、第五句が「わするべしやは」とある。

昔は契りき…(三八1)　昔は宮中の月の下で貴方と親友の交りをしたが、今は極楽浄土で独り風に吹かれて遊んでいるの意。蓬萊は漢書、郊祀志に「蓬萊・方丈・瀛洲、三神山在レ渤。金銀為ニ宮闕一」とあり、神仙の集る所で禁中に譬える。

内匠頭適(三八3)　内匠寮は神亀五年に設置され(続紀・類聚三代格)、工匠及び儀式の装飾を掌り、頭は従五位上相当(延喜式)。適は尊卑分脈に源融の孫、昇の子にみえ、従五位下内蔵頭とある。

安法(三八5)　尊卑分脈に、憩の兄は陸奥掾済のみで、済の孫、官の子に趁があり、「歌人、母神祇伯大中臣安則女、出家安法」と記す。ただし中古歌仙三十六人伝には「大納言源昇卿孫、内匠頭嫡男」とある。歌人として知られ安法法師集がある。

伊予国越智郡(三八9)　平城宮出土木簡に「□国越智郡□」(木簡概報四)とあり、続紀、天平神護二年条ほかにもみえ、和名抄にも載せる。ちなみに本書の著者、慶滋保胤と伊予との交渉については、保胤が中心となって組織した勧学会が、伊予国司(掾ヵ)として赴任した仲間の大江以言によって、伊予楠本寺で行われている事実(本朝文粋巻十、九月十五日於ニ予州楠本道場一、擬ニ勧学会一聴レ講ニ法華経一、同賦ニ寿命不レ可レ量)を指摘しておきたい。

土人(三八9)　その土地を本貫とする者で、浪人に対する語。たとえば貞観二年九月廿日太政官符所引の摂津国解に「黎民減少、僅所レ有土人浪人皆称ニ王臣家人一、無レ畏ニ国吏之威勢一、不レ遵ニ郡司之差科一」、延喜五年十一月三日太政官符所引の参河国解に「然則土人浪人及僧尼等、若有ニ訴訟一者、須ニ先陳ニ於事発処官司一」(類聚三代格)。

越智益躬(三八9)　越智直は伊予国越智郡の郡司の家柄として名高く、天平八年伊予国正税帳に大領従八位上越智直広国、続紀、神護景雲元年条等に大領外従五位下、越智直飛鳥麻呂があり、霊異記上一七に、大領の祖、越智直某が天智朝の百済役に出陣したことを述べてあり、他に越智郡人で越智直の氏姓をもつものがいくつか文献にみえる。郡との関係は不明だが懐風藻に詩を載せている大学博士越智直広江も著名である。ここの益躬も、在地の越智直の一族で、越智系図には百男の子に益躬をあげる。伊予の越智氏は中世にも武士として名高く、河野・新居・別宮など、いずれも越智氏の出と称していた。

十戒(三八11)　沙弥の守るべき十の戒律。不殺生・不偸盗・不婬・不妄語・不飲酒・不着華鬘好香塗身・不歌舞倡伎・不得坐高広大牀上・不得非時食・不得捉銭金銀宝物。ただし法華験記・今昔では「十重禁戒」とある。これは大乗菩薩戒の十重四十八軽戒の十重戒で出家・在家に通ずる。

彦真(三八14)　伴宿禰彦真。延長五年内匠允として造山崎橋使となり(貞信公記)、天慶五年に讃岐介として功課により従五位下に叙せられ(本朝世紀)、以後美濃守・播磨守を経て天徳三年に近江守となる(類聚符宣抄八)。二中歴の良吏にその名がみえる。

胎蔵界曼荼羅(三九1)　胎蔵界の諸尊を壇上に安置して描いた図。胎蔵界は金剛界の金剛経に基くのに対し、大日経に基き、母の胎内のような仏の大悲によって衆生が養護される法門。曼陀羅は本質のものの意で仏の悟の境地を示し、神聖な壇に仏・菩薩が充満しているから、壇・円具足と訳す。

洗賓の女…宅一区を与へむ(三九2)　洗賓は召使の意か。一区は一軒の意。売券等によくみえる語。今昔でも「一ノ家」とある。ここのところ、女が彦真に、洗賓女にきたないことばかりさせていると、自分らに罪の報いがあるといけないから、一軒の家を持たせてやりたいと語った、の意。今昔では洗賓女のことは省いてあり、女が夫婦となりながら同衾しないことが罪となるから別居したいので「一ノ家ヲ我レニ与ヘヨ」と語った、とする。

右大弁(三九9)　職員令、太政官条に「左大弁一人。〈掌下管二中務式部治部民部一。受二付庶事一、糺二判官内一、署二文案一、勾二稽失一、知中諸司宿直、諸国朝集上。…〉右大弁一人。〈掌レ管二兵部刑部大蔵宮内一。余同二左大弁一〉」。

佐世(三九9)　藤原佐世。藤原菅雄の子で、藤原氏儒者の始といわれ、従四位下右大弁文章博士として昌泰元年卒す(尊卑分脈)。仁和三年の阿衡事件では藤原基経の家司として活躍し、その著に日本国見在書目・古今集注がある。

要文を抄出(三九11)　観経その他、諸経論中、往生の業に必要な要文を抄出して妹に与えたのであるが、このモティーフは往生要集の巻頭の「是故依二念仏一門一、聊集二経論要文一、披レ之修レ之、易レ覚易レ行。…置二之座右一、備二於廃忘一矣」という述作動機と公私の相違はあるが共通するものがある。

五体を地に投ぐ(三九13)　両膝両肘及び頭を地に着けて敬礼することで、印度における最上の敬礼。頂礼のこと。往生要集、大文第四正修念仏に「初礼拝者、…一心帰命五体投レ地、遥礼二西方阿弥陀仏一」。

息長氏(四〇6)　もと公姓、天武十三年に真人を賜った息長氏が著名で、新撰姓氏録、左京皇別に「息長真人、出レ自二誉田天皇〈諡応神〉皇子稚渟毛二俣王之後一也」とする。この氏は古くから近江坂田と関係あり、同書同条に「坂田酒人真人、息長真人同祖」「坂田宿禰、息長真人同祖」などみえる。天平十九年十二月坂田郡司解にも近江国坂田郡上丹郷戸主堅井国足戸口息長真人真野が二人の婢を東大寺に沽却した由をのせ、同文書に寺使春宮舎人息長真人刀禰麻呂、証人少初位上息長真人忍麻呂が連署している。

筑摩の江(四〇6)　滋賀県坂田郡米原町の朝妻筑摩。延暦十九年五月官符(類聚三代格)に筑摩御厨がみえ、その長一人を内膳司に隷せしむ。延喜内膳式に近江国筑摩厨所進として、醬鮒・鮨鮒各十石、味塩鮒三石四斗をあげる。権記、長徳元年十月廿四日条に「参二女院一、下二給物部承邦望中内膳司、近江国筑摩御厨長息長光保秩満替文一…」とあるが、御厨の長が息長氏である点は興味深い。扶桑略記、延久二年条に「永停二近江国筑摩御厨一…」とある。

四十五人(四一11)

菩薩二所(一・二の二人)

比丘二十六人(三―二七の二十五伝中、二の智光・頼光を各一人とすると二十六人)

沙弥三人(二八・二九の二人に、二二の勝如伝中の沙弥教信を加えると三人)

比丘尼三人(三〇―三二の三人)

優婆塞四人(三三―三六の四人)

優婆夷七人(三七―四二の六人に、三一の尼某甲伝中の真頼一妹女を加えると七人)

この部類は著者の書いたものではなく、後人によるものとおもわれ、この部分を欠く本も存する。ただ、この部類が著者の配列意識を正確にとらえていることは、右表が本書の伝の順序と一致することからみて明らかである。著者の念頭には、後に加えた菩薩二所はしばらくおいて、比丘（・比丘尼）、沙弥（・沙弥尼）、優婆塞・優婆夷の六衆の区別が厳存し、著者はその順に伝をかかげているのである。これは著者の範とした迦才の浄土論第六章に準ずるもの。

大日本国法華経験記

巻　上

〔三〕**伝教大師伝**（五四6）　本伝は三宝絵下、比叡懺法、及び仁忠の叡山大師伝（以下伝とする）からなる（ただし、三宝絵も伝によっているようであるが）。全体のうち、出生・出家の段（五四頁七―一〇行）、入唐・帰朝の段（五六頁一二―五七頁一行）は、三宝絵により、他は伝によるものであろう。後者の部分の中、願文全文と遺言（禅庵式と称される六ケ条の遺誡を除く）が大半を占め、法華信仰を主とした抄文がみられる。拾遺往生伝巻上〔三〕・今昔物語巻十一ノ一〇などは多少異る。

俗姓三津氏…（五四7）　三宝絵に「俗ノ姓ハミツノ氏、近江国志賀郡ノ人也」とある。伝に「先祖後漢孝献帝苗裔登万貴王也。軽島明宮御宇（応神）天皇御世、遠慕二皇化一、同帰二聖朝一。仍矜二其誠款一、賜以二近江国滋賀地一。自レ此已後、改レ姓賜二三津首一也。父百枝」、宝亀十一年十一月十日近江国府牒案（来迎院文書）に、「三津首広野、年拾伍玆賀郡古市郷戸主正八位下三津首浄足戸口」とみえる。

七歳にして…（五四7）　三宝絵の前項引用文の次に「七歳ニシテサトリアキラケシ、アマタノコトヲカネシレリ」。伝に「年七歳、学超二同列一、志宗二仏道一。村邑小学謂為二師範一。粗練二陰陽医方工巧等一」。

十二歳にして…（五四8）　三宝絵の前項引用文の次に「十二ニシテ頭ヲソル。ハジメテヒエノ山ニ入テイホリヲ結テツトメ行フ」。伝に「年十二、投二近江大国師伝燈法師位行表所一、出家修学。表見二器骨一、亦知二意気一、教以二伝燈一、令レ習二学唯識章疏等一」。本伝は文脈の対比上、三宝絵によるが、三宝絵が、十二歳のとき比叡に入るとするのはあやまり、伝の記事が正しい。本伝はそのあやまりを直している。最澄撰、内証仏法相承血脈譜の大日本国大安寺行表和上の項に「最澄生年十三、投二大和上一。即当国国分金光明寺補闕得度、即稟二和上一可レ帰二心一乗一」とある。

香炉の灰…(五四8)　三宝絵の前項引用文の次に「香呂ノ灰ノ中ニ仏ノ舎利ヲエタリ。イレム器ヲネガヒ給ニ、灰ノ中ヨリ金ノ花ノ器ヲエタリ」。伝には「修行懺悔、未レ歴二数日一、忽自二於香炉中一、出二顕仏舎利一粒一、大如二麻子一。又経二少時一於二灰中一金花器一合子、大如二菊花一。即盛二舎利一宛如二旧器一」とある。

四種三昧を修行せり(五四13)　↓一九頁補。伝にはこの記述がない。最澄の天台宗義発見は、以下の願文以後のことであるから、この記述は筆の走りすぎである。

三災(五四16)　世界は成劫・住劫・壊劫・空劫の四期によって循環するとし、第二存続期に人寿の増減が繰返されるが、その底下期に刀兵・疾疫・飢饉の三災が起り(小三災)、第三破壊期となり火・水・風(大三災)により世界は破滅するという仏教世界観による。

大海の針妙高の線(五五4)　法苑珠林巻二十三「提謂経云、如有下一人在二須弥山上一以二繊縷一下レ之、一人在レ下持レ針迎ふ之。中有二旋嵐猛風一、吹レ縷難レ入二針孔一、人身難レ得甚過二於是一。又菩薩処胎経、世尊説レ偈云、盲亀浮木孔、時時猶可レ値、…一鍼投二海中一、求レ之尚可レ得、一失二人身命一、難レ得過二於是一」。

古賢禹王…(五五5)　中国古代王国夏の始祖。舜の司空となり、治水のため十三年帰宅せず寸暇を惜しんで民政に尽した(史記、夏本紀・晋書、陶侃伝)。

提韋女人…(五五9)　未曾有因縁経巻下に出る波斯匿王妃末利夫人の前世の話。寡婦の提韋が五聖と詐称した五比丘に心から供養したため天に生じ、五比丘は地獄に堕ち、のち夫人は国妃となり、五比丘は夫人の担轝の四石女と除糞の一石女に生れ変ったという。名聞利養をいましめ、因果応報を説いたもの。

出仮(五五16)　天台の三観のうち従空出仮観から出た言葉。天台の三観説は、菩薩本業瓔珞経の「従レ仮入レ空名二二諦観一」「従レ空入レ仮名二平等観一」「因二是二空観一入二中道第一義諦観一」の名を借りて、入空観・入仮観・中道正観とする。第二の入仮観は出仮観ともいわれ、菩薩が衆生済度のため、仮の世界(俗の世界)に出て、応病与薬すると説明される。即ち俗界に出て慈悲行を行うこと。

五神通(五六4)　菩薩の天眼通・天耳通・宿命通・他心通・身足(身如意)通をいう。仏は漏尽通を加え六神通あるとする。天台教義では相似位の次の分証即で漏尽通を得るとする。

円頓止観…(五六10)　伝に「是時邂逅値遇知二天台法文所在人一、因レ玆得二写取円頓止観、法華玄義、并法華文句疏、四教義、維摩疏等一。此是故大唐鑑真和尚所二将来一也。適得二此典一、精勤披閲」。円頓止観とは、ここでは天台大師智顗の所説にもとづき講述を弟子灌頂章安が筆録修治した摩訶止観のことで、天台宗の修行の本拠とする観心を説いたもの。法華玄義は同様に、智顗の講述を灌頂が記した妙法蓮華経玄義のことで、法華経の経題を詳説して経の玄旨を概説したもの。法華文句も智顗所説を灌頂の記した妙法蓮華経文句のことで、法華経を解釈したもの。以上の三部を法華三大部といい、天台宗の根本聖典。四教義は天台の四教判を体系的に論じた智顗の著述。もと維摩経玄疏の一部であったが、三観義・四悉檀義(欠)と共に独立して一書となった。宋代諦観著の天台四教儀と区別して大本四教義と呼ぶ。

延暦二十三年…(五六12)　三宝絵に「延暦廿三年ニモロコシニワタリテ天台山ニノボリヌ」。事情は、日本後紀・伝等に詳しい。仏祖統紀、道邃伝にも「貞元二十一年(延暦二十三年)、日本国最澄来求レ法、聴レ講受レ誨、昼夜不レ息、書二写一宗論疏一以帰」。

道邃(五六12)　三宝絵に「道邃和尚ニアヒテ、天竺ノ法文ヲウケ習ヘリ」とある。道邃は止観和尚と称し、長安の人。唐の大暦年中に湛然について止観輔行記を授けられ、貞元十二年天台山に入り法華や止観を講ず。同二十一年二月入唐僧最澄のため質疑十条を解き、三月に大乗菩薩戒を授く。天台第七祖(道邃和上行迹・宋高僧伝巻二十九等)。

仏隴寺の行満座主(五六13)　以下本段末まで、三宝絵の前項引用文の次にほぼ同文がある。仏隴寺は天台山にある。法華伝記巻三、智晞「受二命遺志一。常居二仏隴修禅道場一。楽二三昧一者」。行満は大暦年中に湛然に師事し、その寂後に仏隴寺にて法門を伝授す。貞元二十年九月に入唐せる最澄に法門を伝授す(叡山大師伝)。座主は官職となった我国とは異り、学徳勝れた僧の通称で、一座の主または講経の座に着く僧の意。

八幡宮…(五六16)　三宝絵に「延暦廿四年ニカヘリキタリ、八幡ノ御前ニシテ法花経ヲ講ズルニ、ホクラノ中ヨリ、紫ノケサヲホドコシテ、法ヲキヽツル恩ヲムクヒタリ」とある。伝によるに、これは弘仁五年九州に巡化し渡海時の願を遂げるため宇佐八幡宮寺で法華経を講じたできごとをさす。

春日社…(五六17)　伝には、郡司の状として「紫雲光耀、自二鹿春峰一起、互二蒼空一、靄覆二講法之庭一」とある。続後紀、承和四年十二月十一日条に「大宰府言、管豊前国田河郡香春岑神、辛国息長大姫大目命、忍骨命、豊比咩命、惣是三社、元来是石山、而土木惣無。至二延暦年中一、遣唐請益僧最澄、躬到二此山一祈云、願縁二神力一、平得二渡海一。即於二山下一、為レ神造レ寺読経。爾来草木蓊欝、神験如レ在」と見える。三宝絵に前項の引用文につづき、「春日社ニシテ法花経ヲ講ズルニ、峰ノ上ヨリ紫ノ雲タチテ経ヲトク庭ヲオホヘリ。神ノホドコセル衣、イマニ山ニオサメタリ」。伝によればこれも弘仁五年のことである。但し「神ノホドコセル衣」とは宇佐で得た衣のこと。春日社は香春社(豊前国田川郡香春山の式内辛国息長大日命神社)、今の香春神社をいう。

像法(五七2)　正・像・末三時の第二。教と行とがあって証のない時代。守護国界章「正像稍過已、末法太有レ近」。以下につき三宝絵は、前項の引用文の次に「像法ノ時ヲスクヒ給ヘトテ、手ヅカラ中堂ノ薬師如来ノ像ヲツクリ、妙法ノミチヲヒラカムトチカヒテ、ネムゴロニ天台ノ智者大師ノ跡ヲヒロメ給ヘリ」。

薬師如来(五七2)　東方浄琉璃国土に住し、十二の大願を発して衆生の病源を救うという。中国・日本でその信仰が盛で、とくに奈良・平安初期には造仏読経が多く行われた。根本中堂の薬師如来像は仁和二年七月五日の西塔院主延最の申状に「故先師贈法印大和尚位最澄、創二建此寺一、鎮二護国家一、造二薬師仏像一安二置東塔院一」(三代実録)とあるのが初見。

法華三昧堂(五七3)　法華三昧を行ずる道場。三宝絵の前々項「像法」の引用文の次に「弘仁三年七月ニ法花堂ヲ造テ大乗ヲヨマシムルコトヨルヒルタヽズ」。伝に「弘仁三年七月上旬、造二法華三昧堂一、簡二浄行衆五六以上一、昼夜不レ絶、奉レ読二法華大乗経典一」とある。止観院西裏にあり多宝仏と法華経を安置したもので、後世のそれとは異ったものらしい。

(四)慈覚大師伝(五八1)　日本往生極楽記(四)・三宝絵下、比叡舎利会及び慈覚大師伝などによるか。はじめの出自の記述、帰朝後の事蹟の前半、臨終の模様の前半、贈位号などは極楽記に、誕生の奇瑞、広智・最澄との出会い、唐人の賞讃など一連の記事は三宝絵に酷似し、如法経等の書写・供養、弟子の道俗・受戒灌頂の人数や、臨終の模様の一部などは慈覚大師伝等によるものか。今昔物語巻十一ノ一一の前半は三宝絵の右箇所により、後半は何によったか不明。本書には円仁を故意に法華読誦者に仕たてている面が濃厚である。たとえば広智のもとで法華経普門品を採得したことは三代実録、円仁卒伝・慈覚大師伝・三宝絵にみえるが、「自爾以降、読誦法花」にあたるものは他にはみえない。臨終の念仏も右等の先行書に記されているが、「誦妙法華経」は他にはない。

母の胎…(五八2)　以下「瑞相かくのごとしといへり」まで、極楽記には「生るるに紫雲の瑞ありき」とあるが、三宝絵には「生ル時ニ家ノ中ニ紫ノ雲タツ。国ニヒジリノ僧アリ。人ナヅケテ広智菩薩トイフ。ハルカニ雲ヲ見テ家ニイタリヌ。父母ニイマシメテ、コノ子ハヨク〳〵マモリヤシナヘ」とある。但し類似の記述は、三代実録、円仁卒伝・慈覚大師伝にもある。

広智菩薩(五八3)　伝「時同郡大慈寺有レ僧、名曰二広智一。是唐僧鑑真和尚第三代弟子也。徳行該博、戒定具足、虚レ己利レ他。国人号二広智菩薩一」。

年九歳…(五八5)　以下、三宝絵に「九歳ニシテ広智ガ所ニユキヌ。誓テ観音経ヲサグリエタリ。ノチニヒロク経論ヲサトレリ。ユメニヒトリノ大徳来テ頂ヲナデ、カタラフ。夢ノ中ニ人アリテ云、是ヲバシレリヤ、比叡ノ大師ナリトヲシフトミル。ツヒニ比叡ニノボリテ伝教大師ヲミタテマツルニ、咲ヲ含テヨロコビカタラヒ給事昔夢ニミシ形ニコトナラズ」とある。但し類似の記述は、三代実録、円仁卒伝・慈覚大師伝にもみえる。

承和二年…(五八11)　以下入唐及び留学の間のこと、往生極楽記(四)参照。三宝絵には「承和五年ニモロコシニ渡ヌ。天台山ニユキ、五台山ニノボリ、オホクノ年ヲヘテ法ヲモトメ、アマタノ師ニアヒテ道ヲナラヘリ。モロコシノ人ノ云ク、我国ノ仏法ハミナ和上ニシタガヒテ東ニ去ヌ、トイヒキ」とあるが、この文にもよるところ大か。

大師…(五九1) 以下「今の如法堂なり」まで、伝に「比三年及二四十一、身羸眼暗、知命不レ久。於レ是、尋二此山北洞幽閑之処一、結レ草為レ庵、絶レ跡待レ終。今之首楞厳院是也。俗曰二横川一矣。蟄居三年、練行弥新…其後疲身更健、暗眼還明。於レ是以二石墨草筆一、手自書二写法華経一部一、修二行四種三昧一。即以二彼経一、納二於小塔一、安二置堂中一、後号二此堂一、曰二如法堂一」とあり、この文によるか。

一千部の法華経…・**金光明経千部**…(五九3・4) それぞれ伝に「先師有下書二六千部法華経一之誓上。我欲下写二千部一安中置総持院上。若有二書写一、不レ出二今年一、必当レ供二養之一」、「我昔入唐求法之日、有下為二天衆神祇一書中写金光明経千部上。…若写二彼経一者、可レ安二置文殊楼一」とみえる。この文によるか。

総持院(五九4) 三代実録、円仁卒伝に、嘉祥三年四月文徳天皇即位のとき、円仁が唐の青竜寺の皇帝本命道場の例に準じてこの院を造ることを奏請し、勅して同院に十四僧を安置したとあり、詳しくは山門堂舎記・叡岳要記の同院の条にみえる。

文殊楼(五九5) 類聚三代格、貞観十八年六月官符所引、内供奉十禅師承雲牒に、師の円仁が五台山で文殊化現の師子聖燈円光に逢い、帰朝後この楼の造立をはじめ、死後、承雲が遺命をついで完成したことを記す。このとき公家に進めて護王道場とした。詳しくは山門堂舎記・叡岳要記の同院の条にみえる。

貞観六年正月十四日…(五九7) 以下、往生極楽記(四)参照。伝には「十四日晩景、弟子一道来曰、在二戒壇前一、忽聞二音楽一。漸尋二其声一、起レ従二中堂一至二常行堂一。音声所レ発、在二大師房一。驚求二坊中一、其声不レ聞。大師弁二諸事一、述二遺誡一已了。至二戌時一、浄二頭面一、着二潔衣一、焼香合掌而向レ西、令三円澄法師、唱二帰命頂礼弥陀種覚一。…至二子刻一、手結二印契一、口誦二真言一、北首右脇、永以遷化。春秋七十一、夏臈四十九」とある。この段は極楽記及び伝によるか。

帰命頂礼…(五九11) 阿弥陀仏と仏の大智慧を説いた法華経に最敬礼し奉るの意。「種覚」は仏をいう。一切種々の法を知り円満なる悟を具足する故である。底本「平等大会」は「平等大慧」の誤り、仏の智慧のこと。仏が法華経を説いた大智慧にいう。法華経見宝塔品に」釈迦牟尼世尊、能以下平等大慧、教二菩薩一法、仏所二護念一、妙法華経上、為二大衆一説」とあり、平等は、(1)法は皆中道実相で等しく、(2)衆生は等しく仏の智慧を得る、の二義がある。「一乗妙法」は成仏するための唯一の教を説いた法華経を讃えていう。

〔五〕**相応和尚伝**(五九16) 相応の伝として、(1)天台南山無動寺建立和尚伝(相応和尚伝・建立大師伝ともいう。以下、相応伝とする)が流布しており、別に、(2)拾遺往生伝巻下〔二〕無動寺相応和尚、(3)扶桑略記、延喜十八年十一月二日条引用の「伝文」、(4)日本高僧伝要文抄第二引用の無動寺大師伝などがある。これらは相互に対照するに、同じものであろう。従って(1)は扶桑略記・拾遺往生伝巻下成立以前にあったものであろう。ところが本書には「その伝を見ず」という。これによれば本書成立の長久年間には、(1)は成立していなかったか、又は著者はこれを知らなかったと考えられる。本書の伝は、内容的にも(1)に比してきわめて素朴である。また拾遺往生伝の文は、相応伝によって書いたもの。弥勒如来感応抄四にある。

慈覚大師の入室の弟子(五九17) 相応は日本紀略以下に延喜十八年、八十八歳で死すといい、天長八年のうまれとなるから、円仁(貞観六年死)入室の弟子である可能性は十分にあり、相応伝にも、承和十二年登山して円仁に知られ、斉衡三年受戒したが相応の名は円仁よりうくとある。但し、相応ははじめ葛川の行者として知られ、貞観七年叡山に無動寺を建立し、無動寺は元慶六年に天台別院となったので、円仁との関係は後になっていいだしたものかも知れない。

穀を断ち(六〇1) 断穀は中国の神仙術でも重んじられ、日本の仏徒の苦行者の間でも広く行われた。従って苦行主義的な法華持経者の例の多い本書や、本朝神仙伝にその例が多い。断穀方については、医心房や長生療養法に詳述する。相応伝に「清和天皇貞観元年己卯、発二大願一限三三箇年一絶二粒飡一食二蕨類一」とか、「和尚始レ自二登山日一至二于入滅一、未レ嘗二醋醬油蘇之味、陳臭経宿之物二」とある。

明王（六〇6）　密教では、一切諸仏諸尊の総体である大日如来の教令を受けて忿怒の形を示現して諸魔を降伏する諸尊を真言王・明王という。不動は五・八大明王の主尊とされ、火焔三昧に住して身の内外の障礙や垢穢を焼き、諸魔怨敵を滅し菩提を成ぜさせる。形像に種々あるが、右手に煩悩や悪魔を断伏する利剣、左手に繋縛・引摂を自在とする羂索を持ち、不動使者として矜伽羅・制多迦の二大童子または八大童子を従える。

二世の要事を…（六〇7）　以下文末まで、相応が不動明王に兜率天往生を祈願したところ、法華経読誦によってはじめて兜率内院に居すべしとの夢告を得たので、法華経を読みはじめ所懐を達したとする。このことは、相応伝に延喜十五年のこととして記されている。相応伝における山岳信仰、行者性及び法華読誦による往生の所伝は、本書いたるところにみえるもので、従って著者の思想と本質的に類同するところがある。

明王に祈り白さく…（六〇10）　相応伝「延喜十五年乙亥、対二本尊前一祈下念可レ示二後生之処一之由上。夢明王捧二和尚一、令レ坐二須弥山頂磐石上一令レ見二十方浄土都率極楽一。如レ見二掌中一。即告曰、随二願求一而可二往生一。覚後感嘆涙沾レ衣。其後係二念於都率内院一、復夢到二都率外院一時、慈慶大徳坐二内院一乗二紫磨金色師子一、忽看二和尚出来一。告曰、我依下読二誦法華一乗一之力上既生二内院一。早還二本山一一心一向可レ転二読法華経一。其後専致二精誠一、転二読法華経一」。

熊野奈智山（六四2）　熊野は険しい山岳、うっそうたる樹林をもって古来神域として崇敬された。奈良時代には僧侶の修行地の一つともされて日本霊異記の説話にも現われ、平安時代には金峰山・大峰とともに修験の聖地となった。奈智、即ち那智は熊野三山の一つで大滝が信仰の中心であり、神は飛滝権現と称され、本地は観音と定められた。神社の入口の林の中には様式上、平安から室町に及ぶ経塚が発掘されており、金銅仏・仏具・古銭・古鏡等も出土している。

喜見菩薩…（六四5）　法華経薬王菩薩本事品は、薬王菩薩の前世は一切衆生喜見菩薩であって、喜見菩薩は往昔、日月浄明徳如来の下で苦行し、同如来滅後その舎利を八万四千塔に安置、供養のため臂を燃して現一切色身三昧に住した本事を説く。経に「我今当レ供二養日月浄明徳仏及法華経一、即時入二是三昧一、…灌二諸香油一、以二神通力願一而自然レ身、光明遍照二八十億恒河沙世界一。…其身火燃千二百歳、過レ是已後其身乃尽。…即於二八万四千塔前一然二百福荘厳臂一、七万二千歳而以供養。…一切衆生喜見菩薩、豈異人乎。今薬王菩薩是也」、摩訶止観巻一「薬王焼レ手、普明刎レ首」。なお観薬王薬上二菩薩経等の、薬王・薬上兄弟が、良薬を日蔵比丘に供養した説話には燃臂のことは出ていない。

金峰山（六六9）　いまの金峰神社附近で、早くから山林修行の場として開け、霊異記上二八（役優婆塞）・中二六（広達）・下一（一禅師）をはじめ、僧尼令、禅行条の義解にも「山居在二金嶺一者…」とみえる。その後、真言宗の聖宝が金峰山に金剛蔵王菩薩像等を造立し（承平七年作聖宝僧正伝）、寛弘四年藤原道長が金峰山に参詣したことはよく知られている。その間に、熊野から、また金峰から、中間の大峰山脈の山岳地帯の踏破を志すものがあらわれたが、本書のこの話ならびに長円伝は、由来の確かな文献上の初見とみられている。ちなみにこの二伝では、熊野→大峰→金峰の巡路であるが、後に修験の天台宗の聖護院流はこれをとって順峰といい、金峰→大峰→熊野をとる醍醐三宝院系の巡路を逆峰と称した。蔵王菩薩については一二三頁補参照。

同行（七二14）　摩訶止観四に「切磋琢磨、同レ心斉レ志、如レ乗二一船一、互相敬重、如レ視二世尊一、是名二同行一」。源信の往生要集大文第十、助道人法に「須二同行如二共渉レ嶮、乃至臨終、互相勧励」。この語は、仏行をひとしくする集団の間に実際におこなわれた語で、往生伝にもしばしばみえる。後に真宗でもよく用いられ、たとえば、末燈鈔の親鸞書簡に「善知識・同行にはしたしみちかづけとこそときをかれて候へ」、蓮如の御文に「聖人は御同朋・御同行とこそかしづきておほせられける」。

唐の朝の文殊影向の五台山に…（七三12）　唐の五台山については法蔵の華厳経伝記巻一に「案二此経菩薩住処品一云、東北有二菩薩住処一、名二清涼山一。現有二菩薩一、名二文殊師利一。与二一万菩薩一、常住説レ法。故今此山下、有二清涼府一。山之南面小峰、有二清涼寺一。一名二五台山一」。唐の五台山と愛宕山の関係は、永観元年入宋、永延元年帰朝の奝然(東大寺、三論宗)に負うもので、朝野群載巻十六の阿闍梨法印権大僧都経範の中文(康和五年)に「入唐法橋上人位奝然。依二奏状一。愛宕山五台峰、因二准大唐五台山一、奉二為鎮護国家一。毎年於二神宮寺一、可レ修二文殊秘法一。即便奏聞、申二置阿闍梨一先了」とみえており、永延二年、愛宕山に戒壇を立てることが許され、延暦寺の訴によって中止したことが、歴代編年集成巻十七などにみえている。本文の記述はこれらの知識をふまえている。

紙衣(七三14) 雍州府志巻七に「倭俗糊合二柿油少許一、続二白強紙一。然後塗二柿油一日乾。如レ此数度、其色自赤。爾後晴天一夜露宿則発レ色。於レ是両手揉二和之一、以レ是製二衣服一。是謂二紙衣一。又称二紙子一。有レ便レ禦二寒気一」とある。弁疑志に「大暦中有二一僧一、称レ為二苦行一、不レ衣二繒絮布絁之類一、常衣二紙衣一、時人呼為二紙衣禅師一」。花山法皇作、書写山上人伝に、性空につき「以レ紙為二衣裳一」。後世、一遍上人の道具秘釈にも「一、紙衣、南無阿弥陀仏、信行住坐臥念々臨終心、是即智慧光仏徳也」とある。

文殊・普賢の守護(七四1) 文殊と普賢は釈迦の脇侍とされ、文殊は獅子、普賢は白象に乗るとされるが、典拠不詳。旧訳華厳経入法界品に「普賢菩薩文殊師利菩薩而為二上首一」、釈門正統に「若以二菩薩人輔一則文殊居レ左普賢居レ右」とある。師子・白象については、旧訳華厳経四に「文殊師利、…化二作蓮華蔵師子之座一結跏趺坐」、入唐求法巡礼行記に五台山の菩薩堂院内の文殊を「大聖文殊菩薩像、容貌顒然、端厳無レ比、騎二師子一像」と述べている。法華経、普賢菩薩勧発品に「是人若行若立、読二誦此経一、我(普賢)爾時乗二六牙白象王一…而自現身」。

仙(七六3) 神仙・仙人ともいい、道家で、不老不死の術を得たものをいうが、仏教でも梵行を修め神通力あるものを仙といい、般若燈論に「声聞菩薩等亦名レ仙」、日本霊異記にも、役行者を「修二持孔雀王呪法一、得二異験力一、以現作レ仙飛レ天」(上二八)といい、「好二風声之行一、食二仙草一、以現身飛レ天」女人の話(上一三)をあげる。その後、この種の行者を仙とよぶ例は多い。本朝神仙伝参照。

宝幢院(七七17) 西塔にあり山門堂舎記に「或名二法花延命宝幢院一」、「安二置千手不動毘沙門天一矣」、「或記云、恵亮和尚…、仍造立安置」とあり、叡岳要記に「貞観先帝御願也。恵亮和尚嘉祥年中建二立之一、安二置千手観音像一。即於二霊像前一、奉レ祈二先帝御即位一。不動毘沙門三尊各等身」とある。三代実録、貞観元年八月条の恵亮上表にもみえる。

黄紙・朱軸(七八7) 経巻は古来虫の害を避けるため、黄色の紙に書写し、赤色の軸を用いた。事文類聚別集七「貞観中、大宗詔用二麻紙一写二詔勅一。高宗以三白紙多二中蛀一、尚書省頒二下州県一、並用二黄紙一」(柱史抄下に見ゆ)。

水飲(七八10) 叡岳要記所引、仁和元年太政官府、天禄元年の廿六箇条起請、第十三条に叡山の四至を記し、「西限二下水飲一」とあり、小右記、寛仁三年五月・四年十一月・閏十二月条等にみえる賀茂社領との堺の争論の記述にも、その移動がみえる。山城名勝志に「水呑巓在二雲母坂上一、…此所山門結界也」。本文に大岳より水飲までの間に積まれた経は西塔院で読んだものとするのは、水飲が叡山の西限であることを念頭においた記述であろう。

江文(七九4) 山城名勝志に「在二大原井手村一」とあり、また同志に「補陀落寺旧跡、在下江文明神与二静原一間上、所々存二礎石一」というが、補陀落寺は延昌が天慶四年に建立した寺院で、十一面観音、不動尊、及び毘沙門天を安置した(門葉記所収、延昌上表)。本文に毘沙門天の讃歎のあるのは、そのためか。

鹿杖(七九7) 和名抄「鬾、加世都恵、一云二鹿杖一。横首杖也」。今昔物語巻二十九ノ九に「鹿ノ角ヲ付タル杖」とある。梁塵秘抄巻二には「ひじりの好むもの、木の節わさづの、鹿の皮」、愚管抄巻三にも「惟成ハ賀茂祭ノワサヅノヒジリシテワタルホドニ」とあり、わさづのともいった。比古婆衣巻七「かせ杖といふは木杖の尾に岐あるをいへり。…横首杖は杖の首に鐘木の如く横木あるをいへば、鹿杖とは別なるを同物の如くに注し載せられたるは、鹿杖の首にはなべて横木をものする例なりつるから横首杖を併せて加世都恵とは訓めるなり」。

千手院(七九13) 千手院は正暦のころ、智証門徒の中心で、同四年、慈覚門徒は、千手院等を焼き、智証門徒は叡山を離れた。扶桑略記、同年八月条に「仍慈覚大師門徒僧等、斫二焼於千手院房舎一、并門人一千余人僧侶、追二出山門二已畢」。

年分法師…(八二2)　最澄は天台宗に二名の年分度者をたまわったが、その教育法について山家学生式に「凡此宗得業者、得度年即令レ受二大戒一。受二大戒一竟、一十二年不レ出二山門一、令二勤修学一。初六年聞慧為レ正、思修為レ傍。一日之中。二分内学、一分外学、長講為レ行、法施為レ業。後六年思修為レ正、聞慧為レ傍。止観業、具令レ修二習四種三昧一。遮那業、具令レ修二習三部念誦一」と定めた。降って天禄元年の廿六箇条起請第十二・第十三条は、この十二年籠山制の励行をうながしている。

承仕(八二4)　寺堂に所属する雑役の法師。特に法会などに荘厳や仏具・供養具などを扱う役。驪驢嘶余に「御持仏堂事ヲ司也。荘厳ヲ仕。仏具ノ取沙汰アルナリ」とある。たとえば栄華物語、たまのうてなの法成寺御堂の承仕につき、「黄昏の御念仏とて坊々より僧達参り集る。遅く参るをば、承仕・堂童子など行きつゝそゝのかす」、「暗くなりぬれば、承仕御燈持て参りて御前の燈籠に奉り渡す」、「御前なる阿闍梨、花籠ながらとりて、承仕召して取らする折に」。

金勝寺(八三7)　滋賀県栗太郡金勝(こんぜ)山に、いま金勝寺がある。類聚三代格、寛平九年六月官符に「謹尋二金勝寺之古跡一、昔有二応化聖人一、号二金粛菩薩一。朝廷尊崇、黎民帰依」といい、その後、「興福寺故伝燈大法師位願安、禅二居此山一、修練無レ比。至二弘仁年中一、奉二為国家一、建二立伽藍一」、「朝講二法花一、夕演二最勝一、号二之長講一」、また一堂に七僧を定めて、日々「転二読法花一、称二之三昧一」、そこで「承和聖帝、殊降二綸旨一、施二入燈分一、即改二金粛一、賜二額金勝一」とある。日本霊異記中二一に、金鷲(こんす)菩薩が東大寺法華堂の執金剛神をまつる話がある。右の金粛菩薩をこの金鷲菩薩と同一人とし、さらにそれを良弁とする説もある。なお、近江の金勝寺は〔七三〕にもみえる。

薬師仏(八六2)　根本中堂の安置仏。山門堂舎記、根本中堂所引、貞観元年九月廿五日勘定資財帳「葺檜皮五間根本薬師堂一宇〈長三丈、広一丈五尺五寸、高一丈二尺〉」、三代実録、仁和二年七月条に「故先師贈法印大和尚位最澄創二建此寺一、鎮二護国家一、造二薬師仏像一」。中堂は承平六年焼亡、後再興して天元三年再興供養。なお五七頁補「薬師如来」参照。

大千(八六11)　三千大千世界。仏教の弘まる広大な世界。日・月・須弥山・四天下四天王等の六天を含む欲界と梵衆・梵輔・大梵から成る色界初禅とを合せて一小世界と称し、これを一千合せた小千世界、小千世界を一千合せた中千世界、中千世界を一千合せたのを大千世界という。小中大三種の一千世界よりなる故、三千大千世界と称す。

別当(八七17)　延喜玄蕃式「凡諸寺以二別当一為二長官一」、「凡諸大寺別当三綱有レ闕者、須三五部大衆簡二定能治廉節之僧一」と僧職であるが、続後紀に「承和四年五月己巳…詔定二別当一令三其紀正一以二文武百官五位中明察鯁直者一充レ之」とあるように、俗別当もある。

法華の八曼荼羅(九八7)　法華曼荼羅のこと。法華経見宝塔品の経意により、八葉蓮華の華胎上に釈迦・多宝二仏併坐を中心として、東北から右廻りに、弥勒・文殊・薬王・妙音・常精進・無尽意・観世音・普賢と法華経にみえる八菩薩、さらに四大弟子・四菩薩・八供養菩薩・四大明王・四天王など八数による曼荼羅であるから、八曼荼羅と称したものか。

巻中

大威儀師(一〇四2)　威儀師は僧綱に属し、法会・授戒のとき、僧を指揮し威儀を整える役。続紀、宝亀二年閏三月条に「僧綱請レ置二威儀法師六員一、許レ之」とし、類聚三代格、延暦五年三月官符も再び六員とする。後、大小の別あり、同天安三(?)年四月官符に、伝燈大法師位正儀ほか一人を大威儀師とす。二中歴・僧綱補任はこれを大威儀師の初出とする。海人藻芥に「大威儀師者、必叙二法橋一、其外威儀師・従儀師以下ノ三綱、不レ被レ許二僧綱一」とある。

於此命終…(一〇四17)　この経典を聞いて教の通りに修行したならば、死んでからすぐに極楽の阿弥陀仏が大勢の修行者に取り囲まれて暮している所に行き、蓮華の中の宝座の上に生れるであろう。そこではまた果しない欲望や憎しみ、怒りや愚かさにも悩まされることはないであろう。…この清浄な視覚をもって、七百万二千億那由多に及ぶガンジス河の砂の数に等しい諸仏や如来を見るであろうの意。「乃至」は薬王菩薩本事品の「亦復不為、憍慢嫉妬、諸垢所悩、得菩薩神通、無生法忍、得是忍已、眼根清浄」の章句を省略している。那由多は千億。恒河沙はガンジス河の砂で、数え切れぬ程多量なものを意味す。

酒井北条比田郷（一〇五7）　この郷名は和名抄にみえず。北条は、吾妻鏡、文治五年六月六日条に「伊豆国北条内」に願成就院の営作を企つといい、「当所者、田方郡内也。所謂南条・北条・上条・中条、各並レ境…」とみえる。比田郷は、北条寺文書、暦応二年四月足利直義寄進状に「同(伊豆)国北条五箇郷、原木・山木・肥田・中村…」とあるうちの肥田郷にあたろう。現在の田方郡函南町肥田。

姓は伊豆氏（一〇五7）　国造本紀に「伊豆国造」、続紀、天平十四年四月条に「賜二外従五位下日下部直益人伊豆国造伊豆直姓一」、同宝亀二年閏三月条に「授二外従五位下伊豆国造伊豆直乎美奈従五位下一」、類聚符宣抄、永延二年閏五月太政官符に「田方郡少領外従七位上伊豆直厚正」。伊豆国造伊豆宿禰系図に、右記の乎美奈の弟の孫、古麻呂が田方郡大領として大同二年に国造となり伊豆宿禰姓をたまわり、厚正の孫、保盛が永承五年、伊豆三島神社神主に補せられたとみえる。

山王（一〇六1）　大津市坂本の日吉大社の祭神。もとは比叡山の地主神。最澄は長講法華経発願文等に大比叡神・小比叡神を中国天台の伽藍護法神として山王と称している。中世には山王七社、ないし二十一社が成立し、山王神道が発達した。

加行（一〇六8）　正位に入るための準備となる修行で、古くは方便と漢訳されたこともある。密教では灌頂など、本来の修行の前に行う正行の功を増加させる特定の予備的修行の四度加行をいう。浄土往生には加行の用語はないが、正行に対する傍行の意ではなく、往生のための修行という意か。

実因（一〇六10）　橘敏貞の子（尊卑分脈）。左京の人。慈念僧正・弘延の弟子。永祚元年権律師、正暦元年律師、権少僧都、同四年権大僧都、長徳四年大僧都に転じ極楽寺座主となり、長保二年八月十二日に五十六歳で寂す。具足房僧都、小松僧都と号した（僧綱補任ほか）。歌人としても知らる（勅撰作者部類ほか）。

小松寺（一〇七3）　御堂関白記、長和五年六月条に「於二小松寺一初法華三昧、以レ斉為レ使」、左経記、長元元年十二月条に、僧綱召につき、「阿闍梨…、慶縁、小松寺院」とみえる。小松寺とは河内国交野郡小松寺をいうか。この寺には河内国小松寺縁起あり、縁起所収の延長八年正月紀納言(?)作、供養願文によれば、この年、旧号荒山寺を改めて小松寺として御堂を供養す。本尊は観音菩薩。長和二年、講堂再建供養す。

〔四〕陽勝伝（一〇七9）　陽勝の伝は㈠(イ)本書の伝とは別に(ロ)智源の法華験記（扶桑略記巻廿三・廿四所引）にもある。(イ)(ロ)は陽勝の師を勝蓮花院の人とし、陽勝と東大寺僧の邂逅を延喜二十三年とし、終りに故老伝をおくなどの点で他にみられない特色があるので、同一系統と認められる。ただ(イ)(ロ)の先後は明らかでないが本書の序に本書が最初の法華験記であるとするところから、しばらく本書が先、智源本は後としておく。次に㈡単行の陽勝伝として次の二つがある。一つは(イ)大東急記念文庫蔵、陽勝仙人伝（証印、おそらく高野山往生伝〔三八〕に伝のある大乗房証印所持の本）で、日本高僧伝要文抄所引の陽勝仙人伝と彼此対照すると、同一のものであることがあきらかである。次は(ロ)扶桑略記巻廿三、延喜元年条の文で、「已上伝」とある部分であるが、(イ)に比するに結構は類似するが文はことなっている。なお㈠のグループと㈡の(イ)(ロ)を比較すると、㈠グループと㈡の(イ)とは文も類似するので、㈠(イ)、すなわち本書の伝は、㈡の(イ)、又は㈡の(イ)(ロ)の祖本としての単行の陽勝仙人伝によるものではなかろうか。第三に、㈢本朝神仙伝の(イ)〔二〕陽勝伝、(ロ)〔三〕陽勝弟子童伝があり、ともに「事見二(陽勝)別伝一」とあるが、(イ)(ロ)ともに大半は㈡(イ)の陽勝伝によることが対照によって一目瞭然であり、また(イ)の終りの部分は、㈠の(イ)(ロ)の故老伝と内容を同じくする。よって、㈢(イ)の部分については㈠の(イ)または(ロ)をあわせ参照したものとも考えられるが、本朝神仙伝と法華験記の関係については、なお疑問とすべき点があるので、後考を俟つことにする。最後に、右によって、㈢本朝神仙伝の(イ)(ロ)が㈡(イ)をもととすることが知られたので、㈡(イ)の陽勝伝の原本が、本朝神仙伝の成立以前であることもまちがいない。今昔物語巻十三ノ三は本書により一部は他の材料による。なお、解説参照。

西塔宝幢院（一〇七9）　宝幢院→七七頁補。陽勝が宝幢院の人なることは、本書の本文や智源本法華験記にはみえない。これに反し、大東急文庫本の陽勝仙人伝には「登二天台山一住二宝幢院一」とみえ、本朝神仙伝もほぼ同じ。

俗姓…（一〇七10）　智源本法華験記にはみえない。これに反し、大東急文庫本の陽勝仙人伝には「字小賢、能登国人。父善造、俗姓紀氏、母亦同姓也」といい、扶桑略記の伝による文もほぼ同じ。本朝神仙伝に「能登国人也、俗姓紀氏」。

精神聡明にして…（一〇七11）　智源の法華験記に「天性聡敏、聞レ一悟レ万、習二学止観一、暗二誦法華一」、大東急文庫本伝に「天姓神聡、学二般若経一、一受不二再問一。通二法花経・摩訶止観一。御手書二法花経・瑜伽論等一、常以誦持好修二禅定一」、扶桑略記の伝に「一聞亦不二再問一、昼学夜修、送レ年之間、背不レ着レ席、舌不レ嘗レ施。或自書二法華経一、鎮以読誦、或兼写二瑜伽教一、常以持念」、本朝神仙伝に「性太聡敏、学不二再問一。通二法花・瑜伽・摩訶止観一」。

喜怒に改めず…（一〇七13）　大東急文庫本伝に「聞二毀誉一、不二喜怒一、送二昼夜一不二睡眠一」、本朝神仙伝に「一生不二喜怒一、不二睡眠一」。

慈悲甚だ深く…（一〇七14）　智源の法華験記に「慈悲殊深、憐二愍群迷一」、大東急文庫本伝に「食不二甘味一、寝不二安席一、雖二担石之貯一、好以二衣食一与二飢凍之人一、為レ人忍辱」、本朝神仙伝に「雖レ無二担石之貯一、以二衣食一、与二飢寒之人一」。

金峰山に登りて…（一〇八1）　金峰山→六六頁補。智源の法華験記に「登二金峰山一、尋二古仙室一」、大東急文庫本伝に「登二金峰山一尋二古仙草庵一、羽容見二其前一、帰来請二仮律師一」、扶桑略記の伝による文に「登二金峰山一之次、尋二古仙草庵一、弥存二幽居之志一」、本朝神仙伝に「後登二金峰山一」。

南京の牟田寺に…（一〇八1）　吉野郡吉野町に六田があり、もと吉野山への登山口。万葉集に「吉野川六田の淀」（一一〇五）。智源の法華験記に「住二南京牟田寺一、習二於仙方一」、大東急文庫本伝に「到二大和国吉野郡牟田寺一、三年苦行」、扶桑略記の伝による文もほぼ同じ。本朝神仙伝に「止二住牟田寺一、三年苦行」。

最初に穀を断ち…（一〇八2）　このあたりよりしばらく、智源の法華験記にみえない。要文抄・扶桑略記所引の伝に同種の記載がある。大東急文庫本伝に「初絶レ粒以二菜蔬一為レ食、次止二菜蔬一、以二菓蓏一為レ食、後又止二果蓏一、毎日服二粟一粒一」、扶桑略記の伝による文に「初絶レ粒食レ菜、次止レ菜菓食、後毎日服二粟一粒一」、本朝神仙伝（一一）に「毎日服二粟一粒一」。断穀→六〇頁補。

延喜元年…（一〇八4）　智源の法華験記に「延喜元年遂以飛去云々」、大東急文庫本伝に「延喜元年秋遂以飛去」、扶桑略記に「延喜元年八月、天台山沙門陽勝、於二大和国吉野郡堂原寺辺一、飛二行空中一」、本朝神仙伝に「延喜元年秋、遂以登仙」。

着るところの袈裟…（一〇八5）　大東急文庫本伝に「同侶攀慕、尋二旧遊之地一、有二一怖摩衣一、繋二樹枝一。見レ之陽勝所レ着之袈裟也。結二付短冊一。其文云、以二此袈裟一、可レ送二壺原寺延命聖人一者。延命伝得レ之、悲泣如レ喪二父母一」、扶桑略記の伝による文に「昔日同行法侶之輩、至二于旧居草堂一、廻レ皆観レ樹、古破法衣懸二其枝末一。驚怪進覩、是即陽勝昔時所レ着袈裟也。其法衣端有二固結処一。乃披二見之一、裏二彼手跡一。其状偁、以二此袈裟一、可レ送二堂原寺延命聖人一者、見付之人取二彼法衣一、授二于延命上人一云々」。

吉野山の練行の僧恩真等…（一〇八7）　大東急文庫本伝に「于レ時吉野山久住禅衆云、陽勝上人羽化為レ仙。或逢二竜門寺之北一、或遇二能野社之下一。称名飛行形血完」、扶桑略記の伝による文もほぼ同じ。恩真、他にみえず、伝未詳。

竜門寺（一〇八9）　竜門山の名は懐風藻の葛野王の五言、「遊二竜門山一」一首にみえる。竜門寺の名は確かな文献では、三代実録、元慶四年十一月・十二月・五年正月条に、吉野比蘇寺などとならんでみえ、清和天皇行幸すという。その後、伊勢集に「りうもんといふ寺」の「滝」や「仙人の岩や」の叙景があり、扶桑略記、昌泰元年十月条に宇多天皇が吉野郡院留宿の後、「路次向二竜門寺一、…向二古仙旧庵一、…」、治安三年十月条に藤原道長が高野詣の次、「次二竜門寺一、…岫下有二方丈之室一、謂二之仙房一。〈大伴・安曇両仙之処、各有二其碑一〉」とある。この間、醍醐寺本諸寺縁起集、竜門寺条所引の天禄元年八月太政官牒中の竜蓋竜門両寺別当解状に「件両寺、故義淵僧正、奉三為国家隆替、藤氏栄昌一所二建立一也」とあり、義淵建立の所説がはじめてみえる。権記、長保二年九月条には興福寺別当定澄を竜蓋・竜門両寺の別当となすとみえ、興福寺の末寺となったことがわかる(福山敏男「奈良朝寺院の研究」)。

笙の石室…(一〇八10)　以下本段の終りまで智源の法華験記にほぼ同じ。同書には「城石室」。笙の岩室は大峰山系の国見山中腹にあり、日蔵上人の修行の場所として知られ、また行尊僧正が歌を詠んだ話が今鏡に見える。大東急文庫本伝では、僧を「元興寺僧」とし、笙の岩室を「金峰山東南崛〈俗号二竹生石屋一〉」とするほかはほぼ同じ。本朝神仙伝(〔一三〕陽勝弟子童伝)も右に類似する。

延喜廿三年…(一〇八16)　以下「一切意に任せたりといへり」まで、年次も、事柄の内容も、智源の法華験記に類似する。これに反して、大東急文庫本伝には年次を十八年とし陽勝と東大寺僧の相遇の状況の記載を長く述べ、陽勝が僧のために鉢瓶に呪力をかけて美膳を供するなどの記事もかかげたあとに、旧里の祖父に伝えて欲しいという詞として、本書に対応する「我得レ仙以来飛行自在、見レ仏聞レ法、昇レ天入レ地、神変自在也」の語がある。本朝神仙伝は右伝にもとづき、これを簡潔に記す。

祖…(一〇九1)　以下六行の「恩徳に報ずべしといへり」まで智源の法華験記もほぼ同じ。ただ、本書が「祖」とするのを、彼は「母」とする。大東急文庫本伝・本朝神仙伝もほぼ同じだが、ともにこれを「祖父」と記す。

故老伝へて云はく…(一〇九9)　以下、智源の法華験記に類似の文があるが、大東急文庫本伝にはみえない。本朝神仙伝には類似の文がある。

名簿(一一〇14)　このころ、大学寮や大学別曹に入学のとき、入学者は束修とともに名簿を師に差出した(例、前田家本西宮記一・九暦、天徳三年八月条・兵範記、仁平四年三月条)。仏教についても、相応が円仁に名簿を差出した例があり(相応和尚伝)、武士についても、平将門は太政大臣藤原忠平に名簿を奉呈している(将門記)。なお本書では〔九二〕、別に本朝新修往生伝〔三三〕三善為康伝にみえる。

聖人の影像…(一一〇18)　書写山円教寺旧記の上人伝に「飯室延源阿闍梨侍二御供一、以二畳紙一図三上人形貌従二頸上一、…帰洛之後、図二絵影像一」とあり、図絵につき「釆女正巨勢広貴、図二絵上人徳行異能一」とある。このこと、権記、長保四年八・九月条にも見える。この段の話は今昔物語・古今著聞集巻十一にも見える。

〔四六〕**叡桓上人伝**(一一一7)　元亨釈書、感進三に、理満とならべて、睿桓についての類話をあげる。本書によるか。釈書はこの二伝のあとの賛に、「凡持誦者、逢二一勝相一、身心欣悦不二自持一、矜二語衆人一、衒レ異誇レ奇」と一般の持経者を批判し、「満公(理満)戒二擅信一、以二絶交之語一」、「桓師(叡桓)科義相応、捨レ散取レ定」「其不レ語レ瑞、相似同矣。二子者持誦之準規乎」という。

九縛一脱(一一一16)　天台宗で十種の似て非なる発心の相。摩訶止観巻一上に、発心について非なるものを簡ぶため十非心、即ち火途・血途・刀途・阿修羅・人・天・魔羅・尼犍・色無色・二乗の十道における似て非なる発菩提心の相を説くが、このうち前九を縛とし、後一を脱と名づける。「九種是生死、如二蚕自縛一。後一是涅槃、如二麞独跳一。雖レ得二自脱一、未レ具二仏法一。倶非故双簡」。

六即三観(一一一16)　六即は天台宗で仏に至る六種の段階をいう。摩訶止観巻一下に理即(一切衆生が悉く仏性を有す)・名字即(経論や善知識により菩薩の位を了知す)・観行即(更に進んで修行し自らの観智により知る)・相似即(六根清浄して聖者に類似する観行を発す)・分真即(分々に無明を断じて真性を見、中道の理を顕す)・究竟即(究竟円満の覚知を発す)の六種の行位を挙げる。三観は天台の観法で、空観・仮観・中観をいう。

十重禁戒(一一一16)　大乗菩薩の犯すべからざる十種の禁戒で梵網経に出づ。殺戒、盗戒、婬戒、妄語戒、酤酒戒、説四衆過戒、自讃毀他戒、慳惜加毀戒、瞋心不受悔戒、謗三宝戒。

十法成乗(一一一17)　十乗観法のことで、悟の境地に到るための十種の観法。摩訶止観巻五上に「観心具二十法門一。一観不可思議境、二起慈悲心、三巧安止観、四破法遍、五識通塞、六修道品、七対治助開、八知次位、九能安忍、十無法愛也」。

御斎会（一一四7）　金光明経（四巻・八巻本）、ないし異訳の金光明最勝王経（十巻本）を講説、読誦する法会の起源は古く、書紀には天武天皇九年五月、初めて同経を宮中及び諸寺に説き、持統天皇八年五月、毎年正月に諸国で同経を読誦することを定め、後者は諸国国分寺創建後、その根本行事となった。御斎会は、これらをふまえてととのえられた朝廷の儀式で、三宝絵下、御斎会には「コレニヨリテオホヤケ大極殿ヲカザリ、七日夜（正月八日より十四日まで）ヲカギリテ、ヒルハ最勝王経ヲ講ジ、夜ハ吉祥悔過ヲオコナハシメタマフ。吉祥天女ハ毘沙門ノ妻ナリ。五穀倉ニミチ諸ノネガヒ心ニカナヘムトイフ誓アレバナリ。…此会ハ諸国ニモミナ同日ヨリオコナフ。アメノ御門ノ御女、高野ノ姫ト申御門ノ御代、神護景雲二年ヨリオコレル也、格ニミヘタルベシ」とある。

三井寺（一二一8）　大津市三井にある園城寺のこと。寺門伝記補録に、円仁を導師として貞観元年供養すといい、同書等所引の太政官牒に貞観四年円珍が別当となり、八年に天台別院となすという。これらは三善清行の延喜二年作、智証大師伝にはみえないが、同書にも「貞観五年、於二近江国滋賀郡園城寺一、以二両部大法一、授二宗叡阿闍梨一」とみえる。園城寺は後に寺門派の拠点として繁栄し、永保元年四月、山徒に焼却された時の記録に「御願十五所、堂院七十九処、塔三基、鐘楼六所、経蔵十五所、神社四所、僧房六百廿一所、舎宅一千四百九十三宇也。〈已上官使実録記也〉」（扶桑略記）とある。

蔵王大菩薩（一二三17）　金峰山の神体で、後、吉野・大峰地帯ほかにも広まった。承平七年作の聖宝僧正伝に聖宝が金峰山に「金剛蔵王菩薩像」を造立したといい、寛弘四年、藤原道長が金峰山に参詣の折、奉納した金銅経筒銘に「南無教主釈迦蔵王権現」とある。金峰山寺にはまた、「長保三年辛丑四月十日辛亥内匠寮史生壬生」の刻銘のあるものなど、蔵王菩薩像を毛彫りにして鏡に彫ったものが多く出土している。金剛蔵菩薩に由来するといわれ、金剛蔵王菩薩は華厳経・円覚経にみえ、中国の道教信仰でも崇敬された。また胎蔵界曼荼羅空蔵院二十八尊の中に一百八臂の金剛蔵王がある。本書には他にも金峰山の蔵王菩薩、又は蔵王権現のことがみえ、〔九三〕にはその形相の描写もある。今昔物語巻十一ノ三では役の行者伝説と結びつけられており、「金峰山蔵王菩薩、此ノ優婆塞ノ行出シ奉リ給ヘル也」とある。

香隆寺（一四六6）　今昔に「仁和寺ノ東ニ香隆寺ト云フ寺有リ」とし、拾芥抄には「仁和寺内」とする。山城名勝志はこれらにより、葛野郡松原村の地という。成立については仁和寺諸院家記（顕証本）に「拾要詮云、香隆寺者霊厳円行弟子建立也、次第相承神日律師伝二寛空僧正一、寛空改レ之、寄二天暦御願一名二蓮台寺一」といい、古今著聞集二に「香隆寺僧正寛空は河内国の人也、神日律師入室…」ともみえる。右中、霊厳円行は、霊厳寺円行（真言宗、承和五年入唐、仁寿二年入寂）、神日は真言宗、延喜十年権律師となり、十六年律師となったが同年死す（僧綱補任）。寛空は円行・神日入室の弟子で（小野僧正記）、天慶八年権律師、以後昇進して康保元年僧正、天禄三年死す（僧綱補任ほか）。

定澄（一四六6）　左京人。俗姓壬生氏。寛空僧正の弟子で、法相宗の僧。永延二年講師となり、長徳元年已講を勤め権律師、長保二年権少僧都となって、興福寺別当に任ぜられ、五年に藤原道長の維摩会に加わり権大僧都となり、寛弘八年大僧都となり法務を兼ねた。長和四年十一月一日に八十一歳で入滅す（僧綱補任・興福寺別当次第ほか）。今昔「定修」。

〔七八〕**覚念伝**（一四七12）　拾遺往生伝巻上〔三〕覚念伝には、本書の説話はみえないが、明快の舎兄とあるなど、同一人とみられる。ただ右伝に、「以二永承年中一寂而還化」とみえ、これが正しいとすると、本書の長久年間成立と矛盾する。しかし両伝を比較するに、右伝では明快を天台座主とするに反し、本書ではただ律師とある。明快は長久四年十二月、権律師より権少僧都に補せられ、天喜元年天台座主となっているのに、本書はその事実を知らないのである。故に拾遺往生伝の没年が誤っており、また本書が長久四年以前の成立であることがわかる。

明快（一四七13）　藤原俊宗の子。明豪に師事し、皇慶の灌頂弟子。長暦元年御持僧の労により権律師となり、長久四年権少僧都、永承五年権大僧都に移り、同七年法性寺座主を兼ね、天喜元年天台座主に補せられ法成寺別当を兼ね、同二年法印大僧都となり、同三年僧正に転じた。康平三年大僧正に任ぜられたが、同八年辞し、延久二年三月十八日に八十四歳(一説八十六)で入滅した(僧綱補任・天台座主記・華頂要略)。台密梨本流の祖で、世に梨本僧正と称せらる。

明蓮(一四九6)　僧妙達蘇生注記に「河内国深貴寺明蓮師者、卅年之内奉㆓読法花㆒、無量罪除。兜率天内院高座之上可㆑講㆓法花経㆒」とあり、扶桑略記、延長八年八月十九日の裡書に「依㆓修験之聞㆒、召㆓河内国志貴山寺住沙弥命蓮㆒、令㆑候㆓左兵衛陣㆒、為㆓加持㆒候㆓御前㆒」とある。この志(深)貴山寺の明蓮＝命蓮は、志貴山縁起絵巻(古本説話集下六五・宇治拾遺物語一〇一にも同種の話がある)の「命れむ」や信貴山寺資財宝物帳の命蓮と同一人であり、今昔物語巻十一ノ三六の主人公明練も、説話の内容はちがうが同一人であろう。しかし、本書の明蓮に志貴山との関係がみえず、法隆寺僧としてあり説話の内容も全くちがうので、同一人とは考えがたい。

稲荷(一四九14)　いま伏見稲荷大社。京都市伏見区。起源は山城風土記逸文に「伊奈利社。称㆓伊奈利㆒者、秦中家忌寸等遠祖伊侶具秦公、積㆓稲粱㆒有㆓富裕㆒。仍用㆑餅為㆑的者、化㆓成白鳥㆒、飛翔居㆓山峰㆒、伊禰奈利生。遂為㆓社名㆒」、年中行事秘抄に「件神社立始祭始之由、慥無㆓所見㆒。但彼社禰宜祝等申状云、此神、和銅年中、始顕㆓在伊奈利山三箇峰平処㆒。是秦氏祖中家等、抜㆑木殖㆑蘇也。即彼秦氏人等、為㆓禰宜祝㆒供㆓給春秋祭等㆒、依㆓其霊験㆒有㆑被㆑奉㆓臨時御幣㆒。相次延喜八年、故贈太政大臣藤原朝臣、修㆓造始件三箇社㆒者」。正史では類聚国史に、天長四年正月に従五位下を授くる宣命を載せ、文徳実録、天安元年四月条に「在㆓山城国㆒従四位上稲荷神三前各奉㆑授㆓正四位下㆒」といい、延喜神名式に「山城国紀伊郡稲荷神社三座〈並名神大、月次・新嘗〉」、また伊呂波字類抄に「稲荷〈宣命紙黄、使四位〉三所、下宮〈田中〉、中宮〈命婦、四大神黒鳥〉、上宮〈小薄〉」。なお、仏教の茶吉尼天は六カ月前に人の死を知る通力があり、この法を修すると通力が得られるとされる。ここでは茶吉尼天と稲荷とを混同したのであり、後世の稲荷権現の先駆か。

伯耆の大山(一五〇1)　鳥取県西伯郡にあり、主峰大山岳(一七三一メートル)のほかに剣峰・船上山などの別峰あり。大山には大山寺がたてられ、大山寺縁起等に古伝説をかかげるが、確かな史料としては円仁の入唐求法巡礼行記巻四、承和十四年条に、帰朝直後、「於㆓大山寺㆒、始入唐時所㆑祈金剛般若五仟巻、皆先馳㆑使、奉㆑送㆓綵帛㆒」とあるのが早い。元亨釈書巻十四に釈蓮入の伝があり、寛弘のころ「居㆓伯耆大山寺㆒」とある。院政期以後は多数の堂塔、衆徒をかかげて活躍した。

大智明菩薩(一五〇2)　出雲国風土記、意宇郡条の「有㆓伯耆国火神岳㆒」は大山と考えられ、承和四年に従五位下(続後紀)、貞観九年に正五位上(三代実録)。延喜神名式に、会見郡大神山神社がある。大智明菩薩の号については、伯耆国大山寺縁起に、何によるものか、「村上天皇御時…此権現をば大智明菩薩とぞ被宣下ける。応和三年癸亥三月比、宣旨給て神殿に納しより以来、大智明権現とこそ申けれ」とある。本地は地蔵菩薩とされ、承和三年八月大山寺鉄製厨子銘に「大山権現御体三尺金銅地蔵等容一軀」とある。

巻　下

〔八一〕**神融伝**(一五四3)　泰澄の伝は、㈠元亨釈書巻十五、方応に伝がある。賛に、広く諸記をさがしたが怪誕のことが多い、ただ「天徳二年、浄蔵門人神興受㆓口授㆒作㆑伝」、その「弊朽一軸」は「所㆑聞不㆑妄矣。今之撰纂者、采㆓諸興(神興のこと)伝㆒焉」とあるので、釈書の伝は主にそれによったことが知られる。他方、金沢文庫には㈡泰澄和尚伝記(正中二年書写)があり、平泉澄氏はそれを紹介して、同書の末に「今、天徳元年丁巳三月廿四日、勘㆓風土旧記㆒、依㆓門跡首老浄蔵貴所面授言談㆒、門徒小僧神興等、粗記㆓操行㆒、以備㆓後代亀鏡㆒焉」とあることなどにより、これが釈書の依拠と同一物とみている。いま㈠及び同じく釈書巻十八、神仙の白山明神を合せて㈡と比べると、構成説話の順序に異同はあるが、ほぼ㈡とひとしいものとなること、ただ㈠中の越国国上山での話は㈡にみえないことが知られる。他方、本書の説話は、その釈書中の国上山の話と同じく、文章の同じところも多い。釈書が本書を参考にしたことは、他の説話について知られるから、釈書は、本書及び泰澄和尚伝記によって、泰澄及び白山明神の伝を作ったと考えられる。故に本書の伝は(二)と別系統である。(三)今昔物語巻十二ノ一は本書によるか。正中二年栄海の書いた(四)真言伝巻四には二段に分って泰澄の伝を書くが、前段は(二)と同工で「已上伝説」といい、後段の大半は国上山の話である。終りに「私云、此和尚ノ事、伝ノ中ヨリ略シテ書出侍リ。彼伝天暦元年作云云。伝ノ文章、古ノ文体ニ似ズ。能ク是ヲ尋ベシ」とある。

坂東(一五六8) 公式令、朝集使条に「凡朝集使、東海道坂東…皆乗駅馬」といい、坂は義解に「駿河与相模界坂也」とある。続紀、神亀元年四月条に「坂東九国」とあり、関東地方をいう。

慈恵大僧正(一五七11) 近江国浅井郡岳本郷の人で俗姓木津氏。延喜十二年生。十二歳で叡山に登り理仙に師事、覚恵より灌頂を受く。康保三年天台座主、貞元二年僧正になり、天元四年円融天皇の病気祈禱の功により大僧正。寛和元年正月三日、七十四歳で入滅。慈恵大師の諡号を賜り、世に元三大師と称す。叡山に堂塔を建立し門徒が繁栄したので中興の祖と称される。なお増賀が良源の弟子なること続本朝往生伝(一二)・諸嗣宗脈記にみゆ。

多武峰(一五八1) 奈良県磯城郡の南部にあり、藤原鎌足を祀る談山神社がある。多武峰略記等によれば、鎌足の子定慧は父の遺骸を多武峰に改葬して十三重塔を建てた。その後廃頽していたのを嘉祥元年より堂塔が再興されて妙楽寺と称した。のち天台宗の実性が天暦元年に座主となってから繁栄がつづいた。

南岳大師(一五八2) 慧思。河南省の人。幼にして出家し専ら法華経を誦し、山野にて禅を修す。慧文より観心の法を受けて法華三昧を行い、後に南遊して衆生に講説し、南岳に入って大建九年に六十三歳で入滅(続高僧伝・法華伝記・天台九祖伝等)。末法思想の創唱者。

天台大師(一五八2) 智顗。荊州華容の人。十八歳で出家して法華三部経を研究し、慧思より法華三昧を学んだ。後、金陵の瓦官寺で大智度論・法華経を講義して多くの門弟を導き、次いで天台山に籠居し、隋煬帝の尊崇を得て智者の号を賜ったが、廬山や南岳及び荊州に移った後に天台山で開皇十七年六十歳で入滅。天台宗の開祖で、摩訶止観・法華玄義・法華文句の天台三大部の外、多数の著述がある(続高僧伝・天台九祖伝等)。

みつわさす…(一五八14) 八十余の老人になって、やっと逢いがたい幸福(極楽往生)に逢うことが出来て実に嬉しいことだの意。「みつわさす」は老年の形容、「海月の骨」は滅多に逢うことのない譬、続本朝往生伝は末句「遭ひにけるかな」(一二三六頁)。なお袋草紙は権化人歌として載せている。

〔八三〕源信僧都伝(一五九2) 源信の初期の伝としては、本伝のほかに(一)楞厳院廿五三昧結衆過去帳(僧慶政写、平安朝往生伝集所収。同集解題によるに、「長和二年起草、長元七年をそう下らない時期に成立」)の前権少僧都源信の部、及び(二)続本朝往生伝(九)、(三)延暦寺首楞厳院源信僧都伝がある。本伝の第一段は、文も(一)に類似しているので、この段はそれによったものとみられる。(一)は源信や慶滋保胤等が寛和二年(九八六)に結衆し、横川で毎月十五日に念仏三昧を修した廿五三昧会(→解説七一三頁)の、結集の人々の過去帳で、長和二(一〇一三)年七月十八日に、それまでになくなった各人の名、没日、または加えて伝を記し、以後書きついでいったもの。源信は寛仁元年(一〇一七)になくなったので、当然その書きつぎの部分に伝がある。本伝の第二段以後は、入滅の時刻など、(一)によったかともみられる箇処はあるが、おおむね(一)と対応するものがない。この部分は別の史料によったものとも考えられるが、内容上、源信讃嘆の抽象的な記述が多く、著者鎮源自身が、源信についての自分の知識や聞書によって記述したものではあるまいか。本書の成立は解説に記すごとく、源信没後二十七年目の長久四年(一〇四三)ごろで、著者は源信と同時代人であるばかりでなく、源信と同じく首楞厳院の僧であり、しかも鎮源は源信が晩年いとなんだ雲山院釈迦講の結衆の一員でもあったことが知られるからなおさらその感を深くする。なおこの部分についてみると、源信の所業のうちに念仏より法華読誦を強調しているのは、本書を通じてみられる著者の主観によるところがあろう。次に(二)続本朝往生伝(九)の源信の伝は、本伝とも(一)(三)とも対応しない部分が多いから、いずれとも別系統であると考えられ、著者の大江匡房が源信の著作や事蹟を「別伝」等の書物や口伝によって知り、記述したものではあるまいか。㈡にはまた書き入れがあり、そこには㈠の廿五三昧過去帳や、「別伝」によることが注記されている。次に㈢延暦寺首楞厳院源信僧都伝は、跋文によると、右大弁某の命により源信入室の弟子、横川慶範からの聞書などによって書かれたものという。上記㈡の書き入れにいう「別伝」はこれと同文である。今昔物語巻十二ノ三二は、本伝によって書かれたものと認められる。弥勒如来感応抄四にも見ゆ。

卜部正親（一五九3）　不詳。占部氏は卜占を掌る氏の名。国史・戸籍等には、対馬・壱岐・筑前・因幡・下総・常陸等に分布する。中央の神祇官にも職としての占部があり、対馬・壱岐・伊豆等の卜部氏ほか、卜術に長じたものをこれに採用したが（職員令集解・延喜神祇式）、地方の卜部氏はそれぞれの地の大社に仕えたものか。源信の家の卜部氏は大和の葛木神社関係の卜部氏か、との説もある。

心性の三千（一六〇2）　一念の心に三千の数に表現される全宇宙の諸法を具することを観ずる天台宗の観法。摩訶止観巻五上「夫一心具二十法界一。一法界又具二十法界一百法界。一界具二三十種世間一、百法界即具二三千種世間一、此三千在二一念心一」。

一切衆生皆成仏道（一六〇3）　一切の衆生は生れながらにして皆仏性を有し、煩悩を離れればすべて菩提に入ることができる。一切衆生の有性と無性の説は古来仏教の二大諍点で、我国では最澄が法相宗の徳一との間に仏性論を廻って論争しており、天台教学を基にした法華一乗思想の現れである。

定性無性不成仏（一六〇4）　法相宗で説く五性各別論で、仏性を有しない無仏性の有情と生空無漏（五蘊の仮に和合したもので常我なく煩悩を断ずることによって涅槃に入ることが出来る）の種子のみを有する声聞定性・縁覚定性は大乗の仏果を得ることが出来ないという。

馬鳴（一六〇4）　仏滅後六百年、中印度舎衛国に生れ、始め外道の法を習ったが、脇尊者に論破されて仏門に帰し、博く仏学を学び衆生を教導した。仏所行讃・大荘厳論経・大乗起信論（中国選述説もある）などの著述があり、大乗仏教の基礎を築いた（法苑珠林巻五十三・仏祖統紀巻五等）。

竜樹（一六〇5）　仏滅後七百年に南印度に生れ、大小乗を学んで顕密八宗の祖といわれ、大乗仏教の勃興に貢献した。日本・中国では三論宗の祖とされた。中論・大智度論・十住毘婆沙論を始め多数の著がある（法苑珠林巻五十三・仏祖統紀巻五等）。

八塔の倭讃（一六〇9）　八塔は仏生から入滅に至る霊蹟八処に立てた塔。法賢訳の八大霊塔名号経一巻幷梵讃一巻があるので、これによった和讃か。倭讃は倭語をもって仏や先師の徳を讃えた韻文（→二九頁補「阿弥陀の倭讃」）。天台宗章疏目録・諸宗章疏録などに書名が見えるが現存しない。

迎講（一六〇11）　廿五三昧過去帳に、源信の没日同日、弟子能久の夢に源信往生の想あり、その様子は「似二横川迎講儀式一」とある。迎講は、阿弥陀来迎の儀式を行う法会。古事談巻三に「迎講者、恵心僧都始給事也。三寸小仏ヲ脇足ノ上ニ立テ、脇足ノ足ニ付レ緒テ引寄々々シテ渧泣給ケリ」とある。その後の迎講の事例としては、後拾遺往生伝巻中（一四）安部俊清伝に雲居寺の迎講、拾遺往生伝巻下（三六）永観伝に永観による中山吉田寺の迎講があり、今昔物語巻十五ノ二三には一人の聖が丹後にこれを伝えたといい、南無阿弥陀仏作善集等には重源が播磨の渡辺別所で迎講をはじめたという。

頭陀の行（一六〇13）　元来衣食住三種の貪着を払う行法をいい十二種があるが、主として乞食行、即ち僧が食を人に乞い歩いて修行することをいう。大鏡巻二、頼忠伝に源信の頭陀行の話がある。源信僧都伝に「永延之初、偸レ閑頭二陀海西一之日」宋商にあうといい、宋商に託した消息文にも「源信、暫離二本山一頭二陀于西海道諸州名岳霊窟一」とある。

小阿弥陀経疏…（一六〇16）　小阿弥陀経疏は阿弥陀経略記のことであろう。一巻。鳩摩羅什訳の阿弥陀経の注釈で、長和三年に成る。↓一六八頁注「小阿弥陀経」

対倶舎抄は、大乗対倶舎抄十四巻。倶舎論六百頌と大乗諸経論疏とを比較対校し異同を明かにしたもので、寛弘二年成る。

因明四相違疏注釈は、因明論疏四相違略註釈三巻。因明四相違の注釈で、貞元三年春成る。

同断纂は、本朝台祖撰述密部書目には因明義断纂要注釈とある。華頂要略に一巻と記すが、現存せず。

影像（一六〇18）　続本朝往生伝(九)源信伝に宋朝の人が源信の影像を礼拝する記述があり、注記に、その影像は宋人の求めにより、生前の真影を写したもので承円阿闍梨これを書くという。源信僧都伝には木工権少允巨勢広貴に命じて画かせたという。

往生要集を…（一六〇18）　往生要集跋文の正月十五日付(寛和二年の年号を付した版本もあるがこれは追記)与宋周文徳書、及び二月十一日付周文徳書によると、源信は往生要集及び、先師良源の観音讃、慶滋保胤の日本往生伝(日本往生極楽記をさす)等を宋商周文徳に託して宋におくり、周文徳はこれを天台国清寺におくり、彼地の僧俗男女五百余人は浄財を国清寺に投捨して同寺に五十間廊屋が造進された。往生要集が天台国清寺に施入されたことは廿五三昧過去帳の、寂照上人(長保元年入宋、続本朝往生伝(三三)大江定基伝参照)の書状にもみえる。

大師の号（一六〇18）　廿五三昧過去帳にみえる宋僧行辿の書状に「附二日本国天台首楞厳修西方浄土浄業源信大師一」とあり、宋商周文徳の書(→前項)の宛名に「謹上　天台楞厳院源信大師禅室法座前」とある。「号を授けて」は誤り。

妙音菩薩（一六一8）　法華経妙音菩薩品に見える菩薩で、釈迦が光明を放って東方の恒河沙世界を照した時、浄光荘厳世界から霊鷲山に来たといい、八千四千の衆宝蓮華を化作したという。

転重軽受（一六一10）　今世の修行によって前世からの重悪業を転じて軽い報を受けること。この思想はのちに日蓮が重視した。文永八年十月五日の大田左衛門尉ほか二名宛の書簡に「涅槃経に転重軽受と申法門あり、先業の重き今生につきずして未来に地獄の苦を受べきが、今生にかゝる重苦に値候へば、地獄の苦はつときへて、死候へば人・天・三乗・一乗の益をうる事の候」といい、同様の思想は各書にみえていて、日蓮の宗教の支柱の一つとなっている。

金槍馬麦（一六一11）　舎衛城の四十人が互に怨敵となって争う時、仏が昔悪心を懐いた賈人五百人を害した罪により、右足の大指に鉄槍の殃を受けたことを述べた話が慧上菩薩経巻下(経律異相巻五)にあるが、金槍はそれを指すか。馬麦は、仏が阿耆達王の招請で三月安居するが乞食することが出来ず、馬の食糧である麦を食した故事が中本起経巻下(経律異相巻五)にある。共に仏の苦難を物語る。

名徳学徒（一六一14）　今昔「止事无キ学生幷ニ聖人達」。廿五三昧過去帳に「日来数誡二門弟一云、我臨終時可レ問二要事一。生善悪起如レ実示レ之」とある。また入寂の前日(九日)のこととして、「九日偸示二親昵僧一云」とある。語の内容は二三五頁注記四行以下にほぼ同じ。

慶祐（一六一18）　小右記、長保元年十月六日条に、太皇太后御悩につき、「以二阿闍梨慶祐一欲レ令レ行二護摩一者云々」とあり、僧綱補任(彰考館本)、治安元年条に、覚超(続本朝往生伝(一〇)参照、長元七年死)につき、「慈恵大僧正弟子、井上慶祐阿闍梨受法」とある。同時代の天台宗阿闍梨であるので、多分この人。ただし古事談巻三・十訓抄巻五・天台霞標に源信と慶祚の交わりの話がある。

事理（一六一18）　事は因縁によって生じたもので森羅万象の相をいい、理は因縁の作用を離れた不生滅のもので真如の体をいう。ここは事理不二即ち真理は平等である道理を悟ることをいう。

松尾明神（一六四15）　京都市右京区松尾にある。本朝月令所引、秦氏本系帳に、大宝元年秦忌寸が松埼日尾に坐す胸形坐中部大神をこの社に勧請したという。新抄格勅符抄に、神護景雲元年山城に神封二戸、三年因幡に二戸を寄せたとあり、続紀に、延暦三年遷都の故に従五位を授く、とあり、これより神位しばしば改まり、貞観八年正一位に叙され、延喜式に名神大社に列なる。

観明（一六六15）　今昔に「観命」とあり、勧命のことかも知れない。勧命は、延昌の弟子で延暦寺阿闍梨。寛和二年に西塔院主、永延元年に権律師、永祚元年十二月に入滅(僧綱補任・宝幢院検校次第)。勧命を誤って観命と書いた例は、叡岳要記上、大講堂供養(天延元年)に「唄観命律師」。これは同書、中堂供養(天元三年)に「唄…律師勧命　山」とあるのに対照すれば、勧命の誤であることが知られる。

百万遍（一八〇17）　百万遍念仏、即ち阿弥陀仏の名号を百万遍唱えること。

浄土論巻下に「如二綽禅師一、撿二得経文一、但能念仏、一心不レ乱、得二百万遍已去一者、定得二往生一。又綽禅師依二小阿弥陀経七日念仏一、撿二得百万遍一也。是故大集経、薬師経、小阿弥陀経、皆勧二七日念仏一者、此意明矣」と七日間の念仏により百万遍に達することが説かれている。平安時代においては栄花物語、たまのかざりに「(皇太后妍子が)年頃もいと道心おはしまして百万返の御念仏など常にせさせ給」、同、布引の滝に「(頼通の薨後)心清き奥山の聖どもに、百万遍を満てさせとぶらはせ給つるを…」とあり、狭衣物語巻三にも「宮(女二宮)も、この程は百万遍満てさせ給ひけり」と見える。平安末期の天王寺では百万遍念仏がおこなわれ、そのための貴賤の参詣がたえなかった。たとえば拾遺往生伝巻下〔四〕永快伝、後拾遺往生伝巻中〔一〕永暹伝。台記、久安二・三・四・六年九月条、玉葉、建久二年九月条、天王寺念仏三昧院供養願文(江都督願文集所収)などの記述では、京都、近郊の貴賤男女が半永久的な念仏衆を形成していたことも知られる。

〔一〇〇〕**願西伝**(一八一4)　今昔物語巻十二ノ三〇の前半は、本伝によると考えられる。ただ、後半の、願西を安養尼とよび、所持の法華経が霊験あらたかで、火災にも焼けなかったという話は、源信の姉であり寛弘年中(一〇〇四―一〇一一)になくなった本伝の願西ではなくて、長元七年(一〇三四)に死んだ妹の願証の話のまぎれこんだものであろう。願証の伝は続本朝往生伝〔四〇〕にあり、参照のこと。また楞厳院廿五三昧過去帳の源信の部に、源信の姉妹に三女あり、第一女は「臨終正念、念仏命終」、第二女は「命終之時、異香満レ室」、第三女は「現在、是極善人也。書二写法華経一、恭敬頂戴矣。…所レ住草庵、遭レ火焼亡。随レ身資具、皆成二灰燼一。唯此経一部在二灰中一独存」とあるが、過去帳のこの部分の書かれたとき(源信の死んだ寛仁元年(一〇一七)以後)、第一女・第二女は既になくなっていたことがわかるから、本伝の主人公の願西は第一又は第二女であり、願証は第三女であろう。しかも、安養尼所持の法華経が火災にも焼けなかったという記述が第三女について語られているので、この推測は一層たしかなものとなろう。

道祖神(二一一五10)　風俗通(漢の応劭撰)祀典篇に「共工之子曰レ脩。好二遠遊一、舟車所レ至、足跡所レ達、靡レ不二窮覧一。故祀以為二祖神一」といい、和名抄の道祖の条はその文意をのせる。道祖神は、和名抄同条に引く楊子漢語抄に「佐部乃加美」とよみ、名義抄も同じ。他方、和名抄は岐神を「布奈止乃加美」とよみ、名義抄も同じである。これらによれば、道祖神＝サへの神、岐神＝フナトの神であるが、天平勝宝八年立太子の道祖王、新撰姓氏録所載の道祖史の道祖も古来フナトとよみ、道祖神もフナトの神とも言ったかも知れない。サへの神は、道路や堺にこれをまつって鬼魅・疫神を防ぐものであり、フナトの神も、記紀神代巻や延喜神祇式、道饗祭祝詞等によれば同じ性質の神である。道祖神は後に村の辻、橋の袂などで広く祭られ今日の民俗にも残ったが、本書のこの記載や、新猿楽記の右衛門尉第一本妻の「持物道祖祭似レ少レ応」「五条道祖奉二粢餅千葉手一」は道祖神信仰の早い記録であり、特に本書のそれは地方の信仰の状態を示すものとして貴重である。

円融院（二二四1）　村上天皇第五皇子、母は中宮藤原安子、安和二年受禅、永観二年八月譲位、正暦二年崩御、寿三十三。

東三条院（二二四1）　円融天皇女御、寛和二年皇太后、正暦二年落飾、東三条院と号す、長保三年崩、年四十。

左相（二二四5）　道長は兼家の五男。長徳元年右大臣、氏長者、同二年左大臣、長和五年摂政、寛仁元年十二月太政大臣となる。同三年三月出家して法名行観。御堂殿または法成寺殿といわれる。日記に御堂関白記がある。

儀同三司（二二四6）　唐では開府儀同三司は従一品の文散官。故に日本でこれに準ずれば従一位。伊周は寛弘五年正月大臣に準じて封戸一千戸を賜ったが（公卿補任・御堂関白記等）、職原鈔に「五年、准二大臣一賜二封戸一千戸一、自称二儀同三司一」とある。これにつき、伏見宮御記録、元二十八上に「遂以後不レ叙二一位一、号二儀同三司一候。若准二大臣一之故歟之由、推量候」とある。

九卿（二二四6）　右将軍実資―右将軍は右近衛大将。実資は藤原斉敏の四男で、祖父実頼の子となる。長保三年より長久四年まで右大将。治安元年右大臣、長暦元年従一位。永承元年正月十八日九十歳で薨ず。後小野宮殿とか賢人右府といわれ、日記小右記がある。

　右金吾斉信―右金吾は右衛門督。斉信は藤原為光の二男。長保三年より寛弘六年まで右衛門督。寛弘五年正二位、寛仁四年大納言。長元八年三月二十三日六十九歳で薨ず。

　左金吾公任―左金吾は左衛門督。公任は藤原頼忠の一男。長保三年より寛弘六年まで左衛門督。寛弘六年権大納言、万寿元年致仕、同三年正月解脱寺にて出家、長久二年正月一日七十六歳で薨ず。四条大納言といわれ、新撰髄脳・和歌九品・北山抄の著者。

　源納言俊賢―源高明の三男。長徳元年参議となり、寛弘七年正二位、寛仁元年権大納言、同三年十月致仕、同四年民部卿となる。万寿四年六月十一日出家し、十三日六十八歳で薨ず。

　拾遺納言行成―拾遺は侍従の唐名。行成は藤原伊尹の孫、義孝の子。寛弘六年権中納言、長和二年正二位、寛仁四年権大納言となり、万寿四年十二月四日五十六歳で薨ず。書道の大家で三蹟の一人。行成詩稿の編著がある。

　左大丞扶義―大丞は大弁の唐名。扶義は源雅信の四男。正暦五年八月参議となり、左大弁・大蔵卿を兼ぬ。長徳四年七月二十五日四十八歳で薨ず。

　平納言惟仲―平珍材の一男。長徳四年中納言となり、長保三年大宰権帥を兼ね、同五年従二位。寛弘元年十二月宇佐宮の訴により帥を止め、同二年五月二十四日太宰府にて薨ず、六十七歳。

　霜台相公有国―霜台は弾正台、相公は参議。有国は藤原輔道の四男、初めの名は在国。長徳元年大宰大弐、同五年弾正大弼を兼ね、長保三年参議従二位となり、同五年弾正大弼を解かる。寛弘七年修理大夫、同八年七月十一日六十九歳で薨ず。詩人として知られ、勘解相公草がある。

雲客（二二四8）　実成―藤原公季の一男。侍従・少納言・兵部大輔・右中将・蔵人頭・中宮権亮・参議・右兵衛督・検非違使別当・右衛門督などを経て、治安三年中納言となり、万寿元年正二位。長元六年大宰権帥を兼ね、長暦二年事に坐して除名されたが同四年本位に復し、寛徳元年十二月十日七十歳で薨ず。

　頼定―為平親王の二男。弾正大弼・左中将・蔵人頭を経て、寛弘六年三月参議となり、長和五年正三位。次いで勘解由長官・左兵衛督・検非違使別当を兼ね、寛仁四年六月八日出家、十日に四十四歳で薨ず。

　相方―源重信の子。正暦の頃備後守となり、長徳元年十月に播磨守として昇殿を聴され、同二年八月権左中弁、十月東大寺俗別当に補せらる。時に従四位下。

　明理―源明理か。系譜未詳。職事補任に「右近少将従五位下源明理、永祚二九一補」とある。本朝世紀、正暦五年四月十四日条に左近権少将、日本紀略の同年十月二日条に左近少将とある。同六年正月に従四位下に叙せられた（職事補任、但し平明理とあるは誤りであろう）。長徳二年四月藤原伊周の事件に連坐して殿上を差止められ、七月本に復した(小右記)。寛弘三年三月四日に詩を賦している(本朝麗藻)。なお権記の長保年間に「左京大夫明理」とあるのや、御堂関白記の寛弘四年十二月二日に「皇大后宮明理」とあるのが同一人物か不明。また大鏡、伊尹伝に「讃岐前司明理」とあり、紫式部日記、寛弘五年九月十五日に「小兵衛〈左京のかみ明理が子〉」とあるのも不明。除目大成抄の寛弘四年の項に「美濃介従五下十市宿禰明理」の名がみえるので両者の区別が判然としない。

管絃(二二四8)　以下六人の中、道方・高遠を除く四人は二中歴、管絃人にみえる。

道方―源重信の子。侍従・宮内卿・蔵人頭・勘解由長官・左大弁・参議を経て、寛仁四年権中納言となり、長元二年大宰権帥を兼ね、八月正二位、長久四年正月二十四日に辞職、五月九日七十六歳で薨ず(尊卑分脈によると、長久五年九月二十五日出家、同日薨、七十七)。琵琶の名手で内裏の管絃にしばしば奏している。

済政―源時中の子。五位蔵人・右近少将・信濃守・讃岐守・近江守・播磨守・丹波守・修理権大夫・皇太后宮亮などを歴任、正四位下に叙せらる。長久二年に没し、三位を贈られた。郢曲・和琴・笛・箏の名人。

時中―源雅信の一男。内蔵頭・大蔵卿・参議・左兵衛督・右衛門督を経て、長徳元年中納言、同二年大納言となり、按察使・中宮大夫を兼ね、従二位。長保四年八月に辞職、十二月三十日六十一歳で薨ず。「音楽舞曲名誉人」(郢曲相承次第)で、笛・和琴・郢曲の名人。

高遠―→三七頁注

信明―源博雅の二男で従五位上大蔵大輔となる。琵琶の名手(胡琴教録・琵琶血脈・文机談・古今著聞集)。

信義―源博雅の三男で典薬頭・雅楽頭になり従五位上に叙せらる。管絃君と称し琵琶の名手(琵琶血脈・古今著聞集)。

文士(二二四9)　以下十人の中、積善までの五人は二中歴、儒者諸大夫のうちに、為憲以下は同、文章生諸大夫のうちにみえる。

匡衡―大江維時の孫、重光の子。天元二年対策に及第し、文章博士・東宮学士を経て、寛弘七年式部大輔、侍従を兼ね、正四位下に叙せられ、長和元年七月十六日六十歳で没。一条・三条両帝の侍読を勤め、長保・寛弘の年号を撰ぶなど、当時第一の儒者として誉高い。江吏部集三巻が現存。

以言―大江仲宣の子で始め弓削姓となり後本姓に復した。藤原篤茂に業を受け正暦三年対策に及第、飛騨権守・文章博士となり、式部権大輔を兼ね従四位下に至る。寛弘七年七月十四日五十六歳で没。以言集八巻があったが伝わらず。本朝文粋・本朝麗藻などに作品は数多い。

斉名―本姓田口氏で後に紀氏。業を橘正通に受け対策に及第、大内記・式部少輔などとなり、長保元年十二月十五日四十三歳で没。斉名集一巻は佚し、扶桑集十六巻(巻七・九のみ現存)は彼の撰。

宣義―菅原惟熙の子。式部少丞・大内記・東宮侍読・右少弁・式部権少輔・兵部権大輔などを歴任、長和元年文章博士、寛仁元年四月二十二日没。詔勅の抄を作り、作品が本朝麗藻などにみえる。

積善―高階成忠の八男。伊予丞・宮内丞・弾正少弼などを経て、寛弘八年左少弁、のち従四位下民部大輔に至る。没年未詳。本朝麗藻二巻の撰者で、本朝文粋などに作品がある。

為憲―源忠幹の子。源順の弟子で応和の頃文章生、正暦二年遠江守に任ぜられ、長徳年間美濃守になったが、長保元年事に坐して釐務を停められ翌年本官に復した。その後伊賀守となり寛弘八年八月没。口遊・空也誄・三宝絵・太上法皇(円融)御授戒記・世俗諺文などの著述がある。また本朝詞林を撰したが伝わらない。作品は本朝麗藻などに数多い。

為時―藤原兼輔の孫、雅正の子で、紫式部の父。文章生となり式部丞を経て永観の頃蔵人となる。長徳二年淡路守となる(長徳二年大間書)。同年越前守、寛弘六年左少弁、同八年越後守、長和三年辞任、同五年三井寺で出家。寛仁二年正月藤原頼通の摂政大饗料の屏風詩を詠む。没年は未詳。作品は本朝麗藻などにみえる。

孝道―源元亮の子で満仲の子となる。長保元年頃大学頭兼大和守となり(平安遺文)、寛弘年間越前守、同七年三月三十日没。本朝麗藻に作品を収む。

相如―高丘相如。応和の頃文章生として慶滋保胤と才能を謳われた。永観二年大外記、正暦三年正月飛騨守。藤原公任の師で、和漢朗詠集や本朝文粋などに作品がある。

道済―源信明の孫、方国の子。大江以言の弟子で、文章生の後蔵人・式部大丞などを経て、寛弘三年正月叙爵の後下総権守、長和四年筑前守兼大宰少弐、寛仁三年正五位下で卒。詩文は本朝麗藻などにあり、歌人としても秀れ道済十体の著がある。

和歌（二二四10）　以下七人の中、実方・輔親は二中歴、歌人公卿のうちに、道信・長能・好忠は同、諸大夫、式部・衛門は同、女房のうちにみえる。

道信―藤原為光の三男で兼家の養子。正暦二年左近中将。正暦五年七月十一日、従四位上兼美濃権守として卒、二十三歳。勅撰集に四十九首入集、道信朝臣集がある。

実方―藤原師尹の孫、貞時の子、叔父済時の養子となる。永延元年右馬頭、後左近中将となり、長徳元年正四位下陸奥守、同四年十二月任地で没。円融・花山両帝の寵を受け、拾遺集以下勅撰集に六十数首入集、実方朝臣集がある。

長能―藤原倫寧の子で道綱母の兄。右近将監・左近将監・蔵人・図書頭・上総介を経て、寛弘六年伊賀守。没年未詳。寛和二年の内裏歌合に講師を勤め、長保五年の左大臣道長の歌合に加わる。勅撰集に五十余首入集し、長能集がある。

輔親―大中臣能信の子で伊勢大輔の父。寛和二年文章生となり、皇太后宮権少進・美作守などを経て、長保三年祭主・神祇権大副、長元九年正三位。長暦二年六月二十二日八十五歳で薨ず。寛仁二年正月摂政藤原頼通の大饗に屏風歌を撰進、長元八年五月賀陽院水閣歌合に判者。輔親卿集がある。

式部―和泉式部。越前守大江雅致の女。橘道貞と結婚して小式部を生み、後に為尊親王・敦道親王と恋に陥る。寛弘年間中宮彰子の女房となり藤原保昌と結婚。没年未詳。勅撰集に二百余首の歌が見える。和泉式部集・和泉式部日記がある。なお普通唱導集には「小式部」とする。

衛門―赤染衛門。赤染時用の女（一説平兼盛の女）。大江匡衡に嫁して挙周・江侍従を生み、夫の死後尼となる。長元八年五月の賀陽院水閣歌合や長久二年二月の弘徽殿女御歌合に出詠。赤染衛門集があり、栄花物語の作者に擬せられている。

曾禰好忠―丹後掾に任ぜられたので曾丹と称される。寛和元年二月の円融天皇子日の御遊に、召されずに参上して追放された。長保五年五月の左大臣家歌合に出詠。俗語新語を用いた生新な歌風で知られ、勅撰集には八十余首入集、好忠百首・曾丹集がある。

画工（二二四10）　巨勢弘高―金岡の曾孫で深江の子。始め出家したが還俗したという。長保二年七月に東三条院の御服の画様を書き、同四年八月花山院の命で性空の像を画く。当時の屏風絵や画像で弘高の筆になるもの多く、特に長楽寺の地獄絵を書いたことで知られる。采女正や木工権少允などに任ぜられた。

舞人（二二四11）　以下四人の中、秦身高・多政方は二中歴、舞人にみえる。

大伴兼時―正暦三年十月の清涼殿臨時楽に左兵衛尉に任ず（日本紀略）。

秦身高―寛和二年十月の円融上皇大井川御幸に加わり、正暦三年十月の清涼殿臨時楽に舞を賞されて左兵衛尉に任ぜらる。同五年八月関白藤原道隆の二条第及び長徳元年二月右大臣藤原道兼邸の舞を賞さる。年七十余で身体の柔軟、春の柳の如くであったという。

多良茂―好茂とも。多公用の子。永観二年楽所右一者に補せられ、長保三年十月東三条院四十賀に舞人の師として栄爵を賜わる。寛弘二年の中宮大原野行啓の試楽及び同五年正月の二宮大饗の舞を賞され、同七年七月敦康親王元服の時舞を勤めて右衛門権少尉に任ぜらる。長和四年八十二歳で没。

多政方―好茂の子。右近将監・周防守となり、長久元年（神楽血脈は長元）始めて朝臣を賜わる。舞曲の名手で、寛仁元年九月の石清水参詣（左経記）、治安三年十月の鷹司殿倫子の六十賀（栄花物語）の時の舞などで名誉を得ている。

異能（二二四11）　以下九人の中、私宗平・伊勢多世・参春時正・真上勝岡は

二中歴、相撲のうちにみえ、また越智経世は同書の常世、秦経正は常正にあたるか。

私宗平―正暦四年七月の相撲に左最手となる(小右記)。今昔物語に鰐を陸上に投げたとあり、古今著聞集に三宅時弘に勝った話がある。

三宅時弘―正暦四年七月及び翌年七月の相撲に最手となる。古今著聞集に宗平に負けた話がある。

伊勢多世―今昔物語には伴勢多世とある。参河国の人で長年最手であったが宗平に負けて脇に下ったという。

越智経世―伊予国の人で為世の子。一条天皇の時の最手で、長保二年七月の相撲召合に時正と番い神妙の技を讃えられた。長和二年七月の相撲に五十三歳の老齢によって取組を辞退している(小右記)。

公侯恒則―伝未詳。板本「公信恒世」とあるが、今昔物語巻二十三に見える海恒世は別人であろう。また権記、正暦五年七月条や二中歴に公侯(吉美侯)常時の名が見えるが別人である。

参春時正―番長助安の男で伊勢国に住み、近衛府掌となる。長保二年七月の相撲召合に常世と争って賞せられ、寛弘四年八月の相撲五番にも最手として登場す。

真上勝岡―一条天皇より後一条天皇の頃の最手。寛仁三年七月の相撲に秦経正を投ぐ。

大井光遠―甲斐国の出身で長保二年七月の相撲召合に出場して紀時堪に負け、寛弘四年八月の相撲五番に出場す(権記)。今昔物語にその妹も強力であったことが見える。

秦経正―正暦四年七月の追相撲に出場し、以後寛仁の頃まで相撲に召さる。江家次第や古今著聞集によると、勝岡を火焼屋に投げたという。

近衛(一二四12) 以下六人の中、尾張兼時・物部武文以外は二中歴、近衛舎人のうちに見える。

下野重行―近衛舎人として名を得た者で右近将監となる。村上天皇の時の一双の随身で、永祚元年四月藤原兼家の二条第の競馬に出場。

尾張兼時―安居の子で村上天皇の時の一双の随身。左近将曹を経て長保元年左近将監となる。名騎手として知られ、人長の役に堪能で神楽の名人であった。永祚元年四月の二条第、正暦二年五月の右近馬場、長保五年四月の賀茂詣などの競馬に出場している。

播磨保信―右近将監で長和元年八月近衛府年預となる。長保五年四月の賀茂の競馬を始め、寛弘元年五月、長和二年九月、同三年五月の上東門第の競馬に出場す。競馬の名手で長和二年正月その伎倆を惜しまれて将監巡爵に預らなかった。同四年五月二十日六十一歳で没。

物部武文―伝未詳。御堂関白記・小右記・権記などに右近将監多武文が競馬に出場しており、二中歴に下野武文とあるが、別人か。

尾張兼国―伝未詳。

下野公時―藤原道長の随身で長和二年七月右近衛府掌に補せられ番長となる。寛弘六年八月の信濃駒引に馬を乗廻して禄を賜わり、長和二年九月上東門第の競馬に出場す。

陰陽(一二四13) 以下二人、二中歴、陰陽師にみえる。

賀茂光栄―保憲の子。暦博士・大炊権頭を経て長徳四年正月大炊頭となる。後従四位上右京権大夫になり、長和四年六月七日七十七歳で没す。

安陪(倍)晴明―益材の子で賀茂保憲に天文道を学ぶ。天文博士・大膳大夫・主計助・左京権大夫などの職に就き、寛弘二年九月二十六日八十五歳で没。当代随一の陰陽師として逸話も多く、占事略決の著がある。

有験の僧(一二四14) 以下三人の中、勝算は二中歴、験者にみえる。

観修―姓は紀氏。十一歳の時叡山の静祐の室に入り、余慶四神足の一。永延二年総持院阿闍梨に補せられ、正暦元年修験の賞により権律師、同二年権少僧都、長徳二年権大僧都となり、また園城寺長吏となる。同四年権僧正、長保二年三月僧正、東寺の法務に補せられ、八月大僧正、翌年辞表を提出し封百戸を賜わる。寛弘二年浄妙寺の検校となり、同五年七月八日六十四歳で入滅。智静の諡名をうけ木幡大僧正と号す。

勝算―左京の人滋野氏。天暦六年出家、延暦寺運昭の室に入り、余慶四神足の一。雲林院七禅師内供に補せられ、永観二年権律師、永延元年律師、永祚元年権少僧都、正暦二年園城寺長吏となる。長保二年権大僧都、同四

年権僧正、寛弘八年四月僧正、同十月二十九日入滅。修学院僧正と号す。

深覚―右大臣藤原師輔の子。寛朝に師事し秘密灌頂を受け、寛忠に真言を学ぶ。正暦三年東大寺別当、長徳四年権律師、長保四年権少僧都、同五年東寺長者、寛弘八年権大僧都、寛仁元年大僧都、同三年権僧正、同四年僧正、治安三年十二月大僧正に任ぜられ、長元二年封七十五戸を賜わり同四年十二月辞職。長久四年九月十四日(一説二十五日)八十九歳で入滅。禅林寺僧正と号す。

真言(二二四14) 以下二人、二中歴、密教にみえる。

寛朝―宇多天皇の孫、敦実親王の第二子。真言宗寛空の弟子。貞元二年少僧都、東西両寺別当、天元二年権大僧都、同四年僧正、東寺法務、永観二年東大寺別当、寛和二年十二月大僧正、長徳四年六月十二日八十四歳で入滅。広沢大僧正と号す。円融院の戒師であった。

慶円―尾張守藤原連真の子。一説に藤原道明或は藤原尹文の子という。天台宗喜慶僧都入室の弟子で円賀に従い真言を受く。永祚元年延暦寺阿闍梨となり、長徳元年権律師、長保二年権少僧都、同四年大僧都、寛弘八年権僧正、長和二年正月僧正、十二月大僧正となり、同三年十二月天台座主に補せらる。寛仁三年九月三日(一説七月十一日)七十六歳(一説七十五、或八十七)で入滅。三昧座主と号す。

能説の師(二二四14) 以下四人の中、はじめ三人は二中歴、説教にみえる。

清範―播磨国人で大和氏。已講の労により長徳四年権律師に任ぜられ、長保元年閏三月二十二日三十八歳で入滅。清水律師と号し、説法の名人で文殊の再来といわれた。

静照(昭)―高階成忠の子で賀縁阿闍梨の弟子。東塔の功徳院に住す。長保二年五月説経の賞により法橋に任ぜられ、同五年正月八日入滅。著書に極楽遊意あり現存。

院源―平元明(平)の男。良源に入室、覚慶の弟子。慈徳寺の阿闍梨、西塔院主、法性寺座主を経て、長保三年権律師、同四年権少僧都、寛弘七年権大僧都、同八年辞退、長和四年威神院検校、寛仁元年法印、同四年十月天台座主、十二月権僧正。治安二年封戸を賜わり、同三年八月東大寺検校となり、万寿二年輦車を聴さる。万寿五年五月二十四日七十五歳で入滅。

覚縁―左京の人。真言宗東大寺。権少僧都千攀入室の弟子。東寺入寺僧となり長保元年内供奉十禅師に補せられ、同二年内供の労により権律師。同四年四月二十九日入滅。

学徳(二二四15) 以下六人の中、はじめ五人は二中歴、顕教にみえる。清仲は同書の静中供奉か。

源信―法華験記巻下(八三)参照。

覚運―播磨国の人。良源入室の弟子で興良に密教を受く。永延元年慈徳寺の阿闍梨となり、長保二年法橋、同五年権少僧都、寛弘二年八月に権大僧都に任ぜらる。同四年十月三十日(日本紀略によると、十一月一日)五十五歳で入滅。その学識は源信と匹敵すといわれ、著述が多い。檀那大僧都と号し、後治安元年大僧正を贈らる。

実因―法華験記巻中(四三)参照。

慶祚―大外記中原師元の子。叡山にのぼり余慶四神足の一。天元五年論義僧となり、正暦四年八月慈覚・智証両門徒の争により叡山を去って石蔵の大雲寺に住し、長徳の初に竜雲坊に移る。寛仁元年十月法華十講を修し、同三年十二月二十二日六十五歳で入滅。竜雲坊先徳と号す。

安海―清原広澄の弟(続古事談)。叡山の興良に天台を学び、源信の弟子。永延元年五月書写山円教寺の講堂供養に列し、また藤原兼家の法華講を修す。博識をもって知られ、道場房供奉と号す。

清仲―正暦二年三月河原院の五時講に列席した東塔の静仲供奉と同一人であろう。

医方(二二四15) 以下二人、二中歴、医師のうちにみえる。

丹波重雅―康頼の三男。侍従・丹波権守・権針博士・穀倉院別当・主税頭・兵庫頭・掃部頭・典薬頭などを歴任、寛弘八年四月十二日六十六歳で没。当時名医の誉れ高く、権記によると、長徳四年八月先輩を越えて典薬頭に任ぜられた。

和気正世―時雨の二男。永延二年源雅信療治の賞により権侍医に任ぜられ、寛弘八年十月典薬頭。その他医博士・針博士などになり、長和二年二月二日八十一歳で没。

明法（二二四16）　以下二人、二中歴、明法にみえる。

允亮—惟宗忠方の子。明法得業生・検非違使を経て明法博士となり、正暦三年の頃勘解由次官、同四年左衛門権佐、次いで加賀権介や備中権介を兼任し、寛弘三年正月従四位下河内守となる。長元四年明法博士を辞しているので間もなく没したか。政事要略・類聚判集などの著書がある。

允正—惟宗允正。安和二年八月対策に及第し、後明法博士・勘解由次官となる。長和四年六月二十二日没。当時絶倫と評され（小右記）、寛弘四年五月藤原道長邸における論義に名誉を得た。

明経（二二四16）　以下二人、二中歴、明経にみえる。

善澄—清原吉柯の子。旧姓海宿禰。従五位下、助教・直講。寛弘七年七月賊のために殺害さる。

広澄—清原吉柯の子。一説に祖父業恒の子、また小野滝雄の二男という。寛弘元年海宿禰を改めて清原真人となる。助教・直講の後、永延元年大外記となり、長徳元年大隅守、長保四年大学博士。寛弘六年七月五日七十六歳で没す。明経道における清原氏の祖。

武士（二二四16）　以下五人の中、維衡以外は二中歴、武者のうちにみえる。

満仲—経基王の子。摂津・越前・武蔵・伊予・美濃・信濃・下野・武蔵・陸奥等の守をつとめ、また鎮守府将軍となる。正四位下、死後従三位を贈らる。武略に長じ、拾遺集の歌人。天禄元年摂津国河辺郡に多田院を建立す。寛和二年八月に出家、長徳三年八十五歳で卒。源家武門の正嫡。

満正—満政とも。経基王の子、満仲の弟。陸奥・伊予・武蔵等の守をつとめ鎮守府将軍となる。寛弘六年その邸が焼けたことが御堂関白記にみえるのでその頃まで健在か。

維衡—平貞盛の子。伊勢・陸奥・出羽・伊豆・下野・佐渡等の守及び上野介を歴任、従四位上。伊勢国に居住し、長徳四年十二月平致頼と合戦したことが知られる。八十五歳で没、寛仁以後であろう。伊勢平氏の祖。

致頼—平公雅（或は良正）の子。備中丞、従五位下。長徳四年維衡と争って隠岐国に流され、長保三年召還さる。寛弘八年十月二日卒。平五大夫と称された。

頼光—源満仲の子。伊豆・信濃・下野・摂津・伊予・美濃・尾張・備前・但馬・讃岐・伯耆・淡路等の守になる。正四位下。治安元年七月十九日七十四歳で没。武略に長じ通神権化の人といわれた。

斉信卿…（二二四18）　斉信の伝は→二二四頁補「九卿」。以下は一条天皇の政治に公正なることを聞いて、道長が心を改めた話。愚管抄巻三に、道長が一条天皇の崩後、天皇の手箱から「三光欲レ明、覆二重雲一大精暗」云々の句のある宣命めかしいものを見付けて焼いたという話をのせてあり、類話が古事談巻一にもある。

頼親朝臣（二二五2）　源満仲の子、頼光の弟。左衛門尉・左兵衛尉・右馬頭・大和守・周防守・淡路守・信濃守等となる。永承五年正月興福寺の訴えにより土佐国に流された。武勇に長じ大和源氏の祖。

源国盛（二二五5）　信明の子。播磨・但馬・讃岐・越前等の守及び常陸介などに任ぜらる。正四位下。長徳二年正月越前守となったが（長徳二年大間書）、廿八日「右大臣参内、俄停二越前守国盛一、以二淡路守為時一任レ之」（日本紀略）。

除目の春の朝…（二二五6）　今昔物語巻二十四ノ三〇では「春朝」を「後朝」に作る。また上句は「苦学寒夜紅涙霑襟」。除目のあった翌朝は、望みがかなえられず、ただ青天を仰いで嘆くばかりである、の意。今昔には「天皇ノ、其ノ時ニ御寝ナリテ不御覧成ニケリ。…其中文ヲ尋ネ出テ、関白殿、天皇ニ令御覧メ給ケルニ、此ノ句有リ」とある。

位を遁れ…**道に入り**…（二二五11）　日本紀略、寛弘八年六月十三日条「有二御譲位事一」、同年六月十九日条「太上皇落髪入道、入□之時、雖レ可二避忌一、依二御悩危急一、遂二叡念一也」。一条院は拾芥抄に「一条南大宮東二町、謙徳公家、又為二法住寺大臣為光家一也」。

直廬（二二五17）　西宮記、臨時五「一所々事。宿所、大臣・納言宿廬、職曹司也。見二国史一也。一大臣宿所、在二宜陽殿東庇一」、三代実録、貞観十三年四月八日「太政大臣重抗レ表曰、…陛下不レ許三臣就二私第一。賜二直廬於禁中一」。

十善の業（二二六1）　不殺生・不偸盗・不邪婬・不妄語・不両舌・不悪口・

不綺語・不貪欲・不瞋恚・不邪見。これを持する者はよく王となることができる。菩薩瓔珞本業経に十善を説き「上品鉄輪王、…中品粟散王、下品人中王」と説く。→三五四頁補「十善戒」

後朱雀院(二二六4)　一条天皇第三皇子、母は上東門院藤原彰子、長元九年受禅、寛徳二年譲位・崩御、宝寿三十七。

陽明門院(二二六4)　三条天皇の皇女禎子内親王、母は中宮妍子、後朱雀天皇皇后、延久元年太皇太后として陽明門院と号し、嘉保元年崩、年八十二。

承和(二二六5)　神皇正統記の仁明天皇の項に「我国ノサカリナリシコトハコノ比ヲヒニヤアリケン。遣唐使モツネニアリ。…律令ハ文武ノ御代ヨリサダメラレシカド、此御代ニゾエラビト丶ノヘラレニケル」と記される。

延喜(二二六5)　後の代に聖代と讃えられ、著者の曾祖父大江匡衡の奏状にも「近訪二延喜天暦之故事一、遠問二周室漢家之遺風一」(本朝文粋巻六)とある。

冷泉院の後…(二二六6)　変によって左大臣源高明が左遷後二月にして、安和二年冷泉天皇は譲位したが、このころ以後、藤原氏が代々摂政関白となる慣例となった。それを「政執柄にあり」といいあらわしている。執柄は大政権を執る意で、摂政関白をさす。この時期を代の変り目とする見方は大鏡巻六の「かやうに物のはえうべ〳〵しきことゞもゝ、天暦の御時までなり。冷泉院の御世になりてこそ、さはいへど、よはくれふたがりたる心ちせしものかな。よのおとろふることも、その御時よりなり」、愚管抄巻三の「寛平マデハ上古正法ノスヱトオボユ。延喜・天暦ハソノスヱ、中古ノハジメニテ、メデタクテシカモ又ケヂカクモナリケリ。冷泉・円融ヨリ、白川・鳥羽ノ院マデノ人ノ心ハ、タヾオナジヤウニコソミユレ」にもみえる。

花山天皇の…(二二六6)　花山天皇は、関白頼忠と外戚の関係がなく、外叔父藤原義懐、左中弁藤原惟成らを重く用いて、時弊を改める活気に富んだ政治をおこなった。それをさす。

五ケ年の間(二二六7)　後三条天皇は、母が藤原氏の出身でないので、関白教通に遠慮することなく、天皇親政の強化につとめ、荘園整理など活気ある政治を行った。本書の著者大江匡房は、後三条天皇が東宮のとき、治暦三年、東宮学士となり、天皇践祚の日蔵人となっており、弱年ながら天皇の側近の一人であった。続古事談巻一・愚管抄巻四には、匡房の後三条天皇への諫奏の話が語られている。

耆儒元老と…(二二六10)　耆儒は徳望高い学者。今鏡、すべらぎの上に、後三条天皇をたたえて「御身の才は、やむごとなき博士にもまさらせ給へりけり」とある。

太平の世…(二二六11)　今鏡、すべらぎの中に「この帝世をしらせ給ひて後、世の中みな治まりて、今に至るまでそのなごりになむ侍りける」とある。

円宗寺(二二六11)　もとの名は円明寺。竜安寺の南方、妙法寺の西北に当るという。延久二年建立。本朝続文粋巻十一、円宗寺鐘銘に「夫円宗寺者、為二護国利生、弘法伝燈一、殊発二叡慮一所二草創一也。択二地於仁和寺勝形之左一、卜二処於古先帝山陵之前一」とある。

二会(二二六12)　扶桑略記、延久四年十月廿五日条に「行二幸円宗寺一、始修二二会八講一、被レ置二天台已講一。…今大伽藍設二於最勝法華二会一、弘二宣円宗教法一之日、何以二因明之論端一、強責二山家之老学一矣」とある。ただし元亨釈書巻二十五によると、白河天皇が承暦二年十月六日法勝寺にて大乗会を創め、「円宗寺法華会、与レ此合為二三会一」と勅したとあるので、後世はこれを二会と称した。

日吉の社…(二二六12)　日吉社は大津市坂本町にある。山王権現社ともいい、大比叡は大和三輪神、小比叡は大山咋神を祭る。扶桑略記、延久三年十月廿九日条「行二幸日吉社一」、同四年三月廿六日条「日吉社行幸此時始之」。今鏡、すべらぎの中「また日吉の行幸初めてせさせ給ひて、法華経を重く崇めさせ給ふ」。

禅譲の後…世を遁れ…(二二六12)　扶桑略記、延久四年十二月八日条「天皇春秋三十九。譲二位於皇太子貞仁親王一」、同五年四月廿一日条「太上皇由二御悩重一出家入道」、同年五月七日条「太上天皇春秋四十崩」。

保家(二二六15)　春宮亮・内蔵頭・備後守、正四位下。康平七年閏五月卒(尊卑分脈)。保家妻の夢の説話は今鏡にも見える。

栖霞観(二二六15)　三代実録、元慶四年十一月廿五日条「棲霞観者、左大臣(源融)山荘也」とあり、花鳥余情第十には「棲霞観は左大臣融公の山庄なり。後に寺になりて棲霞寺といふ。今の清涼寺の東にある阿弥陀堂これなり」、拾芥抄に「栖霞寺、嵯峨野西」と記す。

宇治前大相国（二二七3）　道長の長子。従一位、左大臣・摂政・関白・太政大臣となり、延久四年正月出家、承保元年二月二日八十三歳で薨。宇治殿と称す。大相国は太政大臣の唐名。この説話は古事談巻一に次の如く記されている。「宇治殿御出家之後、御二坐于宇治一之間、後三条院崩御之由聞給テ、止レ食立レ箸而歎息。是末代之賢主也。依二本朝運拙一、早以崩御也云々。後三条院、宇治殿辺於レ事殊無二挙容一。然而猶所二歎息給一也」。

堀川入道右大臣（二二七5）　母は源高明の女明子。寛徳二年右大将、康平元年従一位に叙せられ、同三年右大臣。治暦元年正月出家、二月三日「入道前右大臣薨。年七十三矣。家上紫雲聳現」（扶桑略記）。歌人として有名。入道↓三六頁注

盛明親王の女（二二七5）　醍醐天皇の第十五皇子盛明親王は、源高明左遷の時、その末娘明子を養女にされた（栄花物語、月の宴）。娘は後に道長の室となり高松殿と称した。

後世の業…（二二七7）　千載集巻十九に「寄レ月念二極楽一といへる心をよみ侍りける」の題で歌があり、また入道右大臣集には「法華経廿八品歌」二十二首（六首欠）を収める。

権中納言源顕基…後一条院の寵臣（二二七12）　顕基は長元八年権中納言、永承二年九月三日入滅。後一条天皇は一条天皇の皇子、母は上東門院で長和五年即位、長元九年に後朱雀天皇に譲位した。以下、顕基が後一条の寵臣で、その譲位の後、大原にて出家する有様をえがく。この話は今鏡巻一、すべらぎの上・古事談巻一・袋草紙巻上・古今著聞集巻四・発心集第五・撰集抄第三・十訓抄第六などにある。古事談以下は、本書の説話の系統か。

所司（二二七14）　当該官庁。ここでは主殿寮か。古今著聞集にも所司の代りに「主殿司」とある。主殿寮は職員令に「掌下供御輿輦…及燈燭、松柴、炭燎等事上」とあり、燈燭のことも扱う。主殿寮が後一条の御棺に燈を供することをしない上に、理由を聞かれて、新主の仕事が大事だと答えたので、顕基は悲しんで発心したのである。

七々の聖忌の後…出家（二二八1）　七々は七日の誤りか。後一条天皇の崩御は長元九年四月十七日、顕信の出家したのは同月二十一日である（左経記）。今鏡には、「帝崩れさせ給ひて六日といふに、頭剃ろして山深く籠り給へりけり」とある。

大原山（二二八3）　大原は洛北の、八瀬の北。叡山僧は早くから大原に進出し、天禄元年の良源の廿六箇条にもそれがみえる。このころより山僧と大原の関係は深まり、貴族の隠住も盛んとなっていく。天徳三年、延昌が大原に接する静原に補陀落寺を開き、長和二年に源時叙（寂源）が大原に勝林院をおこしたことなどは著名。院政期以後、大原は叡山の別所として多くの上人や貴族の出入する聖地となっていく。

癰疽（二二八4）　医心房巻十五「病源論云、癰者由二六府不一レ和所レ生也。疽者五蔵不レ調所レ生也。凡腫一寸至二二寸一癤也。二寸至二五寸一癰也。五寸至二一尺一癰疽也。一尺至二二尺一者竟体膿、膿成二九孔一。皆出下諸気憤欝、不レ遂二志欲一者上。血気畜積多発二此疾一」。

参議左衛門督大江音人（二二八7）　阿保親王の孫、本主の一男。対策に及第した後、承和十二年四月献策、貞観五年二月右大弁、同六年正月従四位下右大弁として参議、同九年正月左大弁、同十六年二月従三位参議として左衛門督、同年三月検非違使別当（三代実録・公卿補任）、元慶元年十一月三日六十七歳で薨（三代実録・扶桑略記等）。なお音人は群籍要覧四十巻・弘帝範三巻を撰し、貞観格式及び文徳実録の撰定に参画す。世に江相公と称し、儒門における大江氏の地位を築いた。

阿保親王（二二八7）　平城天皇の第一皇子で母は葛井藤子。父上皇の事件に連坐して弘仁元年大宰権帥となり、天長の初に入京を許された。後に治部卿・兵部卿・弾正尹を経て上野や上総の守となり三品に叙せられたが、承和九年十月二十二日五十一歳で薨。なお音人を親王の子とするのは本朝皇胤紹運録にもみえるが誤りで、三代実録・尊卑分脈・公卿補任等の如く孫とするのが正しい。

大理（二二八8）　江談抄巻二によると、遠祖音人は獄舎を改良し囚人に恩を施したので逃亡する者がなかったとあり、著者が納言にまで至ったのも、

音人のこの恩徳によるという。

蛇の足（二二八9） 扶桑略記、元慶元年十一月三日卒伝に「年九歳時、家園有二一蛇一、度二其前一。腹下短足連綴、如二赤色糸一。驚怪呼二他児一令レ視、蛇足隠而不レ見」。

北斗四星（二二八9） 北斗七星の四つの星が方形に並んで、ひしゃくの頭に似た部分、魁をいう。扶桑略記卒伝に「□□福智夢有二北斗七星一。沈二泉底一、光耀映レ水。音人以レ匏酌レ星、々在二匏中一。仰而飲レ之、已飲二魁四星一畢。更以レ匏酌二杓三星一、令二巨勢文雄飲一レ之」。

船助道（二二八9） 貞観五年八月九日、散位従七位上船連助道に菅野朝臣の姓を賜わり（三代実録）、同六年少外記、同八年大外記となり、同十年に卒した（外記補任・類聚符宣抄）。以下の話は他書にみえない。

献冊（二二八9） 冊は、対策。官吏登用の最高試験で問題に対して答えた論文をいう。文体明弁巻三十四に「按説文云、策者謀也。漢書音義曰、作二簡策難問一例置二案上一、在レ試者意投、射取而答レ之、謂二之射策一。若下録二政化得失一、顕而問上レ之、謂二之対策一。劉勰云、射策者探レ事而献レ説也。以二甲科一入仕。対策者応レ詔而陳レ政也。以二第一一登庸。皆選レ賢之要術也」とある。

僧正遍照（二二八15） 俗名良峰宗貞。大納言安世の子（尊卑分脈ほか）。承和十一年蔵人、同十三年正月左近衛少将、嘉祥二年正月蔵人頭（三十六歌仙伝・僧綱補任）。文徳実録、同三年三月廿八日条に「宗貞、先皇之寵臣也」とみえる。同月出家。元慶三年十月二十三日権僧正、仁和元年十月二十二日僧正（三代実録・僧綱補任）。寛平二年正月十九日入滅、七十五歳（日本紀略・僧綱補任）、一説に七十六歳（三十六歌仙伝）。元慶寺・雲林院を建て、花山僧正または良僧正と号す。

前疑後丞（二二八16） 礼記、文王世子「記曰、虞夏商周、有二師保一、有二疑丞一。設二四輔及三公一、不二必備一、唯其人〈疏、其四輔者、案、尚書大伝云、古者天子必有二四隣一。前曰レ疑、後曰レ丞、左曰レ輔、右曰レ弼〉」。

和歌に長れたり（二二九1） 古今和歌集序「僧正遍昭は歌のさまはえたれども、まことすくなし。たとへば、ゑにかけるをうなをみて、いたづらに心をうごかすがごとし」とある。六歌仙の一で、勅撰集に三十五首入集、遍昭集がある。

道に入れり（二二九2） 文徳実録、嘉祥三年三月二十八日条「左近衛少将従五位上良岑朝臣宗貞、出家為レ僧。宗貞、先皇之寵臣也。先皇崩後、哀慕無レ已、自帰二仏理一、以求二報恩一。時人愍焉」。遍照出家については大和物語一六八段・今昔物語巻十九・宝物集巻三・沙石集巻五末・十訓抄第六などにみえる。

慈覚大師の弟子…（二二九2） 慈覚大師円仁のこと、日本往生極楽記(四)参照。慈覚大師伝「貞観五年冬、於二大師辺一始学二真言大法金剛界壇供一了。欲レ授二真言一之間、遇二大師之傾逝一」、僧綱補任抄出「斉衡二年五月十二日上二叡山一、座主慈覚大師為二伝戒師一受二菩薩戒一。貞観五年冬於二大師辺一習二真言法一」。真言伝「叡山ニ登リテ慈覚大師ニ随テ円頓戒ヲ受ケ、真言ヲ習学ス。大師ノ遺命ニ従テ、三部ノ大法ヲ安恵和尚ニ受ク。又智証大師ニ随ヒテ、重テ灌頂ノ秘旨ヲ授ラル」。

安然和尚（二二九2） 最澄の族で幼少の時叡山に登り円仁の弟子となり、遍照より真言を学ぶ。博覧強記にして悉曇学の奥義を究め多くの著述をなした。元慶八年九月元慶寺の伝法阿闍梨となった。没年未詳。世に五大院先徳と称す。なお、遍照の弟子となったこと、師資相承・寺門伝記補録・元亨釈書などにみえる。

天狗（二二九4） 塵添壒嚢鈔巻十三「博聞録ニ、陰山ニ有レ獣状如レ狸、首白也。名二天狗一食レ蛇ト云リ。乍レ去是ハ獣ノ名也。只名目ノ支証ニ備ル許也。又星中天狗星ト云アリ。天狗流星共名ケ、大流星共云。如二光物一通リタル迹ノ光リモ暫ク残テ、昼ノ様ニ見ユル星也。…聖教中ニ天狗ト云ハ、魔王所部ノ従類也。妙善王・金着女ト云ハ、天狗首也ト見タリ」とあり、山獣・流星・魔物などその指す所は一定していない。長門本平家物語巻十に「天狗と申は人にて人ならず、鳥にて鳥ならず、犬にて犬にもあらず、足手は人、かしらは犬、左右に羽生ひて飛ありくものなり。人の心を転ずる事、上戸のよき酒をのめるがごとし。小通を得てすぎぬることをば知らずといへども、未来をば悟る。是と申は持戒のひじりもしは智者、昔は行人などの我に過ぎたる者はあらじと慢心を起したる故に、仏にもならず悪道にも落ずして、かゝる天狗といふ物に成なり」とあるのが天狗に対する一般の通念であったと思われる。

総角（二二九13） 名義抄「アケマキ、老幼類」、字類抄「ソウカク・アケマキ、童名也」。底本には「ヒンツラ」と振仮名があり、和名抄に「結髪也」とあるが、古代の少年の髪形で、全髪を束ねないで左右に分け、頭上の左右に輪を造ったもの。またその髪を結う年頃の少年をいう。書紀、崇峻即位前紀注に「古俗、年少児年十五六間、束二髪於額一、十七八間、分為二角子一」。

花山（二三〇5） 元慶寺のこと。陽成天皇の降誕を祈願して母后藤原高子が祈願、堂宇漸くなって、元慶元年遍照が上表して定額寺となし、年分度者三人をおいて天台・真言の両宗を伝えしめることとした（類聚三代格、元慶元年十二月九日太政官符）。

国史（二三〇9） 「本伝は国史にあり」というのであるから、国史の卒伝にちがいないが、遍照は宇多天皇の寛平二年に死んだのであるから、その国史は六国史ではない。あるいは新国史をさすか。類聚符宣抄第十、撰国史所所収の十九通の宣旨によれば、承平六年―安和二年の間に撰国史所がおかれ修史が行われた。本朝書籍目録の「新国史四十巻、朝綱撰、或清慎公撰、自二仁和一至二延喜一」や、拾芥抄の、続三代実録とも号したという「新国史五十巻」はそれで、その逸文は国書逸文に収載されている。両種あるのは、未定稿として二種の本ができたということであろう。なお新国史の編修には大江氏が深い関係をもち、前者の四十巻本は大江家の朝綱撰といわれ、前記の宣旨によれば朝綱は撰国史所に勤務し後に別当となっており、その死後大江維時も関与している事実が知られる。

慈忍僧正（二三〇11） 慈恵入室の弟子で天徳二年得度受戒、天禄四年一身阿闍梨となる。天延二年権少僧都、貞元元年法性寺座主、天元二年少僧都、同四年権僧正、寛和元年二月天台座主。正暦元年二月十七日四十八歳で入滅。飯室座主・飯室和尚とも言われた（僧綱補任・尊卑分脈等）。慈忍は尋禅の諡号。寛弘四年二月十五日勅によってたまわる（日本紀略・御堂関白記・権記）。

九条右大臣（二三〇11） 忠平の第二子。天暦元年右大臣、天徳四年死す。九条殿または坊城右大臣と号した。

師檀の契…（二三〇12） 慈恵大僧正伝「九条右丞相依二先公之遺託一、又以師二事和尚一」。愚管抄巻三「観音ノ化身ノ叡山ノ慈恵大師ト師檀ノ契フカクシテ、横川ノ峯ニ楞厳三昧院ト云寺ヲ立テ、九条殿ノ御存日ニハ法華堂バカリヲマヅツクリテ…」。

調伏（二三〇15） 四種護摩（息災・増益・鉤召・降伏）・五種護摩（敬愛法が加わる）・六種護摩（延命法が加わる）の一。五大明王等とくに降三世明王を念じて護摩を修し悪魔怨敵を退治する法。

朝家重んじ（二三〇16） 大鏡巻三「又法師にては、飯室権僧正、いまの禅林寺僧正などにこそおはしますめれ。法師といへども、世中の一の験者にて、ほとけのごとくにおほやけ・わたくしたのみあふぎ申さぬ人なし」。

一身阿闍梨（二三〇16） 僧綱補任「天禄四年三月十九日、依二良源僧都奏一延暦寺楞厳院一身阿闍梨、是一身阿闍梨最初也」。

冷泉天皇（二三〇17） 村上天皇第二皇子、母は藤原安子。康保四年践祚、安和二年譲位、寛弘八年十月崩御、宝寿六十二。

天台座主…再三辞譲すれども…（二三一4） 小右記、寛和元年二月二十七日条に「以二権僧正尋禅一為二天台座主一之由被レ仰二左府一」とあり、華頂要略巻百二十一、天台座主記に「永祚元年九月八日上表、辞二座主職并権僧正等一。雖レ及二再三一公家山門共不二聴許一。然而委二附印鎰於三綱一、敢不レ従レ事、永以籠居」とある。このため同月二十九日、余慶を天台座主に補したが慈覚門徒が従わず、十月、再び余慶に宣命を賜わったが、十二月余慶を罷め、少僧都陽生を天台座主とした（天台座主記・日本紀略ほか）。尋禅はその翌年二月に死す。

権少僧都覚運…（二三一7） 覚運は長保五年権少僧都、寛弘二年権大僧都、故に大僧都とあるべきところ、もしくは死後大僧正を追贈された（→二三二頁補「権僧正…」）ので、大僧正ともあるべきところ。→二二四頁補「学徳」。「洛陽の人」については台密血脈譜には「播磨国人」とある。延暦寺座主大僧正（慈恵）入室の弟子（僧綱補任）。

竪義（二三一9） 天台座主良源（慈恵）のとき、安和元年六月、最澄の忌日の六月会に広学竪義を置いた（扶桑略記ほか）。広学とは内典外典にわたる題目につき、諸宗碩学が大講堂で論義することをいい、竪義は天台一宗の教義の中の題目につき、議義することをいう。竪者・問者・精義者・探題あり、竪者が題によって講じ、問者はこれに対して難じ、精（証）義者は審判であり、探題は出題者であり論場を統領する。

布衣（二三一10）　狩衣の一種を布衣というが、ここは僧なので、文字通り、質素な麻布の衣をいうか。当時叡山でも僧侶の生活は華美となり天禄元年の良源廿六箇条にはそれを誡めて、「綾羅錦縠」を禁止している。

禅芸（二三一14）　二中歴、名人歴に「顕教、禅芸僧都」とある。天禄元年園城寺長吏となる（園城寺長吏次第）。天延二年五月十一日権少僧都（僧綱補任）。

精義（二三一15）　精義者。竪義に際して問答の可否を判定する役、証義ともいう（釈家官班記）。ここは、第十題に関して出題者（探題）がいきづまったので、師の良源（慈恵）が精義となって問を発するさまをいう。

六観世音…（二三一15）　良源（慈恵）の出した題。六観世音は請観世音経の大吉祥六字章句を天台智顗が六道の救主に配したもの。大悲・大慈・師子無畏・大光普照・天人丈夫・大梵深遠の六観音をいう。摩訶止観巻二上「六字即是六観世音。能破二六道三障一。所謂大悲観世音破二地獄道三障一。此道苦重、宜レ用二大悲一。大慈観世音破二餓鬼道三障一。此道飢渇、宜レ用二大慈一。師子無畏観世音破二畜生道三障一。獣王威猛宜レ用二無畏一也。大光普照観世音破二阿修羅道三障一。其道猜忌嫉疑、偏宜レ用二普照一也。天人丈夫観世音破二人道三障一。人道有二事理一、事伏二驕慢一称二天人一。理則見二仏性一故称二丈夫一。大梵深遠観世音破二天道三障一。梵是天主標レ主得レ臣也」。次に二十五三昧は二十五種の三昧。衆生が流転する世界を三界二十五種に分け、それを破る三昧をいい、摩訶止観巻二上に「広二六観世音一即是二十五三昧。大悲即是無垢三昧。大慈即是心楽三昧。師子即是不退三昧。大光即是歓喜三昧。丈夫即是如幻等四三昧。大梵即是不動等十七三昧」とある。

皇慶（二三二3）　大江匡房はこの人につき「谷阿闍梨伝」を書いている。それによると姓は橘氏、贈中納言広相の曾孫で性空の姪。七歳の時叡山に上り静真に密教を学び奥儀を究む。長徳年中伊予国に行き国守知章のため普賢延命法を行い、後に鎮西に到って景雲（一説曇雲）と逢い秘法を授けられる。長保五年八月寂照と共に渡海せんとして果さず、丹波国に行き国守章任のため十臂毘沙門法を修す。長元六年阿闍梨に補せられ法興院十禅師となる。永承四年七月二十六日東塔西谷井房で七十三歳にて遷化す。世に谷阿闍梨・池上阿闍梨と号す。

鎮西に赴く…（二三二4）　匡房は谷阿闍梨伝に「及三闍梨赴二西府一、到二左相丞相第一、告曰、為二求法一可二遠行一。〈時僧正在二彼第一〉及二闍梨出一、僧正跪レ地、自取二其笠一、送到二於門一」という。

遍救僧都は…（二三二7）　遍救が左府三十講又は別の法会で竪義（講者）にあたり、覚運が精義（判定者）となったの意。遍救は法相宗興福寺の人で、万寿四年権律師、長元六年権少僧都、同八年興福寺別当、長暦二年権大僧都、寛徳元年に寂（僧綱補任）。遍救を僧都とするのは、後に権大僧都となったためであろう。

唯識・因明の奥旨（二三二8）　唯識→一六頁補。因明は、印度の論理学。物事の真偽を考察証明する方法で、宗（命題）・因（成立させる原理）・喩（例を挙げて宗と因の関係を明らかにする語）の三部より成る。唯識は勿論、因明も、興福寺法相宗が本場であったが、天台宗でも源信は貞元三年に、法華広学竪義の撰に当って因明論疏四相違略註釈三巻を草し、この書は宋にも送られた（同書奥書）。但し、その後天台宗の因明は衰え、早くも延久四年十月の円宗寺の二会では三井の頼増は因明の論議を拒み、問者の興福寺頼真から、「立破二真偽一無レ過二因明一。依レ之叡岳六月法花会、副二因明義一。円宗学者多所二習学一也」、それなのに何故因明を学ばぬか、と嘲笑をうけたという（扶桑略記）。

神我…（二三二8）　この問答の題は、因明に長じた源信の案にもとづき、問者の寛印がその算に記して、竪者の興福寺法相宗遍救に質問したのである。神我は、印度哲学で常住で自己を主宰する自我と宇宙我の相即を説く。仏教では外道の妄執としてこれを破する。

主上ならびに左府…（二三二10）　一条天皇、藤原道長ともに覚運を師として仏教を学んだ。たとえば権記、寛弘二年八月廿八日条「覚運僧都日来候レ内

(一条天皇)、奉レ授二法華疏十巻一、今日了、仍抽二任権大僧都一」、同長保四年正月四日条「法橋上人覚運伝二法於左大臣(道長)一〈摩訶止観也〉」ほか。

重源闍梨(二三二13)　続古事談巻五に「嵯峨ノ滝殿ノ阿闍梨重源」とあり、医術に詳しかった。滋秀は二中歴の医師に「滋秀、茨田茂綱弟子」とあり、続古事談巻五に典薬頭と見える。康保二年典薬頭、長徳四年七月卒、八十二歳(典薬頭補任次第)。

遷化(二三二15)　権記、寛弘四年十一月一日条「覚運大僧都去夜卒去云々。仏法棟梁、国家珍宝也。今聞二逝去一、悲涙灑レ襟」。

権僧正…(二三二15)　日本紀略、治安元年五月廿七日条「今日有二僧綱贈官事一。贈大僧正覚運、依二一条院并入道大相国之師一也」。よって大僧正または僧正とあるべきところ。

檀那院(二三二15)　東塔北谷にあり、山門堂舎記「右院律師興良房也、寛和三年三月六日為二御願寺一」、比叡山諸堂建立記、東谷「檀那院…御願寺は一条天皇の御願寺。寛和三年三月八日為二御願寺一、置二十禅師一」。覚運がここで門徒を教えたので、源信の恵心流に対し、この一派を檀那流という。

〔九〕源信伝(二三二17)　源信伝は法華験記巻下〔八三〕にみえる。初期の伝についてはその条をみよ。本書の伝は、験記とも他の初期の源信伝とも対応するところが少なく、いずれとも別系統で、著者自身の構文になるものかと思われる。文末に「こと別伝に詳なり」とある別伝は史料の一つであろうが、その性質については同所の注参照。

因明の注釈…(二三三14)　因明の注釈は、因明論疏四相違略註釈三巻で、貞元三年春に成る。因明四相違の注釈。疏一巻は、因明四相違断簒注釈(諸師製作目録)のことであろう。大乗対倶舎抄は、十四巻、寛弘二年成る。倶舎論六百頌と大乗諸経論疏とを比較対校して異同を明らかにしたもの。要法門は、要法文二巻で、寛和二年成る。仏教学一般の法文百条の略解。一乗要決は、三巻八門、寛弘三年成る。天台宗義に立脚して法華の一乗思想を強調したもの。大小の義式は、論義における問答決択の準備や結果を記したもの。三身義私記・十如是義私記・三周義私記・六即詮要記・即身成仏義私記の五書が現存する。

法橋…少僧都…(二三四7〜8)　権記、長保三年三月十日条「以二此日一内供奉源信覚運等可レ(叙)二法橋上人位一」。僧綱補任は長保二年八月二十九日とする。寛弘元年五月二十七日権少僧都(僧綱補任)。源信僧都伝に詳しい。

厳久(二三四8)　左京の人。良源の弟子で源信に学ぶ。長徳元年権律師、長保元年権少僧都、同四年権大僧都となり、寛弘元年辞職、同五年五月十日、六十五歳で入滅す。花山僧都・慈徳寺別当と号す(僧綱補任・僧官補任)。

下品…(二三四15)　廿五三昧過去帳「又有二一僧一、与二僧都一、有二師弟之契一。入滅之後、欲レ知二生処一、…少時思惟答云、猶難々々。凡生二極楽一、極難之事也。故我在二最外一、聞二此事一已、慚愧不レ少〈已上〉。依二此夢想一、憶二彼旧事一、往年自案二経文一、図二弥陀来迎像一。其中比丘衆多、菩薩衆少。有レ人問云、何故菩薩少。答望二下品蓮一也。問何不レ望二上品一。答計二己分一也。又細尋二彼臨終事一、看病僧等云、近二終焉日一、令三人読二無量寿経下品上中二生文一。其意同レ前云々。今恐如二彼願一、得二下品蓮一歟。如レ此示現所レ告雖レ多、夢難レ取レ信」。類似のことは源信僧都伝にもみえる。

面善円浄の文(二三五6)　竜樹の願往生礼讃偈十六拝中の第三偈に「面善円浄如二満月一。威光猶如二千日月一。声如二天鼓倶翅羅一。故我頂二礼弥陀仏二」とある(善導の往生礼讃偈や迦才の浄土論巻中にみえる)。これは廿五三昧過去帳にあり、往生要集第四、正修念仏にも触れ、勧学会の時にこの偈を誦すを規則とする。この十二礼は、世親の無量寿経優婆提舎(浄土論)願生偈に五念門(礼拝・讃歎・作願・観察・廻向)を修すべきことを述べ、後世五念門の礼拝門に収められた。

作りしところの…(二三六5)　覚超の著述は、胎蔵三密鈔・胎三密鈔料簡・金三密鈔・東西曼荼羅抄・仁王般若経護国鈔・五相成身記・一念頌決・円融仏意集・往生極楽問答・己心中記等数多い。弥陀如来和讃もある。

仁王経護国抄(二三六6)　仁王般若経護国鈔、護国鈔ともいう。三巻。寛仁二年成立。天台宗の立場から諸経を引用参照して仁王経を注釈したもの。

権大僧都桓舜(二三六11)　源致遠の子(尊卑分脈)。一説に和気兼信の子(僧綱補任)。延暦寺の慶円に学ぶ(元亨釈書)。永承三年権少僧都、天喜二年権大僧都、天喜五年九月九日入滅、八十歳(僧綱補任)。

貞円(二三六11)　寛弘四年七月の霊山院過去帳にみえるので源信ともかかわりのある人であろう。寛仁二年五月及び治安元年五月の道長家法華三十講の講師、治安二年九月の道長による法成寺阿弥陀堂の法華八講では問者(いずれも左経記)。長元三年三月の諸社御読経に吉田神社に遣わさる(類聚符宣抄三)。

日序(二三六11)　日助。阿闍梨で、寛弘元年五月の東三条院法華八講の聴衆、同二年八月の最勝講の講師、同四年十二月の浄妙寺多宝塔供養の散花などを勤め、長和から寛仁の頃藤原道長邸の講経や供養に招かれていることが御堂関白記等にみえる。二中歴、顕教に名あり。

温泉権現(二三六12)　熱海市伊豆山神社の祭神で古くより伊豆権現・走湯権現ともいう。同社はもと延喜神名式の伊豆国田方郡火牟須比命神社かともいう。吾妻鏡、治承四年八月条に走湯権現に平定の後、伊豆・相模の地各一所を奉らんと祈申してより、鎌倉幕府の崇敬があつかった。権現は仏がかりに神の形で現われたものの義で、本地垂迹思想のあらわれ、本書の例は伊豆山神社の祭神を権現とよぶ最古のものか。その縁起は走湯山縁起に詳しいが、曾我物語(妙本寺本巻三)に「奉レ尋二其御本地一、千手千眼広大円満観世音菩薩是」とある。

左府の卅講(二三六16)　↓二三二頁注。たとえば寛仁四年五月の道長家法華三十講に桓舜は講師であった(左経記)。

最勝講(二三六16)　毎年五月吉日を択んで五日間、清涼殿で金光明最勝王経を講じ、国家の安寧を祈る講会。たとえば天喜二年五月八日の最勝講に桓舜は講師にめされた(春記)。

法性寺座主・天王寺別当(二三七1)　天喜二年十一月二十九日法性寺座主(僧綱補任)。永承六年天王寺別当(天王寺別当次第)。法性寺↓七七頁注、天王寺↓一六六頁注

橘恒平(二三七6)　敏行の男で母は定国王女。玄蕃頭・豊後守・尾張守・美濃守等を経て、木工頭・修理大夫となり、永観元年に参議となる。同年十一月十五日、六十二歳で薨(公卿補任。尊卑分脈では六十五歳)。

異人の行(二三七8)　法華験記にも二つの小話をのせ「如レ此背レ世方便甚多」というが、以下本伝の四つの異行はそれらと異る。ただ第一話は法華験記の国母女院の話の異伝かもしれない。

后宮(二三七8)　今昔物語巻十九は、藤原頼忠の女、円融天皇の后、三条太皇太后宮とする。従って藤原遵子であろう。授戒の請とは、この説話によれば同女が出家のとき、増賀より受戒したことをさす。遵子の出家は長徳三年三月(小右記ほか)。多武峰略記・増賀行状記は、同じく円融天皇の女御、藤原詮子とする。

誰人か…(二三七9)　今昔物語巻十九には「増賀ヲシモ召テカク令挟メ給フハ何ナル事ゾ。更ニ不心得侍ズ。若シ乱リ穢キ物ノ大ナル事ヲ聞シ食タルニヤ」とある。法華験記「於二女房中一、発二禁忌麁言一、然又罷出」、増賀行業記「昌披向二宮女一、出二麁語一而退去」はこの一段の出来事をさすか。

嫪毐(二三七9)　大陰の人。呂不韋の舎人で、宮刑に処せられたと詐り称して、秦の夏太后に通じて子を生み栄華を極めたが、始皇帝のために殺さる(史記、呂不韋列伝)。

泥障(二三七15)　職員令集解に「漆部二十人之中、…泥障二戸」、新撰字鏡に「障逕、阿夫利」、和名抄に「唐韻云、障泥、鞍飾也、阿夫利」とある。雨天に泥の衣服にはねあがるのを避けるため、下鞍より鐙にいたる間、馬の両脇に垂れるもの。延喜弾正台式に「羆皮障泥、聴二五位以上着一レ之」。

三十二相(二三八5)　仏身に具わった三十二の微妙な特徴。五念門中の第四観察門の偈(↓二三五頁補「面善円浄の文」)。雅楽の合奏曲として現存する唯一の声明。のち五念門は常行三昧(例時作法)に附加されるから、恐らく十二礼を含めて諷誦したものであろう。

興福寺の英才(二三八9)　僧綱補任裏書に真興(興福寺、法相宗・真言宗)に「真興年来相二随仁賀聖人一習二真言道一」とあり、真言伝法灌頂師資相承血脈・諸嗣宗脈紀も同じ。

途中に出されたる病者あり…参内せず(二三八14〜二三九3)　今昔には「東ノ大宮ヲ下リニ遣セテ行クニ、土御門ノ馬出シニ、薦一枚ヲ引廻シテ病人臥セリ。見レバ女也」とあり、以下看病の様子を詳しく記し、然る後参内して、法華経を誦し天皇の病気が快癒したので、僧綱に任じようとしたが、

固辞して退出したとする。

寛印(二三九5)　源信の弟子。内供奉十禅師。願蓮房・丹後先徳と号す(天台法華宗相承血脈譜)。二中歴、顕教・説教に寛印供奉とある。元亨釈書、主恩伝には、「寛印負二俊才一、不レ屑二南北学徒一。独言、天下只有二主恩一。当二我顧眄一耳」といい、慶祚伝に「横川寛印、三井定基、為二叡山内論義之匹一」とある。その伝は詳らかでないが、諸種の法会に列したことが諸記録にみえ、寛弘四年七月の霊山院過去帳の結縁歴名にもその名がみえる。なお、浄土依憑経論章疏目録に、寛印供奉応願行西文がみえる。

朱仁聡…(二三九7)　権記、長徳元年九月廿四日条に「先日、若狭国所レ進唐人朱仁聡・林庭幹解文幷国解、依レ仰下二奉右大臣一。件唐人可レ被レ移二越前国一之由、前日諸卿被二定申一。随則以二其由一、官符遣二若狭国二」とある。

善財童子…(二三九10)　華厳経入法界品に説く、求法童子で福城長者の子。文殊の教によって南方に遊行し、五十三の善知識を訪れ普賢の十大願(→一八四頁注)を聞いて法界に悟入した。この偈は善財童子が婆珊婆演底神に対して讃歎した偈の初四句。八十巻本華厳経の巻六十八に出づ。

倚子を…(二三九13)　倚子は、字類抄に「イシ、胡床之類也」。元亨釈書、寛印伝には「仁聡見レ之、感嗟曰、大蔵者皆二師(寛印と源信)之腸胃也。乃設二一椅一延レ之」といい、賛に「見二二師之博通一、聡之大蔵腸胃之言、不レ為レ過耳矣」とある。

丹後国…(二三九17)　古事談巻三に寛印が丹後で迎講をはじめたといい、沙石集にもそれがみえる。本書の大江挙周(著者の祖父)の伝に、「為二丹後守一之時、作二一堂一修二迎摂二」とある。迎講→一六〇頁補

月輪寺(二四〇7)　愛宕山(→七三頁注)の東嶺、大鷲峰にある。「愛宕寺根本師」(僧綱補任)といわれた大安寺慶俊が光仁天皇の勅によって草創したと伝える(山城名勝志所引縁起)。

生身(二四〇9)　仏が衆生済度のためにこの世に生れる身、または通力をもって一時この世に現れる肉身。寿量品のこの偈の前に、「衆生既信伏、質直意柔軟、一心欲レ見レ仏、不三自惜二身命一、時我及衆僧、倶出二霊鷲山一、…余国有二衆生、恭敬信楽者一、我復於二彼中一、為二説無上法二」とある。

宮主(二四〇13)　字類抄「ミヤシ、在二神祇官二」。延喜臨時祭式「凡宮主取二卜部堪レ事者一、任レ之」。賀茂斎院司にも宮主をおくこと、類聚三代格、弘仁九年五月官符にみえる。ここは石清水八幡宮のそれ。

八幡大菩薩(二四〇16)　石清水八幡宮は貞観元年、大安寺僧行教が豊前の宇佐八幡宮の神託をうけ、その神霊、八幡大菩薩(また三所菩薩)を勧請したもの(同五年正月行教作の石清水八幡宮護国寺略記、朝野群載所収)。

源信僧都…(二四一10)　廿五三昧過去帳「源信僧都為二彼亡者一、被レ修二諷誦一。其願文云、為レ令レ繫二念尊霊一、得レ値二遇大善知識一。所レ請如レ件云々。即被レ示二本意二云、我披二善財童子善知識之文一、知三善知識為二大因縁一。今憐下忽赴二冥路一、無レ伴独行上故、欲レ令三彼値二大善知識二云々」。諷誦→三六頁補

血仏血経(二四一11)　廿五三昧過去帳に「経二数日一尋二得平生随身書巻一。其中有二血仏血経一、其外題云、南無十方三世諸如来。命終決定往生極楽」とある。

成尋(二四二3)　藤原実方の孫で、母は源俊賢の女か。寛弘八年誕生。七歳で大雲寺に入り文慶に師事す。天喜二年延暦寺総持院の阿闍梨に補せらる。延久四年三月頼縁等と渡宋して諸名山を遊歴し、皇帝より優遇を受けたが、帰国を果さず元豊四年(我国の永保元年)十月六日、七十一歳で彼地に没した。天台山国清寺に葬らる。観心論註・法華経註・観経鈔等の著があるが、入宋の日記である参天台五台山記八巻は特に有名である。また母と共に歌人としても知らる(大雲寺縁起・園城寺伝法血脈・明匠略伝・宋書、列伝二五〇)。

大日位(二四二4)　真言の奥儀を究めることをいうか。参天台五台山記巻四所収の天喜二年十二月廿六日の太政官府に「即従レ師受二学胎蔵金剛両部大法幷護摩秘法・諸尊別行義軌等一、重従二入道兵部卿親王一稟二学胎蔵金剛蘇悉地参部大法・護摩秘法一。依レ為二其器一賜二印信一既畢。又重従二阿闍梨法橋上人位行円一、研二究参部大法・護摩秘法・諸尊別行義軌等一、尽二其深理一如二写瓶水一。更従二小僧一稟二受両部大法・護摩秘法等一。修学功積、顕密業成。…久習二一乗之奥儀一、頻飛二詞華於清涼殿之春風二」とある。

清涼山(二四二5)　五台山の別名(→一九頁注)。成尋の渡宋目的が五台山巡

礼にあったことは、朝野群載巻二十の延久二年正月一日の奏状及び参天台五台山記巻一に詳しく記されている。後者所載の熙寧五年六月の上表に「右ム従二少年時一有二巡礼志一。伝聞、江南天台、定光垂二跡於金地一、河東五台、文殊現二身於巌洞一。…而為二大雲寺主一三十一年、護二持左丞相一二十年、如レ此之間不レ遂二本意一」とある。

商客孫忠が商船…(二四二6)　商客は海外商人の意。扶桑略記、延久四年三月十五日条には「乗二唐人一船頭曾聚之舶一」、参天台五台山記巻一には「乗二唐人船一、一船頭曾聚…、二船頭呉鋳…、三船頭鄭慶…三人同心令レ乗レ船也」。船頭は商客にやとわれた各船の船頭。成尋は延久三年二月二日に離京し(扶桑略記)、同四年三月十五日に肥前国松浦郡壁島にて乗船、十九日出航す。乗船しても人に知られぬよう船室に隠れていた(参天台五台山記巻一)。

かの朝大きに旱して…(二四二7)　参天台五台山記巻七に熙寧六年三月一日、「正二月無レ雨、五穀可レ絶。令レ祈レ雨、可二勤仕一否」の宣旨をうけたこと、二日に宮中で祈雨のため法華法を修しはじめたこと、五日の午時に、未だ効すくなきによりさらに七日を延ぶる宣旨をうけたところ「従二未時一雨大下、終夜甚雨」こと、六日も「雨大下」、祈雨をとどめたことを記す。

賜ふに善恵大師…(二四二10)　参天台五台山記巻八に、熙寧六年四月四日、日本国延暦寺阿闍梨大雲寺主伝燈大法師位賜紫成尋に「奉二勅宣一特賜二号善恵大師一」との三月付中書門下牒をうけたとある。また巻七に、熙寧六年三月十一日に「全羅紫衣」即ち薄物の紫衣をうけたとある。

新訳の経論…(二四二11)　参天台五台山記によれば、成尋は、自らは宋に留り、新訳経論を集めて日本に送ることとし、同書巻八、熙寧六年四月十三日には、顕聖寺印経院より四百十三巻が調達された。同書はこれら「新訳経仏像等」を六月十二日、帰国の弟子僧五人の乗る孫吉の商船に搬入したことを記して、筆をおいている。百錬抄、延久五年十月条には「入唐僧成尋帰朝、大宋皇帝被レ献二金泥法華経、一切経、錦二十段一」、翌々承保二年正月廿六日条に「大宋国皇帝付二入唐闍梨成尋一、献二貨物一有之」、十月廿六日条に「諸卿定下申諸道勘申大宋皇帝付二成尋一所レ献貨物可レ納否上」とあり、そのことは水左記、同日条にもみえる。なお参天台五台山記も、弟子の帰朝とともにもたらされたものであろう。

逝去…膚に漆し…(二四二12)　大雲寺縁起に「種々奇瑞繁多。大師遷化、紫雲聳異香薫、親三尊来迎在。而於東京開宝寺仏前化縁既尽」とある。膚に漆を塗るのは高僧に対して行う厚葬で、参天台五台山記巻一に「真身以レ漆塗二綵色一作二定印一端坐入滅形也」とある。

観世音寺(二四二15)　福岡県太宰府町にあり、学校院をはさんで都府楼に接する。天智天皇が斉明天皇のために建立した寺(続日本紀、和銅二年二月条)で、奈良時代に戒壇が築かれ、東大寺・下野薬師寺とならぶ三戒壇の一つ。延喜五年の観世音寺資財帳によって同寺の規模が知られる。源氏物語、玉鬘巻に「清水の御寺の観世音寺」とあり、筑前国続風土記に「寺の後の田の中に清水の出る所有。此故に清水の号あるにや」とある。本書の著者は承徳二年八月大宰府赴任後、康和元年九月、管内諸国に観世音寺五重塔の造営を支配している(観世音寺古文書ほか)。

大山寺(二四三3)　大宰府の東、竈門山(宝満山)の竈門山寺、または有智山寺。大宰府神社文書、天満宮安楽寺草創日記に、承暦元年十月安楽寺別当基円、同寺に一切経供養を行うとし、「額者大山寺琳実別当之筆也」。宮寺縁事抄、所司僧綱昇進次第、院範条に、興福寺の院範が「兼任二大山寺別当一、居二住鎮西一。而間権別当(石清水八幡宮のそれ)頼清申二公家一、補二役大山寺別当一了」とある。後拾遺集「元慶法師、筑紫大山寺といふ所に、歌合し侍るに…」。

如法に…(二四三5)　叡岳要記下、如法堂条に慈覚大師円仁が「(天長)八年初秋天、手自以レ草為レ筆、以レ石為レ墨、以二禅定智水一、一字三礼書二写妙法蓮経一」。→五九頁補「大師…」。またこの如法経を地下に埋めることも平安朝にはしきりにおこなわれ、経筒等におさめた実例が多い。ここは井に埋めた例。

安楽寺(二四三9)　太宰府天満宮のことで天満宮安楽寺といい、菅原道真の廟。延喜年間味酒安行がこれを作るという(最鎮記文所引、貞元元年十一月官符・僧綱補任・天満宮安楽寺草創日記ほか)。本書の著者は、大宰府赴任後、康和二年八月、安楽寺に詣でて、参安楽寺詩を作り(本朝続文粋)、九月、寺内に満願院を建立してその願文を書き(江都督願文集ほか)、翌三年八月、同寺に於いて菅原道真を祭り、詩を作っている(本朝続文粋・古今著聞集巻四ほか)。

学頭(二四三9)　大寺の学問を司る僧を称し、延暦寺・園城寺の学頭は僧綱に任ぜられた。承和五年十月十三日の太政官符に「令三別当三綱幷学頭同署二其帳一」(類聚三代格)とある。ここは社僧の一で、主として文書の書写を司る。

随心院(二四三15)　山科にあり、真言宗小野流の本寺で、「小野曼荼羅寺」(諸門跡譜)といった。真言伝巻六に「(仁海)小野ト云処ニ万荼羅寺建立シテヲハシケレバ」と見え、仁海五世の法嗣増俊が「随心院初祖」(諸門跡譜)となる。ただし他本には「慧心院」とあり、叡山横川のそれをいう。山門堂舎記に「在二楞厳院三昧院南一、右丞相兼家公本願、…」とあり、叡岳要記もほぼ同じ。「慧心院」がよいか。

鞍馬寺(二四四4)　菅家本諸寺縁起集に「延暦十五年、依二木(貴)船明神教一、藤原伊勢人建立云々。本尊ハ毘沙門天皇(王)也」とある。阿娑婆抄、諸寺略記には鑒長上人が宝亀元年、夢告によって建立して毘沙門天をまつったが、のち弘仁年中、藤原伊勢人が貴布禰明神の教によって堂舎を改造し、観音像をあわせまつったという。平安中期以後、貴賤・僧徒の参詣が著しい。拾遺往生伝巻下(三)参照。

慶範(二四四4)　藤原安隆の子、延暦寺の慶命僧正に入室。長元六年権律師、長久四年権少僧都、永承五年権大僧都、天喜元年法性寺座主、同二年大僧都、同三年権僧正、康平三年僧正。同四年五月一日六十五歳で入滅す(僧綱補任・尊卑分脈ほか)。無動寺検校次第に慶範は西谷とある。

閻魔天(二四四5)　密教では十二天の一。水牛に乗り人頭幡を持つ。除病・息災・延寿・産生の祈願の修法として焔摩天供がある。

春日と左衛門町とに到り(二四四9)　春日小路と左衛門町との間の地域に到り、の意。春日小路は、拾芥抄に中御門大路と大炊御門大路の間。左衛門町は左衛門府に勤める下級役人の居所で厨町の一つ。拾芥抄に「左衛門町、中御門南、猪熊西、一町」とある。即ち左京の、北は中御門大路、南は春日小路、西は宮城、東は猪熊小路にかこまれた四町の地のうちの一町(四十丈四方)。

西の辺の第八門(二四四10)　一町の横を四つに分けて一行とし、縦を八つに分けて一戸主又は一門とする。たとえば東寺文書、延喜十二年七月の売券に、散位正六位上山背忌寸大海の家は「左京七条一坊十五町西一行北四・五・六・七門」とあるのは、一坊第十五町の中、西から数えて第一行、北から数えて第四〜七門。ここの「西の辺の第八の門」とは、その地域の一町のうち西から数えて第一行、北から数えて第八門の意。

潤屋…(二四四12)　潤屋は家を立派にする。ここは衛門町が京の商工業の中心の一つとして富み栄えていることを示す。衛門府は類聚三代格、昌泰四年閏六月官符などにみる如く、畿内近国の富んだ農民が衛府舎人となり、これらと結んでいたので、それだけ衛門府の町は商工業化が著しかった。

晨月(二四五5)　月は上弦の時は正午に東方にあらわれて夜半に西に沈み、満月になると日没とともに出て明け方に西に沈み、下弦には夜半に上って明け方に正中し正午ごろに沈む。晨月とは満月ごろをいう。河海抄巻十七、橋姫に「能因歌枕には十五日よりのちの月をあり明のといへり。匡房卿続本朝往生伝云、十五日以後月をば称晨月云々」。

覚尊(二四五9)　三外往生記、永覚伝に「即登二叡岳一師二事覚尊上人一」とある。永覚は右書に「或語二山上之群侶一、或伝二洛中之諸人一、令レ唱二念仏一。是為二化他一也」とあり、天承元年、横川飯室谷に死す。日本天台宗典目録に覚尊の著として往生要集抄六巻・普賢延命法・普賢延命日記をのせる。古事談第三の仙命上人(→拾遺往生伝巻上(九))の説話に「神蔵寺上人覚尊」は「常ニ出洛シテ知識勧進シケルヲ、仙命ハ無レ由事シ給物カナ」と評したといい、人の信施をうけない仙命は上品上生に生れたが、覚尊は下品下生とある。発心集第二に類話をのせ、「東塔の鎌倉にすむ覚尊聖人」とする。

舎利を供養(二四五15)　天王寺信仰は院政期以後、京・畿内に著しかったが、その信仰の一つの特色に金堂の舎利を供養して瑞相にあえば往生の安心を得るとするもので、往生伝・記録にもしばしば記録されている。著者大江匡房にも天王寺舎利供養願文(江都督願文集所載)がある。

合殺（二四六1）　現行の合殺から考察すれば、仏名（天台宗では阿弥陀仏（アダブ）、真言宗では毘盧遮那仏（ヒロシヤダフ））を音曲をつけて十一回唱えることで、第七回〜九回目までの音曲は第一回〜第三回目までと同一で、博士（音符）は八種類ある。字義には、刹（sas）は梵語の六で仏号六遍を合して一曲となす説があり、現行合殺が六曲目の次に再び第一曲に戻ることを指すものか。石田幹之助著「唐史叢鈔」に教坊記の「曲の終りは之を合殺と云ひ」を引用するが、当時の俗語で意味不明としている。安然の対受記に「慈覚大師入二五台山一、学二其音曲一以伝二叡山一。此有二長短二声合殺五声一」と、往生拾因私記下に「合殺者、声明法以二仏号六遍一合為二一曲一、故名曰二合殺一。殺六義」とあり、寂照堂谷響集「真言家読経音調有二合殺目一。此名未レ審。…夫合殺之名、本出二於楽家一。謂唐舞楽将レ闋時有二合殺名一。蓋取二唐目一以名二梵楽一。梵楽儀則、読経行道、唱首引レ隊、諸衆属而和。其将レ終曲調名為二合殺一。殺音薩散也」。

無明（二四六6）　天台の観法では空・仮・中三観により見思・塵沙・無明の煩悩を制伏し断滅し、最後の一品の無明を断じて妙覚位に入るとする。ここでは無明のうち少しでもの意か。

日円（二四六8）　権記、寛弘八年六月条の一条天皇入棺・葬送の記事の、百僧の中に日円（延暦寺）がみえる。これとは別人に、園城寺伝法血脈に成尋より灌頂をうけた人として日円がみえる。

大宋の商船…（二四六11）　日円が権記に見える日円（延暦寺）ならば、その入宋は寛弘八年より、本書述作のときまでの間、この間、長和四年に念救（日本紀略ほか）、長元年中に紹良（釈門正統・教行録）、永承年中に慶盛（心覚入唐記）、延久四年に成尋とその弟子（参天台五台山記）、承暦二年に仲回（宋史、日本伝）が商船に乗じて入宋しているが（木宮泰彦）、日円入宋のことは他にみえない。なお入唐の上人日延（→三三九頁注）は天台僧で、渡海して天台山に登っているが、宋で入滅という記載とはあわない。

賀茂忠行の第二子（二四六13）　尊卑分脈は忠行の子に、保憲・保胤をあげる。今昔物語巻十九ノ三に「実ニハ陰陽師加茂忠行ガ子也。而ルニ□ト云フ博士ノ養子ト成テ、姓ヲ改テ慶滋トス」とあるが、「慶滋」と「賀茂」は異字同義。

累葉陰陽の家（二四六13）　本書の藤原頼宗伝に「累葉の相門」、遍照伝に「累葉清華の家」。令制、中務省に陰陽寮を設けて天文・暦数に当らせ、以後、多くの陰陽の専門家が出たが、賀茂忠行は陰陽に秀れており、その子の保憲が天文・暦に詳しく、保憲の子の光栄に暦道、弟子の安倍晴明に天文を伝えてより、賀茂・安倍両家が代々陰陽道を世襲するようになった。賀茂氏につき、今昔物語巻二十四ノ一五に「保憲ハ止事無キ者ニテ、公私ニ仕ヘテ、聊モ弊キ事無クテゾ有ケル。然レバ其ノ子孫、于レ今栄エテ陰陽ノ道ニ並無シ」。

倫に絶れたり（二四六14）　大江以言の詩序（本朝文粋巻九）に「天徳・応和之間、天下士女之語二才子一者、多云二高俊・茂能（保胤の字）一」。

菅三品…（二四六14）　道真の孫、高視の二男。天慶五年対策に及第し、大内記・式部大輔を歴任し文章博士となり、天元四年従三位。同年九月八日八十三歳で薨（公卿補任）。当時第一の学者で文芥集などの著述がある。古事談巻六に「文時之弟子分二二座一テ座列之時、文章座ニハ保胤為二一座一」とある。

内の御書所（二四六15）　西宮記、臨時五、所々事に御書所のほかに「内御書所、在二承香殿東片庇一、延喜始、依レ勅有二仰事一。有二別当、開闔、衆等一」が見える。なおこの時の試験と思われるのが江家次第巻十九、弓場殿試事に「披レ袭当レ炉〈以レ王為レ韻、百字成レ篇〉今度参入者五人、桜井清光・藤原忠重・橘淑信・藤原為信・賀茂保胤、令二蔵人読一レ之、無レ判」とある。これによれば保胤は天暦（天徳の誤りか）の末、内御書所に候せしめられたが、小右記、永観二年十二月八日条に「於二御前一、定二中内御書所事一、可レ候二彼所一学生十二人〈此中有二大内記保胤朝臣一、是覆勘〉」（覆勘は御書所や内御書所の役人の一つ）とあり、出家の少し前にも、内御書所に仕えていた。

賦の試（二四六15）　延喜式部式上に「凡補二文章生一者、試二詩賦一、取二丁第已上一」とあり、擬文章生又はこれに準ずるものに、式部省の行う省試（文章生試）で詩の題が課せられ、その解答よろしきを得れば及第して文章生になる。それをさす。

芸閣の労…(二四七1)　芸閣は書物を入れて置く庫。拾芥抄に「御書所、秘書殿、芸閣」とあるごとく御書所や内御書所をさす。労とは功労で、文章生になったものは、一定の労によって、任官できるしくみであった。保胤は内御書所の勤務の労によって任官の資格を得たのだが、の意。

方略の試(二四七2)　考課令に「凡秀才試二方略策二条一」とあり、対策ともいい、令の定める官吏登庸の国家試験の中の最高のもの。延喜大学寮式に「凡得業生者、補了更学七年已上、不レ計二前年一、待二本道博士挙一、録下可二課試一之状上申レ省」とあり、平安時代には、文章生の中から成績優秀な二人を選んで文章得業生(秀才)とし、給費して七年勉学の後、これを受けさせた。しかし、文章得業生には重代の儒家のみが補せられる悪風が生じ、これに対して、重代でないものには、文章生にして外国の諸国掾に任じたものに、秩満の後、方略宣旨を被って対策に応じ、及第して京官に任ずる道が開かれた。これを「起家献策之輩」、「蒙二宣旨一成二大業一之輩」などと称した。平安朝の優れた儒者にはこの道を経たものが多かったが(類聚符宣抄九、方略試、承平五年八月二十五日ほか)、保胤もその一人で、文章生にして近江掾に任じ、方略宣旨を被って対策したのである。

緋袍の後…(二四七3)　緋袍→二四五頁注「緋」。六位少内記の保胤が従五位になっても官をかえず大内記であったことをいう。官職秘抄下に「大内記、…或有二六位内記叙留例一、保胤是也」。なお保胤は二四六頁補「内の御書所」の引用文にみる如く、永観二年十二月、大内記であり、かつ従五位下、大内記で終った(尊卑分脈・賀茂氏系図)。

長徳三年…(二四七7)　長保四年十二月九日、藤原道長が保胤の四十九日の諷誦を修しているので(本朝文粋巻十四)、長徳三年は誤りで、長保四年の十月を没年とするのが妥当か。なお右の諷誦文は著者の祖父大江匡衡の作、その日の道長の布施に対する請文は、寂照(大江定基)の作。

如意輪寺(二四七8)　京都東山如意岳にあり、伊呂波字類抄に「件寺保胤入道、法名寂心居住、参河入道寂照、以二寂心一為レ師、同住二此寺一」とある。

大江為基(二四七10)　摂津守・図書権頭、正五位下、歌人(尊卑分脈)、三河守(安法法師集)。性空上人伝記遺続集に詩あり。

斉光卿(二四七10)　維時の二男。天暦十一年に対策に及第し、東宮学士・大学頭・左大弁・蔵人頭・民部権大輔・式部大輔などを歴任、天元四年参議、寛和二年正三位となり、永延元年十一月六日五十四歳で薨ず(公卿補任・尊卑分脈)。扶桑集の詩人。

定基(二四七14)　参河守・徳明博士・図書頭、従五位下。寛和二年六月出家、法名寂照、長保五年八月入宋、円通大師と号し(尊卑分脈)、長元七年杭州にて入寂。歌人。

九想(二四八2)　小乗仏教の禅観の一で九想観。人の屍相をみて情欲を除く九種の観想をいう。天台の次第禅門九に、対治無漏禅として九種あげ、その第一にある。一に膨脹想(死屍が膨脹する)、二に青瘀想(風に吹かれ日に曝されて死屍の色が変ず)、三に壊想(死屍が破壊する)、四に血塗漫想(破壊して血が流れる)、五に膿爛想(膿が爛れて腐る)、六に虫噉想(鳥獣が来て噉う)、七に散想(鳥獣に噉われて手足が散らばる)、八に骨想(血肉が尽きて骨だけになる)、九に焼想(白骨がまた焼かれて灰になり土に帰る)をいう。経文により内容順序が異り、性霊集巻十に「九想詩」がある。なお、本書はかく美化しているが今昔では「久ク葬送スルコト无クシテ、抱テ臥タリケルニ、日来ヲ経ルニ、口ヲ吸ケルニ、女ノ口ヨリ奇異キ臭キ香ノ出来タリケルニ、…世ハ疎キ物也ケリト思ヒ取テ、忽ニ道心ヲ発シテケリ」といい、宇治拾遺も同じ。

長徳年中…(二四八5)　これよりさき日本紀略、永祚元年三月七日の条に「入道前参河守大江定基、法名入空(寂照カ)、上レ状請二入唐一」といい、同書、長保四年三月十五日、「入道前三河守大江定基上状、向二大宋国一巡二礼五台山一」という。長徳は、右の永祚と長保の間の年号。この間にも、朝廷に入宋の許可を請うたのであろう。長保の右文には五台山巡礼をうたい、これは奝然の故事(本朝文粋巻十三、為二奝然上人一入唐時為レ母修レ善願文)とも、後の成尋の志(朝野群載巻二十、聖人申二渡唐一)とも通じるが、長徳のは、本文にみる如く清涼山になっている。

宝寺(二四八6)　いま宝積寺といい、京都府乙訓郡、東海道線の山崎駅の北、天王山の南面にある。山城志に「宝積寺、明月記及桃花蘂葉作二宝寺又山崎寺一、有二正堂、三級浮屠、十三層石塔及僧舎五字一。又有下嘉慶二年勅為二定額寺一院宣、及仁治以来古記数十章上」という。右によれば宝寺は、山崎寺ともいったというが、元亨釈書巻十四、慈信伝に、慈信は「常飛レ鉢乞レ食」、空鉢上人といったが延喜年中に、慈信が摂津中山の十一面観音像を「山州山崎、其民縁熟」との霊告により当地に移し、鉢を飛行して営造したとある。この説話は信貴山縁起の山崎長者と関連して注目されている。また右文中の明月記の記事は、同建永元年六月条か。

大宋国に到りて…(二四八9)　一代要記「長保五年九月十二日、着二大宋国明州府一」。仏祖統記巻十二、諸師列伝第六之二には「法師源信、日本国十大禅師也。咸平六(わが長保五)年、遣二其徒寂照一、持二教義二十七問一、詣二南湖一求レ決」といい、詳細は四明尊者教行録にみえる。宋史巻四百九十一、外国、日本国には「景徳元(わが寛弘元)年、其国僧寂照等八人来朝。寂照不レ暁二華言一、而識二文字一、繕写甚妙。凡問答並以二筆札一。詔号二円通大師一、賜二紫方袍一」とある。

飛鉢の法(二四八10)　青蓮院に「大興善寺沙門不空抜出」の「飛鉢儀軌」、「三蔵法師般若伝」の「飛鉢大鉢法」があり、ともに叡山良祐所持本を、弟子の行玄が元永ごろに写したものとみられ、飛鉢の法力を得るための修行法を述べる(大串純夫、美術研究一七〇)。三宝絵中、役行者・古本説話集下六五や志貴山縁起絵巻の命蓮、金沢文庫本泰澄和尚伝記、及び著者大江匡房の本朝神仙伝(三七)比良山僧某などにも飛鉢のことがみえる。

奝然(二四八13)　俗姓秦氏。東大寺で三論宗を、また元杲から密教を学び、永観元年入唐、寛和二年帰朝す。その功により永延元年法橋となり、永祚元年東大寺別当、長保元年清涼寺座主、長和五年三月十六日入寂(東大寺別当次第・清涼寺縁起ほか)。奝然の入宋より帰朝にいたる活動は成算法師記・宋史、日本伝等に詳しいが、この奝然とここの寂照の入宋が並び称されたことは、延久二年の成尋の請渡宋中文(朝野群載巻二十)に「天慶寛延、天暦日延、天元奝然、長保寂昭、皆蒙二天朝之恩計一得レ礼二唐家之聖跡一」の文にも示されている。

長元七年…(二四八14)　長元七年は入宋より数えて三十二年。その年の遷化及び臨終の詩作の事は今昔にはない。詩作のことは発心集巻二・十訓抄巻十・宝物集巻八・今鏡巻九・平家物語灌頂巻・源平盛衰記巻四十八などにみえる。なお、一般に寂照の在宋間の事蹟がどうして伝えられたかについて、今昔に「此ノ事共ハ寂照ノ弟子ニ念救ト云僧ノ共ニ行タリケルガ、此ノ国ニ返テ語リ伝ヘタル也」とある。念救は寂照に従って入宋したが(歴代皇紀)、その後日本に帰国し、長和四年七月、寂照への書状、砂金ほかを持って再び入宋した(御堂関白記・小右記・日本紀略ほか)。今昔に伝える在唐間の寂照の事蹟は長和四年以前に念救によってもたらされたであろうが、さらに十九年あとの長元七年の臨終の模様は、念救が再度帰国したのでない限り、念救ではあり得ない。延久五年帰国の成尋の弟子などの伝聞かも知れない。ただし、参天台五台山記巻三の熙寧五(延久四)年九月五日条に「問二円通大師(寂照)入滅年紀一之処、寺主答云、卅年来云々」とあり、成尋もはっきり確かめることができなかった。

一絶の詩(二四八15)　一首の絶句の詩。但しこの詩句は絶句の体ではない。「浄土から来迎する二十五菩薩達の奏する笙の音が遙かに雲の上から聞えて来て、落日を浴びながら私を迎えに来て下さる」の意。宝物集巻八や源平盛衰記巻四十八などにはこの前に「茅屋無人扶病起(源は草庵無人扶杖立)。香炉有火向西眠」の句がある。

和歌を…(二四八18)　発心集・袋草紙巻上・源平盛衰記・今鏡などにみえる。四句「人に問はばや」(源)、五句「ひが耳」(発・今)、「空聞」(源)。

射鵠(二四九3)　江吏部集巻中、述懐古調詩「二十八献レ策、徴事玄又玄。所レ対過二半分一、射レ鵠纔貫穿」。挙周は長保三年の対策に及第しその対策文が本朝文粋巻三にみえる。

東三条行幸…(二四九3)　日本紀略、寛弘三年三月四日条に「天皇先於二東三条殿一命二花宴一」とあり、そのときのこと。御堂関白記などに詳しい。御堂関白記、寛弘三年三月四日条に「召二匡衡朝臣一賜レ題、仰二可レ献レ序由一」とあり、父の匡衡が序者となった。そのときの匡衡の詩序は江吏部集巻下等にみえる。

四位に…(二四九5)　御堂関白記、同日条に「奏云、停レ賜二加階一、賜二右近少

将雅通加階二者。被レ仰云、加階有二本意一、給二雅通一、別賜二之四位一、奏慶云々」。

侍中に…(二四九5)　御堂関白記、同日条に「仍序者(匡衡)男挙周、被レ補二蔵人一了」とある。江吏部集巻中に「寛弘三年三月四日、…余為二序者一、兼講レ詩。講レ詩之間、左丞相伝二勅語一曰、以二式部丞挙周一補二蔵人一者。風月以来、未三嘗聞二此例一。時人栄レ之」として一詩をかかげる。大江匡衡朝臣集・赤染衛門集にも、そのよろこびを詠んだ和歌がある。

一堂を作りて迎接を修せり(二四九6)　院政時代に盛行した阿弥陀堂ともとれるが、権門以外のものがこのころ阿弥陀堂を京にいとなんだとは考え難い。本書(一五)寛印伝には寛印が長徳六年に宋人を敦賀津に迎えたことを記したあとに「後経二歴諸国一、到二丹後国一」とあり、別に古事談巻三に寛印が丹後で迎講(→一六〇頁補)をはじめたとする。あるいはそのことにかかわる記事か。迎接を修すとは迎講のことか。

四ケ国に吏たり(二五〇2)

美作—不詳。

丹波—長元四年十二月、馨子内親王、丹波守章任の三条邸に遷御(栄花物語、殿上花見)。

伊与—長久元年十一月八日、前伊与守章任、東寺塔の修造を申請(春記)。

但馬—寛徳二年八月十日、但馬守章任、但馬国漂着の唐人張守隆等の雑物押領の事を議す(百錬抄)。

阿弥陀経四十九巻(二五〇4)　阿弥陀経は一巻、故に四十九遍読むをいう(一三八頁に「観音経一百巻」とあり)。巻末の蔭子源忠遠妻伝にも、師僧が観経を誦したところ、亡魂が重ねて四十八遍を誦することを乞うたとあり、これも計四十九遍。四十九は七七日、即ち中陰の日数によるか。但しここは生前なので、逆修(生前に死後の仏事をすること)の意味であろう。

前伊予守源頼義(二五〇8)　源頼義は清和源氏、頼信の子。頼義の履歴は尊卑分脈等にみえるが、陸奥話記に、長元の平忠常の乱に嫡子として父に従ったこと、「素為二小一条院判官代一」として武芸の誉れありしこと、「因二判官代労一為二相模守一」てより「民多帰伏」、「会坂以東弓馬之士大半為二門客一」のこと、「任終上洛、経二数年一間、忽応二朝選一、専二征伐将帥之任一」、前九年役に当ったこと(→次項)、康平六年「除目之間、賞二勲功一、拝二頼義朝臣一、為二正四位下伊予守一」を述べる。扶桑略記、康平六年二月廿七日条にも「被レ行二勧賞一、…」とある。頼義はその後出家したので、前伊予守と書くのであろう。

征夷の任…(二五〇9)　いわゆる前九年の役。永承六年、俘囚長安倍頼時は衣川以北の六郡によって叛したので、朝廷は陸奥守藤原登任に代り、頼義を陸奥守とし、天喜元年鎮守府将軍を兼ねしめた。天喜四年重任、康平四年任終るもとどまり、清原氏の援を得て六年に余党を平らげ、伊予守に任じられた(陸奥話記・本朝続文粋巻六、正四位下行伊予守源朝臣頼義上表ほか)。因みに永承六年より、賞により伊予守となるまで十二年。故に文に十余年という。愚管抄・古今著聞集などは「十二年の戦」と記す。

堂を建て仏を造る(二五〇11)　古事談巻五「六条坊門北、西洞院西、有レ堂。号二ミノワ堂一。件堂ハ、伊与入道頼義、奥州俘囚討夷之後、所二建立一也。仏ハ等身阿弥陀也。…十二年之間、戦場死亡之者ノ片耳ヲ切アツメテ、ホシテ皮古二合ニ入テ、持テ上タリケルヲ、件堂ノ土壇下ニ埋云々。仍耳納堂ト云也」。

十悪五逆も…(二五〇12)　十悪五逆の往生の可否について、観無量寿経は「作二不善業、五逆十悪一」ものも命の終るとき静かに阿弥陀仏を念ずれば往生を得るとするが、無量寿経第十八願は「設我得レ仏、十方衆生、至心信楽欲レ生二我国一、乃至十念。若不レ生者不レ取二正覚一。唯除三五逆誹二謗正法一」という。両者の矛盾について源信は往生要集大文第六に、その会通をおこなっている。後中書王の西方極楽讃にも「雖二十悪一兮猶引摂。甚三於疾風排二雲霧一」とある。

散位(二五〇15)　公式令「凡内外諸司、有二執掌一者、為二職事官一。無二執掌一者、為二散官一」。選叙令、散位条義解「凡散位、若見官無レ闕、雖レ有レ闕而才職不二相当一者、六位以下分番上下〈謂、文称二六位以下一、即知五位以上、雖レ無二執掌一、仍令二長上一、即可レ与二公勤不レ怠、職掌無レ闕之最一也〉」。

小槻兼任(二五〇15)　小槻氏は今雄が平安初期にあらわれ、その子孫が相継いで算博士に任じ、三善氏とともに算道の世襲氏族を形成し、また一条天皇のころの奉親以後、代々太政官左史に任じられ、官務家を形成した。小槻系図があるが、兼任の名は見えない。

基家・敦家（二五一8） 基家は、左中将・陸奥守となり、寛治七年九月十七日卒す（後二条師通記）。敦家は、正四位下、伊予守・左馬頭・左中将。寛治四年七月十三日、金峰山参詣の途中頓死す。五十八歳（尊卑分脈）。管絃に秀で篳篥の名人。歌人。

願証（二五二1） 文中、源信の妹とし安養尼公とあるが、左経記、長元七年九月十日条に「去月廿五日住二大和国吉野郡一安養尼願証入滅。是故源信僧都妹。多年念仏、今及二老後一病痾不レ離、辛苦年久。死日前七ケ日病痾。此日徐向レ西念仏、乍レ居帰レ空云々」とあり、興福寺略年代記、長元七年条に「八月廿五日、安養尼往生、八十二」とあり、一致する。よって、底本の願西は願証と改めた。源信の姉の願西のことは法華験記巻下〔一〇〇〕にある。今昔物語集巻十二ノ三〇の願西の話（前半は法華験記による）の後半に安養尼君とよんで二つの説話を書くが、これは願西ではなく妹の願証の話。なお、一八一頁補〔一〇〇〕を参照。

二条関白（二五二6） 母は源雅信女倫子。従一位関白太政大臣、氏長者となり、承保二年九月二十五日、八十歳で薨ず。贈正一位。大二条殿と号す（公卿補任・尊卑分脈）。

覚厳（二五二16） 権律師覚厳か。藤原家房の子（尊卑分脈）。天永二年権律師、大治三年権律師を辞し、同五年法勝寺学頭・諸寺供僧も辞す（僧綱補任）。後、大原に隠れ住むか。三外往生記〔三〕良忍伝に、天承二年二月良忍死去の後、「大原律師覚厳」の夢にあらわれると。同年十一月七十一歳で卒す（僧綱補任）。康和三年当時四十歳。

本朝神仙伝

倭武命（二五七1） 書紀、景行二年三月条「戊辰、立二播磨稲日大郎姫一為二皇后一。后生二二男一。第一曰二大碓皇子一。第二曰二小碓尊一。…是小碓尊。亦名日本童男。亦曰二日本武尊一」。古事記に倭建命。

女となり（二五七2） 書紀、景行二十七年十二月条「到二於熊襲国一。…時熊襲有二魁師者一。名取石鹿文。亦曰二川上梟帥一。悉集二親族一而欲レ宴。於レ是日本武尊、解レ髪作二童女姿一、…入二於川上梟帥之宴室一、居二女人之中一」。

備中国（二五七2） 書紀、景行二十七年十月条「己酉、遣二日本武尊一令レ撃二熊襲一。時年十六」。書紀では熊襲国でのこととする。ただしその平定の後、「既而従二海路一還レ倭、到二吉備一以渡二穴（後の備後国安那郡）海一。其処有二悪神一。則殺之」。

熊襲曰く…（二五七3） 書紀、景行二十七年十二月条に「川上梟帥亦啓之曰、吾是国中之強力者也。是以当時諸人、不レ勝二我之威力一、而無二不レ従者一。吾多遇二武力一矣、未レ有下若二皇子一者上。是以賤賊陋口以奉二尊号一。若聴乎。曰、聴之。即啓曰、自レ今以後、号二皇子一応レ称二日本武皇子一」。

海道より…（二五七4） 書紀、景行四十年十月条「癸丑、日本武尊発路之。戊午、抂レ道拝二伊勢神宮一。…是歳、日本武尊初至二駿河一。…亦進二相模一欲レ往二上総一。…従二上総一転入二陸奥国一。…於レ是蝦夷等悉慄、則褰レ裳披レ浪、自扶二王船一而着レ岸。仍面縛服罪。故免二其罪一。因以俘二其首帥一、而令レ従レ身也。蝦夷既平。…日本武尊進二入信濃一。…既逮二于峰一而飢之。食二於山中一。山神令レ苦レ王、以化二白鹿一、立二於王前一。王異之、以二一箇蒜一弾二白鹿一。則中レ眼而殺之」。

山道より…（二五七5） 書紀同右に「随レ狗而行之、得レ出二美濃一。…日本武尊、更還二於尾張一、即娶二尾張氏之女宮簀媛一、…聞二近江五十葺山有二荒神一、即解レ剣置二於宮簀媛家一、而徒行之。至二胆吹山一。…山神化二大蛇一当レ道。爰日本武尊不レ知二主神化一レ蛇之謂、是大蛇必荒神之使也。既得レ殺二主神一、其使者

豈足レ求乎。因跨レ蛇猶行。時山神之興レ雲零レ氷。峰霧谷曀、無二復可レ行之路一。乃捷遑不レ知三其所二跋渉一。然凌レ霧強行。方僅得レ出。猶失意如レ酔」。なお古事記では蛇が白猪となっている。

醒井（二五七8） 書紀同右に「因居二山下之泉側一、乃飲二其水一而醒之。故号二其泉一曰二居醒泉一也」。

白鳥（二五七9） 書紀同右に「既而崩二于能褒野一。時年卅。…仍葬二於伊勢国能褒野陵一。時日本武尊化二白鳥一従レ陵出之、指二倭国一而飛之。群臣等因以開二其棺櫬一而視之、明衣空留而屍骨無之」。

後に…（二五八2） 聖徳太子伝暦、推古十七年条に「秋九月、小野臣妹子到レ自二大隋一。啓二太子一曰、臣届二衡山般若寺一、先逢二三僧一。二口遷化、一口猶存。語レ臣曰、初年沙弥誤二取他僧所レ持之経一授レ子竟。而去年秋時、子国太子、元念禅師、駕二青竜車一、従二五百人一、到レ自二東方一履レ空而来。探二旧房裏一取二一巻経一、凌レ虚而去」。三宝絵にも類似の記載がある。

甲斐の黒駒…（二五八4） 伝暦、推古六年条に「夏四月、甲斐国貢二一烏駒四脚白者一。…秋九月、試馭二此馬一浮レ雲東去。侍臣仰観。舎人調使麿独在二御馬右一、直入二雲中一。衆人相驚。三日之後廻レ轡帰来」。類似の記載は補闕記・三宝絵にもある。なお甲斐の黒駒については、書紀の雄略十三年九月条に「乗二於甲斐黒駒一、馳詣二刑所一」とあり、延喜左右馬寮式に「左馬寮御牧、甲斐国、柏前牧、真衣野牧、穂坂牧」とみえる。

四天王寺（二五八5） 書紀、崇峻即位前紀「秋七月、蘇我馬子宿禰大臣、勧三諸皇子与二群臣一、謀レ滅二物部守屋大連一。…是時厩戸皇子束髪於額而随二軍後一。自忖度曰、将無レ見レ敗。非レ願難レ成。乃斮二取白膠木一、疾作二四天王像一、置二於頂髪一而発レ誓言、今若使二我勝一レ敵、必当奉二為護世四王一、起二立寺塔一。…平レ乱之後、於二摂津国一造二四天王寺一。分二大連奴半与一レ宅、為二大寺奴田荘一。…以二田一万頃一、賜二迹見首赤檮一」、推古元年条「是歳始造二四天王寺於難波荒陵一」。

月氏の教（二五八5） 月支とも書き、甘粛省西部に住した種族で前漢時代アフガニスタン北部に安住し、のち貴霜王朝を築き印度にまたがる大帝国となった。中国への仏教初伝に関係あったため、滅亡後も大月氏と称し、仏教の源流地と考えられた。魏略西戎伝「罽賓国、大夏国、高附国、天竺国皆并属二大月氏一。…昔漢哀帝元寿元年博士弟子景盧受三大月氏王使伊存口二授浮屠経一」、仏祖統紀巻三十五「永平十年、蔡愔等於二中天竺大月氏国一、遇二迦葉摩騰竺法蘭一得二仏倚像梵本経六十万言一」（魏志巻三十所引）。

寺を建て（二五八6） 法王帝説に「太子起二七寺一。四天王寺・法隆寺・中宮寺・橘寺・蜂丘寺・池後寺・葛木寺」、補闕記に「四天王寺・元興寺〈一説法隆寺〉・中宮寺・橘寺・蜂岳寺・池後寺・葛木寺」。伝暦は他に元興寺・日向寺・定林寺・法興寺を加えて十一院とする。三宝絵は伝暦に比し定林寺・法興寺を欠く。

章疏経論（二五八6） 法王帝説に「造二法花等経疏七巻一、号曰二上宮御製疏一」、法隆寺伽藍縁起并資財帳に「法華経疏参部各四巻、維摩経疏壱部三巻、勝鬘経疏壱巻、右、上宮聖徳法王御製者」、正倉院文書に、右中の法華・勝鬘の二経の義疏の書写・貸借等の文書があって、その数十九に及び、別に観音経疏一巻もある。法華・維摩・勝鬘の三経義疏は現存する。この三疏のことは補闕記・伝暦、推古二十三年条・三宝絵にもみられ、前二者はともに製疏の年次も記してある。

〔三〕役優婆塞伝（二五八10） 役優婆塞のことは、続紀、文武三年五月条・霊異記巻上二八にもみえるが、三宝絵巻中（続紀・霊異記のほか小野仲広撰、日本国名僧伝等によるといい、終りに古人伝云の一段がある）の所伝と共通するものが多く、扶桑略記、大宝元年条（為憲記・役公伝による）の役公伝による文により近い部分もある。本伝末には「都良香の吉野山記」を参照した旨が記されている。今昔物語巻十一ノ三は主として三宝絵によったものか。

仏法…（二五八10） 霊異記に「修二習孔雀之呪法一」「知仏法験術広大者」、三宝絵に「三宝ヲタノミアフグ事常ノ心ザシトス」「孔雀王呪ヲナラヒ行ジテ霊験ヲアラハシエタリ」、扶桑略記に「役公伝云、…誦二孔雀王呪一、難行苦行」とある。

富士山…（二五八10） 霊異記に「即流二之於伊図之島一。于レ時身浮二海上一走、如レ履レ陸。体踞二万丈一、飛如二翥鳳一、昼随二皇命一居レ島而行、夜往二駿河富嶺一

而修」。三宝絵・扶桑略記ほぼ同じ。都良香の富士山記（本朝文粋）にも「相伝、昔有㆓役居士㆒、得ㇾ登㆓其頂㆒」とある。

吉野山…（二五八11） 霊異記に「唱㆓諸鬼神㆒而催之曰、大倭国金峰与㆓葛木峰㆒度ㇾ椅而通」。三宝絵・扶桑略記ほぼ同じ。ただし続紀には「初小角住㆓於葛木山㆒以㆓呪術㆒称」、三宝絵には「仙ヲモトムル志アリテ葛木山ニスム。卅余年、窟中ニヰテ…」といい、葛木山を本拠としていたとする書きぶりである。

石橋（二五八12） 三斉要略（太平広記巻二九一）に「秦皇於㆓海中㆒作㆓石橋㆒。或人云、非㆓人功所ㇾ建。海神為ㇾ之竪ㇾ柱。始皇感㆓其恵㆒、乃通㆓敬於神㆒、求㆓与相見㆒。神云、我形醜、約ㇾ莫ㇾ図㆓我形㆒、当㆓与ㇾ帝会㆒。始皇乃従㆓石橋㆒入三十里、与ㇾ神相見。帝左右有㆓巧者㆒、潜以ㇾ脚画。神怒曰、帝負ㇾ約。可㆓速去㆒。始皇即転ㇾ馬。前脚猶立、後脚随ㇾ崩、僅得ㇾ登ㇾ岸」とある。和歌童蒙抄巻五・袖中抄巻六には石橋の項に「三斉略記」として内容を紹介する。

一言主神（二五八13） 書紀、雄略四年二月条に「天皇射㆓猟於葛城山㆒。忽見㆓長人㆒。来望㆓丹谷㆒。面貌容儀、相㆓似天皇㆒。…長人次称曰、僕是一事主神也」。古事記、雄略天皇条もほぼ同じ。延喜神名式の大和国葛上郡に「葛木坐一言主神社〈名神大、月次・相嘗・新嘗〉」。現在奈良県御所市森脇にある。以下、一言主神が橋をかける話は、三宝絵に「諸ノ神ドモ愁テナゲ、ドモユルサズ。セタメヲホスルニ、思ワビテヒルハ形ミニクシトテヨルニカクレテツクリワタサムト云テ、ヨル〳〵イソギツクルアヒダ、行者、葛城ノ一言主乃神ヲメシテトラヘテ、ナニノハヅカシキコトカアラム、形ヲカクスベカラズ、スベテハナツクリソトハラダチテ呪ヲモチテ神ヲシバリテ、谷ノソコニウチヲキツ」、扶桑略記「役公伝云、…金峰大神不ㇾ勝㆓呪力㆒、而且作㆓始之㆒。葛木一言主大神又且作始。申㆓於行者㆒云、自形尤醜。夜間作ㇾ之。行者迫㆓一言主明神㆒云、昼尚惓。況将ㇾ夜作哉。早速可㆓作度㆒」。

神帝宮に…（二五八15） 続紀では「外従五位下韓国連広足師ㇾ焉。後害㆓其能㆒、讒以㆓妖惑㆒」とある。扶桑略記の為憲記による部分も同じ。一言主神が訴えた話は霊異記に「藤原宮御ㇾ宇天皇之世、葛木峰一語主大神、託讒之曰、役優波塞謀将ㇾ傾㆓天皇㆒」とある。扶桑略記の役公伝ほぼ同じ。三宝絵には両説をのせてある。

獄に…（二五八16） 続紀、文武三年五月丁丑条「役君小角流㆓于伊豆島㆒」。霊異記もほぼ同じ（ただし、そのあと「富士山…」の項に引用の文がつづく）。三宝絵・扶桑略記も同じであるが、略記の役公伝による流罪の時期の記述は詳細。

赦（二五八17） 続紀に赦のことなし。霊異記に「於ㇾ是乗㆓慈之音㆒、以㆘大宝元年歳次㆓辛丑㆒正月㆖、近㆓天朝之辺㆒」、三宝絵には「大宝元年辛丑五月ニ召シアグ。漸ク御前乃庭ニチカヅキ候程ニ」といい、扶桑略記、大宝元年正月条に「役君小角有ㇾ勅召反」、また「役公伝云、…天皇召㆓博士㆒、令ㇾ説㆓表文㆒者、当㆓其辞㆒云、天皇可㆓慎宗㆒。是非㆓凡夫㆒、大賢聖也。早免㆓殺罪㆒、速迎㆓於都城㆒、尊重可ㇾ令㆓住修㆒者也。爰重勅、使ㇾ免㆓殺罪㆒畢」とある。

縛ひて（二五八17） 三宝絵では讒罪以前のこととして「ハラタチテ呪ヲモチテ神ヲシバリテ谷ノソコニウチヲキツ」といい、終りにも「葛木ノ一言主ノ神ハ此行者ニシバラレテイマニイマダトケズトイヘリ」。扶桑略記では赦免のあとのこととして「役公伝云、…于ㇾ時行者含ㇾ怨、呪力纏㆓一言主明神㆒、…葛木一言主明神所ㇾ纏未ㇾ免、辛苦尤甚也」。

葛…（二五九1） 三宝絵に「古人伝云、…葛木山ノ谷ノ底ニハ常ニ物ノ呻コヘキコユルヲ、人尋イタリテミレバ、大ナル岩ヲ大ナル藤モトヒ縛レルヲウタガヒテ、ソノ藤ヲキレドモ、即又如ㇾ元ニ成ワタリヌ。又橋ノレウニセシ石ハ削造テイマニ峰谷ニオホカリトイヘリ」、扶桑略記に「為憲記云…古人伝曰」とあるのとほぼ同じ。

その母を…（二五九3） 霊異記には大宝元年赦にあったのち「遂作ㇾ仙飛ㇾ天也」とあるのみ。三宝絵には「ソラニノボリテトビウセヌ。月ニノリ雲ニカクレテウミニウカビテハルカニサリテ帰ラズ。…古人伝云、役行者ミヅカラハ草座ニ乗テ母ヲバ鉢ニノセテ唐ヘワタリニケリトイヘリ」。扶桑略記もほぼ同じ。

高麗（二五九4） 高麗は新羅の誤り。それとも著者生存時の朝鮮は高麗時代のためか。霊異記「吾聖朝之人道照法師、奉ㇾ勅求ㇾ法往㆓於大唐㆒。法師受㆓五百虎請㆒、至㆓於新羅㆒、有㆓其山中㆒講㆓法花経㆒。于ㇾ時虎衆之中有ㇾ人、以㆓倭語ニ挙レ問也。法師問誰。答役優婆塞。法師思之、我国聖人、自ニ高座一下求レ之無レ之」。三宝絵もほぼ同じ。扶桑略記の役公伝は詳細であるが、次項「百余年」にみる如く、史実に反する記述がある。

百余年（二五九5）　扶桑略記に「役公伝云、…道昭法師帰朝、伝ニ談我国一焉。于レ時貞観十五年癸巳註記而已。自ニ彼大宝元年辛丑歳一、至ニ于今年癸巳一、積レ年一百七十三年」。道照の帰朝は斉明天皇七年であるから、これは史実に反する。同種の説が他にもあったのかも知れないが、著者はそれに気付かず百余年としたものであろう。

賀州（二五九8）　加賀国。泰澄和尚伝記・元亨釈書が越前国（丹生郡）麻生津とするのと異る。白山への登山には古来越前馬場（平泉寺）・加賀馬場（白山本宮）・美濃馬場（長滝寺）の三つがあり、平安時代以後、白山信仰の指導権を争った。故に、泰澄の出生地につき、越前説と加賀説があるのは、この史実と無関係ではあるまい。

白山（二五九9）　→一六九頁注。三方の馬場及び寺社→補「賀州」。和尚伝記には「霊亀二年夢、以ニ天衣瓔珞一飾レ身貴女、従ニ虚空紫雲中一透出、告曰、我霊感時至。早可レ来焉。而日本根子高瑞浄足姫元正天皇御在位、養老元年丁巳歳、…和尚来宿ニ白山麓大野隈笥川東伊野原一、…前貴女現告曰、…此言未レ訖、神女忽隠矣。和尚…乃攀ニ登白山天嶺一、禅定、…爾時従ニ池中一示ニ九頭竜王形一。和尚重責曰、此是方便示現、非ニ本地真身一焉。乃又十一面観自在尊、慈悲玉体忽現矣」。藤原敦光、白山上人縁起（保安二年、本朝続文粋）に「白山者、山岳之神秀者也。介ニ在美濃・飛驒・越前・越中・加賀五ケ国之境一矣。其高不レ知ニ幾千仞一、其周遙亘ニ数百里一。天地積レ陰、冬夏有レ雪、譬如ニ茜嶺一。故曰ニ白山一。夏季秋初、気暄雪消、四節之花一時争開。側聞、養老年中有ニ一聖僧一。泰澄大師是也。初占ニ霊崛一、奉レ崇ニ権現一以降、効験被ニ于遐邇一、利益及ニ于幽顕一。参ニ詣其場一之者、百日断ニ葷腥一、来ニ至其砌一之者、二里禁ニ涕唾一。依ニ信心之清浄一、有ニ感応之掲焉一」。

一言主の縛…（二五九10）　元亨釈書、泰澄伝に「嘗入ニ葛嶺一。郷役小角、以ニ石索一呪ニ縛一言主神一、纏繞七匝。澄欲レ解レ縛、持念作法、其縛三匝已解。忽空中有レ声叱レ之。澄乃息、縛如レ元」。類聚既験抄の葛木一言主明神石橋事には役優婆塞の話をあげたあとに、「或物語云、昔巨勢ノ大徳ト云有験僧有レ之。一言主明神被ニ繫縛一給、読ニ心経一奉ニ法楽一之、即繫縛解タリ」とある。この話は㈢役優婆塞伝の「万方遂不レ解、呻吟之声、歴レ年不レ絶」と関係あろう。→二五八頁補「一言主神」「縛ひて」

阿蘇の社（二五九14）　いま阿蘇神社。熊本県阿蘇郡一の宮町。隋書、倭国伝に「有ニ阿蘇山一。其石無レ故火起接レ天者、俗以為レ異、因行ニ禱祭一。有ニ如意宝珠一、其色青、大如ニ鶏卵一、夜則有レ光。云ニ魚眼精一也」。日本紀略、弘仁十四年十月廿二日条「坐ニ肥後国阿蘇郡一従四位下勲五等建磐竜命神特奉レ充ニ当郡封二千戸一。此神、亢旱之時、祈即降レ雨、護レ国救レ民、靡レ不レ頼レ之」、文徳実録、斉衡元年六月廿九日条「加ニ肥後国健磐竜命神封卅戸一」、延喜神名式の肥後国阿蘇郡に「健磐竜命神社〈名神大〉、阿蘇比咩神社、国造神社」。

池（二五九14）　筑紫風土記「肥後国、閼宗県、県坤廿余里、有ニ一禿山一、曰ニ閼宗岳一。頂有ニ霊沼一、石壁為レ垣。清潭百尋、鋪ニ白縁一而為レ質。彩浪五色、絙ニ黄金一以分レ間。天下霊奇出ニ玆華一矣」（釈日本紀所引）、日本後紀、延暦十五年七月廿二日条「肥後国阿蘇郡山上有レ沼。其名曰ニ神霊池一」。三代実録、貞観六年十二月廿六日条「大宰府言、肥後国阿蘇郡正二位勲五等健磐竜命神霊池、去十月三日夜、有レ声震動、池水沸ニ騰空中一」。

千手観音（二五九16）　未詳。ただし嘉慶二年の阿蘇山衆徒等注進に「右、当神者、忝尋ニ本地本高一、大慈大悲一十一面観世音菩薩、論ニ垂迹々広一、健磐竜命大明神九頭一身応化也」（大日本古文書、阿蘇文書之二）。

数百年…（二五九17）　和尚伝記に「神護景雲元年三月十八日、結跏趺坐、結ニ大日定印一、奄然入定遷化。春秋八十六也」。験記に「神護景雲年中入滅」。

黄金…（二六〇3）　道賢上人冥途記（扶桑略記、天慶四年条）に「此山極最勝、其地平正純一、黄金光明甚照。北方有ニ一金山一、其中有ニ七宝高座一。和上至畢、坐ニ其座一。大和尚曰、我是牟尼化身、蔵王菩薩也。此土是金峰山浄土也」とある。宇治拾遺物語巻二ノ四「金峰山薄打事」に金産出のことあり。

慈尊（二六〇3）　弥勒のこと。→二九頁補「弥勒…」。寛弘四年、藤原道長が金峰山に参詣の折、奉納した金銅経筒銘には法華三部経・阿弥陀経・弥勒上生下生成仏経・般若心経を書写し、金銅燈楼の地下に埋むる由を記した

あとに、「弥勒経者、又此度奉レ書。是為下除二九十億劫生死之罪一、証二無生忍一遇中慈尊之出世上也。仰願、当二慈尊成仏之時一、自二極楽界一往二詣仏所一、為二法華会聴聞一、受二成仏記一、其庭此所奉レ埋之経巻、自然湧出、令二会衆随喜一矣」とある。

女人を…（二六〇4）　法然上人行状画図十八に「この日本にも霊地霊験の砌には、みなことごとくきらはれたり。比叡山の…、高野山は…、乃至金峰の雲のうへ、醍醐の霞のそこ、女人更にかげをさゝず。悲哉両足ありといえどものぼらざる法の峰あり」、元亨釈書に「世伝、金峰山者、黄金之地。金剛蔵王菩薩護レ之。不レ容二婦人渉レ竟」

〔六〕**行叡居士伝**（二六〇7）　清水寺建立記・清水寺縁起・扶桑略記抄二、延暦十七年条の件寺(清水寺)縁起による文・今昔物語巻十一ノ三二・元亨釈書巻二十八、清水寺などは同一系統とみられる。また康平八年の藤原明衡作、清水寺新造堂願文(本朝文集)の前半も同系の縁起によったものであろう。本伝も同系の縁起によるものと考えられるが、そのうちの行叡の経歴のみを記してある。

数百年（二六〇7）　縁起にも「隠二居此地一、経二数百年二」、建立記には「其齢七十有余許也」、扶桑略記抄には「隠二居此地二二百才許」とある。今昔もほぼ同じ。

清水寺の滝（二六〇9）　縁起に「於二是滝前一北岸上有二一草庵二」とし、行叡がそこに長く住まっていたとあり、略記抄・願文・今昔みな同じであるが、滝を修し出だしたことはみえない。

黄金の色（二六〇9）　縁起に「淀河有二金色一支之水一、唯独自明了、余人所レ不レ見也。定知為レ我(延鎮)示二先瑞一。仍尋二金流之源一、遙到二山城国愛宕郡八坂郷東山之上清水滝下一焉」といい、略記抄・今昔ほぼ同じ。

報恩大師（二六〇10）　本伝及び〔八〕報恩大師伝は行叡にあった人を報恩とするが、縁起には「報恩一百人門徒中有二第七弟子法師賢心〈後改為二延鎮二〉云者二」とし、他書もみな賢心(延鎮)のこととする。ただ元亨釈書に「延鎮〈或曰報恩〉」とあるのは本伝をあわせとったものか。

乙葉山…（二六〇12）　音羽山。京都府東山区音羽町の東南に音羽山があり、標高五九三メートル。山城名勝志の引く山城州音羽庄牛尾山厳法寺記(明応元年作)に「洛之東、宇治之北郡有レ山曰二音羽一。凡縦横八九里、修嶺尖峰数十余朶、其一朶曰二牛尾一。中有レ寺、以二厳法一額レ之。蓋千手大士之霊場也」という。建立記に賢心(延鎮)が行叡のあとをおい、「仍指レ東可二尋行一之処、山科東峰、所レ着履前見。是哭音、已満二一山一。定知二後是孤絶之山二」といい、縁起・略記抄も同じ。

草鞋（二六〇13）　鞋はくつ。和名抄に「糸鞋、弁色立成云、糸鞋、伊止之久都」「麻鞋、顔氏家訓云、麻鞋一屋、麻鞋、乎久豆、弁色立成云、麻鞋以レ麻為レ之」。草鞋は草で編んだくつで、わらじのこと。伊呂波字類抄に「靸鞋、サフカイ、挿鞋、俗用之」とあり、色葉字類抄はサウカイと読む。深窓秘抄に「草鞋、鞋ヲカイト云習也。天子之外不レ用レ之。僧道又用レ之」とみえる。草鞋が山科に残されたことについては前項参照。杖のことは他書にみえない。

〔七〕**教待伝**（二六〇15）　古今著聞集巻二に智証大師御記文をひく。伊呂波字類抄、薗城寺はそれにより、ところどころ省略したもの。ただし両者を対照すると、前者の「堺二其四至一被二宛給二〈大略〉」の「大略」の部分は伊呂波字類抄にあって、四至及び崇福寺建立の由来が述べられており、これを補えば御記文の全貌が知られる。別に藤原実範の康平五年作の園城寺竜花会縁起があるが、その前半の園城寺の創立の記述は御記文を簡略化したものと推せられるので、御記文、またはその祖本はそれ以前に出来ていたものであろう。打聞集第五話・今昔物語巻十一ノ二八・元亨釈書、教待・同書、園城寺・真言伝、智証大師も、主としてそれによるか。本伝のうち、出自・年齢、「唯愛二少年女子二」などは他にみえない。

近江国志賀郡（二六〇15）　和名抄に近江国滋賀郡。続紀、天平十二年十二月条など志賀郡と書く場合も多い。教待の出自は他にみえず。元亨釈書、教待には「不レ知二何許人一、久居二園城寺二」とある。

数百年（二六〇15）　御記文・縁起に「教待年百六十二也」。元亨釈書も同じ。今昔に「此ノ所ニ住シテ既ニ百六十年」。真言伝も同じ。打聞集「年百余歳許」。

兼て魚の肉を食ふ…蓮の葉と…(二六一1)　御記文に、寺の檀越の大友氏の言に「年来此比丘不レ魚不二飲食一、不レ酒不二湯飲一。常到二寺領海辺之江一、取二魚鼈一為二斎食之菜一」といい(さゝめごと末に「教待和尚は亀をのみ食し給へると也」とある)、教待がその地を去ったのち、「今大衆共見二住房一、年来干置魚類皆是蓮華茎根葉也。於レ是知下不二例人一之由上」。縁起・打聞集・今昔・元亨釈書、教待・真言伝ほぼ同じ。

智証大師に…(二六一2)　智証大師(円珍)→二一頁補。御記文に「(新羅)明神・山王・別当・西塔・予(円珍)、到二近江国滋賀郡園城寺一、…一人之老比丘、名謂二教待一、出来云」。縁起・打聞集・今昔・元亨釈書、教待・同書、園城寺・真言伝は、「予」を三人称とするほかほぼ同じ。

園城寺の地を…(二六一2)　園城寺→一二一頁補「三井寺」。御記文に寺の檀越の大友氏が円珍に「教待大徳年来云、可レ領二此寺一之人渡唐也。遅還来之由常語。而今日已相待人(円珍)来也。可二出会一者、今以二此寺家一奉二付属一」。縁起・打聞集・今昔・元亨釈書、教待・同書、園城寺・真言伝も同じ。

こと訖りて…(二六一3)　御記文に「(教待の)付属之後、山王還給。…乗輿之人(三尾明神)引二率百千眷属一来向、以二飲食一奉レ饗二明神(新羅明神)一之処、老比丘教待、到二於彼明神之在所一、遁以喜悦。即比丘(教待)・輿人(三尾明神)形隠不レ見」。縁起・打聞集・今昔・元亨釈書、教待・真言伝ほぼ同じ。

〔八〕報恩大師伝(二六一4)　本伝に関する説話は〔六〕行叡居士伝(→二六〇頁補)に記した清水寺創建にかかわる諸書にみえる。報恩の伝としては別に、元亨釈書、報恩に記載があり、子島山寺建立縁起大師伝・子島山観覚寺縁起などもほぼ同内容であるが、本伝はそれとかかわりなく、〔六〕の清水寺関係の説話に関連する。

報恩大師(二六一4)　十五歳で出家、三十歳で吉野山に入り観音の呪を持し、天平勝宝四年天皇の病の加持によって得度、報恩と号し、天平宝字四年大和国子島山に観音・四天王をまつる寺院を建立。延暦四年天皇の病気平癒により修行大十禅師の号を授かる。延暦十四年六月二十八日遷化(元亨釈書・観覚寺縁起・子島山寺建立縁起大師伝)。

小島寺(二六一4)　清水寺縁起(続群書類従本)に「大和国高市郡八多郷子嶋寺」。今昔物語巻十一ノ三二・子島山寺建立縁起大師伝もほぼ同じ。八多郷は霊異記巻下三二に高市郡波多里、和名抄に高市郡羽多郷。本寺の初見は延暦僧録第二、長崗天皇菩薩伝に「主上(桓武)…於二南京丹恵山一造二子島山寺一。九間合殿、供二養観世音十一面菩薩一」、同書、感瑞応祥皇后菩薩伝に「以二延暦四年一、…皇后(藤原乙牟漏)欽二尚真如一、於二丹恵山小島寺一捨レ田、春秋十一面悔過」。三代実録、元慶四年十一月二十九日条に太上天皇不予のための大般若経転読十二寺の一つ、同書、仁和元年十月三日条に大蔵善行が子島山寺に私稲四百束を寄せ、延喜主税式に「子島寺料四百束」とある。子島山観覚寺縁起に「其後寛弘永観之頃、上綱真興沙門来二于此寺一、盛挑二法燈一。…子島寺疆域之内、営二方六町之一院一、安二置大日慈尊之像一、号二観覚寺一」、南北朝時代になり、「堂塔伽藍罹二兵火之余炎一、而或残二礎石一、或為二民家田畠一。故今以二当寺一為二子島山観覚寺一」。現在の高市郡高取町大字観覚寺の小島寺は火災再建後のもので、もとの子島寺は、同町大字上子島小字法花谷観音院の地か(福山敏男「奈良朝寺院の研究」参照)。

両の寺…(二六一6)　清水寺縁起に「延暦十四年六月廿八日報恩大師入滅。抽二延鎮一被レ附二属子島寺一。仍延鎮往二還清水草庵一住二持之一」とある。ここでは両寺を往還したのは報恩ではなく、弟子の延鎮になっているが、報恩と延鎮の混同については、二六〇頁補「報恩大師」参照。

翼なくして…(二六一7)　観覚寺縁起に和州真言の祖、子島流儀の元祖と称された真興(補注「小島寺」参照)が金胎二界曼陀羅及び大般若経を持ち虚空を飛行して子島寺に帰ったと記しており、この説話と関係あるか。

〔九〕弘法大師伝(二六一8)　空海の伝には本書成立までに、三教指帰序(空海、延暦二十四年)のほかに、空海僧都伝(真済、承和二年)、続後紀、承和二年卒伝、贈大僧正空海和上伝記(貞観寺座主、寛平七年)、大師御行状集記(経範、寛治三年)及び御遺告(承和二年作という)があり、少しあとに弘法大師行化記、高野大師御広伝(聖賢、元永元年)、弘法大師御伝(兼意)などがあり、別に高僧伝要文抄第一所引、弘法大師伝・扶桑略記抄所引の本伝などがある。また本書に共通の説話は今昔物語・打聞集・古今著聞集等にもみえる。なお行化記や御伝にはところどころ「神仙記云」として本伝を引用している。

讃岐国(二六一8) 僧都伝「俗姓佐伯直、讃岐国多度郡人也」。なお御広伝、大同三年条に引く太政官符に「留学僧空海〈年卅五、讃岐国多度郡方田郷戸主正六位上佐伯直道戸口、同姓真魚〉」とみえる。

出家得度(二六一8) 僧都伝は「此及二廿年一、剃髪受二沙弥戒一」とあるが、続後紀卒伝には「年卅一得度」とある。年卅一は延暦二十三年であるが、御広伝、大同三年条に引く太政官符にも「去廿三年四月出家入唐」とあり、続後紀と一致する。ただし空海の出家得度年次にはその後の書にも諸説があり、和上伝記には年二十五とし、行状集記には年十九とし、大鏡裏書には二十二とする。

勤操(二六一8) 大和国高市郡の人、俗姓秦氏。十二歳の時大安寺の信霊に師事し、二十歳で受戒、東大寺の善議に三論を学ぶ。弘仁四年に律師となり大極殿で最勝王経を講ず。同十年少僧都となり造東寺別当を兼ね、天長三年大僧都、造西寺別当を兼ぬ。同四年五月七日、七十歳で入滅し(日本紀略は八日、七十四歳)、十日に僧正を贈らる(性霊集・僧綱補任)。空海作「故贈僧正勤操大徳影讃」(性霊集巻十)では「貧道与レ公蘭膠、春秋已久」とあるのみで、師弟関係はみえていない。勤操が空海の師であったという説は僧都伝・続後紀・和上伝記など初期の伝記にもみえない。行状集記・御遺告(二十五箇)第一条にはある。

唐の朝に…(二六一9) 請来目録に「入唐学法沙門空海言、空海以二去延暦廿三年一銜二命留学之末一、問二津万里之外一。其年臘月得レ到二長安一。廿四年二月十日准レ勅配二住西明寺一。爰則周二遊諸寺一、訪二択師依一、幸遇二青竜寺灌頂阿闍梨法号恵果和尚一、以為二師主一。…授レ我以二発菩提心戒一、許レ我以入二灌頂道場一。沐二受明灌頂一再三焉。受二阿闍梨位一一度也。肘行膝歩、学レ未レ学、稽首接足聞レ不レ聞。幸頼二国家之大造大師之慈悲一、学二両部之大法一、習二諸尊之瑜伽一。僧都伝にも「去延暦末年銜レ命渡海、即遇二上都長安青竜寺内供奉大徳恵果阿闍梨一」。以下諸書にみえる。

恵果(二六一10) 京兆府昭応県の人。姓は馬氏。大照に師事し、不空三蔵に入室して二十歳で受戒。玄超及び不空より胎蔵及び蘇悉地、金剛の法を学ぶ。代宗の勅により青竜寺東塔院に住し、三朝の国師として崇敬を受け、祈雨の功あり。永貞元年十二月十五日、六十歳で入滅す(性霊集・大唐青竜寺三朝供奉大徳行状)。

両界三部(二六一10) 両界は密教で金剛・胎蔵界をいい、三部は胎蔵界の諸尊を蓮華・金剛・仏部の三にまとめたもの。金剛界では五部。請来目録に「〈延暦廿四年〉六月上旬入二学法灌頂壇一。是日臨二大悲胎蔵大曼陀羅一、依レ法抛レ花偶然着二中台毘盧遮那如来身上一。…即沐二五部灌頂一、受二三密加持一。従レ此以後受二胎蔵之梵字儀軌一、学二諸尊之瑜伽観智一。七月上旬更臨二金剛界大曼荼羅一、重受二五部灌頂一、亦抛レ花得二毘盧遮那一。…八月上旬亦受二伝法阿闍梨位之灌頂一。…金剛頂瑜伽五部真言密契相続而受、梵字梵讃間以学レ之」。僧都伝にも「沐二五部灌頂一、学二胎蔵金剛界両部秘奥法一、及賷二毘盧遮那金剛頂等二百余巻経、幷諸新訳経論一、唐梵両得」。以下諸書にみえる。

大日如来…(二六一11) 大日如来—金剛薩埵—竜猛—竜智—金剛智—不空—恵果を七祖という。このこと、請来目録・秘密曼荼羅教付法伝等にみえる。僧都伝にも「夫師々相授、嫡々伝来者、高祖大毘盧遮那如来授二金剛薩埵一、金剛薩埵伝二于竜猛菩薩一、竜猛菩薩下至二大唐玄宗粛宗三朝灌頂国師特進試鴻臚卿大興善寺三蔵大広知不空阿闍梨一六葉焉。慧果則其上足法化也。凡計二付法一、至二于和上一相伝八代也」。以下諸書にみえる。

恵果和尚云はく…(二六一13) 請来目録に「和尚〈恵果〉乍見含レ笑喜歓告曰、我先知二汝来一相待久矣。今日相見大大好好。報命欲レ竭、無二人付法一。必須下速弁二香花一、入中灌頂壇上」といい、付法の後、死に臨んで、「汝其行矣伝二之東国一、努力努力…是夜於二道場一持念、和尚宛然、立レ前告曰、我与レ汝久有二契約一、誓レ弘二密蔵一。我生二東国一必為二弟子一」といったとある。性霊集巻二、恵果和尚之碑に「汝未レ知、吾与レ汝宿契之深乎。多生之中、相共誓願、弘二演密蔵一。彼此代為二師資一、非二只一両度一也。是故勧二汝遠渉一、授二吾深法一。受法云畢。吾願足矣。汝西土也接二我足一。吾也東生入二汝之室一。莫二久遅留一、吾在レ前去也」。僧都伝にも「彼阿闍梨曰、我命向レ尽。待レ汝已久。今果来。吾道東矣」。

十地(二六一13) 菩薩の経べき修行段階で歓喜地・離垢地・発光地・燄勝地・

難勝地・現前地・遠行地・不動地・善恵地・法雲地の十をいう。また菩薩と声聞共通の行位は乾慧地・性地・八人地・見地・薄地・離欲地・已弁地・辟支仏地・菩薩地・仏地をいい、ここでは前者をさす。

第三地（二六一14）　行状集記に「村上帝応和元年秋九月日、僧正延昌・権僧正寛空、共参内親奉二綸言一。其次勅問曰、弘法大師御名多云々、其名何許哉。寛空奏言、…如レ聞者、大師是第三地菩薩、於二吾国一生身仏也」。十住心論巻六「第三発光地者、仁王経云、若菩薩住二十万仏国中一、作二炎天王一、修二十万法門一、以二四禅定一化二一切衆生一。華厳経云、仏子菩薩摩訶薩、欲レ入二第三発光地一者当レ起二十種深心一。所レ謂清浄心、安住心、厭捨心、離貪心、不退心、堅固心、明盛心、勇猛心、広心、大心。以二是十心一得レ入二第三地一。此菩薩於二四禅四空一次第随順得二無量神力一、能動二大地一、一身為二多身一多身為二一身一。或隠或顕石壁山障所レ往無礙、猶若二虚空一六通具足。此菩薩忍辱心、柔和心、諧順心、悦美心、不瞋心、不動心等皆転清浄。於二四摂中一利行偏多。十度之中忍辱波羅蜜偏多。余非レ不レ修随レ力随レ分、多作二三十三天王一。唯識論云、三発光地者、成二就勝定大法総持一。能発二無辺妙慧光一。故行二忍辱波羅蜜多一。謂耐怨害忍安受苦忍諦察法忍。断二闇鈍障一証二勝流真如一。謂二此真如一。所流教法、於二余教法一極為レ勝故。華厳経云、於二一念頃一証二百千三摩地一、以二浄天眼一見二諸仏国一。二見二百千如来一。三動二百千世界一。身亦能往二彼仏世界一放二大光明一。四化為二百千類一、普令二他見一。五成二就百千類所化有情一。六若欲レ留レ身得二百千劫住一。七見二前後際百千劫中事一。八知見能入二百千法明門一。九化作二百千身一。十身皆能現二百千菩薩眷属一。然依二仁王経一、三地菩薩作二夜摩天王一。若華厳経作二三十三天王一」。

鈴杵…（二六一15）　→一七三頁注。行状集記「伝曰、赴二於本朝一、泛レ船之日、於二海上一祈誓発願曰、所レ学教法、依二秘蔵一択レ処。於二吾朝一若有二感応地一、到二点此三鈷一。向二日本方一、抛二上三鈷一也。遙飛入二雲中一」とあり、扶桑略記抄の本伝による文にもみえる。また行状集記に「或伝曰、高野登山之時、明神即山之中心示二宿所一。聊芟掃之間、彼抛二海上一三鈷、今在二此処一。因レ之仏法興隆之地、知レ不レ有二此外一也」というように、帰路三鈷を投じ、高野山にそれが堕ちた話は今昔物語巻十一ノ九・二五・打聞集第六話・元亨釈書、神仙、丹生明神にもみえるが、三ヵ所に落ちた話柄はない。ただ行化記には「神仙記云」として本伝をひき、沙石集巻二に「我国ヘ三杵ヲナゲテ、真言修行相応ノ地ニトマルベシト誓給ヘルニ、五古ハ東寺ニトマリ、三古ハ高野山ニトマリ、独古ハ土佐国ニトヾマリテ」とみえる。

東寺（二六一16）　弘仁十四年十月、東寺に真言宗僧五十人を置かしむ（類聚三代格）。天長元年六月、空海造東寺別当となる（東寺長者補任）、天長三年空海作、奉造東寺塔材木曳運勧進表（性霊集）、承和二年正月、空海、東寺封戸のうち二百戸を僧供に充てることを請い許さる（続後紀）、同年十二月、空海、東寺真言宗僧五十口の中より同寺三綱を補することを許さる（行化記）。行状集記には、弘仁十四年正月十九日、東寺を空海に預け給う旨の記載がある。

高野山（二六一16）　性霊集巻九に弘仁七年六月十九日付の於紀伊国伊都郡高野峰被請乞入定処表がみえ、高野雑筆集の弘仁八年と推せられる書状に「天恩允許、下符訖。是以為三造二立一両草庵一、且差二弟子僧泰範・実慧等一、発二向彼処一」として開創に着手した旨がみえ、僧都伝に「去弘仁七年、表二請紀国南山一、殊為二入定処一、作二一両草庵一、去二高雄旧居一移二入南山一」、続後紀、承和二年三月廿一日条に「大僧都伝燈大法師位空海終二于紀伊国禅居一」、和上伝記に「承和二年嬰レ病隠二居金剛峰寺一」。

室生戸山（二六一16）　高知県安芸郡の岬。三教指帰に初期修行中のこととして、「躋二攀阿国大滝岳一、勤二念土州室戸崎一。谷不レ惜レ響、明星来影」、僧都伝にも「或於二土左室生崎一閉レ目観念。明星入レ口、現二仏力之奇異一」とあり、行状集記の「於二土佐室生戸一伏二毒竜異類衆一条第十八」に逸話あり。

修円（二六二2）　底本に「修因」とあるが、修円の誤り、また誤写と思われる。行化記が「神仙記云」としてひく文には「修円僧都」とある。修円は大和国人、小谷氏、法相宗、興福寺。弘仁元年律師、天長四年（一説に弘仁六年）少僧都、承和元年六月死す（僧綱補任）。賢憬の弟子にして弘仁十一年（一説に十三年）興福寺別当となるといい、没年を承和二年とする（興福寺別当次第）。なお修円は、最澄が延暦二十四年帰朝の後、円澄・勤操らと灌頂を受けている（続後紀、天長十年十月、円澄卒伝）。以下第四行の「還りたりといへり」までは他にみえない。つづく修円との修法の争いは、初期の伝にはみえないが、行状集記・御伝にはあり、今昔物語巻十四ノ四〇にもみえる。

護国界経（二六二2） 唐般若等訳の守護国界主陀羅尼経。空海は東寺の安居に用いて恒例となり、真言宗年分度者三名のうち、金剛頂業にこの経を課した（類聚三代格、承和二年正月廿三日官符）。

壇法（二六二6） 修法壇を築いて行う修法。後の記述に降三世炉壇とあるから、降三世明王の調伏護摩法か。ただし今昔では大壇と軍荼利明王とあり、行状集記では炉壇と大威徳明王とある。

陽りて…（二六二8） 今昔物語巻十四ノ四〇に「其ノ時ニ、弘法大師、謀ヲ成テ、弟子共ヲ市ニ遣テ、葬送ノ物具共ヲ買フ也ト云セムトテ、令買ム。修円僧都ハ早ク失給ヘル、葬送ノ物ノ具共買フ也ト教ヘテ令云ム。修円僧都ノ弟子此ヲ聞テ、喜テ走リ行テ、師ノ僧都ニ此ノ由ヲ告グ。僧都、此レヲ聞テ、喜テ慥ニ聞ツヤト問ニ、弟子、慥ニ承ハリテ告申ス也ト答フ。僧都、此レ、他ニ非ズ、我ガ呪咀シツル祈ノ叶ヌル也ト思テ、其ノ祈ノ法ヲ結願シツ。其ノ時ニ、弘法大師、人ヲ以テ竊ニ修円僧都ノ許ニ、其ノ祈ノ法ノ結願シツヤト問ハス。使、返来テ云ク、僧都、我ガ呪咀シツル験ノ叶ヒヌル也トテ、修円ハ喜テ、今朝結願シ候ニケリト、其ノ時ニ、大師、切リニ切テ、其ノ祈ノ法ヲ行ヒ給ヒケレバ、修円僧都俄ニ失ニケリ。其ノ後、大師、…後朝ノ法ヲ行ヒ給フニ、大檀ノ上ニ軍荼利明王、踏□テ立給ヘリ。其ノ時ニ、大師、然レバコソ、此レハ只人ニ非ヌ者ナリケリト、云テ止ヌ」。

調伏（二六二8） →二三〇頁補。以下に類似の話は、行状集記に「守円依レ有下奉レ呪二咀大師一之聞上、被レ修二調伏法一。而大師於二瑜伽座之上一、現二不動之身一。向二大壇一之時、守敏（円カ）現二大威徳身一臨来、共雖レ現二教令輪相一、依レ有二次第一不レ可三敢犯二上智一」とある。御伝巻下には「修円咀二大師一、大師修二調伏一。依二大師弟子優婆塞計一、修円入滅。大師修二呼招法一、即炉壇中現二大威徳明王身一。是為三利生二尊一也」とあり、また別に右の行状集記と類似の話ものせる。これらにおいて相手が守円・守敏となっていることに注意。

降三世（二六二9） 三世にわたる貪瞋痴を降伏する明王で、四面八臂の忿怒身。この修法は不空訳の降三世忿怒明王念誦義軌等による。

左右の手足…（二六二12） 行状集記に「或伝云、大唐公城御前有二一間壁一。是則羲之通壁手跡也。而一間破損。修理之後、本可レ無三人下レ筆。今大和尚可レ書者。依二勅之旨一、磨レ墨集レ盥、五筆持二五処〈口、左右手足〉一、一度書二五行一也。殿上階下以感レ之」、御伝巻下には「唐帝低レ首、勅号二五筆和尚一」とあり、行化記・御広伝・御伝・今昔物語巻十一ノ九にも類似のことが見える。

南面の三の門（二六二13） 宮城十二門のうち、美福門・朱雀門・皇嘉門。行状集記に「或伝曰、勅宣曰、和尚神筆、唐朝無レ比。而此皇城南門額可レ書レ之者。仍外門書レ之」。類似のことは行化記・御広伝・御伝・今昔物語巻十一ノ九・扶桑略記抄所引、本伝・高僧伝要文抄所引、弘法大師伝にみえる。また、江談抄巻一に「大内門額等書人々事。予問曰、件額等誰人手跡乎。答云、南面者弘法大師、東面者嵯峨帝、北面者橘逸勢」、古今著聞集巻七に「大内十二門の額、南面三門は弘法大師、西面三門は大内記小野美材、北面三門は但馬守橘逸勢、をの〳〵勅をうけ給て垂露の点をくだしけり。東面三門は嵯峨天皇かゝせおはしましける也」という。

小野道風（二六二15） 大宰大弐葛絃の子。非蔵人右兵衛少尉（蔵人補任）を経て、少内記・右衛門佐・木工頭・内蔵権頭などに任ぜられ正四位下に至り、康保三年十二月二十七日に七十一歳で没す（日本紀略・扶桑略記・小野氏系図）。三蹟の一。

米雀門（二六二15） 古今著聞集巻七に「美福門は田広し、朱雀門は米雀門と略頌につくりてあざけり侍ける程に、やがて中風して手わなゝきて手跡も異様に成にけり」とあり、道風が譏った話は臥雲日件録抜尤の長禄元年六月四日の条にみえる。

陰陽寮（二六二17） 和名抄「陰陽寮、於牟夜宇乃豆加佐」、拾芥抄巻中「致二大史局一。中務省東」。この説話は他にみえず、行化記に「神仙記云」として本伝を引用している。

木工寮（二六三2） 職員令、木工寮の条に「頭一人。〈掌下営二構木作一及採レ材事上〉」とあり、造営や材木のことを掌り、大工を管理する役所。和名抄「木工寮、古多久美乃豆加佐」、拾芥抄巻中「二条南大宮東、三条坊門北二町」。この説話は他にみえず、行化記には「神仙記云」として本伝を引用する。なお引用は「…遺文を作る」まで。

性霊集（二六三6）　真済編の序に「編二成十巻一、名曰二遍照発揮性霊集一」とあるが、終の三巻が早く佚したことは、承暦三年に済暹の編した続性霊集補闕抄三巻の跋文に「斯性霊集、季末三軸、零落年深、不レ知二何没一」とあることにより知られる。

請雨経の法（二六三7）　大雲輪請雨経の所説により竜王を勧請して雨を祈る法。空海が神泉苑で祈雨したことについては、和上伝記に「天長年中有二旱災一。皇帝勅二和上一、於二神泉苑一令レ祈二膏雨一、自然滂陀。仍賀二其功一、任二少僧都一」とある。天長年中とは、僧綱補任に空海が天長元年三月、少僧都になっているから、天長元年のことである。行状集記に「淳和帝御即位天長元年甲辰、依二旱災一奉レ勅於二神泉苑一、可レ修二請雨之法一者」とみえ、御広伝・御伝・今昔物語巻十四ノ四一・打聞集十九・江談抄巻一・古事談巻三・祈雨日記などにみえる。

阿耨達池（二六三8）　大唐西域記巻一「贍部洲之中地者、阿那婆答多池也〈唐言二無熱悩一、旧曰二阿耨達池一訛〉。在二香山之南大雪山之北一、周八百里矣。金銀瑠璃頗胝飾二其岸一焉。金沙弥漫、清波皎鏡。八地菩薩以二願力一故、化為二竜王一。於レ中潜宅、出二清冷水一、給二贍部洲一」。

如意宝珠（二六三11）　寂照堂谷響集巻七「経律異相云、明月摩尼珠、多在二竜脳中一。若衆生有二福徳一者、自然得レ之、猶如二地獄自生二治罪之器一。此宝亦名二如意珠一。常出二一切宝物一、衣服飲食随二意所一レ欲」。行状集記に「此宝珠、大唐阿闍梨耶之所レ被二付属一也。吾戴頂渡二我朝一、労二籠或名山勝地一既畢。私曰、其所不レ令レ知レ人。只在二阿闍梨耶口伝一也。嫡々相承、続々受伝」とあり、御広伝・御遺告等にもみえる。

金剛定（二六三12）　空海は、僧都伝に「(承和二年)至二于三月二十一日後夜一、右脇唱レ滅」といい、続後紀、承和二年三月二十一日に「終二于紀伊国禅居一」とあり、その日入滅している。しかし、その後空海は入滅後もなお生身のまま入定しているという信仰が広がり、三宝絵巻下には「承和二年ノ春紀伊国ノ金剛峰寺ニ入定シ玉ヘリ年六十二」、政事要略巻廿二、御霊会に「大師入滅之後、其身不二乱壊一、猶在二高野一。希代之事也」とみえ、また栄花物語、疑に「高野に参らせ給ひては、大師の御入定の様を覗き見奉らせ給へば、御髪青やかにて、奉りたる御衣、いささか塵ばみ煤けず、鮮かに見えたり。御色のあはひなどぞ、珍らかなるや。ただ眠り給へると見ゆ」と記され、行状集記や今昔物語巻十一ノ二五には曾孫弟子に当る般若寺の観賢が入定せる大師の髪を剃り浄衣を着せたとある。

なお、このようにして発達した弘法大師入定の信仰は、高野山徒らの祖師信仰とともに、空海自身の弥勒信仰(たとえば三教指帰の仮名乞児の言、性霊集巻八、藤左近将監為二先妣一設二三七斎一願文)につながる弥勒下生信仰に支えられて発達した。従って栄花物語の文にも、つづけて「あはれに弥勒の出世、竜花三会のあしたにこそはおどろかせたまはめとみえさせ給」といい、寛治三年の行状集記にも「有書曰、吾入定後、必往二兜率他天一、可レ待二弥勒慈尊出世一。五十六億余之後、必慈尊下生之時、出定祗候、可レ問二吾先跡一」といい、康和五年十一月の高野山大塔供養願文(金剛峰寺雑文)にも、「紀州高野者、弘法大師…為レ値二慈尊之出世一、久結二禅座一而入定之地也」という(速見侑)。

仏法を弘めむ…（二六三16）　十住心論巻二に「王法正論経云、…王過失者略有二十種一。…一者種姓不レ高。二者不レ得二自在一。三者立性暴悪。…云何名二王種性不一レ高。謂有二庶臣一不レ類而生、非二宿尊貴一簒二紹王位一。…初一時王種性過失、余九是王自性過失」とあり、王は王種の出生でなければならぬことはみえているが、仏法を弘めるには種姓をもって先とするという思想は空海の著作にはないようであり、本書以前にもこの思想はみえないようである。

寛平法皇（二六三17）　日本紀略の昌泰二年九(十ヵ)月十五日の条に「太上皇、於二東大(衍)寺一灌頂」、同年十月廿四日の条に「太上皇落髪入道。権大僧都益信、奉レ授二三帰十善戒一。御名金剛覚。今上欲レ幸二仁和寺一、而上皇令二中納言源朝臣希馳奏一曰、山家道狭、将レ妨二鑾輿一者。仍停レ之」(他に扶桑略記・一代要記)。

仁和寺(二六三17)　京都市右京区御室。はじめ西山御願寺ともいい、光孝天皇の御願。仁和四年八月十七日、金堂を供養す(日本紀略、同日条・類聚三代格所引、寛平二年十一月官符・仁和寺堂院記・仁和寺御伝等)。このうち、仁和寺御伝(心蓮院本)には、「夫考二当寺之濫觴一、光孝天皇相二当城州葛野郡小松郷大内山之麓一、攘二荊棘一、穿二衆木一、草二創一院一。仁和寺是也〈以二里号一称二小松帝一〉」という。本文の「仁和寺最も王胤多し」とは、宇多法皇が御室(おむろ)をここに造営し居住して以来、歴代の皇子が代々ここに住んだことをさし、右の仁和寺御伝に「宇多天皇〈光孝第三皇子〉以二寛平九年七月五日一禅二位於皇太子一。点二昌泰己未之歳一、入二落飾修真之道一。号二寛平法皇一、任二先皇之素願一。又荘二一室一号二南御室一。以二此砌相承之親王一奉レ号二御室一」といい、寛平法皇(宇多上皇)を第一代として、第二代大御室(性信、三条天皇第四(二)子)、第三代中御室(覚行、白河天皇御三子)、第四代高野御室(覚法、白河天皇第四子)、第五代紫金台寺御室(覚性、鳥羽天皇第五子)等、歴代の名と伝とを記録している。

円融天皇(二六三18)　日本紀略の寛和元年八月廿九日の条に「後太上天皇(円融)依レ病落髪、法名金剛法」、同年九月十九日の条に「後太上法皇自二堀河院一遷二御円融院一」、正暦二年二月十二日の条に「依二円融寺法皇不予一、大二赦天下一。…今日法皇崩〈年卅三〉。逃位之後八年」、同十九日の条に「葬二太上法皇於円融寺北原一」。同年閏二月二十七日の菅原輔正作の円融院四十九日御願文(本朝文粋)に「夫円融院者、当二受図一所二草創一、頻二脱屣一而棲息」。

地に御り…(二六三18)　前項補注の円融寺は仁和寺内に設けられたもの。これはもと寛朝の房で、円融天皇の永観元年三月廿二日、御願寺として供養がおこなわれた(日本紀略・扶桑略記・仁和寺諸堂記)。その後、天皇は寛和元年譲位、同寺を居所とした。

遺告廿二章(二六四2)　承和二年三月十五日付の御遺告(二十五章よりなる)が現存する。行状集記に「遺告、是大師作、廿五条縁起、付二代々大阿闍梨耶一、令レ守二宗家一」といい、同書所引の「有書曰」の引用文は右記の御遺告とほぼ一致する。本伝の「廿二章」は「廿五章」の誤記または誤写であろう。

諡号…(二六四3)　延喜十八年十月十六日、権大僧都観賢、空海に諡号を賜わらんことを請うも明詔なく(上表文は御広伝下に見ゆ)、二十一年十月二日再び観賢これを請い(上表文、前に同じ)、同二十七日、弘法大師の諡号をたまわる(日本紀略・東寺長者補任ほか)。

起請して曰く…(二六四3)　以下のこと不詳。ただし、拾芥抄巻中は「賜二諡号一僧」として壱演(貞観九、慈済)・増命(延長五、静観)・延昌(天元二、真念)・良源(寛仁七、慈恵)・尋禅(寛弘四、慈忍)・余慶(寛仁四、智教)・観修(寛仁三、智静)をあげ、「賜二大師号一僧」として最澄(貞観八、伝教大師)、円仁(同、慈覚大師)、空海(延喜二十一、弘法大師)、円珍(延長五、智証大師)をあぐ。以上によれば、真言宗にして、諡号ないし大師号をたまわるものは空海以後なし。

真如親王(二六四8)　平城天皇の第三子、高岳親王。母は伊勢継子。大同四年皇太子、翌年廃され出家して真如と号し、東大寺に入る。三論を道詮に受け、次いで空海に師事し真言を学ぶ。承和二年超昇寺を建立、貞観三年入唐を奏請し、翌年七月出発して長安に至る。さらに入竺せんとし途中羅越国にて遷化の由、元慶五年に唐より報あり(三代実録、元慶五年十月十三日卒伝・入唐五家伝・皇胤紹運録等)。

大師の弟子(二六四8)　元慶二年十一月十一日の真雅の、言上本朝真言宗伝法阿闍梨師資付法次第状(弘法大師全集五所収)に「贈大僧正法印大和尚位空海付法弟子十人」中に、「伝燈修行賢大法師位真如」とある。空海伝としては、行状集記に「真如親王為二受法一、被レ参二大師御房一。其剋大師御修法之間也。而親王竊見二其瑜壇場一、大師如二薩埵一。観法成就、道場之内赫奕。然親王大驚、礼拝恭敬去了。其後伝法畢」。

書を…(二六四10)　空海の入滅は真如渡唐より二十七年前である。三代実録、元慶五年十月十三日条に「送二書律師道詮一曰、漢家諸徳、多乏二論学一。歴問有レ意、無レ及二吾師(道詮をさす)一。至二于真言一、有レ足二共言一焉」とあるのを曲解したものか。

先師の告げ(二六四15)　慈覚大師伝に「承和二年、有レ人来告曰、頃者朝家有二遣唐使之議一、随レ業択レ人。居レ之無レ幾、夜夢、先師忽来、枕二大師膝一、

語曰、吾将レ使下汝為二求法一入唐上。但慎、漂二流風波之上一、辛二苦船舫之中一。我甚愍レ之。語畢夢覚」。

七人の聖僧(二六四15)　(一)全雅　伝に「又有二一碩徳一、名全雅、…大師即訪尋、請為二阿闍梨一、蒙受二灌頂一。於レ是始授二金剛頂大教二」、巡礼行記巻一、開成四(承和六)年閏正月廿一日条に「就二嵩山院持念和尚全雅一、借二写金剛界諸尊儀軌等数十巻一。此全和尚、現有二胎蔵金剛両部曼荼羅一、兼解二作壇法二」。

(二)元政　伝に「八月列二長安城一、…而到二大興善寺翻経院一、謁二対元政阿闍梨一、請以為レ師。儲備供具、入二灌頂道場一、奉レ供二諸尊一、始学二金剛界大教一、更受二五瓶灌頂一、及図二写金剛界大曼荼羅二」、巡礼行記巻三、開成五(承和七)年十月廿九日条に「往二大興善寺一、入二勅翻経院一、参二見元政和尚一、始受二金剛界大法一。入二勅置灌頂道場一、礼二諸大曼荼羅一、設二供養一、受二灌頂二」、同書巻三、開成六(承和八)年二月十三日条に「受二金剛界大法一畢。供二養金剛界曼荼羅一、及受二伝法灌頂一。以二五瓶水一、灌二於頂上二」。

(三)義真　伝に「明年到二青竜寺一、従二義真阿闍梨一、入二胎蔵灌頂道場一、始学二毘盧遮那経中真言印契、幷真言教中秘密法要一、受二蘇悉地大法一、即図二画胎蔵大曼荼羅二」、巡礼行記巻三、開成六(承和八)年四月四日条に「往二青竜寺一、入二東塔院一、委細訪二見諸曼荼羅二」、同書、五月三日条に「此日於二青竜寺一設二供養一。便於二勅置本命灌頂道場一、受二灌頂一、抛レ花。始受二胎蔵毘盧遮那経大法、兼蘇悉地大法二」。

(四)法全　伝に「次向二玄法寺一、従二法全阿闍梨一、習二胎蔵儀軌二」、巡礼行記巻三、会昌二(承和九)年二月廿九日条に「於二玄法寺法全阿闍梨所一、始受二胎蔵大法二」。

(五)侃阿闍梨　伝に「到二街東大安国寺一、謁二侃阿闍梨二」、巡礼行記巻三、会昌二年二月廿九日条に「又於二大安国寺元簡阿闍梨所一重審二決悉曇章二」。なお同書巻三、開成五年九月六日条に「大安国寺有二元簡闍梨一、解二金剛界一好手。兼解二悉曇一、解レ画、解レ書二梵字二」。

(六)惟謹　伝に「趣二向街西浄影寺一、遇二惟謹闍梨一、皆不レ惜二秘扃二」。

(七)宝月　巡礼行記巻三、会昌二年五月十六日条に「於二青竜寺天竺三蔵宝月所一、重学二悉曇一親口二受正音二」。

さらに揚州では終南山の僧宗叡に梵書を学んでいるが、「七人」は長安在住中のみをさすか。

写瓶(二六四16)　一瓶の水を他瓶に瀉す如く、師の法義を受け継いで遺漏する所がないこと。大般涅槃経巻四十に「阿難事レ我二十余年乃至持二我所説十二部経一、一続二其耳一、不二曾再問一、如下写二瓶水一置中之一瓶上」、釈氏要覧巻中「経云、阿難領二受仏法一、如レ写二瓶水一。伝二之別器一、更無二遺余一。瓶器雖レ殊、水則無レ別」。

会昌の天子(二六四16)　唐の武宗皇帝のこと。新唐書の会昌五年に「八月壬午大毀二仏寺一、復二僧尼一為レ民」とあるが、巡礼行記では会昌二年十月九日条に「天下所レ有僧尼解二焼練、呪術、禁気一、背レ軍、身上杖痕烏文、雑工巧、曾犯レ婬、養レ妻、不レ修二戒行一者、並勒還俗」とあり、同三年二月一日条に「僧尼已還俗者、輒不レ得レ入レ寺。及二停止一、又発二遣保外一僧尼、不レ許三住レ京入二鎮内二」、同年六月廿九日条に「向前有レ勅、焚二焼内裏仏経一。又埋二仏菩薩天王像等二」とみえる。さらに会昌四年三月条には「今上偏信二道教一、憎二嫉仏法一。不レ喜レ見レ僧、不レ欲レ聞二三宝一。長生殿内道場、自レ古已来、安二置仏像経教一、…今上便令レ焚二焼経教一、毀二折仏像一、起二出僧衆一各帰二本寺一。於二道場内一、安二置天尊老君之像一、令下道士転二道経一、修中練道術上」と記され、同五年十一月三日条には「三四年已来、天下州県、准レ勅条二疏僧尼一、還俗已尽。又天下毀二折仏堂蘭若寺舎一已尽。又天下焚二焼経像僧服一罄尽。又天下剝二仏身上金一已畢。天下打二砕銅鉄仏二」とある。

多くの仏像経論(二六四17)　入唐新求聖教目録に「長安五台山及揚州等処、所レ求経論念誦法門及章疏伝記等、都計五百八十四部、八百二巻。胎蔵金剛両部大曼茶羅及諸尊壇像、舎利幷高僧真影等、都計五十九種。在二長安城一、所レ求経論章疏伝等、四百二十三部、五百五十九巻。胎蔵金剛両部大曼荼羅及諸尊曼荼羅壇像幷道具等、二十一種。在二五台山一、所レ求天台教迹及諸章疏伝等、三十四部、三十七巻。幷台山土石等三種。在二揚州一所レ求経論章疏伝等、一百二十八部、一百九十八巻。胎蔵金剛両部大曼荼羅及諸尊壇様、高僧真影及舎利等、二十一種」。

仏の許し…(二六五2)　慈覚大師伝に「斉衡二年、作二蘇悉地経疏七巻一。大師

造二経疏一(他は金剛頂経疏七巻)、成功已畢。中心独謂、此疏通二仏意一否乎。若不レ通二仏意一者、不レ流二伝於世一矣。仍安二置仏像前一、七日七夜、翹二企深誠一、勤二修行祈願一。至二五日五更一夢、当二于正午一、仰二見日輪一。而以レ弓射レ之、其箭当二日輪一、日輪即転動。夢覚之後、深悟下通二達於仏意一可上レ伝二於後世一」。

如意山(二六五5)　如意岳(京都市左京区)。鹿ヶ谷の東の大文字山の奥、さらに東すると三井寺にでる。保元物語巻中、新院・左大臣落ち給ふ事に「又新院(崇徳上皇)は如意山へ入らせ給ひけるに、…相構而三井寺までとおぼしめさるゝに、山嶮して御馬より下て、歩よりのぼらせ御座」、山城名勝志、如意岳に「在二鹿谷東一、従レ峰有下到二三井寺一路上、是謂二如意越一。自二鹿谷一三井寺行程二里」とある。なお真言伝巻三に「或伝云、入滅ノ期ニ忽然トシテ所在ヲ不レ知。門弟相尋ルニ、秪鞋ヲ如意山ノ谷ニヲトシテ其ノ形ヲミズト云云」とみえる。

担石(二六五10)　陽勝仙人伝に「雖二担石之貯一、好以二衣食一与二飢凍之人一」。担は一かつぎの重さ、石は一石の量で、少しばかりの意。文選巻五十二、王命論「思レ有二短褐之襲担石之蓄一(張銑曰、担謂二一担之重一、石謂二一斛之数一)」、漢書巻四十五、蒯通伝「守二儋石之禄一者、闕二卿相之位一(応劭曰、斉人名二小甖一為レ儋、受二二斛一。顔師古曰、儋者一人之所二負担一也)」。

登仙(二六五13)　陽勝仙人伝には「延喜元年秋遂以飛去」。登仙は仙人となって空に登ること。楚辞、遠遊「貴二真人之休徳一兮、美二往世之登仙一」。

東大寺の僧…(二六五14)　陽勝仙人伝に「東大寺僧詣二神仙峰一。…攀踏之間米水共断、身命欲レ没臥レ地。遙聞レ有下誦二法花経観音品一声上。…僧尋至得レ相二遇陽勝一」。

神仙の峰(二六五14)　山家集に「大みねのしむせんと申所にて月をみてよみける」とあり、大和志巻十に「金峰山寺。…又東南十八町至二千種岳一、一名仙岳、又名二笠捨山一」とみえる。

西塔…(二六六4)　以下「季の葉に及びて見えず」までは、陽勝仙人伝に対応する記事がみえない。これに反し、法華験記、及び扶桑略記所引の智源の法華験記には「故老伝云」として類似のことを記す。

元興寺の僧…(二六六9)　今昔に「笙ノ石室ニ籠テ行フ僧有ケリ」、陽勝仙人伝に「元興寺僧占二金峰山東南巘一(俗号二竹生石屋一)一夏安居誦二法花経一。霖雨渉レ旬廿日食絶」。

青衣の童子…(二六六11)　陽勝仙人伝に「時向二黄昏一、有二青衣童子一、来授二一物一、取食レ之、気味甘美也」。青衣の童子は、金剛童子に二臂黄色の黄童子(台密)、六臂青色の青童子(東密)があり、後者を指す。

三山(二六六13)　東海中にあって仙人が住む不老不死といわれる想像上の霊山。史記、封禅書「自二威宣燕昭一、使三人入レ海求二蓬萊方丈瀛洲一。此三神山者、其伝在二勃海中一、去レ人不レ遠、患二且レ至則船風引而去一。蓋嘗有二至者一。諸僊人及不死之薬皆在焉。其物禽獣尽白、而黄金銀為二宮闕一」。

五岳(二六六13)　中国上代に天子が巡狩する慣となっていた五霊山。史記、封禅書「歳二月東巡狩至二于岱宗一。岱宗泰山也。柴望二秩于山川一。遂二覲東后一。東后者諸侯也。…五月巡狩至二南岳一。南岳衡山也。八月巡狩至二西岳一。西岳華山也。十一月巡狩至二北岳一。北岳恒山也。皆如二岱宗之礼一。中岳嵩高也。五載一巡狩」、神仙伝巻三、劉根に「夫仙道有二昇レ天躡レ雲者一。有下遊二行五岳一者上」とある。

河原院の大臣(二六六16)　源融。嵯峨天皇皇子、母大原全子。従一位左大臣に至り、寛平七年八月二十五日、七十四(一説、七十三)歳で薨ず(日本紀略・公卿補任・古今集目録・一代要記)。河原院(拾芥抄に「六条坊門南万里小路東八丁」とある)と号す。

仙骨(二六七1)　仙人の骨相。神仙伝巻三、劉根に「汝有二仙骨一。故得レ見レ吾耳」とあり、本朝文粋巻三、神仙策にも「骨録所レ属、既迷二其方一。形相攸レ存、亦昧二其法一」とみえる。

僕(二六七1)　字類抄・名義抄「ヤツカリ、ヤツカレ」、倭訓栞「僕をよみ神代紀に吾、皇代紀に賤臣、奴又妾、遊仙窟に下官をよめり。自謙の辞、憔悴枯槁の義也といへり。一説に奴こ吾れの義、こあ反り也。又奴がむれ也ともいへり」。

神仙の道(二六七6)　抱朴子巻二、論仙に「或得二要道之訣一、或値二不群之師一、而猶恨二於老妻弱子一、眷二眷於狐免之丘一、遅遅以臻二殂落一、日月不レ覚二衰

老二」とあり、神仙伝巻八、陳安世に、権叔本が妻の言により仙人になるのがおくれた話がある。

褊（二六七8）　名義抄「コキヌ」、説文「褊、衣小也」。ただしここは僧侶の服する褊衫をいうか。褊衫は左肩から右掖にかけて着する衣で、下に裙子という裳をつける。釈氏要覧巻上に「古僧、依二律制一、只有二僧祇支一〈此名二覆髆一、亦名二掩腋衣一〉此長覆二左髆一及掩二右腋一、蓋襯二三衣一故、即天竺之儀也」。ここの文義は、二人は出家の服装をしないで、貴族のふつうの軽装、即ち烏帽子をかぶり、狩衣を着ているの意。

掲厲（二六七10）　「掲」は衣の裾をからげ、「厲」は下帯して川を渡ること。詩経、邶風「深則厲、浅則掲〈毛伝、以レ衣渉レ水為レ厲。謂二由レ帯以上一也。掲褰レ衣也。遭レ時制レ宜〉」。

市（二六七15）　延喜左右京式、集東西市に「凡毎月十五日以前集二東市一、十六日以後集二西市一」とある。ただし続後紀、承和九年十月二十日条に「検二承和七年四月符一、依二弘仁十一年四月式一、件等色物、両市共可二興販一、不レ可二更度一。今百姓悉遷二於東一、交二易件物一。市廛既空、公事闕怠者」と、西市が衰微したことを示している。けだし慶滋保胤が池亭記にいうごとく、右京がさびれたためであろう。拾芥抄巻中には「東市屋、七条坊門南、猪熊東」と東市のみを記す。なお白箸翁詩序に「常遊二市中一、以レ売二白箸一為レ業」。

年歯…（二六七16）　白箸翁詩序「常自言二七十一。時市楼下、有二売レ卜者一。年可二八十一。密語レ人曰、吾嘗為二児童一之時、見二此翁於路中一。衣服容貌、与レ今無レ異。聞者怪レ之、疑二其百余歳人一」。

紀家（二六八2）　紀長谷雄。貞範の子。十五歳で学に志し、次いで大蔵善行の門に学び、後に菅原道真に兄事す。対策に及第の後、図書頭・文章博士・大学頭・左大弁・参議等を経て従三位中納言に昇り、延喜十二年三月十日、六十八歳で薨ず（公卿補任）。紀家集（巻十四の残巻あり）がある。彼の詩文は本朝文粋・朝野群載などにみえるが、ここに「紀家の序」とは本朝文粋巻九、詩序の白箸翁をさす。

都良香（二六八3）　主計頭貞継の子。貞観十一年対策及第ののち少内記、同十四年五月掌渤海客使、翌年大内記、十七年二月文章博士等を歴任し従五位下に至り、元慶三年二月二十五日、四十六歳で卒す。文徳実録の編者で、都氏文集六巻（三巻現存）がある（三代実録・文徳実録序・古今集目録）。

緋衫（二六八3）　緋は衣の色の緋色。衣服令、諸臣条に「諸臣礼服、…四位深緋衣、五位浅緋衣」、同朝服条に「一品以下五位以上、…衣色同二礼服一」とあるので、四位・五位の礼・朝服の衣の色。良香は従五位下なので合致する。衫は、ころも、はだぎ。和名抄に汗衫・襴衫あり、襴衫につき「楊氏漢語抄云、襴衫、須曾豆介乃古路毛、一云、奈保之能古呂毛」とある。「奈保之」は貴族の通常服たる直衣。

内記（二六八5）　古今集目録「貞観十二年二月廿一日任二少内記一」、三代実録、貞観十五年正月十三日条「以二従五位下行少内記都宿禰良香一為二大内記一」。都氏文集巻四に、死没の年、元慶三年の二月一日の「請下以二所レ帯内記職一譲中与諸才者上状」があり、「右良香、自レ任二内記一于レ今十年」とある。

子日（二六八5）　正月上の子（ね）の日に丘にのぼり、四方を望むと陰陽の静気を得て悪気を除くという思想にもとづく正月の行事。続紀、天平十五年正月壬子条に、城の東北の石原宮楼で饗を行い、万葉集四四九三に、天平宝字二年正月三日（＝子日）内裏東屋の垣下で宴を行い、大伴家持が「初春の初子の今日の玉箒手にとるからにゆらく玉の緒」と歌ったのが早い例。後に宮中行事となり、類聚国史は「子日曲宴」のはじめに大同三年正月戊子の曲宴をあげる。宴は朝廷でのみ行なったが、紫野・北野などに出て若菜をつみ、子松を引き野遊びをすごすこともはじまった。扶桑略記、寛平八年閏正月六日条に「有二子日宴一、行二幸北野雲林院一」とあるのは早い例。

飛駅使（二六八6）　公式令に飛駅式があり、同令、国有二急速一条に「凡国有二急速大事一、遣レ使馳駅向二諸処一」とある。集解諸説は飛駅と馳駅を区別しているが、令の本意としては飛駅使の略、馳駅は飛駅使の往来状態を示す動詞で、両者は同一物であろう（坂本太郎）。なお飛駅使発遣の条件は義解に「急速者、盗賊劫略、転入二比界一之類也。大事者指二斥乗輿一、情理切害、究二其徒党一、亦分入二傍界一之類也」。出羽国よりの飛駅使の実例は、元慶二年勃発の俘囚の乱に関する三代実録、藤原保則伝の文にしばしばみえる。

勅符（二六八6）　公式令の飛駅式の下式の文は、

勅。其国司官位姓名等、其事云々、勅到奉行。
　年月日辰
　鈴剋

という書式。なお同条集解の令釈に「前令（大宝令）有二勅符之文一。新令（養老令）既除。然則、自飛駅之分、無二勅符一可レ知」といい、これが勅符にあたる。この勅符の発行については、同条集解の穴に「此条似二詔書一故、直召二中務一、写二一通一、留為レ案耳」といい、朱に「凡飛駅封固、可レ給二中務者一。中務省受取、直則可レ遣也。不三必経二太政官一也」とあって、中務省が重要な役目をもつ。都良香は中務省に属する内記の役にあることに注意。なお本文によると、この事件は、良香が大内記であったとき即ち貞観十五年より元慶三年までの間、従って前項の俘囚の乱のときであるかとおもわれる。

点を加へず（二六八9）　後漢書、文苑列伝に「禰衡攬レ筆而作、文無レ加レ点。辞采甚麗」、鴻臚贈答詩序（菅家文草巻七）に「黙記畢レ篇、文不レ加レ点」とある。なおこの逸話は世説新語、文学第四に「魏朝封二晉文王一為レ公、備二礼九錫一。文王固譲不レ受。公卿将校当レ詣レ府敦喩一、司空鄭冲馳二遣信一、就二阮籍一求レ文。籍時在二袁孝尼家一。宿酔扶起書札為レ之、無レ所二点定一。乃写付レ使。時人以為二神筆一」とある阮籍の逸話と関係があると思われる。

善縄卿（二六八10）　春澄善縄。本姓猪名部造。周防大目豊雄の一男。天長初年に奉試及第、同五年十一月春澄宿禰の姓を賜り、少内記・東宮学士・文章博士・刑部大輔・右京大夫などを経て、貞観二年正月に参議となり、式部大輔、近江・讃岐守などを兼ね、貞観十二年に従三位に叙せられ、同年二月十九日、七十四歳で薨ず。続後紀の編者で、内裡式に改訂を施す（三代実録・公卿補任）。

神仙策（二六八10）　本朝文粋巻三・都氏文集巻五にその文をのせる。この説話は袋草紙巻上に「朗詠集江注云、三壺雲浮、七万里之程分レ浪。注云、都良香神仙策也。良香私通二彼家女一、善縄作云々。破却。竊取二件破却紙一開読所二作設一」と記され、十訓抄巻七にもみえる。

大学（二六八11）　職員令、大学寮条に「大学寮、頭一人。〈掌下簡二試学生一及釈奠事上〉」、拾芥抄巻中「大学寮、二条南三条坊門北、壬生西坊城東」。

狂人（二六八12）　論語、子路「子曰、不下得二中行一而与上レ之、必也狂狷乎。狂者進取、狷者有レ所レ不レ為也〈集注、狂者志高而行不レ掩〉」。なお彼の行為は「弁薫蕕論」（本朝文粋巻十二）と通うものがある。

腹赤（二六八12）　文徳実録、仁寿二年五月廿二日条の都貞継卒伝に「貞継、大和介外従五位下桑原公秋成子也。弘仁十三年与二兄正五位下文章博士腹赤一、共上請改二姓都宿禰一」とある。故に本姓を改めて都宿禰としたのは父の貞継で、良香みずからとするのは誤り。良香らは元慶元年十二月、宿禰を改めて朝臣をたまわった。三代実録の元慶元年十二月廿五日条に「文章博士従五位下兼行大内記越前権介都宿禰良香…賜二姓朝臣一。其先御間城入彦五十瓊殖天皇（崇神）之後、与二上毛野・大野・池田・佐味・車持朝臣一同祖也」。

本の名…（二六八14）　三代実録、貞観十四年五月七日条に「掌渤海客使少内記都宿禰言道自修二解文一、請二官裁一偁、姓名相配、其義乃美。若非二佳令一、何示二遠人一。望請改二名良香一、以逐二穏便一。依レ請許レ之」。同元慶三年二月廿五日条の卒伝にも「良香本名言道、後改レ名也」。

鴻臚館（二六八14）　職員令、玄蕃寮条に「頭一人。〈掌三仏寺、僧尼名籍、供斎、蕃客辞見讌饗送迎、及在京夷狄、監二当館舎一〉」といい、館舎の義解に「謂、鴻臚館也」、日本後紀、弘仁六年三月二日条に「制、蕃国之使入朝有レ期。客館之設、常須二牢固一。頃者疾病之民、就レ此寓宿。遭レ喪之人、以為二隠処一。破二壊舎垣一、汚二穢庭路一。宜レ令二弾正台幷京職検校一」、延喜左右京式に「凡宮城辺、朱雀路溝、皆令二雇夫掃除一。又左京者大学・神泉苑・鴻臚東館、右京者穀倉院・鴻臚西館」、拾芥抄巻中に「七条北、朱雀西朱雀東々西二丁。七条坊門以南、七条以北、朱雀東西也」。

贈答詩…（二六八14）　三代実録によると貞観十三年十二月十一日に渤海の入覲使楊成規等百五人が加賀国に着き、翌年四月十六日に良香は掌渤海客使に任命され、五月十五日に入京、十八日に信物献上、十九日に位階告身を授けられ、二十三日に饗宴、二十五日に帰国す。ただしここに贈答詩とは江談抄巻四の「自有二都良香不レ尽、後来賓館又相尋〈鴻臚館南門、都良香〉」であろう。「都良香」に、都に残る両国修好の良い雰囲気と自分の名前とを懸けている。右の引用文につづけて「故老伝云、裴感二此句一尤甚。但作者定改二姓名一問、凡時人大感」とある。なお良香に名を改めたのは渤海使来着後、入京以前の五月七日のことである。

昔詩を…(二六八17) この説話は江談抄巻四・撰集抄巻八・十訓抄巻十・北野縁起巻上などにあり、それぞれ多少内容が異る。この詩は元慶二年一月二十日の内宴の時の詩で、題は「春暖」(菅家文草巻二・江談抄巻四)、下句は「氷消浪洗旧苔鬚」で和漢朗詠集巻上に収める。

菅丞相(二六九2) 菅原道真が文章得業生(秀才)として策試を受けたことは菅家文草巻八に「省試対策文二条、貞観十二年三月廿三日、少内記都言道問、五月十七日及第」とある。そのときの都良香の策問「明二氏族一」「弁二地震一」は都氏文集巻五にあり、道真の対策文は菅家文草巻八、都良香の評定は都氏文集巻五にある。

加級(二六九2) 三代実録、元慶三年正月七日条に「式部少輔兼文章博士菅原朝臣道真…従五位上」とあり、良香の従五位下を超えた。北野天神御伝には「元慶三年正月超二問頭都良香一叙二従五位上一。以二累代儒胤一也」とある。

榧(二六九7) 和名抄に「本草云、栢実、一名榧子。加閉」とあるが、本草和名に「榧実一名彼子、一名披杉、和名加倍乃美」とあり、「栢実」とは別になっている。本草衍義(本草綱目による)に「榧実大如二橄欖一。殻色紫褐而脆。其中子有二一重黒粗衣一。其仁黄白色。嚼久漸甘美也」とある。

源重実(二六九12) 清和源氏、重宗の子。右兵衛尉となる。承暦三年六月、私闘により源国房と美濃に戦う。八月召命に応ぜざるため見任を解却され、源義家をしてこれを討たしめ、九月関白藤原師実について降を乞い獄に下された。のち鳥羽院の武者所となり四天王の一人と称されたが、保延三年、勅勘により出家す(為房卿記・扶桑略記・尊卑分脈ほか)。この話は重実からの聞書きか。

天魔(二七〇4) 大智度論巻五十六「魔有二四種一。一者煩悩魔、二者五衆魔、三者死魔、四者自在天子魔。…魔作二竜身種種異形可レ畏之象一、夜来恐二怖行者一。或現二上妙五欲一壊二乱菩薩一、或転二世間人心一令レ作二大供養一。行者貪二着供養一故。則失二道徳一。或転二人心一令レ軽二悩菩薩一、或罵或打或傷或害。行者遭レ苦或生二瞋恚憂愁一。如レ是等。魔随二前人意所二趣向一因而壊レ之。是名レ得レ便」。

柿一丸(二七〇8) 発心集には「るりのさらに唐梨のむきたるを四つゐれて、檜扇の上に並べてぞ持ち来たる。其それとすゝむれば、是を取りてくふ。味ひのむまき事、天の甘露の如し。わづかに一菓をくふに、身も冷かに、力つきてなん覚えける」とあり、古事談も同じ。なお柿については後拾遺往生伝巻下(一九)寂禅の条に「又女人夢、大乳垸中、累二熟柿九果一、聖人安二坐其最上一。顔色身色、光明紫磨赫奕」とみえる。延寿類要には柿について「益気令下人好二顔色一美中志気上」と記す。

産業(二七一9) 戸令、国守巡行条に「其郡境内、田疇闢、産業修…者、為二郡領之能一」、天平宝字三年五月道守徳太理啓に「稲事上下産業所事者、息島・床足等共議、不レ荒将レ佃、但其地下故滂水」、霊異記巻中一六に「不レ能レ営レ農、令レ懈二産業一」。

負累(二七一10) 寛平八年四月二日太政官符に「権貴之家、乗レ勢挾レ威、称二荘家之側近一、則妨二平民之田地一。或売買不レ和、点二領三四十町一、或寄二事負累一、責二取五六載券一」。

〔三四〕 **中算上人童伝**(二七一12) 前半は中算のこと。後半は本話の中心となる中算の童子の話。中算の童子の話は下記の諸書にみえ、一般に、(a)童子は学問を好まず法華読誦を専らとし、師の中算から離れて山に入り遂に仙となったこと、(b)のち中算が山にいたって童子(仙)にあったこと、(c)童子(仙)がそのとき、毎春竹生島で仙が集って宴を催すので琵琶を借して欲しいと中算に請うたこと、(d)中算が琵琶を借し与え、のち竹生島にいくと天に琵琶の音が聞えたが、やがて天から地上に返して来たので竹生島の宝前におさめたこと、などからなる。本書の伝は、(c)(d)を欠き、また童子の持経者であったことを明記していない。諸書の童子の話のうち、(一)発心集巻三ノ三七は(a)(b)(c)(d)を備え、(b)については中算の房の人が薪とりに山に入って童子(仙)とあったので中算が童子(仙)にあうことになっている。(二)元亨釈書巻二十九は(d)を欠くが、話の大筋は(一)と同じである。これに反して、(三)松室仙人伝(史料編纂所蔵)・(四)松室中算事(碧沖洞叢書)・(五)源平盛衰記巻二十八、経正竹生島詣事は、(a)(b)(c)(d)よりなるが、(b)については中算が春日社参詣の折にあった老翁の導きで童子(仙)にあうことになっており、山は吉野山。㈢㈣㈤が同一系統なることは明らかであるが、成立が㈣↓㈢↓㈤の順であるとの説には必らずしも従いがたく、むしろ、㈢↓㈣の順と思われ、㈣㈤は姉妹関係ではあるまいか。本伝は簡略なので、㈠㈡のグループ、㈢―㈤のグループとどういう関係なのか明らかでない。しかし本伝の終りに「事は中算記にみえたり」とあるので、その内容を要約したものであるとみられる。

中算(二七一12)　仲算とも書く。郷里出自不明(さゝめごと末に「松室仲算は非人の沙門なりしかども、宗論に八宗の頂官たり」とある)。六、七歳の頃、興福寺門前で別当空晴(法相宗)に会って師事し、内外典に通暁し論義に長ず(元亨釈書)。応和三年八月清涼殿で南都北嶺の碩学を招き五日十座の宗論が行われた時、第五日に問者となり良源の一切皆成の文につき難詰を加う(応和宗論記・如是院年代記)。康保四年に三十三(一説、三十二)歳で維摩会の竪義となる。時に興福寺五師・西大寺別当(維摩会講師研学竪義次第・三会定一記)。貞元元(一説、安和二)年十月十九日、四十二歳で入滅す(興福寺別当次第)。世に松室先徳、貞松房先徳と称さる。法華経釈文・四分義私記等の著述あり(諸宗章疏録)。

楚才(二七一12)　楚国の才能から転じて才能ある人をいう。春秋左氏伝、襄公二十六年「且曰、晉大夫与㆑楚孰賢。対曰、晉卿不㆑如㆑楚。其大夫則賢。皆卿材也。如㆓杞梓皮革自㆑楚往㆒也。雖㆓楚有㆑材、晉実用㆑之」。元亨釈書、仲算伝に「南都学徒、推為㆓楚才㆒」。

覂駕(二七一13)　字類抄「ハヤリスキタリ、ホウカ、人倫部、夫婦分」。馬がはやり立って車の跡に従わないことから転じ、才気があり過ぎて法則から外れることをいう。漢書、武帝紀「夫泛駕之馬、跅弛之士、亦在㆑御㆑之而已〈顔師古曰、泛、覆也。字本作㆑覂。後通用耳。覆駕者、言㆘馬有㆓逸気㆒而不㆑循㆓軌轍㆒也〉」。

一の小き童を…(二七一14)　発心集に「そこ(松室)にをさなき児のことにいとほしくするありけり」、元亨釈書巻二十九、仲算童に「初在㆓睿山楞厳院㆒、後事㆓千算㆒。童常転㆓法華㆒」、松室仙人伝に「興福寺松室仲算之房、自㆓比叡山㆒童児来往。心藻落居、成㆑性傑出。不㆑捐㆓学問㆒、専読㆓法華経㆒、両三年之間、寤寐暗練」、松室中算事に「自㆓叡山㆒一人小童出来事候。…情性落居、随㆓師範命㆒。而問仲算大徳、自愛給事無㆑限」。

疎遠となれり(二七一15)　発心集に「此児朝夕法華経をよみ奉りければ、師是をうけず。をさなきときは学文をこそせめ、いとげに〳〵しからずなど、いさめられて、一度は随ふやうなれど、やゝもすれば忍び〳〵になん是をよむ。いかにも心ざし深き事と見て、後には誰も制せずなりにけり。かゝる程に十四五ばかりになりて、此児いづちともなくうせぬ」、元亨釈書、仲算童に「算曰、少年之業、習学惟競、諷経誦呪未㆑晩耳。童自㆑此逢㆓算顧眄㆒、乃為㆓習学㆒。若佗時、則動読㆓法華㆒。一日失㆑童」、松室仙人伝に「八月之比、明月之夜、終宵澄㆑意、暗誦経行。臨㆑暁竊出㆑都、不㆑知㆓行方㆒」、松室仲算事にも「但此児由々敷法然之体候、不㆑習㆓学四分三性之法門㆒、只読㆓誦一乗妙法蓮華経㆒、常澄㆑心物思姿、…両三年之間寤寐誦不㆑懈。于㆑時八月十五日夜…悟㆓有為転変之必然㆒、臨㆓暁天㆒、竊出㆓禅房㆒去」。

羽服(二七二1)　元亨釈書、仲算童に「童潜入㆑山誦経、不㆑食月余。已而得㆓羽服㆒、成㆓神仙㆒」、松室仙人伝に「行住坐臥積㆑功送㆑日之間、…千部功積、羽化既生」、松室仲算事に「行住座臥、歎送㆓日月㆒之間、千部積㆑功羽化既生」とある。論衡、無形篇「図㆓仙人之形㆒、体生㆑毛、臂変為㆑翼、行㆓於雲㆒、則年増矣。千歳不死、此虚図也」。文選巻十一、海賦「履㆓阜郷之留舄㆒、被㆓羽翮之襂纚㆒〈李善注、列仙伝曰、安期先生…言仙人以㆓羽翮㆒為㆑衣〉」。

神仙…(二七二2)　発心集に「我読誦の仙人に罷り成つて侍るなり。日比も御恋しく思奉りつれど、か様に罷り成つて後は聞くべき便もなし。大方人の当りはけがらはしくさりて、たゆべくもあらねば、思ひながらえなんまうでざりつる間、近うて見奉る事はえあるまじ」、元亨釈書、仲算童に「我已得㆑仙与㆓塵世㆒隔。今偶相見、可㆑謂㆓良縁㆒」、松室仙人伝に「丹竈成㆑道、人間隔㆑境、穀気薫㆑身。恐㆓竦傍輩師弟失㆑礼、願垂㆓宥容㆒矣」。松室仲算事もほぼ同じ。

橘正通(二七二5)　少納言実利の子(尊卑分脈)、源順の弟子(江談抄巻五)。

大学に学び、応和三年の三善道統宅の詩合に加わり（善秀才宅詩合）、天禄三年には加賀掾とある（規子内親王前裁歌合）。具平親王の侍読（本朝文粋巻十）。尊卑分脈には正四位下、宮内卿とみえるが、本朝麗藻巻下の中書王（具平親王）の詩に「題二故工部橘郎中詩巻一」とあるので極官は工部郎中即ち宮内丞。本話にもそうみえる。八省の大丞の相当位は正六位下、少丞は従六位上。同書、勘解相公（藤原有国）の詩によれば天元五年以前に死去。和漢朗詠集や本朝文粋に作品あり、工部橘郎中詩巻（本朝麗藻巻下）があった。

北堂の風（二七二5）　北堂は日本紀略、延喜五年十二月廿一日条に「其日大学寮北堂有二漢書竟宴之詩一」といい、本朝文粋巻九に菅原文時の詩序「七言、北堂文選竟宴、各詠レ句得二遠念二賢士風一」がある。

擬文章生を…（二七二9）　一般学生は寮試によって擬文章生となり、擬文章生は省試によって文章生となる。延喜大学寮式に「凡擬文章生、以二廿人一為レ限」「凡擬文章生、毎年春秋簡試、以二丁第已上者一、補二文章生一」、同式部式上に「凡補二文章生一者、試二詩賦一、取二丁第以上一」。ただし類聚符宣抄巻七、応和元年六月廿日の式部省の請状には「擬文章生者、毎年有レ奉二春秋之試一。明為二朝典一、載在二式条一。然而二三箇年之間、纔所レ行者一度也」とあるごとく二、三年ごととなり、延喜ごろより、朱雀院や貴族の私第に行幸のとき、華やかな行事として行われることもはじまった。なお文章生になると、文章得業生に補されて対策して出身するという少数の専門儒家としてのコースのほか、一般には文章生の年労により任官していく。

この詩…（二七二10）　桂林遺芳抄「登省記曰、康保二年十月廿三日、行二幸朱雀院一。御題於二蔵人所一被レ行レ之。飛葉共レ舟軽（勒七、澄陵氷興（ママ）膺）。及第一人、橘倚平」。なお江談抄巻四に次の説話を載せる。「瑶池倫感仙遊趣、還賞林宗伴二李膺一。橘倚平。此詩省試詩也。題飛葉共レ舟軽、勒二澄陵氷膺一。倚平為レ祈二登省事一、毎日夜々参二詣清水寺一之間、於二宝前一有二夢想一。示云、今度登省ハ李膺可レ煩云々。其事更以不レ得レ心之間、勒韻之中有二膺字一。其時得二夢想之心一、作二叶官韻一。不レ作二李膺一之輩不二登省一。仍倚平及第云々。是則観音之霊験也」。

桂の枝…（二七二11）　文教温故巻上に「昔対策及第することを桂を折るといへるは、晋の郄詵が故事によれり」とある如く対策及第したことを意味するが、正通が対策を受けた記録はない。恐らく今鏡、すべらぎの上、雲井に「廿二日に上東門院に御幸ありて、桂を折る試みせさせ給ふ。題霜を経て菊の性を知る。又翠の松色を改むることなしなどきこえ侍りし」とある例から推して省試に合格し文章生になったことを意味すると思われる。

序（二七二13）　本朝文粋巻十の「春夜陪二第七親王書斎一同賦二梅近夜香多一応レ教」詩序をさす。文中に「栄路遥而…未二必知一」の句がある。古今著聞集・十訓抄は本朝文粋巻十の「初冬同賦紅葉高窓雨」詩序の句「齢亜二顔駟一、過二三代一而猶沈。恨同二伯鸞一、歌二五噫一而将レ去」を挙げる。

風月（二七二14）　詩歌文学の韻事。本朝文粋巻十三、北野天神供御幣幷種々物文「文道之大祖、風月之本主也」。

之く所（二七二14）　本朝文粋「所之」なし。江談抄に「此句七条宮宴序、自慊句也。満座人無レ不レ拭レ涙。其後長去不レ知レ所レ之」とある。

仙…（二七二15）　江談抄に「其後長去不レ知レ所レ之。或人云、復高麗国得レ仙云々」。古今著聞集では「仙云々」はなく、「かしこにて宰相になされにけりとぞ後にきこえける」。

軒騎（二七三2）　軒は車（文選巻十六、別賦「朱軒繡軸〈李善注、軒、車通称也〉」）、騎は乗り馬。本朝文粋巻一、河原院賦「軒騎聚レ門、綺羅照レ地」。

啻（二七三6）　文語解に「コノ字余ノタヾト訳スル字トハ別ナリ。又一字ニテ用ル事ナシ。必不啻何啻等ト用ユ」とあり、ここの使用は誤りか。或は名義抄の「マタ」の訓に従うか、或は啼に通じて「サケフ、ホユ」の訓を取るか。

大津（二七三9）　大津は琵琶湖岸の大津であろう。すでに奈良時代から若狭・越前・美濃等から物産が舟運によってここに運ばれた。本話の僧は比良山から、鉢を飛ばして大津に来る船に投じ、船に乗せる米を施し物としてうけとる。泰澄和尚伝記でも泰澄の弟子小沙弥は北海（日本海）を米を運んでいく船に鉢を投じる。一方、古本説話集では信貴山麓の山里の徳人（富豪）、信貴山縁起絵巻では山城の山崎の淀川に沿う長者（同）の家に鉢が飛んでゆく。

挟杪水手(二七三9)　和名抄に「唐令云、挟杪、和名加知度利」、字類抄に「挟杪、カトリ、ケウセウ」とあり、水手の上にあって一船を操舵する輸送の責任者。水手は水脚ともいい、和名抄に「水手、加古、今案加古者鹿子之義」、字類抄に「水手、カコ、舟人也」とあり、一般の船員。続紀、宝亀元年五月条に「挟杪二人各賜二稲四百束一。…水手十三人各三百束」、類聚三代格、弘仁十三年十二月十日太政官符に「応レ令三大宰府司塡二納別貢雑物挟杪水脚等四十四人所レ給衣料代物一事」、同、承和五年三月廿三日太政官符に「右造大輪田船瀬使所レ収勝載料雑物、及所レ役水脚等、毎年四季造レ帳進レ官。…勘二録向レ京公私船数幷勝載及挟杪姓名等一、毎月附二告朔郡司一令レ申」。

この鉢…(二七三9)　泰澄和尚伝記「小沙弥起二忿恚一、飛鉢相共帰レ山之処、船中俵米、如レ雁飛連」、古本説話集巻下六五「この鉢に、米一俵を入れて飛ばすれば、雁などの続きたるやうに、残りの米ども続きたり」。信貴山縁起絵巻もほぼ同じ。

綱丁(二七三11)　諸国より、綱領にひきいられて庸調等を中央に運ぶもの。たとえば、天平勝宝七歳正月廿九日造東大寺司政所符案は「播磨国餝磨郡進米庸綱丁等」に宛てられたもの(大日本古文書二五ノ一五六)。霊異記巻下三五に「我是遠江国榛原郡人、物部古丸也。我存レ世時、白米綱丁而経二数年一、佰姓之物、非理打徴」。延喜主計式「凡諸国貢調幷雑物綱丁等、若失二諸司収文一有レ申レ官者。官先令二所司勘一レ之」。舟運の場合の例では三代実録、貞観四年五月廿日の条に「進レ官米八十斛、載二於一船一、差二綱丁一進上」。

帰命頂礼…(二七三11)　挟杪・水手は鉢をきらい、従って布施の心がなかったが、船の米がみな飛んでいったので、綱丁が帰命頂礼(→五九頁補)即ち、おしいただいて礼拝すると…の義。古本説話集・信貴山縁起絵巻でも、蔵主が信貴山に詣で、命蓮に布施の心を示すと、飛んでいった米倉はもとにおさまる。泰澄和尚伝記でもほぼ同じ。

一行禅師(二七三12)　唐代の高僧一行か。鉅鹿(直隷省)の人で普寂禅師に禅を学び、金剛三蔵に陀羅尼秘印を学び、善無畏三蔵に密蔵を受け、玄宗に認められて、開元九年に大衍暦を撰す。開元十五年十月八日、長安の華厳寺で寂す(宋高僧伝)。ただし、宝物集巻五・平家物語巻二・太平記巻二等に一行の果羅国流罪の伝説があるが、我国渡来の話はなし。或は師の善無畏三蔵渡来の伝説(真言伝巻一・塵添壒嚢鈔巻二十)と関係あるか。

楹(二七四1)　和名抄「爾雅音義云、杉音衫、一音纖、須岐、見二日本紀私記一。今案俗用二楹字一、非也。楹於粉反、柱也。見二唐韵一」。ここは空を飛べる天仙の前段階として身体が軽くなったことをいう。

〔三九〕**日蔵伝**(二七四4)　本話の六行目に「昔金峰山…」といい、「事は別記に見えたり」という。これは、道賢上人冥土記(扶桑略記巻二十五所引。また北野文叢巻十一所引大和国内山永久寺所蔵本あり)をさすか。元亨釈書巻九・真言伝巻五の日蔵伝は主として本書及び冥土記によるか。真言伝が「或伝云」としてひく文は本書とほぼ同じである。

日蔵(二七四4)　冥土記によれば、はじめ道賢といい、天慶四年金峰山で死門に入り、蔵王菩薩の命で日蔵と改名したという。一説に三善清行弟(二中歴十三、易筮)、また民部卿忠善宰相の弟氏吉(板本十訓抄傍注)という。

東寺…(二七四4)　冥土記は「弟子道賢〈今名日蔵〉以二去延喜十六年春二月一、年十有二、初入二此金峰山一、即於二発心門椿山寺一剃髪改レ衣、断二絶塩穀一。籠レ山六年、爰得二風伝一云、母氏頻沈二病痾一恋泣不レ休云々。因レ之以二同廿一年春三月一、出レ山入レ洛」とし、東寺止住のことは記していない。東寺→二六一頁補

室生山竜門寺(二七四5)　室生山は奈良県宇陀郡。室生寺が山中にあるので著名。法華験記巻中〔四四〕にみえる竜門寺(→一〇八頁補)は吉野郡にあるので、この室生の竜門寺はそれとは別で未詳。ただ室生山の麓には竜穴神社があり、貞観九年八月榁生竜穴神に正五位下(三代実録)、延喜十年八月、祈雨によって従四位下(日本紀略)、応和元年八月正四位下(同書)をたまわっている。また大和志に「室生村有二安明寺岳愛宕岳毘沙門岳等支別一。又有二巌窟二一、一曰二仙人一、一曰二護摩一。窟前井曰二壺井一。峰聳谷深、青巌遮レ路、真塵外之境」。日蔵が竜門寺に住んだことは道賢上人冥土記にはみえ

ない。元亨釈書・真言伝にはみえるが、本話によるか。

仁海…日蔵の廬に到れり(二七四8) 仁海は真言宗小野流の祖。元杲に師事して密学を稟け、広く諸宗を学んで小野に寺を建て、密学を鼓吹す(元亨釈書)。寛仁二年六月祈雨の賞により権律師となり(僧綱補任)、治安三年に東寺二長者となり(東寺長者補任)、長元元年少僧都に任じ法務を兼ね、同二年六月東大寺別当に補され(東大寺別当次第)、同四年権大僧都、同六年大僧都法印、長暦二年僧正となる。永承元年五月十六日入滅、九十三歳(補任による。扶桑略記は九十四、元亨釈書は九十二)。雨僧正・小野僧正と称さる。護摩鈔・尊勝鈔など著述多し。真言伝にもこの話がみえるが本書による。ただし、その注記に「私云、仁海僧正ニ謁スルコト、猶其実説尋ヌベシ。上人延喜十六年ニ年二云々。仁海永祚元年ニ元杲僧都ニ入壇、僧正年三十一歟。延喜十六年ヨリ其年紀ヲ勘ルニ、華山一条ノ比ヲヒ、僧正壮年ノ程、上人八十有余ノ人ナルベシ」。

昔…別記に見えたり(二七四9) 別記は道賢上人冥土記をさすと推せられる。同書には、日蔵が天慶四年八月、金峰山(→六六頁補)で修法の間気絶し、十三日の後蘇生するまでの間に、金峰山浄土に行って「蔵王菩薩」にあって、「日蔵九々、年月王護」の八字の短札と日蔵の号をもらったり、太政天宮城にいって「菅相府」にあって、そののろいを聞いたり、醍醐天皇とその臣下が地獄の苦しみをうけている話などを述べてある。

管絃…(二七四11) 教訓抄巻二に「万秋楽…破ハ日蔵上人渡唐ノ時、唱歌ニテワタシ給ヘリト申処ニ」とある。なお源平盛衰記巻十五、万秋楽曲事に「昔朱雀院御子に日蔵上人とて貴人にて、金峰山に行澄して御座けるを、蔵王権現の御方便にて、秘密瑜伽の独古を把て六道を見廻給けるに、都率の内院に参給へり。折節弥勒慈尊は、大廈高堂に黙然として坐し給たりけるに、菩薩聖衆秘密陀羅尼を妓楽に移し、此曲を奏して慈尊を奉二供養一。日蔵上人絃の道に長じ給たりければ、唱歌を以て伝へつゝ、我朝の管絃に被レ移たり」と記す。

尸解けて…(二七五1) 抱朴子巻二、論仙「下士先死後蛻、謂二之尸解仙一。…近世壺公将二費長房一去、及道士李意期将二両弟子一。皆在二郫県一。其家各発レ棺視レ之、三棺遂有二竹杖一枚一、以レ丹書二於杖一。此皆尸解者也」。

〔付〕浦島子伝説(二七五3) 浦島子伝説は書紀、雄略二十二年条にみえ、終りに「語在二別巻一」という。「別巻」が釈日本紀所引、丹後国風土記逸文にいう「旧宰伊予部馬養連所記」と同じとすれば、大宝二年前後死亡と推定される同人が丹波守として在任中に採訪し筆録したものが先にあり、書紀の材料になったものであろう。その後、右記の丹後国風土記逸文・万葉集巻九、一七四〇の長歌にその伝説がみえ、平安朝では、浦島子伝と、同書を「古賢所レ撰也」として延喜二十年にできたという続浦島子伝記がある。扶桑略記巻二、雄略二十二年には丹後国風土記逸文に類似の説話をかかげたのちに「続浦島子伝」を略抄してある。

水江の浦(二七五3) 書紀「丹波国余社郡管川人瑞江浦島子」、風土記「与謝郡日置里。此里有二筒川村一。此人夫日下部首等先祖、名云二筒川嶼子一。…斯所謂水江浦嶼子者也」、万葉集「墨吉之岸尓出居而、…水江之浦島児之」、浦島子伝「丹後国水江浦島子」、続浦島子伝記「不レ知二何許人一。蓋上古仙人也。…常遊二澄江浦一」、扶桑略記「丹後国余社郡人水江浦島子」。なお水江は現在竹野郡網野町にある。

閑しき…(二七五4) 閑は、名義抄「ミヤビカナリ」。風土記「其容美麗更不レ可レ比」、浦島子伝「玉釧映二海上一、花貌耀二船中一。廻雪之袖上、迅雲之鬢間、容貌美麗而失レ魂。芳顔薫体克調、不レ異二楊妃西施一。眉如三初月出二娥眉山一、臉似三落星流二天漢一」。続浦島子伝記・扶桑略記の形容は略す。

夫婦…(二七五4) ここでは夫婦となってのち蓬萊に行く。書紀・万葉集も同じ。風土記・浦島子伝・続浦島子伝記・扶桑略記は蓬萊に至ってのちちぎる。なお浦島子伝に「妾在レ世結二夫婦之儀一、而我成二天仙一楽二蓬萊宮中一。子作二地仙一遊二澄江浪上一。今感二宿昔之因一、随二俗境之縁一」。

蓬萊(二七五5) →二六二頁補「三山」。書紀に「到二蓬萊山一」、風土記に「君宜三廻レ棹赴二于蓬山一」「等許余蘇〈常世辺〉」など。万葉集に「常代(常世)尓至、海若(わたつみの)神之宮乃」、浦島子伝に「向二蓬来宮一」「向二蓬山一」、続浦島子伝記に「到二蓬萊宮一」、扶桑略記に「是名二常世国一也。…廻レ船可レ赴二蓬山一」。

銀の台…(二七五5)　台と闕は宮門の高殿をいう。白氏文集巻十四、八月十五夜禁中独直対月憶元九「銀台金闕夕沈沈」。風土記「闕台晻映、楼堂玲瓏」。「錦の帳…」は錦のとばりとぬいとりした衝立。江都督願文集巻二、一品宮仁和寺御堂供養願文「錦帳繡屏之下、耳厭二佩玉之声一」。

仙の楽(二七五6)　白氏文集巻十二、長恨歌「驪宮高処入二青雲一、仙楽風飄処処聞」。

なお底本の「仙薬」について付言すれば、浦島子伝に「朝服二金丹石髄一、暮飲二玉酒瓊漿一。千茎芝蘭駐レ老之方、百節菖蒲延レ齢之術」、続浦島子伝記に「朝服二金丹石髄一、是分二百種千名一也。暮飲二玉酒瓊漿一、亦有二九醞十旬一也。九光芝草、駐レ老之方、百節昌蒲、延レ齢之術、飲二一盃仙薬一之処、得二長生之籙一也。嘗二九転霊丹一之内、尋二不死之庭一也」とみえる。

綺へたる饌(二七五6)　本朝文粋巻八、春生霄色中詩序「綺饌窮レ珍、蛟眼之醬不レ乏」、風土記「乃薦二百品芳味一」、扶桑略記「命二于厨宰一、薦二玉液磐髄之美餚一、進二雲飛石流之芳菜一」。

帰らむかの計(二七五8)　万葉集に「吾妹児尓告而語久、須臾者家帰而、父母尓事毛告良比、如明日吾者来南登言家礼婆」、風土記に「忽起二懐レ土之心一、独恋二二親一。故吟哀繁発、嗟嘆日益。女娘問曰、比来観二君夫之貌一、異二於常時一。願聞二其志一。…女娘問曰、君欲レ帰乎。嶼子答云、…所望、暫還二本俗一、奉レ拝二二親一。女娘拭レ涙歎曰、意等二金石一、共期二万歳一、何眷二郷里一、棄遺一時。即相携徘徊、相談慟哀。遂拚レ袂退去、就二于岐路一」。浦島子伝・続浦島子伝記・扶桑略記も主旨は同じであるが、女が一たんひきとめる点では風土記が本話に近い。

本の郷…(二七五12)　浦島子が故郷に帰ると風景がすっかり変っていたことは、風土記に「忽到二本土筒川郷一。即瞻二眺村邑一、人物遷易、更無レ所レ由」、万葉集に「墨吉尓還来而、家見跡宅毛見金手、里見跡里毛見金手、…垣毛無家滅目八跡」、浦島子伝に「忽以至二故郷澄江浦一。尋不レ値二七世之孫一、求只茂二万歳之松一」、続浦島子伝記に「草田変改而家園為二河浜一也。水陸推遷而山岳成二江海一也。故郷荒蕪閭邑絶レ煙、旧塘寂寞道路無レ跡」。なお幽明録(法苑珠林巻三十一)に「親旧零落、邑屋改異、無二復相識一」とある。

昔聞けり…(二七五13)　村人に聞くと、むかし浦島子が行方不明になっていたと答えた話は、風土記に「先世有二水江浦嶼子一。独遊二蒼海一、復不二還来一。今経二三百余歳一者」、続浦島子伝記に「昔有二水江浦島子者一。而好レ釣乗レ舟、久遊二江浦一、遂不二帰来一、蓋入二海中一也。唯未レ知レ経二幾数百歳一。誰人再来更称二島子一哉。従二祖父一以往、聞レ名僅伝也。況玄孫之末世、白頭老嫗縦雖レ聞レ名、豈易レ知レ面哉」とある。

匣を開き…(二七五15)　浦島子が匣を開き、白髪の老人になった話は書紀・風土記にはない。万葉集には「玉篋小披尓、白雲之自レ箱出而、常世辺棚引去者、立走叫袖振、反側足受利四管、頓情消失奴、若有之皮毛皺奴、黒有之髪毛白斑奴、由奈由奈波気左倍絶而、後遂寿死祁流」とあり、浦島子伝には「披二玉匣一見レ底、紫煙昇レ天無二其賜一。島子忽然頂二天山之雪一、乗二合浦之霜一矣」とある。

拾遺往生伝

巻　上

〔一〕**善仲・善算伝**（二八一1）　いま、本伝の、㈠はじめより、二八一頁一一行の「往生せむといへり」まで、㈡「而る間」より、一四行の「生年六十二なり」まで、沙門開成伝の、㈢はじめより、二八二頁九行の「僅に人に知られぬ」まで、㈣「これより先に」より、一五行の「甫めて就りぬ」まで、㈤「この時に上人」より終りまで、の五段にわかって縁起と対照すると、縁起は、㈠→㈣→㈢→㈡→㈤の順で構成され、文脈はもとより、語句も共通のものが多い。著者は、かかる構成の縁起を、二つの伝に書きわけ、一部は省略しつつ、簡潔な文にまとめている。ちなみに、後拾遺往生伝巻上〔一七〕証如伝と、護国寺本の右縁起の次にかかげる「証如事」も、ほぼ同文である。

師に対して修行…（二八一9）　縁起では「対二於師僧一、頻請二修行之暇一。雖レ然敢不レ然。俄不レ報レ命、乍二人一荷二負於書篋一、出二離師房一云々」。

勝尾の山（二八一10）　→三一頁補「勝尾寺」。本伝が勝尾（弥勒）寺の縁起にもとづくこと、補注〔一〕に述べた通り。縁起に「攀二登当山一、作二草庵一而蟄居〈今相二当大般若堂坤山脇一、泉水処是也〉」。

この依身をもて浄土に往生せむ（二八一11）　一句は、この身そのままに往生することをいう。二八一頁一六行の「現身往生」にあたる。この一句は、なぜか、縁起にみえない。縁起には「何況鶴林滅度之後、雖レ望二西嶺之雲一、竜花出生之前、盍結二東岸之浪一」。

神仙伝（二八一15）　現存の神仙伝には両人の伝を欠くが、野村氏旧蔵本（現在、大東急記念文庫蔵）巻頭の目録には「十善仲、十一善算」とある。

五趣（二八二1）　地獄・餓鬼・畜生・人間・天上。有情の趣く所で五悪趣・五道ともいう。性霊集巻九、高雄山寺択任三綱之書「早証二本有之五智一、震二法雷於五趣一」。

雲に臥す（二八二5）　俗世間を離れて隠遁すること。本朝文粋巻十四、円融院四十九日御願文「臥雲之後、雖レ謙二一乗仏子之名一、昇霞以来、定到二無上法王之位一」。

偈（二八三2）　四句より成る頌。美辞をもって法義や仏徳を讃えた詩。偈の大意は、真理の智恵を得てから本性を動揺することなく、仏に至る道よりかりに姿を変えて、すべて苦海に沈む衆生を救うことが出来たので、八幡大菩薩と号するのである、の意。八正道は原始仏教で重んぜられた八種の正道の意で、正見・正志・正語・正業・正命・正方便・正念・正道をいう。

水尾天皇（二八三10）　清和天皇の山陵が山城国葛野郡水尾山にあったのでいう。三代実録に天皇が退位後落飾して名山を歴覧した中に勝尾山の名が見える。ただしこのこと縁起にみえない。

父百枝…（二八三16）　伝「常念レ無レ子、祈願在レ懐。為レ得二男子一、登レ山択レ地、已経二数日一矣。比レ至二叡岳左脚、神宮右脇一、忽然名香馥郁、薫二流巌阿一。於レ是衆人共異、求二覓香源一、幸得二験地一、創二造草菴一。今呼二神宮禅院一是也」。

左脚の神宮（二八三16）　比叡山東麓にあった神宮。叡岳要記上、延暦寺根本神宮寺記に「右神宮者、叡山最初伝教大師之建立也。…大師先考平生念レ無レ子祈二禱在懐一。往択二勝地一。叡岳左脚神宮右脇忽有二異香発起一。尋レ馥行レ流、適到二此地一。岐巌壁立、疑二華山之削成一。飛泉凍懸、類二竜門之高一。時先考欣然結二草菴一。潔レ谷祈二請山神一、限以二七日一。第四日暁感二得佳夢一。還レ家之夕、婦乃妊娠。以二十月一遂生二大師一。…自レ爾以来延暦之初、大師結二構草堂一。手自奉二造三尺十一面観音像一、安二置其中一。所謂根本神宮是也」。

偏に…（二八四1）　伝「期二一七日一、至心懺悔、四日五更、夢感二好相一、而得二此児一」。

神護景雲元年（二八四2）　伝にはみえない。伝にみえる没年から著者が逆算したものであろう。ただし来迎院文書の近江国府牒（度牒）案（宝亀十一年）には「三津首広野（最澄の俗名）年拾伍」、同じく僧綱牒（戒牒、延暦四年）にも「僧最澄、年廿」とみえ、これらによれば前年の天平神護二年のうまれ。

胎を出でし…(二八四2) 伝「適生孩子、知レ語弁レ色、憶ニ持諸事一。長大之後、向レ人談吐、無レ有レ所レ爽。隣里嗟異。父母覆諱、不レ欲ニ人知一矣」。

生年七歳…(二八四4) 伝「年七歳、学超ニ同列一、志宗ニ仏道一。村邑小学、謂レ為ニ師範一。粗練ニ陰陽医方工巧等一」。

父百枝曰く…(二八四6) 伝「父百枝語言、我昔祈ニ願三宝一、夢得ニ好相一、有レ遇ニ賢子一。意楽既満、心悦亦足。但先悔過期日未レ満。汝追修行、当レ補ニ先欠一。即奉ニ教誘一於ニ叡岳左脚神宮禅院一、修行懺悔」。

大国師伝燈法師位(二八四8) 国師は諸国においた僧官で、大宝二年二月に設置され(続日本紀)、宝亀元年より員数を増して一国に三、四人となったが延暦二年十月、大・上国には大国師・少国師一人ずつ、中・下国には国師一人と定め(同書)、三年五月、任期を六年と限った(同書)。ただし大国師・少国師の名は延暦二年以前よりあって、天平神護元年四月の因幡国国師牒、宝亀三年九月の出雲国国師牒にそれがみえ、霊異記巻下一九にも、大安寺僧戒明が宝亀七、八年ごろ筑前国大国師であったという。伝燈法師位→一九頁補「伝燈大法師位」。

行表(二八四8) 大和国葛上郡高宮郷の人、檜前調使案麻呂の男。天平十三年道璿について得度、同十五年受戒し、後に近江国滋賀郡崇福寺の寺主となり、近江大国師に任ぜらる。延暦十六年、七十余歳にして大安寺西唐院に遷化す(内証仏法相承血脈譜)。

延暦四年…(二八四18) →五四頁注。伝「以ニ延暦四年一、観ニ世間無常、栄衰有レ限、慨ニ正法陵遅、蒼生沈淪一、遊ニ心弘誓一、遁ニ身山林一。其年七月中旬、出ニ離憒市之処一、尋ニ求寂静之地一、直登ニ叡岳一、卜ニ居草菴一。…自性無レ有ニ服飾之好一、亦絶ニ嗜味之貪一。…奉ニ為四恩一、毎日読ニ誦法華・金光明・般若等大乗経一」。生年十九の語は伝になく、誕生の年より数えたもの。→二八四頁補「神護景雲元年」。

延暦十六年…(二八五2) 伝「以ニ延暦十六年一、天心有レ感、預ニ内供奉例一。以ニ近江正税一、充ニ山供費一、中使慰問山院無レ絶」。供奉は内供奉十禅師(→三〇頁補)。

十七年…(二八五3) 伝「十七年冬十一月、始立ニ十講法会一、年々無レ闕」。

十講(二八五4) 最澄が天台大師の追福のため、その忌日十一月二十四日に法華十講を始め、法華会(霜月会)の起源となる。三宝絵巻下に「比叡ノ霜月会ハモロコシノ天台大師ノ忌日也。…伝教大師フカク大師ノ恩ヲ思テ、延暦七(十七か)年ノ十一月ニハジメテ、七大寺名僧十人ヲ請ジテ、ヒエノ山ノセバキ室ニシテハジメテ十講ヲ行ヘリ」。

廿年十一月…(二八五4) 伝に「屈ニ請十箇之大徳一、講ニ演三部之経典一、聴ニ聞六宗之論鼓一。是以二十年十一月中旬、於ニ比叡峰一乗止観院一、延ニ請勝猷・奉基・寵忍・賢玉・歳光・光証・観敏・慈誥・安福・玄耀等十箇大徳一」。法華会は一講一人が担当する。南都の十大徳の法華経の判釈を聞いたのであるが、伝ではいまだ法華経の本旨を得ていなかった旨を述べている。そして翌二十一年正月十九日和気広世に勅して高雄山寺で南都の十四大徳に対して、法華玄義等を講演せしめ、善議等が天台の妙旨を謝啓したと述べられている。

一乗止観院(二八五4) 山門堂舎記に「根本中堂〈初号ニ比叡山寺一。後称ニ一乗止観院一。亦曰ニ中堂一〉…延暦七年戊辰伝教大師建立者。伐ニ虚空蔵尾自倒之木一、以ニ本切一自手彫ニ刻薬師仏像一軀一安ニ置之一。…此堂、元者三宇各別。文殊堂・薬師堂・経蔵等也。薬師堂以レ在レ中故曰ニ中堂一。但彼経蔵、今大師堂也」。

六宗(二八五5) 南都六宗。即ち三論・法相・華厳・律・成実・倶舎。伝「且於レ国有ニ六宗一。所学各異。然頃年三論・法相二宗盛有ニ興隆一。但華厳・毘尼・成実・倶舎等四宗、纔有ニ其名一、既無ニ其業一」。

廿二年…(二八五5) 廿一年最澄が入唐請益天台法華宗還学生として入唐を上表し許可された。翌廿二年三月遣唐大使藤原葛野麿の一行と難波を解纜したが、暴風雨に妨げられ九州に上陸した時のこと。

廿三年秋七月…(二八五8) 伝の文は二八五頁一六行の注記「また云はく」以下に同じ。遣唐船四隻の中、第二船に乗り、難波から大使を乗せた第一船には空海が乗船していた。肥前国田浦を発した四船は暴風で分断され、第一船は福州に、第二船は九月一日明州の鄮(寧波府)に到着した(日本後紀)。

九月下旬(二八五9)　伝「大唐貞元廿年九月上旬、船頭判官等上京、但和尚別向二天台山一。…同月下旬到二台州一。天台山国清寺衆僧、逓来慰労、帰レ寺歎曰」。

騰・蘭…(二八五10)　伝「昔聞下西域騰蘭、駄二梵夾於白馬一、降中邪道於南郊上。今見下東域闍梨、渡二妙法於滄波一、拯中蒼生於水陸上」。顕戒論巻上に「摩騰法蘭、導二聖旨於前一…(弾曰、摩騰法蘭、但伝二小乗一)」とある。仏教の中国公伝は後漢孝明帝の永平十年(六七)とされ、中印度の迦葉摩騰・竺法蘭が経典仏像を白馬に載せてきた故事をいう。外来僧を住せしめた鴻臚寺を白馬寺と称し、寺の称を僧院に用いた嚆矢とされる。

迦葉摩騰は、中印度の人で大小の経律に通じ、金光明経を講じて二国の戦を止めさせ声名を挙ぐ。後漢の明帝の招きで洛陽に至り、白馬寺に住して四十二章経を訳す。没年不明(高僧伝)。

竺法蘭は、中印度の人で経論数万章を誦し、天竺学者の師となる。摩騰と共に漢に至り白馬寺において訳経に励む。六十余歳で寂す(高僧伝)。

陸淳…(二八五11)　伝「台州刺史陸淳、延二天台山修禅寺座主僧道邃一、於二台州竜興寺一、闡二揚天台法門・摩訶止観等一。即便刺史見二求法志一随喜云、弘レ道在レ人。人能持レ道。我道興隆今当時矣。則令三邃座主勾当写二天台法門一。纔書写已。巻数如レ別。邃和上親開二心要一、咸決二義理一。如レ寫二瓶水一、似レ得二宝珠一矣。又於二邃和上所一、為レ伝二三学之道一、願レ求二三聚之戒一。即邃和上、照二察丹誠一、荘二厳道場一、奉二請諸仏一、授二与菩薩三聚大戒一。凡在所受所聞、憶持不二漏失一。将来伝受、猶尚無レ遺」。

陸淳は、陸質(太子の諱を避け本名淳を改む)、字は伯沖。代々呉に住んで春秋に明るく、挙げられて左拾遺、左司郎中、信州・台州の刺史となり、憲宗が太子の時の侍読となる。諡を文通先生といい、著書多し(唐書巻一六八)。天台法華宗伝法偈に「台州陸郎中、恵二四千張紙一、処二分竜興寺、経生二十人一、書二写先師教一」とあり、顕戒論縁起巻上に「台州求法略目録并陸淳詞一首」がある。

修禅寺(二八五11)　参天台五台山記巻一「…過二二里一至二大慈寺一。陳朝大建十年戊戌二月六日宣帝為二智者大師一置レ寺。号二修禅寺一。至二仁寿元年辛酉一、此寺因二国清成一後自廃。続造改為二禅林寺一。会昌廃後重建。殿堂屋宇惣二百十九間。大宋三朝大中祥符元年戊申七月初三日辛酉、勅改二禅林寺一名二大慈寺一。斯則智者伝法之地、又号二銀地道場一」。なお一心戒文巻下に「天台宗者、元天台山修禅寺智者大師、受二教於南岳思禅師一」とある。

天台の法門(二八五12)　台州録と称し、日本国求法僧最澄目録と題して、百二十部三百四十五巻、紙数八千五百三十二枚の書目を載せ、求法僧最澄・訳語僧義真・傔従丹福成・勾当…道邃の連署の後に陸淳の奥書があり、大使葛野麻呂以下、准判官田作・録事大庭・同頴人等が署名している。

菩薩三聚戒(二八五13)　大乗の戒法で摂律儀戒・摂善法戒・摂衆生戒をいい、摂律儀戒は梵網経の十重四十八軽戒を用いる。

無勝浄土…(二八五15)　善名称吉祥王如来は、七仏薬師の第一仏で無勝浄土という仏国土に住し、八大願を発するが、その第八が航海の難を救う願。四軀は四船に因んだものか。

海竜王(二八五18)　海竜王経は竜王も成仏することを説いた経。竜は、中国でも水中に住み水を司るものと考えられ、海竜王廟が多い。入唐求法巡礼行記巻一にも航海祈願に「火珠一箇祭二施於住吉大神一、水精念珠一串施二於海竜王一」とある。

また同じ時に…行満座主あり…(二八六4)　伝「又同時有二付法仏隴寺僧行満座主一。見二求法深心一、自相語言、昔聞智者大師、告二諸弟子等一、吾滅後二百歳、始於二東国一、興二隆我法一。聖語不レ朽、今遇二此人一矣。我所二披閲一法門、捨二与日本闍梨一。将二去海東一、当レ紹二伝燈一」。→五六頁補「仏隴寺の行満座主」

相語りて曰く…(二八六5)　伝、従って本書では行満の話とするが、道邃和尚付法文に「古徳相伝曰、昔智者大師、隋開皇十七年仲冬廿四日(没日)早旦、告二諸弟子一曰、吾滅度後…」とある。

貞元廿一年…(二八六8)　伝「貞元廿一年四月上旬、来二到船所一、更為レ求二真言一、向二於越府竜興寺一、幸得レ値二遇泰岳霊巌山寺鎮国道場大徳内供奉沙門順暁一。順暁感二信心之願一、灌頂伝受。三部三昧耶図様契印法文道具等、目録如レ別」。

竜興寺（二八六9）　仏祖統紀巻四十に「開元二十六年、勅天下諸郡立二竜興開元二寺一。…二十七年、勅天下僧道、遇二国忌一就二竜興寺一、行道散斎。千秋節祝寿就二開元寺二」と見え、越州のそれは唐大和上東征伝に「天宝三載歳次甲申、越州竜興寺衆僧、請二大和上一講レ律受レ戒」とある。

無畏三蔵（二八六9）　中印度摩伽陀国の人。開元四年長安に至り、十二年洛陽の大福先寺で大毘盧遮那成仏神変加持経七巻を訳す。後に帰国せんとして許されず、二十三年十一月七日に九十九歳で入滅す（玄宗朝翻経三蔵善無畏贈鴻臚卿行状・大唐東都大聖善寺故中天竺国善無畏三蔵和尚碑銘并序）。三蔵は経・律・論に精通した三蔵法師のことで、主に訳経僧に用いられる。

泰山霊巌寺（二八六9）　泰山は山東省にある五嶽の一。霊巌寺は宋代には天台山の国清寺、荊州玉泉寺、南京棲霞寺と共に天下の四絶と称され、入唐求法巡礼行記には霊巌寺の勢力が五台山にまで及んでいた記述がある。

内供奉順暁（二八六10）　内供奉→三〇頁補「内供奉十禅師」。中国では唐の粛宗の至徳元年に不空の法孫元皎が初めて補され、唐末には廃止されたという（大宋僧史略巻下）。空海の御遺告に「青竜寺大師与二並相弟子供奉十禅師順暁阿闍梨一共語云々」とある。順暁は、善無畏の弟子の一行・義林から密教を承け、泰山霊巌寺・越州竜興寺・同鏡湖東嶽峰山道場に住し、長安・天台山にも赴いた。

三部の大法（二八六10）　三部は一般に胎蔵界・金剛界・蘇悉地をいう。顕戒論巻上には「（順暁）和上鏡湖東嶽峰山道場授二両部灌頂一」とあるが、蘇悉地受法の明確な記録がない。高雄灌頂も三部三昧耶とあるから、金剛界の五部灌頂も受けているものの（越州録識語）胎蔵界中心の受法だったらしい。円仁・安恵の頃は胎金蘇の三部が完成していたから、三部の大法といったものであろう。

五月中旬…（二八六11）　伝「五月中旬、上二第一船一、蒙二三宝護念、神祇冥護一、海中無レ恙、著二長門国一」。

婆羅門国（二八六13）　大唐西域記巻二「印度種姓族類群分、而婆羅門特為二清貴一。…総謂二婆羅門国一焉」。

大那闌陀寺（二八六14）　中印度摩羯陀国の王舎城北方にある仏教大学ともいうべき大寺院。玄奘が訪れた七世紀には僧徒一万に上ったという。こんにちその遺跡がビハール州パトナ東南方にある。

国師大阿闍梨（二八六15）　大宋僧史略巻中に「昔尼犍子信二婆羅門法一、国王封為二国師一。内則学二通三蔵一、兼達二五明一、挙レ国帰依、乃彰二斯号一。声教東漸、唯北斉有二高僧一、…斉王崇為二国師一」。阿闍梨→二九頁注

持ち来りし…（二八六18）　伝「延暦廿四年八月廿七日上表云、…所レ獲経并疏及記等、総二百三十部、四百六十巻。且見進経一十巻、名曰二金字妙法蓮華経七巻、金字金剛般若経一巻、金字菩薩戒経一巻、金字観無量寿経一巻一。及天台智者大師霊応図一張、天台大師禅鎮一頭、天台山香炉峰神送桯、及柏木文尺四枚、説法白角如意一、謹遣二弟子経蔵奉進一」。

国子祭酒…（二八七1）　伝「復命以後勅二国子祭酒和気朝臣弘世一、今大唐請益受法供奉大徳最澄闍梨所二将来一、天台法文、方欲下流二布天下一、習中学釈衆上。宜下為二七大寺一、書中写七通上。即給二禁中上紙一、仰二図書寮一、令二書写一既訖」。

同年九月一日…（二八七3）　伝「九月十六日有レ勅、…又右大臣奉レ勅入唐受法最澄闍梨為二伝燈一与二公験一。因レ玆治部省依二勅旨一与二公験一如レ右。其文云、…又以二同年九月一日一、有レ勅於二清瀧峰高雄山寺一、造二毘盧遮那都会大壇一、令レ伝二受三部三昧耶妙法一」。

清瀧峰高雄寺（二八七3）　最澄はこの寺で延暦二十一年正月十九日に南都の十四大徳を集めて天台の妙旨を講じている（叡山大師伝ほか）。弘仁元年十月に空海も仁王経・守護国界経等の密法を修し（性霊集巻四、奉為国家請修法表）、同三年両部灌頂を行うなど（灌頂記・伝教大師消息等）密教道場となり、和気真綱等の上表により神願寺を高雄山に移して定額寺となし、天長元年に神護国祚真言寺と称し、真言宗の年分度者を賜うに到る（類聚三代格、同年九月太政官符）。

弘仁三年七月…（二八七5）　伝「又弘仁三年七月上旬、造二法華三昧堂一、簡二浄行衆五六以上一、昼夜不レ絶、奉二読法華大乗経典一」。

毘陵（二八七10）　晋陵ともいい、湛然の出身地で江蘇省の常州。湛然は乾元

から上元年間(七六〇―六二)には毘陵に滞在していたが、天宝十三年(七五四)天台五祖玄朗の没後、天台山仏隴寺に入る。その後大暦十四年間は仏隴と舒州・五台山・蘇州の旅についやされ、次の再び妙楽(毘陵の寺)で涅槃を聴聞したという記述からすると、大暦年中は誤りか、旅次または短期の帰郷中のことと思われる。

荊渓(二八七10) 湛然のこと。中国天台宗六祖とされ、晋陵県荊渓出身から荊渓尊者、晋陵妙楽寺で講義したことから妙楽大師ともいう。↓二八八頁補「智威…義真」

妙楽(二八七11) 毘陵の妙楽寺のこと。天台九祖伝に「(道邃)年二十四方乃進具、…承二常州妙楽寺湛然闍梨一、今盛伝二弘此教一。…妙楽講経已欲レ至二方便品一」とある。

半偈…(二八七16) 伝「法師云、…亦何異下求二半偈於雪山一、訪中道場於知識上。且満傾以二法財一、捨以二法宝一。百金之寄、其在レ玆乎」。↓四五頁注「往古の童子」

五年の春…(二八七18) 伝「五年春為レ遂二渡海願一、向二筑紫国一、修二諸功徳一、敬造二檀像千手菩薩一軀高五尺、大般若経二部一千二百巻、妙法蓮華経一千部八千巻一。又奉二為八幡大神一、於二神宮寺一、自講二法華経一。乃開講竟、大神託宣、我不レ聞二法音一、久歴二歳年一。幸値二遇和上一、得レ聞二正教一、兼為レ我修、種種功徳、至誠随喜、何足レ謝レ徳矣。苟有二我所持法衣一。即託宣主、自開二斎殿一、手捧二紫袈裟一、紫衣一一、奉二上和尚一、…此大神所施法衣、今在二山院一也」。

賀春の神宮寺…(二八八4) 伝「又於二賀春神宮寺一、和上自講二法華経一、謝二報神恩一。是時豊前国、田河郡司、并村邑刀禰等、録二瑞霊状一、奉二上大師一」。↓五六頁補「春日社…」

六年三月…(二八八4) 伝「六年春三月、先帝新写天台法門、纔装潢已。惟昔者梁武帝、書二達磨大師碑一、唐太宗帝、書二慈恩寺碑一、則天皇后、書二華厳題一、代宗帝、書二大聖文殊閣額一。是並聖徳高蹤、永代不レ朽者矣。今我大日本弘仁文武聖帝、雄筆微妙、希世霊珍焉。思念御二書金字摩訶止観題一、安二置七寺一、流二布万代一。所二以聖教久住、国家永宝一也」。

梁の武帝…(二八八5) 最澄の達磨大師付法相承師師血脈譜の後魏の達磨和上の条に「又梁武帝製二達磨碑一。頌云、楞伽山頂生二宝月一。中有二金人一、披二縷褐一」。景徳伝燈録巻三にもみえる。碑文は全梁文巻六(伝法正宗記より採録)に収録され、「達磨于二普通八年一由二天竺一至レ梁、与二武帝一語二機縁一、不レ契去レ梁、渡レ江北止二嵩山少林寺一。至二大通二年一、魏以二其喪一告。帝追慕為レ碑」と注す。

唐の大宗皇帝…(二八八6) 大慈恩寺三蔵法師伝巻九に「顕慶元年春三月癸亥、御製大慈恩寺碑文訖。時礼部尚書許敬宗遣レ使送二碑文一与二法師一」とあり、法苑珠林巻百にも「顕慶之際…親紆二聖思一、躬操二神筆一、製二大慈恩寺隆国寺碑文及書一。湛露凝レ華、縟緹流レ韻、刊二乎貞石一、伝二之不朽一」と見え、何れも高宗の事蹟である(大唐故三蔵玄奘法師行状や仏祖統紀も同じ)。大宗の事蹟とするのは誤で、何に基くか不明。

則天皇后…(二八八6) 法蔵和尚伝に「後於二仏授記寺一訳二新経(八十巻本華厳経)一畢。…当寺竜象状聞二天上一。則天御筆批答云、省状具之」。澄観の華厳経玄談第八にもみえる。

代宗皇帝…(二八八6) 文殊堂は五台山にあって代宗が広徳元年に詔して修理しているが、不空表制集第三の大暦七年の謝勅置天下寺文殊院表一首に「今月十六日特勅、京城及天下僧尼寺内各簡二一勝処一、置二大聖文殊師利菩薩院一」とあるのを指すか。

六年秋八月…(二八八8) 伝には「六年秋八月、縁二和気氏請一、赴二於大安寺塔中院一、闡二揚妙法一。時有二諸寺強識博達大徳等一、集二会法筵一」とあり、活潑な争論が行われた模様が述べられている。大安寺↓一八〇頁注

また本願に依りて…(二八八9) 伝「適講筵竟、本願所レ催向二於東国一、盛修二功徳二為二其事一矣。写三二千部一万六千巻法華大乗経二、上野下野両国各起二一級宝塔一、塔別安二置八千巻一。於二其塔下一、毎日長二講法華経一、一日不レ闕」。

上野・下野…(二八八10) 伝に「爰上野国浄土院一乗仏子教興・道応・真静、下野国大慈院一乗仏子広智・基徳・鸞鏡・徳念等、本是故道忠禅師弟子也。延暦年中遠為二伏膺一、不レ闕二師資一。斯其功徳句当者矣」。上野国浄土院は群馬県多野郡鬼石町の浄法寺、下野国大慈院は栃木県下都賀郡岩船町の大慈

寺。最澄には天下六所に法華経千部を安置する宝塔建立の意図があり、伝に滅後の記述として「大師本願写二六千部法華経一、造二一六基之多宝塔一、塔別安二置一千部経一、毎日長講、福二利国家一也」とあり、六所宝塔願文に「安東　上野宝塔院、在二緑野郡一…安北　下野宝塔院、在二都賀郡一」とある。

大師曰く…(二八八11)　伝は「又告言、南岳天台両大師、昔於二霊山一親聞二法華経一、兼受二菩薩三聚戒一。所以師師相授、智者授二灌頂一、灌頂授二智威一、智威授二恵威一、恵威授二玄朗一、玄朗授二湛然一、湛然授二道邃一、道邃授二最澄次義真一也。…今我宗学生令下開二大乗戒定慧一、永顕中小乗下劣行上」。弘仁九年暮春弟子等に小乗戒を棄捨した時の「自誓願棄二捨二百五十戒一」に続く言葉で、三聚浄戒を受け伝えたことに主眼がある。「南岳・天台の両大師…」は、天台大師別伝に「慧思曰、昔日霊山同聴二法華一」と南岳慧思・天台智顗が前世で法華経の説法を同席で聴いたことをいう。

智威…義真(二八八12)

智威―法華智威と称し、天台山第三祖とさる。処州縉雲の蔣氏出身で十八歳天台山国清寺章安の門に入り、止観を成就し法華三昧を証す。上元元年(六七四)より七年間軒轅錬丹山で道場を開き修禅教化し、永隆元年(六八〇)没(宋高僧伝巻六・仏祖統紀巻七等)。

恵威―天宮恵(慧)威と称し、天台山第四祖とさる。婺州東陽の劉氏出身。智威の門に入り、天台の禅観を修め、開悟の後は世人と交りを断ったというが、門下に左渓玄朗・永嘉玄覚の俊才を出した。高宗朝に智威と共に朝散大夫に封ぜられた(釈門正統巻一・仏祖統紀巻七)。

玄朗―左渓玄朗と称し、字は慧明、天台山第五祖とさる。婺州東陽の傅大士(在俗の天台法系学者。四九七―五六九)六世の孫という。九歳出家(如意二年(六九三)。一説に五十歳得度)、慧威に天台止観を学び深旨をきわめ、湛然や新羅の法融・理応・純英等二十六人の門人が数えられる。天宝十三年(七五四)没、寿八十二。法華科文二巻あり。法華文句を修治したという(宋高僧伝巻二十六・仏祖統紀巻七等)。

湛然―荊渓湛然・六祖大師等と称され、中国天台宗中興の祖。晋陵荊渓の儒家戚氏出身で、十七歳天台止観を学び、開元十八年(七三〇)二十歳で玄朗の門に入り、三十八歳で出家受戒し、研学二十年、以後天台教観の宣揚につとめた。主な著書は法華玄義・法華文句・摩訶止観の註疏各十巻のほか、止観大意一巻・五百問論三巻・十不二門・金剛錍論・始終心要・授菩薩戒文等各一巻である。建中三年(七八二)没、寿七十二(宋高僧伝巻六・釈門正統巻一・仏祖統紀巻七等)。

義真―相模国の人。丸子連氏。東大寺の慈賢に漢語を習い、興福寺の慈蘊に法相を学んで得度す。のち比叡山に登り、延暦二十四年訳語僧として最澄に従い入唐。弘仁十三年最澄の遺命によって天台宗を付属され、翌年四月比叡山に初めて大乗戒の授戒の行われた際、戒和上となり、同年嵯峨天皇の勅によって天台法華宗義集一巻を奉ず。天長元年六月延暦寺の伝法師(第一代座主)となり、同九年天台宗として初めて維摩会講師となり、同十年七月四日入滅す。修禅大師と号す(顕戒論縁起・延暦二十四年公験・天台座主記ほか)。ただし、文徳実録、承和二年十月十八日の条に義真の奏状があるので、入滅の年時には疑問がある。享年は諸書によって異るが、上記の公験によれば天応元年の生れであり、天長十年入滅ならば、元亨釈書の五十三歳説が正しい。

小乗下劣の行…(二八八14)　「形せ」は意味不明。ただし山家学生式に十二年籠山の後、利他のために「仮受二小律儀一」を許し、後の叡山教団に二百五十戒を受ける僧も輩出したので、大乗戒の精神に則って小乗下劣行の形でもよいと考えたものか。

十三年夏四月…(二八八15)　伝「十三年…夏四月、告二諸弟子等一言、我命不二久存一。若我滅後、皆勿レ着レ服。亦山中同法依二仏制戒一、不レ得レ飲レ酒。若違レ此不二我同法一、亦不二仏弟子一。早速擯出不レ得レ令レ践二山家界地一。若為二合薬一莫レ入二山院一。又女人輩不レ得レ近二寺側一。何況院内清浄之地哉」。

我生れてより…(二八八18)　伝「又大師告言、我自レ生以来、口無二麁言一、手不二答罰一。今我同法不レ打二童子一、為レ我大恩。努力努力」。

薬芬…仁忠(二八九3～4)

薬芬―根本中道の上座。山門堂舎記に「天長元年始置二三綱一。大別当義真、小別当真忠、上座薬芬、寺主慈行、都維那円信」とあり、叡岳要記に根本大乗止観院の上座、また浄土院・脱俗院の別当とある。

円成—伝未詳。

慈行—根本中堂寺主、西塔院上座(叡岳要記)。

延秀—延暦十三年九月三日の延暦寺供養の式衆の中に「延秀沙弥」とあり、法花三昧堂の別当となった(叡岳要記)。

花宗—伝未詳。

真徳—総持院別当(叡岳要記)。

興善—最澄に師事して遮那業を学び弘仁九年に得度(天台法華宗年分得度学生名帳)、天長元年七月に都維那となる(天台座主記)。総持院寺主(叡岳要記)。

道叡—最澄に師事して遮那業を学び弘仁八年に得度(学生名帳)、天長元年七月寺主(天台座主記)、天長年間「造二戒壇講堂一料九万束下二近江国一文」に「上座伝燈満位僧道叡」とある。義真滅後、光定等と叡山運営を相談す(一心戒文)。西塔院寺主(叡岳要記)。

乗台—伝未詳。乗天の誤か。

興勝—最澄に師事して止観業を学び弘仁九年に得度(学生名帳)。

道紹—最澄に師事して止観業を学び弘仁八年に得度(学生名帳)、延暦十三年の延暦寺供養の式衆中に出で、般舟三昧院(法華常行三昧院)の別当となる(叡岳要記)。

無行—伝未詳。

仁忠—弘仁十三年最澄の滅後院内のことを附嘱され(祖師行業記)、天長元年七月に上座となる(天台座主記)。叡山大師伝の著者。

円澄…仁徳(二八九8〜9)

円澄—武蔵国人、壬生氏。延暦十七年に最澄に師事し、二十四年唐僧泰信に具足戒を受け、大同元年最澄より円頓戒を受け、三年金光明長講の講師となり、弘仁三年最澄より付法印書を授かり(一心戒文)、天長十年正月紫宸殿で宗義を論ず。承和元年(元亨釈書は天長十年)座主となり、三年(元亨釈書は四年、続後紀は天長十年)十月廿六日(続後紀は廿日)に六十六歳(続後紀は六十二歳)で入滅す。寂光大師と号す(天台座主記)。

光定—伊予国風早郡の人、俗姓贄氏。大同の初に最澄に師事し、五年得度、弘仁三年具足戒を受け、五年に興福寺の義延と宗論、九年に戒壇院知事となり(一心戒文)、十三年最澄の寂後戒壇院建立の勅許を蒙る。承和二年十禅師に補し、五年伝燈大法師位、四王院供養を行い、仁寿四年延暦寺別当となり、天安二年七月、八十の賀に天皇より賀礼を賜り、同年八月十日、八十歳で入滅す(文徳実録卒伝・延暦寺故内供奉和上行状)。別当大師と称す。伝述一心戒文・仏土義私記・日本名僧伝等の著述あり。

徳善—興福寺の修円律師に師事し、後に最澄に遮那業を学んで弘仁二年に得度(学生名帳)、東塔院別当(叡岳要記)、最澄入寂後、慧暁と菩薩位次をめぐって争う(菩薩僧位次官符申下文・一心戒文)。

徳円—大安寺の円修に師事し、後に最澄に止観業を学んで弘仁三年得度(学生名帳)、同八年円頓菩薩大戒を授かる(慈覚大師伝)、総持院寺主(叡岳要記)、円珍・惟首の師主で(天台座主記)、座主記の猷憲の条に「近江講師徳円弟子」とある。

円正—最澄に師事して止観業を学び、弘仁四年に得度す(学生名帳)、根本法華院上座の円証(叡岳要記)も同一人か。

正円—伝未詳。叡山大師伝にはなし。宝幢院知院事となった証円か(叡岳要記)。

円修—叡山大師伝にはなし。最澄に師事して遮那業を学び弘仁五年に得度(学生名帳)、義真の滅後、道叡や光定等と叡山運営について相談す(一心戒文)。

仁恵—伝未詳。叡山大師伝「仁忠」。

仁徳—智証大師伝に「十五随二叔父僧仁徳一初登二叡山一」とある。

遺誡…(二八九11)　伝「又遺誡文云、第一定階也。我一衆之中、先受二大乗戒一者先坐、後受二大乗戒一者後坐。若集会之日、一切之所、内秘二菩薩行一、外現二声聞像一、可レ居二沙弥之次一。除下為レ他所レ譲者上。第二用心也。初入二如来室一、次着二如来衣一、終坐二如来座一。第三充衣也。上品人者路側浄衣、中品人者東土商布、下品人者乞索随得衣。第四充供也。上品人者不求自得食、中品人者清浄乞食、下品人者嚫施可レ受。第五充房也。上品人者小竹円房、中品人者三間板屋、下品人者方丈固室。造房之料、修理之分、秋節行レ檀。諸国一升米、城下一文銭。第六充臥具也。上品人者小竹蔂等、中品人者一席一薦、下品人者一畳一席」。

定階（二八九13）　梵網経古迹記巻下末に「沙弥生年為レ次。若生年等受戒為レ次。和上云、拠レ実菩薩雖二是在家一坐二於声聞大僧之上一。如二阿闍世王経云一。文殊云、迦葉坐レ上、以二耆年一故。迦葉譲言、我等在レ後、菩薩尊故」とある。

東土の商布（二八九14）　布は麻布、商布は調庸としておさめられる布ではなく、自家で生産・貯積し、国府が、正税を以て買いあげて（交易）、中央におくったもの。和銅七年、長さ二丈六尺を以て一段とすることが定められたが（続紀）、調布・庸布よりも粗悪のため値がやすかった。東土は広義での東国。延喜民部式の交易雑物で商布を交易、上納する国は駿河・甲斐・相模・武蔵・安房・上総・下総・常陸・信濃・上野・下野及び越中・越後。商布は和名抄に「和名、多迩」。

弘仁十三年…（二九〇1）　伝「弘仁十三年歳次壬寅六月四日辰時、於二比叡山中道院一、右脇而入二寂滅一。春秋五十六也。日隠炬滅、無レ所二憑仰一。風惨松悲、泉奔水咽。于レ時奇雲蓋レ峰、久在無レ去。江東道俗、更相談言、叡岳北峰、奇雲縈帯。不レ知二所為一、必有レ以也。遙聞二遷化一、来告二異相一。人皆哽恋不二自喩一也」。

冬十一月…澄上人を…（二九〇4）　伝「又冬十一月、主上贈下哭二澄上人一六韻詩上。載在二奇紙一。字陵二草聖一、神筆霊珍、無二得而称一矣。乃有二翰林逸才、紫朱上官、十有余哲一。奉二和御製一、各探二六韻一、以為二巻軸一。見者断レ腸、聞者流レ涙。如三梁帝哭二達磨一、似三唐臣傷二法琳一者矣」。嵯峨天皇の「哭澄上人」詩（日本詩紀巻二）に、「吁嗟双樹下　摂化契二如如一　慧遠名猶駐　支公業已虚　草深新廟塔　松掩旧禅居　燈焔残二空座一　香煙繞二像炉一　蒼生橋梁少　緇侶律儀疎　法体何久住　塵心傷有レ余」。

注記撰集著作（二九〇8）　ここに挙げる十九部のうち、注法華経（欠失）、注金光明経（欠失）、注仁王経（別伝では四巻、現行三巻）、注無量義経（現存）は、現存二部からみると経典の語句注釈であるが、注仁王経は吉蔵の仁王経疏の書写であるので最澄親撰とはいえない。頭陀集、新集総持章は欠失して伝わらないので内容は不明であるが、天台霊応図集は第一・二巻のみ現存し、天台智顗の伝記類数種を収めており、弘仁七年嵯峨天皇に献上した天台霊応図及本伝集十巻（日本紀略）であろう。

守護国界章以下の五部は、法相宗の徳一とのいわゆる三一権実論争を内容とする。このうち照権実鏡一巻は弘仁八年二月の撰、陸奥の徳一の仏性抄に対する反論で、権実を区別する基準を述べたもの。法華去惑四巻は守護国界章の中巻とほぼ同じ内容のもので、その初稿本の中巻とみられている。守護国界章十巻（現行本九巻）は、徳一の中辺義鏡三巻に対する反論で弘仁九年に成立したもの。上巻は智顗の四教義・摩訶止観や明曠の八教大意を用いた天台教判と止観論の論破に対する反論で、中巻は法華玄義・法華文句を用いての天台法華宗の論破に対する反論、下巻は法宝の一乗仏性究竟論を取り上げて悉有仏性説を破したことに対する論破であり、天台の論述のほか澄観の華厳経疏、法宝の涅槃経疏、窺基の法華玄賛・大乗法苑義林章、智周の法華玄賛摂釈、義寂の法華論述記、霊潤の十四門義、神昉の種性集など法相学者等の著述を縦横に引用して論破している。決権実論一巻は、守護国界章中・下巻の三乗一乗・仏性論・三車一車の問題二十を選んで、問・答・難の形式で論破したもの。これは最澄が直接二十問難として徳一に送り、徳一が二十会釈で答えたものに、さらに救難を加えたものをまとめたとされている。法華輔照三巻は法華秀句と称され、弘仁十二年最澄示寂の前年書かれたもので、十章あるが、第一章は上・中巻をしめ、さらに詳細に徳一の主張を論破し、後九章は法華経の最勝を説示したものである。

依憑集一巻は具名の大唐新羅諸宗義匠依憑天台義集が示すように、天台宗義によった諸師の著述部分を引用し、天台法華宗の正統性を宣揚せんとしたもので、徳一との論争の発端となった書とも考えられ、本文は弘仁四年、序文は弘仁七年の述作とされる。付法縁起は欠失であるが、一部逸文が現存し、日本における天台宗の先駆者聖徳太子・鑑真等の事跡を集めたものと推定される。血脈譜一巻は内証仏法相承血脈譜のことで、最澄・義真が主に入唐中受けた禅・天台・菩薩戒・胎金両曼荼羅・雑曼荼羅の相承譜五首を収めたもので、弘仁十年十二月五日撰上と記されているが、翌十一年二月二十九日顕戒論に添えて上奏したもの。顕戒論三巻は、大乗戒独立のため弘仁九年五月十三日に天台法華宗年分学生式(六条式)、同八月二十七日に勧奨天台宗年分学生式(八条式)、さらに翌年三月十五日に天台法華宗年分度者回小向大式(四条式)を上奏したが、四条式が僧綱に諮問され反問が出たため、これに答えて大乗寺・大乗戒の根拠を四十七部に及ぶ仏教典籍を引用して上奏したものである。これに対しても何等の応答がなかったので、弘仁十二年三月重ねて上奏したのが顕戒論縁起二巻(上巻のみ現存)であり、最澄の入唐に関する各種証明書や大乗戒壇設立に関する通牒等を集録したものである。

長講願文三巻は、現存の長講法華経先分発願文巻上・同後分発願文巻下及び長講金光明経会式・長講仁王般若経会式もしくはその原型を指すものと思われるが、後分発願文は偽撰とされており、他三部も後に改修されたとみられる部分もある。六千部法華経銘は現存の六所造宝塔願文と推定されており、これは一紙ほどの短文であるが、住持仏法、鎮護国家のため上野(安東)・豊前(安南)・筑前(安西)・下野(安北)・山城(安中)・近江(安総)の六所に多宝塔を建立し、各千部の法華経を安置しようとした願文。

十四年二月…延暦寺と…(二九〇15)　伝「十四年二月廿六日、於二比叡山寺一為レ伝二先帝所レ建天台法華宗一、勅賜レ寺、宜下改二本名一号中延暦寺上」。伝には右につづき、「廿七日太政官牒送二延暦寺一云」として官牒の文を載せ、「又三月三日勅置二延暦寺別当一」とある。

貞観八年七月…法印大和尚位を贈る(二九〇16)　このことは伝にみえない。慈覚大師伝に「貞観八年七月十四日…伝教大師諡号、今日同給。凡僧侶給二諡号一、蓋始二於此一焉」とあり、天台霞標・叡岳要記には同日付の、最澄に法印大和尚位及び諡号をおくる治部省牒を載せている。但しそれによれば勅は十二日に出ているので、本書の記事と一致する。

大狛氏(二九一6)　姓氏録、河内国諸蕃、高麗に、大狛連二氏をかかげ、一を「出レ自二高麗国人伊利斯沙礼斯一也」、他を「出レ自二高麗国溢士福貴王一也」とする。大狛連はもと大狛造。書紀、天武十年条に大狛造百枝・足坏に連姓を賜い、同十二年条に大狛造に連姓を授くとある。

丸子氏(二九一7)　東国及び陸奥には、丸子連・丸子部・丸子の氏姓が多い。東国の下野周辺では、常陸の久慈郡に丸子部佐壮(万葉集四三六八)、丸子部妖人(三代実録、貞観四年五月条)があり、陸奥の南部では安積郡に外少初位上丸子部古佐美(日本後紀、延暦十六年正月条)、郷名として丸子郷(和名抄)がある。

大法師(二九一9)　大法師位。天平宝字四年七月僧の四位十三階が制定され、大法師位・法師位・満位が定められ、最上を賢大法師位とし、次にそれぞれを伝燈・修学・修行・誦持の四種に分ち(→一九頁補「伝燈大法師位」)、法師位以上は勅授とした。大法師位はその中の一つ。貞観六年二月僧綱の位階が定められたが(類聚三代格)、文中「国典所レ載、僧位之制、本有二三階一、満位・法師位・大法師位是也」とあるのは右記中の満位以上をさす。この制は「僧綱・凡僧同授二此階一、位号不レ分、高卑無レ別」として、あらたに僧正の階として法印大和尚位、僧都の階として法眼和上位、律師の階として法橋上人位をおくも、以後、大法師位等の古制はすたれた。

広智(二九一9)　→五八頁補。最澄は東国教化にあたって、上野国緑野郡浄土院にあった道忠及びその門下と交渉を深めて初期天台教団の東国地方の教線をひろげる。叡山大師伝に、最澄が弘仁六年東国を巡化して上野・下野に法華経二千部書写を企てたことについては、二八八頁補「上野・下野…」参照。また最澄の弟子、円仁は下野国都賀郡の人であるが、はじめ広智に師事したという。

及第得度(二九一12)　山家学生式によれば、天台宗の学衆は、法華・金光明二部の経訓を試験され、及第すれば天台宗年分度者(毎年二人)として得度し、かつ大戒をうけることができる。なお、年分度者の一人は止観業者、もう一人は遮那業者であり、後者は「歳歳毎日」、遮那・孔雀不空・仏頂諸真言等護国真言を長念するものとする。安恵は遮那業の年分度者にえらばれたのであろう。元亨釈書にも「試二大日経業一得度」とみえる。

紀年(二九一13)　十二年。山家学生式によれば、得度の年受戒させ、「令レ住二叡山」、一十二年、不レ出二山門一、七年目よりは「止観業具令レ修二習四種三昧一、遮那業具令レ修二習三部念誦一」とあり、両業を修したものか。二九二頁補「太政官の牒」参照。

講師（二九一14） →二〇頁補。山家学生式には、十二年の業を終えたものを国宝・国師・国用の三種とし、後二者は「伝法及国講師」に任じられることを規定してある。安恵はこれにより出羽の講師に任命され、赴任したのである。

伝教闍梨（二九一17） 密教の大法を伝える僧をいい、伝法・伝燈阿闍梨ともいう。慈覚大師伝「(仁寿四年)十一月、奏請以二安慧慧亮大法師一、為二三部大法阿闍梨一。於レ是令三件両人修二三部大法灌頂一。是則以二官符一授二三部阿闍梨位一之始也」。

太政官の牒（二九二1） 三代実録、貞観八年六月三日条「太政官処分、止観真言、雖レ異二其業一、至下于説二尽仏法一、究中竟実教上、其致一也。…自レ今以後、宜丙以下通二達両業一之人上、為乙延暦寺座主甲、立為二恒例一」。天台座主記に、右にもとづく、延暦寺宛の同日付の太政官牒をのせる。

与願印（二九二4） 宝生如来の印で施願印ともいい、左手は袈裟の両角を握り、右手は掌を上にし五指を伸ばし薬指と小指を少し曲げた形にする印。右手の印のみをもいう。

宝印（二九二4） 宝生印ともいい、指を外に出して掌を握り合わせ、中指を立てて宝珠形にする印。また宝生如来の与願印をいうから与願印の右手のことか。

清麿（二九二5） 中納言意美麿の子。左大弁・神祇伯・参議・大納言などを経て宝亀二年右大臣となり、延暦七年七月廿八日に八十七歳で薨ず(続紀、薨伝)。

治知麿の三男（二九二5） 治知麿(三代実録)、治麿(尊卑分脈)とも書くが、日本後紀・中臣氏系図により智治麿。日本後紀によると、右少弁・丹波守・治部大輔を経て、弘仁四年、備中守従五位上とあり、三代実録、壱演伝にも従五位上備中守とある。三男は、三代実録に「二兄相続夭亡…」とあるによるか。中臣氏系図に智治麿の子として文章生正六位上良舟、式部少掾正六位上良檝、内舎人従六位上正棟、小判事貞棟、八位上道棟をあげる。

内舎人（二九二6） 職員令、中務省条に「内舎人九十人〈掌下帯レ刀宿衛、供二奉雑使一、若駕行分中衛前後上〉」とあり、軍防令、五位子孫条に、五位以上の子孫で年二十一以上、役任になき者のうち、「性識聡敏、儀容可レ取」を内舎人にあてる。

承和の初…（二九二7） 僧綱補任抄出に「承和二年出家入道」、中臣氏系図に「承和三年得度受戒」。なお僧綱補任に「真言宗、薬師寺」とあり、今昔物語巻十四ノ三四に「薬師寺ノ東ニ唐院ト云フ所有リ。此ノ僧正ノ栖トナム…」。七大寺日記、薬師寺の項に「金堂ノ東ニ有唐院ト云所、戒明和尚入唐帰朝之後、住給処也」とある。

河陽（二九二12） 文華秀麗集に嵯峨天皇の河陽十詠四首及び藤原冬嗣らの和する詩十首をおさめる。ここは文脈上も河陽橋をさし、三代実録、壱演伝に「到二河陽橋辺一」とある。河陽橋は山崎橋で、いまの八幡町橋本と、西岸の大山崎離宮八幡宮の南との間で、橋本の渡し場付近の淀川にかかっていた橋。遊女記に「自二山城国与渡津一、浮二巨川一西行一日、謂二之河陽一。往二返於山陽南海西海三道一之者、莫レ不レ遵二此路一」とある。

〔六〕**定照伝**（二九三4） 法華験記巻中(四二)と対照すると、本伝は簡潔にまとめているが、若干相違もあるのは、著者の取捨選択によるものであろう。たとえば験記は定照の法華読誦を強調するが、本伝ではそれが弱くなっており、験記ではただ「法華経を誦せり」とあるのを「観念を凝し法花を誦せり」(二九四頁一行)と書く。一方、本伝は、験記にはない定照の寂年・享年を書きいれている。古今著聞集巻二・真言伝巻六等に類話がある。板本は末尾に「一本」によって天元四年の定照の公務の辞状、及び「僧都自筆、在二興福寺一乗院一云々」の文をかかげている(→校異)。この辞状は、興福寺別当次第・高野春秋にも載せ、古今著聞集の定照説話にもみられる。辞状は、天元四年八月十四日に往生極楽のため興福寺別当・東寺長者・金剛峰寺座主を辞退する旨を記したものであるが、興福寺三綱補任等によると、天元四年、権別当真喜が「定照辞退替」として寺務を執行し、定照入寂の年別当になっており、東寺長者補任では、天元四年、定照に代って寛朝が一長者になっており、高野春秋でも同年八月、寛朝が金剛峰寺座主に補せられているから、史実と合致する。この辞状は、定照の住院、興福寺一乗院に残っていて、本書述作後、何人かが、それにより書きいれたものか。興福寺別当次第にも、辞状の「草案在二一乗院経蔵一云々、已上僧都御自筆状」の割注がある。

〔七〕**陽生伝**(二九四7)　験記と比べると、病弱のため箕面行者から苦行を避けるなどの健康法を教わったことや、それをまもって学文を志さずに修行を宗として法華読誦の行を修したことや、死期を知って竹林別所にこもったことなどは書いていない。他方、験記にはない没年・享年を記している。

正暦四年七月廿日(二九四14)　僧綱補任に「同(正暦四)年閏十一月廿一日入滅」とある。天台座主記には「正暦元年〈庚寅〉九月廿八日辞二座主職一、十月廿二日入滅」とみえるので、没年は元年となるが、これは十月廿二日を辞退の年と同年に誤り記したものであろう。なお、没年の記述は法華験記にはみえない。

太子手印記に…(二九五13)　四天王寺御手印縁起に「敬田院、斯地内在レ池、号二荒陵池一。其底深青竜恒居処也。…斯処昔釈迦如来転法輪所。爾時生二長者身一、供二養如来一助二護仏法一。以二是因縁一起二立寺塔一、此地敷二七宝一。故青竜恒守護」。

草墪(二九六5)　腰掛の一種。蔣で円柱形に作り、錦・絁などを張ったもの。字類抄「サウドン、坐也」。延喜掃部寮式に「草墪一枚〈高一尺三寸、径一尺六寸〉」、「凡御座者、清涼、後涼等殿設二錦草墪一〈高麗錦表、薫地錦縁、緋東絁裏〉」とある。

我滅曰往生…(二九六6)　我が死を往生という。我は早く無生無滅の真理を悟り、諸々の衆生を救わんがために、仮に金輪王(転輪聖王が成就した金輪で四洲の王)となって現れる。昔仏法に縁を結んだ者は皆金輪の世界に来ることが出来るが、汝は結縁が深広なる故に、ここに来る人の中に加わることができよう、の意。

高野山に籠りて…(二九六11)　高野山往生伝〔一〕教懐伝は本書とほぼ同文をかかげたあとに、著者が元暦元年の高野参籠のとき古老住僧から聞いた話として「彼教上人厳親相公〈失レ名〉、為二讃州刺史一間、召二犯科之人一、加二苛酷之責一。彼上人雖レ為二童稚之幼齢一、施以二憐愍之芳志一。然猶不レ堪二霜刑一、已失二露命一。即成二悪霊一、深結二怨念一。因レ之相公子孫、皆以夭亡。教懐一人、纔雖レ存レ命、其霊未レ謝、咎祟屢示。仍避二山城一、移二住当山一」という。またつづけて「猶号二斯処一、称二小田原一。平生草庵、其跡尚存」といい、教懐は高野山入山後、その地をまた小田原といった。高野春秋巻五「案以二東別所一、後世呼二来小田原谷一者云々」とある。

篤癈(二九六14)　類聚既験抄に「常奉レ念二春日権現一。所労平愈候由、祈誠之処、此夜夢、端正如来立後ニ示云、汝ハ無情雖レ捨レ我、々不レ捨レ汝。来擁二護之一。家有方示了。指レ西登レ宮隠居了。走付テ猶奉拝之思トシテ夢覚□。所労即平愈了」とある。

気絶えぬ(二九六17)　のち教懐は高野山念仏聖の祖師的存在として仰がれた。久安五年、大乗房らが「於二小田原教懐聖人堂一」、盂蘭盆講をおこなったといい(御室高野山御参籠日記)、高野山往生伝の著者は、元暦元年に高野参籠のとき、「為レ訪二彼上人聖跡一、攀到二小田原別所一」(同、教懐伝)という。高野春秋に「教懐之石影在二湯屋谷大聖院一。其像様同二于高往伝之趣一」とみえる。

維範(二九七9)　承保二年高野山の執行職並びに検校に補せらる。永保元年二月藤原師実の高野参詣に理趣三昧を勤め、寛治二年二月白河院御幸に表白導師を勤めて永代三口阿闍梨の院宣を受く。同三年八月に検校を辞退、嘉保二年二月三日に八十二歳で入滅す。南院阿闍梨と号す(高野春秋)。

摺摸(二九七12)　南都七大寺巡礼記、興福寺「又中古以来毎月朔日屈二百口僧侶一奉レ転二読仁王般若経一。幷奉レ摺二百体五大力一」。本書のこの記述が事実なら、高野版の濫觴といえる。安田文庫蔵、長寛三年の古文書に、高野山安養院ほか十坊で般若心経一百巻を摺写したという記事も参照されよう(寿岳文章)。

腰鼓菩薩(二九八13)　腰鼓は胴のくびれた鼓で、胴の両端に革を張り、紐で頸から掛け、腰の上、腹の前で、両手の掌などで打ち鳴らす楽器で正倉院にもある。平安朝の来迎図にも、雲上の菩薩が腰鼓を鳴らす姿が描かれている。

如法経（二九八13） 慈覚大師伝「蟄居三年、練行弥新。夜夢、従レ天得レ薬、其形似レ瓜。喫レ之半片、其味如レ蜜。傍有レ人語曰、此是三十三天不死妙薬也。喫畢夢覚。口有二余気一。大師心怪、自特焉。其後疲身更健、暗眼還明。於レ是、以二石墨草筆一、手自書二写法華経一部一。修二行四種三昧一。即以二彼経一、納二於小塔一、安二置堂中一。後号二此堂一、曰二如法堂一」。

唐の…（二九九1） 法苑珠林巻十「長安西明寺道宣律師者、徳鏡玄流、業高清素。…粤以二大唐乾封二年仲春之節一、身在二京師城南清宮故浄業寺一、逐レ静修レ道。年至二桑楡一、気力将レ衰。専念二四生一、又思二三会一。忽以二往縁一、幽霊顧接。病漸瘳降、励力虔仰、遂感二冥応一。時有二諸天四王臣佐一、至二律師房門一。…至二初冬十月三日一、律師気力漸微香幡遍レ天。天人聖衆同時発言、従二兜率天一来請二律師一。律師端坐、一心合掌、斂レ容而卒。…爾時有二四天王一白二宣律師一」。

倶留孫仏…（二九九1） 法苑珠林巻十「有二拘留孫仏一。欲レ入二涅槃一時、付二嘱我金瓶一。瓶中有二宝塔一盛二七宝印一。黄金印有レ二、白銀印有レ五」。

釈迦如来…（二九九2） 法苑珠林巻十「問訊起居已又告二文殊一、彼仏勅レ我。釈迦臨二涅槃一時、汝於二諸印中一、取二二十三印一、将レ付二釈迦仏滅度之後所一レ有二遺教一。…印二彼四部一無レ有二毀犯一。若楽読二誦経一者、印二彼人口一無レ有二遺忘一。若修レ定人行二直心一者、並用印レ之、令二彼終後屍形不一レ壊」。

七日念仏（二九九12） 超昇寺大念仏に「以二正暦元年庚寅一清海聖人被二始修一レ之、至二于寛仁元年丁巳一合廿八年。彼聖人被レ勧二仕之一」。諸寺縁起集には「北有二法花三昧堂一、有二浄土曼荼羅一。其下銘云、沙門清海、為レ奉レ図二絵極楽浄土幷両界曼荼羅一、召二善女尼一、令レ績二織藕糸一。功了納レ運、蓮花坐現。感懐叵レ忘。写二取彼様一、令レ画二外像一。志知レ之。于レ時長徳二年景（マヽ）申十月廿二日、巳上恪文、…正暦五年甲午、催二十方施主一、始二七ケ日念仏一」（校刊美術史新本）とある。奈良市極楽寺等に清海曼陀羅を伝えている。

観音・勢至（二九九17） 観経厭欣鈔上之本に「南都興福寺清海上人は、招勝寺に隠居し、法華を読誦する。少しまどろみ玉ふ所に、文殊の浄土あり。大聖老人を遣はし、清海上人を鶩し、何とて西方の来迎し玉ふ留玉はざるや。其時清海袈裟をはずして、なげかけ玉ふ。観音勢至は浄土に帰り、弥陀ばかり袈裟にてまきとゞめ玉ふ。今招昇寺之阿弥陀是なり」とある。

法成寺（三〇〇14） 拾芥抄巻下に「近衛北京極東、御堂関白」。その建立は「寛仁四年三月廿二日癸酉、入道前太政大臣（道長）供二養新造無量寿院一。太皇大后・皇大后・中宮行啓、准二御斎会一。導師法印院源」（日本紀略）、「治安二年七月十四壬午、入道前太政大臣建立法成寺金堂被レ供二養之一。仍天皇臨幸、准二御斎会一」（同書、また栄花物語）、「天喜六年二月二十三日、暁、法成寺焼亡云々」（康平記、また栄花物語）、「康平二年十月十二日、法成寺阿弥陀堂・五大堂、幷真言供養…、又皇后職建二立五大堂一云々」（扶桑略記、また平定家記）、「治暦元年十月十八日、供二養法成寺金堂・薬師堂・観音堂一。未剋、行二幸彼寺一」（扶桑略記）。

乗戒（三〇〇16） 摩訶止観巻四上に乗・戒の四句として乗戒倶急、乗急戒緩、戒急乗緩、乗戒倶緩を挙げ、「四事理倶緩者、如二皆犯前十種一、永堕二泥犁一、失二人天果報一、神明昏塞無二得道期一、回転沈淪不レ可二度脱一」と説く。

西山の良峰（三〇三7） 山槐記、治承三年四月条に「…向二善峰別所一〈西山、当二大原野西南一、去二彼社二一許里、山半樹見所也〉…住侶云、号善□導千手十一面也。本願聖人往生人也。後朱（「雀」脱カ）院御時人也」といい、そのころ、本堂・往生院・食堂ほか、僧俗貴賤の草庵等を記述している。この天台系別所には、のち、法然の弟子、西山上人証空が住してより浄土宗の寺院となった。創立年次については異伝が多く、西山善峰寺略縁起には「夫当山伽藍の草創は、人王六十八代後一条院御宇長元二年、恵心僧都の上足、源算上人の開基」といい、山城名勝志にひく西山上人伝には「当山ノ濫觴ハムカシ源算上人、後朱雀院御宇長久三年七月十日、始テ此山ニ入テ草菴ヲ結ビテ独住云々。其朝鈴子丞坂本ノ光任来リケルニ、源算相語云、此山形趣絶妙ナリ。仏法流布ノ勝地ナルベシト見ヘタリ。先草菴一宇ヲ建立セント思フヨシヲ示サレケレバ、光任大ニ悦テ、則従類ヲ友ナヒテ、材木ヲ採リ、土地ヲ平ゲテ、程ナク三間四面ノ萱葺ノ堂ヲ立テ、自三尺ノ十一面観音ノ像、等身ノ四王賓都盧等ノ像ヲ造リテ安置セラル」とある。

経行（三〇四8）　法華経序品「又見下仏子、未二嘗睡眠一、経二行林中一、勤中求仏道上」。釈氏要覧巻下「十誦律云、経行有二五利一。一勦健、二有力、三不病、四消食、五意堅固」。

金剛頂寺（三〇五11）　金剛頂寺文書に「土佐国金剛頂寺領安田荘者、為二大師薬師之御領一、自二往古一不二入申一。□（依）仰執達如レ件。文永十年十月十四日、公文所僧信実」とある。同寺は空海の開基と伝えるが、空海が「土左国室戸之崎」で修行したことは、続後紀の卒伝にみえる。

極楽兜率…（三〇五14）　↓一六二頁注「兜率天…」。このころ高野山でも、空海は生身のまま高野山に入定して弥勒の下生を待っているという伝統的な弥勒信仰（たとえば、康和五年、高野山御塔供養願文）がおこなわれる一方、教懐らによる高野山往生伝にみられるような念仏聖の活動もおこっていた。極楽と兜率の優劣が問われる背景としてこのことが考えられる。

三身即一（三〇六8）　往生要集、大文第四「是故当レ知。所観衆相、即是三身即一之相好光明也」。本朝文粋巻十二、西方極楽讃「四土不二極楽国、三身即一阿弥陀」。

往生院（三〇六16）　河内国河内郡とあり、下文によれば、川瀬吉松の所領の苑であり、安助上人の請によって、吉松の建立したもの。いま東大阪市六万寺に往生院があり、河内志の河内郡に「在二六万寺村一、有二楠正成石碑及神主二」という。近くに古戦場、四条畷があり、太平記巻二十六にも「河内ノ往生院」がみえる。

極楽東門（三〇七10）　赤染衛門集に「天王寺にまうでたりしに、西門にて、月のいとあかかりしに、こころもすみぬべくおぼえしかば、ここにしてひかりをまたむごくらくのむかふとききしかどにきにけり」とあり、栄花物語、殿上の花見に「西の時ばかりに、天王寺の西の大門に御車とどめて、波の際なきに西陽のいりゆく折しも、拝ませ給」と見える。今昔物語巻十一ノ二一に「其寺ノ西門ニ、太子自ラ、釈迦如来転法輪所、当極楽土東門中心ト書給ヘリ。是ニ依テ、諸人、彼ノ西門ニシテ弥陀ノ念仏ヲ唱フ。于今不絶シテ、不参ヌ人無シ」とある。後の四天王寺御手印縁起には「宝塔金堂相二当極楽土東門中心二」と記す。

五念門（三〇七13）　往生要集、大文第四「正修念仏者、此亦有レ五。如二世親菩薩往生論云一。修二五念門一、行成就、畢竟得下生二安楽国土一見中彼阿弥陀仏上。一礼拝門、二讃歎門、三作願門、四観察門、五廻向門云々」とあり、以下詳述される。天台宗勧行用の例時作法（常行三昧）には各門の偈がある。これを誦したものであろう。

蓮花会（三〇八7）　蓮華会は善導の般舟讃に「宝樹飛華汎二徳水一、童子捉取已為レ船、乗レ船直入二蓮華会一、化仏菩薩与レ衣被、各執二香華一仏前立、…遇値二往生善知識一、得レ聞二浄土弥陀名一、因二仏願力一来相見、常住二此国一不レ須レ還」とある極楽浄土における聖衆の会合のことからつけた名称か。なお、教訓抄巻六に「蓮花楽、此曲、舞師尾張秋吉所レ作也。興福寺金堂蓮花会伝供ニ奏二此楽一」とみえる。

四季の講堂（三一一3）　源信僧都伝「又就二定心房弥勒像前一、毎年講二演大乗一。春涅槃、夏華厳、秋法華、冬大集等経也」。叡岳要記巻下「金色等身坐像弥勒、四季講立義元三八講。康保四年於二横川定心房一始二四季講一。講論五部大乗、兼二修立義一云々。定心房今四季講堂是也。慈恵大師影像安レ之」。

巻　中

〔一〕**浄蔵伝**（三一九1）　本伝は三部より成る。第一は父母・誕生よりはじめて、多くの事蹟をほぼ年代順に記している。第二は三二四頁五行以後で、その学識を総括し、また尊長からうけた三つの礼拝をかかげる。第三は三二五頁八行以後で、命終・臨終のことを記す。本伝のうち、横川如法堂の文と、空也との関係を記す文（空也誄によるか）は、㈠扶桑略記、㈡要文抄、㈢浄蔵伝のいずれにもみえないので、他書によったものであろう。また本伝に四箇所みえる「別伝に云はく」は本書成立以後の後人の書き入れと考えられるが、別伝の性質も明らかでない。ただ、第四の「別伝に云はく」の前半は㈢の分注にひく一本と同じであり、後半は㈡と同文でところどころ省略してあることに気付く。また別に一ヵ所、傍注に別伝との異同を書いたところがある。

齢七歳…俗境に留らず…（三一九5）　扶桑略記に「齢至二七歳一、志寄二三宝一、

遂辞二儒林連枝之群一、竊随二斗藪発露之輩一。枕二於巌泉之流一、臥二於松岫之雲一、接二蹤山林一、栖二心仏法一」、要文抄に「摂二身山林一、繋二念諸仏一、更不二住家一、只好二修行一。度々雖二捕留一、敢無二止住一」、浄蔵伝に「志在二三宝一、習二誦普門品一稍見二初覚一。後遂辞二儒林一、竊飢二斗藪一、値二葛川行人一修練」。

父の卿…(三一九6)　前項につづき扶桑略記「父命レ児言、欲レ仕二三宝一、為レ我現レ験。若有二掲焉之験一、則当レ任二汝本意一。于レ時正月。児童秘祈二護法一、令レ折二梅華一。感涙潜然、不レ制二修行一」。要文抄もほぼ同じ。浄蔵伝は八歳正月とする。

その後…年始めて十二…(三一九9)　扶桑略記に「其後霊崛験洞、莫レ不二運レ歩寄レ身」といい、「年十二歳、登壇受戒、玄昭律師為レ師、受二三部大法諸尊別法等一。或居二稲荷山一、護法隠レ形、採レ華汲レ水。或至二熊野川一、自然船出来、渡二其河流一。種々奇異不レ可二勝計一」。浄蔵伝もほぼ同じく、「在京之間」宇多法皇の御幸に際し、その弟子となり、院宣を以て玄昭に附して登壇受戒せしむとあり、文中に「〈或本、此事在二松尾社退還之時一〉」とみえる。ただ、稲荷山のことは十三歳とし、洪水のことは「御河洪水汎溢無二人度船一。此時自然小船出来、得レ越二河水一」とある。

大恵…(三一九15)　浄蔵伝に「十八歳、随二大恵大法師一〈五大院安然和尚入室之弟子也〉、習二学悉曇一。法師元依レ知二糸竹之曲調一、殊朗二悉曇之音韻一也」。大恵は悉曇及び三部秘法を安然に受く(師資相承)。延長二年十月極楽寺定額僧となった大恵も同一人か(貞信公記)。

如法堂…(三一九17)　浄蔵伝に「同(天暦六)年、於二横川一結夏。毎日詣二如法堂一、供二香花一、行二千拝一。常思何密拝二見大師経一。適得二其時一、命二侍者一、欲レ披二見之一。有二小僧一来告曰、吾推二尋玆経由来一、故慈覚大師為レ愍二六道衆生一、数年加行、手自書写安二置之一。依レ之地主山王、赤山明神等、列次宿直。而汝偏恃二呪力一、恣欲二開見一。事已不レ宜、早止二其思一。若不レ然者、冥違二大師之雅趣一、顕致二衆徒之苛酷一矣。法師呑レ音、愸無レ所レ述。事自披露、衆僧頗傾。時人云、或貴或癡也」。叡岳要記巻下「如法堂霊異記〈覚超僧都記〉、浄蔵大法師参二住如法堂一。于レ時雪高深、不レ能二往反一。於二礼堂一行二小便一。其前光明照曜。光中有二貴人一、束帯而立。反レ色瞋レ目、瞻二覩法師一、良久不レ言。就示云、大師以二此経一付二属国中有徳神明一令レ守二護之一。今日是賀茂神守護也。今行二此不浄事一、欲レ懲二将来一。而聖人所レ犯耳。為二之如何一。言訖不レ見」。

新しき袈裟…(三二〇4)　要文抄に「又籠二横川一三箇年、為二六道衆生皆成仏道一、毎日夜所作六部法花経六千遍額、又三時供養法之間、不動火界真言時別六千遍也。自余行法甚巨多。其中使者出現打レ鐘取レ花汲レ水」(この文は三二二頁一六行の「別伝に云はく」とほぼ同じ)とあり、その次に「又着二新袈裟一、従レ口火出、焼二失袈裟一、不レ焼二他衣服一。尋二其由一、不浄之人裁縫」とある。浄蔵伝も十九歳のこととしてほぼ同じことを記す。

京極の更衣…(三二〇7)　宇多天皇后、号京極御息所(尊卑分脈)。雅明・載明・行明親王を生む(皇胤紹運録)。延喜十六年五月位記を賜り(西宮記)、二十一年五月に歌合を主催し、延長四年九月宇多法皇六十の賀を行う(日本紀略)。法皇崩御後尼となり仁和寺で受戒す(後撰集巻十五)。歌人として知らる。江談抄巻三「融大臣霊抱二寛平法皇御腰一事。…寛平法皇与二京極御休所一同車渡二御河原院一、観二覧山川形勢一。入レ夜月明。令レ取二下御車畳一為二御座一、与二御休所一令レ行二房内之事一。殿中塗籠有レ人開レ戸出来。法皇令二問詰一給。対云、融候。欲レ賜二御休所一。法皇答云、汝在生之時為二臣下一、我為二主上一。何猥出二此言一哉。可二退帰一者。霊物乍レ恐抱二法皇御腰一、御休所半死失二顔色一。御前駈等皆候二中門外一、御声不レ可レ達。只牛童頗近侍。召二件童一、召二人々一輦二御車一、令レ扶二乗御休所一。顔色無レ色不レ能二起立一。令二扶乗一還御、召二浄蔵大法師一令二加持一。纔以甦生云々」。

熊野に参詣…(三二〇9)　扶桑略記に延喜十八年のこととして、「其子浄蔵参二詣熊野一。路間暗憶二父卿可レ赴二黄泉一。即従二中途一退還。卒去以後、経二五箇日一、加持之処、棺中蘇生。善相公再得二活命一、為レ子礼拝。運命有レ限、歴二於七日一、十一月二日遂以即世。洗レ手嗽レ口、対レ西念仏気絶。火葬灰燼之中、其舌不レ焼」といい、要文抄もほぼ同じ。撰集抄巻七ノ五「父の宰相の此世の縁つきてさり給ひしに、一条の橋のもとに行きあひ侍りて、しばらく観法して蘇生したてまつられけるこそ、つたへ聞くにもありがたく侍れ。さて、その一条の橋をば戻り橋といへる、宰相のよみがへる故に名づけて侍り」。

伝法師玄昭…(三二〇12)　扶桑略記に延喜十七年のこととして、「律師在世之時、勤㆓仕於亭子院㆒。御修法間、真済僧正之霊、忽以㆓鵲形㆒、出㆓現炉烟之辺㆒。爰玄昭律師、以㆑杉打㆓入炉中㆒、焼㆓損其身㆒矣。御修法結願之後、件僧正霊殊為㆓律師㆒雖㆑成㆓怨心㆒、不㆑能㆓託煩㆒。但時々最少法師之形、従㆑空下来。見㆓其形容㆒之時、頗有㆓怖畏㆒、心神不㆑穏。于㆑時受法弟子沙門浄蔵加持摂㆓縛真済之霊㆒。其後永無㆓来煩㆒焉。律師感㆓歎弟子効験㆒、弥致㆓尊重㆒、着㆓法服㆒而礼拝」。伝法師は伝法阿闍梨。伝法灌頂を受け、密教の秘法を伝授した人。

真済(三二〇13)　少年の時出家して空海に師事し、両部大法を受けて伝法阿闍梨となる。間もなく高雄に入り十二年間苦行、承和三年入唐せんとして素志を果さず帰る。十年に権律師となり東寺長者に任ぜられ、斉衡三年に僧正となる。天安二年八月文徳天皇御悩の祈禱に成功せず、失意隠遁し、貞観二年二月二十五日入滅す。六十一歳(三代実録)。

鵲(三二〇13)　塵添壒嚢鈔巻八「鵲尾極長ハシ短水辺スマズ、山水スム。一名飛駮ト云ヘリ。アマノ川カサ、ギノ橋云是也。全白鷺類非。烏鵲橋列浪往来ナド申テ、アヤマテ黒物コソ云ヒ習ハシタレ」。花鳥余情巻二十九「かさゝぎといふはまづ鵲のからすなり。しかれどもこの物語には鷺をかさゝぎといへり」。

醍醐内親王…(三二〇17)　浄蔵伝「醍醐内親王久煩㆓腰病㆒、不㆑能㆓起居㆒、已及㆓三祀㆒。大納言藤原元方為㆓勅別当㆒依㆓令旨㆒請㆓法師㆒。々々頗隠匿。召尚及㆓于再㆒及㆓于三㆒。遂以参上。即飾㆓調伏壇㆒修㆓不動法㆒。第三日之中時、…其間親王遍体挙動不㆑覚佇立、傍㆓屏障㆒左右遊行。見者奇㆓異之㆒。経㆓半時許㆒復㆓本心㆒。自云、起立遊行敢不㆓覚知㆒云々」。

南院親王…(三二一2)　要文抄に「又云、南院親王為㆓除病㆒令㆓修法㆒。修法初三日親王薨逝。日中之時、付㆓所作於伴僧㆒。対㆓親王㆒以㆓不動火界真言百八遍㆒、加持令㆓蘇生㆒畢。親王着㆓法服㆒、致㆓礼拝㆒。即還出示㆓伴僧㆒云、此定業也。而為㆑顕㆓法験㆒所㆑令㆑生也。今四箇日耳。結願他行之後已以薨去」。扶桑略記・浄蔵伝にもみえる。南院親王は光孝天皇の皇子是忠親王のこと。母は班子女王。源姓を賜り従三位権中納言に至り、寛平三年十二月に親王に復す。一品式部卿となり延喜二十年八月出家、同二十二年十一月二十二日に薨ず。南院親王と号した(日本紀略・公卿補任・皇胤紹運録ほか)。

醍醐の先帝…(三二一7)　浄蔵伝に「又醍醐御宇、法師為㆓定額㆒、参㆓勤御仏名㆒。而梵音頌之間、平塞比坐。密語㆑人云、頌曲頗不㆑例矣。法師自㆓殿上㆒退下。平塞来㆓宿所㆒談話之間、蔵人公忠被㆓宣旨㆒云、以㆓此酒酥菓等㆒、可㆑賜㆓導師大法師等㆒。但今夜梵音尤美好也。導師等宜㆓伝習後勤㆑之者。平塞聞㆓此宣旨㆒、赧面矣」。

御仏名(三二一7)　続後紀、承和五年十二月十五日条に「天皇於㆓清涼殿㆒、修㆓仏名懺悔㆒、限以㆓三日三夜㆒。律師静安、大法師願安・実敏・願定・道昌等、逓為㆓導師㆒。内裏仏名懺悔、自㆑此而始」。延喜図書寮式・西宮記、御仏名等に調度・式次第が書かれている。

梵音(三二一7)　西宮記、御仏名「御導師着㆓礼盤㆒。御導師当願衆生訖。梵唄二段。堂童子授㆓花筥㆒。散花率㆓衆僧㆒、列㆓礼盤下㆒。導師下立㆓散花列㆒。唄、散花、誦㆓梵音㆒訖。散花僧唱㆓仏名㆒一度、先離㆑列着㆓本座㆒申㆓仏名㆒。衆僧復㆑座。仏名十許度了」。

公忠(三二一8)　延喜十八年三月蔵人、延長六年五月五位蔵人となり、従四位下大宰大弐・近江守・右大弁となり、天暦二年十月二十八(日本紀略は二十九)日卒。六十歳。三十六歌仙の一人(三十六人歌仙伝)。

仁和寺…(三二一10)　浄蔵伝に「又仁和寺桜花会、法師為㆓唄師㆒勤之間、中納言藤原朝成〈于時頭中将〉云、唄音大誤云々。法師奇思且千。法会事畢。亭子第八親王召㆓法師㆒、感㆓唄曲㆒殊有㆓勅禄㆒。又勧㆓坏酒㆒之次、法師啓㆓親王㆒、甚称㆑有㆑興。即召㆓中納言㆒、令㆑尋㆓其誤㆒之処。納言理伏、啓云、唄曲事是臣等之狂言也云々」。仁和寺→二六三頁補

桜花会(三二一10)　朝野群載巻二、賀茂社桜会縁起「相㆓迎三春之令節㆒、開㆓演八軸之法花㆒。随喜之輩号㆓之桜会㆒。其期無㆓定期㆒、在㆓二月三月之芳辰㆒。其日無㆓定日㆒、待㆓紅桜朱桜之盛綻㆒」。

第八親王(三二一11)　郢曲相承次第に「宇多第八御子、源家音曲元祖也」とあり、和琴・催馬楽・郢曲の大家。天暦四年二月出家、康保四年三月二日薨。七十五歳。仁和寺宮と号す(日本紀略・皇胤紹運録等)。

被物（三二一11）　雅言集覧「かづく、装束を人にクル、時にいふ。たま物を肩にひきかける故しかいふか」、北辺随筆「むかしは、かつけ物とだにいへば、必女のさうぞくなりき」。

天慶三年…（三二一12）　要文抄に「天慶三年正月二十二日、於二横川一為レ調二伏坂東凶逆首平将門一、限二三七日一、勤二修大威徳法一。修中将門帯二弓箭一、立二燈明之上一。人々見驚之間、流鏑声指レ東出畢。三七日畢、大法師早知レ被二調伏一。他人未レ知。公家修二仁王会一、浄蔵為二待賢門講師一。其日将門軍入レ京云々。殿上陛下、東西二京悉以騒動。浄蔵令レ奏云、令レ進二将門首一者。則如二其言一進二其首一畢」。扶桑略記もほぼ同じ。

朱雀院太上皇帝…（三二一18）　浄蔵伝に「朱雀院太上皇依二御薬一、召二法師一令レ卜二筮之一。中云、御悩者早可二平復一也。但明年有二回禄災一者。果然栢梁殿焼亡矣」、「又法師住二台嶺金輪院一之時、且朝示云、成道寺、東光寺、長谷寺皆有二焼亡事一歟。是仏法陵夷之相也。果如レ言皆有レ之」。

亭子院…（三二二2）　要文抄に「亭子院殿上法師寛修示二雑事一還行之処、見二其背一呼帰云、不レ幾可二滅度一。可レ勤二弥陀念仏一云々。経二一月一之後亡逝畢」。浄蔵伝もほぼ同じ。

天暦年中…八坂の塔を見て…（三二二7）　要文抄に「天暦之比、住二今八坂一之時、上達部殿上諸大夫集会見二件塔一云々。塔傾方不レ安云々。而此塔向二王城方一傾云之間、大法師云、年来欲レ直侍。則集会上下被レ陳二可レ加レ物之由一。答云、不二必物一云々。集会上下知二以レ験可レ直之由一。示云、然者今夜直試者。聞畢各以還向。以二亥時許一於二露地一、塔方加持還二本所一。弟子法師仁璿依二奇怪之事一、猶以於二庭中一徘徊。子時許乾方微風傾二動塔婆一。宝鐸塋徯揺動和鳴。…適得二其明一、傾悦瞻覩、美麗端直。早朝上達部諸大夫集会、随喜讃嘆不二毛挙一」。扶桑略記・浄蔵伝もほぼ同じ。さゝめごと末に「浄蔵貴所は子を膝の上に置きながら、傾ける塔を祈りなほし給へるとなり」とある。

八坂寺（三二二7）　飛鳥様式の塔の心礎、飛鳥時代以来の瓦が出土している。続後紀、承和四年二月廿七日条に、山城国愛宕郡八坂郷に、「其彊界接二八坂寺一」して八坂東院を建造した、とみえる。伊呂波字類抄に「八坂寺、法号法観寺。小野篁舎弟建立。塔婆建以後、自二天長十年一迄二久安二年一、三百十三年。浄蔵上人、行直下此塔指二乾方一傾斜上給事、天暦中也云々」。

護法ありて…（三二三2）　扶桑略記に延喜九年のこととして、「山厨絶レ煙、飡霞隔レ日。爰楞厳院僧延豊頗有下温潤可レ送二斎飯一之由上、亦含レ怨。延豊称レ無二合米一、封レ房去畢。其後護法取二出延豊所レ納白米三石一、蒔二散近辺山谷一已畢。本主後悔、再三帰伏。由レ之如レ本納置」。浄蔵伝にも同じ話がある。

錫杖を湖上に…（三二三2）　浄蔵伝「又以二去年月一法師与二同法僧玄真智淵等一共参二於崇福寺一。経二三箇日一退。指二竹生島一、…候二於彼島一経二三箇日一乗レ船還来。於二湖上一法師命曰、我日者於二権現宝前一随分精勤。若有二感喜一者可レ顕二一験一。呪レ杖誓云、今此杖可レ投二湖中一。若有二神感一者、不レ入二湖中一可レ立二波上一。即抛下之処、湖上離レ水登立一丈許、神験掲焉。同行感動、視聴称賛矣」。

病める男の腹…（三二三3）　扶桑略記に「又於二金峰山一安居行業。修畢還向之路、宿二丹治坂下人家一。々女悲泣。問二其由緒一、答云、婦夫腹中脹満、三年辛苦、遂以亡没。已経二三日一。哀二其悲歎一、乍レ立加持。腹中汚穢、令二其護法践出一。臭香満レ室、即以甦生」。浄蔵伝にも類似の話がみえる。

天暦年中…強盗数十…（三二三5）　扶桑略記に「天暦比、沙門浄蔵住二八坂寺一。然間強盗数輩乱二入房中一。燃レ炬抜レ剣、瞋目徒立、更無二其所作一、且無二言語一。先後不レ覚。稍経二数刻一。更漏漸闌、殆以垂レ曙。浄蔵啓二白本尊一、早可二免遣一者。時賊徒適復二尋常一、致レ礼共去」。浄蔵伝・古事談巻三・宇治拾遺物語巻十にも類似の話がみえる。

延喜年中…（三二三7）　扶桑略記に「同比、唐僧長秀、与二其父一共行二波斯国一之時、漂二蕩海路一、寄二燈炉島渫中一。数月経廻之間、其父風痾発動、悩二於胸病一。適遇二不慮便船一、僅到二着日本国一。其病倍増、苦痛熾盛。爰長秀父病不覚之由、啓二聞天台座主増命和尚一。座主云、我朝有二十人之験者一。浄蔵是日本第三験者也。招請遣之。浄蔵乗レ撰、往致二加持一。薬師真言一百八遍。即時応レ声其病平痊。長秀感歎云、唐朝隣二於印度一、仏法霊応、甚以掲焉。然未レ有二如レ此之人一矣。東海別島聖人、効験奇異。因レ此定知、可レ無二第一第二一矣」。浄蔵伝にも類似の話がある。

長秀（三二三8）　延長三年十月七日穀倉院より衣糧を給し（貞信公記・扶桑略

記)、同六年三月二十日に改めて衣糧を給せられ(扶桑略記)、天暦二年十二月十六日藤原師輔は病気の診療をさせた(九暦)。今昔物語巻二十四ノ一〇に薬物発見の話があり、香要抄・薫集類抄下などに沈香の造方につき秘法を伝えた由を記す。

応和三年八月…(三二三16)　この段は扶桑略記・要文抄・浄蔵伝にみえない。しかし源為憲の空也誄にみえる。「八坂寺浄蔵大徳在二其中一焉。爰乞食比丘来二此会一者、以レ百数レ之。浄蔵見二一比丘一、大驚矣。浄蔵者善相公第九之子、善相人焉。見二比丘状貌一、再重敬レ之。引二入坐上座一、無レ所レ詘。浄蔵便与二所レ得之一鉢一以食焉。皆不レ言食レ之。其飯可二三四斗一。重又与レ飯、亦食レ之。浄蔵冥爾謝遣。比丘去後、所レ尽飯如レ故在焉。浄蔵相曰、文殊感二空也之行一也」。六波羅蜜寺縁起もほぼ同じ。

金字の大般若経…(三二三16)　日本紀略、応和三年八月廿三日条に「空也聖人於二鴨川原一供二養金字般若経一。道俗集会。請僧六百口、自レ内給二銭十貫文一。左大臣以下天下諸人結縁者多。昼講二経王一、夜万燈会」。

十二神(三二四9)　薬師経を受持する行者を擁護する十二大将。薬師本願功徳経では、一に宮毘羅(くびら)、二に伐折羅(ばせら)、三に迷企羅(めいきら)、四に安底羅(あんていら)、五に頞儞羅(あにら)、六に珊底羅(さんていら)、七に因達羅(いんだら)、八に波夷羅(はいら)、九に摩虎羅(まごら)、十に真達羅(しんだら)、十一に招杜羅(しょうとら)、十二に毘羯羅(びから)で、覚禅抄では亥から子へと逆にこれを十二支に配す。

生れたるところの子…(三二四12)　要文抄に「但所生之子有二男子二人一矣。一人出家入道。才芸修験異二於他人一。修行之次、於二奥州一早亡逝。一人者天暦之代、幼少昇殿、寵幸殊甚。随分管絃頗以無レ恥。童稚名曰二市媼一。及二于成人一、令レ列二伯父式部権大輔大江朝臣之子一、即名謂二興光一。聖人所作不レ可レ劾之不レ可二測量一者也」と記す(——は本伝に欠く)。浄蔵伝もほぼ同じ。

天徳の比…(三二五8)　要文抄に「天徳之比、本尊告二命終之日一、為レ延二其寿一。則祈二中本尊一、奉レ読二金剛般若経一、令レ祈二請炎魔王一。至二其告日一〈三年三月二十日也〉、且待二其時一、儲二音楽一修二念仏一。而間俄会二半風一過二数日一。還没経二五六年一。是則本尊転二定業一歟。応和四年〈甲子〉時年七十四。十一月十七八日。悲哉命終之期既至云々。二十一日酉時許、於二東山雲居寺一、専住二正念一、対レ西念仏安坐遷化」。浄蔵伝もほぼ同じ。没年は大鏡裏書にみえる。

一心三観(三二八3)　摩訶止観巻五上「若法性無明合有二一切法陰界入等一、即是俗諦。一切界入是一法界、即是真諦。非一非一切、即是中道第一義諦。如レ是遍歴二一切法一無レ非二不思議三諦一云々。若一法一切法、即是因縁所生法、是為二仮名一仮観也。若一切法即一法、我説即是空空観也。若非レ一非二一切一者即是中道観。一空一切空無二仮中而不一レ空、総空観也。一仮一切仮無二空中而不一レ仮、総仮観也。一中一切中無二空仮而不一レ中、総中観也。即中論所レ説不可思議一心三観、歴二一切法一亦如レ是」。

四弘(三三〇1)　天台智顗の次第禅門巻第一上に「四弘誓願者、一未レ度者令レ度、亦云二衆生無辺誓願度一。二未レ解者令レ解、亦云二煩悩無数誓願断一。三未レ安者令レ安、亦云二法門無尽誓願知一。四未レ得二涅槃一者令レ得二涅槃一、亦云二無上仏道誓願成一」とあるのが初出とされる。往生要集、大文第四「言二縁レ事四弘一者、一衆生無辺誓願度。応レ念。一切衆生悉有二仏性一、我皆令レ入二無余涅槃一。此心即是饒益有情戒。亦是恩徳心。亦是縁因仏性。応身菩提因。二煩悩無辺誓願断。此是摂律儀戒。亦是断徳心。亦是正因仏性。法身菩提因。三法門無尽誓願知。此是摂善法戒。亦是智徳心。亦是了因仏性。報身菩提因。四無上菩提誓願証。此是願二求仏果菩提一。謂、由レ具二足前三行願一、証二得三身円満菩提一、還亦広度二一切衆生一」。

人の奴(三三二12)　奴隷。令制では奴婢がこれに当り、戸を構え得ず、所有者の戸籍に付記され、「尽レ頭駈使」(戸令、家人所生条)され、売買の客体となった。令の定めた身分としての奴婢は延暦八年の良賤通婚の許可(類聚三代格)、延喜の奴婢停止令(政事要略巻八十四)によって有名無実となり、奴婢の語も一般には用いられなくなる。しかし類似のものは所従・下人などの名でよばれて存続した。ここにいう「人の奴」はこの種のものをさすのであろう。

勝林院(三三四10)　元亨釈書「長和二年、入二太原山一、創二勝林院一」。栄花物語、たまのむらぎくの長和五年七月の雅信室の臨終に「大原の入道のきみも、としごろさとにいでさせ給はざりつる、こたみさへはいかでかとき〱

すぐしがたくてまいり給て、たゞ御まくらがみにて、念仏をしきかせたてまつりたまふ」とある。山城名勝志「在二梶井宮北一。号二魚山勝林院大原寺一」。その後、白河院政期のはじめにかけて、天台僧が勝林院に来住、往来したことは、たとえば醍醐寺蔵、金剛頂略出経巻四の奥書の「延久二年五月四日於二勝林院一奉レ受。範胤」や、熾盛光口伝(天台書籍目録による)に「承暦三年四月、…於二勝林院一書了。…永意」、参神説法引(同前)に「承暦三年二月、於二勝林院一奉レ受畢。賢暹」、仁王般若念誦法経(同前)に「元永元年十二月四日於二大原勝林院草庵一書レ之。…元永二年正月…奉受了。…仁弁」等とあるのにみることができる。また、そのころ勝林院には定慶があり、阿弥陀悔過(同前)に「魚山勝林院宝泉房」、十八道流伝抄(同前)に「定慶宝泉房阿闍梨」とある。

二月十五日(三三六6)　三宝絵下八、山階寺涅槃会に「釈迦如来涅槃ニ入ナムトオボシテ、摩迦陀国ヨリ拘戸那城ニオモブキ給テ、二月十五日ニ跋提ノ河ノホトリ沙羅ノ林ニシテ薪ツキ火キエ玉ヒニキ。…是ニヨリテ末ノ世ノ御弟子ノ此日ヲ忍ガタクシテ、…一切衆生ニハミナ仏ノタネアリ、皆マサニ仏ニナルベシ、トトキシルサセ給シ涅槃経ヲカウジテ、スナハチ理ノ会ヲ行ヒ、仏ノ恩ヲムクユルヲ涅槃会トイフ也。…此ノ涅槃会ハ石山ニモ寺ノイソギトシテ行フ。比叡ノ山ニモ縁ヲムスビテ行フ所アリ」。

左近衛将監(三三七16)　類聚三代格、天平神護元年二月三日の勅に「近衛府、大将一人〈正三位官〉、中将一人〈従四位下官〉、少将二人〈正五位下官〉、将監四人〈従六位上官〉、将曹四人〈従七位下官〉、医師一人、府生六人…」とある。敦末は中右記、寛治二年正月十三日条に「上皇有二御随身詔一…有二小除目一、近友・敦末任二将曹一。依レ召二随身一也」とあるによれば、このとき将曹、のちに将監。将監は朝儀・行幸等の威儀・警備・供奉等にあたる。

西に向ひて…(三三八10)　中右記、永長二年閏正月廿八日条に「今日陸奥臨時交易御馬被二相分一、給二馬寮使右近将曹下毛野近末〈去年向二彼国一、令二上洛一時、父左近将監敦末卒。依レ遭レ喪以二代官一進上云々〉解文一」とある。

外記史生(三三八15)　職員令、太政官条に「大外記二人〈掌下勘二詔奏一及読二申公文一、勘二署文案一検中出稽失上〉、少外記二人〈掌同二大外記一〉、史生十人〈掌下繕二写公文一行署中文案上。余史生准レ此〉」。

賀陽貞政(三四二15)　扶桑略記、寛平八年に収める善家秘記に「余(三善清行)寛平五年、出為二備中介一。時有二賀夜郡人賀陽良藤者一。頗有二貨殖一、以レ銭為二備前少目一。…良藤兄大領豊仲、弟統領豊蔭、吉備津彦神宮禰宜豊恒、及良藤男左兵衛志忠貞等、皆豪富之人也」とある。貞政もその一族。延久二年十月廿八日の備中国吉備津彦社氏人等解(続左丞抄第一)は、「諸社神主在京之時、暫置二代官一令レ勤二神事一之例」により、「神主賀陽貞政朝臣在京間、以二氏人致貞一、暫被レ補二神主代官一」ことを申請したもの。なおこれによれば、貞政の在京は「当社倉舎等移二却旧跡一改二造他所一之由、依レ有二被レ問之事一、去正月之比、其身上道。而件事未レ令二弁決一之間、重亦殺二害伴氏一之由、依レ被二告言一、有二其沙汰一、空以稽留」のためという。なお元亨釈書に、栄西は「備之中州吉備津宮人、其先賀陽氏、薩州刺史貞政曾孫也」とある。

知足院(三四八9)　兵範記、久寿二年八月二日裏書に「知足院事、法印仰云、建立事不レ知二時代一。已経二数百歳一歟。伝聞、一尺余不動明王自然踊出。其時無レ止聖人帰依恭敬造二立小堂一安置之。其後仏師見聞恵更造二立同等身像一、奉レ籠二其御身中一。今本仏是也。其後千乗朝臣(藤原千乗、左中弁従四位下(尊卑分脈))、急有二心願一、造二立等身釈迦像一、安二置其傍一。其後又三尺如意輪、自然又涌出、相加給。仍見在二本尊三体一也云々。是薗城寺別院也」。なお西宮記、臨時四、野行幸に「延喜十八年十月十九日、幸二北野一、…乗輿到二知足院南一」とみえる。伊呂波字類抄「件寺不レ知二何年建立一。檀那又不レ詳。化二現不動像一。有二夢告一、或聖人自二草中一奉二求出一安二置之一」、拾芥抄「千葉介建立」。

雲林院(三四八13)　三代実録、元慶八年九月十日「雲林院者、故無品常康親王之旧居也。親王出家為二沙門一、貞観十一年二月十六日、以二此院一付二嘱遍照一。…伏思、元慶寺永置二年分度僧三人一、伝二天台之法一、行二試度之道一。請以為二元慶寺別院一、成二親王之心願一矣」。伊呂波字類抄「毎年三月廿一日、仁明天皇忌日、転二四巻金光明経一、安居一夏之間、講二妙法蓮華経一。先レ是、僧正遍照奏言、雲林院是仁明天皇之第七皇子常康親王旧居也。去貞観十一年二月十六日天皇遷化之後、親王剃二除頭髪一、此院求レ為二精舎一。三綱供料、

応和四―正十九被レ下二官符一之由、見二于格一」。雲林院における参詣・法会等の記録は限りなく多い。

小豆(三四九4)　浄土論巻下「沙門道綽法師者、亦是并州晋陽人也。…上精進者用二小豆一為レ数念二弥陀仏一、得二八十石或九十石一。中精進者念二五十石一。下精進者念二二十石一」。元亨釈書巻十七、願西伝に「於二飛鳥寺側一、結二草廬一而居。嘗唱二弥陀一、不レ持二念珠一。以二小豆数升一、畜二浄器一充レ数。誓曰、以二一千斛一為レ期。経二十数年一、或問曰、汝唱二幾斛一乎。答曰、已過二七百石一。天承元年七月朔、有二小病一。至二十五日一、…如レ寝而寂」。本朝新修往生伝〔三五〕重怡伝に「常修二両界供養法一、唱二弥陀宝号一。自二大治二年三月一至二保延六年八月一前後十三年、通計四千日、毎日唱二弥陀宝号十二万遍一、以二小豆一為二其数一、二百八十七石六斗。…立二長案一手自記レ之」。後拾遺往生伝巻中〔一七〕入道忠犬丸・巻下〔三〕尼妙蓮にも小豆念仏がみえる。

釈迦堂(三五〇5)　清涼寺はもと栖霞観(左大臣源融の山荘。三代実録、元慶四年十一月廿五日条)、のちに寺に改められた栖霞寺内の釈迦堂。李部王記、天慶八年三月二十七日条(花鳥余情第十所引)に「重明就二棲霞寺新堂一、修二先室藤原氏周忌法会一、安二置金色等身釈迦如来像一体一」とある。永延元年、東大寺奝然、釈迦像を将来し(日本紀略、永延元年二月十一日条ほか)、栖霞寺に住し、この将来釈迦像を中心に釈迦堂は世の信仰をうけた。たとえば長秋記、天永四年十月三日に「西霞寺釈迦供、…去朔日被二供養一始。御経一部仏供所レ送二彼寺一也。殿内上下之男女等兼日営。於二供料形像一体一、供料宛二大折櫃物三一也。一白米、一菜交盛、一菓子。当日早朝左大臣殿、右兵衛督以下男女等、皆悉詣二向彼寺一」。

法花の題目…(三五一2)　天仁三年の法華修法一百座聞書抄に、隋の一沙弥が「タヾ首題ノ名字バカリヲ…トナヘタテマツ」るを業としていた話や、中国の温州に、「妙法蓮花経ノ首題ノ名字ヲトナヘタ」る「無悪不造ナリシウバソク」の話などがみえる。この記事の主人公は、念仏と唱題をあわせ行なっているが、成立年代不詳の修禅寺相伝私注には「臨終之時唱二南無妙法蓮華経一、由二妙法三力之功一速成菩提…故臨終之行者可レ唱二法華首題一」と唱題思想が出はじめている。日蓮は、専ら唱題をもって行業とした。ただ、南無妙法蓮華経と唱えることは、智顗の法華三昧懺儀の請三宝中に「一心奉請南無釈迦牟尼仏、…一心奉請南無妙法蓮華経中一切諸仏、…一心奉請南無大乗妙法蓮華経」とあり、菅原道真の吉祥院法華会願文(元慶五年)の「南無観世音菩薩、南無妙法蓮華経、如所説如所誓、引導弟子之考妣、速証大菩提果」や、覚超の修善講式(永延三年)の「南無大恩教主釈迦大師〈七反打〉、南無一乗妙法蓮〈七反打〉、南無恒順衆生普賢大士〈五反打〉、南無三世仏母文殊師利菩薩〈五反打〉」などがあり、天台宗では現在までこのような形式で南無妙法蓮華経を唱えている。

巻　下

櫟井氏(三五四1)　櫟は、和名抄に「櫟子、和名以知比」とあり、櫟井はイチヒヰ。古事記、孝昭天皇条に「壱比韋臣」。櫟井は大和の地名で、古事記、応神天皇条の歌に「伊知比韋能(櫟井の)和邇佐能邇(丸邇坂の土)」、書紀、允恭七年条に「到二倭春日一、食二于櫟井上一」とみえ、奈良県天理市櫟本(いちのもと)町附近。櫟井臣は、新撰姓氏録、左京皇別に「櫟井臣、和安部同祖、彦姥津命五世孫米餅春大使主命之後也」とある。同書、左京皇別の大春日朝臣条・小野朝臣条・和安部朝臣条、和爾部宿禰条等によれば、天帯彦国押人命→彦姥津命→五世孫米餅春大使主命→櫟井臣

天帯彦国押人命(三五四2)　前項「櫟井氏」参照。また書紀、孝昭天皇条に「廿九年春正月甲辰朔丙午、立二世襲足媛一為二皇后一。后生二天足彦国押人命、日本足彦国押人天皇一。…天足彦国押人命、此和珥臣等始祖也」。古事記中巻「兄天押帯日子命者、春日臣、大宅臣、粟田臣、小野臣、柿本臣、壱比韋臣、大坂臣、阿那臣、多紀臣、羽栗臣、知多臣、牟邪臣、都怒山臣、伊勢飯高君、壱師君、近淡海国造之祖也」。

十善戒(三五四9)　山家学生式の六条式に「凡法華宗天台年分、自二弘仁九年一…不レ除二其籍名一、賜二加仏子号一、授二円十善戒一、為二菩薩沙弥一。其度縁請二官印一」とあり、同八条式の「凡天台宗得業学生数、定二一十二人一者、六年為レ期。一年闕二一人一、即可レ補二一人一。…若六年成レ業預二試業例一」の条項から、十二年籠山の前における六年間の準備期間、即ち在来の戒における

沙弥の期間に相当する。そのような点からこの十善戒については、十善戒経などの十善戒、十善業道(→二二六頁補「十善の業」)の十善戒、沙弥十戒、梵網経の十重戒など、古来異説が多い。山家学生式の得度授戒は、梵網経に依拠するが、この円十善戒は沙弥十戒か、梵網の十重戒の別授と考えられ、山家学生式の注釈書では文殊問経の沙弥十戒と、梵網の十重戒と解するものが多い。この戒を受けて修学し六年後に、得度と正規の円戒授戒が行われ、十二年間叡山で修学することになる。↓本頁「十二年」

度者(三五四12) 律令制のもとでは、出家して沙弥となる得度には官許を必要とした。毎年一定数の得度を許されるものを年分度者といい、書紀、持統十年条に「勅旨、縁ㇾ読二金光明経一、毎ㇾ年十二月晦日、度二浄行者一十人一」はそのはじめであろう。年分度者の制は、桓武朝に特に改められて、延暦二十五年、その数を十二人とし、華厳・天台・律の三宗は二人ずつ、三論・法相の二宗は三人ずつとし(類聚三代格ほか)、その後、年分度者数は各宗、諸寺の奏請によりその数が増した。年分度者のほかに、天皇・皇后・高官等の病の平癒などのため、特に度者をたまうこともおこなわれた。たとえば、続紀、大宝二年十二月条「太上天皇不予、大二赦天下一。度二一百人出家一、令三四畿内講二金光明経一」、同、養老四年八月条「右大臣正二位藤原朝臣不比等病。賜二度卅人一」。また賀茂・春日二神のための年分度者二名を置くなど(三代実録、貞観元年八月二十八日条)、神社や神宮寺の度者もあった。

身の代に…(三五五2) 度者をたまう場合の一つとして、その人に代り仏道を修行すべき代度者をたまうこともおこなわれた。たとえば三代実録、貞観元年四月十八日条に、安祥寺に年分度者三人を置くための願文に「所ㇾ願毎年度二此三人一、代ㇾ身修ㇾ道、将ㇾ除二三毒一。上以増二仏法之寿命一、下以遂二我懐之宿望一」とある。

十二年(三五五5) 山家学生式「凡此宗得業者、得度年即令ㇾ受二大戒一。受二大戒一竟、一十二年不ㇾ出二山門一、令二勤修学一。初六年聞慧為ㇾ正、思修為ㇾ傍。…後六年思修為ㇾ正、聞慧為ㇾ傍。止観業、具令ㇾ修二習四種三昧一、遮那業、具令ㇾ修二習三部念誦一」。

業はこれ瓶に写し(三五五7) 伝「業是瀉瓶、性水満而不ㇾ溢」。業は身口意の所業、性は業性、即ち業の本性。→二六四頁補「写瓶」

観は鏡を懸く(三五五7) 伝「観如ㇾ懸ㇾ鏡、根塵払而弥清」。観は真理を観達すること。根塵は眼耳鼻舌身意の六根とそれぞれの対境の色声香味触法の六塵(浄心をけがすもの)。観法によって浄心をけがすものを判然とさせ、それを払えばいよいよ清浄になる意。

僧綱凡僧(三五五15) 三代実録、貞観六年二月十六日の僧位改定の詔に「国典所ㇾ載僧位之制、本有二三階一。満位・法師位・大法師位是也。僧綱凡僧同授二此階一」としてあらたに僧綱にのみ法印・法眼・法橋を設けている。弘安礼節に「僧正、可ㇾ准二参議一。法印・法務・僧都、可ㇾ准二四位殿上人一。法眼・律師、可ㇾ准二同五位一。凡僧可ㇾ准二同六位一」。

雷同(三五五17) 後漢書巻二十八上、桓譚伝「略二雷同之俗語一、詳二通人之雅謀一〈注、雷之発ㇾ声、衆物同応。俗人無二是非之心一、出ㇾ言同者謂二之雷同一〉」、字類抄「佞媚分、ライトウ」。

阿都川(三五六2) 伝に「貞観元年己卯、発二大願一限二三箇年一、絶二粒湌一食二蕨類一、安二居於比羅山西阿都河之滝一」、帝王編年記「貞観元年、相応和尚於二葛川第三清滝一拝二生身不動一」。法華験記巻上(五)相応伝参照。

理趣経(三五六16) 大楽金剛不空真実三摩耶経「大毘盧遮那如来、在ㇾ於二欲界他化自在天王宮中一、一切如来常所二遊処一。吉祥称歎大摩尼殿、種種間二錯鈴鐸繒幡微風揺撃、珠鬘瓔珞、半満月等一而為二荘厳一。与二八十倶胝菩薩衆一倶、所ㇾ謂金剛手菩薩摩訶薩、観自在菩薩摩訶薩、虚空蔵菩薩摩訶薩、金剛拳菩薩摩訶薩、文殊師利菩薩摩訶薩、纔発心転法輪菩薩摩訶薩、虚空庫菩薩摩訶薩、摧一切魔菩薩摩訶薩、与二如ㇾ是等大菩薩衆一、恭敬囲遶而為説ㇾ法。初中後善、文義巧妙、純一円満清浄潔白、説二一切法清浄句門一」。

染殿皇后(三五七12) 文徳天皇后、清和天皇母、良房女、母源潔姫。天安二年十一月皇太夫人、貞観六年正月皇太后宮、元慶六月正月太皇太后宮、昌泰三年五月二十三日崩、七十三歳。染殿大后と号す(文徳実録・三代実録・尊卑分脈ほか)。以下の皇后加持の話は、伝・元亨釈書・古事談巻三のほかに、真言伝の「此和尚伝」にもみえ、類話が宇治拾遺物語巻十五にある。

別に皇后と密通の話が、今昔物語巻二十ノ七、真言伝にひく清行卿記にみえる。

ここに明王…(三五七15)　八幡愚童訓巻下「南ムケタル不動北ヘムキ、北ヘムカヘバ南ニムキ給フ。余ニツヨク被㆑責、後ニハ二ワレ給。袈裟ヲモテ結合テコソ揉タリケレ」。

紀僧正(三五八2)　伝「紀氏、三園之子真済、世号㆓紀僧正㆒也」、真言伝「善家ノ秘記ニ載スル所ハ、金峰山上人ガ霊也。更ニ紀僧正ノ霊ニアラズ。彼僧正ハ弘法大師ノ弟子トシテ、神護寺ノ附嘱ヲ得、渡唐ノ間悪風ニ相テ、二十五日海上ニ雖㆑有ト死セズシテ、夜夜光明ヲ放テリシ人也。皇后ノ霊ト成事信ヲ取リ難シ。相応ノ伝、タレ人ノ集ムル所ト云事ヲシラズ。能ク是ヲ可㆑尋」、八幡愚童訓巻下「真済ハ七代ノ持者ナレバ縛カクル事アルベカラズ」。真済→三二〇頁補

柿下天狗(三五八5)　源平盛衰記巻八、法皇三井灌頂事「中比我朝に柿本の紀僧正と聞えしは、弘法大師の入室灑瓶の弟子、瑜伽灌頂の補処、智徳秀一にして験徳無双聖たりき。大法慢を起して日本第一の大天狗と成て候き。此を愛宕山の太郎坊と申也」、とはずがたり巻二「また若菊をたたせらるるに、相応和尚の割不動かぞゆるに、柿の本の紀僧正、いたんのまうしふや残りけんといふわたりをいふをり」とある。柿下は紀僧正に縁のある地名で、或は大和国添上郡柿本寺と関係あるか。

およそ…(三五八12)　伝では元慶六年、無動寺を天台別院となすこと、七年、西三条女御が近江国滋賀郡倭荘・幡蓋宝物資財田園等を同寺に施入すること、仁和元年、六条皇后を加持して度者・被物等をたまわること、玄誉阿闍梨が重宝の飛鉢を寄進すること、寛平二年、宇多天皇の歯痛を加持し、法橋位及び数多度者をたまわるも固持してうけなかったことなどを列挙する。本書はこれらをこの一段でまとめたのであろう。

十方浄土(三五九6)　往生要集、大文第二「行者今従㆓遺教㆒、得㆑聞㆓十方仏土種種功徳㆒、随㆑見随㆑聞、遙生㆓恋慕㆒。各謂言、我等何時、得㆑見㆓十方浄土㆒、得㆑値㆓諸仏菩薩㆒」。

飯粥(三六〇2)　釈氏要覧巻上に飯は正食で「僧祇律云、時食、謂時得㆑食、非時不㆑得㆑食。今言㆓中食㆒以㆓天中日午時㆒得㆑食」と日中の斎食であり、粥は不正食で、「四分律云、明相出始得㆑食㆑粥。余皆非時」と明方の朝粥を除いては非時に食す。

澡浴(三六〇3)　四分律巻十六「仏言、聴㆓諸比丘道行時数数洗浴㆒。自今已去当㆓如㆑是説戒㆒。若比丘半月洗浴。無病比丘応㆑受不㆑得㆑過。除㆓余時㆒波逸提。余時者、熱時病時作時風雨時道行時此是余時。比丘義如㆑上。熱時者、春四十五日夏初一月是熱時、病者、下至身体臭穢是諸病。作者、下至掃㆓屋前地㆒。風雨時者、下至一旋風一渧雨著㆑身。道行者、下至半由旬若来若往者是也。若比丘半月洗浴、除㆓余時㆒若過一遍澆㆑身者波逸提。若水洗㆓半身㆒者波逸提。若方便荘厳欲㆓洗浴㆒不㆑去一切突吉羅。是謂為㆑犯」。

金剛台(三六〇7)　観無量寿経「観世音大勢至、与㆓無数菩薩㆒、讃㆓歎行者㆒、勧㆓進其心㆒。行者見已、歓喜踊躍、自見㆓其身㆒、乗㆓金剛台㆒。随㆓従仏後㆒、如㆓弾指頃㆒、往㆓生彼国㆒」。

藤原朝臣伊勢人(三六〇9)　安芸守・斎宮頭・右中弁・因幡守(日本後紀)などを経て従四位下治部大輔に至る(尊卑分脈)。天長四年三月十三日、六十九歳で卒す(類聚国史)。

貴船明神(三六〇14)　京都市左京区貴船町にある。鞍馬山の西北。弘仁九年大社とし、従五位下を授け、使を遣して祈雨(日本紀略)、その後、祈雨のこと多く、延喜式神名帳に「山城国愛宕郡、貴布禰神社〈名神大、月次新嘗〉」、二十二社註式に「水神罔象女神也。保延六年七月十日、正一位」。

明帝…(三六〇17)　魏書巻百十四、釈老志「後、孝明帝夜夢、金人頂有㆓白光㆒飛㆓行殿庭㆒。乃訪㆓群臣㆒。傅毅始以㆑仏対。帝遣㆘郎中蔡愔・博士弟子秦景等、使㆓於天竺㆒、写㆗浮屠遺範㆖。愔仍与㆓沙門摂摩騰・竺法蘭㆒、東還㆓洛陽㆒。中国有㆓沙門及跪拝之法㆒自㆑此始也。愔又得㆓仏経四十二章及釈迦立像㆒。明帝令㆔画工図㆓仏像㆒、置㆓清涼台及顕節陵上㆒、経緘㆓於蘭台石室㆒。愔之還也、以㆓白馬㆒負㆑経而至㆑漢。因立㆓白馬寺於洛城雍関西㆒。摩騰・法蘭咸卒㆓於此寺㆒」。以下の故事、扶桑略記にみえず。伊呂波字類抄所引、本朝文集にある。

一堂…(三六一4)　扶桑略記に「構㆓造三間四面堂一宇㆒、奉㆑安㆓置彼毘沙門天像㆒。今謂鞍馬寺即是也」。伊呂波字類抄もほぼ同じ。なお、堂の建立を、

鞍馬蓋寺縁起及び本伝の或説には弘仁年中とする。

常に思へらく…(三六一5) 以下、扶桑略記に「又作二思惟一、我本立レ誓造二観音像一。而多門天像宿素相違。為二之如何一。又夢有二一童子一、容顔端麗。即告云、観音則是毘沙門天。伊勢人問云、童子為レ誰。答言、我是多門天侍者禅你子童子也。…後経レ年、伊勢人為レ遂二本懐一、奉レ造二観音像一、安置供養。今在二鞍馬寺西観音堂一也」。伊呂波字類抄もほぼ同じであるが、童子を「十六歳許童子」とし、観音と毘沙門の関係は「譬猶二般若・法華一、名別実同也」などとする点では本伝に同じ。

師檀を約りたり(三六一15) 本伝でも扶桑略記でも、伊勢人が峰延と師檀を約したことになっているが、伊勢人は天長四年に死し、峰延は延喜二十年に死んでいるので、矛盾している。鞍馬蓋寺縁起では、伊勢人が鞍馬寺の檀越となり、つづいてその男豊前(尊卑分脈は豊後)守友永、ついで孫大蔵丞峰直が檀越を嗣いだといい、峰延と師檀となったのは「寛平年中」、峰直であったとする。本書の或説にも「寛平年中、付属峰延上人」とある。

大虫峰(三六二2) 雍州府志「在二鞍馬山東北一。曾鞍馬山大蛇蟠屈而土人厭レ之。峰延修二護摩一大蛇自断々壊裂。令三人夫捨二蛇骨於斯処一。故号二大虫嶽一。

宝亀元年…(三六二3) 鞍馬蓋寺縁起上ノ一・二段によれば、鑑真の弟子鑑禎が宝亀元年正月夢告と白馬の導きによって勝地にいたり(本伝の伊勢人の話に類似)、夜に鬼が出現したが、朽木がたおれて鬼を押し殺した(本伝の峰延の話に類似)。翌朝、毘沙門天王像が顕現したので草庵を結んで修行したという。

延喜十四年…在衡…(三六二4) 在衡は従二位左大臣。天禄元年十月十日薨、七十九歳。粟田左大臣と号す。延喜十三年五月に文章生となり、十八年十二月対策に及第す(公卿補任・尊卑分脈・朝野群載)。鞍馬蓋寺縁起下ノ四段に「延喜十三年はじめて当山にまいる」といい、かたわらの幼童の熱心な礼拝をみて自分も礼拝すると、「汝右大臣にいたるべし」との示現あり、「在衡念言、身已下位、豈上台登哉。若是妄想歟云々」とある。また鞍馬寺に参詣し昇進した話は、古事談巻五・続古事談巻二・十訓抄巻五等にもみえる。洪鐘については、鞍馬蓋寺縁起下ノ五段に「洪鐘一口を鋳成す。湯釜一口〈二石納〉、同在衡之施入也」。

山田寺(三六二12) 続後紀に、年七十四歳の時(弘仁十四年)上表して大僧都を辞そうとしたが、「天皇不レ許。然而屛二居古京山田寺一」とある。山田寺は奈良県桜井市山田に寺趾があり、飛鳥末・平安時代の古瓦を出す。法王帝説裏書に「辛丑年(舒明十三)始平レ地、癸卯年(皇極二)立二金堂一云々。戊申(大化四)始僧住、己酉年(大化五)三月廿五日大臣遇レ害。癸亥(天智二)構レ塔、癸酉年(天武二)十二月十六日建二塔心柱一。…丙子年(天武五)四月八日上二露盤一、戊寅年(天武七)十二月四日鋳二丈六仏像一。乙酉年(天武十四)三月廿五日点二仏眼一。山田寺是也」とある。右の中、大臣とは、大化五年三月滅ぼされたと書紀に記す右大臣蘇我倉山田石川麻呂をさす。続紀、文武三年六月条に「施二山田寺封三百戸一、限二卅年一也」とある。平安時代に入っては、扶桑略記、治安三年十月十七日条に藤原道長が大和の諸寺を巡行の途次、「次御二山田寺一、…十九日覧二堂塔一。堂中以二奇偉荘厳一、言語云黙、心眼不レ及云々」。

講論(三六二13) 続後紀に「復在二普光寺一、講二唯識論疏一。時於二頂上一亦得二一粒一」とみえる。要文抄は延暦二十年五月に法華寺浄土院で涅槃経を講じた後広岡寺における類似の話を記す。

勝虞(三六二14) 続後紀に「十七得度、便就二同(元興)寺勝虞大僧都一学二習法相大乗一也」とみえる。勝虞は阿波国板野郡の人、俗姓凡氏、興福寺尊応の弟子。延暦十六年三月律師、同二十四年正月少僧都、大同元年四月大僧都となり、弘仁二年六月六日入滅す。八十歳。弟子に護命・慈宝等あり(後紀)。

少僧都…(三六二15) 続後紀に「弘仁六年擢任二少僧都一」、僧綱補任に「弘仁六年正月廿六日任二少僧都一。不レ経二律師一歟」。弘仁五年は誤り。

大僧都…(三六二16) 続後紀に「(弘仁)七年転二大僧都一」、僧綱補任に「七年五月十日任二大僧都一」。

同じき十四年…(三六二16) 続後紀に七十四歳(弘仁十四年)のこととして、上表して大僧都を辞したが「天皇不レ許」といい、僧綱補任、弘仁十四年条に「大僧都護命〈月日停任〉」、要文抄に「弘仁十四年春、抗表褫二僧統之寄一、主上違距不レ許」。

僧正…(三六二17)　続後紀に「天長四年特任二僧正一」、僧綱補任、天長四年条に「僧正護命、十一月八日任、前大僧都殊有レ詔以二宣命一任レ之」、要文抄「天長四年仲冬、擢二之僧正一。和上随レ機済レ物、導化無レ方。然猶於二傳法一、欝為二称首一」。

いまだ気絶に及ばす…(三六三1)　続後紀に「未レ及二気絶一、時同寺僧善守欲レ致二問訊一、…比レ到二少塔院一、忽聞二微細音声髣二髴院裏一。可レ謂浄刹所レ迎天人之楽也」。僧綱補任に「…音楽聞レ空、異香薫レ室」。

小塔院(三六三4)　七大寺巡礼私記、元興寺の項に「吉祥堂〈南向〉五間四面〈瓦葺〉、此堂亦名二小塔院一、…護命僧正等身坐像〈件影堂辰巳角西向安之〉其造様不可思議也、世人伝云、此僧正者自二凡僧一只一度補二任僧正一〈云実説可レ尋レ之〉、堂丑寅角有レ輿、彼僧正之輿云々、斯堂者在二金堂坤角一、光明皇后御願也、安二置八万四千小塔一、…故号二小塔(院)一」。

静慮院(三六三12)　延暦寺に静慮院あり。山門堂舎記に「静慮院、葺檜皮五間堂一宇。安二置金色大日如意輪、彩色不動尊、梵天帝釈四天王像一。花山法皇御願也。寛和元年四月供養」。

滅せり(三六四10)　宝物集巻四に「順源法師ハ知ナガラ娘ヲ嫁ト云ハ、流転生死ノ往因ヲ観ジテ、孰ノ人カ我父子ナラヌハアルトテ、娘ヲ妻トスル也。遂ニ往生ノ素懐ヲトゲタル人也」とみえる。

師成(三六四10)　母藤原永頼女。備中・丹後守等を経て康平六年二月大宰大弐、八月正三位に叙せられ、治暦三年二月大弐を辞す。同四年従二位皇后宮権大夫、延久五年四月正二位、承保二年十二月参議、永保元年九月一日(水左記は二日)薨ず。七十三歳(公卿補任)。「師成卿の任中」は従って康平六年より治暦三年。

内山(三六四11)　叡山大師伝に「延暦廿二年閏十月廿三日、於二太宰府竈門山寺一、為二四船平達一、敬造二檀像薬師仏四躯一。高六尺余、其名号二無勝浄土善名称吉祥王如来一」、また「(弘仁)五年春、為レ遂二渡海願一、向二筑紫国一、修二諸功徳一、敬造二檀像千手菩薩一軀高五尺・大般若経二部一千二百巻・妙法蓮華経一千部八千巻一」とあり、同書によって書かれた本書巻上(三)最澄伝「別伝に云…」(一八五頁)にもみえる。これが同寺の起源とみなされ、叡岳要記にも鎮西竈門山の項にこれらをかかげている。本書では次項に同寺の別所の僧の伝があり、後拾遺往生伝巻上(三)には内山寺住僧安尊上人の話がみえる。

資通(三六四16)　蔵人・右京大夫・摂津守・蔵人頭等を経て寛徳元年十二月参議となり、翌年十月左大弁、永承五年九月大宰大弐、十一月正三位となる。天喜二年十一月大弐を去り、五年正月従二位、康平元年十一月勘解由長官となり、同三年八月二十三日(更級日記勘物は廿二日)五十六歳で薨ず。郢曲・琵琶・和琴・笛の名手で歌人として知らる(公卿補任・尊卑分脈)。従って「資通卿の時」は永承五年から天喜二年。朝野群載には、藤原明衡作の資通の辞表がみえ、千載集・経衡集等には筑前守藤原経衡が大弐資通をおくる餞歌がみえる。

往生講(三六五10)　南都の永観に往生講式があり、本書巻下(三六)永観伝にも「又新造レ式、毎二十斎日一、勤二修往生講一」とある。また天台の真源に順次往生講式があり、長西目録に永久二年作とする。後者の講のしくみは十一段からなるが、各段ごとに極楽浄土を讃嘆しながら、舞楽類と催馬楽の曲を付した歌謡をうたう仕組みになっており、「非二啻礼讃称念一、兼以二妓楽歌詠一」と書かれている。

良基(三六五15)　右中将・春宮亮・蔵人頭を経て治暦四年十二月参議、延久元年正三位春宮権大夫、同二年十二月従二位、同三年四月大宰大弐となり、承保二年閏四月十九日任所で薨ず。五十二歳。歌人(公卿補任・尊卑分脈)。従って「大弐良基卿の任」は、延久三年より承保二年。

藤原経実(三六五16)　母は藤原基貞女。右中将・蔵人頭を経て応徳元年従三位、寛治二年従二位に叙せられ、同五年参議、中宮権大夫、承徳二年正二位権中納言、康和二年中納言、同四年権大納言、永久三年四月大納言に転じ、天承元年十月二十三日、六十四歳で薨ず(公卿補任)。

藤原実季(三六五16)　母は藤原定佐女。蔵人頭・左京大夫等を経て延久四年参議となり、承保元年権中納言、同二年正二位、承暦四年権大納言、永保三年正月大納言に転じ、寛治五年十二月二十四日、五十七歳で薨ず(公卿補任)。後に正一位太政大臣を贈られ、後閑院贈太相と号した。なお尊卑分脈では経実室は実季の子、公実の女となっている。

七仏薬師(三六六2)　薬師瑠璃光七仏本願功徳経に説かれ、いずれも東方の仏国土における善名称吉祥王如来・宝月智厳光音自在王如来・金色宝光妙行成就如来・無憂最勝吉祥如来・法海雷音如来・法海勝慧遊戯神通如来・薬師琉璃光如来。最後の薬師如来を本体とし、七仏一体として治病延命を祈る七仏薬師法は叡山四箇大法の一。

六地蔵(三六六3)　今昔物語巻十七ノ二三に、周防の玉祖惟高が、長徳四年死亡し、冥途で「六人ノ小僧」、すなわち「一人ハ手ニ香炉ヲ捧タリ、一人ハ掌ヲ合セタリ、一人ハ宝珠ヲ持タリ、一人ハ錫杖ヲ執レリ、一人ハ花筥ヲ持タリ、一人ハ念珠ヲ持タリ」にあい、それが「六地蔵」であることを知り、蘇生の後、「六地蔵ノ等身ノ綵色ノ像」を作り、一堂に安置し、「六地蔵堂」といったとみえるが、本話は実叡の地蔵菩薩霊験記より採録のものと推定されている(古典文学大系本)。また中右記、大治四年十月条や、五年五月条裏書にも「等身地蔵六体」を造顕供養したという。しかし六地蔵は、これら以前にはみられず、かつわが国で発達したものと考えられ(速見侑説)、従って各尊の名称や六道配当は、後におこったものであろう。それには諸説があり、形像も異る。覚禅鈔、地蔵菩薩法下には「第一地獄大定智悲地蔵〈右持二宝珠一左持二錫杖一〉、第二餓鬼大徳清浄地蔵〈左宝右与願〉、第三畜生大光明地蔵〈左持二宝珠一右持二如意一〉、第四修羅清浄無垢地蔵〈左持二宝珠一右持二梵篋一〉、第五人道大清浄地蔵〈左持二宝珠一右施無畏〉、第六天道大堅固地蔵〈左持二宝珠一右持レ経〉」とある。渓嵐拾葉集巻六には地蔵の六使者を説き、それぞれ六道に配す。

静算(三六六4)　心地教行決疑六巻の著者、叡山飯室の静算とも考えられる。しかし同書巻尾の識語によれば、長元八年より天喜二(一〇五四)年までの労作であるに対し、本伝の女性は治暦四(一〇六八)年生れの男性の室であるので、その公算は少ない。別に中右記(天仁元年正月廿七日・天永二年三月廿七日・永久二年五月十六日・元永元年三月十八日)や、永昌記(天治元年五月十五日)の仁王会・最勝講等の記事に威儀師静算の名がみえる。

玄奘三蔵(三六六9)　若くして浄土寺に入り、後長安にて倶舎論や摂大乗論を学び、唐の貞観三年苦難して印度に渡り、周遊十七年の後六百余部の経巻を携えて帰り、長安の大慈恩寺にて訳経の業に就く。麟徳元年二月五日、六十三歳で入滅す。訳経七十五部一千三百余巻に及び、とくに瑜伽唯識の新仏教を伝え、倶舎宗・法相宗の祖とされる。別に大唐西域記を撰す。

参議右大弁…和気真綱(三六八1)　「承和二、十二、二四、右大弁」(公卿補任)、承和七年八月辛亥、参議、同十一年正月甲午美作守となる(続後紀)。

清麿(三六八1)　姉広虫と共に称徳天皇の親任を受け、道鏡の事件により大隅国に流さる。宝亀元年、許されて入京、姓和気朝臣を賜り、民部大輔等を経て従三位民部卿、延暦十八年二月二十一日、六十七歳で薨じ、のち正三位を贈らる(日本後紀、薨伝)。

内舎人(三六八3)　職員令、中務省条に「内舎人九十人〈掌下帯レ刀宿衛、供二奉雑使一、若駕行分中衛前後上〉」、軍防令、五位子孫条に「凡五位以上子孫、年廿一以上、見無二役任一者、毎レ年京国官司、勘検知レ実。限二十二月一日一、并身送二式部一。中二太政官一、検二簡性識聡敏、儀容可一レ取、宛二内舎人一〈三位以上子、不レ在二簡限一〉」とある。

天台・真言…(三六八5)　叡山大師伝に、和気朝臣弘世・真綱等が延暦二十一年正月十九日、南都の善議等十有余大徳を高雄山寺に招き最澄をして天台妙旨を講演させたこと、桓武天皇がその成功によって天台宗義のすぐれたるを知り、最澄らの入唐を許す経過が詳述されている。また同書には、帰朝後最澄が天台宗義の宣揚に当って南都学匠らとの間に摩擦の生じたとき、「(弘仁)六年秋八月、縁二和気氏請一、赴二於大安寺塔中院一、闡二揚妙法一」したこともみえている。空海も、大同元年帰朝後、弘仁の初年にかけては、和気氏外護の高雄山寺を中心に活躍したのであって、このことは、弘仁三年十一月、高雄山寺で、最澄・和気真綱らに金剛界の、最澄・泰範らに胎蔵界の灌頂を授けたこと(灌頂記・伝教大師消息等)、同年十二月、その門弟を高雄山寺の三綱にとりたてていること(性霊集・高野雑筆集)などから知られる。さらに天長元年には和気真綱らの請により、高雄寺を以て、和気清麻呂が先に創立した神願寺と取り替えて神護国祚真言寺と称し、寺僧の得業等のことを定めている（類聚三代格）。

少納言登美真人直名（三六八6）　承和二年九月大判事、十一年二月少納言、その後、当該事件に坐したが、十四年正月大宰少弐、嘉祥二年従五位下、豊後権守、仁寿三年六月、六十二歳で卒す（文徳実録卒伝）。祖先は用明皇子来目王（新撰姓氏録）。父の藤津は延暦十年七月、奏上して登美真人の姓をたまわったが（続紀）、登美は法隆寺北辺の地名で、おそらくその居地。藤津はまた、法隆寺の衰退を憂え、天長二年二月、毎年天台宗の僧侶を法隆寺の安居講師に任ずることを請うて許されている（類聚三代格・一心戒文）。直名はその子として、法隆寺の有力な檀越であった。

罪を告せり（三六八6）　続後紀、承和十三年十一月十四日条の大判事讃岐朝臣永直等断文にひく訴状によれば、善愷は「（少納言登美真人）直名、強売二賤物一、過取之差直銭、准レ贓布廿二端三丈、拠二職制律一准二枉法一論、合二遠流一」ことを訴えた。

同僚の中に…（三六八7）　同僚とは、この裁判にあたった太政官の弁官中、参議左大弁正躬王、同右大弁和気真綱らの判決を不当とし、正躬王らには善愷をかばい、その処置に不法があると異議を申立てた右少弁伴善男をさす。

翻へすに…（三六八7）　続後紀卒伝では、「翻以二傍官一誣為レ許二容違法之訴一」とあり、三代実録、貞観八年九月条の伴善男伝には「参議左大弁正躬王及傍官、与二善男一争二論律私曲相須之義一、縦横不レ一、分背舛馳。遂誣二正躬王等許二容善愷違法之訴一」という。善男が正躬王らの判決を否とした経過及び内容は続後紀、承和十三年十一月壬子条、文徳実録、仁寿二年十二月条の小野篁卒伝に詳しい。

私曲相須の論（三六八8）　続後紀、承和十三年十一月条等によれば、朝廷は右の異議申立により、大判事讃岐永直らの明法家の意見を徴した。かれらの断文は、正躬王ら弁官が不法の訴を受理し、推問にも不法のあったことでは一致したが、弁官の罪が公罪か私罪かについては諸家の説が一致しなかった。公罪とは名例律、官当条の注に「公罪、謂、縁二公事一致レ罪、而無二私曲一者」、私罪とは同条の疏に「私罪、謂、不レ縁二公事一、私自犯者。雖レ縁二公事一、意渉二阿曲一、亦同二私罪一」とあり、私罪の刑は重く、公罪は軽い。太政官は、明法家の意見がかく一致しないので、再び覆問したが、この時、讃岐永直は名例律の公罪の注の疏に「私曲相須云々」とあるのをとりあげて、私曲とは一事ではなく、私と曲の二事であり、弁官らの罪は「可レ謂レ有レ私。雖レ然未レ有レ所レ曲」の理由で公罪説をとったが、後にこの説を撤回し、「相須之句者、合二私曲二字一為二一義一」と改めたので、結局、私罪と決した。おそらく伴善男らの圧力があったのであろう。かくて、正躬王・和気真綱らはその裁定に私罪のあやまちがあるとして、現任を解かれた上、贖銅（罰金）十斤を徴せられた。なお公罪なら贖銅五十斤だけで現任は解かれない。

箕星畢星（三六八9）　書経、洪範「庶民惟星。星有レ好レ風。星有レ好レ雨。日月之行、則有レ冬有レ夏。月之従レ星、則以風雨（孔伝、星民象。故衆民惟若レ星。箕星好レ風、畢星好レ雨。亦民所レ好。…月経二於箕一則多レ風、離二於畢一則多レ雨）」。

塵起の路（三六八10）　晋書巻六十五、王導伝「時庾亮雖レ居二外鎮一、而執二朝廷之権一、既拠二上流一、擁二彊兵一。趣向者多帰レ之、導内不レ能レ平。常遇二西風塵起一、挙レ扇自蔽。徐曰、元規（庾亮）塵汚レ人」。

道明寺（三六八17）　現寺院は土師神社の西にあるが、神社の境内から南にかけて旧伽藍の阯があり、飛鳥末期の古瓦も出す（石田茂作）。河州志紀郡土師村道明尼律寺記に「聖徳太子、尼衆の伽藍を建立せんとし給ひければ（土師）八島ちからをあはせ、心をひとつにし、みづからの住宅をすてゝ、梵刹となせり。…これより後、土師家代々檀越となれり。光仁天皇天応元年、土師古人に菅原の姓をたまわりてより後、菅丞相にいたるまで、菅家いよいよ喜捨の心をそへたまへり」。

鵄の羽（三六九2）　天狗が鵄になることは今昔物語巻二十ノ三「忽ニ大キナル屎鵄ノ翼折タルニ成テ」、巻二十ノ一一「翼折レタル屎鵄ニテナム大路ニ被踏ケル」、太平記巻二十七、雲景未来記事「御坐ヲ二帖布タルニ、大ナル金ノ鵄翅ヲ刷ヒテ着座シタリ」など多くの書に見られる。

五条の衲衣（三六九4）　法体装束抄「五帖袈裟事、丈数一丈七尺、裏なし、なつふゆ差別なし。香、練浮織物、又堅織物、文不㆑同。せいかうの染色、凡人僧正懸㆑之。…紫、貴人僧正以下懸㆑之。浮織物貫白、文不㆑同。白、薄物せいかう、貴賤懸㆑之。薄墨…かくる様、右の袖より入て、そうかうをこして、左のかたにかくるなり。緒のむすびめはまへにあるべし。後の緒のつきたる上をよこざまに右のわきの下までうちへをるべし。又前は緒より上を外へうはむくやうにをるべし」。

正四位下右大弁（三六九13）　弁官補任に「康和四年正月五日正四下〈祇園行幸行事追賞〉、長治三年十二月十七日、転㆓右大弁㆒」。尊卑分脈に「右大弁、内蔵頭、正四位下」。その経歴以下に示す。時範には時範記の著がある。

三官を…（三六九14）　寺門高僧記巻十、功臣にも「右大弁平時範、帯㆓三官㆒歴㆓七弁㆒」。三官は三事というに同じか。衛門佐で、五位蔵人と弁官を兼ねるのを三事兼帯といい、職原鈔下、蔵人所に「五位蔵人、…自㆓廷尉佐㆒補㆓蔵人㆒、兼㆓弁官㆒。此為㆓至極之朝奨㆒。所謂三事兼帯、是也。頗撰中之撰也」。時範は弁官補任に「右少弁正五位下平時範、嘉保元年六月十三日任、但五位蔵人如㆑故。十二月十七日兼右衛門権佐」とある。

数州の府に…（三六九15）　弁官補任に「右少弁正五位下平時範、嘉保元年六月十三日任〈年四十一、元勘解由次官、加賀権守〉、…承徳二年七月九日兼㆓因幡守㆒、去㆓権佐㆒、…康和四年六月廿三日転㆓権左中弁㆒、康和五年十一月一日兼㆓任近江守㆒、…天仁元年四月十日辞㆓近江守㆒、改之親申㆓任紀伊守㆒」。書陵部蔵時範記には承徳三年の因幡下向と国務に関する記事がある。

黄不動の像（三七〇3）　寺門高僧記巻十、功臣の右大弁平時範の項に「生年十三、奉㆑図㆓絵智証大師感見金色不動明王像㆒、為㆓本尊㆒。天仁二年二月十日於㆓不動之前㆒、正念入滅」とある。右文の不動明王像は三善清行作の智証大師伝に「初承和五年冬月、和尚昼坐㆓禅於石龕之間㆒也。忽有㆓金人㆒、現㆑形云、汝当㆘図㆓画我形㆒懃懃帰仰㆖。和尚問云、此化来之人、方以為㆑誰乎。金人答云、我是金色不動明王也。我愛㆓念法器㆒、故常擁㆓護汝身㆒。汝須㆘早究㆓三密之微奥㆒、為㆗衆生之舟航㆖。爰熟見㆓其形㆒、魁偉奇妙、威光熾盛。手捉㆓刀剣㆒、足蹈㆓虚空㆒。於㆑是和尚頂礼、意存㆑之。即令㆓画工図㆒写其像㆒。像今猶有㆑之」とあるのに当ろう。さらに園城寺の秘仏となっている国宝、不動明王像（黄不動）は智証大師伝の右文のものにあたると伝えられている。

戸隠山（三七二6）　長野県上水内郡。長野市の北方にあり、標高一九一一メートル。東南の飯綱山との間の高原に戸隠神社がある。神仏分離以前は修験道の霊場で、別当寺を顕光寺といった。梁塵秘抄に「四方の霊験所は、いづ（伊豆）のはしりゆ（走湯）、しなの（信濃）ゝとがくし（戸隠）、するが（駿河）のふじのやま（富士山）」、吾妻鏡、文治二年三月条の「注進㆓三箇国庄々事〈下総・信濃・越後等国々注文〉」の信濃国の項に「天台山末寺顕光寺」とあり、拾芥抄に「影（顕）光寺、古仏遊行所」とみえる。

藤原純友（三七二16）　日本紀略に「承平六年六月某日、南海賊徒首藤原純友、結㆑党屯㆓聚伊予国日振島㆒、設㆓千余艘㆒、抄㆓劫官物私財㆒。爰以㆓紀淑人㆒任㆓伊予守㆒、令㆑兼㆓行追捕事㆒」「天慶二年十二月二十六日、備前介藤子高、於㆓摂津須岐駅㆒、為㆓前伊予掾藤原純友㆒〈為㆓海賊首㆒〉被㆑囲」「同四年七月七日、伝㆓賊徒藤原純友幷重太丸頭㆒。或云、橘遠保誅㆓純友㆒」。

藤原教通の三女（三七三11）　教通は道長の三男（→二五二頁補「二条関白」）。中右記、康和四年八月十九日条に「皇太后諱歓子、前二条関白教通中女、母四条大納言公任卿女也」とある。

静円（三七三12）　藤原教通の子、母は小式部内侍。天台宗定基大僧都の弟子。永承三年権律師、天喜二年権少僧都、同五年権大僧都、治暦二年法成寺権別当・法印、延久二年権僧正、承保元年五月十一日卒。五十九歳。木幡権僧正と号し勅撰集歌人（尊卑分脈・僧綱補任）。

択ばれて内に入り…（三七三13）　扶桑略記、永承二年十月十四日条に「右大臣藤原朝臣教通三女歓子始参㆓大内㆒」。時に年二十七歳。本文に「春秋十六」は誤りか。同、永承六年六月廿四日条に「女御歓子准㆓三宮㆒、賜㆓年官年爵封戸千戸㆒。一云、七月十日准㆓三宮㆒」。同、治暦四年四月十六日条に「立㆓女御藤原朝臣歓子㆒為㆓皇后宮㆒」。本朝世紀、同年同月十七日条の傍注に「女御歓子為㆓皇后㆒之由、見㆓系図㆒」。

飾を落して…（三七四3）　十三代要略「承保元年八月廿五日、落飾為㆑尼、蟄㆓居北山小野㆒」。今鏡巻四「承保元年の秋、御ぐしおろし給てき。猶后の位にて、ひへの山のふもとをのといふ山ざとにこもりゐさせ給ひて、都のほかにをこなひすましてゐさせ給へりき」。

良真(三七四4)　康平二年権律師、同六年権少僧都、延久三年大僧都、承暦三年法印、永保元年十月天台座主、同三年権僧正、応徳三年僧正・円宗寺別当、寛治五年大僧正、嘉保三年五月十三日入滅、七十五歳(尊卑分脈・僧綱補任・天台座主記)。

常寿院(三七四5)　本朝文集巻四十九、皇太后宮請建常寿院為御願寺状「右奉二令旨一云、卜二重城之東北一、建二一区之道場一。号曰二常寿院一。誠知有レ以矣。境接二天台山一、地同二華蔵界一。重巒峙而匝レ後、山呼二万歳之声一、方池湛而当レ前、浪留二八功之響一。有レ便レ祈二王法一、無レ妨レ修二仏事一者。今依二令旨一、謹申聞如レ件。承保元年十二月日」。

慶曜(三七四5)　承保三年、頼豪に従い入壇灌頂、永長元年、最勝講講師として声誉を朝廷に振う(寺門伝記補録巻十五)。康和三年十一月の鳥羽殿番論義に召さる(寺門高僧記)。「梵漢能筆、奉レ勅書二四天王寺額一」(寺門伝記補録巻十五・天台霞標五編巻三、慶曜已講条)。

五時八講(三七四7)　五時講(天台五時教判による五部の経典、即ち華厳・阿含・方等・般若・法華経を順次に講説する法会)と法華八講(法華経八巻を朝夕二座に分ち四日または二日、一日間講説する法会)。大江匡衡に「為二仁康上人一修二五時講一願文」(本朝文粋巻十三)があり、三宝絵巻中の冒頭にも五時判が述べられている。

この書(三七四9)　参天台五台山記巻四「熙寧五年十月十四日、…梵字不動尊、三井寺慶耀供奉所レ与也。…文殊三種真言大梵字一巻、尊勝等諸真言梵字一巻、慶耀供奉送二五台山一幷与二成尋一也。西天三蔵見二梵字等一感歎無レ極。少卿幷恵詢三蔵、定照筆授等見二漢字幷草慈字一感歎無レ極」。

康和四年八月十八日(三七四17)　殿暦、康和四年八月廿五日条に「小野皇太后宮去十八日崩。仍今日薨奏云々」、中右記、康和四年八月十九日条に「或人云、皇太后去十七日夜半許崩給由有二其告者一。…而此五六月依二病痾一、偏修二念仏一。去十七日夜正念安住、向二西方一崩給。生年八十二云々。可レ謂二賢女一歟」。

山王三聖(三七八14)　叡山の地主神を山王とよぶことは、中国天台の例にならって、既に最澄の時からある(長講法華経発願文・長講仁王般若経会式・長講金光明経会式)。その後、山内地主神をまつる諸社がふえ、伊呂波字類抄には「日吉、ヒヨシ、後三条院始有二行幸一、延久四年云々。大比叡〈号二大宮一〉、小比叡〈号二二宮一〉、聖真子、客人宮、八王子、十禅師、三宮〈已上謂二之七社一〉、王子宮、下八王子、早尾、行事〈已上謂二之十一社一〉」。三聖とは、右中のはじめの三神をさす。山王三聖の名は、本文の如き、最も早いものであろう。古代末から中世にかけて山王一実神道の発達するに及び、この三社は歴史的に、教義的に、種々に附会される。たとえば、日吉山王利生記巻一「三聖とは大宮、二宮、聖真子の御事なるべし。此三社の神に伝教大師菩薩戒を授奉らせ給。依之大宮は法宿菩薩。二宮は華台菩薩。聖真子は聖真子菩薩なり。故に三聖と申也」、山王和讃「法宿華台聖真子、三聖一如ノ山ニ棲ム、三身即チ一身ノ、仏也トゾ示シケル」。

高階敦遠(三七九3)　成章(大宰大弐の孫)、章親(中宮大進、正五位下)の子。蔵人、下野守(尊卑分脈)、三河守(師通記、寛治四年十二月廿五日・同五年十一月十三日条)、上野守(中右記の伝)。

家室(三七九3)　尊卑分脈に藤原行家の「女子〈下野守高階敦遠妾〉」。なお中右記の伝に「故行宗朝臣女也」とあるは誤り。

藤原行家(三七九3)　母藤原公業女。康平三年対策に及第し、蔵人・検非違使を経て讃岐・阿波・美作守、左衛門権佐・弾正大弼・文章博士となり、正四位下に叙せらる。康和二年十月に出家、長治三年十二月二十日(中右記は二月十九日)に卒す。年七十八(尊卑分脈)。教家摘句・中右記部類紙背漢詩集等に詩があり、金葉集に歌がある。

経王(三七九5)　法華経薬王品「於二一切諸経法中一、最為二第一一。如三仏為二諸法王一、此経亦復如レ是、諸経中王」。

源国挙(三八〇9)　通理の子。備中・若狭・美濃・但馬等の国守を歴任す。正四位下(尊卑分脈)。御堂関白記、長和四年五月五日条に「国挙法師送僧如非時物、施之」とあり、これよりさき出家か。

国経(三八〇9)　御堂関白記、寛弘五年三月廿二条に「去夜蔵人文章生源国経出家、美濃守国挙男」。僧綱補任、長久四年条に「法橋、行円、同日(十二月

廿八日)叙、天台、千寿院、但馬守源国□子、雑色入道」、同、永承二年条に「法橋、行円、正月八日入滅、七十」とある。ただし尊卑分脈には、国挙の子、国輔条に右と同じ経歴をかかげ、「出家、行円、後補二阿闍梨一叙二法橋一、号二唐房法橋一、園城寺名匠也、永承二、正、八卒、六十六歳」といい、永観の父、国経(蔵人・文章生)をその弟とするが、誤り。

元命(三八〇10)　長保元年宇佐弥勒寺講師、寛仁元年法橋、治安三年別当、長元二年法眼、長暦元年検校、長久四年法印、永承六年八月二十九日入滅、八十一(一説、八十二)歳(石清水祠官系図)。永観を子としたことは、「二歳之時元命養二育之一如二実子一」(同書)とある。

禅林寺(三八〇13)　京都市左京区永観堂町。三代実録、貞観五年九月六日条に「以二山城国愛宕郡道場一院一、預二於定額一、賜二名禅林寺一。先レ是律師伝燈大法師位真紹申牒偁、…爰買二故従五位下藤原朝臣関雄東山家一、即便為二寺家一、造二立一堂一安二置五仏一」。慶滋保胤、台山禅侶二十口・翰林書生二十人と勧学会を催す(本朝文粋巻十)、正暦四年正月焼亡(日本紀略)、長和元年十二月藤原道長「以二頼任一奉レ問二禅林寺僧都(深覚)一、是依レ悩二給腫物一也」(御堂関白記)、長和二年八月藤原実資「詣二禅林寺一謁二僧都(深覚)一、…僧都相倶巡二見寺中一、招二出禅覚仙一清談了、謝遣也。僧都云、禅覚仙更不レ逢レ人、而応レ招来謁。希有之又希有也者」(小右記)、治安二年、深覚、禅林・観心両寺を深観に付す(東寺文書、石山寺座主次第)。

法務大僧都(三八〇13)　深観。花山法皇第四皇子。深覚僧正付法。長元四年権少僧都、長元八年少僧都、長暦元年十二月東大寺別当、長久四年十二月権大僧都・東寺長者、永承四年法務、同五年六月十五日入滅。四十八歳。宮大僧都・坐禅院と号す(僧綱補任・東寺長者補任・東大寺別当次第・仁和寺諸院家記・本朝皇胤紹運録)。法務→一〇四頁注

三論宗…(三八〇16)　中右記、天永二年十一月朔日条裏書に「是東大寺人、三論宗」、維摩会講師研学竪義次第、応徳三年条に「講師、永観、…三論宗、東大寺」。僧綱補任、同年条も同じ。三国仏法伝通縁起巻中、三論宗に「永観、珍海、樹朗、重誉、並中古学英」。師は有慶。東大寺要録巻五、別当章に「律師永観〈有慶、深観資〉」、元亨釈書、永観伝に「投二東大寺有慶一学二三論一、兼聞二諸宗一」とみえる。

方広の竪義(三八一1)　方広は大乗経の通称で、方は義理の方正、広は言詞の広博の意。大乗経論では主として菩薩道を説く経典、特に華厳・法華経を指すことが多い。竪義→二三一頁補。ここは東大寺のそれをさす。東大寺要録巻四、諸会章に「十二月十五日、方広会〈於二講堂一行レ之。在二竪義一〉、学衆始役也〈三ケ日〉」とある。

法花・維摩会(三八一1)　興福寺縁起に「法華会。右会、於二南円堂一所レ行也。弘仁八年閑院贈太政大臣大閤(冬嗣)、奉二為先考長岡相府諱名内丸一所二始行一也。…始レ自二九月卅日一至二十月六日一、七箇日間、講二演妙法一討二論深義一。…故敬屈二専寺竜象一為二講匠一、招二才智徳行一為二聴衆一、簡二研学者五人一為二立義者一。爰故閑院大閤同気之弟、故左兵衛督相公(藤原助)加二三論立義二人一令レ論二無相義一矣」。但し南円堂は、永承元年十二月焼亡(扶桑略記ほか)、同三年三月供養(春記)。維摩会は、興福寺で十月十日より十六日まで行う。→二〇頁補。永観は若年なので聴集として参加か。石清水祠官系図、永観に「異本云、為二興福寺維摩聴衆一出仕之処、南都僧侶称レ補二宮寺之所司一嫌之。于レ時永観云、迦葉者南閻浮提之上座、更不レ被レ嫌二霊山衆会一。何可レ除二維摩聴衆一哉云々。大衆聴レ之、皆感レ之。仍所作悉勤之」とある。

平等院(三八一4)　同院の建立は「永承七年三月廿八日癸酉、左大臣(頼通)捨二宇治別業一為レ寺、安二置仏像一。初修二法華三昧一、号二平等院一」(扶桑略記)、「天喜元年三月四日甲辰、関白左大臣平等院内建二立大堂一、安二置丈六弥陀仏像一、啒二百口高僧一設二其供養一、准二御斎会一。仏像荘厳、古今無レ双」(同書)。

言は泉の水…詞は林の花…(三八一4)　文選巻十七、文賦「思風発二於胸臆一、言泉流二於唇歯一〈呂向注、言之出也如レ泉之湧動二於唇歯一矣〉」。雲州消息巻上末「詞林花鮮、法水浪清」。

土御門右府(三八一5)　村上天皇孫、具平親王子。母為平親王女。従一位右大臣になり、左近衛大将・皇太子傅を兼ぬ。承保四年二月十七日に七十歳で薨ず(公卿補任・尊卑分脈)。今鏡巻七に「文作らせ給ふ方も人に優れ給ひたりき。御歌も代々の集どもに見え侍るらむ」とあり、本朝続文粋や新

撰朗詠に詩文がみえる。

甲居（三八一6）　営繕令、私第宅条に「凡私第宅、皆不レ得下起二楼閣一臨中視人家上〈謂、第者、有二甲乙次第一…〉」とある。上にある抑は仰の誤りか。

竪義（三八一7）　年中行事秘抄に「十二月四日、法成寺御八講終事、自二去月晦日一行レ之。此日入道殿(道長)御忌日、二日上官参二入彼寺一。講師一人、聴衆卅人。第二日〈今月一日、南京竪義〉、第三日〈二日、捧物〉、第四日〈三日、天台竪義〉、第五日〈四日、法華竪義〉」とある。

光明山（三八一8）　東大寺の別所。東大寺要録巻六、末寺章に「光明山寺〈在二山城国一、東大寺厳嶋已講之建立也〉」といい、僧綱補任、長元六年条に「厳瑪、三論宗、東大寺、七月八日宣、河内国人、六十八」とあるので、そのころ開かれたものであろう。永観が光明山に蟄居したのは文脈上、康平七年(三十二歳)で、その後四十年、長治元年(七十二歳)に禅林寺に移ったとよめる。なお、その後光明山にこもった人に頼基(園城寺行観の弟子、長治元年権律師、元永三年権少僧都)があり、金葉集巻九の橘能元の歌に「僧都頼基光明山にこもりぬときゝて…つかはしける」の詞書がある。また、有慶の弟子、慶信から三論宗を学んだ覚樹(源顕房の子。大治四年権律師、天承二年権少僧都、保延五年没)について、中右記、大治四年十二月十一日条に「早旦以二車輿一行二向光明山一、訪二覚樹律師所悩一。従二去年九月一重悩云々」とみえる。また覚樹の弟子、重誉についても、浄土法門源流章に「彼同時有二光明山重誉大徳一。即三論碩匠也。兼研二密蔵一帰二投浄土一」といい、その著、十住心論鈔に「保延五年三夏之比、於二光明山一抄了、沙門重誉」とある。また興福寺法相宗の中川実範についても台記、天養元年九月十日条に「後聞、今日実範聖人於二光明山房一入滅云々」とある。光明山寺は東大寺三論宗系の別所で、同時にまた他宗の人々も多く隠棲した。しかし上記中、永観・覚樹・重誉・実範には浄土教関係の著述が多く、ここは院政期の南都系浄土教の中心であった。

病は…（三八一11）　古今著聞集巻二「永観律師は病者にて侍けるが、常のことぐさに、病は是善知識也。我依二苦痛一深求二菩提一とその給ける」。

慶信（三八一13）　東大寺有慶の弟子。延久三年二月法橋、承保二年正月東大寺別当、同三年十二月法眼、応徳三年十一月法印、嘉保元年十二月病により別当を辞し、同二年正月九日卒す。五十五歳(尊卑分脈・僧綱補任・東大寺別当次第)。貫首の弟子は、貫主にして永観の弟子たる、の意。応徳三年の別当は注のごとく慶信。永観も有慶の弟子であるが、永観は長元六年(一〇三三)生れ、慶信は長久二年(一〇四一)生れ。

講肆（三八一16）　釈氏要覧巻下「学肆、肆者所三以陳二貨鬻之物一也。因二後漢張楷字公超、学徒随レ之、所居為レ市。故今学処称レ肆焉」。

権律師（三八一17）　僧綱補任「権律師永観、承徳三年五月廿八日任、最勝講結願也。翌日進二辞表一了。三会労」。

東大寺別当（三八一18）　東大寺別当次第「康和二年五月廿一日任。件永観多年籠居、以二念仏一為レ業。而依二経範之不一レ治、寺家破壊、公卿僉議、殊被二抽任一。仍再三雖二辞退一全以不レ許、遂致二執行一」。

土木功を専らに…（三八二1）　東大寺要録巻五、別当章に「寺務二年〈康和二半、三、四半〉、同二年冬、勅封蔵修理、三年、東塔七重皆修理了、同四年、食堂登廊修理〈同四年辞退〉」。東大寺別当次第もほぼ同じ。ただ、四年のこととして「又修二造廻廊楽門一、施二入幡舞装束等一」とみえる。

地利封戸（三八二2）　発心集巻二「其の時年来の弟子つかはれし人なむど、我も〳〵とあらそひて、東大寺の庄園を望みにけれども、一所も人のかへりみにもせずして、皆寺の修理の用途によせられたりける」。平安遺文第四巻には、永観が東大寺別当在任中の東大寺ないし東南院文書が十数通あり、その経営の一端を示す。延慶本平家物語第五末にある。

南都に…（三八二3）　光明山より南都にの意。発心集巻二「自ら本寺に行き向ふ時には、ことやうなる馬に乗つて、彼こにいるべき程の時料小法師に持たせてぞ入りける」。

辞退（三八二5）　三八二頁補「土木功を専らに…」の引用文参照。なお三八一頁補「光明山」にみるごとく、その後、長治元年七十二歳にいたり、東大寺別所光明山も離れて禅林寺に帰ったようである。

法勝寺（三八二6）　その建立は「承暦元年十二月十八日甲午、供二養法勝寺一。建二七間四面瓦葺金堂一宇一、…七間四面瓦葺講堂一宇、…十一間四面瓦葺阿弥陀堂一宇、…五間四面瓦葺五大堂一宇、…一間四面瓦葺法華堂一宇、…五間四面二階瓦葺南大門一宇、…其外大門廻廊鐘楼経蔵僧房物具莫レ不ニ周備一。云レ仏云レ堂、荘厳甫就、遂定ニ題額一、号ニ法勝寺一。択ニ時日之曜宿一開ニ広大之斎会一云々」(扶桑略記。他に水左記同日条・承暦元年法勝寺供養記ほか)。

供僧(三八二6)　法勝寺供養の時の供僧については「承暦元年十二月十八日、…又被レ補ニ寺司并供僧等一云々、…金堂供僧〈広算・隆明・増誉・斉覚・尋源〉、講堂〈朝範・円豪〉、五大堂〈念円・頼昭〉、阿弥陀堂〈貞心・公伊〉、法華堂〈三昧僧六人、山二人、三井寺二人、東寺二人〉」(水左記)。承暦元年法勝寺供養記もほぼ同じ。古事談巻三「永観律師始者補ニ法勝寺供僧一。供米ヲ請テ被レ宛ニ時料一ケリ。後ニハ此事アシトテ、其米ヲ出挙ニ成テ、多ナシテトラムズレバトテ、被レ辞ニ申供僧一了」。なお続古事談巻一に「白河院、法勝寺ツクラセ給テ、禅林寺ノ永観律師ニ、イカホドノ功徳ナラント御尋アリケレバ、トバカリモノモマウサデ、罪ニハヨモ候ハジトゾ申サレタリケル」との説話もかかげる。

念仏宗(三八二9)　弥陀の名号を称えて往生を願う宗門。院政期の同種の類例として、四天王寺の百万遍念仏集団を念仏衆とよんだ。台記、久安四年五月十四日条に「(忠実)可レ入ニ念仏衆一之由有ニ御約一」、六年九月十四日条に「女院(美福門院)既入ニ念仏衆一」とある。

式(三八二10)　往生講式。一巻。現存。往生拾因直談新鈔に承暦三年の作、往生拾因見聞に永長元年の作という。毎月十五日に阿弥陀迎接像を安置し香華を供えて一座七門の講を行う法式。古今著聞集巻二「又みづから阿弥陀講式を造て、十斎日ごとに修して、薫修久く成にけり」。

薬王寺(三八二13)　山州名跡志「薬王寺不詳。或記云、古悲田院ノ傍ニアリ。此所ニ集ル病者、衆病悉除ノタメニ、安ニ薬師仏像一。故号之ト」、山城名勝志「禅林寺。今本堂阿弥陀立像曰ニ顧本尊一。永観律師所持像」。

無常院(三八二13)　往生要集、大文第六、臨終行儀に「四分律抄瞻病送終篇、引ニ中国本伝一云、祇洹西北角、日光没処為ニ無常院一。若有ニ病者一、安置在レ中。以下凡生ニ貪染一、見ニ本房内衣鉢衆具一、多生ニ恋着一、無中心厭背上故、制令レ至ニ別処一。堂号ニ無常一。来者極多、還反一二。即レ尋而求、専心念レ法。其堂中置ニ一立像一。金薄塗レ之、面向ニ西方一。其像右手挙、左手中繋ニ一五綵幡脚垂曳レ地。当下安ニ病者一在ニ像之後一、左手執ニ幡脚一、作中従レ仏往ニ仏浄刹一之意上。瞻病者、焼香散華、荘ニ厳病者一。乃至、若有ニ尿屎吐唾一、随レ有除レ之。或説、仏像向レ東、病者在レ前」。

悲田…(三八二15)　中阿含三十福田経には二福田を説き、貧窮困苦の人に施与するを悲田、三宝に恭敬の心を以て供養するを敬田という。その他四種福田(正法念処経)・五種福田(華厳経探玄記)・八福田(梵網経)等がある。四天王寺御手印縁起には四天王寺に施薬・療病・悲田・敬田の四箇院創立を説き、悲田院について「是令レ寄ニ住貧窮孤独単己無頼者一、日々眷顧、莫レ令レ致ニ飢渇一。若得ニ勇壮強力一時、可レ令レ役ニ仕四箇院雑事一」といい、扶桑略記、養老七年条には「興福寺内、建ニ施薬院・悲田院一、施ニ入封戸五十烟、伊予国水田一百町・越前国稲十三万束一」とあり、興福寺流記にも「北悲田門、前四町為ニ病苦孤独之所住一、為ニ労養一也。宝字記云、此治者院檜皮葺屋二口云々」とみえ、延暦二十年の多度神宮寺伽藍縁起帳にも「悲田料、陸拾漆束伍把」の記述がある。また、延喜左右京職式に「凡京中路辺病者孤子、仰ニ九箇条令一、其所レ見所レ遇随レ便、必令レ取ニ送施薬院及東西悲田院一」、西宮記、臨時五、諸院に「悲田院〈在ニ鴨河西畔一、施薬院別所、養ニ孤子病者一〉」、百錬抄に「仁安三年二月十三日、人家三千余宇焼亡。千手堂・悲田院・京極寺等為ニ灰燼一」とみえる。

禅庭に…(三八二16)　発心集に「此禅林寺に梅の木あり。実なる比に成りぬれば、此をあだに散さず、年ごとに取て、薬王寺と云処におほかる病人に、日々と云ふばかりに施させられければ、あたりの人、此木を悲田梅とぞ名づけたりける。今も事の外に古木になりて、華もわづかにさき、木立もかしげつゝ、昔の形見にのこりて侍るとぞ」とある。

道綽禅師…(三八三5)　瑞応刪伝「唐朝善導禅師、姓朱、泗州人也。少出家。…遂至ニ綽禅師所一。問曰、念仏実得ニ往生一否。師答曰、各弁ニ一蓮華一。行道七日、不レ萎者即得ニ往生一」、新修往生伝巻中「唐往生高僧善導、…遂出レ抗進レ程至ニ綽禅師所一展ニ会夙心一。綽公即授ニ与無量寿経一。導披レ巻詳レ之。比来所、覩宛在。因即入定七日不レ起。或問レ導曰、弟子念仏、得二往生一否。導令レ弁二一茎蓮花一、置二之仏前一。行道七日花不二萎悴一即得二往生一。依レ之七日果然花不二萎黄一。綽歎二其深詣一」。

中山の吉田寺（三八三16）　京都市左京区吉田神楽岡町・黒谷町あたり。山城名勝志「中山、按吉田山、新黒谷等凡中山也」。日本紀略、貞元二年四月廿一日条に「天台座主良源於二神楽岡吉田寺一修二舎利会一」、天台座主記、良源の条に「貞元二年四月七日、為レ遂二往日宿念一行二舎利会事一。…次於二神楽岡西、吉田社北一、建二立重閣講堂一云々」、吉記、養和元年九月廿二日条に「次参二中山観音堂一〈号二吉田寺一。寺僧云、吉備大臣建立〉」。

寿尽時…（三八四3）　古事談巻三「永観律師終焉ノ時、苦痛ヤ御スルト奉レ問ケレバ、寿尽時歓喜喩如捨衆病ト云文ヲ被レ示ケリ。又無下ニヨハクナラレテ後、念仏ノ声モキコエザリケレバ、イカニ念仏ハト問申ケレバ、何況憶念ト被レ示テ、ヤガテ命終云々」。

木工助敦隆（三八四6）　中右記、保安元年七月廿七日の条に「或人云、一日木工助藤原敦隆卒去〈年五十余、悪瘡云々〉。件人故肥前守俊清男也。高才者也。雖レ無二風月一頗通二諸道一也」とあるが、尊卑分脈には橘俊清の子とある。天仁二年源師頼家歌合（袋草紙・八雲御抄）に橘敦隆、同三年源師時家歌合は藤敦隆とあり、同一人物である。橘氏に生れ、故あり藤原氏を名乗るか。類聚古集の編者で朝野群載に走脚詩、和歌類林序、愁鬢詞あり。

三枝寺（三八五14）　書紀、顕宗三年条に「置二福草部一」、姓氏録、左京神別、三枝部連条に「顕宗天皇御世、喚二集諸氏人等一、賜二饗醼一。于レ時三茎之草生二於宮庭一、採以奉献。仍負二姓三枝部造一」といい、同、大和国神別、三枝部条もほぼ同じ。また書紀、天武十二年九月条に「福草部造、…賜レ姓曰レ連」。これらによって三枝部は顕宗天皇の名代であり、三枝部造（→連）はその伴造と知られる。太田亮は播磨と三枝部の関係について「此の国は顕宗帝潜竜の地なれば、三枝部の設置ありしや、想像するに難からず。後世当国の三枝氏は蓋し其の後裔なるべし」という。

釈尊は往昔…（三八五17）　賢愚経巻七、設頭羅健寧品第三十三「如レ是我聞、一時仏在二羅閲祇竹園中一。爾時賢者阿難従レ座而起、整二衣服一長跪叉手、前白レ仏言、阿若憍陳如伴党五人、宿有二何慶一、依二何因縁一、如来出世、法鼓初震独先得レ聞、甘露法味特先得レ嘗。唯願垂レ哀具為二解説一。於レ時世尊告二阿難一言、此五人者先世之時、先食二我肉一致レ得二安穏一。是故今日先得二法食一、用致二解脱一。爾時阿難重白レ仏言、先世食レ肉有二何因縁一。願具開示。仏告レ之曰、過去久遠、無量無数阿僧祇劫、此閻浮提有二大国王一。名曰二設頭羅健寧一。領二閻浮提八万四千国、六万山川、八十億聚落、二万夫人婇女一。王有二慈悲一憐二念一切一。人民之類靡レ不二蒙頼一。爾時国中有二火星現一。相師尋見而白レ王言、若火星現、当三旱不レ雨経二十二年一。今有二此変一、当レ如二之何一。王聞二是語一甚大憂愁。若有二此災一奈二何民物一。民命不レ済無二復国土一。即合二群臣一而共議レ之。衆臣咸曰、当下下二諸国一計中現民口上。復令レ算下数倉箱現穀知二定斛斗一、十二年中人得中幾許上。王従二其議一、即時宣令、急勅算レ之。都計算竟。一切人民、日得二一升一猶尚不レ足。従レ是已後、人民飢餓死亡者衆。王自念曰、当下設二何計一済中活人民上。因与二夫人婇女一出遊二園観一、到各休息。王伺二衆眠寐一即従レ座起、向二四方一礼、因立二誓言一、今此国人飢羸無レ食。我捨二此身一願為二大魚一、以二我身肉一充二済一切一。即上二樹端一自投二於地一、即時命終。於二大河中一為化生レ魚。其身長大五百由旬。爾時国中有二木工五人一、各齎二斤斧一、往至二河辺一規斫二材木一。彼魚見已、即作二人語一而告レ之曰、汝等若飢、欲レ須レ食者来取二我肉一。若復食飽可二齎持去一。汝今先食二我肉一而得二充飽一。後成レ仏時当下以二法食一済中脱汝等上。汝可三幷告二国人大小一。有二須レ食者一悉各来取。五人歓喜、尋各斫取、食飽齎帰。因以二其事一具語二国人一。於レ是人民展転相語、遍二閻浮提一、悉皆来集噉二食其肉一。一脇肉尽、即自転レ身、復取二一脇一皆復食尽。故処還生、復転レ身与レ之。如レ是翻覆、恒以二身肉一給二済一切一。経二十二年一其諸衆生、食二其肉一者皆生二慈心一、命終之後得レ生二天上一。阿難欲レ知爾時設頭羅健寧王者、則我身是。時五人木工先食二我肉一者、今憍陳如等五比丘是。其諸人民後食レ肉者、今八万諸天及諸弟子得度者是。我於二爾時一、先以二身肉一充二彼五人一令レ得二済活一。是故今日最初説法度二彼五人一、以二我法身少分之肉一、除二彼三毒飢乏之苦一。賢者阿難及諸会者、聞二仏所レ説且悲且喜、頂戴奉行」。

林野に殯る（三八六13）　釈氏要覧巻下「葬法、天竺有レ四焉。一水葬謂投二之

江河一以飼二魚鼈一。二火葬謂積レ薪焚レ之。三土葬謂埋二岸傍一取二速朽一也。四林葬謂露二置寒林一飼二諸禽獣一」。

牛羊の眼(三八七1) 法華玄義巻二上「不レ可下以二牛羊眼一観中視衆生上。不レ可下以二凡夫心一評中量衆生上」、沙石集巻四「牛羊ノ眼ヲシテ他人ヲ評量スルコト莫レト云ヘリ」。

元慶寺(三八七2) その成立は元慶元年十二月九日太政官符「応下以二元慶寺一為二定額一置中年分度者三人上事」(類聚三代格)に「右法眼和尚位遍照上表偁、此寺、中宮有身之日、今上降誕之時、至心発願、始以草創。自後堂宇漸構、仏像新成。…望請、准二彼二寺(嘉祥・安祥)一置二件年分一、遠伝二両宗(天台・真言)之玄教一、永為二国家之鎮護一。其試業経書等一准二天台宗年分一、毎年十二月上旬、特請二勅使一、対読課試、通五以上以為二及第一、即当二今上降誕之日一剃頭得度。但受戒之儀、於二延暦寺戒壇一令レ受二菩薩大乗戒一、受戒之後更帰二本寺一、於二五大菩薩前一、使下二止観業者一転二読仁王般若経一、真言業者三時念持不断誓護上。又為二定額寺一弥増二興隆一、上誓二護聖朝一下福二利億兆一者。大納言正三位兼行左近衛大将陸奥出羽按察使源朝臣多宣、奉レ勅、宜レ依二来表一」。

石作寺(三八七2) 三代実録、元慶三年閏十月五日条に「勅以二山城国乙訓郡公田五町一為二元慶寺田一、而四段三百十六歩返二入石作寺一」。また宇津保物語、楼上上に「かくていしつくりてらの、やくしほとけげむじ給とて、おほくの人まうで給」、「ものいみしはべらんとて、いしつくりにこもりて」、小右記、長徳二年五月五日条に「倫範云、権帥(藤原伊周)去夜宿二石作寺一(在二長岡一)」、同書、長和二年正月十二日条に「夜深、按察納言(藤原隆家)来談云、…阿闍梨請金年来籠二居石作寺一、久宛二小供一。従二十四日一、於二彼寺一可レ令レ行二修善一、其間可レ住二彼寺一。為レ云二其事一所レ来也者」。この請金は聖金かも知れない。なお本伝では籠居にいたる過程が書かれていないが、元慶寺出身で、のち叡山に入ったとおもわれる。天元三年(三十一歳の時)九月三日の良源の根本中堂供養に「讃衆、聖金阿闍梨」(叡岳要記)とみえ、寛和二年(三十七歳のとき)に叡山ではじまった廿五三昧に加わった。廿五三昧過去帳に「住山之日、在二此結衆一。中間随二請用一、暫経二廻洛辺一。後遁世、隠二居山城国乙訓郡石作寺一。於二彼寺一列二結縁一、亦修二廿五三昧念仏一。又閉居以後十五年間」といい、三外往生記でも「昔随二請用一暫経二廻于洛下一。猶厭二生死之郷一、隠二居山城国乙訓郡石作寺一。十五年間…」とみえる。これらと対比して本伝の文をみれば、右の経歴の後、没年より十五年前、長保三年(五十二歳)に石作寺に籠居したとみられる。

廿七日…(三八七8) 廿五三昧過去帳に「(十二月)廿七日令レ掃二除住房一、示云、死期既近云々。弟子等即驚、触二示一両要事一。随レ触一々弁定已了」、三外往生記に「又云、臨終之期已近、可レ洒二掃房舎一也」。従って土葬云々のことはこれらにみえない。

廿八日…(三八七11) 廿五三昧過去帳に「廿八日集二諸僧一、令二念仏一。即示云、布薩日可二命終一云々。手執二梵網経一、打レ磬発願、一見已了。又至レ夜令二諸僧念仏一、亦誦二寿量品一」、三外往生記に「取二梵網経一、打レ磬而発願。一見了後、漸臨二夜陰一、又令レ修二念仏一、自亦誦二寿量品一」とある。

往生の行儀…臨終の十念(三八七15) 廿五三昧過去帳に「読二往生集臨終行儀一、示云、臨終十念、勝二百年修行一云々。諸僧相共竟夜念仏」、三外往生記に「又令レ読二往生要集臨終行儀一云、最後十念、猶勝二百年苦行一。諸僧相共竟夜念仏」とある。往生要集、大文第六には「臨終一念、勝二百年業一」、「所言十念、雖レ有二多釈一、然一心十遍、称二念南無阿弥陀仏一、謂二之十念一」とある。

五色の糸…(三八八1) →二八頁補。廿五三昧過去帳に「病者以レ糸着二仏手一、自執二其末一、并執二自別願文一、向レ西結二定印一、如レ入二禅定一、長逝已了。布薩日命終果如二所言一」、三外往生記に「以二色縷一着二仏手一、執二其末一、面向二西方一、手結二定印一、如レ入二禅定一、寂然長逝。前言不レ違、布薩之日命終矣」とある。

地水(三八八11) 円覚経に「我今此身四大和合、所謂毛髪・爪歯・皮肉・筋骨・髄脳・垢色皆帰二於地一。唾涕・濃血・津液・涎沫・痰涙・精気・大小便利、皆帰二於水一。煖気帰二於火一。動転帰二於風一云々」とある。

普賢の十願(三九〇1) 華厳経普賢行願品第四十「若欲レ成二就此功徳門一、応レ修二十種広大行願一。何等為レ十。一者礼二敬諸仏一、二者称二讃如来一、三者広修二供養一、四者懺二悔業障一、五者随二喜功徳一、六者請二転法輪一、七者請二仏住世一、八者常随レ仏学、九者恒順二衆生一、十者普皆回向」。

清禅（三九〇14）　阿娑縛抄明匠等略伝、皇慶阿闍梨に、皇慶受法の師として「清禅、東塔西谷坊井房至今円成、後住二伊予国法界寺一」とあり、同、延殷法橋に「従二法橋静照一、学二山家法文一。静照死後、師二事清禅上人一、寄二住伊予国法界寺一、読二四分比丘戒本六巻・行事抄等一。彼遷化之後帰二叡岳一、普独二(謁か)明師一、研二前受之法一」。なお皇慶は永承四年(谷阿闍梨伝)、延殷は永承五年(僧綱補任)、静昭は長保五年死す(僧綱補任)。

原文 并校異

日本往生極楽記
大日本国法華経験記
続本朝往生伝
本朝神仙伝
拾遺往生伝

日本往生極楽記

朝散大夫行著作郎慶保胤撰

叙曰。予自少日念弥陀仏。行年四十以降。其志弥劇。口唱名号。心観相好。行住坐臥暫不忘。造次顛沛必於是。夫堂舎塔廟。有弥陀像有浄土図者。莫不敬礼。道俗男女。有志極楽有願往生者。莫不結縁。経論疏記。説其功徳述其因縁者。莫不披閲。大唐弘法寺釈迦才。撰浄土論。其中戴往生者二十人。迦才曰。上引経論二教証往生事。実為良験。但衆生智浅。不達聖旨。若不記現往生者。不得勧進其心。誠哉斯言。又瑞応伝所載[1]四十余人。此中有屠牛販鶏者。逢善知識十念往生。予毎見此輩弥固其志。[2]念検国史及諸人別伝等。有異相往生者。兼亦訪於故老。都慮得四十余人。予感歎伏膺聊記操行。号曰日本往生極楽記矣。後之見此記者。莫生疑惑。願我与一切衆生。往生安楽国焉。

〔一〕聖徳太子者。豊日天[1]王第二子也。母妃皇女夢有金色僧謂曰。吾有救世之願。々宿后腹。妃問。為誰。僧曰。吾救世菩薩。家在西方。妃答。妾腹垢穢。何宿矣。僧曰。吾不厭垢穢。唯望感人間。躍入口中。妃即覚後喉中猶呑物。自此以後始知有娠。漸及八月。胎中而言声聞于外。出胎之時忽有赤黄光。至自西方照曜殿内。生而能言。知人挙動。百済国献経論。太子奏曰。欲披閲之。天皇怪而問之。奏曰。児昔在漢住南岳。歴数千[2]年。修行仏道。時年六歳。太子身体尤香。抱懐之人。奇香染衣数月不滅。百済日羅来朝。身有光明。太子微服従諸童子。入館而見之。日羅指太子曰。是神人矣。太子驚去。日羅脱履而走。太子隠坐易衣出。日羅謝罪。再拝跪地啓曰。敬礼救世観世音。伝燈東方粟散王。太子縦容而謝之。日羅身放大光。太子亦眉間放光。如日暉。謂左右曰。日羅者聖人也。児昔在漢。彼為弟子。常拝日天故。身放光明。

推古天皇立為皇太子。万機悉委焉。太子聴政之日。宿訟未決者八人。同音白事。太子一々能弁答。大臣以下称言。八耳皇子。高麗僧恵慈来朝。弘渉内外。尤深釈義。太子問十知百。謂曰。法花経中此句落字。法師答曰。他国之経亦無有字。太子曰。吾昔所持之経。思有此字。法師答曰。経在何処哉。太子微咲答曰。在大隋衡山寺。即指[3]相群臣可為使者。以小野妹子遣於大唐。命曰。吾先身所持法花経。在于衡山般若台中。汝取来矣。彼山吾昔同法所遺。只三老僧而已。[4]以此法服各与之。妹子承命渡海。果到南岳遇三老僧。陳太子命旨。老僧歓喜。即命沙弥。取納経一漆篋而授之。妹子取経帰朝。太子曰。此経非我所持。

太子宮中有別殿。号夢殿。一月三度沐浴而入。若制諸経疏。有滞義者。即入此殿。常有金人。至自東方告以妙義。太子閉戸不出七日七夜。時人太異。恵慈法師曰。太子入三昧。宜莫奉驚。八日之晨。玉机之上有一巻経。引恵慈謂曰。是吾先身所持之経。一巻複一部。去年妹子所持来者。吾弟子経也。吾近日遣魂取来。指所落字而告師。々太驚奇之。先将来経無有此字。太子薨後。山背大兄王子六時礼拝。多十月廿三日夜半。忽失此経不知所去。今納法隆寺経。妹子所持来也。[5]太子也太子肇制憲法十七条。手書奏之。天下悦。天皇請太子講勝鬘経三日。太子着袈裟握麈尾登師子座。其儀如僧。講竟之夜蓮花忽落。花長二三尺。明旦奏之。天皇太奇。即卜其地建立伽藍。今[6]橘寺是也。天皇又令講法花経七日。以播磨国水田三百町給于太子。即施入法隆寺。太子命駕、巡検[7]造墓。帰有飢人。臥于道垂。太子歩近飢人語曰。可怜々々。即脱紫御袍覆之。即賜歌曰。

斯那提留夜。可多乎可夜摩邇。[8]伊比邇宇恵底許夜世留。[9]他比々等阿波礼。於夜奈之邇。奈礼奈利介米夜。佐須陀気乃。岐弥波夜奈吉母。伊比邇宇恵天許夜世留。諸能多比々等安波礼。

飢人起首答歌曰。

伊珂瑠賀能。等美乃乎何波能。多延波許曾。和賀於保只弥能。[10]奈和須良礼米。

還宮之後。遣使視之。飢人既死。太子大悲使厚葬之。于時大臣馬子宿禰等譏之。太子聞召譏者命曰。卿等発墓見之。馬子大臣受命往見。無有其屍。棺内太香。所賜歛物彩帛等置於棺上。唯無太子紫袍。馬子等太奇深歎聖徳。

妃膳部氏在側。太子曰。汝如我意一事不違。吾死之日。同穴共葬。又曰。吾昔経数十[11]年。修行仏道。今為小国之儲君。漸弘一乗之妙義。吾不欲久遊五濁。妃即反袂嗚咽。又命曰。吾今夕遷化。子可共去。太子沐浴服新衣裳。妃亦沐浴換衣。臥太子副床。明旦太子幷妃良久不起。左右開殿戸。乃知入滅。時年四十九。当斯時也。天下老少。如哭愛子。如喪慈父。哀泣之声満於道路。皆曰。日月忽暗。天地既崩。自今以後。永無依怙矣。将歛葬之。太子幷妃其容如生。其身太香。挙其両屍。軽如衣服。高麗僧恵慈聞太子薨。哀哭発誓願曰。日本太子誠是大聖也。我雖異境。心在断金。縦独愁生。有何益乎。我以太子[12]葬日必死。遇太子於浄土。明年二月廿二日太子薨日。恵慈即死。果如其言。

〔三〕行基菩薩。俗姓高志[1]氏。和泉国大鳥郡人也。菩薩初出胎。胞衣裹纏。父母忌之閣樹岐上。経宿見之。出胞能言。収養之。少年之時。隣子村童相共讃嘆仏法。余牧児等捨牛馬而従者。殆垂数百。若牛馬之主有用之時。令使尋呼。男女老少来覓者。聞其讃嘆之声。不問牛馬。泣而忘帰。菩薩自上高処。呼彼馬喚此牛。応声自来。其主各牽而去。

菩薩出家為薬師寺僧。読瑜伽唯識論等了知奥義。菩薩周遊都鄙。教化衆生。道俗慕化。追従者動以千数。菩薩行処[2]。巷無居人田無耕者。男女幼艾[3]捨耒耜投機杼。争来礼拝。随器誘導。改悪趣善。尋諸要害処。造橋梁修道路。点検其田可耕種水之[4]蓄灌。穿渠池築陂隄。聞見所及咸来加功。不日而成。百姓于今受其賜焉。菩薩畿内建立道場凡[5]四十九処。諸州亦往々而存之。昔修行諸国帰於故郷。里人大小会集池辺。捕魚喫之。菩薩過於其処。年小放蕩者相戯。以魚膾薦於菩薩。々々食之。須臾吐出。其膾変為小魚。見者驚恐。聖武天皇甚敬重。詔授大僧正位。于時智光以為。我是智行大僧。行基浅智沙弥也。朝家何因棄我賞彼。内恨皇朝。退隠山寺。智光忽死。依遺言不暫葬。十日得蘇。告弟子等云。閻王宮使駈逐我矣。復路有金殿。高広光曜。我問使者。答云。行基菩薩可生之処也。復行遠見。煙炎満空。亦問使者。答云。汝欲入之獄也。便到已。閻王呵[6]曰。汝於閻浮提日本国。有嫉悪行基菩薩之心。今所以召汝。懲其罪。即令我抱銅柱。肉解骨融。罪畢放還。智光得蘇欲謝菩薩。々々[7]在摂津国。造難波江橋。智光尋到。菩薩遥見知意含咲。智光伏地致礼。流涙謝罪。

天皇造東大寺了。命菩薩曰。欲供養此寺。以菩薩為講師。奏曰。行基不堪為大会講師。従異国一聖者可来。及于会[8]期奏曰。異国聖者今日可相迎之。即有勅。菩薩率[9]百僧及治部玄蕃雅楽三司等。向難波津。於浜頭調音楽相待之。行基加百僧末。以閼伽一具。焼香盛花。泛於海上。香花自然指西而去。俄頃遥望西方。小舟来向。近而見之。舟前閼伽之具不乱次第。小舟着岸。有一梵僧上浜。菩薩執手相見微咲。菩薩唱倭歌曰。

霊山能。釈迦乃美麻部邇知岐利弖之。真[10]女久智世須。阿比美都留賀毛。

異国聖者即答和云。

迦毘羅衛邇。等毛邇知岐利之。賀比安利天。文殊能美賀保。阿比美都留賀奈。

行基菩薩謂緇素曰。異国聖者是南天竺波羅門。名菩提也。集会人又知。行基菩薩是文殊化身。自余霊瑞不遑覼縷。菩薩天平勝宝元年二月二[11]日唱滅。時年[12]八十。

仏子寂心在俗之時。草此記及序等。既成巻軸了。出家之後。無暇念仏。已絶染翰。近日訪得往生人五六輩。便属中書大王。令加入記中。兼亦待潤色。大王不辞。響応下筆。大王夢。此記中可奉戴聖徳太子行基菩薩。此間大王忽有[13]風痾。不能記畢。寂心感彼夢想。自披国史及別伝等。[14]抽入二菩薩応迹之事焉。

〔三〕伝燈大法師位善謝。俗姓不破勝。美濃国不破郡人也。初学法相。道業日進。乃超詣三学。通達六宗。桓武天皇擢為律師。栄分非好。凡厥行業期於菩提。梵福山中閑送余年。行年八十一遷化往生極楽。入同法夢。

〔四〕延暦寺座主伝燈大法師位円仁。俗姓壬生氏。下野国都賀郡人也。生有紫雲之瑞。大同三年出家[1]。師事伝教大師。三年蟄居楞厳院。修四種三昧。承和二年以選入唐。一紀之間登五台山。到諸道場。遍謁名徳。受学顕密。承和十四年帰朝。弥陀念仏。法花懺法。灌頂。舎利会等。大師所伝也。凡仏法東流。半是大師之[2]也。天安貞観両帝。淳和五条二后[3]。比以為師。受菩薩戒及灌頂等。大師嘗有熱病。夢食天甘露。覚後口有滋味[4]。身無余恙。貞観六年正月十四日一道和尚来云。微細音楽聞于唐院。〈大師房号唐院〉聞[5]之既無其声。酉一剋令祐法師近在大師前。大師指南[6]方[7]。客人入到。早可焼香。令祐言。無人。大師弥以敬重。具威儀結定印。念仏入滅。同年二月有勅贈法印大和尚位。七年賜諡慈覚。

〔五〕律師隆海。俗姓者清海氏。故郷是摂津国。家在河上。世漁[1]釣為業也。隆海結髪之時。従漁者遊戯矣。当国講師薬円見而異之。共載而帰。付律師願暁。令受三論宗義。貞観十六年為維摩会講師。待問[2]辨析。詞出度外。暮歯患風疾。告門弟子曰。就命時至。常[3]念極楽。毎日沐浴念仏。兼誦無量寿経要文。及竜樹菩薩。羅什三蔵弥陀讃。至于命終其声不断。安坐気絶。遺弟北首臥之。明朝見右手。結無量寿如来印。荼毘之間其印不爛。

〔六〕延暦寺座主僧正増命。左大史桑内安岑子也。父母無児。祈生和尚。々々天性慈仁。少無児戯。夢有梵僧。来摩頂曰。汝莫退菩提心。如此数矣。受戒之後未曾臥寝。就智証大師受三部大法。和尚不分尊卑。有客来迎送之。叡岳嶺上透[1]巌如舌。相向西塔。智徳之僧多以夭亡。古老曰。巌妖也。和尚聞之。望巌歎息。三日祈念。一朝雷電巌悉破砕。其殞片石今在路傍。[2]太上法皇為師受廻心戒。々壇之上現紫金光。見者随喜。若有宿病者[3]。食和尚鉢飯。其所苦患莫不痊愈。和尚俄有微病。洒掃一室。告門弟子曰。人生有限。本尊導我。汝等不可近居。今夜金光忽照。紫雲自聳。音楽遍空。香気満室。和尚礼拝西方。念阿弥陀仏。焼香倚几。如眠気止。斂葬之間煙中有芳気。天子遣使労問。賜諡静観。

〔七〕律師無空。平生念仏為業。衣食常乏。自謂。我貧[1]亡後定煩遺弟。竊以万銭置于房内天井之上。欲支斂葬也。律師臥病。言不及銭。忽以即世。枇杷左大臣与律師有故旧矣。大臣夢。律師衣裳垢穢。形容枯槁。来相語曰。我以有伏蔵銭貨。不度受蛇身。願以其銭可書写法花経。大臣自到旧房。捜得万銭。々中有一[2]小蛇。見人逃去。大臣忽令書写供[3]法花経一部了。他日夢。律師法服鮮明。顔色悦懌。持香鑪来。謂大臣曰。吾以相府之恩。得免邪道。今詣極楽。語了西向飛去焉。

〔八〕東大寺戒壇和尚律師明祐。一生持斎。全護戒律。毎夜参堂不宿房舎。及于命終。念仏不休。天徳五年二月十八日入滅焉。先一両日頗有悩気。飲食非例。弟子等曰。終日不食。勧粥[1]如何。師曰。斎時已過。命終亦近。何可破乎。重命曰。二月者寺例有所修之仏事。我愁生而過之也。十七日夕。弟子等誦阿弥陀経。廻向畢後師曰。如前可調音楽。答曰。無有音楽。何言之相誤乎。師曰。我心神不爽。以前有音楽所陳也。明日即世矣。

〔九〕僧都済源。心意潔白不染世事。一生之間念仏為事。命終之日。室有香気。空有音楽。常所騎白馬。跪以涕泣。捨米五石就薬師寺。令修諷誦。陳曰。我昔為寺別当。所借用是而已。今臨終以報之。

〔一〇〕延暦寺定心院十禅師成意。素性潔白無所染着。本自不好持斎。朝夕食之。弟子前曰。山上名徳多為斎食。我師何独忽諸此事乎。師答曰。我本清貧[1]。日供之外亦無所得。今只随有食供米而已。或経曰。心礙菩提。食不礙菩提。弟子呑舌而罷。数年之後命弟子僧曰。今日之食倍於常量。早自例時。弟子等晨炊供進。便以鉢中飯各一両匙。普分諸弟子曰。汝曹食我食。只今日而已。食了語弟子曰。汝参無動寺相応和尚御房。申云。成意只今詣極楽。於彼界可奉謁。又参千光院増命和尚御房。陳如前言。弟子曰。此言近妄。師云。我若今日不死者。可為我之狂言。於汝有何所愧乎。弟子等便之[2]両所。未及帰来。面西入滅矣。

〔一一〕元興寺智光頼光両僧。従少年時同室修学。頼光及暮年与人不語。似有所失。智光怪而問之。都無所答。数年之後。頼光入滅。智光自歎曰。頼光者是多年親友也。頃年無言語無行法。徒以逝去。受生之処善悪難知。二三月間至心祈念。智光夢到頼光所。見之似浄土。問曰。是何処乎。答曰。是極楽也。以汝懇志。示我生処也。早可帰去。非汝所居。智光曰。我願生浄土。何可[1]還耶。頼光答曰。汝無行業。不可暫留。重問曰。汝生[2]前無所行。何得生此土乎。答曰。汝不知我往生因縁乎。我昔披見経論。欲生極楽。靖而思之。知不容易。是以捨人事絶言語。四威儀中。唯観弥陀相好。浄土荘厳。多年積功今纔来也。汝心意散乱。善根微少。未足為浄土業因。智光自聞斯言。悲泣不休。重問曰。何為決定可得往生。頼光曰。可問於仏。即引智光共詣仏前。智光頭面礼拝白仏言。得修何善生此土。仏告智光曰。可観仏相好浄土荘厳。智光言。此土荘厳。微妙広博心眼不及。凡夫短慮何得観之。仏即挙右手。而掌中現小浄土。智光夢覚。忽命画工。令図夢所見之浄土相。一生観之。終得往生矣。

〔一二〕延暦寺東塔住僧某甲。頸下有癭。万方不痊。雖以襟掩之。尚有憚交衆。卜楞厳院砂碾[1]峰以隠居。素誦尊勝千手陀羅尼。又常念弥陀仏。数年之後不治自痊。自謂仏力所致也。縦我帰故屋[2]。又営世事。在世日短。不如念仏。自此刊蹤[3]不出砂碾[1]。同山僧普照。一夏之間住于同院。[4]欲煮麦粥以施寺中。一夜在湯屋鼎辺。于時奇香薫山。妙楽満空。耳鼻所聞心自怪之。普照仮寐夢。有一宝輿。自砂碾[1]指西方而飛去矣。僧侶及伶倫囲繞輿之左右。遙見輿中。砂碾[1]僧乗之。普照覚後。欲知虚実。有人即告入滅。普照相語同法等曰。我正見往生極楽之人焉。

〔三〕梵釈寺十禅師兼算。性好布施。心少瞋恚。自少年時念弥陀仏。帰不動尊。往年夢。有人告曰。汝是前生帰弥陀仏一乞人也。兼算臥病辛苦。七日之後忽然起居。心神明了。語弟子僧曰。我命将終。空中有微細伎楽。諸人聞不。便与諸弟子一心念仏。少而又臥。口不廃念仏。手不乱定印而入滅矣。

〔四〕延暦寺楞厳院十禅師尋静[1]。本性無所悋惜。毎有人来。先勧飲食。十余箇年不出山門。昼読金剛般若。夜念阿[2]弥仏。所修種々善根。只期極楽。行年七十余[3]歳正月臥病。命弟子三時令修念仏三昧。二月上旬語弟子等曰。我夢。大光中数十禅僧。将宝輿唱音楽。従西方来住虚空中。自謂。是極楽迎也。歴五六日更加沐浴。三箇日夜永絶喰飯。一心念仏。又命弟子僧。汝僧[4]不可勧水漿致問訊。有妨観念之故也。即西面合掌而終矣。

〔五〕延暦寺定心院十禅師春素。一生披見摩訶止観。又常念阿弥陀仏。春秋七十有四冬十一月。語弟子僧温蓮云。弥陀如来欲迎接我。其使禅僧一人童子一人。共着白衣。々上有画。如重花片。明年三四月是其期也。自今須断[1]飲食。唯[2]飲茶耳。至于明年四月。又命温蓮曰。前使重来。在我眼前。定可去閻浮也。至日中遷化矣。

〔六〕延暦寺座主僧正延昌[1]者。加賀国人也。僧正兼学顕密。専惜分寸。受戒以降。毎夜誦尊勝陀羅尼百遍。毎月十五日招延諸僧。唱弥陀讃。兼令対論浄土因縁。法花奥義。平生常曰。先命終之期。欲修三七日不断念仏。其結願之日。我入滅之時也。往年夢。有四品朝服之人。神彩甚閑。語僧正曰。若欲生極楽者。為一切衆生。書写法花百部。僧正捨衣鉢書写供養。天徳□[2]年十二月廿四日。命門弟子。三七日間令修不断念仏。明年正月十五日入滅。此日僧正沐浴浄衣。向本尊像願曰。西山日暮。南浮露消。不過[3]今夕。必可相迎。言訖右脇以臥。枕前奉安弥陀尊勝両像。以糸繋于仏手。結着我手。其遷化之期。果如前言。朱雀邑上両帝帰依為師。後謚慈念矣。

〔七〕沙門空[1]也。不言父母。亡命在世。或云。出自潢流。口常唱弥陀仏。故世号阿弥陀聖。或住市中作仏事。又号市聖。遇嶮路即鏟之。当無橋亦造之。見無井則掘之。号曰阿弥陀井。播磨国揖穂郡峰合寺有一切経。数年披閲。若有難義者。夢有金人常教之。阿波土左両州之間有島。曰湯島矣。人伝。有観音像霊験掲焉。上人腕上焼香。一[2]七日夜不動不眠。尊像新放光明。閉目則見。一鍛冶工過於上人。懐金而帰。陳曰。日暮路遠。非無怖畏。上人教曰。可念弥陀仏。工人中途果遇盗人。心竊念仏如上人言。盗人来見称市聖而去。西京有一老尼。大和介伴典職之旧室也。一生念仏。上人為師。上人令補綴一衲衣。尼補畢命婢曰。我師今日可遷化。汝早可齎参。婢還陳入滅。尼曾不驚歎。見者奇之。上人遷化之日着浄衣。擎香鑪向西方以端座。語門弟子曰。多仏菩薩来迎引接。気絶之後猶擎香鑪。此時音楽聞空。香気満室。嗚呼上人化縁已尽。帰去極楽。天慶以往。道場聚落修念仏三昧希有也。何況小人愚女多忌之。上人来後。自唱令他唱之。爾後挙世念仏為事。誠是上人化度衆生之力也。

〔一八〕延暦寺阿闍梨伝燈大法師位千観。俗姓橘氏。其母無子。竊祈観音。[1]得蓮華一茎。後終有娠。誕于闍梨。々々心在慈悲。面無瞋色。兼学顕密。莫不博渉。除食時外。不去書案。作阿弥陀偈賛廿余行。都鄙老少以為口実。極楽結縁者往々而多矣。闍梨夢。有人語曰。信心是深。豈隔極楽上品之蓮。善根無量。定期弥勒下生之暁。闍梨以八事而誡徒衆。発十願而導群生。遷化之時[2]。掘願文。口唱仏号。権中納言敦忠卿第一女子。久以為師。相語曰。大師命終之後。[3]夢中必示生処。入滅未幾夢。闍梨上蓮花船。唱昔所作弥陀賛西行焉。

〔一九〕延暦寺僧明靖[1]。俗姓藤原氏。素嗜密教。兼念弥陀。暮年有小病。召弟子僧静真語曰。地獄之火遠現病眼。念仏之外誰敢救者。須自他共[2]修念仏三昧。即請僧侶枕前。令唱仏号。又語静真曰。眼前之火漸滅。西方之月微照。誠是弥陀引摂之相也。命終之日。強扶微力。沐浴西向気絶矣。

〔二〇〕石山寺僧真頼。就内供奉十禅師淳祐。受真言法。明於三密。受法以降若干年。三時念誦。一時不休。命終之日。喚受法弟子長教相語曰。今日決定可入滅。所未授畢金剛界印契真言等可尽一界。便沐浴授了。命諸弟子曰。我出寺中欲移[1]山辺。弟子等響応肩輿移之。即西向念阿弥陀仏気絶矣。同寺僧真珠夢。数十禅僧丱童等。迎真頼而去

〔二一〕大日寺僧広道。俗姓橘氏。数十年来。専楽極楽。不事世事。寺辺有一[1]孀女寄居矣。有両男子。為天台僧。兄曰禅静。弟曰延睿。其母即世。二僧一心。昼読法花経。夜念弥陀仏。偏祈慈母往生極楽。当斯時也。広道夢。極楽貞観両寺間。聞無量音楽。驚望其方。有三宝車。数千僧侶捧香鑪囲繞之。直到亡女家。[2]女令着天衣。共載欲還。便勅二僧曰。汝為母有懇志。是以来迎也。一夢之中。亦有広道往生之相。広道不歴幾年入滅。此日音楽満空。道俗傾耳。随喜発心者多矣。

〔二二〕摂津国島下郡勝尾寺住僧勝如。別起草庵。蟄居其中。十余年間禁断言語。弟子童子相見稀矣。夜中有人。来叩柴戸。勝如以忌言語。不得問之。唯以咳声。令知有人。戸外陳言。我是居住播磨国[1]賀古郡賀古駅北辺沙弥教信也。[2]今日欲往生極楽。上人[3]年月。

可得其迎。為告此由。故以来也。言訖而去。勝如驚怪。明旦遣弟子僧勝鑑。令尋彼処欲撿真偽。勝鑑還来曰。駅家北有竹廬。々前有死人。群狗競食。廬内有一老嫗一童子。相共哀哭。勝鑑便問悲情。嫗曰。死人是我夫沙弥教信也。一生之間称弥陀号。昼夜不休。以為己業。隣里雇用之人。呼為阿弥陀丸。今嫗老後相別。是以哭也。是童子者即教信之児也。勝如聞斯言自謂。我無言語。不如教信念仏。故往詣聚落。自他念仏。及于期月。[4]急以入滅焉。

〔二三〕摂津国豊島[1]箕面滝下。有大松樹。有修行僧。寄居此樹下。八月十五日夜閑月明。天上忽有音楽及櫓声。樹上[2]有人曰。欲迎我歟。空中答曰。今夜為他人向他所也。可迎[3]汝者明年今夜也。又無他語。音楽漸遠。樹下僧初知樹上有人。便問樹上人言。此何声哉。樹上人答曰。此四十八大願之筏声也。樹下僧竊相待明年八月十五日夜。至于期日。果如其語。微細音楽相迎而去。

〔二四〕法広寺住僧平珍。少壮之時修行為事。晩年建立一寺。而常住寺中。別[1]起小堂。彫刻極楽浄土之相。常以礼拝。平生常曰。入滅之時。具足威儀往生極楽。及于命終。令弟子等修念仏三昧。相語曰。音楽近聞空中。定是如来相迎也。便着新浄之衣。念仏気絶矣。

〔二五〕沙門増祐。播磨国賀古郡蜂目郷人也。少日入京住如[1]寺。念仏読経。天延四年正月身有小瘡。飲食非例。或人夢。寺中西[2]井辺有三車。問曰。何車乎。車下人答曰。為迎増祐上人也。重夢。車初在井下。今在房前。同月晦日。増祐謂弟子曰。死期已至。可儲[3]葬具。寺僧聞之。相共会集。論談釈教義理。世間無常。[4]晩頭被扶弟子僧向葬処。先是去寺五六町許。穿一大穴。上人於穴中念仏即世矣。此時寺南廿[5]許人。高声唱弥陀号。驚而尋見。已無人焉。

〔二六〕陸奥国新田郡小松寺住僧玄海。初具妻子暮年離去。日読法花経一部。[1]誦大仏頂真言七遍。以為恒事。夢左右腋各[2]生羽翼。向西飛去。過千万[3]国。到七宝地。自見其身。以大仏頂真言為左翼。以法花経第八巻為右翼。廻望此界。宝樹楼閣光彩隠映。有一聖僧。語曰。汝今所来者極楽界之辺地也。却後三日可迎汝耳。玄海頂[4]受此語。飛帰如初。門弟子等初謂已死。皆尽悲泣。玄海得蘇[5]。弥読誦真言経典。後三年而遷化。予知死期矣。

〔二七〕延暦寺沙門真覚者。権中納言藤敦忠卿第四男也。初在俗時。官歴右兵衛佐。康保四年出家。従師受両界法。阿弥陀供養法。三時是修。一生不廃。臨終之時有微[1]病。相語同法等曰。有尾長白鳥。囀曰。去来々々。即向西飛去。又曰。閉目即極楽之相髣髴現前。入滅之日誓願曰。我十二箇年所修善根。今日惣以廻向極楽。入滅之夜。三人同夢。衆僧上竜頭舟。来相迎而去。

〔二八〕沙[1]弥薬[2]蓮。住信濃国高井郡中津村如法寺。一生之間読誦阿弥陀経。兼唱仏号。有一男一女。相従薬蓮。語二子曰。明日暁可詣極楽。欲[3]浣濯衣裳洗浴身体。両子営之。薬蓮投[4]夜調衣。独入仏堂。即語曰。至于明日午剋。不可開堂戸。暁更微細音楽聞于堂中。明日午後開而見之。已無其身及持経等。

〔二九〕沙弥尋祐。河内国[1]内郡人也。脱俗之後。移住和泉国松尾山寺。常念弥陀兼修印仏。性多慈悲。施心尤深。行年五十有余。正月一日尋祐自称頭痛。自戌剋至亥剋。有大光明。普照山中。草木枝葉皆悉分明。不異昼日。当于斯時。尋祐入滅。光明漸消。今夜有事。男女集会於[2]寺。見[3]此相莫不悲感。明朝里人互相問云。昨夜松尾山寺忽有大光。是何光乎。若失火歟。退聞尋祐入滅[4]。皆致随喜。

〔三〇〕尼某甲。光孝天皇之孫也。小[1]年適人有三子。連年而亡。無幾其夫亦亡。寡婦観世無常。出家為尼。日不再食。年垂数周。忽得腰病。起居不便。医曰。身疲労。非肉食不可療之。尼無愛身命。弥念弥陀。其所疾苦自然平復。尼自性柔和。慈悲為心。蚊虻餧身不敢駈之。春秋五十有余。忽有小病。空中有音楽。隣里驚怪。尼曰。仏已相迎。吾今欲去。言訖而気絶焉[2]。

〔三一〕尼某甲。大僧都寛忠同産姉也。一生寡婦終以入道。僧都相迎寺辺。晨昏養育。尼及衰暮。唯念弥陀。語僧都曰。明後日可詣極楽。此間欲修不断念仏。僧都令衆僧三箇日夜。修念仏三昧。重語僧都曰。自西方宝輿飛来在眼前。但仏菩薩以有濁穢帰去。言与涙倶。使僧都修諷誦両度。明日尼曰。聖衆重来。往生時至。隠[1]几而坐。念仏入滅焉。

〔三二〕尼某甲。伊勢国飯高郡上平郷人也。暮年出家。偏念弥陀。尼多年有意。剥手皮奉図極楽浄土。雖有懇志不能自剥。于時一僧来向[1]。剥尼手皮。忽焉不見。奉図浄土之相。一時不離其身。命終之時。天有音楽。石山寺真頼法師。是其末孫也。真頼一[2]妹女。又往生極楽云々。一族[3]往生者[4]三人矣。

〔三三〕宮内卿従四位下高階真人良臣。少応進士挙。以才名自抽。多歴諸司。累宰六郡。歯迨知命。深帰仏法。日読法花経。念弥陀仏。天元三年正月初得病。素所修念仏読経。不敢一廃。先死三日。其病忽平。此間剃首受五戒。七月五日卒。当斯時也。家有香気。空有音楽。雖遇暑月歴数日。身不爛壊。如存生時。

〔三四〕右近衛少将藤原義孝。太政大臣贈正一位謙徳公第四子也。深帰仏法。終断葷腥。勤王之間[1]誦法花経。天延[2]年秋病疱瘡卒矣。命終之間。誦方便品。気絶之後異香満室。同府亜将藤高遠。同在禁省。相友善矣。義孝卒後不幾。夢裏相伴宛如平生。便詠[3]一句。

[4]シカハカリチキリシモノヲワタリカハカヘルホトニハカヘスヘ
シヤハ

詩[5]云。

昔契蓬萊宮裏月。今遊極楽界中風。

〔三五〕源憩者。内匠頭適第七男也。自少年時志在仏法。敏給読書。行年廿有余。臥病廿余日。遂厭世間出家入道。平生偏念弥陀。病裏弥念之。相語兄僧安法云。西方得聞有音楽。答曰。不聞之。又曰。有一孔雀。翔舞我前。毛羽光麗。手結定印[1]。向西気絶。

〔三六〕伊予国越智郡土人越智益躬。為当州主簿。自少及老。勤王不倦。帰法弥劇。朝読法花。昼従国務。夜念弥陀。以為恒事。未剃鬢髪。早受十戒。法名自称定真。臨終身無苦痛。心不迷乱。結定印向西念仏気止。時村里人聞有音楽。莫不歎美矣。

〔三七〕女弟子伴氏。江州刺史[1]彦真妻也。自少年時常念弥陀。春秋三十有余。以姪妻之。不同牀第[2]。当命終日。移座于胎蔵界曼荼羅前。此女語彦真言。頃年洗賓女。久忍臭穢。定有罪報。欲与宅一区。彦真即諾。又曰。我詣極楽。少有停滞。閑思量之。往年有人。送鮒魚数隻。其中有生鱗二隻。便放井中。恐彼咫尺之中。久労江湖之思。妾暫閔[3]。若以此歟。響応捜求井底。令放江中。此女綿惙之間。蓮香満室。雲気入簾[4]。身無苦惱。向西而終矣。

〔三八〕女弟子小野氏。山城守喬木女[1]。右大弁佐世妾也。始自小年[2]。心在仏法。語兄僧延教曰。我欲覚知菩提道。幸垂開示。延教抄出観無量寿経及諸経論中要文与之。此女昼夜兼学。拳々[3]無倦。每至月十五日黄昏。五体投地。西向礼拝唱曰。南無西方日想安養浄土。父母相誠[4]云。小壮[5]之人不必如此。恐労精神。定減形容。女年廿有五。初生一女。産後月余。悩気自発。臥病渉旬。遂以即世。瞑目之夕。音楽満空。隣里随喜。

〔三九〕女弟子藤原氏。心意柔軟。慈悲甚深。常慕極楽[1]。不廃念仏。漸及暮年相語曰。音楽遙聞。是往生之瑞歟[1]。明年又曰。音楽漸近。明年又曰。楽声追年已近。就中近日聞寝屋上。今正往生之時也。言訖即世。身無苦痛。

〔四〇〕近江国坂田郡女人。姓息長氏。每年採筑摩江蓮花。供養弥陀仏。偏期極楽。如此数年。命終之時。紫雲纏身矣。

〔四一〕伊勢国飯高郡一老婦。白月十五日偏修仏事。黒月十五日又営世事。其所勤修[1]者。常買香奉供郡中仏寺。每至春秋。折花相加。兼亦以塩米菓菜等分施諸僧。以為恒事。常願極楽。已経数年。此女得病数日。子孫為勤[2]水漿。扶起病者。身本所着衣服。自然脱落。見其左手。持蓮花一茎。葩広七八寸。不似自界花。光色鮮妍。香気発越。看病人問此花由縁。答曰。迎我之人。本持此花。即時入滅。衆人莫不随喜之。

〔四二〕加賀国有一婦女。其夫富人也。良人亡後。志在柏舟。数年寡居。宅中有小池。々中有蓮花。常願曰。此花盛開之時。我正往生西方。便以此花為贄。供養弥陀仏。每遇花時。以家池花分供郡中諸寺[1]。寡婦長老之後。当于花時有恙。自喜曰。我及花時得病。往生極楽必矣。即招集家族隣人。別具盃盤相勧曰。今日者是我去閻浮之日也。言訖即世。今夜池中蓮花西向而靡矣。

都盧[1]四十五人

菩薩二所[2]　比丘廿六人　沙弥三人　比丘尼三人　優婆塞四人

優婆夷七人

日本往生極楽記一巻

寛永元年五月十一日書写畢　同日一交了

大日本国法華経験記

大日本国法華経験記 序

首楞厳院沙門鎮源撰

竊以。法華経者久遠本地之実証。皆成仏道之正軌。捜其枢鍵。則普括一代五時之始末。尋其根元。亦包百界千如之権実。神徳峨峨兮一天之下高仰照曜。霊運浩浩兮四瀛之中深潤渥沢。故什公訳東之後。上宮請西以降。若受持読誦之伴。若聴聞書写之類。預霊益者推之広矣。而中比巨唐有寂法師。製於験記流布于世間。観夫我朝古今未録。余幸生妙法繁盛之域鎮聞霊験得益之輩。然而或煩有史書而叵尋。或徒有人口而易埋。嗟呼往古童子銘半偈於雪嶺之樹石。昔時大師註全聞於江陵之竹帛。若不伝前事。何励後裔乎。仍都鄙遠近。緇素貴賤。粗緝見聞録為三巻。意啻為愚暗而作。専不為賢哲而作。長久之年季秋之月記矣

大日本国法華経験記 巻之上目録

第三十九　叡山円久法師
第　四　十　播州平願持経者

大日本国法華経験記　巻上

首楞厳院沙門鎮源撰

第一　伝燈仏法聖徳太子

聖徳太子。豊日天皇第一[1]子也。母妃皇女夢。有金色僧語云。吾有救世願。宿后妃腹。妃問。為何僧。云。我救世菩薩。家有西方。妃答云。我腹垢穢。何宿居矣。僧曰。吾不厭垢穢望感人間。躍入口中。妃即覚後喉中猶呑物。自此以後始知有娠。漸及八月。胎中而言声聞于外。出胎之時忽有赤黄色光。至自西方照曜殿内。生而能言。知人動静。従百済国始献経論。太子奏曰。欲披閲之。天皇驚怪問其所由。太子奏曰。昔在漢国住南岳歴数十年。修行仏道。年六歳太子身体甚香。抱懐之人。奇香染衣数月不失。又百済国日羅来朝。身放光明。弊衣従諸童子入館見之。日羅指太子曰。是神人矣。太子驚去。日羅脱履而走立。太子隠[2]坐易衣而出。日羅謝罪再拝。跪地啓白。敬礼救世観世音。伝燈東方粟散王。縦容而謝之。日羅身放大光。太子亦眉間放光暉。謂左右曰[3]。太子昔在漢国時。日羅為弟子。常礼日天故。身放光明。

推古天皇立為皇太子。万機悉委焉。聴政之日。宿訟未決者八人。同音白事。太子一々能辨答。大臣以下称八耳皇子。高麗僧恵慈来朝。弘渉内外。尤深釈義。太子問十知百。謂曰。法華経中此句落字。法師答曰。他国之経亦無此字。太子曰。吾昔所持之経思有此字。法師問曰。経在何処哉。太子微咲答曰。在大隋衡山寺。即相群臣可為使者。小野妹子遣於大唐。命曰。吾先身所持法華経。在于衡山般若台中。汝取来矣。彼山吾昔同法所遺只三老僧而已。汝以此法服各与彼三僧。妹子承命渡海果到南岳。遇三老僧陳太子命旨。老僧歓喜。即命沙弥取納経一漆函而授之。妹子取経帰朝。太子曰。此経非我所持。

太子宮中有別殿号夢殿。一月三度沐浴而入。若製諸経疏有滞義者。即入此殿。常有金人。至自東方告妙義。太子閉戸不出七日七夜。時人大怪。恵慈法師曰。太子入定。宜莫奉驚。八日之晨玉机之上有一巻経。語恵慈曰。是我先身所持経也。[4]巻複一部耳。去年妹子所持来吾弟子経也。吾近日遣魂取来。指所落字告師。々大驚奇。先持来経無有此字。太子薨後。山背太兄皇子奉持此経。六時礼拝。多十月廿三日夜半。忽失此経不知所去。今納法隆寺経。妹子所持来也。

太子肇製憲法十七個条手書奏之。天下大悦。天皇請太子講勝鬘経三日。太子着袈裟握麈尾登師子座。其作法如僧。講説竟之夜蓮花忽降。花長二三尺。明旦奏之。天皇大奇。即卜其地建立伽藍。今橘寺是也。天皇又令講法華経七日。以播摩国水田三百町給太子。即施入法隆寺。

乃至妃膳氏在側。太子曰。汝知我意一事不違。吾死在近。同穴共葬。又曰。吾昔経数十年。読誦法華経。修行仏道。今為小国儲君。伝流仏法。弘宣妙法一乗深義。吾不欲久住五濁。妃即反袂嗚咽。又命曰。吾今夜遷化。子共可去。太子沐浴服新衣裳。妃亦沐浴換衣服。臥太子副床。明日太子并妃良久不起。左右開殿戸乃知入滅。時年四十九。当此時。即天変地異敢不可言。天下老少。如哭愛子。如喪父母。哀泣之声満於道路。皆悲歎言。日月忽暗。天地既崩。自今以後永無依怙矣。将斂葬之時。太子并妃其容如生。其身太香。挙其両屍軽如衣裳。高麗恵慈聞太子薨。哀哭発誓願曰。日本太子誠是大聖人也。我雖異境心在断金。余独慭生有何益乎。即以同日恵慈即死。

太子有三名。一度同声申事不落一事。善聞裁給。依之名為豊聡耳皇子。進止威儀。所行作法。悉似僧行。製造勝鬘法華疏弘法度人。是故名為聖徳太子。推古天皇為皇太子。王宮南令住。国政悉委。依是名為上宮王焉。出日本記別伝等。

第二　行基菩薩

行基菩薩。俗姓高志氏。和泉国大鳥郡人也。菩薩初出胎胞衣裹纏。父母忌之閣樹枝上。経宿見之出胞能言。収而養之。少年之時。隣子村童相共讃歎仏法。余牧児等。捨牛馬而従者殆成数百。若牛馬之主有用之時令使尋呼。男女老少来覓者。聞其讃歎之声。不問牛馬。住而忘帰。菩薩自上高処。呼彼馬喚此牛。応声自来。其主各牽而去。菩薩出家為薬師寺僧。読瑜伽唯識論等了知奥義。菩薩周遊都鄙。教化衆生。道俗慕化。追従動以千数。菩薩行処。巷無居人田無耕者。男女幼艾。捨耒耜投機杼。争来礼拝。随器誘導。改悪趣善。尋諸要害処。造橋梁修道路。点検其田之可耕種。水之可蓄灌。穿渠池築陂堤。聞見所及咸来加力。不日而成。百姓于今受其賜矣。菩薩畿内建立道場。凡四十九処。諸州亦往々而在之。菩薩修行諸国帰於故郷。里人大小会集池辺。捕魚喫之。菩薩過於其処。年少放蕩者。相戯以魚膾薦於菩薩。食之須臾吐其膾為小魚。見者驚恐。

聖武天皇甚敬重。詔授大僧正位。于時僧智光以為。我是智行大僧正。行基浅智沙弥也。朝家何因棄我賞彼。因恨皇朝遂隠山。智光忽死。依遺言暫不葬。十日得蘇。告弟子等云。閻王宮使駈逐我矣。路有金殿高楼。麗荘光耀。我問使者。答曰。行基菩薩可生処也。復行遠見煙火之満。亦問使者。答曰。汝欲入之地獄也。便到已。閻王呵曰。汝於閻浮提日本国。有嫉悪行基菩薩之心。今所以召汝者懲其罪。即令我抱銅柱。肉解骨融。罪畢放還。智光得蘇先欲謝菩薩。菩薩此時在摂津国。造難波江橋。智光尋到。菩薩遙見[2]智光含咲。智光伏地流涙謝罪。

天皇造東大寺畢。命菩薩曰。欲供養此寺。以菩薩為講師。奏曰。行基不堪為大会講師。従異国一聖者可来。及于会期奏曰。異国聖者今日可相迎之。即有勅。菩薩率九十九僧及治部玄蕃雅楽三司等。向難波津。於浜頭調音楽相待之。行基菩薩加百僧末。以閼伽一具。焼香盛花泛於海上。香華自然指西方而去。俄頃遙望西方小舟来向。而見之舟前閼伽之具不乱次第。小舟着岸。有一梵僧上浜。菩薩執手相見微咲。菩薩唱和歌曰。

霊山能釈迦能美麻部爾知岐利天之真如久智世須阿比美都留賀那

異国聖者答云。

迦毘羅衛爾等毛爾智岐利之賀比阿利天文殊能美賀保阿比弥都留賀那

行基菩薩謂緇素曰。異国聖者是南天竺婆羅門。名菩提也。集会人又知。行基菩薩是文殊化身。自余霊瑞不遑覼縷。菩薩天平勝宝元年二月四日唱滅。時年八十矣。

○抑此験記中不入行基菩薩。其所以者見其別伝。於此経不見読誦書写流通供養。是故所不奉入也。然夢有宿老。襴衫姿取此験記。従外至奥両三反披見。畢作言。行基菩薩日本第一法花持者也。既過去二万億日月燈明仏時。妙光法師受持法華経。是故無量阿僧祇劫以前持者。驚此夢告後所奉入之矣。

第三　比叡山建立伝教大師

伝教大師。俗姓三津氏。近江国志賀郡人矣。大師七歳深悟法門。兼達一切。十[1]二歳剃頭出家。如教修行。香炉灰中得仏舎利。欲盛器間。見灰中有金花器。延暦四年深観無常。又恨法澆薄。遊心大乗。遁身山林。登渉叡峰。結草為廬。為四恩法界。毎日転読法華大乗。修行四種三昧。一心精進。坐禅観心。深発大菩提心堅固。願曰。悠々三界。純苦無安也。擾々四生。唯患不楽也。牟尼之日久隠。慈尊之月未照。近於三災之厄。没於五濁之深。加以風命難保。露体易消。草堂雖無楽。然老少散曝於白骨。土室雖闇窄。而貴賤争宿於魂魄。瞻彼看[2]之。此理必定。仙丸未服遊魂難留。命通未得死[3]何定。生時不作善。死日成獄薪。難得易移其人身矣。難発易忘斯善心矣。是以法皇牟尼仮大海之針妙高之線。喩人身難得。古賢禹王惜一寸之陰半分之暇。[4]観一生空過。無因得果無有是処。無善免苦無有是処。伏尋思己行迹。無戒竊受四事之労。愚痴今成[5]四生之[6]愁。是故未曾有因縁経云。施者生天。受者入地獄。提韋女人四事[7]供養。表末利夫人福。貪着利養五衆果。顕石女担轝因。明哉善悪因果。誰有慚人不信此典。然則知苦因而不畏苦果。釈尊遮闡提。得人身徒不作善業。聖教嘖空手。於是愚中極愚狂中極狂。塵禿有情底下最澄。上違於諸仏。中背於皇法。下[8]闕教他。謹随迷狂之心。

発三二之願。以無所持[9]而為方便。為[10]発金剛不壊不退願。我自未得[11]相似位以還不出仮。〈其一〉自未得照理心以還不才芸。〈其二〉自未得具足浄戒[12]心以還不預檀主法会。〈其三〉自未得般若以還不著世間人事縁務。除相似位。〈其四〉三際中間所修功徳。不受己身廻施有識。悉皆得無上菩提。〈其五〉伏願解脱之味独不飲。安楽之果独不証。法界衆生同登妙覚。法界衆生同服法味。若依此願至六根相似位。若得六[13]神通時。必不[14]取自度。不証[15]正位。周施於法界。遍入於六道。浄仏国土。成就衆生。尽未来際恒作仏事。〈大師発[16]願文雖不可[17]入。末[18]世行[19]者見之可発道心〉又披閲一代聖教中。尚以法華経為肝心。毎奉読法華経不覚涕泣。恒歎不悟其理。仍書写智者大師所説。円頓止観。法華玄義。法華文句。四教義。為一乗指南。日夜披閲鑽仰。〈已上〉

大師延暦二十[20]三年入唐。攀登天台山。遇道邃和尚習天台法門。仏隴寺行満座主云。昔聞。智者大師誓言。我滅後二百余歳。来生東国弘隆一乗。聖語不違。今値沙門。早還本国伝法弘道。授多法文矣。延暦廿四年帰朝。於八幡宮講法華経。従神殿裏出紫袈裟。奉施大師。発声随喜。次春[21]日社講法華経。弭下[22]紫雲覆説法庭。八幡宮紫袈裟。納置叡[23]山宝蔵中矣。誓度[24]像法悪業衆生。手自刻彫薬師如来。安置根本中堂。願興法華弘通令不絶。故建立法華三昧堂。吹大法螺。日夜不断読誦法華。誓挑燈光于今不消。大師最後入滅時。告諸弟子曰。我命不久存。若我滅後皆勿着服。又山中同法依制戒不得飲酒。若違此制。不我同法非仏弟子。毎日必読法華経。習学諸正教。坐禅精進。令法久住。為報国家恩。為度諸群生。努力々々。我同法等。於四種三昧。不可生懈倦。但我鄭重託生此間。修習一[25]乗。弘[26]通一乗。汝等知此旨。必可期仏恵[27]。生々[28]相値。世々相続。策心馬於寂光之路。宴心賓於妙覚之台矣。又告言。我自生以来。口無麁言。手不笞罰。今我同法等。不打童子不加麁言。為我大恩。努力々々。弘仁十三年六月四日辰時。於叡山中道院。右脇而臥入於円寂。春秋五十六。奇雲聳嶺。異光耀谷。鳥鹿悲鳴。草木枯衰矣。

第四　叡[1]山慈覚大師

慈覚大師。俗姓壬生氏。下野国都賀郡人矣。出母胎時。紫雲覆舎。瑞鳥聚囀。広智菩薩遙見瑞相。尋家来至教父母言。於所生子加敬守養。是非凡夫。瑞相如是。大師年九歳。詣広智許誓求有縁経。探得法華経普門品。自爾以降。読誦法花。弘学経論。解悟深理。夢見聖人摩頂与語。夢傍人告。此聖人是比叡大師。可成汝師。夢覚乃至終登叡山。始[2]見伝教大師礼足。大師含咲歓喜無限。昔夢形貌不異。随順大師広学顕密。

承和二年以選入唐。往天台山登五台山。多年経廻遍謁名徳。受学顕教密教。大唐人言。我国仏法。和尚尽学移伝日本矣。承和十四年帰朝。弥陀念仏。法花懺法。灌頂。舎利会。大師所伝也。凡仏法東流。半是大師所伝也。天安貞観両帝。淳和五条二后。皆以為師。受菩薩戒及灌頂等。大師嘗有熱病。飲食非例。気力減損。夢食天甘露。夢覚以後口有滋味。身無余患。大師蟄居楞厳院。殊致精進。以石墨草筆。手自書写法華経一部。名如法経。即以彼経安置堂中。即今如法堂。大師趣向上野下野。書写供養二千部妙法花経。又書写供養一千部法華経。安置総持院。又書写供養金光明経千部。安置文殊楼。伝授真言弟子道俗一百五十七人。受戒灌頂男[3]一千二百七十[4]人也。大師製造金剛頂経疏七巻。蘇悉地経疏七巻。顕揚大戒論八巻也。

貞観六年正月十四日。一道和尚来云。微細音楽聞于唐院。〈大師坊名唐院〉大師最後種々遺戒[5]已畢。洗手嗽口。着新浄衣。威儀具足。告令祐法師曰。[6]僧数十[7]来向列入。早焼香散花。令祐申云。只今無客。大師弥以敬重。一心合掌向西安座。命円純[8]法師。令唱。帰命頂礼弥陀種覚平等大会[9]一乗妙法。乃至于子剋。大師念弥陀仏。誦妙法華。[10]命諸弟子令念誦。手結定印。口誦真言。北首右脇永以遷化矣。春秋七十一。夏臈四十九。同年二月有勅贈法印大和尚位。七年賜諡慈覚矣。

第五[1]　叡山無動寺相応和尚

相応和尚。不見其伝。但聞故老一両伝言。即是慈覚大師入室弟子也。和尚天性極大精進。志念勇健。断穀断塩。厭世美味。瑩三密法。降伏魔縁。苦行勝人。修験難思。衆鳥翔空悉落不飛。大樹並立合令交縄。或暴流水還令逆流。或止霖雨忽令晴天。尋入葛河久住修行。立深水中満洛叉[2]。遍往十九滝。布十九字。凝十九観。始見明王。矜伽羅童子制多迦使者。[3]随順左右。永承其命。和尚面向明王。祈申二世要事。心有所念明王能満。和尚内心有一願。[4]現身昇都率内院。親見慈尊供養礼拝。雖有所念非力所及。祈白明王。我有此願。明王威力。令我昇天見弥勒慈尊。明王告言。天上勝妙地。下界不能往。何況其中都率内院。一生補処菩薩所居。所従眷属断惑証果。以具縛身輒得昇哉。和尚祈申念願深。[5]明王告言。我以有不違行者所念奉仕之願。可随汝心。即将和尚昇兜率天。過往外院向内院時。守門天人遮止不入。諸天告言。希有沙門。[6]依於明王本誓力故得過此処。雖然沙門未具可到内院菩提。[7]所以者何。沙門未得読誦妙法華経。不能修行四種三昧。以何為業得入内院。沙門早帰本所居国。読誦法華経。思惟妙恵。以其善力当生此天。[8]和尚不果所願。即得下天。流涙摧骨。慚愧発露。不読法華経。不修行一乗。臨老後始読法華経。信帰一乗。乃至依於定恵薫修。顕密修行。[9]最後如念成就所念。見慈氏尊入於円寂焉。

第六　叡山西塔平等坊延昌僧正[1]

延暦寺座主延昌僧正者。俗姓江沼氏。加賀国人也。僧正兼学顕密。専惜寸分暇。受戒以降。毎日転読法華大乗。毎夜尊勝陀羅尼百反。

毎月十五日。相迎諸僧唱弥陀讃。兼令対論浄土因縁。法華奥義。平生常願曰。我命終期以前。欲修三七日不断念仏。其結願之日我入滅之時也。往年夢。有四品朝服之天。[2]神彩閑静。双眸放光。語僧正曰。若欲生極楽者。為一切衆生書写法華経一百部。僧正覚捨衣鉢。書写供養妙法華経矣。応和三年十二月二十四日。命示弟子曰。始自其日三七日間。令修不断念仏。明年正月十五日当入滅也。此日僧正沐浴着浄衣。向本尊像願曰。西山日暮。南浮露消。不過今夜。必可相迎。言訖右脇以枕臥。前奉安置弥陀尊勝両像。以線繫于仏手。結着我左手。把願文右持念珠。結定印入滅。其遷化之期果如前言。朱雀邑上両帝帰依為師。賜謚慈念矣。

第七　無空律師[1]

律師無空。平生念仏為業。衣食常乏自謂。我貧亡後定煩遺弟。竊以万銭置于房内天井之上。欲支葬斂、律師臥病言不及銭。忽以退世。枇杷左大臣与律師有旧契。大臣夢。律師衣裳垢穢。形容枯槁。来相語曰。我以有伏蔵銭貸。不度而受蛇身。願以其銭可書写法華経。大臣自到旧坊捜得万銭。銭之中有小蛇。見人逃去。大臣忽令書写供養法華経一部畢。他日夢。律師衣服鮮明。顔色悦懌。手持香炉来。語大臣曰。吾以相府之恩。得免蛇道。今詣極楽。謂了西向飛去矣。

第八　出羽国竜華寺妙達和尚[1]

沙門妙達。出羽国田川郡[2]布山竜華寺住僧也。和尚心行清浄。無所染着。戒行堅持。鎮怖罪業。読誦法華経。離諸懈怠。具足慈悲。常好恵施。和尚天暦九年之比無所病痛。手持経巻俄示入滅。[3]往閻王宮。王従座下礼拝妙達。即示告言。非命尽故来到此処。我見和尚。偏持法華経。内外明浄。是為濁世護正法人。是故我今請聖。為説日本国中善悪衆生所行作法。聖人能憶持還於本国。勧善誡悪利益衆生。其善悪人如別伝註。妙達和尚死逕七日甦生已。始語冥途作法閻王所説。聞者信伏。多息悪心。出家入道。趣向善根。造仏書写経建塔造堂。其数無量。驚和尚入定聞閻王所説。所帰信矣。和尚一生受持法華。自行既熟。最後時到。手執香炉囲遶三宝。一心頂礼諸仏妙法一百八度。最後礼拝。頭面着地。合掌捧頂。気絶入滅矣。

第九[1]　奈智山応照法師

沙門応照。熊野奈智山住僧。性稟精進。更無懈怠。読誦法華為其業。勤求仏道為其志。山林樹下為棲。不楽人間交雑。転誦法華之時。毎至薬王品。銘骨髄徹肝胆。恋慕随喜喜見菩薩焼身燃臂。遂発念願。我如薬王菩薩。焼此身供養諸仏矣。断穀離塩更不食甘味。松葉為膳。又服風水以浄内外不浄。為焼身方便。臨焼身時。著新紙法服。手執香炉。結跏趺坐薪上。面向西方。勧請諸仏而発願。[2]我以此身心供養法華経。以頂供養上方諸仏。以足奉献下方世尊。背方東方薄伽梵納受。前方西方正遍知哀愍。乃至以胸供養釈迦大師。以左右脇施多宝世尊[3]。以咽喉奉上阿弥陀如来。乃至五臓供養五智如来。以六府施与六道衆生云云。即結定印[4]。即口誦妙法。心信三宝。乃至身体成于灰。誦経音不絶。不見散乱気色。煙香不臭。似焼沈檀之香。微風頻吹。如調音楽之声。乃至火滅已後余光猶残。虚空[5]照曜。山谷明朗。不知名字[6]。不見形相。奇妙衆鳥。数百来集。以如鈴声和鳴飛遊矣。是則日本国最初焼身也。親見[7]伝聞輩。莫不随喜矣。

第十　吉野山海部峰寺広恩法師[1]

沙門広恩。帝姫阿倍天皇御代人也。海部峰寺住年久尚。昼夜読誦妙法華経。摂念精進。志意堅固。年老病重。身心疲労不堪起臥。弟子歎言。大師疲労既煩重病。不加療治。病忽難愈及死門歟。扶身修道如来所説也。買求魚類為薬被食。依弟子勧即聴許之。紀伊国海辺遣童子求魚。童子買取八隻鮮鯔。入櫃荷還。途中値遇知人両三。見童子問云。汝荷何物。童子不慮答法華経。俗見従櫃魚汁流出。魚香極臭。為糺童子偽。過市中間留童衆中。汝所荷魚。何言是経。童子更言。是法華経。専非是魚。時諸人言。開櫃可見。童子心中発此念願。我師年来持法華経。此魚変経隠大師恥。諸人開櫃見。在法華経八巻。諸俗見之各恐棄去。一人猶怪。副童子後行到寺。隠聞童子向師具述此事。沙門聞已生希有心。不食其魚。俗人随喜。五体投地。頂礼沙門。穴賢々々。雖是実魚。依聖人徳。依経威力。魚変経巻。然我等愚痴不信因果。於聖子戯論煩悩[2]。此罪甚重。願我大師此罪免給。自今已後奉憑大師。成檀越恭敬供養矣。当知為法治病助身。毒変為薬。魚化為経。見霊異記矣。

第十一　吉野奥山持経者某[1]

沙門義睿。巡行諸山修行仏法。従熊野山入於大峰往金峰山。其間迷路不知東西。依宝螺声尋道。不得登山巓。視四方幽谷[2]。[3]十余日問。辛苦疲労。祈念本尊。頂礼三宝。願到人間。経[4]久[5]迷行到平正林。有一僧房。新造浄潔。搏風懸魚障子遣戸蔀簀天井[6]。周匝荘厳。甚可愛楽。前後庭広。白沙遍布。花樹菓林。奇菓異草。処々生列。義睿見已心生歓喜。静坐止息。近禅室見有一聖人。年僅二十歳計。威儀具足読法花経。其声深遠如調琴瑟。読一巻了。置経案上。其経踊空。自然従軸至于褾紙。巻還結紐如本[7]置机。如是毎巻受取巻反。読一部畢。廻向礼拝起坐出。見修行比丘。大驚怪言。此処往古人不来到。山中深山。谷中幽谷[8]。鳥音猶希。何況人跡。問訊案内。比丘具答[9]。迷山[10]。因縁[11]聖請客僧入房内[12]。坐問食用否。端正童子捧美膳来。比丘乃至見種々希有之事。作此問言。聖住此処経幾年紀。有何事縁。万事相応。聖人答言。住此処後八十余年。本是叡山東塔三昧座主弟子也。大師依小事加呵嘖勘当。愚頑之心忽生厭離[13]。永去本山任念流浪[14]。若壮年齢。不定在所処々修行。老邁之後。此山留跡永期死時。客僧聞已弥生希有難遇之念。問聖人言。

雖称人跡不通之由。端正童子[15]随逐。是非虚言。聖人答曰。天諸童子。以為給仕。何為奇哉。客僧又問。雖唱年齢老朽之言。見面貌時其形少壮。是非構妄語哉。聖人答曰。得聞是経。病即消滅。不老不死。更非妄語云云。

聖人勧客僧早速還去。客僧歎言。頃日迷山不知方隅。身心疲極既忘行歩。況日影斜欲入夜冥。云何聖人強被勧去。聖人語。我非有厭心。此処遠離人間気分。逕多年序。是故勧去。若[16]今夜欲被止宿者。身不動揺。口無言説。寂静而住。初夜時許微風俄吹。非常作法。異類衆形鬼神禽獣。数千集会。馬面牛形鳥頭鹿形。各々捧持香華供具菓子飲食百味餚膳。前庭[17]並構高棚安置[18]。稽首頂礼。一心合掌。次第而坐。於此衆中或作是言。奇哉非例。有人間気。有輩又云。何人到哉。聖人発願誦法華経至天暁[19]。廻向已後。集会大衆渇仰礼拝。各々分散。客僧問曰。奇異希有異類千形。是何方来。答言。若人在空閑。我遣天竜王。夜叉鬼神等。為作聴法衆。如是。乃至今欲還去。不知其方。聖人告言。当付指南奉送人間。即[20]取水瓶置前簀上。水瓶踊下漸々進去。客僧随水瓶而行。逕一両時往到山頂。住於山頂観下山麓有郷里。是時水瓶上昇虚空。還帰本処。義睿法師[21]於里流涙。伝語深山持経者聖人作法徳行矣[22]。

第十二　奥州小松寺玄海法師[1]

陸奥国新田郡小松寺住僧玄海。初具妻子暮年離去。日読法華経一部。夜誦大仏頂真言以七反為恒事。夢左右之腋忽生羽翼。向西飛去。過千[2]万国到七宝地。自見其身。以大仏頂真言為左翼。以法華経八巻為右翼。廻望此界。宝樹楼閣。光彩微妙。有一聖僧語曰。汝今所来者。極楽世界辺地也。却後三年可迎汝耳。玄海頂受此語。飛帰如初。爰弟子等初謂已死。皆尽悲泣。玄海得蘇。弥読誦経典真言。後三年而遷化。預知死期矣。

第十三　紀[1]伊国完背山誦法華経死骸

沙門壱睿。受持法華経年序尚久矣。参詣熊野宿完背山。臨中夜有誦法華経声。其声極貴。聞銘骨髄。思念若復有人宿歟。誦一巻竟。礼拝三宝。懺悔衆罪。尽誦一部既至天暁。明朝見有死骸骨。身体全連更不分散。青苔纒身。逕多年月。見髑髏其口中有舌。赤鮮不損。壱睿見之。起居礼拝不堪感悦。其日止住。臨夜如前誦法華。夜明之剋。壱睿近寄問死骸云。既誦一乗。豈無心神。願聞本縁。霊即答云。我天台山東塔住僧也。名曰円善。修行之間。至此死去。而生前中有六万部法華[2]転読之願。昔存生時半分誦畢。為読其残猶住此辺。願既当満。其残経不幾。只今計[3]可住此処。其後可生都率内院。値遇慈尊可蒙引摂。壱睿聞已礼拝骸魂[4]。而詣熊野。乃至後[5]尋見骸骨。不知所去矣[6]。

第十四　志摩国岩洞宿雲浄法師[1]

沙門雲浄。従初発心専持一乗。常厭世務。楽[2]静閑処。為拝霊処。参詣熊野。過志摩国。到於海岸。無人之境。宿大岩洞[3]。其岩洞上生多大樹。谿谷通海。岳峰峡岫甚以幽々。況復其地極臭腥臊。比丘怖畏身心不安。一心誦経待夜早明。纔至夜半。風吹灑雨。作法背常。温気当身。臭香弥増。即大毒蛇開口欲呑。比丘見已於是定死。弥発信心誦法華経。願依経力。命終決定。往生浄土。不堕悪趣。爰大蛇閉口収毒。忽起慈心。不成害去。即降暴雨。雷電日光曜。山水忽満。流石浸山。良久雨晴。時五品朝服人出来。敬屈作礼而作是言。我岩洞主。受暴悪身。害有情輩。噉食人類。既及万数。今聞聖人誦法華経声。悪業転滅善心現前。今夜大雨是非実雨。従我両眼流出涙耳。滅悪業故。流発露涙。自今已後更不生悪心。流涙似大雨。況知是身体相。言訖隠形云云。法師既免大蛇毒害。生奇特念。従此已後倍発道心。繋念一乗。無休息時。毒蛇猶聞発起善心。況後人輩。若人不信此法華経。当知不久堕落淤泥。永無出期。如是思惟。勧他読誦。自行化他。功徳円満。永帰無常焉。

第十五　薩[1]摩国持経沙門某

薩摩国有一人沙門。不知其名。出家已後読誦法華。三時常修法華懺法。復見止観練習三観。三年籠山。読誦千部法華[2]已。作是思惟。発難発信。誦千部経。悔自他罪。三時懺[3]悔。若我出山[4]交雑人間。染着世習。還作悪業。被牽邪見。廃円乗善。我不愛身命。但念生極楽。不如焼身供養三宝。生是念已弥励信力。深発道心。焼有待[5]身不異喜見。臨焼身時立誓願云。我依千部経。当生極楽世界。於焼身跡可有奇事云云。即焼身間。雖風不吹煙向西疾行趣。雖空明晴紫雲指東聳。集会四衆流随喜涙。焼身已後。弟子同行往墳墓所。日々念仏転読大乗。逕両三日見於墓所。有仏舎利。発奇怪心。捃拾舎利。量過一升。普施一切。令得供養矣。

第十六　愛太子山鷲峰仁鏡聖[1]

沙門仁鏡。東大寺僧也。父母祈禱伽藍神社。願得男子。若得男子。作仏弟子。令修仏法。即知有胎。乃至九歳送寺付僧。先読普門品。随読悉通利。次第一部読誦。既畢兼習余経法文正教。又持戒律身無所犯。日日持斎。午後不食。復有修験。護法随召。籠居深山。作九旬勤数十余度。香火滅尽有持火人。雖見手臂不見其体。或時深夜欲洗手。時傾写水瓶無一滴水。欲汲谷水瓶水自満。乃至年老及八十余。観余命無幾[2]。思我身衰邁。尋臨終処。欲占浄処。夫愛太子山地蔵竜樹久住利生処。不異唐朝文殊影向五台山矣。如是思惟攀登愛太子山。住大鷲峰。昼夜読誦法華経。六時修行懺悔方法。不求衣服。破損紙衣。単薄麁布。或着破蓑或着鹿皮。外不恥人間。内不制寒気。不望日食。飲一盃粥逕三四日。煎一盃茶過数日夜。或時師子常来馴親。或白象来昼夜宿直。定知文殊普賢守護。年百二十七歳入滅。故老夢云。捧法華経上昇虚空。我今往生都率内院。値遇弥勒矣。

第十七　持法沙門持金法師[1]

有二聖人。一人能持法華経。一人受持金剛般若。是二法師倶住一山。隔二三町共守禁戒。[2]斉期仏道。沙門持金顕般若験。不持世務。得自然膳。早旦粥饘其味甘露。食時施飯。餌[3]飯糒糅白飯薯蕷。味与蘇蜜同。菓子葅茹美羹等。調備持来。依之不歎日飧送世。沙門持法預檀那食。或時乞食世事不豊。持金比丘起憍逸而作是念。我所持経力用最大。又我行業従他勝。故諸仏菩薩諸天護法。送食供養昼夜守護。彼法華聖所持経威力下劣。能持行者所行不如法。諸天不供。自力営生。以邪念心如是作謗。乃至法花聖人童子。来至般若聖人住所。持金法師我験徳語彼童子返問。汝師有何勝事。童子答云。我師更無験力勝利。但依人訪自生活耳。童子還房此事白師。師言。道理尤[4]也。

逕数日後。般若聖許朝粥下持来。時供不調送。不食日暮。乃至二日三日不食。時般若聖生大驚怪。於仏般若須菩提等悔恨無限。夢見白眉耆宿老僧。告持金聖。我須菩提也。雖読誦金剛般若。未逮顕現般若法利。得諸天供。是故我等不能送供。云何横生怨恨心哉。比丘問云。年来供養誰所弁。老僧答曰。是法華聖以慈悲心憐愍汝。故十羅刹女為其使者。以呪願施食。毎日送施耳。汝於聖不応生於憍慢之心。早詣彼所。悔過懺謝。比丘夢覚。心懐慚恥。往聖人許。頭面礼拝。以愚迷心於聖人所生謗悪心。願許懺悔。又毎日以食被送施我。此事希有。云何昨日今日不送其食。持法比丘含笑軟語。頃日失念不説施食。不勅十羅刹。今有此言。即命童子調食。其後如前有自然食。持金沙門除慢高心。修行転読。二僧臨終。聖衆来迎。倶生浄土矣。

第十八　比[1]良山持経者蓮寂仙人

葛河伽藍有一沙門。断食苦行。懺悔修行送於年月。夢有僧告沙門。当知比良山峰有一仙僧。誦法華経。諸仏所歎。諸天礼拝。汝当往詣親近結縁。比丘驚[2]夢入比良山。巡歴数明[3]推尋[4]覓求。遙聞読誦大乗音声。其声微妙無可比物。[5]不高不下深銘心府。比丘歓喜東西馳尋。雖尋聞経声不見其処。漸漸遊行。経於多時。至平正処。縦広相搆。三方倶下。苔敷篠生量纔二丈[6]。有一岩洞。希有絶妙。有大松樹。根宿岩上。枝葉四[7]垂[8]覆洞前庭。風吹松声不異音楽。雨降如笠不湿庭上。熱時松能作清冷影。寒時任運施[9]煖温気。有一聖人。血完都尽。但有皮骨。形貌奇異。着青苔衣。告比丘言。希有来臨。暫住近辺。不得付近。所以者何。煙気入眼。涙出難堪。[10]血膿腥膻鼻根受苦。過七日已更来。[11]互与語。[12]比丘随語去二三段。止宿安坐。昼夜聞経。身心快楽。鹿熊獼猴及余鳥獣。持諸菓蓏供養仙人。獼猴為使者分送我所[13]。過七日已詣仙人所。告比丘言。我是興福寺僧。法相宗学徒。号曰蓮寂。我見法華汝若不取後必憂悔文。始発菩提心。見寂寞無人声。読誦此経典。我爾時為現。清浄光明身文。永去本寺跡交山林。於治養身哀[14]護命事。永生厭離。積功累徳。自作仙人。往還遊行山岳峰谷。宿縁所追来住此山。我離人間厭世以後。法華為父母。妙法観師長。一乗憑室宅。禁戒為防護。我依一乗。眼見遠方。耳聞衆声。意知一切法。[15]我依一乗。上昇都率見慈氏尊。往至余方。親近諸聖人。天魔悪人[16]不近我辺。怖[17]畏災禍不聞其名。見仏聞法心得自在。比丘尋来非少縁。止住此処修行仏法。比丘雖作随順之意。其性劣弱不堪其器。悔恥自心。遂以還去。以仙人[18]神力。日裏来至葛川伽藍。語伝同行善友[19]。令植仏因矣[20]。

第十九　法性寺尊勝院供僧道乗法師[1]

沙門道乗。叡山宝幢院西明房正算僧都弟子也。移住法性寺。送多年序矣。始自少年昔至于老後。暗誦妙法華昼夜無倦。天性急悪不忍過咎。麁言罵詈弟子童子。息恚心後。叩頭悔歎流涙発露。或対仏像実心改悔。或対大衆誠心陳懺。夢中出寺向叡山行。到於柿本辺。遙見山上。始自坂本至于大岳。造重殿堂楼閣廊舎。葺以甍瓦粧以金銀。其[2]中安置無量経典。黄紙朱軸松煙写文。紺紙玉軸金銀瑩字。道乗見了生希有心。問宿老云。此経典甚多不可数尽。誰人所置。老僧答云。是汝年来所読大乗也。始於大岳至于水飲。所積置経。住西塔院所読経巻。始自水飲至于柿本。住法性寺所読経也。依是善根生於浄刹。聞是語已生奇特心。時忽有火炎。焼一部経。道乗復問焼経因縁。老僧答云。汝発瞋恚罵詈童子。瞋恚火炎焚焼善根。若断恚心。善根増長。決定往生極楽世界。夢覚已後。向仏弘誓。永断瞋恚。三業正直策励身心。但誦一乗更無余念。正念寂静取滅度矣。

第廿　叡山西塔蓮坊阿闍梨[1]

蓮坊阿闍梨。慈念大師弟子也。釈迦堂供僧也。稟性素潔。正直白浄。諷誦法華経。日夜不怠。瑩両部法。澄五智水。修行霊験。加持勝利。其数巨多。登江文巓。一夏籠行。大笠為室。蹲踞大石。専不臥息。常以断食為業。又断塩誦法華。懺六根罪。夢乗白象普賢対立。又毘沙門善言讃歎。乃至老後入滅時。鹿杖息腰。毎夜不闕詣釈迦堂。破氷奉閼伽。忍寒誦一乗。夢老僧来摩頂与語。妙法功積。修行徳満。不歎二[2]世。臨終来救。夢覚涙不禁多時。乃至手執経巻。観念入寂滅矣。

第廿一　愛太子山光日法師[1]

沙門光日。叡山東塔千手院住僧也。於一乗深生渇仰。祈念三宝。願誦法華剋念無限。徹誦一部。占居梅谷。数年隠居。中関白殿北政所特以帰依。日供衣服厚以奉献。臨老移棲愛太子山。妙法巻数及万余部。籠居精進逕数十年。依有宿願詣八幡宮。夜侍御前誦法華経。傍人夢見。従宝倉内。天童子八人出来。拝礼随喜。以妙香花散光日聖。口唱讃歎。八人舞遊。又従神殿出声讃曰。如是聖者。[2]必作仏。長夜光明。冥途曜日也。夢覚見此。光日聖誦法華経。乃至齢尽去此界時。全誦一部。至作礼而去帰滅矣。

第廿二　春朝法師[1]

沙門春朝。是権者非直人也。言音和雅。巧誦法華。聴者無倦。謂如食頃。慈悲甚深。憐愍一切。見他受苦謂是我苦。観人安楽為我受楽。高家権門。公子王孫。諍請聞経。願住我家。花洛田舎。貴賤上下。趁往住所。聞経讃歎。聖人見於東西獄所。聞受苦相。深以悲歎。以何方便。抜獄所苦。種仏道因。乃至発願。我当七反入獄所中。令諸罪人聞法華経。如是思惟。往来貴家。取銀器一具。打入双六。追捕春朝。将入獄所。聖人入獄。即誦法華経。其声高遠。如振鈴鐸。囹圄内人。合掌随喜。涙下悲泣。一院三宮。消息被送非違別当。仰事下賜検非違使。沙門春朝不可勘問。不可加笞。又夢。獄所白象数百充満。諸天護法来集問訊。非違別当夢見。普賢乗白象王。光明照曜。手捧鉢飯。向獄門立。問其所由。為供養春朝。毎日普賢来。驚夢示現令出獄所。如此来住獄所。漸及五六箇度。毎度不逕勘問出獄。

時非違庁議定。春朝既非嫌疑。現盗悪人。不勘問免。由是任意盗取人物。尤可禁治。則切二足可成徒人。如是議定。官人上下。春朝将来右近馬場。正為切両足。時[2]春朝聖挙声誦法華経。極悪不善十六官人流不覚涙。皆礼聖人而[3]去。見聞来集。乃至着駄悲泣随喜。非違別当重夢。天童来告言。春朝聖人為救獄罪人。七度住囹圄。是諸仏方便。和光同塵耳。春朝在一条馬場。出舎死去。髑髏在其辺。毎夜誦法花。聞者怪異[4]。有一聖人。拾其髑髏置深山中。従其以来。誦経音絶矣。

第廿三　叡山宝幢院道栄出山[1]

沙門道栄。近江国人。幼少登山住宝幢院。年分法師。限十二[2]年永以籠山。読習大乗。奉仕師長。採花承仕。供養如来。累年入堂礼仏転経。過十二年始出本郷。乃至閑住作是思惟。性非聡明。不瑩顕密。心無勇猛。不急精進。年齢自積。生涯不幾。此生不揚名誉手空過。後世可歩火血刀路。若不殖善苗。不可結仏果。又作是念。我当書写妙法華経。如是思惟企写経[3]。若書一品畢。着軸褾紙。請五人名哲。開講供養。令説義理。問答決疑。如此一月一度二度。乃至五度六度供養。随写経多少不定。数十年間勤此善。待露命消時当結願。又発誓願。生々世々値遇仏法。書写読誦一乗妙法。乃至成仏永不退転。

夢。宝幢院前庭建立金多宝塔。露盤火珠宝鐸瓔珞。荘厳微妙。道栄見已。一心頂礼。有一丈夫。形似帝釈。告沙門言。此塔汝経蔵。開戸可奉見。夢中歓喜。開塔拝見。塔内積置数百部経。唯塔艮角不積経巻。丈夫告云。今生書写経塔内満積。随身此塔当昇都率。睡覚踊躍無量無辺。弥発信力。書写供養。老衰被迫行歩不軽利。尋寒温縁。下住野州郡。乃至書写普賢品已。開講供養。合掌礼敬。

即帰無常矣。

第廿四　頼真法師[1]

沙門頼真。近江国人。年始九歳住金勝寺。聞僧読誦経。憶持不忘。乃至一部通利暗誦。至于老年毎日読誦三部無退。兼習法文。能解義理。比丘性静。黙然少語。定途所作。動口歯虚哨如牛。比丘悲歎常羞此事。生死皓[2]然。業種巨多。先世業感悪業身。今生不懺後世可畏。参登叡山根本中堂。逕七日夜。祈念令知先生果報。至第六夜。夢聞音声不見其形。告頼真云。汝先生身是鼻欠牛。近江国愛智郡中貫首家内。貫[3]首作経供養。八部法花負牛将登伽藍。依負経功徳。脱牛身至人間。誦法華経。解法文理。作仏法器。今生読誦法華功徳薫習。遠離生死。当証涅槃。宿習猶残。余報未尽。唼[4]々常嚼。夢覚明知前世後世善悪果報。比丘精進。自愧剋責。怖畏悪道。読誦観念。欣求菩提。尽七十算誦六万部。正念無苦。定知往生安楽浄刹矣。

第廿五　叡山西塔春命[1]

沙門春命。西塔住僧也。読誦法華更無他業。昼於住房終日転読。夜釈迦堂竟夜暗誦。心急身貧。世間常乏。山門閉跡。不好郷里。勇猛精進。一心読経。至於天暁不睡不覚。有一天女而現半身形。其声柔軟。汝於前世受野干身。住於西塔法華堂裏。遊天井上。常聞妙法及宝螺。依其因縁。今得人身。作此山僧。持法華経。人身希有。仏法難遇。営励転読。不耆三業。苦海悠深。非妙法船何致彼岸。如此示語復無余言。沙門聞已。観前生報。信因果道。乃至巻数誦六万部。其後雖逕多年読誦。不記[2]巻数。臨於最後。雖有悩気専非重病。口誦妙法。心厭生死。更無余念。永背此界矣。

第廿六　黒色沙門安勝[1]

沙門安勝。其色極黒。猶女掃墨。又似炭灰。恥歎色黒。敢不交衆。聡睿好音。読誦法華。聞者傾耳。無不随喜。復有道心。造仏写経。供養恭敬。憐愍貧人。脱着衣施。慈悲病者。求医薬与。詣長谷寺白観音言[2]。有何因違世間人此身黒色。観音神通令知宿世。如此祈念三日侍堂。夜半夢見。有一貴女。端正無比。衣服薫香。告比丘言。可知先身黒色牛也。有持経者辺。常聞法華経。因是縁故。得生人界抜畜生苦。得受人身聞法華力。今生受持一乗妙法。余残宿業得黒色身。更莫歎念。捨身他世。昇於天上。見慈氏尊。得三菩提。比丘夢覚。一心頂礼大悲観音。満本所願。摂念勤修法華行業。心無放逸。奉行諸善。三業不乱。六根寂静。永尽此生。帰無為界矣。

第廿七　備前国盲目法師[1]

備前国有人。不知姓名。十二歳盲目。将詣中堂薬師仏前。祈願開眼見色明了。過二七日。有長老僧。告盲人言。汝依宿報得盲目身。今生不得眼目見色。汝於先世得毒蛇身。住信濃国桑田寺[2]乾角榎[3]木中。其伽藍有持法華聖。昼夜読誦妙法華経。由是常聞一乗妙法。汝罪根深重。更無得食。常困飢渇。受諸苦痛。夜夜入堂。舐食仏前常燈之油。因聴法華。今得人身。又値仏法。依食燈油。受盲目身。是故今生不可開目。汝早可読誦一乗妙経。滅除罪業。他生天眼明浄。徹見大千。乃至度他得示現。已心生慚愧。発露宿報。誦法華経。自然開通一部始終。験力現前。結縛邪霊。令其帰伏。身心病苦即得全除。乃至菩提当得成就矣。

第廿八　源尊法師[1]

沙門源尊。以幼童時離父母家。来住法家。心操軟浄。永背不善。稟持法華。日読誦数部。未得諷誦。盛年之比。受取重病。数日悩苦。即入死門。臨至冥途。趣閻王庁。冥官冥道首戴冠。鬼身着欠掖。或着甲冑。又着裲襠。腰帯厲鏤。手捧戟鉾。或向書案開笈櫃等。或簡牒註記善悪。見其作法尤可怖畏。傍有貴僧。手執錫杖。又持経箱。即申閻王。沙門源尊。読誦法華経年序多積。即坐[2]厳座。開箱授経。即捧経巻。従第一巻至于第八巻。高音読誦経。閻王冥類合掌聞之。貴僧将出沙門源尊。令向本国。即見貴僧観世音形也。汝還本国能読此経。我加威神令暗誦経。即逕一日夜。即得蘇生。重病除愈。気力尋常也。従閻王庁読経已来。通利前後。悉皆憶持。徹誦一部。毎日読誦三部法花。二部化他。一部自行。乃至最後雖有少病。身心不乱。誦法華即遷化矣。

第廿九　定法寺別当法師[1]

法性寺南有一小寺。名定法寺。有別当僧。形雖似僧。所行如俗。専貪瞋痴。行殺盗婬妄飲酒。放逸発諸狂言。習諸雑芸。作無益事。双六囲碁毎日不欠。用三宝物無有慚羞。五塵六欲。貪染無厭。摂受悪業。如海呑流。如火焚薪。爰有同輩十人。日来催勧。相共詣清水寺。還向次入六波羅密寺。値遇法華一乗講筵。随喜而去。是則件僧一生作善。従是以外。不作善根。年齢相運。生涯自尽。即入死門。依悪業故。感得極悪大蛇身。蛇霊着附妻。悲涙宣受苦相。我先生好作悪業。倦作善根。僅有所作。悪業弭従[2]。是故受大苦悩最悪麁重身也。熱如焼火。草木当気皆悉枯渇。無量毒虫。我身為棲。唼食皮肉。水食難得。還飲我身。如是受苦不可宣尽。但依一善一時受楽。昔存生時。於六波羅密寺一度遇講。其功徳力在我身中。毎日未時。従六波羅密方。清涼風吹来扇我身。熱苦忽息。毒虫不食。身心喜楽但逕一時。我叩頭尾出血涙。悔恨存生不作功徳。一度聞講。猶多年常蒙利益。何況一生営作仏事。豈不登蓮哉。唯願汝等為我書写法華大乗。抜済我苦云云。聞者皆言。我等抛万事。当聞妙法華経。妻子発悲写経供養。其後化示苦息矣。

第三十　山城国加美奈井[1]寺住僧[2]

山城国飯岳西有寺。名神奈井寺。其寺有僧。読法華経慇重誠深。兼持真言随分有験。此僧常去此寺欲往他所。雖有此念不能離去。

一時思惟。決定出去。其夜夢見。有一老僧。太以宿徳。出老音言。我此寺薬師如来也。示宿世縁為汝与語。汝住此寺既及数生。前生受蚯蚓身。常在此寺前庭土中。常聞僧誦法華経。由[3]是善根。今生作人。読法華経。修行仏道。以之当知。汝此寺有縁。専不可往他所。夢覚始知有縁伽藍。従是已後常作此観。我念先身。蚯蚓愚虫不辨善悪。土中生死誠以可悲。仍法華経力用最大。聞経為縁。抜蠢虫苦今得人体。願以今生転経功徳。不[4]趣生死。証大菩提。如是誓願。常住其寺無他行心。修行仏道矣。

第三十一　醍醐僧恵増法師[1]

沙門恵増。醍醐僧也。剃頭当初法華縁深。只誦法華不読他経。不習俗典。不持真言。不学顕教。但一心読法華経。乃至暗誦通利明了。唯於方便品比丘偈。二字廃忘不被通利。数年之間雖加練習。於此二字揔不憶持。永以忘失。向経文時即明了知。離経誦時更不憶持。毎至此処歎罪根重。願得憶念。遂廻思願。参長谷寺。七日籠居祈願此事。大悲観音令我憶念経二字。又過七日已夢。従御前帳裏老僧出来言。比丘我以方便令汝憶持経中二字。当為汝説。忘失二字宿世因縁也[2]。前生播磨国賀茂郡人也。汝父母皆今在彼国。前生汝読誦法華時。向火読経。逆[3]火星到焼経二字。汝不書補彼二字。故今生読経忘失二字。其経現在。汝往播磨。拝本持経。書付二字。可懺宿業。夢覚已後二字明了。更不廃忘。為知虚実。往播磨賀茂郡。宅[4]主出来見是比丘。幷聞其声。夫妻共言。我子還来。面貌全似。音声不異。比丘聞之述尋来縁。父母聞之流涙喜悦。見其持経二字焼失。書補二字。永以奉持。現身具足四人父母。報恩孝養。乃至修行不退行業矣。

第三十二　多々院持経者法師[1]

摂津国豊島郡多々院。有一沙門。不知其姓名。逕数十年。志繫法華。一心読誦。三業修行。山林積年。練行日尚。有優婆塞。貴聖人勤。運志供養。尽忠奉仕。爰優婆塞煩疫癘病。既入死門。入棺挙置樹上。過於五日。甦従棺出。即到本宅。向妻子語冥途作法。閻魔法王引帳検札云。依罪業深可遣地獄也。雖然此度脱罪延算還本国。其所以者年来運志。供養法華持経者。依其功徳所逸遣也。汝還本国。弥生信力。供養持経者。勝於供養三世諸仏。亦勝作余無量功徳。

我時蒙誡。従閻王庁還往本国。見山野間。有七宝塔。自然出来。其塔数十。荘厳微妙。我所供養持経者聖人。向宝塔坐。従口火出焼七宝塔。虚空有声。告優婆塞。当知此塔持経者聖人誦法華時。至宝塔品所出現也。然彼聖人以瞋恚心。呵嘖罵詈弟子眷属。其瞋恚火従口出来焼宝塔也。若止恚心誦此経者。微妙宝塔。充満世界不可勝計。汝以此事可告聖人。妻子眷属。近隣大小諸人。聞此事皆奇未曾有。往聖人許語冥途事。聖人聞已発慚愧心。遠離眷属捨離頑囂。単己而住。摂[2]心読誦法華経。遥[3]十余年。最後無病。結跏趺坐。入於死門矣。

第三十三　雲州法厳蓮蔵二法師[1]

出雲国有二聖人。一人能誦華厳大乗[2]。名為法厳。一人読誦一乗妙法。昼夜相続。其名蓮蔵。是二聖人共是大安寺住僧也。依有事縁。離本寺来住雲州。所行如法。不違法律。法厳法師逕二十年。読誦華厳。常歎日飡不叶意。時有善神。来白聖人。我作檀那献毎日供。自今已後不歎日飡。修行大乗経。聖人歓喜受其供養。日々食時調送美食而供養之。法厳聖人語善神云。明旦可送二人食。請法華聖可献御時。善神随命。即臨食時法華聖到。待食不持来。時剋既過為成日暮。法華聖還。善神持食来白聖人。依昨日命早持来処。守護法華護法聖衆梵釈四王。威光有勢。大衆囲繞。四方充満。難依其辺。何得其路哉。依之我等従朝至于今。乍捧供養不[3]能来也。彼聖還去。護法聖衆同相共去。僅得其便所持来也。法厳聖人聞是語已。生奇特想。自手以供具献蓮蔵聖。一心拝敬。称讃妙法功徳甚深。更添持誦妙法華経。精進修習。二[4]聖皆悉欣求浄土。永離穢土矣。

第三十四　愛太子山好延法師[1]

沙門好延。遁於俗網入仏道。登愛太子山。読習法華経。採花舂香。供養三宝。拾薪汲水。給仕宿老。終日随師長。授習経文。通夜松為燈。練読経巻。精進功致。通利一部。薫習徳累。早口誦経。如是練行四十余年。至於老後弥励其志。読誦倍常。又修法華懺[2]。勤弥陀念仏。受取病痾。頃日悩乱。雖然[3]念仏読経亦復不退。身心寂[4]静入滅。々々夜徳大寺阿闍梨夢。有一大池。其池中生一大蓮華。微妙香潔。開敷花実。好延法師威儀具足。手執香炉。来臨池辺。如歩地上。歩行池上。登此蓮花。面向西方。口誦妙法。乍坐蓮指西方去。明知決定往生極楽矣。

第三十五　法華持経者理満法師[1]

沙門理満。河内国人。吉野山日蔵君弟子也。最初発心。随逐彼君。祗候給仕。不違彼意。願服不発薬。日蔵君瞻其謹厚。令服不発薬。由是力於女人境永絶希望。以読誦法華。為一生所作。沙門在大江作渡子。設船艀度一切人。或時在花洛慰諸病悩人。求所楽物而与之。雖作種々利他之事。而不闕退読誦法華経。年深異瑞数示而隠不語。沙門宿小屋。[2]〈百僧供人宅也〉一両年読経。宅主在聖辺。見聖所作。聖読一巻経置机上。取次巻読時。読畢経一尺躍昇。従軸本巻還。至於縹紙即置机上。宅主見畢。一心合掌白言。希有。彼経躍昇独巻還端。聖人大驚誡宅主言。努努他人無語。是慮外幻化非実事。若以此事令他聞知。永以恨申。因是宅主聖存生間不出口外。入滅之後所言説矣。夢理満死棄置野間。千万狗集来。食噉聖死屍。理満聖在傍見狗食我屍。作此思惟。有何因縁有千万狗。空有声曰。

理満当知。此非実狗。皆是権化。祇園精舎聴法衆也。為結縁聖人。変作狗身耳。夢覚已後。倍復精進読誦法華。乃至年来朝野[3]詞言。理満若依法華威力。当生極楽。二月十五日釈迦入滅時。欲別娑婆。聖一生間。奉読誦法華経二万余部。悲田病人供養食薬十六箇度。乃至最後雖有病気。是非重病。叶年来念願。二月十五日夜半。口誦宝塔品是名持戒行頭陀者。即為疾得無上仏道之文。即入滅矣。

第三十六　叡山朝禅法師[1]

沙門朝禅。従少年住比叡山。欲習仏法。天性緩怠不能練習。随順師[2]教。習経仕仏。昼於本房読誦法華。夜詣中堂承仕礼拝。暗誦法華通利一部。有自然相人。於中堂礼堂。相万人善悪。相朝禅云。汝於前生受白馬身。法華持経者乗其白馬。一時遊行。由其功力。転白馬身。感生人界。誦法華経。値遇仏法。但身色冷白。是先身余習也。其声麁曠。如馬走足音。皆是宿業所引得也。比丘雖聞相人所説。心不信受。参詣中堂。誠心懺悔一心精進。祈知宿生。夢老僧告。相人所説。真実不虚。善悪果報。必影如随身。依持経者乗馬威力。得生人界。誦法華経。何況自持勧他令[3]持。汝慎精進莫生懈怠。夢覚已後。羞宿生報。喜値仏法。摂持漸々修行矣。

第三十七　六波羅密寺定読師康仙法師[1]

沙門康仙。六波羅密寺住僧也。志繫仏法。勤読法華。心願往生。身修念仏。六波羅密寺為定読師数十年。対南北智者。聞説法論義。妙法功積身。聴聞徳飽心。況捨世間蓄。勤修事功徳。調順三業。懺悔六根。及于老後不染悪縁。取命終矣。入滅已後霊託人云。我住是寺定読師康仙也。依年来聴聞法。依随分行業。当生極楽也。而依少事受於蛇身。我存生時。房前殖橘。逕年之間。漸々生長。枝葉滋茂。開花結菓。我[2]朝夕見橘。従二葉当初于結果実時。治養将護常愛翫之。雖念非重。由愛護執心。得作蛇形。住橘木本。為我書写妙法華経。当抜此苦令生善処。寺中諸僧聞此事已。皆往彼房。見橘木本。三尺蛇纏橘根住。見之愁歎。微少罪業堕蛇道。何況広劫所作罪業。浩然無際。何時翻破。成就仏果矣。善[3]友知識。同心合力。書写法華。開講供養。[4]僧夢見康仙威儀痒序。面貌有喜。拝諸僧曰。依知識慈悲善力。得離蛇道。得生浄土。夢覚已後見[5]蛇死了矣。

第三十八　石蔵仙久法師[1]

沙門仙久。西山石蔵寺住僧也。諷誦法華経。日夜尽数部。兼学習法文正教。深有道心。慈悲一切。悕望極楽。礼念弥陀。住処傍別建立草庵。安置法華八曼荼羅。[2]焼八香印矣。人々夢見。若欲見普賢。[3]当親近石蔵寺仙久聖人。依夢告為結来縁。尋到之輩。稍有其数。法華薫修。任運聚集。正念永去此界矣。

第三十九　叡山円久法師[1]

沙門円久。叡山西塔院住人也。成就房聖救大僧都[2]弟子也。年始九歳。離二親家。登山受戒習学正教。移住楞厳院。読誦法華経。通達始終。諷誦無礙。音声和雅。[3]聞者叩胸歓喜讃歎。出朝市有名徳聞奔波。世間衆所知識。至知命時。発菩提心。棄世栄花。観身非常。入愛太子山。籠居南星。修無縁三昧。吹十二時螺。勤六時懺法。一心精進。昼夜転読妙法。積衆多功徳。朝夕不怠。刹那無廃。偏志往生。臨最後時。手執経巻。口誦妙法。向西方坐。更無余言矣。斂其死屍。置幽谷中。不逕数日。其墓所方有誦法華声。其音甚貴。似存生音。連夜誦経更不休息。四十九日法事已後。其声不聞。若替中有生往生浄土矣。

第四十　播州平願持経者[1]

沙門平願。書写山聖[2]空聖人弟子也。行住坐臥。持[3]妙華経。更無他業。籠居深山。数年読経。大風忽吹。房舎顚倒。沙門被打損。殆可及命終。一心誦法華。思念存身命。神人忽来。従倒房中抜出平願。摩頂誘語。汝由宿業値此災禍。妙法力全存身命。不生悔恨心。能持法華経。今尽宿業。来世往生極楽。沙門臨老思惟歎念。此生徒過。往他界別在近。即捨衣鉢。勤修仏事。書写法華経。図絵仏菩薩。於広河原立作仮舎。修無遮法会。開朝暮講筵。修弥陀念仏及法華懺法。作是誓願。弟子今生偏持法華。無余所作。若有感応。当生極楽。今日善根可見其瑞。如是誓願。揮涙礼仏。会竟人去。明日往見。法会河原生白蓮花。其数百千。花開香薫。見者皆称歎言。是則聖人往生瑞相耳。沙門見之随喜無限。乃至老後転経無暇。

観念不退。無諸病悩。向西合掌。永辞此界矣。

聞法華経是人難　書写読誦解説難
敬礼如是難遇衆　見聞讃謗斉成仏

大日本国法華経験記 巻上

大日本国法華経験記 巻之中目録[1]

第七十九　仏蓮上人
第八十　七巻持経者明蓮法師

大日本国法華経験記 巻之中

首楞厳院沙門鎮源撰

第四十一　嵯峨定照僧都

定照僧都。未聞其案内。僅聞古老伝。僧都[1]長顕密[2]道。興法利生。誦法華経。是為仏使。況真言之鏡。浮五智影。唯識之玉。放二空光。東寺官長弘闡密教。興福寺摠官興隆顕教。慈悲室深。憐愍一切。法空床高。智慧薫心。三時念誦。昼夜読誦法華経。僧都一生無犯。[3]但以人指磨触女人身。告衆人言。我以此指磨触女人。作繫念罪。是指罪本。即截此指以為指燈。供養三宝。懺悔[4]発露。於微少罪生大怖畏。況犯根本罪哉。

僧都住山階寺一乗院。其院有橘木。其木枝葉根[5]茎枯槁。既成枯木。逕過数月。則為截捨。僧都誦大仏頂真言一遍。加持枯橘。即日之内。青葉忽生。逕数日間。枯木還成滋茂樹。開華結菓。倍増前々。其橘今在一乗院。是希有事也。寿蓮大威儀師。為於僧都有嫉妬心。致誹謗詞。僧都任法務職。初参之日。大威儀師賜僧都盃盞。[6]手乍捧盃盞。忽迸乱迷悶。為入死門。舁入蔀上。将出寺外。則入死門。皆人見云。誹謗清浄上人。故蒙現罰。非業死耳。

僧都有急事。従山階寺上京着淀河。悪風頻吹河浪極高。船不能往還。僧都依急事乗船渡河。衆人驚怖皆言。船漂倒則僧都当沈水。歎恐之間。天童十人計出来河中。捧船[7]泛水。不寄浪安穏着岸上竟。即天童還入河中。不知所去。見人皆生感歎。流涙随喜。是未曾有也。僧都示云。是法華十羅刹変現天童渡我耳。乃至奇事不可称計。不動明王現形与語云云。

乃至最後沐浴清浄。着新浄衣。右手執五鈷。左手持法華経。初結密印誦真言。次誦法華経。至薬王品於此命終。即往安楽世界。[8]阿弥陀仏。大菩薩衆。囲遶住処。生蓮華中。宝座之上。不復為。貪欲所悩。亦復不為。瞋恚愚痴所悩。乃至。以是清浄眼根。見七百万二千億。那由多。恒河沙等。諸仏如来。此文両三遍誦竟。告弟子言。更我尸[9]骸不可焼尽。仮使焼失雖成灰。猶誦法華。利益一切。言語已手結定印。乍坐入滅。誓願有験。于今其墓有誦法華経声。又有振鈴之声矣。

第四十二　陽生僧都

[1]延暦寺座主陽生僧都。伊豆国酒井北条比田郷人。姓伊豆氏矣。少年上京。登比叡山。修習仏法。而天性尫弱。不強力勇健。動以病悩気力稍劣。有箕面行者。能相衆生善悪。語和尚言。努々莫作尽力逼身之勤。常食和飯。又飲汁粥。安性修習。時々往詣処々霊験。

作祈致勤。棄捨現在名聞利養。深発後世大菩提心。自然延寿命。無病増気力。不望官爵自臻。又成一山貫首矣。僧都信行者語。不志学文。偏宗修行。読誦法華経。永期無上菩提。恒好隠居。更辞交衆。乃至臨知命時。占竹林別所望安養浄刹。乃至任天台座主不以喜。参向御社。流涙高声恨申山王。数十年間忍於飢寒。住山祈申。但助成往生極楽之勤。令成就証得菩提之縁。従是以外依無現世望。専一言一念不祈申天台座主職。山王無興御坐恨申給。聞者皆発希有之心。随喜讃嘆。無所悕望清浄道心。即不逕幾辞退座主。弥閉山門。精進修行。妙法薫修。追年甚深。念仏功徳。随日増進。傍人語伝云。雀鷲馴親喙掌食。猪鹿不怖舐足裏。[2]蓋兼自示命終期。往生加行。如経所説。入滅作法。不同凡夫。頭北面西而以遷化矣。

第四十三　叡山西塔具足坊実因大僧都[1]

僧都少年離家登山。弘延阿闍梨為師。常住具足房。天性聡恵。憶持無極。容顔器量。身体強力也。忍寒堪飢。丁寧学文。以昼続夜。慇懃習誦。毎日入堂誦法華経。其音清美。聞人感歎。広学博覧。究法門玄底。問答[2]決疑無比肩輩。説法教化。聴者流涙。日本迦旃延。辺州満慈子耳。況五智水澄。浮月輪之影。三部鏡明。通大日之容。仏法棟梁。法門領袖也。職位叶大僧都。威徳満山里間。内心寂静。鎮有道心。法華一部何時怠哉。老耄時臻。身病自発。観世無常。移住小松寺。心凝観行。読誦妙法。思惟文義。不乱句逗。逕数月間。夢有七宝塔。釈迦多宝並坐放光。弥生信力。誦法華経。空有妙声言。汝依観心誦法華力。見二如来放光昭曜。不疑西方臨終迎接。夢覚涙湿衣服。乃至最後誦法華提婆品。一心作礼結印。向西即世矣。

第四十四　叡山西塔宝幢院陽勝仙人[1]

陽勝仙人。俗姓紀氏。能登国人也。勝蓮華院空日律師弟子。元慶三年始登叡山。年十一歳矣。精神聡明。一聞経教再不問之。暗誦法花。習学止観。厭世頑嚚。好修禅定。心意平等。毀誉不動。喜怒不改。勇猛精進。更不睡眠。亦不臥息。慈悲甚深。憐愍一切。見裸形人脱衣与之。見飢羸輩分口食施。[2]蟣虱蚊虻。餧身令飽。手自書写妙法華経常読誦。

登金峰山尋仙旧室。籠住南京牟田寺。習仙方法。最初断穀菜蔬為食。次離菜蔬菓蓏為食。漸留飲食。服粟[3]一粒。身着蘿薜。口離飧食。衣食二種永離悕望。発大道心。期三菩提。延喜元年秋。陽勝永去。煙霞無跡。所著袈裟懸置松枝。譲与[4]経厚寺延命禅師。禅師得袈裟了。悲泣無限。尋求山谷。更不知所居。吉野山練行僧恩真[5]等云。陽勝已成仙人。身中無血肉。有異骨奇毛。両翼生身。飛行虚空。如騏驎鳳凰。竜門寺北峰適会見。又熊野松本峰。遇本山同法。不審[6]清談。又籠笙石室。[7]有行安居僧。数日不食。誦法華経。青衣童持白飯授僧。僧取之食。其味尤甘。僧問来縁。童子答曰。

我比叡山千光院延済[8]和尚之童子也。[9]修行年積。得成仙人。近来大師陽勝仙人也。此食物是彼仙人[10]之志也。語已退去。

延喜廿三年。於金峰山陽勝仙語東大寺僧云。余住此山五十余歳。生年八十有余。我得仙道飛行自在。昇天入地。無有障礙。依法華経力。見仏聞法。心得自在。摂化世間。利楽有情。一切任意。仙人祖沈病。万死一生。歎言。我有多子。陽勝仙人我愛子也。若知我心者。願来可見我。陽勝以通知此事已。飛至祖舎上。誦法華経。人出見之。雖聞其音。不見其形。時仙人白祖。我離火宅。不来人間。為孝養故強来誦経。又与語耳。又白祖言。月十八日。焼香散華。応相待我。我尋香煙而来下此。誦経説法。可報恩徳矣。故老伝言。陽勝仙人毎年八月末至叡山。聞不断念仏。拝大師遺跡。異時不来。尋其所由。信施気分。炎火充塞。諸僧身香。腥羶難耐焉。

第四十五　播州書写山性空上人

書写山性空聖。平安宮西京人也。俗姓橘氏。出胎之後。右手拳不開。父母強開見之把針。乃至三日失而不見。尋求在所。前栽之中翫花安座。従幼少日至于老滅。面含微咲。顔色慈悲。口吐軟語。永離麁言。受持一乗。偏期仏恵。尋練行昔。人跡不通。鳥音不聞。深山幽谷結廬而住。不望日飧過於多日。絶煙滅火送於旬月。以妙法法味。資有待身。以忍辱法衣。隠四大露体。[1]或時夢中預美膳食。覚後腹中飽満。余味在口。或従経巻鮮白粳米。自然散出。又夢人来以物置去。覚見現有種々食物。又従経中出来煖餅。其味無比。如天甘露。身体肥濃威光勝人。又極寒夜。破衣裸形。身体如氷。忍寒誦経。従草庵上。垂綿厚服。覆蔽身上。復有隠形来問訊者。是仏菩薩歟。復有現形承順走使。若是天童竜神等歟。如是奇事不可勝計。

自行既熟。為化他故。従深山出来住人間。所謂書写等処々練若也。僧俗作市。貴賤雲集。名簿高塚。供養湛海。若見其形者。作遇真仏想。若聞一言輩。猶如聞仏説。有得粳米一粒者。准仏舎利頂戴奉持。若得着衣片端者。如仏所着僧伽利衣。恭敬礼拝焉。華山法王両度臨幸。後度相共延源阿闍梨。図絵聖人影像形貌。注記上人初後作法。下筆図処山動地震。法皇大驚。集会怖畏。上人即言。是非可怖。依図貧僧形体作法。有此地動。自今以後亦有震動相。爰図影像竟時。山地大震動。法皇下地礼拝上人。乃至最後兼知死時。入室坐禅。寂静安穏。誦法華経止息入滅矣。

第四十六　叡山安楽院叡桓上人

沙門叡桓。従初発心至于入滅。読誦一乗。練習三観。不作他事。不欲世事。作是思惟。発心若僻万行徒施。[1]因玆当発円教仏乗之大道心。後当修行出離証果之妙大行。六道衆生従冥入冥。尤可憐愍。我永断破無明冥。三乗無漏従明出明。猶未究竟。我今悟入一実知見。近代行人。或竭外相難行苦行。[2]不知内心観念観行。或有施捨依報珍[3]財。無致正報持戒信力。牽得六道無常果報。無感三乗仏位功徳。如是観察。簡[4]捨九縛一脱僻非。当発六即三観道心。十重禁戒。不傾油鉢。十法成乗。不闕語黙。息虚不止。必観無常。詞謬不出。定語仏法。一生持斎。永断酒醴[5]。[6]所行作法。如梵網経。散心誦法花。不注其部数。章疏釈与経文。相会思惟。文義科文相称。定心誦法花。既及万余部。鳥獣馴[7]来。舐掌中食。鬼神常侍。願作給役。拝釈迦放光。預普賢摩頂。如是奇事其数甚多。蔵隠我心。不語他人。修行年老。読誦齢積。兼知終時。手執香呂。対普賢像。口誦法花。心念実相。端坐不乱。離生死界矣。

第四十七　越後国鍪取上人

鍪取上人。本是在俗邪見之輩。宿善自発。剃頭入道。根性痴鈍。不堪習学。僅読誦法華。不知其余。凝一向信。無造悪心。早朝及于暮。手捧法華。初夜至于暁。口誦一乗。初心之時。造五六丈大仏尊像。住其仏前。読誦法華。時人称号大仏上人。後時移住鍪取山中。仍曰[1]称鍪取聖[2]。所行不似人。作法背世間。白月十五日断食籠居。黒月十五日雖不断食。五六日間希有受食。是定途事。足為希有。或持苦杼[3]一百以上。十月一日入土[4]室裏。明年三月始出室[5]。見所持杼。猶残半分。国中貴賤上下。崇重帰依。来集結縁。諸人怪念聖人不食。逕歴数日。

時有猛者[6]甲族。白聖人言。有待[7]人身以食為命。若不食飲経於数日。決定臨死。不審。上人十廿日不食籠勤。是不思議。上人断食誦経[8]実如。聖人答言。任意可試。久近当随君心。更莫憚我心。上人入於静室而住。甲族閉門付[9]封去畢。上人住室三月。不食不出。不行大小便利等事。但誦法花。音声不絶。過三月已。甲族到来。解封開門。上人含咲。気力不損威光倍常。見人合掌敬礼。生奇特念。乃至臨終時。告弟子言。今月十三日。是滅尽剋。留臭穢死骸。令汝等荷担往還山野。是大悪事。我不煩汝。可取入滅。即多積薪。登其薪上付火焼身。口誦妙法。身体不動与煙去矣。

第四十八　光勝沙門法蓮法師[1]

奥州有二沙門。一名光勝。持誦最勝王経。元興寺僧也。一名法蓮。能持法華経。興福寺僧也。依本生国。離本寺下住矣。是二人苦行年老。精勤[2]日積。光勝聖語法蓮聖言。捨[3]法花経。奉持最勝王経。所以者何[4]是経甚深。一切経中最第一。故名最勝王。由是公家名御斎会。講誦最勝。諸国亦名吉祥御願。講最勝王経。又薬師寺名最勝会。開講是経。公家所重。万民所仰[5]。況経所説甚深微妙。是故応当受持最勝。法蓮聖云。如来所説何経不貴哉。宿因所引。頃年受持妙法華経。何忽棄捨。持最勝王経[6]哉。爰光勝聖動煩黙止矣。光勝聖憑最勝威力。触事言煩法蓮聖人。何経験力勝。当知勝負。若法華経験力勝者。我捨最勝応持法華。若最勝王経験力勝者。捨法華可持最勝。雖如是語。法蓮無答。又云。我等各作一町之田。

依[7]米穀勝劣。可知二経験力。各以一町田。預二聖人畢矣。光勝聖耕田入水。白最勝言。依経威力。不下種子。不殖於苗。令[8]米穀豊稔。発此誓言畢時。一町田苗。斉等生茂滋無限。送日累月。豊稔気色不可言尽。法蓮聖田無耕作人。不流入水。荒田生草。牛馬遊中。貴賤上下。貴最勝聖。軽法華聖。

七月上旬。法花聖田一町中央。生一本瓠。枝散八方。遍布一町。兼有高茎。経両三日。花開菓成。見一々瓠。甚大如壺。無間並臥聖人見已。取一瓠破見其中。有精白米。粒大鮮白。以斗量之。[9]一瓠中有五斗白米。先供仏経。施与諸僧。一二菓送遣光勝聖人之坊。光勝見之生奇異心。離軽哢心。於法花聖信伏随順。往聖人許。頭面作礼。悔過懺悔。於一乗経。尽忠運志。書写供養。読誦思惟。法蓮聖人以件田米。普施国内。一切僧俗。乃至貧人孤露。往還諸人。任意荷取。雖然田瓠至十二月更不枯竭。随取而生。取用之輩非失貧苦。又発道心。法蓮聖以於田米。更作仏事。利益一切。乃至摂心不起慢過。精進修行。老衰遷化矣。

第四十九　金峰山薢[1]岳良算聖

沙[2]門良算。東国人也。其性強急。更離懈怠。出家已後。永断穀塩只飡菜蔬。読誦法華。専無余業。深山絶域為所住。更不往来人間聚洛。蘿蘽皮為上品服。塚間樹下為最勝棲。常作是観。身是水沫不堅之身。命復朝露即滅之命。若宝翫愛護。[3]非受羅刹供[4]哉。况復我身五陰仮舎。四顛倒鬼常住其中。欺誑我心。令造衆罪。悲哉。智恵不及雪山[5]寒鳥。布施不如赤目大魚。如是思惟。更不覆養矣。登金峰山止住薢[1]岳。数十余年。但読法花。難行苦行。最初鬼神現可畏形。擾乱聖人。不以為怖。後以菓蓏而来供養。熊狐毒蛇亦復如是。端正天女時々来至。三匝囲遶。頭面礼敬而以退去。又十羅刹中皐諦女耳。貴賤供養[6]不以為喜。悪輩罵詈不以為憂。向人雖与語。口必誦法花。閉目雖睡眠。誦経音弥高。乃至最後入滅之時。顔色鮮白。含喜気色。身無苦痛。心懐踊躍[7]。知識問云。聖人不例云何有喜気。答曰。頃年貧道孤独之身。今開栄花。亦預官爵。豈不喜悦哉。所謂棄捨煩悩不浄無常垢穢之身体。当得微妙清浄金剛不壊之仏果也。作如是語而[8]入寂滅矣。

第五十　叡山西塔法寿法師

沙[1]門法寿。延暦寺座主暹賀僧正弟子也。其性清廉永離放逸。志纂仏法。其心正直。温習妙法。諷誦勝人。自行薫修。春秋多積。化他出仮。年月稍久[2]。就中音用巧誦。輩中足為上首。若年昔至于老年。為植仏種。日々一部更不退闕。乃至覚知余喘残少。堅発道心。殊凝信力。深夜誦経。至天暁夢。我年来所持法華経。飛昇指西方行去。夢中歎念失所持経。傍有紫衣老僧云。汝無悔歎。所持法花経。是且送置極楽也。汝有両三月。当得往生。早速沐浴精進加行。応為往生前方便云々。夢覚已矣。俄捨衣鉢。図弥陀像。写法華経。請名徳僧。開講供養。余残雑具分付弟子。離花洛棲。永以隠居。夙夜誦[3]経念仏。真言念誦三[4]時不怠。終日拝見涅槃経観無量寿経等諸大乗経。披閲摩訶止観文句章疏。以此善根。望生極楽。欲値弥陀。雖有病患。不失正念。誦経念仏。倍復勤修。捨身他世矣。

第五十一　楞厳院境妙法師[1]

沙門境妙。近江国人。少年攀登叡山横川。奉仕師長。読習経文。入堂承仕。修行仏道。漸々学読法花一部。誠心温習。悉得通利。捨諸縁務。[2]深宗読誦。惜寸分暇。不作余事。若行道路。若人与語。手持経巻。眼視経文。部数多積及二万部。為成五種法師功徳。於行願寺書写法花。勤修三十講。講経結願。称十種供養。移極楽作法。摸菩薩威儀。恭敬供養。増我自行善。令他種仏因。乃至知命時臻。登比叡山。巡拝処々堂塔聖跡。値遇故老釈衆同法。不審清談。皆遺芳言。是最後対面。欲蒙引接云々。還来本所。不逕多日。請取病悩。即吐詞言。境妙最後病也。決定可死去。[3]沐浴身体。着浄衣裳。以五色糸。着弥陀仏手。以其糸把我手。向西方坐。請諸僧侶。転読法花。修法華懺法。勤弥陀念仏。既遷化矣。有聖夢云。境妙乗金車捧経。天童囲繞遙行。見人語曰。境妙聖人往生浄土。儀式微妙。覚後随喜無極矣。

第五十二　仁慶法師

沙門仁慶。叡山西塔住僧住[1]鏡阿闍梨弟子也。越前国人。幼少年始登比叡山。登壇受戒已後。随順師命。相副奉仕。余暇読誦妙法華経。初後全誦。後習真言。修行教法。臨盛年時。離去本山。下住華洛。及趣遠国。或為修行。或随国司。如是奔波逕歴世路。毎日誦一部。為自行功徳。臨知命期。殊発道心[2]。捨衣鉢等。図絵両界曼荼羅。刻彫阿弥陀仏像。書写妙法華経。為四恩法界供養恭敬。其後不経幾日月請病患。多日辛苦。忍病悩苦痛。自読法華。請結縁衆僧。令読法華。勤修念仏。終以入滅矣。傍人夢見。大宮大路五色雲従空聳下。音楽異香遍在空中。時人云。是仁慶持経者往生迎接相也。時仁慶剃頭。着大袈裟。威儀具足。手執香呂。向西而立。従雲中出下蓮華台。仁慶持経者坐彼蓮台。移昇雲中。指西方遙去云云。又四十九日法事之夜。又人夢見。大底同前夢矣。

第五十三　横川永慶法師

沙門永慶。覚超僧都弟子。楞厳院住僧也。宿善所催。志在法華。受持諷誦累年月矣。乃至[1]於本山[2]籠簟面滝。夜在仏前。誦経拝礼。左右人々。睡臥同夢。老狗高音吼。立居礼仏。夢覚驚見。沙門永慶挙音礼拝。以此夢語永慶。比丘聞已。欲知事縁。七日断食。籠堂祈念。至第七日夢。竜樹菩薩現宿老形告云。汝前生身是耳垂大狗也。其狗常在法華経持者房。昼夜聞法華。因其善力。転狗果報。感得人身。誦法華経。余残習気在汝身心。是故夢見狗形礼仏耳。比丘夢覚深懐慚愧。[3]羞歎宿業。尋有縁所。留跡止住。誦法華経。

勤六根懺。以今生善遙期菩提。願不還三途。必生浄土矣。

第五十四　珍蓮法師

沙門珍蓮。三井寺明尊大僧正弟子也。生陸奥国。幼少上洛。宿因所追。作仏弟子修行仏道。其志謹厚。誠在法花。精進功積。暗誦一部。処々霊験必勤安居。苦行練満。験力相応。盛年之頃。従奥州指花洛上。途中曠野逢焼狩輩。籠数百町。周匝付火。沙門籠火中。従四面八方火炎迫来。無避遁術。必為焼死。眷属悲泣。不知去方。乗馬走断。迷入火中。珍蓮作是思念。於此定死。無由脱。不念此世。為往生故一心合掌。誦法華経。至第二[1]巻煙薫難堪。火来迫身。面目当地。臥蘆叢中。更無他念。誦法花経。爰熱炎自散。煙気又失。身心清涼。沙門起首開眼見之。四方火滅。数丈[2]不焼。依妙法力軀命得存。五体投地。拝敬一乗。三業至誠。帰命仏法。主伴免難。感歎伏膺。不可極尽。従是以後。倍復信敬。憑仰無他。生々世々。値遇読誦。在々所々。修行供養。将成仏時。更不闕退矣。

第五十五　愛太子山朝日法秀法師[1]

沙門法秀。近江国志賀郡人。千手院余慶僧正弟子矣。年十四歳。読法華経。纔一遍二遍。自然諷誦。不積練習。暗誦一部。早口読誦。一日部数殆及十廿部。迨盛年時。捨世間望。深期出世。叡山大岳南。占梅谷幽間。結蘆為庵。修行[2]妙法。所謂法花三昧。六根懺悔法也。薫修遍山上。名徳満里辺。中関白殿下深以帰依。供献衣食。調送四事矣。従其以後。移住愛太子山朝日幽洞数十余年。四季懺法。継大師遺風。一乗諷誦。待普賢来護。乃至臨終。春季懺法。三七日勤竟。出普賢道場。語弟子言。死時既臻。風病発動。且加湯治。可除身垢。雖有小悩。起居如例。所作倍常。経四五日心不顛倒。二世作法。与語弟子。[3]寂静入滅。有親昵人夢。聖人語云。吾[4]命娑婆有所勤作。猶留住此界。経七年後往生極楽。手執経巻。威儀具足。面有喜悦矣。

第五十六　丹州長増法師[1]

沙門長増。出家以後。遙離人間籠居深山。所謂初住愛太子山幽洞中。誦法華一乗経。厭人来集。移住雷岳。誦法華経。猶厭人来。籠破奈支峰。相加開結二経。一部十巻諷誦既畢。従若盛年及于八十余。無他所作。但読誦法花。常夢中乗白象王。渡深大海。越険難峰。到平正所。勝妙伽藍云云。即夢内以此夢想語耆年僧。僧云。此夢善相。依妙法力。渡生死海。越煩悩山。当得往生浄妙仏土矣。夢覚弥増信力。読誦此経。

沙門遥年参向金峰山。帰信蔵王大菩薩。最後参向金峰山。[2]従彼山還向。来着淀河南辺。沙門[3]脱嚢為座。河辺安坐。告伴類云。汝等早還本所居土。我不可進去。於此可取滅。即誦法花経。[4]不逕旬日。正心入滅。従其以[5]後。毎夜必有誦法花声。其音老貴。読誦法華。其淀河辺有道心僧。奇念此事。尋音常往近寄聞之。隔一町以上聞之。高貴読誦法華経。若[6]極近往。其声不聞。雖送年序。其音更不闕怠矣。

第五十七　遁鬼害持経者法師

但馬国有一小寺[1]。建立以後逮百余歳。鬼神来住。久人不栖。有二客僧。不知案内。来宿此寺。一人年少法華持経者。一人年老修行者耳。各居東西長床。及夜半時。有穿壁入者。其香甚臭。気息似牛。鼻気吹撃。持経者懐大怖畏。一心誦法花。鬼捨此僧往来老僧許。劚割食噉。老僧揚声大叫。無人救済。持経沙門不知避遁。呻吒悲歎。登仏壇上。交仏像中。抱一仏腰。誦経念仏。求遁死方。鬼食老僧畢。尋来持経者在所。沙門一心念法華。鬼顛落仏壇前。其後鬼不来。沙門弥抱仏腰。誦法花経。待夜早明。至明旦見之。所抱仏者毘沙門天王。見壇前牛頭鬼三段切殺。天王所持鋒[2]剣赤血塗付。明知為助法花経持者。多門天王殺伏牛頭鬼也。沙門出里示。諸人集寺。見如此事。称希有事。其毘沙門。当国刺史恭敬。奉請為本尊。持経者依一乗力。免火急難。更倍[3]精進。読誦法華。誓願世々生々値遇矣。

第五十八　廿七品持経者蓮尊法師[1]

沙門蓮尊。美作国人。元興寺僧。志運法華。多年練[2]習。二十七品明了諷誦。最後普賢一品不得誦習。沙門更竭丹誠。復加精進。於一々句雖誦数万遍。更不被誦。比丘大懐慚恥。於普賢御前。一夏九旬難行苦行。祈禱此事。普賢菩薩於法花経発弘誓願。守護持経者。有忘失句逗。我還令通利。弟子或[3]品不全。観念不欠。於持大乗経。雖非其器。生難遭想。致恭敬心。読誦此経。普賢加力。諸仏冥護。当得暗誦。何於一品不得誦哉。如是祈念過一夏間。夢中天童来告言。我普賢使。為令知汝宿生因縁故来至此。汝於先世受小犬身。母与汝共在板敷下。法華持者在於其上。誦法花経。始従序品至厳王品廿七品。汝全得聞。至普賢品汝母起去。汝随母去。由是不聞普賢一品。由先得聞法華経故。今得人身。又作法師得持法花。由不聞普賢品故。宿生因浅。故不得諷誦。雖不暗誦。但当読習。今生必得全誦法華。後世亦当値遇諸仏。得拝[4]此経。夢覚明知宿因。倍復精進。即得通利普賢勧発品矣。

第五十九　古仙霊洞法空法師

沙門法空。下野国人。法隆寺僧。顕密兼習。[1]是為国宝。以法華経為[2]所持経。毎日三部。毎夜三部。是為定途勤。下向生国。巡礼二荒慈光等東国諸山。即於其間。尋得人跡不通古仙霊洞。見其仙洞。以五色苔。葺其洞上。以五色苔。為扉為隔。為板敷為臥具。乃至敷前庭。聖人得此仙洞。心生歓喜。永離人間。籠居仙洞。以青苔綴袈裟裳。以為所服。山鳥熊鹿。纔来為伴。妙法薫修。自然顕現。十羅刹女現形。供給走使。

有一比丘。名曰良賢。以一陀羅尼為宗。其心勇猛。巡遊一切霊験。無定住所。慮外迷山路。至此仙洞。即見聖人。生奇特希有念。頃日寄住。見羅刹女端正美麗。生欲愛心。羅刹女白聖人言。此破戒無[3]愧類。来至清浄善根境界。当与現罰損其身命。聖人答曰。吁莫作是説。当加守護送遣人間。一[4]羅刹女忽現本形。甚可怖畏。提僧将去。数日行路一時飛去。投捨人間還来。良賢心神不例。僅得存身命。即以此事語伝人間。恥我罪根。随喜持経者徳行。更発道心。始読法華。持戒精進矣。

第六十　蓮長法師

沙門蓮長。桜井長延聖往昔同行善知識矣。極大精進。離諸懈怠。但一心誦妙法華経。而無退廃。従沐浴外更不解帯。雖送昼夜更不睡眠。不用脇息。亦不用枕。永離臥息。偏起[1]坐耳。沙門於読経時。其心勇猛。無寛怠思。是故常誦妙法華経。若有生於懈怠之心。時々臥息也。更無是心常誦経矣。亦往詣金峰熊野等諸名山。志賀長谷等諸霊験。住於一々霊験名山。読誦千部妙法経。日本国中一切霊所。無不巡礼必誦千部。凡件聖人早口誦経。一月之内安誦千部。従壮年昔至于老衰。所読誦経部数甚多。傍人夢見。頭着甲冑。身繫天衣。異体之輩四人。左右相副。刹那不離。守護囲遶云云。乃至最後。手執非時鮮白蓮花。知識問花縁。聖人答曰。是妙法蓮華。亦是仏性蓮華。言語已訖。即時入滅。手中蓮花。忽然不見矣。

第六十一　好尊法師

有一沙門。名為好尊。石山僧矣。受学真言。兼誦法華。運唯心信。多年誦経。依有事縁。往還丹州。身有所悩。不能行歩。借他人馬。乗之上京。来留祇薗。其辺有男。見此馬言。是馬先年所被盗馬。即取領馬。縛持経者。加笞打迫。乃至其夜縛着柱本。令受辛苦。沙門横罹災難。観我果報。流涙悲歎。其夜祇園耆宿両三夢見。此男以縄縛普賢。以笞打之。夢覚驚怪。尋見此男。縛打沙門。大衆集会。解免沙門。至明旦従京方数十人来。追求馬盗人。此男最前追盗人。人[1]々射此男一箭射死。衆人見此男死畢皆云。非道非法。縛打持経者。依其現報。不過日夜。遭災死去。沙門不起恚心。倍生信力。読誦法華。修行仏法矣。

第六十二　薗城寺僧某

有一沙門。其名不詳。備前国人矣。具足妻子。逕多年月。登比叡山。得度受戒。即住三井寺。暗誦法華。逕十余年。誦二万部。寺中上下皆生随喜。此僧又下本國。如昔与本妻子相共経営世間。棄捨所誦妙法華経廃忘年尚。誠以足為無慚愧僧。臨老受病。人々勧進令唱弥陀。令読法花。振頭不受。更不念仏。又不読誦。及数十日。臨最後病悩稍愈。沐浴着清浄衣。白三宝言。頃年為魔被擾乱。棄捨一乗。執着邪見。今蒙普賢加護。得正念現前。昔二十年間。所読二万余部経。若不失猶在我心。作自行因。当叶化他行位。

願法花経今命終時。当被暗誦。即勧傍人。令唱妙法蓮華経序品第一。続其音即誦始。如是我聞。一心高声。一部誦訖。頭面作礼即入滅矣。

第六十三　西塔明秀法師

沙門明秀。延暦寺座主暹賀僧都弟子矣。以誦法花。為一生業。兼習真言。瑩三密鏡。雖有重病。雖障急暇必誦一部。為日所作。年至四十。籠居黒谷。読誦法華経。受於病悩。雖加療治。不能得[1]平。最後手執法華妙典。即発誓言。無始罪性。薫入我身。今生全闕定恵行業。以何目[2]足到清涼池。纔誦法華経。散心不如法。雖然以此善為善友知識。乃至入滅。死骸魂魄。誦此法花。中有生有。常誦此経。若[3]随悪趣。若生善趣。随所生処。常誦此経。至于仏果。常誦此経。如是誓願即入滅矣。於其墓所常誦此経。人往聞之。不[4]異存生音矣。

第六十四　千手院広清法師

沙門広清。叡山千手院住僧。諷誦通利法華経。更無忘失。亦有道心常念後世。被引事縁。雖廻世路。心有山林。専思隠居。何況昼夜読一乗経。以此善根廻向菩提。未及老年。参詣中堂。通夜誦経。祈後世事。夢有八菩薩。皆黄金色。瓔珞荘厳。有一菩薩。告沙門云。持一乗経。願離生死。莫生疑念。一心不退。修行妙法。我等八人当送極楽。如是語已即失不見。夢覚歓喜。倍復修行。乃至最後在一条以北道場入滅。於其墓所毎夜有誦法花音。必誦一部。有一弟子。取其髑髏置清浄山[1]。於其山中猶誦法華矣。

第六十五　摂州菟原慶日聖人

慶日聖天台山僧。平安宮人。顕教密教。懸鏡明々。内教外典。貫玉了々。道心内催。名利外冷。遂辞本山。幽居田舎。朝夕誦法華。三時修真言。其余暇亦学止観。方丈草庵足為住所。従仏経外無余具。糞掃麁衣以為衣服。従三衣外又無衣服。庵室近辺。女人不来。況以眼見之。開口与語哉。一生持斎。不食油酒。若持衣食有施[1]与人。転施貧人自更不用。乃至有奇異事。人無知之。

雨降暗夜。聖人出行。前有持炬人。後有指笠人。人見走行近見之。無火無人。聖人独行。或時乗粧馬老上達部来。入聖人庵室。遠人見之到房見者。無馬無人。天神冥道供給使駈。親近囲遶。乃至最後身無病痛。独住庵室。正坐向西。高声而誦妙法華経。後結定印。如入禅定而以入滅。近辺諸人更不知之。有百千人恋慕聖人。悲泣音声。人驚往見。雖有泣音不見其形。護法聖衆。奉惜聖人歟。雲上有音楽。房中有香気矣。

第六十六　神明寺睿実法師

[1]睿実君。法華持経者。非下賤人。誠是王孫也。年少幼稚。離二親家。永入仏道。天性有慈悲。憐愍受苦輩。住愛太子山。練誦法華経。極寒之時。脱所着衣。施裸形人。我[2]無所着服。大桶入木葉。

住其内制寒。誦法華経。或時大雪。数日不食。取竈土食。其味甚甘。継命誦経。修諸苦行誦一部。白象現来聖人前立。従口出光。照曜草庵。如是異事甚以巨多。音声微妙。聞者流涙。況復験力掲焉。降伏怨家。除愈病悩。国王大臣貴仰聞経。遠近親疎無不随喜。路頭病人。屎尿塗漫。臭穢不浄。見人塞鼻閉目走過。聖人親近住傍。誦法華経。以衣覆上。抱病人臥。依経威力聖人気分。病悩除愈。其数転多。如是慈悲看病抜苦。更非凡夫所作。乃至下鎮西。経営世路。耕作田畠。酒米豊稔。宛如富人。或食魚鳥。或具弓箭。其交雑中有難思事。向焼煮魚。誦法華経。魚則甦鰓。放水遊去。或持弓負胡籙往。傍人見之。束蓮華負背。驚怪更見是非蓮花。猶胡籙而已。

肥後守某。誹謗此聖人。奪取其財物。是破戒無慚法師。不可親近。乃至守妻沈重病。万死一生。仏神祈禱。医方療治。更無其験。守懐歎起居憂悲。目代申云。請容実君。試当読法花経。守大瞋曰。其無慚破戒在家僧。更不可召。目代叮嚀勧申。守度々被勧云。我不知。左右在汝[3]意。目[4]代請容実君。々云。弟子無慚不知仏法。宛如悪俗。更不信用。依切々請。聖人到守館。誦法華経。未及一品。護法付北方。投越屏風。於容実君前。数百反打逼。病悩除愈。受用飲食。起居軽利。本心現前。長官[5]合掌頂礼聖人。愧羞先所作。以所奪取物皆悉返送。聖人不請納。乃至臨終兼知死期。浄処結庵籠居。誦法華経。数日断食。経声遙聞遠境。聞者皆発道心皆言。是容実聖最後入滅。誦法華声。安禅合掌入滅矣。

或人云。容実最後遇悪縁発悪[6]願云云。或人云。更不発悪心。最初雖似悪心。後[7]発露懺悔。深発道心誦法華入滅云云。

第六十七　竜海寺沙門某[1]

大和国平群郡竜海寺。有一沙門。能持法華。兼解文義。毎日必講一品。説其義理。読其経文。積数年功。時有一竜。感講経貴。変人毎来住講経庭。聞法華経。日来不退逕於三年。沙門与竜成親昵志。於如是事。世間有風聞。時天下旱雨不降。欲断五穀種。時人此事奏聞天皇。天皇下勅命請件僧。沙門講経竜来聞法。語其竜当令下雨。沙門若不辨此事。早駈追不可令住日本国。

僧奉勅命懐大悲歎。還寺而住。向竜説此事。竜言。我頃年間。聞法華経。抜悪業苦。既受善報[2]楽。捨[3]此苦身。当酬聖人恩。是雨非我所知。大梵天王等為[4]始。依国土災。止雨不降。若往開雨戸当殺我。願我以身命欲供妙法。当降三日雨。聖人我死骸埋。其上立寺。又我所行有四所。皆其所々建立伽藍。可成仏地。如此語已。与僧別畢。以此由奏公家畢。即臨約期。俄鳴雷電。大雨自降。三日三夜無間断[5]降。世間水充満。五穀豊稔。公家随喜。聖人講法華経。如竜所約。建伽藍名竜海寺。其余四所亦建立寺。所謂竜門寺竜天寺竜王寺等矣。聖人一[6]生講読妙法。其間希有事具不記矣。

第六十八　一宿沙門行空

沙門行空世間称一宿聖。法華持者矣。日誦六部。夜誦六部。日夜誦十二部。更無退欠。出家入道。発心以後不定住処。猶於一所不逕両夜。況結庵住哉。猶不具足三衣一鉢。況余資具。身所具物法花一部耳。五畿七道。無不行道。六十余国。無不見国。其間迷路。天童示路。渇乏求水。神女与水。若有所悩。天薬自臻。若飢食者。甘飯在前。依妙法力。賢聖常現。天神副身[1]。乃至老後出鎮西。及九十誦法華経。一生所誦部数三十余万部。臨終之時。普賢摩頂。文殊守護。蓮華承足。天衣纒身。往生浄土矣。

第六十九　基燈法師

沙門基燈。住周防国大嶋郡矣。練行苦行。無比肩輩。持戒精進。莫踏跡類。於法華経一心読誦。不惜身命。何況其余毎日読誦三十余部。寿命極長。百四[1]十余歳而腰不曲。起居軽利。面貌少壮。如三十人。眼見遠境色像。耳聞数里外声也。世間人称六根浄聖。慈悲遍一切。智慧亦甚深。於非情草木猶生恭敬心。況有情類作真仏想。妙法功徳。薫入身中。離老病苦。修行無倦。厭生死道。欲往生浄土。常見善夢想。如四安楽行夢唱八相。鎮有奇瑞。表当来成仏耳。

第七十　蓮秀法師

沙門蓮秀。醍醐住僧矣。頃年持法華。毎日無懈倦。兼念持観音。十八日持斎。牽[1]世路雖具妻子。心猶帰信法華大乗。毎日読誦観音経一百巻。乃至受取重病。辛苦悩乱。身冷息絶。即入死門。遥向冥途。隔人間境。超深幽山険難高峰。其途遼遠。不聞鳥声。僅有鬼神暴悪之類。過深山已。有大流河。広深可怖畏。其河北岸有一嫗鬼。其形醜陋。住大樹下。其樹枝懸百千種衣。此鬼見僧問之言。汝今当知。是三途河。我是三途河嫗也。汝脱衣服与我可渡。時有四天童。忽来至言。汝嫗鬼争奪取此僧衣。此沙門者法華持者。観音加被人[2]。時嫗鬼合掌敬僧。天童語沙門言。此是冥途。悪業人来処矣。早還本国。能持妙法。称念観音。捨離生死。後生浄土。将還之間。途中有二天童。来迎云。賀茂明神見赴冥途。為令将還所遣也。逕一夜竟。即得蘇生。除愈病患。受用飲食。得本体了。倍増信力。読誦法花。持念観音。于今不退。復有多種奇異夢想。更不記之矣。

第七十一　西塔宝幢院[1]真遠法師

沙門[1]真遠。比叡山西塔住僧。三河国人矣。幼少登山。即読法華経。運懇重志。一部通達。昼夜六時読誦無怠。極疾早口。人誦一巻間読両三部。一日所読三四十部。兼復受学三密秘法。三業調直。六根無犯。及長年時。下向本国。為先祖建立道場。寄住作後世勤。乃至沙門乗馬出行里辺。途中相遇当国長館[2]。見此沙門。従馬引落令打恥言。国中所居僧俗貴賤。皆国司所領。依何此法師為我作無礼。即駈追僧将来国府。下遣衛厩。付人令淩[3]。沙門観我果報[4]受此苦。且誦経。其夜半守夢見。此僧普賢菩薩形乗白象[5]。籠住舎中。其門前又有普賢菩薩。乗白象放光。向奥普賢。問訊被捕禁之由。夢覚守大驚。夜中免僧。請取令坐浄座問云。聖人為何等勤。答言。従年少時持法華経。守大驚歎。凡夫拙愚。奉悩聖人。願免此罪。受我懺悔。語所見夢。特以帰依。請住館中。日供衣服叮嚀奉仕。万人聞伝無不随喜矣。

第七十二　光空法師

沙門光空。近江国人。金勝寺僧矣。其音美清如振鈴声。誦法華経。練行年尚[1]。有兵部郎中平公人。是将門近親。極悪不善甲兵武者。帰依此沙門。令住我家内。逕数年間。兵部妻与持経者有交通事云云。従者此事語兵部[2]。聞此事於持経者起怨害思。将持経者。至深山中。縛持経者。縛着樹下。以弓射腹。箭曲折而不立身。沙門一心観我果報依無実事受此苦報。以高貴声誦法花経。五六度射箭。曲折同前。兵部初以郎等令射。後手自射。摠折摧如前。二十九箭皆已射折。兵部大驚免沙門。即乞[3]懺悔。我今大誤。於聖人所作大悪事。自今以後。更於大師不生悪心。流涙悔過。即将還家。

兵部其夜夢見。有金色普賢。乗白象王。普賢腹間立多箭[4]。兵部平公夢中問。以何因縁。普賢菩薩御腹立此多箭哉。答言。汝於昨日依無実事。殺持経者。代其沙門我受此箭。兵部夢覚弥大驚怖。向持経者流涙懺悔[5]。退去語此事従者。逕両三日。持経者深厭離世間。具持経持仏。以夜半永出去[6]。平公夢普賢告曰。汝年来供養我。依其功徳応当引接。唯依無実事。欲殺害於我。見悪早去。見善早近。是如来所説。是故我今去此処。永趣他処。兵部驚此夢。往見持経者住所。出去不知往方。兵部大愁歎矣。

第七十三　浄尊法師

有[1]一修行比丘。其名不詳。行鎮西巡遊諸国。迷山野路。行無人境。欲得至人里。不知其方域。漸行去間。於山野中有一草庵。乍悦近行求得夜宿。有一女言。此所更人不可宿也。僧言曰。来迷路身心疲極。僅到人辺。猶可被宿。女人宿僧。以浄莚薦令坐比丘。浄辨飲食。施与僧了。日暮入夜。家主荷物来置庵内。見此家主是法師也。頭髪三四寸。身着綴衣。其体麁醜。難可親近。見宿僧言。何人御坐。女説事縁。法師宣云。此五六年更如是人不見来給。希有来所。食物非飯非粥。非菜非菓。食非例物似肉血類。

至丑時計。此法師起沐浴清浄。着浄衣已。入持仏堂。修法華懺法。誦法華経一部。礼拝念仏。発願廻向。如法勤修。其音極貴。薫修無限。明朝語客僧。弟子浄尊。底下薄福賤人。愚痴無智。不知善悪。雖得人身復作法師。還入悪道。歎不成仏。不期今生栄。只念無上道。持護戒律。誠不如法。調直三業。不叶仏意。只依大乗欲離生死。分段依身。必資衣食。耕作田畠。作多罪業。欲尋檀越嚫施難報。一切構結。非無罪業。依是弟子求於世間無怖[2]望食。継資露命。以求仏道。所謂牛馬死骸肉也。昨夜所食非例食物。是則件肉也。有宿世因。辱枉光臨。依是説於自身作法。乃至以[3]其年其[3]月[3]其日。捨此界生。必生極楽。若有結縁。当来坐此。客僧聞已生希有心。最初雖生栴陀羅想。後生如仏[4]浄清之想。

其後逕数年至於其期。欲知此僧虚実因縁。即往彼処。比丘見僧随喜無極。善哉沙門。希有来此。弟子浄尊。今夜欲捨此身往生西方。既断肉食及三四月。剃除鬢髪。法衣具足。所具女人。成比丘尼。清浄香潔。無諸不浄。共入持仏堂。通夜修行至天暁時。有数千人従空而下。光明遍照。音楽普聞。漸々西去。後見堂内。僧尼二人合掌向西而入滅矣。比丘流涙。止住遺跡。修行仏法。若有伝聞此事之類。皆来此所。恋慕聖人。結縁而去矣。

第七十四　播州雪彦山玄常聖

沙門玄常。平安宮人。姓平氏。比叡山僧矣。沙門背世心深。賄賂思浅。若年辞山。跡趣諸方。持法花経。兼有恵解。暗誦方便安楽寿量普門四品。行住坐臥。常不懈怠。所行作法。不似例人。所着衣服。紙衣木皮。而更不着絹布之類。渡河不褰衣。雨降日照。更不着笠。遠行近遊。足不履物。一生持斎戒復断食。不為解帯。不為臥息。遇僧俗必拝。見鳥獣屈腰。住雪彦山苦行誦経。以一百栗。過百日安居。具柚一百。為一冬食。並居猪鹿。含咲与語。交雑狼熊。相共走遊。能知人心。説其所念。兼見世相。示其吉凶。応言権者。豈凡夫哉。最後臨終往僧俗許。皆惜別言。今生対面但在今日。[1]以明後日詣浄土辺。後々面謁。期真如界。即往雪彦山。寄住巌崛中。一心不乱。誦法華経而趣他界矣。

第七十五　斉遠法師

沙門斉遠。東寺住僧。周坊国人矣。従少年時誦法花。堅固不退。迨盛年頃還到生国。住玖珂郡三井山寺。其寺観音霊験掲焉。比丘誦法華経。供養香花。数年籠住。大雪高積。人跡不通及数十日。殆可飢死。比丘忍飢。誦法華経。晨朝見庭。有狼殺鹿。比丘取完食之継命。献華誦経。両三日間。食此鹿完。入鍋煮之。従里人来。僧恥[1]食完事。人即見鍋。切入柏木而煮煎之。人怪見問比丘云。為宛何用。煮蒸柏木。僧見完変柏。得未曾有。向人説本縁。聞人歓喜。感作是言。観音慈悲。持経法力。応自令然。比丘後見観音。観音御腰皆被割切。有大空穴。定知。権[2]以御身変死鹿形。施持経者矣。比丘見此事畢。弥生信心。発大道心。念観世音。誦法華経。後々神変不可述尽矣。

第七十六　香隆寺比丘某

有一比丘。香隆寺定澄僧都弟子。其名未詳。形[1]雖比丘。心似在俗。手持弓箭。懐納刀剣。見諸鳥獣。必射殺之。若見魚鳥。必食噉之。況手持念珠。肩繋袈裟哉。誠是無慚破戒悪僧也。唯持法華経寿量一品。每日不闕必誦之。後付法性寺座主源心僧都宿車[2]宿。乃至最後。請取重病。決定当死。僧都観一生不善。聞臨終重病。発憐愍情。彼僧授戒。比丘受戒。即従病床起居。病悩[3]平安得正念。洗手嗽口。一心合掌。誦寿量品。乃至得入無上道。即成就仏身。全一品。身心寂静而入滅矣。

第七十七　行範法師

沙門行範。大舎人頭藤原朝臣国家[1]第一男。千手院定基僧都弟子矣。沙門性調順。志求仏法。叮嚀読誦妙法華経。通利一部。諷誦無礙。唯至薬王品。更難暗誦。数年練習。更不被誦。沙門発慚愧心。祈請三宝。欲誦薬王品。夢有神僧告言。依宿世因不誦此品。汝先世受黒馬形。在持経者許。時々聞法華。[2]唯於薬王品不能奉聞。依聞経力。今得人身。入於仏法。持法華経。依不能聞薬王品。今不能誦也。因果不失。如牛二角。今生能読。来世任運了達此経。証大菩提矣。沙門知宿因開矇昧心。深信妙法。昼夜不退転。読一乗矣。

第七十八　覚念法師

[1]沙門覚念。[2]命快律師舎兄矣。厭離俗網。志在仏法。剃除鬚髪。出家入道。染衣受戒。威儀具足。其心清浄。質直柔和。怖罪悔過。道心堅固。読誦法華経。是定途所作。其誦経時。有三行経文。更不被誦。每至其所。[3]妄失三行文。雖積暗誦。更不明了。聖人歎憂。祈念三宝。瞻仰普賢。求請冥護。夢有老僧而来告云。汝有宿業。[3]妄失三行文也。汝於先生受衣虫[4]身。在法華経中。食失三行。[5]又依住経中。今得人身。誦法華経。依食経文。不得誦於三行之文。今叮嚀懺悔。生渇仰心。故我加冥助。当令通利。夢覚已後。三行之経憶持通達。諷誦無礙。発露先世罪業悪縁。懇重読誦。每日三部。更不闕怠。棄捨世間名聞利養。[6]永期無上正等菩提。所行如法。豈疑後世哉。

第七十九　仏蓮上人

沙門仏蓮。安祥寺僧。能誦法花。専修仏道。壮年之頃。移住越後国古志郡国上山。全護戒律。威儀無欠。三時沐浴。遠離垢穢。着新浄衣。内外清浄。読誦法華。志求仏恵。有給仕人。沸三時湯。其心疲倦。厭離而去。有二童子。自然出来白上人言。我等二人奉仕聖人。一名黒歯。一名華歯。十羅刹女変身来耳。此二童子強力勇健。荷薪汲水沸湯。拾菓設食。出里入山。供給[1]走使。聖人不知世務。離諸攀縁。偏誦法華。是二童子至于滅期。更不相離。専心給仕。入滅之後。悲歎哀[2]逗。勤修四十九日。即日而去矣。

第八十　七巻持経者明蓮法師

沙門明蓮。離二親家。住法隆寺。最初向文読法花経。後好諷誦。欲徹一部。而従第一巻至于第七巻。皆悉通利。[1]不忘句逗。自在無礙。唯於第八巻。稽留忘失。更不得誦。多逕年序。積練誦功。廃忘弥盛。沙門歎念。根性極鈍。更不可誦上七巻経。根性利者。当誦第八巻。有何因縁。誦上七巻。一年之間。既得通利。至第八巻。運数年功。更不得誦。祈乞仏神。応知此事。即籠稲荷百日祈念。更無其感。長谷寺。金峰山。各期一夏。更不得応。詣熊野山。百日勤修。夢想示云。我於此事力所不及。可申住吉明神。沙門依夢告参住吉社。百日祈禱。明神告言。我亦不知。可申伯耆大山。沙門参詣伯耆大山。一夏精進。大智明菩薩夢告言。我説汝本縁。勿疑。当信受。美作国人。粮米負牛参詣此山。牛置僧房。人詣神殿。其僧房中有持経者。始従初夜誦法華経。至第七巻夜到天暁。牛通夜聞経。心生慈善。不聞第八巻。随主還本国。其牛即汝也。依聞法華経。離畜生報。稟人界生。作仏法器。誦七巻経。依不聞第八巻。今生不得通利也。汝当調三業誦法花経。当来報在兜率天上。沙門夢覚明知宿因。一心合掌。白権現言。痴牛聞妙法。離傍生苦果。来至於人界。得持法華身。何況有人如説修行。所得功徳。唯仏能知。願我生々見諸仏。世々恒聞法華経。恒修不退菩薩行。疾証無上大菩提。発此願已。礼拝権現。則退而去焉。

　聞法華経是人難　書写読誦解説難
　　敬礼如是難遇衆　見聞讃謗斉成仏

大日本国法華経験記 巻之中

大日本国法華経験記 巻下目録

大日本国法華経験記　巻下

首楞厳院沙門鎮源撰

第八十一　越後国神融法師

沙[1]弥神融。〈俗云古志小大徳。有多名。不注之〉越後国古志郡人矣。読誦法華経。深有薫修。練行無比。鬼神承命。国王遥帰依。万民近崇敬矣。其国中有国上山。有一檀那。発心作善。造立宝塔。欲供養時。雷電霹靂。雷[2]破壊塔。各々分散摧折而去。檀那懐歎悲泣無限。

又改造塔。更欲供養。如前雷来擢破去。如是破塔然両三度。願主檀那歎大願不果。猶改造宝塔。求於宝塔為雷不破壊。神融上人語檀那曰。莫生悲歎哉。我以妙法力。守護於宝塔。令不破壊。当成汝願。

即住塔本誦法華経。爰靉靆布雲。細雨数降。雷電晃曜。願主而作是念。雷破塔相也。悲歎憂愁。神融上人立誓。高声誦法華。時有一童男。従空下落。見其形体。頭髪蓬乱。形貌可怖。年十五六歳。被縛五処。流涙高声。起臥辛苦而白[3]言。持経上人[4]。慈悲免我。自今以後更不破塔。時神融法師問破壊因縁[5]。雷白聖言。此山地主神与我有深契。地主語曰。此塔立我頂。仍無住処。為我可破壊塔。依地神語度々破壊。而妙法力不可思議能伏一切。依之地主移去他所。我敬恐避由此。当知施主願足。聖人誓言実。神融聖人告雷神云。汝随仏法不作違逆。発起善心。不破宝塔。尤当利益汝。但見此寺更無水便。遙下谷汲水荷登。雷神此処可出泉水。以為住僧便。汝若不出水。我縛汝身。雖送年月更不去。又汝此寺東西南北四十里内。更不可生雷電之声。時雷電神跪敬承聖人仰。如命可出水。又於山内四十里内。更不出雷声。況自来哉。

即掌中承瓶水一滴。以指劚穿岩上。雷電大動飛上虚空。即従岩穴忽出清泉涌走。其水大豊。夏極冷息熱。冬極温制寒。其後宝塔更不破壊送数百年。又於一切処。雖雷電震鳴。此国上山東西南北四十余里。雷電声不聞。誠以希有甚深法力矣。諸僧集住。興法利生[6]。神融上人依妙法力。現施法験。後証菩提。神護景雲年中入滅矣。

第八十二[1]　多武峰[2]増賀上人

増賀聖[3]。平安宮人也。出胎之後。不逕旬月。父母有事縁下坂東。乗馬[4]之上構似轝物。令乳母抱子[5]居之将下。爰父母乳母等従諸人前。深暁出行。時乳母抱児。乍居馬上眠熟。小児従馬丸落。過数十町。眠覚不知児所在。驚悲申父母。父母聞之。挙音啼叫言。為若干乗牛馬人夫等。蓋被踏殺哉。雖然為見死体[6]。還行尋求之。往数十町。狭路泥中凹[7]石上臥向天含咲遊臥。泥水不穢。一分無疵[8]。父母諸人并乳母等抱取。称嘆[9]希有矣。其夜夢見。其泥石上有宝床布天衣。而其上居児。有天童[10]。立四角合掌云。仏口所生子。是故我守護。夢覚之後。弥生希有之心。深致愛重之思矣。

年始四歳。最初言語。向父母言。我登比叡山。読法華経。習一乗道。当継聖跡。作是語已。復無所語。父母大驚。嬰孩小児何作是語。鬼神託悩。発是言歟。大歎怖畏[11]。慈母夢見。抱是小児。令飲乳時。小児忽長大。年三十余僧。手執経巻。傍有賢者。語父母云。勿驚。宿因当作聖人。夢覚已後仰[12]信。年及十歳。登比叡山。作天台座主慈恵大僧正弟子畢矣。叮嚀読誦法華大乗。慇懃習学顕密正教。通達止観。解了一乗。能問能答。迦旃末葉。能悟能観。空生苗裔。法華一部。懺法三時。毎日不闕。顕密行法甚巨多矣。厭出仮利生。背名聞利養。遁世隠居為其志耳。

冷泉先皇請為護持僧。口唱狂言。身作狂事。更以出去。国母女院敬請為師。於女房中発禁忌麁言。[13]然又罷出。如此背世方便甚多。乃至去叡山衆処。厭花洛[14]尋多武峰。閉跡籠居。不傾油鉢。不許浮嚢。送多年序。四季別修三七日懺法。夢南岳大師天台大師等。摩頂告言。善哉仏子。能勤修行。諸仏影向。普賢来護。夢覚弥発道心。倍増修行。世間所有遠近要事。或時異人来告。或時夢中示之。聖人隠居之後。更不出衆中。向人不与語。誠惜寸暇専修道。

[15]後臨命終期。十余日已前。兼知其時。見世間作法。若死時至生大[16]憂悩。惜身命者也。是聖人面色微咲。喜悦無限。集諸大衆。不審慇懃。愚老僧[17]賀。年来所願。早去此界。往生西方。其事在今明。尤所喜申。即修講筵。勤修念仏。又番論義談論深義。或興和歌令読別歌。聖自唱和歌。其詞曰。美豆和佐須也曾知阿末里能於伊能奈美久良計能保爾耳阿布曾宇礼志幾。於死期喜遊。如貧人得如意宝。誠[18]知如説梵行妙成立。[19]聖道已善修。寿尽時歓喜。猶如捨衆病。如是種々。与諸大衆遊戯既畢。令散大衆。入於静室。坐於縄床。誦法華経。手結金剛合掌印。坐禅乍居入滅。年八十余矣。

第八十三[1]　楞[2]厳院源信僧都

源信僧都。本是大和国葛木下[3]郡人也。父卜部正親。誠雖無道心。性甚質直也。母清原氏。有極道心。生一男女[4]。母為求子[5]。参詣郡内霊験高尾寺。夢有住僧。以一玉与之云云。即有懐妊。生男端正。[6]即修[7]承三斎戒之間。於彼高尾寺夢見。堂中有蔵。其中有種々鏡。或大或小。或明或暗。爰有一僧。取一暗鏡与之。小児陳云。此小暗鏡中何用乎。欲得彼大明鏡。僧答云。彼非汝分。々々是也。持至横河可加磨瑩云々。夢覚不知横河何処。後有事縁攀登叡山。大僧正慈恵大師待請為弟子矣。

僧都天性聡恵而又正直。習学法門。道心堅固。読誦法華[8]。解了深義。文々句[9]々開通無礙也[10]。五種法師功徳具足[11]。四種三昧行法成就。自宗他宗極其玄底。顕教密教深得其意。仏法棟梁[12]。善根屋宅矣。迨壮年時。背出仮名[13]聞。山門深閉跡。串戒律珠。為身上荘厳。瑩観恵鏡。見心性三千。静誦法華。敢無聞人。深望極楽。誰量所期矣。製一乗要決。顕一切衆生皆成仏道之[14]円意。斥定性無性不[15]成仏之偏執[16]。当此時而夢[17]。馬鳴竜樹摩頂随喜。伝教大師合掌而言。我山[18]仏法永附属聖人。撰往生要集。示極楽之指南。施菩提之資糧。其時夢告言。観世音微咲。授金蓮華。毘沙門捧蓋[19]坐立侍。況利生巧智[20]。仏法方便。難思議也。

造出八塔倭讃。遐邇都鄙。貴賤上下。乃至無聞非法。邪見放逸之闔朧[21]幻童。普令暗誦一代聖教。構弥陀迎接之相。顕極楽荘厳之儀。[22]〈世云迎講〉集其場者。緇素老少。至放蕩邪見之輩。皆流不覚之涙。結往生之業。五体投地。種[23]菩提因。修頭陀行。交人間時。善神相副。随逐守護。深夜独坐。思惟法門。欲見要文。忽於燈台有自然火。雖有如是等希有之事。更深匿蔵不語他人。造経論章疏。抄[24]顕[25]密教文。〈小阿弥陀経疏。対[26]倶舎抄。因明四[27]相違疏注[28]釈。同[29]断纂也〉其数雖多。不遑注載。天台宗仏法。臨此時誠盛。乃至大唐皇帝降宣旨。建立廟堂。安置影像及往生要集。授大師号。〈謚円通大師。聞[30]度々唐人伝語〉恭敬礼拜。本朝称其往所及号。[31]瞻仰奉仕矣。

僧都受取重病。其間極久。雖然念仏読経不退。観念行法不懈。時有宿老僧夢云。金色沙門従空下。向僧都与語。僧都乍臥病席。[32]合掌含咲。向僧談語。若是諸仏説法歟。又或人夢示云。僧都臥蓮華上。近辺生千万蓮華。傍人問云。是何蓮花。天有音告云。此是妙音菩薩所現[33]蓮華。指西応行云々。定知此所悩即生死流転業苦。此生受尽也。転重軽受是謂之歟。決定応受故業。今生償畢也。金[34]槍馬麦。例可知[35]之。

乃至遷化已前。兼両三月。所悩皆悉平愈。無一分苦痛。起居軽利。[36]身安楽。気色作法如若壮時。臨最後時。集院内名徳学徒而告言。今生面謁只此度計也。若法門中有所疑難者。論説可決其疑。大衆或問法文要義。散心雲霧。或惜此界別離。従眼流涙。僧都気色忩[37]々。似入滅近々。大衆皆還[38]畢。留慶祐阿闍梨密々示言。年来之間。以一乗善根事理功徳。廻向西方。願往極楽上品下生。今有二天童而来下言。我兜率天弥勒菩薩使者也。聖人偏持法華経。深解一乗理。以是功徳当生兜率。是故我等為迎聖人。今来此処。有数万天[39]可迎摂。我等且尓告耳。[40]僧都語天童言。生兜率天。奉見慈尊。雖無極善根。弟子頃年深有所願。捨身他世。往生極楽面見弥陀。聴聞妙法。慈尊加力送我。[41]極楽界当拝弥勒。天童早還以此誓言当啓慈尊云云。又近来頻観音来現。是故無疑必生極楽。慶祐阿闍梨聞已。流涙随喜。僧都迨春秋七十六。以寛仁元年六月十日寅時刻永遷化矣。当於此時。天奏微妙音楽。或人聞楽音。従西方指東方来。或輩聞楽音。従東方指西方往。又香風頻吹。奇[42]妙香気満[43]塞虚空。草木枝葉。似萎[44]衰形。向西方傾低。況涕涙嗚咽声。満於山林。悲泣恋慕響。遍院内焉。

第八十四[1]　丹後国某甲　不書

第八十五[1]　仏[2]師感世法師

沙弥感世。以造仏像為其所作。而読法華経。毎日必読一品一巻。其中暗誦普門一品。日々必誦三十三巻。又十八日持斎。奉仕観世音菩薩。得造仏請。往丹波国[3]桑田郡。奉造金色観世音菩薩。其[4]仏檀越雖作仏像。専非善人。不善武者也。施与仏師種々禄物。令京上時。檀越作是念。我殺此仏師。取返所与物。則於大江山殺害仏師。奪取禄物而還本所。檀越為見所造観音。往寺開戸奉見新仏。金色観音御肩被切割。従其疵中赤血流下。満地凝結。檀越見了。[5]

心生怖畏。悲泣歎息。我已[6]打切仏師肩。既殺害畢。今此観音同御肩被切。是希有事。尤可為怪。即遣使者。尋仏師存不。使者上京見仏師者。平安在家。無一分疵。使者還来此由告主。檀越弥生怖畏懺悔。即知観音代於仏師。被切損我身。助仏師命。即往仏師家。反与禄物。種種問訊。仏師云。我雖遇盗人。身不蒙一分疵。安穏還家。豈非観音妙法威力哉。仏師檀越。見聞之輩。皆発道心。奉仕観音。読法華経。[7]応和二年有此事矣。

第八十六[1]　[2]天王寺別当道命阿闍梨

[3]道命阿闍梨。[4]伝言大納言道綱卿第一男也。天台座主慈恵大僧正弟子矣。幼少之時。登比叡山。修行仏道。於法華経一心読持。更無他事。一年誦一巻。八年誦[5]一部。巡礼処々霊験勝地。薫修年尚矣。就中其音微妙幽美。雖不加曲不致音韻。任運出声。聞人傾耳。随喜讃嘆。

卜法輪寺為練行処。時々籠住。数々勤行。有一老僧。籠行其寺。夢見。堂庭及四隣辺。上達部貴人充塞無隙。皆合掌恭敬。向寺而住。又従南方遙有音。皆人聞言。金峰山蔵王。熊野権現。住吉大明神。為聞法華来至此所。皆悉来訖。[6]一心頂礼。聞阿闍梨誦法花経。住吉明神。向松尾明神而作是言。日本国中。雖有巨多持法華人。以此阿闍梨。為最第一。聞此経時。離生々業苦。善根増長。仍従遠処毎夜所参也。松尾明神言。如是如是。我有近処不論昼夜。常来[7]聴経。如是称讃随喜。礼拝闍梨。時老宿夢覚見者。道命阿闍梨在法[8]輪礼堂。一心高声。誦法華経第六巻。老僧従眼流涙。起立礼拝。

又有一女。悪霊忽付。数日悩乱。悪霊顕云。我是汝夫。雖無欲悩心。依身苦難堪。自然付悩耳。我存生時。只好衆悪。殺生放逸。取用仏物。無悪不造。更無一毫善。死後当堕[9]阿鼻獄。受諸無救大苦悩。而[10]主人共詣法輪寺。一夜侍寺道命阿闍梨誦法花経。我聞彼経。其音貴妙。一心随喜。依此善根。滅無間苦。今受軽苦。得蛇道形。若又聞彼経。必脱蛇身。得生善処。汝当将我詣闍梨所。令我聞経。病即止了云云。女人尋闍梨[11]所詣行。令聞彼経。霊又顕云。善哉善哉。我又得聞闍梨誦経。既脱蛇身。当生天上云云。其後又無付悩。如是等事更有其数。

乃至一期運尽。遷化他界。爰有得意知音人。憶存生契。常作是念。道命阿闍梨不審生所。依妙法力。得生浄土歟。若知我心。可有夢告。両三年間常念此事。時此人夢。行大池側。四種蓮華盛開満池。中有誦経音。聞之道命闍梨音声也。喜念従車下。立池側見。阿闍梨乗船誦経。手執経巻。従蓮華池中来。其読経声。従存生時十倍極貴。語此人言。我雖入仏法。不調三業。不持禁戒。任意作罪。就中任天王寺別当。自然犯用寺家仏物。依如此罪。不得生於浄土境界。雖然依法華経力。不堕[12]三悪道。住此蓮池。誦法華経。身心無苦。逕両三年。畢罪苦已。当得往生兜率天上。昔芳契于今不忘。

仍来告耳。言語畢乗船還去。夢覚感涙無限矣。

第八十七[1]　信誓阿闍梨

信誓阿闍梨。安房守高階真人兼博第三男。観明律師[2]弟子矣。幼少時入於仏法。天性質直。誦法華経。年来籠居丹後国船井郡棚波滝。一心[3]修行。兼学真言。五智水浄。三密玉明。永断世間名聞利養。発菩提心。誦法華経。有天童来合掌云。我来聴法華。遂果四弘願。当従其口出。栴檀微妙香。如是讃嘆聴法華経。

乃至為孝父母。出山還里。随父母命。下向安房。威勢満国。衆人祗候。其時内心発是念言。我誦多法華。尋其功徳。甚深無量。我若久住世間。多造罪業。輪廻生死。不如早死不造悪業。即食附子。〈毒草名也〉雖食附子而更不死。猶不損心地。況及死門哉。悔附子無験。更食和多利。〈毒茸名也〉雖食和多利更不死。是為希有。定知妙法威力顕然。雖服毒薬而不作損。経文刀杖不加毒不能害。豈非此事乎。

乃至身心疲倦。一夜休息。不誦法華。至[4]丑時計夢。有人驚曰。信力清浄時臻。早起[5]誦読経。夢内見人是普賢菩薩。副住我傍。催驚早起。夢覚運信力。誦法華経。如是奇夢其数巨多。天下疫病起。其時闍梨幷及父母。受病辛苦。万死一生。闍梨夢。五色鬼神集会。駈追令向冥途。闍梨是法華経持者也。免除不将去。夢覚闍梨所悩平愈。即見父母既入死門。闍梨揮涙誦法華。祈父母甦。夢法華第六巻従空飛下。其経副文。其文注云。孝子誦法華。依祈父母[6]故。延父母寿命。此度所還。是閻王消息也。夢覚見父母。逕一日一夜。即得蘇息。語冥途事。闍梨一生所誦。法華経数万部。観無量寿経。小阿弥陀経。大仏頂随求千手等。毎日不闕。不注其遍数。現世加護如是難思。後世菩提不可生疑矣。長[7]久四年。年七十。猶在世矣。

第八十八[1]　[2]持経者蓮昭法師

沙門蓮昭[3]。出家偏持一乗。行住坐臥。更不懈怠。道心甚深。慈悲広大。以衣施他。不歎寒苦。日食与人。不憂飢渇。多聚虱蚤施与身[4]。不遮蚊虻。不厭蜹蛭。令食身肉。沙門入於多虻蜹山。施我肉血時。虻蜹多集。噉身肉間。生入虻子。持経者身体痛苦。其跡大脹。受大苦悩。傍人告言。是病早可治。以灸遶焼。以薬塗之。虻子死已可得平愈。持経者云。更不可治。若治此病者。多虻可死。只以此病当取命終。何殺虻子耶。偏忍苦痛。誦法華経。夢有貴僧。讃持経者。貴哉聖人。善哉沙門。慈悲室深。憐愍有情。忍辱衣厚。修行一乗。即以手摩痕。夢覚身無苦痛。其痕忽壊開。従中千万虻出飛。登空而去。其病平愈。身心安楽。聖人発大菩提心。誦読法華。永期菩提矣。

第八十九　[1]越中国海蓮法師

沙門海蓮。越中国人。志在法華読習。乃至発心暗誦。加行功積。即誦[2]従序品至于観音品二十五品。早疾諷誦。任運無礙。唯於陀羅尼厳王普賢三品。不能誦之。雖運多年功。不得暗誦。深銘肝胆。歎傷此事。参向立山白山及余霊験。祈禱此事。難行苦行。断食断塩。誦此三品。総不得憶持。則夢有一菩薩形人。告海蓮言。汝於先生受蟋蟀身。居僧房壁。其房有僧。誦法華経。蟋蟀聞経。[3]誦七巻一品畢。為休息故。寄付壁上。蟋蟀当頭被圧殺畢。依聞二十五品功徳力故。転蟋蟀身。来生人界。読誦妙法。不聞三品故。不得誦陀羅尼厳王普賢品也。汝[4]観前生信今生報。一心精進。可期菩提。沙門夢覚明知本縁。修行仏道。[5]天徳元年告入滅矣。

第九十　[1]加賀国尋寂法師

沙門[2]摂円。比叡山住僧。依有要事。往北[3]陰道。到加賀国。夜宿人宅。其家[4]女主特有善心。宿此沙門。備膳進食。問其疲極。到初夜時。有家主来向。是則[5]沙門。見宿沙門。歓喜無限。家主僧雖在家而有道心。過夜半已而起。沐浴清浄。入持仏堂。発願誦法花経一部已後。種々懺悔。念仏廻向。

[6]又晨朝語客僧言。弟子尋寂。頃年受持法花。[7]修習仏道。雖棄世路。雖具妻子。猶期菩提。厭離生死。欣求菩提。而当取滅。残日不幾。暫住此所。[8]可会入滅。客僧依語止住此家。[9]々主僧同心修行。逕三七日。修六時懺法。誦法華経。如説精進。過三七日。家主語客僧言。当知今夜往生極楽。重沐浴已。着清浄衣。手執香炉。正念端坐。誦法華経。向西入滅。郷里人々夢見。紫雲聳家。音楽満空。尋寂聖人坐蓮華台。昇空而去。沙門[10]摂円見希有事。還於本山而説此事。康保年中矣。

第九十一　[1]妙昭法師

比丘妙昭。信濃[2]人。法華持者。二目盲失不見物色。迷入深山。七月十五日到一山寺。住僧見盲僧已。生憐愍心。語盲僧云。暫住此寺。後日送里。我有要事今出里。明日可還。其間住此。預小米了。住持出行。盲僧独住。相待[3]住僧。爰当早来。僧更不来。乃至[4]二月三月不来。盲僧独住深山幽処。不知方隅。誦法華経逕過旬月。以手探求柔草木葉以為活命。至十一月雪高雨積。不得外出。命在旦暮。即可餓死。在於仏前誦法華経。夢有老僧語言。勿歎。我今加護比丘。即与菓子。

夢覚已後。俄大風吹大樹倒覆。盲僧怖畏。一心念仏。風吹留後出庭探。梨柿木倒。有梨柿其味如甘露。食一両菓。忽除飢渇。気力遍体。更無食物。[5]明知三宝[6]加被慈護。諸天護法供養給。取置柿梨以為日食。以其木枝為薪過寒冬。至明年二月。里人始登此山到来。見此盲僧。生希有心。盲僧説本縁。問住持僧。里人答曰。其住持僧。去年七月十六日忽死。盲僧聞之。悲歎無限。盲僧与人倶始出里郷矣。一乗威力。勝利顕然。病悩之人。聞盲僧経。除愈病患。悪霊邪気。聞盲僧経。皆発道心。永捨執着。旱損田畠。盲僧誦経。有自然水。流充豊[7]饒。乃至摂念受持。両目開見一切諸色矣。

第九十二　長円法師

沙門長円天台山僧。筑紫之人矣。少年入法家。読誦法華経。兼又奉仕不動明王。修行累徳。験力顕然。入葛木山経二七日。断食誦経。夢有八大金剛童子。身着三鈷五[1]鈷鈴杵剣等法[2]具以為衣服。皆悉合掌。異口同音而讃嘆曰。奉仕修行者。猶如薄伽鑁。得上三摩地。与諸菩薩倶。如是讃已。一心聞法華経云々。乃至深水氷塞。不知浅深。不可得渡。歎住山[3]岸上。時有大牛。従深山出来渡此河。往還数反。破氷開道。牛則隠失。仍得渡河。明知護法変牛。来渡沙門也。

従熊野山入於大峰。参金峰山。迷深山路。不知前後。一心誦妙法。夢有一童子告云。天諸童子。以為給使。忽得憂愁。示其正路。夢覚已得正路。詣金峰山。乃至通夜誦法華経。至後夜時。有一老人宿徳奇異。此[4]即神人。[5]持以名簿授与沙門。而作是語。我是五台山文殊眷属。名于闐王。依誦法華功徳甚深。奉上名簿。由是結縁。冥護現世及当来世云々。又参清水寺。竟夜誦法華経。有一貴女。形貌端正瓔[6]珞荘厳。合掌讃曰。三昧宝螺声。遍至三千界。一乗妙法音。聴更無飽期。如是奇異[7]其数又多。豈非妙法威神。明王加護哉。誰於此経有生疑不信者。長久年中去世矣。

第九十三　金峰山転乗法師

沙門転乗。金峰山住僧。大和国人矣。天性剛急。有恚憤心。志繫仏法。誦法華経。既得誦六巻。昼夜不退誦之。於七八巻無暗誦[1]志。過送年月。迨於盛年。忽発皆誦一部之心。叮嚀誦之。雖逕数月。更不被誦一枚二枚。[2]況於一品一巻。而得暗誦哉。転乗法師発勇猛志。昼夜不怠。於一句誦三万遍。而不通利。即参詣蔵王大菩薩宝前。一夏九旬。奉献六時閼伽香燈。毎夜礼拝三千遍。祈願令誦二巻妙経。

望安居終夢。有竜冠夜叉形人。天衣瓔珞而[3]厳身。手執金剛杵。足踏華蓴[4]眷属囲遶。語転乗言。依無宿因[5]。不誦二巻也。汝於先世受毒蛇身。其形長大。三尋半也。住播摩国赤穂郡山駅。有一聖人。宿其駅中。毒蛇在棟上作是念。我遇飢渇而久不食。希有此人来於此駅。今当呑食。爰聖人不知有蛇欲害聖人。洗手漱口。誦法華経。其声清浄聞消滅罪。毒蛇聞経。止毒害心。閉目[6]納毒気。一心聞経。至第六巻夜至天暁。不誦七八二巻。聖人出去。而其毒蛇者汝身是也。止欲害心聞法華故。転於多劫輪廻毒身。今得人身。作法華持者。不聞二巻故。今生不得誦。汝有毒忿心。是毒蛇習気耳。汝一心精進。読誦法花経。現前成就最勝悉地。後世亦得出離生死。比丘夢覚。深発道心。弥誦法華。多聞天王随其所念。令満悉地。嘉祥二年円[7]寂焉。

第九十四　沙弥薬延

沙弥薬延。美濃国人也。時無動寺有一聖人。顕密兼習。亦有道心。

有事縁故。下向美乃。宿路辺舎。見其宅主。雖似法師。作法非僧。頭髪二寸。着俗衣服。田猟漁捕。食完噉鳥。狼籍不善。宛如具縛。聖人見此心生怖畏。悔恨宿此焉。此悪比丘夜半起已。沐浴身体。着清浄衣。往後園中。入持仏堂。最初修行法華懺法。次発誓願誦法花経。至于天暁一部誦訖。乃至夜明及于巳時。念仏観行誠以不退。対聖人言。沙弥薬延。依罪業力。雖行殺生放逸。破戒無慚。偏生信力。誦法華経。以[1]其年月必生極楽。聖人有縁。来宿此舎。必可結縁云々。

聖人雖聞沙弥之語。不生堅信。読誦法華経。雖是貴勤。殺鹿害鳥。是深重罪。何得往生[2]。還無動寺。経数年[3]全忘薬延往生之事。爰天布雲頻有楽声。従東方吐紫雲。遙聳西方。紫雲垂布。近覆[4]上人房。空中有声。沙弥薬延。今日往生極楽世界。先年契言。結縁不忘。今所奉告云云。聖人驚駭。流不覚涙。礼拝讃嘆。承平年中事矣。

第九十五　筑前入道乗蓮

筑前入道沙弥乗蓮。伊与前司高階真人明順第一男矣。前一条院御時。殿上蔵人。依式部労任筑前守[1]。其性柔軟。心有道心。従少年時。読誦法華経。持弥陀大呪。帰依仏法矣。爰任限既臻。帰着花洛。剃除鬢髪。作仏弟子。浄所[2]住舎。造立仏像。請南北智者。始長日講。毎日所供養。仏一体。法華経一部。阿弥陀経等也。講莚初[3]後。撰出法華貴文。大衆異口同音頌之。歌詠如来。讃嘆一乗。五体投地。恭敬礼拝。又講莚以後。必読阿弥陀経。念仏三昧。如是作善余八箇年。迨三千日。道俗男女。造次結縁。華洛都鄙。昼夜雲集。植仏種子。或夢奇異相。伏膺語伝。或現投珍財。感歎来供。乃至暮年之時。請取瘡病。心神不乱。所作不退。耳聞長日講。口称弥陀仏。永帰黄泉矣。乃至一周忌[4]。件勤修講演。況僧俗夢相稍有員。或入道乗蓮船。指西方行去。或踏華蘂。凌雲登天矣。

第九十六　軽咲持経者沙弥

昔山城国有人。与沙弥共打囲碁。持経者来誦法花経乞食。時沙弥聞之。軽咲誹謗。即沙弥忽口喎失声成不用人。見聞人々大恐怖驚。皆作是言。誹謗軽咲持経者故。現前感得如是罪報。沙弥往医師家。塗薬加治。遂不除愈。口弥喎増。声復幽竃不能言語。現報如此。後世受苦不可勝計。可見法華経譬喩品等。出霊異記矣。

第九十七　阿武大夫入道沙弥修覚

長門国阿武大夫入道沙弥修覚。在俗之間。猛悪不善。殺生放逸。無有善心。勢徳充満国。恣作悪業。年老受病。欲臨死門。集諸法師。転読法華。祈乞除病延命之由。遂及死門。諸僧皆去。有一持経者。為後世抜苦。向於死人誦法華経。至第八巻是人命終。為千仏授手。令不恐怖。不堕悪趣。即往兜率天上。弥勒菩薩所。弥勒菩薩。有卅二相。大菩薩衆。所共囲遶之文。此死人甦。起居合掌。聞此文従眼出涙歓[1]喜。進僧令誦六七反。謂聖人云。我向冥道。悪鬼[2]駈追将去。誦此文時。天童子来。将還於我。令向人界。作是語已。所悩除愈。即発道心。剃除頭髪[3]。出家入道。

其後数年。持法華経。一心読之。道心堅固。永留悪心。作善為志。乃至最後作種々善根。請諸沙弥[4]令読法華。我亦読経。一心念仏。成就正念而帰無常。傍僧夢[5]見威儀具足。語諸僧言。我今依妙法力。得生兜率天矣。

第九十八　比丘尼舎利

比丘尼舎利菩薩。肥後国八代郡人矣。母懐妊後。勝宝二年十一月十五日寅時生一肉段[1]。見其形体。猶如明月。夫妻共念。是非善事。肉段入桶。隠捨山谷。過七日已。往至見之。如卵破開。有妙女子[2]。父母歓喜。取返養育。万人聞之。生希有心。逕八月間。俄身長大高三尺五寸。有自然智。言詞巧妙。七歳以前。暗誦法花経一部。華厳経一部。心楽出家。成尼着法衣。勤行仏道。昼夜六時。誦法華経。其音甚貴。聞者落涙。面貌端正。見者寵愛。形雖女而無女根。纔有尿道。世間見者皆生尊重。号曰聖人。当国国分寺僧并豊前国宇佐大神宮寺僧両人見此尼云。汝是外道。非仏弟子。誹謗悩乱。時従空中降鬼神手。不見形体。劚割両僧頭面鼻口[3]。其僧不幾死已竟。

其後肥前国佐賀郡大領佐賀君設安居会。請大安寺戒明法師。講八十華厳経。此尼日々聴聞講莚。講師見尼。罵詈誹謗。何尼猥交衆中広座。尼云。仏有大慈悲。法平等教也。為一切衆生。流布正法。何故分別制止聞法。抑就所説経。有小分疑[4]。今須申上[5]。当明愚昧。於華厳偈問難。講師無答此義。此座所有智徳名僧驚怪。各出難問試此尼。一々能答。敢無難者。爾時諸人敬重礼拝。聖人垂跡。非直人也。号舎利菩薩。道俗悉靡。帰依恭敬。随其教化。多趣仏道矣。

第九十九　比丘尼釈妙

比丘尼釈妙。睿桓聖人母也。其心潔白。慈悲甚深。細守戒律。不犯微塵。以不浄手不取水瓶。不着袈裟不出仏前。何況誤犯其余衆罪哉。出家以後。向西方不行大小便利。頭東足西更不臥息。読誦法華。称念弥陀。日夜経営。動止所作。読法華経三千余部。百万遍念仏数百度也。定途夢想。木像仏未開口動舌言。我是弥陀。為引摂汝。常来守護。臨遷化時。手取五色糸。一心念仏。正暦三年端坐入滅矣。

第百　比丘尼願西

比丘尼願西。楞厳院源信僧都姉也。入仏法後。読誦法華経。而復解了経甚深理。其心柔軟。正直無偽。全護戒律。深怖罪根。難受女形[1]。当言信男。読法華経。及数万部。積念仏功。不知其量。見奇異夢。多尋来人。山鳥啄菓蓏。飛往献之。野狐持粢餅。竊来志之。何況人倫何不帰哉。知各結縁。不逆其意。衣僅隠身。食只支命。以其余分。普施孤露貧賤之類。更無貪利。普賢来護。観音摩頂。如是奇事。時々常在。臨終刹那。眼見光明。耳聞妙法。合掌礼仏。息絶入滅。寛弘年中矣。

第百一　宮内卿高階良臣真人

宮内卿従四位下高階真人良臣。少歴進士挙。以才名自抽。多歴諸司。[1]累宰六郡。[2]歯迨知命。深帰仏法。日夜読誦法華経。念弥陀仏。天元三年正月初得病。素所修念仏読経。不敢一廃。先死三日。其病忽平。此間剃首受五戒。七月五日卒。[3]当斯時也。家在香気。空有音楽。雖遇暑月歴数日。身不爛壊。如存生時矣。

第百二　左近中将源雅通[1]

左近中将源[2]雅通。右小辨[3]入道第一男也。心操正直。雖離諂諛[4]。被牽世塵。多作悪業。交春林逍遥。被翫狩士間多殺山蹄[5]。望秋野遊戯。興鷹鶴[6]処又害野翅。尽勤王忠[7]。廻治国術。邪見放逸。不求自致[8]。身施光華[9]。心着栄耀[10]。煩悩[11]悪業。不好自集。雖作多罪。有改悔勤。而自少日持法華経。其中提婆品[12]不生疑惑者。不堕地獄。餓鬼畜生[13]。乃至蓮華化生之文。為朝暮口実。乃至最後病患之時。啻誦提婆品。入滅之遺言。唱浄心信敬之文。従是以外。更無余言入滅矣。彼[14]聖有師檀契。臨初夜時。乍居仏前夢見。五色之雲聳下。隠中将寝殿。光明赫奕。異香[15]氛氳。微妙音楽聞雲中。五色之雲指西方徐去。音楽雨華漸々遠離。夢覚思念。定知中将往生相也。聖為知虚実。深暁出行。到来彼宅。問存不時。今夜戌時入滅云云[16]。世間皆称往生之由。

爰右京権大夫藤原道雅。不信此事生謗言。中将一生殺生不善[17]。依何善根得往生哉。若爾欲生極楽人[18]。当好殺生放逸。邪見不善。右京権大夫参詣六波羅。値遇講莚。車前有両三老尼。一[19]老尼流涙悲云。身貧年老。不作善根。徒過此生。還至三途[20]。昼夜歎悲[21]。三宝祈申。而昨夜夢。有一宿徳老僧告言。汝更無歎。只修念仏直心。決定往生極楽。左近中将雅通只直内心持法華故。雖不作善根。既得往生云々[22]。尼見此夢。左近中将往生極楽。右京大夫聞老尼夢。始生信心。永除疑惑[23]矣。

第百三　右近中将藤原義孝[1]

右近中将藤原義孝。大政大臣贈正一位謙徳公第四子也。深帰仏法。終断葷腥。勤王之間。誦法華経。天延二年秋。病疱瘡而卒矣。命終之間。誦方便品。気絶之後。異香満室。同府亜将藤原高遠。同在禁省相友善矣。義孝卒後不幾夢。相伴宛如平生。便詠一句詩言。昔契蓬莱宮裏月。今遊極楽界中風矣。

第百四　越中前司藤原仲遠

越中前司藤原仲遠。天性所催。心不好悪。及於壮年。常作是念。命如薤露。身似秋葉[1]。消滅無疑。如風中燈。去留不定。似水上沫。剃除頭染衣。削跡深山。避色[2]遁世[3]。護心戒律。然妻妾在側。忽然難捨。子孫走遊。憐愍自生。仍身[4]存朝市雖随王事。心生厭離永帰仏法。惜一寸暇。読誦法華経。観須臾陰。称念弥陀仏。手執経巻。乗車馬行。口唱妙法。趁於世路。毎日転読法華経一部。理趣分。普賢十願。尊勝陀羅尼。随求陀羅尼。弥陀大呪等。更無間断。一生所読法華経万部。念仏不知其数。値遇法華講一千余座。造仏写経檀施等善其数甚多。最後臨終。病患不乱心。起居亦軽利。口誦妙法。心信仏法。奇香薫鼻。妙音聞耳。則与語言。只今当生兜率天。合掌即世矣。

第百五　山城国相楽郡善根男

聖武天皇御代。山城国相楽郡有善根人。姓名未詳。為報父母四恩之徳。書写法華経。以百貫銭買白檀紫檀。細工雇居。令造経箱。見所造箱。経長箱短。不能奉入。見是箱短。檀越悲歎。為改造箱。求他貴木不買得。念侘歎悲。殊発信力嘱請僧[1]。三七日間。読法華経。祈願当得貴木之由。過二七日。試取経巻奉入此箱。経頗雖不入箱長倍。檀越喜奇。勧進諸僧。令作祈禱。満三七日。以経入箱。無障[2]入給。人々見此。奇念無限。若経巻縮。若箱延長。即以本経比量。新古弐経[3]斉等。又新故二経双入一箱。雖入新経。不入故経。当知大乗不可思議。檀越信力[4]亦復甚深。感応道交[5]。有此奇事矣。
出霊異記。

第百六　伊賀国報恩善男

高橋連東[1]人。伊賀国山田郡噉[2]代郷人矣。家室大富。財宝豊稔。為死悲母。書写法華。供養恭敬。請講師時告請使云。出宅行時。最初遇師。為有縁師。可修此善。時使者随施主之命。最初値遇同郡里内乞食沙門。定途臂懸鉢袋乞食。此法師酔酒而臥路辺。使者礼拝呼起将来。檀越敬貴。一日一夜隠居家中。忽造法服。施与乞者[3]。時乞者言。有何因縁。労[4]養法師。檀越語云。為母報恩。明日供養妙法花経。奉請聖人。為有縁師。乞者驚言。弟子愚痴不知法門。只持般若心経陀羅尼。乞食資命。従是以外更無所知。云何奉仕法会講師。檀越雖聞此事。更不聴許。乞者思念。我竊逃去。願主気[5]知。付人令守。

乞者夢見。黄斑牝牛語沙門言。我家主母。此家有多牛。其中黄斑牛是我也。先生時竊盗子物。是故今受牛身債報。明日為我講説大乗。講師汝也。是故来告。欲知虚実。講莚堂内為我敷座。我当来坐。夢覚内心奇念。臨於当日。述不堪由。更不許之。[6]令登高座。法用如例。即表白言。卑身甚愚。更無所知。三宝証明。即[7]将去願主忽捕講師。請順檀越志。罷登高座。唯去夜夢語申施主。説上件夢。檀越大驚。為牛敷座。家有黄斑牝牛。起立歩来堂内。此座跪伏。願主大啼泣。実[8]是祖。更我不知。辱奉駈使。我心愚頑不知此事也。今依経力講師威力。[9]始知此縁。今日已後。更不奉駈。殊加労養。奉酬恩徳。牛聞此事。流涙悲泣。講莚畢時。此牛則死。集会大衆見之。挙声啼泣無極。其日講師是非凡夫。諸仏分身説法教化。甚貴倍常。施主後々勤修功徳。報父母恩。引導菩提矣。見霊異記。

第百七　大隅掾紀某[1]

大隅掾紀某。心離麁悪。有随分道心。年来受持法花経。毎日読誦若一部半部。或一巻一品。更無退転。又念観音。至十八日。精進持斎。依有事縁。祗候薩摩守。下向彼国。一任事畢帰京矣[2]。守為大隅掾有怨害心。過渡安芸周防之間[3]。往人跡不通島。放捨大隅掾船皆遙去。其日十八日。此人持斎。執第八巻転読之間。無其用意。永被放捨。単己独身。妻子眷属。不意別離。涙泣悲歎[4]待死期。其日已暮。及于明日。呻[5]吟悲泣。読第八巻。遙見海上。黒物泛来。漸近見者是舴艋也。其疾如風。来着此島。船人驚奇。此島古今人不来所也。何[6]人争来。大隅掾説事本縁。船人聞此事。甚大悲歎。先以食物勧進飽満。船人皆云。我等頃年遙見此島。未曾来望。去夜議定今朝俄来。定知此人蒙仏冥助不可死故。我等競来。是故我[7]等是人送[8]付聚落郷[9]里。即時送付周防国府。大隅掾慮外得存命[10]。即是観音妙法威[11]神力也。即[12]得上京。弥生信力。偏信妙法。念持観音矣。

第百八　美作国採鉄男[1]

美作国莫[2]多郡有採鉄山。帝姫阿倍天皇御代。国司召民十人。令登此山入穴堀鉄。時山穴口忽然崩塞。入穴人[3]驚恐競出。九人僅出。一人遅出。山穴崩合。国司上下嘆怜[4]。此人妻子侘悲。図写仏経。奉修四十九日法事已竟。此人数日蟄居山穴。作是念言。我於先年発申書写法華経願。而未果之際。遭[5]此難。若免此難身命存者。必当書写。作[6]祈念間。穴口之隙。指刺計開通。日光僅来照。有一小僧。従隙入来。饌膳令食。即相語云。汝妻子修四十九日。施与我食。是故持[7]来令食汝也。須臾且待。可相助汝。作是語已。自隙出去。其後不久。当蟄居頂。穴口穿通。遙見虚空。広三尺計。高五丈計。

時近隣[8]人四十余人。為断取葛。入奥山間。往此穴時。穴底人見山人影。叫喚扶我。山人髣髴如聞蚊音。諸人怪[9]石付葛落入。底人引動。明知[10]有人。即諸葛造籠。付葛縄落入。底人乗居籠。上人集引挙。即将送祖宅。爰家人見此。哀[11]憐無限。国司驚問。具陳上事。即驚貴悲。国内唱知識。始于経紙。各々合力。書法花経。修供養会。決定当[12]死人。希有出不[13]死事。是法華経[14]大願威力。随喜讃嘆。皆発道心。書[15]持読誦妙法華経矣。出霊異記。

第百九　加賀国翁和尚

翁和尚。加賀国人也。身雖在俗。作法似僧。依之時人称翁和尚。其心清浄。遠離諂曲。持法華経。渇仰頂載。若有食料。随[1]身往至空[2]閑静処。昼夜読誦妙法花経。若食尽失。又出里辺。随便読経。

粮食出来。又入静所。如是受持読誦法華。歴数十年。其身貧賤。無一分蓄。一生随身物。只法華経一部耳。不定住処。往還山里。[3]無衣食儲。随得常乏。

時翁和尚白法花[4]曰。永年之間奉持法華。是非為現世。為後世菩提。所念相叶。当蒙引摂。可見其瑞。作是念已。読法華経。従我口中。歯欠落在経上。驚見此者。仏舎利一粒也。生希有心。礼拝奉持。異時読経。亦従口中舎利落出。得両三仏舎利畢。生大歓喜。依法花力。当得菩提前表瑞相耳。乃至最後。臨往山[5]寺。寄宿樹下。身無苦痛。心離散乱。寂静誦[6]。至寿量品。毎自作是念。以何令衆生。得入無上道。速成就仏身文。一心起立礼拝。即以入滅矣。

第百十[1]　肥[2]後国官人某

肥後国有一人。姓名未詳。作其国官人。[3]忩勤公事。朝払暁出。暮入夜還。逕多年月。趨勤公私。依急公事。従例深夜無従者。独出舎行館。被鬼擾悩。迷失本心。不辨方隅。不行府庁。不還本宅。過大曠野。超深山林。終日迷行。臨日暮時。到人舎辺。其時有本心。作思[4]念。我有公事。今朝忩出。有何由到不知世界。即見東西。[5]深広野非是人里。只有一舎。此人往舎求夜宿。時有端厳女。形貌美麗。衣服微妙。勧進此人。疾入家内。止息安意。此人思念。深山野中有此[6]好女。京都府辺。無見如是女。若是羅刹歟。即生怖畏。早疾乗馬。打鞭馳去。即端厳女変羅刹鬼。追此人言。汝欲遁去更不得去。我従今朝着汝将来。今於我所自[7]欲食。作是語已。追着馬尻。見羅刹形。二眼赤色猶如大鏡。四牙出口長一丈[8]余。身体高大。気色猛悪。眼目[9]鼻舌[10]。皆出焔煙。馬失足倒。人落入穴。羅刹取馬。皆悉食噉。不残骨蹄。悉噛噉了。羅刹向穴挙音申云。此男上[11]給。

時土穴中有人告言。汝羅刹女。早可罷還。以馬与汝。是我顧汝。何更乞男哉。自今以後。不可発此語。羅刹乞煩還去。此人歎念。此穴中有勝羅刹鬼。当知害我。穴中有音。其音柔軟。汝無怖畏。当安其心。為助汝故。令汝到此。旅人問曰。誰人御坐。答曰我是非人[12]間。亦非鬼神等。我法華経最初妙字也。昔有一聖。此西峰上立率都波。籠法華経。立誓願言。願法華経住此曠野。抜済受苦一切衆生。爰積年月。塔婆破[13]損。妙法華経随風往散他方世界。妙之一字猶住此処。利益衆生。当知此処羅刹悪鬼所集之処。我住於[14]此。度諸衆生。免羅刹難。計算其数七万余人矣。

至暁明[15]有一童子。従土穴出将[16]去此人。不経多時。初日時[17]分至我宅門。童子語曰。汝発道心。受持法華。当免生死煩悩羅刹。即往如来浄妙国土。由妙法力。究生死源。是人歓喜。以頭着地。一心礼間。童子昇空。忽然不現[18]。其人還舎。以如上事。語於父母妻子諸人。即発道心。深帰仏法。書[19]持[20]読[21]誦妙法華[22]。捨身他生。得生極楽焉。

第百十一[1]　伊与国越智益躬

伊与国越智郡有善根人。越智益躬也。為当郡大領。自少及老。勤公不倦。道心極深。帰依仏法。朝読法華[2]。必尽一部。昼従国務。専致忠節。夜念弥陀。以為恒事。未剃鬢髪。早受菩薩十重禁戒。法名称定真。法眼[3]具足。臨終之時。身離病苦。心不迷乱。手結定印。向西方界。[4]念意念弥陀。気息入滅。当於此時。村里近辺。空満音楽。地遍奇香。見聞触知。随喜歎美。莫不発道心矣。

第百十二　奥州壬生良門

壬生良門。生坂東地。遊夷蛮境。以弓箭等為翫好具。以諸駿馬即為羽翼。夏天納涼。臨漁浦涯。秋風遊狩。交田猟野。是土風所催。天性令然焉。有一聖人。其名空照。智恵朗然。道心堅牢。即[1]語良門云。難到易去。則是人道。易入難出。三途故郷。君捨殺生放逸。早趣慈悲忍辱。投世間珍財。営後生菩提。

良門依聖人勧進。改悪趣善根[2]。禁断殺生。停止邪見。勤修仏事。以金泥写[3]供妙法花経。造立金色諸仏菩薩。稽首恭敬。道心内薫。善友外勧。発大願云。我今生内。以金泥為墨。書写供養千部法花経。[4]此発願已。口断葷腥。心大精進。運所有蓄。買求砂金。勤修写経。逕数十年。偏勤此願。供養時異[5]瑞時々現矣。或鮮白蓮花。自然而散法会之庭。或[6]衆細音楽。遍満堂内。或天諸童子捧華而来。或奇妙鳥来狎和鳴。或護世天人合掌敬礼。如是奇瑞。或在夢中。或有眼前。千部願畢。所念成就。臨最後時。良門洗手嗽口。告左右曰。天女数千[7]。調和音楽従空下。我随彼天[8]。昇兜率天。言語已畢。合掌安座而気絶焉

第百十三　[1]奥州鷹取男

陸奥国有一人。姓名未詳。田猟漁捕。取鷹為業。常取上鷹。為活生謀。雌鷹思念。我常巡年。造巣生[2]卵成雛。人来奪取。子[3]孫既絶。誰復継胤。今生卵不令知人[4]。作是念已[5]。尋求[6]人跡不通険処。造巣生卵。離前々巣。飛到峨峨石巌涯岸。下臨大海。青水浩々。上臨虚空。白雲眇々。其岸中央有小凹所。造巣生子。

時鷹取男走求[7]無在所。経多日求得鷹巣。非人往処。非力所堪。見已還家。歎生活絶。我常取鷹。献上国家。以其価直宛年[8]々貯。今年既絶取鷹方術矣。往傍人許。語此巣事。傍人告言。当相構取。於彼岩上打立[9]楉杙。以数百余尋縄。結付[9]楉杙。以縄末繫篭。鷹取乗篭中[10]。令人執縄。漸々垂下。遙到巣許。鷹取従篭下居巣傍。先取鷹子。結羽裹雛。入是篭中。先挙鷹子[11]。上人引上篭。取領鷹子。又不下篭[12]棄捨而去。往鷹取宅語妻子言。汝夫乗篭。下巣許間。縄断遙落海中而死。妻子悲泣。親昵歎息。鷹取居巣。待篭欲登。既篭不下。経数日夜。居狭凹巌。若動身体。可顚入海[13]。只待死期。観身罪報。此男頃年毎月十八日。持斎精進。読法華経第八巻矣。鷹取遇苦念観音。更無他念。我年来間。取飛翔鷹。足着[14]絆[15]縛[16]不放。

依如是罪。現身感得如是重苦。大悲観音。抜地獄苦。引摂浄土。有大毒蛇。従海中出。向岩登来欲呑。鷹取抜刀突[17]立蛇頭。蛇驚走登。鷹取乗蛇。自然至岸上。蛇隠不見。即知観音変蛇。来[18]助我。一心礼拝。[19]嘆未曾有矣。往至我宅。死[20]去七日。立物忌札。閉門無人。開戸入居。妻子揮涙。喜還来事。近隣[21]遠近。称希有事。乃至[22]例十八日沐浴持斎開箱見経。々軸立刀。蛇頭[23]突立刀也。明知法華[24]第八[25]。変蛇来救我。弥生歓喜。重発道心。出家入道。受持法花。永断悪心焉。

第百十四　[1]赤穂郡盗人多々寸丸

播磨国赤穂郡有一類盗人。奪取往還人物。巡国盗人物。時乍一国[2]同心。追捕此盗人。或当時[3]断頸切足。或又乍生送禁獄所。有一盗人。年廿余[4]強力猛盛。以縄繋縛。以弓射之。即箭走還更不立身。両三度射之。箭不当身。撰上兵射之。総箭還去。人[5]大奇。即問盗人。有何所由。盗童答云。此箭当身。更無痛事。是観音所助也。我従少年。持法華経第八巻。又毎月十八日精進。昨日夜夢。有僧告曰。汝慎精進。能読[6]妙法。称念観音。我代汝身。当受弓箭云云。夢覚已後。無暇遁[7]。今遇此苦。定知如夢告。観音代我。受此苦難也。盗童述此語。大挙音啼泣。時人皆流涙。感歎観音大悲徳行。即免此童畢。其国追捕使。名多々寸丸。以為従者矣。

第百十五　[1]周防国判官代某

周防国玖珂郡有一人。姓名不詳。某[2]国判官代也。従少年読法華経。奉仕観音。十八日持斎。請僧読法華経。有一怨敵。常伺求短。欲害此人。其郡有山寺名三井。観音瑞像。霊験顕然。判官代参仕供養。逕多年序。判官代勤仕公事。従府還舎。怨敵率[3]数十兵。待遇険難途。殺此判官代。段々切壊。以数十箭射之。以大刀切之。以鉾串之。切足折手。剜目削鼻。種々摧折破壊。怨敵如意殺判官代。各々分散。

時判官代心中無一分苦。身上無塵計疵。起[4]畢随怨後。平安来我家。安穏而住。国中遍聞判官代被害之由。怨家之人。往判官代家。見聞案内。夜部如塵摧破殺人。無一分疵。執作世事。怨聞此事。生希有念。判官代夢。有一宿徳賢聖告云。我是三井観音。代汝身蒙[5]多疵。救汝急難。欲知虚実。当見三井観音。夢覚判官代往三井寺。奉拝観音。始従頭上至足下。無一分全処。観音御身有痕。折手捨前。削足[6]重傍。剜観音眼。削観音鼻。判官代流涙挙音。悲泣感嘆。遠近諸人集会見之。補治観音荘厳供養矣。国中上下[7]。見判官代。名金判官代。当若干兵。無一分疵故。怨敵見此事。悪心消滅。発大道心。於判官代生親昵想。更無怨悪念矣。

第百十六　筑前国優婆塞

筑前国有一優婆塞。読法花経。誦普門品。奉仕観音。深有善心。殊恐悪業。香椎明神御祭年預。被差定畢。雖離殺生。神事有限。

為設魚鳥完食。出山林野外。伺鳥求魚。大池有水鳥。優婆塞以弓射之。下池取[1]矢。此男沈池水不見形。衆人臨池。探求此人。更不[2]求得。父母妻子。悲泣懊悩。恋慕此人。爰父母夢。此人含咲語云。我於頃年有道心故。不好悪業。為勤神事故。殆欲行殺生。而善根内催。三宝外助。不作罪業。既遷化他界。離三途苦。即得善身。是故父母懐喜無歎。欲知死骸所[3]在之処。其死骸上可生蓮華。以其蓮花当知死尸所[3]在之処。存生読誦法[4]花大乗普門品。故離輪廻境。得生浄刹。如是語已。歓喜而去。夢覚已後。見彼池時有大蓮花。一聚而生。定知是人不堕悪趣証菩提。故非時蓮花忽生此池。世人聚集。奇歎希有。一切聖人。有道心輩。皆来結縁。於彼池辺修諸善根。弥陀念仏。法華懺法。不断修之。廻向彼霊。遍施法界。種仏道因。其池従昔更無蓮華。然是死骸蓮花為種。充満池[5]内。生大蓮[6]華矣。

第百十七　女弟子藤原氏

女弟子藤原氏。二度大弐[1]隆家卿北方姉矣。其心有慈。深信仏法。昼夜読誦妙法華経。不知世路。一生寡婦。不知夫婦礼。身無所犯。心無作罪。数十年間。一心読誦経。夢見。金色普賢。所[2]乗白[3]象開口唱云。善女諦聴。依持法華。[4]常来守護。後報在浄土云々。如是夢想有其数[5]矣。乃至最後。雖有病悩。読法華経。一心念仏即世焉。入滅之夜妹[6]夢。装束浄潔如天女形。如尋常時。備食物勧進。即答云。我今更不用此世界食。其故何者。煩悩悪業所薫習食故。我飯食在宝威徳上王仏国土。所謂法喜禅悦食也。如是語竟。指東方界而飛去矣。

第百十八　[1]加賀前司兼隆朝臣第一女

[2]女弟子藤原氏。加賀前司兼隆第一女矣。其心聡恵無愚昧[3]。[4]只読法華経。更不退闕。薫修自運。部数多積。慮外受病。逕日辛苦。即身冷死已。過一夜甦。語冥途事。俄強力人四五人来[5]。即駈追我。遙過山野将去。即到一大寺。我入寺門。此寺講堂金堂経蔵鐘楼宝[6]塔宝幢僧房門楼。[7]多造重。周匝荘厳。甚深微妙。天冠天衣[8]。瓔珞荘厳菩薩聖衆。威儀具足。耆年宿徳沙門賢聖。充満往来。我則思念。若是極楽世界歟。為当兜率天上歟。

即耆宿沙門言。[9]善女人争到此寺。善女人当来之世。応住此処。善女法華経部数未[10]満。何生此土。年月猶遠。此度早可還。我見一堂。積置数千部経。僧告言。是法華経。汝善女頃年所読経矣。由此善根。当生此所。受安穏楽。我聞此語。心生歓喜。又見講堂。有金色大仏。光明照曜。以袈裟覆面。以伽[11]陵頻声告我言。善女因読法華経。我身示汝。又令聞声。汝還本国。能受持此経。并[12]開結経可奉加読。其後我更不隠面目。令汝見我[13]身。我則釈迦仏云[14]云。則天童二人相副送給。天童諸[15]共只今来已。入我家内。説此事已。所悩除愈。即同[16]尋常。倍生信力。更発道心。転読法華。昔所読経。皆悉読加開結二経。況廼已後。添開結経。全以転読[17]法華大乗。所有功徳不可校量。[18]報在菩提焉。

第百十九[1]　弟子紀氏

女弟子紀氏。左馬権助紀延昌朝臣第二女矣。一生寡婦。只誦法華。不望今生栄華美麗。偏求後世見仏聞法。年齢廿未及老年。頃日悩病。不顧病差。専読一乗。乃至最後。誦方便品。心生大歓喜。自知当作仏文畢。正念合掌入滅。傍人夢。身着天衣。首載宝冠。瓔珞荘厳。身放光明。上昇虚空。往兜率天矣。

第百廿　大日寺近辺老女[1]

有一女人。姓名未詳。身貧年老。大日寺辺而寄居矣。有両男子。為天台僧。兄曰禅静。弟曰延叡。其母受病。経日悩乱。即以入滅。二僧一心堅固。昼読法華経。夜念弥陀仏。偏祈慈母往生極楽。当此時大日寺住僧広道夢。極楽貞観両寺之間聞音楽。驚望其方。有三宝車。数十[2]僧侶。捧香炉囲繞之。直到老女住宅。[3]老女着天衣。宝冠瓔珞。荘厳其身。乗宝車欣往還。便勅二僧曰。汝為母有懇志。読誦法華。勤修念仏。祈成菩提。是以来迎也。宝車指西方遙去。同夢之中。有広道聖人往生之相。広道不歴幾年入滅。此日音楽満空。道俗傾耳。随喜讃歎。発道心者多也。

第百廿一　奈良京女　某氏

奈良京有一女人。姓名未詳。稟性柔軟。形貌端正。随夫婦礼。産生数子。過半齢致。自発道心。書写法華経一部。為所持経。読習一部。行住坐臥。偏誦此経。語黙造次。只持妙法。更不営世路。蚕養織婦。永棄其業。裁縫染色。更忘其営。飯食衣服家中所作。乃至田畠農業事。悉皆不知。但一心合掌。[1]念誦法華経。其夫尋常云。経世路人。無暇経営。送過世間。何人徒然。不知自身。不知夫作法。不知子有様。只執経巻。有送年月。[2]先作世間要事以後。其隙時々読経仕仏。是可例事。如是常途雖教道之。更不聞入。弥不知世事。偏雇他人。令営家事。如此忘万事。直読誦経廿余年。最後時臻。数日悩病平愈畢。沐浴身体。着新浄衣。手執経巻。向夫語云。数十余年。雖有夫妻契。今日去此界。趣行他世界。何不相送。又語男女云。我生育汝等。多作罪業。摧多身分令成人。何今単已移去他境。一人不相副。年来所持経力[3]六万九千三百余[4][5]仏各放光明。無量菩薩各捧燈炬。前後囲繞。将去極楽。如是語了。即読経礼仏而入滅矣。然其死屍雖経数日。其気極香。如沈檀等。夫子眷属。遠近親疎。皆発道心。読法華経矣。

第百廿二　筑前国盲女

筑前国有府官妻。姓名未詳。及於盛年。忽二目盲。全不見物色。流涙歎息。此女思念。依宿世報。二目忽盲。今生我身不中人用也。不如[1]兼後世。即語一尼。読習法華経。通利一部。昼夜誦経。三四年間。一心読誦。夢有一僧。告盲女曰。汝依宿報。二目既盲。今発善心。誦法華経。以経威力。除眼闇障。当得明眼。即以手指摩開両目。夢覚已後。両眼忽開。見色分明。女人流涙。感歎妙法威力。夫子眷属。親族朋友。乃至国内皆伏膺云。依法華力。両目忽開云々。[2]女弥於妙法生信力已。不退読誦書写。供養妙法華経矣。

第百廿三　[1]山城国久世郡女人

[2]山城国久世郡有一女人。従年七歳。誦法華経観音品。毎月十八日持斎。奉念観音。至十二歳。読法華経一部。深有善心。慈悲一切。有人捕蟹持行。此女問云。為[3]充何料此蟹持行。答曰。為宛食也。女言。此蟹与我。我家死魚多。此蟹代与汝。即得此蟹。以憐愍心放入河中。

其女人父翁。耕作田畠。有一毒蛇。追蝦蟇来。即為[4]済之。翁不意曰。汝蛇当免蝦蟇。若免捨者。以汝為聟。蛇聞此事。挙頭見翁面。吐捨蝦蟇而還走去。翁後時思念。我作無益語。此蛇見我捨蝦蟇去。心生歎憂。還家不食。愁歎形居。妻及女云。依何等事。不食歎居。翁説本縁。女言。但早被食。無歎息念。翁依女語即用食了。臨初夜時。有叩門人。翁知此蛇来。語女女言。過三日来。可作約束。翁開門見。五位形人云。依今朝語所参来也。翁云。過三日可来坐。蛇即還了。此女以厚板令造蔵代。極令堅固。臨其日夕。入居蔵代。閉門籠畢。至初夜時。[5]五位来。開門入来。見女籠蔵代。生忿恨心。現本蛇形。囲巻蔵代。以尾叩之。父母大驚怖。至夜半時。蛇尾叩音不聞。只聞蛇鳴音。其後又不聞。及明朝見之。大蟹為上首。千万蟹集。螫殺此蛇。諸蟹皆還去。

女顔色鮮白。開門出来。語父母云。我通夜誦観音経。一尺計観音告言。汝無怖畏。当[6]念蚖蛇及蝮蝎。気毒煙火燃等文。我依妙法観音威力。得免此害。此蛇死骸穿埋此地。為救蛇苦及多蟹罪苦。其地建寺。造仏写経。供養恭敬。其寺[7]名蟹満多寺。在今不失。時人只云紙幡寺。不称本名矣。

第百廿四　越中国立山女人

有修行者。其名不詳。往詣霊験所。難行苦行。[1]往越中立山。彼山有地獄原。遥広山谷中。有百千出湯。従深穴中涌出。以岩覆[2]穴。出湯麁強。従巌辺涌出。現依湯力覆岩動揺。熱気充塞不可近見。其原奥方有[3]火柱。常焼爆燃。此有大峰。名帝釈岳。是天帝釈冥官集会。勘定衆生善悪処矣。其地獄原谷末有大滝。高数百丈。名勝妙滝。如張白布。従昔伝言。日本国人造罪。多堕在立山地獄云々。[4]爰有一女人。齢若盛未及二十。[5]比丘見女心生怖畏。若是鬼神羅刹女歟。無人境界深幽谷中。是女出来。作懼怖問。女白僧言。勿生怖畏。我非鬼神。有可申事。我是近江国蒲生郡人。我父母今在其郡。我父仏師。但用仏物。我[6]在生時。[7]以造仏物充衣食。故死堕此地獄。受難忍苦。沙門以此事伝我父母。為我書写法華経。供養解説。当抜苦。為告此事我出来也。

沙門告云。称堕地獄受苦之由。何故任心出行往来。女人答曰。今日是十八日観音御日也。我存生時。欲奉仕観音。又欲読観音経。雖作是念。不果其願。僅十八日[8]持斎一度。[9]然其持斎亦不如法。欲念仕観音。一度持[10]斎善根力故。観音毎月十八日来此地獄。一日一夜。代我受苦。我出地獄。休息遊戯。由是因縁。我来於此説是事也。作是語已。忽然不現。

僧生希有心。従立山出。往近江国蒲生郡。則尋求父母告之。父母聞之。悲泣愁歎。為女書写妙法華経。供養解説。発願廻向。至心誓願。抜地獄苦。父夢。女子着微妙衣。合掌白言。依法華力。観音護助。出立山地獄。生忉利天宮矣。

第百廿五[1] [2]信乃国蛇鼠

信濃長官某。一任事終。即以上京。途中有蛇[3]。長三尺計。守倶到来。件蛇夜宿御衣櫃下。昼立前後来。人々奇念。事由申守。或人白云。可殺此蛇。守即制止不令殺蛇。守発祈詞。若信濃神歟。若霊[4]鬼祟歟。付人宣説。夢中示現。其夜守夢。着斑水干男。跪居[5]前言。年来怨敵男。籠居衣櫃中。為害彼男。日者副来。若得彼男。従此罷還。守夢覚畢。則知蛇所告。

明朝見衣櫃。[6]之底有老鼠。怖畏形屈居。人々申云。此鼠放捨。守有慈心。若捨此鼠。為蛇所呑。故不可放。守為救蛇鼠。忽於一日内。書写法華経。開講供養。其夜夢中。二男着於鮮白妙衣。形貌端正。敬啓守言。我等生々。結怨敵心殺害[7]。今依貴善根[8]。免我等罪報。可生忉利天。此広大恩。生生世々。[9]可奉報尽。作此言已。二人昇天。有妙音楽。満虚空界。夢覚明朝。蛇鼠倶死矣。

第百廿六[1] [2]越後国乙寺猿

越後国乙寺有持経者。摂心不乱。調身閑居。読誦法華経。更無余念。爰二猿来住前樹上。終日聞経。朝来暮去。二三月間毎日不闕。来聞此経。怪思此事。漸近猿辺問曰。汝猿何故常来。若欲読誦妙法華経。猿向沙門振頭不受。若欲書写経。猿含咲喜。合掌頂礼。持経者告言。若欲書写経。我当為汝書写法華。猿聞此語。従眼涙出。頂礼沙門。下樹還去。

従其已後逕五六日。有数百猿[3]。悉皆負物来。置沙門前。見之紙料。剝取楪木皮。各持来矣。沙門見之。生希有心。以楪皮作経紙畢。選定吉日。書写始此経。[4]従書経日。毎日不闕。二猿各持薯蕷来。臨秋冬時。[5]栗[6]柿等種々菓子採持供養。至第五巻。一両日間。二猿不来。沙門怪念。出寺近辺。巡見山林。二猿傍置数本薯蕷。土穴頭入。二猿死了。沙門見畢。流涙悲歎。収其死屍。読経念仏。訪彼菩提。[7]沙門以其獮猿法華経不書写畢。刻仏前柱。奉籠置了。

其後已逕四十余年。紀躬高朝臣成其国刺史。着府已後。不勤神拝。不始公事。[8]最初参向三島郡乙寺。守問住僧。若此伽藍有不書畢妙法華経。諸僧驚求更不御坐。件持経者年過八十。老耄[9]猶存。白長官言。昔猿書始経御坐申。長官[10]大喜。礼[11]老僧云。不審。其経何所御坐。為果其願。任此国守。我昔猿身。依持経者。聞経発心。依聖人勧。書写法華。聖人存生時。弟子至此国。是非小縁。未曾有事。唯願聖人書畢此経。令満我願。老僧聞守語。流不覚涙。悲歎無限。取於件経。一心精進。書写既畢。長官又書写三[12]部法華経。供養恭敬。勤修善根。不可算数矣。

沙門[13]法華経力。得生浄土。写経二猿。因一乗力。転生成国守。発[14]道心修善。後[15]生妙果。宛如指掌焉。

第百廿七　朱雀大路野干

有一善男。従朱雀大路漸々歩行往。[1]迨日暮時。遇一女人。其女面貌端厳。[2]衣服美麗。言音優美。聞銘肝胆。見増[3]歓悦。依空閑地。共居談語。男子告女言。宿世相催。今日遇君。共欲交通。女人語此人。此事非難。雖可随君情。若与我交通。君命当損死。是故不受也。男曰。予不思臨死。只望交臥耳。女云。吁莫生此念。君帯官位。家有妻子。命一生財。婬刹那楽。[4]依仮借戯。失永年命。男曰。我雖知此理。迷君容粧。夫婦之愛天然至性也。猶垂哀憐。当順我情。女曰。懇切芳言。誠以難遁。我代君死全保君命。為救我苦。[5]応書写供養妙法華経。男大喜悦。捨我財宝。可報君恩。即以交通。終夜結契。

至於天暁。各以相別。男曰。君語代我死。虚実難知。我還来家。当図写仏経。女言欲知死時。以明朝見武徳殿辺。乞取男扇。以[6]此扇可為指南。各揮涙別去。男至明旦。往武徳殿巡検之時。[7]殿裏有一野干。以扇覆面以死去。男明見之。[8]毎至七日。写一部法華。供養演説。未及七々日。夢此女来。天女荘厳。備具身上。及百千天女囲遶。語男言。依一乗威力。抜劫々苦。今往忉利天。此恩無量。[9]世々酬報。即昇天上。楽音満空。香気留空[10]矣。

第百廿八　紀伊国美奈倍[1]道祖神

沙門道公。天王寺僧也。法華積功。年序尚矣。常詣熊野勤安居。従熊野出還本寺間。宿住三[2]奈倍郷海辺大樹下。至夜半程。有乗騎人二三十騎。至此樹辺。有一人言。樹下翁侍歟。樹下答曰。翁侍。又曰。早罷出御共可侍。翁曰。駄足折損。不能乗用。[3]明日加治。若求他馬。可参御共。年齢老衰。不能行歩云々。騎乗之類各々分散。至明旦沙門怪念。巡見樹下。有道祖神像。朽故逕多年歳。[4]雖有男形。無有女形。前有板絵馬。前足破損。沙門見了絵馬足損。以糸綴補。置本所畢。沙門為知事縁。過其日已。其夜宿樹下。至於夜半。如先数騎来。翁乗馬出行。

臨天暁時翁還来。即語持経者。此数十騎乗。行疫神也。[5]我道祖神也。巡国内時。必翁為前使。若不共奉。以笞打逼。以詞罵詈。依於上人療治馬足。勤此公事。此恩難可報。於持経者。有種々恩顧。所謂以浄妙衣服。種々飲食。而施与之。依煩不記。道祖神則語沙門云。今欲捨此下劣神形。得上品功徳之身。此身受苦無量無辺。依聖人力。欲成此事。沙門答曰。我於此事力所不及。道[6]神云。住此樹下。三日三夜。誦法華経。依経威力。転我苦身。受浄妙身。沙門依道祖神語。三日三夜。一心読誦妙法華経。至第四日。道祖神以頭面礼持経者言。依聖人慈悲。今免此卑賤受苦身。獲得勝妙[7]浄功徳身。所謂往生補陀落世界。為観音眷属。昇菩薩位。是妙法聴聞威神力也。欲知虚実。以草木枝造柴船。乗我木像。放浮海上。当見其作法。沙門造柴船已。乗道祖神像。放浮海上。更風不吹。又浪不動。柴船指南方界[8]。早速走去。又其郷故老夢。此樹林道祖神。成菩薩形。身色金色。放光照曜。伎楽歌詠。指南方界。遙飛昇去。持経沙門。信受是語。還来本寺。伝語此事。聞者随喜。皆発道心矣。

第百廿九　紀伊国牟婁郡悪女[1]

有二沙門。一人年若。其形端正。一人年老。共詣熊野[2]至牟婁郡。宿路辺宅。其宅主寡婦。出両三女従者。宿居二僧。致志労養。爰家女夜半至若僧辺。覆衣並語僧言。我家従昔不宿他人。今夜借宿。非無所由。従見始時。有交臥之志。仍所令宿也。為遂其本意所進来也。僧大驚怪。起居語女言。日来精進。出立遙途。参向権現宝前。如何有此[3]悪事哉。更不承引。女大恨怨。通夜抱僧。擾乱戯咲。僧以種々詞語誘。参詣熊野。只両三日。献燈明御幣。還向之次。可随君情。作約束了。僅遁此事。参詣熊野。

女人念僧還向日時。致[4]種々儲相待。僧不来過行。女待煩僧。出路辺尋見往還人。有従熊野出僧。女問僧曰。着其色衣。若老二僧来否。僧云。其二僧早還向。既経両三日。女聞此事。打手大瞋。還家入隔舎。籠居無音。即成五尋大毒蛇身。追此僧行。時人見此蛇。生大怖畏。告二僧言。有希有事。五尋計大蛇。過山野走来。二僧聞了定知。此女成蛇追我。即早馳去。到道成寺。事由啓寺中。欲遁蛇害。諸僧集会。議計此事。取大鐘。件僧籠居鐘内。令閉堂門。時大蛇追来道成寺。囲堂一両度。則到有僧戸。以尾叩扉数百遍。叩破扉戸[5]。蛇入堂内。囲巻大鐘。以尾叩竜頭両三時計。諸僧驚怪。開四面戸。集見之恐歎。毒蛇従両眼出血涙出堂。挙頸動舌。指本方走去。諸僧見大鐘為蛇毒所焼。炎火熾燃。敢不可近。即汲水浸大鐘冷炎熱。見僧皆悉焼尽。骸骨不残。纔有灰塵矣。

経数日之時。一[6]臈老僧夢[7]。前大蛇直来。白老僧言。我是籠居鐘中僧也。遂為悪女被領成其夫。感弊悪身。今思抜苦。我力不及。我存生時。雖持妙法。薫修年浅。未及勝利。決定業所牽。遇此悪縁。今蒙聖人恩。欲離此苦。殊発無縁大慈悲心。清浄書写法華経如来寿量品。為我等二蛇抜苦。非妙法力。争得抜苦哉。就中為彼悪女抜苦。当修此善。蛇宣此語即以還去。

聖人夢覚即発道心。観生死苦。手自書写如来寿量品。捨衣鉢畜。

設施僧之営。屈請僧侶。修一日無差大会。為二蛇抜苦。供養既了。其夜聖人夢。一僧一女。面貌含喜。気色安穏。来道成寺。一心頂礼三宝及老僧白言。依清浄善。我等二人遠離邪道。趣向善趣。女生忉利天。僧昇兜率天。作是語了。各々相分。向虚空而去。

聞法華経是人難　書写読誦解説難
敬礼如是難遇衆　見聞讃謗斉成仏

大日本国法華経験記 下

続本朝往生伝

続本朝往生伝序

黄門侍郎江匡房撰

夫極楽世界者。不退之浄土也。花池宝閣易往無人。予奔車年迫。慚霜露之惟重。覆瓫性愚。待日月之曲照。功徳之池。雖遠[1]賢聖思斉。生死之山。雖高恃誓欲越。何況我朝念西方遂素意之者。古今不絶。寛和年中。著作郎慶保胤作往生記伝於世。其後百余年。亦往々而在。近有所感。故詢蒭蕘訪朝野。或採前記之所遺漏。或接其後事而[2]□康和。上自国王大臣。下至僧俗婦女。都盧[3]四十二人。粗記行業。備諸結縁云爾。

〔一〕一条天皇者円融院之子也。母東三条院。七歳即位。御宇廿五年間。叡哲欽明。広長万事。才学文章。詞花過人。糸竹絃歌。音曲絶倫。年始十一。幸於円融院。自吹竜笛以備宸遊。佳句既多悉在人口。時之得人。也於斯為盛。親王則後中書王。上宰則左相。儀同三司。九卿則右将軍実資。右金吾斉信。左金吾公任。源納言俊賢。拾遺納言行成。左大丞扶義。平納言惟仲。霜台相公有国等之輩。朝抗議廊廟。夕預参風月。雲客則実成。頼定。相方。明理。管絃則道方。済政。時中。高遠。信明。信義。文士則匡衡。以言。斉名。宣義。積善。為憲。為時。孝道。相如。道済。和歌則道信。

実方。長能。輔親。式部。衛門。曽禰好忠。画工則巨勢弘高。舞人則大伴兼時。秦身高。多良茂。同政方。異能則[1]□宗平。三宅時弘。伊勢多世。越智経世。[2]公侯恒則。参春時正。真上勝岡。大井光遠。秦経正。近衛則下野重行。尾張兼時。播摩保信。物部武文、尾張兼国。下野公時。陰陽則賀茂光栄。安陪晴明。有験之僧則観修。勝算。深覚。真言則寛朝。慶円。能説之師則清範。静照。院源。覚縁。学徳則源信。覚運。実因。慶祚。安海。清仲。医方則丹波重雅。和気正世。明法則允亮。允正。明経則善澄。広澄。武士則満仲。満正。維衡。致頼。々光。皆是天下之一物也。斉信卿常語曰。心中欲推挙人。得謁竜顔時。先有可返淳[3]素天[4]下之勅命。仍抑私心。左相府毎日被奉玉饌。本是頼親朝臣奉蓮府也。自聞此言。敢不進御。是暴悪之者。何及供御云々。源国盛朝臣任越前守。藤原為時任淡路守。為時朝臣附於女房献書曰。除目春朝蒼天在眼。主上覧之。敢不羞膳。入夜御帳。涕泣而臥。左相参入。知其如此。忽召国盛朝臣令進辞書。以為時朝臣任越前守。国盛家中。上下啼泣。国盛朝臣自此受病。及秋任播磨守。猶依此病死。寛弘八年之夏。依[5]御遁位。於一条院落飾入道。経日不予。慶円座主退下之間。已以崩御。帰参之後。入夜御所。招院源曰。聖運有限。非力之所及。但有生前之約。必可令唱最後念仏。此事相違。此恨綿々。可被請霊山釈迦。試[6]仰仏力。定未遠遷御。院源打鐘啓白。慶円見其念珠。誦不動火界呪。未及百遍漸以蘇息。左相自直廬顚倒衣裳被忩参。慶円即依生前之御語。令唱念仏百余遍訖。其後登霞。依十善之業。[7]感万乗之位。往昔事五百之仏。今生少霜露之罪。最後念仏如此。豈不往生浄刹乎。

〔二〕後三条天皇者後朱雀院第二[1]之子也。母陽明門院。履九五之位。鍾一千之運。聖化被世。殆同承和延喜之朝。相伝曰。冷泉院後政在執柄。花山天皇二箇年間。天下大治。其後権又帰於相門。皇威如廃。爰天皇五箇年之間。初視万機。俗反淳素。人知礼義。日域不及塗炭。民于今受其賜之故耳。和漢才智誠絶古今。雖耆儒元老。敢不抗論。雖[2]不雷霆之威。必有雨露之沢。文武共行。寛猛相済。太平之世近見於斯。作円宗寺。始置二会。幸日吉社。沢《深敷》帰一乗。禅譲之後。遂以遁道。[3]〈法名〉御大術《漸敷》之剋。専心不乱。先修念仏。一旦崩御。故備後守保家朝臣妻。出家在栖霞観。延久五年五月七日暁夢。綵雲西聳。笙歌不絶。夢中問之。人皆謂曰。此仙院御往生之相也。寤後人来告曰。今朝晏駕。凡人帰泉。不論貴賤多有其霊。至天皇者未有其咎祟。或人夢曰。為治他澆泊之国。早以遷御。是謬説也。偏極楽之新主也。宇治前太相国。聞天皇崩御歎曰。此[4]朝不幸之甚也。

〔三〕堀川入道右大臣者。入道大相国之第二子也。母盛明親王之母《女敷》也。出累葉[1]之相門。早備象岳。人間栄花。無不経歴。生前之間。唯修後世之業。学天台教門。及病之大術[2]。落飾入道。着麁布衣。[3]念誦。沐浴潔斎。捧香炉念仏。子孫雖多。皆不得近之。為絶恩愛之道也。遂以入滅。没後見其手。作弥陀迎接之印。平生不知蜜教。自然如此。決定往生之相也。

〔四〕権中納言源顕基者。大納言俊賢卿之子也。自少年耽書好学。雖歴顕要重職。心在菩提。後一条院之寵臣也。及晏駕[1]之[2]辞宮不供燈。問其由曰。所司皆勤新主之事云々。因此発心。常詠白楽天詩曰。古墓何世人。不知姓与名。化為道傍土。年々春草生。亦曰。忠臣不仕二君。七々聖忌之後。忽以出家。男女引衣。恩愛妨行。敢不拘留。昇於楞厳院。落飾入道。住大原山。好内外典籍。修念仏読経。後発背之病。良医曰。可治。納言入道[3]曰。万病之中正念不違。不過癰疽。不如此次早帰九泉。便止療治。唯念仏長以入滅。

〔五〕参議左衛門督大江音人卿者。大同後阿保親王之子也。早遂儒業。高昇公卿。歴大弁居大理。自少日才名被世。謂其瑞応。則或見蛇足。或酌北斗[1]日皇而飲。船助道献冊之時答曰。本朝無可問之人。将渡異国。天皇大怪。令音人問之。義[2]皆無不通。世大感之。至其行状者。見於国史。詳於別伝。今不重叙。最後瞑目之剋。誦尊勝陀羅尼七遍而気絶。人称往生之人。

〔六〕僧正遍照者承和之寵臣也。俗名宗貞。歴近衛将。補蔵人頭。出自累葉清花之家。居於前齓[1]後[2]承之任。才操相兼。衆[3]聖所帰。又長和歌。及宮車晏駕。不堪恋慕。遂以入道。慈覚大師之弟子。相[4]応和尚之師匠也。難行苦行。自多効験。公家不捨。授以僧正職。兼為御持僧。天狗[5]託人曰。貞観之世住於北山。欲知当世有験之僧。変為小僧。立於樹下。逢一樵父《夫歟》。謂曰。送我於当時執政之家。将有大報。父[6]曰。将何為。我曰。持一革嚢。明夕可来。又如其言。即為飛鳶入嚢。晩頭到於右相家中門。開其口便到寝殿。以足踏右相胸。称有頓病。家中大騒。挙足下足。或活或死。請当時名徳。敢無可畏之人。経一両日。家司来曰。猶可被請花山僧正。已時遣請書。未時有領状。総角二人捧白杖。随状相副。我頗恐之。暫而為塗壇場。承仕以下到来。又有護法五六人。入夜僧正光臨。護法数及十余人。我漸[7]取足。不能任意。相忍而居。修法七日之間。病已平癒。未及伏我。家司重請。延以二箇日。此時術尽已失方計。第二日暁。以鉄網入我。置於炉壇之火中。焦灼為煨燼。及捨壇灰幸置廁辺。便就食気蘇生。居此処[8]六年。若欲出門。則護法独[9]猶拘留。敢不能寸歩。適出自水門。於是知此人為本朝一物。必欲到嬈乱。仍到花山。他[10]所雑居。或住廁辺三年。僧正毎来。護法五六人必守護之。終不得其隙。又思最後臨終可成其妨。尋其命期。雖向彼山。護法衛護。聖衆来迎。敢不能入於二三里之内。唯聞空中管絃。望山上雲気而止。本伝[11]国史。今恐伝異聞而已。

〔七〕慈忍僧正諱尋禅。九条右大臣之子也。出自累葉将相之家。入四明天台之道。住楞厳院。以慈恵僧正[1]為師。大僧正与大臣師檀契深。即託以鍾愛之子。僧正以忍辱為衣。以慈悲為室。天性聡敏。通達顕蜜。霊験掲焉。人[2]神信伏。然而敢不妨[3]調伏魔軍。唯偏期託生浄土耳。朝家重之。惟《推歟》加職位。一身阿闍梨源[4]起此人。冷泉天皇依邪気有御煩[5]。連年不予。僧正参入。護身結界。天皇大怒。抜剣欲斬。僧正大恐。逃入於南階之下。而所留於堂上之三衣筺。護法守之。天皇於此筺下自縛数百遍。弥厭此道。唯求仏果。後至天台座主。再三辞譲。公家山僧共不聴。爰委付印鎰於三綱。敢不従事。長籠於飯室。念仏終[6]得極楽之迎。

〔八〕権少僧都覚運者洛陽人也。住延暦寺。少富才名。一山亀鏡也。早求菩提。念仏為業[1]。爰慈恵僧正以下相議曰。若人不遂大業者。道之恥也。推令竪義。立四種三昧義。及暮年着布衣入堂。見聞大衆莫不歎息。及読題剋。意論止観者。念西方阿弥陀仏。不覚涕[2]泣。〈依為道心者探題作此算〉満堂皆垂感涙。及竪義九題已得。及第十之算。又無所拘。探題禅芸力所不及。慈忍[3]僧正為道未曾有全得之人。我将精義。付広六観世音即是廿五三昧之題。問以真言六観音種子之義。依不習蜜教謝其由。僧正曰。既謂広学。何不知真言教。謝[4]其由仍九題[5]未判。後受蜜教於成信上人。其後曰。尤易事。不知何為。成信臨終。問可為師人。成信挙皇[6]慶。此時年未及卅。覚運不恥下問。随又稟承。及皇慶赴鎮西。以宿徳之身下地而跪。依尊道也。[7]左相府三十講。常為証義者。諸宗章疏悉皆暗誦。慶祚曰。学顕蜜[8]之教之人若此。後可注[9]。遍数僧都。於左府竪義。覚運為精義。唯識因明之奥旨。本朝[10]之人皆驚之。神[11]我勝[12]之意[13]。此日始題出源信僧都之案。寛印為彼算問者。此南京未曾有義而已。主上幷[14]為師受経。源信毎造法門。送於覚運令点読曰。此人読之。義勝述者云[15]々。[16]重雅癰疽発背。衆医治之曰。已差。止水。重源闍梨〈滋秀孫〉後到。見瘡以手汲所沃之水。見曰。此病未差。可待一時到。[17]同未時遷化。念仏不乱。禅坐而終。公家贈権僧正。檀那院即為御願寺。覚運所申立也。

〔九〕[1]専心行業事。〇廿五三昧過去帳云。長和二年正月一日所著願文云。生前所修行法今略録之。念仏二十九倶胝遍。奉読大乗経五万五千五百巻。法花経八千巻。阿弥陀[2]一万巻。般若経三千余巻等也。奉念大呪百万遍。千手呪七十万遍。尊勝呪三十万遍。幷弥陀不動光明仏眼等呪少々也。其後所作亦有別記。此外又有一巻十余紙書記。一生所作善根。其中或造仏像。或書経巻。或行布施。或助他善。如此大小事理。種々功徳。不能具記云々。与別伝聊相違。仍書之。

権少僧都源信者。大和国葛上郡当麻郷人也。《厶云[3]。僧都別伝云。俗姓卜部。大和国葛城郡人也》童児之時登延暦寺。師事慈恵僧正。自少年時才智抽輩[4]。問答決択之庭。莫不屈辱[5]《属皸》其人。常曰。倶舎因明者於穢土極之。唯識期浄土。宗義待仏果。所作之書。往生要集三巻。渡於宋朝。彼国之人向其影像。〈依宋朝求生前写真影。承円闍梨書之〉称楞厳院源信大[6]師。又因明注釈三巻。疏一巻。[7]大乗対倶舎抄十五巻。要法門二巻。一乗要決三巻。幷大小義式等。惣而計之及百余巻。皆為一宗之亀鏡。末学之耳目。于今称其義者。人不敢問然。誠是如来之使耳。

[8]厶云。別伝云。或人侖問云。和尚智行無等倫。薫修行業何等為先。答謝。念仏為先。復問。諸行之中以理為勝。念仏之間観法身否。答。唯唱仏号。復問。何不観理。答。往生之[9]称名為足。本自存之故不観理。但観之未為難。我理観之時。心意明了。無有障礙云々。

昔[10]諸相者〈敦光〉[11]曰。才[12]覚已有。官職非無。世間不飢。雖無僧綱之望。依朝家之貴。推叙法橋。大極殿千僧読経講師。依弟子厳久譲。任少僧都。[13]非並我求。深慕往生。敢無他業。一事已上。唯廻向極楽。昔日[14]登閣偏念仏。帰房之後大悔曰。今夜之事頗有清浄之業之思。是又魔縁也云々。才学慢心。常動於懐。恐此深赴道心門。最後臨終。専心不乱。念仏[15]向西而絶。後日覚超僧都。夢問其生所。答以下品。事詳別伝。

[16]厶云。別伝云。長和二年正月勘録。今生薫修之行業。啓白仏前。阿弥陀念仏二十倶胝遍。奉読法花経一千部。般若経三千余経[17]。阿弥陀経一万巻。奉念阿弥陀大呪百万遍。千手陀羅尼七千万遍。尊勝陀羅尼三十万遍。及阿弥陀小呪。不動真言。光明陀羅尼。仏眼等呪。不知其数。

或彫鏤仏像。或書写経巻。或行布施等之事。種々不一云々。
ム云。別伝云。寛仁元年六月〇九日喚親弟子。偸以耳語云。〇容顔端正少年僧侶。整理衣服。或時三人。或時五人。出入臥内。左右端座。閉目則見。惣而言之殆幾狂言。〇十日晨旦飲食如例。澡浴身垢。執仏手之縷。誦面善円浄之文[18]文如昨日。然後北首右脇。如眠気絶。執綵縷持念珠。猶如平生。春秋七十有六矣。〇横川安楽谷有浄行上人。今夜不眠。如例観行。至暁更。天外遥聞聖衆之伎楽云々。

恵心別伝云。爾時。僧都示近習弟子禅円法師云。我自昔時有一生之望。欲令卜筮成就否之状。伝聞。大和国葛城郡有一法師。議往知来。宛如鄭詹君。汝行其所。令占我望。禅円奉命之後。翌日出山門向和州。果遇法師。令占僧都之所望。法師案金匱占云。其人所望専非人間之栄花。殆是無上之妙果歟。念力甚深。豈不成就乎。繇兆在四月。決定在六月者。禅円帰来。詳達其旨。僧都預歓喜而已。冥数符合。自四月二日目痺尤重。〇寛仁元年六月〇十日晨旦〇北首右脇。如眠気絶。

〔10〕権少僧都覚超者和泉国人也。齠齓之時登延暦寺。在慈恵僧正房。自出其舌以舐鼻上。僧正大驚相之曰。極大聡明之相。遂以為弟子。兼師事源信僧都。顕教之才亜於其師。真言之道猶冠於彼山。所作之顕蜜法門。多為世被用。如仁王経護国抄也。道心純熟。長以晦跡。常修月輪観曰。胸中常冷。修此観法故也。誓曰。願得清[1]盲。不見濁世之事。臨終正念。念仏而終。後弟子僧[2]当日也詣於蓮胎。但往生者難中之難也。汝等可苦求。

〔11〕権大僧都桓舜者。延暦寺碩学也。当初以桓舜。貞円。日序。遍救。為四傑。共不堪世路。有離山之意。触縁到伊豆国。於温泉権[1]現説法。権現感之与[2]夢曰。必可帰住本山。定到大位。桓舜重設供養法。勤修講経問後世。又夢。必可生西方浄刹。其後帰住本山。人望日盛。左府卅講。公家最勝講。常為抽[3]請。遂到権大僧都。法性寺座主。天王寺別当。於天皇寺[4]拝堂之時。寺三綱指一座曰。是一生不犯人之所昇也。桓舜再三観念。遂昇其座。源信僧都聞人計当時高才曰。何不先桓法出山乎。桓法是旧名也。臨終之剋住正念。[5]々々不乱。焚香向西遷化。

〔12〕砂門僧《増ィ》賀者。参議橘恒平卿之子也。登叡山学止観。慈恵僧正之弟子也。早以発心。唯慕後世。現世之事敢不帯芥。人欲請用。必施異人之行。嘗有后宮授戒之請。参入之後。於御[1]前示見風。又曰。誰人以増賀為[2]樛毒之輩。啓達后囲乎。上下驚歎。僧正中慶賀之日。入於前駈之員。増賀以干鮭為剣。以牝牛為乗物。供奉之人雖却去。猶以相従自曰。誰人除我。勤仕禅房御車口[3]前駈乎。又人為法会請之。増賀赴請。途中案説法之詞。心中驚畏。事渉名聞。必是魔縁也。遂与願主相闘。不遂而帰。臨終之時。先独囲碁。次被泥障。学胡蝶舞。弟子仁賀問其故。答曰。少年之時見此両事。心中慕之。今及最後。其[4]思忽発。仍遂本懐也。其後念仏不断。瑞相満室。兼詠和歌曰。

水輪指。矢曾千余之。老乃浪。久良希之骨爾。遭爾介留哉。支離。八十有余之。老乃浪。海月之骨邇。逢邇計流鈍。別記[5]云。長保四年冬。飲食已減。坐禅不快。〇五年六月八日未時。沐浴集人令誦三十二相。即詠和歌。〇九日卯時。自起居向西方。良久念仏金剛合掌。乍居入滅。〇年八十七。〇後見之不爛壊云々。

〔三〕砂門仁賀者。大和国人也。住多武峰。以増賀為師。本是興福寺英才。深恐後世。全棄名利。或称嫁寡婦。或称有狂病。不随寺役。一生念仏。最後不乱。弟子等依其遺言。居於棺[1]中。瘞[2]於地下。身体不爛壊。

〔四〕阿闍梨叡実者。延暦寺緇[1]徒也。不営[2]学法門。兼通俗典[3]。一生誦法花[4]求後世。太[5]有効験。円融天皇依御邪気。殊有勅喚。青鳥同車。忩参仙宮。途中有被出之病者。辛苦叫喚。叡実下車看病。勅使譴責。叡実曰。小[6]僧菩提之外無所求。依不思今生之事。上無天子。下無方伯。[7]父万乗之主。玉体不予。何寺何山有験之人。不参入乎。至無縁病者。尤所難忍也。遂留其所。敢不参内。其天性如此。多年薫修之力。即浄罪障。現身若有証入。臨終之剋。読経匪懈。往生之相掲焉。

〔五〕砂門寛印者。本延暦寺楞厳院之高才也。深悟法味。旁達経論。就決択之道。誠絶傍輩。〈常曰。一生之間。論議[1]之答不過一度[2]。自余詰[3]之付失反云々〉源信僧都為見宋人朱仁聡[4]。引学徒向越前国敦賀津。〈云[5]云。昔時越前国宋人寄来云々〉仁聡出一帳画像[6]。是婆珊婆演底守夜神也。為資渡海之恐。我等所帰也。僧都心中思花厳経善財童子讃歎之偈。自筆書其像側曰。見汝清浄身。相好超世間。次召寛印曰。可書続此末。寛印書曰。如文殊師利。亦如宝山王。書畢閣筆。同音誦之。仁聡感之出倚子。令僧都居之。〈寛印若忘此文者。豈非本朝恥乎〉又曰。取国信物三五奉之。〈三五者彼朝之語。如此間称一両。先是僧都至弘決今文依此略三五字所。古賢之義不相叶。僧都義曰。如謂一両。此詞也[7]叶〉後経歴諸国。到丹後国。僧房之側有一[8]誇。漁猟之輩。夜[9]向池結網。定日欲取池魚。寛印雖制敢不承引。寛印歎息夜々向池。振錫杖観念。後朝下網。敢無一鱗。雖傾袖[10]鉢。深恐浮嚢。一生之間。唯修懺悔。毎夜必誦法花経一部。披閲聖教。至老不倦。最後臨終。身心不乱。手捧香炉。念仏匪懈。西向気絶。

〔六〕真縁上人[1]住愛宕護山月輪寺。常起誓願曰。法花経文常在霊鷲山及余諸住所。日本国豈不入余所乎。然則面奉見生身之仏。為充此願。専誦法花経。毎字修礼拝参度。供閼伽一前。差歴多年。漸尽一部。敢無所示。到第八巻内題。行業已満。其夜夢曰。可参石清水云々。彼宮毎朝開御殿戸之者。謂之宮主。忽見客僧在御帳前。大驚欲追却。此間石清水別当〈失其名〉遣使。告宮主僧曰。神殿之中定有客僧。不可左右。是今夜夢中蒙霊託之故也云々。爰知。生身之仏即是八幡大菩薩也。謂[2]其本覚。西方無量寿如来也。真縁[1]已奉見生身之仏。豈非往生之人乎。

〔一七〕阿闍梨理光者[1]。延暦寺無動寺。多年之間。唯修西方之業。敢無他望。瞑目之剋。念仏不乱。没後四十九日之間。異香不絶於房内。来此地者。皆染衣而帰。

〔一八〕沙門入円者。延暦寺東塔南谷之住僧也。生前之間。以念仏為業。無他才学。臨終之時。先以沐浴。専念不懈。此日笙歌妓楽満於山。明快座主当初正聞其声。毎語流涕。

〔一九〕沙門良範者。住延暦寺楞厳院。容儀端正。天性聡敏。山上之人推為英雄。志求極楽。人皆不許。生年十八入滅。夢告双親曰。我在極楽。其名曰仁恵菩薩。疑是上品上生歟。欲遷化之日。源信僧都修諷誦。没後見其巾箱。有血仏血経。兪修後世之業明矣。

〔二〇〕阿闍梨範久者。住延暦寺楞厳院。一生慕極楽。行住坐臥不背西方。吐唾便利[1]不向西方。未曾以夕陽負背。登山之時。側身而行。常称曰。樹之仆也。必在傾方。懸心西方。蓋遂素意。臨終正念。往生無疑。

〔二一〕阿闍梨成尋者。本天台宗之人。智証大師之門跡也。住大雲寺。智行兼備。早遂大業。居大日位。公請年久。名誉日新。暮年帰心菩提。只行法花法。遂為礼清涼山。私附商客孫忠商船。兪以渡海。大宋之主。大感其徳。彼朝大旱。雨際不雨。霖月無霖。即令成尋修法花法。及於七日。猶無其験。公家頻問。成尋答曰。可被待今日。其日晡時。堂上之風。皆起雲霧。大雨[1]漫施。四海豊贍。即賜以善恵大師之号。兼賜紫衣。亦以新訳経論三百余巻。[2]宋朝帝渡本朝。先死七日。自知命尽。集衆念仏。日時不違。向西逝去。自其頂上放光三[3]日。安置寺中。全身不乱。于今存焉。漆膚鏤金。毛髪猶生。形質無変。

〔二二〕砂門能円者。大宰府観世音寺傍。極楽寺住僧也。於此寺千日講法花経。以勧進為業。以念仏為宗。一千日云満。講莚已巻。香匳又掩。結願畢後。合掌観念。高声念仏而遷化。

〔二三〕砂門高明者。本是播磨国書写山性空上人之弟子也。後住大宰府大山寺。三衣一鉢之外。更無余資。念仏読経以之為業。或造幡《博敷》多橋。或建立六角堂。於[1]清水寺。如法書法花経。書畢埋之[2]於誓井中。誓曰。我若成仏。化此井水為温泉矣。将来之人。以此為符。臨終之剋。安住正念。[3]一心念仏。西向遷化。人々夢中。皆[4]所往生之相。

〔二四〕砂門安修者。大宰府安楽寺学頭也。顕蜜才高。戒行身潔。耆徳碩学。莫不請益。一生之間。只勤仏事。千日講一乗。全及三遍。六時修三時[1]。已踰七旬。偏抛人世。唯期浄土。臨終之時。一心念仏。西向遷化。于時春秋七十五也。

〔二五〕砂門助慶者。園城寺之碩学也。寺中之人。大概莫不帰伏。慶祚阿闍梨弟子也。住随[1]心院。偏求後生。長抛名聞。念仏講経併資極楽。唯所愁者依伝法[2]操義之事。後生郡集耳。臨終正念。瑞相太多。

〔二六〕阿闍梨覚真者。本延暦寺無動寺浄侶也。初出洛陽。[1]公請之用。後発菩提心。栖於鞍馬寺西谷。慶範僧正世間之師也。仍老後補阿闍梨。昔供閻魔天百箇日。祈願曰。欲知命期生処死時幷免貧道。夢。彼寺別当陽茂阿闍梨。自山出洛陽。初騎馬後歩行。依道嶮也。覚真見我装束。一同陽茂。又下馬歩行。出京之後。失陽茂在所。相尋之間。到春日与左衛門町。入西辺第八門。覚後数日思惟。是天之所示也。年与陽茂可同。春日即[2]和之月也。西辺第八門。当於下品中生。左衛門町潤屋之地也。[3]庄家比屋。百物自備。是免貧窶之相也。毎日誦法花三十余年也。已及[4]万余部。臨終之剋。猶誦此経。西向入滅。

〔二七〕阿闍梨延慶者。武蔵守業貞之舎弟也。天台座主明快僧正之弟子也。深学顕蜜。通達於諸部。識者深許焉。沈病三年。唯求後生。雖纏霧露。偏思法花。抄出諸大乗経。宗家章疏中諸法空之文。推之於屛[1]風。又画月輪。案於枕上。其年臘月。令弟子道円上人問[2]郷音。有人答曰。狭夜深氏。何方賀月之西倍行云々。道円釈曰。西[3]方往生之相也。十五日以後[4]称[5]農月。若十四日可遷化歟。自十三日夕。病已大漸。又曰。有光如月輪。現於枕上。騒動則不見。人々宜静兼読尊勝陀羅尼。[6]微音可除魔障。十四日々入程。念仏不懈而気絶。生年五十五。

〔二八〕砂門覚尊者。住延暦寺。唯修浄土之業。始以念仏為宗。[1]後漸明於止観。且夕唯事斗藪。徳行[2]感於山洛。王公以下莫不帰依。毎修仏事。莫不叶心。然而布衣不礙風。蔬食纔幷[3]送日而已。昔発願築鴨河堤壊却之処。洛中之人十分之九。莫不赴其処。雖着緋紆[4]素之人。猶自荷担沙石。又於天王寺供養舎利。帰依布施知識之輩。殆傾城邑。或人曰。多年難行苦行。頗有感応乎。答曰。[5]有修法花三昧。見六牙白象王。不能見菩薩之色身云々。末法之事。不恥於古。年老気尽。没於山上。臨終正念。漸証入之人耳。

〔二九〕砂門賢救者。住於因幡国。徳行被境内威重自刺史。造密室五間。不令人見。独自入此。観念坐禅。或人曰。昔所愛之小童。早夭天年。不早瘞埋。見没後之相。起不浄観。此観成就。証入日深。疑断一分之無明歟。臨終正念。端坐念仏而遷化。

〔三〇〕砂門日円者。本天台学徒。後発菩提心。隠身於巌谷。住於金峰山之三石窟。長断米穀。殆似神仙。後移住美作国真島山。当国隣国欽仰如仏。為礼清涼山。附大宋商船渡海。後聞於彼朝天台山[1]国請寺入滅。臨終之相。往生無疑。

〔三一〕慶保胤者。賀茂忠行之第二子也。雖出累葉陰陽之家。独企大成。富才工文。当時絶倫。師事菅三品。門弟之中已為貫首。天暦之末。候内御書所。秋風生桂枝[1]賦。独預及科。依芸閣労可任内官。而依有大業之思。申任近江掾。遂奉方略之試。青衫之時。早[2]任拝著作。緋袍之後。不改其官。文筆佳句。于今在人口。自少年之時。心慕極楽。[3]〈其心見日本往生伝序〉及子息冠笄纔畢。寛和二年遂以入道。〈法名寂心〉経歴諸国。広作仏事。若有仏像経巻。必容止而過。礼節如王公。雖乗強牛肥馬。猶涕泣而哀。慈悲被禽獣。長徳三年終於東山如意輪寺。或人夢曰。為利益衆生。帰自浄土更在娑婆。爰知証入漸[4]深耳。

〔三二〕大江為基朝臣者。参議斉光卿第二子也。自幼少日深慕極楽。歴侍中到刺史。〈摂津守〉不堪道心。遂以出家。多年念仏。一旦帰泉。俄而蘇息。家人喜悦。而無他言唯曰。甚[1]遺恨也。下品下生耳。言絶而終。

〔三三〕同定基者。斉光卿第三子也。早遂祖業。続為夕郎。栄爵之後。任参河守。長於文章。佳句在人口。夢必可往生。未発心之前。唯事狩猟。聞[1]人咲曰。不是往生之業。其後於任国。所愛之妻逝去。爰不堪恋慕。早不葬斂。観彼九想。深起道心。遂以出家。〈法名寂照[2]〉多年之間。修行仏法。或次第乞食。不屑今生之事。住如意輪寺。以寂心為師。寂心遷化之後。長徳年中条[3]状。申[4]下依本願可拝大宋国清涼山之由。幸被可許。既以渡海。進発之時。於山崎宝山[5]。為母修八講。以静照[2]為講師。此日出家之者五百余人。〈至婦女者、自車切髪与講師云々〉四面成堵。聴聞之衆。莫不涕泣。到大宋国。安居之終。列於衆僧末。彼朝高僧。修飛鉢法。斎[6]食之時。不自行向。次至寂照。心中大恥。深念本朝神明仏法。食頃観念。爰寂照之鉢飛繞仏堂三匝。受斎食而来。異国之人悉垂感涙。皆曰。日本国不知人[7]。令脩然渡海。似表無人。令寂照入宋。似不惜人云々。長元七年於杭州遷化。臨終之剋。瑞祥掲焉。亦作一絶之詩。其一句曰。

笙歌遙聴孤雲上。聖衆来迎落日前。

又詠和歌曰。

雲上爾。遙爾楽能。於度須奈里。人也聴覧。虚耳歟若[8]。

〔三四〕同挙周朝臣者。式部大輔匡衡朝臣第二子也。射鵠之後。東三条行幸之日。作文為序者。深催叡感。五位蔵人雅通。依本家子孫[1]賞。叙四位之替。被補侍中。文道炳然之光花也。後歴三箇国刺史。為丹後守之時。〈長元九年正月任丹後守〉作一堂修迎接[2]。到式部権大輔大学頭。永承元年六月帰泉。生前之間。唯慕往生。毎見仏像。必下不覚之涙。臨終之剋。逢善知識僧。〈宝増〉念仏数百遍。受十戒之後。重問師曰。我欲受別戒。自今身至仏身。長不触女身之膚。又曰。式部権大輔。大学頭。正下[3]四位。二代帝時[4]。可謂無遺恨云々。其後出家。遂以瞑目。此日異香満室。綵雲生甍。笙歌之声。縹[5]眇空中。気絶之後。雲気西遷。依為白日。人皆見之。自瞑目及葬斂廿余日。雖当蒸[6]日景。遂不爛壊。荼毘之時。異香猶満墳墓。

〔三五〕但馬守源章任朝臣者。近江守高雅朝臣之第二子也。母従三位藤原其子[1]。後一条院御乳母也。自少年時。盛会風雲。補夕郎預栄爵。歴近衛少将。右馬頭。吏於四箇国。〈美作。丹波。伊与。但馬〉家大豪富。珍貨盈蔵。米穀敷地。庄園家地。布満天下。本朝之陶朱猗頓也。日々読阿弥陀経四十九巻。為往生之勤。[2]不建堂塔。不弘仏事。性太悋惜。為刺吏時。以貪為先。而臨終正念。得極楽迎。爰知。往生不必依今生業。[3]可謂宿善。

〔三六〕前伊予守源頼義朝臣者。出累葉武勇之家。一生以殺生為業。況当征夷[1]之任。十余年来唯事闘戦。梟人首断物命。雖楚越之竹。不可計尽。預不次之勧賞。叙正四位。伊予守。[2]其後建堂造仏。深悔罪障。多年念仏。遂以出家。瞑目之後。多有往生極楽之夢。定知。十悪五逆猶被許迎接。何況其余乎。見此一両。太可懸恃。

〔三七〕散位小槻兼任洛陽人也。自算得業生。課試及第。歴造酒佑。叙栄爵。一生之間。偏修浄土之業。造次顛沛。唯念仏号。其妻誡曰。正[1]月朔朝之日。有世俗之忌。可休念仏。兼任莞爾曰。児女子之愚。何一至於斯。狂《往ィ》蜉蝣之世。何有所忌。此日故懸鐘於頸。念仏遶室。臨終之時。先命七日。[2]集衆僧令申合殺。又曰。有微妙絃歌之声。他人聞哉。[3]七僧之中一人纔聞。予知死日。沐浴潔斎。口念仏号。手引綵縷而気絶。合殺之声。綵[4]雲入甍。奇香満室。往生之相掲焉。

〔三八〕参議藤原兼経卿妻者。権中納言隆家卿女。陸奥守基家。伊予[1]敦家朝臣等母也。蘭薫雪白。天性柔和。家中之人。遂不見喜怒之色。一生之間。偏修念仏。道心純熟。不屑現世。臨終之時。異香満室。自謂人曰。見満月来照乎。大成歓喜之想而気絶。敦家朝臣幷侍女之衣。深染其香。数月不歇。

〔三九〕前陸奥守源頼俊之少女者。一生之間唯慕極楽。心性柔和。未曾遷怒。偏[1]見後世。遂不婚嫁。営仏法之外。敢無他事。臨終念仏。綵雲満室。

〔四〇〕比丘尼願[1]西者。源信僧都之妹也。自少年時志求仏道。遂不婚嫁。雖受五障之身。猶明二諦之観。才学道心。共越其兄。世謂之安養尼公。念仏日積。[2]運心年深。臨終異相。不遑甄録。誠是住処青蓮花之中者也。

〔四一〕比丘尼縁妙者。賀茂保憲之孫。其母称賀茂女。殊長和歌。縁妙未出家之前。称之監君。二条関白之侍女。当初之好色也。後起道心。落飾入道。歩行都鄙。唯称常住仏性之四字。勧人仏事。唱導為本。八十余而終。臨終之時。瑞相自多。[1]往生不疑。

〔四二〕蔭子源忠遠妻者。武蔵守源教之孫也。自少年之時。慈悲稟心。曾不喜怒。相従忠遠。下向大宰府。康和三年正月。産生之後四十余日。宿霧難晴。遂逝去。安住正念。々仏不乱。自曰。室有異香。頗似梅花。甚以芬馥。雖蘭麝沈水所不及也。没後四十九日之間。此香猶遺。時々猶薫。其後母夢問其生所。答曰。諸菩薩中皆大歓喜。其後師僧覚厳。於仏前祈願曰。生前平産之祈。已以相違。没後託生之所。願必相示。無一於此。誰仰如来。終日誦観無量寿経。

其夜夢。過貴所。自簾中出生前衣曰。今日読経甚以可。尚乞為我重誦四十八遍。必可転生於上品。問其住所答曰。中品下生也。或人夢。此女着菩薩装束。在安楽寺之一切経会之舞人之中。其頭面手足。不似[1]平生。唯舞装束相改已。

続日本往生伝

　已上都盧四十二人

建保第七載三長第一月中旬第七夜。於西峰方丈草庵写之了。此則為自励忠志。令他発信心。唯願此伝結縁人。各留半座乗花葉。待我閻浮結縁人。願以此功徳。臨欲命終時。必得弥陀迎。往生安楽国。　砂門慶政記

　書本文字極悪。以他本可交看之。

建長五年癸丑十二月六日於西峰草庵書写了。

　乗忍　四十二

本朝神仙伝

（大―大東急記念文庫蔵写本
尊―前田育徳会尊経閣文庫蔵写本
書―宮内庁書陵部蔵写本）

〔一〕(大)　倭武命者。景行天皇之子也。生而神武。力扛千鈞。昔齠齓之時。改名為女。入於備中国賊営。自誅熊襲。々々曰。吾未曽遇如君之事。仍上尊号。曰倭武皇太子。平定天下。仁威大行。自海道東行。征蛮夷討妖神。自山道而帰到伊吹山。々神化為蟒蛇当道。太子乗此蛇而行。謂此眷属神也。当誅其宗神。遂酔此毒気。到近江国醒井下。飲水醒寤。夫為生人計神明。匪直也人。薨去之後。化為白鳥而去。豈非神仙之類乎。

〔二〕(大)　上宮太子者。敏達天皇之子也。母后妃嘗夢。有一金人曰。欲託君胎以弘仏法。誕生之後。自少年時。聖徳被天下。神異遍海内。一触之人。香気長染。一時能断八人之訟。故称八聡皇子。新羅日羅拝太子曰。敬礼救世観世音。伝燈東方粟散王。太子放眉間光。日羅又放光。或曰。南岳大師後身也。遣小野妹子於唐朝。渡先身持経。取他経来。太子閉戸入定。一出齎真経而出曰。吾遣魂神所齎渡也。半日之間。渡万里滄溟。後彼山僧曰。其日金人乗虚来取此経。聖衆囲繞。雲霧杳冥。又乗甲斐黒駒。白日昇天。俄頃之間。往還千里。作十七条憲法。始制日域之政。作四天王寺以崇月氏之

教。其外建寺安仏。作章疏経論。不知其数。謂其妃曰。吾不能久遊濁世。未即大位早以遷化。天下之民。如喪考妣。商賈（以下欠）

〔三〕（尊）役優婆塞者。大和国人也。修行仏法。神力無辺。昔登富士山頂。後住吉野山。常遊葛木山。好其嶮岨。欲令諸鬼神。造亙石橋於両山上。皆応呪力。漸成基趾。行者性太褊急。譴責不日也。一言主神容貌太醜。謂行者曰。為慚形顔。不得昼造。行者敢不許止。神託宣於帝宮曰。役優婆塞将謀反。公家捕其母。役優婆塞不堪孝敬。自来繋獄。後逢赦得出。即縛一言主神。置於澗[1]底。今見為所葛纏七匝。万方遂不解。呻吟之声歴年不絶。今其扶之石。在吉野葛木山各十余枚。引其母而乗鉄鉢。浮海而去。不用舟檝不知何之。後本朝僧道照到高麗説法。聴法之中有和語者。此行者也。漸経百余年。道照大驚下座問訊。殊無所答不復来。事見都良香吉野山記。今略記之。

〔四〕（尊）泰澄者。賀州人也。世謂之越小大徳。神験多端也。雖万里地一旦而到。無翼而飛。顕白山之聖跡。兼作其賦。于今伝於世。到吉野山。欲解一言主之縛。試苦加持三匝已解。暗有声叱之。繋縛如元。又向諸神社問其本覚。於稲荷社数日念誦。夢有一女。出自帳中告曰。本体観世音。常在補陀落。為度衆生故。示現大明神。詣阿蘇社有九頭竜王。現於池上。泰澄曰。豈以畜類之身。領此霊地乎。可示真実。日漸欲晩。有金色三尺千手観音。現於夕陽之前池水之上。泰澄経数百年不死。其終[1]。

〔五〕（尊）都藍尼者。大和国人也。行仏法得長生。不知幾百年。住吉野山麓。日夜精勤。欲攀上金峰山。雷電霹靂遂不得到。此山以黄金敷地。為待慈尊出世。金剛蔵王守之。兼為戒地。不通女人之故也。所持之杖変為樹木。所拘之地陥為水泉。爪跡猶存。

〔六〕（大）行叡居士者。東山清水寺之本主也。雖及数百年猶有小容。常以練行為宗。一生精進不蓄妻。地絶粒避穀。清水寺滝者。居士修所出也。本為黄金色。後相逢報恩大師。譲持仏幷住所而曰。吾待汝来。宜為此地主以弘仏法。吾為利蛮夷将往東国。爰東向行。々至乙葉山。自然銷唯留草鞋及杖。後人以之為終焉。其屢[1]相分。[2]為本寺滝上幷乙葉山。

〔七〕（尊）教待和尚[1]者。近江国志賀郡人也。雖及数百年容顔如元。唯愛少年女子。兼食魚肉。口中吐之。変成蓮葉。後逢智証大師。譲園城寺地曰。待君来守此勝地。自今可被弘仏[2]。事訖而失。

〔八〕（大）報恩大師者。大和国人也。住小島寺。後来清水寺。逢行叡居士。受付属弘仏法。雖歴数十ヶ年。猶有小容。両寺相共行程二三許日。大師且在小島。昼来清水。如無翼而飛。豈非神仙乎。

〔九〕（尊）弘法大師諱空海。讃岐国人也。出家得度。師事僧正勤操。初学三論法相。後入金剛乗。遂入唐朝。極[1]真言奥旨。以恵果和尚為師。両界三部之道。諸尊衆聖之儀。自此弘[2]於我土。然則大日如来七代之弟子。本朝最初阿闍梨也。事見別伝。不能甄録。恵果和尚。[3]吾久待汝。吾法悉授汝。是十地中第三地菩薩也。努力自愛。吾必為汝弟子。託生東土。[4]大師於唐朝。投一鈷杵。[5]卜本朝勝地。一墜東寺。一落紀伊国高野山。一落土左国室生戸山。帰朝後相尋弘[6]仏法。修[7]因僧都。読[8]呪護国界経施神験。昔遣護法於唐朝。偸恵果伝法。大師頗得其心曰。有竊法之者。仍受金剛界之時。[9]別結界火焰遶郭不得入。纔聞胎蔵而還。[10]及大師帰朝。常以相挑。遁欲調伏。共行壇法。大師陽死。修円[11]疑令人伺見。弟子涕泣行喪家儀。[12]又令[13]見弔。弟子等運葬斂之具。修因[7]信之。涕泣良久。行懺悔之法。大師更行調伏法七日。修[7]因頓受瘡而死。大師又行懺悔之法七日。降三世顕於鑪堪[14]曰。我是修因[7]也。[15]為令顕揚汝法。[16]権[17]成[18]怨敵也。本[19]師兼善草書法。昔左右手足及口秉筆成書。故唐朝謂之五筆和尚。帝都南面三門並以応天門額。大師所書也。其応天門額。応字上点故落之。上額之後。遙投筆書之。朱雀門額又有精霊。小野道風難之曰。可謂米雀門。夢有人来称弘法大師使。踏其首。道風仰見。履鼻[20]入雲不見其人。陰陽寮額三度書之。始書後夢。有神人曰。此額太凡可被改。[21]後改書書[22]之。又夢。[23]此額太畏。不堪過此下。改書。[24]仍又改書。木工寮額。寮頭造門打額。有曰。令寮官請額於大師。使違期不能謁大師。仍祈念曰。大師[25]大権之人也。借五筆勢。[26]便下拙[27]掌之。殆如大師之自書。又善於文筆多作[28]遺文。爰有性霊集七巻。

昔於神泉苑行請雨経法。修因呪諸竜入瓶中。仍[29]久不得験。大師覚其心。請阿耨達池善如竜王。金色小竜乗丈余蛇。有両蛇蠬。於是大雨。自是以神泉苑為此竜[30]住所。兼為[31]行秘法之地。自唐朝齎如意宝珠以来。我朝此珠在所。并恵果後身。彼宗深所秘也。後於金剛峰寺入金剛定。于今存焉。初人皆見鬢[32]髪常生。形容不変。穿山頂入底半里許。為禅定之室。彼[33]山于今無烏鳶之類。諠譁之獣。兼生前之誓願也。常称曰。弘仏法以種姓為先。故彼宗親王公子相継不絶。[34]寛平法皇受[35]灌頂於此宗後。仁和寺最多王胤。円融天皇又御地。誠是一宗之光華也。或曰。大師已得証究竟大覚位。本朝之面目何事過[36]之。大師之心行多見於遺告廿二章。不可重論。延喜之比[37]始賜諡号。彼宗之人起請曰。除大師之外。不可賜諡号。仍雖多智徳所不申請也。内供奉十禅師者天台宗人。雖任僧綱猶[38]不去之。大師曰。有両鉢之咎。不可専然。仍任僧綱後必去内供。真[39]如親王者。大同太子。後出家為大師弟子。太朗真言。後入唐朝更向印土。為求法也。送書於大師[40]曰。雖多明師不過大師。雖多高閣不過大極殿云々。爰知。[41]作吾土之[42]人。猶過於月氏[43]漢家之人。

〔10〕（尊）慈覚大師諱円仁。俗姓壬生。下野国人。生而神聡。長而倜斉。止住延暦寺。師事伝教大師。後夢中依先師告。奏公家入大唐。究学真言止観之道。逢七人聖僧。写瓶密教。逢会昌天子破滅仏法。大師逢此喪乱。還得多仏像経論。遂得帰朝。位到天台座主。

帝王灌頂公卿首[1]。天性慈悲遂不喜怒。門跡大弘満於天[2]。作両界儀形。祈仏許否。夢射日中之。爰知。応仏[3]心。及其入滅之期。忽然而失不知所在。門弟相尋。落捺[4]於如意山之谷。不見其余。爰知。大権之人。豈非神仙類[5]乎。事詳[6]別伝。今記大概。

〔一一〕(大) 陽勝者。能登国人也。俗姓紀氏。其母夢呑日光有身生之。元慶三年登叡岳住宝幢[1]院。時年十一。師事定日[2]律師。性太聡敏。学不再問。通法花瑜伽摩訶止観。一生不喜怒不睡眠。雖無担石之貯。以衣食与飢寒之人。後登金峰山止住牟問[3]寺。三年苦行。毎日服粟一粒。行歩勁捷無翼而飛。雖歴冬月不着衣衾。延喜元年秋遂以登仙。同十八年東大寺僧詣神仙峰。米水共断殆及殞命。聞法花経之声。驚起求之。偶以相逢陽勝。対鉢瓶呪之。須臾玉膳満鉢。[4]。漿溢瓶。陽勝[5]。我有旧里祖父故山親友。幸以此伝之。見仏聞法。昇天入地。神変任意。十二月祖父受病曰。雖多子孫殊愛陽勝。一去不再来。嗚呼悲哉。若得神仙。何不来視。陽勝応声至於屋上誦経[6]。只聞其声不見其形。西塔毎年八月不断念仏。必来聴之。謂人云。此山多受信施。火焔満虚。行此念仏之時火焔暫晴。依得来下。及季葉不見。事見別伝。

〔一二〕(大) 陽勝弟子童[1]者。本是延済[2]和尚之童子也。修行仏道遂得長生。兼陽勝為師。元興寺僧占金峰山東南崛。一夏安居誦法花経。霖雨渉旬。飲食并[3]日。黄昏忽有青衣童子。来授一物令食之。気味甘美。僧問曰。是何人。答曰。我是延済童子。久事陽勝。道成以降。万里不遠。三山五岳莫不経歴。愍君困乏故所来也。言訖而去。見於陽勝別伝。

〔一三〕(大) 河原院大臣有近習之侍[1]。充大臣湯沐之時。見其背云。公有仙骨。努力自愛。僕多年学仙道成在近。若好長生者。相共可去。許[2]之。歴数月此人不見。大臣晩頭倚於南欄。有物如景居於庭樹。謂曰。已得道成。前日約束如何。公曰。吾尤好之。但将告其旨於妻子。仙曰。神仙之道不顧骨肉[4]。習歟[5]如此。豈可権真乎。言訖而去。

〔一四〕(大) 藤太主源太主者[1]。於大和国吉野郡。皆着布衣烏帽[2]。敢不着褊。避穀絶粒無翅而飛。浄蔵法師欲渡吉野川。水太泛濫不能掲厲。此両仙来誦曰。将試呪力。藤太主加持令護法伐河南大樹。源太君亦令引[3]互河水。其声太哀。聞之酸鼻。浄蔵乗之得渡暴流[4]。両仙感曰。縦雖伐渡誰人乗之。言訖忽然飛去矣。

〔一五〕(大) 売白箸翁者。洛陽人也。年不知幾許[1]。住予[2]門常売白箸以供日飡。人問年歯不答左右。其後一旦逝去。後人於山窟見之。焚香読経。人問其故然[3]而不答。事見紀家序。只記大概。

〔一六〕(大) 都良香者。洛陽人也。文章冠絶於当世[1]。早遂儒業。紓緋衫居著作。常好山水兼行仙法。身甚驍勇。昔越行馬七八尺[2]。為内記之時。子日携妓妾遊北野。従出羽国進飛駅使。欲給勅符。不知良香在所。依令少内記作。及晩頭良香乗酔適参。少内記視草。良香更不披見。寸々破却。染筆作[3]文不加点。其句于今在人口。献策時密通問頭式部大輔善縄卿侍女。偸其藁草作神仙策。射鵠之人古来雖多。以其策為最。昔書大学柱云。天下狂人都言道。其後彰名。本姓腹赤自改為都。後公家不久都有絶訓。本名言道又改良香。鴻臚館贈答詩云。[4]有都良香[5]。北客見之曰。此人必改名姓。後中書王云。差遣異国文章無疑者。良香是也。昔作詩曰。気霽風梳新柳髪。人誦此句過朱雀門前。楼上有鬼大感歎之。菅丞相者良香所問秀才也。丞相後越預於加級。良香大怒棄官入山。覓仙修法。通大峰三ヶ度。不知所終。百余年後或人見於山窟中。顔色不変猶如壮年。国史有伝。今記之[6]。

〔一七〕(大)河内国樹下僧者。不知何国人。住□[1]山[2]結草庵。人為拾擿[3]。迷到其所。見此沙門室中。全無炊爨之器。但坐禅念仏。常閉目而坐。頭髪長生懸於背後。又不剃除。[4]非得神仙。誰能如此。其人後不見又不[5]相逢。

〔一八〕(大)美濃国河辺有一人。枕石臨流[1]。路不往還。此飲食長絶。身体皆暖。散位源重実狩猟到此処。以弓推其腹。其和如生人之膚。後日尋之不知在所。

〔一九〕(大)出羽国石窟仙者。不知何年之人。留身於石窟。経数百歳。絶粒罷食。不屑寒暑。常修禅定。于今猶存[1]。

〔二〇〕(大)浄蔵過大嶺。是金峰山与熊野間也。失経路入一谷。有五架三間僧房。禅僧一人怠而昼寝。無敢他人。浄蔵窺見。疑其天魔。偸誦神呪。[1]欲加持。此僧漸覚。以手掩顔曰。定是邪気之所為也。取枕上散杖。和香水投灑之。浄蔵嚢上有火忽燃。僧曰。若能于予。甚貴之人也。加持銷火。又曰。[2]我者神仙中人也。与浄蔵柿一丸令食之。嘗後一月不思食味。浄蔵尋路[3]。僧喚銅瓶令送之。瓶凌空而行。浄蔵随而達路。後尋更不逢之。

〔二一〕(大)浄蔵法師昔入大嶺[1]。忽逢雨雪。冴寒殊甚。道路眇茫不知方面。留於大樹下。聚枯木而焼之。木生雨急火炎易銷。計略已絶。只念本尊。俄有人来於樹巓。謂浄蔵曰。今夜如何。浄蔵曰。不得燎火。暗寒尤難堪忍。樹上人曰。将試神力。依誦呪二三十遍。薪即得焼。其後謂曰。我此山仙人也。為訪君困急所来也。依飛去不見。其呪声大悲。浄蔵学之。聴人莫[2]《不歔》涕泣。

〔二二〕(大)竿打仙者。大和国人。雖学仙道俗骨猶重。薬餌之力[1]離地飛。其高不過七八尺。少年児童皆捧竿追之。故得此名。不知其終焉。

〔二三〕(大)伊予国有長生翁。不服医薬。[1]有稗角存。門楣繁[2]鬼。自云。延喜之世自聞聖化。雖見七代之孫。形顔如五六十之時。性太敏給。能事産業。家給身豊。長免負累。刺史以下莫不尊重。其寿考于今猶存焉。

〔二四〕(大)中算上人者。興福寺之楚才也。学明内外尤長決択。性太悪駕不好官職。雖有維摩講師請。三度譲人遂不受請。昔昇楞厳院。

僉一小童帰於南京。始太愛寵[1]後疎遠。小童計絶入山詣《誦歎》経。絶食[2]及数[3]月。適備羽服已得自在。中算後尋到於其所。小童曰。已得神仙不可敢近。道成之後不怨往日事。[4]可良縁。言訖而去。事見中算記。

〔二五〕（大）橘正通者。洛陽人也。富才巧文北堂之風。甚雨之日送書於故人云。為諸国刺史之者。令贈酒饌。謂之雨書。作此書在[1]当時英傑。正通当仁。[2]草此書于今猶遺。可為美談。運甚不遇也。天。[3]聖朝幸朱雀院。被試擬文章生。賜以飛葉共舟軽題。此詩落第。不作官韻故也。後纔攀桂枝任堂[4]内丞。青衫不改遂不遷他官。浮沈文場已及白首。後中書王詩莚[5]適為序者。其序云。栄路遙[6]而頭既斑。生涯暮兮跡将隠。侍大王万歳之風月。向後未必可知所之。或人云。渡高麗国得仙云々。

〔二六〕（尊）東寺僧〈失其名〉[1]求長生。仕夜叉神。慕白日昇天。得仙[2]神可許。告諸人云。其日将歩虚。貴賤上下軒騎満溢。僧[3]整法服持香炉観念而居。夜叉負之漸々昇天。不見夜叉只見僧昇。既[4]入雲霄眇然不見。緇素感歎撞[5]鐘諷誦。頃之香炉忽落。次此僧又降自九霄。頭足宛転堕[6]地而砕。嘗曰。逢[7]四天王来下。夜叉棄我而去。

〔二七〕（大）比良山僧某[1]神験無方也。兼学仙道又行飛鉢法。来大津船此鉢不去。[2]挾[3]少水手。頗厭此鉢。以米一俵投置鉢上。此鉢飛去。在船中俵。皆悉相随。如秋雁之点雲霄。綱丁以帰命頂礼。其後未[4]及船中。相伝云。一行禅師昔来我朝。適見此事謂曰。雖辺土不[5]可不学。有若斯之人。

〔二八〕（書）愛宕護山仙不知何人。于時逢樵客。銅瓶飛来。酌大井水。見所[1]其帰留此山。昔僧[2]賀聖籠弟子八人於此山。令学仙道。其身漸踏薄檻板至於不撓。各有勝他[3]心。毎朝至見風処。相難云。爾有米糞。然者皆不得仙罷矣。

〔二九〕（尊）沙門日蔵者。不知何国人。始[1]止住東寺。後住於大和国宇多郡室生山竜門寺。学究真言神験無極。後掘土得前身所瘞之鈴杵。便是二生之人也。到此山足腫不能行歩。山神為不令他行所臻。而仁海僧正為習密教到日蔵廬。日蔵曰。可早帰。莫逗留。以我為鑑誡。昔於金峰山入深[2]禅定。見金剛蔵王幷菅丞相霊。事見於別記。長於声明幷管絃。年及期頤猶有小容。人疑其数百歳之人。嘗詣松尾社欲知其本覚。三七日夜[3]練行念誦。及于竟日雷電霹靂暴風澍雨。[4]日西杳冥。有一老父来叱日蔵。兼薙草而風振。御殿戸数十百[5]歳黐。日蔵属耳而居殿中。有声曰。毘婆尸仏。日蔵驚見之。便是前老父也。一旦帰泉。入棺之後已無其屍。或曰尸解而去。

〔付〕（釈日本紀巻十二、述義八、第十四）本朝神仙伝曰。浦島子者。丹後国水江浦人也。昔釣得大亀。変成婦人。閑色無双。即為夫婦。被婦引級。到於蓬莱。通得長生。銀台金闕。錦帳繡屏。仙[1]楽随風。綺饌弥日。居之三年。春月初暖。群鳥和鳴。煙霞瀁蕩。花樹競開。

帰問歟之計。婦曰。列仙之陬。一去難再来。縦帰故郷。定非往日。浦島子為訪親旧。強催帰駕。婦与一筥曰。慎莫開此。若不開者。自再相逢。浦島子到本郷。林園零落。親旧悉亡。逢人問之。曰。昔聞。浦島子仙化而去。漸過百年。爰悵然如失歩於邯鄲。心中大怪。開匣見之。於是浦島子忽変衰老皓白之人。不去而死。事見別伝幷於万葉集。今注大概。

拾遺往生伝

拾遺往生伝上

或記云。保安四年。台嶺黒谷聖人浄意。魯山。朱鈸。弟子為康。合力撰之。考国史僧伝。先達後賢。集以此文云々。

拾遺往生伝 巻上 并序

柱下少史三善為康記

予所慕者極楽也。所帰者観音也。毎修善事。不論麁細。尽以其業。廻向彼土。即発願曰。吾於順次生。必往生極楽。疾得無生忍。深入諸三昧。以弥陀願為吾願。以普賢行為吾行。以観音心為吾心。於此娑婆国土。当利一切衆生。乃至利益十方世界。亦復如是。発此願之後。歳月其徂焉。而間。承徳二年八月四日己卯暁夢。已終生涯。将入死路。修最後十念。只在此一時。故揚声称南無。送眼望西方。暗夜自破。光明忽見。既而弥陀如来。丈六特尊。穿虚空之色。現真金之膚。高坐蓮台上。徐来草廬前。舒金色手。授白紙書。予敬持此書。仰瞻其尊。即傍人告曰。汝命根未尽。此度不迎。爾有質直心。先所来告也云々。忽兮夢覚。悦兮神残。便知。質直之心。往生之門也。経云。柔和質直者。即皆見我身。恐此之謂歟。但夢境難信。妄想誰識。重祈冥顕。欲験虚実。爰康和元年九月十三日。参天王寺。修念仏行。経九箇日。満百万遍。于時往詣金堂。奉礼舎利。即祈請曰。吾順次往生之願。弥陀現前之夢。倶非虚妄者。舎利併可出現。若不然者勿顕現。救世観音。護世四王。太子聖霊。護法青竜。同可証明。如此再三祈請。奉写舎利。瑠璃嚢[1]裏。有金玉声。予合掌念之。寄眼見之。舎利三粒。依数出現。予歓悦之涙不覚而下。随喜之人不期而多。信敬已訖。作礼而去。接江家続往生之伝。予記其古今遺漏之輩。不更為名聞為利養而記。只為結縁為勧進而記矣。若使知我之者。必為往生之人。故述此言。以置序首云爾。

（一） 善仲善算両上人。摂津守[1]藤原致房之二子。母紀伊守源懐信第八女也。母慶雲年[2]〈丁未〉正月十五日夜夢。微敷蓮花二茎。従空飛而入口矣。覚後胸中呑物。遂以有身。自爾以降。母常帰仏法。不食葷腥。和銅元年〈戊申〉正月十五日平旦誕生。母心無苦痛。室有異香。一胞之中□[3]児相並。敢無啼声。常有咲色。哺養之裏。言語異人。嬰児之間。聡恵如神。年初九歳。付天王寺十禅師栄湛為弟子。十七出家受菩薩戒。年至廿学朗内外。皆以為宿智開発。或時二子合[4]顕密語垂涙。或時同心対師修行寄言。遂求避名之地。而竊入勝尾之山。経行之場。苔蘚[5]纔分。坐禅之床。鳥獣相馴。常願曰。以此依身往生浄土。而間。神護景雲二年〈戊申〉二月十五日未刻。善仲上人乗於草座高飛西去。生年六十一。其後善算上人無言坐禅。同三年七月十五日酉剋。又沖天西没。生年六十二。

今案。帥江納言以此両人入神仙伝。其理可然。但天竺往生記。載現身往生之人。見其行状。粗以如此。斯[6]知。両上人是非其類乎。何□[7]知之。上人常願曰。以此依身往生浄土。加以皇子開成受戒之日。三人相揖曰。早証本有之五智。可震法雷於五趣云々。

斯言可不信乎。

〔二〕 砂門開成者。柏原天皇之子也。〈天皇在藩之時。密合于下女所生云々〉誕生之日。母無苦痛。成長之間。心有聡恵。天平神護元年〈乙巳〉正月一日。俄有発露之心。深企臥雲之思。登勝尾之山。忽遂剃頭之志。即随善仲善算両上人。出家受戒。〈法名開成〉是日上人自礼盤下。与皇子密語。涕泣嗚咽。衆人相見。不知何語。良久避座相揖曰。早証本有之五智。可震法雷於五趣。只斯一言。僅被知人矣。先是善仲善算両上人。発如法書写金字大般若経之願矣。当其啓白之日。雲雨俄降。霹靂忽堕。殊択其地。欲安此経。所謂最勝峰是也。或人夢。有大黄牛常以行道。即殖紙麻於其処。張羅網於其上。不令禽居。不令□[1]践。素意所翹。紺紙甫就。此時上人以其経紙。授皇子開成而遷化去。皇子欲遂師願。維[2]得金水。祈請三宝。限以七日。第七日暁夢見。有一人。容儀無双。正冠摳衣。来献金丸之。皇子拝納問曰。公為誰何。公以偈答曰。得道来不動法性。自八正道垂権迹。皆得解脱苦衆生。故号八幡大菩薩。夢覚見之。案之上有其金丸。〈輪三寸。長七寸〉又其後日暁夢。形如夜叉者。従北方飛来曰。奉八幡大菩薩厳詔。汲白鷺池水来也。皇子問。其人答云。信濃国諏訪南宮也。夢覚見之。清水一許合。盛小陶器矣。皇子以之。日夜書写。漸送六年。已終一部。然後其金其水無遺無余。便建立道場。安置件経。遙期慈尊出世。故号弥勒寺。其後多年。水尾天皇臨幸之時。依綸言改号勝尾寺矣。天応元年辛酉十月四日午剋。皇子登礼盤。擎香炉。低頭観念。向西入滅。生年五十八。

〔三〕 叡山根本大師最澄者。俗姓三津氏。近江国志賀郡人也。其先後漢献帝苗裔也。軽島明宮天皇御宇。遙慕皇化。初帰聖朝。々々預《矜ィ》其誠款。賜以志賀地。自爾以降。改姓賜三津首也。父百枝常歎無子。祈請衆神。已詣叡山左脚神宮矣。其地景趣幽閑。香気芬郁。即結草庵。供養香花。今神宮禅院是也。偏祈一事。以限七日。第四日暁。得好夢帰。遂有身。神護景雲元年〈丁未〉大師誕生矣。出胎以後。見聞之事。曾無忘却。向人誤[1]。人以為有神識。父母諱之。不欲人知矣。生年七歳。学超同列。志在内典。知陰陽医方工巧矣。村邑小学。謂為師範矣。父百枝曰。我昔祈三宝。得汝一子。早詣神宮禅院。且祈新志。且補先闕。

別伝云。年十二。投近江大国師伝燈法師位行表所。出家修学。○令習学唯識章疏等。○年廿進具也。

又云。舎利一粒。大如麻子。○後依他縁。数欠礼敬。裹懸倉宇。経歴数月。纔望暇時。憶念舎利。取嚢開見。既已漏失。恋慕啼泣。如鵠林朝。幸聞古人言。所懸倉下。掘土求覓。至心誓願。出現土中。歓喜頂戴。無有懈惓云々。
大師従之。禅行之間。不経幾日。香炉之中。得仏舎利一粒。大如麻子。又於灰炭中。得金花器一口。大如菊花。以盛舎利。頂戴礼拝。大有神異。延暦四年秋七月。生年十九。初登叡山。止宿草庵。衣不好美。食不嗜味。為報四恩。読誦一乗。兼読金光明。亦誦般若経。深通聖教。遠悟仏乗。延暦十六年。以智行之名。預供奉之列。以江州之正税。宛山厨之斎供。十七年冬十一月。始立十講。以為年事。廿年十一月。於一乗止観院。展一会之席。十[2]口之名徳。講三部之典。叩六宗疑関。廿二年閏十月廿三日。於大宰府竈門山。為祈渡唐。造顕薬師像四軀。又講説法花涅槃花厳金光明等経。廿[3]三年秋七月。渡此蒼海。着彼明州。是大唐貞元廿年也。九月下旬。到台州天台山国清寺。衆僧逓来慰労。帰寺歎曰。昔聞西域騰蘭。馱梵教於白馬。今見東土闍梨。渡妙法於蒼海云々。于時台州刺史陸淳。見其求法之志。令天台修禅寺座主道邃勾当写天台法門。和上又開心要。咸以写瓶。兼授菩薩三聚戒。

別伝云。竈門山寺。為四艘平達。敬造檀像薬師仏四軀。高六尺余。其名号無勝浄土。善名称吉祥王如来云々。

又云。廿三年秋七月。上第二船。直指西方。於滄海中。卒起黒風。侵船異常。諸人懐悲。無有恃生。於是和上発種々願。起大悲心。所持舎利施海竜王。忽息悪風。始扇順風。未久着岸。名為明州云々。

凡所受所聞。伝受無遺。又同時有付法仏瀧[4]寺僧行満座主。相語曰。昔聞。智者大師告諸弟子曰。吾滅後二百余歳。始於東国。興隆我法。聖語不朽。今遇此人矣。我所披聞[5]法門。授与日本闍梨。貞元廿一年四月上旬。帰到船所。又更為求真言教門。向越府竜興寺。巳遇天竺無畏三蔵第三之弟子。[6]泰山霊巌寺鎮国道場大徳内供奉順暁矣。和尚入灌頂壇。受三部大法。其外所伝得法文并図様道具等有数矣。五月中旬。渡彼明州。着此長門。

別伝云。付法書云。大唐国開元朝。大三蔵婆羅門国王子。法号善無畏。従仏国大那蘭陀寺。伝大法輪。至大唐国。転付属伝法弟子僧義林。亦是国師大阿闍梨。一百三十才。今在新羅国。伝法転大法輪。又付大唐弟子僧順暁。是鎮国道場大徳阿闍梨。又付日本供奉大徳弟子僧最澄。転大法輪云々。

所持来天台法門并真言。惣二百四[7]十部四百六十巻。及道具等。奉進内裏。勅国子祭酒和気朝臣弘世。以最澄闍梨所持来天台法門。流布諸国。令安七寺。即仰図書寮。令書写之。同年九月一日。勅於清瀧峰高雄寺。造毘盧遮那都会大壇。令伝授三部三昧耶法。同月十六日。右大臣奉勅。入唐受法最澄闍梨。為伝燈与公験者。治部省依勅与公験矣。又弘仁三年七月。造法花三昧堂。簡浄侶五六。昼夜不断。奉読法花経。

別伝云。行満座主〇自手書云。比丘僧行満。稽首天台大師。行[8]帰幸蒙嘉運。得遇遺風。早年出家。誓学仏法。遂於毘陵。大暦年中。得値荊渓先師。伝燈訓物。不揆暗拙。忝陪末席。荏苒之間。已経数載。再於妙楽聴聞涅槃。教是終窮。堪為宿種。先師言帰仏瀧[4]。已送余生。学徒雨散。如犢失母。纔到銀峰。奄従灰滅。父去留薬。狂子何依。且行満掃灑龕墳。修持院宇。今廿余紀。諸者[9]可成。忽逢日本国求法供奉最澄。○何異求半偈於雪山。訪道場於知識。且行帰[10]傾以法財。捨以法宝。百金之寄。其在玆乎云々。

五年春。為遂渡海願。向筑紫国。於八幡宇佐宮寺。自講法花経。乃託宣云。我不聞法音。久歴歳年。幸値和尚。得聞正教。自開斎殿。手擎紫袈裟紫衣各一枚。奉上和尚。其法衣今在山院矣。又於豊前国賀春神宮寺。自講法花経。于時有紫雲瑞矣。六年三月。先帝親[11]写天台法門[12]。尋其故実。昔者梁武帝書達磨大師碑。唐大宗皇帝書[13]大聖文殊閣額。是並聖跡不朽。今我日本弘仁文武聖帝神筆之題字。希代之霊珍也。以案[14]七寺。伝之万代云々。六年秋八月。於大安寺。展法花講莚矣。又依本願向東国。写法花経二千部。上野下野両国。各起一級宝塔。々別案[14]千部於其塔下。毎日長講法花経。大師曰。南岳天台両大師。昔於霊山。親聞法花経。兼受菩薩三聚戒矣。智者授灌頂。相次智威。恵威。玄朗。湛然。道邃。最澄。義真。皆次第伝授之。今我宗学徒。開大乗戒定恵。永形[15]小乗下劣行也云々。十三年夏四月。告諸弟子曰。若我滅後。同法者皆勿着服。亦山中不得飲酒。若違此制。早以擯出。若為合薬。莫入山院。又女人輩。不得近寺側。何況於院内哉。又我自生以来。口無麁言。手不笞罰。今我同法。不打童子。為我大恩。努力々々。

別伝云。乃有信心仏子数十四人。薬芬。円成。慈行。延秀。花宗。真徳。興善。道叡。乗台。興勝。円仁。道紹。無行。仁忠等。或元初善友。起居倶尽。或渡海登山。助求妙法。或浴徳海洗心垢。或列入室開心眼。○策心馬於寂光之路。宴心賓於妙覚之台云々。

又云。既而抜伝燈之階。上講複之座。名曰義真。円澄。光定。徳善。徳円。々正。々[16]円。々修。円仁。々恵[17]。道叡。道紹。興善。興勝。仁徳。乗台云々。

又遺誡有六。謂我一衆中。於大乗戒。先受者先坐。後受者後坐。所以内秘菩薩行。外現声聞戒[18]之故也。〈是一定階〉初入如来室。次着如来衣。終坐如来座。〈是二用心〉上品人者路側不[19]浄衣。中品人者東土商布。下品人者乞[20]随得衣。〈是三充衣〉上品人者不求自得食。中品人者清浄乞食。下品人者可受信施。〈是四充供〉上品人者小竹円房。中品人者三間板屋。下品人者方丈庵室。〈是五充房〉上品人者小竹藁等。中品人者一席一薦。下品人者一畳一席。〈是六充座〉弘仁十三年六月四日辰時。於叡山中道院。右脇而滅矣。春秋五十六。于時綵雲聳峰。白日暗[21]地。風惨松悲。泉奔水咽。江東道俗相見曰。叡山北峰。奇雲縈帯。不知所為。必有以也。遙聞遷化。来告異相。遠近聞者。莫不哀傷矣。冬十一月。主上贈哭澄上人六韻詩。時之才士。奉和御製。見者聞者。流涙断腸。如梁帝哭達磨。似唐臣傷法琳矣。

別伝云。凡有注記撰集著作諸文筆也。注法花経十二巻。注金光明経五巻。注仁王経三巻。注無量義経三巻。天台霊応図集十巻。頭陀集三巻。守護国界章十巻。法花去或[22]四巻。法花輔照三巻。照権実鏡一巻。決権実論一巻。依憑集一巻。依[23]新集摠持章十巻。顕戒論三巻。顕戒縁起二巻。血脈一巻。付法縁起三巻。長講願文三巻。六千部法花経銘[24]云々。

又云。大師平居。門徒数百。伝妙義者二十余人也。興福寺僧義真。大安寺僧円澄。為之首矣。

十四年二月廿六日。勅贈寺額。宜改本名号延暦寺。貞観八年七月十二日。勅贈法印大和尚位。

別伝云。先師存日。常自言談。此諸賢公。宿縁所追。遂致相見。而山中同法。今世後世。当結深心。勿懐浅志矣。

又云。大師少習坐禅。名聞朝野。長該衆典。声播隣国。○自行恬静。三十余年。○汲甘呂於禅河云々。

今案。慶氏之記。江家之伝。以遺漏。若有所憚歟。今為結縁。省万記一矣。

〔四〕延暦寺座主内供奉安恵者。俗姓大柏[1]氏。河内国大県郡人也。父池辺。弱冠之時。遊下野国。娶丸子氏女為妻。其女夢呑明星。遂有娠矣。其後不食葷腥。有期生男。年四五歳。性太聡敏。及於七歳。師事於大法師広智。《鑑真和尚弟子也》々々住彼国小野山寺。俗呼菩薩矣。広智異其器量。付延暦寺最澄大師。于時年十三。師自[2]愛令受止観真言矣。大師入滅。従円仁大師。習読毘盧遮那孔雀等経。天長四年。及第得度。名曰安恵。紀年之間。修習三部念誦。四種三昧。一切経等。承和十一年。為出羽講師。出山赴任。是時郡内道俗。一学法相宗[3]。改帰天台宗。仁明天皇創建定心院。被置十禅師。択得九人。只闕一人[4]。円仁大師自唐帰朝。以為伝教闍梨。貞観六年春正月。大師遷化。八年六月。大政官牒。以真言止観兼学者補座主。立為永式者。此時安恵已当其撰。貞観十年四月三日。奄然気絶。春秋六十[5]四。経一宿見之。左手結与願印。右手結宝印。

〔五〕権僧正壱演者。右京人也。俗姓大中臣氏。右大臣清麿之曾孫。備中守治知麿之三男也。弘仁之末。推為内舎人。迨于二兄相次夭亡。忽剃髪為砂門。承和之初。受具足戒。読金剛般若経。未曾退転。弘仁之真如親王。見為釈家棟梁。授之以真言密教。于時皇太后不予。啒請壱演。令侍看病。験力暗感。后体平嗯。壱演居処不定。去留如浮。或寄宿市中。或止住水辺。自到河陽。暫住流下。爰有一老嫗。与宅曰。願造精舎於其中。此地是商賈之廛。魚塩之津也。壱演為立小堂。鏟夷高土。於其処得古朽之仏像矣。形体不足。手足不[1]折。即達於天聴。令木工寮構造堂舎。賜額云相応寺。貞観六年。太政大臣四大有恙。万方無救。[2]令壱演加持之。呪力有験。病悩忽除。天皇歓喜。太見珍敬。明年詔為権僧正。然而上表辞譲。観念内凝。遷化西去。于時貞観九年七月十二日。春秋[3]七十五。諡云慈済。

旧記云。僧正念仏堂夜有光明。□感之。給日供云々。

〔六〕大僧都定照者。興福寺惣官東寺長者也。堪為国師。足為仏使。三業不怠。一生無犯。爰告衆人云。我以人指触女身。其繫念之罪。此指之作也。即截其指。以為焼[1]。供養三宝。懺悔六根矣。僧都住山階寺一乗院。砌下有橘樹。成枯木過数月。僧都誦大仏頂真言一遍加持之。即日枝葉忽生。花果自茂。其樹于今在矣。大威儀師寿蓮有嫉妬心。誹謗僧都。々々任法務職。初参之日。大威儀師賜僧都酒盞。乍持酒盞。忽入死門。皆人云。誹謗清浄人。故蒙現罰也云々。僧都有急事。俄以上洛矣。淀河泛灩。風厲波嶮。僧都一身乗船。衆人驚怖。于時天童十許人出於河中。捧船而渡。然後天童還入河中而失。僧都示云。法花経十羅刹。反現渡我也云々。[2]至其臨終。沐浴清浄。着新浄衣。右執五鈷。左持妙経。初結密印誦真言。次凝観念誦法花。至薬王品。於此命終。即往安楽世界。阿弥陀仏。大菩薩衆。囲繞住処。生蓮花中。宝座之上。[3]再三複誦。告弟子曰。我屍骸忽焼尽。[4]雖為骸骨。可誦法花。言語已畢。端坐入滅。于時永観二年。[5]〈甲申〉春秋七十三。其誓願力故。[6]于今墓中有読経之声。又有振鈴之音。[6]

〔七〕延暦寺座主大僧都陽生者。伊豆国酒井北条比田郷人也。俗姓伊豆氏。少年登山。多蔵忘郷。永捨名聞。只求菩提。暨于職昇僧都。身至貫首。向山王御社。流涙啓白。住台岳数十年。忍飢寒幾多日。只修往生極楽之行。未祈天台座主之望。素無悕望。不敢為慶。嗚咽悲哉云々。見聞者以為清浄道心矣。不経幾程辞座主。弥閉山門。不踏世路。鳥雀啄掌食。猪鹿舐足裏。先死期二月。兼知命限。于時正暦四年[1]七月廿日。[2]頭北面西。寂然遷化。生年八十七。[3]

〔八〕砂門法寿者。叡山西塔院之住僧。座主暹賀僧正之弟子也。其性清素。不染紅塵。自幼日至老年。妙法一部。毎日必読持也。深夜誦経。暁更入夢。年来所持法花経。指西而飛去。夢中歎念失所持経。傍有紫衣老僧云。汝勿歎惜。所持経且送置極楽也。両三月当得往生云々。夢覚。俄捨衣鉢。図弥陀像。写法花経。離花京幽居蘿洞。三時運心。一旦入滅。

〔九〕砂門仙命者。丹波国人也。幼避郷土。早登台山。占無動寺。住法花房。自爾以降。止観窓前。秋月已老。坐禅床上。春風幾廻。始自中年。更願西土。松門閉跡。花城断望。以法花三昧為身行。以弥陀念仏為口業。額彫三宝名字。背鏤弥陀形像。往年詣四天王寺。於聖霊堂前。燈於手中指。供養尊像。紅燭光前。青竜現上。〈太子手印記云。荒陵池有竜。可守護伽藍仏法云々〉見其形色。太可怖畏。然而一心念仏。数剋行道。燈漸尽焉。竜亦隠矣。又於処々道場。燃手足指。供養於仏。而間或夢裏有人。期約往生。或空中有声。讃歎徳行。如此勝事冥顕太多。爰嘉保三年八月十三日巳剋。普告隣房曰。死時已至。往生可期。忽勧僧徒。令修念仏。啓白事畢。向西而終。于時生年八十三。其後数月有。一門弟夢。有金輪自西方来。先掃除草穢。鏟夷土地。次輪王与群臣幸臨於此処。坐一草墪。誦一伽陀。其詞曰。

我滅曰往生　早得無生忍　利益諸衆生　仮現金輪王
往昔結縁者　此処得来会　汝結縁深広　是故列衆中

弟子夢中聞此偈。遙見其人。即是吾本師上人也。

〔一〇〕砂門教懐者。京兆人也。幼日出家。住興福寺。壮年離寺。居小田原。〈山城国久世郡〉故俗呼曰小田原聖矣。其後亦籠於高野山。已送十[1]余年。毎日所作。両部大法幷阿弥陀供養法。常誦大仏頂陀羅尼。誦阿弥陀大真言。自余行業。非人所知。而間寛治七年五月廿七日。雖非篤瘵。聊有病気。其明旦手自摸写不動尊像数百体。即以開眼供養矣。漸及巳剋。相勧衆僧。同音念仏。合殺廻向。右脇西向。寂然気絶。于時春秋九十三。今謂其所行。兼知死期。加以其入滅日。旁有瑞相。彼日申剋。奇雲俄覆。虚空忽暗。漸経数剋。日景更晴。又及昏黒。院内住僧延実。快暹。各在別房。遙聞天楽。即趣往諸房。告之衆人。或分明聞音。或人髣髴傾耳。漸及後夜。亦有音楽。稍遠指西而去。

今案。往生之人。其証未詳。而維範闍梨入滅之夕。慶念上人夢。無量聖衆来迎闍梨。其中教懐上人乗雲而来去云々。若不生極楽者。豈列聖衆乎。

〔一一〕阿闍梨維範者。京師人也。顕密稟《瑩ィ》性。山林摂心。遂辞平城之月。長入高野之雲。俗呼曰南院阿闍梨。自爾以降。偏厭下界。専望西土。嘉保三年正月廿八日。俄有小労。送両三日。至二月朔日。法花経一部。不動尊一万体。摺摸供養矣。第三日早旦。沐浴浄服。令円[1]尊上人修尊勝護摩。蓋為臨終正念也。是日。闍梨詣護摩壇。敬礼西言。一期之命。今夕極也。奉見曼荼羅。亦此時許也云々。即帰本房。端坐向西。手結妙観察智定印。口唱弥陀如来宝号。兼以五色糸。繋于仏手。与定印相接。漸及子剋。如眠気絶。其第五日。斂送廟室。旬日之間。門人往視。容顔不変。定印無乱。鬢髪少生。臭気更無。因玆緇素集門。結縁成市。至五七日。門弟相議。開見廟戸。定印容色猶以如故。畏此奇異。鏁廟不開。凡闍梨臨終之間。瑞相太多。其院内禅僧信明。〈字北筑紫聖〉久閑庵室。不出門戸。当于此時。空中有声曰。南院[2]只今滅云々。又慶念上人同時夢。有一大城。衆僧集会此中。南院闍梨。修日想観而居。此時音楽西聞。聖衆東来。先伽陵頻六人。黼舞衣而下。次小田原教懐上人乗雲来。[3]〈件上人先年往生人也〉慶念問其故。傍人答云。南院闍梨往生之儀也云々。又定禅上人者。山中之旧住也。数月他行。此日帰来。聞闍梨之入滅。啼泣而臥。其夜夢。西天高晴。紫雲斜聳。無量聖衆集会其中。亦腰鼓菩薩独出雲外云々。又維照上人先書写如法経。以闍梨供養。以埋大師之廟院。此日於彼処。行理趣三昧。非夢非覚。空中有声曰。千載一出之砂門。只今滅度云々。如是奇異。省万記一耳。

今案。此上人若非入初地。定知為仏印[4]之人也。何以知之。千臂経曰。若人命終結定印。当知已入初地云々。又唐乾封二年。天人来下。語道宣律師云。倶留孫仏所属金瓶中。有七宝塔。々中有三[5]十印矣。釈迦如来以此等印。勅文殊等大菩薩曰。於後悪世。四部弟子若読経者。印彼人令無忘失。若修定人行直心者。並用印之。令彼終後屍形不壊云々。又見法苑珠林云々。

〔二〕砂門清海者。常陸国人也。幼出俗塵。早入仏海。初則住興福寺。後更超証[1]寺。々々々者。平城天皇第三王子真如親王之草創也。親王随弘法大師。受習大法。為貪仏道。為礼聖跡。遙向晨旦。長赴印度云々。砂門永延之末。初於此砌。修法花三昧。正暦之初。勧進自他。修七日念仏。所謂超証寺大念仏是也。砂門寛仁元年十月七日。寂而遷化。尋其形。匪直也人。先是寛和二年十二月廿二日。河内国勝空上人送書曰。廿日夢見。砂門左手有雕文云。願以此功徳。普及於一切。我等与衆生。皆共成仏道云々。此文者妙法蓮花経被飜多者。又同三年二月廿日夜。砂門念仏。隠几而眠。虚空之上。聞笙琴之声。其後夜亦見観音勢至二菩薩。〈観音宝冠。如帝釈冠。勢至宝冠。如例冠〉又長和三年三月二日。僧護救寄宿河内国玉井寺。夜夢。長老尼第一告曰。清海砂門可生極楽云々。同廿三日夜。勝空上人告云。砂門者我朝第四上人也。砂門夢中問云。以誰[2][3]第一哉。勝空答云。尼空妙是也。砂門夢後解曰。空妙雖女身。出家卅年。偏修往生之業。清浄雖[4]男身。欣求四五年。尤有浅深之差。次第可爾者。

〔三〕砂門覚念者。天台座主明快之舎兄。延暦寺東塔之住僧也。幼而出家。長而受戒。永住大原谷。修西方行。不営世事。不受信施。只負二荷之薪。以宛[1]平日之斎。毎日行業。誦法花経一部。勤修阿弥陀供養法耳。若有余暇。常好囲碁。聞舎弟明快之補僧綱。長大息云。過去迦葉仏法中。同時発心之者三人。久沈生死。未得出離。適於今生倶可得[2]。其一人明快僧都是也。已誇僧綱班。其一人[3]者法城寺上座。法橋覚照是也。誤用仏物。於此両人。奈何度脱。嗚咽悲哉。其一人者吾身是也。乗戒雖緩。往生心急云々。遂以永承年中。寂而遷化。其臨終日。瑞相太多。

〔四〕阿闍梨以円者。文章博士大江以言之子。首楞厳院之住僧也。学渉顕密。行期往生。先年病中一七日間。諳得法花経一部。自爾以降。毎夜誦一部。已及于多年。而間天喜年中。数月病苦。興福寺別当円縁僧都。雖為他宗之人。互称才美。本自友善矣。此時僧都住法城寺僧房[1]。夜夢。以円阿闍梨。布衣之上着袈裟。負経袋而来。僧都夢中問曰。日来病痾之聞。何為其来哉。闍梨答云。只今往生極楽。旧意難忘。故苦来告也云々。言訖西飛而去。其明朝。僧都以使尋問之。去夜暁已以入滅云々。見聞之人。莫不哀泣。

〔一五〕沙門長慶者。前安芸守源雅房朝臣之外舅也。幼登台嶺。早作比丘。俄発道心。不屑世事。遂赴北山。住施無畏寺。延久五年秋七月。念仏合殺。向西而終。先是上人告門弟曰。我入滅之後。勿致葬斂。唯置山頂。可開棺蓋云々。門弟従之。其後過両三日。門人等行見之。唯有棺無屍。一山之中。数日之間。風吹奇香。水含余芳。見聞幾人。莫不歎美。爰数年之後。民部大夫[1]中原忠長之女。頃日煩邪気。仍請有験僧令加持之。邪鬼相託云。吾是天狗也。無指怨心云々。此次談往事曰。先年為食。入一古宮。即触吾気。后体不予。或人云。可被請北山長慶上人者。吾以為不可畏。即請書往矣。領状来焉。先総角童一人持自杖来矣。吾不畏之。次上人参入。又総角二人相随而来。其総角等側目睨吾。々雖有怖心。未離其処。于時上人以不動火界呪加持之。総角十余人以杖追打。吾仍惶怖逃隠。四方上下。皆張鉄網。更無所避。被鉄網。置火焔中。焦灼吾身。羽翼皆焼。身体悉爛。因玆悔過自責。僅存命去。吾依此怨心。欲悩其人。夕[2]雖求北山。更不相遇。已送三年。適見上人。々々日来纏病源。将進[3]死門。此時得便。已得相近。然而毘沙門天皇《王敷》常立其枕辺。臨其終時。四大天王倶以来降。侍者眷属亦満方里。是以吾不能相近。遠而望之。聖衆満空。音楽鼓雲。已乗蓮台指西去云々。時人認其日時。正彼上人遷化之日也。

〔一六〕沙門源算者。因幡国人也。其母懐孕之間。身心多恙。誕生之時。以為不祥。棄之路上。更不復顧。馬牛去而不踏。鳥獣来而不傷。三日不死。一身猶全。隣人憐之。遂以収養。歯及総角。好以出家。去郷尋師。登山受戒。其後世縁相牽。壮年住洛。俄遭女喪。忽帰仏道。重更登壇受戒。此時生年四十五。初入西山良峰。嗽流枕石。軽命重法。而間一夜霹靂。一山震動。樹木悉倒。鳥獣皆死。翌日里人行見。上人独存矣。見者異之。上人欲建道場。難鏟巌石。夢中有僧[1]等曰。上人勿嗟。可与単夫云々。

善峰縁起云。前越前守大中臣忠律云人。後任丹後守。其長男生年廿五。出家入道。沙弥名曰行蓮。○件聖人源算之父也。其母元王孫。

其夜野猪数千穿鑿其地。其跡如思。道場始建。其後如法書妙法。如説遂供養。更以五年[2]九羽[3]朔。四箇日勤修法花講会。又上人年来所持仏舎利三粒。不図之外。一粒紛失。上人常嗟。年序尚矣。而寛治五年九月一日。相当八講会。欲供養舎利。年来所失舎利一粒。忽於円座上得之。上人歓喜。成希有心。以安多宝塔。致十種供養。上人多年左肩有懸疣。此時失畢。便知。此舎利年来有懸疣中也。

如此勝事。不遑具記。凡良峰之為仏地。此上人之権輿也。自爾以降。七十余年。永避紅塵。独棲白雲。所持者三衣一鉢。所修者坐禅経行。洛陽田舎。攀踏結縁者多矣。因玆徒衆成群。観念不静。遂隔寺院。更結庵室。塞路閉戸。与人不語。僅所来入。常随弟子一人而已。衣無蟣虱。身無瘡癬。一生持斎。数日断食。前有小池。群蛙無音。傍有平庭。衆鳥相馴。臨滅期。両三年常謂云。毎至暁更。屢聞天楽云々。爰承徳三年暮春下旬。相纏小悩。漸及多日。弟子数輩。雖在戸庭。朝来暮往。去留不定。当于雲聳嶺。聖人去窓之暁。常随僧一人僅在其傍。是時香気薫室。音楽聞天。上人口唱弥陀。手結定印。身心不動。端坐入滅。雖経数日。無有臭気。結跏如旧。容顔不変。道俗来集。礼拝嗚咽。遂載腰輿。乍居葬斂。于時生年百十七。化縁薪尽矣。

〔一七〕沙門蓮待者。丹波国人也。幼年出家。住仁和寺。師事叡算阿闍梨。〈本名永算〉壮年之時。道心忽発。隠居之後。改名蓮待。俗呼曰石蔵聖矣。日夜苦行。未曾休息。又籠金峰山。断穀塩味。身体已枯。筋[1]骨皆露。諸僧相謂云。上人死時。院内可穢。即依衆議。雖出霊居。蔵王有告。又以帰住。而間猶求幽棲。遙入高野。数年之後。内心発願。為仕貧家之人。忽企離山之思。衆人雖相留。強以出山。但至于終焉之時。必成帰之約。其後修行経歴。不定去留。遂到土左国金剛頂寺。承徳二年五月十九日。辞彼西[2]海。帰此高野。即謁衆僧云。日来心神有煩。寝食不快。仍思旧約。遙帰故山也云々。或人問曰。極楽兜率。繫念何処。答云。先達行業。不必相叶。法界皆如。何処為望。只為宛後世資糧。奉読法花経一万部。其後不復記巻数。常誡門弟曰。吾臨終之時。不可葬斂。只置野原。可施鳥獣云々。或人曰。若然者爛骨狼藉。浄地汙穢者歟。上人歎曰。可然々々。已及危急。俄欲帰去。衆僧雖留。振頭不聴。遂任彼意。以[3]与相送。同六月七日。上人自剃頭整衣。似無悩気。初出山門。遙赴土州。既而離霊地漸遠。去人寰亦遠。途中税輿樹下。整服而向西方。手結定印。挙声唱。南無三身即一阿弥陀如来。南無大慈大悲観自在菩薩。南無弘法大師遍照金剛菩薩。如此称礼。端坐入滅。諸僧望見。両眼有涙。当于此時。西天雲聳。前林風惨。雲上有雷音。風下有香気。須臾天晴。雲無所処。于時春秋八十六。其明日暁[4]。西方因菩薩位月輪中。此上人端坐。遙誦伽陀云。

　我等発菩提　修四無量心　今往詣西方　登金剛因位

〔一八〕安助上人者。河内国河内郡往生院之本院[1]也。其性潔白。涅而不緇。只以転経為業。以念仏為事。同高安郡坂本村有一古老。〈姓[2]川瀬氏。名吉松〉本与上人契在師檀矣。長暦年中。檀越吉松夢。有所領苑。々中有林。々中有室。々中上人変成金色身。即相示曰。汝成人之後。不瞋恚哉否。宅中安仏像。焼香不断哉否。毎日唱仏名哉否。檀越答云。依実皆爾也。即讃云。善哉々々。汝有此善。

又示曰。汝於此処可建道場。答云。[3] 教誡未訖。忽然夢驚。即有叩門者。其音磬々。先問其人。是安助上人也。即開門迎之。展席謝之。爰上人語云。汝所領園林者。当天王寺之東門。定知極楽東門之中心也。加以西天迎晴。夕日可観。冀建一小堂。送我余算者。檀越以為。此言与夢合矣。即任約言。建立一堂。上人住之。修五念門。〈礼拝。讃歎。作願。観察。廻向是也〉及三箇年。又迎月三五。集衆講論。[4] 薫修有日。以期来際。于時長久三年八月十五日。檀越齎来米菓。奉献上人。々々受之。併供仏前。鳴磬白。已依此檀越之助。将遂我往生之望。以此因縁。生々世々。生一仏土。期三菩提。況亦命終日。相見此夕也。啓白再三。流涙漣洏。爰檀越不熟此言。問弟子曰。上人日来有悩気哉。将有狂気哉。答云。更無殊事云々。檀越奇而去。其明朝門人来告云。上人去中夜。端坐仏前。如眠入滅云々。遠近聞者莫不哀傷。故此寺俗呼曰往生院。自爾以降。念仏行者寺中不絶。

〔九〕沙門清仁者。摂津国榎並郷人也。幼日出家。住清水寺。毎日花水供養法。薫修十五年。又毎年寺中蓮花会。必買三車之蓮花。備一日之供具。以荘厳法会。已為年事。常言。我此一生。未触女身云々。寺家敬之。為布薩戒師。即准所司。分其供物。亦為法楽院三昧一和上。〈俗呼云但馬堂〉以其供米。不敢積集。招無縁人。朝暮[1]之。又建立一堂。号金住寺。〈在虚空蔵寺南〉毎至夜分。入堂閉戸。縦有世営。不留私房。因玆弟子動開倉厨。盗用要物。雖知其人。更以不瞋。若客人来者。必迎送之。飲食不多。素有分量。或供養満堂之衆。或奔波温室之営。于時延久五年九月廿日。身無苦痛。心如尋常。起居念仏。寂而命終矣。其翌日。或人送小別当忠昭書云。[2] 其夜夢。自西方金棺与紫雲飛来。入清水寺大門。即時僧乗其金棺。指西而去。夢想如此。若有往生人歟云々。便以相尋。此沙門入滅之時也。

〔一〇〕経暹上人者。多武峰安養房住僧也。慈悲染心。行業在身。学瑩三密。望期九品。寛治七年三月廿日寅剋。勧誘衆僧。相具称読弥陀経一巻。宝号百遍。[1] 唱礼之後。手結定印。右脇西面。如眠遷化。生年八十一。其入滅之夜。僧済命夢。人負上人向西行。寺僧数百相従送之。済命夢驚。即向彼房。未及房門。上人入滅矣。又随逐弟子円慶。為老母之晨昏。両三日在旧里。彼夜夢。遙見西方。引亙大綱。僧侶数千。手取此綱。向西方而行。即問其故。傍人告云。安養房上人往生極楽之従徒也。円慶忽驚此夢。急赴彼房。途中人告云。上人遷化矣。又慈応上人。為求一切経数[2]紙。下向但州。自途中送書云。去三月廿二日。夢有一道場。衆宝荘厳。有数宇房。岐路相分。慈応奇問之。一僧告云。是経暹上人説法之儀式也。慈応被導此僧。得入堂中。于時上人高坐宝座云。我辞娑婆。今生極楽。慈応申云。弟子亦不可帰。於焉奉仕。上人示曰。早可帰去。却[3]後四十一日。当来此土者。仍帰去之処。将導之僧語云。我是地蔵菩薩也。依有本誓。引導於汝也云々。又安倍寺住僧永禅。同四月十八日夜夢。経暹上人居高山頂。向西念仏。頃之西天有光。東方漸明。其広三段余。其程幾千里。有人告云。此光所謂紫雲也。于時上人在光中。念仏而絶矣。又和州秦興寺住僧義命。同三月十五日暁夢。経暹上人身着法服。手擎香炉。告衆人曰。生滅有限。死時已至。種々慰喩。言説已畢。其後忽出泮吒之音。変成水精之珠。〈長五寸許〉即門人云。此珠名舎利也。可奉納地蔵菩薩身中云々。又先年中山〈在摂津国。在武庫郡〉住僧良祐。寄宿安養房。其夜[4]草庵之裏。金光遍照。上人露身臥其中。即従身中。金色刺字出入矣。

〔三一〕外記入道寂禅者。京師人也。俗名中原理徳。本官西市正。恒[1]耳仕宇治前太相国。々々々優其勤節。天喜四年二月三日。挙補少外記。朝衙之間。道心暗発。同三月竊登叡山。出家受戒。自爾以降。不顧花洛。永住松門。手自書五部大乗経。安置楞厳院四季講堂。毎有会事。猶講其経。又籠居無動寺。書写如法経。偏抛余営。経過六年。毎書一字。浄除三業。致三度之礼拝。供一前香花。凡厥読誦衆経。念仏三昧。日夜之行。身心不退。遂往江州蒲生郡中山。占洞結廬。容身閉跡。寛治年中。身嬰重病。体不軽利。其死期三日。兼知終時。死日已到。未[2]忽起居。病差気爽。沐浴潔斎。浄衣整威儀。対弥陀像。登于礼盤。擎持香炉。端坐而終。爰弟子等不知其遷化。到室覚悟。乍擎香炉。如眠入滅。

〔三二〕砂門義[1]慶者。播磨国人也。自幼日住園城寺。俗呼云宣陽房供奉。其人戒行雖緩。顕密兼学。只初後之勤。往生慕之。而間小病相侵。多日不癒。先是心蓮房助円阿闍梨入住矣。不経幾日。横川[2]住僧尋舜持経者夢。義慶供奉謂云。心蓮房阿闍梨。可告吾生処。々[3]生有先約。雖然待而不来。絶而無音云々。此言未訖。有一童子。手擎書札来曰。是心蓮房御消息也者。即利[4]慶供奉披見之曰。此廻文之中。吾名之字頗有相違。如何[5]。再三奇之。然後加署返遣畢云々。其後経三箇日。利[4]慶供奉亦遷化。爰尋其行業。彼入滅之日。啒請衆僧。令修念仏。相共礼仏合殺。如休音絶。于時承徳元年八月十二日。生年七十有余矣。

〔三三〕権律師明実者。前長門守共方之舎弟也。生年十五出家。十七受戒。自爾以降。毎日図絵供養文殊像九体。同修三時供養法。又参詣根本中堂二千八百箇日。手自備香花。供養薬師仏。凡其顕密行業。非人所知。而間寛平[1]七年七月十三日巳剋。対文殊像。端坐入滅。従彼日至于十五日。容顔不変。薫香猶余。凡厥近習人。莫不染奇香。葬送之後。経三四日。門弟到墓所。読経廻向。異香発越。猶以如故。漸及数日。自以消[2]矣。

〔三四〕沙門境妙者。近江国人也。早登叡山岳。住於横川。専誦法花経。及二万部。又行五種法師之行。勤十種供養之勤。已至老年。忽謁旧朋曰。今日之謁見。是最後之対面也云々。不軽[1]幾日。已有病気。于時告衆人云。最後之病也。決定可死矣。沐浴威儀。以五色糸。着弥陀仏手。引其糸読経念仏。面西而絶矣。此時有上人夢云。境妙乗金車持黄経。天童囲繞。雲路促駕。行路何方。指西而去。

〔二五〕砂門仁慶者。越前国人也。幼辞北陸。久住西塔。読誦法花。受習真言。中年離山。多歳住洛。必読法花一部。為毎日行[1]。已及知命。殊発道心。捨衣鉢売資物。図絵両界曼荼羅。彫刻阿弥陀仏像。兼為四恩法界。書写一乗妙法。其後雖纏病患。不怠念仏。正心不乱。奄然而滅矣。于時傍人夢。大宮大路。奇雲垂布。音楽聞天。薫香迸地。夢中人云。是仁慶上人往生極楽之儀也。此言未訖。仁慶調威儀擎香炉。坐紫蓮台。指西而去。

〔二六〕沙門広清者。叡山千手院住僧也。常悔前業。専祈後世。被引事縁。雖廻世路。心在山林。口誦法花。夢有八菩薩。身色皆黄金。其一菩薩告沙門云。一心不退。修行妙法。我等八人当送極楽。言訖而去。夢覚歓喜。弥亦加行。乃至臨終。誦経気絶矣。於其墓所。毎夜有誦経音。已迎[1]五更。必誦一部。有一弟子。取其髑髏。置清涼山。於其山中。猶誦法花云々。

〔二七〕慶日上人者。洛陽人也。顕密懸鏡。内外瑩玉。専慕上刹。遠離本山。到摂津国莵原郡。結草庵為棲。綴糞衣為服。一生持斎。五内護禁。而間雨降雲暗之夜。単已独往之夕。前有挙炬之人。後有擁簦之僕。人近而見之。無火亦無人。或時細馬上卿来入上人之廬矣。人往見之。無馬亦無客。其終焉之時。威儀如例。挙音誦妙法。屈指結定印。如入禅定。向西而終。于時近辺諸人不知入滅。有百千人。恋慕上人。成悲泣之音矣。隣人驚以[1]拝見。無音無形。雲上遥聞楽音。房中只有香風。

〔二八〕浄尊法師者屠児也。有一比丘。〈失其名〉巡遊鎮西。失路山中。日暮山深。有一廬。比丘求夜宿。有一女言。吾廬不似他処。不可寄宿云々。比丘云。日来迷路。疲極無方者。女以浄莚令坐。美[1]食与之。家主入夜荷物而来。比丘見此家主。是法師也。其形太醜。其衣亦綴。所荷来物。皆血肉之類也。即以食噉。誠是旃陀羅也。漸及丑剋。此法師沐浴清浄。着新浄衣。入持仏堂。修法花懺法。誦妙経一部。礼拝念仏。発願廻向。音声極貴。薫修亦至。明朝語比丘言。浄尊法師者。是愚賤之身。無慚之極也。因玆不期今生栄。偏厭来世苦。不望檀越親族《嚫施ィ》之食。只求牛馬死骸之肉。但某月某日。捨此娑婆。可生極楽。若有結縁心者。必可来座者。其後歴数年。至其期。為見其虚実。弔[2]到彼所。法師見此比丘。歓喜曰。善哉沙門。来於此処云々。弟子浄尊。今夜可往生西土。故断肉食。及三四月。其女作尼。清浄香潔。共入持仏堂。通夜観行。于時暁也。有数千人。従空而下。光明遍照。音楽普聞。指西而去。

極眼而消矣。後見堂内。僧尼二人。曲躬合掌。向西而滅矣。
〔二九〕沙門道乗者。叡山宝幢院之住僧。法性寺尊勝陀羅尼供僧也。自少日至老年。読誦妙法。勤修念仏。但其性急悪。不忍過咎。罵詈弟子。毀辱童子。瞋恚休後。叩頭懺悔。対衆発露。而間夢中出寺行向叡山。即到柿下。遙見山上。朱楼紫殿。比甍連閣。其中安置無量経典。黄紙朱軸。紺牋金文。満欄幾千幾万。道乗問其故。老僧答云。汝年来所誦大乗経典也。依此善根。可生浄土。即忽有火。焼一部経。道乗復問其故。老僧答云。汝発瞋恚。罵詈弟子。瞋恚之火。焼其経巻也。若無瞋恚心。増長善根。決定往生安楽世界。夢覚之後。向仏発誓。其後断瞋恚修慈忍。調三業誦一乗。念仏而行。知時而滅。

拾遺往生伝 巻上

已上三十人。至誠而注記。

拾遺往生伝 中

拾遺往生伝 巻中

柱下少史三善為康記

予為勧後人念仏之行。予拾先達伝記之遺。都盧三十人。巻軸已成矣。其後閲国史別伝。求京畿辺外。且所訪得亦数矣。欲[6]罷重更記之。冀以今生集類之結縁。必期来世順次之迎接。其人誠有霊。遙照于我願。毀誉此記之者。施利益亦復如是。但恨随聞而記。不次時代云爾。

〔一〕大法師浄蔵。俗姓三善氏。右京人也。父参議宮内卿兼播磨権守清行卿第八子也。母嵯峨皇帝孫也。嘗母夢。天人来入懐中。覚後有身。誕生之時。母無苦痛。歳及二三歳。性太岐嶷。人為神聡。僅及四歳。読千字文。聞一知二。齢及七歳。不留俗境。好赴仏庭。父卿屢雖拘留不敢止。父卿命児云。汝誠欲奉仕三宝。為我令見一験。児云。実如父教。可顕霊験云々。于時正月也。庭前有梅樹。其花新開敷。児令護法折落其枝。父卿感傷泣而不言。其後熊野。金峰山。霊崛神洞。無[1]投歩寄身。或籠稲荷谷。令護法採花水。或詣熊野山。逢洪水得奇舟。年始十二[2]。自松尾社出洛之日。遇禅定法皇之御行。召為御弟子。即登壇受戒。依宣旨付清涼房玄照《昭ィ》律師。令受三部大法諸尊別法。又随大恵大法師。受習悉曇矣。大恵大法師者。安然和尚之入室也。大法師依知糸竹之曲調。明通悉曇之音韻。凡内外兼学。管絃倶習云々。又於横川如法堂。一夏安居。堂庭成小便。俄従西方。貴人来矣。大法師問其人。答云。我是賀茂明神也。慈覚大師令京畿二百余明神番替護如法経。今日我直日也。而欲誠不浄之事。既上人所為也。何為々々。忽召集異人。掘捨不浄土。可方五尺云々。又着新袈裟。従口出火。焼失袈裟。不焼衣服矣。尋其子細。不浄女人裁縫之故也。

又依京極更衣女御之所悩。有大師禅定法皇之勅喚。大法師不能固辞。将以参上。先是本尊護法且行。接縛平癒。相次大法師参入。法皇着法服而礼拝。又参詣熊野之間。暗知父卿之薨日。途中俄帰路[3]。遇滅後之五日。大法師忽動冥官加持。蘇生父卿。則着位袍而礼拝。経七日亦薨。是令知運命有限也。又伝法[4]玄昭律師。勤修亭子院御修法之間。真済僧正霊作鵄形出現。置之炉壇。焼損其身。仍結大怨心。作小僧形。伺隙求短。従空下来。律師毎見其形。心神不例。大法師加持縛。曾無気分。律師着法服而礼拝。弥開秘蔵。悉以写瓶。又醍醐内親王久煩腰病。不能起居。已及三年。仍以大法師令修不動法。大法師日中時出壇云。公主之病令平復了。陪従驚見。公主起立矣。又南院親王令修除病之法。経三日々中時。親王薨去。大法師以火界呪加持之。親王蘇生[5]。着法服而礼拝。退出之次。示伴僧云。親王運命定業也。然而為顕法験。暫令蘇生[5]也云々。経四箇日。遂以薨逝。

又醍醐先帝御仏名。大法師勤梵音事。定額僧平寒[6]在座。密々嘲之。蔵人公忠伝宣云。定額法師等。伝習浄蔵之曲。後々勤之者。平寒[6]聞此宣旨。恥歎無極[7]。又仁和寺桜花会。大法師勤唄事。頭中将藤原朝成頻称唄誤[8]。爰亭子第八親王感唄曲。召大法師。賜被物盃酒。

中将見之有恥色矣。又天慶三年正月廿二日。於横川為調伏坂東賊首平将門。限二七日。修大威徳法。将門帯弓箭。立焼明之上[9]。人人驚見之焉。俄示流鏑之声。指東而去。便知調伏之必然矣。依此事。公家被修仁王会。択大法師為待賢門講師。其日将門軍入京云[10]々。大法師奏曰。令進将門首也者。果如其言。又朱雀院太上皇帝有御薬事。大法師筮云。御悩可平復。但明年可有火事者。其後栢梁殿焼亡。相次成道寺。東光寺。長谷寺焼亡。皆如其言。不失其期。又亭子院殿上。寛修法師退下之間。大法師見其背云。入滅有近云々。却後一月。已以滅矣。如此占相不失一。

別伝云。呼帰云。不幾可滅。可勤弥陀念仏云々。

又天暦年中。大法師寄宿八坂寺。于時卿相朱紫。数十群集。見八坂塔云。塔之傾方。其処不吉也。此塔向王城而傾云々。大法師云。年来欲直此塔云々。集会諸人。皆以為可加料物矣。大法師云。不必可用料物。今夜試可直云々。其夜大法師以亥剋許坐露地。向塔加持之。即帰本房畢。而弟子仁瑞法師。子剋許徘徊庭中。見望塔婆。従乾方微風吹来。塔婆幷宝鐸揺動成音。達旦見之。其塔端直也。軒騎幾人。随喜者多矣。

別伝云。又三箇年籠於台山之横川。為六道衆生。毎日奉読六部法花。毎夜勤修六千返礼拝。幷三時供養法之間。不動火界真言。毎日六千反也。自余行法。不遑委注。但使者出現。打鐘採花汲水等奇異之事。驚人之耳目矣。

ム云。又在護法。散惜米。錫杖立湖上。去水丈余。病男腹汚。令護法践出等事。委在別伝矣。

又天暦年中。大法師住八坂寺。強盗数十。忽以入来。大法師以音叱之。強盗等徒然而立。木強不動。夜更已明。縛除解脱。強盗等作礼而去。又延喜年中。唐僧長秀《父共。別伝如此》行波斯国。漂蕩海路。寄燈楼島。僅来皇朝。久煩胸病。為求救療。啓天台座主増命僧正。〈謚号静観〉僧正命云。本朝験者十人。其中以第三験者浄蔵遣之者。大法師以薬師真言百[11]八遍加持之。即以平癒。唐僧感歎云[12]。我朝隣於印度。然而未有如此人。即知無第一二歟。

別伝云。此東海別島。聖人来坐也。希有哉々々々。定知無第一二歟。

又応和三年八月。空也上人於六波羅寺側。供養金字大般若経。大法師列名徳[13]座。于時乞食比丘来集之者。以百数々。大法師見一比丘。大驚敬屈。延之席上。与所得之一[14]鉢。比丘不辞不言。併以尽之。重更与飯。亦以食之。大法師揖之送之。比丘其後。所食尽飯如故在矣。大法師云。是文殊化身也。満座皆歎伏。如此異事。不可称尽云々。凡顕密。悉曇。管絃。天文。易道。卜筮。教化。医道。修験。陀羅尼。音曲。文章。芸能。悉以抜萃。

別伝云。或人有事次。両三相共如例。人云師祖之事。被中禅房事。従其日鼠喰損一切物。仍其人祈申本尊之処。夢想云。依謗聖人。以薬師十二神。依命守護。当于子神宿直之日。其所為也云々。仍即被諂謝之。答云。若子神所為歟。早可停止云々。其後無件害矣。○所生之子有男子二人。[15]出家入道。才芸修験異於他人。修行之次。於奥州早亡逝。一人者天暦之代。幼少[16]寵殿。寵幸殊甚。○及于成人令別。○聖人所作。不可測量者也云々。

大法師語云。我一生三度。得希有之礼拝。所謂亭子禅定法皇者。昔受四海之灌頂。為日域之王。後受三密之灌頂。為月輪之主。是我大師也。更衣女御所悩之時。依院宣参向矣。護法先行。接縛平嗯。相次参上之処。法皇着法服而礼拝。〈是一〉又善相公者。朝之賢智。世之神才也。鑒古知来。毫分無誤。是我厳父也。遇滅後五日。即令加持蘇生。[17]相次忽着位袍而礼拝。〈是二〉又受法尊師玄昭律師。為真済僧正霊有所悩之時。加持摂縛。曾無気分。律師着法[18]服。〈是三〉依此三之礼拝。已窮一生之運命。思其面目。復期何事乎云々。天徳之比。本尊告命終之日。為延其寿。転読金剛般若経。祈請閻羅王。其日其時。俄半中風。漸及数日。還復如故。是則仏力転定業。[19]示軽受歟。其後五六年。応和四年十一月十八日。大法師云。命終時至。同廿一日酉剋。於東山雲居寺。正念不乱。向西遷化。瑞相太多。春秋七十四。

〔二〕比丘講仙者。六波羅密寺住僧也。志学仏法。願求往生。調伏三業。懺悔六根。其命終之後。彼霊託人曰。吾依年来聞法之功。可受順次極楽之生。而存生之時。房殖橘樹。始自託根。至於結菓。于朝于夕。愛之護之。依此執心。已作蛇身。住橘樹下。[1]咄哉悲乎。願書妙経。可抜此苦云々。寺中諸僧倶聞此事。見彼橘樹。蛇在其下。長可三尺。于時万寿年中。善友知識。同心合力。書写妙経。不日供養。其後寺僧夢。講仙身具威儀。面有喜色。拝諸僧云。我依衆力之善。離蛇身之業。今生浄土。其不楽哉云々。夢覚見蛇。々即死了。

〔三〕沙門平願者。播磨国之住人。性空聖人之弟子也。行住坐臥。造次顛沛。只誦一乗。已経多年。而間大風忽起。小房已倒。沙門被厭。[1]可死門。神人暗来。得救命難。于時神人摩頂慰誘曰。汝依宿業。遇此災害。依誦妙法。得存身命。今生尽其宿業。来世可生極楽云々。沙門即捨衣鉢。偏営仏事。占広河之原。設無遮之会。朝暮講法花妙典。初後修弥陀念仏。即発誓言。依此善根。当生極楽者。必顕其瑞。如是作誓。流涙礼仏矣。今日会畢。明朝往見。白蓮数百生河原。花開香薫。異人間花。見者皆称聖人往生之瑞也云々。及其最後。身無悩痛。心不散乱。合掌向西。入禅而滅。

〔四〕上人賢[1]昭者。内蔵允菅原忠成之外舅也。俗姓中原氏。京兆人也。生而有異相。敢不食魚味。若嘗完食。即以反吐。父母異之。遂入釈氏。自爾以降。一生不触女身。兼亦不求名利。毎日読法花[2]経。并誦薬師経。其読誦之音。和雅微妙。前安芸守雅方朝臣母堂。

陪陽明門院。俄煩邪気。上人訪来。一夜読経。太后遙感其音声。被召御読経所。然故称身障。固辞而去。他人請用亦復如是。然間寛治年中。俄煩下痢。已数日。身体方羸。言語僅通。及其危急。以沐浴。起居軽利。法服尋常。先読法花経。次誦薬師経。其音声聞隣里人。以為奇異。及于更闌人定。暁至雞報。上人一心念仏。奄然而終。于時生年六十余矣。爰上人之阿姉落飾以作尼。雖知世之別離。猶致心之恋慕。其夜夢見。有宮殿。衆宝荘厳。前有宝池。蓮花開敷。上人身色真金。衣香芬馥。安立當[3]上。即誘噫曰。我生此処。汝勿哀傷云々。

〔五〕有上人。失其名。康平年中。於阿弥陀峰下。焼身入滅。貴賤男女。結縁攀躋之徒。宛如楚越之竹。爰有沙門。名慶寛。居北山慕西土。住一心三観。行四種三昧。此時於施無畏寺東頭。構一室。修常行三昧。経行之裏。自然入夢。遙自西方。音楽徐来。有人告云。汝知此楽哉否。今日於阿弥陀峰。焼身上人来迎之儀也云々。開窓挙眼。遠望彼峰。翠煙上騰。綵雲西聳。誠彼上人焼身之時也。

〔六〕沙門好延者。愛宕護山之住僧也。読誦法花四十余年。至於老年。弥増精勤。常念阿弥陀。偏期往生。而間久纏病痾。数以悩乱。誠知運命之已尽。不忘念仏之正業。身心寂静。奄以入滅。其夜大寺阿闍梨夢。有一大池。有大蓮。其花開敷。其香郁烈。沙門身具威儀。手執香炉。歩池心如踏地面。身生[1]宝蓮。口誦法花。漸々飛騰。向西而去。

〔七〕尋寂法師者。加賀国人也。身在世路。雖具妻子。口誦法花。偏欣浄土。爰康保年中。叡山住僧。被牽要事。赴於北陸。到彼賀州。宿其僧宅。僧則歓喜。羞以美膳。夜及三半。僧則沐浴。入持仏堂。誦法花経。五更漸闌。一部已尽。次懺悔発願。念仏廻向。其明旦語客僧云。吾厭生死慕菩提。年月尚矣。已近死日。須見終時云々。客僧依語。暫以止住。過三七日。法師語云。当知今夜往生極楽。即沐浴威儀。内外清浄。擎香炉誦法花。頭北而休。面西而滅。此時郷人一両夢。紫雲聳天。香気薫室。法師坐蓮台。昇虚空界。音楽漸遠。瞻望自隔。

〔八〕砂弥薬延者。美濃国住人也。其体似僧。其行如俗。頭髪二寸。見者驚矣。身着俗衣。手殺魚鹿。食完吸血。況於余事哉。爰無動寺有一上人。顕密相兼。道心堅固。以有事縁。下向彼国。不図寄宿彼宅矣。上人見其所行。心生怖畏。未曾有如是[1]僧。于時夜及三半。件悪比丘忽起沐浴。着清浄衣。入一別堂。初悔衆罪而行懺法。後発四弘而誦法花。次念仏観行。不動不傾。漸至食時。出堂経行。即対上人言。予雖行殺生放逸。不怠誦経念仏。偏厭濁世。欣求浄刹。某月某日。可生極楽。上人有縁。来宿此宅。必可結縁云々。上人自思。縦雖読経念仏。猶常殺鹿食鳥。往生之業。豈如此乎。遂帰本山。已経数年。依無堅信。已以忘却。于時承平年中。

夜閑風清。天楽鼓雲。自東赴西。暫留房上。声在空中。即告云。砂弥薬延[2]。今日往生。為思先約。苦所来告也云々。上人忽驚。不覚涙落。且悔疑網。且懺罪障。

〔九〕入道乗蓮者。前伊与守高階明順之長男。前一条院[1]侍中之仙客也。頻経諸司。任筑前守。遂帰花洛。剃除雲髪。偏観残年之漸闌。始展長日之講莚。仏像一体。妙経一部。其毎日之講事也。講説之後。必修念仏三昧。星霜満八箇年。薫修向三千日。道俗男女。聴聞随喜者多矣。于時長久元年八月十四日。久煩瘡病。已及危急。耳聴長日之講。口称弥陀之号。心神不乱。端坐入滅。其後衆人夢。件人或乗舟[2]指西而渡。或坐花台凌天而昇云々。

〔一〇〕沙門寂入者。洛陽人也。壮年在俗。頽齢出家。於東山清閑寺。限一夏備花水。于時史記二千石忠行。為宮内録之時。憐彼貧道之行。忽成師檀之契。即相語[1]云。若無他縁者。可寄宿吾廬。日食時服。勿嫌微。沙門曰。諾。満夏之後。依約而来。即住持仏堂。送十余年。永不営世事。只誦法花経。或音或訓。無緩無急。中心之剋。西方為望。而間不慮有病気。帰住清閑寺。不経幾日。已以遷化。春秋八十。其後檀越常云。沙門存生之時。行業無懈。生浄土者。必可来示矣。漸及両三月。檀越夢。沙門着新浄衣[2]。忽来臨。其拾謁之初。先問彼生処。沙門答云。下品下生也。自為告此事。苦所来也。言訖而去云々。

〔一一〕大法師源因者。摂州忍頂寺住僧也。誦法花為業。願極楽為行。常祈三宝。欲知死期。慇懃多年。未得其告。適有夢想。今年可死云々。于時春也。不知其日。因兹抛世事。専修念仏。然而春秋漸過。冬日亦闌。已至晦日。知夢妄想。儲湯沐。相招僧徒。便於其前。初説此事云。今年可死。其夢已虚。仏無虚誑。邪魔欺吾歟。遺恨之余。訴之衆中也。如此歎息。垂涙而談。満座異之。且慟且謝。既而歳暮夜来。客帰人定。此夜深更。房中有火。大法師挙声告云。火事有房。衆人可出[1]。如是告示。其身独留火焼之中。念仏之音無断。煙滅之後。死炭[2]之骸僅残。人以異之。定知往生之人也。

〔一二〕薬縁[1]法師者。近江国高島郡也[2]。俗姓秦氏。生為人奴。不得自存。常勤駈役。不知仏事。只一生間。所造綵色一搩手半阿弥陀三尊而已。又壮日以後。来臨之人。不論上下。不謂親疎。随堪施食。敢無惜心。已及衰老。久嬰病痾。忽喚村中衆僧。三箇日夜。修法花懺法。同郡里胥来問。即相向言談答謝。其次相語云。吾今日午時。必可命終。同侍其時。以可相見。客曰諾。漸到時剋。念仏入滅。于時承徳元年六月二日午刻。生年七十二。来問之人。莫不哀傷。

〔一三〕右大臣藤原良相者。《贈》太政大臣正一位冬嗣第五子也。姉大皇大后。兄大政大臣忠仁公。並与大臣為同胞矣。童稚而有遠識。弱冠而遊大学。承和元年。仁明徴令侍禁中。初任右兵衛権大尉。遷内蔵助。五年叙爵。六年任因幡守。其後頻経顕官。昇進不滞矣。

仁寿元年授従三位。任権中納言。四年転大納言。兼右近衛大将。斉衡二年。進正三位右大臣。天安元年。授従二位。遷左大将。貞観元年。授正二位矣。大臣生年余。[1]室家大江氏卒矣。自喪江氏。無復娶女。其性慈仁。軽財重法。専習聖教。精熟真言。鷹鷂漁猟之事。一切禁止。勧学院南建一亭。号延命院。以治養藤氏生徒無家産之者也。東京六条宅為崇親院。以保育氏中子女不能自存之人也。並皆割封戸入荘田。又崇親院中。建一小堂。安置仏像。令居住人称観音名号也。凡愛文学之士。[2]検寒素之生。冬天賜絹綿。夜宿給燈燭。喚学生能文之者。常賦詩賜物矣。是年十月初。於直廬得病退第。同十日。告諸云。今日興福寺維摩会之初。是吾閻浮業尽之夕也。儻以此日告滅。不有因縁乎云々。臨終乃命侍児扶起。正面西方。手結弥陀根本印。奄以薨矣。春秋五十一。依遺命而薄葬。以単衾而覆棺矣。

　良相公。貞観九年十月十日。〈五十一。[3]或説五十七〉

〔四〕少将源時叙者。一条左大臣雅信之五男。母朝忠卿之女也。天元年中。生年十九。捨世出家。〈法名寂源〉住于大原。俗呼云大原入道。有一禅門。名勝林院。自占蘭若。始結草庵。行四種三昧。向四十余年矣。于時三月背二禁。医師見之謂。可療治。入道云。悪瘡者多年之望也。住於正念。為遂往生也。我本立誓願。何更求医方哉者。至四月四日。香湯沐浴。着新浄衣。招門弟子。撃磬合殺。十念成就。忽兮滅矣。

〔五〕左近中将源雅通朝臣者。性素正直。心離諂諛。然而被引世事。多作悪業。春林狩猟。[1]秋野臂鷹鷂。[2]況亦治国分憂之時。朝廷奉公之間。邪見放逸。不求自犯。煩悩[3]不好自集。然而自少年受持妙法花経。其中抽誦提婆品。毎日十廿遍。以品中浄心信敬。不生疑惑者。不堕地獄。餓鬼畜生。[4]生十方仏前。所生之処。常聞此経。若生人天中。受勝妙楽。若在仏前。蓮花化生之句為口実。乃至命終之時。唱浄心信敬之文卒矣。于時有聖人。俗呼云皮聖矣。黄昏之後。端坐仏前。忽兮入夢。五色雲聳源中将寝殿。光明赫奕。異香発越。作楽雨花。指西漸去。夢覚便知。中将往生之相也。聖人為知虚実。行尋彼家。今夜戌時入滅畢云々。[5]爰右京権大夫藤原道雅朝臣不信此事。常作誹謗。中将一生殺生。百慮諂曲。依何善根。得往生哉。若爾欲生極楽者。可好殺生歟。可行邪見歟云々。右京権大夫詣六波羅密寺。聴聞講演。車前有三尼。中有一尼。流涙謂云。身貧年老。不作善根。以此一事。祈請三宝。昨夜夢。有一宿徳比丘。告云。汝更勿歎。只直心念仏。必往生極楽。近則左近中将源雅通朝臣。只直心持法花。故雖不作善根。既得往生云々。尼見此夢。已知丹波中将往生之由云々。右京権大夫聞此老尼夢。始生信心。永断疑惑。

〔六〕前常陸守源経隆者。大納言道方卿之長男也。自壮年至老日。

好集外書。兼学内典。出家之後。不専念仏。只毎朝礼日輪。逐時誦経呪。常願曰。吾以二月十五日死矣。不貯財物。只与乞者。或人誘曰。徒自与他人。以此造仏寺。答云。資貯如浮雲。可施於乞者。何強惜財貨。可造仏寺哉云々。永保元年二月十日。俄受風疾。聊卒日膳。不択日時。忽以沐浴。即念誦。堂中弥陀仏前。[1]整衣改席。[2]西面而臥。其後偏唱弥陀。已絶余言。第三日以後。舌戻気疲。[3]纔唱阿弥陀三字。不及陀仏両字。第四日巳刻。身心不乱。称念不断。顔色如眠。奄然気絶。于時二月十四日。生年八十三。是日舎弟経信卿来問。長太息云。年来此人以為僻異。今聞其所行。可謂権者矣。悔過自責。嗚咽悲哉。収涙而談。廻轅而帰。

〔七〕信濃守藤原永清者。前甲斐守永親之子也。身在俗塵。心帰仏界。永長元年夏四月。雖無指病。寝食乖例。謂家人云。死時已近。出家在心。来十五日。可遂其志云々。親昵相誘曰。刺史者[1]朝名利。親族不許。自然淹留。至同十八日。招舎弟已講行賢。猶告出家之詞。已講亦不肯受之。即嗟嘆云。年来素懐。只是出家也。況乎死時已至。生処欲隔。若非此時。亦期何日。遂入燕居。独剃周羅。即謂舎弟已講云。人之葬礼。無益驕奢。吾之没後。勿営厚葬。滅後之事。粗所注置也。勿増減之。又双輪寺有一禅僧。吾往彼房。可終此命。是年来之契也。亦墳墓之便也。是則洛中之居。有煩葬送之故也。即与舎弟已講。同車往彼房。其翌日俄作棺器。相待死時。赫日漸傾。黄昏已至。異口同音。念仏合殺。向仏礼拝。如休而終。于時永長元年四月廿一日。生年六十有余。

〔八〕[1]左近衛将監下野敦末者。自幼少至長大。雖仕随身之職。不抛念仏之心。中年以後。不惜資財。建立堂舎。造写仏経。況乎出家之後。念仏之外。偏忘他営。以夜継日。于時永長二年閏正月十四日。聊有病気。忽以沐浴。即向丈六阿弥陀仏像。以五色糸。繋于仏手。投之念仏。其翌日。誡子孫近習云。今日十五日也。勿近吾側。勿乱吾心。努力々々。漸及申剋。従坤方有光。照于其胸間。傍人異之。雖見戸外。聊無日光。只有陰雲。其日樵夫出山。来告云。此西方有異雲。靉靆垂布此処。雲色異例。仍所来告也云々。夕陽沈後。夜漏閑程。端坐合掌。西向気絶。々々之後。合掌端坐。猶如尋常。其後数日。彼人所着之衣。光明照触之処。皆以金色。全無改変。見者聞者莫不嘆美。

　私云。一条堀川。是彼終焉之地也。堂舎于今存。余親見之。

〔九〕外記史生安倍為恒字朝能者。延久年中死去。先是或人夢。遠見西方。[1]斜亙一橋。虹形連天。雁歯插雲。衆宝荘厳。敢不可言。即夢中傍人告曰。汝知哉否。此橋是史生朝能往生極楽之道也云々。其後三日。朝能入滅矣。衆人聞者。皆以為決定往生焉。爰前豊前守中原盛兼為外史之時。伝聞此言。問彼親族曰。其人平生之時。有何行業。答云。彼人更無別行。只毎日燃八曼荼羅香一前。向西方供養阿弥陀仏。雖有急事。敢不退転。只此一事。其平生之行也云々。

〔三〇〕散位清原正国者。大和国葛下郡人也。少好武芸。無悪不造。生年六十一。俄以出家。〈法名覚入[1]〉其後毎日修念仏十万遍。已及廿七年。偏慕往生。無有余念。而間夢。入唐上人日延来告云。汝欲往生極楽。可住高野山者。仍偏信此夢。寛治七年九月廿三日。忽登高野山。其後心神不例。病痾相荐[2]。傍房上人。字曰北筑紫聖。即来告云。吾夢見。阿弥陀仏与無量聖衆来迎於汝。定知汝病是運命之極。往生之剋也。勿恨勿悔云々。而間病漸差。忽以沐浴。同十月十一日寅剋。整衣服擎香炉。向西遷化。于時生年八十七。此時或上人参籠紀伊国日前国懸社。其夜夢。従西方無量聖衆倶作伎楽。迎老僧而帰矣。今尋其日時。正彼入滅之時也。

〔三一〕肥後国有一人。失其姓名。為勤国務。払暁赴府。為鬼被惑。已失本心。過曠野超深山。臨日暮到人舎。此舎有美女。端厳不可言。誘引此人。令入舎内。于時此人作是念。於深山之奥。有美麗之女。京都府辺。未見如此女。若是羅刹鬼歟。即生怖畏。乗馬馳去。即端厳女変羅刹鬼。追来云。我従今朝。着以将来。縦雖遁去。更不得脱。此人顧見此鬼。二眼赤如鋺。四牙白尺余。身体高大。気色猛悪。眼耳鼻口。皆出焔火。馬倒無路。人落入穴。羅刹取馬噉。不残骨骸[1]。次羅刹向穴中云。此男我食也。早可与給云々。時穴底有人。答云。汝羅刹女。以馬与汝。是我顧汝也。早可帰去。何亦乞男哉。羅刹乞煩還帰已。此人亦作此念。此穴中有大力鬼。害我無疑云々。即穴中有音云。汝勿怖畏。当安其心。為助汝令入此穴也。此人問其人。答云。我是法花経最初之妙字也。昔有一聖。此西峰立率都婆。籠法花経。発願言。願法花経。於曠野抜済受苦衆生云々。塔婆破損。経巻分散。妙之一字猶住此処。利益衆生。当知此処者羅刹聚集之地也。我於此処救羅刹難七万余矣。至暁有一童子。従穴中来。将去此人。初日分時。得到我宅門。童子語云。汝発道心。受持法花。可免生死。可到浄土。是人歓喜。以頭着地。一心礼敬。童子忽然昇空不見。其人帰宅。以上件事。語父母妻子。即発道心。受持法花。正念仏得生極楽。

〔三二〕射水親元者。越中国員外別駕也。身雖営国務。心偏帰仏法。彼富有之時。休退之暇。修法花会為年事。書大般若為家事。加以云六斎云十斎。精進無闕。于初夜于後夜。念仏不怠。或断食七日無飢気。或読経連日無懶心。況乎出家以後。毎日念仏六万遍数[1]。而間康平年中春正月。已受病患。漸経旬日。子孫問曰。病悩之間。念仏如何。答云。吾雖臥病席。雖[2]離念珠。六万遍念仏。更以不退転。只所慕者。吾以二月十五日死矣。漸至十四日。被扶児孫。俄以沐浴。新代寝席。更以衣服。已及十五日早旦。謂衆僧云。吾今日期死。多年之願也。漸及午剋。勧人令念仏。亦自念仏。当其終時。人羞水漿。即辞曰。吾年来。以今日持斎断食。何於此時。始[3]

破斎戒乎。遂以不受。寂而気絶。其閉眼之後。容顔無変。念仏之唇。数刻猶動。

〔二三〕藤井久任者。備中国吉備津宮之神人也。一生之中。神斎為役。多年之間。漁釣為業。而間寛治四年二月比。彼岸中忽抛俗網。俄以出家。〈法名寂[1]戒〉其後念仏之外。無別行業。不離妻児。不精進。同年八月之比。彼岸第二日。到神主賀陽貞政宅。謂曰。我欲飽魚肉。故所来也云々。神主任其所言。尽善羞之。寂公飽満任心。俄爾長太息云。予明後日可焼身。今生謁見。只在此時。其処所謂撫河郷[2]紫津岡也。先是寂公竊雇徒侶。占墓積薪。已及日時。自以風聞。妻子族類相尋群来。此時寂公相対妻児。処分田地。即謂云。汝等早帰本墟。勿成哀傷。此外全無言。漸及午剋。搴衣入薪。謂僧徒云。先行懺法。至合殺之時。可置火也云々。人即従之。既而火焼之中。念仏之音無絶。薪尽之後。死灰之色空残。変化須臾。如幻如夢。于時生年六十有余。其後経三箇日。神主貞政具聞此言。垂涙曰。吾依掌神務。専忘人礙。然而追慕之心。不憚神慮。遂到墓所。咽呼而言。我之結縁。縦闕北芒之煙。公之引接。必乗西土之月。発此願已命駕帰。其夜夢。寂[3]公来告曰。我以順次生。得生極楽国。公之後世。[4]志在引接者。言訖而去。

〔二四〕蔵人所仕人藤井時武者。其居則上東門。其職則下走役。朱愚也白痴也。其性未知。爰江州蒲生郡有一田夫。夢中人告云。汝知乎。仕人時武者。必可往生極楽。其宅在上東門裏。往可結縁云々。夢覚異之。以語隣里。其中一人曰。吾亦有此夢。試欲行尋矣。即二人相諾。忽向洛都。遂到城門。得謁時武。于時両人談以夢事矣。時武本似無所思。苦問其所行。答云。阿弥陀三尊。法花経四五部。如形造写。此生之所修只是耳。但為人無[1]愛憎。食無偏頗。来者往者。随有与之云々。此後両三亦有此夢。来以問訊。所答亦如是。又或人夢告曰。決定往生者三人也。其一人者。上東門時武是也。又淀津住人夢。画船三隻。艤在海岸。此中二隻有人。一隻無人。夢問其故。答云。此虚舟者。仕人時武可乗船也云々。如此表事。不遑記尽。而間長治三年正月三日。俄有小労。已及大漸。同七日。奄以命終矣。妾数月寡居矣。夜夢。時武来告曰。我暫可住人間。然而人皆称往生人。問訊諠譁。不堪相忍。更加精進。得生極楽[2]。勿憂之矣。

〔二五〕鹿菅太失其名。江州浅井郡岡本郷住人也。少仕高倉一宮。期官爵。中年以後。更帰田園。為業狩猟。人以所能。呼曰鹿菅太。而間嘉保二年十月中旬。忽有所労。已及危急。俄以出家沐浴。其人尋常無所修。只当斯時。挙声誦云。若有聞法者。無一不成仏。数声之後。念仏気絶。人皆為異相。于時生年七十。瑞相太多。

〔二六〕下道重武者。左京陶化坊中之疋夫也。一生之間。殺生為事。漁鱗甲為産業。殺禽獣為活計。永長二年二月七日。漁猟之間。在肘忽痛。医師見之。已称悪瘡[1]。且祈除病。且救往生者。両僧談[2]之。七日住之。雖祈除病。兼勧念仏。第七日暁。又迎上人範順曰。病気已迫。死時将至。欲受禁戒。欲聴経教。能為我説之云々。上人已見其病急。授禁戒之後。先抽法花経方便品畢[3]。此時病者心無散乱。聴聞随喜云。宅無資貯。又無親族。死後屍骸。誰人収斂乎。八条河原有一荒蕪。吾行彼所。可終此命。不然者遺留妾児。旁有労[4]。即脱鮮服授妻子。着鶉衣赴河原。禅僧一両。依諾在後。隣里数輩。思旧相送。已到其所。靡草展莚。向西而坐。口唱弥陀。心無散乱。漸及昧爽。念仏気絶。相送之者。皆哀傷而帰。

〔二七〕尼釈妙者。睿桓上人之母也。其心清潔。不染紅塵。以穢手不取水瓶。以白衣不出仏前。行住坐[1]不背西方。涕唾便利不向西方。読法花経三千余部。百万遍念仏数百箇度矣。常夢。木像仏来告曰。我是弥陀。為引接汝。常来守護云々。其入滅日。以五色糸繋于仏手。取之念仏而気絶。

〔二八〕大日寺側。有[1]一老女。年老身貧。有両男。皆為天台僧。兄曰禅静。弟曰延叡。其母受病而死。後二僧一心。昼読法花経。夜念阿弥陀仏。偏祈慈母往生極楽。当斯時也。大日寺僧広道夢。無量音楽聞雲上。驚望其方。有三宝車。数千僧侶捧香炉。囲繞前後[2]。直到[3]老女家。以天衣宝冠衆宝瓔珞飾其女。載其車将還去。時便勅二僧云。汝為母以懇志誦経念仏。故以来迎也云々。宝車指西遙去。

〔二九〕奈良京有女。失姓名。質直柔和。形貌端正。随夫生数子。半齢以後。転読法花経一部。日夜不休。不営世事。只帰仏道。其夫常誡云。在家之人。世営不遑。徒捨家事。只誦経典。太以不便。教誡数度。尚宗転経。廿余年未曾棄置。而間来[1]煩病患。適以平癒。忽以沐浴。着衣執持経巻。語夫曰。我数十余年。雖有夫婦之契。今去此界。可赴他界。何不相送。又語男子曰。吾生諸子。自作多罪。今独去此界。何不相随。只年来所持法花経六万九千三百余字。捧[2]炬火。囲繞前後。各加教喩。相送極楽。如此語已。読経礼仏。奄而入滅。其死骸雖歴数日。其薫香殆及一周。

〔三〇〕前阿波守高階章行母堂者。作尼之後廿余年。雖非堅固。不怠念仏。只正直慈悲。彼人之天性也。爰及其死期。正念不乱。偏絶余言語。黙念仏。即告傍人曰。北西方有音楽。又有薫香。其音[1]其香。世間無比。汝等聴此音哉。聞此気哉。傍人答曰。不聴又不聞。復曰。其楽漸近。其音[2]已満。汝等罪業重故。不聴不聞歟。此言之外。又無他語。念仏気絶。容顔無変。

〔三一〕尼妙意者。京兆上東門里人也。年過百年[1]。落飾作尼。其後不営世事。偏修念仏。而間鬢辺有瘡。心中有痛。遂尋旧故。到知足院。即相語房主曰。来此房之後。心腹無痛。正念尋常。忽沐浴剃頭。払拭衣座。凡受病之後。及第六日申剋。告傍人曰。坤方有楽。其音太妙。汝等聞哉否。人々曰。更以不聞。又曰。其楽不遠。

当雲林院上方云々。漸及後夜。揚音念仏。又勧僧徒。念仏合殺。唱念之間。如眠而終。于時延久年中。春秋七十。

〔三二〕尼妙法者。俗姓橘氏。丹波国人也。幼離茅土[1]。更住花城。而間夫棄而赴西府。身留而守空床。再会難期。一旦作尼。于時年歯四十。人皆相惜。自爾以降四十二年[2]。于玆毎日読誦阿弥陀経六巻。法花経四要品。仁王経護国品各一遍。又更観音経十巻。念仏一万遍。此外以小豆為数。所唱念仏凡五十七斛三斗矣。爰嘉承二年三月十七日。於崇仁房小宅[3]。忽告諸子近隣曰。去両三夜。有人誘引。就中去夜告必然之由。仍為相伴彼人。欲詣阿弥陀峰也[4]。若於此宅死去者。子息可有煩之故也。謁見公等。只此時許也。清談言訖。指東而行。数子尋到。相見而帰。其明朝。尼謂常住僧云。吾去夜可赴他界。而命尚存矣。邪鬼欺吾歟[5]。其翌日午剋[6]。身自沐浴。殊整衣服。向仏前礼拝。次更向西方礼拝。々々数十。起居軽利。称揚声高。威儀如常。其声漸微。如休気絶。住僧驚之。以告子孫。々々行見。顔色無変。人以為異。春秋八十二。

〔三三〕中原義実者。京師人也。自竹馬至艾年。毎日読法花経一部。已及三千余部。又毎晦《晩歟》西向礼拝一百遍。参金峰山七箇度。修念仏幾多数。凡以此善根。廻向極楽。不祈現世[1]。只願往生。身有悩気。口乖食味。及其臨終。已復尋常。心不散乱。手結定印。向西而居。念仏而滅。于時嘉承二年六月十六日。生年五十二。此時或人夢。有一総角童子。擎未敷蓮花一茎来曰。釈迦堂持経者之使也云々。以此蓮花。可献彼人。其時此蓮可開敷云々。夢覚尋之。正彼入滅之時也。

〔三四〕散位従五位下橘朝臣守輔者。京花人也。年齢八旬。不帰三宝。斎日節時。未曾精進。若教誘。弥増狂言。而間下向予州。執行国務。庁衙之後。盧退之夕。身体無恙。容顔如思。一心不乱。十念成就。和南之中。向西而絶。瑞相是多。見聞非一。或人奇之問其妄[1]。曰。本来邪見。無指善事。但毎日暁暮。不論浄穢。合掌向西。一[2]紙書。読畢恭敬。行此一事。及両三年。其書有之。不知何事。即披見之。是発願文也。其詞云。弟子敬白三世諸仏十方聖衆。始自強仕。終至八十。繋念弥陀仏。帰心妙法経。就中今日以後。死後以前[3]。不論浄穢。不整衣服。毎昏向西。二手合掌。唱弥陀宝号。称法花題目。若命終之刻。邪倒礙心。不能念仏。故以此長時之一称。必為其命終十念。又誦法花経寿量品之偈十遍。願以此功徳。普及於一切。我等与衆生。往生安楽国。永長元年六月廿四日。始発此願。諸仏菩薩。悉知悉見云々。《略抄之》衆人見之。莫不庶幾。

拾遺往生伝 巻中

已上三十四人。至誠而注記。

拾遺往生伝下

拾遺往生伝　巻下

柱下老史三善為康記

夫於末法之万年。炳弥陀之一教。道俗男女。誰不帰者与。而訪西土往生之行人。記中古爾来之遺輩。都盧六十四人。以載上中両巻。今之所録。継為下巻。冀記先賢之行儀。以為後人之目足云爾。

〔一〕無動寺相応和尚者。俗姓櫟井氏。近江国浅井郡人也。其先孝徳天皇。天帯[1]房国押人命之苗裔也。其父天性寛仁。郷里所帰。常嗟無子。祈請仏天。々長八年。其母夢見呑剣。有期而生和尚。其日瑞煙聳砌。香気薫室。視瑞之者。莫不驚怪。嬰児之間。口嫌酒肉。心厭葷腥。父母異之。羞以精菜。供以別器。其之為人。也好懐僧侶。不親俗人。承和二年。生年十有五。随鎮操大徳。登天台山。十七出家。受十善戒。事師之隙。常折花奉中堂慈覚大師之房。六七年間。一日無闕。大師大異之。斉衡元年。大師謂和尚曰。年来見汝。毎日供花。信心堅固。我欲度汝云々。其後不経幾日。已給度者。和尚其夜参宿中堂。有五体投地。双涙湿袖。祈請受戒之者。和尚憐之。尋其在所。是大師之房人也。和尚即申大師云。所給度者。先給此人者。弟子之願已以可足。大師謂諸弟子曰。此法師有先他後己之心。必遇陰徳陽報之運歟。其夜夢。薬師如来告曰。汝以謙譲。先令度人。故以摩頂。同二年二月。西[2]三条藤大納言〈良相〉被送度者於大師。其書状[3]之。身代令度謹厚之者。将為現当之師云々。即召和尚曰。是汝良縁之相応也。仍汝名曰相応。其相之一字。取彼大納言良相之字而已。汝先年若無達人之徳。今日豈遇当仁之運哉。于時年廿五。得度之後。限十二年。誓而籠山。同年八月[4]授不動法幷別行儀軌護摩法等。受竟之日。称歎曰。業是写

[5]瓶。観如懸鏡。[6]現形之不動顕於日域。生身之明王留於叡山云々。即依医王之示現。占叡山之南岫。其間苦行。誰以称之。天安二年。西三条女御〈良相右大臣女〉已嬰重病。殆及死門。右大臣丁寧被請和尚。々々固辞不往。大師謂云。大臣身代令度上人。若不赴彼請。恐非知恩。和尚依畏大師命。不竟十二年。参入彼閣。諸寺諸山。有智有験僧綱凡僧。満堂溢席。和尚麁布破衣。懐謙下之心。陪廂辺之座。聊以神呪。不幾呪縛。彼此雷同。未知誰験。而間超几帳之上。投和尚之前。踊躍喚叫。和尚以言制之。令帰帳裏。数剋之[7]帰後。霊気屈伏。大臣感歎。緇素瞿然。是則顕験之初也。貞観元年。限三箇年。絶粒安立。於比良山西阿都山《川ィ》之滝。祈請智恵。夢中普賢告曰。得一分智恵種子。其後雖不苦学。自悟正教。同三年八月。貞観天皇遣勅使請和尚。難背勅令。未竟三年。参入内裏。有勅行阿比舎之法。誦呪未及十遍。呪縛二人之童男。即和尚問。何物哉。答云。我是松尾明神也。皇帝即令堀川左大臣問叡情之所疑。毎事決之。皆以有徴。即有勅賜度者幷御衣等。和尚固辞不受。同年。西三条女御有御悩。和尚加持。即以平復。大臣弥感。贈以宝貨矣。同四年登金峰山。三年安居。夢中三人童子来云。吾是金剛童子也。依上人師円仁和尚命所来也。而上人之威勢。未及使我矣。仍暫帰去。後日将来。努力々々。安居已竟。已帰本山。其年之秋。皇帝有御歯不予之事。有勅請和尚。々々及暁更。読誦理趣経。皇帝勅和尚云。朕夢。着衲袈裟之高僧八人倶来。随上人声相共加持。覚後所患之歯。不覚而落不知所在矣。和尚奏曰。此暁奉誦理趣般若経。此経有八大菩薩。是則八十倶胝菩薩之上首也。若彼八大菩薩奉護聖体歟。天皇弥以感歎。其明朝。和尚退出宿房。見経筥上。忽有一歯。和尚招侍中。以歯示之。侍中捧歯奏聞。皇帝感歎。賞以僧綱。賜以度者。和尚謙退不受其賞。同五年。奉造等身不動明王像。仏師未必其人。頗不端厳。因之以他材。欲造改之。夢告云。勿用他材。吾以好工可令造直云々。其後不慮得仏師仁算。令造直之。相好円満。霊験日新。同七年。造立仏堂。以安中尊。号曰無動寺。而間染殿皇后被悩天狗。経於数月。無敢降者。天狗放言曰。自非三世諸仏出現者。誰以降我知我哉。和尚依召参入。経両三日。無有其験。即帰本山。祈此明王。爰明王背而向西。和尚随坐西。明王亦背而向東。和尚亦坐東。余方亦爾。時明王背而如初向南。和尚亦坐南。流涙祈請。吾憑仏語。相背如是。合眼之頃非夢非[8]覚。明王告曰。我依一持之後生々加護之誓。不応汝恨。猶有相背。我今為汝説其本縁。昔紀僧正持我明呪。聊依邪執。堕天狗道。着悩皇后。為守本誓護持天狗也。今須汝到彼宮。密告天狗云。汝是紀僧正後身。柿下天狗哉。彼定低頭之頃。以大威徳呪加持。将得結縛之便歟。我亦伏彼邪執。令赴仏道。故告此事耳。和尚驚悟。作意従之。降伏天狗。少時平復。同

八年七月。准大唐南岳天台両大師之例。故円仁可賜謚号之状。上表奏聞。朝議曰。円仁之師最澄。未賜此号。弘法之功。曾勝劣者。同月廿四日。伝教慈覚両大師同賜謚号。本朝大師之号始自此矣。凡公私施入庄薗賞賜。或辞而不受。或施入諸宮。堀川左大臣諷諫曰。数度朝賞。一度無受。論之政途。似背皇命。縦辞職位。可受内供。爰預内供并御衣。雖然身不触御衣。室不入供米。併施東西両塔四種三昧僧矣。

延喜三年。玄昭律師久沈重病。殆修死[9]門。堀川左大臣請和尚。於律師房。令修不動法。第六日々中之時。炉壇之中。猛火之上。大日如来不動明王相並顕現。和尚律師共得奉見。余人不見。律師揮涙曰。予依和尚之験。奉見如来顕現之身云々。同十一年。行年八十。和尚歎云。我引公私之縁。常破禅定之観。自今以後。偏抛万縁。永籠一室。同十五年。対於本尊。祈念生処。夢中明王捧和尚。留須弥頂磐石之上。令見十方浄土。即告曰。随願往生。其後係念於都率内院。而夢中到於外院。慈慶大徳生内院。乗紫磨金師子。忽看和尚来告曰。我依転読法花之力。已生内院。早帰本山。一心可転読法花経。其後偏転読一乗妙典。同十八年十月日。対於本尊。右膝着地。慇懃啓白。譬如世人之老親[10]矣。辞謝之後。亦無参礼。十一月二日。故避仏堂之近宿。更遷寂静之遠処。焼香散花。面向西方。口唱弥陀。容貌儼於尋常。音声雅於他日。翌日星夜。右脇入滅。春秋八十八。于時瑞雲聳峰。香気満室。山上京下。如喪考妣矣。是日大津男女皆謂云。中堂之南。孤峰之上。聞伎楽之声。見奇雲之気。後日聞之。已和尚往生之相矣。和尚始自登山之日。迄于化雲之夜。不嘗醋糟油蘇之味。陳臭経宿之食。無着女人裁縫之衣。桑糸繭綿之服。不躡革履。不乗車馬。食飯粥於同時。[11]企澡浴於[12]其日。行歩無見左右。睡眠無伸手足。一生之間。過中不食。凡生前度者一百廿[13]一人。受法者十有六人。蒙印信者五六許人耳。至于如彼齢盈八旬。観期八年。能知寿命之限。正待終焉之時者也。遠者聞音楽。近者染異香。豈非上品生之人。得仏菩薩之迎。乗金剛台往生極楽哉。

〔三〕鞍馬寺根本別当峰延者。東寺十禅師也。爰造東寺長官従四位上藤原朝臣伊勢人常願曰。争得勝地。建立道場。安観音像。于時夢。城北有一深山。此裏逢一老人。齢八十強。鬢髪皤々。即相示曰。斯地之勝。甲于天下。山似三鈷。雲乗五色。汝建仏堂。利益自他。伊勢人問曰。公為誰何。答云。王城鎮守貴船明神也。感汝道心故。所来告也。雖有此夢。未知其処。常有騎用之白馬。被鞍謂曰。昔後漢明帝。夢見金人。摩騰竺蘭載聖教於白馬。自西域来矣。汝亦感吾夢。必示其地云々。即放白馬。従以青童。漸到北山之上。已駐緑萱之中。童子帰告。主人行望。廻見此地。不異昔夢。其萱草之中。見得毘沙門天像。始建一堂。安置件像。故号鞍馬寺蓋是也。伊勢人常思。吾有奉造観音像之願。今安毘沙門天像。尚非素意。此時夢。有一童子。年可十五六。告云。汝当知観音与多聞名異体同。譬如般若与法花名体異同。夢後信之。而間峰延住東寺。出堂庭望。此[1]山見紫雲。定知彼所有霊地矣。遂離東寺。遙到北山。暮雲暗。敲火燃薪。夜及三半。鬼物出来。其貌類女。向火而居。峰延畏之逃。隠堂後朽木之下。鬼即尋来。瞋目欲噉。峰延奉念毘沙門天。朽木忽倒。打殺鬼物。其翌日。伊勢人攀来。且見鬼怪。且約師檀。遂委于寺務。始為別当矣。時也五月。修護摩法。日中之時。自北峰大蛇出来。吐舌如火。耀目如電。峰延誦大威徳毘沙門天呪。神呪之力。忽斬大蛇。其後三箇日。伊勢人亦来。具見蛇体。奏之公家。給夫五十人。斬蛇令棄静原奥山。謂之大虫峰是也。

　或説。宝亀元年始伝霊験。其後弘仁年中。伊勢人修造寺堂。為大檀越。寛平年中。付属峰延上人。延寿[2]十四年。左大臣在衡為学生之時。与峰延鋳洪鐘一口云々。鐘銘今在。所記未詳。

自爾以降。峰延偏願極楽。尚疎寺務。遂委弟子平朗。継為別当。于時延喜廿二年閏六月廿日。安住正念。帰向西方。観阿弥陀仏。如睡遷化矣。生年八十。

〔三〕僧正護命《弘法大師之師也》者。美濃国各務郡人也。俗姓秦氏。生年五歳。入吉野山。籠居多年。為訪父母。適出旧里。於山田寺。暫以稽首。食飯口中得仏舎利。《一粒也》講論席上《於普光寺講唯識疏也》亦得仏舎利。如此奇事不違勝言。付大僧都勝虞為弟子。学法相宗。住元興寺。弘仁五年正月廿六日。以智行之名。抽任少僧都。不経幾程。転大僧都。同十四年。撥其名利。辞大僧都。天長四年十一月。殊有詔命。更以後任登于僧正。承和元年九月十四日。春秋八十五。正心念仏。寂而入滅。未及気絶。同寺善守上人来臨問訊。于時音楽聞天。薫香満室。雲有惨色。水有咽音。嗚呼悲哉。

　ム書之。同本後記[1]云。終于元興寺小塔院云々。

〔四〕砂門永快者。金峰山千手院之住僧也。一生不犯。両界之行。不敢交衆。亦好独居。房中弟子。自非食時。更不合眼。以音而通。而間治暦年中八月。彼岸中詣天王寺。一心念仏。満百万遍。然後招集弟子。処分資物矣。夜向三半。独出房中。高唱弥陀尊。専行礼拝。向西而行。臨海而滅。衆人行見。端坐合掌。顔色不変。生年六十有余。

〔五〕大法師順源者。鎮西安楽寺住僧也。俗呼云静慮院供奉。雖携学業。専無念仏観法之想。雖巧解釈。只為嬾惰懈怠之人。遂以娘為妻。人皆非矣。有一弟子。名曰観暹。縦容之次。随宜諫之。大法師答云。教喩可然。是無智之甚也。但古三蔵所行各異。或以姉妹為妻。或以娘女為妻妾。況日域之地。雲外之境也。何科之有乎。汝不見仏説乎。一切女人。皆母子也姉妹也。誰親誰疎。何分何弁云々。其毎日所作。一室之中。数剋端坐。行歟非行歟。人以無知。已臨終之時。掃持仏堂。請僧侶四五。長音合殺。即長大息云。口惜哉々々々。于今不来々々々々。傍人聞之。以為狂言。俄爾歓喜礼拝曰。約束無変。本意已足云々。隣有円宗房安秀上人。来問其故。答云。年来毘沙門天以臨終時。有可導極楽之約言。今已顕現。故以歓喜也云々。即合掌向西。念仏而滅。于時康平年中。大弐師成卿之任中也。

〔六〕持経僧正範者。西府内山之住僧也。四十余年。暗誦法花。不顧世事。亦慕極楽。而間至臨終時。夜半独起。長音合殺。其声漸休。弟子奇驚見之。向西擎香炉。端坐入滅矣。近隣有一上人。此夜夢。驚語曰。無量衆僧迎正範持経者。向西而去。若其人往生之儀歟。明朝尋之。与夢相合。于時永承年中。大弐資通卿之時也。

〔七〕大宰府艮有一名山。俗呼曰内山。有一別処。人伝号山桃。有一禅僧。失其名矣。多年諳誦法花経。一生不営世間事。于時天喜五年冬十月。夜及三更。喚弟子小僧云。燃明松可来。為奉見阿弥陀仏而已。小僧従之。既而数剋瞻尊顔。一心観仏相。然後告小僧曰。此房付属於汝。吾今往生時也云々。即乍居礼盤。如眠入滅。

〔八〕大法師頼暹者。西府安楽寺之学頭也。本住世間。亦好管絃。爰作楽曲。其詞云。帰命頂礼弥陀尊。引接必垂給倍。以此曲。毎月十五日。招伶人五六。勤修於講演。号曰往生講矣。専営此事。漸及多年。已臨死期。垂涙云。天無音楽。室無薫香。往生之願。本意相違。如是挙声。再三嗟嘆。忽奉抱三尺阿弥陀仏。乍居入滅。此時一室之中。衆香発越。非雲非煙。乍陰乍晴。于時延久年中。大弐良基卿之任也。

〔九〕二位大納言藤原経実卿室家者。贈大政大臣従一位藤原実季之女也。従少年時慕往生。黎廿有余。不慮受重病。母堂謂曰。為除病延命。奉造七仏薬師像也。女子曰。今度之病。運命之限也。早改七仏之像。可奉造六地蔵像者。母堂流涙。忽従其言。即日申剋。請天台僧静算闍梨。打磬啓白。念仏合殺。既而雲気垂窓。薫香満室。合掌向西。念仏気絶。静算闍梨所着袈裟。染薫香無変気。臨終之時。必為着用。納三衣筥。其人于今持矣。

〔10〕道昭法師者。俗姓船氏。河内国人也。有戒行徳。奉勅求法。渡於巨海。往于大唐。遇玄奘三蔵為弟子矣。三蔵告弟子曰。是人当化多人。汝等勿軽。能可供終[1]。業成之後。帰於本朝。造禅院寺止住矣。遍遊諸方。弥化一切。遂帰禅院。演暢経教。臨其命終。洗浴浄衣。向西端坐。観念之中。光明遍室。于時開目。告弟子曰。汝見此光否。答云。然矣。法[2]誡曰。汝勿妄言。々々々々。其後夜分。光出房戸。照耀庭松。良久光指西方而去。法師亦卒。瑞相太多。見霊異記。

〔11〕肥前国基肄郡。有一道場。号曰小松寺。有入道上人。失其

名。彼在俗之時。為強盗。妻子家口皆以見殺。独雖存命。不堪哀傷。遂詣此寺。従師出家。占庵室。閉戸禅居。非人招引。敢不出閫。端坐念仏廿余年。而間或人備饌持来。開戸見之。手結定印。向西而居。驚告近隣。見者多矣。或旬日或浹辰。人以往見。其貌如故。人異之曰。若是入定歟。不改居席。作棺斂埋。漸過其年。本師上人夢。入道来告曰。早払草穢。以勿厚埋。此処時々天人降臨。聖衆来会。席穢埋居。蒙霧難散。故所示告也云々。然而上人以為妄想。不奈而止。其後次年。夢想亦如初。此時上人驚恐。撥墓開棺。塵埃埋之。払拭見之。身体不爛。定印無変。見者幾仍莫不歎。但為思諠譁。不告国邑。掃除塵垢。作墓鎖開。于時康平年中也。

〔二〕参議右大弁従四位上兼行美作守和気真綱者。民部卿従三位清麿之第五子也。稟性敦厚。忠孝兼資。少遊大学。頗読郡出[1]。弱冠之初。補文章生。延暦廿二年。始任内舎人。爾来三代。経歴内外官。惣廿[2]余員。加之以道心有素。仏乗是帰。天台真言両宗之建立。是真綱及兄但馬守広世両人之力也。于時承和十三年。法隆寺善愷告少納言登美真人直名所犯之罪。官欲任理聴其訴訟。而同僚中有引直名者。翻以傍官誣。更許容違法之訴。所謂私曲相須之論是也。明法博士有所畏避。不曾正言。箕星畢星。所好各異。公[3]罪其論不同。其間子細在別記矣。於是真綱自謂。塵起之路。行人掩目。任[4]判之場。孤有何益。不如去職遁名。即抛棘路。長閉山門。偏厭南浮。只慕西土。春秋六十四。無病而卒。時人皆曰。是往生也。

〔三〕沙門真能者。河内国人也。幼出俗流。早帰仏道。誦法花為業。唱弥陀為行。心不起瞋恚。口製悪事。是歟非歟。何善何悪。但依檀越縁。久住道明寺。而間夢。在大法会。列名徳座。見其執行之人。編鵄羽為袈裟。此時思惟。領兼日之請。不知何処之態。忽成疑心。不受珍饌。満座皆曰。已列会衆。不可不受。先可授袈裟。其袈裟之為体也。五条衲衣編縫鵄羽。弥以為奇。固辞不受。夢覚思之。天狗所為也。若久住此処。可作其伴。忽辞此寺。入高野山。更有二鵄鳥。来居院門。大衆議曰。此北者大師結界。無有鵄鳥。料知新来之聖人。成其伴歟。上人以実陳之。数日之後。鵄鳥遂去。自爾以降。不留田園。不出門外。念仏行法。薫修有日矣。其臨終之時。屈請衆僧。行理趣三昧。自唱念仏。向西而卒。瑞相亦有矣。于時嘉保三年。春秋七十三。

〔四〕正四位下右大弁平朝臣時範者。前尾張守定家朝臣之長男也。生累葉奉公之家。歴繁花勝人之官。所謂近竜顔。奉鳳銜帯三官。歩一朝。履劉[1]数州之府。遂昇大弁之極。天仁元年冬十月。忽辞鸞台。長入仏家。〈法名寂恵〉人皆来問。即答謝曰。予五十六時。必期遁世。啓仏語人。其言有曰矣。今行年五十五。生涯無遺恨。病已及危急。何必待其年。于時春也。相謂曰。中春上旬。必可遷化矣。

二月五日。行弥陀護摩。修法花懺法。又図絵供養黄不動像。同六日相示曰。夢相之告。可生都率。是非本願。只望極楽。雖上生不慕。雖下品可足。同十日亦曰。一期之生。今日時至。忽以沐浴。整法服。漸及午剋。召請衆僧。令唱合殺。此時病及宿急。言語不詳。俄爾起居。出大音声。称説而言。南無極楽化主弥陀如来。〈百反〉啓白。自少壮之昔。至于大年之今。不枉法不欺人。自廿三歳。禁断殺生。其間善根。三尊知見。次称念観音勢至。〈各百反〉是皆自幼年至于今日。唯祈命終。引導捨諸。次念黄不動尊。自生年十三。只啓終焉事。当於斯時。可却魔縁。次念法花経。生年廿三。自書金字法花経。毎書一行。礼拝曰。法界衆生。平等利益。往生極楽。頓証菩提。一部功畢。詣金峰山。開演供養。即向西方。同作此礼。奉埋宝地。今放金光。照我冥途。如此称揚之詞。勝衆僧合殺之音。次還念弥陀仏五遍。念仏之間。寂而気絶。于時天仁二年二月十日申剋。春秋五十六。滅後三日。律師増賢夢。其人端法服着插鞋。詣謁見曰。我離苦痛。律師見其人。紅白蓮花二茎。生左右頸。奇香発越。

〔五〕 延救上人者。武蔵国慈光寺住僧也。道心内薫。徳行外顕。爰有大徳沙門頼算。俗呼云日想房。即従此沙門。受習大法。其後為法界衆生。断穀持斎。修護摩法。毎日三時。限以千日。其結願日。本師頼算設飲食羞之。即辞曰。不食之。人欲試命限。仍今日以後。更以断食。雖致勧誘。固辞而去。即謂常随弟子勝命行人曰。始自今日。無言断食。自非吾言。全勿覚語。即対本尊。閉居而居。弟子承教。雖過旬日。不敢言謁。于時正月十四日午剋。告弟子勝命曰。只今命終。可啓本師日想房云々。件僧往反間四五町。本師趣来。開戸而見。手結定印。趺坐入滅。音楽在耳。瑞相在眼。訪其年記。治暦年。春[1]七十。

〔六〕 入道平円者。信濃国水内郡多牟尼山之行人也。生年廿五。出家受戒。随加賀国江沼郡服部上人。受習両部法。其後三時供養法。一生無間断。又不専読誦衆経。唯以両界為持経。凡以此功徳。廻向極楽。外行如此。内心誰知。于時治暦年中。旦暮七十。端坐壇上。定印入滅焉。咽悲哉。

〔七〕 持経者長明者。信濃国戸隠山之住僧也。生年廿五。断言語而三年。誦法花而幾日。毎日百部。未曾偃臥。邂逅客語曰。吾是喜見菩薩之後身。来生此処。焼身三遍。今生之終焉。期三月十五日。然而都率天上。来会有限。二月十八日。遂以焼身。于時永保年中也。

今案。兜率上人不載西土之記。而已謂喜見之後身。豈非随意滅度乎。故以記之。

〔八〕 尊忍供奉者。天台東塔之禅侶也。漸及暮年。住越後国。毎日読誦法花経一部。仁王経十部。観無量寿経九巻。不動慈救呪万遍。未曾懈緩。傍有行人。名曰法縁聖。俗呼云裸聖。

　或云。延喜年中海賊首藤原純友[1]之再誕也。常奪取人衣食。故常得裸形。
　　希食之報云々。

住彼国開山寺。苦行不可言。即与尊忍知音尚矣。尊忍退相語曰。法縁聖者。苦行雖貴。臨終有疑。吾常悲之。彼弟子等伝聞曰。我師上人者。苦行精進之聖也。尊忍供奉者。監[2]行嬾惰之人也。在凡謗聖。其可然乎。尊忍聞云。凡聖之事。非人所知云々。裸聖臨終之時。数日病悩。不悟而死。其後尊忍云。裸聖命終不快。吾終焉之時。可葬彼聖之墓側。為利彼人也。其命終之日。観行相続。正念入滅。瑞相太多。往生不疑。依其遺言。葬彼聖之墓側。今惟[3]年紀。延久年中也。

〔一九〕皇太后宮歓子者。故太政大臣藤原教通之三女。後冷泉院之后宮也。生年十四。随舎兄静円僧正。竊受習諸経。其後諳誦法花経一部。人以無知。春秋十六。見択入内。永承七年七月十九日准后。治暦四年四月十九日立后《十七日戊午立后。見日記》。此夕帝崩矣。自爾以降。偏発道心。如旧日々諳誦法花経一部。并転読諸大乗経数十巻。逐日不懈。終身為期。於二条東洞院亭。手自書写最勝王経。雲雨俄降。霹靂入殿。其時奉《捧ィ》経拳筆。如存亡[1]。雷騰天晴。開眼見経。空紙焼而字残。御衣燃而身全。帰法之心。自此弥深。承暦《保》元年。落飾出家。座主良真為其戒師。一従入小野之寒雲。再不見長秋之暁月。遂改小野亭。号常寿院。迎請慶曜大法師。受習真言止観。毎日自修弥陀法花之法。逐年専展五時八講之莚。抛眼前珍。営身後善。

　慶曜已講者。顕密懸鏡。智行無並。梵漢兼長矣。成尋渡唐之時。帯此書焉。梵僧見梵字以称美。唐人見漢字以讃歎云々。抑此人者。智証門人也。臨終向西。得聖衆来而已。

売二条亭。施千僧供。又手自写五部大乗経。於日別必書法花経五紙。而間夢中。禅僧持香炉来云。往生之業因。不如造大仏云々。忽感此夢。造顕供養丈六弥陀像。其滅期先三日。喚諸僧曰。最後之時。可唱虚空蔵宝号。又令修大威徳法。為攘臨終之邪障也。于時康和四[2]年八月十八日。以五色幡。繋本尊手。右手投幡旒。左手持香炉。西向観念。寅剋終焉。御年八十二[3]。此時蒙[4]曜大法師参而啓白。今暁夢。無数聖衆。自一山頂。乗雲鳩集。作楽雁列。夢中問之。傍人謂曰。此是小野皇太后宮御往生之儀。夢想掲焉。故急参也者。

〔二〇〕肥後国有僧。失其名。幼厭世塵。已受密印。苦行為事。理観為業。半百以後。遂着女事。其女[1]殊懐貞操。専致婦礼。爰僧雖着女事。常修禅行。更立別室。為観念処。而間聊在病気。頗変寝食。即喚僧徒契其扶持。竊語曰。若及臨終。勿告妻室。決死之後。可令相告。努力々々。僧従之。既而背東面西帰命絶。其後告女室。

々々聞之。拍手瞋目。投身躃地。数剋蘇揚声叫曰。我従拘留孫仏之時。為妨是人之菩提。随逐給仕。宛如形影。妬哉。今生已令得脱。心事已違。何往矣。其女已失。不知所去。訪其年紀。康平年《中ィ》也。

〔三一〕備中国新山別所定秀上人者。近江国蒲生郡人也。幼年出家。住楞厳院。付源慶闍梨。以為師範。随源昭供奉。受密印。自爾以降。已背学道。早修念仏。或人問其故。答曰。吾以欣求得生極楽。則法門無尽。可必明了。衆生無辺。可必度脱。断除煩悩。証得菩提。必以可難哉。生年廿一。偏願西土。遂以離山。至土左国。住鹿苑寺。飡疎菜而送六箇年。誦法花而満三千部。其後巡行諸山。不住一処。遂至備中国。住新山別所矣。国司嘱請。固辞不往。籠山十二年。求道唯一心。其間造写供養。弥陀并大般若五部大乗経等。自余行事。不能具記矣。承保三年三月二日。嘱衆僧。一日夜修不断念仏。々々之間。或起而礼拝。或臥而合掌。是則数月嬰小痾。及大漸之故也。先是三箇日。無大小便利。無身心苦痛。言語不忘。心念不懈。其念仏之終。結願之後。更令諸僧唱合殺。自持香炉。以五色糸繋本尊手。寄眼瞻尊顔。動脣[1]称仏号。漸至子剋。寂而入滅。顔色不変。温気猶残。于時承保三年三月三日。行年六十四。此時有日円上人。俗呼云美作聖。夢新山東西。衆宝荘厳。其中有四階楼。以七宝成。其第四層。定秀上人安坐説法。聴衆太多。又他人夢。語往生之相。所見雖異。往生事同。

〔三二〕沙門成務者。近江国竹生島之旧住也。専致中丹。久慕西土。迄于老之終。冬之仲。忽嘱僧徒。羞以珍味云々。満座異之。答謝而曰。冬往春来。二月十四日。告門弟曰。命終在明日。兼可借孤舟。已渡湖水之浪。更入雲峰之霞。〈俗曰津布良尾峰〉嶺上端坐。向西観念。即誡弟子曰。早可帰也。不可暫留。弟子雖随其命。猶逗留。数剋之後。竊以望見。端坐合掌。如眠而滅。予惟年限。康平中也。

〔三三〕前壱岐守藤原親輔二男。収養他児。漸及三歳。好翫念珠。父母愛之。授以紫檀念珠。児常握翫。不離其身。言語之中。動称弥陀。母雖忌諱。猶以不止。已及六歳。忽有所悩。経七箇日。児所翫念珠。懸置壁上。児見之曰。吾念珠之上。塵埃已積。嗚呼々々。太有憂色。又曰。身体垢穢。聊沐浴。父母忌之。不敢許之。即凴人而居。揚声誦曰。聞妙法花経。浄心信敬。不生疑或者。不堕地獄。餓鬼畜生。〈乃至〉生十方仏前。蓮花化生云々。幼少之児。曾無人訓。読誦之音。聞者異之。声中閉眼。向西気絶。于時嘉承二年。其後母常悲之。恋慕不休。経両三日。息而昼寝。非夢非覚。児方来至。容顔美麗。尚殊尋常。謂[1]母曰。能見吾形乎。母曰。然矣。児即誦云。即往南方。無垢世界。坐宝蓮花。成等正覚。誦此文了。忽兮不見。

〔二四〕散位藤原重兼母者。其性質直。其心柔和。已□[1]往早作孀居。自爾以降。空室不守。落飾作尼。偏望西方。敢無他念。遂占叡岳之東頭。建方丈之栖廬。常礼山王三聖之幄。専祈護持二世之由。而間先死三年以来。観行六時之中。心住禅定。身放光明。天仁二年夏四月。柴扉寂々。艾漏[2]綿々。安住正念。奄而入滅。于時生年七十。其明日。清水寺住僧来告曰。去夜夢。清水寺之山上。紫雲聳山嶺東。或人云。是叡岳東脚。往生女人之瑞相也。夢想是奇。故今尋来告也者。

〔二五〕上野介高階敦遠家室者。前讃岐守藤原行家之女也。其性柔順。敢無喜怒[1]。生年廿歳。始厭有為。更畏無常。読誦法花経。造顕弥陀仏。即祈請経王。欲知命期。而間夢中有僧。青珠一連。以授之曰。汝寿之数也。四十五。女以信之。天承[2]五年。行年四十五。今生之命。以為已尽。相謂曰。吾聞。□《造歟》丈六仏像者。必往生浄土云々。忽造顕供養丈六弥陀像。相次営逆修善。同六月廿三日。初有病気。具記生前所修之善根。以相示親知曰[3]。吾之臨終。必以此書。可授吾手。努力々々。親族諾之。自爾以降。寝食雖乖。平愈如故。忽企沐浴。新着浄衣。其後如存如亡。遂及危急。彼廿歳時奉造仏手。繫五色糸。執之而居。念仏数百。如眠而卒。于時天永二年七月一日。奇雲遍覆。異香四薫。隣人行人。皆聞其芬。此夜。常陸介藤原実宗後房。字肥後内侍夢。遥見西天。雲帰上界。頻伽両三出雲而舞。夢驚思之。以為妄想。即又入寝。此時弥陀如来。与諸聖衆。作微妙楽。従雲路来。傍人告曰。此是五条太宮有往生女。其迎接云々[4]儀也。夢驚夜曙。遣使尋其。々処不渝。其事如夢。送十箇日。至葬斂時。雖当暑月。身不爛壊。雖経一旬。香気四散。爰内侍心成庶幾。苦思結縁。泣逐車轂。遂到葬庭。至心而傷。作礼而去。

〔二六〕前権律師永観者。但馬守源国挙《ム云。唐房法橋父也》孫。進士入道国経之男也。生二歳。石清水別当法印元命鍾愛為子。年及八歳。従山崎開成寺上人。受不動明王呪。一聞再不問。睡眠之中。屢有誦声。上人驚曰。此児前世之行者也。人以勿忽諸。十一歳。師事禅林寺法務大僧都。々々々者。花山法皇第五子。東大寺別当東寺長者也。見此児之器量。殊加哀憐。年十二出家。於東大寺受具足戒。入三論宗。又学唯識因明。能達法相宗。髫齓之間。聡恵無比。学倶舎頌。日諳七十行。師友異之。号曰七十行公。十四勤方広竪義。相次遂法花維摩会事。十八以後。研精之隙。毎日唱一万遍。毎月斎戒修十五日。

天喜五年。行年廿五。殊有清撰。参平等院番論議。是日言泉水沸。詞林花鮮。満座帰服。以為翹楚。土御門右府者。文学之宗匠也。即在其席。太以鄭重。抑居甲居。昼夜謁見。康平七年。参法成寺竪義。其後応公請。卅《四十。本伝》有二。遂辞囂塵。蟄居光明山。

経行四十。帰住禅林寺。其寺巽角有一堂。称東南院。占之幽閑。止宿禅念。卅以後〈不惑齢以降。本伝〉。風痒相侵。気力羸弱。自云。病是真善知識也。我依病痾。弥厭浮生云々。応徳三年。五十四。以高才之聴。給維摩講師請。然而依成念仏之妨。乃企辞遁之思。貫首弟子法印慶信相語云。為本寺為遺弟。暫抑韜世之志。宜遂奉公之節者。因玆雖無希望。随此諷諫。屢仕朝庭。毎揆講肆。必増声価。

承徳三年。授権律師。夏臈五十五。僅経信宿。便以辞退。同四年補東大寺別当。又辞退再三。朝議不許。黙随寺務之間。土木専功。輪奐全構。仏法興隆。学徒繁昌。倶過中古。超于末代。[1]地利封戸。分毫不誤。適向南都之時。必用本房之[2]粮。寺中旧老相伝云。及三百歳。大仏可放光。考其年紀。已当此時。歴三箇年。又以辞退。偏修念仏。閑送余生。先是太上法皇専致帰依。補法勝寺供僧。計日宛日食。逐年賜年服。博陸相府。殊加優重。為法成寺供僧。凡自幼至老。披閲経論。至忘寝食。阿弥陀経要記。往生十因。各一巻自以筆削。念仏之輩。皆以競写。以為念仏宗云々。若人問出世之要。答以念仏之行。又新造式。毎十斎日。勤修往生講。凡慈悲薫心。若有来乞者。雖衣鉢不惜。若見病人。必施救療。承徳元年。造顕丈六弥陀仏像。安置薬王寺。是擬[3]園精舎無常院風也。又於其処設温室。四十余年。漿粥菓蓏。随時求施。或時身自荷担。不顧恥辱。若有公家之請。称以悲田之衆。禅庭有梅樹。毎結其実。必宛彼施。故村里児童。呼為悲田梅。凡所得物。先与病人。次供仏僧。

寛治八年。造立七宝塔婆。聊設斎会。其中奉安置仏舎利二粒。即発願曰。若順次生可生極楽者。舎利可増数。其願文同納塔中。次年開見之。已成四粒。即歓喜流涙。分取二粒。奉籠本尊弥陀之眉間。昔道綽禅師語善導比丘云。取一蓮花。行道七日不萎者。即得往生。此舎利之増数。孰与彼蓮花之萎矣。凡一生之間。顕密行業甚多。奉唱弥陀宝号。不知幾許。初毎日一万遍。後亦六万遍。別満百万反三百度。漸及暮年。舌乾喉枯。只事観念。又自[4]愛法之日。至終身之剋。弥陀供養法。三時無闕怠。奉誦尊勝陀羅尼三十八億九万九百廿遍。至心念呪之間。仮寐之中。遙望月輪。其中現七重金塔。又結拳印。思惟極楽之地。夢想中見丈六尊像。覚後髣髴猶在眼前。

天永元年臘月。腰有小恙。至二年。起居猶不快。先是。於中山吉田寺。修迎接之講。其菩薩装束廿具。裁羅縠錦綺。施丹青朱紫。是乃四方馳求。年営設。今年俄施入本寺。自八月下旬。食事乖例。十月晦日。如例修往生講。合掌当額。流涙随喜。門弟囲繞。相勧念仏。答云。但聞一仏二菩薩名。除無量劫生死之罪。何況憶念。〈観経文〉又曰。寿尽時歓喜。猶如捨衆病。〈倶舎論文〉不可嘆々々々。十一月一日。強以沐浴。苦痛忽除。[5]如得尋常。同二日。令修往生講。至于念仏往生之段。講衆等異口同音。唱来迎讃。法師《本伝在此》語傍人云。香気芬馥。人々聞之哉。講衆皆答云。更無所聞云々。以漸至丑剋。頭北面西。正心念仏。如眠気絶。春秋七十九。

別伝云。毎月十五[6]日持斎。別限三年。毎日不闕。為絶味欲。心浄口□決定往生之因也云々。[7]《本伝。木工助敦隆作》

法勝寺講堂承仕勝見夢。律師参堂登礼盤。礼拝釈迦如来而出去。其夢方当彼遷化之時。同八日。当寺住僧定因夢。数多僧徒。囲繞律師。梵唄歌讃。律師面貌端厳。甚有悦色。衣裳明徹。猶如水精。同廿九日。弟子阿闍梨覚叡夢。有一精舎。僧徒列坐。覚叡在列。瞻其仏像。已是律師也。[8]授以一句偈。従我聞法。往生極楽云々。如此瑞相。万而記一。

〔二七〕沙門善法者。甲州人也。少日在洛。多年仕人。忽厭人界。已入仏道。自爾以降。経歴国邑。不定居処。弊衣麁衣。是為常事。勧進道俗。勤行講経。令人勧法花。限以六万部。時人呼号六万部聖矣。天喜四年三月。至播州峰相寺。々有上人。名曰聖禅。禁断言語。念仏坐禅。唱百万遍。満万箇度。見善法来作憐愍。善法随之。契為師範。其後経十箇日。身受病患。即告聖禅曰。往年於美州修補古寺之間。夢有一老僧。与二疋馬。即謂曰。療治其足。以可騎用云々。善法乗一白馬。向坤而赴。馬有二翼飛而行。超大河而過銀浜。登高山而到雲嶺。山頂有一寺。々中有衆僧。皆垂瓔珞。兼懸吾身。告曰。汝過三年。当来此処云々。其後三年。已当今年。況亦去正月。於当州三枝寺。礼仏之間。夢人告曰。汝命已尽。来五六月云々。即知。今度之病死期必然。以吾屍骸。不可収葬。必置林野。可施鳥獣云々。聖禅報曰。汝言善也。釈尊往昔於飢渇世。身作赤魚。願曰。先食吾肉者。我成仏時。最初度之。依其本願。阿若拘隣等五人。最初得脱是也。今汝所願。亦如彼願。善哉善哉。即注札上[1]人曰。施者受者。同証菩提云々。忽以沐浴。移住草庵。于時三月晦日。善法謂曰。惟吾一期。残在三日。出家以来未受禁戒。往年有智人。教訓云。人雖受戒。若破之者堕地獄。汝只至命終。可聞梵網経者。今已是時也。令我聞彼経云々。聖禅従之。其後身厭汙穢。口断水漿。天喜四年四月二日午剋。起向西方。礼拝三四度。称念弥陀。寂而気絶。其後郷人夢。従西方。無量化仏指[2]東而来。有人問之。答曰。是六万部之聖来迎之儀也。又依彼遺言。殯送林野。雖過数日。顔色不変。十日之後。一夜之内。群獣噉尽。片骨不残。又僧定秀謂曰。往於備州。親見此聖。誠無智文盲。不如此聖。雖提念珠。常横利剣。博奕之音穿雲。酔酒之狂驚隣。其体勇也。其詞悪也。彼時無帰依之心。今日作追悔之思。嗟呼智如々来。可評量人。以牛羊眼。勿量衆生。

〔二八〕阿闍梨聖金。元慶寺住侶也。籠居山城国乙訓郡石作寺。十五箇年修往生業。毎日三時修弥陀供養法。毎日六時念仏一万遍。

十二時逐時礼拝百返。長和四年二月。謂曰。我之命限。只在今年。同七月廿三日。風病更発[1]。其十月中。奉迎極楽浄土変像。一向念仏。十二月上旬。謂傍人曰。往生之外。勿言他語。令善知識。往生要集中臨終之行儀。問答義理。悲泣落涙。同廿七日。洒掃住房。沐浴剃髪。然謂云。死期已近。用土葬。為省人労也。諸僧驚怪。以為狂言。闍梨聞曰。吾心匪懈。豈有狂言哉。同廿八日未剋。取梵網経一見。漸及黄昏。整威儀謂衆僧曰。念仏廻向。可唱高声。諸僧従之。闍梨念仏之間。如眠又覚。問云。僧徒多見。何亦少哉。又聞読往生行儀。随喜曰。臨終十念。勝百年行業。吾慕其行。豈非此時乎。漸及寅剋。看病之僧紀明挙眼。見浄土変像。忽有異光。寄眼見之。還亦不見。闍梨以五色糸。繫尊像手。与平生所立三種願文。共以取副。面向西方。手結定印。端坐気絶。于時長和四年十二月廿九日也。生年六十六。

〔二九〕円空上人者。伯耆国弘瀬寺之禅徒也。一生持戒。六時観行。其体如仙。俗呼曰円空仙矣。長暦三年七月廿五日。身心受悩。不軽不重。其年以往。二三箇年。雖無所痛。不肯飲食。或十箇日。或五六日。断食入禅。就中受病之初。五六許日。纔服淡水。不用濃漿。有人勧水漿。上□[1]謝云。食者養分段之身。続悪業之命。故離此□[2]。欲専浄心也。至于脂肉。是小身体已枯。其善業之人。命終之時。地水先去者。即斯謂歟。然而年齢及暮年。気力過[3]状。此間雖云僧俗聚門。結縁成市。設席於閑処。断言於面謁。自八月一日。毎日沐浴。整威儀。取香炉礼仏。次置香炉。令人読止観々心之文。手結定印。心作禅念。又令人読九品往生経幷六時讃序虚空以前之文。揚声称曰。南無帰命頂礼。来迎引接阿弥陀仏云々。然後安臥。毎日作法。亦復如是。又観仏於順逆。演三身於即一。其結句頌曰。願以此功徳。普及於一切。我等与衆生。皆共成仏道。毎日念仏後頌如此。或人問曰。毎日沐浴是何乎。答曰。為修弥陀供養法幷両界行法也。同十六日。沐浴三度。樵夫三人入山採薪之間。共聞□[4]虚微之楽。忽作本師往生之思。即急帰見□[5]。容儀如常。漸及昏刻。対来迎仏像。結即心成仏之印。次手執幡旒幷願文五鈷念珠等。合掌当額。十念之後。三度開眼。奉瞻仏像。如眠而終。于時長暦三年八月十六日。生年八十。其後或人来曰。去十五日夜。草堂之前。微妙荘厳。上人向西而坐。無量衆僧取香炉。漸次進来。其路当西。而座広一許丈。瑠璃為地。表裏映[6]天。又云。十六日夜半夢。上人入棺。無量百千威儀僧。擎持棺槨。指西而行。如是夢想。不違勝計。

〔三〇〕伊予国法楽寺。有一老尼。名曰安楽。其性柔和。其意慈忍。出家之後。廿五年毎日所作。弥陀名号五万遍。〈斎日十万遍〉観音真言五千遍。光明真言千遍。普賢十願名三百遍。以為常勤。又寛弘五年八月以後。同七年以前。□阿弥陀大呪百万遍。自余恵業。不能委記。有上人。名□正一[1]。寛弘四年八月中夢。老尼喚上人。々々即到。排尼室障。奉見金色丈六阿弥陀仏。結跏趺坐矣。即告曰。我在於此云々。自是上人深以帰敬。同五年八月廿日夜。同上人夢。紫雲靉靆。垂布尼室。同夜子剋。忽有異光。赫奕如日。不堪向眼。以衣掩面。而頃却衣見之。光明如初。其夜老尼。弥陀大呪一万遍念誦之間。同十二月十三日夜。奇香芬馥。薫于尼身。其後毎夜。異香如此。夢人告曰。栴檀是也。同六年正月二日黄昏。尼従女見老尼室。光明照曜。従女驚怖。如此異相。已及数度矣。同七年十二月中。僧清禅問老尼曰。若見異相乎。尼答曰。無有別事。只時々西方有光。照臨室内。当斯光時。身温心楽云々。以同廿五日没至初更。当法□[2]房之方。遙聞微妙之音楽。同月晦日。忽以沐□[3]。念仏異例。其正月一日。正念不乱。唱念相続。向西入滅。生年七十八。

〔三〕大和国有一上人。失其名。俗呼曰阿弥陀房矣。壮年発心。出家受戒。偏抛世事。只唱念仏。或人夢。若欲見阿弥陀仏。可見大和国阿弥陀房上人云々。此言及広。往而結縁者多矣。爰東石蔵山。有一比丘。則同聞此事。行彼上人許。問訊結縁。及四五日矣。其夜比丘夢。従西方金色光三筋。来照上人矣。比丘自是弥知人口之験。其後天永二年月日。屈衆僧。念仏合殺。向西而滅。

拾遺往生伝 巻下

已上三十《一歟》人。至誠而注記。

建保七年正月廿七日夜。於西峰方丈草庵写之了。此全非為名利。則為自他発心。此全不期人天上報。則為往生極楽也。唯望此新生之聖衆達。遙照於愚願。必垂於来迎矣。願以此功徳。臨欲命終時。必預弥陀迎。往生安楽国。

砂門慶政記

校　異

一、底本の文字を改訂して訓読文を作成した場合の校異の主要なもの、及び参考となる諸本の異文の一部を掲げる。
二、太字の和数字は説話番号、アラビア数字は原文の文字の右傍に付した数字である。
三、底本の文字を改訂して訓読文を作成した場合は、まず底本の文字を示し、次いで改訂した文字(訓読文に使用)を掲げ、依拠した校合本・参考本を(　)に入れて記した。〔例〕1念—今(四本)
四、参考異文を掲げる場合は、諸本の略号と異文とを(　)に括って示した。〔例〕2上—(天「下」)
五、諸本に該当する文字を欠く場合は、ナシとした。〔例〕8伊比瀰—(天ナシ)
六、校注者の見解によって改めた場合は、(意改)とした。

日本往生極楽記

◇底本　尊経閣文庫蔵写本
◇校合本　天—天理図書館蔵写本、内—内閣文庫蔵写本、寛—寛永九年板本、板—無刊記板本(三本—内閣本・寛永本・板本が同一の場合、四本—三本に天理本を加える)
◇参考本　験—大日本国法華経験記

叙　1四—(寛「三」)　2念—今(四本)
一　1王—皇(内・寛)　2千年—十身(三本)(天「十年」)　3指相—指(意改)(四本「命」)　4以—(四本「汝以」)　5太子也—ナシ(四本)　6橋—橋(四本)　7造墓—(内「遺基」、寛・板「遺墓」)　8伊比瀰—(天ナシ)　9留—(三本「留諸能」)　10奈—美奈(四本)　11年—身(三本)　12葬—薨(四本)
二　1志—(寛ナシ)　2処—(三本ナシ)　3捨耒耜—(内・寛「采稚」)　4蓄—(四本「可蓄」)　5四—(寛「三」)　6呵—(三本ナシ)　7在—在此時(四本)　8期—(天「期為講師」)　9百—(天「九十九」)　10女—如(四本)　11二日—(四本ナシ)　12年—(四本ナシ)　13風—(三本「沈」)　14抽—(三本ナシ)
四　1出家師事伝教大師三年—(寛ナシ)　2之—之力(四本)　3比—皆(四本)　4滋—(天「殊」)　5聞之—(天「今来聞之」)　6南—(三本ナシ)　7方—方云(四本)
五　1漁—以漁(四本)　2問—(三本「同」)　3常—(四本「當」)
六　1透—(三本「秀」)　2太上—(天「仁和寺太上」)　3宿—(四本ナシ)
七　1貧亡—(三本「已貧」)　2一—(四本ナシ)　3供—供養(四本)
八　1如何—(三本「何」)
一〇　1清—(三本「性」)　2之—(三本「走」)
一一　1可還(寛ナシ)　2生—(三本ナシ)
一二　1碾—(四本「碓」)　2屋—(天「居」、三本「房」)　3蹤—(三本「踶」)　4欲—(四本「普照欲」)
一四　1尋静(三本「尋静華山覚恵律師門弟也」)　2阿弥—弥陀(四本)　3余歳—(四本「三春」)　4僧—(四本「曾」)
一五　1飲—飯(四本)　2唯—(三本ナシ)
一六　1延昌—(内・板「昌延」)　2□—三(内・板)(寛「二」、天ナシ)　3今—(三本「三」)
一七　1空—(三本「弘」)　2一七日夜—(天「七日七夜」)
一八　1得—夢得(四本)　2時—時手(四本)　3必—(三本「為」)
一九　1靖—(三本「請」)　2修—(四本ナシ)
二〇　1山辺—(三本「辺山」)
二一　1愛—貧(四本)　2女—引女(四本)
二二　1賀古郡—(三本ナシ)　2日—(天ナシ)　3年月—(内・板「明年今月」)　4月—(三本「日」)

二三　1島―(天「島郡」)　2上―(天「下」)　3迎―(寛「向」)
二四　1起―(天ナシ)
二五　1如―如意(四本)　2西井―(内「布衣」、板「井」)　3儲―(内・板ナシ)　4晩―(天「暁」)　5南―(内・寛「布」、板「中」)
二六　1誦―夜誦(天・験)　2各―忽(天・寛・験)　3千―(三本「十」)　4頂―(三本「授」)　5蘇―(天ナシ)
二七　1微―(内・板「微細」)
二八　1弥―(三本「門」)　2蓮―(内・板「連」)　3浣―(四本「洗」)　4投―(三本「入」)
二九　1内―河内(四本)　2於寺―(三本「出寺」)　3見―共見(四本)　4滅―(四本「滅之瑞」)
三〇　1小―少(寛)　2焉―(天「歟」、三本ナシ)
三一　1隠―(天「馮」)
三二　1向―(三本「間」)　2一妹女又―(三本「妹女人」)　3往生者―(天「往者」、三本「往生」)　4三人矣―(天ナシ)
三四　1間―(内・板「時剋」)　2年―二年(三本)　3詠一句―(天「訓一句詩云」、内・板「詠一句詩云云」)　4シカハカリ…の歌―(四本ナシ)　5詩云―(天ナシ、三本「其詩謂」)
三五　1向西気絶―(四本「念仏而絶矣」)
三七　1刺史―(天「史」、内「吏刺」)　2同牀第―(天「第」)　3閑―(四本「留閑」)　4雲―(三本「霊」)
三八　1末―木(四本)　2小―少(四本)　3拳々―(三本「歩々」)　4誠―誠(天・寛)(内・板「識」)　5小―少(三本)

三九　1極楽―(寛「施与」)　2歟―(三本「相」)
四一　1修―(四本ナシ)　2勤―勧(四本)
四三　1諸―(三本ナシ)
部類　1都盧…七人―(天・板ナシ)

大日本国法華経験記

◇底本　享保二年板本
◇校合本　真―宝生院(真福寺)蔵写本、彰―彰考館蔵写本
◇参考本　極―日本往生極楽記、拾―拾遺往生伝、三―三外往生記、霊―日本霊異記、今―今昔物語集、著―古今著聞集、伝―各僧伝(叡山大師伝・慈覚大師伝等)、三宝絵

巻　上

目録　1正―(彰「正諡慈念大師」)　2尚―(彰「尚忝閻魔王訪事」)　3人―(彰「人焼身最初」)　4師―(彰「師三昧座主之弟子除山附之」)
一　1一―二(極)　2隠坐易衣而出日羅謝罪―(彰ナシ)　3曰太子―(彰「日月」)　4巻―一巻(極)　5異―(彰「夭」)
二　1菩薩―(彰「昔」)　2智光―(彰「意」)
三　1十二―(真「二十」)　2之―己(真・伝)　3死―死辰(伝)(真「恨之」)　4観―(伝「歎勧」)　5今―又(真・伝)　6愁―怨(真・伝)　7供養―供(真・彰)　8教他―教化(真)(伝「孝礼」)　9持―得(真・伝)　10為―為無上第一義(伝)(真「而」)　11得―得六根(伝)(真「着」)　12戒心―戒(真・伝)　13六―五(伝)　14取―(真「行」)　15証―(伝「証不著一切願必所引導今生無作無縁四弘誓願」)　16発願文―(真「又相」)　17可入末世行者見之可発道心―(彰「不

見之可発可入末世行者」） 18末世―（真「七」） 19者―（真「元」） 20三―（真「二」） 21春日社―（伝「賀春神宮寺」） 22弭―（彰「此間」） 23叡山―（彰ナシ） 24像―（彰「縁」） 25一乗―（伝「三学」） 26弘通一乗―（真「通」） 27恵―（真「会」） 28相値―（真「値遇」）

四 1叡山慈覚大師―（真「普門品事」） 2見―見奉（真） 3男―男女（真・伝） 4十―十一（真・伝） 5戒―誡（真） 6僧―客僧（真・彰） 7十―（真「千」） 8純―（彰「能」） 9会―慧（意改） 10華―華経（真）

五 1叡山無動寺相応和尚―（真「兼不動事」、彰「叡山無動寺相応和尚依不読法花経不入都率内院事不動事」） 2双―叉（意改） 3使者―（真「童子」） 4願―（真・彰「所念願」） 5深―深由（真） 6有―（真「有大徳也希有」） 7菩提―善根（真） 8力―根（真） 9顕密―（真「密」）

六 正―（彰「謚慈念大師〈書写一百部〉」） 2天―人（極）

七 1師―（彰「師〈依法華経書写改蛇身事依銭貨受蛇身事〉」）

八 1尚―（彰「尚〈依閻王請行向冥途事〉」） 2布―（底本傍書・彰「南」） 3滅―滅間（彰）

九 1奈智山応照法師―（真「薬王品供養焼身事」、彰「奈智山応照法師〈焼身供養法華経幷諸仏事薬王品〉」） 2願―願言（真） 3世尊―（真「分身」） 4即ロ―ロ（真） 5空―（彰「空如日光」） 6不見―（真「所見」） 7見―見人（真）

一〇 1師―（彰「師〈八巻成八魚事〉」） 2論―（彰「彼」）

一一 1吉野奥山持経者某―（真「依誦法華不老不死事」、彰「吉野奥山持経者某〈法師品安楽行品寿量品薬王品〉」） 2方―方山（真） 3谷―谷也（真） 4経―（彰「雖」） 5久迷行―（真「也遠路」） 6搏―（真「破」） 7本置机―（彰「置」） 8谷―谷也（真） 9答―答云（真） 10山―山来（真） 11因―聞因（真） 12坐―令坐（真） 13離―離心（真） 14流浪―（真ナシ） 15子―子両三（真） 16若―（真「不若」） 17並―並立（真） 18安置―（彰ナシ） 19暁―暁時（真・彰） 20取―（真「顕」） 21於―出（真） 22矣―矣是聞人随喜流涙速発心人有多其数云（真）

一二 1師―（彰「師〈法花大仏頂成左右翼往極楽事〉」） 2千―（彰「十」）

一三 1紀伊国完背山誦法華経死骸―（真「由願力死骸誦経」、彰「紀伊国完背山誦法華経死骸〈骸読経事願事〉」） 2華―（真「華大衆」、彰「華経」） 3計―年許（真） 4魂―骨（真） 5後―後年（真） 6矣―矣随喜涙難勝云（真）

一四 1師―（彰「師〈聴聞毒蛇滅罪生善事読誦免蛇害事〉」） 2楽―（彰「好」） 3其岩洞―（彰ナシ）

一五 1薩摩国持経沙門某―（真「千部転読勝事」、彰「薩摩国持経沙門某〈千部読誦焼身仏舎利出現事〉」） 2華―華経（真・彰） 3懺悔―（彰「十部」） 4出山―（真「苦」） 5待―（真「漏」）

一六 1聖―（彰「聖〈初読普門品駈使善神事地蔵竜樹〉」） 2幾―（彰「残」）

一七 1師―（彰「師〈法師品。謗持経者事　陀羅尼。十羅刹女随行者事〉」） 2斉―（彰「香」） 3飦飯編粽白飯薯蕷味与蘇蜜同―（彰「編素和与蘇同蜜」） 4尤―（彰「尤大道理」）

一八 1比良山持経者蓮寂仙人―（真「法華惣徳」、彰「比良山持経者蓮寂仙人〈青苔法師功徳読誦〉」） 2驚夢―夢驚（真） 3明―日（真） 4覓―伺（真） 5不高不下―（彰「不上不短」） 6丈―（真「生」） 7四垂―（真ナシ、彰「廻垂」） 8覆―（彰「露」） 9施―有（真） 10血膿―（真ナシ） 11五与―（真「五可」、彰「焉与」） 12比丘随語―（彰ナシ） 13所―（真「御許」） 14哀―愛（真） 15法―（真「有」、彰ナシ） 16人―鬼（真） 17怖畏災禍―（真ナシ） 18仙人―（真「仏」） 19友―（真「友聞知」） 20矣―矣聞人不思議未曾有事覚悟涙随喜不留云々矣（真）

一九 1師―（彰「師〈読誦経巻積置宮殿事瞋恚火焼善根事〉」） 2其中―（彰ナシ）

二〇 1梨―（彰「梨〈普賢〉」） 2二―（彰「三」）

二一 1師―（彰「師〈読誦勧発品八幡大菩薩事〉」） 2必―必定（今）

二二 1師―（彰「師〈読誦為救獄人令盗犯入獄誦経普賢〉」） 2時―（彰「将」） 3而去―（彰「免捨而去」） 4異―貴（彰）

二三 1山―（彰「山〈書写〉」） 2二―（彰「三」） 3若―（彰「善」）

二四 1師―（彰「師〈依負法花改牛身生人事〉」） 2晧―（彰「暗」） 3貫首作―（彰「作善仏」） 4唳々―（彰「夷唳」）

二五 1春命―（彰「法師〈聴聞改野干身生人間〉」） 2記―（彰「取」）

二六 1勝―（彰「勝〈聴聞改牛報生人界事長谷観音事〉」） 2言―（彰「堂」）

二七　1師―(彰「師〈聴聞改蛇身生人界事依犯仏油得盲人事薬師事〉」)　2桑―(彰「奈」)　3榎―(彰「植」)

二八　1師―(彰「師〈観音於閻魔宮読経事〉」)　2厳―當(彰)

二九　1師―(彰「師〈十八日六波羅密寺読師聴聞事書写改蛇身事〉」)　2受大―(彰「所受」)

三〇　1井―(今「比」)　2僧―(彰「僧〈薬師有縁地身聴聞蚯蚓身転得人身事〉」)　3由―(彰「理」)　4趣―(彰「輪」)

三一　1師―(彰「師〈方便品不書補比丘二字忘失事長谷観音〉」)　2也―也汝二生人也(彰)　3逆―迸(彰傍書)　4宅―(彰「内夜舎人宅」)

三二　1師―(彰「師〈法師品依供養持経者免冥途事依瞋恚火焼宝塔事〉」)　2摂―(彰「慚」)　3逕―(彰「送」)

三三　1師―(彰「師〈法花持者善神護囲遶法華喜之由事〉」)　2乗―(彰「乗経習利」)　3不―(彰ナシ)　4二聖皆悉―(彰ナシ)

三四　1師―(彰「師〈読誦〉」)　2懺―懺法(三・彰)　3念―(彰「不重念」)　4静―(彰「静息気当」)

三五　1師―(彰「師〈宝塔品読誦経巻自巻還〉」)

三六　1師―(彰「師〈持経者乗馬改畜身事相人事〉」)　2小―(彰「山」)　3野―暮(彰)

三七　1師―(彰「師〈改毒蛇身事聞講経功依小罪受蛇身事六波羅密寺事〉」)　2我朝夕見橘従二葉―(彰ナシ)　3善友―(彰ナシ)　4僧―寺僧(彰)　5見―(彰「不見」)

三八　1師―(彰「師〈法花八曼陀羅事〉」)　2焼―(彰「燈」)　3親―(彰「人々親」)

三九　1師―(彰「師〈於墓所屍読経事〉」)　2救―(今「久」)　3雅―(彰「雅楽妙」)

四〇　者―(彰「者〈依法花力免災禍事法会庭白蓮開敷事〉」)　2聖―性(今・拾)　3妙―妙法(彰)

巻　中

目録　1巻之中目録―(彰「巻中已上廿九人」)　2叡山西塔―(彰ナシ)　3実因―(彰「具足房実因」)　4西塔―(彰「西塔宝幢院」)　5法秀―(彰ナシ)　6摂州菟原―(彰「莵原」)　7基燈―(彰「周防国基燈」)　8蓮秀―(彰「醍醐寺蓮秀」)　9西塔―(彰ナシ)　10光空―(彰「金勝院光空」)

四一　1長―(彰「居」)　2道―(彰「〈定照祈枯木淀河十女神守護屍有読経声幷鈴音〉道」)　3但以人指磨触女人身…即截此指―(彰ナシ)　4発露―(彰「発露念罪是指罪本即截此指以為指燈供養三宝懺悔発露」)　5茎―(彰「基」)　6手―(彰「拝」)　7泛水―(彰「不淀水」)　8阿弥陀仏…以是清浄眼―(彰ナシ)　9不可焼尽―(彰ナシ)

四二　1延暦寺―(彰傍書「陽生辞座主発大道心禽獣相馴二月定死期入寂」)　2蓋―夢(彰)

四三　1都―(彰「都〈実因行学双備誦法華釈迦多宝並座塔中〉」)　2決疑―(彰ナシ)

四四　1人―(彰「人〈習仙法成仙為化実仙人歟〉」)　2分口食―(彰「去口分」)　3一粒身着…永離悕望発―(彰ナシ)　4経厚―堂原(彰)　5恩―(彰「正息」)　6清―請(今)　7有行―(彰ナシ)　8済―(彰「潜」)　9也―(彰「比陽勝持経者大道心者後成人去世於霊峰処々交仙友同行僧与法華法薬親将病死舎上来説法月十八日来訪親弔師跡也」)　10之志―(彰ナシ)

四五　1体―(彰「体性空不用世衣食法味衣夢中美膳経中ヨリ米餅衣服出来花山法皇両度行幸事」)

四六　1施―(彰「施此聖人鬼神仕預釈尊光明幷普賢摩頂」)　2外相―(彰「奇特」)　3珍―(彰「餘」)　4簡―(彰「図」)　5醴―(彰「醸」)　6所行作法如―(彰ナシ)　7馴―(彰「飢」)

四七　1曰称―称(彰)　2聖―(彰「聖此聖人五月間断食或人為試三月断食死期焼身煙共去」)　3杼―(彰「樠」)　4土―(彰「七」)　5出―(彰「七」)　6者甲―(彰「平」)　7有待―(彰「他」)　8誦経実如―(彰「経久」)　9甲―(彰「平」)

四八　1師―(彰「師〈法華光勝事釈書十二出大同〉」)　2日―(彰「爰」)　3捨法花経―(彰ナシ)　4何―(彰「何〈二聖作田法花聖ヒサコヨリ白米出事〉」)　5民所仰―(彰「代所作」)　6王経―(彰「過任」)　7 8米―(彰「年」)　9一瓠中有―(彰ナシ)

四九　1薜―(彰「解」、今「薊」)　2沙門―(彰傍書「良算鬼神天女仕語ルニモロニモ読経眠レトモ音弥高臨終官位至ト喜死去」)　3非―(彰ナシ)　4供―(彰「法」)　5雪山寒―(彰「塞」)　6不以為喜…向人雖与語口必―(彰ナシ)　7躍―(彰「躍雖睡眠誦音弥高寺」)　8而―(彰「示」)

五〇　1沙門―(彰傍書「法寿持経先死飛行浄土」)　2稍久―(彰「積矣」)　3経―(彰「法華経」)　4時―(彰「味」)

五一　1師―(彰「師〈読二万部法華開三十講生浄

土〉」)　深宗—(彰「遍」)　3沐浴身体—(彰「洗身」)

五二　1住—(彰・今「仁」)　2心—(彰「心〈仁慶生浄土傍人二度夢見事〉」)

五三　1於—出(彰)　2籠—籠行(彰)　3羞—(彰「眷」)

五四　1二—(彰「三」)　2数丈—(彰「藪又」)

五五　1師—(彰「師〈法秀早ロ一日十卄部読経臨終殊勝此界留事七年後生浄土〉」)　2妙法—(彰「沙門行」)　3寂—(彰「端」)　4命—今(彰)

五六　1師—(彰「師〈長増夢往詣浄土入滅後読経音声不断〉」)　2従彼山—(彰ナシ)　3脱蓑—(彰「般若」)　4不逕旬日—(彰ナシ)　5後—(彰「後不逕旬日」)　6若極—(彰ナシ)

五七　1小—山(彰)　2鋒—(彰「鉾」)　3倍—(彰「信」)

五八　1師—(彰「師〈祈普賢知先生全不聞失〉」)　2練習—(彰「経誦」)　3或—戒(彰)　4拝—(彰「解」)

五九　1是—足(彰)　2為所持経—(彰ナシ)　3無愧—(彰「人塊」)　4羅刹女—(彰「刹」)

六〇　1起坐—(彰「如聖」)

六一　1人々—(彰「盗人」)

六三　1能得—(彰「損」)　2目—(彰「因」)　3若随悪趣…常誦此経—(彰ナシ)　4不異—(彰「意」)

六四　1於其山中—(彰ナシ)

六五　1施与人転—(彰ナシ)

六六　1睿実—(彰「睿実乞丐」)　2無—(彰「見」)　3汝—(彰「如」)　4目代—(彰ナシ)　5官—(彰「跪」)　6発—(彰「支」)　7後—(彰「後反改悔」)

六七　1某—(彰「某甲報恩事」)　2報楽—(彰「根」)　3捨—(彰「未捨」)　4為始—(彰ナシ)　5断降世間—(彰ナシ)　6一生—(彰ナシ)

六八　1身—(彰「力」)

六九　1四十—(彰「卅」)

七〇　1牽—被牽(彰)　2被—護(彰)

七一　1真—(彰・今「貞」)　2館—官(彰)　3淩—(彰「衛」、今「捘」)　4報—(彰「報悲尤」)　5象—(彰「馬」)

七二　1兵部郎中平公—(彰・今「平兵介」)　2兵部—(彰・今「平兵介」)　3乞—(彰「先」)　4兵部平公—(彰・今「平兵介」)　5退去—(彰「先」)　6平公—(彰「平兵介」)

七三　1有—(彰「沙門有」)　2怖—悕(彰)　3其—某(彰・今)　4浄清—清浄(彰)

七四　1以明後日—(彰ナシ)

七五　1食—(彰「念」)　2権以—(彰「摧駁」)

七六　1形雖比丘—(彰ナシ)　2車宿—(彰「衛東廂」)　3平安—(彰「損平」)

七七　1国—周(彰・今)　2華—華経(彰)

七八　1沙門覚念命快—(彰ナシ)　2命—明(拾・今)　3妄—忘(彰)　4虫—魚(彰・今)　5又依住経中…不得誦於三行—(彰ナシ)　6期—(彰「至」)

七九　1給—(彰「養」)　2哀逗—喪送(彰)

八〇　1忘句逗—(彰「忌向逆」)

巻　下

目録　1二—(彰「三」)　2三—(彰「二」)　3四—(彰「六」)　4五—(彰「八」)　5六—(彰「四」)　6八—(彰「五」)　7昭—(彰「照」)　8中—(彰「後」)　9昭—(彰「照」)　10覚—(彰「定」)　11臣—(彰「臣真人」)　12通—(彰「通朝臣」)　13右近中将藤原義孝—(彰「左近少将藤原義孝朝臣」)　14根—(彰ナシ)　15十—(彰「十一」)　16十一—(彰「十」)　17代—(彰「代某甲」)　18朝臣—(彰「第一」)　19女—(彰「女某女」)　20第百廿五信乃国蛇鼠—(彰ナシ)　21第百廿六越後国乙寺猿—(彰ナシ)　22陪—陪郡(彰)　23女—(彰「女人成蛇事以上此下巻四十九人勝人也」)

八一　1弥—(彰「門」)　2破壊塔—(彰ナシ)　3而白言—(彰「即白」)　4上人—(彰「者聖人言」)　5壊因縁—(彰「塔恩酬」)　6利—(彰「事」)

八二　1二—(彰「三」)　2多武峰増賀上人—(真「懺悔事」、彰「多武峰僧賀聖異本第八十二」)　3平—(真「人」)　4之上—(彰ナシ)　5子—(彰「而」)　6体—骸(真・彰)　7凹—(真・彰「亜」)　8父母諸人幷—(真ナシ)　9嘆—(彰「咲」)　10天—四天(真・彰)　11歎—(真「疑」)　12後—後父母(真・彰)　13鹿—(彰「荒」)　14洛—(真「路」)　15後—(真「故」)　16憂—(真「熱」)　17僧—増(意改)　18知—(彰「以」)　19聖—(真「正」)

八三　1三—(彰「二」)　2楞厳院源信僧都—(真ナシ)　3木—(真・今ナシ)　4女—四女(真)(彰「日」)　5子—(真「祈」)　6端正—子(真・彰)　7承—年(真)　8華—(彰「華念持尊勝等諸真言金光明等諸大乗為日夜勤十法成字観為所作非但読誦法華」)　9句々—(彰「句々又解其義理」)

10礙―(彰「量」) 11具―(彰「反」) 12仏―是即仏(真)(彰「是則仏」) 13出仮―(彰「心海」) 14道之―(真ナシ) 15不―(彰ナシ) 16執―(真ナシ、彰「形」) 17夢馬鳴竜樹摩―(真ナシ) 18仏法永附属聖人於恵心院開諸経論」)―(真ナシ、彰「仏法永附属聖人於恵心院開諸経論」) 19坐―聖人前(彰)(真ナシ) 20仏―(彰「弘」) 21幻―幼(真・彰) 22世云迎講―(彰ナシ) 23種菩提因―(彰「礼菩提恩」) 24抄―(彰「於」) 25密―(彰「略」) 26対―(真「寸法」、彰「殊」) 27四相違疏―(真ナシ) 28注釈―(彰「経文」) 29同断―(真「論」) 30聞―(彰「同」) 31号―諱号(真・彰) 32席合掌含咲向―(真ナシ) 33現―(彰「観」) 34槍―(真「将」、彰「鏘」) 35知―(彰「行」) 36身―身心(真・彰) 37忩―(彰「怠」) 38還―(真「教」) 39天―天童(真) 40尓―示(真)(彰ナシ) 41我―我極楽(真) 42奇―(彰「音」) 43満塞―塞満(真・彰) 44衰―(彰「薫」)

八四 1四―(彰「六」)

八五 本話の彰考館本は底本と内容が異なるので、全文を掲載し、真福寺本との校異のみを記す。なお扶桑略記や今昔物語集・観音利益集は内容が彰考館本に近い。

1五―(彰「七」) 2仏師感世法師―(真「普門品菩薩観音事」) 3波―(真「後」) 4其仏―其(真) 5了―之(真) 6打切―(真「打」) 7応和二年有此事矣―(真ナシ)

〔彰考館本〕

第八十七 仏師感世法師

沙弥感世。以造仏像。為其所作。而読法華経。毎日必読一品一巻。其中暗誦普門一品。日々必誦卅三巻。又毎月十八日持斎。奉仕観世菩薩以為業。得造仏請。住丹波国桑田郡。奉造金色観世音菩薩像了。其仏檀越宇治宮成。雖作仏像。専非善人。不善武者。只被勧婦。如此造立此菩薩也。造仏功畢。施与仏師種々禄物。令上時。檀越竊作是念。我殺此仏師。取反所与物。即前立至于大山。於途側相待。而射害仏師。奪取禄物。而帰住所。檀越為見所造観音。参寺開戸。奉見新仏。金色観音。御胸矢立。従其疵。赤血流出従御眦紅涙下。檀越見之。心抱憂悩。悲泣生怖畏思。我已射仏師胸。殺害是此観音奉射也。希有奇異事也。即為聞仏師存亡。使者遣於彼住所。使者還云。仏師故無一分之痕。平安居本宅。檀越聞之。弥生怖畏懺悔。即知観音代於仏師。被射損我身。助仏師命給也。即往仏師家。反与禄物。問訊之処。仏師云。我山中雖遇盗人。身不蒙一分疵。安穏還家。是非観音霊験妙法威力。仏師檀越見聞之輩。発菩提心。奉仕観音。読誦法華経。為末代所注置也。後見之輩。信観音霊験。所可蒙現当之利益也。更不可成疑。涿（ママ）和二年有此事矣。

八六 1六―(彰「四」) 2天王寺別当道命阿闍梨―(真「聞経勝用事」) 3道命―(真「天王寺別当道命」) 4伝言―傳(真) 5一部―(真「八巻」) 6一心―(真ナシ) 7聴経―(彰「結縁」) 8輪―輪寺(真) 9獄―地獄(真・彰) 10主―聖(真) 11所―住所(真・彰) 12三―(彰ナシ)

八七 1七―(彰「八」) 2明―(彰・今「命」) 3行―(彰「行法華」) 4丑―(彰「寅」) 5誦読―誦(彰) 6母―(彰「母寿命」) 7長久四年…猶在世矣―(彰ナシ)

八八 1八―(彰「五」) 2持経者蓮昭法師―(彰「備前国蓮照持経者」) 3昭―(彰・今「照」) 4身―我身(彰)

八九 1越中国―(彰ナシ) 2従―(彰「得」) 3誦―(彰ナシ) 4観前―(彰「現」) 5徳―(今「禄」)

九〇 1加賀国尋寂法師―(真「懺悔懺法事」) 2摂―(彰「折」) 3陰―陸(真・彰) 4女主―(真「主女」) 5沙門―(彰「僧也」) 6又―又日(真) 7花―花経(真) 8会―(彰「哀」) 9々(家)―与家(真・彰) 10摂―(彰「折」)

九一 1昭―(彰「照」) 2濃―濃国(彰) 3住僧―(彰「房主」) 4乃至―至于(彰) 5物―想(彰) 6宝―(彰「教」) 7鐃―(彰「年」)

九二 1五鈷―(彰ナシ) 2具―(彰「刃」) 3山岸―岸(彰) 4此即神―(彰「非是例」) 5持以―以(彰) 6瓔珞荘厳―(彰「至玉座下」) 7異―異事(彰)

九三 1志―(彰「者」) 2況―(彰「既」) 3厳―厳飾(彰) 4蕚―蘂(彰) 5因―(彰「恩」) 6納毒気―(彰ナシ) 7円寂焉―(彰「入滅矣」)

九四 1其―某(彰・今・拾) 2生―(彰「生之事」) 3全―(彰「念」) 4上―聖(彰・今)

九五 1守―(彰「国」) 2住―(彰「立」) 3初後―最初(彰) 4況僧―僧(彰)

九七 1歓喜進僧令誦六七反謂聖人云―(彰「随喜謂聖人臨誦此文時」) 2駈追将去誦此文時―(彰「去時」) 3頭―(彰「鬚」) 4弥―門(彰) 5

見―見入道(彰)

九八　1段―(彰「後」、霊・三宝絵「団」)　2妙―(彰「如」)　3鼻口―(彰ナシ)　4小―(彰「一」)　5中―(彰「臾」)

一〇〇　1形―(彰「顔」)

一〇一　1宰―(彰「寄」)　2歯迫―(彰「造」)　3五―(彰「十五」)

一〇二　1左近中将源雅通―(真「提婆品又兼懺悔」、彰「左近中将源雅道朝臣」)　2源雅通―(真「源朝臣雅通」、彰「源雅通朝臣」)　3小―少(真・彰)　4訣―(彰「曲」)　5被甑―甑(真・彰)　6鶴―鶡(真)　7忠―(彰「意」)　8致―臻(真・彰)　9施―放(真)　10着―(真「普」、彰「受」)　11煩悩―(彰「罵詈」)　12品―品深銘心府毎日誦十二十返品中要句以浄心信敬(真・彰による。ただし、府(真)―腐(彰))　13生乃至―生生十方仏前所生之処常聞此経若生人天中受勝妙楽若在仏前(真・彰)　14彼―皮(真・拾)　15異香氛氲―(彰「奇異香気」)　16云云―(彰「云云又台恵阿闍梨中将宅同夜夢想如彼聖人夢」)　17殺生―(真ナシ)　18爾欲―(彰「不欣」)　19一―(彰「其中有一」)　20至―(真「望」)　21歎―(真「欲」)　22左近―(彰「丹波」)　23惑矣―(彰ナシ)

一〇三　1右―(彰「左」)

一〇四　1秋―(彰「萩」)　2色―(彰「言」)　3世―(彰「色」)　4身―(彰ナシ)

一〇五　1僧―諸僧(彰)　2障―(彰「隙」)　3斉―(彰「書」)　4亦復―(彰「最後」)　5交―(彰「受」)

一〇六　1東―(彰ナシ)　2噉―(彰「敢」)　3乞者時―(彰ナシ)　4労養法師―(彰「法師労供養」)　5気―兼(彰)　6令―(彰「乞食乞」)　7即将去―(彰ナシ)　8是―是我(彰)　9始知此縁―(彰ナシ)

一〇七　1大隅掾紀某―(真「観音妙法事」)　2京―(真「路」)　3之間往人跡不通…其日十八日此人―(真ナシ)　4待―(彰「只」)　5呻吟―(彰ナシ)　6何人争―(真「急」)　7我等是人―(彰ナシ)　8送付―(真ナシ)　9聚落―(彰「花洛」)　10命―身命(真・彰)　11威神―威(真・彰)　12即―平(真・彰)

一〇八　1美作国採鉄男―(真「法華経書写願事兼四十九日事」)　2莫―英(真・彰)　3人―人々(真・彰)　4怜―(真「吟」、彰「矜」)　5遭―忽遭(真・彰)　6作祈念―(真「之仏被全」)　7持―(真「一時」、彰「将」)　8四十―卅(真・彰)　9怪―聞怪(真)　10有人即諸葛造―(真ナシ)　11憐―悦(真)　12死人―死(真・彰)　13出不死―(真「生存」、彰ナシ)　14経―(彰「書写」)　15書持―書写受持(真)(彰「書写」)

一〇九　1随身―(彰ナシ)　2空閑―閑(彰)　3無―(彰ナシ)　4花―花経(彰)　5山寺―(彰「生与」、今「生寺」)　6誦―誦経(彰)

一一〇　1十―(彰「十一」)　2肥後国官人某―(真「書写奉納事兼ソトハ」)　3忩―(真・彰「怠」)　4思―是思(真・彰)　5深―深山(真・彰)　6此好―好(真・彰)　7自―自在(真・彰)　8丈―(彰「尺」)　9目―耳(拾)　10舌―口(真・拾)　11上―(真「下」)　12人間―人間人(真・彰)　13破―(彰「亦被」)　14於此―此処(彰)　15明―明時(真・彰)　16将去此人―(真「此処人」)　17時分―分(真)(彰「分時」)　18現―見(彰)　19書―受(彰)(真「当受」)　20持―(彰「写」)　21読誦―(真ナシ)　22華―華経(真・彰)

一一一　1十―(彰「十」)　2華―華経(彰)　3具―(彰「反」)　4念―意(彰)

一一二　1即―即与良門依宿因自作親昵空照上人(彰)　2善根―善(彰)　3写供妙―書写供養(彰)　4此発願―(彰「今生内心発此願」)　5異―(彰「天」)　6衆―微(彰)　7千―(彰「十」)　8天―天女(今)

一一三　1奥州鷹取男―(真「観音品十八日持斎事」)　2卵―卵卵孵(真)(彰「卵為子」)　3子孫既絶―(真「挺胤孫」)　4人―(彰「人可継□胤」)　5已―(彰「已自孳尾時」)　6人跡不通険処造巣生卵離前々巣飛到―(真「自孳崖」)　7求―求鷹巣(真・彰)　8年々―年中(真・彰)　9梯杙―(彰「梯桟」)　10令人―(真「入」)　11子―子留不登(真・彰)　12棄―更(真)(彰「奇」)　13海―海中(真・彰)　14着―(彰「付旋」)　15絆―(真「施迷継」)　16縛―縛居(真・彰)　17突―(真「築」、彰「棠」)　18助―助救(真・彰)　19嘆―(真「観」)　20去―至(真・彰)　21遠近―(真ナシ)　22例十―十(真・彰)　23突―(真「築」)　24華―華経(真・彰)　25八―八巻(真・彰)

一一四　1赤穂郡盗人多々寸丸―(真「普門品事」)　2同心―(真ナシ)　3時―(真ナシ)　4強力猛―(真「多強」)　5人―人々(真・彰)　6妙法―妙法華経(彰)(真「法華経」)　7遁―避遁(真・彰)

一二五　1周防国判官代某—周防国判官代某甲(彰)(真「観音十八日持斎事」)　2某—其(真・彰)　3㮮—(真ナシ)　4畢—尋(真・彰)　5蒙多疵—(真ナシ)　6重—置(真・彰)　7下—(彰「下諸人」)

一二六　1矢—(今「鳥」)　2求得—得求(彰)　3在之処—在(彰)　4花大乗—華(彰)　5池—(彰「池生此蓮花」)　6華—(彰「花多開之矣」)

一二七　1弐—(彰「宰帥」)　2所乗—乗(彰)　3象—(彰「馬」)　4常—(彰「幸」)　5数—(彰「験」)　6妹—(彰「姉」)

一二八　1加賀前司兼隆朝臣第一女—(真「可読開結二経事」)　2女弟子藤原氏—(真ナシ)　3昧—昧思(真・彰)　4只読—(真「読誦」)　5来即—(真ナシ)　6宝塔—(真ナシ)　7多—極多(真・彰)　8衣—(真「衆」)　9善—彼善(真・彰)　10未満何生此土—(真「満可生」)　11伽陵頻—(真「微妙」)　12開結—無量義経普賢(真・彰・今)　13我身—身(真・彰)　14云云—也(真・彰)　15諸共—倶(真・彰)　16同—得(真・彰)　17法華大乗—(真ナシ)　18報—後報(真)

一二九　1弟—女弟(彰)

一三〇　1女—(彰「女入往生記」)　2十—千(彰・極・拾)　3老女—(彰「如例」)

一三一　1念—読(彰)　2月—(彰「月極奇怪事功徳之余読経暇有人所為也」)　3経力—法華経(彰・拾)　4余—余字(拾)　5仏—諸仏(彰)

一三二　1兼—覚(彰)　2女弥—(彰ナシ)

一三三　1山城国久世郡女人—(真「観音経兼放生事」)　2山城国久世郡—(彰ナシ)　3何—(彰「仏」)　4済—呑(真)　5五—前五(真・彰)　6念—誦(真)(彰ナシ)　7寺名—(彰ナシ)

一三四　1往—(彰「参詣」)　2穴出湯—(彰「湯穴口」)　3火—大火(彰)　4爰—(彰「此修行者往地獄原巡見地獄爰山谷中」)　5比丘—僧(彰)　6在—存(彰)　7造仏—仏(彰)　8持斎一度—一度持斎(彰)　9然其持斎—(彰ナシ)　10善—(彰「依其善」)

一三五　1五—(彰「六」)　2信乃国蛇鼠—(真「為畜類書経事」)　3蛇—一蛇(真・彰)　4鬼祟—(真「気生祟」、彰「界生祟」)　5居—守(真)　6之—櫃(真・彰)　7殺—世々互以殺(真)(彰「互以殺」)　8根—(彰「根力証菩提」)　9可奉—不可(真)

一三六　1六—(彰「五」)　2越後国乙寺猿—(真「畜類書写経事越後国乙寺猿事」、本文ナシ)　3百—(彰ナシ)　4従書経日—(彰ナシ)　5粟—粟(彰)　6等—(彰「椎等」)　7沙門以—(彰ナシ)　8最初—(彰「夫婦共最前」)　9猶—(彰「経」)　10官—(彰「官此事言上」)　11礼—(彰「問」)　12三—三千(彰・今・著)　13法—依法(彰)　14発—(彰「夫婦発」)　15後生妙—(彰「果宿善証菩提」)

一三七　1行往—往(彰)　2厳—正(彰)　3増—(彰「聞」)　4依—何依(彰)　5苦—(彰「恋」)　6以此扇—(彰ナシ)　7殿裏—(彰ナシ)　8毎—(彰ナシ)　9世々酬報—(彰「不可酬報不可尽語了」)　10空—室(彰)

一三八　1倍—倍郡(彰)　2三—美(彰)　3乗用明日加治…不能行歩云々騎—(彰ナシ)　4年歳—年(彰)　5疫—(彰「役」)　6道—道祖(彰)　7浄—清浄(彰)　8界—(彰「界放光」)

一三九　1女—(彰「女蛇身事」)　2野—(彰「野御山」)　3悪—(彰「忌」)　4致種々儲相待—(彰「更無他念」)　5戸—(彰「開」)　6一—上(彰・今)　7夢—(彰「夜宿夢」)

続本朝往生伝

◇底本　宝生院(真福寺)蔵写本
◇校合本　大―大東急記念文庫蔵写本、金―金沢文庫蔵写本、書―書陵部蔵写本、書別本―書陵部蔵写本別本、板―万治二年板本
◇参考本　普―普通唱導集、廿五―楞厳院廿五三昧結衆過去帳、源信僧都伝、左経記

目録　1頼俊小女―(大「陸奥守頼俊女」、板「源頼俊女」)　2比丘尼願西―比丘尼願証(意改)(大「源信妹尼」、板「安養尼」)　3比丘―(大・板ナシ)　4源―(大「蔭子」)

序　1賢聖―(大・板「見賢」)　2□―竟(大・板)　3四十二―(大「卅余」、板「四十三」)

一　1□―私(大・書別本・板)　2公侯恒則―(板「公信恒世」)　3淳素―(大ナシ)　4天下―(板ナシ)　5御―御薬(大・板)　6仰―(普「可仮」)　7業―(普「妙果」)

二　1二―(普「三」)　2不―発(大・板)　3道―世(大・板)　4朝―本朝(大・板)

三　1之相門―(金「丞相之家」)　2術―漸(大・金・板)　3念誦―到念誦堂(大・金・板)

四　1之―之期(大・金)(板「之朝」)　2辞―梓(大・板)　3入道―(大・金・板ナシ)

五　1日皇―四星(大・金・板)　2義―所問之義(大・板)

六　1亂―疑(大・板・普)　2承―丞(意改)(金「弟」)　3聖―望(大・金)　4相応―安然(大・金・板)　5狗―(大「狐」)　6父―夫(板)　7取―収(大・金・板)　8六―(大・金・板「二」)　9独猶拘留―(大・金・板「猶留」)　10他―(金「住」、板「或」)　11国―在国(大・金・板)

七　1僧―大僧(大・金)(板「大師僧」)　2神―(金「深」)　3妨―好(大・金・板)　4唯―(大・金・板ナシ)　5煩―(大・金・板「薬」)　6念仏―(大・金・板「念仏終天年」)

八　1業―(大・金・板「宗」)　2不覚涕泣―(大ナシ)　3忍―恵(大・金・板)　4謝其由―(大・金・板ナシ)　5題―題一(板)　6皇慶―(大・板「広慶」、金「皇豪」)　7左―(金「右」)　8之教―(大・金・板ナシ)　9注遍数―注遍救(書別本)(大「経於」、金・板「経救」)　10朝―宗(大・板)　11神―(金「称」)　12勝―(大・金・板「勝々」)　13意―(大・板「意故」、金「意教」)　14幷―幷左府(大・金)(板「幷左相」)　15云々…中立也―(板本ナシ)　16重雅―重(意改)(大・金ナシ)　17同未時―(大・金「日昳」)

九　1専心行業事…(六行先)仍書之―(大・金・板ナシ)　2陀―陀経(廿五)　3ム云…葛城郡人也―(大・金・板ナシ)　4抽―(大・板「軼」、金「軟」)　5屈―令屈(大・金・板)　6大師―(大・金・板・普「如来」)　7大乗対倶舎抄―(大・金・板「対倶舎」)　8ム云…(三行先)無有障碍―(大・金・板ナシ)　9之―之業(廿五)　10諸―詣(大)(板「請」、金「注」)　11敦―(大・金・板「教」)　12覚―学(大・金・板)　13非並―並非(大・板)(金「並外」)　14日―乗月(大・金・板)　15向西―(大・板ナシ)　16ム云…(末尾)如眠気絶―(大・金・板ナシ)　17経―部(源信僧都伝)　18文文―文(意改)

一〇　1清盲―(板「生盲」)　2当日也―夢曰已(大・板)

一一　1現―現前(大・板)　2与―告(板)　3抽―(大「軸」、板「起」)　4皇―王(大・書・板)　5々々(正念)―念仏(大・板)

一二　1御前―(大・板「御所南欄撥尻」)　2繆毒―嫪毐(意改)　3ロ―牛ロ(板)　4其―(板「宿」)　5別記云…(三行先)云々(大・書・板ナシ)

一三　1棺―(大・板「杆」)　2地―(板「垣」)

一四　1緇―(板「禅」)　2営―営(大・板)　3典―(大・板「伝」)　4求―唯求(大)　5太―(大「久」、板「大」)　6小僧―(板ナシ)　7父―又(大・板)

一五　1議―義(大・板)　2一―(板「七」)　3詰之付失反―付失反詰(大・板)　4朱仁聡―(板「仁聡明」)　5ム云…云々―(大・書・板ナシ)　6像―像曰(大・板)　7也―(大・板「已」)　8誇―滂池(大・板)　9夜向池―(大・板ナシ)　10袖―油(大・書・板)

一六　1縁―(傍注・大・板「続」)　2謂―(大「得」)

一七　1者―者住(書)(大・板「住」)

二〇　1利―(大・板「痢」)

二一　1漫施―滂沱(大・板)　2宋朝帝―(大・板「奏宋帝」)　3日―(板「月」)

二二　1清水―(大・板「青木」)　2於晉―(大・板ナシ)　3一心念仏―(板ナシ)　4所―(大・板「示」)

二四　1時―昧(大・書・板)

二五　1随―（大・板「慧」）　2操―探（大・板）
二六　1公―勤公（板）　2和―陽和（大・板）　3荘―店（大・板）　4万―（大「百」）
二七　1風―（大・板「障」）　2郷―響（大・板）　3方―（大・板「行」）　4後―後月（大・板）　5農―晨（大・書・板）　6可除―（板「為払」）
二八　1念仏―（大「禅念」、板「称念」）　2感―盛（大）（板「被」）　3送―（大・板ナシ）　4素―（金「集」、板「青」）　5有―（大・金・板「昔」）
三〇　1請―清（大・金・板）
三一　1賦―賦試（大・金・板）　2任―（大・金・板ナシ）　3極楽―（金、以下ナシ）　4漸深―（普「本源」）
三二　1甚遺恨也下品下生―（板「無恨下品」）
三三　1聞―（大・板「門」）　2照―（大「昭」）　3条―修（大・板）　4申下―申（大・板）　5山―寺（大・板）　6斎―受斎（大・板）　7人―（大「三」、板「三人」）　8若―（板「曾毛」）
三四　1孫―（大・板「族」）　2接―（書「摂」、板「講」）　3下四位―（板「四位下」）　4時―師（大・板）　5縲―縹（板）（大「漂」）　6日景―暑（板）（大「景」）
三五　1其―基（大・板）　2往―（大・板「後」）　3往生―（大・板ナシ）
三六　1夷―（大・板「東」）　2伊―任伊（大・板）
三七　1正月朔朝―（大「正朝」、板「正朔」）　2七日―（板「召」）　3他―（板「不」）　4綵雲―（大・板ナシ）
三八　1予―予守（大・書・板）
三九　1見―思（大・板）

四〇　1願西―願証（左経記）（大ナシ、板「某」）　2運―道（板）
四一　1多―（板「至」）
四二　1似―異（大・板）

本朝神仙伝

◇底本
大―大東急記念文庫蔵写本（一・三・六・八・一一―二五・二七）
尊―尊経閣文庫蔵写本（三・四・五・七・九・一〇・二六・二九）
書―書陵部蔵写本（二八）
釈日本紀（付）
◇参考本　静―静嘉堂蔵写本、群―続群書類従、真―真言伝、略記―扶桑略記、行化―弘法大師行化記、御伝―弘法大師御伝、験―大日本国法華経験記、要文―日本高僧伝要文抄、江談―江談抄

三　1潤―（静「間」）
四　1終―不知終（真）
六　1屢―履（略記）　2為―落（略記）
七　1尚―（大「上」）　2仏―仏法（大・静・群）
九　1極―（大「遊」）　2於我土―（大「世」）　3尚―尚云（大）　4生―（大ナシ）　5杵―（大、以下ナシ）　6弘―皆弘（行化）　7因―円（行化）　8呪―（行化「見」）　9別―ナシ（行化）　10還―（行化「適」）　11円―（静・群「因」）　12家―（行化「寂」）　13令―（行化「其」）　14堪―壇（御伝）　15為令―（行化ナシ）　16法―（行化「護」）　17権―（行化ナシ）　18怨―（行化「死」）　19本―大（静・群）　20鼻―（行化「草」）　21改―改書（書・行化）　22書書之―書之（行化）（書「書」）　23又―人又（行化）　24改―可改（書）　25師―師

者(書・行化)　26勢—(行化ナシ)　27之—書之(書・行化)　28作—(行化「候」)　29仍久—(書「依之」)　30竜—(書「王」)　31為—(書ナシ)　32見—得見(書)　33山—(書ナシ)　34絶—(書「動絶」)　35受—(書ナシ)　36過—(書「尚」)　37比—(静・群「法」)　38不去之—(御伝「不可□言」)　39如親—(静・群ナシ)　40師曰雖…不過大—(書ナシ)　41作—(書「雖」)　42人—(静・群ナシ)　43漢家—(書「諸宗」)

一〇　1首—傾首(書・大)　2天—天下(書・大)　3仏—祈(書・大)　4搋—搋鞋(書)　5類—(書・大ナシ)　6詳—(書「在」、大「辞」)

一一　1幢—(書「境」)　2定—空(験)　3問—田(験・略記)　4。漿—水漿(要文)　5勝—勝曰(書)　6経—(書ナシ)

一二　1童者—(書「者童子」)　2延—千光院延(書)　3幷—屏(書)

一三　1充—老(書)　2許—公許(書)　4顧—(書「顧歟」)　5習歟—愛習(書)

一四　1於—住於(書)　2着—(書ナシ)　3引—(書「列」)　4渡—(書「源渡」)

一五　1不知—(書「知」)　2予—市(書)　3然—黙(書)

一六　1世—(書「遠」)　2七—高七(書)　3作—(書「改作」)　4有—自有(江談)(書「若有」)　5香—香不尽(江談)(書「香不書」)　6之—異聞(書)

一七　1□—深(書)　2結—(書「治」)　3擿—榹(書)　4非—(書「因非」)　5不相—(書「相」)

一八　1流—(書「緑」)

一九　1存—(書「生」)

二〇　1欲—試欲(書)　2我—(書ナシ)　3路—帰路(書)

二一　1嶺—(書「山」)　2莫不涕—(書「不涕」)

二二　1離地—(書「難施而」)

二三　1有—(書「其」)　2鬼—(書「昌」)

二四　1後—後忽(書)　2食—(書「飲食」)　3数—(書「日」)　4可—可謂(書)

二五　1在—者(書)　2草—昔草(書)　3。—暦(書)　4堂—宮(書)　5莚—(書「宴」)　6而頭既斑—(書「兮斑生」)

二六　1失其名—(大「ム」、書ナシ)　2仙—(書・大ナシ)　3整—(書・大「正」)　4既—(大「現」)　5撞鐘—(書「撞」、大ナシ)　6地—(大ナシ)　7逢—(大・書ナシ)

二七　1某—(書ナシ)　2去—(書「告」)　3少—杪(書)　4未及—米反(書)　5不可—(書「可有」)

二八　1所其—其所(大)　2僧—増(験)　3他—(大、以下ナシ)

二九　1止—(書ナシ)　2深禅—(書「禅深」)　3練—(書「深」)　4日西—四面(書)　5歳—ナシ(書)

付　1薬—楽(意改)

拾遺往生伝

◇底本　宝生院(真福寺)蔵写本

◇校合本　内—内閣文庫蔵写本、史—史料編纂所蔵写本、板—元禄十一年板本、狩—狩野文庫蔵狩谷棭斎校訂本

◇参考本　高—高野山往生伝、験—大日本国法華経験記、伝—各僧伝(叡山大師伝・相応和尚伝等)、要文—日本高僧伝要文抄、釈書—元亨釈書、続後—続日本後紀、霊—日本霊異記、三代実録、超勝寺縁起、日本往生極楽記、三外往生記

巻　上

序　1嚢—(史・板「壺」)

一　1守—(傍注・史「権守」)　2年—四年(史・板)　3□—二(板)　4顕—頭(史・板)　5薛—(史・板「辥」)　6斯—(史・板「料」)　7□—以(史・板)

二　1□—獣(史・板)　2維—難(史・板)

三　1誤—談(史・板)　2十—(史・板「屈十」)　3三—(内「二」)　4瀧—隴(板・伝)　5聞—(史・板・伝「閲」)　6厳—巌(伝)　7四—(伝「三」)　8帰—満(伝)　9者—無(伝)　10帰—満(伝)　11親—(伝「祈」)　12門—(史・板「門題」)　13書—書慈恩寺碑則天皇后書花厳題代宗皇帝書(史・伝)　14案—安(史・板)　15形—(伝「離」)　16々円—(伝ナシ)　17恵—(伝「忠」)

18戒―(板「形」、伝「像」) 19不―ナシ(史・板・伝) 20乞―乞索(板・伝) 21暗―(史・板「曜」) 22或―(伝「惑」) 23依―ナシ(伝) 24云々―(伝「一巻」)

四 1柏―狛(史・板) 2愛―授(史・板) 3宗―宗不知天台宗安恵入境以降皆廃法相宗(史・板) 4人―(釈書「人得恵満数焉」) 5六―(史・板「七」)

五 1不折―分折(三代実録) 2救―(史・板「効」) 3七―(傍注「六ィ」)

六 1焼―(史・板「燈」) 2云々―(下に史・板「或則不動明王現形与語云々」とあり) 3上―上文(史・板) 4忽―勿(史・板) 5二―(傍注「三ィ」) 6故―(史・板ナシ) 7音―(下に史・板「云々。謹辞　興福寺東寺金剛峰寺当職事　右定昭従若年之時誦法華一乗幷修念仏三昧先年蒙往生極楽之記而近曽夢中見可堕悪趣之由定知依件等事務所示現也如往年告為往生極楽謹辞如件　天元四年八月十四日大僧都定昭件辞状僧都自筆在興福寺一乗院云々」とあり)

七 1四―(傍注「二歟」) 2七月廿日―(史・板ナシ) 3七―(傍注「三ィ」)

一〇 1十―(史・板「廿」)

一一 1円尊―(高「尊円」) 2南院只今滅―(高「維範闍梨只今　入滅者忽辞南院草舎已移西土蓮台者歟」) 3件上人先年往生人也―(高「教懐衣装如臨終時」) 4印―印被印(史・板・高) 5三十―(傍注「二十三正本如此」、史・板・高「三十六」)

一二 1証―(史・板・超勝寺縁起「昇」) 2誰―誰為(史・板) 3第一―(史・板「来」) 4浄―海(史・板)

一三 1平―(史・板「幷」) 2得―得脱(史・板) 3城―成(板)

一四 1城―成(史・板)

一五 1夫―輔(史・板) 2夕―久(史・板) 3進―(史・板「近」)

一六 1等―(史・板「示」) 2五―毎(史・板) 3羽―月(史・板)

一七 1筋―(史・板「肋」) 2西―(史・板・高「南」) 3與―(史・板・高「輿」) 4暁―暁更門弟夢虚空中懸金剛界曼陀羅其内(史・板)

一八 1院―住(史・板) 2川―(板「水」) 3云―云唯々(史・板) 4論―(史・板「演」)

一九 1之―眷之(史・板) 2其―(史・板「去」)

二〇 1百―(史・板「数百」) 2数―料(板)(史「断」) 3却後―(史「後曰」) 4夜―(史・板「夜夢」)

二一 1恆耳―壮年(史・板) 2忽―(史・板「且」)

二二 1義―(史・板「利」) 2住―(史・板「滅」) 3々生―(史・板「之由」) 4利―義(意改) 5如何―(史・板「如何如此」)

二三 1平―治(史・板) 2消―(史・板「消失」)

二四 1軽―経(史・板)

二五 1行―(史・板・験「自行」)

二六 1迎―(史・板「送」)

二七 1拝―(史・板「行」)

二八 1美―(史・板「備美」) 2弔―(傍注・史・板「即」)

巻　中

序 1昭―(史・板「胝」) 2薬―(史・板「楽」) 3少将時叙―(史・板「寂源」) 4散位正国―(史・板「学入」) 5藤井久任―(史・板「戒寂」) 6欲罷―(史・板「欲罷不能」)

一 1無―無不(内・史・板) 2始―(傍注「歯歟」) 3路―(史・板「洛」) 4法―法師(史・板) 5蘇―(史「換」) 6寒―(史・板「塞」) 7極―(史「遊」、板「逃」) 8誤―(史・板「役」) 9焼明之上―(史・板「燈上」) 10軍―首(板) 11百―(史・板ナシ) 12唐僧―(傍注「長秀ィ」) 13徳―(史・板「張」) 14一鉢―(史・板「一鉢〈盛飯可四斗〉」) 15出家―一人者出家(要文) 16罷―昇(要文) 17次―公(史・板) 18服―服而礼拝(内・史・板) 19示―(史・板「亦」)

二 1咄哉―(史・板ナシ)

三 1可―可及(内・史・板)

四 1昭―(史「胚」、板「胝」) 2経幷―(史「注相幷」) 3當―堂(史・板)

六 1生―坐(板・験・三外往生記)(史「生坐」)

八 1僧―(史・板「悪僧」) 2往生―(史・板「往生極楽」)

九 1侍中―(傍注「成順歟」) 2舟―(史・板「蓮舟」)

一〇 1語―(史・板「議」) 2忽―忽以(史・板)

一一 1出―(史・板「知」) 2炭之―(史「灰」、板ナシ)

一二 1薬―(板「楽」) 2也―人也(史・板)

一三 1余―卅余(三代実録)(史・板「四十余」)

2検—(史「務」、板「矜」) 3一—(傍注「五歟」)
一五 1狩—翫狩(史・板) 2鶉—(史・板「鷁」) 4生十方…妙楽—3悩—悩悪業(史・板・験) 5右—(史・板「左」)
一六 1整衣改席—(史・板「懸衣改衣」) 2西面—(史・板「向」) 3阿弥陀三—阿弥二(内・史・板)
一七 1朝名利—(内・史・板「朝之撰人之望也為家為身有利」)
一八 1左—(史・板「右」)
一九 1方—(史・板「土」)
二〇 1覚—(史・板「学」) 2荐—(傍注・史・板「発」)
二一 1骸—(史・板「髄」、験「蹄」)
二二 1数—(史・板「此外不限遍数」) 2雖離(史・板ナシ) 3始—(史・板「招」)
二三 1寂戒—(史・板・釈書「戒寂」) 2紫—(傍注・史・板・釈書「柴」) 3公来告曰我以順次生得生極楽国公—(史・板ナシ) 4志—(史・板「亦」)
二四 1無—心無(史・板) 2勿憂之矣—(史・板「汝勿憂勿憂」)
二六 1瘡—瘡即屈禅僧一両相語曰昔契良友今得悪瘡(内・史・板) 2談—諾(内・史・板) 3畢—畢誦(内・史・板) 4労—(板「労費」)
二七 1坐—坐臥(史・板)
二八 1有—(史・板「下」) 2前後—(史・板・極楽記ナシ) 3老—(史・板・極楽記「亡」)
二九 1来—日来(内・史・板) 2捧—(史・板「諸仏皆捧」)

三〇 1其香—(史・板ナシ) 2音—香(内・史・板)
三一 1百年—半百(史)
三二 1茅—(史・板「郷」) 2二—(史・板「六」) 3房—坊(史・板) 4欲—(史・板ナシ) 5鬼—(史・板「見」) 6日—(史・板「日曰」)
三三 1祈—(史・板「断」)
三四 1曰—(史・板「曰彼人尋常之時有何所作妄答曰」) 2一—読一(史・板) 3後—期(史・板)

巻下

一 1房—彦(伝) 2西—(内・狩ナシ) 3之—云(内) 4月—月之比大師(内・伝) 5瓶—(内・伝「瓶性水満而不溢」) 6鏡—(内・伝「鏡根塵払而弥清」) 7帰—ナシ(内・伝) 8非—(狩・内ナシ) 9修—臨(伝) 10老親—別老親赴遠国(伝) 11企—(伝「定」) 12其—(要文「某一」) 13廿—(内・伝「卅」)
二 1此—北(板) 2寿—喜(意改)
三 1同—日(狩)
一〇 1終—給(霊) 2法—法師(霊)
一二 郡出—群書(内) 2廿—(続後「卅」) 3公罪—(続後「公罪私罪」) 4任—枉(続後)
一四 1劉—到(狩)
一五 1春—春秋(内)
一八 1純—(狩「経」) 2監—濫(狩) 3惟—(内「推」)
一九 1亡—如亡(内) 2四年—(傍注「五年改元不審」) 3二—(傍注「三歟」) 4蒙—慶(狩)

二〇 1女殊—(狩・内「殃」)
二一 1辱—唇(内)
二三 1謂母曰…即往南方(内・狩ナシ)
二四 1□—呼(内・狩) 2漏—(狩「満漏」)
二五 1喜怒—(内「恚怒」、狩「寿奴」) 2天承五—天永二(内)(傍注「一年改元不審」) 3親—(内「観親」) 4云々—之(内)
二六 1地—(内・狩「也」) 2粮—(内・狩ナシ) 3園—祇園(意改) 4愛—受(内・狩) 5如—(内・狩「知」) 6五—(内・狩「三」) 7因—(内・狩「目」) 8授—(内・狩「移」)
二七 1人—文(内) 2東—(狩「西」)
二八 1更—(内・狩ナシ)
二九 1□—人(内・狩) 2□—念(内・狩) 3過状—(狩「壮」) 4□—大(内・狩) 5□—本師(内・狩) 6映—(内・狩ナシ)
三〇 1□—曰(内) 2□—界(内・狩) 3□—浴(内・狩)

参考

後拾遺往生伝
三外往生記
本朝新修往生伝
高野山往生伝
念仏往生伝

凡　例

一、写本・板本類と校合のうえ、改訂した本文を掲げた。
二、改訂文字の主要なものには、その右傍に。を付し、底本の文字と、改訂の根拠とした校合本を〔　〕の中に示した。校合本については一〇項を参照のこと。また校注者の見解によった場合は〔意改〕とした。
三、底本の虫損の場合も右に準じて他本で補ったが、それが不可能なときは□で示した。
四、他本との異同で参考すべきものは本文(底本)の文字に。を付し、〔　〕内に他本の字句を示した。
五、校合本によって補った文字には〔　〕を付した。
六、校注者の見解により改行・句点を施し、底本の返点・傍訓(振り仮名、送り仮名など)は原則として省略した。
七、明らかな衍字は省いた。
八、二行割書の注記の類は〈　〉を付して小字一行組とした。
九、主要な傍書は《　》を付し、小字で本行中に組み入れた。
一〇、底本・校合本及びその略号は次の通りである。

後拾遺往生伝　底…宝生院(真福寺)蔵写本　内…国立公文書館内閣文庫蔵写本　板…板本「日本往生全伝(三・四)」(補訂の依拠本を掲げてない場合は板本に基づく)

三外往生記　底…宝生院(真福寺)蔵写本　狩…東北大学附属図書館狩野文庫蔵写本

本朝新修往生伝　底…宝生院(真福寺)蔵写本　内…国立公文書館内閣文庫蔵写本　板…板本(補訂の依拠本を掲げてない場合は板本に基づく)

高野山往生伝　底…高野山大学図書館蔵(高野山三宝院旧蔵)写本(補訂は校注者の見解による)

念仏往生伝　底…神奈川県立金沢文庫蔵写本

後拾遺往生伝

後拾遺往生伝 上

後拾遺往生伝 巻上

朝議大夫廟陵令算博士越州員外別駕三善為康撰

夫弥陀有誓于娑婆。雖一念不捨。南浮有縁于西土。雖十悪無嫌。屠児終命之暁。覚月照発露之窓。猟徒瞑目之時。奇香薫見火之室。彼何人乎。誰不庶幾。是以一為結縁。一為勧進。接慶江両家之記。拾古今数代之遺。都盧九十五人。勒載一部三巻。名曰拾遺往生伝。世以知之。欲罷不能。今亦記之。故以後拾遺往生伝。続為其名矣。冀以今生結集之業。必為来世値遇之縁。毀誉此記之人。亦復如是云爾。

〔一〕大和尚鑑真者。大唐楊州江陽県人也。姓淳于。斉大夫髡之後也。和尚年十四。随父入寺。目見仏像。心厭俗塵。父奇其志。愍以許之。遂就大雲寺智満禅師。出家為沙弥。即住大雲寺。後改為竜興寺矣。神竜元年。随道岸律師。受菩薩戒。景竜元年。入東都長安。二年三月。於西京実隆寺。登壇受具足戒。巡遊二京。究学三蔵。後帰淮南。教授戒律。江淮之間。独為化主。于時開元廿一年。〈本朝天平五年癸酉〉沙門栄叡普照等。随聘〔躬〕遣唐大使丹墀真人広成渡唐留学。天宝元年。〈本朝天平十四年壬午〉和尚在楊州大明寺。講〔肆〕律法。栄叡普照等往礼和尚足下曰。仏法東流。至日本国。雖有其法。無人伝授。昔有聖徳太子。謂曰。二百年後。聖教可興。今推其期。予鍾此運。願幸東遊。広施下化。和尚答曰。昔南岳思禅師託生和国。興隆仏法。又聞日本長屋王。《長屋王者高市王男也。天武天皇孫也。其左大臣也。□日記書之処改記》崇敬三宝。救済四生。造千袈裟。来〔東〕施此国。其袈裟縁上。繡着四句文曰。山川異域。風月同天。寄諸仏子。共結来縁。〈文〉追思此事。弘法有縁之国也。彼国蒼波漫々。青天悠々。然而為弘教法何惜身命乎。爰天宝二年十二月。僧祥彦道興及栄叡普照思託等十七〔板本「七十」〕人。玉作画師等都八十五人同載一舟。始揚孤帆。到狼渫浦。忽逢猛風。舟漂人酔。只叫観音云々。

別伝《一巻伝也》云。舟破人惣上岸。潮来水至人腰。和上在烏蘆草上暫坐。《三巻伝》余人並在水中。冬寒風急。甚大辛苦云々。又云。風急波峻。水黒如墨。沸浪一透。如上高山。怒濤再至。似入深谷。人皆荒酔。但叫観音。舟人告曰。舟今欲没。有何所惜云々。

中夜舟人曰。莫怖莫怖。有四神王。着甲把杖。或在艫上。或在舳辺。衆人聞之。心神自安矣。此間人夭海嶮。還以淹留。天宝十二年十月廿九日。出彼竜興之本寺〔尊〕。赴此日域之異郷。天平勝宝六年甲午正月十二日丁未。届大宰府。二月一日到難波津。三月至河州。四月入京都。勅遣正四位下安宿王於羅城門。問訊迎礼。暫優疲労。入東大寺。唐僧道璿律師。婆羅門菩提僧正先到慰問。大臣以下百余人悉来拝。正四位下吉備朝臣真吉備為勅使。陳口勅曰。造東大寺。経十余年。宜立戒壇以伝戒律。即天皇〔受〕菩薩戒。皇后太子以下四百三十余人。皆以授戒。後於大仏殿西。別作戒壇院。自爾以降。立〔為〕其処矣。凡大和尚。自天宝二年。為伝戒律。渡海行装。五箇度矣。当第六度。経十二年。遙渡西海。遂来東和。宝字元年丁酉十一月廿三日。勅施備前国水田一百町。又有勅命。賜〔施〕園地一区。是故一品新田部親王之旧宅也。

別伝云。大和上受中納言従三位氷上真人之請。詣宅竊嘗其土。知可立寺。仍語弟子僧法智。此福地也。可立伽藍。今遂成寺云々。

和尚於此地建道場。宝字三年己亥八月一日。私依唐律。以号招提。後降綸言。初為定額。日域戒律。自茲長昌。宝字七年。忍基法師夢。講堂棟梁。俄以摧折。料知大和尚遷化之相也。図其影安於別堂。同年五月六日。結跏趺坐。面西而化。春秋七〔一七〕十七。化後三日。頭上猶温。至其葬斂。香気満山矣。千臂経曰。臨終端坐。如入禅定。当知此人已入初地云々。宝亀八年丁巳。楊州諸人聞和尚入滅之告。着喪服向東〔方〕。挙哀三日。於竜興寺設大斎会。先是竜興寺有火。和尚旧房独以不焼。可謂戒徳之余慶也。

〔三〕上人安尊者。筑前国内山寺住僧也。雖有行業。不被知人。読誦秘音。磬鈴無聴。昼謬好博奕狂乱之戯。夜竊〔偶〕成坐禅経行之勤。如無智者。似無行人。然而可憐者必憐。可救者必救。人皆異之。呼曰安尊如来。齢及暮年。相謂曰。久積行業。偏期往生。而当山者。魔縁相競。臨終有疑。忽辞山中之草庵。已占莒崎之松窓。其後専修六時〔之〕行法。更無一時之休息。此時始顕秘密之行。誠知堅固之勤。至臨終之日。沐浴浄潔。屈請僧徒。勤修念仏。自持香炉〔虫損。内本〕。行道合殺。起居軽利。無有病気。合殺事終。唱弥陀讃。其声異常。其心不乱。讃頌之間。奄以気断。見聞之人。莫不驚歎。推其年紀。当〔予当〕応徳寛治之暦矣。

〔三〕入道二品親王諱師明者。長和天皇第四子。母大納言左近衛大将済時之女也。皇后夢。胡僧来曰。将託后胎云々。后懐孕之間。口去葷腥。心住精進。寛弘二年〈乙巳〉八月誕生。々々之時。室有神光。幼稚之間。仡如巨人。同八年天皇受禅。十月五日立為親王。〈生年七歳〉長和六年。天皇昇霞。雖纏重戚。只専孝行。寛仁二年。生年十四。於仁和寺。従大僧正済信出家。〈法名性信〉同年。於東大寺大乗戒壇院受具足戒。治安三年。行年十九。於観音院灌頂堂。大僧正授伝法灌頂矣。夫灌頂者。弘法大師授僧正真雅。々々授僧都源仁。源仁授僧正益信。々々授寛平法皇。々々授僧正寛空。々々授大僧正寛朝。々々授大僧正済信。々々授親王。然則親王。大日如来十六代之弟子。弘法大師第九葉之法嫡也。万寿二年。於同院行結縁灌頂。以親王為大阿闍梨。三摩耶戒表白。大僧正不堪感歎。自執其蓋。権大僧都尋清延尋張其綱。師執弟子之蓋。初為希代例矣。親王三密之水窮源。五智之燈見跋。大法別尊灌頂護摩及梵字悉曇莫不洞達。或避穀渉日。或不褫経年。

昔限百日修法花法。至後夜時。有叩戸者云。時已至云々。空聞其声。不見其人。料知悉地成就之告歟。治暦元年。東宮〔空〕有御薬事。親王参入。〔即〕以平復。翌日。権亮良基為御使云。加持之力〔身〕。効験掲焉。同三年八月。又有御薬。親王於閑院修孔雀経法。第四日々中時。已得平気。結願之日。以大夫権中納言能長卿。賜大師自筆十喩経一巻。納《付ィ》銀匣《枝ィ》。又賜主馬署驊騮二疋。同四年二月。天皇有御薬〔事〕。親王於賀陽院修孔雀経法。参内之日。以頭中将隆綱相待陣頭。被聴輦車。一七日中。聖体平復。即被下牛車宣旨。同三月九日結願。賞以弟子闍梨行禅補権律師。延久二年十二月廿六日〈壬午〉。天皇供養円宗寺。親王勤開眼事。兼為証誠。不列衆僧。着金堂座。即日補寺家検校。同三年六月廿九日〈壬午〉。供養同寺灌頂堂。親王為大阿闍梨。七月五日勧賞。以権律師行禅任権少僧都。同四年。東宮依御疱瘡。玉顔有瘢痕。仍於本房修薬師法。此中有御夢想。有一高僧。衣裳染香。自仁和寺薬師法壇来。以香水灑御顔。夢覚見之。更無其痕。同五年二月。依後三条院御悩。被修孔雀経法。即御夢想。自法壇放光照曜。六年二月。奉為公家。被修孔雀経法。三月六日結願。賜封戸廿五烟。

承保二年八月朔。有蝕。兼日有勅。将消其災[哭]。此日晴天自陰。秋雨忽降。殊有叡感。以仁和寺私房。為御願堂。所謂喜多院是也。即被置阿闍梨三口。安置御願三尺愛染王并親王所持弘法大師所造薬師像一龕。〈別伝云。件像者。弘法大師渡海之時。為祈風浪自所造也〉又以権少僧都行禅補東寺別当。承暦元年十二月十八[八]日〈甲午〉。供養法勝寺。親王勤開眼事。同為証誠。即補検校。二年十月三日〈甲辰〉。始被修法勝寺大乗会。行幸之次。其賞以阿闍梨経範補権律師。永保元年三月三日〈庚寅〉。於弘徽殿。供養木像三尺孔雀明王。即被修件法。結願加持之次。以阿闍梨寛意補法眼。二年十一月廿七日〈甲辰〉。供養喜多院。有行幸以親王為大阿闍梨。其賞以阿闍梨覚意叙法眼。又以親王所給封戸三百戸。永施入件院。三年二月。於六条内裏修孔雀経法。同廿日〈丙寅〉結願。蔵人頭権左中弁通俊伝宣。以親王叙二品者。入道之後。叙品之例始在斯矣。十月一日〈癸酉〉。供養法勝寺八角九重塔。〈寅時別伝如此〉親王開眼。又為証誠。賞以法眼頼観補少僧都。応徳二年八月廿七日〈庚寅〉。供養同寺常行堂。親王為大阿闍梨。以弟子阿闍梨静意叙法眼。又二条関白太政大臣長女者。後朱雀院之女御也。両手有瘡。一身不聊。典薬頭雅忠申云。医方不及。仏力須期。親王終夜祈念。臨暁平愈。治暦年中。〈二条関白太政大臣別伝如此〉内大臣〈師房公歟〉癰瘡発背。雅忠申云。癰腫及五寸以上。万死之病也。医家術尽云々。

親王修孔雀経法。修中平愈。奉献竜蹄二疋。庄園二所。〔〈尾張国畳田。阿波国篠原〉〕前太政大臣信長為中納言之時。久煩鬼瘧。已及数月。親王読孔雀経。読誦之中。不敢発動。長以平復。参議師成卿多月病悩。参仁和寺。一夜宿侍。及暁平愈。左衛門督師忠卿室家者。修理大夫俊綱長女也。久臥病席。熱気如湯。親王授戒。以香水灑之。其所点着。随手清冷。更灑遍身。忽以平愈。〈別伝云。僧伽和尚楊折枝爾〉讃岐守顕綱施食上分。毎日食之。明日之分裹紙置之。夢施食紙中。忽有光明。側有童子謂曰。弘法大師坐[於]紙中。開紙見之。有親王所持五鈷。〔即〕童子云。不堪魚鳥臭。明日之分。今夜可食者。筑前守頼家申請袈裟。随身赴任。邪病之人。以此袈裟置于枕上。邪気即顕。亦更不発。又親王於高野百日行尊勝法。結願已訖。還宿政所。散位伊綱通籍申云。一宿御儲。万事尽善。入夜伊綱懐死女子。申云。不堪哀傷。欲蒙護持者。上下驚恐。忽厭此宿。親王暫以祈念。〔遊魂更帰。〕死人蘇生。又上野守家宗妻。数日[板本「月」]病悩。為請護身。共参禅室。忽得効験。即以帰家。後七八日。家宗赴任[国]。其姑者紀伊守孝信之妻也。俄来捕家宗云。何不放我遠赴関東哉。家宗問云。答曰。住吉大明神也。親王加持之後。尚未辟除者。仍共参禅室。解縛帰了。又法印権大僧都経範壮年之時。耳下有腫。療治無験。決死不疑。親王自哺及子。祈念加持。膿血忽出。須臾平愈。又僧延禅童子久悩鬼狂[往]。延禅申請。施食与之。童子自縛云。我是神狐。被責護法。不知遁方。自今以後。永以去矣。数年之病。一日損平。凡在生之間嘗斎食之[一]粒。持念珠之一顆。賜法服之一片[行]者。如宿薬王樹之下。如臨薬童子之側。抑受灌頂大道之者廿人。〈僧正長信。法印大僧都経範。同寛助。権大僧都行禅。同頼観。同覚意。同寛意。権少僧都義範。権律師頼尊。同快禅。同済暹。同寛智。同禅誉。阿闍梨頼尋。同教尋。同寛信。・同行意。同頼意。大法師行明。同寛真〉或極綱位為国師。或懐法器為国宝。蒙公家勧賞十箇度。修孔雀経法廿一度。自余別尊別行。不知其数。毎度顕霊験。毎人蒙利益。勤逆修三箇度。修護摩八百日。〈別伝云。尊勝法五百日。不動法三百日〉啒南北二京之竜象。展法花十講之座席。一生之中。八旬之間。三時行法。一日匪懈。東寺八箇之末寺。釐務一身之最也。其阿闍梨解文。不拘別当之挙補。皆取親王之処分。上自一人。下至衆庶。帰依信仰。如衆星之拱北[小]辰。如万流之入南溟。又王孫帝子為門弟之[者]三人。〈覚行法親王。行真。聖恵〉為東寺長者之徒九人。〈長信。経範。寛助。済延。行禅。頼観。覚意。寛意。義範〉応徳二年秋。霧露相侵。寝膳乖例。殊無苦痛。常修念仏。衣服改潔。心神不乱。九月廿七日平旦。面向西方。口唱弥陀。[引]五色縷。端坐遷化。〈春秋八十一〉去廿六日。右大臣閑[閤]向子夜。遙見天隅。紫雲西聳。青天秋幽。日来聞親王病。疑是彼往生之相歟。旦朝尋之。果如其言。又延暦寺僧慶覚。同夜暁更。非夢非覚。聞笙聞楽。傍人告曰。是親王往生之楽音也。此外緇素士女。語其瑞多矣。彼荼毘火葬之間。多年不解之帯。雖在棺内。〈所結尺許。別伝如此〉遂以不焼。如此異事。不能勝計。彼親王平生之中。金剛峰寺之北。建立一堂。称灌頂堂。毎至遠忌。行於結縁灌頂。以阿波国篠原庄地利。宛其用途。又令内匠頭基光写其真影。接八大師之末。于今行影供矣。昔僧正仁海多年祈請云。大師雖入金剛定。必有分身歟。願見其人。夢中大師告曰。権僧正成典。左足心有黒子。即我身是也。仁海到仁和寺。謁成典。先見其足。果有黒子。仁海下地礼拝。成典大驚。亦下地扶之。仁海告其夢。成典不恐不奢。成典報曰。長和親王。出利利種。身相具足。心行柔和。智恵聡達。慈悲内薫。徳行外形。発菩提心。得陀羅尼。是大師後身也云々。今尋彼遺跡。抄其万一而已。

ム云。別伝大江匡房記云。今見交之無強異。纔言略許歟。

〔四〕薩摩国府有旅僧。失其名矣。容顔太美。音詞亦閑。寄宿于禅僧快尋房舎。進退服仕。已及数月。傍有伽藍。号不動堂。八月十六日。夜静月明。或頌或詠。以宴以遊。即語諸僧侶曰。自明日断食七日。於此道場。可祈心事也[已]。至翌日。俄以入堂。同十八日寅剋出堂。謂曰。祈請有告。故以出堂。是非他事。娑婆者無常之界也。縦雖久住。終有何益。因玆来廿日。偏望西土。欲没下流也。衆人雖誘。確乎不動。人皆従之。忽艤数舟。亦調音楽。焼香散花。随流到湊。既而衆僧同音。念仏合殺。坐一竹籠。不見余方。合掌閉瞼。奄以沈海。此時雲色忽愁。水声俄咽。結縁幾人。収涙。〔渡〕而帰。于時天永三年八月廿日午刻。〈生年卅一〉此夜或人夢。其港無水。蓮花悉開。此中件上人攀花而立。又此日他所有僧。長大息曰。微細楽音。遙満耳界。世間無比。方処未分。以後日験之。彼入海之時也。瑞相非一。往生不疑。

〔五〕堀川天皇中宮篤子者。後三条院之四女也。天皇践祚之初。見択入内。已統三千之寵愛。独擅綺羅之光花。彼鼎湖竜騰。橋山雲惨以降。長落金鈿之粧。偏受木叉之戒。比年雖有小瘵。不及大漸。永久二年秋八月。限三七日。行逆修善。悉記生前勤修之善根。以資没後速証〔板本「疾」〕之菩提。其御生年十四以後。四十一年以往。自行所作。毎日読誦阿弥陀経一巻。諸大乗経諸真言等。巻数惟多。不能委記。其間手自書写法花経六部。転読同経三千余部。況復占京極之勝地。建一区之寺院。改堀川之皇居。安九体之尊容。此外或台嶺。或園城。造仏寺供法僧。更在別記。不違勝言。又縮向後之寿命。只祈臨終之速証。兼占雲林之洞。令作柏城之墳。同十月一日。待其造畢。忽兮崩御。〈御年五十五〉即日戌時。奉遷雲林院。其翌日戌剋。奉安御墓。彼入滅夜。幼年宮女夢。調微細音楽。出自西門。指西行啓云々。又同十八日。或宮人夢。后儀着御法服。懸飾瓔珞。御持仏堂阿弥陀仏花座〔之〕上。跏趺而坐云々。又同廿三日。摂津国安寧寺住僧夢。到雲林院。見船岡方。当御墓所。修于迎講。即時阿弥陀仏乗於塔婆。与無量聖衆。迎后儀而去云々。

今案。忝生于十善之家。已親十善之主。以花報而入中闈。依果報而赴西土。

〔六〕堀川天皇中宮侍女。字下野母尼者。一生之間。奉読法花経一万部。多年之裏。毎日念仏満六万遍。此外善根。人以不知。偏断余念。欣求西方。或夢或覚。有時見仏。雖〔改〕談此言。人以不信。而間永久三〔板本「二」〕年五月十三日。已嬰病痾。数日悩乱。同六月八日。或人問曰。老而病矣。久而存焉。若有執思歟。答曰。阿弥陀仏必可来迎。其時未到。故存不死也者。同九日相語曰。明日午剋。阿弥陀仏可来迎者。已及其日時告曰。只今仏来迎。汝等奉見哉。又聞楽哉。如此告了。西向合掌。北首終命。于時永久二年六月十日。禅僧両三。親族数輩。消魂而慕。収涙而去矣。

〔七〕侍従所監藤原忠季者。本官大府郎中。《大蔵丞唐名云々》位亦朝請大夫。仕主有直。交衆有信。去寛治六年六月十三日。詣〔誦〕六角堂。祈二世事。于時夢中有人告曰。汝之生処。上品上生也。夢覚之後。所持法花経第八巻之奥記此事矣。心銘此事。雲林院内建一堂。模其来迎之像。方語終焉之儀。弥戴頂法花。専欣極楽。又更以六口之僧徒。致毎日之転読。送六箇年。満二千部。其後不記部数。天永二〔板本「三」〕年十月一日。頭中将通季牛童〈字王童丸〉

夢。金人五輩従西方来。告曰。我是所監大夫之迎也。以同九日。其人雖非霧痾。聊有風気。十七日辰剋。自起沐浴。端坐念仏。黄昏時至。北首而卒。〈生年七十三〔板本「二」〕〉顔色如眠。衣襟有薫。其翌日午剋。中宮侍女夢。小仏数十。各擎蓮花。在彼人側云々。同日。彼孫女夢。菩薩三人入于東戸。問訊其〔人〕。一人執白蓋。一人捧綵幡。一人持蓮花云々。同十九日。嫡男弾正忠々職夢。仏自西方放光。乗師子遙来。又有師子相従而来。仏即税駕而入。両師子留砌下。相伴而舞矣。同時又中宮侍女夢。彼人忽成幼童。容色五六歳。髪髪垂《ウナヰ》而可愛。即告曰。我変老身已成小童。即称此言。乗蓮西去云々。凡自彼死日。経七箇日。顔色無変。身体不爛。迄葬埋時。和風東来。香煙西聳。月色雲膚。俱以奇也。

〔八〕右衛門尉藤原忠宗者。一生之間。全無一善之心。邪見之上。弥吐邪悪之言。而間漸及老年。久背食味。其体如酔。其心如狂。聞仏法音。鎮致罵詈。見僧侶形。如逢讎敵。及其危急。親族相議。旁以誘引。愗令出家。然而依厭僧徒。不受禁戒。聞法而謗。見僧而憎。爰有親昵僧。智行具足。不用厭却。押致加持。物気俄顕。小女繫縛。即時其人忽催〔住〕正念。已忘邪心。落涙悔過。傾首帰法。洗手嗽口。整衣正体。一心念仏。数剋而終。見聞之人。必称往生。

今案。在世之人。臨終之剋。以智行僧。可致護持。誠依一旦之加持。具足十念之功徳。経曰。善知識者。是大因縁。斯言誠哉。

〔九〕大和国鳴河寺《後書之。鳴河寺者善根寺是也。十一面観音験所也》住僧経助上人者。永久二年二月六日遷化。同十五日。多武峰僧。以書札送興福寺舞庄住人散位藤原扶長。状云。其郷里若号香聖経助上人。有滅度事哉否。去六日暁夢。有一玉輿。衆宝荘厳。天諸童子擎之。来従西方。留于中天。即雲上有声。告曰。此輿者。鳴河寺香聖往生之迎也。忽兮夢驚。虚実難知。故今所尋問也云々。即相尋其事。已以有実。于時彼人入滅之夜。同寺住僧観久〈字万燈聖〉夢。経助上人移徙他所。毘沙門天王在前。不動明王在後。扶持相従而送云々。便知天王明王摂取而導西方。上品〔方〕決定往生之相也。

〔一〇〕前豊前守藤原保定者。前肥前守中原長国之男也。初則〔泝竜門〕。誇振鱗之号。後則握虎符。施烹〔絶重〕鮮之治。雖趁世路。欣求仏道。遂卜安泉坊。建立一伽藍。安置丈六阿弥陀像。常喎名徳。営講説事。漸及暮齢。已剃衰鬢。弥読妙典。偏修念仏。而間久纏小痾。已及大漸。忽請園城寺慶曜阿闍梨為其講匠。雖臥病席。殊無疲色。更着法衣。兼持念珠。念仏合殺。猶如尋常。已臨命終。以五色糸繫引仏手。自朝及晡。安住正念。向西而絶。于時生年七十余。承徳三年之夏也。

〔一一〕栖霞館有一上人。失其名矣。多年清盲。一生念仏〔虫損。内本〕。建立一堂。以為依処。即安丈六弥陀之画像。偏修往生堅固之観行。臨其死期。向仏而言。吾雖向仏像。不能瞻観。盲目之甚。噬臍之恨也。若今生有縁。可遂往生者。現身明眼。奉見仏像。上人臨其終時。忽得明眼。即奉見仏像。瞻仰尊顔。見仏之後。作礼而滅。此事。永久年中。以弟子僧説記之。

〔二〕俊豪上人者。東塔南谷玉泉房之住僧也。修学寄名。秉戒倶緩。其性質直。如忘譏嫌。遂鈎当学之名。已補注記之職。永久三年七月中。本病更発。蟄居鎌蔵。数日悩乱。一心念仏。本師問其所思。答云。身雖泥起居。心猶無苦痛。念仏之外。更無他心云々。同八月十三日夜夢。異僧三人自西方来。告曰。明年可迎汝。故先来告也云々。上人剋念云。苦痛不可忍。此時可相迎云々。僧等曰。誠不待其期者。来十五日未剋。可来迎云々。忽兮夢覚。竊以〔虫損。内本〕此夢。語傍上人。重誡曰。予行業不被知人。雖聞此夢。誰以信之云々。雖然知音両三。密々風聞。同十五日卯剋。念仏合殺。乍居入滅。此時或僧於十禅師宝社昼息而寝。即日未剋夢。紫雲聳峰。清光照谷。期日如約。時剋不違。定知決定往生人也。

〔三〕亭子親王諱恒貞者。淳和天皇第二〔板本「三」〕子也。天長二年誕生。歯及髫齓。性有岐嶷。能読経史。頗属文章。言語挙動。有老成之量矣。嵯峨天皇甚奇之。天長十年二月。天皇遜位於仁明〔天皇〕。時親王年九歳。仁明天皇殊冊親王。為皇太子。即撰小野篁。春澄善縄並為学士。太子容貌端厳。威儀閑雅。天皇甚悦。以為非常之器矣。太子従容奏曰。皇太子当釈奠礼大学。是旧儀也。此礼久廃。未知所以也。天皇勅曰。昔天平末。大臣吉備真吉備勧高野天皇。幸大学行此礼。其後八十余年。廃而不行。今太子心存興復。甚以佳也。即勅皇太子。率百官奠二季。博士講経之終。令群僚賦詩。皇太子製詩一篇。当時詩伯菅清公。滋野貞主等甚以詠賞。各献長句。承和五年加元服。年十四。天子御紫宸殿。行三加之礼焉。是日大赦天下。皇太子才恵日新。深達時務。専畏儲位。再三辞譲。天子不許。即嗟歎涕泣。承和七年。淳和天皇崩。九年嵯峨太上天皇亦崩。遂廃太子。已叙三品。謂左右曰。幸脱重負。豈不可乎。即住淳和院東亭子。故号亭子親王。心帰仏教。身離女事。嘉祥二年。落髪変服。受沙弥戒。年廿五。〈法名恒寂〉自爾以降十二箇年。行業不退。貞観二〔虫損。内本〕年。受具足戒。又別有勅。随大阿闍梨真如親王。受両部大法。庄牧数十処。皆施入大覚寺。夫大覚寺者。嵯峨天皇之古宮也。淳和太后改為仏寺。親王亦造阿弥陀丈六像。并写諸経論。以安置之。定額僧十四口。香花燈斎之資。皆親王嚫噠也。親王尤善草隷。于時嵯峨淳和両天皇共妙書芸。論者皆曰。嵯峨勁筋乏肉。淳和豊肉軟筋。至于親王。筋肉双奇。肥痩得適。又琴曲音律。倶以巧妙。初幸左衛門佐是雄女。令生両男。皆有才操。親王入道之日。両児皆落髪為僧矣。親王性無慍怒。身無瘡疾。念仏読経之外。無言語之戯。仁和元年九月十九〔板本「十」〕

日夕。忽浣洗沐浴。整理衣服。焼香供花。入壇坐禅。明日午後。禅扉猶閉。弟子怪之。開戸視之。向西結跏。宛如生人。肌膚是冷。初知遷化。時年六十。即葬于太后陵辺矣。

〔四〕僧円観者。伊予国久米郡長村里之居住也。俗呼〔虫損。内本〕曰鳥樟供奉。〈家側有鳥樟木。故以名之〉雖住世間。為宗念仏。只労中心。偏欣西土。唱念薫心。寤寐動脣。漸及老年。棄置妻子。更住別室。常以閉戸。康平五年八月十五日夜半。自蟄室中。以火焼死。此時左衛門尉源諸連男諸純。住在京都。為詣金峰山。持斎精進。此夜夢。竜舟一隻来自西天。容与〔寺〕上界。若干聖衆。数多天人。或在舟中。或在雲上。作〔虫損。内本〕微細楽。飜妙舞袖。夢中奇之。問傍上人。々々答〔云〕。是伊予国久米郡鳥樟上人円観来迎之儀也。吾亦彼国人也。所謂円実房義勢是也。但彼上人非智行之人。故現小浄土相〔想〕令迎接也者。忽兮夢驚。真偽難知。具〔俱速〕記此事。過両三年。試訪彼国。件上人入滅年月日時。全以無違。又義勢上人見在彼国。夢非妄想。見有其人之故也。

〔五〕上人隆暹者。台嶺人也。房号惣持。早捨顕密之学。偏修往生之行。毎日念仏十二万遍。更無他勤。盈卅年。此〔以〕年及冬。寝食乖例。即求無常処。登阿弥陀嶺。親昵相誘曰。気力已衰。行歩亦窮。何捨此処。強赴他山乎。答曰。往年有告。命指七十。而今年六十九。死期在明年。因玆存命之時。遷于他所也者。已及正月。屢有病気。忽離阿弥陀之幽嶺。還□淳風房之旧栖。衆人相留。答謝曰。死生無定処。何必厭聚落。永久四年正月廿六日夜半。謂常随弟子曰。扶我令向西方。弟子従之。其後端坐念仏。身体不動。弟子臨暁見之。端坐如初。適寄眼近見。乍居入滅。春〔虫損。内本〕秋七十。縁〔虫損〕尽而去。嗟乎悲哉。

〔六〕上人永暹者。石州人也。俗姓紀氏。幼而出家。住雲州鰐淵山。即如法書写法華経。其後於天王寺并良峰山。同書写供養如法経。其間断言持斎。凡修大仏事六箇度。毎度切足一指。燃燈供養。即発誓曰。一犯苦不可堪。以之為代其苦也。又毎日所作。法花経一部。三時供養法。念仏一万遍。其外不記之。身無資貯。室無粮食。所持者三衣一鉢錫杖金鼓而已。生年七十三。於天王寺。嘱衆僧。読弥陀経。四十八箇度。又満百万反。不記幾度。而間夢。一童子将白馬来曰〔虫損。内本〕。上人有往西国之望。故所将来也。上人夢中謂曰。頃者修行法。筋〔力〕已疲。無鞍之馬。不能騎用。童子聞此言曰。明年九十両月間。相具鞍馬。必可来迎者。上人〔虫損。内本〕以為命将〔虫損。内本〕已至。又於天王寺西門修念仏。其終日。心神不例。上人謂曰。此病是命〔虫損。内本〕之極也。我有本願。於〔虫損。内本〕聖徳太子墓。可終此命。弟子扶載手輿。至河内国太子御墓所。上人修供養法。数剋不動。弟子相近見之。手結定印。身亦結跏。容顔不変。威儀不乱。端坐而終。于時〔天仁〕〔内本〕元年十月八日巳剋也。

〔一七〕摂津国豊島郡勝尾寺座主証如者。《孝謙天王御宇也。見別伝》同郡之摂使左衛門府生時原佐通息男也。母出羽国府官藤原栄家二女。母毎月十五日。往詣寺塔。祈乞男子。漸及三年。遂以懐孕。天応元年〈辛酉〉四月五日産生。已及七歳。母年卅三。動抛家業。常有憂色。夫問其故。女垂涙答曰。相叶祈願。生長男子。已作尼欲随仏。夫諾曰。吾願亦如此。相共可出家。于時児聞此語。揚音悲啼。父母摩頂慰誘〔愈〕。自爾以降。不策竹馬。不闘芥鶏。其明旦有修行僧。門外乞食。夫婦請之〔虫損。内本〕。倶語出家之趣。僧謝云。齢非衰老。身非病患。棄俗入真。是真之道心也。即夫婦児子三人。同日剃頭授戒。僧朝夕授経法。日夜勧念仏。三箇年後。僧已隠已。不知行方。于時児年十五。仲春十八日。両人潔斎。中夜同滅。其後〔児〕為報恩。所唱礼不軽十六万七千六〔板本「八」〕百余家。転読阿弥陀経五千余巻。其不軽礼拝之間。暴風雷雨之日。雨不湿衣。風薫門戸。遂登当山。習学顕密。住山五十年。断言廿年。一旬二飯。一月六飯。当其経行之前後。常見等身之禅徒。僅見身体。不見容顔。常随弟子。相見亦稀。貞観八年〈丙戌〉八月十五日夜中。有人叩柴戸。上人依断言語。不得問之。只以咳声。令知有人。外人謂曰。我是播磨国賀古郡賀古駅北辺沙弥教信也。今日往生極楽。上人者明年今夜可得其迎。為告此事。与聖衆所〔虫損。内本〕来告也。微光照窓。言訖而去。其明日出于無言。召弟子勝鑑。遣彼所令尋真偽。勝鑑帰来曰。駅家北有竹廬。々前有死人。群犬競食。廬中有老嫗。其傍有幼童。相見相顧。共以哀哭。勝鑑問其情。嫗曰。死人者吾夫教信也。児子者其子也。教信常唱念仏。隣里呼曰阿弥陀丸。相親三十年。相別三箇日云々。勝鑑帰来陳此言。上人聞之。自謂。倩思無言不如念仏。其年〔八月〕廿一日。始出聚洛。普経門戸。宣説大乗。〔教〕訓衆人。修行斗藪。相唱知識。図絵丈六立〔血〕像阿弥陀仏九体。書写法花経六部。是則為望九品利六道也。便埋般若堂艮巌下。明年八月一日。如故隠居。同十五日早旦。出堂沐浴。招門弟十八人。謂曰。去年教信之告。已当今日。汝等為善知識。吾豈忘汝等乎〔虫損。内本〕。漸及夜半。金光照室。香気薫窓。雲上有楽。指西而〔虫損。内本〕去。更闌夜曙。開室見之。顔向仏前。手結定印。威儀不乱。端坐入滅。生年八十七。爰門弟不堪恋慕。早不殯斂。経三七日。敢無臭気。葬斂之間。手印不焼。即起石塔。納其手印矣。

今案。此人在慶家往生伝。然而子細有略。行業不詳。故尋彼本伝。芟繁記要而已。

〔一八〕尼寂妙者。都事二千石紀成忠母也。性受柔和。心無妬忌。適人之後。漸生〔及〕数子〔千〕。多年之間。世事之隙。所読法花経一〔虫損。内本〕千余部。所唱弥陀仏号五百卅万返。行年五十七失良仇。七十歳落首飾。偏厭有為世。唯願無上道。永久四年正月三日夢。天童四人。〔容貌〕衆妙。足下放光明。窓前翻舞袖。又有一武士。身着甲冑。形具相好。即合掌低頭。啓来迎之事。尼夢驚曰。我命已窮。僅一両日歟。勿告他所之子。強為致眼前之悲歎[虫損。内本]也。此間殊[虫損。内本]無病痛。宛如尋常。已及両日。念仏不息[虫損。内本]。西面気絶。死後色貌。猶如存日。于[虫損。内本]時永久四年正月五日。生年八十八。

〔一九〕紀吉住者。近江国野洲郡馬淵郷住人。付中之田夫。尽下之野叟也。身無善根。家無財産。唯除寝食之外。浄与不浄。常唱弥陀。念珠置而無員。遍数計而不記。然間屢悩時気。漸送日数。即謂婦女曰。明日可死。今日欲沐浴。婦問曰。時気之人。輒不沐浴如何。答曰。命期已近。不可制忌。遂以沐浴。猶如平生。以其明旦。被扶婦女。行後園樹下。掃塵敷席。向西而居。婦問云。離吾廬而居樹下。是何意乎。答云。汝是寡婦。争斂死骸。為省其煩。故以離居。早帰吾廬。不可再来云々。婦愁従之。尚依有憤心。及暁行見。顔色不変。容色如眠。憑几而居。向西而化。村里[虫損]聞[虫損。内本]者。莫不嗟歎。推其年紀。延久年中也。

〔二〇〕興[虫損。内本]福寺竜華院中。有〔一〕別房。人呼曰往生院。有上人。其名未詳。伝聞関東人也。出俗入真。来住件院。多年唯修念仏。自余行業。人以無知。常謂曰。此院者。所謂往時智光頼光両上人念仏往生之処也。吾於此院必可終焉。而間傍有一庵室。謂云極楽房。限百箇日。修弥陀念仏。此上人列其僧数。同勤行法。此間。上人心無苦痛。身亦軽利。保安元年十月十五日。早旦沐浴。列其〔僧〕徒。念仏合殺。即帰彼往生院。更整衣服。端坐仏前。向西不動。時剋推移。童僕行見。如入禅定。奄而居。其時或人謂曰。今夜。此院中可有往生人云々。即相尋其事。此上人入滅之時也。加以或自比県。或自他山。皆以夢相訪之人。各聞其実。随喜而去。料知決定往生之人也。

〔二一〕前[虫損]安[虫損。内本]房守源親元者。生爪牙之家。慣狼犺之性。其[虫損。内本]年卅三。後三条天皇在藩之初補帯刀。膺籙之日任武衛。即遷金吾之長吏。重蒙廷尉之宣旨。凡厥壮齢以後。警衛之間。永悔前罪。偏欣西土。念仏之舌。造次不休。就中獄治之間。専行陰徳之事。断罪之処。多省笞杖之数。遂占東山幽閑之地。建西土迎接之堂。弥陀尊容。白毫東照。脇侍菩薩。紫台西聳[擡]。俗呼曰光堂。其仏前向西。作一比丘像。其名銘阿法。蓋以身寄弥陀。以心帰法花之意也。嘉保三年正月任安房守。着任之初。不先神拝。只行仏事。遂建五間二蓋之精舎。模弥陀丈六之尊儀。国郡之中。租税之弁。教吏民兮勧念仏。随遍数兮補官物。斛別宛十万遍。勘会公文[吏]。縦有重科之者。抽免念仏之人。是以庁官州民。悉唱[虫損。内本]念仏。任秩既[虫損。内本]満。得替帰洛。庶民之満道路。如子之別父母。遂不入京都。於園城寺出家受戒。其後帰洛陽之旧堂。勤逆修之新善。常謂曰。近年以降。微細音〔奇〕楽。動聞耳界者。而間長治二年十一月七日。雲色東聳。日光西傾之時。北首西面。右脇而滅。生年六十八矣。人不知入滅之由。行而見之。合掌低頭。顔色如咲。定知決定往生相也。其時醍醐寺住僧夢。清水寺北峰。青天高晴。紫雲遠聳。後訪之。是阿法入道遷化之日時也。

後拾遺往生伝 巻上

後拾遺往生伝 中

〔一〕慈恵大僧正　〔二〕経源上人
〔三〕阿闍梨教真　〔四〕入道左大臣俊房
〔五〕入道前刑部丞源義光　〔六〕善意上人
〔七〕権僧正勝覚　〔八〕安倍時延
〔九〕上人義尊　〔一〇〕沙門良昭
〔一一〕沙門永暹　〔一二〕湖海寺住僧
〔一三〕成相寺住僧　〔一四〕書博士安部俊清
〔一五〕鎮守府将軍平維茂　〔一六〕沙門西法
〔一七〕入道忠犬丸　〔一八〕上総国分寺講師平明
已上十八人

或本
〔一九〕上人良忍　〔二〇〕式部大輔敦光女姫子
〔二一〕権中納言基忠室家　〔二二〕馬大夫入道貞季
〔二三〕出雲国勢縁上人　〔二四〕同国良範上人
〔二五〕同国沙門行範　〔二六〕円宗寺小綱
〔二七〕比丘尊澄
已上廿七人

後拾遺往生伝 巻中

諸陵頭兼算博士三善為康撰

愚雖有多年往生之願。猶疎一心念仏之行。唯為結縁為勧進。目聴耳視記往生人。先拾遺往生伝九十五人。後拾遺往生伝上巻廿一人。都盧百十五人也。今所記以為中巻。其数十七人也。并百卅二人也。而間大治二年朔二日壬辰夜半。按察藤納言顕隆家侍学生惟宗遠清夢。有一高殿。欄階壮麗。其東対廊立大高座。有一老人坐其上。合掌向西。即傍人告曰。此是諸陵頭三善為康今日可往生。即其人也者。為見此事。自四門群来人。不知幾多少。于時紫雲自西垂布。其広二許丈。覆于其上。相続金色光両三行。穿紫雲之粧。照東廊之砌。此時彼人忽乗紫雲。指西而去。夢想掲焉。心腸欲断云々。衆人聞者随喜。皆曰。便知彼人決定往生極楽之儀也。其聴及広。来告人多矣。故不能黙止。為示後人。予録万一。以置巻初云爾。

〔一〕大僧正諱良源者。俗姓木津氏。近江国浅井郡人也。其母物部氏。憂無一子。祈請三宝。夢坐海中見天上。日光遥来入懐中。厥後不久有身。延喜十二年秋九月三日午剋誕生〔矣。生〕而神霊。室多異相。年始九歳。遊戯田中。于時有国老越州司馬出雲貞則。於祭田之日。成郷飲之礼。爰貞則〔行〕見一霊童。頂有天蓋。形似蓮花。老翁奇之。誡父曰。汝児莫敢軽矣。其後随母。遊行梵釈寺。覚闍梨見之曰。見汝形体。不類俗人。何徒居此地哉。生年十二。攀躋台山。至宝幢院日燈上人房。以理仙上人為師匠。岐嶷之性。聞一知十。延長六年。行年十七出家。未及受戒。理仙亦逝矣。上人与伊勢国朝明郡領船木良見。久有師檀之契。将和尚詣三条右丞相府矣。丞相以薬師寺恩訓律師度者給之。召見和尚曰。容貌非凡庸。故以自愛耳。其名用良字。蓋取良見之一字也。同年四月。随尊意和尚。登壇受戒。其後博学之聞盈于天下。承平五年。随興福寺維摩会講師基増向彼寺。于時勅使左中弁藤原在衡議云。講匠者台山之耆徳也。南北学徒各抽四人。和尚其一也。当初南都有義照法師。学徒之英傑也。和尚与義照為第一番。義照誇一鶚之才。有独歩之心。謂云。我年臈共長。与小僧不可論難。于時仁斅僧都為学道之長。有知人之鑑。竊告義照曰。良公者当時之俊才。将来之国宝也。推為一双。最得其宜。義照依此詞。愁列問答座。和尚赴論席之間。南京悪僧裹頭横杖。邀之行路。皆曰。義公者南都之偉器也。天不可階。汝何相敵乎。若詞語不明。理趣不尽者。則可加杖木者。及聞和尚之弁論。研学之侶避路曲躬。凶暴之衆投杖悔過。其後嘉声鼓動天下。天暦四年。依九条右丞相之挙。数降鳳詔。令侍竜楼。同五年。生年四十。依元慶寺別当覚恵律師之解文。補阿闍梨。同八年。九条右丞相登楞厳院。草創法花三昧堂。丞相於大衆中。自敲石火。誓曰。願依此三昧之力。可盛我一家之栄者。所敲石火。限以三度。即二敲之間。忽焉出火。丞相手自挑燈。其後家門栄花。無違本願。便以此堂。付属和尚。応和三年。天皇見講法花経。其導師十人也。和尚第二日導師也。法蔵聞和尚之弁説。鉗口不言。康保元年。見修公家御修法矣〔虫損。内本〕。結願之日。補内供奉十禅師。右大将師尹卿。於御〔虫損。内本〕前〔伝〕殊常之勅命。同二年任権律師。同三年補延暦寺座主。〈于時年五十五〉和尚従事之後。廿八〔板本「二十」〕箇年。〔其〕間所造堂塔。一山之上。已及大半。誰知伝教大師再来。重興我宗焉。又山上文殊楼者。慈覚大師之建立也。文殊所乗師子足下之土〔云〕者。五台山文殊所乗師子之跡土也。而高楼已焼。灰燼多積。和尚移文殊〔楼〕之跡。建虚空蔵之嶺。雖造師子。無足下土。和尚開一篋出一裹物。其銘五台山師子跡土也。是大師入唐之時所願得也者。以其土置師子足下。安和元年。転権少僧都。天禄二年五月十一日。詔為法務。天延元年十一月。始行台嶺受戒。十二月転少僧都。同三年任大僧都。貞元二年十二月廿一日補僧正。天元四年四月八日任大僧正。和尚楞厳院建一伽藍。号曰恵心院。以為御願寺。寛和元〔弘三〕年正月三日卯剋。和尚合掌対西誓曰。我所修善根。悉資菩提。兼廻向衆生。命終之後。必往極楽。口唱弥陀。心観実相。寂而入滅。〈行年七十三〉此間有一幼童。告曰。禅房廊前橘樹上有紫雲。〔忽〕兮昇天。又有客謂曰。正月三日。詣北山鞍馬寺。彼日卯剋。台嶺上有紫気。其体上広下狭。似煙非煙。似雲非雲。随見漸消。宛転昇天。彼寺耆徳謂曰。我聞。伝教大師入滅之時。其瑞如此。爰知彼山聖人往生浄土之瑞歟。其後奏号諡慈恵。又往年。九条右丞相府中有三僧。所謂義照法蔵幷和尚也。当初有人。夢丞相府中三僧者。三光天子之現身也。此三人。皆以正月三日入滅。料知化〔他〕人合契来此界也。又阿闍梨明普者。和尚弟子也。天元三年。因病而死。更蘇生語曰。我問冥官云。修何業必生〔有〕極楽。冥官答云。汝師和尚者。権化人也。慇懃奉事。必〔虫損。内本〕得往生。又源信僧都者。法水之淵源也。昔和尚閑居。源公侍坐。問曰。和尚自謂到初随喜位。人皆信之。今所疑者。〔定〕到五品歟。答曰。五品者天台位也。豈同祖師哉。重問曰。初四品如何。答曰。何非初随喜乎者。凡和尚徳行。万而記一。于時依長元四年九月十二日。民部卿斉信記略之。

有人云。慈恵僧正。為護満山之三宝。為継法門之遺跡。不往浄土。猶留吾山云々。今案。留護法於当山。遂往生於西土也。

〔三〕上人経源〔板本「暹」〕者。中納言定頼卿之息也。壮年之時。出俗入真。初則住興福寺。窺法相之義淵。後則遷小田原。汲真言之定水。念仏多年。行業幾日。偏修往生業。故号迎接房。而間数日不食。四大不予。保安四年窮冬九日。〔已〕復尋常。忽以沐浴。即脱旧服。更着新衣。威儀無闕。正念不乱。至同十日。弥陀仏手繋五色縷。引之念仏合殺。或十或百。時々揚声。頌曰。過去空王仏。眉間白毫相。弥陀尊礼敬。滅罪今得仏。〈文〉此外唱仏号誦法要。時々合殺。数々唱念。又誦曰。仏名聞十方。広饒益衆生。一切具善根。以助無上心。〈文〉自出釈云。慈恩大師釈。此文有二義。或聞仏名故。助無上心。或助彼衆生。令生無上心云々。此間出坐禅置手縷。暫以安息。聊以飲食。其後勧衆僧。令行懺法。〈七箇日結願〉漸及辰剋。門弟〈来〉集。念仏合殺。上人謂曰。生涯之間。如法経三部。所奉書写也。其時紙袈裟取出。可令着者。門弟従之。便止弥陀之合殺。唱観音之合殺。是時手結定印。身亦端坐。如入禅定。乍居気絶。々々之後。奇香薫室。和顔如存。遠近道俗。群集礼拝。葬斂之間。敢無臭気。于時生年八十五。夏臘七十七。今捨穢土往浄土。貴[虫損。内本]哉哀哉。先是去二日夜。有人夢。自西嶺指東方[虫損。内本]。光明照臨。綵雲靉靆。有人告曰。小田原聖往生之儀也。又同七日。非夢非覚。上人本尊阿弥陀仏蓮花〔座〕側。小蓮花一茎忽兮生添。其上一尺許。金色観音。擎金蓮台。曲躬屈膝。向東而坐。又同十日暁。有人夢。着墨染衣僧徒五六人許。来告曰。汝等可奉拝定印上[虫損。内本]人之往生云々。凡如此異相。来告者多矣。

〔三〕阿闍梨教真者。天台首楞厳院之学徒也。学長顕密。行無休息。以慈悲為室。以忍辱為衣。若有来乞者。所持之物。敢無惜心。不専読誦衆経。只以念仏六万遍。為毎日之勤。宇治大相国貴其徳行。被補平等院供僧。而間天仁元年夢。明年十一月十八日可滅矣。漸至其期。駕腰輿遷于瓜[苽]生別所。十六日。上人二人訪来。〈一人小白川上人。一人摂津国僧〉共相謂曰。去夜夢。禅僧来告曰。横川教真阿闍梨。居住平等院。来十八日可往生矣。可往見者。故共所尋詣也。阿闍梨兼有其意。啒衆僧。日来令修念仏。已至十八日巳午剋許。以五色縷繋本尊手。引之不動。数剋之後。小僧為勧粥食。行告阿闍梨。身体不動。乍居気絶矣。〈年八十有余〉是時。平等院東円房阿闍梨夢。教真闍梨住処。蓮花数茎開敷。其中有一大蓮花。有人告曰。此大蓮花者。教真阿闍梨往生座也云々。

〔四〕入道従一位左大臣俊房者。天暦第七親王後中書王之嫡孫。一世源氏土御門右府之長男也。文章随手。政理在心。清風朗月之夜。命露才而賦詩[詩賦]。爵位魚書之時。近竜顔而執筆。凡朝之僉議。世之庶務。依為将相之首。属其喉舌之詞。又殿門之額銘。文字之点画。雖非臨池之妙。猶遺入木之跡。況亦仁恵外施。道心内薫。動抛世[虫損。内本]務。只修仏事。漸及暮年。寝府之傍。建持仏堂。安弥陀迎接之像。為観念経行之処。常謂曰。我於此前。必可終焉。而間保安元[延二]年冬十二月。上表辞職。同二[三]年二月。不令知人。独以出家。自称曰寂俊。其五月。登台嶺受戒。七月以後。数旬黏病席。自然少平。至十一月十〔板本「十二」〕日。心神不例。寝食聊乖。早旦示家督師頼卿曰。我此間心澄性静。正念不乱。今日終命。往生可期。以此状可告親戚。亦可請雲居寺瞻西上人者。右丞相聞此告。逐電光臨。数剋言談。帰御之後。令行阿弥陀講。已及晩暮。瞻西上人参来。倶誦法要。同唱仏号。後世相契。上人帰去。此時沐浴偃臥。北首西面。読誦法華経常不軽品。幷如意輪経。是依為多年之持経也。即執紙筆。手自書華厳経首題名字。其形〔虫損。内本〕貌気色。宛如尋常。其後敢不再言。已如本意。於〔虫損。内本〕持仏堂前。繋五色縷於仏手。引其糸。端坐念仏。寂而不動。奄然薨去。〈行年八十七〉于時仏堂三間中。黒煙蒙籠。小野証観僧都謂曰。此人形容。敢無乱想。定有瑞相歟。此時。前伊勢守高階盛業出庭中。見堂上。黒雲之中。白光再現。又涼風坊内。有工匠者。遥見三条堀川辺有焼亡之煙。即走赴見之。忽然煙消。定知。此黒煙者。是紫雲之瑞歟。其時白光者。即白毫之兆歟。同廿一日。喪礼之間。火焼之中。沈香之気。三度発越。衆人聞之。莫不哀歎矣。帰来之後。試燃沈香。挍彼香気。敢非比類。凡如此瑞相。旁以掲焉。加〔以〕夢想之告。其祥非一。筆端有限。委記不能。往生極楽。決定無疑。

俊房公保安二年二月廿五日出家。〈八十七〔虫損。内本〕〉十一月十二日薨。随見注之。任〔虫損。内本〕不可為指置〔虫損。内本〕者歟。

〔五〕入道前刑部丞源義光者。前伊与守頼義朝臣第三息也。雖生武芸不羈之家。常懺放逸無愧之業。自弱〔若〕冠之時。読誦法花経。毎日唱念仏一万遍。已誦法花二千部。奉資過去二親。其余廻向法界衆生。不限巻数。又逐日必見往生要集。随時不定枚数。然間園城寺裏。建立道場。造顕丈六阿弥陀仏像。即営逆修善根。其後自大治二年十月一日。雖有病気。不怠念仏。至同十九日。相対嫡子阿闍梨覚義。幷二男進士廷尉義業。語曰。吾明日不可過。故処分資財。兼告臨終行儀也。已至廿日。病悩平復。俄以沐浴。着新衣居浄席。漸及未剋。対本尊。手結定印。口唱念仏。引五色糸。奄以気絶。

〔六〕西塔黒谷上人善意者。備中国人也。幼登台山。早作比〔虫損。内本〕丘。専嗜顕密之道。兼為講説之師。山上洛下。人皆尊重。其読誦観念。苦修練行。銘心不語。誰以記之。又自幼日限終身。為充現当之資。毎日読誦金剛般若経。巻数不限。証験太多。又自去大治二年。限一千日。講一乗経。能説之徒。皆為講匠。常願曰。吾必以二月十五日。可為臨終之期。遂以大治四年二月十五日。身無苦痛。寂而入滅。其一室之中。数日之間。奇香酷烈。敢無比類。上下老少。来集結縁。猶如盛市云々。

〔七〕法務権僧正勝覚者。入道左大臣俊房長男也。幼年遁俗。宿習帰真。所師事者。醍醐寺座主法務定賢其人也。早受三部之秘法。

悉伝五智之密印。酌清雨之法水。降昊天之甘雨。依其勧賞。吹嘘門弟。中補綱位。自余霊験。不能一二。其性柔和。以貴降賤。不貪財貨。只好素丹。凡仏事之外。他営如忘。是以〔虫損。内本〕上自一人。下至万庶。帰其徳行。皆以仰崇。而間大治四年三月下旬。聊有恙気。漸及数日。同四月一日。遂以入滅。于時禅室之中。深更之間。微細音楽。髣髴寥亮。東房之人聞西方之楽。西房之人知東方之楽。斯時月属青陽。天有此気。風散山花。人驚地震。旁思奇異之相。定知往生之瑞也。

〔八〕安倍〔陪〕時延者。摂津国島上郡奈良郷住人也。自壮年。心素正直。不論日夜。偏唱念仏。不記遍数。而間十五箇年。常聞空中鐘声。其響微妙。異世間鐘。其時度々告妻云。汝聞此鐘哉否。妻云。不聞矣。時延云。汝依罪業。不聞此音也。即念願曰。仏心無隔。同令此女聞此鐘声。如此企念之間。経八箇年。此女始称聞鐘之由。時延聞此言。随喜発願。同可生一〔虫損。内本〕仏土。又汲吾廬井水。供養四天王寺。三十箇年而不〔虫損。内本〕欠。其間両度。夢見極楽浄土。依報荘厳。如経広説矣。時延大息嘆曰。吾年来有金泥法花経書写供養之願。而心念空過。咽呼悲哉。長男聞此言。竊買得件経。俄以供養。其後時延。大治元年八月十四日夜半。寂而命終。〈年七十二〉此時里中人夢。音楽打雲。蓮花散地。即迎時延。指西而〔去〕。其翌日夜半。女又入滅。〈年六十三〔板本「二」〕〉料知夫妻倶以往生之人也。

〔九〕上人義尊者。本是台山横川之禅徒。後則西山善峰之住僧也。其性柔和。只随人言。好〔修〕坐禅。専誦法花。或亦無言九年。諳誦一乗。奉造地蔵菩薩。其長二尺。以為本尊。夢中。此像荷負上人。指西而行。路過曠野。足触荊棘。即告菩薩曰。吾足已傷。望勿引地。菩薩答云。師造我像。太以短小。故足之引地。其不然乎。忽〔虫損〕兮夢驚。其後随力所堪。更造三尺像。又往年以〔虫損〕血字書法花経。邪魔現形。相随成障。然而心不〔虫損。内本〕驚動。一心念仏。魔遂不得便。更着給仕僧妙円。屢成狂乱。于時上人以験徳。降伏結縛。即魔曰。妬哉。吾初欲着師。遂不能相近。更煩常随僧。還被繫縛。不可得脱。冀〔兼〕被辟除。永以不来。依此誓言即辟除了。其後数年。無有魔事。其遷化時。先四五日。屢有小恙。臨終之日。忽以沐浴。心観仏像。目不暫捨。高声唱弥陀。衆僧〔同〕唱。称揚之間。其音漸微。如入禅定。寂而気絶。

〔10〕沙門良昭者。山城国乙訓郡人。早出俗塵。住善峰山。一閉于山門。再不顧家園。好修坐禅。久積行業。凡厥一生所作。不遑委記。而間殊為後世菩提。自書血字法花経。謂曰。是非名聞。只為往生也。其後旬日臥病。寝食乖例。弟子等祈請。各分一品。書写法花経。其勢〔虫損。内本〕色異彩相分。尽善尽美。此時上人夢中見七宝塔。其塔荘厳。如彼紙色云々。上人問一僧云。此地何処。

誰人所居哉。僧曰。是上人可生之浄土也。病中語夢。覚後弥信。臨終之時。自唱仏号。向西気絶。先是常随弟子。暫離山上住里中。上人送書云。吾翌日欲逝。汝勿失其期。然而遂不来会。遺言而滅。寔知告終焉之日。可謂希夷。于時天治元年七月三日。春秋七十八。

〔一〕沙門永暹者。出雲国鰐淵山之住僧也。壮年之比。専好修行。往反諸山。遂住留善峰寺并天王寺。於此二寺。両度書如法経。時人呼曰如法経聖。永久年秋八月上旬臥病。門徒陪従上人。夢有二童子。牽白馬来。上人問曰。何来。童子答曰。為迎上人。自西方来也。上〔虫損。内本〕人顧曰。雖有馬不被鞍。不能騎用。童子答曰。然者明〔虫損。内本〕年九月。装馬鞍可将来。上人許諾。其明年果〔虫損。内本〕以遷化。其平生之時願曰。今年終身之期也。詣聖徳太子之廟廷可終焉者。遂如其言矣。

〔二〕遠江国城東郡潮海寺住僧。失其名。時人呼曰大聖。是則寺中碩徳相比居住。故称大聖小聖也。聖徳行超人。験力被物。昔有騎用馬。賊人盗之。聖一祈本尊。賊人束手。眼前見縛。聖命仕者。即以宥之。其験徳間以如此。凡一生之間。行阿弥陀護摩法。自余行法。非人所知。其遷化之時。蓮花三茎生于壇下。遠近道俗。競来見之。不能経日。遂以喪斂。推其年紀。当于寛治年中矣。

〔三〕出雲国成相寺住僧相印。坐禅念仏。是為常行。専仕多聞天。広習密教。伝法弟子。往々在矣。記其一生所〔虫損。内本〕修之行業。常以随身。而間忽受狂病。起居不静。一〔虫損。内本〕両日後。已得減気。上人夢。有一凡夫。殴我頭。心中思惟。年及七十。今抱恥辱。無指犯科。奉念本尊。即時有美丈夫。追却殴吾之者。料知多聞天王追禳邪魔也。即告傍人曰。生涯已尽。死路正至。念仏之外。更無他心。又喚持経者。令誦法花経。即到第四巻。持経僧欲起座。上人復命曰。臨命終時。値善知識。望不起座。可尽巻軸者。更又誦両巻。次令衆僧同唱念仏。手持行業目録。口唱弥陀名号。揚南無声。向西気絶。于時天治元年夏四月十日也。

〔四〕書博士安部俊清者。経家之名士也。自少至老。熟大学経書。不慕官職。不趍世路。家無産業。身無子息。書抄為事。誦習為業。宿学博聞。殆尠其儔。当世鴻〔才儒〕生。多為師匠。謂其門弟。及五百人。天性質朴〔虫損。内本〕。未曾悪言。不語人小過。不称友好悪。然猶能〔虫損。内本〕言多〔虫損。内本〕聞。常談古来事。其行年五十以後。毎日誦尊勝陀羅尼廿一遍。加読法花経〔一巻〕。于時大治四年冬十一月。小恙相侵。浹旬不瘳。已及危急。日者所闕之行業。令僧徒勤之。又語左右曰。我時々側聞楽音。其儀如雲居寺迎講。〈瞻西上人迎講儀也〉同十二月十七日。物故已畢。其臨終之時。誦法花句偈。即謂曰。令我整衣服。左右問曰。病力羸疲。不任衣帯如何。答曰。有人為我設座居饌。為行彼処。欲整服色也。此外無語。如眠気絶。春秋八十六。後日僕従夢。其人乗紫雲。指西飛行。只従者一人。執銅瓶相従之。

〔一五〕鎮守府将軍平維茂者。前将軍貞盛之姪男也。貞盛知其器量。以入息男。号〔字〕余五。其人本自道心内薫。武威外顕。遂依征戦之賞。抽任将軍之職。故〔虫損。内本〕世号之余五将軍。坂東諸国。莫不信伏。将軍每〔虫損〕且読誦法花経一部。雖有急事。不怠巻数。又始自毎年正月一日。限十箇月。必見尽天台六十巻一部。以摩訶止観為始矣。自彼壮年之時。常謁恵心院僧都源信。望往生之扶〔持〕。僧都承諾。専存其志。而間漸及暮年。屢有病気。已及危急。告僧都曰。比年之約言。臨終之勧進也。今正其時。必待光臨者。于時僧都贈極楽迎接曼陀羅一鋪報云。依年来之約。雖有知識之契。自他相障。不能投歩。唯対此曼荼羅。可成往生之観。凡我朝迎接曼荼羅流布始于此矣。〔時〕将軍歓喜合掌。偏対此図絵。一心観念。如入禅定。寂而終焉。生年八十云々。

〔一六〕沙門西法者。本是在俗倜儻之士也。壮歯之時。発道心。俄以出家。自爾以降。衣服不全。居処不定。忘寒〔虫損。内本〕気。凌煩熱。不避風雨。不怕霜雪。修破壊之堂舎〔虫損〕。愍病飢之人畜。又勧善知識。書一切経。自余善事。不遑委記。而間大治元年仲秋之比。痢病十三日。僅得平愈。七日以前。預知死期。祇園寺東峰将軍墓南側。芟夷荊棘。俄作草堂。九月廿三日午剋。已以籠居。相勧僧徒。行法花懺法。令修弥陀念仏。于時上人高声念仏。其声漸絶。相奇臨見。上人合掌低頭。端坐入滅。草堂之中。異香発越矣。生年七十三。

〔一七〕入道忠犬丸。興福寺荘厳院定覚僧都之大童子也。自壮年有道心。念仏為事。切請身暇。遂以出家。法名願西。其後廿五年于玆矣。飛鳥寺側結草廬。為居処。子息三人。互以養育。彼僧都入滅之後。弥忘他営。唱念仏不退。即謂曰。我年来偏念仏。以小豆為遍数。限以一千斛。年序漸推移。已及七百石云々。或人夢。欲見生身阿弥陀仏。可見忠犬丸。其聞及広。来集結縁者多矣。天永元年七月朔比。数日痢病。已至十五日。俄欲沐浴。子息云。無力之人。不能沐浴歟。又云。我今日可往生。何憚沐浴哉。子息相従。令湯浴了。其後新着紙法服。無大小便利。漸及午剋。異香芬馥。即告子息云。我年来願往生。死後三箇日。不可斂葬。若身体不爛壊。必可為往生瑞云々。即日自酉剋。向西端坐。口唱念仏。手結定印。如眠終焉。其後三箇日。全不爛壊。定印如故。便知決定往生人也。第四日舁居大桶。安置後園。及十余日。自高野山。上人四人尋来云。依夢〔告〕。為見往生人。所尋来也。願披棺欲拝見者。而子息等依思爛壊。無心承引。上人曰。縦雖骸骨。必欲拝見。依其懇志。遂以披之。其体如平生。敢無変気。鬚髪五六寸。生而髟々。上人等〔虫損。内本〕拝見。行諷誦。作随喜。揮涙而去。于時天永元年七月十五日。生年七十五。

〔一八〕上総国分寺講師平明者。花洛人也。純伝毘首之風塵。已好造仏之工匠。依此一能之賞賜。早補二寺之講師。其性素柔和。其心亦質直。生涯之間。唯読誦観無量寿経。兼自月朔〔一〕日。至于晦卅日。定光仏乃至釈迦牟尼仏。依次礼拝。敢無懈怠。又自生年卅三。長断肉食。況於殺生乎。而間或人夢。此人着黄染法衣。登高座。擎観無量寿経。講説曰。持仰此経之後。作大阿羅漢云々。于時大治四年九月廿八日。無指病気。沐浴浄衣。向三尺持仏阿弥陀像。瞻仰曰。此仏形色黄金膚。今已見紫色。是我眼精之尽。定知運命之極也。即日念仏気絶。生年七十矣〔板本「七」〕。

《已下九人彼家本無之》

〔一九〕上人良忍者。台嶺首楞厳院禅徒也。中年以後。移住大原。偏願往生。常対仏前。消燈明光。観極楽。依正二報。自余之行。非人所知。密告舎弟堯賢上人〈教光房〉我年来修白毫観。懺黒業罪。敢無散心。妄不出声。而間屢受少病送多日。先及臨終七日以前。病悩平癒。沐浴香潔。繋五色糸於仏手。念仏匪懈。已至終期。自結弥陀定印。三箇日夜。全無動転。寂而気絶。于時天承二年二月一日夜半也。其入滅之後三箇日。身暖如生時。顔和似微咲。棺斂之時。軽如一紙。衣襟之間。馥如百和。爰有一禅。名曰相意。夢紫雲二筋。東天聳来。大鼓撃雲。無音曲。又上人房前。有一池。々東岸有竜頭舟。々中観世音菩薩放金色光。安禅微咲。又隣房有常陸律師。夢上人告曰。我倍本意。生上品上生。是融通念仏力也。上人年来善知識僧厳賢。号小湯屋聖。已告上人往生之由。凡如此夢想〔虫損。内本〕。告来人惣三十余人云々。

〔二〇〕藤原姫子者。正四位下式部大輔敦光之女也。生従嬰孩。常辞葷腥。漸及髫齓。聡而能言。毎旦盥漱。好読妙経。未至十歳。将終一部。親族諫云。齢在幼稚。心帰仏法。性操異人。強不可然者。仍第二巻末遂其志。自余七〔内本「十」〕巻。已以読誦。談無常理。厭有為理也。父母奇之。教誘問之。即答謝曰。我生不幾。纔及十八者歟。老少不定。誰期将来云々。于時大治五年。春秋二九。心腹有病。旬月不愈。因玆立熊野。遂以参詣。尋常平復。起居軽利。天永元年秋七月。宿痾更発。寝食不例。仲冬之比。已及危急。随師受戒。落飾為尼。窮冬晦日遂以逝去。当于其時。弥陀宝号。心念口唱。臨終之間。称揚漸高。決死之剋。気絶之後。念仏唇動。身体膚軟。深窓之中。香気常在。数日之間。臭穢全無。同七日。已以殯斂。其後親族夢。亡人手翫蓮花。身遊宝閣。又或人夢。一宮殿辺。亡人俳佪。傍人問曰。何不入門中乎。亡人答曰。来年之秋。六角宣旨可入此宮殿。相待其人。可入此宮殿也。又問曰。其人誰乎。亡人答曰。六角宣旨者。故右衛門督基忠卿之家室也。依彼万日法花講之善根。可往生此衆宝荘厳之宮殿。我在世之時。相扶病痾。屢致聴聞。依其善縁。可往詣此浄刹也者。其後長承元年七月五日。六角宣旨安禅即世。正念不乱。往生有瑞。夢想之告。已以符合。見聞之人。莫不驚嘆矣。

〔三一〕権中納言右衛門督藤原基忠卿家室比丘尼者。故権中納言藤原能季卿之長女也。容顔閑麗。志意和雅。父母在生之時。嫁于基忠卿。然間承暦元年〔虫損。内本〕。赤疱瘡流行。天下不免其難。父母遷化。相次送年月。基忠卿亦以薨去矣。殊持貞操。独守空床。心腹有病。薬石無験。始自長治元年三月廿四日。至于天承元年九月一日。計年廿八年。推日一万箇日。毎日備一花一香之供養。毎品講無二無三之妙理。其外造仏写経。不遑勝計。便建一堂。安置件仏経。以為旦暮瞻仰之処。以為経行礼拝之場。而間長承元年夏六月。宿霧相侵。寝席乖例。仍同七月十五日。或人夢。碧漢遠晴。紫雲近聳。問其瑞相。已此人往生之相也。同十六日夕。洗手嗽口。合掌低頭。唱弥陀之名号。声々不絶。願安養之浄刹。念々不休。其声漸微。其体是静。北首西面。閉眼而止。于時屋上雲聳。室中香薫。親疎嗟嘆。隣里感傷。

〔三二〕左〔虫損。内本〕馬大夫藤原貞季者。白川院御践祚之時滝口也。〔虫損。内本〕。廉貞在意。忠勤在躬。遂依本望。補任馬允。已以年臈。即叙栄爵。其後不期前途。偏営後世。雲林院内。建一塔婆。以為経行之場。就中堀川院崩御以後。廿八年于玆矣。行住坐臥。念仏不懈。自余仏事。不遑委記。而間長承三年正月廿五日。寝食不乖。言談如常。半日沐浴。漸及夜陰。入塔婆廊。閉戸蟄居。終夜念仏。高声聞隣。漸及暁更。其音漸微。遂以無音。已至天曙。常随之尼為勧粥盤排行。見其身。憑脇息。向西而居死。〈年八十五〉村閭男女群来。随喜哀歎者衆矣。即日随彼遺言。依兼日儲。大相桶中。図仏像写経呪。舁載其身。其時彼膚已軟。容貌不変。於舟岡岫。殯埋已畢。先是三日。法性寺座主侍僧夢。舟岡上聞微細音楽。夢中問其故。傍人云〔虫損。内本〕。是此馬允入道往生之相也。又入滅之前一日。雲林〔虫損。内本〕院住僧夢。少僧三人。容顔美好。従入道之前後。指舟岡西行。即見入道之体貌。其身自腰以上者金色也。自腰以下者尋常之体也云々。

〔三三〕上人勢縁者。出雲国人也。壮年登台嶺。師事尊隆禅徳。昼飼師主騎用之馬。夜修顕密稟承之法。多年苦学。一日無懈。次啒厳範阿闍梨耶。受習両界法。修三密行。漸及暮年。移住伯耆国。草創一堂。奉安木像両界曼荼羅。啒東塔頼昭阿闍梨。為供養導師。其人所以長于密教具于徳行之故也。上人兼知終焉之期。告人曰。明年秋八月。吾可遷化。果如其言。漸及其年月。俄有小恙。遠近来訪。芳問不忍。受用宜然。即以小盞。纔嘗一滴。謂曰。臨終時至。面謁斯時。念仏不遑。早可帰去。于時承暦年八月十八日。手結大日印契。如眠而気絶。

〔三四〕良範上人者。出雲国能義南郡人也。読誦一乗。兼行両界。

雖有急事。未曾懈緩。夢中杵築神社西浜。有一隻舟。上人問其故。舟人答云。是自極楽浄土。為迎当国住侶良範并行範上人等所来也云々。其後弥発道心。永絶他営。遂同国神東郡社山之草堂。安禅入滅矣。〈年六十余〉于時康和三年月日。

〔三五〕沙門行範者。雲州大原郡人也。一生之間。諸行不退。其臨終之剋。以五色糸。繫阿弥陀仏之白毫。引其糸。一心念仏。即嘱浄侶。共読阿弥陀経。二遍廻向。合殺之間。寂而気絶。于時康和四年十月五日。〈行年六十二〉粗見上之良範上人伝。

〔三六〕円宗寺小綱。失其名。雖具妻子。猶弁因果。已及暮年。数日臥病。偏抛他営。専願往生。為六根懺悔。限［虫損。内本］七箇日。行法花懺法。修不断念仏。而間夢中有告曰。明年秋八月。已可遷化。今依三宝告。予知一生之期。于時指西山脚。占北芒地。其臨終之儀。一如夢中告矣。

〔三七〕比丘尊澄者。〈本名湯範〉法眼覚助之弟子也。住東塔北谷。限一万日。参詣中堂。而間夢想有告。可生兜率。兼示前世事。五百世間。当受竜身。今生始得人身。此事自身之夢。他身之告。至于再至于三。然而偏願西方。無有他望。其終焉之間。所行之儀。安住正念。奄而入滅矣。

後拾遺往生伝 巻中

後拾遺往生伝 下

〔一〕清和天皇　〔二〕参議左大弁為隆
〔三〕沙門良仁　〔四〕維乗房
〔五〕上人行範　〔六〕散位源伝
〔七〕文章博士行盛　〔八〕前滝口助重
〔九〕綿延行　〔一〇〕中馬大夫母
〔一一〕物部時宗　〔一二〕江文上人快賢
〔一三〕尼妙蓮　〔一四〕佐伯成貞
〔一五〕主水正順《正也》季　〔一六〕沙弥寂念
〔一七〕主計頭家栄　〔一八〕播州棚原上人
〔一九〕沙門寂禅　〔二〇〕石蔵寺聖人
〔二一〕延暦寺僧隆暹　〔二二〕兵庫大夫為真父
〔二三〕因幡国人　〔二四〕陸奥女人
〔二五〕有輔女　〔二六〕近江志賀郡女
〔二七〕東獄隣僧

已上廿七人

後拾遺往生伝 巻下

朝議大夫廟陵令算学博士越州員外別駕三善為康撰

〔一〕清和天皇者。文徳天皇第四子也。〈一云水尾天皇〉膺籙之後。治世十九年。其間天下泰平。海内安寧。元慶元年遁世。為太上法皇。遷御水尾山寺。営造仏堂。以定終焉之地。同四年七月廿二日。自水尾遷幸嵯峨栖霞観。十二月四日申二剋。上皇崩。〈円覚寺〉于時春秋卅一。天皇風儀至聖。端厳如神。好読書伝。潜帰釈教。鷹犬漁猟之娯。未曾留意。于時僧正真雅。自降誕之初。侍護聖躬。自遜皇位。御清和院。帰念苦空。発心菩提。朝夕之膳。唯供菜蔬。不事顔色。不見燕会。独籠山荘。落飾入道。繋念弥陀。経行坐禅。歴覧名山。帰仰仏寵。於是始自山城貞観寺。至大和東大寺。香山。神野。及摂津国勝尾山。諸有名之処。巡詣礼仏。〈或処〉住留踰旬。或処経行数日。自山城国海印寺。帰水尾山。此後不御酒酢塩豉。〔鼓〕。隔両三日。一羞斎飯。六時苦修。一心禅念。而間風儀聊侵。〔彼〕。御膳乖例。已及大漸。命近侍僧〔等。令誦〕金輪陀羅尼。面向西方。結跏趺坐。手作定印。寂而崩矣。宸儀不動。儼然如生。所持念珠。懸在御手。梓宮御棺。宸輿不飾。聖体不変。不頽臥。即依遺詔。火葬中野。不起山陵。百官諸国。皆不挙哀。諸司〔虫損。内本〕喪礼。凡従省約。此夜大地震動五六遍止。同七日。左右獄囚物二百人。一時赦却。賜銭各卅文。〈見三代実録〉

〔二〕参議従三位左大弁勘解由長官藤原為隆卿者。器量倜儻。才気軼人。職事三代。可謂独歩。遂以〔虫損。内本〕貫首一年之労。加参議八座之列。毎有朝議。最為先挙。凡自彼少年。帰依三宝。雖祈栄利。兼〔虫損〕求菩提。処々名山霊寺。安四天王像。令修不断供養法。所謂鞍馬。法輪。江文。信貴。高野。粉河。勧修寺等是也。又賀茂社建経蔵。奉安金字大般若経。并四大天王像。開演諷誦矣。又造七宝塔。安置金字妙典於熊野宝前。開講供養矣。更書写一切経。自書外題。不交他筆。便於春日社裏。建立法蔵。安置供養。毎日講唯識論。永不退転。又勧修寺裏。建二蓋花堂并僧房。奉安丈六延命菩薩像。置秘密壇。長日令修供養法。便以和州庄園一処。寄其供料。其外造仏像数百体。建堂塔数十宇。其香花燈明。供養用途。年序積薫修尚矣。其行年五十以後。弥住道心。禁断殺生。毎月八日。必啒名徳。受于十戒。常誦諸尊明呪。唱滅罪真言。結秘密印契。供養本尊。諳誦法花懺法。兪振錫杖。兪〔誦心中〕。不令知人矣。又永昌坊裏。寝屋之側。建一道場。安置皆金色丈六阿弥陀。薬師。不動明王。并五尺護世四天王像。置六口浄侶。致毎月講会之営。修長日行法之勤。常啒智徳。問談教法。成知識之約。契臨終之儀。而間大治五年秋八月。数日病悩。万方不瘳。遂辞官職。偏勤仏事。同九月八日。沐浴香潔。出家受戒。相摂僧侶。同音不断。念仏合殺。已値善知識。如平生願。安住正念。乍居甍逝。〈年六十一〉于時夜漏及暁。奇香薫室。僧徒皆以為。往生人矣。後数日之間。容顔不変。肌膚猶軟。葬斂之夜。清風声休。奇雲色聳云々。後日。藤貢〔士〕宗友恋恩容。詣其墳墓。落数行之涙。詠一句之詩曰。

　弥陀嶺上奇雲聳。極楽界中片月迎。

〔三〕沙門良仁者。叡山住侶也。早入堂衆〔虫損。内本〕。久勤寺役。已及頽暮年。隠居大原山。永断世営。偏願往生。日別誦妙経一部。念仏六万遍。三時行法。多年不怠。或書写如法経六部。廻向自他。或切燃手足指。九年供養仏経。偏断睡眠。常事経行。已及命終。安住正念。音楽撃雲。見聞盈門。

〔四〕沙門失其名。人呼維乗房。台嶺学徒也。身〔有〕悪疾。隠居山門。相離親族。不欲見人。六箇年間。誦法花経。具足戒行。薫修尚矣。常曰。後生善処。先言不疑。長承二年冬十一月。北首西面。寂而気絶。其親友夢。其人放大光明。指西飛去。

〔五〕上人行範者。台山住僧也。大治年中。世間不静。常観無常。自厭有為。便詣天王寺。七日断食。一心念仏。着浄衣。々裏盛沙。往海中将投身。此〔虫損〕時隣里調音楽方舟。供献法音。即安住正念。沈没而止。後日同行僧夢。上人相逢曰。吾雖願極楽。生都率内院。以手指彼天。作図相示而去。

〔六〕散位源伝者。摂津国渡辺郡住人。重代之武士也。不敬仏僧。不信経教。而間風痺相侵。旬日不愈。已及大漸。不祈余算。先命限三箇日。取出多年所持弘法大師御袈裟。着用謂曰。吾壮年伝此袈裟。深秘年尚矣。往年有僧。教訓曰。汝随我可念仏。誨云。南無一心敬礼西方極楽教主三十六万億一十一万九千五百聞名阿弥陀仏。次又建器水。謂曰。若如是常唱者。滅汝罪障。如沃此水云々。吾〔同〕持此袈裟已来三十箇年。毎日一千遍。内心称念。不令人知。亦以武勇示人。今正是時。始露此言。向西称念。身心不乱。如眠。〔虫損。内本〕気絶。于時長承三年。春秋六〔虫損。内本〕十。有瑞相。有夢想〔虫損〕。

〔七〕文章博士摂州刺史藤原行盛朝臣者。累代之文士。当時之名儒也。柔和受性。質直在心。書写一切経。修一千日講経。其間数多善業。不能注記。近年三箇年。動沈病悩。漸及危急。長承三年冬十一月十九日。因廿二日乖忽辞所職。出家受戒。臨終之時。嘱請衆僧。受〔虫損。内本〕持教法。称念仏号。寂而卒去矣。春秋六十四〔板本「二」〕。其後家督李部二千石。有感夢。二童子来。擎幡蓋迎之。向西去矣。又其家僕夢。其人生黄蓮華中云々。

〔八〕前滝口助重者。近江国蒲生郡人也。其時国司藤原経忠。任以件助重。欲遣彼郡。于時江栄入道。失其名。其翌日。相倶欲行向。其夜夢。行過曠野。其辺有衆僧。殯斂死人。即謂曰。此処有往生人。汝可相見。即随其声行見。助重是也。其明旦発向之間。助重僕従来向曰。去夜為賊見害畢云々。当于其賊害之時。唱阿弥陀仏号一声。其声太高。隣里驚走見之。其身中箭。而西向合掌而死。果以如夢〔中〕所見。其後隔五六年。参清水寺。客僧同宿。相語曰。先年修行江州。夢中見往生人。欲見其処。未遂其志。今追案其事。其国其郡其人年月日時。已同彼助重事。其後仰信其往生事耳。当永久之年暦。

〔九〕錦延行者。近江国野州郡淵郷住人也。一生之間。不修功徳。不造悪事。只如形建草堂一宇。僅致供養許也。而間梨本座主和尚夢。側聞天楽。其音微細。夢中問之。空中有声。告曰。是蒲生郡延行往生之〔虫損。内本〕迎也。夢覚。以使者尋之。件延行今朝死去云々。尋其年紀。寛徳年中也。

〔10〕中馬大夫。其名失〔板本「吉」〕之。其母年来精進念仏。堅固不退。俄翻道心仕神道。而間腰病更発。不能起居。心労之処。其母託宣云。我是比叡社十禅師也。若来住我在所。必可令平愈云々。聞此託宣。謝啓之間。忽以起立。為賽此慶。参詣社頭。経廻数日。先是男〔虫損。内本〕馬大夫下向丹波国。其夢。吾母与帝釈天王相論。是欲召男馬大夫。不可然之由。論申詞也。驚此夢。一日内馳参社頭。陳此言畢。其母聊有病気。相示曰。吾宅乾方。常有金色光明。汝等見之哉。衆人皆曰。不見云々。漸経三箇日。寂而逝去。其朝近隣樵夫。行過其辺之間。黒煙覆其宅。為告此事雖走〔来〕。更無其実。只薫香発越。雲気紛紜〔詠該〕。便知彼人往生之儀也。

〔一一〕物部時宗者。近江国野州南郡河尻〔虫損。内本〕村住人。兵主社〔虫損。内本〕神人也。其宅有潤沢。年来曳千僧供。十二箇度。造仏像写経巻。其勤多矣。而間彼堂住僧。常聞天音楽。已当十五日。時宗語妻曰。行彼堂可聞天音楽。然而行聞全無楽声。見望無人来。漸及晡時。々宗身心不動。正念安住。如眠死去。其後始信楽音。定知其人往生之瑞也。

〔一二〕上人快賢者。下野〔国〕人也。生年廿歳。離桑梓之郷。登台嶺之嵋。五六年間。師事西塔菩提房矣。而間師縁已闕。依怙已絶。忽発道心。移住大原江文寺。建草庵於巌泉之畔。故人号泉〔日水〕下房矣。当寺前別当助縁。聞其禅行之勤。抽補長講之職。自爾以降。初夜後夜。逐時不誤。凌寒凌熱。入堂匪懈。不〔虫損。内本〕嗟三衣之破。不憂一鉢之空〔虫損。内本〕。敢〔虫損。内本〕不説人之好悪〔虫損。内本〕。又不〔虫損。内本〕談衆之長短。食時之外。不好交衆。行住之処。唯事閑寂。多年同法之徒。未曾見喜怒之色。容貌如枯木。身体少脂宍。気力不衰。動静如常。爰保延元年仲冬九日平旦。招近隣之僧徒。羞気味之〔爰之〕飲食。僧侶皆曰。上人室如懸磬。身無担石。何儲味饌。殊与僧衆乎。上人答云。年来拾謁。

是猶宿縁也。運命在今日。自為後思出也。衆僧低頭。皆以拭涙。食訖而去。頃之上人盥嗽束修。凭几向西。身無苦痛。口唱弥陀。端坐気絶。于時年八十四。彼寺別当仁助。随喜感傷。以実談之。

〔一三〕比丘尼妙蓮者。京兆淳風坊之旧住也。俗姓秦氏。少壮之昔[者]。已為官女。只事容飾。其心妖艶。輒不適人。女子二人。皆以寡居。殆無水菽之便。然間紅顔暗老。白髪初新。生年四十二。落飾為尼。自爾以降。朝詣道場。聴聞講説。夕帰低屋。称念弥陀。偏抛他営。已経多年。去長承〔三年〕商秋閑日。相語女子等曰。吾有所願。未遂其志。年来以小豆為遍数。唱弥陀宝号。既満十[板本「一」]石五斗。争奉造弥陀仏。以此小豆。安置其像中云々。女子等聞此言。脱身上衣。〔正〕口中食。異体同心。奉造一尺六寸弥陀尊。并二尺地蔵菩薩像。同十月良日。開眼供養。于時尼悲泣曰。吾依二女之助成。遂多年之宿望。我願既満。衆望亦足。即安寝席。日夜瞻仰。其明年春正月廿日早旦。相謂曰。吾腹頗痛。欲用薬石。此外無他言。寂而気絶。身心不動。容顔如眠。葬斂之後。及夏比夢。亡者尼容儀如旧。佇立戸外。女子問曰。常致恋慕。坐何処乎。尼答曰。吾為護汝等。時々来臨此処云々。而間忽有異形鬼。其形可畏。数多出来。繫縛此尼。可将行地獄之由。頻以[虫損。内本]呵責。然而尼聊無憂色。容顔不変。女子問其故。尼答曰。於我身常有此事。雖然前日奉造阿弥陀仏。相代吾身。令不受苦。故不恐不驚云々。忽兮夢覚。汗流神迷。其後弥敬礼此像。祈其引接。料知依此少善。蒙彼大利。況乎於運心年久。称念日積之輩乎。

今案。此事縦非往生。利益如此。仍為示後昆。予以記之。

〔一四〕佐伯成貞者。江州甲賀西郡人也。性是質朴。心亦慈仁。年及暮歯。出家受戒。経歴三年。語曰。有一沙門。夢中告曰。後日可来迎。又傍生蓮花。即汝可生之処也云々。夢驚思之。吾無徳行。若是妄想歟。若宿善開発。蓋往生乎云々。而間保延二年十月十五日。俄有病気。衆人扶持。忽以沐浴。其翌日逢善知識。心住正念。口唱弥陀。安禅合掌。向西気絶。春秋八十一。其後僕従夢。紫雲聳天。覆其墳墓。料知宿善開発。終以往生者歟。

〔一五〕主水正菅原順《正也》季者。其性質直。不倹不奢。壮年以後。念仏五十年。漸及老年。六箇年間。謂曰。禅僧三人許。念仏合殺之声。常聞耳根云々。而間霧露相侵。旬日痾悩。有人問曰。累日之程。念仏如何。答曰。無怠々々。已及死期先七箇日。啒僧徒。修念仏三昧。行法花懺法。其第七日結願啓白之夕。自他合声。念仏合殺。其体如寝。寂而気絶。于時康和元[之]年初冬望日。行年八十六。見聞之人。皆以随喜。以為決定往生之人矣。

〔一六〕沙弥寂念。保延三年九月廿七日。告妻子曰。吾明日可死去。而年来之間。所修之善。併廻向極楽。若遂往生者。必可引接。無致疑念。共可欣求云々。然而妻子不信受。是尋常之諺言也。不可。

[千日]必然矣。其翌日。喠僧徒。講経念仏。繋五色糸於仏手。引之安住正念。唱宝号終焉也。

〔一七〕正四位下行主計頭兼縫殿頭陰陽頭賀茂家栄朝臣者。暦〔博士〕陳経二男也。《件陳経。長久二年雖蒙延暦宣旨改姓間菅野任少外[解]記叙爵了》其心質直。為人不悪言。仕朝有功労。去保延二年八月中旬。《十二月卒。年七十二》悝沈病源。俄以帰泉。先其死期三箇日。喠禅徒。修弥陀念仏。行法花懺法。已及危急。舎弟闍梨政豪来臨。〔苦〕勧念仏。兼授仏号。瞑目之後七日。貌不爛壊。衣有奇香。其葬斂之暁。隣人夢。西方不知幾万里。以榲木為垣。敢以無隙。此中此人着褻束帯。向西方而行。禅僧十余人。其形如地蔵菩薩。相随送之。或唱讃頌。或供歌舞。同月廿箇日。門弟陰陽允大中臣宗康夢。彼人叙三品[意]。為申慶賀被参内。又男員外暦博士欲知彼人之生処。苦以祈念。夢中禅僧数輩。群集荘厳之道場。誦経文云。於我滅度後。応受持此経。是人於仏道。決定無有疑云々。又家女夢。法花懺法之座。着布衣之装束。相接之間。天花紛紜散頭上。又雑色男有里夢。彼人作僧形。着俗装束々帯。為申三品之慶賀参内。于時有里随車後。望見車内。朝日照臨。頭光赫奕。如此之夢。及両三度云々。便知匪直也人矣。

〔一八〕播州有一聖人。号棚原聖。方丈室内。無有本尊持経及資生之物。常向西方而黙坐。不誦経典。不唱仏号。若欲飲食之時。行至他家。黙然而座[聖]。人得其意。〔方〕陳供養。事了早立。〔至〕於本室。両三日間。更不起動。如斯経年。挙世仰崇。爰他郡忽行大法会。此聖参詣件会所。講会事訖。遷到本所。中途有一別所。往臨件処。有一人僧。自本相知。至其住房。語房主云。被恵行水一桶哉如何。於是房主務弁其事。兼羞飲食。聖共受用之後。重語房主曰。頭痛難愈。〔若於此所命終者。中情如何。時房主答曰。更無妨難。〕是善縁之原也云々。聖人喜曰。可奉請出金色弥陀像。東面而安置之。即如教行之。爰聖面向尊像。相招房主。令坐我後。共称念仏。乍坐入滅矣。本所当郡両郡人民一千余人。相共殯葬之。如喪二親。如失一子云々。

〔一九〕沙門寂禅者。左京人。俗姓菅野。筑後守文信男也。弱冠之日。身従官仕。任木工[公]允。然而不着俗塵。志在出家。其父不許。思而渉年。因之百日潔斎。参金峰山。精進之間。日致一千遍之礼拝。其願無他。為遂出家之素意也。長和四年。齢及三十。終以入道。登台山。従座主大僧正慶円。受具足戒。其後依付慶祚大阿闍梨。受三部大法。本師入滅以後。処々修行。浮雲不定矣。卅余年以降。占近江国蒲生郡石塔別処。永以蟄居。是則阿育王八万四千塔之其一也。此地結庵。坐禅念仏。歳月積矣。治暦三年八月望日以前。風痺悝侵。日飧自減。死先七日。病患平愈。起居如旧。日々沐浴。容顔自若。其月廿日。予誡弟子曰。翌日湯沐。鶏鳴可設。弟子守期勤。廿一日未旦沐浴。縄床結跏。念仏之間。異香満室。遅明弟子竊窺其居。憑几如眠。其気已絶。西向入滅。縁辺薫香。殆無比方。即依顧命。白昼火葬。荼毘之処。四面芳郁。凡厥墓所幷旧庵。三日有余薫香発越。抑当于聖人入滅之暁。住辺山別処同法沙門。遥聞山中法花懺法之音。赴尋其音。安禅経行其方。音中有妙楽。雑有異香。耳鼻所触。心自怪之。東方漸明。晨光已発。遠見聖人室。紫雲西聳。音楽東向。黎至其門。悄然無声。遺弟一人出来。語曰。聖人今暁入滅。同法聞之。不覚涙下。徙倚而立。如忘東西焉。爾時結縁道俗。隣里親疎。以弔問。其中神崎郡居住僧寿真来語。去暁仮寐夢。威儀具足僧侶八人。囲繞聖人。左右二人。持捧紫金台。聖人乗台。往生西方。又檀越女人夢。容顔端正僧三人。自西方来。一人持宝輿。示曰。為迎聖人也者。又性円同法夢。聖人住房西去十余歩。紫雲如虹。伎楽満空。聖人乗其雲而去。又同僧。聖人入滅先七箇日。禅室炉下。独睡之時夢。日光射室。内外照耀。夢覚目送。余映猶在。又定円同法夢。聖人誦曰。我捨穢土。往法身土者。又良照同法夢。天王寺西門。雲海沈々。風波〔無風無波〕寂々。画船四五艘。荘厳奇特。絃管合調。来迎聖人。又女人夢。大乳坑中。累熟柿九果。聖人安坐其最上。顔色身色。光明紫磨赫奕。又伊賀国居住同法行縁夢。詣聖人室。聖人整理衣服。逢迎門庭。乃談曰。我今往生西土矣。此時也音楽沸雲。聖衆満空。夢驚眠覚。随喜悦可而已。如此奇夢異相。不遑羅縷矣。聖人練行五十余。春秋八十三。〈私云。石蔵寺法印和尚令書如法経云々。此人歟〉

〔三〇〕延暦寺僧隆暹者。字惣持房。初修学。伴禅徒為業。後住洛陽。具足妻房。日別念仏十三万遍。数年之間。不敢退転。参籠天王寺聖霊院。祈請於順次往生之可否。爰夢見。自身在聖霊院前。極大立文。従内投出曰。此文可持参不動仏御許云々。時有西風。吹挙我身。指〔東〕而行。経過多国。至一世界。落於沙上。有一菩薩。問所従来。則答曰。日本国聖徳太子之御使也。時有菩薩〔虫損。内本〕如前風吹挙其身。指西而来。既而落在本所。即以返状奉上之。披覧之後。如本巻之。而投出曰。可見此書。不動仏御言。亦以如此云々。開之見之。其文曰。隆暹順次往生極楽。是一定也云々。心中欣悦無極。〈已上夢〉祈請有感。霊応如此。瑞夢掲焉。往生無疑矣。

〔三一〕東山有一山寺。号石蔵寺。彼山寺。是行円聖人之建立也。件聖人本是大和国人。修行者也。次至彼山洞。結庵始住。漸経四十余年。松柏成林。房舎満院。聖人心意潔白。涅而不緇。慈悲仁譲。養育住僧。一万日之間。修不動護摩。年余七旬。寝食乖例。病経日増。身累夜衰。既臨死期。使弟子等誦不動慈救呪。静而入滅矣。聖人平生之時。有人夢見。此聖着用緇衣。而企他行之貌也。

有人問曰。将行何所乎。聖人答曰。可行西方也。又問曰。言西指極楽歟。答曰。爾也。又問曰。我雖無行業志。亦在彼界。得往生否。答曰。学実教者得生。汝何不生乎。然間夢覚畢。又彼人後有人夢。金色仏像背負彼聖。指西方行云々。生前滅後。二人霊夢掲焉。一定往生之人也。

〔三二〕兵庫大夫為真父。年来念仏者也。申時許。向西方念仏而坐。閉眼持念珠。不動揺。傍人見之。疑坐眠歟。驚覚之。全無病痛。永入死門云々。

〔三三〕因幡国有一武士。出家住山寺。住僧念仏。及於老後受病。々増力減。追出女子。唯留男子。扶病而起。向西念仏。其音響山谷。百遍許之後。漸気絶。音止之後。其舌〔虫損。内本〕猶動〔虫損。内本〕。如初不異。乍坐入滅云々。

〔三四〕陸奥有一女人〔虫損。内本〕。若〔虫損。内本〕年之時。立艶好色。定夫無之。衆人共来。敢不厭之。皆以許容。後更無一人而来者。寡宿経年。有親人問由緒。答曰。我聞。順人情是菩薩。依之不返男来。又聞。愛欲是流転業也。依之交会之時。不生一念愛着之心。弾指合眼観不浄。有人成欲事之時。此念弥盛。仍衆人皆恥而不来也云々。後成比丘尼。念仏為業。臨終病悩之時。閉眼則金色仏満空。如清夜見星云々。

〔三五〕女弟子源氏。洛陽人。豊前権守有輔女也。性則柔和。毎暁誦法花経廿八品中要文。毎乞者来。必行恵施。常怖悪趣。鎮欣浄土。念仏之員。不知幾許。行路之時。若路頭途中。設〔雖〕戯咲。念仏誦経之者。深染心肝。丁寧随喜。漸臨老後。依孝子請。住東坂本。以承徳年中。出家受戒。〈法号阿妙〉剃髪之夜。燈下見影。落涙数行。人怪問之。答曰。欣悦深故也云々。其後至長治元年正月之間。心神不快。雖然非重。二〔板本「三」〕月九日。為清身体。方以沐浴。十日自云。吾有二男一女。普可告応死之由云々。同十一日早旦。告家人云。不急之前。早可催人々食物。今朝殊美其味。可令食也。其事既畢。漸及午剋云。欲受戒品。俄而無戒師。有人云。可送請於山上。病者曰。可久云々。仍孝子読梵網経戒品。病者洗手。着袈裟。執念珠。扶人起居聞之。深心欣之。自又誦法花要句畢。孝子等啓母云。没後必示生所。随有承諾之気。頃之念仏気絶矣。十二日早旦。有子見母。面向西。十三日又見之。二足向西。十四日又見之。双足前後如歩。右前左後。似歩之儀。其後一人子夢。見其生所云。有鐘堂。以瑠璃成之。又有重々堂。七宝荘厳。五色蓮花開敷池中。有子啓母。宇治御堂如此歟。母云。何故如此問〔虫損。板本〕乎。子曰。児童歌云。極楽不審久者宇治御堂乎礼ヘシト云故也。母云。工巧雖尽美。不可似生本云々。夢覚了。

〔三六〕近江国志賀郡漏山麓。有一女人。〈不知姓〉以慈悲為性。以念仏為業。恒歎後世。随分行施。然間至行年五十三。保安元年庚子十二月下旬。臥病矣。其月廿七日辰初。有黄色光。来照病者面。仍看病人等驚於光。相迎弥陀薬師観音地蔵等像。安病者前。於是病者対仏念仏。瞻仰尊顔。目不暫捨。又有二人僧。打鐘念仏。然間西方忽聞音楽之声。又自西方黒雲来。覆其室之上。爾乃安住正念。以午初剋而命終焉。看病人中。聞楽声者八人。見光之者二人云々。没後第七日夜夢見。亡者沐浴。其身成金色。其形如千手観音。第九日夜暁。女子夢見其母。問曰。日来有何事乎。母答曰。無別事也。被照阿弥陀如来白毫光。而病平愈畢云々。又第四十一日夜夢。自亡者額。放白毫光云々。

〔三七〕東獄所西。有一人僧。字奴袴《サシヌキ》君。片足無之。年来之間。盗殺為業。依其罪科。被禁牢獄。被切一足也。赦免之後。立庵室於獄西而住矣。僧愧宿生之業。厭今世之苦。偏慕九品。曾無二心。日別所作。先起拝四方。後向西土念仏。自此之外。全無他事。其隣有一人男。修理職案主也。其日。件男名光枝夢見。詣菩提講。堂前有三本蓮。其中一本。此僧端坐矣。夢覚之後。知宿善厚。殊加憐愍。或致恭敬。或陳供養。夢後三年。件僧住室前。生三茎之蓮。見者随喜。聞者感歎。過五六日。枯槁已了。又光枝夢。此僧〔虫損。内本〕今過三日。可生極楽。又次夜夢。明日未時。一定可〔虫損。内本〕往生也。其次日。此僧雇人。呼光枝曰。大切有可申之事。可被立寄也云々。光枝行向其所。件僧歓喜曰。従去夜。聊有心地不例之事。今日未時。一定将往生極楽矣。年来之間。多蒙汝恩。未報一分。須以今生結縁之力。必為当来引導之因。是故我今欲得二字如何。光枝感涙潤襟。悲喜塡胸。一心信受。与二字了。然後此僧。向西端坐。一心念仏。忽以入滅矣。

後拾遺往生伝　巻下

承久第二秋。賜持明院宮〔虫損。内本〕御本書写之了。于時松風音。夕日影袖。方室庵静。思寄玉毫。唯願若干往生之人。哀愍迎接耳。　沙〔砂〕門慶　謹題之

玄義第六云。大経云。我観衆生。不観老少中年貧富貴賤。有善心者即便慈念云々。昨日看此文。深銘肝。今日見此伝。弥仰信。唯願大悲愍接取而已。

已上本定

正嘉二年七月十七日巳剋。於西山法花山寺書写了。

乗智

三外往生記

三外往生記 并序

沙弥蓮禅撰〈筑前入道〉

昔慶内史作往生伝。為見者発心。以伝於世矣。其後江納言善為康等各記其人。亦後続之。尊卑道俗。随喜居多也。予雖愚頑。盍慕賢跡。肆普訪古今之間。粗得遺漏之輩。重為貽方来。聊以録行状。前規多存。寔知易往之国。後昆咸励。宜専難行之心。願与一切衆生。共遷九品浄土云爾。

〔一〕阿闍梨増全者。延暦寺内供奉。極楽寺最初座主也。故郷河内国也。母頻感瑞夢。遂得誕生也。幼稚之昔。与諸児遊戯之隙。合掌称南無仏。隣里異之。葷腥適口。則以反吐。随叡山治哲法師。十八歳出家為沙弥。天安二年四月。随定光大師。廻心向大。依附慈覚大師。受学秘蜜教。凡学究三蜜。智朗四教。国王大臣帰依渇仰。延喜三年正月夢。西方有一大路。向西而行。到大河側。河西有僧。容顔殊麗也。招手告曰。暫以可還。三年之後。我来相迎云々。爰知我在世三年也。絶跡隠居。不出寺外。昼入経蔵。開覧正教。夜坐仏堂。称念弥陀仏。貫首弟子尊意。又闍梨可去之趣。得夢告。倫語同法等。闍梨果而延喜六年正月三日。言語飲食如例。四日夕。語弟子等曰。自今晩甚無気力。先年夢徴其期也。速可出寺中。五日兼々出寺。六日神逝。春秋七十矣。

〔二〕沙門理満者。河内国人。吉野山日蔵聖人弟子也。随逐給仕。不違彼意。以誦法花経。為一生業。又住河辺。為船師渡人。或在聚洛。愍諸病人。求所慕之物。悉与之。沙門寄宿小屋。送一両年。或時家主男。在沙門座下。見転経。読第一巻了。閣机上。其経自然踊揚一尺。巻返褾紙方如本置机上。爰家主作奇異念。敬礼沙門。々々敬云。奴力々々。勿令他聞。家主不披露矣。理満自夢。我身死去。棄置曠野。群狗食噉我骨肉。夢中思惟此事何因縁。有千万狗乎。空中有声告云。理満当知。此犬非実。是権化也。祇園精舎聴衆也。為結縁上人。所群集也。夢覚于後。弥誦法花経。又年来祈願云。我若依法花威力。当生極楽者。二月十五日。教主釈尊寂滅之期也。欲継其古風。多年之後。其願成就。二月十五日半夜之間。誦宝塔品是名持戒行頭陀者即為疾得無上仏道之文。入滅云々。

〔三〕薩摩国有一沙門。〈失名〉深山占居。歴年不出矣。行住坐臥。誦法花経。又修三時懺法。偏慕極楽。遂以焼身。其日紫雲聳漢。指西兮飛。群集結縁之輩。各垂感涙。又弟子同行。不去其所。毎日念仏読経。資先師。於焉仏舎利自然出来。衆人作希有之念。捃之致供養矣。

〔四〕好延法師。住愛宕子山。採花春香。供養仏陀。拾薪渡水。給仕宿老。朝夕受習法花経。通利一部。読誦不休。薫修多積。四十余年之間。敢無他営。及老爛之刻。修法花懺法。念阿弥陀仏。於是受病之時。身心寂静気絶。当于其時。徳大寺闍梨某夢。有大池。有一茎大蓮花。々実開敷。色香微妙也。好延上人。威儀具足。其手捧香炉。歩池上如大地。遂登此蓮花。面向西方。口誦法花。乍坐蓮花。指西而去矣。

〔五〕大僧都実因者。延暦寺西塔弘延阿闍梨弟子也。幼日離家登山。住具足房。天性明恵。夜学不倦。四明之亀鏡。一朝之竜才也。山洛之間。無不重之。遂昇崇班也。蓋道心内薫。常誦法花経。兼観察義理。夢有七宝塔婆。釈迦多宝二世尊光明赫奕也。空中有妙声云。汝以信心誦法花。因之二如来放光所現也。往生極楽不疑。老後臨終之日。誦提婆品。信心作礼。手結印契。向西即世矣。

〔六〕沙門祥蓮者。天台楞厳院浄侶也。久修西方之業。毎日三時。修六根懺悔法。毎月十五日。断食一日夜間。至心念仏。六十以後。永絶交衆。偏以念仏。又修印仏之勤。配十万億土。毎国印一仏。祈願云。我所印之仏在彼国。令我無留難。必往生極楽云々。最後正念入滅。往生之趣。即入覚超僧都《都卒僧都也》之夢也。

〔七〕延暦寺楞厳院妙空沙門者。欣求浄土。不染世縁。或時問源信僧都云。我雖有往生願。不能修其行。以何因縁。可遂素意乎。僧都云。有造丈六仏。生浄土者。可勤此事。即以唯諾。因之奉造丈六仏。今華台院仏是也。但素功未畢。露命忽殞。在世之時。自夢。有一大集会処。諸僧之中。相撰念仏者計度西方。指妙空云。彼不乱念仏。大徳早可行度。即歓喜。度西方了。夢覚以後。踊躍歓喜云。縦雖散乱之心。念仏之功不虚歟。帰滅之後。朝寿律〔彼〕師夢。妙空一類。依良縁悉蒙引道之益云々。

〔八〕相助大徳者。本是多武峰宗《増歟》賀上人弟子也。為修学所登山也。三業無望。一心求道。自語云。身受凡庸。学拙讃仰。不如抛眼前之名利。結身後〔之〕良縁。因之偏勤念仏。至心不退也。受病之後。慇懃念仏。其病極重。扶人而起。身弱心強。礼拝恭敬。僅及十遍。擬最後十念也。見者悲慼。遂以命終。有往生之瑞矣。

〈正暦四年月日〉

〔九〕阿闍梨明普。住延暦寺楞厳院。数十年間。修西方業。念仏読経。薫修有日。往年祈願曰。願知命期。自夢。六十九是其期也。寛弘三年四月七日。遷化之刻。念仏不退。就木之夜。其煙西靡。直聳青天。如曝白布。近郭之人。遠見異之。或人夢。明普闍梨忽然出来。身着美服。手擎香炉。而面貌端正。異香芬馥也。驚問。自何処来。答。従西方来也。夢中思惟。西方者近名也。今坐近処歟。答。雖在近処。是余人者難到之土也。

〔一〇〕沙門念照。俗姓小野氏。名為国。道風朝臣之孫也。雖在俗塵。偏念仏土。随逐寂照上人。出家入道。持戒清浄也。受病之時。為加救療。暫辞山門。寄宿典薬頭和気正世家。彼家命終。正念々仏。往生之瑞炳焉也。

〔一一〕阿闍梨良陳者。延暦寺之人也。以慈悲為室。以忍辱為衣。哀愍孤独。助成仏事。相語門弟云。我従童稚。念弥陀仏。多年之勤。薫修日久。接取不捨之願。実語不疑。臨終念仏不退。尋円律師夢。慶有阿闍梨。故良陳阿闍梨。相並而竪。慶有闍梨云。此良陳阿闍梨被説曰。

年ヲヘテヲモフヲモヒノカヒアリテ蓮ノウヘノ露トミルカナ

〔一二〕阿闍梨聖全者。天台学徒也。螢雪之勤。嵐月已尚矣。因果分明。其心精進也。昔随請用。暫経廻于洛下。猶厭生死之郷。隠居山城国乙訓郡石作寺。十五年間。難行苦行。告門弟云。今年命期也。及孟秋之天。果而受病。若干行業等。不能退転。又云。臨終之期已近。可洒掃房舎也。取梵網経。打磬而発願。一見了後。漸臨夜陰。又令修念仏。自亦誦寿量品。又令読往生要集。臨終行儀云。最後十念。猶勝百年苦行。諸僧相共。竟夜念仏。已及暁更。以色縷着仏手。執其末。面向西方。手結定印。如入禅定。寂然長逝。前言不違。布薩之日命終矣。

祥蓮以下七人者。楞厳院結縁念仏之衆也。《ム云。聖全有為康伝如何》江納言并為康等記。不載此人等。廿五三昧帳中往生分也。

〔三〕昔有行空沙門者。世呼称一宿聖人。不定住居。毎行向所送一夜。不再宿也。日夜誦法花経十二部。未曾退転。五畿七道。惣六十余州。霊地霊山。無不修行。或時失道者。天童祗承之。渇乏求水。神女与之。若有痛所者。諸天自到。賢聖常護。天神相副也。巡行鎮西。及九十算。所誦之経巻卅余万部也。命終之時。普賢摩頂。文殊加護。蓮花承足。天衣繫身。往生浄土云々。

〔四〕仙久比丘者。西石蔵住僧也。常誦法花経。昼夜尽数部。兼又学習正教。深有道心。欣求極楽。称念弥陀。住房側。別建草堂。安置法花八曼陀羅。焼八香印矣。人々夢。欲奉見普賢大士。可親近仙久。夢想為結縁。多尋到之者。最後正念唱滅。豈非往生乎。

〔五〕沙門円久者。延暦寺西塔之人也。年始九歳。離二親郷。登四明嶺。出家受戒。学習正教。後移住楞厳院。誦法花経。其音和雅。聞者随喜讃歎。出仕朝市。有名徳之聞。至知命終発菩提心。隠居愛宕子南峰。修無縁三昧。吹十二時螺。勤六根懺悔法。専期往生極楽。最後命終。口誦妙法。面対西方。更無余念入滅。以死骸斂置幽谷。七々之間。於藁里有誦法花之声。周忌以後。其声不聞也。

〔六〕高野山有両聖人。〈一名可尋〉共鎮西之人也。南北占居。修行仏道。敢無退転。彼山之人。号曰南筑紫北筑紫。長治元年春。南筑紫半夜以前。呼童子云。夜明乎。答云。未及鶏鳴。僧不言。又問。只今何時乎。答。已吹寅螺了。又暫而云。欲明否。淩晨也。仍与童子共趣。洒掃房中。悉以荘厳。着新浄之衣。奉向弥陀仏。結跏趺坐。招請衆僧。令唱宝号。自午及申。念仏不断。端坐入滅。迎雲繞嶺。異香満庵。隣里之人。視聴涕泣而已。北筑紫上人信明。又不歴幾年入滅。手結定印。不断念仏云々。春秋各八十。

〔七〕沙門覚勝者。住越前国坂南郡阿弥陀院。〈此堂。伴大納言善男卿配流之時。所草創也。基趾久存。仏法繁昌之地也〉本是美作国人也。能知密教。持戒持律也。受病七日。其間六時修阿弥陀供養法。未企懈緩。語弟子云。我滅度荼毘之日。浄侶自然群集者。以我可知往生極楽也。斯言已了。仏前修供養法。及数剋無音。弟子等奇而見之。端座已滅。不敢傾動。奇香満室。人々在仏前。香気亦見之。

鑪中香火早消無余薫。是則瑞香也。客僧集会七十余人也。果而如先言。於是知往生浄土云々。

〔一八〕二品法親王者。長和天皇末子也。母左近衛大将藤済時之女也。母后夢。胡僧来云。将託君胎。夢驚之後。不歴幾程。皇后有娠。十箇月間。后不嘗葷腥。誕生之日。神光照室。小児之時。有成人之気。天皇鍾愛勝〔鐘勝愛〕於群兄。天皇晏駕之後。不堪恋慕。遂任素意。於仁和寺出家。〈法名性信〉受法灌頂之水。無不究其淵源。絶粒不稀。渉日積年。薫修練行。已非凡聖。謂其神験。殆同仏陀。一天之主傾首。四海之民帰命者也。昔百箇日間。修法花法。及其畢期。後夜時有人。叩戸云。時至哉。聞其声而開戸。見之無其人。八十一秋。始有微病。強無辛苦。着新浄衣。常以念仏。臨終正念。端坐入滅。于時右大臣藤俊家。暁望西漢。遙有紫雲。兼聞親王病。不疑其往生。夜明尋之。果而然也。寛治二年秋。

〔一九〕延暦寺阿闍梨教真。久銜修学之道。或被褒貶研之際。念仏為事。生年三十以後。毎月二箇度。必修百万遍念仏。以為往生極楽之因。大都日別。修十万遍念仏。臨終之夕。異香満室。又大宝蓮花。繽紛而下。見花色之者八人。粗聞香気之者十人也。荼毘之後。七日之間。余薫不竭〔謁〕。暁夕発越〔起。意改〕云々。

〔二〇〕土左国金剛定寺。有一上人。〈名不詳〉頃年之間。繫望於西方。今生之事。不敢蔕〔美〕芥。往生之念。老而弥切也。厭残年之長。遂以企焼身。先積薪於浄所。納身於其中。合掌向西。高声念仏。衆僧門弟。同音合殺。西方濺油。一具加火。当国他境。雲集風来。随喜之涙。無不満襟。

又翌日諸児群遊之中。一児童相語云。我欲学昨日上人之焼身。汝等同心拾薪。以可積聚。諸児戯咲。如言積薪。彼児入其中。高声念仏。諸児助音。則以火加之。薪尽煙消。余児分散。各不語此事。父母不知之。日暮尋之。不知行方矣。二親泣而渉日之間。或人夢。雲外有二鶴。一者大。一者小也。指西方而于飛。有人云。彼鶴一双者。焼身上人小童等也。勇猛之心。遊戯之態。功徳同等。共指極楽云々。二親諸人。始聞此夢。無不驚歎矣。

〔二一〕沙門如幻者。左京人。住東大寺。唯識因明之碩学也。学秘教交衆之間。本名叡尊。発心之後。号如幻。大悲利生如仏陀。爾到播磨国。住高和谷。国中緇素。帰依渇仰。生年六十二。冬十二月二日。其身凭几。奉念観音。面貌不変。端坐頓滅。里人也来。多語往生夢之者。又備中国住人ム夢。七宝車指西而行。問之有人云。如幻上人往生也。彼人上洛之次。宿於播州東風寺。相語此事。彼寺住僧伝之。

〔二二〕沙門隆尋者。丹波国之人也。年少之時。謁見相者。云。最短命也。因之発心。不好学問。偏求菩提。十七歳以来念仏為事。常勤精進。無有懈倦。退去〔者〕叡山本房。移住於清水寺之畔。昔参籠天王寺。祈念往生定否。数日之後。有夢徴。又有同法之聖。相共誓曰。我随先死。必示生所。各銘心府。漸送年序。彼上人偸閑向南都。忽以入滅。雖聞往生之由。未知虚実之由。爰参籠清水寺。其夜夢。白色丈六菩薩。乗雲而自南方飛来。倩瞻之。先滅之上人。我問其生所。答。已諧第三地。依存日約。今所来告也。亦問。隆尋往生如何。告曰。決定無疑。夢覚之後。歓喜満胸。又夢。奉見丈六阿弥陀仏。頂礼而言。隆尋可往生極楽乎。仏答。可生也。深馮其夢想。俄有恙異尋常。遷化之夕。向西合掌絶焉。

〔三三〕僧永助者。甲斐国平沢山寺之人也。昔移住伊豆国修禅寺。心性質直也。初住世間。後発浄心念仏。歴一年之間。忽焼身。其日。近邑之人。或見紫雲之瑞。皆称往生人也。

〔三四〕興福寺学徒経源者。左京人也。《後拾遺伝云。中納言定頼子》成業已後。祖随公請。〈号弁君〉俄抛世間法。発菩提心。遂住小田原蘭若。称迎接房之聖人。往生之勤。不時而休。亦学真言教。達其奥義。油鉢不傾。浮嚢能完。而間聊有微病。渉日弥篤〔留。意改〕。門弟群集。日者令修阿弥陀念仏之間。上人相語云。明後日可滅度也。仍今日沐浴。次日又沐浴。第三日云。臨終之時已至也。所調置之紙浄衣可持来。則与之。着用了。〈件衣以梵字書往生要文也〉向弥陀尊。合掌端坐。念仏不退。又曰。誦過去空王仏眉間白毫相弥陀尊礼敬滅罪今得仏之文。大都誦往生要文及数返。其間衆僧合殺。上人気絶已了。頃而更開目云。可唱観音合殺。衆僧唱之。其後長逝。両三日程。合掌端坐。猶如生身。但自右口腋。出一滴唾。弟子〈其号往生房聖〉以布衣袖拭之。其香微妙。勝於沈檀矣。載肩輿。将向就木所之間。其姿猶不傾。又火葬之処。当西方而不遠。有廿余人之声。同音合殺。衆人聞之。尋而見之。無有其人。彼染香布衣納旧房。于今有之。年歯八十四《五イ》云々。永久年月。

〔三五〕僧良範者〔寺〕。住山崎北別所。多年修浄土業。然間有小恙歴二年。弥以信心精進。念仏不退。最後安住正念。不断念仏。向西端坐気絶。隣里之人。多伝往生瑞夢。保延五年正月。

〔三六〕近江国三津浦。有入水之聖。〈失名〉先乗舟中。遙泛湖上。山僧里人。亦棹舟而来之者。五六十艘也。上人身着浄衣。念仏合殺。衆僧同音。上人云。我沈没之後。若得往生極楽者。身体不壊。可揚西岸。又堕悪趣者。可揚東岸。往生之定否。以之当知之。縦又見善悪之相。必可修追善也。弟子等承諾其言了。後日打寄西岸之上。合掌不破。結跏猶存。往生掲焉也。

〔三七〕大法師賢円。醍醐寺小別当也。久雖執行寺務。素意只在菩提。行住坐臥念仏為業。或毎日阿弥陀経四十八巻読之。受病閉眼之剋。専心不乱。異香満室。傍人皆聞云々。年七十余。大治年中。

〔三八〕念西比丘者。本是少〔小。意改〕僧都実覚童子也。〈童名忠犬丸也〉生年五十。遂以入道。永抛世事。於今生。偏属日湌於廿子。

多年之間。住南京常戸辻。念仏之外。全無他意。昼夜不断。称南無仏。以小豆為其数。已及二百八十石云々。齢過杖郷。俄携薬名。命終之夕。端坐向西。手擎香呂。念仏声立。遷化之後。三日之間。身体不傾。香呂在手。香気留庵。微々未竭。南都道俗。群集見之。随喜讃嘆。展転聞之而已。天承元年。

〔二九〕法務権僧正勝覚。俗姓者源氏。左大臣俊房一男。醍醐寺法務定賢弟子也。出自蓮府。入於桑門。真言秘教。悉以瀉瓶請益。権少僧都義範重而受法。三密之水。訪余流兮酌尽。五智之燭。継明輝兮挑木。門弟済々。室中成市。永久五年六七月。天下旱魃。黍稷枯萎。花夷愁歎。宛如殷湯之昔。精誠祈念。第四日。小蛇出池水之中。入于炉壇之下。善女〔如。意改〕竜王兼垂霊応歟。同日亦以弟子某令参清滝神窟。白蛇遇路。有角鰭。又異瑞也。自今日陰雲。明日(第五日也)甘雨普降。率土相示。旁見万物之鮮。寔知一味之潤。秘法之彰霊験。貴賤無不嘆美。公家給賞。以弟子阿闍梨定海。許補権律師。大都蒙護念之輩。得効験云々。及暮年。建堂舎造仏像。功徳善根。偏以経営。然間風霧屢侵。坐臥不穏。仍辞公請帰本寺。西方繋望。常以念仏。未亡以前。両三日程。孔雀一双飛来。匝于僧正座辺。余人不見之。瞑目寂滅之刻。光雲満精舎云々。年歯七十三。大治五年。

〔三〇〕沙門永覚者。伊勢国之人也。少年之時。随縁入洛。即登叡岳。師事覚尊上人。総角之齢。出家受戒。屢携修学。頗弁義理。而十六歳忽以発心。永抛余事。但修念仏。師主登霞之後。移居飯室谷。不出宿房。摳西方之業。練行年深。或語山上之群侶。或伝洛中之諸人。令唱念仏。是為化他也。又祈願云。来世猶可堕悪趣者。今生兼欲償其苦。命終之時得往生云々。歴年之頃自夢。衣冠神人出来云。可引此材木也。汝当生之罪苦也。此夢以後。脚気更発。昼夜無聊。両脛之重。千鈞還軽。咫尺之程。雖不能動。不敢為愁。又丹波国穴緒寺住僧ム。天承元年冬夢。観音乗綵雲而自西方来。暫坐此寺。光明赫奕也。夢中奇之。有人云。為迎永覚上人。令向天台山也。夢覚夜明。不知誰人。後日伝聞。永覚上人在于叡山飯室。智行具足。道心堅固也云々。不歴幾程。已以寂滅。定知往生極楽之人也。

〔三一〕勝義大徳者。越前国白山麓平清水之常住也。往日頗好修行。登比叡山。二千日夜。参宿根本中堂。其行已了。早以帰国。性操不悋惜哉。千僧供及五箇度也。三時修阿弥陀供養法。多年匪懈。俄呼弟子某。白地行隣邑。令人呼急来。師云。明日命期也。房中所持之資。各附属弟子等。翌日云。頗無気力。可勧夕飡。々了盥嗽。入持仏堂。供養法如例。乍坐長逝。迎雲満寺内云々。天承二年正月。七十齢也。

〔三二〕良忍上人者。延暦寺東塔常行堂衆也。往年之比。一千日間。

詣無動寺。不着麁履之類。如忘名聞之思。傍輩同法。以為奇特。是祈菩提心也。其願成就。永絶交衆。構小庵止住大原。十二時修三昧行。年来不懈惓。兼披閲一切経論。造立堂舎仏像。多年練行。齢首難記尽矣。沈痾之間。遷化之後。往生極楽。瑞祥炳焉也。暗夜観仏相好。光明眼前。又入棺之時。其軽如鴻毛。大原律師覚厳夢。上人来告云。我過本意。在上品上生。是融通念仏之力也。天承二年二月。

〔三三〕叡山宝幢院住僧ム。三十余年。依不交病。移住清水寺坂本。余生之間。永断酒塩。読法花経。又唱弥陀宝号。如斯之間。其病自然平愈。不帰本山。只以無道心為歎矣。従往日。造阿弥陀三寸像。奉令坐蓮花一茎。年来為本尊祈願。臨終之日。必擎左手。以五色縷引右手。住正念可命終云々。瞑目之刻。其事如願。向西端坐。念仏八千余遍。湛然入滅。草庵之上。有綵雲焉。長坂往還之輩。観其瑞之者多々也。天承三年四月。齢七十一。

〔三四〕沙門信敬者。楞厳院飯室学徒也。昼夜誦法花経。多歳不倦。当初蝸庵夜坐。暗誦法花経。至于第六巻常在霊鷲山及余諸住所之偈。忽以発心。大恩教主常在頂上。依罪業深重。不得奉見之。悲哉々々。正欲何為。因之発願。剥切我皮骨。奉供養釈尊。自爾以来。廿六七年。永抛名利。偏修練行。先降伏魔障。為成就我願。焚手指。奉供養大聖明王。又切取左脚骨。奉造釈迦如来像。其後脛骨平差。行歩安穏也。又剥手皮。図絵阿弥陀三尊。以手指骨。奉造観音勢至二菩薩。常〔当。意改〕時不断。奉唱弥陀宝号。不取数算。天承素意已以相違。遺恨在之。或時不図独起向仏像。発大音声。称南無大悲阿弥陀仏。只一声。又以偃臥。翌日微々念仏。安然気絶。不歴幾程。法花堂三昧陽快夢。天童一人降来云。此山可有迎講也。一度既過了。迎信敬上人也。今度者為迎延秀大徳。即見之聖衆済々。乗雲降臨。皆以合掌。陽快云。教主弥陀不見如何。天童答云。令坐雲中也。件延秀者。行住坐臥。誦法花経。已及九十算。如得六根浄云々。同八月十八日夜。横川或人夢。到上人之旧房。上人面貌殊麗。衣服甚鮮也。夢中問。平生不好美服。滅後如此。其如何。又令坐何処乎。答。在極楽。自余言語不委注矣。

〔三五〕比丘尼某。大納言藤原資平卿第二女也。本性貞潔。一生寡婦也。自丁壮之年。有西方之望。考妣逝去之後。早以為尼。弥修念仏。奉図絵如意輪。繫臥帳之前。瞻仰尊顔。誦持神呪。多年之勤。少撰匪懈。獲麟之刻。向西合掌。異香頻散。在傍之者。或臭之。又自語云。日月照我衣。光明清浄也。傍人見之乎。是日雲膚靉靆。雨脚滂沱。今称月影。豈非仏光乎。

〔三六〕尼妙法者。成章卿長女也。生于清華之家。養在錦帳之中。宿善開発。道心堅固也。齢及廿。父母擬令婚姻。頻致固辞。不敢承引。至廿一。猶企経営。既近其期。誠知難脱。偸鑁雲髪。投出帳外。雖不似二親之情。為帰依三宝之道也。遂以出家。持戒精進也。殆軼于草繫比丘也。暗誦法花経。満六万部。其後数年。昼夜読誦。不注巻数。又修三密法。每日手自備閼伽。命終之日。掛五色糸於弥陀手。引其末。高声念仏。及一時而入滅。異香満室。傍人染衣矣。于時春秋八十一。

〔三七〕尼某。讃岐守行家朝臣之女也。早配偶于上野介高階朝臣敦遠。同穴之間。生男女子。本性有慈悲。未曾喜怒。雖営家務。最多道心。五十以後。其心弥切也。遂為比丘尼。偏念弥陀仏。受病臨終之日。正念不乱。向西気絶。于時常陸介実宗妻夜夢。当于家北。空中有楽。遠而聞之。指西去。後朝有人云。去夜上野尼上入滅。乍驚尋之。其夢当瞑目之時也。

〔三八〕尼某者。本是修理大夫俊綱朝臣家仕女也。柔和在性。喜怒無色。不携夫聟。又無子息。官仕之間。歯髪半衰。更慕浄刹。遂以出家。造次顛沛。念弥陀仏。每日四十八返。向西而礼拝。未曾闕如。沈病之間。被扶奴婢。沐浴潔斎。念仏不退。頃年有相知之僧。遣使招請。即以走来。語言。明日巳剋。是入滅之期也。可為善知識。兼又付後事。僧忽聞一言。頻拭双涙。念仏読経。終夜勤之。尼問云。時至乎。々々々。正及巳剋。起向西方。高声念仏。寂然気絶焉。

〔三九〕近江国比良山麓村有一老尼。〈名〉鄙細人也。天性之心。慈悲自深。村中之人。不論親疎。有来宅之者。必勧飲食。少飯疎菜。更不愧之。或又旅行之人疲屈在路。若及其聞者。雖数十町。自身持向与飲食。慇懃之志。哀憐猶子。又念阿弥陀仏。慕安養界。年来之間。所行如斯。及閉眼之期。正念々仏。湛然入滅。近隣之人。聞香気者八人。望光雲者六人云々。永久年月。

〔四〇〕甲斐国有一俗人。〈名可尋。字称丹波大夫〉弓馬之上。羽猟為事。郡県之内。每年賦出挙之米。秋収之時。為貪其利。冤凌士民。領田畠。梟悪之心。楚越之竹。不可記尽。未知仏法之名字。無慙無愧也。公務之間。漸及老耄。内有宿善。兼知死期。限百箇日。招請衆僧十人。令転読法華経。或令修弥陀念仏。及其終相語親友云。死去之日。必可来会也。然而見其形体。全無病気。両三日不忘言約。其人来臨。俗人云。多年無弐之契。今日拾謁之後。再会何日乎。嗟哀哉。々々々。今宵難過。可早帰去。取手合眼。嗚咽而帰。又云。十人僧四人可退也。逝水之後。食香之程。以六人可行例時也。語了念仏。心静不乱而入滅。十悪五逆之輩。最後念仏之力。猶得往生。今謂之歟。

〔四一〕近江国愛智郡胡桃浜有一父。〈失名〉老後出家。恒時念仏為先。其心性無[毎]親疎必勧飲食。若斯之間。俄企焼身。戴木累日負来。浜辺積薪。其中容身。合掌向西。高声念仏。身体雖焼尽。寂然不動。結縁之者。無不随喜。微風不吹。其煙西靡。直聳台岳之嶺。宛如長橋。往生之瑞。於焉而知歟。

〔四二〕左近将曹下野敦季者。兼武子也。近衛舎人之中。尤有人望。太上天皇徴為御随身。雖趨官途。粗有仏土之望。建立十斎堂。各修其講演。殊致精進。未企解緩。老爛之後。出家入道。事善根於朝夕。不顧他営。胸病頓発。及両三日。瞑目之刻。被扶二男敦俊。起坐向西。念仏不退。日光指来。斜照衣上。表裏映徹〔瞰。意改〕。宛如満月。其衣納宝倉。于今有之云々。

〔四三〕左近将曹秦武元者。武重子也。髻亂〔髪乱〕之時。奉仕于仁和寺法親王。々々々参籠高野。小童随順。百日護摩之間。初後夜之時。必汲閼伽水。一度未闕如。信之至也。成人之後。其父加首服。為令継家跡也。為太上天皇御随身。宦仕之隙。常好鷹犬〔之〕〔意改〕遊。屢楽雉兎之獲。俄怖後世之事。永以断其業。更住道心。常修念仏。雖携妻妾。夜不懐抱。偶通之時。夙興沐浴。昔天皇参詣高野。侍其後従。夜夢。高僧出来。摩身垢而与之。武元伸手受取之。問云。高僧為誰乎。答。我是大師也。汝昔致給仕。尤所憐也。覚後見手中。已有一果玉。随喜之涙自然双下。天皇還御之後。申身暇。又以参詣。致帰命之志也。求道之心。自斯弥増。建堂舎造仏像。承御尊使。発向関東。長途之間。精進潔斎。手書金泥法花経一部。帰洛之後。亦建二階大堂。奉安丈六三尊。朝夕作礼。常修講演。忽纏小恙。出家入道。与善知識僧。共在仏前。不近妻子。為去恩愛也。臨終之刻。引五色糸。念仏三百遍。乍坐気絶。有往生之相掲焉云々。承徳二年八月。

〔四四〕左大臣源俊房者。土御門右府之一男。母入道大相国之女也。生于高貴之家。居於棟梁之任。才華文章。当世抜群。秀逸之句。多出人口。旧年建立一堂。安置弥陀迎接之像。毎至斎日。常修講演。保安元年春。辞職致仕。同二年二月落飾入道。〈法名寂俊〉十二月朔。蒲柳之質。風霧相侵。五六日間。強無辛苦。十二日暁命終。念仏不退。紫雲聳来。瑞光照室。荼毘之夜。異香散乱。左右之人染衣而帰。或女人夢。一僧侶称禅府使。伝書札。其文云。適雖往生未覚悟。依最後念仏。得住不退地云々。春秋八十七。

〔四五〕入道念覚。〈俗姓名〉住于越前国坂北郡詔隆寺。廿余年念仏為事。弥厭余生。俄焼其身。先向西方。礼拝千返。次高声合殺。同法客僧。異口同音。又念仏千遍。就薪之後。手結定印。猶以念仏。薪尽煙晴。紫雲弥天当他境。集会之人。済々焉如堵墻。或望此瑞。随喜讃嘆也。

〔四六〕大納言源雅俊卿者。六条右府之二男。堀川天皇之外舅也。天皇登霞之後。更厭生死無常。建立一堂。奉安九体阿弥陀丈六像。毎朝入堂。行礼拝唱宝号。又造一基塔。置六口僧。修法花三昧。自他之行。年来不懈。身有恙。渉旬月。閉眼之日。以綵縷着仏手。

引而念仏。安然即世。当炎暑之月。久不入棺。其体不爛壊。敢無嗅気。人皆称往生也。保安三年四月十二日亡滅。年五十九。其後数年。大治五年四月之比。前阿波守藤原郡忠重病。既而絶入。半日許忽到焔魔王宮。多枷鏁之者。爾時有一人。語故事云。源大納言雅俊往生之人也。又云。太上法皇去年帰泉。以来生所未定。善悪二業同分難量之故也。善業者引善趣。悪業者引悪趣。右衛門権佐藤原重隆逼死。即為焔魔臣。奉此事也。郡忠聞之。蘇生尋常之後。披露斯語。虚実雖叵信。衆口嗷[嗷]々。盍記一端者乎。

〔四七〕散位道俊者。洛陽人也。往日赴陸奥国。属于獄長清衡。不堪弓箭之任。以筆墨候[倭]役之間。恩厚家饒也。而宿善之所催。自有菩提心。雖委東夷。望猶繫西方。旦夕念弥陀仏。或亦誦観音経。其勤不倦。老衰之刻。兼知命期。詳不言之。天承元年月日。独入持仏堂。行礼拝之後。呼一人家童云。我只今可命終也。見其形体。敢無悩気。家童云。可奉彼妻子。翁固制云。忽家中今日若不死者。頗有妄語之愆。其言已了。向西而臥。火急念仏。如眠入滅。葬斂之夜。山中有異香矣。春秋七十九。

〔四八〕僧勢賀者。近江国志賀郡東坂下九条之人也。有一男児。字犬丸。年歯六歳。遊戯之態。打木為拍子。閉眼唱云。南無大悲阿弥陀仏。父母誡云。汝所行似盲者。其後児雖開目。猶打木念仏。常為癖。然間相煩痢病。十余日辛苦。児告父母云。此処者極楽歟。父答云。不然。我宅也。児又云。可唱西方極楽。爾時二親祖母等同音唱之。又云。可唱南無大悲阿弥陀仏。三人依児言。如前唱一時許。及酉時。児高声念仏命終矣。隣人邑老見聞流涕云々。保安二年九月廿日。

〔四九〕江州志賀郡満山麓有一女人。一生之間。念弥陀仏。其心質直有慈悲。常思後世。随分行施。命終之日辰時許。黄光照病者。而于時看病之人等。奉向仏像於病人之前。病者合掌。瞻仰尊顔。目不暫捨。不断念仏。又衆僧打磬。不断念仏。然間音楽聞西方。紫雲聳屋上矣。其時聞音楽者八人。見光雲者二人也。保安元年十二月廿七日。生年五十三。

〔五〇〕女弟子藤原姫子者。式部大輔敦光朝臣之息女也。母神祇大副大中臣輔清之女也。生而九歳。読大乗経若干巻。十四五歳之比。読法華経。心性浄潔。宛如明珠。毎有魚味。強不嘗之。十斎日深以禁断。若見傍人之殺生。如惜我命。泣而免之。雖有戯論。不及妄語。不説僧侶之善悪。不言親疎之好醜。縦有至宝。人若相索。不敢悋惜。常在父母之傍而坐臥之。父母問云。汝為女身。漸及長成。如形影常相随乎。答云。我馴父母。唯期于十八。問云。何以十八為其期限乎。咲而不答之。平生以詣精舎。尤為其望。有験道場。往々参詣。毎日念誦。無有懈怠。所持経典多諳誦。大治五年。履煩心腹。迄于秋比。参熊野山。病悩除愈。今年十八也。改年

〈天承元年〉秋比。宿病更発。数月之間。寝膳乖和。至于仲冬。已以危兼。受禁戒及四五度。親母深惜。不聴出家。女子不忤[許]母心。未作尼形。纔落其飾也。臨命終。身着袈裟。相語云。風雨雷電火難之時。所憑父母。其心安穏。往于幾処。可免怖畏乎。願為我出離生死。可造一堂。父母許諾。女子唱弥陀宝号。不知幾千万返。已雖瞑目。唇舌如動。気絶之後。雖送数日。容貌不変。身体甚軽。時々有異香。人以驚歎之。殯斂之後。夢中送書状云。平生所持之物。皆悉可施仏界。又□満夢中。坐於宮殿。手翫蓮華。定知往生浄刹歟。

正嘉二年六月十二日酉剋。於法花山寺書写了。

乗忍記之

三外往生記

承久第二秋。於西峰方丈草庵書之。抑尋寂法師。講仙沙門。平願持経者。永観律師。南京無名女。已上五人。為康拾遺伝載之。仍漏了。而其徳行。全無加増之故也。蓮禅自序云。粗得遺漏之輩。重為貽方来云々。仍且書漏了。若有深趣。可追書入歟。抑今見賢恥愚涙難抑。唯願若干新生菩薩。哀愍知見。草庵瞑目之時。必来迎引接矣。抑此本。申出持明院宮御自筆本書写之了。文字有脱直之。

沙門慶謹題之

本朝新修往生伝

已上四十一人

本朝新修往生伝序

朝散大夫藤宗友

日本往生伝者。寛和年中。著作郎慶保胤所作也。康和之比。黄門侍郎江匡房作続本朝往生伝弘於世。其後算学博士善為康亦作拾遺往生伝。後拾遺往生伝継之。近有往生人。世所希有也。今課未聞。粗記大概。物載四十一人。名曰本朝新修往生伝。爰訪古風。更動新情。願記南浮濁世発心之人。以為西方浄土往生引接之縁。于時仁平元年臘月一日。朝市隠藤宗友序。

〔一〕沙門戒深者。尾張国賢林寺住侶也。〈又名藤島寺〉五十余年。不出寺門。日々夜々。読誦法花。多年之間。欣求舎利。尋常読経之時。常前庭上。舎利出現。其貌如珠。其音似電。投水不沈。鎚打不壊[虫損]。安之仏像。供養恭敬。命終之時。向仏端坐。手結[虫損。内本]定印。称念弥陀。瑞雲聳天。異香薫室。没後数日。身不爛壊。結跏趺坐。如入定人。国郡哀傷。為之立廟。

〔二〕和泉国八木郡某甲。一生之間。念仏為業。傍建一堂。常修仏事。臨終之時。聖衆来迎。奇雲掩室。異香薫衣。

〔三〕丹後[波]国狐浜。有一行人。〈失名〉行住坐臥。唯念弥陀。忽語人曰。我一旦焼身。欲去此界。相者曰。汝有溺水之相。其奈焼身。及至其期。占水浜為其処。積薪縦火。自入火中。口唱仏号。音不暫休。然猶半身焼時。投水而死。相者之言。遂知不虚。後日見其処。蓮花三茎。微妙開敷。人以為往生之瑞。

〔四〕円宗寺少綱。〈失名〉多日臥病。万方不瘳。遂厭浮生。唯祈後世。七日行懺悔。然後病又得[虫損。内本]瘳。語夢曰。明年秋八月。我命欲終焉。其後偏断[虫損。内本]他営。弥求菩提。就嵯峨野。占殯斂地。終制之儀。予以造営。臨終念仏。得浄土迎。遷化之期。一如夢想矣。

〔五〕沙門〈失名〉字桂林房。洛都名僧也。雖住聚落。不染囂塵。常入禅室。読誦法花経。大数六万部。是一生之勤也。数日臥病。一旦得愈。語弟子曰。我今日可往生。汝為我設沐浴。弟子随師命。沐浴後向西念仏。如言入滅矣。

〔六〕勢縁上人者。出雲国能義北郡人也。少登台山。受習真言。其師則余慶僧正門徒尊隆上人也。従師飼馬襲嚢読真言。本師入滅之後。次就闍梨厳範。更受両界法。在々処々。以行両界為業。暮年移住伯耆国。建立一堂。奉安木像両界曼荼羅。国人帰依之。供養設会。以頼照闍梨[虫損。内本]為導師。是亦真言祖師也。上人語夢曰。明年秋八月[虫損。内本]可遷化。果如其言。臨終之時。手結大日如来印。又取五鈷当胸。端坐命終。于時承保年中八月十八日也。

〔七〕河内国石川東修水文社禰宜利国。常唱弥陀宝号。造次顚沛。唯称念仏。予知命期。偸待来迎。当日於丈六像前。出家受戒。別衆僧令唱合殺。向西念仏。寂而気絶。于時永長元年月日也。時人謬云。如小禰宜。可往生焉。

〔八〕前滝口武者助重者。近江国蒲生郡人也。国司経忠朝臣門人字江栄入道。〈法名寂因〉与助重有故旧。両人奉使。発遣所部。此夜入道夢。中路過曠野。傍有死人。衆僧殯斂。有人告曰。此処有往生人。汝可得見。応声行見。助重身是也。覚後占夢曰。夢見死人。是吉祥也。黎旦首途。行可十余[虫損。内本]里[虫損]。助重奴僕来向。途中急言曰。去夜。主君為賊見害[虫損。内本]。為告此[虫損。内本]事。到君所也。即語曰。中夜之時。群兵競来。主君驚出[虫損。内本]。矢麗背死。当爾之時。称念阿弥陀仏一声。其声高大。聞及隣里。此外無他。向西合掌。端坐而卒。入道聞之。歎息曰。夢中事殆是歟。嗟呼身遇悪死。雖在果報。夢告往生。又依宿善歟。

親友告別。哀慟在〔胸焉。後五六年。入道参清水寺。客僧同宿。相語曰。先年〕修行江州。夢中有人。告示曰。当国有往生人。汝可結縁。其処其人其月日所往生也。我雖感夢告。未見在処。若蹋其地。必〔如〕到彼岸云々。入道案之。一為助重之本事。両人前後之夢。果知其実焉。惟其年暦。当永久年中。

〔九〕比丘尼蓮妙者。河内国丹比郡東条長原郷之人也。尼自壮日及老年。鎮厭五障。偏欣九品。八十以後〔虫損。内本〕。二三年毎月晦日。参天王寺。供養仏舎利。其結願日。舎利三粒放光照曜。尼独見之。余人不見〔虫損。内本〕。元永之年。相語子息曰。白蓮花従天而下。如大法会中散花。汝等見乎。子息等以老爛之言不信受。如此相示。経二箇日。身無病患。忽然遷化。向西念仏。声止命終矣。

〔一〇〕沙門永尋者。出羽国人也。師友信命上人。学天台教文。別有宿願。参詣延暦寺四天王寺。後住大和国崇敬寺。求法之外。更無他計。係心於止観。凝念於安養。講法華経六十万座。正修念仏三十五石。以小豆取其数也。又置千座講。偏祈順次往生。有多年所持袈裟。其上書諸経要文真言等。命終之時。着用之。向丈六像。〈釈迦文殊等像也〉称讃仏徳。誦伽陀曰。文殊師利大聖尊。三世諸仏以為母。十方如来初発心。皆是文殊教化力。誦了念仏。散花焼香。奄然即世〔虫損。内本〕。兼日書仏後壁上曰。其歳其月〔虫損。内本〕其〔内本「十六」〕日。安住正念。唱弥陀名臨終。決定往生極楽。于時大治四年正月晦日也。春秋九十一。

〔一一〕沙門行範者。台嶺住侶也。大治年中。世間不静。厭有漏身。観無常理。一心精進。参天王寺。七日断食。昼夜念仏。衣中盛沙。投身海水。調具音楽。方舟合奏。正修念仏。沈没而死。夢示同行曰。我生都率内院。手中擎彼天図。示生処矣。

〔一二〕山城国山崎住人武元。暮年発道心。暁夕唱仏号。其声高大。聞于隣里。宅在関戸院辺。往還之者。莫不随喜。武元語夢曰。我乗大宝蓮花。六僧舁之。然後更感夢想。弥称念仏。平生遇僧徒。結契曰。我命終之時。遇善知識。称念弥陀。願望足矣。僧徒感其言。果逢其期。緇素交接〔虫損〕。称念不休。数声相〔虫損。内本〕唱。如願命終。于時大治四年秋九月十七日。行年八十四。或者夢。紫雲覆西山。武元在中矣。

〔一三〕沙門快賢者。下野国人也。天性質直。不混衆人。二十有余。得度受戒。暮年随師。移住江文寺之間。念仏為業。臨終時語曰。聖衆来迎。共以行道。言訖一心敬礼。端坐而卒。于時天承元年月日。春秋八十三。

〔一四〕沙門定秀者。江文寺住侶也。平生誦千手陀羅尼。至暮年住道心。一切時処。唯称仏号。臨終之時。得極楽迎。于時長承元年月日也。

〔一五〕沙門〈失名〉字維乗房。天台学徒也。身有悪疾。隠居山中。

永辞親友。不欲見[虫損。内本]人。六箇年間。諳誦法花。適値友人。相語曰。我依病厭世。偏離名聞。自具戒行。専積薫修。当生菩提。全無疑心。長承二年冬十一月入[虫損。内本]滅。後日人夢。身放[虫損。内本]光明。西方飛去矣。

〔一六〕源伝者。摂津国河辺郡人[虫損]。重[虫損。内本]代之勇士也。殺生為事。不敬仏僧。先其命期三箇日。予以出家。多年有所持袈裟。此日着用。〈弘法大師袈裟。往年於讃岐国得之〉閉目之時。空中有鐘声〈三声〉聞之。上下皆以不知。事為奇異。疑是仏所化歟。平生語人曰。我三十年往。夢中有僧。訓曰。南無一心敬礼西方極楽教主三十六万億一十一万九千五百同名阿弥陀仏。汝順我教。宜念彼仏。然則滅其衆罪。如建器中水。〈僧傍置椋盛水。仍建水喩之也〉自爾以降。日別千返。敢無懈怠。然深銘中心。不語外人。誠是内秘菩提心。外現武勇形者也。臨終正念。専念弥陀。安然合掌。向西終焉。

〔一七〕文章博士藤原行盛朝臣。讃岐守行家朝臣之子也。儒行才名。亜其祖業。為人質直。内帰仏法。書一切経。造丈六像。蓋為菩提也。三[虫損。内本]年臥病。偏祈後生善処。抽一心誠。行千座講。此外為名聞利益。所修善業。併資仏道。長承三年冬十一月。忽辞任国。〈于時摂津守〉次即出家。臨終之時。値善知識。衆僧相唱。念弥陀仏。数遍之後。声止気絶。春秋六十五。其男有感夢。有二童子。手擎幡蓋。為迎家君也。又家僕夢。主人生黄蓮花中矣。

〔一八〕散位藤原惟季者。近江国甲賀東郡人也。自少至老。深信仏法。就所々名山霊地。建大伽藍。安丈六像。〈蒲生上郡中山一宇。甲賀上郡滝尾山一宇。同郡牛飼郷一宇〉住侶在今。薫修積歳。別受浄戒。禁断殺生。転読法花。大数及三千部。保延元年月日卒去。臨終得浄土迎。行年八十四。備前国人某甲。夢中見惟季往生事。為知虚実。遣使尋問。他郷之人申聞如此焉。

〔一九〕蔭子藤原宗貞者。書博士[虫損。内本]安部俊清之息男也。実者其妹之子也。博士収養猶子。不勤文学。頗好武勇。少年殺人。避仇東国。志在孝養。常順親色。行年四十以後。漸住道心。語其親族云。我遁俗累。欲修仏道。妻子不許。為之遅留。心弁因果。好救人難。両三年来。日別唱仏号一万返。常誦尊勝陀羅尼薬師経等。保延元年夏五月。家内遇疾病。自欲不脱。語左右曰。我若受病。身及危急。必令遂出家之願。臥病之後。偏念弥陀。遂請禅侶。忽以出家。一日両度。受持十戒。出家之後。二日一夜。一心不乱。専唱仏号。先是語夢曰。我家庭上。紫雲忽覆。瑠璃為地。金銀為林。其中有三蓮花座。問云。何瑞乎。有人答曰。其一者。為汝往生也。即応此語。已遷彼座。顧見本身。捨而在傍。其一者。奉為太上天皇也。頃之臨幸[虫損。内本]此地。人馬従如常。果御于蓮座。其一者。左京亮惟宗[家]清則可託生也。但其人往生期遠。予示其相也。宗貞密語曰。夢想如此。似遁悪趣。若生浄土。死留不恨。又曰。示貴人事。慎勿漏言。其後念々相続。偏唱仏号。臨終之時。異香薫室。于時保延元年六月十日。春秋四十九。

〔三〇〕沙門珍西者。叡山無動寺住侶也。少年随師。多日修学。後発道心。永離名聞。行徒跣衣不繋。六箇年間。昼夜苦行。臨終之時。高声念仏而卒。衆僧誦伽陀又和声。正念而終焉。于時保延二年三月十五日也。檀越秦行季。与公合力。草創一寺。夢中相見。公容色浄潔。坐蓮花座矣。

〔三一〕佐伯成貞者。近江国甲賀西郡人也。天性質直。好行慈悲。隣子村男。多帰其徳。少壮以来。常唱念仏。建立一堂。安置諸尊。語人云。夢中遇一沙門。示云。後日可来迎。傍有蓮花座。是汝所生処也。成貞嗟歎曰。身無徳行。夢有告兆。濁世凡愚。殆難信受歟。保延二年十月十六日卒。最後遇善知識。専念弥陀仏。衆僧共念。安禅気絶。春秋八十一。後日僕従夢。紫雲覆其墓所矣。

〔三二〕算博士三善為康者。越中国射水郡人也。其先祖以射水為姓。治暦三年。々始十八。離土入洛。師事算博士三善為長朝臣。即為入室弟子矣。非啻通算道。兼学紀伝。望在郷貢。屢省試遂処不第。呑恨而罷。暮年変節。補少内記。依本局労叙°〔釼〕爵。堀川院御宇。以熟算術。抽任算博士。後兼任諸陵頭。到上下五位。博士自幼少之時。偏帰観音。誦如意輪大呪。遍数不限。天仁二年以後。毎日誦千遍。多有霊験。三十以後。住°〔虫損〕道心。五十以後。日別念仏一万遍。毎修善事。廻向極楽。承徳二年八月四日夢。已終生涯。将入死路。弥陀如来率諸菩薩欲来迎。爾時有人告曰。汝命限未尽。後年八月四日。可来迎者。覚後思惟。若是妄想歟。但祈三宝。須是一決。康和元年九月十三日。参天王寺。正修念仏。歴九箇日。満百万反。即祈請曰。吾順次往生之願。弥陀来迎之夢。但非虚妄者。舎利三粒併可出現。再三祈念。把壺沃之。有金玉声。依数出現已如祈願。感涙不留。〈此事詳注往生伝序〉其後永断婬欲事。弥修念仏。経論之中。語近往生者。抄而集之。名曰世俗往生決疑。又訪往生人。随喜記之。拾遺往生伝。後拾遺往生伝。各三巻是也。大治三年。或人夢。博士有往生極楽之瑞。〈事詳往生伝序〉又有一老尼。談夢云。欲見決定往生之人。可見算博士。即語此事。進名簿云。願以今生之結縁。必為来世之善因。承徳元年以後。毎日読誦金剛般若経三巻。読誦之間。全断余言。感経巻功能。作験記一巻。永久四年以後。読心経三百巻。臨終之時。為攘魔障也。保安元年以後。永断肉食。兼禁殺生。大治三年秋。手自書写如法経。自爾以降。禁断飲酒。凡厥毎日所作。心経三百巻。念仏一万遍。阿弥陀経九巻。金剛般若三巻。如意輪大呪千遍。以為終身之勤。保延五年六月三日。身有病患。不能起居。語左右云。来八月終焉之期也。在近。宜修善業。念仏之外。不能他事。猶子行康相勧而言。出家持戒。可協法器歟如何。答云。往生極楽可在信心。不可必依出家。念仏功積。畢命為期。十即十生。百即百生矣。自七月廿七日。喎僧徒行懺法。此時沐浴潔斎。身着袈裟。向弥陀尊。祈請而云。多年念仏。逐日不怠。臨終正念。必垂引接。没後善事。現存相営。八月四日。於後夜分。捧誓願文〔虫損〕。〈件文観念読経法也〉向西気絶。春秋九十一。懺法七日。結願当于此日。命終之期。一如夢想。没後三箇日。気暖如平生。身体有薫香。然則生前之善。滅後之瑞。豈非往生人乎。

〔二三〕沙門暹覚者。豊後国人也。俗姓壬峰氏。少壮之時。遊俠身処罪科。欲被追討。為避其難。遠奔絶域。遂発道心。忽為沙門。其後移住大和国崇敬寺。々之東北。草創別所。〈今安陪寺別所是也〉久住此地。深修禅定。戒行持律。古今尠彙。保延六年春正月。心神不例。旬日不瘳。然猶日別行業。不敢懈緩。命其門徒。誦両界讃。勤行精進。倍自常時。有人語夢曰。上人飛去西方。聖聞此言。弥堅其志。更率衆僧。専唱仏号。瞻仰弥陀。目不暫捨。一心不乱。端坐気絶。定印在手。異香薫室。没後廿七箇日。面色如花。依遺言瘞骸於仏堂下。肉身不爛。于今猶在。行年九十五《二イ》。夏臈六十六。

〔二四〕沙門定兼者。延暦寺之住侶也。後移東山阿弥陀院。此寺置不断念仏。〈白川女御所被始置也。年紀可尋〉定兼身為供〔虫損。内本〕僧。久勤寺役。事雖公請。志如我願。為人柔和。不言人悪。平生帰依地蔵菩薩。臥病之後廿余日。偏念弥陀。語其親友曰。本尊二体。常在我傍。其一体常所尊重之像也。其一体長可六寸。時々在胸上引接。往生豈非此時乎。我願乗仏願力。欲到浄土。又謂曰。明日当例講。〈地蔵講也〉早旦可果行也。必値講会。欲命終焉。当日黎旦沐浴。先誦錫杖。次例講。東像西首。専念弥陀。又令転読法華経。自第一至第四。法〔虫損。内本〕音入聞。随喜徹骨。結合掌印而気絶。葬斂之時。不乱手印。于時保延六年八月廿四日。春秋四十。後日人語夢曰。着浄潔衣。手持香炉。在舞台上。〈其一〉着緇衣。逢人路上。謂曰。我来六道。為化衆生也。〈其二〉有大宝蓮花。公可生其中。〈其三〉

〔二五〕沙門重怡者。伯耆国人也。久住台嶺通顕密。後移住鞍馬寺。々奥区有一仏堂。奉安丈六阿弥陀像。公以其所為宿房。行年五十以後。偏住道心。六箇年間。不出山門。常修両界供養法。唱弥陀宝号。自大治二年三月。至保延六年八月。前後十三年。通計四千日。毎日唱弥陀宝号十二万遍。以小豆取其数。二百八十七石六斗。又以蓮子木槵子等。入筥置仏前。令参寺之人勧唱仏号。其数三千五百五十七石九斗也。立長案手自記之。保延六年秋九月。身有小恙。予知命期。弥勤浄業。当日語常随弟子曰。為我儲湯沐。可除内外垢云〔々〕。又以所持衣鉢。付属弟子。慇手自書其状。兼誡門徒曰。修行仏道。率々勿怠。専住行戒。可離放逸。言訖沐浴。更着新浄袈裟。〈以蓮糸織之。臨終料。予所設也〉以五色糸。繫弥陀手。引其端専念彼仏。又招集寺僧。令誦伽陀。音声人先誦帰命本覚文。公曰。唯誦阿弥陀仏真金色等文。仍誦此文両三返。公自唱和。次誦諸経要文決定往生之句偈。誦畢休息。左右見其意気快然。半以退座。食頃入室弟子問曰。今来世事。一二欲聞。公答曰。我生年十五以来。毎月十八日。転読観音品三十三巻。求願後世菩提。兼又毎日晨朝。唱地蔵菩薩宝号一千返。禱後生善処。或修両界三部法。志求菩提。若不遂極楽往生之素懐。定生補陀落山。若鞨羅陀山修羅窟歟。〈修羅窟者。両界下品悉地成就之所也〉又問曰。多年令修阿字観。其事如何。答曰。観念相続。不敢忘失。所謂自我心性。放五智光。照九界之闇。彼光還容入我身。更出照六道群類。如是言訖。左手執五鈷。右手持呪珠。西向念仏而命終。于時保延六年九月七日也。春秋六十六。公遷化後。五十日間。往々人語夢云。彼公旧房者。往生人所居処也。勿忘之。々々々。又曰。有一浄土。荘厳微妙。問曰。是何土誰人所居乎。有童子答曰。是則上品浄界。重怡上人往生処也。又曰。鞍馬寺重怡上人者。往生之人也。汝不知乎。

〔二六〕力能法師者。仁和寺僧正信証之房人也。天性慈悲。好行檀施。又能忍事。悪口罵辱不移怒。行〔虫損。内本〕住坐臥。唯読観音品。多日有病。一夕得瘳。語同僚曰。我命欲終。宜請衆僧為善知識。如是言訖。大唱阿弥陀宝号。又令僧侶誦伽陀。語左右云。我聞天楽。人聞之乎。次曰。聖衆来迎。人見之乎。再三如是。向西気絶。于時康治元年九月三日也。

〔二七〕沙門運覚者。醍醐寺之住侶也。阿闍梨聖賢之弟子也。齢在少年。学通三論。兼習真言。願曰。如来滅後二千余年。正像時過。遺教欲滅。当于此時。宜弘仏法。自書一切経。其後三十年。且書二千巻。又三時行業。多年不怠。康治二年春二月日。行法如恒。日中時終。忽払房中。殊整衣服。招集同行人。相語曰。命終時至。為我宜誦尊勝陀羅尼。又唱阿弥陀宝号。以助護浄土行儀。満座〔虫損。内本〕悲感。一如其言。仏舎利前移座。端坐称念弥陀。手結定印気絶。

〔二八〕比丘尼戒妙者。大和国添上郡人也。落飾之後。十二年。既捨世事。専〔住〕道心。縿藕糸。織袈裟三帖。又別織布帛。施与僧侶。平生好修善根。懺悔悪業。康治元年秋九月。身有小恙。弥希菩提。同二年春二月命終焉。先是語夢曰。有比丘相語曰。後二日可来迎。当于其期。沐浴精進。一心不乱。偏念弥陀。値善知識。聞法花句偈。浄心信敬。即時遷化。春秋七十八。

〔二九〕藤子惟宗親範。左京人也。自春至秋。臥病不療。及其危急。遂憶不脱。忽発道心。自以出家。次請師僧。受持浄戒。然後七箇曰。一心不乱。称念弥陀。語其親曰。最後唱十念。我願可足。臨終行儀。如平生願。于時天養元年夏六月十六日。春秋廿三。或人〔虫損。内本〕語夢曰。自天王寺。夏﨟二ロ。到来此処。為迎新発也。

〔三〇〕式部太輔敦光朝臣。朝之賢師。道之宗匠也。天性廉直。軽財重才。三遷李部之官。以進賢為己任。堀川院御宇。任大内記。接其後事訖〔于〕天養。其所製作文筆詩句。満櫃廿合。佳句多在人口。時人歎曰。文章之美。不恥先祖矣。新院御宇。徴為侍読。奉授毛詩論語後漢書。天養元年夏四月。依病〔養〕出家。語左右云。式部太輔。右京大夫。正四位。帝王師。可謂無遺恨。出家了。翌日語曰。我夢牟尼善逝上行等四菩薩。世尊摩頂。我思在其列矣。後数日又曰。我為焔魔王被召喚。為備其臣也。然猶依出家得脱之。冥官有議。生所未定云々。其後偏帰三宝。専祷後生。持戒念力。倍自平生。別率衆僧。令行三十講。暁夕行懺悔法。日夜積念〔仏〕功。語夢云。我礼不動明王。二童子等。授我以一宝器。其物如銀。我不肯受之。唯欲賜剣。明王命曰。此器与剣同。我遂受之。復命子息曰。我有書写一切経之願。其中五部大乗。且以終功。所残経巻。爾曹勉旃。凡一生之間。深信仏法。日別転読法花経。大数及二千部。其外造仏写経。不遑甄録。冬十月以後。病力羸疲。命在旦暮。廿余日断食絶水火。謂曰。今我半死。唯待観音勢至之来迎而已。臨終之時。値善知識。〈中川聖〉先受八斎戒。次受誦光明真言。又令音声人誦伽陀。文曰。願我臨欲命終時。尽除一切諸障礙。面見彼仏阿弥陀。即得往生安楽国。随喜悦可。加声唱和。手結定印。奄然而終。于時天養元年十月廿八日。春秋八十二。後日僕従夢。紫雲掩室。観者成市。有人指示曰。此室講経之処。往生之地也。

〔三一〕僧字〔虫損。内本〕式部公者。広隆寺住侶〔虫損。内本〕也。自少年住道心。負仏像。〈弥陀観音等也〉行住坐臥不離身。一生之間。以念仏為業。三十箇年。行懺悔法。暁夕礼懺。暮年不怠。久安元年八月日入滅。此日遇善知識。念弥陀仏。数声唱和。如眠気絶。

〔三二〕大儒清原真人信俊者。累代之名儒也。当世学者。多出其門。二歴外史。一任西海。時語人云。任国秩満。可遂出家願。久安元年。忽辞任国。以男信憲。申補穀倉院別当。次即出家。一如宿望矣。自壮之時。専帰三宝。大原山寺。毎日供養衆僧。大都一十口。連々不絶。十年以後。一日不怠。又殊数十口浄侶。書如法経。凡書如法経三十余部。写法花経一千五百部。奉送所々名山霊寺。為令法久住流布演説也。毎日転読法花。大数及二千余部。或令人転読三十万部。又日々念仏一万返。未曾懈怠。久安元年十月二日卒去。此日遇善知識。専念弥陀。唱和声止。命亦終焉。異香薫室。人染余芳。後数日葬北山。収斂之間。其香不尽。春秋六十九。

〔三三〕近江国犬上郡有一老尼。廿年来念仏為業。其尼在彦根山下。常遇僧徒修仏事。久安二年秋九月。命其子曰。我今月十一日可往生。汝語衆僧。行懺悔法。又為我調音楽。普告郡県。聞知此。子曰。謹諾。但其日当九坎。〈戊寅〉同十五日〈壬午〉吉曜良辰。被果遂哉如何。尼曰。重啓三宝。可告其期者。後五日。又云。十五日之午時。可遷化也者。其行懺法。調具音楽。一如尼言。当日請衆僧〔虫損。内本〕。誦伽陀唱合殺。命伶人奏音楽。頃〔虫損〕之尼曰。已〔虫損。内本〕得来〔虫損。内本〕迎。音楽微妙。不似〔虫損。内本〕人間之楽。更命伶倫。高和〔虫損。内本〕楽音。言訖端坐。寂而〔虫損〕命終。観者如堵。莫不悲感。後数日不葬斂。容色如常。時当暑月。敢不爛壊。

〔三四〕元興寺有一沙門。名道寂。俗呼為伊賀聖。〈聖人本貫在彼国。仍有此称〉在俗之時。不弁因果。然猶心帰仏道。欲〔脱〕俗塵。少年参長谷寺。七日精進。祈求道心。夢中有僧。相語曰。道心無体。唯以如是心。可謂道心也。其後発心修行。遂以出家。永辞本郷。来大和国。不定在所。身如浮雲。所々名山霊寺莫不経行。就元興寺。坐禅念仏。日没之時。西向観念。蹦跪合掌。鄭重其志。毎日読小阿弥陀経一返。未曾懈怠。若有諸寺諸山行仏事之処。必参其場。蓋為聴聞也。見仏聞法。随喜悦可。後住眉間寺。此寺有長老住持。与聖人故旧。勧進衆〔虫損。内本〕生。奉造観音像。其長一搩手半。其数一千〔虫損。内本〕体。聖人勠力。不日終功。或又勧人。鋳造洪鐘大鏁。々一口〔虫損。内本〕施入東大寺。一口進納長谷寺。一口奉送金峰山。永為寺物。貽之万代。久安三年冬十二月。身有小恙。命及大漸。臨終之時。安住正念。以五色糸繫仏手。引其端。専念弥陀。其声卌余返。更無余念。如眠気絶。春秋八十有余。此日。中川住僧〈失名〉遠見西山。晴有紫雲。当眉間寺上。若是聖人往生之瑞相歟。走行見之。果当遷化之時。又阿闍梨尭海。身在醍醐山。夢見聖人往生之事。翌日遣使。問聖人之安否。答曰。其日其時。聖人已逝去。一同夢告矣。

〔三五〕入道参議左大弁平実親者。右大弁時範朝臣之子也。才名文学。亜其先祖。器量倜儻。不混流俗〔虫損〕。尚書廷尉。五六侍中。顕要之〔虫損。内本〕官。同時兼帯。初歴数国刺史。後任太宰府都〔虫損。内本〕督。家富位貴。名望軼人。内住道心。外行慈仁。諸寺諸山。悲田獄舎。訪窮困者。常施飲食。園城寺裏。建一仏閣。安置夏臈。屢行日食。又占白川。新結精舎。暁夕礼懺。於焉為便。講於一乗。限以千日。聴聞成市。功徳有隣。自余仏事。不遑一二。及杖郷之齢。遂出家之願。持戒精進。自協素懐。久安二年二月日。依病薨卒。頃之蘇〔虫損。内本〕生。語其子曰。生在都率。雖知天楽。望阻安養。〔猶〕乖宿願。為我修善。重祈証果。言訖入滅。嗚呼悲哉。

〔三六〕入道民部卿藤原顕頼者。累代之名臣。当世之英豪也。歴顕要之官。至卿相之位。鞅掌朝務。為君之腹心。一院御宇。内外執権。際会超人。陶化坊裏。祖父堂傍。別建伽藍。専勤仏事。宿殖善根。今時開発者歟。此外功徳。不可勝計。久安三年冬十二月。有発背病。及其危急。遂以出家。然後両三日。偏念弥陀。其声不絶。畢命為期。遇善知識。助往生儀。手結密印。口称仏号。安住正念。寂而薨逝。彩雲掩甍。得浄土迎。于時久安四年正月五日也。春秋五十五。

〔三七〕大僧正定海者。右丞相顕〔虫損。内本〕房之息。法務権僧正勝覚之弟子也。天性柔和。以貴不驕。酌三密之法流。継累代之師跡。頻応朝撰。早昇綱位。法務大僧正東寺長者。道之重賞。莫不経歴。漸及暮齢。併辞〔虫損。内本〕所職。住房之傍。別構禅室。専住浄心。読持法花。大数及一万部。平生語人〔虫損。内本〕云。我祈請三宝。求後生善処。夢中有僧。詠和歌曰。

露乃身乃消奈牟後波功徳池乃蓮乃花遠家砥古曾世女

臨終之時。念仏行道。身弱力疲。不堪其行。更仮人力〔虫損。内本〕。数廻而息。次向仏前。合掌端坐。手執経巻。口誦句〔虫損。内本〕偈。声止気絶。如入禅定。于〔虫損。内本〕時久安四年二月日。春秋七十六。

〔三八〕入道寂因者。左京人也。俗姓江。中納言経忠卿之門人也。自少壮之時。深信三宝。暮〔虫損。内本〕年出家。住山崎浄土谷。三十余年。不出山門。念仏之外。無他行業。年事乃壮〔秋〕。更不懈緩。浹旬臥〔虫損。内本〕病。予知命終之日。遂至其期。着新浄衣。遇善知識。念仏三十余返。手結定印。乍居入滅。依遺言送水上。後経七日。其身飛去。不見遺骸。不知行方。春秋八十三。于時久安六年冬十一月十一日也。

〔三九〕沙門円能者。大和国添上郡伏見郷之人也。〈伏見郷者〔虫損。内本〕。昔〔虫損。内本〕老翁三年伏而不起。東大寺供養之日。起立荷鯖八十隻。参東大寺。依宣旨。以早参之人。可為当日講師者。老翁当仁。八十鯖者。化八十花厳経。荷鯖杤木者。于今在東廻廊内檐下一本樹是也。老翁者文殊之化身也〉上人生年十八。初住信貴山。随師習仏教。天性愚痴。不善学問。唯念弥陀一仏。不知余教。伏見郷有一寺。号弘文院〔虫損。内本〕。丈六薬師霊験之地也。上人限一百日。参詣此寺。毎日礼拝三千度。無敢懈緩。心中祈願曰。奉見本尊〔虫損。内本〕正体。至于九十六日。薬師像見現〔虫損。内本〕于曠野。漸満虚空。阿弥陀像三十体。文殊等像同顕現。上人頭面敬礼。身心悦可。行年五十七。春三月晦日。寝中忽順六僧。迴赴他界。人謂頓死。未令殯斂。心胸猶温。其気未絶。歴二七日。出之野中。鳥獣不毀。人以為怪。四月八日。遂以蘇生。身体纔存。言語不詳。後三年語曰。我先年。夢有六僧。喚円能々々。応喚即昇虚空。怪問云。将到何処乎。答〔虫損。内本〕

曰。可将向琰魔宮。円能更申云。我久念弥陀。欲生極楽。今有何儀。可到琰魔宮乎。自此欲辞去[虫損。内本]。六僧曰。汝先到〔琰〕魔庁。随罪軽重。可定生処[虫損。内本]。円能不肯〔行〕。六僧更曰。然者先令見浄土一遍[虫損]。可参琰魔宮。即将参[虫損。内本]極楽東門。其土荘厳。不似人間之所在。六僧示曰。娑婆世界。日月光明。猶照幽隠闇処。何況弥陀光明。無量無辺。百千日月如照耀。円能又思。此土宮殿。能建水上。若非天工。殆是仏力歟。僧曰。是非水勢。只瑠璃地而已。以手捜[虫損。内本]之。其地果固。手又不潤。円能後曰。仏之所居宮殿可得見乎。僧曰。不能進退。須臾一人入門帰来。次六僧同入告曰。誓願寺〈在彼堂北〉本仏弥陀如来在兹。可令汝拝見。汝三箇年間。於彼寺燈八曼荼羅。供養薫修。不忘旧意。今所新[親]現也。次見宮殿。金銀瑠璃。七宝荘厳。花鬘瓔珞。宝幢幡蓋。琵琶管篌。簫笛歌唄之声。微妙清浄。孔雀鸚鵡。迦陵頻伽。共命鳥等。演説法音。讃歎仏徳。又有大宝蓮花。々中有楼閣。其上有菩薩聖衆。有人語曰。此最少蓮花。下品下生所化也。一々見已。念々恭敬。僧語我曰。汝早帰本国。書写五部大乗経。果願更可往生也[虫損]。兼問曰。汝有此願。不覚哉如何。答曰。不覚。爾時僧復曰。往年有人。供養五部大乗経。円能適在其座。心中悲感。忽起供養経巻之志。汝有此事哉。答曰。有之。僧曰。宿願是也。故曰。果願可往生矣。次見地獄。受苦衆生。多在此中。曰。是八熱地獄也。次見八寒地獄。凡厥地獄所[虫損]在。罪報所感。事雖千万。不能一二。此六僧者[虫損。内本]。六地蔵也。上人蘇生之後。数年之間。勧人勠力。書金字五部大乗。於金峰山供養之。〈今弟子字市門聖送金峰山供養之。依求霊地也〉宿願遂畢。往生無疑。仁平元年正月廿四日。上人入滅。〈于時在塩小路大宮之辻堂〉上人予知[虫損]命期。語弟子曰。翌日我可往生。沐浴潔斎。着浄[虫損]衣服。焼香供花。念仏向西。結跏趺坐。合掌低頭。乍居気絶。如入禅定。異[虫損。内本]香薫室。城中之人。見聞成市[虫損。内本]。経十二日。葬斂舟岳山。人調音楽。囲遶途路。蓋[虫損]為結縁也。

〔四〇〕左近府生清原為則者。大和国添上郡人也。身為楽人。任近衛府生。自少壮之時。帰依三宝。四十年来。称念弥陀。仁平元年秋九月。宿霧相冒。旬日不晴。時語夢曰。後三箇日。我可往生。即請僧侶。忽以出家。兼受浄戒。勇猛精進。然後三日。偏修梵行。臨終之時。値善知識。讃歎仏徳。助往生儀。和南至誠。西向命終。于時十月十二日也。春秋七十八。

〔四一〕学生大江親通者。左京人也。為人質朴少文。然猶能草書。家無産業。恬澹養[譚巻]性。雖身接俗間。而心帰仏界。道俗男女。志在菩提之者。不論上下。不謂老少。固[固辞]締金蘭之交。唯[虫損。内本]談白蓮之縁。衣服飲食。随求給仕。語親友曰。我等〔不〕値正法。生在濁世。冥々生死。出離何日。彼双樹花落。栴檀煙尽以来。時累千祀。境隔万程。当于斯時。若得礼釈尊之舎利。即為見如来之全身。故発別願。欣求舎利。経論中若有説舎利功徳之文句。抄而集之。遠自天竺。近至日域。視聴所触。莫不記録。合為三十巻。名曰駄都抄。更語人曰。舎利神変。近在室中。先年我披一文函。得六丸玉。大如小豆。其色黯然。人以不〔知〕。為自然物。或曰。似仏舎利。祈而知虚実。即安仏前。屢供養香花。漸歴日月。玉増員〔虫損。内本〕数。其貌微少。其光照耀。已表瑞相。遂知其実。若有欣求之人。依請施与。把而不尽。其数如本。或時随取相連。如以糸貫珠。神変化可謂奇異矣。或有貴〔虫損。内本〕女。道心純熟。早帰仏道。已為禅尼。〈尹〔虫損。内本〕中納言息女。号之尹尼上〔虫損〕〉梵行積功。世間無比。保安之比。忝彼顧問云。我室中仏壇上。舎利出現。殊動感懐。翌日夢中。有人示曰。早命親通。聞知舎利之本縁。流布世間。同得利益。夢覚問之。不知其人。或僧云。親通者洛都人也。字江栄是也。室在大内寮。〈正親町櫛匣小路辺〉後日尋到其所。適謁其人。親通忽承禅命。成希有思。殊凝信心。奉請舎利。事之厳重。黙而不罷。知識衆人。奉造金色二尺五寸釈迦仏像。〈二尺五寸者擬〔虫損。内本〕二十五有也〉像中安舎利。以為仏全身。見聞随喜。都人成市。随力所堪。供養布施。親通発願曰。以此恵業。廻向法界。与諸衆生。同成仏道。満座聞之。歓喜信受。皆垂涙曰。不図今日復〔値〕如来之教化。親通徳行如是。誰敢問疑。然自少至老。称念弥陀。毎日六万返。以之為勤。暮年出家。〈失名〔虫損〕〉具足浄戒。勇猛精進。油〔虫損〕鉢不傾。仁平元年十月十五日卒去。臨終正念。得〔虫損〕極楽迎。紫雲正聳。白日見之。

本朝新修往生伝

本云。

貞応元年六月四日。於西山峰方丈草庵書写之了。先年之比。雖書写此伝。既与他人了。仍重馳筆者也。是則為自励緩心令他生勇心矣。唯願四十一人聖衆。必垂来迎。

沙門慶政謹題了

正嘉二年正月晦日酉剋於西山法花山寺書写之了

乗智　四十七

高野山往生伝

高野山往生伝序

法界寺沙門如寂撰

夫以釈迦者東土之教主也。早建撥遣之願。弥陀者西方之世尊也。普設摂取之光。爾来厭五濁境。遊八功池之輩。始自五竺至于吾朝。往往有之。世世無絶。是以新生菩薩。宛如駛雨之滂沱。久住大士。屢成恒沙之集会。寔是華池易往之界。誰謂宝閣無人之場。予外雖纏下界之繁機。内猶修西土之行業。遂遁俗塵。専事斗藪。元暦歳夏四月。暫辞故山之幽居。攀躋高野之霊窟。雖慚小量之微躬。忝列大師之末弟。五智水潔。酌余滴以洗心。三密風閑。聴遺韻以驚夢。青嵐皓月之天。纔聞山鳥之唱三宝。黄葉緑苔之地。自喜林鹿之為吾明。三秋之素律漸闌。百日之精祈欲満。爰雪眉僧侶露胆相語。久住斯山永従逝水之人。見其臨終行儀。多有往生異相。雖凝随喜之思。既無甄録之文。斯言若墜。将来可悲。汝勒大概宜伝後代。予耳底聞之。涙下濟然。憖課末学。忽勘先規。寛和慶内史。広検国史以得四十人。康和江都督。又諮朝野以記四十人。今限一寺且載四十人。憖以庸浅之身。恐追方聞之跡。不整文章。無餝詞華。只伝来葉将殖善根而已。精勤誠苦。我之念仏多年。引接誓弘。仏之迎我何日。必遂往生於順次。得載名字於伝記云爾。

高野山往生伝 目録

高野山往生伝

一　沙門教懐。京兆人也。幼日出家。住興福寺。壮年離寺。居小田原。〈山城国久世郡〉故俗呼曰小田原迎接房聖矣。其後移住於高野山。已送廿余年。毎日所作。両界修練。弥陀行法。受持大仏頂陀羅尼。誦念阿弥陀真言。自余行業。非所人知。而寛治七年五月廿七日。雖非篤癃。聊有小悩。其明旦。手自摸写不動尊像数百体。即以開眼供養。漸及巳剋。相勧衆僧。異口同音。念仏合殺。右脇西面。寂然気絶。于時春秋九十三。徳行之力。兼知死期歟。入滅之日。旁有瑞相。彼日申刻。奇雲俄覆。室内忽暗。時刻数移。日景更晴。又及昏黒。院内僧延実。快暹。各在住房。遙聞天楽。即往諸房告之。衆人或分明聞音。或髣髴傾耳。漸臨後夜。亦有楽音。其曲稍遠指西去。屢雖有此瑞。慥難知其人。而維範阿闍梨逝去之夕。慶念上人夢。無量聖衆来迎闍梨。其中教懐上人乗雲而来云云。若非往生人者。豈列聖衆中乎。元暦元年四月之比。予参籠高野。為訪彼上人聖跡。攀到小田原別所。古老住僧出来。相談云。彼教上人厳親相公。〈失名〉為讃州刺史間。召犯科之人。加苛酷之責。彼上人雖為童稚之幼齢。施以憐愍之芳志。然猶不堪霜刑。已失露命。即成悪霊。深結怨念。因之相公子孫皆以夭亡。教懐一人。纔雖存命。其霊未謝。咎祟屢示。仍避山城。移住当山。猶号斯処。称小田原。平生草庵。其跡尚存。図彼真影。安此堂舎。見者咽涙。聴人断腸。予為結来縁。専礼今影。画図雖旧。形貌如新。其舌頗垂。其眼如瞬。右方傾首。安坐唱滅之体也。袈裟緒結付護仏。以紙裹之。上下捻之。近辺住僧来談云。上人怖彼怨家。住斯霊地之後。其霊猶現。号之黒法。而依持此護。永絶其事。臨終正念。遂以往生。誠知。仏界与魔界。一如無二矣。

二　散位清原正国。大和国葛下郡人也。少好武芸。無悪不造。生年六十一。俄以出家。〈法名覚入〉其後毎日修念仏十万遍。已及二十七年。偏慕往生。無有余念。而夢。入唐上人日延来曰。汝欲往生極楽。可住高野山。仍信此夢。寛治七年九月廿三日。忽出本国。移住当山。其後心神不例。病痾相侵。傍房上人字曰北筑紫聖。即来告曰。吾夢。阿弥陀仏。与無量聖衆。来迎汝。定知。汝病是運命之極。往生之剋。勿恨勿悔云云。而間病気漸差。忽以沐浴。同十月十一日寅剋。整衣服。擎香炉。向西遷化。于時生年八十七。此時。或上人参籠紀伊国日前国懸社。其夜夢。従西方。無量聖衆倶作妓楽。迎老僧而帰矣。今尋其霊夢之日。当彼寂滅之期。往生之儀。更無疑殆者歟。

三　阿闍梨維範。紀伊国伊都郡相賀郷人。俗姓紀氏也。顕密瑩性。山林接心。遂辞平城之月。長入高野之雲。俗呼曰南院阿闍梨。自爾已降。偏厭下界。専望西土。嘉保三年正月廿八日。俄有小悩。送両三日。至二月朔日。法華経一部。不動尊万体。摺摸供養矣。第三日早旦。企小浴着衣服。令尊円上人修尊勝護摩。蓋為臨終正念也。是日闍梨向護摩壇。敬礼而言。一期之命。今夕之極也。奉見曼荼羅。只斯時許也云云。即帰本房。端坐向西。手結妙観察智定印。口唱弥陀如来宝号。兼以五色糸。繫于仏手。与定印相接。漸及子剋。如眠気絶。其第五日。斂送廟室。旬日之間。門人往視容顔不変。定印無乱。鬢髪小生。臭気更無。因玆緇素集門。結縁成市。至五七日。門弟相議。開見廟戸。手印容色如故。畏此奇異。鎖廟不開。闍梨臨終之間。瑞相太多。其院内禅僧信明。〈字北筑紫聖〉久閉庵室。不出門戸。当于此時。空中有声曰。維範闍梨。只今入滅者。忽辞南院草舎。已移西土蓮台者歟。又慶念上人同時夢。有一大城。衆僧集会。此中南院闍梨。修日想観而居。此時音楽西聞。聖衆東来。先伽陵頻六人飜袖而下。次小田原教懐乗雲而来。〈教懐衣装如臨終時〉慶念問其故。傍人答曰。南院闍梨往生之儀也云云。又定禅上人者。山中之旧住也。数月他行。此日帰来。聞闍梨之入滅。涕泣而臥矣。其夜夢。西天高晴。紫雲斜聳。無量聖衆集会其中。只腰鼓菩薩独出雲外云云。又維昭上人。先年書写如法経。以闍梨供養。以埋大師之廟院。此日。於彼処行理趣三昧。非夢非覚。空中有声曰。千載一出之沙門。只今滅度云云。如是奇異。省万記一耳。

今案。此上人若入初地歟。何以知之。千臂経曰。若人命終結定印。当知入初地云云。定知為仏印被印之人也。又大唐乾封二年。天人下語道宣師曰。倶留孫仏所嘱金瓶中。有七宝塔。塔中有三十六印。釈迦如来。以此等印。勅文殊等大菩薩曰。於後悪世。四部弟子若読経者。印彼人無忘失。若修定人。行直心者。並用印之。令彼終後屍形不壊云云。又見法苑珠林云云。

四　沙門蓮待。土佐国人也。幼出父母家。長住仁和寺。師事叡算闍梨。〈本名永算〉壮年以後。道心堅固。卜居草庵。改名蓮待。人称之石蔵上人矣。日夜苦行。未曾休息。又籠金峰山。断塩穀味。身体已枯。筋骨皆露。諸僧相語云。上人将死。霊地可穢。即依衆議。雖出其砌。蔵王有告。又以帰住。而間猶辞幽栖。遙移高野。数年後。内心発願。為仕貧家之人。忽企離山之思。衆人雖留。強以出山。但至終焉之時。必成帰歟之約。其後跉跰辛苦。去留未定。遂到土佐国金剛定寺。承徳二年五月十九日。辞彼南海。帰此高野。即謁衆僧云。日来心神有煩。寝食不快。仍思旧約。所帰故山也。或人問云。極楽都率。繫望何処。答云。先達行業。不必相叶法界皆如。何処為望。只為宛後世資糧。奉誦法華経一万部。其後不復記部数。常誡門弟曰。吾臨終之後。不可葬斂。只棄野原。可施鳥獣。或人曰。若然爛骨狼藉。浄地汚穢者歟。上人悲云。可然。已及危急。俄欲帰去。同法雖留。揺頭不聴。遂任彼意。以輿相送。同六月七日。上人自剃頭整衣。殊無悩気。初出山門赴土州。已離霊地。遠去人寰。亦遙途税輿。樹下整服。面向西方。手結定印。挙声唱云。南無三身即一阿弥陀如来南無弘法大師遍照金剛菩薩。如是称礼。露地而坐。風息已絶。諸人望見。双眼拭涙。此時西天雲聳。前林風惨。雲上有雷音。風下有香気。須臾天晴。大虚雲捲。于時春秋八十六。其明日暁更。門弟子夢。空中金剛界曼荼羅。其内西方因菩薩位月輪中。此上人端坐。遙誦伽陀云。我等発菩提。修四無量心。今往詣西方。登金剛因位。

五　南筑紫。〈名可尋〉高野山有両上人。共鎮西之人也。南北卜居。日夜行道。恒時之勤。敢無退転。山人号曰南筑紫。北筑紫。長治元年春比。南筑紫半夜以前。呼童子云。夜明乎。答曰。未及鶏鳴。又問。只今何時乎。答。已吹寅螺。又暫而云。欲明否。答。凌晨也。仍与童子共起。洒掃房舎。悉以荘厳。着新浄衣。向弥陀仏。結跏趺坐。招請衆僧。令唱宝号令打鼓。自午及申。念仏不断。端坐入滅。彩雲聳嶺。異香満庵。山内之人。視聴涕泣云云。

六　北筑紫上人信明。又不歴幾年入滅。定印無解。念仏不断。春秋各八十。委趣猶可尋記之。

七　隠岐入道明寂。時棟孫。隠岐守大江安成息也。遂遁俗網。初受戸羅以降。以虚空蔵菩薩。久為本尊。修求聞持法。即成悉地。其後住当山。随良禅阿闍梨。受両部大法。一生之間。永断五穀。身不着絹綿。口不嘗塩酢。偏求菩提。永不休退。然間天治年月日。〈失之〉聊有小悩。兼知終時。傍懸鍐字。手引綵幡。口誦真言。手結密印。一心不乱。十念成就。不歴時刻。忽然即世。或云。人有夢想。暗有声云。五室菩薩往生。可奉礼。或説。五室菩薩者。別人之号也。可尋決也。

八　経得上人。当山持明院内。年来所居住也。建小堂於彼処。修恵業於其中。人号之小房聖。近辺児童頗致軽慢之時。常自称云。読六千部法華経。塞六趣冥路之身也。汝等勿軽我。然間衰邁云及。終時欲至。招弟子能法。安弥陀像。正向西方。高声念仏。専住正念。已唱滅度。和合軽毀之衆。必結値遇之縁歟。于時華蔵院宮僧正寛暁。参籠当山。近江阿闍梨宗寛。居住仁和寺。差飛脚。中僧正云。夢想云。有一旒綵幡。自西方飛来。指高野即去。不経幾程。如元飛帰西方。恐当山内有往生人歟。即尋其時日。已当小房終焉期。一山僧徒。忽以悲泣。彼僧正随喜之余。被修中陰仏事云云。

九　蓮意上人。和州人也。〈不知俗姓〔生〕〉早出旧郷。久住斯寺。不分日夜。常厭生死之定理。不嫌行住。鳴咽涕泣之涙。視聴之輩。皆謂希異。爰建立三間四面堂。安置一丈六尺像。千手弥陀不動等也。年年歳歳修八講。帰依教法。在在処処勧諸人。造写仏経。然間長承元年暮秋十日。雖有小恙。不及苦痛。引五色綵。乍坐入滅。

殯斂之後。遺弟等相議。披見存日修善目録之処。注云。極楽青蓮華一葉有之者。因玆各披本尊持経等求之。其内有破損持経。表紙封之。披而見之。青蓮華一葉在此内。其色微妙。如払露折。其香芬馥。無風自薫。仏界霊瑞。事絶常篇。料知。答懇棘不退之志。遂此華還迎之望者歟。後人称之曰本千手。

十　西楽房迎西。不知誰人。偏仕弥陀。久慕極楽。然間長承四年三月十八日。告弟子曰。身体不浄。欲企小浴。又以香水灑房内。後朝相示云。別娑婆詣浄土。今日是時也。共可修念仏。仍善友同行。一心勧進云。只今即是最後心也。若過刹那。生処応定云云。其後唱滅。誠可尊信矣。

十一　検校阿闍梨良禅。紀伊国那賀郡神崎人也。俗姓坂上氏。母夢。月輪入胸間。即以懐妊。永承三年戊子誕生。六七歳之時。常称月輪影現之由。父母怪之。遂入仏家。生年十一歳。始登金剛峰寺。師事任尊山籠。十四歳出家受戒之後。遇北室行明。受大随求大仏頂等陀羅尼幷両部大法。永閉山門。不顧俗塵。厭離穢土。以之為心願。欣求浄土。以之為自行。傍輩帰依。称之小聖。其後随中院検校阿闍梨明算。受両界灌頂。浴五部智水。誠是禅林之翹楚。仏家之棟梁也。三部五部。入壇之族。已及五七輩。一尊一印。伝法之類。又余一百人。在生所修恵業非一。建真言堂。安諸尊像。請長者僧正寛助。為上首唱導之師。置三口供僧。始長日行法。又建慈氏堂。修法華法。以大僧正定海為導師供養之。又建五丈多宝塔一基。当知諸仏於此得菩提。諸仏於此転法輪者歟。其外鐘楼経蔵。連檐並甍。計住山年紀。経八十一廻。爰保延五年二月廿一日寅刻。着浄衣鋪新座。拝不動尊。殊有祈請事。次向南方。拝御影堂。次向西方。望安養界。身心不動。忽然遷化。春秋九十二。夏臈七十九。奇瑞霊夢。不遑記録矣。或云。入滅後建率都婆。安置遺体了。斯処称谷上。彼建立堂舎等。門跡相承。法燈無絶。

十二　律師行意。伏見修理大夫俊綱朝臣息也。童稚之昔。相伴厳閤。攀登当山。彼朝臣加誡云。汝必可為大師御弟子。仍参奥院企出家。奉請長和法親王為戒師。専致勇猛精進。殊持五戒十善。其後。又以彼御室。為入壇灌頂師。保延七年七月之比。頗纏風痺。漸送日数。着紫衣以何為。祈金台以可足。同月八日。臨終期至。向弥陀像。唱其宝号。定印不乱。奄然告別。気絶之後。容色不変。往生之相。誰生疑殆。号之大夫律師。又称沢律師。予今度訪其庵室。柱石猶残。寄宿彼辺。為結芳縁也。

十三　宝生房教尋。俗姓平氏。元住園城寺。改移高野山。平生之間。行業不退。広学八宗。早究五部。以文殊為本尊。行灌頂。伝衆流。然間神心背例。終焉迎期。永治元年三月廿日申刻。三尺文殊忽以影現。告上人云。却後三日。至于寅刻。与一万菩薩倶来。可引接金色世界者。于時上人合掌頌曰。唯願妙吉祥。為我現金身。

不捨本誓願。即作開導師。其後還本土。昔法照禅師之逢生身。告往生於西方浄土之月。今教尋上人之感影現。約引接於金色世界之雲。文殊応化。古今相同者歟。同廿三日夜。及寅剋。忽発異香。人起信心。爰上人示弟子等云。汝読提婆一品。唱文殊真言。上人即結同密印。如入禅定。忽然即世。入滅以後。一日端坐。身体不動。手印如元云云。仏厳房聖心者。当山伝法院学頭也。談義之間。近日住山。師弟之好。知委曲之人也。仍予相尋之処。記録如斯。

十四　検校阿闍梨琳賢。紀州那賀郡人。俗姓平氏。初逢東大寺順海。学華厳宗。後随高野山慶俊。受諸尊法。又属良禅闍梨。伝両部灌頂。抛浄財建立堂舎。施資貯造写仏経。久送七十七年之春秋。多積無量無辺之精勤。断惑証果之望。興法利生之願。推其中慇。不恥前賢。爰久安六年八月中旬。俄受小悩。安弥勒像。繋五色幡。手結密印。口唱名号。風息已絶。露命忽消。親疎来訪。随喜咽涙。不知依弥陀之引接生安養。又不知先慈氏之下生詣都率。縁之所引。人以難量者歟。

十五　能仁上人。和州人也。以阿弥陀尊勝陀羅尼等持念。大悲受性。常無懈倦。爰田舎疲馬。山辺喘牛。負重向嶮。朝昇暮降。身加打捶。心念水草。重罪之報。尤足抜済。仍懇棘之至。苅草与之。盛夏不撓。厳寒不休。漸及衰耄。弥修念仏。然久安之比。無病悩。如眠入滅。思其所修行。可謂往生人者歟。

十六　調御房定厳。紀州相賀人也。俗姓紀氏。初登高野山。列大師遺弟。次往多武峰。学天台法門。遂帰本山之旧室。更受弥陀之秘法。法華読誦。恒時不退。漸及暮年。常絶言語。為毎月十五日之勤行。修弥陀百万遍之称念。三五年之間。薫修功積。仁平三年八月廿三日入滅。念仏無断。定印不乱。北首迎期。西面唱滅矣。

十七　兼海上人。紀州人也。号之小聖。久住当山。修行仏道。帰敬大日如来。師事覚鑁上人。多年之間。恵業無懈。爰深凝丹誠。殊抛浄財。建立八角二階堂舎。安置丈六大日形像。副九幅両界三部諸経等。仁平二年十月比。以件堂舎。寄進鳥羽法皇御願寺。吏部大卿永範朝臣。依院宣草願文。供養之儀。可謂厳重歟。然久寿二年五月卅日。小恙相侵。忽然逝去。臨終正念。諸人称往生。

十八　澄賢入寺。当国人也。以良幸為出家受戒師。随琳賢受両部諸尊法。理趣経礼懺文。読誦之数。籌量難及。然間客塵不侵。只懸思於水上之蓮。禅観久積。遙通望於雲西之月。終焉之暮。念仏逝去。謂臨終一念之功勝生前百年之業。仏語不虚。往生何疑乎。于時保元三年三月十一日也。

十九　円長山籠。紀州人也。離彼名草有縁之栖。来此伽藍結界之地。以舜寛上人為師範。以理趣弥陀尊勝仏頂等為持経。戒行日積。精進齢闌。加之三部大法勤行累年。永万元年正月十八日。大漸已近。小病忽除。一心念仏。双眼早閉。誠是寿尽時歓喜。猶如捨衆病者歟。

二十　増延山籠。和泉国人也。入良幸室。出家学道。精進之行。勇猛不怠。書一字三礼経。致毎夜千遍礼。伝諸尊秘法。遂入壇灌頂。毎朝大仏頂理趣経尊勝陀羅尼二千遍。不動慈救呪一万遍。即至臨終。永不退転。爰永万元年十月二十二日。告弟子云。我入滅後。勿修仏事。極楽中品中生。敢不可成疑者。同廿五日巳剋。正念遷化矣。

廿一　暹与上人。元是紀州人。今則金堂預也。華香之備。誠丹顕志。燈油之勤。潔白受性。依宿願。以私財。調両壇仏器香炉等奉施之。精勤不倦。日課日新。遂永万元年十二月十六日。誦大仏頂陀羅尼。非眠非覚。安祥而即世。一色一香之業。無非中道。累朝累夕之勤。定成大善者歟。

廿二　聖誉上人。人号之西谷勝宝房。元仁和寺住僧也。永離彼寺。久住此寺。以不動明王為本尊。修大法積薫修。入壇灌頂。不傾油鉢。身漸及暮齢。口不言世事。爰風疾相侵。天命殆危。仁安二年二月廿九日。示弟子等云。十座千日行法。已満九百九十九日。明日是可生密厳国土之日也。運明日時。今日欲終。所残之時。総是十座也。其十座内。終結座前供養。於後供養。於彼国宜結願也。即登礼盤。忽始行法。正念誦後。散念誦間。約期不違。果以入滅。於戯炉壇燈前。香火残身早滅。紙窓月下。縄牀留人永逝。見者拭恋慕之涙。聞人凝随喜之思。綷之希夷。遠及華夏者歟。是人於証道。決定無有疑。

廿三　智明房頼西。号伊勢上人。其母祈和州長谷寺懐孕。産生之後。母告云。吾夢。観世音菩薩。賜錫杖閼伽桶。汝即可為聖人耳。至廿五歳。発心修行。一期長斎。慈父亡逝之時。遺附家地田畠券契。荼毘之後。用其紙背。書陀羅尼。而薦功徳。身不交世務。心無染俗塵。三時行法。一心念仏。歎修練猶怠。其唱念雖在喉内。敢無聞壁外。酌教於大師余流。習学弥清。卜居於当山霊蹤。勤修益競。粤有一小童。発値遇智人之願。欲詣長谷寺。於中路有感冥応。却而登高野山。問栖山人曰。此山有智行人耶。答曰。在也。号智明房。顕密兼学。智行具足矣。小童歓喜。詣彼所偸眼。道場之厳飾。修練之粧。甚厳粛也。於于玆深起欣慕之心。又厭本邦。而卒然難遂願望。尋復到長谷寺。念観自在尊。礼拝低頭一千度。誦普門品三十三遍。精祈偏欲入上人室。如是已経七箇日。上人聞此事。迎小童於房。或時上人思知先妣之生処。祈三宝懇切。夢。新来小童。汝所生母云云。上人感喜慈育。其年即許出家。九年之後。始語感夢事。又過六年。上人年齢八十四。而修八千枚護摩。此歳十一月二日。上人有小病悩。至同月五日亥剋。小悩復本。於仏前結印誦明。正念而終焉。実仁安二年十一月五日也。其遺屍甚軽。闍維之後。身骨又少。而不充小器。人皆怪。凡親近此上人。

或受遺物等之輩。正念安祥而臨終者。総有十四人云。

廿四　澄恵山籠。紀州人也。心性質直。〔徳〕行尤高。加之三部大法習学精。許可灌頂伝受明。又随求尊勝理趣等経呪。持誦勇鋭而修練不闕焉。遂仁安四年八月廿二日。洗浴浄衣。安祥端坐逝。

廿五　妙蓮房明暹。紀州人也。祈弥陀不動尊。願臨終之正念。誦礼懺理趣経。為多年之精勤。或修理破壊堂舎。継絶興廃之勤無怠。又精勤礼讃講式。積功累徳之作有勇。爰嘉応元年林鐘十五日。身心無累。起居安寧而備香華。登礼盤端坐合掌。容儀不変。念仏気絶。于時春秋九十四。於戯久住古仏之聖跡。恒修如法之行業。暗知往生浄刹之人。

廿六　定仁上人。年来為金堂預。堂裏洒掃。仏前供養。甚厳重也。常念地蔵尊。憑大悲誓願。持誦不倦。読大士之講式。称揚薩埵之功徳敢無休。嘉応三年之春。姑洗十五之夕。招同法僧密示云。我今出娑界。欲赴安養。各念弥陀仏。可作善知識。凡香華雲之供養。久積生前之薫修。満虚空之聖衆。定垂最後之引接。同心勧誘。宜遂我願。善友皆聞之。悲喜交糅。其後心念不動。身儀無傾。安祥而滅。

廿七　正直上人。覚鑁上人弟子也。多年給仕。而微塵許不違師命。受師教示。修恒時行法。不休息。安元三年正月十一日。念仏観法而入寂。

廿八　検校阿闍梨宗賢。紀州三谷郷人也。幼登此山。早為比丘。其性明敏。〔学〕兼顕密。或住興福寺。汲法相大乗之流。或在醍醐山。伝胎金両部之源。後於当山。建立三間四面堂一宇。安置金色丈六仏五体。同三尺仏十体。妙法蓮華経廿部。金泥理趣経一巻。以斯堂宇。寄進鳥羽法皇御祈願寺。仁平元年十二月十六日供養之。便於大日釈迦弥陀之宝前。各修尊勝法華光明真言之行法。更為長日行業。上求下化勤修。自利利他行願。薫修実久。遂　年　日入滅。

廿九　信濃入道西念。信州人也。幼而離生土。長而住此山。本覚内薫。恵光外照。発大悲心。求三菩提。遇心蓮上人。受弥陀行法。多年之間。勤行不倦。一生斎食。偏厭濁世。好空閑地。居奥院。一夕無病患。念仏命終。于時治承二年。

三十　心蓮上人。号理覚房。毎事修学。不好交衆。懸心於極楽世界。養眼於顕密法門。両部大法。諸尊秘事。口以伝之。詞不滞停。昔伏生之読尚書。江南未殖菩提之種。今心蓮之長法門。山上久伝碩徳之名。凡立堂宇造仏像数多。長日護摩余十箇年。千手行法又送四十廻。所持誦経王。部数差積。爰治承五年夏四月。寝膳乖和。薬石失方。逝水不帰。他界告訣。口初誦神呪。手猶不動印契云。

卅一　検校阿闍梨済俊。紀州在田郡人也。其性柔和。口不出麁言。其心清直。身行妙道。就琳賢闍梨。究両部大法諸尊秘要。苦修練行星霜久。遂治承三年三月一日。飛華落庭之時。斜陽照壁之夕。

倚脇息凝心念。無病悩而遷化。於戯八葉峰上。久送八十四年之春秋。三密壇前。常凝三十七尊之観法。熟思生前之行業終焉之儀容。定為得脱之人。

卌二　厳実上人。大和国虚空蔵厳之住侶也。壮年之始。両眼共盲。為懺業障。参籠当山。纔携鳩杖。巡礼鶏王。三年之間。一心祈請。有時先参社壇。次詣大塔。忽然眼開。日輪新現。緈楚忽之間。周章而佇立。猶拭両目見四方。堂舎塔廟映朝日巍然。山岳林樹凌秋霧縦横。毫末可計。隙塵足窺。泣報賽于叢祠之月。屢踊躍于山殿之雲。其後終焉時到。向弥陀像。備香華。唱名号。安坐而即世。眼前之悉地已成。身後之得脱豈疑。

卌三　能願上人。和州人也。偏仰大師恩徳。永為当山住侶。六十余年矣。詣参奥院久。朝暮念弥陀仏。或唱或聴。又甘理趣経真文。昼夜観誦。九旬之算云尽。一期之運将終。手引五色之縷。心観三密之教。扶病独起。向西気絶。

卌四　上座尋禅。元為禅僧。後補所司。早出院内。常住政所。漸及暮齢。偏厭世務。念仏之外無所営。後及臨終時。沐浴潔斎。著新浄衣。安坐而終。所念弥陀也。深憑来迎之誓。所慕安養也。盍生易往之土哉。

卌五　宰相阿闍梨心覚。園城寺住僧。参議平実親卿息也。列智証門弟。学天台教観。不楽綱維之祟°[宗]班。只以菩提為望。廿五年住光明山。其後出彼山住当寺。逢阿闍梨兼意。究三部深旨。諸尊秘法。両界灌頂。三時行業。朝暮礼懺。在生之間不休息。爰養和二年四月之比。臥病床知不可愈。雖然日課不退。先知死期。至六月廿四日。起立端坐。結印誦明。奄然滅。

卌六　浄心上人。紀州花園村人也。常祈仏尊。予知死期。永万二年七月十三日。端坐仏前。結印入滅。春秋六十九。称十義坊。

卌七　密厳房阿闍梨禅慧。俗姓〈可尋記之。年八十五〉元暦元年九月九日。病悩在身。心念不撓。称名益競。観念無休。安祥而滅。定印猶不解。噫計其年算。已過釈迦入滅之齢。見彼形体。則有弥陀定印之相。現当栄達実可羨。予後日参仁和寺宮。或人語云。彼臨終依有瑞相。諸人群集拝之。自聞此言。弥増信仰而已。

卌八　大乗房証印。伝法院学頭密厳院院主也。〈俗姓可尋〉性受慈悲。学長顕密。凡厥存日行業不違枚挙。爰文治三年七月十二日。小悩相浸。中心違例。然猶心念不衰。自行無懈。同十五朝。諸仏歓喜之日。衆僧自恣之期。安心端坐。誦大日五字呪。使門弟勧誘。誦不動慈救呪。如入禅定遷化。于時春秋八十三矣。

高野山往生伝　終

延宝五〈丁巳〉年九月吉辰

此本古上梓而行世矣。其版既亡。今兹以明王院本使傭筆書写畢。天保十五夏五月十七日　　得勇

〔念仏往生伝〕

（欠）

□性閑院一家也。始学円乗。昇明律位。後□世一念。念仏者也。中年已後。住嵯峨之辺。内□外儀。悉改替之。剰伝於法蓮上人大乗戒。□□慈覚大師御袈裟等。為一天四海之戒師。建長五年七月廿三日申剋臨終。拝化仏而往生。滅後瑞相。霊夢尤多云々。

第廿五　禅門寂如

俗姓者京兆源氏也。出家已後。住摂津国濃勢郡木代庄大麻利郷。多年念仏。薫習既積。常自云。我遂往生。諸人被讃云々。此□洛陽有女人。夢云。彼禅門之辺。諸大菩薩□雲集。彼菩薩言。汝所見者。纔少分也。十方薩埵。悉皆来集。雲上山外。非眼界之所及云々。夢後為結縁。彼濃勢郡尋来。又北白河有僧。同得往生夢。尋来結縁。其後無程臨終。瑞相甚多。或聞音楽。或聞異香。又□後七日々々。瑞相不絶云々。子息円浄房語之。又是高野山蓮台。【見セ消チ、「花」ト傍書】谷宮阿弥陀仏御弟子。厳阿弥陀仏者。円浄房之舎兄也。

第廿六　武蔵国吉田郷尼

彼尼生年四十七出家。念仏功積。而間生年六十八。自建長五年〈癸丑〉十一月六日。持病更発。同九日向子息入道語云。去九月十一日暁。恒河聖衆囲繞。如夢如幻。又自昨日。常合青蓮花在眼前云々。十二月十日又語云。合眼之時。善導和尚立枕上給。又見合青蓮花。此時心弥清冷。身倍平安。戌剋又云。臨終非只今。卯時是其期也。其故仏菩薩如常。迎講儀式尚遠立給故也。又子剋居念仏云。臨終漸近仏已近。其後高声念仏不退。卯始音止之後。念□之口猶動廿余遍。即気止了。在世之間。種々異相。不語外人。自記秘之。

第廿七　上野国渕名庄波志江市小中次太郎母

年八十二。建長六年〈甲寅〉春往生。兼一七日。高声念仏不懈。最後臨終。端坐合掌。金色光明。遙自西方来。徹葦墻二重而照。又人々見紫雲瑞。莫不称美。

第廿八　同国赤堀紀内男

盛年之比。以博奕為業。而建長元年閏十二月或時戌剋許。僧二人出来告云。汝近日可生極楽。早遂出家也。件僧経一夜。至其朝不知行方。其後出家。俄痢病更発。兼以十余日。前両僧又来。毎夜教訓之至。同月廿二日。所住西方墻等悉破去。遙向西方天逝去了。

第廿九　同国同所懸入道

自在俗之時。常高声念仏。至老年遂以出家。至建長三年五月廿四日。仏来告云。来六月二日辰時可往生云々。仍廿五日樹市中。告諸人云。来月二日可往生。諸人可来結縁云々。人々不信之。或人至其期。相尋之処。至其門辺。聞有火急之声。即是彼最後念仏也。看病云。只今沐浴潔済。着紙衣袈裟。端坐向西。火急念仏。五十余遍。即臨終了。智阿弥陀□止見之語之。

第三十　同所布須島尼

年来念仏者也。信心殊深。剰若有病者。以念

（欠）

六年五月之比。無其次俄来行仙房語云。為最後見参所参也云々。其後臥病床。同五月廿一日。病者云。持仏堂仏。只今奉安極楽。看病不得意。同廿二日又云。明相忽現。又云。明相弥現至。彼可還云々。既絶入。還生之時。人問云。見何境界。答云。聖人来而言。行水可念仏云々。仍行水了。同廿三日又云。何聖御房遅来給哉。如此二反謂之。起居念仏。即逝去了。

第卅五　信濃国小田切四郎滋野遠平

宿因内催。善縁外引。従生年廿四。不退一万五千返念仏。其後加返数。成三万五千遍。而間嘉禎四年二月一日夜夢云。善光寺如来。着病〔見セ消チ、「不」ト傍書〕染衣。来告云。汝之念仏数遍少。今加一万五千遍。可念五万遍云々。仍爾降至生年六十。無退転。而自宝治二年五月廿一日。有中風之気。右手不相叶。同八月十六日。

□針之後。弥病増気。雖有出家之志。依阪波造宮。不遂本意。至往生期先三ヶ日。聴聞法花経三夜。勧告甚深也。其後一向念仏。同十一月五日辰時。見紫雲之人四人。同巳時依善知識勧。高声念仏七返。又息下念仏十返。開眼拝本尊。気絶了。至酉時金色光明。従西南方来照亡者。又従内縛印之右大指至胸間。有金色光明。長五寸広二寸許也。見人甚多。凡自病中。至没後七ヶ日。聞音楽之事。不知其数。同十一月九日夜寅時。或人夢想云。彼亡者以一通消息。送後家之辺。披見状詠和歌云。

　九ノ品ニハ上ノウエナルヲシラテヤ人ノカナシカルラン

　　第卅六　伊豆御山尼妙真房

勇猛精進之比丘尼。読踊法花経。兼修秘密行。後対法然上人。忽捨余行。一向念仏。其功漸至。常拝化仏。余人不知之。唯語甚深。同行一人。或時告云。我明日申剋可往生。至剋限。端坐合掌。念仏気絶。

　　第三十七　武蔵国阿保比丘尼

多年念仏者也。至臨終期自云。浄土蓮花既雨下。又云。我前成瑠璃地。如人問水。又光明来照。諸人聞音楽。

　　第三十八　比丘尼青蓮

□者上野国住人也。後付夫縁。住武蔵国。世□之隙。常読誦法花経。既満一千部了。夫夭亡之後出家。其後五十九歳。自此以後。

依善知識勧。一向称名。至七十三齢。夜見光明如日輪。自南方来照。其頂属[見セ消チ、「屢歟」ト傍書]疑□之処。空有声□云。摂取光明。不簡所処云々。其後竪[見セ消チ、「堅歟」ト傍書]信心。然□不語外人。七十七歳之夏。五月之比始。語舎弟僧并子息尼。従同八月廿八日。老病□催。至九月七日。所悩平愈。粗得尋常。沐浴潔斎。語知識云。仏既来迎。僧問。仏在何方乎。病人以指々空。又戌時西方有光明云々。或□指取数。或合掌□額念仏。至八日□時。自起居。取五色糸唱名号。毎声作礼。即十念十礼也。其後□念仏三十返。如眠気止。于時建長[見セ消チ、「保」ト傍書]三年九月八日。

（欠）

顕之。或人有敵人。彼敵人者。是有勢人也。我是不肖身也。不能討。而或武士云。若憑我者。可討汝敵。仍即依付此。不違約束。討敵人了。憑武士者。至誠心也。依付而無二心者深心也。討敵者廻向心也。如此討煩悩敵。到不退土者。是偏阿弥陀仏本願。大悲之他力也云。又言。汝一人非可出生死之器。猶来可習浄土法門云々。其後参詣三度。合四ヶ度也。即於往生浄土法門。生決定心了。彼禅勝房自云。念仏往生之信心決定同。我身可死。更無一念疑殆之心云々。其後齢八十五。正嘉二年〈戊午〉十月四日入滅。兼五六日。夢奉見源上人。同三日戌時語人云。蓮花雨下。人々見之哉云々。又云。只今有迎講之儀式。正臨終云。観音勢至已来迎云々。即至寅初起居。合掌念仏三反。即気止了。従高野山。上野国山上。下向上人二人。一人名専阿弥陀仏。一人名誓阿弥陀仏。親拝見彼往生。而来語之。

第四十六　上野国大胡小四郎秀村

太胡太郎孫子也。是人又以源上人消息為亀鏡。一向念仏。昼夜不懈。或時夢想云。従西方大蓮花飛来。人答［見セ消チ、「告」ト傍書］云。明日午剋得往生云々。以夢状語鎌倉南無房。々々々合夢云。四十以後。可遂往生云々。夢後五年。生年四十二歳。十月之比。脚気更発。同五日丑剋。向空含咲。知識問云。何見境界。答云。仏来迎。其体如琉璃。内外明暎也。又聞音楽。勝人間楽之事。非其語之所及。其後十念七ヶ度。最後念仏。与仏字同息止了。于時正元々年〈己未〉。

第四十七　同国細井尼

彼所有新平三入道者。是妹尼也。天性有道心。盛年之比。辞夫手依付兄入道。渡於世間。老後天下同多病死之人。此尼既受病及危急。挙二手欲受取物之体也。看病問故。答云。蓮花雨下。其体微妙。異人間花。仍所欲受取也云々。最後無語。受花之手。尚又如前。仍人々称往生人。文応元年〈庚申〉夏比也。

第四十八　小松［見セ消チ、「柴」ト傍書］新左衛門尉国頼

年来之間。依悲母勧。図画弥陀三尊形像。毎日六万返念仏無退転。而間弘長二年七月聊違例。仍出家。〈法名行西〉同七月廿日。已以危急。語一人知識云。我年来念仏。他人往生之時。或得夢之告。聞音楽鐘声度々也。而当自身臨終之期。未見其瑞相。非無遺恨云々。其後夢中善導告云。汝有大罪。可懺悔念仏云々。行西申善導云。我有大罪如今告。但日来念仏。若不懺悔者。不可往生哉。如何。善導云。五逆罪人。猶依十念預来迎。況汝是多年念仏者也。往生無疑。故今所来告也。而汝恐大罪。聊有猶預之心。仍為治其心。所告示也。夢驚後。令僧修二夜一日之念仏。懺悔了。廿三日丑時。空中聖衆幷母儀尼公来現。其後仏菩薩。充満虚空。音楽不絶。又没後七日々々夜［見セ消チ］間。必有音楽。就中行仙当四七日之忌辰。於窪井本房聞之。凡隔本処十四五里。是仏不思議力歟。

第四十九　摂津国井戸庄小野左衛門親光〈法名成仏〉

天性悪人。殺生為業。不知後世。就中於祖父墓所之辺。放鷹射鹿之間。雄追入堂内。即於仏前殺之了。此時寺僧不堪悲愍。可称念仏之由教之。親光不念仏。剰詈僧成嗔怒。仍寺僧等。同心念仏。此時親光少懺悔之心出来。心中十念了。其後生年四十六歳。六月十三日受重病。同十四日絶入。即如夢趣冥界。先如例放鷹之間。落馬入深坑。彼坑遠事。如京与鎌倉往還。即在大河。岸見之大鬼。其数不知何千万。其中女鬼。其長百丈。来近云。早可来云々。其

鬼之気息。如炎火焼身。又大鬼等。以刀切親光之身。分為一万六千。々々々々鬼。各領一分。各令随己地獄。此地獄又各有八万四千釜。煎熟無極。又此外種々苦患。不可説尽。又有寒氷地獄。苦相又種々也。如此経十五年了。又応堕無間地獄云々。此時思出祖父墓所堂寺僧所勧之念仏。其時墓所堂僧一人出来。勧念仏。随教念仏。十人之僧又出来。仍弥念仏。僧放金色光。照親光身。親光蒙光摂之間。我身忽成金色了。此時十方諸仏菩薩。幷諸天善神炎魔王等。来現而礼親光。又阿弥陀三尊。来迎諸同業衆生。而親光一人。

（欠）

解説

文献解題
―成立と特色―

井上光貞

本書には、平安朝の仏教説話集の主流をなす往生伝を主軸とし、それとは系統を異にしながら密接な関係を有する二つの宗教説話集、大日本国法華経験記と本朝神仙伝とをあわせ、平安朝の宗教史の展開を多角的にとらえる便宜に供することとした。これら説話集の著者の大半は僧侶ではなくて在家者であり、説話の主人公にも在家者が多い。また主人公が僧侶の場合でも、南都北嶺の官僧・学僧のほかに、上人・持経者・仙などとよばれた民間の修行者・布教者の話がきわめて多い。従ってこれらの説話集は、平安朝の宗教と社会生活との関係を理解する有力な手がかりとなるものである。また、日本の思想史の一つの高峰とみなすべき鎌倉仏教は、中国からあらたに移植された禅宗系統を除いては、往生伝にみられる浄土信仰と、法華験記にみられる法華信仰の二系統よりなり、しかもその創始者はみな、南都北嶺の外なる上人たちであった。その意味からすると、本書におさめられた諸説話集の世界は鎌倉仏教出現の母胎でもある。筆者はそうした観点から平安朝の仏教史の再構成を試み、一九五六年、浄土信仰を対象として「日本浄土教成立史の研究」を、一九七一年、法華信仰をあわせて「日本古代の国家と仏教」を刊行した。本大系の解説には、さらに神仙思想及び神祇信仰をふくめての概観がふさわしいのかも知れないが、筆者にはそれだけの用意がないのと、それを書けば前著と重複することにもなるので、ここではそれを避け、いわば基礎作業として各書の成立と特色を中心とする文献解題を以てかえることとした。

本書の主軸となる往生伝は、慶滋保胤の*日本往生極楽記からはじめて、大江匡房の*続本朝往生伝、三善為康の*拾遺往生伝及び後拾遺往生伝、沙弥蓮禅の三外往生記、藤原宗友の本朝新修往生伝へと継承され、やや特殊であるけれども如寂の高野山往生伝が文治のころに編まれている。その後、鎌倉時代にも、天台僧証真の新撰往生伝等が蓮門類聚経籍録・浄土真宗教典志等に著録されているが今日には伝らわず、蒙古襲来のころ行仙の編んだ念仏往生伝(仮称)が残簡ながら現存する。往生伝は江戸時代に入るとまた多く作られるが、以上はそれとは別のグループをなして平安朝に特有なものであり、鎌倉中期の念仏往生伝の如きもその残照というべきものである。それ故、本書は、これらをすべて収録したが、紙数の都合上、訓読と注釈とは、＊印の三つにとどめざるを得なかった。この三つをえらんだのは、何といっても、著者の保胤・匡房・為康の三人が文人としても著名であるためで、他に特別の理由があるわけではない。しかし、伝も詳らかで著述も多いこの三人の往生伝は比較対照の上で有益であろう。

本書は従って、時代順に、慶滋保胤の日本往生極楽記、鎮源の法華験記、大江匡房の続本朝往生伝と本朝神仙伝、及び三善為康の拾遺往生伝の校注を主とし、他の往生伝は原文をかかげるにとどめた。原文并びに校異・訓読文の作成は大曾根章介氏、頭注及び補注は、同氏ならびに塩入良道氏と私との三人の共同によるものである。頭注・補注を加えた五書のうち、本朝神仙伝を除く四書は筆者にとって馴染みぶかいものであるが、右の二氏と書店の関係諸子との共同作業は楽しくかつ有益であり、あらたに得た知見は限りなく多かった。以下は、それをふまえての、私見による簡単な解題である。

一　日本往生極楽記

成立と背景　本書の諸伝中、年代の最も下るのは、永観元年(九八三)没の千観であるので、本書成立の上限はこの年である。他方、往生要集の大文第七ノ六、引例勧信の段には「我朝往生者亦有二其数一、具在二慶氏日本往生記一」とあり、要集は跋文によれば、永観二年末に起稿し、翌寛和元年(九八五)四月に書き畢っているから、往生極楽記成立の下限は寛和元年四月とみることができよう。なお、続本朝往生伝の序に「寛和年中、著作郎(大内記)慶保胤作二往生記一伝二於世一」とある。

著者の慶滋保胤は承平(九三一—九三八)の初年に生まれ、文章博士菅原文時に師事し、長じて長く内記の職にあった。早くから文学に秀でて、天徳・応和(九五七—九六四)のころには当代の才子、二人のうちに数えられた(本朝文粋巻九、大江以言詩序)。しかし保胤と浄土教との交流上見のがしがたいのは、そのころにはじまった勧学会であった。勧学会は康保元年(九六四)、大学寮北堂学生らが叡山僧とともにはじめたもので、以後二十年近くつづけられたのであるが、それには保胤をはじめ、橘倚平・藤原在国・高階積善らの文人が指導的な役割を果した。この勧学会は、朝には法華経を講ずるを聞き、夜は経中の句をとって詩を作る儒仏一体の行事であるばかりでなく、「開レ口揚レ声唱二其名号一」「念二極楽之尊一」(ともに本朝文粋巻十)、「世々生々見二阿弥陀仏一、在々処々聴二法華経一」(天台霞標、三—二)とあるように、念仏結社としての性質をも帯びるものであった。これよりさき保胤は少年のころから阿弥陀仏の信者であったというが(往生極楽記序)、彼の信仰は、この勧学会に関与し、しかもその中心的役割を果すようになってから一そう深まった、といえよう。同じく序に「行年四十以降」といえば、天禄・天延(九七〇—九七六)のころであるが、それからは、「其志弥劇、口唱二名号一、心観二相好一、行住坐臥暫不レ忘、造次顛沛必於レ是」という程になっていた。保胤が有名な池亭記を書いたのはさらに十年近くのちの天元五年(九八二)のことである。そこには周知のように、「巨千万」の費用を投じて「豊屋峻宇」を興す権門勢家、「屈レ膝折レ腰而求二媚於王侯将相一」むる人々が幅をきかす「近代人世」の世相がえがかれており、保胤はこうした世俗をよそに、朝は新邸の西堂に参じて弥陀を念じ、昼は朝廷の王事に随い、夜はその東閣にこもって古賢の書に親しみ、無事に一生をとげたい心情を切々とうたいあげている。

花山天皇は寛和二年(九八六)六月、藤原兼家らの陰謀によって退位出家し、兼家一門によって摂関政治の最盛期に入っていくが、このいわばピークを直前にして、永観二年(九八四)の冬、源為憲は三宝絵を著わし、つづいて保胤は本書を草した。また翌年四月、源信は往生要集を完成し、さらに花山出家の前々月には、保胤が出家して寂心となのり叡山の横川に入っている(日本紀略)。しかもそれとともに勧学会は解散して、こんどは横川に二十五三昧会が結成された。その五月の発願文や九月の起請によれば、源信と保胤は二十五三昧会の結成の中心であることが明らかであるから、勧学会にはじまった念仏結社は、ここにおいて二十五三昧会へと発展的解消をとげたわけである。以上によれば往生極楽記は、このような宗教運動のたかまりのなかで、保胤が出家する直前に書かれたことが知られる。往生極楽記と往生要集とが、こうした精神史的背景のもとに、しかも相関連して成立したことは本書の理解の上できわめて重要なことである。

往生極楽記は四十二伝をおさめるが、それは一挙にできあがったものではない。なぜなら〔三〕行基菩薩のあとに、(a)「在俗之時」、「記及序等」を草して「巻軸」をなしたが、「出家之後」に「往生人五六輩」を得たこと、(b)そこで兼明親王に属して加え入れしめたこと、(c)兼明親王は聖徳太子・行基菩薩の二伝を載すべしとの夢告を得たこと、(d)ただ親王は病によって記し得なかったので、保胤自ら二伝を書き加えたこと、が述べられているからである。右中の(c)(d)によって、出家以前の初稿本には少なくとも、〔二〕聖徳太子・〔三〕行基菩薩はなく、出家後かなりの時を経て、保胤が書き加えたことが明らかである。初稿本にこの二伝がなかったことは、二人の行業に浄土教者としての所伝がなかったためと考えられ、浄土教史の実体に則している。従って保胤が、親王の示唆をうけて二伝を加えた完成本は、大げさにいえば、浄土教史観の変貌を示しているといえよう。もう一つは(a)(b)の問題である。(a)(b)によれば、初稿本と完成本との間にさらに、親王の手によって「往生人五六輩」が書き加えられた段階がある可能性がある。これについては後に述べる。

意図と構成　源信の往生要集は天台浄土教の立場にたつ正しい念仏生活のための指南の書であるが、源信は念仏者の学ぶべき書目としていくつかの経論疏をあげるのとならんで「記二往生人一、多在二迦才師浄土論 三巻 並瑞応伝 一巻一」(大文第十ノ十)と記している。保胤が往生極楽記の序に迦才の浄土論の往生者二十人、瑞応伝の四十余人の列伝をみて、往生の志をいよいよ固くしたと書いているのは、まさしく右の源信の文と対応するものであり、中国で撰されたこの種の伝の、日本版を作ることが、保胤の本書述作の意図であった。迦才の浄土論(現存)とは、唐の貞観(六二七―六五〇)のころの人、伽才の浄土論三巻のうちの第六章「引現得往生人相貌」をさしており、北魏の曇鸞、劉宋の五人の尼や優婆塞のほか、隋代から唐初へかけての十六人の僧尼、優婆塞・優婆夷の伝をかかげる。また瑞応伝については、往生西方浄土瑞応刪伝一巻が現存する。その序及び刊記によれば、唐の文諗・少康(貞元二十一年(八〇五)没の少康をさすか)の共編になり、五代後唐(九三三—九三六)の道詵の删補を経たもので、東晋の慧遠から唐にいたる四十八人の伝をおさめる。往生要集や往生極楽記にいう瑞応伝が、もとの瑞応伝であるか、この瑞応删伝であるかは一つの問題である。前者とする説もあるが、それは往生極楽記の一本に瑞応伝の「三十余人」とあり、删伝の四十八とあわないことをおもな理由とする。しかし本書の底本等は「四十余人」とするから、それは論拠とはなしがたい。删伝は天暦三年(九四九)帰朝の天台僧、日延によって日本にもたらされているから(三三九頁頭注参照)、往生要集や往生極楽記にいう瑞応伝が删伝である可能性は大きい。

本書の初稿本にはなかった〔一〕〔三〕を除くと、あとの四十の伝は、㈠比丘二十五人(〔三〕—〔二七〕)、㈡沙弥二人(〔二八〕—〔二九〕)、㈢比丘尼三人(〔三〇〕—〔三二〕)、㈣優婆塞四人(〔三三〕—〔三六〕)、㈤優婆夷六人(〔三七〕—〔四二〕)の順になっている。この「七衆」による配列順序は、迦才の浄土論、瑞応删伝と同じで、それにならったものであろう。それでは各部の内部ではどうだろうか。いま、㈣優婆塞部・㈤優婆夷部をみると、死没の年代と身分の序列の二つが配列の基準になっている。即ち、㈣優婆塞部四人のうち、〔三三〕—〔三五〕の三人は中央貴族、〔三六〕は地方豪族である。また前者三人中の〔三三〕と〔三四〕は死没年代上は逆順になっているが、身分的には宮内卿従四位下の〔三三〕高階良臣が、右近衛少将正五位下の〔三四〕藤原義孝より身分が高いからそれに従ったのである。次に㈤優婆夷部六人のうち、〔三七〕—〔三九〕の三人は中央の、〔四〇〕—〔四二〕の三人は地方の女性である。また、前者三人のうち、〔三七〕と〔三八〕は夫の没年からみて死没年代上は逆に配列されているが、〔三七〕は近江守伴彦真の妻、〔三八〕は右大弁藤原佐世の妾で、妻妾の順が顧慮されているようである。伝を年代順に配列することは浄土論・瑞応删伝に通ずることである。しかし身分序列を重んじたのは、やはり保胤の官人としての意識に関連があるとおもわれる。

㈠比丘部についても、僧綱・僧位ないし寺院の役僧と、そうでないものの身分差や寺院の格差が顧慮され、その範囲内で年代順に配列しているようである。即ち、㈠比丘部二十五人のうち、〔三〕善謝から〔一八〕千観までの十六人のグループは、〔一二〕智光・頼光、〔一三〕東塔住僧某及び〔一七〕空也を除いて、すべてが僧としての位や職をもつに対して、〔一九〕明請から〔二七〕

真覚までの九人にはそれが存しないのである。また、僧位・僧職をもつグループの十六人について、その没年の知られ、または推定される十二人〔三〕―〔一一〕、〔一六〕―〔一八〕をみると、〔一〇〕成意、〔一一〕智光・頼光、〔一六〕延昌を除いて年代順に配列され、本書初稿本成立の少し前に死んだ〔一八〕千観で終っているのである。してみると、〔一〇〕〔一一〕〔一三〕〔一六〕〔一七〕などがこの二つの原則に対して例外をなす。この例外がどうしておこったかが問題であるが、ここで、〔三〕のあとの著者の註記にいう、初稿本成立後に得られた「往生人五六輩」が想いおこされる。尤も〔一七〕空也が、僧位・僧職をもたぬのにそのグループに入っているのは、空也が浄土教史上重要な人物で、晩年には朝廷貴族の多くも帰依したためとも考えられ、また年代的にはここにおいて矛盾のないものである。しかし〔一一〕智光・頼光は身分的にも年代的にも異様の位置におかれ、僧位も役職もない延暦寺住僧を〔一三〕におき、〔九〕の前におかるべき延昌を〔一六〕においたのも不自然である。これらはあるいは初稿本と完成本との間に加えられたものかも知れない。

次に同じ㈠比丘部の後半のグループにおいては、僧の住した寺院の格差を意識しているようである。〔一九〕延暦寺、〔三〇〕石山寺は格式の高い名刹であるに反し、〔三二〕〔三三〕は摂津、〔三五〕は播磨、〔三六〕は陸奥とだんだんに中央から遠ざかっている。もしこの配列意識でなく、年代順にならべるなら当然このグループのはじめにおかるべき〔三三〕勝如が第四位にあるのはそのためである。しかしこのグループの最後の〔三七〕に延暦寺の真覚がおかれていることだけは異常である。これなども、初稿本以後に加えられたグループの一人である可能性がある。

素材　著者は本書の序に、㈠「国史」及び、㈡「諸人別伝等」から「異相往生」のものをかかげ、さらに㈢「故老」からの聞き書きによって本書を作ったと述べている。これらのうち、㈠「国史」によったとみられるのは〔一〕聖徳太子（日本書紀）、〔三〕行基菩薩（続日本紀）、〔三〕善謝（日本後紀）及び〔五〕隆海（日本三代実録）であり、特に〔三〕〔五〕はもっぱら国史によっていることがわかる。次に㈡「諸人別伝等」については、〔一〕聖徳太子では聖徳太子伝暦、〔三〕行基では源為憲の三宝絵の行基伝との関係がみられ、両者ともこれを主とし国史は傍として利用したのである。また〔四〕円仁伝は慈覚大師伝と内容上一致するところが多く、〔六〕増命伝は扶桑略記の増命に関する記事のところどころに「已上伝」とある記事と内容上の類同が多い。扶桑略記の利用した伝は往生極楽記以前にできていた増命伝であり、保胤はそれによって〔六〕を書いたのであろう。また〔一七〕空也伝は源為憲の空也誄と類同するところが多い。著者はこれに依拠しつつ、同時代人としての著者の見聞や評を加えたものとおもわれる。

本書の四十二伝中、〔七〕〔八〕〔九〕〔一〇〕〔一四〕〔一六〕〔一七〕*〔一八〕*〔一九〕〔二〇〕*〔二四〕〔二五〕*〔二七〕*〔三〇〕〔三一〕*〔三三〕*〔三四〕*〔三五〕*〔三七〕〔三八〕の二十人は、すべて延喜・天暦時代以後になくなった人々であり、さらに＊印の九人は安和の変（九六九）以後の死亡者である。著者の保胤は承平年中、即ち延喜・天暦時代の中葉に生まれているので、これらの人々の大部分は著者の同時代人とみてよく、＊印の人々の大部分は同一世代人ということができよう。しかも四十二伝中、死没年代の明らかでない十五人の中にも、このいずれかに属する人が少なくなかったとおもわれるので、同時代・同一世代の人のしめる割合はさらに高い。このことは、次の点からみて注目に値いする。すなわち、たまたま本書の〔一七〕空也伝にいうように、「天慶（九三八―九四七）以往」は念仏を修するものは世俗では稀で、浄土教は延喜・天暦時代からようやく広く流布しはじめたのである。著者はその時期に長じ、みずから興隆の一翼をになったのであるから、本書は浄土教勃興期の念仏者についての「故老」からの聞き書きや、著者自身のなまなましい見聞をゆたかにおさめているとみることができる。

影響　往生極楽記が近き世代に及ぼした影響としては、半世紀の後、長久（一〇四〇―一〇四四）年間成立の法華験記をあげることができよう。彼此対照して両者の親子関係は、〔一〕〔三〕〔四〕〔七〕〔一六〕〔二一〕〔二六〕〔三三〕〔三四〕〔三六〕の十例に認められる。阿弥陀信仰を中心とする往生極楽記と、法華信仰を中心とする法華験記との間のかような継承関係は一見奇異にみえるが、天台宗の常行三昧に端を発した天台浄土教が、平安朝浄土教の主流をなしたことは、私著「日本浄土教成立史の研究」に詳述した通りであり、一方、天台宗はいうまでもなく、法華経にもとづく学派であり宗派である。従って往生極楽記の念仏者の行業には法華信仰が矛盾なく統一されていることが少なくなく、法華験記は、それらの人々の伝を、法華信仰の側面において活用したのである。ただその際に法華験記が意識的に浄土信仰の面を捨象しているありさまは、同書各伝の註にそのつど指摘する通りである。

次に今昔物語は、日本古典文学大系本の解説によれば、堀河天皇の嘉承年間(一一〇六―一一〇八)以後それほど下らない時期の成立と考定されているが、同書巻十五の往生譚五十四話中、一―一〇、一三、一六―二一、二五、二六、三一―三四、三六―三八、四二、四四、四八―五三の三十四話が、本書の〔五〕、〔八〕―〔一五〕、〔一八〕―〔四二〕と対応関係にある。ただし〔九〕済源の伝を今昔の四と比べると、後者に増広が著しく、〔三六〕小松寺玄海、〔三四〕藤原義孝、〔三六〕越智益躬を今昔の一九・四二・四四と比べると、本書→法華験記→今昔とたどった方がよいようであり、今昔の二六、播磨国賀古駅教信は本書の〔二二〕勝如をうけているが、話の中心、従って表題も、伝中の沙弥教信に移されている。また扶桑略記は今昔物語と同じころ、堀河天皇の時代に書かれたと考えられる編年体の史書であるが、ここにも「已上出二慶氏(往生)記一」「已上出二往生記(または「伝」)一」などとして、本書の〔八〕〔一〇〕〔一二〕〔一七〕〔一八〕〔三五〕〔三七〕などを引用している。

以上の事実は白河院政の前期にあたる堀河天皇の治世に、本書がいかに重んじられたかをよく示している。しかし、その時期の最も大きな影響は、大江匡房が康和年間(一〇九九―一一〇四)の末期に、本書を継ぐ意図を以て、続本朝往生伝をあらわしたことであり、その由はその序にも明記されている。続本朝往生伝はさらに三善為康の拾遺往生伝にうけつがれ、こうして日本往生極楽記は、日本における往生伝の端緒としての重要な位置を占めることとなる。なお本書の内容については、以下の諸書の解題に、比較対照のためしばしばふれるので、重複をさけてここでは述べない。

二　大日本国法華経験記

本書の成立　大日本国法華経験記(以下「法華験記」と書く)という書名は底本(享保二年板本)の外題によったものであるが、鎌倉時代書写の真福寺本には日本法花験記とあるので、後者が本来の書名であったともおもわれる。ただ大曾根氏執筆の諸本解題にもあるように、東大寺図書館蔵の宗性(建治三年(一二七七)没)の書いた目録の内題には「大日本国妙法蓮花経験記説処」とあるので、そうとのみはいい難い。著者、首楞厳院沙門鎮源の伝は全くわからないが、寛弘四年(一〇〇七)七月三日の霊山院釈迦堂毎日作法、及び霊山院式のあとの結縁の人々の歴名中に鎮源の名がみえる。首楞厳院は横川にあって源信の止住したところであり、霊山院も横川にあって源信が正暦年中(九九〇—九九五)に建立したと伝えるから(山門堂舎記)、鎮源はこれと同一人であり、若き日に源信をとりまく人々の一人であったと推測される。

本書は序に「長久之年(一〇四〇—一〇四四)季秋」の作だというが、内容上それと矛盾する記載はない。ただ巻中(七八)に覚念法師を「明快律師」の兄とするが、明快は長久四年十二月に権少僧都に転じているので、この部分はそれ以前に書かれたのである。他方、巻下(八七)には信誓が「長久四年、年七十、猶在世矣」と書くから、この部分は長久四年に書かれている。右の二つの事実はあいまって、巻中末から巻下のはじめが長久四年ごろに書かれていることを示している。

世に法華験記と称する平安時代の書には本書のほかに、㈠日吉山薬恒撰「(本朝)法華験記」(扶桑略記第二十一・二十三)、㈡内記保胤撰「日本法華験記」(上宮太子拾遺記、一)、㈢智源撰「法華験記」(扶桑略記第二十四・二十七)の三種がある。このうち㈡は短文ながら本書の巻上(一)の一部分と全く同じであり、源信門と慶滋保胤の交流の密なることはさきにも記した通りなので、本書が一説に保胤撰ともいわれたものかと疑われる。次に㈠は逸文五箇から察するに、仏教、ついで法華経のわが国への伝来、その後の法華経受持の経過を編年的に記したもので本書とは全く形態を異にする。著者の薬恒については、長承二年(一一三三)書写の尊勝真言異本勘定持誦功能唐朝日域興隆流布縁起の一本に、「天台比叡山延暦寺隠者釈薬恒集」という撰号のあることがつとに大屋徳城氏によって指摘されている(史林、十一—一)。従って㈠が長承以前の書たることは疑いない。大屋氏はさらに、右記の縁起の記述が承平・天慶で終り、扶桑略記の引用が延喜二年で終っていることなどから、㈠は延喜ごろの成立とみておられる。㈢の智源本の逸文は、陽勝の伝と増賀(僧賀)の伝の二つである。従って㈢は㈠とは異なって法華経信仰者の伝の集成の形態にちがいなく、本書と構成が類似する。そればかりではなく、㈢の陽勝の伝を本書の巻中〔四四〕、増賀伝を巻下〔八二〕と比べると内容も類似するので、いずれかがもとで、他はそれによって書かれているとおもわれる。ただ両者の比較だけを通じては、㈢と本書とのいずれが先かの決め手を欠いているが、本書の序には、中国には法華験記が世間に流布しているのに、「我朝古今未㆑録」とある。従って本書が先で㈢の智源本はあととみるべきであろうか。ただし、鎮源と智源とは同一人であるとする説（平田俊春「日本古典の成立の研究」、川添昭二「法華験記とその周辺」仏教史学、八―三）もある。

中国では唐代に恵詳の弘賛法華伝十巻、僧詳の法華伝記十巻があり、ともに現存するが、前者は全巻にわたり、後者は十二章中第七章から、南北朝時代から唐代に及ぶ法華経信者の伝を、講解・誦持・諷誦・書写等に類別してかかげている。また宋代には義寂（九一九―九八七）の法華験記三巻があったことが東域伝燈目録にみえているが現存しない。しかるに本書の序によると、著者は唐代の二書はあげず、宋の義寂の法華験記だけをあげている。著者はもっぱらこれを範とし、日本における法華経信者の伝記集として本書を編んだことがわかる。

構成と素材　本書は三巻から成り、計一二九の伝から成っている。その配列は、㈠菩薩（〔一〕〔二〕）、㈡比丘（〔三〕―〔九三〕）、㈢在家沙弥（〔九四〕―〔九七〕）、㈣比丘尼（〔九八〕―〔一〇〇〕）、㈤優婆塞（〔一〇一〕―〔一一六〕）、㈥優婆夷（〔一一七〕―〔一二四〕）、及び㈦異類（〔一二五〕―〔一二九〕）にわけることができる。これは日本往生極楽記と同じ構成であって、それに㈦の、仮に異類と名づけた蛇・鼠・猿・野干・道祖神・蛇など、要するに人間に属さざるものを加えたところに特長がある。上記の唐の二つの験記類は、行業によってグループを作るので、それとは全く異なる形態であるが、著者が範とした宋の法華験記はどうであったろうか。

著者は序に「余幸生㆓妙法繁盛之域㆒、鎮聞㆓霊験得益之輩㆒。然而或頗有㆓史書㆒而叵㆑尋、或徒有㆓人口㆒而易㆑埋。…仍都鄙遠近、緇素貴賤、粗緝㆓見聞㆒、録為㆓三巻㆒」という。これによって著者が、広く「史書」や「人口」「見聞」を素材としたことがわかる。まず成書としての素材をうかがってみると、巻上〔一〇〕、巻下〔九六〕〔九八〕*〔一〇五〕〔一〇六〕〔一〇八〕の各説話は㈠日本霊異記に一致し、また*印を除く五話の末尾には「見（または「出」）㆓霊異記㆒」と註してある。しかしこれらの説話はみな三宝絵にあり、末尾の註記もそこにみられる。即ちこれらは霊異記→法華験記ではなく、霊異記→三宝絵→法華験記なのである。このことは、霊異記に法華経関係説話が右の六話以外に十二話もあるのに、本書がそれらを一つもとっていないこととあいまって、本書が日本霊異記をみていないことを確実に示すものである。これに反して本書の素材として㈡三宝絵の存在を見逃すことのできないことは、右の話のほか、巻上〔一〕聖徳太子、同〔二〕行基菩薩、同〔三〕伝教大師、同〔四〕慈覚大師にも認められる。たとえば巻上〔三〕を㈠最澄の少年時代、㈡延暦四年の願文、㈢入唐以前の研鑽、㈣入唐と根本中堂供養、㈤帰朝後の法華経弘通、㈥遺言と制戒、㈦示寂にわけるならば、㈠・㈣・㈤は三宝絵下ノ二、比叡懺法とほぼ同内容で、㈡・㈢・㈥・㈦は仁忠の叡山大師伝と骨子を同じくする。巻上〔二〕〔三〕〔四〕については後にふれよう。

次に本書が㈢日本往生極楽記を素材としていることは同書の解題に述べた通りで、本書の巻上の〔二〕〔三〕〔四〕〔六〕〔七〕〔一三〕、巻下の〔一〇一〕〔一〇三〕〔一一一〕〔一三〇〕が、往生極楽記の〔二〕〔三〕〔四〕〔一六〕〔七〕〔二六〕〔三三〕〔三四〕〔三六〕〔三一〕とそれぞれ対応する。ただし、巻上〔一〕聖徳太子伝は往生極楽記の文中の片岡山飢人の話をけずる代りに太子の名が三つあることをいい、終りに「出二日本紀・別伝等一」とあるが、これらはみな三宝絵中ノ一、上宮太子伝によるものであり、出典の註記もまた三宝絵の註記を略述したものである。また、巻上〔四〕慈覚大師伝を、㈠出生と修行、㈡入唐、㈢唐人の批評、㈣帰朝と授戒・灌頂、㈤熱病、㈥経典書写、㈦授戒・灌頂と論著、㈧臨終の模様、㈨大師号にわかつと、㈠は三宝絵下ノ一七、比叡舎利会、㈡・㈣・㈤、㈧の一部及び㈨は往生極楽記、㈥・㈦及び㈧の一部は慈覚大師伝によるものと考えられる。

以上を綜合すると鎮源は、源為憲の三宝絵、慶滋保胤の日本往生極楽記に依存すること大であり、伝教・慈覚については叡山大師伝・慈覚大師伝をも参照したとみることができる。しかし叡山大師伝や慈覚大師伝のような僧伝を利用したとみられる例として、巻中〔四四〕陽勝の伝もあげることができる。陽勝の伝には本書のほかに――智源の法華験記中の伝との関係は先にふれたのでそれは除いて――㈠大東急記念文庫蔵陽勝仙人伝、㈡それと同一内容の日本高僧伝要文抄中の陽勝仙人伝、㈢扶桑略記に引く「伝」の文、及び㈣本朝神仙伝の〔一一〕がある。本書をこれらと比べると、巻中〔四四〕は、㈠＝㈡

及び㈢と文の結構が類似し、特に㈠＝㈡とは字句等の上でも一致するところが多い。そこで私は、巻中〔四〕は、㈠＝㈡によって書いたか、一歩くだって、㈠＝㈡及び㈢の祖本にあたる単行の陽勝伝によって書かれたとみるものである。ちなみに㈣には「事見㆓別伝㆒」とあるが、㈣は㈠＝㈡によるものであり、別伝とはそれをさすのであると考えられる。類似の例としては巻上〔八〕の出羽の妙達の説話があげられる。それによれば妙達は閻魔王宮にいたり、王から死者の現世での所業、死後の有様などを聞かされ、やがて蘇生して善事を積むのであるが、これは天治二年（一一二五）書写の僧妙達蘇生註記と構成をひとしくする。妙達は天暦九年（九五五）一たん死んだと伝える人であるが、蘇生註記はそれ以後本書成立以前にできており、巻上〔八〕はこれによって書かれたものとおもわれる。文中、詳しいことは「別伝」によると述べていることもそれを証するようである。

しかし本書はかなり著名な僧の場合についても、先行書によらず、自己の見聞・知識にもとづいて書いている場合が少なくないことにも着目したい。たとえば巻上〔五〕相応伝については、直ちに㈠天台南山無動寺建立和尚伝、㈡扶桑略記に引く「伝文」、及び㈢日本高僧伝要文抄中の無動寺大師伝との関係がおもいおこされる。㈠・㈡・㈢はほぼ同文で、㈡・㈢は㈠のところどころを抜萃したものであることが知られ、従って㈠またはその祖本の成立は扶桑略記成立以前であることが知られる。しかし、㈣拾遺往生伝の巻下〔二〕相応伝が、それによって書かれていると考えられるのとちがって、本書の巻上〔五〕の場合は、㈠―㈣の系統と全く結構を異にし、きわめて素朴なものである。さらに巻上〔五〕のはじめに「相応和尚、不㆑見㆓其伝㆒、但聞㆓故老一両伝言㆒云々」とあることを考えあわせれば、㈠またはその祖本は本書のころには成立しておらず、成立していても著者がこれを知らないで、故老からの聞き書きによって本書の文を書いた、とみてよいであろう。類似のことは巻中〔四五〕の性空伝にもみられる。性空については㈠朝野群載に花山法皇の書写山上人伝、㈡日本高僧伝要文抄中の「書写上人伝」、㈢扶桑略記に引く「伝」がある。㈠は本書より早く書かれ、㈡・㈢もそれによっているが、本書の巻中〔四五〕はこれらと構成・内容・文章がみなちがっていて、本書はこれらと無関係と考えざるを得ない。また性空には別に書写山円教寺旧記所載の㈣一乗妙法悉地菩薩性空上人伝があり、寛弘七年(一〇一〇)に遺弟が作ったというから、これも本書に先行するが、本書の伝はそれともちがっている。本書の巻上〔五〕は伝としての形が整わず、抽象的な言辞をもって神秘の人となりを描写・讃嘆しているが、その点からみても、著者はこれを故老の伝文と自己の感想を以て書きつづったのであろう。類似の第三例に巻下〔八三〕の源信伝がある。源信伝にはほかに㈠書陵部本楞厳院廿五三昧結衆過去帳中の源信伝(帳は横川の二十五三昧会の結衆の人名・没年・伝等を長和二年(一〇一三)に書き、以後書きついだもので、源信は寛仁元年(一〇一七)の死没なので、その伝は書きつぎの部にある)、㈡続本朝往生伝の源信伝、㈢延暦寺首楞厳院源信僧都伝等が注目されている。本書の巻下〔八三〕の前段は、㈠に類似しているので、この段は㈠によったものとみなすことができるし、後段でも入滅の様子など㈠によったとみられる点もあるが、他の全体は抽象的な讃嘆の美辞麗句が書きつらねられ、著者自身のもつ一般的な知識にもとづくものとみられる。本書解題のはじめにも述べたように、著者は若き日に源信主催の霊山院釈迦講の結衆であり、源信のいた横川首楞厳院の沙門なのであるから、著者が源信の経歴や著書に明るいのも何等あやしむに当らない。以上の諸例は、こんにちその存在が知られている所伝とははなれ、著者自身の聞き書きや見聞などによって書かれている例である。そのようにオリジナルな記述がみられることはかえって珍重すべきものがある。

本書と素材の関係については、先行の成書による場合と、「人口」「見聞」による場合とがあって、その実例を右にあげてみた。考証によってたしかめがたい大多数の伝にもそれを及ぼすことができよう。ただ本書の説話の中には、かかる伝承的背景を全くもたず、著者が架空に述作したにちがいないものがいくつかみられる。巻上〔一七〕持法沙門・持金法師、巻上〔三三〕雲州法厳・蓮蔵二法師、巻中〔四八〕(奥州)光勝・法蓮法師、巻中〔五七〕(但馬)遁鬼害持経者法師の四話がそれである。この四話は全く同じ構成で、法華持経者が、巻上〔一七〕では金剛般若経の、巻上〔三三〕では華厳経の、巻中〔四八〕では最勝王経の、巻中〔五八〕では一般の修行者と法験を比べ、他のいずれよりもすぐれていることを説話の形で説こうとしたものである。従ってこれは何等伝承的背景とつながるものでなく、その意味では価値のないものであるが、著者の思想を知る上には見逃しがたいものがある。なぜなら華厳・金剛般若及び法華の三経は、中国でも特に信仰された経典で、この三経についてのみ験記類が作られている。また最勝王経が御斎会・国分寺等の例にみるごとく日本律令国家の護国経信仰の中枢であったことは言をまたない。著者は法華経の信仰がこうした経典信仰よりもはるかにまさることをいわんがためにこの四説話を作ったのである。特に巻中〔四八〕で、最勝王経持経者が「我等各作二一町之田一、依二米穀勝劣一、可レ知三一経験力二」というと き、これに対して法華持経者が「依二経威力一、不レ下二種子一、不レ殖二於苗一、令二米穀豊稔一」に成功したのみでなく、「以二件田米一、普施二国内一、一切僧俗、乃至貧人、孤露、往還諸人、任レ意荷取」とあることは最も注目に値いする。律令国家の護国経信仰は官寺僧の経典の読誦によって五穀の成熟をまつものであった。しかしここでは個々の持経者による、法華経信仰がこの目的に対してもまさっているばかりでなく、護国経信仰では看却されていた貧窮往還の諸人への布施の功徳という、さらに高次の価値があることをうたっているからである。

法華験記の世界　法華験記は日本往生極楽記とともに、ひとしく天台宗に起源することと、ともにはげしい宗教的情熱につらぬかれていることとの二点において共通性をもっている。しかし両者の世界は種々の点で対蹠的である。そのいくつかをここに記しておく。

第一に法華験記では輪廻転生の思想があからさまに随所に語られている。本書を読んでいると、かかる輪廻転生の根源としての人間の過去におかした業の深さが、強烈な印象を以て迫ってくる。それは、死後の往生についての不安が基調となっている往生極楽記と、少なくとも表面上は、対蹠的といってよいほど異なる点であり、著者がみていないはずの日本霊異記の世界にかえって連続してくる。日本霊異記と同じように蘇生譚が著しく多いこともこれと関連する事実である。

第二に、本書はこのような世界を前提とする法華経の持経者の説話の集大成として、欣求浄土の念仏者の伝からなる往生極楽記と別系統を形成する。そして、その持経者の行業の中心となるのは、序にいう「若受持読誦之伴、若聴聞書写之類」であり、就中、読誦である。即ち、日々に法華経を読誦することによって過去未来際の罪業を消滅し、それによって輪廻の繫縛を脱するという話が非常に多く、中には死して髑髏になってもなお深夜に読誦の声が絶えないという凄絶な話も一、二にとどまらない。これは霊異記にも法華経信仰の説話が多いのに、大部分が写経や聞法の功徳の話であるのと大いに異なるところである。三宝絵には法華懺法について、「天台大師これを行ひしに、たちまちに法花三昧をえて、さとり開け、心あきらけし。又普賢菩薩をみつ。象にのりて頂をなでたり。経にくはしからぬ所をば、大師つぶさに文をくはへて、法花三昧の行法一巻をつくりて世につたへたり。是をおこなへば一乗の力によりつゝ、六根の罪を消つ」とうたっているが、験記の法華読誦はこの法華懺法に由来するものであろう。法華験記の法華信仰はこれをうけて、法華経読誦を中心として一種の苦行主義を展開しているのである(本書の説話に普賢菩薩の来現の話が多いのもこれと関連する)。法華験記にみられる法華持経者の伝統はやがて、日蓮の宗教につながっていく。しかしそれは単に法華信仰という外面上の連続性にとどまるものではない。法華験記にみられる法華経読誦による滅罪という考え方も、日蓮の宗教の底にひそむ罪障意識、唱題による滅罪という思想にまで遠く呼応しあっているとみられるのである。

第三に、法華験記の世界は、往生極楽記とはちがって、霊山を舞台とする説話に満ち満ちている。あまりに多い比叡山〔一〇〕〔一一〕〔三五〕〔四四〕〔四九〕〔五六〕〔六〇〕〔八〇〕〔九二〕〔九三〕)・葛城山(〔九二〕)、紀伊は熊野山(〔九〕〔一一〕〔一三〕〔一四〕〔六〇〕〔八〇〕〔九二〕〔一二九〕)・宍背山(〔一三〕)、や漠然とした深山は除いて、山城は愛太子山(〔一六〕〔三一〕〔三四〕〔三九〕〔五五〕〔五六〕〔六六〕)、大和は大峰・金峰などの吉野山(〔一〇〕〔一一〕〔三五〕〔四四〕〔四九〕〔五六〕〔六〇〕〔八〇〕〔九二〕〔九三〕)・葛城山(〔九二〕)、紀伊は熊野山(〔九〕〔一一〕〔一三〕〔一四〕〔六〇〕〔八〇〕〔九二〕〔一二九〕)・宍背山(〔一三〕)、近江は葛河(〔五〕〔一八〕)・比良山(〔一八〕)があり、播磨では書写山(〔四〇〕〔四五〕)・雪彦山(〔七四〕)、加賀は白山(〔八九〕)、越中は立山(〔八九〕〔一二四〕)、伯耆は大山(〔八〇〕)、越後は鎜取山(〔四七〕)・国上山(〔七九〕〔八一〕)、下野は二荒山(〔五九〕)などがそれである。これら説話の持経者は、修行のため、または一生これらの山岳にこもって宗教生活をいとなむのであるが、その生活の描写には、岩山・洞穴にこもり、粗衣をまとい、断食などを続けるものが少なからず見出される。しかしかかる苦行の結果、持経者は、容易に魔縁を降伏し、または羽化して飛行し、人の及びがたい長寿を獲得したり、多くの童子・護法にかしずかれ、鬼神・羅刹を意のままに駆使したり、鳥獣も馴れ親しんで果実などを運び、持経者の生活を護ってくれる有様などところどころにえがかれている。法華験記にみられるこのような修行者は、一面では、本朝神仙伝などにみられる神仙に通じるものである。事実、本書のなかにも、巻中〔四〕陽勝、巻下〔八二〕神融のように神仙伝にも姿をあらわすものがあり、それについては後にふれる。しかし上記の山々には後世の修験の中心となっていくものが少なくなく、巻上〔一二〕義叡、巻中〔五九〕法空・〔六〇〕蓮長、巻下〔九二〕長円など、山々を渡り歩く持経者の行業には修験の行者をおもわしめるものがある。

第四に法華験記には神祇信仰が種々の説話の上にしばしば見出される。大和では蔵王大菩薩（〔五六〕〔八六〕〔九三〕）、山城では石清水八幡宮（〔一二一〕）・賀茂明神（〔七〇〕）・稲荷（〔八〇〕）・松尾明神（〔八六〕）、摂津では住吉明神（〔八〇〕〔八六〕）、近江では比叡山王社（〔三〕）、紀伊では熊野権現（〔八六〕〔一二九〕）・美奈倍郷の道祖神（〔一二八〕）、伯耆では大山大智明菩薩（〔八〇〕）、豊前では宇佐大神宮（〔三〕〔九八〕）、筑前では香椎明神（〔一二六〕）・香春社（〔三〕）、越後では国上山地主神（〔八二〕）、信濃では信濃神（〔一二五〕）との交渉がそれである。これらは、この時点における、いわゆる神仏習合の様相を示す史料として学術的価値が高いが、内容についての考察は後日を期したい。なお、上記の輪廻思想といい、山岳信仰といい、またこの神祇信仰との交渉といい、法華験記の世界には、土着性が濃厚であるといってよい。

今昔との関係　本書の説話は今昔物語に多数とりいれられている。今昔の日本古典文学大系の解題にもいうように、今昔の㈠巻十二ノ二五―四〇、㈡巻十三ノ一―四四、㈢巻十四ノ一―二九の計、八九話は「法華経霊験譚」であり、本書とテーマをひとしくするが、その大部分は本書によっているのである。即ち、㈠巻十二のうち二五*・二六*・二九・三一・三四を除く十一話は本書によっており、右の一群以外の一、神融も本書の巻下〔八二〕にもとづく。しかも右中*印を付した二つは、霊異記→今昔でなく、（霊異記→三宝絵→）本書→今昔かも知れない。また㈡巻十三のうち一二・三八・四三を除く四十一話、㈢巻十四のうち一*・四・八・一一を除く二十五話は本書にもとづき、*印は往生極楽記→今昔ではなく、（往生極楽記→）本書→今昔の可能性がある。

次に今昔の㈣巻十五ノ一―五四は「往生譚」で、一―一〇、一三、一六―二一、二五、二六、三一―三四、三六―三八、

四二、四四、四八—五三の三十四話が往生極楽記と対応することは既述の通りであるが、一一、一二、一九、二一、二三、二八—三〇、三四、三五、四〇、四二—四六の十六話は本書にもとづき、または関係をもつ。このうち一九*・二一・三四・四二*・四四*は往生極楽記と本書の両方に関係するが、＊印は往生極楽記↓今昔ではなく、(往生極楽記↓)本書↓今昔とみる方がよいとおもう。また法華験記の巻下〔八四〕は本文を欠くが、今昔の巻十五ノ二三と対応すると考えられている。ただし、右は今昔巻十六ノ四にあたるものともいわれ、定かでない。

今昔の㈤巻十六ノ一—三九の三十九話はすべて観音霊験譚であるが、そのうち、三・五・六・一六・二五・二六・三五・三六の八話は本書によるものであるとみられる。こうした関係の生ずる理由は、いうまでもなく、法華経の第二十五品、観世音菩薩普門品が観音経として別行され観音信仰の中心とされているように、法華信仰と観音信仰の関係が深いためである。本書には、法華持経者にしてかたわら、普門品を読誦し、または観音を称念することによって種々の危難をまぬかれる話が多いが、今昔物語は観音霊験譚の集成たる巻十六の編集に際して本書のそれらの話を多数収録したのである。類似の関係は㈥巻十七にも認められる。今昔の巻十七は、一—三二は地蔵、三三は虚空蔵というように、種々の仏菩薩・諸天の信仰を類聚するが、三九—四一の普賢信仰の三話はすべて本書より採り、四二—四四の毘沙門天信仰中の一話(四二)も、本書に取材している。

以上によって本書の一二九話中、一〇五話が今昔物語に関係があり、大部分がそこからとりいれられている。同書の本朝付仏法部がいかに本書に負っているかがこれによって知られよう。本書に伝をのせながら、採用されなかったのは、〔一〕—〔六〕〔九〕〔一五〕〔三〇〕〔四一〕—〔四三〕〔四五〕—〔四七〕〔五四〕—〔五六〕〔七五〕〔九六〕〔九八〕〔一一七〕〔一一九〕〔一二二〕の二十四話であるが、〔一〕—〔六〕のうちの〔一〕聖徳太子・〔二〕行基・〔三〕伝教・〔四〕慈覚などは、巻十一におさめられて三宝絵などによって書かれているのであり、あえて法華験記にまつ必要もなかったからであろう。また、〔五〕相応・〔六〕延昌などの話は省いてあって、延昌については巻十五ノ二七の北山餌取法師の話にだけ出てくるのである。〔四五〕性空の話も省いて、代りに書写山上人伝によって文をなしていのは、本書の性空伝が既述のように一風変っているので書きかえたのであろう。他の無名僧の話を省いたことについても、若干その理由が想定されるものもあるが、紙数の制約上、ここでは省略する。

三　続本朝往生伝

成立　続本朝往生伝は大江匡房の作である。序に往生極楽記以後、百余年、同書のあとを接いで康和（一〇九九―一一〇四）に竟《お》う、とあり、本書の最後の〔四三〕源忠遠妻の伝に「康和三年正月」の年次があるので、康和もその三年後、ほど遠からずして書きおわったものとみられる。

匡房はこれより先、嘉保元年（一〇九四）、権中納言となり、承徳元年（一〇九七）大宰権帥を兼ね、翌年八月、大宰府に下向した。そして康和四年正月その任を解かれ、同年六月十三日上洛する。従って本書は、匡房の大宰府赴任中、または上洛直後に書かれたと考えられるが、上洛直前の康和四年閏五月、著者が大きな望みを託していた息男隆兼が死亡している事実は見逃しがたい。匡房は上洛するとすぐ、その供養のために三尺皆金色阿弥陀像等を造立し、「家伝㆓九代㆒、爵及㆓四品㆒。而康和之夏天、閏余之夕漏、忽別㆓西海之浪㆒、已従㆓下泉之流㆒」「累祖相伝之書、収㆓拾誰人㆒。愚父憖遺㆑之命、扶㆓持何輩㆒」「東隣三牲之報、縦雖㆓依違㆒、西方九品之迎、宜㆑垂㆓引摂㆒」（本朝続文粋）とその悲しみをうたった。序に「近有㆑所㆑感」とあるのはそのことにかかわりがあるかとおもわれる。

構成と素材　本書は「上自㆓国王大臣㆒、下至㆓僧侶婦女㆒、都盧四十二人」の伝をおさめる、と序にみえるが、〔一〕〔二〕は国王、〔三〕―〔五〕は公卿、〔六〕―〔一一〕は僧綱、〔一二〕―〔三〇〕は凡僧、〔三一〕―〔三七〕は殿上・地下、〔三八〕―〔四二〕は婦女である。これは、先行の往生極楽記や法華験記、さらには拾遺往生伝の巻上・巻中が仏教的な「七衆」の配列をとっているのと対蹠的であり、もっぱら世俗的な、いわば官僚的な身分意識にたっていることを示すものである。そのことは、庶民の名に値いする人間の伝が一つもないことにもまたあらわれている。

序は本書の素材について「詢二蒭蕘一訪二朝野一」と述べているだけである。しかし、それぞれの伝に即して考えてみるならば、第一に著者はいくつかの伝で、その素材に言及している場合がある。たとえば〔五〕大江音人は著者七代の祖だが、伝には、音人のことは「国史」にも「別伝」にも詳らかだが、「今不二重叙一」という。これは、一部はこれらに取材しても詳述はしないで、大江家の伝承をあわせ記したことを意味する。また〔六〕遍照の伝には「本伝在二国史一、今恐伝二異聞一而已」という。ここに「国史」とは新国史をさすものと考えるが、ここでも著者はそれとの重複をできるだけ避け、「異聞」としての天狗の話に多くの筆を費したのである。また〔九〕源信は、法華験記の源信伝とも、現存の延暦寺首楞厳院源信僧都伝とも対応しない部分が多いのでいずれとも別系統であり、匡房は別種の口伝にもとづいて書いたものとおもう。ただし没後、覚超が夢にその生所を問うたくだりに、「事詳二別伝一」とみえる「別伝」は内容上、書陵部本楞厳院廿五三昧結衆過去帳(前掲)の源信伝に註する「別伝」と同じである。この種の「別伝」も参照されたのであろう。

次に著者は往生極楽記をうけついで本書を書いたのであるから、極楽記の人物との重複がないのは当然であるが、本書と法華験記とは無関係であると私は断定したい。そのことは右記の〔九〕源信にも実証されるが、〔一二〕増賀もそうである。増賀伝は、㈠后宮出家授戒の時の話、㈡師の慈恵大師のための前駈の話、㈢公請のとき願主と争った話、㈣臨終の囲碁等の話、㈤同じく和歌を詠ずる話から成るが、これを法華験記の巻下〔八二〕と比べると内容・構成を異にする。仔細に対照すると験記にも㈠・㈤に対応するものもあるが、表現が全くちがっている。江談抄第一にはたまたま㈡に対応する「増賀聖、慈恵僧都慶賀前駈事」がみえるが、これは口伝などから得た著者自身の知識によることの確かな一例であろう。〔一四〕叡実と法華験記の巻中〔六六〕の神明寺叡実法師は同一人とみられるが、これも内容構成が全く異なり、本書では叡実が円融天皇の病を治するために宮中に行く途中、病者をみて志をかえたとある点も、法華験記では、ただ路頭の病人にも慈悲深かったという一般的な記述があるのみである。ちなみに、今昔物語の成立が既述の如く嘉承年間(一一〇六—一一〇八)以後とすれば、今昔は本書の成立以後の述作となるが、今昔は、本書を使っていないとみられる。そのことは法華験記の巻下〔八二〕増賀が今昔の巻十二ノ三三のもとになっているのに、本書の〔一二〕とは系統を異にし、法華験記の巻中〔六六〕叡実が今昔の巻十二ノ三五のもとになっているのに本書の〔一四〕とは別系統であるという三者の相互関係によく示されているばかりでなく、本書の〔三二〕慶滋保胤と、今昔の巻十九ノ三を比較して、その内容・構成がほとんどちがっていることをみても明らかである。また本書には〔三三〕大江定基（寂照）の伝があり、今昔の巻十九ノ二にも定基の説話があるがこれも同様である。本書の〔三三〕は、㈠受領として赴任中に妻を失い出家したこと、㈡師の寂心の死後入宋するにあたって静照が法華八講を催したこと、㈢宋で飛鉢の法を体得して宋人が驚いたこと、㈣長元七年彼地で遷化したときの漢詩・和歌があり、㈠・㈢は今昔にもあるが、仔細にみるとちがっていることは本書の伝の頭注に記す通りである。

　本書の素材を考える上に第三に見逃しがたいことは、四十二人の顔ぶれの中に、著者に身近な人の多いことである。たとえば〔五〕大江音人、〔三一〕大江為基、〔三三〕大江定基、〔三四〕大江挙周が著者の一族であることはいうまでもない。著者は大江家に伝わった口伝から充分にその素材を得ることができたであろう。また〔三三〕能円・〔三三〕高明・〔三四〕安修、及び〔四二〕源忠遠妻は大宰府居住の無名の僧侶・婦女であるが、これらは著者が本書成立の直前の、大宰府赴任中に取材したものとみてあやまりがないであろう。さらに本書には〔六〕—〔三〇〕の二十五人の僧伝をおさめるが、この中には慈恵大師良源の弟子の〔七〕慈忍僧正（尋禅）・〔八〕覚運・〔九〕源信・〔一一〕増賀、源信の弟子の〔一〇〕覚超・〔一五〕寛印・〔一九〕良範・〔二八〕覚尊、増賀の弟子の〔一三〕仁賀があり、さらに源信と親交の深かった〔三二〕慶滋保胤（寂心）、その弟子の〔三三〕大江定基（寂照）というように、良源の系統につながる人々が半ば近くをしめている。これは良源門に浄土教史上、著名な人物が多かった事実にもよるであろうが、かれらが著者と仏教界との交渉上、重要なグループであったためでもあろう。もしそうであるとすれば、著者はこれらのグループとの交渉を通じても多くの知識を得ることができたとおもわれる。

　以上を綜合すると、著者は本書の製作にあたって、比較的身近なところから、聞き書き等によって豊富な素材を得ることが多かったと察せられる。序に「詢二蒭蕘一訪二朝野一」といって、書伝によるもののあることに言及しないのもそれと符合するものがあるといってよい。江談抄ほか諸種の写本・逸文の現存する江記は、同じ大江匡房の宮廷や文学に関して論じたことを、匡房の死の翌天永三年（一一一二）に没した藤原実兼が筆録したものといわれるが、著者が実兼に語った話も、多くは「伝聞」「口伝云」「古人云」等とあるように、匡房が周辺の人々から聞き書きによって得たものを主とする（川口久雄「大江匡房」）。本書と江談抄とは本の性質は異なるが、取材の径路には共通のものがあるといってよかろう。このように本書が著者による聞き書きを豊富に収めることは、記事のなまなましさという点で貴重であるといってよいであろう。ただ、採訪の広さ・深さという点において、前後の往生伝や法華験記に比し、安易の感をまぬかれがたいのも事実である。

匡房の往生観　大江匡房は単なる文人ではなく、有能かつ自負高き官僚であったが、半面ものごとに傷つきやすい感傷的な一面もあったことを川口久雄氏は指摘している（「大江匡房」）。匡房は治暦三年（一〇六七）、二十七歳で後三条天皇の東宮学士の晴れの任をうける直前に世間のそねみをおそれてか、「世を恨みて、山の中に入りて世にもまじらじ、など申」（今鏡、すべらぎの上）したと伝えているし、このころか、延久五年（一〇七三）、三十三歳で後三条法皇の崩御にあったときの作か、出家して世をのがれる意図をあらわした詩篇（本朝無題詩巻五、初冬書懐）も伝わっている。このことを念頭におくと、宮廷貴族が一斉に末法の世に入ったことにおびえ、浄土教が時代思潮の主流となって来た時代に、匡房もまたそこに心をよせるようになったことは自然の勢いである。本書の如きも、多面的なこの才人の、そうした側面での述作とみてさしつかえのないものであろう。しかし、匡房が本書において、往生者に心を寄せる姿勢は、日本往生極楽記が往生者に、法華験記が持経者に対する態度との間にはかなり異質のものがみられる。

その一つの手がかりとして、慶滋保胤が、出家の後、初稿本に手を入れて、往生極楽記の巻初に聖徳太子と行基菩薩をおいたことは既に述べたところである。私はこれを著者の浄土教史観の変貌とみるものではあるが、それでも、巻初にこの二菩薩をおいたのは、二人を真摯な求道者とみたからであって、その意味では、初稿本の本旨と異なることはなく、日本往生極楽記は一貫して、求道的な願生者の列伝にほかならないのである。ところがこれに反して、本書の著者が巻初におくのは、〔一〕一条天皇と〔三〕後三条天皇の二人の国王である。しかも著者の叙述の意図は、太子や行基とはその性質を異にしている。著者がこの二人を巻初においた第一の理由は、二人が国王として英明であったからである。即ち〔一〕一条天皇の世は、著者の眼には王朝文化の最も安定したピークの時代であった。著者がその伝の過半を、往生伝とはほとんど関係のない記述、即ち各領域の名士や天才の名を書きつらねたり、天皇がいかに人事に公平であったかの插話に費しているのはそのためである。また〔三〕後三条天皇は著者を東宮学士として抜擢し、即位後は蔵人として重用した大事な国王であった。著者は天皇が藤原氏をおさえて「万機を見」、ために世相が淳素に帰し、人はみな礼儀を知ったと口をきわめて讃嘆する。第二の理由はこの二人が崩御のまぎわに、一条天皇は有験の僧をして念仏を修せしめ、後三条天皇はみずから専心に念仏を修したからである。即ち、著者の叙述を通してみる限り、この二人の国王は日常生活の上では求道的な願生者ではなかった。ただ、臨終に念仏の所業が著しかったので、往生疑いなし、というのである。往生極楽記の巻初の二菩薩の扱い方と、本書の巻初の二国王の扱い方のこのようなちがいは、両書の性質の相異をよくあらわしているといってよい。

少し角度をかえてみよう。保胤が在俗のかたわら長期にわたる求道の生活を続け、遂には出家して沙門となったことは既にみた通りである。往生極楽記の諸伝が柔和で純心な願生者で満たされ、宗教的な香気が全巻にただよっているのも、著者のこのような人となりにもとづくものであろう。また法華験記の世界が往生極楽記と異質であることは既述の通りであるが、右の点では往生極楽記と軌を一にする。著者鎮源はたぶん、固く戒を持する修行者であったとおもわれるが、法華験記を構成する諸説話はかような人物で満たされており、殺生を業とする地方武士を扱っても、その懺悔の誠実さにもっぱら光をあて、〔六六〕叡実法師のように鎮西に下っての悪行の話のあとには、「或人云」として、果してその入滅は平安であったかという疑いの一節をさしはさむことを忘れなかった。ところが本書では、高徳な、また柔和な願生者の伝の多々ある中に、〔三五〕但馬守源章任や〔三六〕前伊予守源頼義のような人物が登場する。しかも著者は、この二人に対してのみ特に評言を加えるのである。即ち〔三五〕源章任は四箇国の受領を歴任した結果、家は豪富で珍貨が蔵に満ち、庄園は天下に「布満」するほどであった。それというのも、章任の人となりが、はなはだ「悋惜」であり、受領として貪欲であったからであるが、にもかかわらず章任は「臨終正念」にして極楽の迎えを得たのである。著者はこれを評して、「爰知、往生不三必依二今生業一、可レ謂二宿善一」と述べている。また〔三六〕前伊予守源頼義は、武士の棟梁として一生の間殺生を業とし、前九年の役では、人の首を切り、物の命を断つこと、はかり知られないほどであったが、任終って伊予守に任ぜられた後、深く罪障を悔い、念仏を専らにし、遂に出家した。そのためか頼義の死後、その往生の夢想が多く伝えられたのである。著者は、これについて「定知、十悪五逆、猶被レ許二迎接一。何況其余乎」といい、さらに、さきの章任とこの頼義の二人の例をしめくくって「見二此一両一、太可レ懸レ恃」との述懐を加えるのである。この二つのいわば悪人往生的な信仰告白については、著者自身の人となりとの関係を考慮する必要があろう。なぜなら匡房にも受領として、また大宰権帥として、この二人に似た経歴がみられるからである。たとえば匡房は延久元年(一〇六九)美作守となっているが、それから九年の後、承暦元年、故藤原頼通の御領の千種殿一町を、権大納言源俊房(のちに左大臣)の手を経て買得している(水左記)。また匡房が大宰権帥となり、康和四年に任終えて帰京したことは前にもふれたが、古今著聞集巻三には、匡房がその帰路「道理にてとりたる物をばふね壱艘につみ、非道にてとりたる物をば又一艘につみてのぼられける」と記している。著者がこの二人の往生極楽の評判に特に注目し、「太可レ懸レ恃」との述懐をもらしているのは、著者が自己の生涯を省みて、これらの受領に最も強い親近感を覚えたからであるのに相違なく、そこに著者の往生観が赤裸々に吐露されている。

本書にみられる匡房の浄土信仰の特異性としては次の点もあげることができよう。川口氏によれば、大江家の儒学の伝統には曾祖父匡衡にも陰陽・宿曜道に対する強い関心があり、かかる「相人的」な傾向は匡房個人にもうかがわれるというが、それは、続本朝往生伝にもみられることである。たとえば〔三六〕の鞍馬寺の覚真伝のテーマは、覚真が年老いて閻魔天を供養し、自分の㈠命期・㈡生処・㈢死時、及び㈣老いて貧乏にならぬかを教えて欲しいためであった。ところがある日の夢に、同寺の別当が山からおり、左京の春日小路と左衛門町の間の一地区の、西辺第八門に入るのをみた。覚真はこれを判じて、別当と㈠同じ享年の、㈡春、㈢極楽の下品中生に往生すべく、㈣貧乏はまぬかれると知ったという。また〔三七〕延慶の伝には、延慶の病がおもくなったとき、その死期を人が尋ねると、「さよふけて何方か月の西へ行く」との答えであった。弟子はこれを聞いて、これは上弦の月の沈むさまをいうから師の死期は満月以前であると判じたのであるが、果してその通りだったという。この二伝も往生譚にはちがいないが、死期や生処についてのうらないが中心の話であって、他の往生伝にはみられないものである。なお著者が往生の階位に強い関心を示していることも、本書の特長の一つで、それは右記の〔三六〕覚真伝のほかにも、〔九〕源信、〔一九〕良範、〔三三〕大江為基、〔四三〕源忠遠妻の五伝の記述にみることができる。

匡房の浄土教は以上の諸点をみただけでも求道的な保胤のとはそのタイプを異にする。そしてそこには、匡房特有の個性もかいまみられる。しかし匡房の浄土信仰は貴族社会の浄土教が爛熟期に入った院政期において、それを支えていた貴族一般の往生観の一類型を示すものとして興味深いものがある。

四　本朝神仙伝

著者と成立　本朝神仙伝の古写本には序がなく、最古の大東急記念文庫本のように撰号を欠いている写本もあるので、本書が大江匡房の撰であることは疑えば疑えることである。しかし応安元年(一三六八)の識語をもつ前田育徳会尊経閣文庫本をまつまでもなく、匡房の死没(天永二年、一一一一)以前に書かれた三善為康の拾遺往生伝巻上〔一〕善仲・善算伝の註記に「今按、帥江納言以二此両人一入二神仙伝一云々」と記し、しかもこの註記は原註と考えられるから、匡房の著述であることは疑う必要はないであろう。撰者については記述の内容からも匡房撰を疑う説が出ている。しかし、これも平林盛得氏が論じているように(「『本朝神仙伝』大江匡房非撰説について」国語と国文学、昭和四十一年十二月号)、論拠が薄弱であると私もおもう。

本書が匡房の撰述である以上、本書がその死亡の年、天永二年以前の成立であることは明らかである。しかし、もし右記の拾遺往生伝巻上の註記が、三善為康がその部分を書いているときに附したものとすれば、そのとき以前に本書は成立していたことになる。同伝の上は後述のように康和四・五年(一一〇二・一一〇三)以後、巻中を書き終ったと推せられる嘉承二年(一一〇七)―天仁二年(一一〇九)以前である。それでは上限はどうか。同じ匡房の続本朝往生伝以後とする説もあるが、そうみなくてはならない証拠もないようであり、不明とみるほかはなかろう。

神仙思想が日本に入った歴史は古い。古墳等から出土する鏡の文様や銘文はともかくとして、日本書紀には蓬来宮にいったという浦島子の話(雄略紀)や、片岡山の飢人の尸解の話(推古紀)がみられるし、懐風藻や万葉集には吉野を神仙境とみたてて柘枝の仙女譚がうたわれていることは周知の通りである。平安朝に入っても、文人の神仙への憧憬は盛んであった。都良香に「神仙策」や「富士山記」があり、紀長谷雄に「売白箸翁序」や「白石先生伝」があり、三善清行の「善家秘記」や「善家異説」にも神仙思想がみられる。大江匡房の神仙への関心はこのように長い歴史に負うものである。

神仙思想は中国で戦国末におこり、やがて道教の思想の重要な要素となって発達してゆく。その間に、前漢末の劉向撰と伝えられる列仙伝や西晋の葛洪の神仙伝をはじめ多くの神仙伝が編まれて宋代にいたった。匡房は平安朝の文人の神仙思想の伝統をうけ、こうした中国の神仙伝に範をとって、日本における神仙の列伝として本書を述作したのである。

匡房の神仙観　本書の大東急記念文庫本にのみ見られる目録には三十七人の伝をかかげるが、これと対比すると現存諸本はいずれも完本ではなく、諸本をあわせてもなお七人が見当らない。たまたま釈日本紀には浦島子伝を「本朝神仙伝曰」として引用するので一つを加えることができるが、なお六人の伝が不明である。

本書にみえる都合三十一人(藤太主・源太主の二人は一伝を構成するので、伝の数は三十)の中には、〔一〕倭武命・〔三〕上宮太子、〔付〕浦島子のような日本書紀上の人物もあれば、〔三〕役優婆塞・〔四〕泰澄・〔一二〕陽勝・〔二九〕沙門日蔵のような仏道両種の呪術にたけた宗教者もある。また〔九〕弘法大師・〔一〇〕慈覚大師のごとき仏教史上の大物もあれば、〔一六〕都良香・〔三五〕橘正通のような文人もあり、〔一五〕売白箸翁・〔一九〕出羽国石窟仙のように京中・地方に住む無名の隠者・仙人もまた多い。ただこれらの人々は次のような特色のうち、少なくとも二、三は備えた人としてえがかれている。即ち、

㈠　長寿でしかも若々しいこと、もしくは人の眼には行方が知られなくなったこと（〔二〕〔三〕〔四〕〔五〕〔六〕〔七〕〔九〕*〔一二〕〔一三〕〔一五〕〔一六〕〔一七〕〔一八〕〔一九〕〔二二〕〔二三〕）（*は生身入定）

㈡　昇天・飛行など、天空に飛昇する能力をもつこと（〔二〕〔三〕〔四〕〔八〕〔一一〕〔一三〕〔一四〕〔二一〕〔二三〕〔二四〕〔二六〕）

㈢　鬼神を呪縛、または使役し、瓶鉢などを自在に飛ばすなどの超越した呪力をもつこと（〔二〕〔三〕〔四〕〔六〕〔一一〕〔一三〕〔一四〕〔二〇〕〔二二〕〔二九〕）

㈣　深山に住まい、山中で原始的な生活を営むこと（〔三〕〔四〕〔五〕〔六〕〔九〕〔一〇〕〔一二〕〔一三〕〔一四〕〔一六〕〔一七〕〔一九〕〔二九〕）

㈤　食物を絶ち、時には仙薬を服用すること（〔六〕〔一二〕〔一四〕〔一七〕〔一八〕〔一九〕〔二二〕〔二三〕*）（*印は仙薬）

がそれである。しかも目録に人名のみあって伝の伝わらない〔Ⅰ〕武内宿禰・〔Ⅱ〕徳一大徳・〔Ⅲ〕久米仙・〔Ⅳ〕善仲・〔Ⅴ〕善算・〔Ⅵ〕窺詮法師についても、〔Ⅰ〕は河海抄巻十五によれば神仙伝に㈠の特長をもって書かれているといい、〔Ⅲ〕は本書によって文をなしたと推せられる元亨釈書、神仙によれば、㈠・㈡・㈣・㈤、〔Ⅵ〕も同書によれば㈠―㈤のすべてを備えている。これらを綜合すると著者の「神仙」の概念がどんなものであったかをほぼ察知することができよう。

このような神仙観は、しかしおそらく中国の神仙の観念とほとんど軌を一にするものである。即ち津田左右吉氏の「神僊思想の研究」などによると、神仙思想の中核の一つは長生不死の思想である。しかし人が現実には死をまぬかれがたいとすれば養生の道や方法によって長生を得るほかはなく、独得の呼吸法や服餌の法、さらには仙薬の製造や錬金術まで発達した。この長生不死の思想は㈠に当るものであり、㈤はまたそのための術に相当する。次に神仙思想を構成するも一つの要素は昇天であった。従って理想の神仙はやがては昇天することができ、天空を天翔ける能力があると観念された。右記の㈡はそれに相当するものである。もっとも現実に人が天に飛昇し生きながら天に住まうとは考えがたいところから、天仙より一段低い地仙も考えられるようになるが、地仙は名山に住むものとされ、列仙伝や神仙伝の仙人の多くは山に住み、その山の名も一々書かれている。本朝神仙伝の神仙が㈣のように深山に住むのもこの点からみると必然のことであろう。これに反して㈢の呪術的要素は、神仙思想に固有のものではない。しかし神仙思想は方士とよばれる呪術者によって普及したから、神仙がまた鬼神を駆使することは抱朴子や神仙伝にもみえることであり、まして道教が発達すれば、その結合は益々助長された。こう考えてくると、大江匡房の「神仙」の観念は、「神仙」本来の観念にほぼ合致するのである。即ち、著者は、このような「神仙」的人物を拾いだして、本朝の神仙伝を編んだのである。

素材　匡房が以上のような意図を以て神仙的人物をえらびだす際の、その素材はどんなものであったろうか。

本書にとりあげられた人物の中には六国史にもみられる人が何人かある。しかし著者は〔一〕倭武命などは日本書紀によったようであるが、一般的には、時代とともに発達し著者の時代までに敷衍されてきた段階の所伝に取材しており、採訪はかなり広汎なものであった。たとえば〔二〕上宮太子や〔付〕浦島子は日本書紀にみえるが、〔二〕は太子伝の成長上画期的な意味をもつ聖徳太子伝暦や、それにもとづく三宝絵などによっており、〔付〕浦島子も浦島子伝、さらに同書を「古賢所撰」として延喜二十年(九二〇)にできたという続浦島子伝に共通のものがある。また〔三〕役優婆塞の伝は続日本紀にみえるが、本書のは三宝絵の所伝と共通するものが多く、部分的には都良香の「吉野山記」にみえると註記された一節を加えている。また〔九〕弘法大師の伝は、続日本後紀の卒伝以後、寛平七年(八九五)の贈大僧正空海和上伝記、寛治三年(一〇八九)の大師御行状集記へとしだいに発展しているが、本書は御行状集記にまで発展した段階の空海伝を広くとりいれているばかりか、これら先行書にはみえない文もところどころにある。さらに〔一〇〕慈覚大師や〔一六〕都良香は三代実録に伝があるが、〔一〇〕の大方は慈覚大師伝によれば書ける内容のものであり、〔一六〕についてはわざわざ、「国史有レ伝、今記二異聞一」とことわっている。その「異聞」の大部分は頭注にも明らかなように細かいところまで史実と合致し、良香についてかなり詳しい知識がなければ書けないことである。これらは江談抄にみられるような、文壇の詳しい口伝などによるものではなかろうか。

以上はかりに、六国史に伝または説話をとどめる人々についての著者の取材のあり方であるが、六国史などにはみえない人物についてみると、僧侶の場合は、単行の僧伝や、寺院の縁起などを素材としている例をいくつも見出すことができる。たとえば〔一一〕陽勝・〔一二〕陽勝弟子童については「陽勝別伝」によるとしているが、それが大東急記念文庫本陽勝仙人伝、またはその祖本をさすものであることは法華験記の項に記した通りである。また〔二四〕中算上人童については「事見二中算記一」と書いている。中算記の内容は知られないが、中算の童の話は中世には広く好まれ、本書にはみえない説話、即ち竹生島の空中で仙となった童が琵琶を奏でる話も加わって、発心集・源平盛衰記その他にも記録されている。中算記は、この童の説話がそこまで成長する過程の一段階を書きとめたものとおもわれ、匡房はそれによって〔二四〕を書いたのである。さらに〔三九〕沙門日蔵については「事見二於別記一」とある。この註記は伝の全体にかかわるのではなく、日蔵が金峰山で死門に入り菅原道真の霊に会ったという話にだけかかるとおもわれるが、さすれば「別記」とは現存の道賢上人冥途記をおそらくは指すものであろう。次に寺院の縁起を素材としたと考えられるものに〔六〕行叡居士、〔七〕教待和尚がある。〔六〕は康平八年(一〇六五)の藤原明衡作、清水寺新造堂願文ほか、清水寺の縁起に、〔七〕は康平五年の藤原実範の園城寺竜花会縁起ほか、園城寺(三井寺)の縁起に一貫してみられる人物である。二人とも、土地をあとから来た僧侶――〔六〕の場合は報恩大師、〔七〕の場合は智証大師円珍――に付属していずくともなく消えていくのであるが、著者はそこに神仙的なおもかげを発見して伝をたてたのだとおもうのである。次に文人の場合についてみると、〔一五〕売白箸翁は「事見二紀家序一」とあり、本朝文粋におさめられた紀長谷雄の白箸翁詩序によるものであることは疑いをいれない。また〔二五〕橘正通伝の後半はたまたま江談抄第六にみえ、その最後の「或人云、渡二高麗国一得レ仙云々」の一節の如きもほぼ同文がそこに記述されている。これなども〔一六〕都良香の「異聞」の場合と同じく、文壇に語り伝えられた口伝に詳しい匡房自身のなまの知識によるものである。

　終りに日本往生極楽記や法華験記との関係について一言すると、本書は〔三〕上宮太子・〔一〇〕慈覚大師を往生極楽記と共有するが、ともに往生極楽記によったと確認されるものはないようである。また〔三〕上宮太子・〔一〇〕慈覚大師・〔一一〕陽勝を法華験記と共有するが、〔三〕〔一〇〕が験記によったと確認されるものはなく、〔一一〕が法華験記等の陽勝伝とは別系統であることは既述の通りである。さらに〔四〕泰澄と法華験記の巻下〔八二〕神融法師とは同一人物ともみられるふしはあるが、巻下〔八二〕神融の出身地は越国、説話の中心は越後国国上山であるのに対して、〔四〕泰澄の出身地は加賀国、説話の中心は白山を中心として吉野・稲荷・阿蘇にも及ぶ。泰澄と神融の関係は複雑な問題を孕んでいて詳述の余裕がないが、〔四〕と巻下〔八二〕が別系統であることは疑いをいれない。また〔三二〕大嶺仙と法華験記の巻上〔一一〕の吉野奥山持経者某、〔三七〕比良山僧と法華験記の巻上〔一八〕比良山仙人蓮寂とは、内容上同一人物を扱ったものともおもわれるが、話の運びはちがっているから、〔三二〕〔三七〕が法華験記によったとみることはできない。けっきょく、著者の大江匡房は、本書の述作において、法華験記はみていないとおもうのである。そしてそれは、同じ著者が続本朝往生伝の述作に際して、法華験記を使っていないという、同書の解題で述べたことと全く一致していることに着目したい。

神仙と仏教　くりかえし述べたように、本朝神仙伝は、大江匡房がこうした素材を広く渉猟して、著者の神仙観にかなう人物をひろいあげ、中国ではなくて本朝の、神仙列伝として述作したものである。しかしこの書におさめられている神仙の過半が仏教の僧尼（〔四〕〔五〕〔七〕〔八〕〔九〕〔一〇〕〔一一〕〔一三〕〔一七〕〔二〇〕〔二四〕〔二六〕〔二七〕〔二九〕）か、その信者（〔二〕〔三〕〔六〕）であり、伝の伝わらぬ六人のうちにも僧侶が四人（徳一大徳・善仲・善算・窺詮法師）もあることは注目に値いすることである。なぜなら中国の列仙伝・神仙伝中の人々が、仏教の外の世界の人々であることと、これは大きな相違といわなくてはならないからである。

仏教の僧侶が神仙伝の過半を占める大きな理由は、ある種の仏教者の中に、著者の神仙観にかなう人々が少なくなかったからである。たとえば私はさきに、著者の神仙観を構成する五つの要素をあげておいたが、かかる要素は往生極楽記をはじめとする往生伝の系列には乏しいけれども、法華験記の世界には少なくないのである。なぜなら、そこに著しいのは山岳信仰であり、苦行主義であり、その苦行によって得られた呪力の行使であったが、これらは、㈢・㈣・㈤等の諸要素に対応するものである。著者は既述の如く法華験記に取材せず、従ってそれをみていなかったようであるが、著者がもしそれをみていれば、そこにも神仙的な人々をさらに多く見出すことは困難ではなかったであろう。また空海のような真言僧は、法華経とは無関係であるから法華験記には登場し得ないし、天台を主軸とする平安朝往生伝にとっても副次的であるけれども、その山岳信仰との密接な関係や、苦行による呪術者としての性格は、かえって著者の神仙観には親近的なものなのである。しかも空海その人には、平安中期から生身入定説も発達したので、㈠の条件をも満たすものとなる。著者がこの人を神仙伝に入れ、しかも最も詳細にその伝を記したのはもっとものこととうなずかれる。

しかし、これら仏教的な人々の多くは単に神仙的な人々にすぎないのであって、神仙そのものとはいいがたい。この点からすると、かえって、本書におさめられている人々のうちの、僧尼やその信者ではない人々、〔一〕〔一三〕〔一四〕〔一五〕〔一六〕〔一八〕〔一九〕〔二一〕〔二二〕〔二三〕〔二五〕〔二八〕及び〔付〕浦島子ら、伝の伝わらぬ六人のうちの武内宿禰・久米仙のような人々の伝こそむしろ問題である。下出積与氏は、日本の古代の外来宗教思想の影響として、仏教以前の神仙思想や道教的思想のそれを重視すべきことを説いているが(「神仙思想」ほか)、その意味で〔付〕浦島子はもちろん、〔一〕倭武命や武内宿禰さらに久米仙などの幻想も直接にそれと結びつくものかも知れない。また、さきには一応、仏教界の人々の中にいれておいた〔三〕役優婆塞や〔四〕泰澄や〔一一〕陽勝などのような有名な民間宗教者の伝もまた、その系列のうちにおいてみることができるであろう。

なぜならこれらの人々についての、仏教の僧侶とも神仙ともわかちがたいような所伝は古来の神仙思想のイマジネーションと結びついて発達したものではないかとおもえるからである。日本の、または近くのどこかに神仙境があり、神仙が実在するという思想が古くから広く民間に拡がっていたとするならば、こうした民間宗教者の所伝が神仙思想と結合して大きく成長することも、きわめて自然の成りゆきだからである。また紀長谷雄や三善清行のような平安中期初頭の文人の間に神仙思想が盛んであったことはすでにみたが、長谷雄が京の市であったという〔一五〕白箸を売る翁とか、清行の子の浄蔵が、古来神仙境とみなされた吉野の山奥であったという〔一四〕藤太主・源太主や〔二一〕大嶺仙とか、散位源重実が美濃でみつけた〔一八〕河辺人のような無名の人間の如きは、神仙の実在を信じ、または信じようと欲した人々にとっては、まさしく真の神仙に値いする人間にほかならないものであろう。

ただ、中国の神仙思想においては、既述のように、神仙として不老長寿を全うするための養生法が説かれ、仙薬の製造とか錬金術もおこなわれた。このいわば「術」の存在によって神仙思想はにわかに現実味をおびてくるのである。ところが本朝神仙伝においては、断穀・断塩の言葉は多くみいだされるのに具体性に乏しく、まして仙薬に関する具体的な記事はほとんどないといってよい。これは中国の神仙伝と大いに異なるところである。日本でも薬物の知識が早くから発達したことは正倉院の薬物でも知られ、三善清行の善家異記の逸文などにもその種の記載が多くみられる。それと比べてみると、本朝神仙伝にこの種の記載がほとんどみられないことは、著者の神仙に関する関心がどれだけ切実であったかを疑わしめるものがある。同じ匡房の著述でも、往生伝は既述のように一種の信仰告白としての迫力がある。しかし神仙伝は信仰的といわんよりはむしろ、知的な、ないしは文学的な作品というべきではなかろうか。

五　拾遺往生伝　付、後拾遺往生伝

著者と動機　拾遺往生伝の著者、三善為康は、大江匡房とは僅か十年余遅く生まれた同時代の文人官僚であり、多くの著述をもつ学者であった。しかし、その経歴は著しく異なる。即ち匡房は儒家の名門に生まれ、十八歳で対策に及第、後三条天皇の親政の開始とともに二十八歳で蔵人となり、白河院政期の中ごろ従二位権中納言でなくなった経世家であった。これに反し、為康は――本朝新修往生伝によれば――越中国射水郡の射水氏という譜代の郡司層の出身で、後三条天皇の即位の少し前、十八歳で上京し、算博士三善為長の門に入り、その養子となった。そして堀河天皇のとき算博士となり、鳥羽院政期のはじめ亡くなったが、最晩年の作、後拾遺往生伝にも正四位下諸陵頭算博士とあるから、結局、中流の文人官僚で終ったのである。三善為康は経歴上は、匡房よりはむしろ保胤に近い立場にあり、地方出身者である点ではいずれとも異なる。

三善為康は本朝新修往生伝によれば、はじめは熱心な観音信仰者であったが、四十九歳の承徳二年(一〇九八)、阿弥陀如来の来迎を夢み、翌康和元年(一〇九九)、天王寺に参籠して百万遍念仏をおこない、舎利の出現によって往生の確信を得た。このときから為康は熱心な念仏者となり、「其後永断二婬欲事一、弥修二念仏一」、経論中、往生にかかわる語を集めて「世俗往生決疑」を書き、「訪二往生人一、随喜記レ之」したが、その結果できたのが拾遺・後拾遺の二つの往生伝であったという。為康自身の拾遺往生伝の序にも、承徳の夢告と康和の舎利出現を記したあとに、「接二江家続往生之伝一、予記二其古今遺漏之輩一」と書くが、これらによって本書の成立が康和元年以後であり、匡房の続本朝往生伝のあとをつぐべく執筆されたことを示している。なお康和元年以後といっても、続本朝往生伝の成立は同四年(一一〇二)以後であるから、成立の上限はここにおいてよかろう。

構成と成立　本書の成立を考えるにあたって見逃してならないことは上・中の二巻が密接な関係をもち、下巻とは異質であることである。即ち巻上の二十九人中、〔一〕と密接な関係をもつ〔二〕(後述)を除くすべてと、巻中の〔一〕―〔一二〕までは㈠比丘の部、同〔一三〕―〔二六〕が㈡優婆塞の部、同〔二七〕―〔三二〕が㈢比丘尼及び㈣優婆夷部となっている。巻中最後の二人〔三三〕〔三四〕を一種の補遺とみるならば(後述)、上・中二巻は一貫して、往生極楽記や法華験記のような「七衆」の配列意識になっているのであり、その点で、それを顧慮しない巻下とはちがうのである。

次に各部内の配列意識を検討すると、㈠比丘部のうち、巻上に属する二十七人については、(a)平安初期の〔三〕から正暦四年(九九三)死の〔七〕までは一人一人が死没の年代順に書かれ、(b)〔八〕から〔二三〕までは、寛仁元年(一〇一七)死亡の〔一二〕を最古とし、承徳三年(一〇九九)死亡の〔一六〕を最新とするので、グループとしては(a)につづいており、(c)〔二四〕―〔二九〕は死没年代を欠いている。従って全体として年代順の配列意識が働いていることは明らかである。ただ(b)の内部の一人一人については必ずしも年代順になっていない。これは、著者に身近かな時代の人々については、素材の得られるままに書いているためであろう。即ち著者は巻中の序に「随レ聞而記、不レ次二時代一」と表現しているが、仮に採訪序列ともよぶことのできる配列である。次に同じ比丘部の巻中に属する人々、即ち(d)〔二〕—〔三〕についてみると、その半分は(c)と同じく死没年代を欠き、年代明記のものには(b)より遡るものが多い。これは巻上の比丘部を書き終えたのち、その補遺として採訪序列によって(d)を書いたのでこうなったのであろう。ちなみにこれら比丘部の人々の配列には往生極楽記や続本朝往生伝のような僧官・寺職などの身分的順序の意識がほとんど見られないことも無視できない点である。次に(二)優婆塞部をみると、大臣・中少将・国守・将監・外記史生・散位・無位という順であるから、ここでは身分的配列意識が働いているとみるほかはない。これに反し、(三)比丘尼部・(四)優婆夷部の場合は〔二七〕〔二八〕〔二九〕は法華験記からとり、〔三〇〕〔三一〕〔三二〕は内容上著者の同時代人と知られ、後者は時代の順を追って、上・中巻を通じて最も時代の下る嘉承二年(一一〇七)死の〔三二〕で終っている。最後に巻中末の〔三三〕〔三四〕が、再び優婆塞になっているのは、(三)・(四)の両部を書き終え嘉承二年にいたって後、補遺としてこれを加えたものであろう。さらにいえば、嘉承元年の正月に死んだ〔二四〕藤井時武が(二)部におさまっているのに、嘉承二年六月死の〔三二〕中原義実がここにあるのは、(二)が嘉承元年までに書かれ、(三)・(四)が嘉承二年に書かれ、その年六月以後ほど遠からぬとき補遺として〔三三〕〔三四〕が付け加えられたことを示すものであろう。

以上、上・中二巻の伝の配列順序を考えたが、以上によると、本書はさきに述べたように康和四年(一一〇二)以後のいつかから書きはじめられ、巻中は嘉承二年六月以後ほど遠からぬときに書き終ったとみてあやまりなかろう。ただし巻中の書き終ったのが嘉承二年六月以後のいつかという点については、巻下〔一四〕平時範が天仁二年(一一〇九)二月に死んでいることに注目すべきであろう。なぜなら巻下は「七衆」の別を顧慮せず、もっぱら採訪序列によっているが、時範は著者の周辺にいたのであるから、その死を知っていたら、巻中にこれをいれたはずである。ところがそうなっていないのは、それよりおそらくかなり前に巻中を書き終っていたと考えられるからである。

巻下は上・中二巻とは異なり、「七衆」の順と関係なく、もっぱら採訪序列によっているが、巻下の三十一人中、上・中巻中最も時代の下る嘉承二年六月死亡の巻中〔三二〕中原義実につづくのは天仁二年二月死の巻下〔一四〕平時範であり、それより下るのは〔三四〕藤原重兼母（同年四月）と、〔三五〕高階敦遠家室（天永二年（一一一一）七月）と、〔三六〕永観（天永二年十一月）であり、そうして巻下は天永二年死の〔三二〕大和国阿弥陀房で終っている。従って巻下は、上・中巻の「中古爾来之遺輩」（巻下序）の補遺として再び採訪序列のままに書きついだもので、天永二年以後、遠からぬときに書き終ったのであろう。天永二年は匡房がなくなった年にあたり、為康は六十三歳であった。

後拾遺往生伝の成立　為康は拾遺往生伝を書いたのち、「世以知ㇾ之、欲ㇾ罷不ㇾ能」（後拾遺往生伝巻上序）として、後拾遺往生伝三巻を著わした。後拾遺三巻は拾遺巻下と同じく採訪序列によっているが、巻中の序に、大治二年（一一二七）の夢想を記しており、巻中の伝のうち最も下るのは長承三年（一一三四）の〔三三〕左馬大夫藤原貞季であるので、巻中は大治二年以後のあるときに書きはじめ、長承三年正月以後に書き終ったとみられる。また巻下の諸伝中、右につづく死没者は〔六〕源伝（長承三年）・〔七〕藤原行盛（同十一月）・〔一三〕快賢（保延元年（一一三五）十一月）・〔一四〕佐伯成貞（保延二年十月）・〔一六〕沙弥寂然（保延三年九月）であり、そのあとの〔一七〕—〔三七〕には保延三年を下るものがない。このことから、巻中を書き終ったのは長承三年であったことと、巻下を終ったのが保延三年九月以後、著者が九十一歳でなくなる保延五年（一一三九）までの間であることが明らかであろう。

以上で巻中と巻下の成立年代がほぼ知られるが、巻上については、天永二年（一一一一）後ほど遠からずしてできた拾遺往生伝が、上記の如く「世以知ㇾ之」にいたったのち書きはじめられたことがまず察せられる。次に巻上の諸伝中、最も時代の下るのは保安元年（一一二〇）死亡の〔三〇〕興福寺竜華院上人であり、巻中は大治二年（一一二七）以後のあるときに書きはじめられているから、巻上はその間に書き終ったことも明らかである。尤もこれらの条件だけでは巻上の成立年代は漠としてつかみがたいが、拾遺の巻上や後拾遺の中・下巻から拾遺・後拾遺の各巻の成立上、一巻には四年ないし六年をかけ、もしくは四年ないし六年ごとに巻を改めたとみられるので、これを適用すると、後拾遺の巻中を書き終った長承三年（一一三四）から(a)八年前は大治二年（一一二七）、(b)十二年前は保安四年（一一二三）にあたり、(a)・(b)の時点で後拾遺往生伝が書きはじめられたことになる。(a)でも(b)でも、拾遺往生伝を書き終ってから十数年後なので、拾遺が「世以知レ之」に十分な時間である。しかし、(a)だと、巻中を書きはじめた年次と重なるから、(b)またはそれに近いころの公算が高いといえる。

真福寺本拾遺往生伝上の目録の次に、

　或記云、保安四年、台嶺黒谷聖人浄意、魯山朱鈜、弟子為康合力撰レ之。考二国史僧伝、先達後賢一、集以二此文一。

という不可解な註記がある。この或記の文は内容上、為康所撰の往生伝の成立に関するものにちがいないが、拾遺往生伝の巻上は勿論、巻中・巻下のどこにおいても不自然である。しかしもし、後拾遺往生伝巻上を書きはじめた年を(b)説、即ち保安四年とすると、ピッタリあう。また右文の黒谷聖人浄意の「浄」を誤写とみて、後拾遺往生伝巻中の大治四年死の〔六〕黒谷上人善意とみるならば、前後の関係もよくかなっている。右の或記の文が後拾遺巻上の成立にかかわるのではないかとの説は宮田尚氏の後拾遺往生伝の解題（古典遺産の会編「往生伝の研究」）にみえるが、私は右のような理由からその可能性が大きいと考えるのである。

素材と採訪　著者は拾遺巻中の序に本書の素材に関して、「闕二国史別伝一、求二京畿辺外一」という。この種の素材を具体的にあとづけると、(一)国史としては巻下〔三〕護命・同〔一三〕和気真綱は続日本後紀に、巻上〔五〕壱演・巻中〔一三〕藤原良相は日本三代実録によって書いていることが知られる。ただしその引用はかなり粗雑で、真綱伝の往生極楽のことは続日本後紀にはみえない。また巻下〔一〇〕道昭の伝は続日本紀にあるのであるが、著者がそれをとらず日本霊異記巻上ノ二二によっているのは、ここには往生の奇瑞が書かれているからであろう。また(二)別伝としては巻上〔三〕最澄は叡山大師伝の抜萃であり、末段の諡号の箇所は慈覚大師伝によったようである。また巻中〔一〕浄蔵については本書より古いかとおもわれる(一)扶桑略記所引の浄蔵伝逸文、(二)日本高僧伝要文抄所引の浄蔵伝逸文、及び本書成立以後の(三)大法師浄蔵伝との比較を試みた。しかし、いずれとも類似しているが、先行の可能性の大きい(一)・(二)のいずれとも同文ではなく、かつ(一)・(二)は逸文にすぎないので、結局よくわからない。ただ、(一)―(三)のいずれともみえない記事が二箇所あり、それは源為憲の空也誄によって書かれた可能性がある。また巻下〔二〕相応伝は法華験記のそれとは調子のちがうものであって、㈠天台南山無動寺建立和尚伝、㈡扶桑略記に引く「伝文」、及び㈢日本高僧伝要文抄中の無動寺大師伝と比べると、㈠・㈡・㈢は同系統で、本書と全文のわかる㈠はほとんど内容が同じい。本書はそれ、もしくはその祖本によって書かれたとみることができる。

第二に本書は往生極楽記及び続本朝往生伝の遺漏をひろったのであるから、この二つと重なる伝はない。これに反して法華験記によったものは多く、巻上〔六〕(巻中〔四二〕)、〔七〕*(巻中〔四三〕)、〔八〕(巻中〔五〇〕)、〔一三〕*(巻中〔七八〕)、〔二四〕(巻中〔五二〕)、〔二五〕(巻中〔五三〕)、〔二六〕(巻中〔六四〕)、〔二七〕(巻中〔六五〕)、〔二九〕(巻上〔一九〕)、巻中〔三〕(巻上〔三七〕)、〔三〕(巻上〔四〇〕)、〔六〕(巻上〔三四〕)、〔七〕(巻下〔九〇〕)、〔八〕(巻下〔九四〕)、〔九〕(巻下〔九五〕)、〔一五〕(巻下〔一〇三〕)、〔二一〕(巻下〔一一〇〕)、〔二七〕(巻下〔九九〕)、〔二八〕(巻下〔一三〇〕)、〔二九〕(巻下〔一二二〕)は法華験記による。一般に法華験記の記事を簡略化し、法華信仰の面はおさえて往生に重点をおくが、*のように法華験記にない話を加えたものもあり、別に何によったか、法華験記にはみえない死亡年次を加えたりする。法華験記の引用が上・中二巻までで終っていることは本書の上・中巻が一組であること(前述)と関係のあるもので、上・中巻だけで法華験記からの引用はすんでしまったのである。なお今昔物語が嘉承元年以後あまり時を経ない作とすると、本書はそれ以後の作である。しかし本書・法華験記・今昔物語に共通の説話がある場合は、法華験記<(今昔物語・拾遺往生伝)の関係であり、また今昔→拾遺と認められるものはない。

第三に著者は寺院の縁起を利用した。巻上〔一〕〔三〕が、特に護国寺本系の、勝尾弥勒寺本願大師善仲善算等縁起に酷似し、後拾遺往生伝の巻上〔一七〕証如も右書の次にかかげる証如事と同文であるから、この三伝は右の縁起、またはその祖本によったと断言したい。また拾遺往生伝巻下〔三〕峰延伝の三つの部分(同伝註)のいずれかは㈠扶桑略記抄に引く鞍馬寺縁起、㈡伊呂波字類抄の鞍馬寺の項の本朝文集、中世末の㈢の鞍馬蓋寺縁起のいずれかに対照できるので、この種の鞍馬寺縁起によったものであろう。

第四に書陵部蔵楞厳院廿五三昧結衆過去帳の性質と、法華験記の巻下〔八三〕源信が部分的にそれによっていることについては法華験記の解題でふれたが（七二三頁参照）、本書の巻下〔三八〕聖金（全）伝も右帳によるところが多い。ちなみに三外往生記の〔六〕祥蓮・〔七〕妙空・〔八〕相助・〔九〕明普・〔一〇〕念照・〔一一〕良陳・〔一三〕聖全の七伝もそれにより、〔一三〕のあとにその七人につき、「江納言幷為康等記、不㆑載㆓此人等㆒、廿五三昧帳中往生分也」とあるが、聖全に関する限り右の記述は不注意な誤りであろう。

以上によって本書が、国史・別伝、霊異記・法華験記・（空也誄）、寺院の縁起や過去帳などの成書によったことがわかり、本書の九十四伝中三分の一弱がそれらによることを知ったのである。そしてこれらの大部分は奈良時代の昔から著者の生存年代以前にかかわるものである。ところで、著者の出生は永承五年（一〇五〇）、上京は治暦三年（一〇六七）であるが、巻上のうち年代順に*〔一三〕（永承年中）、*〔一四〕（天喜年中）、〔一五〕〔一九〕（延久五年）、〔三三〕〔一〇〕〔三〇〕（寛治七年）、〔九〕〔一一〕（永長元年）、〔二三〕（承徳元年）、〔一七〕（承徳二年）、〔一六〕（承徳三年）、巻中の*〔五〕*〔二三〕（康平年中）、〔一九〕〔三一〕（延久年中）、〔一六〕（永保元年）、〔三〇〕（寛治七年）、〔二五〕（嘉保二年）、〔一七〕〔二四〕（永長元年）、〔一三〕〔一八〕〔二六〕（承徳元年）、〔二四〕（嘉承元年）、〔三三〕〔二三〕（嘉承二年）、巻下の*〔六〕（永承年中）、*〔三七〕（天喜四年）、*〔七〕（天喜五年）、*〔五〕*〔一一〕*〔三〇〕（康平年中）、〔一九〕（治暦四年）、〔四〕〔一五〕〔一六〕（治暦年中）、〔八〕〔一八〕（延久年中）、〔三一〕（承保三年）、〔一七〕（永保年中）、〔一三〕（嘉保三年）、〔三三〕（嘉承二年）、〔一四〕〔二四〕（天仁二年）、〔三五〕〔三六〕〔三一〕（天永二年）、即ち九十四人中の計四十七人（全体の五〇パーセント）が著者の出生以後、＊印を除いた計三十八人（全体の四〇パーセント）が上京以後の死者である。こうして全体の半数前後が著者の同時代人であるので、それらの多くは、巻中序のいわゆる「求㆓京畿辺外㆒、且所㆓訪得㆒亦㆑数」に属し、口伝などによる採訪によるものであろう。口伝入手の径路はさまざまであろうが、地方人についていうと、巻中〔三三〕射水親元は為康の同郷親族であり、為康の出生後上京以前の死亡者であるから、みずから現地で得た知識によるものであろうし、巻下の〔五〕―〔八〕の筑紫の僧にはみな「于時康平年中、大弐師成卿之任中也」（〔五〕）の如き註記があるから大弐からの聞き書きによるものであろう。ちなみに後拾遺の巻上〔一二〕に「以㆓弟子僧説㆒記㆑之」、巻下〔一三〕に「彼寺別当仁助、随喜感傷、以㆑実談㆑之」とあるのも参照せられる。

後拾遺往生伝は精査を経ていないので、拾遺往生伝についてのみ素材を考察したが、続本朝往生伝の採訪範囲が身近かな人々に限られ、信者に庶民のないのに対して、本書の採訪は地域的に広く、身分的に深く及んでいる。たとえば続本朝往生伝の比丘部は僧綱六人、阿闍梨六人、沙門は十二人で、上人とよばれる人はわずかに一人で、上人の占める割合は四パーセントである。これに反し、拾遺往生伝の巻上・中で著者が比丘部におさめるのは僧綱(四人)、阿闍梨(二人)、内供奉(一人)、大師(一人)、大法師(二人)、沙門(十八人)、比丘(一人)、法師(三人)、上人(五人)、沙弥(一人)、入道(二人)であり、巻下をこれに準じてみると、僧綱(二人)、阿闍梨(一人)、内供奉(一人)、十禅師(一人)、和尚(一人)、大法師(二人)、沙門(四人)、禅僧(一人)、僧(一人)、法師(一人)、上人(五人)、持経者(二人)、入道(一人)となる。つまり著者が比丘乃至これに準ずるとみた六十二人のうち、上人とこれに準ずべき持経者・沙弥は十三人で、全体の二一パーセント弱となり、その比率は、法華験記の比丘部・在家沙弥部九十五人中、上人(一人)、聖(一人)、持経者(六人)、仙(一人)、沙弥(三人)で、それが全体の一三パーセント弱であるのをはるかに越えるのである。続本朝往生伝・拾遺往生伝と法華験記の身分表記は性質を異にするから、数値のみの比較は形式的にすぎ、法華験記における上人等の占める実質上の比率は一三パーセントをはるかに越えるのであるが、その穿鑿はしばらくおいて、続本朝往生伝がいかに正統的な僧侶にのみ偏り、拾遺往生伝が、このころ澎湃として輩出した非正統的な上人等の仏教者にいかに関心をよせているかは一目瞭然であろう。次に優婆塞部、即ち在俗の信者に眼を転じても、続本朝往生伝の十二人は天皇(二人)、公卿(三人)、五位以上(六人)、散位(一人)で庶民がみあたらないのに対して、拾遺往生伝では二十人中に巻中〔三一〕(肥後国無名人)、〔三二〕(越中権介)、〔三三〕(備中吉備津宮神人)、〔三四〕(蔵人所仕人)、〔三五〕(近江国住人)、〔三六〕(左京匹夫)の六人が、京または地方人である。これは法華験記の十六人中に、京または地方人が十二人にも及ぶのとは比較にならないが、続本朝往生伝とはきわめて対照的である。このように拾遺往生伝の採訪が続本朝往生伝に比して、地域的に広く、身分的に深いのは、両者があまり時を隔てないで成立している以上、時代差ではなくて個人差によるものであり、著者が地方豪族出身の中流貴族であったことにも由来するところが少なくないであろう。

為康と保胤㈠　三善為康の二つの往生伝は、著者の身分は勿論、収録の態度においても、同時代の大江匡房のそれとは異質的であり、むしろ慶滋保胤のそれと共通するところがあることは、以上の記述からおのずから察せられるところであろう。

もっとも、保胤の往生極楽記の成立から、為康の後拾遺往生伝の成立までの間には一世紀半の年月が流れていた。保胤の述作のころは、浄土教の勃興期であったのに、為康が二つの往生伝を書いたころ――白河院政期後半から鳥羽院政期前半の時代――は、浄土教の爛熟期にあたっているからである。阿弥陀堂造立の状態一つをとっても、藤原時代的阿弥陀堂造立のさきがけは摂関期もその中葉の寛仁四年(一〇二〇)の無量寿院だとおもうが、以後摂関期の終りまで六十六年間は二年に一つの割合での造立の記録が発見されるのに対して、白河院政期の四十三年間には一ないし二年に一つの割合となり、鳥羽院政期の二十七年間には一年に一つないし二つの阿弥陀堂が造立されている(拙著「日本古代の国家と仏教」中篇第一章第三節1)。このような数字は、為康の時代の浄土教の爛熟のテンポを遺憾なくあらわすものであるが、爛熟は同時にまた頽廃の相を伴なう。財を惜しみなく投じてできた豪華な阿弥陀堂建築そのものが、半面ではその頽廃の一面を示すものであるが、往生極楽記成立のころの求道的な純粋な気分が、ここでは一変して享楽的となったことは、保胤のころの勧学会・二十五三昧会の流れをくむ往生講が、白河院政期の永久二年(一一一四)の往生講式では歌舞・管絃をまじえた次第になっていることにもみることができよう。また、阿弥陀堂の建立は反面では功徳主義のあらわれであり、建立の功徳によって現当二世の幸福を得ようとするものであるが、かかる風潮は造寺造塔をおこない得ない人々の間では、各種仏行の多数多量を尊ぶ風潮をうながし、念仏にも百万遍念仏の興行が盛行したことは、為康の往生伝の随所にみられるところである。そればかりではなくて、心の平安を往生極楽の一道にかけた心理は一変して、焼身・入水などのヒステリックな願生者が次々とあらわれたことは、拾遺往生伝(巻中〔五〕〔三〕、巻下〔一七〕)にも後拾遺往生伝(巻上〔四〕〔一四〕、巻下〔五〕)にも記録されていることであり、三外往生記には〔三〇〕〔三三〕〔三六〕〔四二〕〔四五〕、本朝新修往生伝には〔三〕という風に、数多くみることができる。

このように三善為康と慶滋保胤は、浄土教の発展史上、著しく異なる時代的雰囲気にあったのであるが、それにもかかわらず両者の間に、単に身分や、収録態度のみではなくて、その往生観、ないし仏教観に、共通のものがあることに私はまず着目しておきたい。その一つは為康の往生伝に「質直」という語が特長的にみえることである。為康がこれをいかに重視したかは、「質直之心、往生之門也」(拾遺往生伝巻上序)というその往生観に端的に示されているばかりでなく、各人の伝にも、拾遺巻下〔三四〕、後拾遺巻上〔一三〕、同巻中〔八〕、同巻下〔七〕〔一五〕〔一七〕と繰りかえし述べられている。「質直」とは法華経寿量品にみえる語で、為康はその語を重んじたのであるが、ここで思いおこされるのは、久安のころ、鳥羽上皇の帰依をうけて天王寺に百万遍念仏を興行し、「勇猛之念仏」(天王寺念仏三昧院供養願文)を標榜した出雲聖人に対して藤原頼長が、「予誓与二聖人一言談、其説非二正直一」(台記、久安四年五月十四日条)、「求二媚衆庶一、於レ法失レ実」(同書、久安六年九月十六日条)と看破していることや、法然が往生大要抄で、「しかるを人、つねにこの至誠心を熾盛心と意得て、勇猛強盛の心をおこすを至誠と申すはこの釈の心にはたがふ也」と述べていることである。為康時代の浄土教が造寺造塔や種々の仏行による安易な功徳主義に陥っていたことを念頭におもい浮べるならば、為康が質直の心を往生の門としたことは、頼長が勇猛念仏を評して正直に非ずとし、法然が至誠心を熾盛心と誤解する世間の念仏を批評していることとの間に共通な姿勢をうかがうことができよう。そしてそれは遡ると、保胤の求道の遍歴にも通ずるものがある。もう一つ、保胤が出家の後、慈悲をもっぱらとして諸国を経歴し、「雖レ乗二強牛肥馬一、猶涕泣而哀」というほどであったことは、匡房が保胤の伝に特記しているところであるが、為康の往生伝には、人々の伝について、その慈悲心を讃美している例がまことに多く、それは拾遺巻上〔一九〕〔三〇〕、同巻中〔一三〕〔一六〕〔三〇〕、同巻下〔三六〕、後拾遺巻上〔三二〕、同巻中〔三〕〔七〕、同巻下〔三二〕〔三五〕〔三六〕等にみることができる。中味はそれぞれについて見られたいが、質直と慈悲を重んじる日常の精神生活は為康の往生伝の特長である。それは匡房の往生伝とは異質であり、仏道の求道者であった保胤の系譜につらなるものである。

私は右に、為康の浄土教が一世紀半をへだてて保胤と通ずる面を指摘したが、他方ではまた、保胤の往生伝では萌芽的にしか、あるいは全くみられなかったものが、為康の往生伝では濃厚にあらわれているいくつかの特長がある。

その手がかりは往生の夢告や瑞相の記述である。往生伝は、死後に瑞相のあらわれた人々の伝であるから、往生極楽記の各伝にも勿論その記述があるが、その夢告や瑞想の記事が具体的、かつ入念な点で、為康の往生伝はそれと格段のちがいがある。夢告についてただ一つ例をあげると、拾遺巻中〔三四〕には次のような話がある。近江蒲生郡の一田夫のある夜の夢に、蔵人所仕人の藤井時武が必ず往生するであろう、上東門裏の宅に行って結縁せよとの告げをうけた。田夫が夢さめて隣里の人々にこれを告げると、その中の一人も同じ夢をみていた。そこで二人は京に上って時武にそれを伝えた。その後両三人がまた同じ夢をみたと時武のところに告げて来たが、淀の津の住人の夢想では、画船三隻が海岸にあり、二隻には人がいたが、一隻には誰も乗っていなかった。聞けばその船こそ時武が極楽にゆくための船であった。こうした夢想が各人にあらわれたあと、時武は往生の確信を得て死んだのであるが、死後その妾の夢に時武があらわれ、往生の由を伝えたという。この話の特長は、夢告が各地の人々の間にあらわれて本人に告げられる点にあり、そうした話はあちこちに散見するが、類似の話は、往生の瑞想についてもみられる。ここでもただ一つの例として拾遺巻上〔一二〕をみてみよう。高野山の維範は臨終にのぞみ、西に向って端座、手に妙観察智の定印を結び、口に弥陀の宝号を唱え五色の糸を如来の御手にかけて眠るが如く息をひきとったが、その時刻、自分の庵室にこもっていた北筑紫聖ははっきりと「阿闍梨只今入滅也」との声を聞いたし、同じ時刻、慶念上人の夢には一大城があらわれ、多くの僧が集会して阿闍梨が日想観を修していると西方から音楽が聞え、東方から聖衆が来迎し、先頭には伽陵頻六人が舞衣をひるがえし、次には高野聖の祖師教懐上人も雲に乗じて近づいてくるのをはっきりとみた。そればかりではない。このころ定禅上人は高野山を離れ、その日帰山して阿闍梨の入滅を聞いたのであったが、悲しみのうちに床につくと、その夜の夢に、西天高く晴れ上り、紫雲が斜めにさしこんで、無量の聖衆がおりてくる光景をみた。阿闍梨の入滅後第五日、遺体は廟堂におさめられ、しばらくの間、門人がつぎつぎと来て遺体を拝したが、容貌は変らず、定印は乱れず、髪が少し伸びて臭気はいささかもなかった。これがまた評判になって、あちこちから僧俗が山に集まり、結縁の者は市をなす如くであった。この種の瑞想譚も、為康の往生伝のあちこちにみえる。

為康の往生伝の、このような往生の夢告や瑞想の話を往生極楽記と比べると、著しくちがう点は、こうした記述が丹念に長々と書いてあることにのみあるのではなく、㈠夢告や瑞想を多数の人々がみていることと、㈡それらの夢想に来迎の光景がくり返しあらわれていることにある。私はこれらを、為康の時代、即ち浄土教の爛熟期の時代相のあらわれとみるものである。即ち㈠についていえば、こうした記述はつづく三外往生伝(〔一七〕〔二三〕〔三〇〕〔三二〕〔三九〕〔四四〕)にも本朝新修往生伝(〔一八〕〔三〇〕〔三三〕〔三四〕〔四一〕)にもまたみえていて、決して為康のみに個有のものではないのであるが、これは、浄土教が深く社会に根をおろした院政期には、各地に念仏者の集団が生まれ、念仏を通じて集団内の成員のみでなく、他集団との連繫も発達してきた事実によるものであろう。私もかつてふれたことがあり(「日本浄土教成立史の研究」第三章第一節)、近くは高木豊氏が詳細に展開された「別所」(「平安時代法華仏教史研究」第六章)はそのあらわれの一つで、その一端は拾遺往生伝以下の往生伝(拾遺巻上〔一〇〕〔三〇〕〔三一〕、同巻下〔三一〕、後拾遺巻中〔三〕〔一九〕、巻下〔三〕〔一三〕〔一八〕、三外往生記〔三五〕〔三二〕、本朝新修往生伝〔三三〕〔三二〕)にもみられ、特に高野山往生伝は一つの別所の往生伝とも呼ぶべきものである。しかし、かかる念仏集団は、生者死者を通じての信仰共同体であるから、成員が他地に周遊、ないし移住しても、おのずから連繫が保たれ、仲間の往生を予告しあったり、往生の瑞想を夢みたりすることがさかんにおこなわれたにちがいないのである。また㈡の、聖衆来迎のファンタジーが各所にくりひろげられている事実は、浄土教芸術の一ジャンルとしての浄土教絵画の展開と対応するものである。浄土教絵画の古層として、極楽浄土の清浄荘厳の実相をえがいたもの、観想の対象としての観経変相図があって、当麻・智光・清海寺の曼荼羅がそれにあたるが、摂関時代中期以後、平等院鳳凰堂の九品来迎図、法界寺の阿弥陀来迎図、高野山の二十五菩薩来迎図のように阿弥陀如来が多数の聖衆を従えて念仏者を迎えに来る来迎図が発達したことは周知の通りである。摂関時代の成立期にできた往生極楽記には影のうすい聖衆来迎のファンタジーが為康の往生伝に満ち満ちているのは、このような現象に並行しているのである。

法華験記が日本霊異記と同じく、地獄の責苦や冥官の裁判、人が畜生に転生する話などを数多くのせていることはすでにみたが、往生極楽記がそうした世界にほとんどふれていないのに似て、為康の往生伝もその色彩は稀薄である。為康の両往生伝を通じて、わずかに二箇所、拾遺巻中〔三〕と後拾遺巻中〔一〕にそれがみえるが、これも、前者は法華験記巻上〔三七〕の焼直しの故であり、後者も高僧伝要文抄所引の慈恵大僧正伝によると考えられる。しかも、拾遺巻上〔一三〕覚念伝は法華験記の巻中〔七八〕にもよっているようであるが、覚念が前生に衣虫として法華経の経文一部を食いやぶったという法華験記の一段などはとりあげていないのである。為康のように、特に院政期の地方説話にも広く採訪の手を伸ばせば、当然、民間信仰的な輪廻転生観にふれざるを得ないとおもうけれども、知識人としての著者はそうした叙述は好まなかったのであろう。しかしこの点で注目すべきことは、地獄におちるべき人間を救済する地蔵菩薩の信仰が、往生極楽記は勿論、法華験記にもみられないのに、為康の往生伝にはいくつか記録されていることであって、拾遺巻上〔三〇〕には慈応上人が冥途で地蔵菩薩の引導にあずかったという話、拾遺巻下〔九〕には藤原経実卿の妻が往生のために六地蔵像を造った話、後拾遺巻中〔九〕には義尊上人が同じく往生のために三尺地蔵菩薩像を造った話、同巻下〔一七〕には賀茂家栄が死後、地蔵菩薩に似た十余人の僧にまもられて極楽にむかっていく光景などをえがいてある。地蔵信仰は、平安中期以後、浄土教の爛熟とともにさかんになったもので、三井寺の実叡が地蔵菩薩霊験記をあらわし、やがて今昔物語巻十七の三十二篇の地蔵説話に収録された。往生極楽記は勿論、法華験記にもみえない地蔵菩薩の話が、今昔物語と相前後して述作された為康の往生伝にこのようにあらわれてくることも、時代の趨勢のしからしめるところであろう。

六　三外往生記以後の諸伝

筆者は本書の製作にあたって、日本往生極楽記・続本朝往生伝及び拾遺往生伝の三つの往生伝については精査したが、後拾遺往生伝・三外往生記・本朝新修往生伝・高野山往生伝及び念仏往生伝の五つについては精査の余力がなかった。また後拾遺往生伝の成立は「五　拾遺往生伝 付、後拾遺往生伝」にふれたので、ここでは三外往生記以後の諸伝について、㈠その成立の大まかな見透しと、㈡既往の往生伝との関連だけをテーマとして述べ、以外は後日に期することとする。

三外往生記の成立　三外往生記の著者、沙弥蓮禅は俗名を藤原資基という。兄の公章は少納言・筑前守を経て長承二年(一一三三)正四位下となり、弟の弁覚は叡山僧で法印となり、説法の名手といわれた。しかし資基自身は従五位下にして保延元年(一一三五)の後まもなく出家し、ついで筑紫に漂泊の旅に出、帰京の後、阿弥陀峰に幽棲し、久安五年(一一四九)後、まもなく世を去ったという(平泉澄「厭世詩人蓮禅」)。本書には五十人の伝をおさめるが、そのうち年代の最も下るのは、〔三五〕良範のなくなった保延五年(一一三九)正月であるから、その後まもなく本書は成ったのであろう。即ち、保延三—五年に成立した後拾遺往生伝よりわずかに下る作品である。

本書は年代順に配列されておらないので、いわば採訪序列に従っているとみるのが妥当であるが、〔一〕—〔一五〕を第一部、〔一六〕—〔五〇〕を第二部とすると、第一部は〔一〕の阿闍梨増全を除いては依拠が明らかであって、〔二〕—〔五〕は法華験記、〔六〕—〔一二〕は楞厳院廿五三昧結衆過去帳、〔一三〕—〔一五〕は再び法華験記からとっている。このうち〔四〕好延法師は拾遺往生伝にもあるが、それはとらないで法華験記から引いたのであり、法華験記〈拾遺往生伝・三外往生記〉の関係にある。次に第二部の〔一六〕以下〔五〇〕については、〔三七〕讃岐守行家の女と〔四二〕左近将曹下野敦季とが拾遺往生伝と重複する。しかし、相互に比較すると内容が異なっているので、蓮禅はここでも拾遺往生伝の伝はとらないで、別の径路からその所伝を得たものとみるほかはない。三外往生記の書名の「三」とは往生極楽記・続本朝往生伝及び、少なくとも拾遺往生伝をさすことは序によっても明らかであるから、著者は拾遺往生伝を知っていながら、そこからは敢て取材することはしなかったのである。

ただし真福寺本の慶政の奥書によると、彼が書写した持明院宮御自筆本には拾遺往生伝の巻中の〔一二〕講仙*・〔一三〕平願*・〔一七〕尋寂*・〔二九〕南京無名女*及び巻下の〔二六〕永観の伝も入っていたこと、ただし拾遺往生伝と比べると、「其徳行、全無二加増一」ので故意に削除したとある。この文をそのままにとると、著者は拾遺往生伝からも多く採用したのであり、自序の主旨とは矛盾することになる。そこで本書は未定稿のまま伝えられたものであろうとする説も出されている（平泉前掲論文、古典遺産の会編「往生伝の研究」）。私もこの説を無下に否定するものではないが、右記の考察と、右の五人のうちの＊印の四人の伝が法華験記にもあることから次の考え方もあり得よう。即ちこれらは拾遺からではなく第一部の七例と同じく法華験記から引用したのではないか。そして、〔一四〕の場合のように拾遺往生伝にもあるものを故意か不注意からか法華験記からとった結果、拾遺往生伝との重複を生じたのではないか、ということである。もっとも巻下の〔二六〕永観だけはこの考え方では割り切れない。しかし永観は著名人であり、著者の同時代人であるから、第二部の〔二七〕〔四二〕の場合のように別の径路からその所伝を得たものとみることが可能である。

次に第二部の〔一六〕—〔五〇〕のうち、〔一八〕二品（師明）法親王・〔一九〕教真・〔二八〕念西・〔二三〕良忍・〔四四〕源俊房・〔四九〕江州一女人・〔五〇〕藤原姫子の七伝は後拾遺往生伝と重複するが、相互に比較すると有名な大原上人の良忍の伝（〔二三〕）をはじめとして、少なくとも〔一九〕〔二八〕〔四四〕は内容を異にする。このことと、本書の成立が後拾遺往生伝の成立後まもなくで、後拾遺往生伝の流布以前であることとの二点を考えあわすと、本書と後拾遺往生伝は平行して書かれたもので、著者は後拾遺往生伝をみていなかったための重複であろう。右記の七伝は寛治二年（一〇八八）死の〔一八〕二品法親王を除いて、本書述作の二十年前後さかのぼる保安元年（一一二〇）以後に集中するから、〔一八〕以外は著者が見聞等によって充分に採訪できる範囲内にある。

本朝新修往生伝の成立　本朝新修往生伝は同書に「朝散大夫（従五位下）藤宗友撰」とある。元永二年（一一一九）三月に藤茂才（不明）の文章で「酔中唯送春」の題で「能登大掾宗友」が詩を賦し、某年の春に長楽寺で「尾張介三善為康」「能登大掾藤宗友」等が詩を賦している(中右記部類紙背漢詩集)。また後拾遺往生伝の藤原為隆(大治五年(一一三〇)没)伝に「藤貢士宗友」が為隆の墳墓に詣でて詩句を詠じたといい、同じ為康撰の続千字文の奥に、その書を讃えた漢詩をそえている「能州前司馬(前能登掾)藤宗友」もこの人である。即ち宗友は省試を経て文章生となり、能登掾に任じられたものであり、為康と親しい人物であったことが知られる。なお尊卑分脈には修理大夫宗季の子に宗友があり、一に美乃権守、また越前権守とある。本書は序にいう通り四十一人の伝をおさめるが、〔一〕—〔五〕には没年を記さず、〔六〕以下は年代順に記されている。そして最後の大江親通は仁平元年十月(一一五一)の死で、序にも「于時仁平元年臘月(十二月)一日、朝市隠藤宗友序」とあるから、本書は、この年の冬書き終り、その時にこの序を書いたのである。

ところでいま、〔一〕—〔二一〕を第一部、〔二二〕—〔四一〕を第二部と仮称する時、第一部は保延二年死の佐伯成貞で終り、第二部は保延五年死の〔二二〕三善為康からはじまっている。そして第一部の二十一人中、〔四〕〔六〕〔八〕〔一一〕〔一三〕〔一五〕〔一六〕〔一七〕〔二一〕の九人は、この順に後拾遺往生伝の巻中〔二六〕〔二三〕、巻下〔八〕〔五〕〔一二〕〔四〕〔六〕〔七〕〔一四〕に対応し、〔一三〕のように死亡年次を異にするもののあることと、若干記事が詳しいこと以外はほぼ内容が類似する。これについては二つの考え方が可能であろう。一つは、後拾遺往生伝が成ってのち、その中・下巻から、著者の関心をもつ九人の伝をとり、若干表現をかえ、あらたな知識も插入したとみることである。他の一つの考え方は次の事実と関連する。即ち本書の伝は〔六〕以下、年代順にならんでいるけれども、〔六〕は承保年中(一〇七四—一〇七七)、〔七〕は永長元年(一〇九六)、〔八〕は永久年中(一一一三—一一一八)、〔九〕は元永元年(一一一八)、〔一〇〕〔一一〕は大治四年(一一二九)、〔一二〕は大治年中(一一二六—一一三一)と、とびとびになっているのに反し、〔一三〕以下は、〔一三〕天承元年(一一三一)からはじめて、〔一四〕長承元年(一一三二)、〔一五〕長承二年というように、にわかに密度が濃くなり、毎年一、二人ずつを書いて仁平元年(一一五一)の三人(〔三九〕〔四〇〕〔四一〕)で終っていることである。この点に着目すると、著者は少なくも草稿の形で天承・長承のころから、往生を伝える人を、年々書きつづって仁平元年にいたったのであろうという推測が成り立つ。しかるに後拾遺往生伝は、巻上を大治二年以前に書き終り、巻中を長承三年に書き終ったというのが私のさきの考証の結論であった。とすると、著者が本朝新修往生伝の草稿を書きはじめた時期は、後拾遺往生伝の巻上のでき上った後ではあるが、巻中の書き終る前であり、まして巻下はまだ書きはじめられていなかったのである。私はここから第二の可能性として、次のように考える。著者の宗友は、少なくとも草稿の形で、三善為康が後拾遺往生伝の巻中を書いているころから往生者を年々に書きつづりはじめた。故に本書の伝は拾遺往生伝及び後拾遺往生伝巻上とは重複しないが、同中・下巻とは重複を生じたのである。そして宗友の九人の伝の内容が為康のと酷似しているのは、はじめに記したように、著者宗友が為康と親しい関係にあったので知識の交換ができたためであろうと。

高野山往生伝の成立　高野山往生伝は「法界寺沙門如寂」の撰である。如寂の伝は詳らかでないが、著述の意図については、序に「元暦歳(後述によればその元年。一一八四)夏四月」、暫らく「故山之幽居」を去って高野山に上ったところ、山内の僧侶から、高野山には多くの念仏者がいて往生異相のものが多いことを知った。そこで「寛和慶内史」(保胤、往生極楽記をさす)、「康和江都督」(匡房、続本朝往生伝をさす)の先規にならい、ただし、高野山の「一寺」に限って、これら往生伝を記すこととしたと書いている。

いったい、高野山は正暦の大火以後、長く衰退していたが、長和のころ持経上人祈親の来住によって再興がはじまり、道長・頼通、ついで白河上皇らの高野山詣でと、かれらの経済的援助によって繁栄をとりもどした。その間に念仏聖の来住もさかんとなり、特に寛治七年(一〇九三)死の迎接房教懐らを中心にして高野山にも念仏者の別所が形成された。その後、覚鑁が浪人として入山し、長承三年(一一三四)、鳥羽上皇の保護のもとに大伝法院・密厳院を御願寺としてから、その高野山支配がしばらく続いたが、この覚鑁もまた念仏者で、独自の浄土教学を樹立したことは周知の通りである。覚鑁はやがて追われて康治二年(一一四三)になくなるが、高野山内に住まう念仏聖の活動は依然衰えず、高野は平安末・鎌倉初期の浄土教の中心の一つであった(拙著「日本浄土教成立史の研究」第四章第一節)。高野山の浄土教史はこのようなものであるが、如寂は、治承・寿永の内乱の末期、元暦元年(一一八四)に高野山に登って、この「一寺」の浄土教史に興味を覚え、異相往生者の伝を書きつらねることをおもいたったのである。なお、本書は寛治七年死亡の〔一〕教懐からはじめてほぼ年代順に三十八人の伝を書きつらね、最後の〔三八〕大乗房証印は文治三年（一一八七）になくなっている。従って本書は、元暦元年以後まもなく書きはじめて、文治三年以後まもなくして稿畢ったものであろう。

本書の伝のうち、巻頭の〔一〕―〔六〕を仮に第一部と名付けるなら、〔一〕〔二〕〔三〕〔四〕の四人の伝は、この順に拾遺往生伝巻上〔一〇〕、巻中〔三〇〕、巻上〔一二〕〔一七〕に対応し、彼此くらべれば、この四伝が拾遺往生伝によって書かれたことは明らかである。また、長治元年（一一〇四）死亡の〔五〕、及び〔六〕は三外往生記の〔一六〕高野山両上人によっている。著者はこのようにして高野山浄土教史の初期の人々については、この二伝によって文をなしたのである。著者が序に往生極楽記・続本朝往生伝の二伝のあとをつぐといいながら、敢て拾遺往生伝以下の諸往生伝の名をあげないのは、こうした引用の事実を慮ったからであろう。

これに反して、第二部すなわち〔七〕―〔三八〕のはじめの、天治元年（一一二四）死亡の〔七〕明寂以後は、既往の往生伝によるものではなくて、著者自身の採訪によったものであろう。そしてその採訪には書物によるものも聞き書きによるものもあったと考えられるが、後者についていえば、既に教懐の伝についても、拾遺往生伝によって文をなしたあとに、元暦元年、高野山参籠のときにその「聖跡」を訪れ、「古老」の談から得た知識を書きそえているし、保延七年（一一四一）死の〔一一〕行意についても「予今度訪㆓其庵室㆒、柱石猶残、寄㆓宿彼辺㆒、為㆑結㆓芳縁㆒也」と記していて、その伝の中には山内の故老からの聞き書きのあろうことを推察させる。一方著者はまた、京内でも、手広く採訪を試み、その場合にも聞きとりがおこなわれたとおもわれる。〔一三〕教尋（永治元年（一一四一）没）について、その弟子、伝法院学頭の仏厳房聖心に「予相尋之処、記録如㆑斯」とわざわざ記しているが、仏厳は覚鑁の学統をくむ高野山念仏者の大立物で、十念極楽易往集の著述があり、九条兼実の帰依をうけて、玉葉には、承安から建久にいたるまで、しばしばその名が散見する人物である。著者の仏厳房からの聞き書きは、山内ではなくて京でなされた可能性がある。また元暦元年死亡の〔三七〕禅慧についても、著者は「仁和寺宮（道法法親王）」

に参じたついで、或る人からその瑞想を聞いたと書いている。これなども京で得た知識であろう。

念仏往生伝の成立　本書は不完全な残簡で、書名も撰号も闕いており、念仏往生伝の名も発見者の仮につけたものである。しかし、〔三四〕及び〔四八〕によれば、著者が行仙であることが知られ、行仙はまた、〔四五〕によれば、上野国山上(群馬県勢多郡新里村山上)に住した念仏者であったことがわかる。しかるに元亨釈書に行仙法師の伝、沙石集、十末に行仙上人事があり、その法名と住所は同じであるから、本書の著者は右二書の行仙その人であることにまちがいはない。行仙は両書ともに、真言系の念仏者であるとし、没年は弘安元年(一二七八)とする。行仙が真言系の念仏者であることは本書の〔二五〕〔四五〕等に、高野山との関係が書かれていることと一致する。他方、本書の伝に法然門の多いことも後述のごとくで、行仙もまた、法然一門であったと推測されるが、果して沙石集には、法然の弟子で、高野山に関係の深かった真言の静遍僧都がその師であるとし、蓮門宗派にも同様の記載がある。元亨釈書は静道の弟子とするが、「道」は「遍」を誤ったものではなかろうか。法水分流記のように、行仙は同じ法然門でも鎮西義の弁長の弟子とする説もあるが、静遍の弟子とする説が最も落ちつきがよいようである。

本書は残簡であるから全貌が知られないが、最も下る年は、親鸞の没年と同じ弘長二年(一二六二)である。従って本書がこの年から著者のなくなった弘安元年までの十七年間のいつかに書かれたことは疑いをいれない。本書はまた四十九人以上の伝から成るのに、〔二四〕—〔三〇〕、〔三四〕—〔三八〕、〔四五〕—〔四九〕の十七人の伝しか知られないが、〔二四〕の湛空、〔二六〕の妙真房、〔四五〕の禅勝房は法然の弟子たちであり、別に〔四六〕の大胡小四郎秀村についても、「以二源上人消息一為二亀鏡一」とある。この人は法然の法孫の世代に属する。十七人の居住地は、〔二七〕〔二八〕〔二九〕〔三〇〕〔三八〕〔四六〕〔四七〕とさすがに上野が多く、〔三六〕〔三七〕の武蔵、〔二五〕の信濃、〔二六〕の伊豆と、東国のしかも武士層が多い。本書は、法系的には法然門を中心とし、地域的には著者の住国たる上野を中心にして東国に、さらに畿内(〔四九〕)にもひろがる、異相往生者の伝であるといってよいであろう。

日本の浄土教史は、法然を分水嶺として前後にわかたれるから、本書は往生伝の主流から孤立している。しかし歴史の実相は、転期を越えてなお、その残照をあとにのこすものである。鎌倉時代にも証真の新撰往生伝などのあったことは本稿のはじめにも記しておいたが、それらの実物が伝わらないいま、本書は、平安朝往生伝の残照、つまり分水嶺以前の本流と以後のそれの接触面の所産として、思想史上逸することのできない貴重な価値をもっている。なお本伝の考察については家永三郎「金沢文庫本念仏往生伝の研究」(仏教史学二—二)によるところが多いことを附記する。

諸本解題

大曾根章介

日本往生極楽記

一　前田育徳会尊経閣文庫蔵本　鎌倉初期写　一冊

表紙に「日本往生極楽記」とあり、右下に「湛睿」と記す。表紙の裏に目録の一部と思われる記述あり（一〇頁頭注参照）、白紙一枚を置いて本文とは別筆で序を記し、次丁より本文が始まる。墨付二十六丁、一面八行から十行、全体に返り点と句点が附されているが、〔八〕明祐の文初までは振り仮名・送り仮名・声点が施されている。ただし〔三六〕玄海にも数箇所にわたって振り仮名・送り仮名がある。この本と他本との大きな相違は〔一〇〕成意と〔一一〕智光・頼光の話の順序が逆になっていることと、〔三四〕藤原義孝に和歌が片仮名で記されていることである。巻末の識語に、

寛永元年五月十一日書写畢　　同日一交了

とあるが、料紙・字体・仮名などあらゆる点から考えて江戸時代の書写ではない。表紙の「湛睿」は湛睿手択本を意味するが、湛睿は称名寺の学僧で、本朝高僧伝などによると、東大寺の凝然に従って華厳を学び、元応（一三一九―一三二一）初年に称名寺に住し、元亨二年（一三二二）に教理鈔を著し、建武元年（一三三四）に纂釈二十二巻を撰し、華厳大疏を翼解す。金沢文庫古書目録には「湛睿不完稿本跋文集」を収めるが、それには延慶二年（一三〇九）三十九歳から康永四年（一三四五）七十五歳までのものが見られる。従って「寛永」の年号は明らかに誤りであるが、如何なる理由で附されたか、また何の年号の誤写か、全く不明である。

二　天理図書館蔵本　鎌倉時代写　一冊

天理本については広浜文雄氏の「天理図書館蔵「日本往生極楽記」㈠㈡」（山辺道一三・一七号）に解題と訓読文がある。表紙題簽に「日本往生記」とあり、墨付五十四丁、一面七行、十一字乃至十三字詰。全文に朱で振り仮名・送り仮名・返り点・声点が施されている。巻末の奥書に、

応徳三年八月九日於南勝房書之　　仁　豪
尋往生極楽之行業、欲励念仏往生□□《浄土》志而已

とあり、その右に朱で、

同廿九日点了《如形》、後可見直者也
以良本文又可比交

と記されている。天理本は尊経閣本の巻末にある「都盧四十五人云々」の本書所載の人数を示す記述を欠いている。

三　国立公文書館内閣文庫蔵本　江戸時代写　一冊

表紙に「日本往生極楽記」とあり、墨付三十六丁、裏表紙の裏まで書写す。一面八行十七字、序は独立している。巻末に、

古本云
文保元年十月七日於尾張国中嶋郡
観音堂大門書写畢

の奥書がある。本文は所々に振り仮名・送り仮名・返り点及び校異などが施されている。尊経閣本や天理本とは別系統の本文である。

四　板本　一冊

寛永九年（一六三二）板本（大東急記念文庫蔵本）によると、表紙題簽は「日本往生伝　慶保胤撰」とあり、第一丁に「日本往生極楽記」として序と本文が始まる。柱に「極楽記」として丁数を記し、二十四丁で終る。本文十行二十字詰。巻末は「都盧卌五人…」で終り、刊記に、

寛文九年酉己初冬吉日
寺町誓願寺前
安田十兵衛開板

と見える。本文は〔二〕聖徳太子と〔三〕行基菩薩にある和歌を細字で二行に割って記しており、また〔一二〕智光・頼光、〔一〇〕成意、〔一三〕東塔住僧某、〔三二〕広道、〔三八〕薬蓮の五項及び〔三〕行基の末にある注記は改行していない。〔四〕慈覚大師に脱落がある。群書類従本はこれに基づいていると思われる。なお板本は別に延宝二年板本と無刊記本がある。

法華験記

法華験記の伝本についての研究は現在ほとんど行われておらず、僅かに原田行造氏の「「本朝法華験記」所収説話の諸特徴(上)——付〔報告〕諸本の現況とその概要——」(金沢大学教育学部紀要第二二号)があるに過ぎない。以下簡単に説明を加えておく。

一　享保二年板本　上中下三冊

表題に「大日本国法華経験記」とあり、内題は「大日本国法花験記」と記す。上巻巻初にある光謙の序によると、近年多武峰蓮光院主の光栄が鎮源撰の法華験記三巻を得て上梓したといい、下巻巻末にある光栄の跋もほぼ同じ内容を持つ。現在活字本はすべてこれに基づいているが、板本のもとになった写本については一切不明である。

二　彰考館蔵本　江戸時代写　三冊

書名は「法華験記」で上巻(墨付七十一丁)、中巻(六十丁)、下巻(八十四丁)、板本と同じく百二十九話を収める。上巻の巻末に、

右一巻元禄辛巳中秋獲于京師写之

の貼紙がある。中巻は序跋を欠く。下巻は巻初に薬恒の本朝法華験記の一説話を掲げて、

右出扶桑略記第廿一宇多帝紀条下、今考下巻無此事、蓋知所闕巻也

貞享乙丑冬十一月十三日　　彰考館識

と記し、巻末の跋文に、

于時正和第五執徐歳林鐘中旬丑□於奥州桃生郡河俣宿所書写畢　　執行行年

とあり、さらに、

貞享乙丑季春僦武州金沢称名寺文庫本写畢

の貼紙を付す。この本は三巻がそれぞれ時代と筆者を異にした合わせ本であることが知られる。彰考館本については既に紹介したが（「彰考館本法華験記について」説話文学研究第六号）、その特色として、㈠下巻部分で説話の配列順序が相違すること、㈡本文の題目の下に説話内容の大要を注記すること、㈢本文の字句に異同があること、の三点が挙げられる。㈠は、本書の説話番号で示すと、〔八一〕〔八三〕〔八二〕〔八六〕〔八七〕〔八四〕〔八八〕〔八五〕と〔一二一〕〔一二〇〕と〔一二六〕〔一二五〕の三箇所が指摘され、㈡と㈢については、本書の原文幷校異を参照されたいが、特に異同の甚しい〔八五〕は参考としてその本文を併記した（六三一頁参照）。なお彰考館本には異本の注記や書き入れが所々に存する。

三　宝生院（真福寺）蔵本　鎌倉時代写　一冊

表題は「日本法花験記」とあり、その左に「第八十合」、左下隅に「伝領信□」「憲照」の署名がある。表紙は正和五年（一三一六）の文書「成身院住侶等謹言上」の用紙を二つ折にして、その裏紙を使用している。墨付五十六枚。奥書に、

建武三年丙子二月廿八日令相伝了　在判

とある。真福寺本の内容は通行本百二十九話の中から、上巻八話、中巻なし、下巻十六話（うち一話題目欠、一話本文欠）の計二十四話を抜萃したもので、所々に返り点や送り仮名などが施されており、中には片仮名交り文的な表記がある。題

目は前記二本とは全く異なっており、本文にもかなりの異同がある（原文并校異参照）。なお真福寺本は抜萃本であるが、配列順序が〔八三〕〔八二〕と〔八六〕〔八五〕と〔一二六〕〔一三五〕の三箇所にわたって本書と異なっている。

四　高野山宝寿院蔵本　上巻一冊

橋川正氏の『日本仏教文化史の研究』によると、奥書に、

長久二年　鎮　源著

仁平三年癸酉仲夏仲旬於多武峰書了　　珍光一交了

とあるという。

なお飯田瑞穂氏の御教示によると、東大寺図書館に法華験記の目録の筆写が存する。表題には「三宝感応録并日本法華伝指示抄　沙門釈宗性」とあり、内題は「大日本国妙法蓮花経験記説処」と記す。上巻に十九話、中巻に十六話、下巻に三十話の題目を掲げているが、他本のそれとは全く異なる。このうち、上巻にある「義睿入大峯迷路至聖人許事」「病即消滅不老不死非妄語事」の二話は巻上の〔一一〕吉野奥山持経者某の一話に当り、下巻の「妙一字救羅刹難事」「肥後国官人往生極楽事」の二話は巻下の〔一一〇〕肥後国官人某に該当すると思われる。また抜萃本の目録であるが、配列順序が〔八六〕〔八五〕と〔一二六〕〔一三五〕の二箇所において本書と異なる。

続本朝往生伝

一　宝生院（真福寺）蔵本　鎌倉時代写　一帖

表紙の中央に「続本朝往生伝」とあり、左端に「続本朝往生伝上　全　大江匡房述」と記す。そして「上」に注して「―― 者《ト》藤原宗友迁《ノモ》亦続往生伝《ナル》故、二本合為《シテ》ニ上下一歟《ト》、江房藤友倶素《ニ》一巻也、後人勿怪焉　栄順誌」という。第一紙に目次を附し、墨付四十二丁。白界野を持ち、一面七行、一行十六字前後。奥書に、

建保第七載三長第一月中旬第七夜、於西峰方丈草庵写之了（以下略）　砂門慶政記

書本文字極悪、以他本可交看之

乗忍　四十二

建長五年癸丑十二月六日於西峰草庵書写了

とある（原文五八〇頁参照）。本文には注記・返り点・送り仮名・振り仮名・句点などが施されており、各項の頭部に朱筆で番号を記す。源信・増賀・寛印の項にそれぞれ小字で注記があるが、この中で源信の項の「恵心別伝云、爾時僧都…如眠気絶」（五七四頁上段参照）の注記は、巻末の慶政奥書の後、乗忍奥書の前に置かれている。活字本は真福寺本を祖本としているが、この源信注記だけは載せていない。

二　宮内庁書陵部蔵本　鎌倉時代写　一帖

この本は昭和四十五年に宮内庁書陵部より「平安朝往生伝集」として複製され、内容についてはその解題に詳述されている。表紙に「続日本往生伝　口不足」とあり、本文は首部を欠いて墨付十八丁。界罫あり、一面八行どり、一行二十字前後、各項の頭部に朱鉤点を引く。文中の所々に振り仮名・送り仮名・返り点・句点などが施されている。巻末に真福寺本と同じ慶政奥書を持ち、その後に「書本文字極悪、以他本可交看之、交点了」の記述があって、真福寺本にある乗忍奥書はない。書陵部本は巻初より〔九〕源信の前半部までを欠いており（料紙八―十枚ほどか）、また真福寺本にある注記はない。書陵部本は真福寺本と共に慶政写本を祖としているが、奥書と注記の欠如及び料紙や字体などから考えて、現存諸本の中で最も古く、しかも原本の形態を予想させるものといえようか。

三　宮内庁書陵部蔵別本　江戸時代写　一冊

表紙題簽に「三外往生記　完」とあり、三外往生記と合冊。第一丁に真福寺本の表紙と同じ題及び注記があり、本文も真福寺本の忠実な模写本で、行数や字詰まで同じである。

四　大東急記念文庫蔵本　鎌倉時代写　一帖

巻子本を折本に仕立てたもので、表紙題簽に「続本朝往生伝　古写本」とあり、墨付四十五丁。裏文書に「建久六年六月十四日」の日付がある。本文には朱で校異・振り仮名・送り仮名・返り点などが施されているが、本文書写年時より遙か後のものである。目録は巻末に付されていて、項目名も真福寺本と異なる。前述した真福寺本の注記を欠き、また〔一三〕増賀にある辞世の和歌二首のうち、後の和歌一首のみを記載し、〔三四〕大江挙周の「長元…」の割注、〔四〇〕比丘尼願西の名を欠いている。また真福寺本の巻末にある「已上都盧四十二人」の記述もない。他本とは語句の異同が見られ、種々の点で慶政写本とは別系統の本文であることが知られる。

五　神奈川県立金沢文庫蔵本　南北朝時代写　欠本一冊

墨付十丁、表紙なし。巻初より〔三〕後三条天皇まで欠、〔三〕の堀川入道右大臣（五七一頁上段）から始まり、〔九〕源信の途中（五七三頁下段、終りから八行目「帰房之」）まで八丁、以下欠文で、〔三八〕覚尊の途中（五七七頁下段三行の「不礙風」）から〔三一〕慶滋保胤の途中（五七八頁上段二行「慕極楽」）まで二丁から成る。源信の項には注記がなく、本文は魯魚の誤りが多い。

六　板本　一冊

万治二年（一六五九）板本（静嘉堂文庫蔵本）によると、表紙題簽（ただし書き題簽）に「続本朝往生伝　完」とあり、第一丁序、第二丁に「往生人」として四十二人の目録を掲げるが、項目名は他の写本と異なっている。第四丁より「続本朝往生伝」の題で本文が始まり、三十丁で終る。本文は一面九行十八字詰。巻末（三十丁裏）に、

続本朝往生伝者、権中納言匡房之所撰也、久蔵不行于世、不能無歎惜矣、偶存一本在乎華台院、安養教寺法函就而正之字画、鏤梓以弘其伝矣、

万治二己亥稔仲秋吉辰　　丁字屋三郎兵衛開板之

と記す。内容は大東急記念文庫本に近いが、〔三〕増賀の和歌一首の用字法や、〔三〕寂照の辞世の和歌の末尾「若」が「曾毛」となっている点、その他本文に異同がある。明治十五年に刊行された「日本往生全伝一」の本文はこれに基づく（ただし人名の振り仮名をふやし、多少字句を訂正する）。なお別に延宝二年（一六七四）板本がある。

本朝神仙伝

本朝神仙伝の諸本については、既に平林盛得氏の「本朝神仙伝の解剖」（説話文学会会報第十三号）や川口久雄博士の「本朝神仙伝」（日本古典全書『古本説話集』所収）の解説などに記述されているが、尊経閣文庫本・大東急記念文庫本・書陵部本の三種類の伝本が知られており、いずれも完本ではない。藤田経世氏がこの三本をもとにして翻刻された（校刊美術史料第五六輯）。本朝神仙伝の全貌は大東急記念文庫本の巻初に附された目録（二五六頁頭注参照）によると、三十七人の伝より成る。そして前述した三種類の伝本の所収内容は別表の如くで、相互に補い得るが、七人の伝を欠いている。本書の本文はこの三種類の伝本をもとにして構成したが（各説話の底本については五八〇頁以下原文参照）、以下諸本について簡単に触れておく。

一　前田育徳会尊経閣文庫蔵本　江戸時代写　一冊

墨付十枚。包紙に、

大江匡房所撰神仙伝之残簡、出於釈迦院大僧正之書庫、庚子之冬、命書手摹写之、以為此伝之的拠云爾

享保五載仲冬中浣　　尊経閣主人識

とあり、藩主前田綱紀公が釈迦院の書庫にあった本を模写させたことが知られる。尊経閣文庫本は八話の抜萃本で、内題に「本朝（以下虫損）」とあり、右下に「金剛仏子深誉」と記す。次に目次があり、

役行者事　（虫損「泰澄事」）　都藍尼事　教待和尚事　弘法大師事　東寺僧仕夜叉神事　日蔵事　慈覚大師事

と記す。日蔵の話の次に「益信　法皇　真寂　寛照　長隣　日蔵天暦十一七廿六入壇」と注し、さらに慈覚大師の話を記して、

「阿弥陀五仏…」の注記があって、

応安元年六月廿七日、以遍知院二品親王御本書写、僧正弘賢持参之本也、余伝記略之、抄出之

権律師深誉

の識語を有し、その奥に「羅什四聖弟子…」の注記がある。現存する諸本の多くはこの系統に属する抄出本で、続群書類従や史籍集覧などに印行されている。

二　大東急記念文庫蔵本　南北朝時代写　一冊

墨付十八枚、一面七行、十五、六字詰。野村素介氏の旧蔵本で、現存最古の写本、内容が最も豊富である。本文の第二紙と第三紙、第四紙と第五紙の間、及び巻末に脱落がある。表紙に「賢宝」の署名があり、表紙裏の貼紙に、

余嘗テ見ル所ノ古写理趣釈抄ニ左ノ跋アリ

理趣釈抄第五

延文元年丙申十月廿六日挑燈馳筆

大法師賢宝 生廿四

又観応三年五月八日武家祈禱注進状 首ニ尊氏ノ花押アリ 僧侶連名ノ中ニ大法師賢宝ノ名アリ

と後人の勘注がある。史料編纂所にこの本の転写本がある。

三　宮内庁書陵部蔵本　江戸時代写　一巻

巻子本、毎行十七、八字詰。新宮家水野忠央公の旧蔵本で江戸時代に模写したもの。巻初より弘法大師伝の前半を欠く。巻末の奥書に、

正応六年七月八日、以東大寺戒壇院長老示観房 凝然 之本書写之了、為知弘法大師之霊異、剰尽諸人神仙之希特了

執筆明真 六十二

とある。

本朝神仙伝 所収項目	現存する系統所収内容			備考
	大東急本	書陵部本	尊経閣本	
1 倭武命	○			
2 上宮太子	○(尾欠)			
3 武内宿禰				
4 浦島子				釈日本紀所収
5 役行者			○(1)	番号は尊本の配列順序.
6 徳一				
7 泰澄			○(2)	
8 久米仙				
9 都藍尼			○(3)	
10 善仲				
11 善算				
12 窺詮法師				
13 行叡居士	○			
14 教待和尚	○		○(4)	
15 報恩大師	○			
16 弘法大師	○(尾欠)	○(前欠)	○(5)	尊本のみ完.
17 慈覚大師	○(前欠)	○	○(8)	
18 陽勝	○	○		
19 陽勝弟子童	○	○		
20 河原院大臣侍	○	○		
21 藤太主源太主	○	○		
22 売白箸翁	○	○		
23 都良香	○	○		
24 河内国樹下僧	○	○		
25 美濃国河辺人	○	○		
26 出羽国石窟仙	○	○		
27 大嶺僧	○	○		
28 大嶺仙	○	○		
29 竿打仙	○	○		
30 伊予国長生翁	○	○		
31 中算上人童	○	○		
32 橘正通	○	○		
33 東寺僧	○	○	○(6)	
34 比良山僧	○	○		
35 愛宕護山仙	○(尾欠)	○		書本のみ完.
36 沙門日蔵		○	○(7)	

拾遺往生伝

一　宝生院(真福寺)蔵本　鎌倉時代写　三冊

上巻の表紙に「拾遺往生伝 上」とあり、左上端に小字で「往生伝為康」と記す。中巻は表題欠損す。墨付上巻四十五丁、中巻四十丁、下巻四十九丁、本文は七行二十一字詰。所々に注記・校異・振り仮名・送り仮名・返り点・声点などが施されている。各巻の巻頭に目録がある。上巻は目録の次、序の前に「或記云…」の書き入れがあり、下巻の巻末に、

建保七年正月廿七日夜、於西峰方丈草庵写之了… 砂門慶政記

の奥書があり、次丁裏に「法花(苑カ)珠林…」としてその文章を引用するが、半紙にて欠損す。真福寺本を祖本とする内閣文庫本や狩野文庫本は、さらに二丁にわたって原文を引用した後、巻末に、

正嘉元年丁巳十一月四日於法花山寺書写了 乗忍 四十六

の奥書がある。真福寺本の続本朝往生伝や三外往生記の奥書などから考えて、拾遺往生伝にもこの奥書があったことは疑いない。続群書類従はこの系統の本文を印行したものである。

二 国立公文書館内閣文庫蔵本 江戸時代写 合本一冊

表紙題簽は「拾遺往生伝」、第一丁に「拾遺往生伝上中下」とあり、第二丁より第四丁までに上・中・下三巻の目録を掲載する。本文の柱に丁数を記し、「上四十四」「中卅九」「下五十」で終っている。真福寺本を写したものである。

三 東北大学附属図書館狩野文庫蔵本 三冊

狩谷棭斎校訂本。上・中二巻は板本に真福寺本系統の写本(内閣文庫本か)をもって校訂し、下巻はそれを書写したものである。いずれも校訂者の判断によって誤字を訂正しており、上・中二巻には上欄にその説話の出典や類話の書名・巻数などを注記している。

四 東京大学史料編纂所蔵本 一冊

彰考館本の写し。表紙題簽に「拾遺往生伝 下巻闕 上中」とあり、裏に朱で、

水戸彰考館別ニ元禄戊寅歳秋九月穀旦京兆書舗茨城方道蔵版本アリ亦下巻ヲ逸ス

の貼紙がある。本文六十一丁、一面十行二十字詰。第一丁に「拾遺往生伝 下巻闕 上中」の題あり、第二丁に序があり、次いで本文を記す。第三十一丁に「拾遺往生伝 巻上」とあって上巻を終え、三十二丁より三十四丁まで上巻の目録を記す。目録は真福寺本と異なり、例えば「善仲上人 乗草座飛去」「善算上人 沖天西没、已上一胞二子也」の如く、人名の下に往生と縁のある事項を注記し、「已上三十人」と結ぶ。三十五丁に次の記述がある。

上巻奥有此記

此記者先師往年述自書也、予毎閲此記序文不覚涙下、其故者序記云、承徳二年八月四日暁夢、已終生界将入死路、有往生浄土之迎、而寿限未尽向後契期云云、其後卌一年、保延五年八月四日暁卒、兼知死期旁致用意、懺法七日既満沐浴潔衣、身著袈裟手持念珠、向弥陀尊正心念仏乍居気絶、気暖如平生、身体有薫香、決定往生之人也、其手跡往生要文有数、拝閲之所非無其憑之、

算博士三善為康記之

三十六丁より中巻の序・本文が始まるが、目録はない。巻末に「往生伝巻中　已上三十四人　至城(誠カ)而注記」とあり、さらにその裏に、

本云

以新禅院在東大寺経蔵本写之

永正八年三月廿九日

舜清

延宝八年庚申仲冬、借出南都新薬師寺所蔵之本写之、惜闕其下巻矣　彰考館識

の奥書がある。白紙一枚をおいて明治十八年七月に彰考館本を謄写した旨の記述を載せる。

この本文は板本の祖本であると思われるが（欠字の部分がほぼ一致し、〔六〕定照に「興福寺東大寺金剛峰寺当職事…」の記事がある）、字句の異同が存する。また上欄及び本文傍に注記がある。この本によって㊂伝教大師における他本（板本も含めて）の脱落（校異六三六頁参照）を補うことができる。

五　元禄十一年板本　上中二冊

表紙に「拾遺往生伝　乾上・坤中」とあり、下巻を欠く。上巻の巻頭の、元禄十一年（一六九八）二月に沙門象先が書いた「鍥㆓拾遺往生伝㆒引」によると、彰考館所蔵の写本を書肆の求めに応じて刻したものという。上巻は序の次に目録があり、項目は史料編纂所本と同じであるが、人名の下に附された注記はない。中巻の巻末に「本云…」の奥書があるが、日附が「廿八日」になっており、「舜清…」以下の記述はなく、その奥に「上巻奥有此記」として文章があるが（以上前項参照）、「算博士…」の記述はない。刊記は「元禄戊寅歳秋九月穀旦　京兆書舗茨城方道蔵版」とある。彰考館本を謄写した史料編纂所本とは多少字句の異同がある。往生全伝以下、大日本仏教全書や続浄土宗全書は、この本文に基づいている。

参考文献

紙数の都合により個々の説話についての研究文献はすべて省略した。

小笠原宣秀『中国浄土教家の研究』　平楽寺書店　昭26
井上光貞『日本浄土教成立史の研究』　山川出版社　昭31
重松明久『日本浄土教成立過程の研究』　平楽寺書店　昭39
石田瑞麿『浄土教の展開』　春秋社　昭42
川口久雄『古本説話集・本朝神仙伝』（日本古典全書）　朝日新聞社　昭42
川口久雄『大江匡房』（人物叢書）　吉川弘文館　昭43
古典遺産の会編『往生伝の研究』　新読書社　昭43
井上光貞『日本古代の国家と仏教』　岩波書店　昭46
高木豊『平安時代法華仏教史研究』　平楽寺書店　昭48
伊藤真徹『平安浄土教信仰史の研究』　平楽寺書店　昭49

＊

橋川正「平安時代に於ける法華信仰と弥陀信仰」『日本仏教文化史の研究』所収　大13
平泉澄「厭世詩人蓮禅―三外往生記と本朝無題詩―」『我が歴史観』所収　大15

大屋徳城「薬恒の年代に就いて」『日本仏教史の研究 三』所収 昭3
宮崎円遵「金沢文庫新出の往生伝」竜谷史壇 一三号 昭9
藤本了泰「僧伝の編纂と其型態」『本邦史学史論叢』所収 昭14
田村円澄「往生伝について」『日本思想史の諸問題』所収 昭23
家永三郎「金沢文庫本念仏往生伝の研究」仏教史学 二ノ二 昭26（『中世仏教思想史研究』所収）
宮崎円遵「源信和尚の別伝に就いて」『中世仏教と庶民生活』所収 昭26
藤田経世「本朝神仙伝」校刊美術史料 五六輯 昭29
小林盛得「摂関期における浄土思想の一考察―慶滋保胤について―」書陵部紀要 六号 昭31
薗田香融「慶滋保胤とその周辺」顕真学苑論集 四八 昭31
永井義憲「念仏往生伝の撰者行仙」『日本仏教文学研究』所収 昭32
菊地勇次郎「日本往生極楽記の撰述」歴史教育 五巻六号 昭32
川添昭二「法華験記とその周辺―持経者から日蓮へ―」仏教史学 八巻三号 昭35
橘哲哉「日本往生極楽記考」顕真学苑論集 五一 昭35
西口順子「往生伝の成立―三善為康の往生伝を中心に―」史窓 一七・一八号 昭35
佐々木一雄「法華験記成立考（その一）（その二）」日吉論文集 八・九 昭36
増田繁夫「慶滋保胤伝攷」国語国文 三三巻六号 昭39
菅原信海「本朝神仙伝についての一、二の疑問」フィロソフィア 四八号 昭39
平林盛得「本朝神仙伝の解剖」説話文学会会報 一三号 昭40
佐々木孝正「本朝法華験記にあらわれた持経者について」大谷史学 一一 昭40
小林保治「往生の文学―「日本往生極楽記」をめぐって―」日本文学 一四巻一二号 昭40
菊地勇次郎「聖について―日本国現報善悪霊異記と日本往生極楽記―」歴史教育 一四ノ九 昭41
明石光麿「法華験記成立攷」人文論叢 一三号 昭41
平林盛得「本朝神仙伝と大江匡房非撰説について―菅原信海氏「フィロソフィア」第四十八号御所論批判―」国語と国文学 四三ノ一一 昭41
大隅和雄「聖の宗教活動―組織と伝道の視点から―」『日本宗教史研究 1』所収 昭42
広浜文雄「天理図書館蔵「日本往生極楽記」(一)(二)」山辺道 一三・一七号 昭42・47
志村有弘「拾遺往生伝考―説話配列を中心として―」立教大学日本文学 二二号 昭44
志村有弘「続本朝往生伝考」立教大学日本文学 二三号 昭45
小原仁「院政期文化人貴族の思想動向―釈蓮禅（藤原資基）を中心にして―」日本歴史 二七四号 昭46
大曾根章介「彰考館本法華験記について」説話文学研究 六号 昭47
原田行造「「本朝法華験記」所収説話の諸特徴（上）―付〔報告〕諸本の現況とその概要―」金沢大学教育学部紀要 二二号 昭48

日本思想大系 7
往生伝 法華験記

1974 年 9 月 25 日 第 1 刷発行
1985 年 4 月 10 日 第 7 刷発行
1995 年 6 月 15 日 新装版第 1 刷発行
2017 年 8 月 9 日 オンデマンド版発行

校注者 井上《いのうえ》 光貞《みつさだ》 大《おお》曾《そ》根《ね》 章介《しょうすけ》

発行者 岡本 厚

発行所 株式会社 岩波書店
〒101-8002 東京都千代田区一ツ橋 2-5-5
電話案内 03-5210-4000
http://www.iwanami.co.jp/

印刷／製本・法令印刷

ISBN 978-4-00-730655-6 Printed in Japan